Bibliotheca Anatomica / Von Haller, Albrecht, Volume 2

Albrecht von Haller

BIBLIOTHECA ANATOMICA.

QUA

SCRIPTA AD ANATOMEN ET PHYSIOLOGIAM FACIENTIA A RERUM INITIIS RECENSENTUR.

AUCTORE

ALBERTO von HALLER

DOMINO IN GOUMOENS LE JUX ET FEUDI IN ECLAGNENS

EQUITE STELLÆ POLARIS.

PRÆSIDE SOCIETATIS REGIÆ GOETTINGENSIS; PRÆSIDE SOCIETATIS OECONOMICÆ BERNENSIS; SODALI ACADEMIÆ REGIÆ SCIENTIARUM PARISINÆ; ACADEMIÆ REGIÆ CHIRURGORUM PARIS. ACADEMIÆ IMPER. NAT. CUR. ACAD. IMPER. RUSS. REG. BORUSS. SUEC. BONON. ARCADICÆ; SOCC. REG. BRIT. BATAVICÆ. BOT. FLOR. BAVARICÆ. HELVETICÆ. COLL. MED. EDINBURGENSIUM.

IN SUPREMO SENATU REIP. BERNENSIS DUCENTUM VIRO.

TOMUS II.

AB ANNO MDCCI. AD MDCCLXXVI.

TIGURI, apud ORELL, GESSNER, FUESSLI, ET SOCC. 1777.

VIRO ILLUSTRI

JOHANNI PRINGLE

EQUITI BARONETTO

ARCHIATRO REGIO

SOCIETATIS SCIETIARUM BRITANNICÆ PRÆSIDI

OB SUMMA SUA

IN ARTEM MEDICAM UNIVERSAM

ET IN AUCTOREM MERITA.

D. D. D.

PRÆFATIO.

Si prærogativa aliqua in opere eſt, quod longo tempore maturuit, & per annos reconditum latuit quoad ederetur, tunc quidem hæc bibliothecæ meæ pars reliquas ejus operis partes antecellet. Cum enim anno 1769. & 1770. ſcripta ſit, ſex integris annis potuit manum emendantem experiri. Et quidem experta eſt, multumque ei acceſſit per novos fontes, qui mihi intra hos annos aperti fuerunt.

Non ideo plenum eſt, aut pleno proximum opus. In urbe mediocri, ex ſola bibliotheca privata, non poteſt inmenſa ſcriptorum multitudo coram fuiſſe, non potuit ab uno homine legi. Cum magnæ urbis civibus ipſa opera evolvere detur, mihi ad catalogos fuit recurrendum, quibus paupertas mea ſublevaretur. Verum in iis catalogis nomina ſcriptorum, & anni, ſæpe parum accurate conſignati exſtant. In his catalogis; poteſt, & potiſſimum in Gallia fieri, ut duo ſcriptores ejusdem nominis gentilitii confundantur, neque enim ea gens prænomina præfigere ſolet. In Germania patri ſæpe & filio idem nomen eſt, & difficilis labor eſt vitare, ne J. G. VOLCAMERI patris & filii, ne utriusque SCHROEKII ſcripta commiſceantur. Demum ex his catalogis nihil præter titulum diſcimus.

Facillimum ergo erit cuicunque paulum his ſtudiis innutrito, huic meo cenſui addere. Et ego addidiſſem, ſi ea ætate auſus fuiſſem editionem operis differre. Addet ergo poſteritas & nomina auctorum, & ſcripta, & editiones, addet excerpta & judicia eorum, quæ mihi legiſſe non datum eſt. Corriget denique vitia, quæ mihi rerum humanarum conditio non permiſit, ut evitarem. Veri tamen ſtudioſum & æquum lectorem, ut ſpero, adgnoſcet, qui magnopere certe ſtuduerit, ut ne quis vel ex colore ſui ſermonis divinaret, qui ſcriptores ſecum lites aluiſſent; facile enim ſenſi, poſteris deberi res depictas, quales ſunt in ſcriptis auctorum, in viſis, in inventis; de æquitate qua fuerint in me, reliquos mortales non curare.

Hoc

PRÆFATIO.

Hoc etiam, non quidem gravissimum, vitium decet adgnoscere, quod in universum ad quemque scriptorem omnia opera conjungere & in eadem pagina recensere mens fuerit, in plusculis vero minorum libellorum auctoribus, memoria me fefellerit, ut diversa ejusdem hominis scripta diversis locis disjecta legantur.

Aliud vitium est mihi quidem inevitabile. Sunt quædam veri partes, quæ in ultimo, ut videtur, limite physiologiæ positæ, hactenus eam adtingunt, ut tamen multo propius ad alias artes pertineant: ita quæ ad animam & animæ facultates: ita quæ ad animalium mores partesque externas. Valde vereor, ne male hoc ex dilemmate me expediverim. Cum enim horum librorum etiam minor mihi penus esset, quam librorum certius physiologicorum, non ausus sum excludere, quæ opera ejusdem argumenti in catalogis reperirem. Verum cum alias ad artes hæc opera recenseri soleant, ego vero, etiamsi seculum impendissem, (dimidium quidem impendi), nunquam potuissem omnes illos metaphysicos, omnes ARISTOTELIS, CARTESII, WOLFII commentatores, aut adversarios, notos mihi reddere. Itaque male metuo, ne mireris, multos libros cur recensuerim, non vere anatomicos, & cur nimis paucos, cum multos certe omiserim, qui ad physiologiam verius referri possent.

Erunt non dubie & aliæ meæ culpæ. Fruere Tu vero, Lector benevole, iis, quæ in citatis scriptoribus vera erunt, quæ utilia: quæ ego infirmiora vitiosave admiscui, ea humanæ conditioni condona.

Bernæ Helv. d. 13. Mart. 1777.

BIBLIOTHECA ANATOMICA.

LIBER VIII.

ANATOME DOCTIOR.

§. DCCLXI. *Ant.* PACCHIONI.

Librum hunc VIII. cum MORGAGNO ordiri volebam, qui certe verus doctæ anatomes auctor est, & cum quo studium comparandarum varietatum, studium etiam diligentis lectionis cum multa incisione cadaverum conjunctæ, fere originem cepit. Cum hoc vero anno 1701. novum librum ordiri typographis necesse visum est, ut Tomus I. hujus Bibliothecæ ad nundinas paratus esset & absolutus.

Antonius PACCHIONUS, Professor Romanus. EJ. *Epistola ad Lud.* TESTI *de novis circa solidorum ac fluidorum vim in viventibus, ad duræ meningis structuram & usum observationibus.* Exstat in *Galer. di Minerv.* T. IV. p. 7. inque *Act. Erud.* Lipsiæ 1701. Hypothesin suam adumbrat, & duræ meningis in cerebrum pressionem.

EJ. *De duræ meningis fabrica & usu* Rom. 1701. 8.* Memorabilis libellus, ob novam passim adoptatam sententiam, cui fuit pro fundamento. Primo eam duram cerebri membranam descripsit, & fibras potissimum, quas ipse putabat contractiles esse, tum falcis, tum tentorii, & caudicis, s. falcis cerebelli, interioris demum cavæ faciei duræ membranæ. Eas nitide iconibus expressit, neque remote a vero.

Huic fabricæ superstruxit hypothesin, duram matrem alternis vicibus tentoria elevare, ut cerebrum comprimant, & vicissim caudicem contractum ea tentoria deducere, quo cerebellum urgeant. Experimenta etiam protulit, quibus naturam irritabilem duræ membranæ putabat evinci.

EJUSD. *Diss. epistolaris ad Lucam* SCHROECKIUM *de glandulis conglobatis duræ meningis humanæ, indeque ortis lymphaticis ad piam matrem perductis* Romæ 1705. 8.*, tum in *Act. Nat. Cur. Dec.* III. *app.* Glandulas conglobatas describit intra sinum longitudinalem falcis positas, & vasa inde orta lymphatica, quæ superficiem convexam duræ membranæ, irrigant.

EJ. *Diss. duæ ad* FANTONUM *datæ, illustrandæ duræ meningis ejusque glandularum structuræ atque usibus concinnatæ* Rom. 1713. 8. Redeunt cum sequentibus.

EJUSD. *Dissertationes physico-anatomicæ novis experimentis & lucubrationibus auctæ & illustratæ* Rom. 1721. 8.* Opusculum a priore diversissimum, quod anno 1701. prodierat. Tredecim sunt Dissertationes, quarum aliquæ PACCHIONI. Earum in prima ad Bononienses Academicos data ostendit, suum esse systema, quod profiteatur, non BAGLIVI. Excusat experimenta RIDLEYI, in quibus irritata dura mater parcum sensum demonstravit. Pro suo duræ matris motu. Data est 1716.

EJ. EP. *ad* D. FANTONUM *de lympha cerebri* aliqua habet, & conatur cum suis FANTONIANA conciliare anno 1719.

III. ad J. B. BIANCHI, perbrevis. IV. est ea quam ad L. SCHROECKIUM scripserat.

V. iterum ad FANTONUM, duram membranam musculum esse membranaceum ventribus tribus, tendinibus quatuor præditum. Nervos duræ meningis tuetur. Adhærere eam ad cranium passim fatetur, sed alias liberam esse, & locis quam plurimis. Fibrarum ductus. Moveri & motu constrictionis & relaxationis, & alterno motu elevationis & depressionis; motum tamen levem esse cerebri. De lympha cerebri & duræ meningis. Data est 1712.

Altera, f. VI. Tenues & pallidas fibras tamen vi contractili pollere. Contractilem vim latissime patere, etiam in charta pergamena mortua. Pro suis glandulis. Anno etiam 1712.

Tertia, f. VII. ad FANTONUM motum duræ membranæ perforato cranio non posse conspici. Data est anni 1713.

VIII. & IX. ad MERYUM Gallico sermone data a. 1705. De suis glandulis.

Antonii PACCHIONI, *Regiensis*, *opera*, *ed.* IV. *novis accessionibus auctior* Rom. 1741. 4.* Continet priora, deinde novam falcis duræ membranæ iconem; duo exempla cordis maximi. Vita viri hic reperitur, & in *opusc. scientif. e fisiolog.* 3.

§. DCCLXII. *Dominicus* GUILIELMINUS,

Bononiensis Professor, inde Patavinus, Jatromathematicus, aliis ad aquilegum disciplinam pertinentibus operibus inclaruit.

EJUS *de sanguinis natura & constitutione exercitatio physico-medica* Venet. 1701. 8.* Motum in sanguine fermentativum admittit. Vapor sanguinis. Fibræ

bræ ſanguinis & globuli. Salſæ in ſero particulæ & ſanguinis ſales. Aliqua de reliquis humoribus.

Lettres de M. DESNOUES & *de M.* GUILIELMINI Rome 1706. 8.* Ad hiſtoriam novorum inventorum aliqua noſter habet.

In *operibus omnibus* Genevæ 1719. 4. recuſis *, l. *de ſanguine* repetitur, & additur *Theophili* ALETHINI ep. *qua ex doctrina epiſtolæ de moralibus criticæ regulis oſtenditur, non* MALPIGHIUM, *ſed J. Hieronymum* SBARALEAM *fuiſſe provocantem injuriam.* Data eſt anno 1707.

In *Opuſc. Scientif.* T. IV. diſſertationem reperiri lego, in qua omnes in animale motus a ſtimulo derivat. Vitam cum aliis dedit *Angelus* FALCONER Rom. 1770.

Aſcanii Mariæ BAZZICALUVE, Lucenſis, medici in Valle Tari, *novum ſyſtema medico mechanicum & curandorum tumorum methodus* Parmæ 1701. 4.* Materiem inflammationis deducit a globulis ſanguineis in arctioribus conicæ arteriæ finibus ſtipatis, ignemque ſudantibus. Sanguinem in vaſis minimis accelerari docet, ob minora eorum lumina, quam hypotheſin F. HOFMANN ſecutus eſt. Utique in ſanguine fermentationem locum habere. Ut viſcidæ particulæ in arteriolis minimis retineantur.

P. PAXTON *eſſays concerning the body of man* London 1701. 8.* Potiſſimum ad hiſtoriam fluidorum theoreticam.

EJ. *Phyſical directory for the uſe of ſuch as deſign to ſtudy phyſic* ib. 1701. 8.

Petri LINSINO *tentamen medicum ſ. inſtitutiones medicæ* Erlangen 1701. 8.*. Nihil proprii. Auctum a *J. Fr.* LÖW rediit Francofurti 1710. 8.

EJ. *Iſagoge phyſiologica* Inſpruck 1709. 4. HEISTER.

J. Wolfgang PREISER *œconomia corporis animalis* Viennæ 1701. vel 1702. 12. utrumque enim annum in catalogis reperio.

Giovanni BORGHESI *lettera ſcritta da* PONDISCHERI Rom. 1701. 12. 1705. 12. Dicitur etiam anatomicas aliquas adnotationes continere. Manis anatome.

CHARLETON *Oratio anniverſaria Harvejana* a. 1701. 4. OSB.

Andreæ Lizazari MARTINUS *in tuitione* [ſic lego] J. B. VULPINI cum MUSITANO prodiit 1701. 4.

Etiam in MUSITANI muliebribus de generatione agitur, ejusque partibus, Genev. & Germanice Lipſ. 1732. editis.

J. Andreas STISSER, Profeſſor Helmſtadienſis, in *actis laboratorii Chemici* Helmſtätt 1701. 4. egit de medicamentis per cutem ſuum effectum exercentibus: de clyſteribus per valvulam coli ſibi viam aperientibus: de membranis animalibus perviis: de lanæ floccis, qui in veſicam inflatam penetraverint &c.

§. DCCLXIII.

§. DCCLXIII. *J. Wilhelm* PAULI,

Professor Lipsiensis. EJ. de experimentis, quibus VIEUSSENIUS vasa resorbentia ventriculi demonstratum ivit. Ea reperit potius poros evincere inorganicos. Siphone etiam Wolfiano aquam per poros membranorum ursit Lipsiæ 1719. 4.*

IDEM *Opuscula anatomico chirurgica J. v.* HORNE edidit Lipsiæ 1707. 8.* Longam primum addidit præfationem, in qua inventa nuperorum & COWPERI etiam potissimum collegit. Deinde ad brevissimum libellum HORNII bene longas notas adjecit, pariter nupera inventa tradentes. Musculos habet epiglottidis.

EJ. *de abstrusissima glandularum structura & differentia* ib. 1709. 4. PLATN.

EJ. *Contra* VERCELLONI *sententiam de glandularum æsophagiarum dorsalium & bronchialium usu* ib. 1717. 4.*

EJ. *De fibrarum motricium differentiis & usu* ib. 1717. 4. VAT.

EJ. *Observationes anatomicæ* 1721. 4.* In selectis meis cum vitioso titulo recusæ.

EJ. *Speculationes & observationes anatomicæ* ib. 1722. 4. PL. annon idem libellus.

§. DCCLXIV. *Johannes* BESSE,

CHIRACI discipulus, quem vidi Reginæ Hispaniarum viduæ medicum. EJUS *Recherche analytique de la structure des parties du corps humain, où l'on explique leur ressort, leur jeu & leur usage* Toulouze 1701. 8. 2.Vol.* CARTESII placita & mechanismum arbitrarium, particularum figuras, acidum & alcali, fermentationes & vesiculas ubique admittit: fetus formationem ex fermentatione mechanice explicat. Intercedunt hinc inde aliqua CHIRACI experimenta. Incisis nervis cordis motum augeri.

Ediderat jam 1999. Tolosæ l. *des passions de l'homme, leur nature, leur cause, & leurs effets*, 8.* qui hactenus huc facit ob mechanicam effectuum explicationem, quam hi animi motus in corpus humanum exercent.

EJUSD. *Letre à l'auteur du livre de l'Oeconomie animale & des observations sur les petites veroles*, Paris 1723. 12.* Practica equidem lis cum HELVETIO juniori agitata, cum CL. BESSE curationem variolarum per venæsectionem & emetica sibi inventam tribueret, quam HELVETIUS proposuit. Ad physiologiam tamen multa faciunt. Spiritum aëris nitrosum sanguini in pulmone se admiscere, & principium esse fermentationis, & fluidæ in sanguine naturæ: ab eodem spiritu ruborem sanguinis esse: eumdem cum sale urinoso sanguinis facere. Ab eadem causa motum cordis esse. De bilis natura, & generatione, ut ferveat cum se ipsa, ut spissetur. HELVETIUM vasa minora a BOERHAAVIO habere. Non esse vasa lymphatici generis, quæ in conjunctiva adparent.

Replique aux lettres de Jean Claude Adrien HELVETIUS *au sujet de la critique sur l'œconomie animale & des observations sur la petite verole* Amsterdam (potius

(potius Paris) 1726. 12.*. Urget accusationem plagii & conpilati inventi BOERHAAVIANI.

§. DCCLXV. *Henricus a* DEVENTER,

Medicus, qui Hagæ, etiam Hafniæ, medicinam fecit, & obstetriciam exercuit, *operationes chirurgicæ novum lumen exhibentes obstetricantibus* Leid. 1701. 4.* 1725. 4. P. II. Leid. 1724. 4.* potius practici argumenti est.

Anatomen partium genitalium & secundarum dat, & tubas de utero gravido multo inferiori sede exeuntes, quod fundus uteri duodecies magis extendatur, quam reliquus uterus. Ossa pubis rarius discedere, sacrum vero os & coccygem facilius. Ossa pubis alias tota esse ossea, alias multum habere cartilaginis, & in partu cedere. Periculum partus esse fere ab uteri quadruplici obliquitate, quam post veteres ornate proposuit, perque sua signa definivit: tum a parva inter coccygem & os pubis distantia. Anglice Lond. 1723. 8. Gallice reddidit *Jacobus Johannes* BRUHIER, & cum suis notis edidit Paris 1734. 4.*. Editor passim HENRICI consilia cum Gallorum administratione comparat, & illa præfert. Hanc editionem Belgice versam Leidæ 1746. recusam dederunt.

§. DCCLXVI. *Varii.*

In *Thesauro theologico-philologico* Amsterd. Utrecht 1701. fol. etiam aliqua huc faciunt.

Ita *Caspar* DORNAU *de causis longævitatis Patriarcharum* ....

Adami BRENDEL, eruditi viri, Professoris Wittebergensis, generi viri ILL. *J. Godofredi de* BERGER, disputationes academicæ plusculæ supersunt, bonæ notæ.

Disp. *de hydrope ovarii muliebris* Witteberg. 1701. 4.* huc facit ob fabricam ovarii.

EJ. *Embryonem in ovulo ante conceptionem præexistere* ibid. 1703. 4.* Putat se vidisse ova muliebria, quæ de utero decesserint.

EJ. *De arteriolis intra aortam contentis* ib. 1704. 4. HEFT.

EJ. *De nutritione fetus in utero materno* ib. 1704. 4.*

EJ. *Diversitatem ingeniorum a diversa cerebri fabrica & liquoris nervei varia indole proficisci* ib. 1707. 4. HEFT.

EJUSD. *Observationum anatomicarum Decades* III. quæ prodierunt ab anno 1706. ad 1718. 4. In tertia vasa exhalantia cordis descripsit.

In Eph. Nat. Cur. Cent. IV. *obs.* 165. tergemini in distinctis amniis, chorio unico.

Obs. 166. foramen ovale apertum in adulto.

Jacob van der KODDE *de respiratione* Leid. 1701. 4.*

J. Conrad REHTMEYER *de strepitu ossium* Regiomont. 1701. 4.*

David

David SPLEISS *Oedipus osteologicus s. diss. historico-physica de carnibus & ossibus fossilibus Canstadiensibus* Scaphus. 1701. 4.

Henricus Matthias PFANNENSCHMID *de dentibus* Utrecht 1701. 4.

J. Jac. STEPHANI *de somnambulis* Basil. 1701. 4.*

Henrich SULZER *de naevis maternis infantum* Basil. 1701. 4.

Francisci van HUSEN *de spiritibus animalibus* Groning. 1701. 4. HEFT.

J. Caspar HAFERUNG *de ortu animae rationalis* Witteb. 1701. 4. HEFT.

J. Christ. EINIGK *de crudelitate in bruta animalia* Lips. 1701. 4. Si huc facit.

Georg Wilhelm BEYER *de vita* Hall. 1701. 4. B. THOMAS.

J. de LANNOY *de praeparatione bilis* Leid. 1701. 4.*

Raimund Joh. FINOT & *Franc.* AIGNAN *Non ergo celerior sanguinis circuitus, quia celerior pulsus* Paris. 1701. 4.

§. DCCLXVII. *Diaria.*

In *Mém. de l'Acad.* 1701. MORIN pro viis brevioribus lotii pugnat, & producit facilem aquae per membranas ventriculi commeatum.

Ludovicus LEMERY, NICOLAI fil. virum vidit ib. destitutum vesicula fellea, hepate maximo.

EJ. *Diss. sur la nouriture des os Paris* Leide 1709. 8.* & Belgice cum DEVENTERII tr. *de ossium morbis* Leid. 1739. 4.* Germanice Dresden 1711. 8. Ossa succo proprio ali, quem minimae arteriolae in ossium naturam deponant. Eum succum gelatinosum multum a medulla differre, quae ad nutriendum inepta sit. Per corporis motum medullam dissipari. Adjectae sunt tres epistolae de generatione vermium, quarum prima in Actis Trivultinis 1703. prodierat. Non esse ova solii, quae ANDRYUS ita vocavit. Redit ad medullam in secunda epistola. Caeterum fere practici argumenti est. Recusa est, cum ANDRYI *éclaircissemens* Amsterdam 1705. 8.* & tres viri epistolae in ANDRYUM cum lib. de alimentis Paris. 1755. 8.*

EJUSD. *tr. des alimens* Paris 1702. 12. 1705. 12.* Italice Piaz. 1704. 12. huc possit referri ob additas analyses, & elementa salina & sulfurea corporum animalium.

In *hist. de l'Acad.* anno 1704. Puella nullis abdominis visceribus.

In eadem *hist.* 1716. disputat pro clysteribus nutritiis.

In *hist.* 1719. salem volatilem, quo animalia abundant, non tritu sed sola fermentatione potuisse nasci.

In *Mém.* 1724. describit partum, quem putat ex duobus fetubus conponi.

In *Mém.* 1738. duos commentarios dedit pro hypothesi, quae partus monstrosos per accidens natos recipit.

Mém.

Mém. 1739. de foramine ovali, ejusque usu HARVEJANO, quem demonstrat ex primigenia cordis fabrica, quod sanguinem suum utique a cava vena habeat, quo tempore pulmo minimus erat.

Mém. 1740. iterum pro ortu monstrorum ex causis accidentalibus.

EJ. & *Car. Geille de* S. LEGER *E. proxima qua corpus alitur materies a rubra sanguinis parte diversa* Paris. 1741. 4.

EJ. Vita & elogium est in *Hist. de l'Acad.* 1743.

Franc. Mauritius DUVERNEY, Chirurgus & incisor, ductus choledochos obstructos & maximos vidit. Experimenta cum aqua hydropica cepit.

A. 1703. agit de cerebro bovis, undique, ut quidem putat, in lapidem converso.

EJUS exstat *myotomologie* Paris. & a morte auctoris edita cum titulo *art de disséquer methodiquement les muscles* Paris 1749. 12.* Minime malus scriptor, brevis & verus. Pluscula habet propria, ut musculum insertum in tendinem orbicularis m. palpebrarum; styloglossum integre nonnunquam a maxilla ortum, aponeurosin cubiti internam: psoæ tendinem vasa cruralia obvolventem &c. Duos coccygeos habet. Multa ab eo sumsit GARENGEOTUS, exemplo musculi vermicularis a processu styliformi in meatum auditorium euntis. In minutiis passim aberrat.

In *Eph. Nat. Cur. Dec.* III. *ann.* IX. X. *obs.* 159. *J. Christophorus* GOTTWALD Gedanensis, de mola egit vesiculari.

M. Nov. IDEM fetum describit corde nudo de pectore pendulo.

Henricus a SANDEN *obs.* 194. anus non perforatus.

EJUSD. *de Antlia pneumatica* Disp. Regiomont. 1705. 4.* & de injectione anatomica, quæ fit vi aëris in vacuum spatium irruentis.

Andreas MYRRHEN *Eph. Nat. Cur. Dec.* III. *ann.* IX. X. *obs.* 212. Puer absque uvula natus.

Obs. 217. Simia menses passa.

J. Henricus HOTTINGER, Tigurinus. Menses in vetula 84. annorum *obs.* 226.

Fetus sexu & pedibus destitutus.

J. Melchior VERDRIES, Professor Giessensis, *obs.* 251. medulla in ossibus gallinæ lapide facta.

Cent. VI. *obs.* 14. urachus in fetu humano pervius.

EJ. *De pinguedinis usibus & nocumentis* Disp. Giess. 1702. 4.

EJ. *Physiologia biblica* Giess. 1711. VATER. Si de nostra physiologia agitur.

EJ. *De actione ventriculi in comminuendis cibis* Giessæ 1712. 4. Francofurti 1721. 8.* Veriorem sententiam tuetur, non propriis experimentis.

EJ. *De æquilibrio mentis & corporis Comm.* Giessæ & Francofurti 1712. 4.*

Animæ cum corpore commercium, ejus facultates, adfectus animi, & eorum in corpus humanum influxus.

EJ. *De commercio mentis & corporis* 1714. 4.

In EJUSD. *De physica* 1728. 4.* agitur de admirandis generationis.

J. Alphonsus KOHN *Dec.* III. *ann.* IX. X. *obs.* 57. Scabiem, & arthritidem medicamentis curavit in vivorum hominum venas injectis.

In *Philos. Transact.* n. 271. *Richardus* HALE dat descriptionem urachi humani amplissimi, & allantoideæ membranæ.

In n. 365. icones dat systematis lymphatici, ductus thoracici, cisternæ chyli. Deinde glandularum, quas vocat maxillares externas, & ductuum sublingualium minorum.

John SOMMER n. 272. de ossibus maximis circa Canterbury repertis.

Joh. LUFKIN n. 274. pariter de magnis ossibus, circa Colcestriam detectis.

Caroli HOLT n. 275. de visceribus abdominis in thoracem conpulsis.

Christophorus BIRBER de fetu per umbilicum expulso.

§. DCCLXVIII. *Jacobus* DRAKE.

N. 281. *Jacobus* DRAKE, Medicus Jacobita, pauper & infelix (*a*), addictus hypothesibus, neque incisor, diastolen cordis, quasi non alia esset causa relaxationis, pressioni tribuit atmosphæræ.

Non quidem ipse incisor fuit, multum autem usus est COWPERI amicitia, qui operi, quod continuo dicetur, præcipua ornamenta addidit: Ei titulus est *Anthropologia nova, or a new system of anatomy describing the animal Oeconomy &c.* London 1707. 8. 2.Vol.* recus. 1727. 8. 2.Vol.* cum præfatione *Wilhelmi* WAGSTAFF, & denuo non tamen auctius 1737. 8. Appendix seorsim prodiit Lond. 1725. 8. HAENEL. Hypotheses JACOBI neglexeris, de concoctione ciborum comparata cum lebete PAPINIANO, de mensibus a bile provenientibus, de aëris ad cor dilatandum potestate. Sed opus ipsum pretium habet a tabulis nitide sculptis, quæ fere omnes sunt COWPERI. Earum aliæ etiam alibi in Cl. viri operibus reperiuntur, ut tabulæ RIDLEYANO operi dicatæ, vasorum pulmonalium sceleti, musculorum tabulæ, quæ in posthumo opere ampliores redeunt. Aliæ emendatius hic recusæ sunt, ut arteriæ aortæ tabula, aliæ in solo DRAKII opere reperiuntur, ut tabulæ narium internarum, earumque pori, viscerum abdominis icones. Reliquæ numerosæ tabulæ passim conquisitæ sunt.

§. DCCLXIX. *Diaria.*

In *Mémoires de l'Academie des Sciences* 1702. quadrigemini recensentur.

De verme, qui absque cibo septem mensibus vixerit, & in muscam se evolverit.

Fetus

(a) In carcere periit, cum scripsisset *Mém for the english church* 1704.

Fetus duo corde communi, per umbilicos connati. Cum fetu perfecto editus alter inmaturus.

In actis Maris Balthici literariis anni 1702. *Christianus Ludovicus* KOTZEBUE describit animal mirificum, bipes, per anum exclusum, idem quod Cl. STANGE pro pullo habuit gallinaceo, in propria Disp. qua *curiosa pulli gallinacei in femina cacheotica formati historia traditur* Hall. 1702. 4.* Dixi inter HOFMANNI Dissertationes.

Hoc anno ceperunt prodire *Mémoires pour l'histoire des sciences & des beaux arts*, vulgo a loco editionis dictae *le Journal de Trevoux*. Hoc eodem anno mense Nov. Dec. D. BENDI egit de corpore per 12. annos incorrupto in coemeterio reperto, quod reliqua cadavera consumserat.

M. Maj. Jun. *Franciscus* MONGINOT de hæmorrhagia per os nares, oculos, aures.

M. Sept. vesica duplex.

§. DCCLXX. *Richardus* MEAD;

Doctor Patavinus, Archiater Britannicus, doctus vir & gratiosus, ad magnas divitias pervenit, pulcherrimos libros collegit, & splendide vixit. Vitam quidem elegantioribus fere studiis & praxi clinicæ impendit: scripsit tamen & physiologica aliqua, & anatomica.

EJUS *mechanical account of poisons* London 1702. 8. 1708. 8. 1738. 8. 1746. 8.* 1747. 8.* Latine vertente *Josua* NELSON Leid. 1737. 8.* 1750. 4. Francofurti 1763. 8.* In editione ultima & plenissima hic reperias Anatomen capitis & machinæ venenatæ viperæ, tum vulgaris, tum caudisonæ, primam a D. ARESKINE communicatam, quæ anatome potissimum a Cl. *Franc.* NICHOLLS perfecta est. Habet & dentes perforatos foramine sub apice aperto: glandulam aliam a REDIANA, cum ductu cavo, in vaginam dentium patente, cinctam peculiari musculo. De venenato etiam succo viperæ, & ejus acrimonia.

In altera Diss. *de tarantula* habet aliqua ad anatomen dentium araneæ, non perforatorum, & de poro sub apice aculei scorpii, per quem venenum effunditur.

EJ. *de imperio solis & lunæ in corpora humana* Londin. 1704. 8. 1738. 8. 1746. 8.* 1748. 8.* 1762. 4. Leid. 1737. 8.* Francof. 1763. 8. Neapol. 1758. 4. In Miscell. cur. T. II. a DERHAMO Lond. 1733. 8. editis Anglice, & Lond. 1748. 8. MARTIN. Adtractionem lunæ in novilunio & plenilunio putat atmosphæram elevare, diminuere ejus in corpus humanum pressionem, hinc ad hæmorrhagias disponere, vasa sanguine replere, menses etiam ciere.

EJUSD. *Oratio anniversaria* HARVEJANA *habita* a. 1723. M. Oct. Londin. 1723. 8. Leid. 1725. 8.* Acc. *Diss. de nummis quibusdam a Smyrnæis in medicorum honorem percussis*: quæ Diss. ad Scholæ Erasistrateæ & Herophileæ historiam pertinet.

Opera omnia ſæpe prodierunt. Vertente G. C. OEDERO Gotting. 1749. 8.* Vertente A. C. LORRY Paris 1751. 8.* tum Neapoli 1752. 4. Paris 1757. 8. 2.Vol. *B. Bern.* Anglice Leid. 1762. 4. 1752. 12. 3.Vol. 12.* Edinburg 1763. 8. 3.Vol.

Vitam dedit Cl. MATY in ſuo Diario 1754. Jul. Aug. Adjecta eſt operum editioni Edinburgicæ. Aliam ſeorſim excuſam dicemus.

§. DCCLXXI. *Johannes* PALFYN,

Chirurgus Gandavenſis, & ipſe paſſim incidebat, & quotannis fere Leidam & Pariſios petebat, ut nova inventa anatomica RAVII & PARISINORUM & ALBINI colligeret: ita factum eſt, ut libros non inutiles ſcripſerit, mihi non ignotus.

EJ. *Waare en zeer naauwkeurige beſchryving der beenderen van's menſchen lichnam* Gendt 1702. 8.* Leid. 1727. 8.* multo amplior editio: Germanice vertente J. C. S. Breslau 1730. 8.* Gallice Paris 1731. 8.* In oſſibus capitis fuſior, non malas aliquot oſſium icones dat, potiſſimum etiam ſphenoidis & narium: diligenter etiam ſcrobes & foramina cranii deſcribit. In prima editione articulationem maxillæ inferioris ad RAVII ſenſum deſcribit, in altera ad ALBINI placita reformat. In reliquis partibus corporis multo brevior eſt minusque plenus.

Gallica editio parum a Belgica differt, iconum numeri mutati ſunt, & ad morbos aliqua adjecta. Eam ipſe ad prelum paraverat. Germanica non recedit a Belgica.

EJ. *Deſcription anatomique des parties de la femme, qui ſervent à la génération, avec un traité des monſtres, & une deſcription anatomique de deux enfans nés dans Gand* Leide 1708. 4.* Plures ſunt libri partes. Prima eſt deſcriptio brevis partium genitalium cum SWAMMERDAMI iconibus; altera LICETUS eſt de monſtris, editionis Belgicæ BLASIANÆ. In tertia parte proprius labor eſt auctoris, fetus per ſua pubis oſſa connati, ano unico: Deinde fetus ano, urethra & vagina deſtituti. Adjecta brevia aliqua de viis ſanguinis fetui propriis. Ea pars ſeorſim prodiit Gent 1703. 8. Leid. HOTTON. tum 1714. 8.* Belgice, cum titulo *Ontleedkundige beſchryving van twee monſters.*

EJ. *Heelkonſtige ontleeding vans menſchen lichnam* Leid. 1718. 8. WACHENDORF. *Anatomie chirurg. du corps humain* Paris 1726. 8. 2.Vol.* Tabulæ ſunt VERHEYENII, cum anatomico & phyſiologico ſermone. Acceſſerunt icones, ductus thoracici Cantiana, & duplicis magni vaſis lymphatici loco ciſternæ ab ALBINO communicata. Intercurrunt paſſim collecta nupera inventa & obſervationes, ut muſculi ſupernumerarii muſculorum rectorum anteriorum & poſteriorum capitis. Alia editio cum titulo prodiit.

Anatomie chirurgicale augmentée dans le premier Volume & refondue dans le ſecond par B. BOUDON Paris 1734. 8. 2.Vol.*. BOUDON emendavit aliqua, librum ipſum vix auxit. Adjecit RUYSCHII *obſs.* anatomicas & BRISSÆI.

Iterum *Anatomie chirurgicale &c. de M.* PALFYN *refondue & augmentée d'une oſteologie nouvelle par* A. PETIT Paris 1753. 8. 2.Vol.* Maxima pars operis ita mutata eſt, ut melius PETITO fere tribuas. Malles autem omiſſas tabulas VERHEYENII.

Venetiis

Venetiis J. Larber, Medicus Bassanensis, anno 1759. 4. min. 3. Vol.* edidit *Anatomia chirurgica del* J. Palfyn. Ad editionem Petiti hæc facta est iterum passim ditata experimentis nostris, morbis raris.

Denique Petitianam etiam editionem Germanice vertit *Georgius Leonhard* Huth, & Noriberg. 1761. 4.* & sequentibus annis edidit.

Johannes etiam Palfyn *Antonii* Maitrejean l. *de morbis oculorum* Belgice convertit, cujus non minima pars anatomici est argumenti. Una edidit Maitrejanii & Anelli libellos, & epistolam Woolhousii.

§. DCCLXXII. *Jacobus* Hovius.

Jacobi Hovii Diss. *de circulari humorum ocularium motu* Traject. 1702. 4.* & aucta Leid. 1726. 8.* cum *epistola apologetica ad* Ruyschium. Liber ineleganter scriptus, miras subtilitates (b) continet, ut quinque distinctas chorioideæ tunicæ laminas, vasa corneæ tunicæ ex lacrumali glandula natæ: suspecta etiam vasa vitrei corporis & lentis crystallinæ. Alia vera habet & bona; arterias longas, seri ut vocat fontes, circulum arteriosum uveæ, potius melius quam Ruyschius, circulum venosum iridis, retia circa nervum opticum: fabricam processuum ciliarium. Bruta utique animalia incidit.

Acriter cum Ruyschio de inventorum gloria litigat.

§. DCCLXXIII. *Varii.*

Antonius Parent in *Mém. de l'Acad.* 1702. agit, de parva musculi ab hypomochlio distantia, de angulo exiguo, sub quo inseritur &c.

In *recherches de physique & de mathematique*, quarum T. I. Paris. 1705. 12. prodiit, agit in T. II. de reductione simplicium articulationum animalium ad veras regulas mechanicas, contra Borellum.

Idem in *Mém. de l'Acad.* 1711. de bullis in sanguine proprio natis hexagonis.

Edmundus Dickinson in *physica vetere & nova* Londin. 1702. 4. Roterdam 1703. 4. agit etiam de animalibus.

Bartholomæi Corte, Mediolanensis, *lettera nella quale si dinota di qual tempo probabilmente s'infonde nel feto la anima raggionevole*, 1702. 8. Manget. Ipso tempore conceptus id fieri.

In scriptoribus Mediolanensis aliqua habet ad historiam anatomes.

Trattato dell' anima e del conoscimento de bruti animali secundo i principi del Cartesio. Opus ex Gallice versum cum Cajetani Lombardi notis Neapoli (Cologne) 1702.

John Moyle *Seasurgeon &c.* London 1702. 8.* passim aliqua habet ad anatomen, sed brevia & generalia.

(b) Fraudem esse Rahtlauw *cataracte* p. 12.

J. BRANCACCII J.C. *ars memoriæ vindicata* Panorm. 1702. 12. (GAL. MIN.)

Letre de M. HAUTEFEUILLE *à M.* BOURDELOT *sur le moyen de perfectionner l'ouie* Paris 1702. 8. De organo auditus aliqua, & de injiciendis in tubam liquoribus.

GARSAULT primum anno 1702. dedit versionem operis SNAPII. Inde opus auxit dixitque *le nouveau parfait Marechal où la connoissance universelle du Cheval* Paris 1770. 4. 1755. 4. Germanice Berlin 1770. 8. Anatome ad humanam reficta: hinc omittit nictitantem membranam. Oesophagus in equo ad quintam vertebram non declinat, neque omentum intestina tegit.

§. DCCLXXIV. *Disputationes.*

Wolfgangi CHRISTIANI (CHRISTEN) poliatri Bernensis, *Diss. de principio vitali ejusque cura in declinante senectute* Basil. 1702. 4. LEUW.

SUNDER *de transpiratione insensibili humani corporis* Leid. 1702. 4.

Joh. ZOETMANN *de spirituum animalium exsistentia & operatione* Leid. 1702. 4.*

EJ. *De imaginationis maternæ viribus in fetu* Leid. 1702. 4. HAENEL.

J. SANDBEK *de fluxu menstruo* Leid. 1702. 4.

Emanuel KOHN *de ileo* Leid. 1702. 4.*

J. Georg. JOCH *de feminis barbatis* Jen. 1702. 4. UFF.

Gabr. DRECHSLER *de sermone brutorum* (potissimorum avium Diss.) Germanica 1702. 1706.

J. Georg. STEIGERTHAL *de matheseos & historiæ naturalis utilitate in medicina* Helmstad. 1702. 4.*

EJ. in *Phil. Trans.* n. 389. Uvæ figura per desiderium matris fetui impressa, quæ eo tempore turgescebat, quo vites florent.

Andr. Jul. BOETTICHER *de respiratione fetus in utero* Helmstad. 1702. 4.*

Matth. THUILLIER & *J. B.* FERMELHUYS *Ergo salivalis succus præcipuus chyloseos instrumentum* Paris 1702.

Ludovici APINI *Disputationes V. de principio vitali* Giess. 1702. & ni fallor Altdorf. 1703. 4. Etiam plantis animam donat. Recusæ sunt in fasciculo Dissertationum Academicarum Altdorf. 1718. 8.* Addita est Diss. *de Aeolo microcosmo commodante & incommodante*, in qua aërem sanguine contendit recipi, & Diss. de syncope, in qua aliqua de motu cordis habet.

EJUS Disp. *an liceat brutorum corpora mutilare* Altdorf. 1722. 4.

J. G. RESCHHELM *de legitima particularum sanguinis earumque perturbata mixtione* Leid. 1702. 4.

§. DCCLXXV. *Diaria anno* 1703.

In *Hist. de l'Acad.* 1703. *Antoine* MAITREJEAN fetum agninum describit, omnibus visceribus destitutum, etiam corde & capite.

Ib. 1712. feminam, quæ cum vagina angustissima concepit.

EJUSD. *Traité des maladies de l'oeil & des remèdes propres pour leur guerison* Troyes 1747. 4.* 174 . . 8. Belgice redditum a J. PALFYN. Anatomen oculi tradit, qualis eo tempore innotuerat, tum teleologiam, & aliqua experimenta ad visionis rationem inveniendam. Lentem crystallinam habet pro cataractæ sede, aliter tamen, quam P. BRISSEAU. Membranam paradoxam describit. In editione Belgica Leyden 1714. 4.* pauca addidit PALFYNUS, quæ habuit a DUVERNEYO.

EJ. *Observations sur la formation du poulet* Paris 1722. 12.* melius est opus, quam vulgo creditur. Non solum enim propria experimenta continet, in ovis incubatis, & acido liquore aut igne coactis facta, sed præter ea multa aliter, & melius vidit, quam priores, ut in valvulis vitelli, in primæva continuatione peritonæi pulli cum membrana exteriori vitelli. Albumen videri resorberi in vasa intorta, & venire in vasa flava, hinc in rubra, atque ita albumen in vitellum abire. Contra LEEUWENHOECKIUM multa. Icones ipse delineavit, non undique artifex.

Mich. Lud. RENEAULME in *Hist. de l'Acad.* 1703. de fetubus capitibus in unum confusis.

IDEM in *Discours à l'ouverture de l'Ecole de Chirurgie* a. 1720. Paris 1725. 12.* anatomica aliqua admiscet, de sacco herniali, de externa cellulosa tela peritonæum ambeunte, de diverticulo.

In *Mém. de* 1719. de narium reparatione in Calabria suscitata, & de calcaris capi insitione in cutem capitis.

§. DCCLXXVI. *Joseph* MORLAND.

In *Philos. Trans.* n. 283. *Joseph* MORLAND ingeniosas conjecturas protulit de artificio, quo natura utitur, ut & tenues humores de sanguine separari possint, & crassi. Nempe tenues fiunt, si rami laterales ampliores crassum humorem auferant, crassi si tenuem. Secretorum hominem discrimina unice repetit ab ostiolorum luminibus.

EJ. *Disquisition of the force of the heart, the dimensions of the coats of the arteries, and the circulation of the blood* London 1713. 8.* Calculos suos posuit ex æstimatione ponderis, quod dato gradu distendit canalem cylindricum vel conicum. Crassitiem membranarum decrescere ut radices luminum. Vim cordis non magnam esse. De necessitate faciendarum auricularum cordis. De perspiratione; de secretione, fere ut in *Phil. Transactionibus.*

In iisdem *Phil. Trans.* n. 284. ANONYMI epistola de animalibus in aqua repertis variis, globoso, caudato, pisciformi, demum cylindrico, cum ostio radiato, speciei, ut videtur, polypi.

N. 304. *Guil.* OLIVER relatio de juvene per aliquot menses & repetito dormiente, neque ullo modo excitabili.

N. 285. IDEM de fetu lapideo Senonensi Hafniæ viso.

N. 286. *Caroli* ELLIS testimonium de puella surda, quam J. AMMANUS loqui docuit. De duobus fetubus connatis, de puero iride lacera, imaginarias literas exprimente.

N. 288. ANONYMI descriptio polyporum, & melior quam LEEUWENHOECKII delineatio. Non neglecta mutatio figuræ in longam ex crassa & brevi. Fetus ex latere prodeuntes.

In *Act. Lit. Maris Balth.* M. Octobri *Matthias Friderich* SCHNEIDER de sudore cadaveris agit.

M. Dec. *J. Conrad* TIEFFENBACH de ovis, si diis placet, a viro positis.

§. DCCLXXVII. *Johannes* FREIND,

Medicus eruditus & gratiosus, qui aliquamdiu in exercitu Regio medicinam fecit. EJUS *Emmenologia in qua fluxus menstrui phænomena, periodi, vitia ad rationes mechanicas exiguntur* Oxon. 1703. 8.* sæpe recusa Lond. 1720. 8. NIC. Amstelod. 1726. 8. PL. Leid. 1750. 8. Paris. 1727. 12. Gallice versa a *de* VAUX, Paris 1727. 12. 1730. 12. 1738. 12. Mensium fluxum pethoræ imputat, argumento a posteriori deducto, cum tot unciis sanguinis amissis in feminis tamen post annum revolutum sufficiens sanguinis penus supersit. Nimiam facit sanguinis copiam, qui menstruatim amittatur, ad 20. uncias. Aortam inferiorem in feminis ampliorem esse. Vasa, quæ cum sanguinem dimitterent, rumpi putat, ea potius videntur dilatari. Vim stimuli negligit. Cum sanguine humano & variis succis experimenta instituit facere, ut ex mutationibus sanguinis vim cujusque medicamenti definiat, qua sanguinem solvunt coguntve, aut aliter mutant.

EJ. *Oratio anniversaria* HARVEJANA Londin. 1720. 4.

In *Historia Medicinæ* sæpe recusa, etiam Gallice versa, aliqua huc pertinent, ut quæ de aneurysmatibus profert, & de deliquio ab emissis aquis hydropicis. Aliqua de incrementis anatomes seculi XV. Circuitum sanguinis veteribus non innotuisse. Vasa lactea in crassis etiam intestinis reperiri, & alia passim adnotata.

Opera omnia sæpe recusa sunt Paris. 1735. 4.* Leid. 1734. & 1750. 8. 3. Vol.

§. DCCLXXVIII. *Christianus* WOLF,

Philosophus, florentis sectæ auctor, qui in universas disciplinas severam methodum, definitiones accuratas, & theoremata theorematibus innixa reduxit. Passim physiologica, etiam anatomica adtigit. EJUS exstat Disp. *de loquela* 1703. 4*

Deinde in physicis suis libellis multa huc facientia protulit.

Ver-

EJ. *Vernünftige Gedanken von der Würkung der Natur* Halle . . . . 1739. 8.* brevis physiologia ad finem reperitur. Aërem in sanguinem resorberi vult. Pro vermiculis seminalibus.

EJUSD. *Vernünftige Gedanken von den Absichten der natürlichen Dinge* Halle 1723. 8. 1726. 8. 1737. 8.* pauca quædam continet de animalium industria medica: de victu hominis carneo & vegetabili &c. Seminum plantarum cum ovis analogiam, & ovi anatomen habet.

EJ. *Vernünftige Gedanken von dem Gebrauche der Theile in Menschen, Thieren und Pflanzen* Hall 1725. 8. 1737. 8.* Integra physiologia, & utilitas cujusque particulæ humani corporis. Anatome undique collecta, neque ex optimis fontibus, neque propriæ adnotationes librum ornant.

EJ. *Nützliche Versuche, dadurch zu genauer Kenntniß der Natur der Weg gebahnt wird* Hall 1722. 1738. 8.* Varia huc faciunt, ut microscopicæ aliquæ speculationes: animalcula minima, circuitus sanguinis, vermiculi seminales, pulmonis in tenuissimo aëre (vulgo vacuo) phænomena, tum in fumo carbonum. Iterum sensus, & visionis modus, oculi artificiales, alia. Pulmonum membranam aërem non dimittere.

Porro cum LEIBNIZIANAM de harmonia præstabilita sententiam confirmaverit, & illustraverit, pertinent ad nos Cl. viri duo de historia animæ opera, primum *psychologia rationalis* Hall. (Fr. & Lips.) 1744. 4.* in qua fusissime & copiosissime animæ natura, ejus agendi modus, perceptio, imaginatio, memoria, judicium, & cum corpore humano vinculum exponuntur.

Eadem etiam tractantur in *Psychologia empirica* Hall. 1732. 1738. 4.* tum somnia, adfectus animi, libertas &c. Gallice excerpta *la Psychologie où traité de l'ame contenant les connoissances que nous en donne l'experience* Amsterd. 1745. 12.

Eodem facit *Gedanken von Gott, der Welt und Seele des Menschen* Hall 1720. 8. 2. Vol.

In *Elementis matheseos universæ* Tomus III. Hall. 1735. 4.* dioptricen continet, qua visionis ratio traditur.

Christianus HUGENIUS reliquit *opuscula posthuma* Leid. 1703. 4. Amstelodami 1728. 4.* excusa, inter quæ est dioptrica. In ea copiosissime de lentibus vitreis convexis & concavis agit earumque focis, & proprio loco etiam sua de vermiculis seminalibus experimenta enarrat. Oculum & videndi modum, presbyopiam & myopiam breviter exponit.

§. DCCLXXIX. *Varii.*

Joseph de la CHARRIERE, qui se medicum Chirurgum vocat, edidit Paris. 1703. 8.* *Anatomie nouvelle de la tête de l'homme.* Ex DUVERNEYO & VIEUSSENIO. Generalia aliqua de fabrica musculorum & ossium. De saliva. Osteologia capitis, in qua recensetur arteriæ meningeæ ramus ophthalmicus. Cerebrum & nervi ex VIEUSSENIO. Sensus, ubi de visu fusius agit. Literarum prepronuntiatio. Splenium nonnunquam uno, etiam duobus tendinibus inseri in secundam vertebram.

J. Georgii KULMUS *oneirologia s. de somniis* Lipf. 1703. 4.*

Fridrich Gottlieb KETTNER *de mumiis Ægyptianis schediasma* Lipf. 1703. 8.

Vit Eberh. ROTH *Diss. astronomico-physica de astrorum influentia in corpora humana* Ulm 1703. 8.

J. Conrad BARCHHUSEN *acroamata, in quibus complura ad jatrochymiam spectantia* Utrecht 1703. 8.*

Huc referas, quæ habet de theoria fermentationis, & ejus in re medica usu; sed potissimum huc etiam faciunt adjectæ ad calcem analyses partium corporis animalis, copiosiores quam fere alibi reperias, lactis, bilis &c.

In Dissertationibus *de medicinæ ortu & progressu* Utrecht 1723. 4.* multa huc faciunt, chemici quidem viri, neque incisoris, ut Diss. III. de natura hominis, semine genitali, sede animæ, & sanitate. Diss. IV. de temperamentis & facultatibus, de utrisque opiniones auctorum veterum. Pro natura habet corporis fabricam, a qua motus ejus pendent. Urinam per breviores utique vias ad vesicam venire. Diss. IX. de anatome, cum judicio de subtilioris anatomes in re medica utilitate. Deinde passim, dum opiniones anatomicas & physiologicas scriptorum recenset, suam adjicit sententiam.

J. de VAUX *l'art de faire les raports en Chirurgie* Paris 1703. 12.* & a MORANDO auctius recus. ibid. 1743. 12.* Germanice Budissin 1713. 8. Passim pertinet ad anatomen. Notæ virginitatis; incisiones aliquæ cadaverum &c.

IDEM *Petri* DIONIS *cours d'anatomie* emendatius recudi fecit Paris 1728.

IDEM primam editionem Gallicarum PALFYNIANÆ anatomes curavit.

Et HEISTERI *compendium anatomicum* Gallice convertit Paris 1724. 12.

Et *emmenologiam* FREINDII Paris 1730. 12.

Gerard BLANKEN *catalogus rerum in anatomia publica Leidæ visendarum* Leid. 1703. 4.*

J. Samuel CARL *lapis lydius ad ossium fossilium docimasiam analytice demonstrandam* Francofurti 1703. 8. Alcali nempe volatile etiam in fossilibus ossibu superesse.

EJ. *Ichnographia anatomiæ &c.* Budingen 1722. 8.*

In *Act. Nat. Cur. Vol.* IV. *obs.* 87. criticam sanguinis ex apice nasi eructationem describit.

§. DCCLXXX. *Varii.*

Alexandri Christ. GAKENHOLZ, Professoris Helmstadiensis, *de principiis mechanicis physiologiæ adplicandis* Helmstad. 1703. 4. Aliqua de motu musculorum

Ej

Ej. *Progr. ad anat. cadav. viril.* ib. 1703. 4.*

Ej. *De sanguinis circulatione* 1710. 4.*

Ej. *De motu machinæ humanæ s. de hominis vitalitate* Helmst. 1711. 4. Heft.

Ej. *De visu per cataractam impedito* 1713. 4.* Contra Pitcarnium etiam proxima objecta animæ repræsentari, confuse quidem. Quæ repræsentatio sphæræ ope confusa facta fuerat, eam adhibito perspicillo reddidit nitidam.

Abraham Seiler *tota œconomia hominis nascendi sub schemate quinque casuum forensium ventilato* Basil. 1703. 4. B. Boehmer.

Car. Frid. Luther *de partus humani vitalis naturali & vero termino* Kiel 1703. 4.*

Ej. *de pericardii, pulmonis & partium genitalium anomaliis* Kiel 1704. 4.* De hermaphrodito agit, cui sexus femininus imperfectior, mammæ fere muliebres, rima sub pene cum nymphis, glans imperforata, cum veris testibus. Erat fetus mas, urethra patente.

Ej. *Prodromus der Apologie wider des* D. *Joh.* Crusii *abgenöthigten Bericht, oder wahrhaftige Anzeige des zwischen ihm und* D. Crusen *entstandenen Streits wegen eines Hermaphroditen.*

Car. Frider. Hochstetter *de spina bifida* Altdorf. 1703. 4.* & in nostris selectis.

Hugo Arnot *de hominis ex liquidi guttula productione, & ejus toto incarcerationis tempore perfectione* Utrecht 1703. 4.*

Harald Wallerius *de fallaciis visionis* Upsal. 1703. 4.

Ej. *De sede mentis humanæ* Upsal. 1712. 8. B. Boehmer.

Torsten Rudeen *de cantu cygni* Abo 1703. 4.

Ej. *De mellificio* ibid. 1704. 4.

Ej. *De satyris* ibid. 1705. 4.

Petri Fossii *de formatione fetus humani* Hafn. 1703. 4.

Janus Lucoppidanus *de animalibus, quæ sponte generantur* ib. 1703. 4.

J. Balthasar Werner *de saporibus & eorum differentiis* Lipf. 1703. 4. B. Burkh.

Joh. Samuel Tromsdorf *de sanguine vitæ vehiculo* Erford. 1703. 4.*

Martinus Naboth *de auditu difficili*, Præf. F. Hofmann Hall. 1703. 4.* Experimenta pro libero a faucibus per aures externas commeatu profert.

Ej. *De organo auditus* Lipf. 1703 4.*

Ej. *De sterilitate mulierum* Lipf. 1707. 4.* 1709. 4. Recepta ovaria subruere conatur, & vesiculas unicis uterinæ substituere. Adlegat scirrhosa ovaria, clausasque tubas in fecundis feminis.

Caspar Henrich Vesti *de aëre atmosphærico ejusque effectu in corpore humano naturali & præternaturali* Erford. 1703. 4.*

 Nicolai

Nicolai ANDRY & *Jac. Benigni* WINSLOW *Ergo cordis motus a dura meninge* Parif. 1702. 4. Incertum utrius.

Caroli MARTEAU & *Nic. le* TELLIER *Ergo pueri juvenibus majori innati caloris copia pollent* Parif. 1703. 4.

Antonii le MOINE & J. HERMENT *Ergo aër internus præcipuum auditus organum* Parif. 1703. 4.

Bertini DEUXIVOYE & *S. Fr.* GEOFROI *Ergo recens nato lac recens enixa matris* Parif. 1703. 4.

Jacobi de BOURGES & *Petri* AZEVEDO *Ergo infantum nævi ab imaginatione matrum* Parif. 1703. 4.

§. DCCLXXXI. *Antonius Maria* VALSALVA,

Profeffor Bononienfis, medicus, chirurgus & incifor, vir indefeffus & maximorum laborum patiens. Princeps ejus opus eft *de aure humana* tractatus Bononiæ 1704.* editus, & recufus cum J. B. MORGAGNI *epiftolis* Venet. 1740. 4.* recufus etiam folus Ultraject. 1707. 4. 1717. 4.* Genev. 1716. Multa fubtilius, quam priores perfecutus eft, ut incifuras meatus auditorii, minores aliquos auriculæ mufculos, hos novos: tubæ figuram & mufculos, & ea occafione etiam pharyngis velique palatini numerofiores multo mufculos, quam quidem folebant numerari; tum vafa aliqua tympani, nervulos minores a duro pare ortos, interque eos occurrentem, quem nofter duræ membranæ tribuit, ILL. MEKELIUS vero oftendit, cum nervo intercoftali conjungi: canalium femicircularium menfuras, pulpofamque membranam, quam VALSALVA *Zonas* vocat. De vena occipitali fufe. Buccinatoris mufculi ortum a pharynge habet.

Pofthuma prodierunt Venet. 1740. 4.* *tres Differtationes* VALSALVÆ, annis 1715. 1716. & 1719. prælectæ. In iis anulus a mufculis oculi circa nervum opticum convenientibus factus defcribitur, quem vocat oculi nervorum moderatorem; fibræ nervi optici in lepore per retinam diftributæ. Tum finus aortæ dicit, & potiffimum ampliorem ejus arteriæ fedem, qua ex corde prodiit. Inde de ligamentis coli in vermiculare inteftinulum infertis, de nervo acceflorio aliqua, & de ductu, quem putat fe vidiffe, a renibus fuccenturiatis ad teftes ducentem, aut ad ovaria, quem magni VALSALVA faciebat, & qui mihi videtur minor effe arteria fpermatica, quæ non raro ex capfulari prodit, forte demum mera cellulofa tela. Pro fabrica vifcerum glandulofa.

Vitam viri ILL. MORGAGNUS adjecit, quæ etiam reperitur in *G. de Lett.* T. XXXV. Vitam ejusdem Cl. viri nuper iterum dedit *Angelus* FABBRONI Rom. 1770. & in *Extr. de Journ.* 1773. De magnis finubus aortæ, & de anulo nervi optici moderatore VALSALVIANA inventa indicat MORGAGNUS in *Comm. Bonon.* T. I.

Chirurgica, quæ ANTONIUS reliquit, nondum prodierunt. De ductu illo novo aliqua reperias in *Giorn. de Letter.* 1719. & in *Phil. Tranf.* n. 385.

§. DCCLXXXII. J. PUGET.

J. PUGET, Lugdunensis, aliquoties egit de oculis insectorum, quos per microscopium contemplatus est. In *Journal des Savans* 1704. n. 5. ostendit in oculo locustæ libellæ & scarabæi lucani multas esse quasi lentes vitreas, egregie objecta repræsentantes. Per corneam muscæ objecta inversa adparere; earum cornearum tunicarum millenarum agmina in uno esse oculo, neque tamen ea insecta plura objecta videre, cum omnibus his corneis tunicis unicus communis sit focus. In papilione innumeras lentes vitreas esse hexagonas, regulares, nonnullis punctis distinctas. De oculis cancri, pulcherrime reticulato opere exsculptis.

EJ. *Observations sur les yeux de divers insectes & sur la trompe des papillons* Lyon 1706. 8.* Prior epistola est, quæ prodiit in *Journal des Savans*. In altera imagines objectorum remotorum in retina insectorum distante depingi docet. De oculis minoribus insectorum, minus accurate objecta reddentibus. Non posse, ut prius vir Cl. putaverat, imagines per tot corneas tunicas receptas in uno puncto uniri. Multitudinem lentium facere, ut insecta undique circumposita objecta percipiant. Aliquot in libellæ oculo membranas distinxit. Insectum unicam imaginem percipere. Ad proboscidem papilionis. Negat succum aliquem continere, aut ubique clausam esse. Inde correctis prioribus, canalem esse bipartitum, & altero tubulo succum sorbere, altero aliquamdiu conservare. Nervo undique percurri.

Epistolam *de serico aranearum* cum BONI opusculo edidit Paris. 1710. 8.*

§. DCCLXXXIII. J. C. BECKER. ALII.

J. Conradi BECKER, medici Hassiaci, *de submersorum morte sine potu aquæ* Giess. 1704. 8.* & copiosius Jen. 1720. 4.* Animalia sub aquas mersa, hominesve, nullam in ventriculo nullamque in pulmone aquam habere. Repetitur etiam in VALENTINI *novellis*.

Subjectæ sunt in editione 1704. adnotationes rariores, ut renis unici.

EJ. *Pædoctonia inculpata* Giess. 1729. 4.* Atreta ex infelici casu concepit, ut in ipso partu vaginam cultro aperire necesse fuerit. Ossa pubis in partu discedere per experimentum confirmat. Quæ per angustam rimam conceperit.

J. RULEAU in l. *d'une section Cesarienne* Paris 1704. 12.* 1710. 12. habet etiam aliquam uteri anatomen, & ovorum femininum per uterum rejectiones, sanguinis menstrui per ventriculum & pulmonem expurgationem; & de generatione fetus aliqua.

Ludovici WINSLOW *anima locata* Hafn. 1704. 4.* 1708. 8.

Ratiocinii mechanici in medicina abusus & impotentia Friburg. 1704. 8.* 1719. 8.* Contra optimi BOERHAAVII orationem, ejusdem fere tituli, asperrimum scriptum & inutile.

Petri MATTHEI, Consentini, CORNELII discipuli, *animadversiones physico-medicæ in decem dialogos digestæ* Neapoli 1704. 4.* Partem physiologiæ tradit, viscera chylopojetica, & hæmatopojetica, & cerebrum. Experimenta in brutis animalibus facta passim habet. Ventriculum de corpore exemtum majorem fieri. Peculiares esse vias, per quas a cisterna chyli in vesicam aqua feratur. Opiniones alios omitto repetere.

Thomæ NEVETT, M. D., *the rational Oeconomy of human bodies* London 1704. 12.* Ad ETTMULLERI sensum, sales acidos & alcalinos perpetuam pugnam alere, ita sanguinis motum intestinum ali; salivam leniter acidam esse.

In *Idonis* WOLF *observationibus chirurgico medicis a J. Christiano* WOLF editis Quedlinburg 1704. 4.* aliqua huc faciunt, ut perangustus ventriculus, aliqua de arteria axillari: varietates vasorum, alia.

ROLFE *index omnium humani corporis partium* Londini 1704. 4. OSB.

CLARIGNY *le systeme du cœur* Paris 1704. 12. ASTRUC. recus. 1708. 12. si huc facit.

§. DCCLXXXIV. *Disputationes.*

Jacobi GYSI *de temperamentis* Basil. 1704. 4. B. THOMAS.

Nicol. HARSCHER *de tono ventriculi & intestinorum naturali & præternaturali* Basil. 1704. 4.

Georg ENGELHARDT *de succo nervoso* Altdorf 1704. 4.*

Andreæ RUDIGER *de regressu per venas mechanico* Lips. 1704. 4.*

EJ. & GORN *de pituita* Lips. 1718. 4.* cum experimentis, recus. in collectione nostra.

J. Frid. RAHNAEUS *de gigantibus* Lips. 1704. 4.

J. Gottlob DIETERICH *de anima brutorum* Witteberg. 1704. 4.

J. Gottfried GRUHLMAN *de luxationum synthesi in specie tr. anatomico chirurgicus* Hall. 1704. 4.*

J. Franc. BUDÆI Diss. *de temperamentis* Hall. 1704. 4. UFF.

Salomon HOTTINGER *de lacte* Tigurin. 1704. 4.

Rudolph EYSSON *de functionibus microcosmi* Groning. 1704. 4.*

J. Amadei le FORT *theses de reciproco aëris in pulmone motu* Marpurg. 1704. 4.

Henr. BIERMAN *de hæmate & hæmorrhagia* Leid. 1704. 4.*

Jacob Carl SPENER *de temperamentis hominum* Jen. 1704. 4.*

J. MULENII Progr. funebre in obitum *Georgii* FRANCI.

Stephani Francisci GEOFROI & *Claudii du* CERF *Ergo hominis primordia vermis* Paris. 1704. 4. recusa cum Materia medica Cl. viri & Paris. 1769 4.* Gallice ibid. in ANDRYI lib. de vermibus anno 1741. 8. & Paris. 1705. 12. seorsim, vertente N. AN-

N. ANDRY. Celebris disputatio, qua plantarum generatio cum animalium procreatione comparatur, & in sententiam itur LEEUWENHOECKII. In editione ANDRYANA Cl. GEOFROI ad aliquas objectiones respondet.

In *Mém. de l'Academie des Sciences* agit 1705. de urina vaccina.

Ibid. anno 1706. observationes dedit anatomicas.

J. HERMENT & J. B. *Procope* COUTEAUX *Non ergo aër per pulmones penetrat* Paris. 1704. 4.*

§. DCCLXXXV. *Diaria anni* 1704.

In *In Mém. de l'Acad. des Sciences* 1704 SARAZIN, Medici, qui in Canada vixit, Castoris utriusque sexus in Canada incisi bona anatome. Intestina mollia & ventriculus. Penis in masculo propria cavea conprehensus. Sacci quatuor, glandulæ inferiores urethræ adjectæ, glandulæ unguen sudantes: magnus saccus venosus cordi subjectus &c.

ID. *Mém.* 1725. de ratto moschato, vera castoris specie. Anatome satis accurata, potissimum etiam partium genitalium, & folliculorum odoratorum utriusque sexus. In mare multa singularia sunt, testes ab epididymide remoti, genitalia, ut in venere turgida, ita fere extra eam evanescentia; testes alterne in lumbis iterumque ad anum deducti. Vesiculæ seminales adjectas habent glandulas numerosas vesiculares, in urethram apertas. Ventriculi interior membrana facile secedit.

EJUSDEM in *Mém.* 1727. egit de hystrice. Ejus animalis aculei ad cutem adhærent, & sensim interiora subeunt, & bestiam occidunt. Vesicula fellis destituitur & omento, vesiculas seminales habet nodosas. Aculeos non projicit; hæc de hystrice Americana, nam Africana multis modis differt.

In *Mém. de Trevoux* 1728. Aout testimonium dicit de cadaveribus incorruptis & flexilibus, Quebeci repertis.

BERGER duæ vesicæ urinariæ adpendices.

In *Actis Lit. Mar. Balth.* 1704. M. April. *Petri* LOFFHAGEN de hermaphroditis, & de CRUSIANO illo androgyno, quem LUTHERUS descripsit, unde litis occasio nata est.

M. Oct. ex terrore alter, ut putatur, gemellus in sceleton conversus.

M. Dec. *Christiani* BURNII maximum gallinæ hepar.

In *Philos. Transact.* anni 1704. nihil reperio, nisi quod cum suis auctoribus alibi fuerit recensum.

§. DCCLXXXVI. *J. Dominicus* SANTORINUS,

Venetus, illustris anatomicus, idemque clinicus, subtilius quam pene quisquam scalpello usus, etiam minutissimas quasque carnes distinxit.

Primum

Primum ejus viri opus prodiit Venetiis 1705. 4. Roterodam. 1719. 8. Venet. 1740. 8. idemque sæpe cum BAGLIVII operibus recusum est Antwerp. 1715. 4.* & alias. Titulus est *de structura & motu fibræ*, *de nutritione animali*, *de hæmorrhoidibus & de catameniis*. In I. & in II. libello fibram omnem habet pro vase nerveo minimo, & ejus naturam fere ad BELLINI exemplum contemplatus est ut fabricam ejus elementarem per ratiocinii vim erueret, ex ea naturam contractilem deduceret. Porro de influxu & refluxu nervei humoris: de sensibus, de stimulo.

In Lib. *de nutritione* nutritionem repetit a succo nerveo, in fibrarum intervalla deposito. Solidas corporis partes mutari confirmat. De ossium, tendinum, aliarumque corporis partium elementali fabrica. De adipis in sanguinem reditu. De perspiratione aliqua. Ossa sensu carere.

In L. III. aliqua de sanguine, de stagnatione, de obstructione. Fibram nerveam non tensam esse, spiritu nerveo turgere.

In L. IV. Liquorem seminalem mulierum admittit. A liquidi seminalis stimulo, & turgentibus vasis uteri menses derivat.

EJUSD. *Observationes anatomicæ* Venet. 1724. 4.* Leid. 1739. 4. Subtilissimus incisorum in hoc exiguo libro innumera nova inventa proposuit, in carnium potissimum minutissimis fasciculis, quos ne nuperrimi quidem & solertissimi incisores, in aure, larynge, facie, naso, partibus ano vicinis adsequi potuerunt. Pauca liceat ex multis Cl. viri inventis, aut accuratius dictis, decerpsisse. Utique in corpore reticulari nigrum Aethiopum colorem habitare: ad eum colorem bilem videri aliquid facere. Musculorum nasi & faciei subtilis historia, & vera. Duo zygomatici musculi, & tertius ab orbiculari palpebrarum fasciculus. Vomerem accenset ethmoidi ossi. Negat septi lucidi hiatum. Habet musculum retractorem epiglottidis, canalem ducentem a glandula thyroidea in glottidem. Pectoris dextram caveam ampliorem esse. Sinus uteri in gravida ampli. Nasi musculi orbicularis, procerus, transversus, dilatator, musculus orbiculi, hic perminutus. Labii superioris, labii inferioris musculi; auriculæ musculi persubtiles. De sinubus cerebri, & emissariis, venis nempe sinus inter & exteriora vasa capitis commeantibus. Cerebri minutæ striæ medullares: decem nervorum capitis origines minutius. Nasi cartilagines undecim. Ossa sinusque narium & ductus incisori. Papillæ membranæ villosæ. Larynx cum subtilissimis musculis epiglottidis aliisque. Capitula glandularum acytænoidearum pro 6. & 7. cartilagine data. Musculi pharyngis multo, quam apud VALSALVAM, uberiores; novi musculi mylopharyngeus, stylothyreoideus, alii. Cordis æquales ventriculi, aures inæquales. Mensuræ magnorum vasorum. Diaphragmatis anatome. Linea alba; glandulæ cystidis felleæ. Ani penisque musculi retractati & quam hactenus copiosiores, eorum aliqui novi & nondum recepti, ut ejaculator, alii. Venæ penis, quarum aliquas sinus vocat. Ita de mulierum in ano inque pudendis novis etiam musculis. Corpus in femina gravida luteum: diducta in partu ossa pubis. Contra vesicularum dignitatem GRAAFIANAM. Exemplum fetus tubarii. Pauca hæc ex plurimis.

EJ.

EJ. *Istoria d'un feto estratto delle parti derettane* Venet. 1727. 4.* Præter historiam fetus ex ano educti post 23 menses, cum alter in utero adoleverat, habet etiam bonam descriptionem ovi humani decem dierum, corpora lutea ovarium diffringentia, intestina connata.

Adversaria anatomico medica non prodierunt. Vita a filio scripta exstat in Diariis ORTESCHII.

§. DCCLXXXVII. *Horatius de* FLORIANIS.

Verus auctor operis ignotus est (c). Titulus est *epistola qua plusquam* 150. *errores in libro inscripto oculorum & mentis vigiliæ ostenduntur* Rom. 1705. 4.* In præfatione *Lucas* TERRANOVA scribit se surripuisse, quæ FLORIANUS ad MALPIGHII causam defendendam præparaverat, addit, se supplevisse, quæ HORATIUS, fictitium nomen, prætermisisset. In ipsis FLORIANI epistolis acerbus animus SBARAGLIÆ depingitur, cujus vigiliæ hic refutantur, & anatome defenditur. Non posse exspectari, ut solus usus ea suppeditet, quæ nos agere oporteat, ut in exemplo, ductum salivalem per innumeras fistularum adnotationes discamus evitare (d). Intercurrunt aliquæ observationes de nervis ad linguæ papillas pertinentibus, de fibris cordis non rectis, de ossea mamma.

Sylvester Henrich SCHMIDT *Tractat von der wunderbaren Macht der Muskeln, aus* BORELLI *Werk von Bewegung der Thiere ausgezogen* 1706. fol. THOMAS. Video alium titulum J. A. BORELLI *Philosophia de motu animalium ex unico principio mechanico statico deducta per S. H.* SCHMIDTIUM Heilbrunn 1705. fol. GRAU. Putes utraque lingua prodiisse.

J. HARRIS *lexicon technicum or universal dictionary of arts and sciences* London 1704. fol.* Etiam anatomen continet.

In *hist. of Virginia* Lond. 1705. 8. de sceletis dicitur, ab incolis olim paratis.

§. DCCLXXXVIII. *Varii.*

J. Ludovicus PETIT, celebris Chirurgus Parisinus. EJUS *l. des maladies des os* sæpe recusus Paris 1705. 12. Leid. 1709. 8.* Paris 1723. 12. 2.Vol.* 1736. 12. 2.Vol.* 1756. 8. 2.Vol.* Pars exigua ad anatomen facit, ut in lib. I. de musculis, ligamentis, ossibus, articulis, muco articulari aliqua. In T. II. aliqua de ossium per rachitidem incurvatione, contra GLISSONIUM. Malum esse ab ossibus emollitis & atractione musculorum.

In T. III. *tr. des maladies chirurgicales* PETITI continetur Diss. physiologica de lacte in animalium lactentium ventriculo constanter coagulato, ut sensim coagulum colliquescat, & in chylum contabescat: grumos tamen non raro indivisos in intestina transire.

In *lettres écrites à M. l'Auteur de l'extrait du livre intitulé tr. des maladies* des

(c) GIORN. de LITTER. IV. p. 272.
(d) p. 161.

des os Paris 1724. 12.* & in epiſtola 2. de muſculis gaſtrocnemiis agit, quos contractos planiores reddi putat.

In 2. epiſtola aliqua etiam dicit de ligamento terete, quod N. ANDRY aliter deſcripſerat.

In *Mém. de l'Acad. des Scienc.* 1715. de modo quo bibitur, linguæ officio, vacuo ſpatio in pectore parato. Pergit ib. a. 1716. linguæ varia officia, & palati mobilis in deglutitione deſcendentis uſum deſcribere.

Ib. Fetus varie difformis, ſexu neutro, ſolo peritonæo abdomen tegente, arteria umbilicali unica, urina in rectum inteſtinum defluente.

In *Mém.* de 1717. De herniis veſicæ urinariæ.

Mém. de 1718. Nodus in funiculo umbilicali.

Mém. de 1722. De oſſium emollitione.

Hiſt. de 1723. Placenta oſtio interno uteri adnata. Teſtis alter latens. Primus forte noſter monet, teſtes non reperiri in ſcroto infantum, quo ſenſim deſcendant.

Hiſt. de 1725. Omentum non poſſe ad ventriculum calefaciendum factum eſſe: replere potius intervalla inteſtinorum, ne muſculi intercoſtales aliique ea inæquabiliter comprimant.

Mém. de 1731. 1733. & 1735. de grumo ſanguinis, quo clauditur arteria diſſecta. Coagulum ea vulnera claudens fieri parte ſanguinis lymphatica.

In *Mém.* de 1734. de viis lacrumarum & palpebrarum uſu, ad eas per proprium incile ad puncta lacrumalia compellendas. Icon ſacci lacrumalis.

Ibid. de ſugendi actione. Non eſſe neceſſe in ore vacuum ſpatium parare.

In *Mém.* de 1742. de freno linguæ ejusque inciſione.

Ibid. *Hiſtor.* ovum prægnans.

In *Mém. de Chirurg.* T. I. de atretis.

Elogium funebre dedit *Ant.* LOUIS Pariſ. 1750. 4.

§. DCCLXXXIX. *Varii.*

Tomaſo ALGHISI *litotomia overo del cavar la pietra* Fiorenz. 1705. 4. Venet. 1708. 4.* Habet anatomen aliquam viarum urinæ & ſeminis, & icones urethræ ad utrumque ſexum depictæ.

EJ. De mumia ægyptia involuta, perpulchra, exſtat epiſtola ad VALISNERIUM in T. VI. *Giornale de letterati.*

Thomæ GREENHILL, Chirurgi, *νεκροκηδεία or the art of embalming* London 1705. 4.* ſplendidum opus. Balſamo condiendi rationem ægyptiam habet, & mumias, neque præterea fere quidquam habet conſilii.

J. H. (HANDLEY) *a compendium of anatomy* Lond. 1705. 8. cum colloquiis chirurgicis.

Giovanni Franciſco GERARDI *l'anatomico de ſe ſteſſo* Eiſenberg 1705. 12. B. BOEHMER, ſi huc facit.

In

In splendida *Sibyllæ* MERIAN *Insectorum Surinamensium metamorphosi* Amstelodami 1705. fol. 1730. fol.* excusa, huc potissimum facit historia ranæ, quæ in piscem revertitur.

. . . . . . Medecin de Montpelier, *deux parergues anatomiques où dissertations sur l'origine & la nouriture du fetus* Montpel. 1705.

EJ. *Diss. anat. sur la generation de l'homme & sur l'origine & la nouriture du fetus.* In priori editione ova male creari monet, quæ hydatides sint. In altera cotyledones per proprios ductus, & per funiculum cum vasis lacteis communicare, ita fetum alere.

BUFFIER S. J. *Pratique de la mémoire artificielle* Paris 1705. 12. 3. Vol. d'ETR. 1735. 12. 4. Vol. 1764. 2. Vol.

Armandi PERPESSAC *Diss. medica de hæmorrhoidum utilitate & noxa juxta doctrinam* HIPPOCRATIS Tolos. 1705. 8. BURKH.

EJ. *Prælectiones medico-anatomicæ de iis, quæ spectant ad fetum humanum in utero humano degentem* ib. 1706. 8. BURKH. Placentam cum utero communicare.

Joh. KRUSS *abgenöthigter Bericht wegen eines sogenannten Hermaphroditen* Schleswig 1705. 4. B. BOEHMER, cujus androgyni historiam cum C. F. LUTHER communicaverat.

Cum in *prodromo apologiæ* respondisset LUTHERUS, anonymus (*Christ. Gottl.* LOCH V. D. M.) respondit in libro *Bedenken von der Ehe eines Zwitters oder sogenannten Hermaphroditen* Schleswig 1706. 4. MOELLER.

Adami PHERNEC *Disp. quinque de cerebro, respiratione, nonnullis oculorum morbis, curiosis experimentis &c.* Lyon 1705. fol. GAL. MIN. Multa hypothesis & mechanicæ explicationes rerum, quæ non subsunt mechanicæ. Recte tamen vidit, subjecto igne plurimum de cerebro oleum stillare. Pulmonem aërem adtrahere.

Diss. *anatomique sur la génération de l'homme, où l'on combat le systeme des ovaristes* Paris 1705. 12. HEISTER.

J. Ch. HEYNE *tentamen chirurgico medicum de præcipuis ossium morbis* Amstelod. 1705. 12.* Continet etiam de fabrica ossium & nutritione cogitata auctoris.

G. Franc. GERARDI *anatomico de se stesso* Eisenberg. 1705. 8.

§. DCCXC. *Disputationes.*

J. Sigmund HENNINGER, Profess. Argent. Diss. *de saliva* Argentor. 1705. 4.* & *continuatio* 1707. 4. B. BOECKL.

EJ. *De bile* ibid. 1705. 4.*

EJ. *De freno linguæ* ibid. 1706. 4.*

EJ. *De primo infantis vagitu* ib. 1706. 4. PL.

EJ. *Theses anatomicæ in Theatro anatomico Argentinensi observatæ* ib. 1707. 4.

EJ. *De callo* ib. 1707. 4.*

EJ. *De dentibus* ib. 1708. 4.*

Ej. *De chylo* Argentorati 1709. 4.*

Ej. *De spermate ceti* ib. 1711. 4.

Ej. *De nutritione* ib. 1712. 4. He.

Ej. *De depuratione sanguinis per intestina* ib. 1712. 12. Pl.

Ej. *De lacte* ibid. 1713. 4. Pl.

Ej. *Theses physiologicæ* ib. 1714. 4.

Ej. & Euler *De mesenterio* ib. 1714. 4 * cum pulchra icone ductus thoracici & vasorum lacteorum.

Ej. *De temperamentis* ib. 1718. 4.

In Disp. præside Mappo *de cephalagia* defensa 1691. 4.* de vulnere refert cerebri, in quod stylus inmissus nullum sui sensum fecerit.

Joh. Boecler *historia instrumentorum deglutitioni præprimis vera chylificationi inservientium* Argentorat. 1705. 4. B. Burkh.

Ej. *De poris corporum effluviis & odorum historia* ibid. 1711. 4. Pl.

J. Sainctlo *de sero sanguinis* ib. 1705. 4.*

J. Petri Hollard *de renum structura & usu* Basil. 1705. 4.*

J. Conr. Creiling *phænomena laternæ magicæ* Tubingæ 1705. 4. Pl.

J. Jac. Baier, viri docti, & præsidis Acad. Nat. Cur. *de longævitate medicorum* Altdorf 1705. 4. Trew.

Ej. *De freno linguæ* ib. 1706. 4.*

Ej. *De callo ossium* ib. 1707.

Adagia vix huc referas, sed Disp. *de salivæ inspectione* Hall. 1698. 4. præside Hofmanno defensam, & disp. *de capillis* Jen. 1700. præside R. W. Crause. Tum Dispp. alieno nomine editas, ut *de oscitatione & pandiculatione* Altdorf. 1720. Denique *biographiam Professorum medicinæ, qui in Academia Altdorfiana unquam vixerunt* Noriberg. 1728. 4.* quos inter tres sunt Hofmanni.

In *Eph. Nat. Cur. Cent.* VII. *obs.* 4. portio maxillæ inferioris a natura reparata.

In *Epistolis ad viros eruditos* Francof. & Lips. 1760. 4.* excusis dat consilia, ut in Musæis anatomicis animalia possint conservari.

J. Joachim Schoepffer *de pulmone infantis natante vel submergente* (sic) Rostoch. 1705. 4.*

Ej. *De gemellis concretis* ibid. 1709. 4. B. Boehm.

Ej. *De partu octimestri* Witteberg. 1742. 4.

Jerem. Papken *de effluviis corporum naturalium* Greifsw. 1705. 4. si huc facit.

Ej. *De vitio μυωπιας και του πρεσβυτικου παθους* Greifswald. 1709. 4.

Michael Frid. Quade *de viris statura parvis conditione magnis* Greifswalde 1705. 4. De gigantibus & pygmæis.

Car.

Car. Jac. ROESER *de phantasiæ efficacia in corpus humanum* Regiom. 1705. 4.

Theophili PRAUSER *de induratione corporum, in specie ossium* Lips. 1705. 4.*

EJ. *De lactis natura, usu & abusu* Leid. 1705. 4.*

J. Lebrecht GOESCHEN *de vomitu* Leid. 1705. HEFT.

E. ULYSEUS *de fetu in utero materno contento* Leid. 1705. 4.

Joh. CAMPBELL *specimina expositionis mechanicæ actionum naturalium in homine* Utrecht 1705. 4.*

Archibald ADAMS *de secretionibus* Leid. 1705. 4.

Petri AZEVEDO & *J. Fr.* COUTHIER *Non ergo ad sensum & motum necessarii spiritus animales* Paris. 1705. 4.

Ant. PEPIN & *Eb.* ENGUEHARD *E. sanguis seri perfector* Paris. 1705. 4.

J. d'Espiney PESCHARD & *Salv.* CLUSCART *Non ergo homo a vermibus* Paris. 1705. 4.

§. DCCXCI. *Philos. Transact. & alia Diaria* anni MDCCV.

In *Phil. Transact.* n. 297. *Richard* WROE agit de cornutis tuberibus de digitis germinantibus.

N. 302. *Philipp.* SKIPPON de ossibus fetus ex inguinis ulcero eductis.

N. 303. *Antonii* MESAPORITI relatio de sanguine per omnes universi corporis poros erumpente. Reperitur etiam cum SAPORITI nomine in E. N. C. *Cent.* I. II. *obs.* 20. & apud VALISNERIUM.

N. 309. *Samuel* BRADY de catulo ore clauso.

Ex *Philos. Transactionibus* excerpta sunt *Miscellanea curiosa* Londin. 1705. 8. 1706. 8. 1708. 8. edita. Etiam anatomica continent.

In *Hist. de l'Acad. des Sciences* 1705. Cerebellum & media pars medullæ oblongatæ scirrhosa.

In *Act. Lit. Mar. Balth.* 1705. M. April. *Mich. Fridericus* CHEMNITZ describit porcellum deformem, proboscide de fronte exeunte.

M. *Jul.* ex musæo J. ROSENBERG recensentur multi fetus pedibus abundantes.

§. DCCXCII. *Georgius* CHEYNE,

Medicus Bathoniensis, vir pius, & sobrius, non quidem incisor, ad physiologiam multa contulit. EJ. *Philosophical principles of natural religion* London 1705. 8. 1715. 8. FALKES. 1736. 8.* Continet demonstrationem existentiæ Dei ex sapientiæ vestigiis, quæ in creaturis deprehenduntur. Inter ea vestigia sunt etiam, quæ repetuntur a fabrica animalium & hominis, qua occasione integra fere per singulas partes physiologia repetitur. Recte hic producit contemporaneam creationem variarum partium, quæ a se mutuo dependent, ut non casu

casu aliquo, sed ad prævisos fines coaptatas fuisse adpareat. Voluntarios motus musculares negat a causa mechanica posse produci, involuntarios necessario antagonismo tribuit. Spiritus animales rejicit. Partes ad futuros usus creatas etiam in testimonium producit, ut foramen ovale. Cæterum fere in generalibus versatur.

EJUSD. *De natura fibræ ejusque laxa s. resolutæ morbis tractatus* Londini 1725. 8.* Fibram solidam ponit, quam succus nerveus extus adfusus irriget & nutriat. Hujus elaterem & vim contractilem considerat, spiritus nerveos refutat &c.

EJUSD. *De infirmorum sanitate tuenda vitaque producenda* cum ej. tract. *de natura fibræ* Londin. 1726. 8.* Paris. 1742. 12. 2. Vol. De sex rebus agit non naturalibus. Humores nostros alcalescere ubique monet, ideo victum vegetabilem requiri, qui necessarium acorem huic malo opponat. Sed alibi pro meritis laudabimus. Animam cæterum ad STAHLII fere mentem clavicymbalum pulsare ponit, cujus claviculi nervorum sint initia, nervi ipsi chordæ.

In *English malady or treatise of nervous disorders* London 1732. 8.* varia habet physiologica, & pro evolutione pugnat. De spiritibus nervis varia. Hic exemplum recenset militis, qui pro arbitrio se ita ad quietem componere norat, ut mortui simillimus fieret.

EJUSD. *A new theory of acute and slow fevers* 3. edit. London 1722. 8.* primam enim edit. ignoro. Corpus humanum conponi ex vasculis, & potissimum glandulis, sive organis secretoriis. BELLINUM inde secutus accelerari putat sanguinis per liberos ramos motum, dum eorum aliqui obstruuntur. Ex iisdem principiis vim plicarum retardantem admittit, neque bene earum in teste numerum init. Leges aliquæ secretionis. Ventriculum & intestina ritu solo officio suo defungi.

Reliqua viri opera practici fere argumenti sunt.

§. DCCXCIII. *Diaria Philos. Transact. &c.* a. 1706.

In n. 307. *Josephus* CAMELLI numerosa monstrosarum fabricarum exempla ex Philippinis Insulis narrat. Aliqua fabulosa videntur, alia probabilia. Et vaccas & homines androgynos frequenter putes reperiri, cum propria apud Barbaros nomina iis sint imposita. Gigantes, nani, Aethiops albus noctu videns.

Ex codicibus M. S. *Johannis* RAJI recensetur integra anatome *Antonii* MARCHETTI Patavini. Renem sinistrum altiorem esse, & majorem. Lactea vasa ad uterum in prægnantibus Absque testibus animalia generasse. Hymenem ostendit, Urachum cæcum esse. Ramum a ductu thoracico in pericardium euntem se vidisse. Corpuscula mamillaria cerebri pro fratris invento dat (DOMINICI). Multa paradoxa.

In *Philos. Transact.* n. 307. negat cisternam chyli aliquam dari.

EJUSDEM *Antonii* MARCHETTI aliqua reperias in *G. des* NOUES epistolis, Romæ

Romæ 1706. 8.* Ductum thoracicum fere ad omnes universi corporis partes ramos edere, etiam ad cerebrum & ad medullam spinalem, chylo plenos. Ductum etiam proprium ait ducere a splene in duodenum.

Robertus TAYLOR duas puellas dixit, medio corporis trunco connatas.

GAUTIER pro chorioidea tunica: visionis esse organum *Mém. de Montpelier* 1706.

§. DCCXCIV. *Jacobus* DOUGLAS,

Vir eruditus & solers, diligentissimus incisor, modestus idem vir & humanissimus, cujus benignum animum juvenis expertus senex laudo. Vidi certe numerosissimas sceletos, multas etiam cum suis ligamentis in aqua jacentes, ut articulorum mobilitas sibi constaret: ossa etiam varie dissecta, ut interiora paterent. Verum magnum, quod parabat & promiserat, de ossibus opus interiit, & pauca sunt omnino, quæ de maximis summi viri laboribus ad posteros pervenerunt.

In *Philos. Transact.* n. 308. descripsit & depinxit uterum cum vicinis vasis, vasisque renalibus, tum arteriæ spermaticæ ramum adiposum renalem, glandulæ renalis sulcum, venam in eo sulco latentem; glandulas internas uteri, glandulas labiorum pudendi.

EJUSD. *Myographiæ comparatæ specimen or a comparative description of all the muscles in a man and in a quadruped* Lond. 1707. 12.* Edinburg 1750. 8. & ab amico nostro J. F. SCHREIBER latine versum Leidæ 1738. 8.* Myologiarum hactenus editarum suo tempore præstantissima, musculorum hominis & canis catalogum continet, & optimam potissimum insertionum in ossa historiam. Peculiares musculi aut novi varii, cum ante SANTORINUM scripserit, editasque EUSTACHII tabulas. Huc ergo pertinent m. rhinæus, musculus incisuræ meatus auditorii, stylohyoideus alter, arytænoideus minor, Mylopharyngæus, Salpingopharyngæus, Syndesmopharyngæus, Chondropharyngæus, Palatostaphylinus, Thyreostaphylinus, & musculus Palatosalpingæus ornatius dicti. Porro Trachelomastoideus, iste Fallopianus intertransversales colli & lumborum, Intervertebrales, Coccygæus, duo musculi vaginæ, secundus masseter. Buccinatorem cum pterygopharyngæo continuari vidit. Interosseos primus veré exposuit. Tricipitem femoris recte in quatuor adductores distinxit. Varietates ubique adnotat. Adjecit etiam brevem *appendicem*, in qua fasciculus ab orbiculari palpebrarum in labium superius descendens. Musculum tubæ novum in duos separavit, reflexum palatinum, & dilatatorem tubæ. Musculi aliqui rarius conspicui.

ALBINI observationes, & nonnullas adnotationes ad hoc opus addidit SCHREIBERUS, ut coracobrachialem secundam.

Apud RUTTYUM DOUGLASSIUS fasciculosum musculosum ab osse pubis dicit.

Apud REIMARUM, tendinem absque magno dolore conpunctum recenset.

Ej.

EJ. *Bibliographiæ anatomicæ specimen s. catalogus pene omnium auctorum, qui ab* HIPPOCRATE *ad* HARVEJUM *rem anatomicam illustrarunt* Londin. 1715. 8.* & Leid. 1734 8.* Libros omnibus linguis scriptos, qui quidquam continerent argumenti anatomici, recensuit, cum variis editionibus, & præcipua cujusque viri in anatomen merita addidit. In editione Belgica aliquæ editiones, & libri aliqui a DOUGLASSIO omissi, accesserunt.

EJ. *A Description of the peritonæum and of that part of the membrana cellularis which lies on its outside, with an account of the true situation of all the abdominal viscera* London 1730. 4.* & vertente *Elia Frid.* HEISTER Helmst. 1732. 4.* Subtilis omnino incisoris specimen, qui peritonæum integrum undique deglubserit, ejusque adhæsiones ad quæque viscera, quibus est pro velamento, accuratissime exposuerit, potissimum etiam ad vesicam urinariam, renes & rectum intestinum. Non duplex esse peritonæum; & cellulosam esse telam, quod habitum est pro exteriori lamina, primus ostendit. Multa etiam bona de tunica cellulosa in universum docuit, de arteriarum membrana unica, de viscerum situ & ligamentis. Plicas habet peritonæi, inde in Gallia ornatas, fibrasque longas in pubis os insertas. Nullam dari arteriarum membranam externam, naturam arteriæ cellulosam esse.

El. Frid. HEISTERUS duplicem laminam peritonæi defendere tentavit. Sed neque vim sermonis anglici ubique sensit.

Recensuit *Joshua* NELSON Leid. 1737. 8.

In *Philos. Transact.* n. 350. aliqua ad anatomen Phœnicopteri.

N. 349. Glandulæ lienis humani.

§. DCCXCV. *Andreas Ottomarus* GOELICKE,

Professor Francofurtensis ad Viadrum, acris & bellicosus STAHLII adsecla, non quidem incisor, plurima tamen scripsit, quæ ad physiologiam pertinent.

Disputationes eo præside prodierunt. *De temperamentorum natura, characteribus, ac diathesi morbosa* Hall. 1705. 4.

Partum octimestrem vitalem esse, ac legitimum ib. 1708. 4.*

Specimen medicinæ legalis de inspiciendo ventre Francof. ad Viadr. 1720. 4.

Spiritus animalis ex foro medico relegatus ib. 1725. 4.* tres Disputationes. Nervos pro funiculis habet, qui ad unum finem correpti, contremiscunt in altero; argumenta BIDLOI, CABROLII & aliorum repetit.

EJ. *De pulmonis infantis in aqua natatu vel subsidentia infallibili indicio eum, vel vivum, vel mortuum esse natum* ib. 1730. 4. HAENEL.

EJ. *Spiritus animalis merens exsul justarumque imputationum plenissime convictus* ib. 1731. 4.*

EJ. *De tendinis structura & usu* ib. 1734. 4.*

EJ. *De ossium structura & usu* ib. 1735. 4.*

Ej. *De singularibus hepatis humani in statu naturali & prænaturali* Francof. ad Viadr. 1736. 4. B. Burckh.

Ej. *De meninge arachnoidea cerebri* ib. 1736. II. 1737. 4. & alia Disp. 1748. 4.

Ej. *De fibræ textura, usu & adfectionibus, tam secundum, quam præter naturam* ib. 1738. 4.

Ej. *De ingressu aëris in sanguinem sub respiratione, ejusdemque effectibus* 1738. 4.

Ej. *De membranæ textura usu & affectibus, tam secundum, quam præter naturam* 1739. 4.

Ej. *De genuino corporis organici motore* 1740. 4.

Ej. *Utrum homo sit machina hydraulica pneumatica, necne* 1741. 4.

Ej. *Historia anatomica novantiqua, s. conspectus scriptorum plerorumque, si non omnium, qui anatomiam illustrarunt* Hall. 1713. 8.* Auctorum inventa vulgo notiora recenset, editionibus fere omissis, magnus veterum contemtor. *Jacobum* Carpum a *Jacobo* Berengario separat. G. Entium seculo XVI. accenset; *Nicolaum* Hobokenum cum *Nic.* Habicot confundit. *Nic.* Severum alium a *Nicol.* Stenonio facit, qui idem est. Gallice tamen versus est a D. Eidous.

Idem opus iterato adgressus auctius reddidit Francof. 1738. 4.* Non satis incisor; tubam, etiam nostro ævo, cum aquæductu Fallopii confundit. Confundit Albinum juniorem auctorem Diss. *de intestinis tenuibus*, cum majori fratre, & majori opera minoris tribuit, atque vicissim. Cæterum aliquam librorum dat notitiam, sæpe ex præfationibus.

Ejusd. *Institutiones medicæ secundum principia mechanico organica reformatæ* Francof. ad Viadr. 1735. 4.* ex Disputationibus natum opus, breve & polemicum.

Medicina forensis Francof. ad Viadr. 1723. 4. & ipsa Disputationum est collectio, cum historia literaria librorum huc facientium.

Diarium denique scribere adgressus est, cui titulum dedit, *Selecta Francofurtensia*, & cujus initium fecit anno 1736.

In T. I. n. 5. hæmorrhagiam a funiculo non ligato ortam utique funestam fuisse.

§. DCCXCVI. *Diaria alia* anni 1706.

In *Hist. de l'Acad. Roy. des Scienc.* aliqua de diuturna inedia animalium.

Carre de lentis crystallinæ vi, qua literas auget.

De animale amphisbæna: quod ipsum in plures partes dissectum porro progreditur & se movet.

Fetus cui alter imperfectus ad pectus adaptatus.

In *Act. Erud.* Lips. 1706. *Nicolaus* Bidloo describit partum bicipitem & bipedem, ejusque anatomen.

In *Galer. di Minerv.* T. V. qui anno 1706. prodiit, *Bernardinus* ZENDRINI egit de ſecretione animali.

Idem contra PARENTUM BORELLUM defendit *Giorn. de Letter. d'Ital.* XVIII. Vol. 4. & *Suppl.* 2. p. 79.

In tr. *de China China* 1715. edito cor fere ſexagecuplas ſuarum virium reſiſtentias ſuperare docet.

In *Mém. de Trevoux*, Juillet D. POUSOL, medicus, ſingularem partum monſtroſum deſcripſit, qui cum legitimo fetu prodiit, puellam nempe difformi capite, abſque corde, pulmone, reliquis viſceribus, præter renes, & minima inteſtina, nulla arteria aorta, medulla ſpinali minima, ſic altero pede.

§. DCCXCVII. *J. Baptiſta* MORGAGNI,

Foroliviensis, Valſalvæ diſcipulus, Profeſſor primarius Patavinus, vir & elegantiſſime doctus, & in anatome exercitatiſſimus, admirabili memoria præditus, ut infinita auctorum loca non inſpectis libris citare poſſet, varias adeo & rariſſime conjunctas dotes animi in publica commoda conjunxit, vitæ demum pro ſuis meritis productæ beneficio ſenex perfecit, quæ juvenis præparaverat.

Primum ejus opus, idemque novis inventis pleniſſimum, *Adverſaria* ſunt *Anatomica prima*, quæ Bononiæ 1706. 4.* edidit, ſexaginta ſeptem ante hæc quibus ſcribo tempora annis. In hoc exigui voluminis libro nihil fere reperitur, niſi novum, aut certe ſtudioſius excultum. Glandulæ minores laryngis, ligamenta, ventriculi, & muſculi ſtylopharyngæi in os hyoides productio, colliculi veſicæ & mucoſi ſinus, glandulæ ſebaceæ faciei, nympharum, ani, mammarum, ligamentum penis, corpuſcula calloſa valvularum in magnis arteriis cordis: adnotationes de viis lacrumarum, caruncula, thyreoidea glandula, vera origine muſculi coracohyoidei, hymene, lacunis circa urethræ exitum in feminis, tubarum ſitu, poris uteri menſes fundentibus, foramine cæco linguæ &c.

Recuſa ſunt Leidæ 1714. 8. 1741. 4.

Alius hactenus finis eſt eorum, quæ ſequuntur Adverſariorum. Cum enim MANGETUS in *theatrum* ſuum *anatomicum* BIANCHI nonnulla admiſiſſet, ſatis petulanter in MORGAGNUM ſcripta, noſter & BIANCHI inſultationes repellere conſtituit, & MANGETI nimis numeroſos errores corrigere. *Secunda* ergo *Adverſaria* prodierunt Patav. 1717. 4.* Ubique, dum collectoris vitia emendat, addit de ſuo adnotationes, & plurima rectius conſtituit. Multa de muſculis. Hic primum utiliſſima methodus ſummi viri adparet, qua ſuper omnes priores inciſores ſe extulit, ſolo forte excepto EUSTACHIO. Nempe non ita partes humani corporis deſcribit, tamquam una & conſtans earum forma eſſet: ſed varietates in diverſis cadaveribus adnotatas colligit exque numero conſentientium exemplorum conficit, quæ fabrica pro conſueta haberi poſſet. Splenii muſculi in vertebras colli inſertionem ſæpe vidit: & duos ab occipite levatores ſcapulæ, aut ejus muſculi a proceſſu transverſo primæ vertebræ originem: tres diverſos

diversos peronæos. Longissimum dorsi quater vidit ad occiput adscendere. Plantarem musculum aponeurosin plantæ pedis generare recte negat. Transversalis pedis varietates vidit. Tricipitem extensorem cubiti mallet dicere. De pharyngis & palati mollis musculis aliqua. De glandulis mucilaginosis, de menisco in articulo maxillæ inferioris, de tibiæ cartilaginibus semilunaribus. Ad nervos aliqua: de ureterum inæquali diametro, chyli cisterna.

Adversaria anatomica Tertia, Patav. 1717. 4.* Ad abdomen. De appendicibus coli omentalibus. De ani valvulis & sinubus; de valvula coli, uti se in recente cadavere habet, suse & ornate: de ejus valvulæ frenulis, de tribus ligamentis coli: contra BIANCHIANUM anulum. Inde contra primam editionem *historiæ hepaticæ* BIANCHI, in qua plurima præproper scripta corrigit: vasa hepaticystica rejicit, & potissimum etiam musculos urethræ & ani emendat, quos BIANCHUS novos in MANGETI *theatro* proposuerat.

Adversaria anatomica Quarta Patav. 1719. 4.* Hactenus LANCISII amico ministerio cum BIANCHO in gratiam redierat, ut mitius pergat corrigere, quæ erant nota digna. Ad organa genitalia virilia, ad sinus mucosos penis, ad urethræ glandulas in TERRANEUM. Adversus LITTRII prostatam. Sulcus medius capitis gallinaginis. De mulierum etiam genitalibus. De glandulis sebaceis fusius & ornatius: de luteis corporibus, de vesiculis, quas non habet pro ovis: de ductibus mammæ lactiferis, de foramine ovali. De pilorum ortu ex tela cellulosa.

Adversaria anatomica Quinta Patav. 1719. 4.* De mammis & papillarum areolis, & ejus glandulis. De corde aliqua, de valvularum, in magnarum arteriarum ostiis, fibris & corpusculis; ad pulmonem, laryngem, hujus muciferos poros, de glandulis, ventriculis &c.

Adversaria anatomica Sexta Patav. 1719. 4.* Ad cerebrum, & caput universum. Multa hic iterum nova aut accuratius exposita; de sinu occipitali, de tractubus nonnullis medullosis cerebri: de receptaculis ad latus sellæ equinæ accurate: de appendice glandulæ pituitariæ, de surculo in cranium recurrente nervi duri. De oculo, de viis lacrumarum, sollicite contra BIANCHUM, de palpebra tertia. De aquula lentis crystallinæ. De naribus, earum glandulis, de corniculo sphenoideo supremo. Iterum de lingua, foramine ejus cæco, glandulis, ductibus salivalibus.

Hoc eodem anno 1719. *Adversaria sex* MORGAGNI Patavii 4.* conjuncta recusa sunt, Leidæ iterum impressa.

EJUSD. *Nova Institutionum medicarum idea* Patav. 1712. 4.* Leid. 1740. 8. Vix huc facit.

Cum EUSTACHII tabulis a LANCISIO editis prodiit Romæ 1714. fol. & 1728. fol.* epistola MORGAGNI, in qua aliqua inventa summi viri recensentur, & loca librorum editorum conferuntur. De musculis nasi agit.

EJUSD. *Epistolæ Anatomicæ novas observationes & animadversiones complectentes* Leid. 1728. 4.* curante BOERHAAVIO. Utraque est adversus J. B. BIANCHI.

CHI. Prima, moderato & amico ſtylo ſcripta, aliqua continet in anatome hepatis corrigenda, ad ejus viſceris ligamenta, figuram, vaſa, ductus bilarios, etiam cyſthepaticos, bilis iter. Deinde ad orationem, qua BIANCHUS hiſtoriam anatomicam adtigerat, juvenili tunc & inemendato ſtudio.

Altera ſucceſſit, cum interim BIANCHUS in altero tomo hiſtoriæ hepaticæ ſe vindicare fuiſſet adniſus; acris iſta, qua vitia ejus libri vivide accuſantur, icones, neque certe niſi merito, carpuntur. Adjecta eſt in J. B. BIANCHI *Joſephi* POZZII accuſatio, qui exemplum ductuum biliariorum mire dilatatorum, & a BIANCHO deſcriptorum, TACONO vindicat, & ductus cyſthepaticos refutat.

IDEM Venet. 1740. 4. 2.Vol.* edidit VALSALVÆ opera, vitamque addidit & Epiſtolas octodecim, quæ cum proxime recenſis numeratæ numerum complent vigenarium. Hæ Epiſtolæ hactenus ad aliquas VALSALVÆ voces reſpiciunt, ut infinita, & plerumque ſubtiliora, anatomica experimenta SUMMI VIRI contineant, tum totam hujusque particulæ hiſtoriam, ut paulatim a variis ſcriptoribus aut perfecta ſit, aut per errores corrupta. Epiſtola III. fere ad glandulas ſebaceas, & ad glandulas in univerſum pertinet, quarum & viſcerum fabricam veſicularem contra RUYSCHIUM ſtudet confirmare, & MALPIGHIUM tueri. Epiſtola IV. ſpectat ad auriculam, & ad auditorium meatum: In toto opere VALSALVÆ merita AMICUS editor vindicat, contra VIEUSSENIUM alioſque. De inciſuris meatus cartilaginei. In Epiſt. V. agit de tympani membrana & cavea: de cuticula aliiſque ejus membranæ laminis: de hiatu ejusdem, quem rejicit, de cellulis mammillaris oſſis, de oſſiculis auditus & eorum antiquitatibus, atque muſculis. Epiſtola VII. de utraque feneſtra, tuba, & vaſculis nervisque tympani: de minoribus earum partium foraminibus, tubæ utilitate & muſculis, & tympani chorda. Epiſt. VIII. ad muſculos uvulæ & pharyngis ſpectat, brevis omnino. Epiſt. IX. ad pharyngem in univerſum, ejus glandulas & œſophagum, ad uvulam & palatum molle, ad tonſillas, ad glandulam nonnullorum œſophageam dorſalem, ad glandulam thyreoideam ejusque ſuccum, ad bronchiales gl. Epiſt. X. de muſculis uvulæ & palati mollis, fuſe & accurate & Ep. XI. de muſculis pharyngis: perinde Ep. XII. ubi ſtylopharyngeus alter. In eadem Ep. XII. accuratiſſime quærit de labyrintho, & de minimis etiam ſulcis atque foraminibus, de cochlea, lamina ſpirali, canalibus ſemicircularibus, viis & ramis nervi mollis & duri, de membrana pulpoſa veſtibuli, zoniſque. Ep. XIII. ad auris univerſæ phyſiologiam, morborum cerebri veram ſedem. Epiſt. XIV. ad inteſtinum colon, ejus ligamenta, inteſtinum cæcum, ejus appendicem. Ep. XV. ad ſinus magnæ arteriæ VALSALVIANOS, ad valvulas cordis & venarum in univerſum, ad valvulam EUSTACHII & coronariam, ad foramen ovale, venas cordis, venam ſine pari: de inventoribus circuitus ſanguinei de viis ſanguinis fetui propriis, poris ſepti cordis, motus cordis vicibus LANCISIANIS. Epiſt. XVI. ad nervos a VALSALVA tactos, nervum opticum & oculum, ejusque muſculos. Epiſt. XVII. de oculi partibus interioribus, de fibris & motu iridis, corpore ciliari, humorum cameris, lentis cryſtallinæ fabrica, papilla nervi optici, hujus celluloſa natura, retinæ fibris & vaſculis. Epiſt. XVIII. & XIX. fere phyſiolosiologicæ sunt & pathologicæ, ad oculum, & cataractam. Epist. XX. de renibus succenturiatis, quorum & cavitatem rejicit in adulto, & VALSALVIANUM ductum. Fetus aliqui monstrosi. Fetus galea cranii destitutus.

Recusæ sunt Venetiis 1762. fol.

Octogenarius edidit *de sedibus & causis morborum per anatomen indagatis* L. V. Venet. 1761. fol. 2.Vol.* Paris. 1765. fol. 2.Vol. Anglice 1769. 4. 4.Vol. vertente ALEXANDRO, & nuper Germanice. Ad anatomen potissimum practicam pertinet, plurima tamen in cadaveribus incisis habet, quorum ingens aut in physiologia aut in anatome usus sit.

Ej. *Opuscula miscellanea quorum non pauca nunc primum prodierunt* Venet. 1763. fol.* Multa sunt argumenti anatomici. In P. I. mihi perhumaniter inscripta Epistolam de ordine in anatome servato, datam a. 1761. reperias. Procemia aliqua exercitationum anatomicarum. De glandulis ad MICHELOTTUM a. 1718. de ductibus lacrymalibus ad ANELLUM 1714.

De virginitate judicium.

Num fetus septimestris perfectus esse possit.

Vitæ etiam GUILIELMINI & VALSALVÆ una recusæ sunt.

Epistolæ in *A. Cornelium* CELSUM & Q. SER. SAMMONICUM Haag. 1724. 4.* Paris. 1735. 4. quinque aliis epistolis auctæ Patav. 1750. 8.* tum cum ipso CELSO, & inter *opuscula* recusæ, etiam loca anatomica CELSI passim emendant & explicant.

In *Commentariorum Bononiensium* T. I. VIR ILL. agit de pharyngis & uvulæ musculis, quæ epistola anno jam 1706. data est. Describit musculum azygon, salpingostaphylini insertionem in laryngem: stylopharyngæum triplicem.

In eodem tomo dat indicationem inventorum novorum VALSALVÆ, quæ postea ipse edidit.

In *Hist. de l'Acad. de Sciences* 1741. varietates narrat in numero vertebrarum, valvularum arteriæ pulmonalis, quas vidit quaternas, in vena iliaca, in renali.

Vitam viri quem demum amisimus, ILL. descripsit *Josephus* MOSCA Neapoli 1768. 8.* & nuper *Ang.* FABRONIUS.

§. DCCXCVIII. *Dominicus* MISTICHELLI,

Medicus Romanus. Ejus inter epistolas *Guilielmi des* NOUES Romæ 1706. 8.* editas primum exstat bonus libellus de fetu monstroso, leonis simili, cum totum vitium in cellulosa tela esset, aqua plena. Deinde ejusdem de SIMONCELLII Chirurgi Romani invento relatio, qui nervulum a molli de apice cochleæ exire, inque cerebrum demum reverti viderat, aut putaverat se vidisse, & qui idem videtur ramus esse a nervo duro in nervum intercostalem euns.

EJUSD. *Trattato dell apoplessia* Rom. 1709. 4.* In L. I. fibras medullæ oblongatæ, fibras circa spinalis medullæ principia utrinque conflexas & concurrentes, nervorum spinalium originem depingit, & multum tribuit ejus medullæ meningibus, quarum cum corde antagonismum putet esse.

EJ. *Aggiunta al trattato dell apoplessia* Padova 1715. 4.* Contra spiritus e meningibus replendis cerebrum unice destinatum esse. Utitur argumento a fetubus acephalis repetito. Ipse apoplecticus interiit.

§. DCCXCIX. *Varii.*

Georgii Philipp. NENTER, Gelnhausani, Professoris Argentoratensis, de STAHLII secta, Disp. *de generatione viventium univoca atque aequivoca* Argentor. 1706. 4.

EJ. *Theoria hominis sani, s. physiologia medica* Argentor. 1714. 8.* Ad praeceptoris sensum. Refutat fervores SYLVII &c.

Redit ea theoria in *fundamentis medicinae theoretico-practicae* ibid. 1718. 4. 2.Vol.* Venet. 1751. fol. 2.Vol. Perbreve physiologiae compendium.

J. Jacobi ZITTMANN, Medici primarii Castrensis Saxonici, *Medicina forensis, oder neu-eröffnete Pforte zur Medicin und Chirurgie* Frankfurt 1706. 4. 2.Vol.* Hoc opus natum est ex cocmtis schedis *C. Johannis* LANGE; responsa nempe sunt facultatis Lipsiensis. Multa pertinent ad rem physiologicam & anatomicam, ut de legitimi fetus temporibus; de virginitate, cujus certa signa negat dari. Num in somno virgo possit impraegnari. Fetus mortui in utero retenti exemplum. Naevi.

Petri Angeli PAPI, Sabinensis Medici, *sacra auctorum recentiorum critica in Philosophia Chymia & Medicina* Rom. 1706. 8.* Animae imperium in corpus defendit ex Peripati sententia. Negat animalia machinas esse, quibus anima sensitiva sit. Ovaria humana rejicit, tum evolutionis systema. Villos aliquos de utero putat decidere, & in corpus fetus figurari.

Contra PASCOLUM porro CARTESIANAS machinas defendentem respondit in *difesa dell' anima sensitiva esistente in armenti automatici* Rom. 1706. 8.* PASCOLUM contra propria principia pugnare.

Antonio DOMENICO *del* PINO *pensieri sopra la generazione dell' uomo* Lucca 1706. 4.*

Compendiosa e moralibus critices regulis monita, ad quorum normam exiguntur tum controversia inter MALPIGHIUM & SBARAGLIUM, *tum epistolae quaedam ab adseclis ipsius nuper evulgatae* Colon 1706. 8.* Contra FLORIANUM, MALPIGHIUM & adseclas acerbe contra SBARALEAM scripsisse; hunc nihil dixisse nimis acre.

Josephi GRANDI *oratio qua italam anatomen caeteris praestantiorem esse ostendit* Venet. 1706.

Kurze Verfassung der Anatomie, wie solche zur Mahlerey und Bildhauerey erfordert wird, ans Licht gegeben von Francisco TORTEBAT Berlin 1706. fol. TREW.

Christ. Henr. KIRCHHEIM *Vademecum Anatomicum* Hamburg 1706. 8.* Lipf. 1713. 8. Dresden 1721. 8. 1735. 8.* Langensalza 1740. 8. 1745. 8. 1746. 8. Elementa mera.

EJ.

Ej. *Facies anatomica corporis humani dismembrati* Varsav. 1722. 8. B. BOEHM.

Relof ROUKEMA *naamboek der beroemden genees en heelmeesters* Amsterdam 1705. 8.* Multum utitur MORERIO & BAYLEO. Cæterum passim intercedunt errores non modici.

Quæ scripsit ad lites circa pulmonem natantem & submersum, malui relinquere conjuncta, ad a. 1739.

Henrici BUYSEN *van de uytwerpingen des menscheliken lighams* Amsterdam 1706. 12.*

W. READ *treatise of the eyes* London 1706. 8.

Martini HEER, Lusati, *Physiologia* HELMONTIANA, *s. tractatus* IX. *de Archæo* Lipsiæ 1706. 4.

In *Commercio literario epistolico Jodoci Hermanni* NUNNING & *J. Henrici* COHAUSEN Francof. 1706. 8.* varia dicuntur, ut ossa fossilia Elephanti, Rhinocerotis. De capsulis atrabilariis proprium scriptum promisit.

Ej. *De tentaminum physico-medicorum decas de vita humana prolonganda &c.* Osnabrugg. 1714. 4. potius practica.

Ej. *Ossilegium historico-physicum* ib. 1714. 4.* De ossibus in urnis sepulchralibus repertis: de giganteis ossibus. Pleraque historica.

Ej. *Lucina* RUYSCHIANA, *s. musculus uteri orbicularis a* RUYSCHIO *detectus &c.* Amsterdam 1731. 8.* Musculosam fabricam uteri a MURALTO, DRELINCOURTIO aliisque dudum dictam esse: non sufficere expellendæ placentæ; neque absque summo periculo a natura auxilium exspectari.

Ej. HERMIPPUS *redivivus* Francof. 1742. quem Anglice versum legi Londin. 1749. 8.* edente J. HILLIO. Ex GRUTERI inscriptionibus HERMIPPI historiolam narrat, qui ad 115. vel 155. annum vixerit, halitu puellarum sustentatus. Ea occasione agit de longævis, etiam per alchemiam. Multa fabulosa.

Ej. *Archæus febrium faber & medicus* Amsterdam. 1731. 8.

Dissertations anatomiques sur la generation de l'homme & sur l'origine de la nourriture du fetus par le S. Medecin de Montpelier* Paris 1706. 12. BUR.

Jac. GEOFFRON (ita) *pulsuum doctrina in quinque libros divisa* Genev. 1706. 8. BUR.

Philippi HECQUET, hominis pii sed Zelotæ, magni tritus defensoris, multa exstant opuscula, quæ physiologiam tangunt. Ejus est *Explication physique & mecanique des effets de la saignée par raport à la transpiration* Paris 1706. 12.

Lego jam a. 1696. dedisse Disputationem, *E. functiones non a fermentis* Paris. Sed auctores Disputationum difficile est adgnoscere.

EJUSD *Traité des dispenses du Carême* Paris 1709. 12. & auctius 1710. 12.* Tritum defendit, rejicit fermenta, vegetabilem victum cum hominis natura consentire docet, neque carnes ad sustentandam vitam requiri.

EJ. *Tr. de la digestion contre l'article* XIII. *des mémoires de Trevoux Janvier* 1710. Paris 1710. 12. tantum duo folia, quibus sequentem libellum indicit.

EJ. *Tr. de la digestion & des maladies d'estomac &c.* Paris 1712. 12. 1730. 12. 2.Vol.* Magna est collectio peculiarium libellorum: 1. *Discours preliminaire sur l'etendue de la trituration.* Non digestionem solam, sed fere omnes in corpore humano humorum præparationes tritui, & solidorum oscillationi tribuit, & vasorum vi contractili.

2. *Reponse à Mr.* SILVA.

3. *Lettres sur la revulsion, & troisieme lettre sur la saignée;* alias dicentur: tum *cinquieme lettre sur les maladies des yeux;* contra PETITUM.

4. In T. II. redit *tr. de la digestion suivant le systeme de la trituration sans l'aide de la fermentation.* Hic etiam non digestionem ciborum solam, sed secretiones, hæmatosin, omnes demum in corpore humano motus tritui tribuit.

Ad ASTRUCII libellum animadversiones. Inde contra VIEUSSENIUM fermentorum patronum.

Theses a. 1712. Paris propositæ. *Ergo morbi a solidorum tritu.*

EJ. *Novus medicinæ conspectus* Paris. 1722. 12. 2.Vol.* Adeo acriter omnes in animale motus a solidis partibus deducit, exclusis fluidis, ut etiam fetum solis solidis conponi ajat, aut certe fluidis, sed ad naturam solidam inclinatis corpusculis.

EJ. *La Medecine theologique, où la Medecine Creée* Paris 1733. 12. 2.Vol.* In primi tomi parte II. physiologica tradit, multum usus SANTORINO, & motum partium tonicum pro natura habet. Theses aliquæ, etiam physiologicæ adjectæ.

EJ. *De* RUYSCHIANO *uteri musculo epistola* Paris. 1726. 8. Amst. 1727. 4.*

Porro cum *remarques sur l'abus des purgatifs* prodierunt Paris 1725. 12. *deux lettres l'une sur la generation des insectes l'autre sur le muscle uterin decouvert par* RUYSCH. HAENEL.

J. Philipp. BURGGRAV *de morte & ejus præsensione* Francof. 1706. 8.

Traite de l'eau de millefleurs (urina vaccina) *remede à la mode* Lyon 1706. 12.

§. DCCC. *Varii. Disputationes.*

Wilhelm Henrich MULLER (sive BIDLOO) *de thymo* Leid. 1706. 4.*

EJ. *De ancylosi* Leid. 1707. 4.*, a nobis recus. De glandulis mucilaginosis aliqua: de periosteo organi auditus.

Christ. BIERWIRTH *de hepatis structura ejusque morbis* Leid. 1706. 4.* Icon partis hepatis suilli cocti, & rami venæ portarum.

Petri EVERTSEN *de organo chylificationis* Leid. 1706. 4.* cum iconibus, in nostris selectis recus.

EJ.

Ej. *De glandula thyroidea* ib. 1708. 4., & in *nostris selectis*, cum iconibus.

ISRAEL *van de* VELDE *de chylificatione* Hardervic. 1706. 4.*

Isaac BREBERENUS *van* DYCK *de circulatione sanguinis* Utrecht 1706. 4.*

Anton. STOCHIUS *de motu fluidorum in animalibus* Leid. 1706. 4.*

J. Christoph. BAUER *de formatione avium ex terra* ad Genes. II. 19. Leipz. 1706.

J. Jod. BEK *de conjugalis debiti præstatione* Noriberg. 1706. 4. B. BOEHM. Ad J. C. forte.

Claudii de CERF & *Franc. Oliv. de* CUVILLE *E. bilis agendi facultas præcipua ab amaro* Paris 1706. 4.

Petri MANGOLD Diss. *de sex rebus non naturalibus* Basil. 1706. 4. LEUW.

J. UPMARK *de formicis* Upsal. 1706. 4.

Christian RÖMER ASGAARD *quaternio thesium physico-medicarum* Hafniæ 1706. 4. Inter eas est de fame quam sitim sedat.

TYCHO NIC. F. TYCHONIS F. *de monocerote non monocerote* Hafn. 1706. 4. 1707. 4.

§. DCCCI. *Abrahamus* VATER,

Professor Wittebergensis, discipulus RUYSCHII, vir minime vulgaris, etsi pauca scripsit.

EJUS disputatio *de mechanismo actionum vitalium* I. *de principio vitali* Witteberg. 1707. 4.

Ej. Diss. *de actionibus vitalibus* II. in specie. ibid. 1709. 4.*

Ej. *De succi nervei secretione mechanica* ib. 1711. 4.

Ej. *Epistola ad* RUYSCHIUM XVI. *de viis reconditis pulmonum &c.* data 1708., edita Amsterdam 1714. 4.*

Ej. *Oeconomia sensuum ex speciali organorum sensoriorum & sigillatim ex papillarum nervearum textura mechanice demonstrata* Witteberg. 1717. 4.*

Ej. *De incrementis theoriæ medicæ* ib. 1717.

Ej. *De anatomico acerbius castigato* oravit, & addidit *progr. de mechanismo quo natura utitur in obturando foramine ovali & ductu arterioso* ibid. 1719. 4.* cum iconibus, & foramine ovali fibra ligamentosa diviso.

Ej. *De novo bilis diverticulo* ib. 1720. 4.* Rete ductus choledochi cum pancreatico coniuncti, in ipso intestino.

Ej. *Hepar in hydrope sæpius insons* ib. 1720. 4.*

Ej. *Novus ductus salivalis, qui in linguæ superficie superiori & posteriori circa ejus medium notabili orificio hiat* Witteberg. 1720. 4.*

Ej. *Novus ductus salivalis, isque præcipuus, in lingua excretorius glandulæ insignis ad latera linguæ & sub eadem sitæ, itemque super radicem linguæ, epiglotti-*

 dem,

dem, circa glottidem, super arytenoideas usque intra œsophagum expansæ, nunc demum injectione detecta Witteberg. 1721. 4.* recus. Leid. 1723. 8.

Ej. Diss. *de ductu salivali in lingua noviter antehac detecto, nunc elucidato, confirmato, novisque experimentis adstructo, cum variis observatis & experimentis, una ductus excretorius tonsillarum ac glandulæ thyreoideæ* Witteb. 1723. 4.*

Glandulas radicem linguæ circumpositas descripsit, depinxit, & in foramen cæcum linguæ consentire putavit. Glandulæ etiam thyreoideæ ductum excretorium se autumavit invenisse, a qua glandula etiam ad foramen linguæ cæcum ramos putabat produci.

Ej. *Vasa lactea in cadavere feminæ visa* Witteberg. 1722. 4.* Vasa lactea cum chyli cisterna, die duodecimo, lacte vidit turgere.

Ej. *Graviditas adparens* ib. 1722. 4.*

Ej. *Observatio lienis cellulosi* ib. 1723. 4.* Vat.

Ej. *Duo vitia visus rarissima, duplicato visu & dimidiato* ib. 1723. 4.*

Ej. *Ingravidatio dissimulata* ib. 1724. 4.*

Ejus *uterus gravidus, ejus structura sinuosa, & orificiorum menses & lochia fundentium fabrica* ib. 1725. 4.*, & inter *meas Diss. selectas*, cum sinubus uteri, eorumque osculis.

Ej. *De Hippomane molli, spongioso, intus cavo* 1725. 4.

Ej. *De olei animalis viribus* 1725. 4.

Ej. *De umbilici dignitate* 1725. 4. Vat.

Ej. *De hymene* 1727. 4.*

Ej. *De mentis & corporis commercio* 1727. 4.*

Ej. *De intestinorum invaginatione* 1727. 4.* a nobis recus.

Ej. ad Ruyschium *epistola gratulatoria de musculo novo uteri* Amsterdam. 1727. 4.*

Ej. *Obss. Anatomicæ ex cadavere viri* 1728. 4. Vat.

Ej. *De ossium in corpore humano generatione imminutione & absumtione* 1728. 4.

Ej. *De prudente uroscopiæ administratione* 1729. 4.*

Ejusd. *Mola prægnans abortus causa* 1729. 4.* cum ovorum humanorum iconibus.

Ej. *Progr. ad anatomen cadaveris virilis* 1730. 4.*

Ej. *Præparata in cadavere feminino* 1731. 4.* Vat. & Germanice 1731. 4.

Ej. *De injectionis variorum colorum utilitate ad viscerum structuram detegendam* Witteberg. 1731.

Ej. *Caput præparatum* 1732. 4. Vat.

Ej. *Osteogenia naturalis & præternaturalis* 1733. 4.*

Ej.

Ej. *Theoria mechanica inflammationis sanguineæ* Witteberg. 1733. 4.*

Ej. *De laboribus suis anatomicis* 1733.

Ej. *De cuticula pueri Londinensis* 1735. 4.*

Ej. *De valore signorum infantem recens natum vivum aut mortuum editum arguentium* 1735. 4.*

Ej. *De situ naturali & præternaturali intestini coli* 1737. 4.

Ej. *De consensu partium* 1741. 4.* cum nervorum manus icone, ramisque nerveis in papillas deductis.

Ej. *Lienis prolapsus* 1746. 4.* Sanguinem in liene spumantem, & tenuem generari, qui hepati suppeditetur.

Ej. *Regii Musæi Anatomici August. Catalogus universalis* ib. 1736. 4.*, & *Appendix* 1740. 4. Aliquæ partes corporis humani ex RUYSCHII thesauris coemtæ, aliqua undique collecta.

Ej. *Musæum Anatomicum proprium* Helmstatt. 1750. 4.* cum HEISTERI præfatione. Perite corpora humana replebat, laboriose systemata nervorum siccabat. Foramen cæcum linguæ nunc fatetur sæpe papilla farciri. Diverticulum bilis ramos esse ductus pancreatici.

In *Phil. Trans.* n. 366. intestinum de abdomine pendulum describit, & in eo glandulas.

In n. 384. visus partialis.

In n. 417. prolixissima plica.

In n. 440. epidermis squamosa.

In *Comm. Litt. Nor.* 1732. L. 8. de suis injectionibus anatomicis agit.

In *Miscell. Berolin.* T. IV. Berolin. 1734. 4.* duas vias peculiares describit præter vulgarem, ex sacco lacrumali ducentes, hinc in vertice nasi sub osse turbinato medio, inde in HIGHMORI sinum patentes.

Recusa etiam sunt *compendia anatomicarum observationum*, quas recensui cum tabulis.

Ejus vita prodiit Witteberg. 1754. fol.* & in duobus programmatib. ibid. 1751. 4.* latine.

§. DCCCII. *Jeremias* WAINEWRIGHT.

Ejus *mechanical account of non naturals* primum prodiit London 1707. 8.* OSB. recusum a. 1718. 8.* 1737. 8.* Latine vertente *Jos. de* MARCO Avignon 1748. 12.* ubi auctor WAINEWRIGTH nusquam nominatur.

Jatromathematicus, in l. *de secretione*, quem primo loco ponit, ad BELLINI, & *Georgii* CHEYNE fere sensum docet viscida eo pelli, qua cæci canales vel longissimi & ad latera exeunt; aucta copia sanguinis augeri secretionem partium fluidarum; sic ab aucta velocitate & a dilatatis ostiolis secretoriis. Viscida a plicis esse.

In ventriculo PITCARNIUM hactenus sequitur; tritum admittit, & negat quidquam spissius resorberi.

Respirationem sanguinem adterere persuadetur, deque variata aëris pressione agit, quam decima parte sui mutari putat. Globulos sanguineos esse bullas aëreas.

Seorsim edidit a. 1722. 8. *Anatomical treatise on the liver with the diseases incident to it* solo titulo adjecto *by a membre of the college of physicians.* Recusum est cum priori opere, Lond. 1737. 8.* Ligamentum suspensorium in ipsam carnem hepatis produci. Multum capsulæ Glissonii tribuit.

§. DCCCIII. *J. Henricus* HEUCHER.

Postea de HEUCHER, Archiater Saxonicus, aliquamdiu Professor Wittebergensis, non quidem incisor (*e*). EJUS plusculæ exstant Disputationes aut programmata.

Litigia circa inventa anatomica Witteberg. 1707. 4.

De mechanicis non mechanicis hactenus huc referas 1707. 4.

Ars magna anatome 1709. 4.* Fusa disputatio. Difficultates anatomes, artificia varia, administrandi ratio, sed omnia fere collectitia.

De anatome practica 1710. 4. Uterus feminæ ante 40. dies puerperæ: ovaria plena cicatricibus; intestina passim perangusta.

Paria analyseos mathematicæ & anatomicæ fata 1709. 4.

Observationes anatomicæ 1709. 4.

De pinguedine 1709. 4.

De organo tactus 1710. 4.

De muliebribus 1710. 4.

De corde 1710. 4.

De ignorantia anatomicorum 1710.

De pulmone 1710. 4.

Selectiora anatomica 1711. 4. Theses criticæ, passim paradoxæ, ad magnam partem anatomes spectantes.

Quibus infans differat ab adulto homine 1711. 4.

Etiam diss. *de morbis ex nimio Veneris usu* 1711. 4., huc pertinet.

Christianus Fridericus HAENEL, ejusque minor frater *Christianus Henricus*, hæc opera partim edita, partim non edita, curarunt inprimi Lipsiæ 1745. 4. 2. Vol.*

§. DCCCIV.

(*e*) Vasa in labyrintho & officulis auditus absque membrana esse p. 536. Tantum esse quatuor pulmonis lobos p. 169. Ignorare se quid sit chorda tympani & unde veniat p. 725.

§. DCCCIV. *Michael* ALBERTI,

Professor Hallensis, de STAHLII secta, non quidem incisor, innumeras tamen disputationes edidit, quibus physiologiam adtigit. Ecce catalogum parum, ut puto, plenum.

De energia naturæ in actibus vitalibus sine medico salutariter exercendis Isleb. 1707. 4. TREW. recus. in opusculis Hall. 1721. 8.*

EJ. *Commercium animæ cum sanguine* Hall. 1710. 4. Epistola gratulatoria. HE.

EJ. *De fatis doctrinæ de temperamentis* Hall. 1712. 4. etiam epistola gratulatoria. HE.

EJ. *De admirandis animæ præcipue humanæ effectibus* Hall. 1713. 4. HAENEL. Novem rostra anatina ex vivis anatibus nata.

EJ. *De mensium anomaliis* 1716. HE.

EJ. *De sensu vitali* 1716. HAENEL.

EJ. *De vero sensu medico naturæ incorporeæ* HIPPOCRATICO 1717. 4. HAENEL.

EJ. *De falso sensu medico naturæ corporeæ* HIPPOCRATICO ib. 1718. 4. HAEN.

EJ. *De præjudicatis in physiologia opinionibus* 1719. 4.

EJ. *De sudore sanguineo* 1719.

EJ. *De iræ energia ad morbos producendos* 1720. 4. PL.

EJ. *Physices propositiones ad cognoscendum macro & microcosmum* Hall. 1721. 4. HAENEL.

EJ. *De natura quatenus idolo & asylo ignorantiæ* Hall. 1723. 4. progr. HE.

EJ. *De termino animationis fetus humani* 1724. disp. HE.

EJ. *De lochiorum statu legitimo & morboso* 1724. 4. PL.

EJ. *De resuscitatione semimortuorum medica* 1725. 4.

EJ. *De hæmorrhagiis mortuorum & jure cruentationis* Hall. 1726. 4. *Bibl.* BOEHM. & in med. leg. T. III.

EJ. *De sensuum internorum usu in œconomia vitali* 1726. 4.*

EJ. *De longævitate ex motu corporis* 1728. 4. HE.

EJ. *De longævitate ex dicta* ib. 1728. 4.

EJ. *De longævitate ex medicina* ib. 1728. 4.

EJ. *De longævitate ex animi moderamine* 1728. 4. VAT.*

EJ. *De longævitate ex aëris temperie* 1728. 4.*

EJ. *De mente sana in corpore sano* 1728. 4.

EJ. *De pulmonum subsidentium experimenti prudente applicatione* 1728. 4. & in *Jurispr. med. legali.* T. III.

EJ. *De fetu mortuo* 1729. 4. HAENEL.

EJ. *De canitie præmatura* 1729. 4. B. BURKH.

EJ. *De partu serotino* 1729. 4. B. BURCKH. & in *med. leg.* T. III.

EJ. *Theoria generalis motus partium solidarum corporis humani, & remediorum tam excitantium quam sedantium* 1730. 4. B. BURCKH.

EJ. *De funiculi umbilicalis neglecta alligatione in causa infanticidii limitanda* Hall. 1730. 4.

EJ. *De natura vitæ & sanitatis formatrice* 1730. 4. B. BURCKH.

EJ. *De principio rationis sufficientis maximi in anatomia usus* ibid. 1730. 4. B. BURCKH.

EJ. *De sensibilitate personali* 1730. 4.

EJ. *De funiculi umbilicalis neglecta alligatione in caussa infanticidii* Hall. 1731. LANG.

EJ. *De natura generatrice* Hall. 1731. 4.*

EJ. *De natura vitæ & sanitatis formatrice* 1731. 4. HE.

EJ. *De insensibilitate personali* 1731. 4. HE.

EJ. *De longævitate hominis* 1732. 4. ZOCH.

EJ. *De hepate uterino* 1735. 4.

EJ. *De mechanica moriendi necessitate* 1735. 4.*

EJ. *De vitæ & mortis commercio* 1735. 4.*

EJ. *De oscitatione* 1736. 4. ib.

EJ. *De differentia sanguinis arteriosi & venosi* ib. 1736. 4.

EJ. *Hæmatologia physico-medica* 1736. 4.*

EJ. *De lacrymarum noxa & utilitate medica* 1737.*

EJ. *De loquela usu medico* Hall. 1737. 4.

EJ. *De singultu præcipue puerperarum* 1738. 4. B. PL.

EJ. *De ploratu infantum sanorum sub partu* 1738. 4. HE.

EJ. *De sudoris ambulatorii salubritate & insalubritate* 1740. 4. HE.

EJ. *De inspectionis corporis forensis in casu matrimoniali fallaciis & dubiis* 1740. 4.

EJ. *De lactis suspecta præsentia in innuptis* 1741. 4.*

EJ. *De septenario medico memorabili* 1742. 4.*

EJ. *De nuptiis senum secundis raro secundis* Hall. 1743. 4. PLATN.

EJ. *De arteriarum dubia systole* 1743. 4. Negat eam & omnia cordi adscribit.

EJ. *Casus singultus chronici 24. annorum* 1743. 4. PL.

EJ. *De insomniorum influxu in sanitatem & morbos* 1744. 4.

EJ. *De anima nec cogitante nec volente corpus suum internum movente* 1744. 4.*

EJ.

Ej. *De sanguine nobili* 1745.

Ej. *De risus commodo & incommodo in œconomia animali* 1746. 4. He.

Ej. *De hepate præcipuo sanguificationis organo* 1752. 4. He.

Ej. *De graviditate prolongata* 1755. 4. He.

Ej. *Nova paradoxa*, *d. i. Verhandlung von der Seele des Menschen, der Thiere und der Pflanzen* 1707. 8. B. Thomas. Pars altera 1720. 8.* Animas brutorum animalium facit immateriales, immortales, aptas peccare. Per sternutationem & internum quemdam sensum sæpe se de hospitibus & literis adventantibus monitum fuisse, quæ præsagia sint vestigia antiqui animæ ante lapsum splendoris: hæc & alia pro sensu animæ interno profert. Pro ejus animæ in corpus imperio, & differentia inter rationem; cujus ideæ ab anima explicari nequeant & ratiocinium. De monstris plantarum, animalium æmulis &c.

Ej. *Introductio in universam medicinam tam theoreticam quam practicam* Hall. 1718. 4.* Stahlii placita breviter proponit.

Ej. *Medicinische und philosophische Schriften* Hall. 1721. 8.* Hic continetur *Abhandlung von der Seele der Menschen, der Thiere und der Pflanzen.* Ipsis plantis ob vegetationis bonum ordinem & fabricam *recte organisatam* animam tribuit.

In l. *de pedantismo medico* 1708. edit. etiam anatomen ad id vitium refert.

De usu & abusu mechanismi in corporibus animalibus.

De vana & imperita studii mechanici adplicatione ad medicinam. Hoc acerbum scriptum.

Vindiciæ Stahlianæ invasionibus Heisteri oppositæ: adversus Heisteri de masticatione disp. acerba & inutilis in feliciorem æmulum cavillatio. Ecce exemplum; Heisterus cibos in minutissimas particulas resolvi scripserat: respondet noster, eas particulas non esse minutissimas.

Ej. De occultis naturæ humanæ effectibus. Credit virgulam divinatoriam. Patrem macescere, dum puer in matris utero octavo mense incrementa majora capit.

Adnotationes aliquæ. Menses per sudorem sanguineum pedum: menses in vidua 58. annorum &c.

Mallent certe, qui virum amant, hujus collectionis omnino perpetuam suppressionem. Multo melius meritus est *systemate* suo *jurisprudentiæ medicæ*, cujus quatuor primum tomi prodierunt.

In T. I. Hall. 1725. 4. auctius recuso 1736. 4.* systema, quod titulus indicat, præmittit, deinde sequuntur casus, ut vocant, ex Hallensium medicorum actis sumti, in quibus certe sincerum, & ab adulatione nimis recepta remotum animum viri magni facio. Cæterum ad vulnera, infanticidia, impotentiam, sterilitatem, tempora partus facit. Nævos ex terrore credulus recipit. De hymene in utrumque sensum.

In

In *secundo* volumine, Schneeberg 1736. 4.* in præfatione inquirit, ut recte instituantur experimenta cum pulmontbus; ut judicandum de funiculi deligatione, quam non vult negligi. Incisiones aliquæ cadaverum hic reperiuntur.

In *tertio*, Schneeberg 1733. 4.* præfationem malles omissam. Recusæ sunt disputationes de experimenti pulmonum prudente adplicatione; fetu mortuo, partu serotino.

Judicia hic & alibi potius nimis mitia.

In T. IV. Görliz 1737. aliqua ex Halensibus schedulis hebdomadariis.

T. V. Görliz 1740. reperias eximii laboris incisionem a CASSEBOHMIO institutam.

T. VI. Hall. 1747. 4.* præter ea, quæ ad jurisprudentiam medico legalem faciunt, observationes etiam practicas continet. In præfatione monetur medicus, ne experimentum pulmonis natantis & subsidentis negligenter instituatur, tum ne nimis tribuatur SCHULZII de funiculi umbilicalis innoxia resectione opinioni.

In *Commentariis in constitutionem criminalem Carolinam* Hall. 1739. 4.* varia ad physiologiam faciunt, etiam sanguinis nuper effusi a vetusto discrimen.

EJ. *Tentamen lexici realis obss. medicarum cum augmento* M. S. *J. Christoph.* BAUMLIN Hall. 1727. 1730. 4. 2.Vol.

Possis etiam l. *de hæmorrhoidibus* Hall. 1722. 4. ex disputationibus collectum huc referre.

De natura humana, qua indicatur & rationibus & suffragiis theologicis &c. animam rationalem proprium suum domicilium generare, conservare ac sanare Hall. 1732.

EJ. *De longævitate hominis regulis potissimum diæteticis accommodata* Hall. 1732.

Philosophische Gedanken von dem Unterscheide der Kräfte der Seele nach dem Unterscheid der Menschen Hall. 1740.

EJ. *Medicinische Betrachtung von den Kräften der Seele nach dem Unterscheid des Leibes und dessen natürlicher Gesundheit oder Krankheit, als eine Fortsetzung der philosophischen Gedanken von dieser Untersuchung* Hall. 1740. LANG.

In *E. N. C. Cent.* IV. *obs.* 101. menses per pedum sanguineum sudantes.

Cent. X. *obs.* 35. femina 58. annorum menses patiens.

§. DCCCV. *Varii.*

Christiani STROEM *nova theoria motuum reciprocorum machinæ animalis* Amsterdam 1707. 8.* Cor esse unicam causam motus. Ejus alternas vices contractionis & relaxationis esse ab alterna libertate & occlusione ostiorum arteriarum coronariarum, quibus a sanguine de corde exeunte valvulæ aorticæ obducantur;

antur; cerebrum subtracto sanguinis arteriosi penu cor relaxantur. Spiritus a cerebro submitti desinant, quod a corde sanguinem nullum accipiat. Alternas vices inspirationis & exspirationis esse ab alterna inter respirandum compressione venæ sine pari, hinc sisti sanguinem in arteriis intercostalibus &c.

EJUSD. *Ratiociniorum mechanicorum in medicina usus vindicatus* Leid. 1707. 8.* Contra nuperum BOERHAAVII adversarium, & pro PITCARNIO. Recusus est libellus Venet. 1733. 4. cum PITCARNIO.

Benjamin Benedicti PETERMANN *observationum medicarum Dec.* I. Lipsiæ 1707. 8.* Continet incisiones cadaverum, fabricas monstrificas, arteriam umbilicalem alteram duplicem, urachum apertum, calculos in glandula pineali.

In *Dec.* II. pariter Lipſ. 1707. 4.* rectum intestinum clausum, & in vaginam patens. Ova Nabothi.

In *Decade* III. etiam anno 1707. 8.* excusa, fere pathologica continentur.

RICHTER *de coccinella* Lipsiæ 1707. 8.* Esse chrysalidem.

In THORMODI TORFÆI *Grönlandia antiqua* Hafn. 1707. 8. monstra aliqua dicuntur.

Bartholomæi GRÆCI *Hippocratico Galenico neotericum animæ systema de cruoris anatome & febribus, in quo ostenditur, circulationem sanguinis antiquis æque ac recentioribus notam exstitisse &c.* Mediolan. 1707. 8.

In H. SLOANE Diario itineris Jamaicani Lond. 1701. fol.* passim aliqua sunt anatomica.

Petri FRESART *Emmenologia, s. de fluxu muliebri menstruo* Leodii 1707. 8. BUR. Lego etiam annum 1712. Esse a fermentatione.

J. Henrici DOEBEL *collegium mnemonicum, oder neu-eröffnete Gedächtniß-kunst* Hamburg 1707. 4.

J. Jacob SCHMIDT *compendium hermetico medicum, oder kurzer Begriff der Arzneylehre: Anatomische Beschreibung des menschlichen Leibes &c.* Basel 1707. 8. LEEUW.

M. P. G. C. (*Marci Petri* TITLER) *Beschreibung des Menschen in fünf Tabellen* Hamburg 1707. fol.

J. J. K. *ganz neuer und accurater chiromantischer Wegweiser* Frankfurt und Leipzig 1707. 8.

Franciscus GIGOT *de la* PEYRONIE in consessu Societatis Regiæ Monspeliensis descripsit duos musculos, qui caput antrorsum flectunt.

In libello a. 1708. in ea societate prælecto, sedem animæ ponit in calloso corpore.

In iisdem commentariis prælegit de ovo galli, & de tendine absque ullo symptomate de pollice evulso.

EJ. *Epistola ad L. F.* MANNE, in qua suam de animæ sede hypothesin aperit.

Eamdem sententiam gratiosus iste chirurgus proponit in *Mém. de l'Acad.*

des Sciences 1741. Fuſius contendit, corpus calloſum veram eſſe animæ ſedem, quod eo læſo animæ functiones debilitentur.

In *Mém. de l'Acad. des Scienc.* 1731. agit de animale moſchifero, non vero, ſed de civettæ genere, cui ſacci odoriferi, folliculi odoramentum ſecernentes, muſculus vaginam circumeuns &c.

In *Mém. de l'Acad. de Chir.* T. I. 1743. de impedimentis, quæ ſubnata in urethra frenula effluxui ſeminis opponunt. Iconem addit diſſecti cum veſica penis.

Vita viri exſtat in *aſſembl. de Montpel.* 1749. in *Comm. Acad. chirurgicæ*, in *Hiſt. de l'Acad. des Sciences* 1749.

§. DCCCVI. *Diſputationes.*

J. Frid. LAVE *de ruminatione animalium biſulcorum* Witteberg. 1707. 4.*

J. Caſp. WESTPHAL *de prodigiis ſanguinis falſo hactenus proclamatis* Lipſ. 1707. 4.

Sigmund Aug. PFEIFFER *de phantaſiæ imperio in ſenſus.* Præſide BARNSTORF Greifswald. 1707. 4.

EJ. *Embryologia*, *ſ. doctrina fetus in utero demonſtrata* Sedin. 1709. 8. BUR.

Brandan Henrich GEBHARD *de tribus partibus hominis eſſentialibus* Greifswald. 1707. 4.*

J. BORELLUS *de ſingultu* Marburg. 1707. 4.*

J. Theodor. FUNK, *homo naturalis* Erfurt. 1707. 4.*

Benjamin DAPPLES *γαλακτολογιας tentamen* Baſil. 1707. 4.*

J. Emanuel GRUBER *de depoſitione cataractæ* Baſil. 1707. 4.

Nic. EGLINGER *de ſpiritibus animalibus* Baſil. 1707. 4.*

J. Georg. Nicolai DIETERICHS *de erroribus in vero termino partus, ejusdemque cauſſis commiſſis* Gieſſ. 1707. 4. HE.

J. Juſtus LOSIUS. EJ. eſt *faſciculus conſiderationum nonnullarum* I. *de oſſiculo Luz Hebræorum* Gieſſ. 1707. 4.

N. WICKHAM *de chylificatione & aliis eodem ſpectantibus* Leid. 1707. 4.

J. Fr. PANCRAS *de caloris ſalubris & ægri natura & medicamine* Leid. 1707. 4.*

G. Alb. STOLZ *de ſingultu* Regiomont. 1707. 4.*

J. T. GARTZWEILER *de fluxu menſium periodico* Leid. 1707. 4.*

J. Rud. LAVATER *de atretis nec non hypoſpadiais* Utrecht 1707. 4.* Ani atretæ exempla, & fæcum per veſicam & per ulcus prodeuntium. Cæcus penis in adulto ſanatus.

Paul FRIKKE *Medicus obſtetrix* Utrecht. 1707. 4. Aliqua de partu.

Salvatoris CLUSCARD & *J. Cl. Adr.* HELVETII (auctoris œconomiæ animalis) *E. naturalis partus cauſa, menſtrua per geſtationem ſuppreſſa* Pariſ. 1707.

Phil.

Phil. FONTAINE & *Alex. le* FRANÇOIS *E. obliqui oculorum musculi retinam a crystallino dimovent* Parif. 1707.

Antoine PEPIN & *Michel* PROCOPE GOUTEAUX *Non ergo secretio fermentorum & mutuæ glandularum & liquorum configurationis opus* Parif. 1707.

Alex. LITTRE & *Alex. le* FRANÇOIS *Non ergo est aliquid lunæ in corpus imperium* Parif. 1707.

HARRIS *oratio anniverfaria* HARVEIANA Lond. 1707.

§. DCCCVII. *Diaria.*

In *Philof. Tranf.* n. 309. *Jacobus* YONGE egit de capillis & pilis, ex ovariis & utero feminarum eductis.

In n. 323. de fafciculo pilorum a femina per urinam excretorum, quos, cum pro lana a LEEUWENHOECKIO haberentur, defendit pilos effe, & alia exempla addit peregrinorum corporum, quæ per lotium funt edita.

IDEM de ovillo fetu in omento reperto, deque lepufculis in ventre leporis.

IDEM n. 335. de femina 70. annorum menfes patiente.

N. 311. *Archibald* ADAMS; De vitulo, qui pro abortu habebatur, fed erant cellulofæ telæ productæ propagines.

N. 312. *Johannis* FAWLER de callo, qui amiffi offis humani locum tenuit.

MARTIN MARTIN furditas & mutitas a febre fublata.

In *Journ. des Sav.* 1707. M. April. *Theod. Nicolai* PAKKER diuturnus fomnus.

In *Diarii Trivultini* a. 1707. M. Jun. Cornu ex femina fupra aures natum.

In *Mém. de l'Acad. des Sciences* 1707. anonymus putat, decoctionem aquæ generationem infectorum impediviffe.

In *Act. Litt. Mar. Balth.* 1707. M. April. *Thomas* BRODER BIRCHEROD de quatuor coftis bubulis, quarum caro in verum os converfa eft.

Nuper monitum eft; effe thoracem teftudinis. Seorfim prodiit *hiftoria quatuor coftarum bubularum &c.* Hafniæ 1723. 4.

§. DCCCVIII. *Diaria* anno 1708.

In *Phil. Tranf.* n. 317. *Claudius* AMYAND, Chirurgus inde Regius, de homine omnivoro, ut tamen fanguinem a devoratis ferramentis vomeret.

Mém. de l'Acad. 1708. Puella nuper nata menfes patiens, & vetula iifdem obnoxia.

Huc referas *Nic.* LEMERYI de cera experimenta.

In *Diario Trivultino* 1708. D. BESONS agit de rejuvenafcentibus, & femina inprimis, cui centum annis natæ menfes redierunt.

In *Galer. di Minerva* T. VI. anonymi, per VALISNERIUM suppeditatus libellus, negat acorem fermenti ventriculi.

Hector della VALLE pro aëre in bile latente.

Epistolæ aliquæ anonymi contra SBARALEÆ vigilias.

De Gigantum ossibus aliqua.

In *Extr. de l'Assemblée de Montpelier* 1708. 4. Cl. RIVIERE de analysi dentium fossilium. Superest aliquid animalis naturæ.

§. DCCCIX. *Laurentius* HEISTER,

Francofurtensis, RUYSCHII discipulus, Professor Altdorfiensis & Helmstadiensis, chirurgiæ & anatomes peritus, diligens & industrius, delineator etiam & scalptor, labore suo ad magnam famam pervenit. Multa scripsit, quæ in scholas recepta fuerunt.

EJ. *De tunica chorioidea* Harderwic. 1708. 4.* Leid. 1745. 8.*, & multo auctius Helmstatt 1746. 4.* Pro fibris uveæ anularibus. Ligamentum ciliare musculosum esse. De arteria ophthalmica fusius. Contra MARIOTTI theoriam. De piscium oculis aliqua.

EJ. *Oratio de hypothesium medicarum fallacia & pernicie* Altdorf. 1710. 4.*

EJ. *de masticatione disp* 1711. 4.* cum experimentis pro definiendis viribus musculorum temporalium & masseterum.

EJ. *De cataracta in lente crystallina* Altdorf. 1711. 4.*

Et *de cataracta diss. altera* 1712. 4.*

Et *tertia* 1713. 4.* hactenus huc pertinent, ob visionis, de quo agunt, modo.

EJUSD. *Compendii anatomici specimina* IV, Altdorf. 1715. 1716. 1717. 4.*

EJ. *Progr. ad indicendos doctores* 1713. fol. 1716. fol.

EJ. *De nova methodo curandi fistulam lacrumalem* Altdorf. 1716. 4.* Habet figuras viarum lacrumalium.

EJ. *De lingua sana & ægra* Altdorf. 1716. 4.*

EJ. *De utilitate anatomes in theologia generatim* 1717. 4. *ex ventriculi fabrica* 1719. 4.*, *ex fabrica intestinorum tenuium* 1720. 4., & *ex intestinorum crassorum fabrica* 1720. 4.* *ex musculis & mirabili corporis motu* Helmst. 1721. 4.*; *ex nervis* ibid. 1721. 4.; *ex partibus generationis* 1723. 4.; *ex ossibus & eorum nexibus* 1727. 4.; *ex mammis* 1730. 4.

EJ. *De valvula coli* Altdorf. 1718. 4.* & in mea collectione. Ad valvulæ potissimum siccæ fabricam. Valvulam contra BIANCHUM defendit.

EJ. & MAUCHART (auctoris) *de vera glandulæ adpellatione* 1718. 4.*

EJ. *De glandulis, quæ præter necessitatem in corpore humano statuuntur* 1719. 4.*

EJ. *De inventis anatomicis hujus seculi* Helmstatt. 1720. 4. Wolffenbuttel. 1720. 8.* Per itinera sua nova inventa passim collegerat. Ligamenta lateralia penis nova describit.

EJ.

EJ. *An sanguinis circulus veteribus fuerit cognitus* Helmst. 1721. 4.* Adfirmat.

EJ. *Ex pulmonis in fetu innatatione & submersione nullum certum infanticidii signum desumi posse* Helmstätt. 1722. 4.* Putridum pulmonem utique natare.

EJ. *Progr. ad anatomen feminæ gravidæ* 1723. 4.

EJ. *Progr. ad anatomen puerperæ.* Pro sanguinis matrem inter & fetum commercio.

EJ. *Partus tredecimestris pro legitimo habitus* 1727. 4.* Nempe ipse ejusmodi partum defendit.

EJ. *De anatomes subtilioris utilitate* 1730. 4.* Fusa defensio contra chemicos & STAHLII sectam. Errores funesti ex anatomes ignoratione nati.

EJ. & MOEBII *observationes miscellaneæ* 1730. 4.* a nobis recusæ in *selectis*. Varia anatomica, inter quæ musculorum interosseorum in manu & pede tabula & anatome, quos in pede octo numerat. Porro valvulæ in vena spermatica; duæ & distinctæ arteriæ brachiales. Musculorum varietates. Catellæ partui proximæ anatome. Fetus absque galea cranii, aut cerebro; tumores pilosi pone aures. Ad musculos pedis & manus aliqua.

EJ. *De fallaci pulmonis infantilis experimento* 1730. 4.

EJ. *Ratio paralyseos anatomica* 1735. 4.*

EJ. *De anatomes majori in chirurgia, quam in medicina necessitate* 1737. 8.*

EJ. *De perturbatione animæ & corporis* 1738. 4.

EJ. *De medicinæ mechanicæ præstantia* 1738. 4.*: contra STAHLIANOS.

EJ. *De arteriæ cruralis vulnere curato* 1741. 4.* De arteria brachiali duplici; de arteria profunda femoris, quam habet pro re non perpetua.

EJ. *De mutationibus corporis humani ab ortu ad obitum* Helmstatt. 1744. *

EJ. *De genuum structura & morbis* ib. 1744. * Ligamenta, musculi, tendines hujus articuli.

EJ. *De ossibus, pilis & dentibus in ovario repertis epistola* 1746. 4.* Ventriculum inter & hepar vesica plena aqua, ossibus, dentibus, pilisque, tum alia fere similis historia.

EJ. *De partu mirabili fetus vivi in somno matris profundo* 1751. 4.*

EJ. *De summe necessaria inspectione cordis vasorumque majorum sub legali infantum sectione* Helmstatt. 1752. 4.

EJ. *Compendium anatomicum* Ed. prima Altd. 1717. 4. altera Norib. 1719. 8.*, & porro 1727. 8.* 1732. 8. 1741. 8.* 1761. 8. Amst. 1723. 8. Venet. 1730. 8. 1770. 4. Tum Anglice London 1721. 8. 1752. 8. Germanice vertente M. LENTNER Nürnberg 1721. 4. 1722. 8. TR. 1730. 8. 1736. 8. vertente *Gabr. Frid.* GLAUBER 1749. 8. porro Breslau 1721. 1733. 8. HEIST. Gallice versa a D. *de* VAUX 1723. 12. 1738. 8. 1739. 12.* edita etiam cum amplissimis auctariis *Petri* SENACI, ut suo loco dicetur.

tur. Hoc opus primum natum est ex Disputationibus quas dixi. In præfatione VERHEYENII compendium, hactenus classicum, ostendit esse imperfectissimum. Ordo tabularis. Subjectæ ad finem adnotationes, in quibus propria ab auctore reperta exponuntur, icones etiam adduntur. In hac editione os sesamoideum in condylo femoris utroque ex TREWIO, bona icon mallei cum processu longissimo, vasa lactea humana, tuba humana cum vasculis, valvula ductus cystici ad spiræ similitudinem; camera oculi posterior perexigua: cerebellum & proxima cerebri sedes, ossiculum sesamoides ad dentem secundæ vertebræ adjectum delineantur. Musculorum varietates. Glandulæ vesicularum seminalium.

In edit. 4ta 1732. 8.* multa noviter accesserunt; penis vasa repleta; ductus aliqui glandularum molarium; ovum humanum grande; bona icon coli & cæci infantilis. Duo ductus tendentes in foramen cæcum linguæ. Monita ad GARENGEOTI splanchnologiam.

Editio 5ta Noriberg. 1741. 8.* varia iterum habet addita. Nupera multa inventa novum aliud & plenius compendium anatomicum poscunt.

EJ. *Compendium institutionum, s. fundamentorum medicinæ* Helmstätt. 1736. 1745. 4.* Leid. 1749. 8. Brevis physiologia cum compendio historiæ anatomicæ.

Apologia & verior illustratio systematis sui de cataracta, glaucomate & amaurosi Altdorf. 1717. 8.* Princeps finis viro est ostendere, cataractæ sedem esse omnino in lente crystallina, sed passim hic & in libellis, quos nunc cito, varia ad oculi fabricam & cameras humoris aquei spectantia occurrunt.

Et *vindiciæ de cataracta, glaucomate & amaurosi* Altdorf. 1719. 8.* In istis contra HOVIUM scripsit.

In *Chirurgicis institutionibus* Amsterdam 1739. 4. 1750. 4. Neap. 1759. 4.* & alias editis, passim partium anatome accedit, ut in oculo, viis lacrumalibus, alibi.

Posthumum opus viri sunt *medicinische, chirurgische, anatomische Wahrnehmungen* Rostock 1753. 4.* Anglice 1755. 4.* vertente SHAWIO. Adnotationes eventuum memoria dignorum ad annum usque 1721. productæ, paucis exceptis eædem, quæ reperiuntur in Diariis, inque compendio anatomico, iisdem etiam iconibus iteratis. Aliqua tamen, quæ ad morborum historiam proprie pertinent, hactenus etiam huc faciunt; lethargus cum oblivione *obs.* 11.; capillorum delapsus *obs.* 81.; motus superstes in brachio deleto sensu *obs.* 119.; anus imperforatus *obs.* 198.; uterus ad dextra reflexus *obs.* 373.; sedigitus *obs.* 398.; analysis chemica cerebri & natus inde pyrophorus *obs.* 601.; In *obs.* 599. ait; se emendasse LEALIS de unico ductu vesicularum seminalium errorem, & *obs.* 382. novas icones dat, ad conjunctionem venæ portarum cum umbiculi & ductu venoso pertinentes.

EJ. T. II. Rostockii 1770. 4.* ex posthumis Cl. viri selectis editus a *Wilhelmo Friderico* CAPPEL, Professore Helmstadiensi. Plurimæ cadaverum incisiones morbosorum, aut vulneratorum; aliqua tamen peculiariter magis anatomici

mici argumenti. In gravida incisa putat se vidisse fibras in ligamento terete musculosas. Uterus vere musculosus. Pericardium cordi connatum. In puero 42. mensium foramen ovale & canalis venosus apertus. In alio sinus MORGAGNIANUS tamen ductuum spermaticorum commune ostium fuit. Pluscula in sua musculorum manus & pedis historia corrigit. In catella gravida, bona cum pulmone catellorum Cæsareorum experimenta fecit. Fetus cerebro destitutus. Alter testium extra scrotum in peculiari sacculo. Ossium vitiosa fragilitas. Caruncularum urethræ verarum aliquot exempla. Arteria radialis ex trunco arteriæ nata, continuo ubi brachium adtigit. Interossei pedis duo alii, minimi digiti abductor a calce & a quinto osse metatarsi natus, in planitiem exteriorem primi ossiculi digiti minimi insertus: tum flexor proprius a capitulo posteriori ossis metatarsi quinti & a calce profectus, in partem inferiorem phalangis primæ minimi digiti inmissus. Duo extensores pollicis manus integre distincti.

In variis Diariis aliqua huc pertinentia habet.

In *Exerc. Francofurt.* T. I. ovum in muliebri ovario maturum.

In *Act. Nat. Cur. Cent.* II. *obs.* 198. arteriæ umbilicales animalis, (cur non & hominis) ex aorta. Aorta quam per abdomen tangeres. Quatuor aortæ rami. Nulla tunica allantoidea.

Cent. IV. *obs.* 190. Tonsillarum historia & icon.

Obs. 192. vitulus monstrosus, biceps unicorporeus, cum duabus medullis oblongatis in unam spinalem coalescentibus.

Obs. 193. deficiens intestinum rectum.

Obs. 194. urachus infantis ad umbilicum apertus.

Obs. 197. lien cani feliciter excisus.

Obs. 198. vasa lactea humana.

Cent. V. *obs.* 82. cerebelli fabrica cum icone arbusculæ vitæ. Hæc observatio, & quæ sequuntur, redeunt in *compendio*, & in posthumis.

Obs. 8[illegible]. Pylori valvula sicca.

Cent. VI. *obs.* 24. Allantoidea membrana vaccæ inflata.

Obs. 25. Lien cani iterum feliciter excisus.

Obs. 26. Vasa lactea cra[illegible] intestini, & fibræ circulares ductus thoracici in equo.

Obs. 27. Icon sinus venæ portarum, insertæ in eum venæ umbilicalis, & ductus venosi.

Obs. 28. Rugæ valvulosæ ductus cystici.

Obs. 29. Os sesamoideum condyli externi femoris & digiti minimi, ex TREWIO.

Cent. VII. *obs.* 23. Eadem ossicula sesamoidea, quæ apud TREWIUM.

Cent. VIII. *obs.* 63. Glandulæ thyroideæ icon & descriptio.

Obs. 64. Vena sine pari duas edens venas umbilicales superiores.

Obs. 69. Hymenis exemplum & icon. Redit in *Bresl. Samml.* II.

Obs. 70. Multo plus esse humoris aquei ante uveam, quam pone.

Vol. I. *obs.* 178. Linguæ humanæ bona icon cum glandulis simplicibus.

Obs. 179. Ventriculorum laryngis icon.

Obs. 184. Uterum feminæ gravidæ non tenuari.

Obs. 185. Utique sanguinem fetus cum materno exhauriri.

Obs. 186. Glandulæ in coccothraustæ ingluvie.

Obs. 187. Scholiastæ EURIPIDIS circulum sanguinis notum fuisse (nempe commeatum sanguinis inter arterias & venas).

Obs. 188. Pulmones fetus, qui nunquam vixit, tamen natare, quando nunc putridus est.

Vol. VII *obs.* 34. Arteria radialis in humero nata.

Vol. X. *obs.* 1. Hepatis situs mutatus.

Gesticulator herniam passus, pollice toto a vulgari anulo remotam. Spatium inane habebat, in quod intestina compelleret. In vesica appendices.

N. 2. Appendices & cellulæ vesicæ.

N. 3. Hymen prævalidus menses retinens.

N. 16. Ventriculus medio quasi freto divisus.

Vitam Cl. viri *Christianus Polycarpus* LEPORINUS descripsit Quedlimburg. 1725. 4.* & inventa recensuit. Vitam a morte viri auctam etiam edidit Cl. *Ascanius Christoph.* MELBAUM in *novissimis* Helmstatt. 1758. fol.*

Designatio scriptorum, qua vir ILL. *ad annum usque* 1750. *edidit*, prodiit Helmstad. 1750. 4.*

§. DCCCX. *Varii.*

Adam Christian THEBESIUS *de circulo sanguinis in corde* Leid. 1708. 4.* 1716. 8.* Lips. 1739. 4.* Inter primos vascula dixit & descripsit, per quæ sanguis venosus in cordis sinus & ventriculos effunditur.

Antonius FIZES, Professor & Clinicus Monspeliensis, acidi & alcali patronus.

EJ. & *Francisci* CHICOINEAU exstat disputatio; *explicare generationem hominis* 1708. 12.* Miasmata seminis masculi feminæ sanguinem & lympham inficere. Collectitia.

EJ. *De hominis liene sano Disp.* 1716. Mathematica aliqua ad BELLINI saporem; phænomena sanguinis in vas conicum illapsi, sanguinis retardatio plicarum effectus. Lienem servire sanguinis adtenuationi. Cellulas fieri ruptis vasis. Fibras pertinere ad capsulam lienis, neque glandulas in eo viscere dari.

EJ.

Ej. *De naturali secretione bilis in jecore* 1719. A figura & magnitudine pororum in hepate fieri bilis secretionem, eamque ex sanguine venæ portarum parari.

Ej. *Partium corporis humani conspectus anatomico mechanicus* 1729.

Ej. *Duodecim quæstiones* Monspelii 1731. 4.

Opera medica conjuncta prodierunt Monspelii 1742. 4.* Ea continent, quæ dixi.

Alius etiam *de generatione* libellus in hac collectione reperitur, quem ex priori didicimus, a *Nicolao* FIZES, patre auctoris, in meliorem formam esse redactum. Perinde collectanea, in sententiam eorum, qui ova habent pro muliebri semine.

Libellum legi de ductibus, quorum folliculus in vinculum cum gingivis abeat.

In tractatu *de tumoribus* theoria continetur.

Ej. *De secretione fluidi nervorum, ipsius indole, motu & usibus* Montpel. 1739. 4.

J. Gabrielis RUDOLPHI *progymnasma de iis, quæ sunt observanda in mulieribus largiter menstruatis* Leid. 1708. 8.* Potius practici est argumenti.

Johannis D'ARTIGUELONGUE *apographe rerum physiologico-medicarum* Amsterdam 1708. 8.* Aetheri sanguinis fermentationem tribuit, & quæ non aliæ. Fetum fieri semine masculo ab acidis spiculis feminini feminis confosso, ut exeat materia subtilis, & ovum cogat descendere; sanguinem incitatum a subtili materia, menstruorum nomine promanare; ab eadem materie cordis pulsum fieri.

ETIENNE SIMON *de* GAMACHES *systéme du cœur* Paris 1708. 12. De animæ adfectibus.

William CROSSE *treatise of the eyes* Lond. 1708. 12. HEISTER. Pauci video fieri.

Philippi BALESTRINI *notomia moderna dell' ossa delle cartilagini, de' ligamenti, con curiose osserv. del* KERKRINGIO *sullo scheletro del feto . . . storia notomica del parto* Genova 1708.

Anatomophili tabulæ anatomico-anthropologicæ, Beschreibung der Theile des menschlichen Leibes in sechs Tabellen Dresden 1708. fol.* Inanis parvi libelli in maxima forma editio.

Julii Bartholomæi BERINGER *idea institutionum medicinæ rationalis* Würzburg 1708. 8. Breve compendium.

In *Bernardini* RAMAZZINI *orationibus jatrici argumenti* editis 1708. 8.* secularis oratio est, in qua inventa anatomica seculi XVII. continentur.

In I. *de morbis artificum* agit *de virulentia mensium*: nunquam chirurgos carpto linteo uti, quod mulier carpserit.

De BILLY *nouveau traité de la mémoire* Paris 1708. 12. Cum mechanismo memoriæ.

ISRAELIS CONRADI *cognitio ſui ipſius problematico phyſico-medica* Gedani 1708. 8.

J. Antonii TERENZONI *exercitationes phyſico-medicæ* Lucc. 1708. 4. de alimentis, de nutritione &c.

EJ. *De morbis uteri opus* Luccæ 1715. 4.* de anatome etiam uteri aliqua habet, cujus glandulas admittit, & aliquas inciſiones cadaverum morboſorum adfert.

Dedit etiam *exercitationes circa ſex res non naturales.*

§. DCCCXI. *J. Daniel* GOHL.

J. Daniel GOHL, Phyſicus Freyenwaldenſis, acris STAHLIANI Syſtematis defenſor. EJUS eſt *de motus tonici demonſtratione per revulſionem & derivationem veterum* Hall. 1708. 4.

EJUSD. cum titulo *Urſini* WAHRMUND's *Verſuch patriotiſcher Gedanken über den von Vorurtheilen kranken Verſtand* Berlin 1727. 8.*

& J. D. GOHLS *aufrichtige Gedanken über den von Vorurtheilen kranken Verſtand, inſonderheit in der Materie von den ſpiritibus animalibus* Hall. 1733. 8.* Edidit J. JUNCKER poſthumum opuſculum.

Priori libello in univerſum per morborum hiſtorias & curationes ſententiam STAHLIANAM contra mechanicos tuetur. Poſterior magis phyſiologici eſt argumenti, quo pro influxu phyſico, & contra ſpiritus animalis pugnetur. Non poſſe abſque animæ gubernio functiones vitales peragi. Fetum ab anima ſtrui. Morbos feliciter proceſſuros, niſi ſe ratio inmiſceret. Dari ideas innatas, cum nuper nata animalia variis functionibus rite defungantur. Senſum vitalem animæ eſſe, corpus quod ipſa ſtruxerit ſibi repræſentantis, per ſimplicem contactum nervorum in univerſum corpus diſtributorum. Mechanicos cogi ad Deum confugere, ut cauſam aliquam motui inveniant. Contra harmoniam præſtabilitam fuſe. Cerebrum non eſſe viſcus magni momenti, cujus inſigni jacturæ ſupervivatur. Nervos ex meningibus naſci, non ex cerebro, neque tubulos eſſe, neque habere vaſcula. Eos nervos ab anima tendi, ab eorum tenſione motum tonicum eſſe. Phantaſiam & memoriam in vacuo cerebri ſpatio habitare. Menſium fluxum voluntati ſubeſſe. Duram cerebri membranam superne liberam eſſe. Errores animæ. In homine apoplectico ſenſuum non compote per internum ſenſum vomitum cieri. De ſapientia animæ ex caſu parturientis conſtare, cum una & partus dolores ingruerent, & febrilis paroxyſmus; utrumque enim conamen una conquieviſſe.

EJ. *Inſufficientia cerebri ad ſenſum & motum animalis expenditur, meningumque ad illos indiſpenſabilior uſus adſertus; adverſus vagas intentationes Johannis Philippi* BURGGRAV *ulterius ſtabilitur* Colberg. 1732. 4.*

IDEM edidit ab a. 1713. ad 1731. *Acta Medicorum Berolinenſium.* Eorum magna pars ſpectat ad anatomen corporum morboſorum, non minima etiam ad inciſiones, quas vocant legales. Ad rem noſtram referas morbum LICHTSCHEIDIANUM,

BIANUM, qui putatur esse ulcus ductus thoracici; ad puerum sine cerebro natum, qua occasione dissertationem addit de meningibus alterno motu agitatis, & de cerebro mero humoris fonte. Porro nescio quis male descriptus androgynus; tum spina bifida, pueri bicipites unicorporei, tumores cutanei occipitales, pili in ovario visi, fetus incisio; fasti natales & emortuales, &c.

§. DCCCXII. *Disputationes.*

F. P. GOMARUS *de natura humana* Leid. 1708. 4.

J. HOLLIER *de vita minima* Leid. 1708. 4.

C. W. WELBITS *de hæmorrhoidibus* ib. 1708. 4.

Roberti HAY *de caussis & effectibus aucti motus in arteriis* Utrecht 1708. 4.*

J. ARND *de loquela animantium brutorum* Upsal. 1708. 8.

Jac. MULLER *de cornutis & hermaphroditis eorumque jure* Berolin. 1708. 4. nisi joculare est opus

Gottfried Polycarp MULLER *de temperamentorum propensionumque humanarum connexione* Lipf. 1708. 4.

EJ. *Meditationes in theoriam sensuum generalem* a N. HARTSOEKER *traditam* Lipsiæ 1722. 4.*

EJ. Cl. *œconomia generationis animalium* a *Nicolao* HARTSOEKER *proposita* ib. 1715. 4. BUTTN.

EJ. *De vita in universum* Zittau 1734. 4.

Guilielmi BAIER & *S. Jacobi* AURACHER *de memoria* Altdorf 1708. 4. B. Tig.

EJ. *De adtentione* 1709. 4.

J. Cl. Adrianus HELVETIUS & *Aegidii* ADAM, *E. quilibet humor ope sui congeneris succi secernitur* Parif. 1708.

Michael PROCOPE & *Thom. Bern.* BERTRAND *E. bilis præparatio fit in liene* Parif. 1708.

Alexandre le FRANÇOIS & *Nic. de la* HIRE *E. potest stare visio absque crystallino.*

Christian Friderich BÖTTGER, *fetum non ante conceptionem in ovulo præexistere, sed post eamdem formari* Lipsiæ 1708. 4.*

§. DCCCXIII. *Diaria* 1709.

In *Phil. Transact.* n. 323. B. S. HERMAN de sceleto fetus in utero vaccæ viso, & de callo magnam partem replente femoris amissi.

N. 324. *Guilielmus* DERHAM, pius Theologus, physices studiosus, de vagitu uterino frequenter repetito, deque modo ut ejusmodi vox mediis in aquis possit produci. Pullum etiam in ovo pipine.

EJ. *Physico theology or a demonstration of the being and attributes of God from the works of creation* London 1713. 8. 1716. 8.* Gallice Roterdam 1726. 8.* Leid. 1769. 8. Strasburg 1769. 8. Italice Firenz. 1719. Germanice Hamburg 1736. 8. 1741. 8. ed. VII. cum præf. J. A. FABRICII, & 1764. 8. Belgice Leid. 1725. 4. GRON. vertente *Abrah. von* LOON. Suecice Stokholm 1760. 8.

Sedecim erant homiliæ. Magna pars pertinet ad fabricam animalem, ejusque prævisos fines, & aptitudinem, per singulas corporis animalis partes. Multa Cl. viro propria, ex insectis aliisque animalibus sumta; alia collecta, sapienter fere omnia, & ut veri amantem lectorem convincant. In talpa perfectum vidit oculum, cum tribus humoribus. Musculus chorioideæ tunicæ piscium. Flabellum s. plumula avium, quam musculosam facit. Ossicula tria auditus talpæ. Contra foramen membranæ tympani. A motu ejus membranæ ossicula omnia contremiscere. Olfactorios nervos cani sagaci, quam ulli alteri animali, esse copiosiores. Testimonium pro veritate resuscitationis in EL. GREEN. Longævorum exempla. De dentibus, aculeis, pilis, armis animalium. Rajæ intestinum cochleatum, ova, generatio, partus. Contra generationem æquivocam. De vesica natatoria piscium fuse. Communia cujusque classis animalium, & organa eorum vitæ generi adaptata. Oculi avium ad remota objecta parati, oculi piscium ad proxima. De partibus temporariis animalium in lacertis, culice &c. Saccus oleosus, quo aves plumas obungunt. Plumarum fabrica & alia plurima.

In *Philos. Trans.* n. 337. Femina variolis laborans parit puerum pariter eo morbo defunctum.

N. 382. De organis genitalibus vesparum & earum coitu.

§. DCCCXIV. *Alia Diaria.*

In *Mém. de Trevoux* 1709. M. Maji Diss. reperitur de unionibus; ova esse sui animalis.

Claud. Joseph. GEOFFROI in *Mém. de l'Acad. des Scienc.* de cancrorum oculis & mutatione thoracis. Totum ventriculum & intestinum decedere, ut extimæ membranæ novum ventriculum, novumque intestinum restituant. Oculos cancrorum incipere formari, quando vetustior ventriculus evanescit, deinde in novum ventriculum includi; tunc sensim mole minui, consumtos ad novum thoracem suppeditandum facere.

Anno 1719. de viviparis.

A. 1730. 1732. de carnium analysi.

A. 1738. hist. de humero, ut creditur, elephantis.

A. 1741. infantis incrementum rapidum: laminæ dentium.

A. 1746. de STANISLAI nano.

Eodem

Eodem anno 1709. *in historia*, pene incredibilis historia narratur novem fetuum praeter molam uno puerperio editorum.

D. GANDOLPHE proprios esse echino marino pedes.

§. DCCCXV. *Renatus Antonius* FERCHAUD *de* REAUMUR.

Olim amicus noster, princeps insectorum historicus, vir bonus, & publice utilis. In *Mém. de l'Acad. des Sciences* 1709. egit de testis conchyliorum, quas ex humore viscido de animali exsudante nasci putat.

Examen de la soie des Araignus etiam seorsim Paris 1710. 4. BUR.

Ib. 1710. de motu progressivo animalium testaceorum.

A. 1711. & 1712. de modo, quo varia animalia testacea se ad corpora firma rupesque adfigunt. Id glutinis ope fieri.

IDEM 1711. de buccino purpuram fundente.

A. 1712. de reproductione crurum astaci, quando in 3. & 4. articulatione franguntur, non alias visa.

A. 1714. de torpedine ejusque vi stuporifera, quam musculis rapide contractis, & succussioni inde natae tribuit. Anatomen etiam dat hujus animalis.

Ib. de verme aquatico, qui media parte sui corporis progreditur, & dorso incumbit.

Mém. de 1715. Turcoidem gemmam ossa esse demonstrat, viridi vapore impraegnata.

Leporis marini duplex sexus, & veri nominis concubitus.

Mém. de 1716. de squamis & materia argentea nonnullorum piscium.

Contra MERYUM suam de testarum formatione sententiam tuetur: & testas mutari posse ostendit, etsi animal ad testam religatur.

Mém. de 1717. Unionem fieri a succo testae formandae destinato effuso & coacto.

Mém. de 1718. de mutatione thoracis astacorum laboriosa. Eo tempore calculos in ventriculo maximos esse, quod mutationem proxime praecedit: nullos esse ubi animal ea defunctum est. Videri ergo calculos materiam novi thoracis suppeditare.

Mém. de 1719. historia naturalis vesparum. Unica omnium mater, a priori autumno gravida, sola struit cellulas pro plebe sexu destituta, deinde ab ea plebe adjuta etiam pro masculis & feminis, quae quam inter apes sunt numerosiores. Enormis fecunditas est, cum una mater decies mille vespas pariat.

Mém. de 1723. de luce dactylorum.

Hist. de 1741. Aphides virgines generare, ex BONNETI experimentis.

Ib. de polypi dissecti restitutione ex A. TREMBLEY adnotatione. Nomen animali REAUMURIUS imposuit.

Huc referas commentarium anni 1746. in quo de artificiis agit, quibus exhalatio spiritus impeditur, in quo partes animalium præparatæ suspenduntur.

Hist. de 1747. de Cyprino rostro acuto, qualem fere Cl. HAMBERGERUS descripsit.

IDEM de psittaco Florentino, qui ad minimum 120. annos vixit, (& non dudum vitalis superfuit).

In *Philos. Trans.* n. 487. de modis, quibus aves conservantur, siccatione, etiam in furno, spiritu vini, balsamo.

In *Mém. de l'Acad. des Sciences* 1752. eximia & maximi in physiologicis usus experimenta dedit, capta in animalibus, aliis carnivoris, granivoris aliis, & per quæ constitit, neutram classem alterius alimenta coquere posse. Ventriculi avium granivorarum incredibili vi tubulos, nuces, vitra frangunt, & vim exserunt, parem 535. libris. Contra aves rapaces non digerere grana; carnes vero ab omni pressione tutas solvere & coquere. Succum ventriculi acrem esse, aut amarum, qui solus & extra ventriculum nihil in cibos possit. In ventriculo avis vim terentem cum vi solvente conjungi.

Mémoires pour servir à l'histoire des insectes Tom. I. Paris. 1734. 4.* Plurimum multorum annorum in hoc opus laborem posuit, & innumera insecta in horto aluit, ut eorum vitæ genus specularetur, ova, generationem, metamorphosesque. Ea omnia eleganter descripsit, ut cum voluptate discas. Anatomen passim adtigit, etsi alibi SWAMMERDAMII iconibus usus est. T. I. est de erucis & papilionibus. Hic multa sunt ad nos facientia; partes erucarum, tum papilionum, utrorumque adeo anatome. Erucarum maxillæ, dentes, musculi, intestina, vasa sericifera & alia, asperæ arteriæ, stigmata, respiratio, cor. Deinde papilionum plumulæ, antennæ, oculi, proboscides, hæ perpulchre. Chrysalides, latens intra eas animal, ejus evolutio, mira mutatio, potissimum in ventriculo & intestinis; sericum & vasa sericifera.

T. II iterum de erucis, papilionibus & hostibus erucarum Paris. 1736. 4.* Hic de vita chrysalidum, quam noster pro arbitrio producere didicit, solo frigore inducto. Porro generatio papilionum, organa eo spectantia, & ova. De erucis, quæ intra arbores aut fructus vivunt. Gallinarum ova vernice obducta non putrescere, neque incubata prodire.

T. III. 1737. 4.* Hic aphidum historia reperitur. Viviparas esse. De gallis inde natis; de succo aphidum melleo; de alis in eodem animale absentibus aut præsentibus. Sexus diversi nullum vestigium. Inde memorabilis historia insectorum in gallis habitantium, quæ fere sunt vesparum ichneumonum partus.

T. IV. 1738. 4.* Etiam magis memorabilis natura gallinsectorum, quæ ipsa in gallæ speciem marcescunt, quo kermes pertinet, & eorum, quæ sunt de adfinitate, quo coccinella refertur. Culicis venenum & modus quo vulnerat, & muscarum nonnullarum generatio.

T. V.

T. V. 1739. 4.* Cicadarum historia, & accurata anatome organi carum musici. Deinde apes: hic plurima noster perfecit. Tres sexus confirmavit; coitum vidit; causam amoris apum in spe futuræ prolis invenit; plurima testimonia prævisorum ab his insectis finium adtulit, ipsas apes aqua in stuporem conjectas in numerato habuit; artificia œconomica addidit. Ex saccharo paratum mel. Non sugere proboscide. De propolide, cera, granulato melle. Cervos etiam in calida regione cornua dejicere.

T. VI. 1742. 4.* In præfatione plurima de polypis, novo eo tempore invento, de pari in urticis stellisque marinis pertinacia vitæ. Ephemerorum vitam non pro nomine brevem esse: eorum evolutio, asperæ arteriæ. Per MAZZOLINI experimenta dissecta animalia vivere. De aphidibus iterum aliqua; fecunditas in virginibus ejus generis confirmata, & fecundationis effectus per aliquot generationes durabilis. Mira fabrica branchiarum ephemeri. Finis est in musca equaria, quæ nunquam vermis fuit.

Multa vir Ill. ad reliquas animalium classes præparaverat, quæ in BUFFONII manus pervenerunt, non perinde insectorum fautoris.

EJ. *Art de faire eclorre & d'elever en toute saison des oiseaux domestiques de toute espece, soit par la chaleur du fumier, soit par celle du feu ordinaire* Paris 1749. 12. 2.Vol.* 1752. 12. 2.Vol.* Primum methodus Ægyptiaca ex SICARDO aliisque. Inde de usu furnorum vulgarium ad eumdem finem, cum omnibus artificiis & cautelis. Inde de fimi ad excludendos pullos usu, quod artificium jam Geoponici habent, tamen difficile. De labore quo pulli testam suam rumpunt. De alia exclusione, quæ parvi furnuli ope fit. Fecundatio galli per mensem valida superest. Varietates gallinarum & adulteria. Exhalantis de ovo materiei pondus (ovum ad 184. gr. redit ex 1174.)

Primæ editionis compendium fecit *Abrahamus* TREMBLEY, quod Anglice prodiit London 1750. 8. *the art of hatching and bringing up domestik fowls by means of artificial heat*, idem forte, quod *pratique de l'art de faire eclorre &c.* Paris 1751. 12.*

In altera editione de exclusione ope lampadis aliqua; & de calore fæcum uvarum: artificia varia calores temperandi. De venere (improbabili) cuniculi cum gallina: de varietatibus, etiam in homine persistentibus. De saginatione avium per lolium.

Germanice *Anweisung, wie man zu jeder Jahrszeit allerley Geflügel ausbrüten solle* Augsburg 1767. 1768. 8. Belgice *de konst om taame vogelen in alle jaartyden uit te broejen* Haag 1751. 12. 2.Vol.

§. DCCCXVI. G. BERKLEY. L. TERRANEUS.

G. BERKLEY, Episcopi in Cloyne, viri naturæ studiosi & gnari, *Essay towards a new Theory of vision* Dublin 1709. 8.* in tit. nov. ed. (alii 1708. 8.) Lond. 1732. 8.* Non videre nos ea quæ tetigimus, & ex arbitrio divino connecti

necti objecta visus cum objectis tactus. Distantiam nos per experientiam solam adgnoscere, neque adgniturum eas distantias hominem, cui cæco nato cataracta deposita, visusque subito redditus fuisset. Sed etiam magnitudinem non esse de objectis visus, & nuper nato homini nullum de ea judicium esse. Ita neque tangibilem figuram cum visibili connecti. Visionem esse sermonem DEI nobiscum colloquentis, mediaque ad evitanda mala nos docentis. Inversa non videri, quia oculus noster terram videt superiori quidem loco, verum per experientiam edoctus reliqua objecta superiori perinde loco mentis judicio collocat, pro erecto vero habet, quod a terra recedit.

Italice versa est Venet. 1732. 8.

EJ. *Principles of human knowledge* Dublin 1709. 8. FOLK.

EJUSD. *Siris a chain of philosophical reflexions and inquiries &c.* Dublin .... London 1744. 8.* Gallice *recherches sur les vertus de l'eau de goudron* Amsterd. 1745. 12. Acidum universale, spiritum mundi & animalem spiritum constituere &c.

§. DCCCXVII. *Varii.*

Laurentius TERRANEUS, Turinensis. EJ. *de glandulis in universum & in specie de novis ad urethram virilem* Turin. 1709. 8.* Leid. 1721. 8.* Opus jam a. 1701, ut videtur scriptum, hominis non indocti. Et conglomeratas glandulas COWPERI & MERYI describit, & simplices, quas, ni fallor, primus vidit, & quarum bonam dat iconem, veros nempe oblongos tubulos, quos per varia animalium genera prosequitur. Tres glandularum classes facit, conglomeratas, disgregatas (nempe simplices) & lymphaticas. COWPERIANAS a TERRANEO a. 1698. & 1699. demonstratas esse BIANCHUS testis est, *Mém. de Valentuomini* III. p. 124.

J. Daniel LONGOLIUS, acris STAHLIANÆ hypotheseos defensor, *de organica intellectus humani ratione* Hall. 1709. 4.

EJ. *Wahrhaftiger Temperamentist, oder Kunst der Menschen Gemüther nach ihren natürlichen und moralischen Eigenschaften zu erkennen* Budissin 1716. 8. B. THOMAS.

EJ. *Systema* STAHLIANUM *de vita & morte corporis humani vindicatum, occasione examinis* P. C. BURGMANNI Budissin 1732. 8.*

EJ. *Mantissa ad vindicias systematis* STAHLIANI, *Stahliomaniam* STENZELII *examinans* 1735. 8.

Thomæ CAMPAILLA *l'Adamo overo il mondo creato Poema* Catanea 1709. 8. & *discurso in cui si risponde alle opposizioni fattegli dal S. Dottore* GIUSEPPE MONCADA Panormi 1709. 8.

EJUSD. *Del moto degli animali discurso* P. I. *de movimenti interni* Panorm. 1710. 12. MANGET.

In *Thomæ* ROBINSON *natural history of Westmoreland, Cumberland* London 1709.

1709. 8.* agitur de naturis plasticis, quas defendit. Aequivocam generationem tuetur, ut terra absque seminibus omnia producat cum naturæ plasticæ ope. In fodinis subterraneis ramos, quibus fulciuntur, figuram suam cum suis foliis & lineamentis in lapidem imprimere &c. Adjecta est *vindication of the philos. and theol. exposition of the mosaic system.* Teleologiæ DERHAMIANÆ. Omnia pro homine facta, metalla aliis animalibus inutilia &c.

*Le propr*è*s de la Médecine* Paris 1709. 12. ASTRUC.

Henrich NICHOLSON *ars anatomica or the anatomy of humane bodies demonstrating the circulation of the blood and all muscular action from the pressure of the atmosphere* Lond. 1709. 8.* Brevissimum compendium.

Stephani DANIELLI, in Arch. Bonon. Professoris, *animadversio hodierni statu medicinæ practicæ, quæ hactenus incerta argumentis empiricorum & rationalium istorum invita minerva demonstr. &c.* Venet. 1709. 8.* Non equidem proxime ad anatomen facit, cum tamen omnino ad litem SBARALEÆ cum MALPIGHIO pertineat, & DANIELLIO scopus sit, MALPIGHII labores elevare, paucis hic indicare visum est. Empiricam medicinam contra dogmaticos defendit. Magnum fragmentum ex SBARALEÆ oculorum & mentis vigiliis. Amicos MALPIGHII FLORIANUM & L. TERRANOVAM non esse Bononienses, & pseudonymos. Maligne dicit, MALPIGHIUM in opere posthumo priorem SBARALEAM lacessivisse, qui adeo multis ante mortem MALPIGHII annis contra ejus inventa anatomica scripserit.

In *epistola* ad *J. Dominicum* GOTTI Bonon. 1710. 4.* vita est *J. Hieronymi* SBARAGLI, apologia adversus FLORIANUM, & testimonia faventium SBARALEÆ.

EJ. *Additioni animadversioni &c.* Laudat *Francisci Simonis* pro SBARALEA apologiam. Inserit programma suum anni 1702. quo medicina empirica laudatur, & status controversiæ inter SBARALEAM & MALPIGHIUM paucis verbis exponitur. Bononiæ prodiit 1719. 8.*

EJ. *Avertimenti par chi volesse renderst ben informato della causa trattata da* FR. SIMONI, *e* PIETRO EGIDIO OLANDI *nella risposta da essi data ad* ORAZIO FLORIANI Bologn. 1722. 8.

EJ. *Accennamenti da unirsi a quei degli autori del G. d' Italia* T. XXXI. Bologna 1722. 8.* Ad relationem de lite MALPIGHIUM inter & SBARALEAM, quæ est in tomo XXXI. Diarii *Giornale de' letterati.* Plurimæ sunt epistolæ variorum scriptorum, omnes fere inanes, etiam J. DOMINICI GOTTI Bonon. 1710. post SBARALEÆ mortem data, cum responsione DANIELLII, eodem anno Bononiæ excusa. In epistola tamen DANIELLII ad J. PEREGRINUM de DUNDIS aliqua sunt ad anatomen pathologicam spectantia.

EJ. *Racolta di quistioni intorno a cose di botanica, anatomia, filosofia e medicina agitate tra* M. MALPIGHIO *e* G. GIROLAMO SBARAGLI Bologna 1723. 8.* Multa MALPIGHIANA, quæ noster monet & ab aliis, potissimum etiam a SWAMMERDAMIO reprehendi. Iterum pro Empirica medicina adversus rationalem. Deni-que

que positiones excerpit 266. quas adfirmat MALPIGHIUS, SBARALEA negat: Anatomici sunt argumenti, physiologici, botanici, pathologici & practici.

Christiani Henrici ERNDL *iter Anglicanum & Batavum* Amsterdam 1709. 8. 1711. 8.* RUYSCHII & RAVII dissectiones vidit. Urachum non esse cavum RUYSCHIUS ostendit (inflata vesica urachus plerumque aëre non repletur, sed tamen potest repleri). Uterus puerperæ crassus, membrana placentæ sinuosa, sinus mucosi; ad exitum vaginæ hernia vesicæ. A RAVIO audivit de articulationis maxillæ inferioris nova ratione; de articulatione inter primum & secundum ordinem ossiculorum carpi; dentium seminia esse 52. De musculo clitoridis. Puerperium prægressum ex vulvæ ad anum dilatatione adgnosci. Ductum salivalem communem esse maxillari glandulæ & sublinguali. Valvulas esse in venis nonnullis ad portas pertinentibus. Duo esse ductuum seminalium oscula, non unicum. Vasa deferentia & vesiculam seminalem recte cum vasorum bilariorum conjunctione comparat.

Eph. Nat. Cur. Vol. II. *obs.* 113. Dens ex medio palato.

MAUBEC *Principes physiques de la raison & des passions des hommes* Paris 1709. 12. CARTESIANUS.

VIEUSSENIUS, RAIMUNDI fil., in *hist. de l'Acad.* 1709. Sedem animæ ponit in centro ovali.

Caroli Nicolai LANGII, Medici Lucernensis, librum *de origine lapidum figuratorum* Lucern 1709. 4.* huc revoces. Non a diluvio esse, sed esse ex seminali principio, quod in ipsis lapidibus operosum figuras exsculpat.

M. V. *de sororibus gemellis ab osse sacro monstrose sibi cohærentibus* Kiel 1709. 4.

Henr. Lud. MUTH *Structur des menschlichen Auges nach Kunst verfertigt* Frankf. 1709. 8. HEIST. & cum alio titulo *Zergliederung des menschlichen Auges* Cassel 1730. 12. TR.

In NATALIS CHOMEL *Dictionnaire œconomique* Paris 1709. fol. Amsterdam 1732. fol.* & alias excuso, varia ad animalia spectantia, & viscera animalium, aliaque huc facientia reperiuntur. Opus collectitium.

In HERVIEUX *tr. des serins de Canarie* Paris 1709. 12. 1713. 12. Germanice Frankfurt 1758. 8. multa singularia ad cibum, educationem, mores, cantumque pertinentia reperiuntur.

§. DCCCXVIII. *Disputationes.*

J. Hermanni FURSTENAU, Professoris Rinteliensis, *desiderata anatomico-physiologica* Hall. 1709. 4.

EJ. *De vita longa* Rinteln 1721. 4.*

In *nov. Act. Nat. Cur. Vol.* I. *obs.* 31. Sapor in ore salsus.

EJ. *De odoribus* ib. 1732. 4.*

EJ. *De initiis typographiæ physiologicæ* ib. 1740. 4. BOEHM.

EJ. *De respiratione sana & morbosa* ib. 1741. 4.

E. NASH *de vita animali* Leid. 1709. 4.

Jacobi IRVINE *de pulmonibus* Utrecht 1709. 4.*

J. JOHNSTOUN *de nutrimento, incremento & decremento animalium* Utrecht 1709. 4.*

Thomæ JACOBÆI *de distinguendis cadaveribus per crania* Hafn. 1709. 4.* De suturis sponte discedentibus, & alia propria.

J. Frid. KOELLING *de obligatione matrum proprio lacte alendi liberos* Lipsiæ 1709. 4. B. BURKH.

Christian Sigismund WOLF *de moralitate anatomes circa animalia viva occupatæ* Lips. 1709. 4.*

J. Christoph. MERKLIN *de secretionum anomaliis salutaribus* Altdorf. 1709. 4.

Georg. Frid. KUTTENBERG *de pneumatosi* Lips. 1709. 4.*

Jacobi FINKENAU *de memoria* Regiomont. 1709. 4.*.

EJ. *De pulsu* 1716. 4.*

EJ. *De temperamentis* 1717. 4.*

Joh. GLOSEMEYER & SENDEL *de sapore* Gedan. 1709. 4.

J. Gerard WINTER *de chylo & sanguine* Rinteln 1709. 4.*

Nic. BRUNO WINSLOW *de quæstione an medicus debeat esse anatomico chymicus.* Præside G. F. FRANCO de FR. Hafn. 1709.

Jacob FOURNEAU & *Camill.* FALCONET, *Non ergo totum generationis negotium solis mechanices legibus absolvitur* Paris. 1709. 4.

Lud. Frid. DUTAL & *Hyac. Theod.* BARON, *Non ergo a systematum varietate medicina præstantior* Paris. 1709. 4.*

Mich. Lud. RENEAULME & *Ant.* GEOFFROI, *Ergo epidermidis instar intestinorum mucus* Paris. 1709. 4.

§. DCCCXIX. *Patricius* BLAIR.

In *Philos. Trans.* 1710. n. 326. 327. dedit elephantinam osteographiam, quæ etiam seorsim recusa est, London 1718. 4.* Ad sceleton elephanti Dundeæ mortui, cum brevi reliqui corporis anatome, & mensuris additis. Habet cellulosam cranii fabricam, & ossicula auditus, & eo ab organo canales semicirculares removet, sibi non visos. Proboscidem accuratius describit, & ejus musculos. Vesiculam felleam confirmat nullam esse.

In n. 358. addit icones & descriptiones organi auditus, quod satis accedit ad bubulum.

In n. 364. Inediam pene triennalem in puero describit.

EJ. *Miscellaneous observations in the practice of physik, anatomy, and surgery* London

London 1718. 8.* Anatome est fere cadaverum morbosorum. De nutritione ossium, callo, & magna parte femoris amissi reparata.

§. DCCCXX. *Johannes* ARBUTHNOT.

POPII amicus, vir eruditus & ingenii elegantis, in *Phil. Transf.* n. 328. calculis positis ostendit, non aliquo casu, sed ad prævisos, fines partuum masculorum & femininorum in genere humano proportionem perpetuam esse.

EJ. *An essay on the effects of air on human bodies* London 1733. 8.* 1751. 8. 1756. 8. BOERHAAVII ad modum pressionem aëris in corpus humanum & ejus effectus æstimat. De respirationis utilitate. De introitu in spatium inanitum. Gallice vertit Cl. BOYER de PEBRANDIE Paris 1742. 12. PL. Recudit latine FORTUNATUS de FELICE Neapolitanus, qui Ebrodunum se recepit, auctor *Encyclopædiæ novæ*, Neapoli 1754. 4.* Specimen est effectuum aëris, quos in humano corpore exercet. Multa auctaria editor adjecit, physica & anatomica, aërem etiam thoracicum, aëremque in sanguine elasticum refutat. SANCTORIUM perspirationem nimiam facere, & qualis in Anglia solos per æstivos labores locum habet.

EJUS *oratio aniversaria* HARVEJANA anni 1727. recusa in *operibus misc.* 1751. 8.

Hactenus etiam huc referas EJ. *essay concerning the nature of aliments* Lond. 1731. 8.* Germanice Hamburg 1744. 4.*

§. DCCCXXI. *Diaria* 1710.

In *Phil. Transf.* n. 325. DE BON utilitatem telæ aranearum extollit, ut pro serico possit servire. Gallice prodiit libellus, *Diss. sur l'utilité de la soie des araignées, avec l'analyse chymique de la soie &c.* Montpelier 1710. 8. & Avignon 1748. 8.* Germanice Lips. 1711. 8. Italice Firenz. 1710. 12. Plus dare salis alcalini ob victum animalem, & bonas ex iis aranearum telis guttas anglicas parari.

In *Act. Erud. Lipsiensibus* a. 1710. M. *Mart.* L. A. de HUYSSEN gemellorum alterum monstrosum describit, bipedem, superne duplicem, corde unico, asperis arteriis duabus.

Hoc anno FRIDERICUS I. Rex Borussiæ, LEIBNIZII suasu, Academiam scientiarum Berolini condidit, cujus commentarii *Miscellaneorum Berolinensium* titulo septem voluminibus prodierunt.

In T. I. describitur artificium, quo DAOLIUS cadavera condit: spiritu nempe valde penetrabili ea obungit & macerat, ut penitus indurescant, putredinis porro ignara.

Hoc ipso anno etiam Venetiis cepit prodire *Giornale de' letterati d' Italia*, cujus ad 43. tomos excusi sunt. Passim scripta aliqua peculiaria nostri argumenti continet, ut hoc ipso anno duas BELLINI epistolas, & vitam SBARAGLI, cum historia litis inter eum & MALPIGHIUM agitatæ, & præcipuis momentis

M.S.

M.S. epistola ad ALAMANNUM & LAURENTI *circa libellum de moralibus critices regulis*, in qua SBARALEA acriter impugnatur: ZERILLI etiam argumenta contra aëris in sanguinem ingressu.

§. DCCCXXII. *Franciscus* PETIT,

Medicus castrensis, inde Academiæ scientiarum sodalis, & celebris medicus ocularius, egregius præterea incisor. Absque nomine auctoris prodierunt *Lettres d'un Medecin des hôpitaux du Roi à un autre Medecin de ses amis* Namur 1710. 4.* Earum I. est de cerebro. Effectus vulnerum cerebri decussatos, & paralyses lateris alterni, interpretatur per decussatas, ut putat, fibras medullares medullæ spinalis: Eam symptomatum decussationem vulneribus de industria inflictis vidit supervenisse. Internum corticem & divisionem ejusdem spinalis medullæ vidit. Sinum dixit ophthalmicum; fornicis crura in corpora mammillaria persecutus est: ventriculum septi lucidi descripsit, & in facie inferiori callosi corporis foramina.

In Ep. II. per vulnera demonstrat, sensum non esse a cerebello; in convulsionum causam sedemque per experimenta inquisivit. Motus varios ab irritatione nervorum productos recensuit. Neque cor pati ab irritato nervo intercostali & vago Experimenta infusoria varia fecit. Bilis, sanguinis, lactis, seri sanguinis, humoris aquosi & vitrei, cum variis liquoribus chemicis phænomena exposuit.

EJUSD. *Lettre dans laquelle il demontre que le crystallin est fort près de l'uvée &c.* Paris 1729. 4. recusa in V. Tomo *mearum disputationum chirurgicarum.* Mensuras partium oculi dat, exquisita cura factas.

EJ. *Reflexions sur ce que Mr.* HECQUET *a fait imprimer sur les maladies des yeux* Paris 1732. 4.* Argumenti potius chirurgici.

EJ. *Reflexions sur les decouvertes faites sur les yeux* Paris 1732. 4.* Contra WINSLOWUM & FERRENIUM sua de origine nervi intercostalis ex medulla spinali, & ex inferioribus corporis partibus, & de canale lentem crystallinam ambeunte invento sibi vindicat. Utraque in *selectis chirurgicis* recusa.

In *hist. de l'Acad.* 1710. perfectum androgynum describit, vagina, tubis (in epididymides insertis) & organis masculis præditum.

In *Mém. de* 1723. agit de spatio posteriori oculi pone iridem perparvo, & exigua in eo humoris aquei copia. Hæc in oculo gelu constricto vidit.

In *Mém. de* 1725. dat aliqua de cataractarum antiquitatibus; tum sectiones aliquas oculi iconibus expressas; mensuras oculi ejusque partium, & cameræ posterioris angustiam.

In *Mém. de* 1726. de vasculis pellucidis corneæ tunicæ, de diversitate oculorum in variis animalium classibus. Chorioideam tunicam per ætatem expalbescere, lentem crystallinam flavescere, eamdem posterius magis pellucidam esse.

Idem de diſtantia a cornea tunica, ad quam optime acus in ſcleroticam infigatur, ad deprimendam cataractam. De nervis ciliaribus. Intercoſtalem nervum in ſextum inſeri. De periculo lædendi nervi ciliaris, ſi ad majorem a corneæ margine diſtantiam acum infixeris.

Mém. de 1727. Nervum intercoſtalem non a ſexto naſci, ſed in eum terminari, & oculum adeo adire: nam ſextum poſt acceptum intercoſtalem verſus oculum grandeſcere: reſecto iſto nervo reliqua ſymptomata incerta eſſe, nunquam vero oculum non debileſcere & obſcurari.

Idem corneam tunicam infantum craſſiorem eſſe, humorem aqueum parcum, hinc obſcure videre. Non tamen cæcos eſſe, nam a luce nimis fulgida eorum oculos contrahi. Lentem cryſtallinam vivi animalis pellucere, mortui opacam eſſe.

Mém. de 1728. Iridem convexam eſſe fuſe contendit. De modo capiendæ camerarum oculi menſuræ. Oculum vivo homini tenſum eſſe, flacceſcere vero exhalante humore aqueo.

In *Mém. de* 1730. Fuſe & accurate de lente cryſtallina, quam per varia animalium genera perſecutus eſt. Senſim ea induratur & flaveſcit. Capſulam lentis cryſt. non putat opacam reddi, quod non eſt firmum. Lentem cryſtallinam laminis utique componi. In ejus capſula vaſa. Accipit aliqua a ciliaribus proceſſibus. Ejus aquula, qua nutriatur.

In *Mém. de* 1733. Fetus brachiis monſtroſus & pectore. Pectus valde breve. Pulmo poſt paucas reſpirationes natavit, neque compreſſus deſiit natare, utique vero fundum petiit, cum aër antliæ ope eductus fuiſſet. Pulmo fetus, qui non reſpiraverat, merſus eſt. Brachii recurvi accurata anatome.

Idem de medicamentis ſanguinem cogentibus, & de vi grumi ſanguinei ad hæmorrhagiam compeſcendam.

Ej. Pulmonis membranam aërem non admittere.

Ej. Anatome Cyprini: inteſtina facit ſex; ſexum utrumque deſcripſit, & ova ſupra 300000, lactes, veſiculas ſeminales, ductum deferentem.

In *Mém. de* 1735. de oculi galli Indici anatome bene; flabellum vitrei humoris rectius quam ab aliis dictum muſculi oculi.

Mém. de 1736. Oculus ululæ. Recte convexiſſimam & pene cylindricam corneam tunicam exprimit, iterumque flabellum.

Mém. de 1737. Oculi ranæ & teſtudinis. In iſta duæ glandulæ anguli interni oculi.

Vita & elogium viri in *Comm. Academiæ* a. 1741. exſtat.

§. DCCCXXIII. *Johannes* Astruc,

Profeſſor Toloſanus, inde Pariſinus, aliquamdiu Augusti II. Archiater, vir eruditus, qui ad ſummum ſenium pervenit, clinicus equidem, neque inciſor, varia ſcripſit, quæ ad phyſiologiam pertinent, aliqua ad anatomen.

Ejusd.

EJUSD. *De motu musculari* Parisf. 1710. 12. Non vidi. In MANGETI *theatro* redit, mutata tamen. Musculum ex vesiculis componi, quas irruens spiritus elevet.

EJ. *De la digestion des alimens, pour demontrer qu'elle se fait par le moyen du levain* Montpelier 1710. 4. Prælegerat coram Societate Regia Monspeliensi, in cujus *memoires* hæc Diss. repetitur. Contra HECQUETUM, viresque nimias, contra quas demonstrare conatus est, fibram circularem non posse contractione sua ad centrum accedere; & si contraheretur, non ita arctum fieri ventriculum, ut se cibo adaptet. Dissolvi cibum, non comminui; salivam eo facere & alios humores.

EJ. *Memoire sur la digestion des alimens* Paris 1711. 8; recusum cum HECQUETI opere Paris 1730. 12.* in T. secundo. Contra tritum PITCARNIANUM, & nimias vires ventriculo adscriptas. Hic illa demonstratio adparet PITCARNIO obposita.

EJ. *Tr. de la digestion, pour refuter le nouveau sisteme de la trituration* Toulouse 1714. 8.* Iterum contra HECQUETUM & PITCARNIUM, & ut in priori libello, contractionem ventriculi infinite parvam, pressionem vero septi transversi, & musculorum abdominis lateralem esse docet, hinc debilem. Deinde pro fermentatione. Tritum non mutare naturam cibi. Antiquissimum esse systema: sales in saliva esse, inque bile, & obpositos eos sales fervere. Passim etiam VIEUSSENIUM refutat, & ipsum tritus adversarium. Carnem magis efficaciter nutrire.

EJUSD. *Epistola quibus respondetur epistolica dissertationi* THOMÆ BOERII & GREGORII *de causis concoctionis ciborum* Toulouse 1715. 12.* Repetit suam demonstrationem de fibra circulari, quæ sit polygonum infinitorum laterum, in cujus singula chorda vires distrahentes destruunt vires incurvantes ventriculi: PITCARNIANAS vires enormiter minuit, & tres uncias solas admittit.

EJUSD. *An judicii exercitium s. rectum, s. depravatum, a cerebri mechanismo & depravatione dependeat* Monsp. 1718. 12. Mechanice reflexionem interpretatur.

EJ. & *Antonii* MALIVERGNE *du* MANDOUMIER *de sensatione* Monsp. 1720. 8.* Mathematica facies, sed veræ tamen hypotheses. Cerebri medullam (quam partem vocat callosam), esse cellulosam. Sic nervos. Nervus ut conpressus, ut elongatus, arctetur, ut utrovis modo spiritus ad cerebrum repercutiantur; sensatio demum ex hac repercussione in cerebro fiat. Spirituum refluxum fieri per alternos subsultus, & a vibratoria succussione, eoque vehementiores esse, quo fortior fuit succussio. Dissimiles sensationes esse, vel a diverso succussionis robore, vel a diversis fibris, quæ succussæ fuerunt. Sensationis omnem diversitatem esse ultimo a vehementia succussionis. Fibram cerebri unicam non sufficere ad diversas sensationes. Deinde valde gratuito sibi sumit, spiritus ad cerebrum non refluere, sed primo in substantiam solidam cerebri, uti nulla fiat sensatio, tum demum per reflexionem in fibram cerebri sentientem similes motiones extremis nervis impressas ad easdem fibras pertingere, diversas ad diversas.

EJ.

Ej. *De phantasia s. imaginatione* Monspel. 1723. 8.* In quaque fibra sola suam ideam simplicem generari. Mechanicus modus, ut ideæ compositæ nascantur. Recudi feci in *Select.* T. IV.

Ej. *E. sympathia partium a certa nervorum positura in sensorio interno* Paris. 1736. 4. & in *Select. meis* T. IV. Sympathiam fieri impressione per nervum ad cerebrum delata; hic in columellam aliquam sensorii incurrente, aqua ejus reflexu in aliam partem, ad angulum reflexionis æqualem angulo incidentiæ.

In *letre cinq. sur l'extrait qui a été fait de la quatrieme* Paris 1738. 4. defendit J. Berengarium medicum fuisse, non chirurgum.

In L. IX. *de morbis venereis* Paris. 1740. 4.* & sæpissime alias excusis, aliqua huc faciunt, de sede gonorrhœæ.

Ej. *Ergo ex anatomia subtiliori res medica certior* Paris 1743. 4.*

Ej. *Mémoire pour servir à l'histoire naturelle du Languedoc* Paris 1737. 4.* In hac physici & literarii argumenti collectione operum Cl. auctoris reperias de piscibus fossilibus, & de animalibus aliqua, quæ mediis in saxis vel arboribus vixerunt.

In opere *des maladies des femmes*, cujus quatuór tomi Paris 1761. 12.* prodierunt, duo ultimi a. 1765.* Germanice recuso 1770. 8.* multa huc faciunt, anatome primum uteri in Tomo I. & IV. Peculiaria vasa recenset, venas quidem rubras ex rete arterioso collectas: tum appendices cæcas venarum; demum sacculos aliquos cæcos radiis cinctos, quos Astrucius vasa lactea vermicularia vocat. Huic fabricæ theoriam mensium superstruit. In VI. l. adgnoscas, vidisse Cl. virum venas feminarum prægnantium dilatatas, & arterias vermiculares uteri. In l. IV. pugnat pro fetubus tubariis. In l. V. generatio exponitur cum malis fetuum iconibus. Neque bene villosum placentæ involucrum rejicitur, quæ non recte dicitur meris cellulis conponi. Vermiculum cæterum admittit, qui in ovulo niduletur. Pro inversione fetus, pro nutritione ejus per os. L. VI. mammarum non bona fabrica.

In Ej. *l'art d'accoucher* Paris 1766. 12.* aliqua huc faciunt, de pelvis fabrica & angustis faucibus, *de situ uteri obliquo &c.*

In *Mémoire pour servir à l'histoire de la faculté de Medecine de Montpellier*, quem *Anna Carolus* Lorry edidit, aliqua huc faciunt, ut de origine & progressu anatomes Monspeliacæ, quæ nunquam floruit, & est in chirurgorum manibus (f).

In *hist. de la Soc. de Montpellier*; Ligatis arteriis renalibus nullam in vesica canis urinam repertam esse, cum abunde bibisset.

De motu musculari.

Acorem sanguinis Vieussenianum refutavit, quem additæ bolo tribuit.

§. DCCCXXIV.

(f) Lorry ibid.

§. DCCCXXIV. *Varii.*

Francisci Balthasar von LINDERN *Unterricht von allen Gebeinen des menschlichen Körpers, und von der Art zu balsamiren, und ohne Drahte ein Sceleton zu prapariren* Argentor. 1710. 12. Augspurg 1736. 12.

M. O. *Processus anatomicus, wie ein Medicus und Chirurgus die Section erlernen kan* Leipzig 1710. 8. TR.

Franc. HENRIQUEZ *de* FONSECA, *Medicina Lusitanica, socorro delphico a os clamores da natura humana para total prostigaçaon de sus malos* Amsterdam 1710. fol. SEGUIER. Vita hominis ante partum, conceptio, formatio fetus & incrementum.

J. Franc. VICARII *basis universæ medicinæ* Argentor. 1710. 8.

Cornelii TRIOEN Diss. *de partu naturali & methodo extrahendi fetum mortuum* Leid. 1710. 4.

EJ. *Observationum medico chirurgicarum fasciculus* Leid. 1743. 4.* & eodem anno Belgice 4. WACHENDORF. Pleraque equidem chirurgica & pathologica, molæ, atreti, ova humana cum villis & fetu informi, etiam nullo. Officula pyramidalia anteriora in hydrocephalo. Icones nitidissimæ.

§. DCCCXXV. *Disputationes.*

Martini Gotthilf LOESCHER *de novo succi nervei motu tentamen* Witteberg. 1710. 4.*

EJ. *Observationes de homine selectæ* ib. 1722. 4.* Vasa lymphatica in homine. Cisternam chyli rejicit.

EJ. *De sensationibus brutorum imperfectis* 1726. 4.*

EJ. *De natura sensuum externorum hominis in genere* ib. 1726. 4.*

EJ. *De dentibus sapientiæ, eorundemque morbis* 1728. 4.*

EJ. *De mechanismo venæ azygæ pleuritidis causa* 1724. 4. HE. Sedem esse pleuritidis.

EJ. *Academische Arbeit in physischen, chymischen und anatomischen Wissenschaften, ein Verzeichniß seiner Instrumenten und Praparatis Anatomicis, mit Anmerkungen* Witteberg 1723. 4.

Paulus GAUDENTIUS *de fibra debili & laxa* Leid. 1710. 4.

D. WHYTE *de bile* Leid. 1710. 4.

P. MARTIN *de aëris pulmones intrantis effectu* Leid. 1710. 4.

Cornelius NIEUWAART *de sanguine* Leid. 1710. 4.*

Georg Ludw. TEISSIER *de substantia corticosa ac medullosa cerebri* Leid. 1710. 4.*

Jacob LUNDIE *de arteriis & venis* Utrecht 1710. 4.*

Christophorus HARDER *de vita fœtus humani in utero* Utrecht 1710. 4.* Uterum non continuo ad priorem parvitatem redire.

P. DEMEHERENC *de la* CONSEILLERE, *de auditu* Utrecht 1710. 4.*

David PENNINCK *de sanguine* Harderwic. 1710. 4. B. BOEHM.

Albert. Henric. GRAETZ *de structura & usu lienis* Regiomont. 1710. 4.*

J. Rudolph. ZWINGER, olim Præceptoris nostri, qui & ipse supervivit, beatus senex, *de usu & functionibus cerebri humani* Basil. 1710. 4.*

Pauli Henrici VOGEL *de sanguificatione in homine* Erford. 1710. 4. VATER.

Christian WILDVOGEL *de partu legitimo* Jen. 1710. 4. HEBENSTR.

G. Alb. ANTHING *de fabulosa Pygmæorum gente* Witteb. 1710 4. B. BURCKH.

Joh. GOLL *de tussi* Argentor. 1710. 4. HE.

Frid. GENZKEN *de natura & proprietatibus animi humani* Kiel 1710. 4.

J. Franc. COUTHIER & *Henrici* IMBERT *Ergo omnium universi corporis partium nutrimentum idem* Paris. 1710.

Petri RIDEUX & *Joh.* DIEGO *Diss. physico anatomica de motu musculorum* Monspel. 1710. 12.* Non leve opus an non ASTRUCII? Anatome musculi. Fibras transversas distractas dolere, ita caveri, ne musculus nimis distrahatur. Ligatis nervis musculi motum supprimi, esse adeo ab animalibus spiritubus. Aorta ligata artus inferiores resolutos esse sensumque amisisse: ea vero symptomata non accidere, si aorta arteria inferiori loco ligata fuerit, qua finditur, neque cruri supervenire, cujus arteriam ligaveris: causam ergo paralyseos esse in sanguine a medulla spinali averso. Calculi decrementorum vis in musculos impensæ: duplicationem omittit, quam BORELLUS a firmatione clavi deducebat. Vesiculis quamque fibram fieri concatenatis. Momentum spirituum animalium ad resistentiam esse, ut rhombi (vesiculæ) latitudo ad dimidiam altitudinem. Glutæi musculi fibras esse 778. 752, in quaque adeo fibra exiguum motum exerceri. Tabula BERNOULLIANA dilatationum rhomborum & momentorum inde natorum. Parvitatem rhomborum facere, ne nimia copia spirituum requiratur. GLISSONII experimentum de musculi agentis detumescentia refutatur.

§. DCCCXXVI. *Diaria.* WINSLOW.

Hist. & Mém. de l'Academie des Sciences 1711.

FAUVEL de fetu cerebro, cerebello & medulla spinali destituto.

Exemplum juvenis, cui febris acuta memoriam delevit.

Hoc anno primos suos commentarios Academiæ suppeditavit *Jacobus* WINSLOW, qui mutata religione a BOSSUETO nomen BENIGNI adoptavit, vir simplex (*) & superstitiosus, qui tamen pertinacia sui laboris in magnum denique incisorem evasit. Duo præcipua ejus sunt merita. Cum priores anatomici plerumque

(*) HOLBERG in vita sua p. 79. 80. Add. la METTRIE *tabl. de la Medec.* p. 196.

rumque partes corporis humani incidendas de cadavere eximerent, peribat situs, peribat nexus cum partibus vicinis, & ipsa sæpe figura remota cellulosa tela tota mutabatur. Primus WINSLOWUS omnes corporis humani partes in suo situ descripsit, inque suo cum aliis nexu. Deinde partes molles plerasque in aqua limpida contemplatus est, in qua sibi permissi flocculi libere fluctuant, & minuta quæque elegantissime conspiciuntur.

In *Mém. de l'Acad.* 1711. hypothesin proposuit, per quam secretiones in corpore humano explicarentur. Vasa mera admisit, & in vasis secretoriis villum, quem putavit se vidisse: eum villum non alium liquorem transmittere præter eum, quo a principio esset imbutus. Pergit in hypothesi a. 1712. de glandulis simplicibus, pariter intus villo efflorescentibus, glandulis renalibus, aliis.

Eodem a. 1711. cordis in universum anatomen molitus est. Duos distinctos ejus esse ventriculos docuit, ut ipsum septum cordis in duo septa secedat, quorum quodque ad suum ventriculum pertineat. Commune tamen planum fibrarum utrumque ventriculum obvolvere, & per apicem sinistri ventriculi subire, ejusque carnis efficere papillas. Musculosa etiam strata cordis descripsit, & anulum valvulosum ostii venosi, cum tendinibus in eum se inmittentibus.

In *Mém. de l'Acad.* 1715. ostendit, mediastinum non descendere a medio sterno. Cordis verus situs & figura: pulmonis sinistri incisura cordi coaptata: asperæ arteriæ situs ante œsophagum, bronchus dexter major: porta omenti.

In *Mém. de l'ann.* 1717. sententiam MERYANAM cum ea conciliare studet, quæ vulgo recepta est: auriculam nempe in fetu unicam esse docet, duasve amplo communicantes hiatu. Deinde de EUSTACHII valvula lunata, in parte posteriori reticulata, in adulto homine, ut putat, evanescente.

In *Mém. de* 1719. aliqua de musculis scapulæ, & potissimum tripartito serrato superiori. Deinde de cartilaginibus semilunaribus genu, & rotatione femoris flexi, quæ super eos fit.

In *Mém. de* 1720. primum egit de musculorum effectu. Eum non ab uno musculo solo æstimari debere, sed ab omnibus, qui eamdem articulationem regunt, & qui non solos per flexores, sed per laxationem voluntariam extensorum artum flectant. De interosseorum vera natura.

Aliqua de ossibus. Ut suturæ cranii arcte uniantur, per oblique sibi impositos dentes alternos. Ut in sutura squamosa temporum alterne ossa superiora sustineant inferiora. De processu nasali & orbitario ossis palati. De diversis modis, quibus costæ elevatæ pectoris capacitatem ampliant. Hic, ex non satis claris nonnullis vocibus, nata est HAMBERGERI opinio, costas in inspirando a se invicem recedere.

EJ. historia fetus absque oculis nati a. 1721.

EODEM anno de oculo Diss. De orbita, de iride naso, quam externo angulo, propiori, sed externa sede latiori. Musculum abductorem oculi rectorum longissimum esse. De musculo proprio trochleæ, & alio novo, quem non describit.

Iridem inpofitam lenti cryftallinæ convexam effe, ideo contractam poffe eam lentem retrorfum pellere. De exhalante de cornea tunica humore.

Ej. in *Mém.* 1722. variæ adnotationes. Sulcos fcapulæ non effe a coftis. De cranio hominis barbari, cui varia peculiaria, & dentes incifivi lati, molariumque fimiliores fuerint. De radii manusque fitu & de menfura duorum pedum.

Mém. 1723. de homine fcapulas adducente, abducente, & aliter articulationibus his infolito more utente.

Ej. Aliqua apologia pro fua de exiguitate cameræ pofterioris fententia. *Journal des Savans* 1724. Jun.

In *Mém. de l'Acad.* 1725. fufe contra S. P. ROUHAULT. Cor omnino fua in fyftole longius fieri. MERYUM in errorem incidiffe, quod inflatis & ficcis cordibus uteretur, unde valvulæ foraminis ovalis magnitudini decedat.

Ej. De variis fcapulæ motibus. Trapezium mufculum utique, fed poft ferratum magnum, fcapulam levare. Levatorem potius angulum fcapulæ humeralem deprimere. Qui mufculi eam fcapulam deprimant. Maftoideos mufculos in fupino homine caput erigere, hinc rectos abdominis operari, ut maftoideis punctum firmum præftent.

ID. in *Mém.* 1729. habet de fupinatione & pronatione aliqua, in quo motu & cubitum una paulum rotari docet, & ipfum demum os humeri.

Mém. de 1730. De motu vertebrarum colli, non ginglymode; de ejus columnæ ligamentis intervertebralibus, fuper quæ centrum motus eft.

Mém. de 1733. De monftris: fetu, de quo folum abdomen & pedes fupererant, adnato fetui perfectiori, & ejus anatome. Hinnulus capite femiduplici. Monftrorum duæ claffes, quarum prima primigenia monftra continet.

Mém. de 1734. Pergit in monftrorum hiftoria. Hinnuli bicipitis accurata anatome; tum vituli femibicipitis, puelli quadrupedis, fetus DUVERNEYI. De aliis partubus monftrofis. Pro fuo fyftemate monftrorum primigeniorum.

Mém. de 1735. De actione fternomaftoidei mufculi, qua caput ad alterum latus convertit.

Mém. de 1738. De refpiratione abfque motu coftarum; de mufculis ad eam actionem confentientibus, de diaphragmate, quæ tota oportet legere.

Mém. de 1739. De motubus analogis utriusque manus, qui vix poffunt diverfo modo peragi. Hæc deducit a communicationibus dextri cerebri cum finiftro.

Mém. de 1740. Cur difficile fit fimul utraque manu duos femicirculos parallelos defcribere, facile obverfos.

De caufis morborum in adftrictis veftibus pofitis.

In *Mém. de* 1741. De morbis a thoracibus arctis nafcentibus, potiffimum etiam fcapula dextra altiori.

Mém.

Mém. de 1742. De monſtris iterum, potiſſimum etiam GOIFFONIANO meoque, pro fabrica monſtrorum primigenia.

Ej. De uſu muſculi biventris contra MONROUM. Utique maxillam inferiorem detrahere, etiam in quadrupedibus & avibus.

In *Mém. de* 1743. Iterum de monſtrorum nonnullorum origine primigenia.

Ej. Magnum opus anatomicum prodiit Pariſ. 1732. 4. & 12. 4.Vol.* ſæpiſſime recuſum etiam Pariſ. 1767. 8. 5.Vol.* quæ editio nonnihil aucta eſt, vita etiam viri adjecta & indices, tum Amſterd. 1742. 8. 1752. 8. Baſil. 1754. 8. Latine verſum Strasburg. 1753. 8.* Venet. 1758. 4. & 8. Anglice vertente *Georgio* DOUGLAS Lond. 1733. 4. Germanice Berlin 1733. 8. Baſil. 1754. 8. 5.Vol. Belgice Roterdam 1735. 8. 1754. 8. Italice Neapoli 1764. 4. 6.Vol.

Titulus eſt *Expoſition anatomique de la ſtructure du corps humain.* Omnia priora compendia in pleriſque anatomes partibus per hoc inſigne opus ſuperata fuerunt, etſi non diſſimulo, multa, quibus ornatur, me in poſthumis DU VERNEYI reperire. Breviſſimum cæterum eſt, & ſimplex eorum deſcriptio, quæ ipſe vidit.

Oſteologia, quæ primum tomum efficit, hic in duas partes diviſa eſt, omnibus priorum laboribus multo perfectior. Minutiſſima plurima auctor adnotavit, ſcrobes, tubercula, ſulcos, canales, inſertiones muſculorum. Quæ propria habet utique non licet enumerare. Confer tamen os ethmoides, os palatinum cum duobus ſuis proceſſibus adſcendentibus, os unguis, tympanum, promontorium.

Pars altera oſſa recentia continet, cartilagines, glandulas, ligamenta, capſulas, quæ quidem oſſium conſideratio apud nuperos pene tota deſiderabatur.

In T. II. muſculi diligenter quidem deſcripti, a poſteriori tamen ALBINI labore ſuperantur. etiam potiſſimum in manu: id præterea incommodum habent, quod A. nulla ſynonyma adjecerit. Duplicem noſter dicit coccygeum. In utilitatibus muſculorum receſſit ab aliis, nomina capitis & caudæ rejecit, recte admiſit ad definiendam cujusque muſculi actionem, & utriusque finis mobilitatem, & determinantem conſenſum aliorum muſculorum.

In T. III. arteriæ venæ & nervi traduntur, arteriæ quidem multo rectius, quam apud priores & verius, ut tamen hinc inde errores arguas, exemplo arteriæ ophthalmicæ, & arteriarum pelvis. Princeps tamen & hic auctor eſt, In venis pene ſolus legi poteſt, etſi hæc hiſtoria valde adhuc imperfecta eſt. Venam branchialem ſiniſtram habet. Nervi etiam cum nonnullis vitiis, tamen quam apud ipſum VIEUSSENIUM melius traduntur, nec aliud compendium prætuleris, etſi peculiares aliqui nervi plenius deſcripti habentur.

Quarto tomo continetur ſplanchnologia, cum minoribus muſculis ani, faciei, pharyngis, uvulæ (non optime iſti), &c. Ipſa ſplanchnologia multum ſuperat ea, quæ ante WINSLOWUM prodierunt. Parvum pancreas diſtinxit, omentum gaſtro hepaticum, portam omenti, ligamenta ſemilunaria recti inteſtini. Lienem tranſverſum fecit. Fetum totum omiſit.

Majus opus deſtinaverat, cujus hoc pene compendium eſt, ſed id nunquam

quam prodiit. Hic cæterum fere communis fons est, ex quo nuperiores, & Galli potissimum, suam anatomen repetierunt.

Cum SALVATORIS MORAND *traité de la taille au haut appareil* prodierunt Paris 1728. 12.* aliqua de partibus corporis, quæ in hac sectione inciduntur. Peritonæi laminam internam meram esse telam cellulosam, neque adeo vesicam urinariam in duplicatura, quam vocant, peritonæi contineri. Plica semilunaris peritonæi, cellulosa tela vesicæ circumfusa.

EJ. Disp. *Ergo ex anatome subtiliori ars medica certior* Paris. 1717. 4.*

EJ. Disp. *Non ergo in cognoscendis morbis errores funestos evitare potest anatomes parum guarus* Paris. 1732 4.* quam recusam dedi. Describit, ut alteri mastoideo, a quo morbus non erat natus, medela sit adhibita. Supinum hominem non posse caput adtollere, nisi laborantibus musculis mastoideis. Morbi a nimia collaris adstrictione nati.

EJ. Disp. in hunc sensum *E. mortis incertæ signa minus ex chirurgicis, quam ab aliis experimentis* Paris. 1740. Recusa est cum BRUHIER Diss. *sur l'incertitude des signes de la mort*.

EJ. Disp. *Non ergo ad servandam præ fetu matrem obstetricum hamatile minus anceps & æque insons, ac ad servandum cum matre fetum sectio Cæsarea* Paris. 1744. 4.* Omnino ossa pubis nonnunquam discedere & os sacrum.

Seorsim prodierunt, *Remarques sur le memoire de M.* FERREIN *touchant le mouvemens de la mâchoire inferieure* Paris 1755. 8.* Plures sunt libri particulæ. FERRENIUS nova se docere, receptos refutare errores gloriabatur. Noster negat se errasse. Maxillam utique antrorsum posse duci & retrorsum, difficilius tamen retrorsum. Motum lateralem, quem FERRENIUS refutat, & cui circularem substituit, eo sensu a se esse intellectum: & jam a. 1697. a RAUIO eamdem sententiam esse propositam. FERRENIUM sua in sceleto vidisse, quæ in cadavere inspici debeant, in eo condylos sub eminentias transversas duci posse, id sibi ante quinquaginta annos non fuisse ignoratum. Se de motu etiam cartilaginis interarticularis in condylorum depressione dixisse.

In RENEALMI libello de susceptione ilei in colon, ut sibi visa agit.

§. DCCCXXVII. *J. Baptista* BIANCHI.

Quem oportet a *Johanne Simone* BIANCHI distinguere, qui aliud sibi nomen fecit JANI PLANCI. Iste, de quo nunc quidem agimus, Professor fuit Turinensis & nuper obiit.

Edidit, valde adhuc juvenis, libellum, cui titulum fecit *historia hepatica* Turin. 1711. 4., tum 1716. 4.* quam editionem ex adprobatione putes nihil esse mutatam. Plenior alia editio prodiit Genevæ 1725. 4. 2. Vol.*, quæ dicitur tertia, & cujus augmenta fere sunt in additis opusculis & tabulis. Ipsam historiam suo tempore æqua lance expendit MORGAGNUS. Bilem sanguine crassiorem esse BIANCHUS docet, GLISSONII capsulam vi valere contractili; ductus adesse hepaticysticos,

sticos, bilis parcissimam esse copiam, hæc aliaque merito carpas; icones etiam passim accuses, interque eas potissimum venas hepatis, nervosque. Hæc tamen omnia in hac editione contra MORGAGNUM conatur tueri.

Adjecta est in hac ipsa editione epistola *de impedimentis circulationis*, & alia de *febris natura & effectibus*. Consideratio globulorum in conico inque cylindrico canale motorum, incursus in latera, alia. Rejicit derivationem.

Subjectæ sunt orationes aliquæ, inter eas *Bononiæ* dicta *in laudem* ejus Academiæ Genev. 1723. 4.*, non sine mirificis erroribus (g): alia Taurini 1720. dicta, edita 1721. 4.*: tertia *Prælectio anatomica* anni 1720, pariter 1721. 4.* excusa: iterum oratio anatomica dicta a. 1722: quinta, prolusio ad ossium historiam 1722: sexta iterum a. 1723, omnes rhetoricæ potius, quam anatomicæ.

EJ. *Ductus lacrymales novi eorumque anatome, usus, morbi & curationes* Aug. Taurin. 1715. 4.* Leid. 1723. 8.* Nihil novi hic reperias, sed obscuras & barbaræ dictionis descriptiones, icones malas, ductum communem enormiter amplum, saccum lacrymalem nimis exiguum, ductum nasalem nimis dilatatum, valvulam fictitiam.

In *Theatro* MANGETI vesicæ & vicinarum partium novas utique suasque dedit icones; sed malas & manifesto mancas, musculosque novos descripsit, quæ omnia a J. B. MORGAGNO luce critica illustrata fuerunt. Dedit etiam *de valvula coli* dissertationem, quam resecta cellulosa tela, carneisque fibris deletis in anulum ad exemplum *Petri* PAUW mutavit.

Receptaculorum etiam ad latus sellæ equinæ & sinuum nonnullorum duræ membranæ, etiam transversorum RIVINI, tabulam dedit, ne ipsam quidem probabilem.

EJUS *fabricæ humanæ generalis prospectus expositus ad universam corporis humani anatomen in theatro novo anatomico Taurinensi* Turin 1716. fol. MAZZUCH.

Ad practicam anatomen prolusio Genuæ 1736. 4.*

EJ. *De lacteorum vasorum positionibus & fabrica* 1743. 4.*

EJ. *De novis in genitalibus partibus* in *Mém. di Valentuom.* T. III Luccæ 1747. 8.* SANTORINUM in prostatico musculo carpit, musculosum planum dicit, vesiculis seminalibus instratum. Sinus urethræ jam a. 1698. a TERRANEO ostensos, valvulam esse in urethræ osculo, & utero suum musculum. VALSALVÆ ductus esse arteriolas. Glandulas feminarum inter anum & urethram ponit.

EJ. *De naturali in corpore humano vitiosa & morbosa generatione* Turin 1741. 8.* Prima in parte libri embryones fetusque per suos dies mensesque ad medium usque graviditatem describit, & depingit, aliquos manifesto fictitios, ut longum illum gracilemque. T. II. Tubarios & ventrales fetus dicit, quorum & ipse vidit aliquos, tum falsa germina molasque, a fetu vitiato, mutato, destructo natas, malis cum monstrorum figuris. Reliqua ad vermes pertinent.

EJ.

(g) Vena chili temporibus barbaris dicebatur pro cava κοιλη. Eam noster pro ductu thoracico habet, MUNDINO non ignorato.

EJ. *Storia del mostro di due corpi che nacque sul Pavese in Gennaro 1748.* Turin 1749. 8.* ut videtur. Monstra facit morbosa & connata alia, quæ non potuerint casu aliquo ex nativa fabrica produci. Altera classis casu aliquo deformatur. Fetus ipse biceps, distincta utriusque vita & voluntate: pedes duo cum imperfecto tertio, genitalibus vitiose factis, vesicula fellis nulla, duabus venis cavis & aortis, quarum altera pulmonalem edebat; cor alterum imperfectum. Hæc omnia satis copiose descripta. Ex terrore monstri visi vicinam simile monstrum peperisse. De foramine ovali contra MERYUM. In testudine sanguinem a sinistris ad dextra transire. Inter scripta viri hoc mihi videtur optimum.

Lettera sulla sensibilita ed irritabilita delle parti nelli uomini e nelli bruti Turin 1755. 8.* Totum corpus humanum nervis constare & sentire persuadetur, & irritabile esse. Experimenta, per quæ aliquas partes corporis animalis sensu carere constitit, in brutis animalibus facta esse. Sed ea ipsa, quæ auctor fieri curavit, pericula, tendines & periosteum duramque meningem plerumque sensu carere confirmant. Recusa est in collectione Fabbriana, Bonon. 1757. 4.*

Epistola II. contra HALLERUM data. Irritabilitatem non novam esse, neque insensilem quarumdam partium naturam, quæ GALENO non fuerit ignota. Et tamen criminatur, hanc sententiam omnem receptam medicinam evertere.

Epistola III. Mira convitia hominis, suæ iræ obsequentis.

§. DCCCXXVIII. *Ferd. Al.* MARSIGLI.

Ferdinandus Aloysius MARSIGLI in bello infelix, cæterum magnus naturæ amator, & fundator novæ Academiæ in urbe patria, edidit *Brieve ristretto del saggio fisico intorno alla storia del mare* Venez. 1711. 4. maj.* De ovis piscium, vitello & albumine præditis in Raja, cui verus sit sexus. Alia ova, quæ extra corpus maternum demum fecundantur. Renasci cancrorum defracta crura. Pisces ad 50. sub aqua orgyas bene audire, & accurate videre.

EJ. *Annotazioni intorno alla grana de Kermes.* Gallas erumpere de ramis ilicis veræ, plenas ovis. Phænomena aliqua cum reagentibus, & igne subdito: dare salem volatilem. Ex ovis prodire suo tempore muscas, quæ videantur in corticem ilicis sua ova ponere. In coccinella nullam fabricam animalem se vidisse.

Quæ ad cocci historiam pertinent, ea in E. N. C. *Vol.* III. appendice repetuntur.

EJ. *Historia maris* multis post prodromum annis edita est Amstel. 1725. fol.* In ea ad animalia spectat potissimum Coralliorum descriptio, in quibus erumpentes subinde flores vidit, qui post ejus tempora compenti sunt polypi esse. Huc etiam aliqua de animalibus intra mare viventibus, & de insectis piscium: de lacte & quæ de ovis piscium & horum in nova animalia maturatione, postquam a semine masculo fecundata fuerunt. In historia insecta non reperiuntur, sed zoophyta, spongiæ, & alia adfinia.

In *Giorn. de Letter. d'Italia* T. XXIX. de anguillarum ovario. Male negat eum piscem, nisi in aqua salsa fecundari, quæ in Helvetia anguillarum ferace nulla sit. Non esse viviparas, neque anguillas esse, quæ pro earum pullis sint habitæ. Epistola est a. 1717. ad VALISNERIUM data.

EJUSD.

EJUSD. *Danubius Pannonico-Mysicus* Haag & Amsterdam 1726. fol. max.* In T. VI. pertinent huc variarum avium piscciumque nonnullorum dissectiones, denique etiam quadrupedum. Huc onocrotalus, lutra, huso &c.

§. DCCCXXIX. *Varii.*

J. Conr. DIPPEL, celebris chemici & heterodoxi hominis, *Vita animalis morbus & medicina sua vindicata origini* Leid. 1711. 8. WACHEND. Hamburg & Lubec 1730. 8. Germanice *Krankheit und Arzney des thierischen sinnlichen Lebens* Frankf. Leipz. 1713. 4. tum 1728. 8. & 1736. 8.* vertente P. C. & in *sämmtlichen Schriften* Berleburg 1747. 4. semper cum titulo fictitio *Christiani* DEMOCRITI. Anatomes ignarus, plenus hypothesibus, flammam in sanguine inque ventriculo culinarem statuit; pugilatum succi pancreatici cum bile resuscitat, generationem æquivocam tuetur, hominisque & animalium archæum, audax adfirmare, quæ nemo demonstraverit. In posteriori editione cordatus editor multa recte monuit, analysin bilis DIPPELIANAM, acorem salivæ refutavit, acidasque glandulas.

J. Adami MORASCH, Professoris Ingolstadiensis, *nucleus physiologicus s. Institutionum L. I. juxta neotericorum mentem expositus, Chymice & Mechanice decisus* 1711. 8.* GALENI sententiam exponit, nuperorum argumenta in contrarium profert, denique ipse definit.

EJ. *Blepharopathiam* nescio an huc revoces 1725. 4.

Christoph. von HELWIG, qui Tenstadii in Thuringia vixit, *Lexicon medico-chirurgicum* Lipsiæ 1711. 8.

EJ. *Neu-entdeckte Heimlichkeiten des Frauenzimmers* Arnstadt 1746. 8.

EJ. *Bestürmte aber entsetzte Residenz der Vernunft, oder von Gedächtnisse, wie dasselbe bis ins hohe Alter zu erhalten* Arnstadt 1745. 8. cum nomine *Valentini* KRÆUTERMANN.

EJ. *Kurz-gefaßtes anatomisches Werk, oder nosce te ipsum anatomicum.* Primam & secundam editionem ignoro. Tertiam edidit filius auctoris J. GOTTLIEB Francof. & Lips. fol.* fere anno 1744. aut 1745. REMMELINUS est, aliquot auctior nuperorum figuris.

De urina pulsu & venæ sectione scripsit Lipsiæ 1723. 4. quem libellum non vidi.

Frid. SELDENII *Censur der unreifen Disp.* HEISTERI *de masticatione* Landek 1711. 4. TR.

Theodori FELTMANN *tr. posthumus de somno* Brem. 1711. 8. BUR. Juris Consulti.

Michael Angelo MOLINETTO *lettera toccante il punto del vas breve che si scarichi dello stomaco nella milza* Padova 1711. 4.* Unicum folium.

Nicolo CRESSENZO *tr. physico medicus, in quo potissimum febrium nova exponitur ratio* Neapol. 1711. 4. Primus liber ad physiologiam pertinet.

In EJ. *raggionamento intorno alla nuova medicina dell' acqua* Neap. 1727. 4.* in raggionamento III. physiologiæ traditur compendium.

Gregorii MALISARDI (anonymi) *risposta a Teofilo Aletino dall autore del libro de moralib. crit. regul.* Bologn. 1711.

Jacobi VERCELLONI, Pedemontani, *de glandulis œsophagi conglomeratis, humore vero digestivo & vermibus* Diss. *anatomico-medica* I. Astæ 1711. 4.* Auctor heteroclitus, dictio contortuplicata. Oesophagum describit, cellulosam telam secundam tendinosæ nomine designat. Varias glandulas dicit, quæ succum suum in œsophagum depluant, nemini visas, quas carneas vocat, & quarum ductus excretorios inquit in ramos findi. Conglobatas etiam glandulas varias recenset. Deinde ostendere conatur, has glandulas verum fermentum cibos dissolvens suppeditare. Pelles in canis ventriculo intus solvi, non extus. Glandulam thyreoideam vermium esse nidum, quorum ova chylo admista characterem ei vitalem imprimant. Vermes cum animalibus connasci.

In *Pudendagra* Astæ 1716. 4. edita aliqua de sede gonorrhœæ, de lymphaticis vasis inguinalibus venenum venereum vehentibus, de ductu a glandula inguinali in penem eunte, qui præputium & penem obliniat. Sedes gonorrhœæ virorum ei est in prostata, & vesiculis seminalibus.

EJ. *De bile aucta & imminuta ad* BIANCHUM in historia hepatica.

Bibliotheca anatomica medico-chirurgica Londin. 1711. 4. 3.Vol. Collecta fragmenta scriptorum potissimum Anglicorum; inter eos etiam anatomicorum.

Gottfr. SELIGMANN, si recte lego, *de hominibus dubiis in quibus humana forma cum brutina mixta est exerc. hist. phil. theologica* Dresd. 1711. 4. De viribus imaginationis etiam agit.

BANIER in *explication historique des fables* Paris 1711. 12. 2.Vol. agit de sanguinis transfusione, & eo refert senis AESONIS curationem a Medea susceptam.

§. DCCCXXX. *Disputationes.*

Sam. DURY *de motu vitali* Leid. 1711. 4. Pene tota physiologia BOERHAAVIANA.

Georgii REMUS *de functione pulmonis* Leid. 1711. 4.

J. Christian KELLER *de vasorum elasticitate* Leid. 1711. 4.*

A. HELVETIUS *de structura hepatis* Leid. 1711. 4.

J. Frid. HELVETIUS *de chylosi* Leid. 1711. 4.*

Georg. CHESELDEN *de calculis renum* Utrecht 1711. 4.* Habet a GUILIELMO, cognato suo, exemplum trium ureterum in vesicam se immittentium.

Vincentius DOMPSELAAR *de chylificatione* Utrecht 1711. 4.*

Richardi BOSTOCK *de sanguinis natura & circulatione* Utrecht 1711. 4.*

Petrus SAVOIS *de generatione hominis ex ovo* Franeker. 1711. 4.

J. Georg VETTE *de catameniis* Hardervic. 1711. 4. BOEHMER.

Pauli DONS & *Christian* FRAUEN *de respiratione animalium* Hafn. 1711.

J. Rod. MIEG, olim Professoris Basileensis, *œconomiæ corporis humani brevis descriptio* Basil. 1711. 4.*

Aliæ

Aliæ theses 1721. 4.* Glandulæ novæ, ut putat, genales; massa carnea linguæ VERHEYENII. Nullas esse fibras circulares iridis, vasa succosa chylosa. Scalenos musculos respirationi servire. Agmem glandularum circa ductum Stenonianum.

EJ. *Theses anatomicæ* 1726. 4.* Nasi glandulæ sebaceæ, vermiculi, musculi, sinus pituitarii, vasa, nervi: ex propriis laboribus.

J. Philippi METZ *historia diabetis rara* Basil. 1711. 4.* Bona Disp.

Nicolai RITS *theses medicæ miscellaneæ* Basil. 1711. 4.*

Jacob BATTIER *œconomiæ corporis humani brevis descriptio* Basil. 1711. 4. & 1721. 4.

J. J. HAUSER *theses anatomico botanicæ* Basil. 1711. 4.* Spicam zeæ habet, in qua avenæ granum.

Lucæ WOLLEB *corollaria quædam anatomica* prodierunt cum Diss. *de methodo herbaria* Basil. 1711. 4.

Christophori EGLINGER *theses anatomicæ & botanicæ* Basil. 1711. 4.

EJ. *Theses medicæ* 1721. 4.*

Christian WEISBACH *de intentione & inventione naturæ in administratione œconomiæ vitalis* Basil. 1711. 4. STAHLII adsecla.

Ludovici Friderici JACOBI *de secretione animali* Erfurt. 1711. 4. PL.

Hieron. GIESMAN *de recto oculorum in corpore humano usu* Lipf. 1711. 4. VAT.

Christ. ALTMAN *de senio eruditorum* Lipsiæ 1711. 4.

EJ. *De illis, qui vitæ terminum a* MOSE *statutum per sex annos supergressi sunt* Lipsiæ 1711. 4.

Gottfried Wilhelm MULLER *de situ obliquo uteri in gravidis* Argentorati 1711. 4.*. Num fuerit IDEM alibi dictus.

Hyacinthi Theodori BARON & *J. B. Thomas* MARTINENQ *Estne humor acidus χυλώσεως opifex* Parif. 1711. 4.

Camilli FALCONET *Non ergo fetui sanguis maternus alimento* Parif. 1711. Contra MERYUM, qui in *Problematibus* respondit. Fetum negat amittere suum sanguinem, dum suum mater amittit.

EJ. Theses *E. educendo calculo cæteris anteferendus apparatus lateralis* Parif. 1730. 4. 1744. 4.* Vesicam sinistrorsum declinare.

Antonii GEOFFROI & *Henrici* BESNIER *Ergo motus cordis ab aëre* Parif. 1711. 4.

J. Nicolaus de la HIRE & *Elias* COL *de* VILLARS *E. homo animalium robustissimus* Parif. 1711.

J. Bapt. D'OYE & *Henrici* BESNIER *E. a cibo non tuta cogitatio* Parif. 1711.

Urbani LEAULTE & *J. B. Thomæ* MARTINENQ *E. ad nutritionem ægrotantium alia præter os via* Parif. 1711.

Mich. PICHONAT & *Ant. de* JUSSIEU *E. valetudo ad stateram æstimanda* Paris. 1711.

Aegidii ADAM & J. BESSE *Ergo motus corporis humani ab aëre & sanguine* Paris. 1711.

Thom. Bernh. BERTRAND & *Ant. de* LALEU *E. catamenia a plethora* Paris. 1711.

§. DCCCXXXI. *Guilielmus* CHESELDEN,

Chirurgus Londinensis, mihi probe notus, & potissimum ob lithotomiam celebris, descripsit in *Phil. Trans.* n. 333. ossa humana giganteæ magnitudinis, ut capiti 26. pollicum ambitus esset, femori 24. pollicum longitudo.

N. 402. Celebrem habet historiam pueri, qui cæcus natus, anno ætatis decimo quarto visum recuperaverat. De distantia non potuisse judicare, neque de figura, de magnitudine. Redit in anatome.

EJUS est *index partium corporis humani anatomicus* Londin. 1711.

IDEM edidit *the anatomy of human body* London 1713. 8.* 1722. 8. 1726. 8.* 1732. 8.* 1741. 8.* Hæ editiones pene omnes diversæ sunt. In prima reperitur icon valvulæ EUSTACHII, quæ in reliquis desideratur. In altera præter osteologica aliqua, potissimum maxilla inferior masculo stilo delineatur, specimen magni operis. Tabulæ aliquæ viscerum abdominis suo in situ relictorum. Sinus cerebri, etiam circularis, occipitales, duo petrosi, minime male expressi. Vasa mesenterica & magnus mesentericæ arteriæ arcus: vasa hepatis bilaria, & pancreatica, circulatio sanguinis, vermiculi spermatici: vena umbilicalis; demum varii casus chirurgici. Nervi & vasa lactea ex MONROO. Ipse de motu cordis, ejus causis & robore.

In editione 1732. 8.* eadem, chirurgicis iconibus aucta.

Editio 1741. 8.* tota diversa est. Ossium pulchras habet icones, ex magno opere sumtas; musculos pictorie quidem potius expressos, vasa brachii, ductum thoracicum, vasa bilaria, hic melius, tum penem & vesiculas spermaticas. De musculorum utilitate varia peculiaria. Superiorem partem musculi rhomboidei ad cervicem pertinere, & distinctum esse musculum. Psoas parvus ossi pubis sæpe inseritur. Deltoides fibris suis extremis non potest brachium elevare, nisi quando a reliquo musculo satis elevatum est: supinator longus verus est flexor, & minus supinat, quam extensores pollicis, carpi, digitorum. Biceps supinat & elevat cubitum. Triceps femoris hoc os potest etiam extendere. Interossei simul sunt extensores. Musculos penniformes amittere de robore, augeri vero celeritatem. Negat destructis ossiculis auditum perire. Non posse digitos abduci, quin una extendantur, cum interossei veri sint extensores. Fibras musculares venis reddit, glandulis conglobatis aufert. Aliqua omissa, quæ malles conservata, ut sinus cerebri.

In EJ. *treatise of the high operation for the stone* London 1723. 8.* Bonas icones habet ad vesicam pertinentes, ut plena super os pubis adsurgat, vacua in in pelvim subsideat, a peritonæo superne tegatur, anterius nuda sit, demum ab uracho suspendatur. Fibras etiam carneas vesicæ satis bene exprimit.

EJUSD. *Osteography* London 1733. fol. max.*. Icones splendidæ, in quibus neque pictori ars defuit neque sculptori: majora potissimum ossa mascule & fortiter expressa. Non perinde minuta ossa capitis. Ligamenta etiam aliqua delineata, & casus morbosi; præfixæ & subjectæ animalium pulchræ sceleti. Sermo vix ullus, nisi qui in minori compendio.

§. DCCCXXXII. *Diaria* anno 1712.

In *Phil. Transf.* n. 335. memorabilis dissertatio *Guilielmi* COURTEN, qua experimenta ejus, annis 1678. & 1679. Monspelii facta, continentur, in vivis capta animalibus. Venena varia canibus propinata, inter ea vegetabilia fere innoxia; viperæ morsus: venena in venas vivi animalis injecta. Porro vinculum variis nervis injectum, & arteriæ aortæ, cum eventibus.

In *Eph. Nat. Cur. Cent.* I. II. quæ a. 1712. prodierunt, *J. David* MAUCHART agit *obs.* 12. de inflatione tunicæ cellulosæ boum, ad augendum adipem facta, & de eodem artificio *Cent.* IV. *obs.* 184.

A. 1712. *obs.* 15. De appetitu aucto & somno inquieto ex usu opii.

Obs. 121. Fetus vitalis pulmones post 18. horas in aquis mersi.

Cent. IX. *obs.* 38. Spina bifida.

J. Frid. BLAU *obs.* 166. Penis in cachectico miræ molis.

In *obs.* 99. *Cent.* II. Puer urethra fissa.

Guil. KERGER epistola a. 1704. *de mutis & surdis ad modum* AMMANNI *loqui doctis.*

In *Mém. & hist. de l'Acad. des Sciences* 1712. MARALDI de apum sexu, generatione ex regina matre & patre fuco, cellulis & ædificandi modo, etiam anatomica aliqua.

Fetus monstrosus corde nudo extra pectus pendente.

In *Giorn. de Letterati* anni 1712. exstat epistola Abbatis *Antonii de* CONTI bene longa, adversus F. M. NIGRISOLIUM. Ova defendit, refutat NIGRISOLII lucem seminalem ideatam. MALPIGHIUM contra SBARAGLIUM tuetur.

Edidit IDEM *Risposta alla difesa del libro delle considerazioni intorno alla generazione de' viventi* Venez. 1716. 8.

In *Journal de Trevoux* Avril D. BERTRAND docet, contractionem esse naturalem musculi actionem, relaxationem statum violentum, in quo spiritus & sanguis musculum subeant.

IDEM in M. Febr. ejusdem Diarii 1714. mediam inter tritum & fermentationem sententiam proponit. Non verum acidi & alcali fervorem, sed motum tamen intestinum sanguinis admittit, a quo calor sit, &c.

Thomas STEUBNER, Colonienfis, *quod nullum animal nifi ex ovo generetur, exiftatque jam in ipfis ovis differentia maris & feminæ.* In *Clef du Cabinet des Princes* 1712. Febr. HARZHEIM.

§. DCCCXXXIII. P. H. BIUMI. *Alii.*

Paulus Hieronymus BIUMI, Comes, eques, medicus & lector anatomes Mediolanenfis, edidit 1712. 8.* *Scrutinio d' anatomia e di chirurgia.* Anatomen dat & phyfiologiam: fermentationi favet, cæterum vix aliqua habet propria. Ideam plafticam admittit.

EJUSD. *Efamine d' alcuni canaletti chiliferi chi del fondo del ventriculo per le tonache dell' omento fembrano penetrar nel fegato* Milano 1728. 8. Ante 20. annos BIMIUS, deinde BROGGIUS & BELLUS, viderant vafa alba in animalibus de tota ventriculi longitudine orta, conjuncta in truncum valvulofum, tendentem ad hepar, per id vifcus diftributum, a lymphaticis vafis diverfum, folum vehentem chylum. Experimenta nimis pauca, fectiones aliquæ corporum morboforum. Plurimum theoriæ fermentatoriæ. Animam brutorum corporis formatricem habet.

Lego apud B. CORTE, edidiffe jam a. 1701. *Encomiafticon lucis, f. lucis encomia in phyfiologicis medicinæ novæ fundamentis a veterum tenebris erutis, atque cultro anatomico autopfiæque caractere confirmatis.*

IDEM & *Ignatius* CARCANO dederunt Milano 1717. 4. *rifleffioni fopra la naturalezza del lucimento veduto in un pezzo de carne leffata.*

Cum nova editione *armamentarii* J. SCULTETI, quæ Lugduni 1712. 4.* prodiit, una edidit D. GOIFFON, Medicus Lugdunenfis, defcriptionem fetus bicipitis unicorporei, fatis accurate diffecti: cum explicatione mechanica modi, quo ejusmodi fetus oriri poffunt. Adjectum eft præter monftrum Würtenbergicum, aliud Lugduni anno 1671. oftenfum, difformi & maximo capite.

Ludovici BELLEFONTAINE *Medecine dogmatique mecanique expliquée par les principes de phyfique*, Amfterdam 1712. 8. 2. Vol.

IVO GAUKES *de medicina ad certitudinem mathematicam evehenda* Amfterd. 1712. 8.* CARTESIANUS, qui fanguinis fermentationem admittit, & glandulæ pinealis dignitatem. Aliqua ad mechanifmum mufculorum, ad fecretiones, ad univerfam medicinam.

Chriftiani Friderici RICHTER *höchft-nöthige Erkenntniß des Menfchen, fonderlich nach dem Leibe und natürlichen Leben* Leipzig 1712. 8.* . STAHLIANUS, magnus arcanorum laudator.

J. DEIGENDESCH (carnificis) *Schaufaal der Arzneykunft, in welchem gezeigt wird, wie die fogenannte Natur menfchlichen Leibes befchaffen* Tubingen 1712. 8.

Petri Adolphi BOYZEN *hiftoria Michaëlis* SERVETI Wittemberg. 1712.

Effay

Essay on possibility and probability of a child being born alive in the fifth month London 1712. 8.

In MORTONI *Natural history of Northamptonshire* London 1712. fol. passim aliqua rariora recensentur, etiam cadavera incorrupta, monstrifica aliqua &c.

§. DCCCXXXIV. *Augustinus Fridericus* WALTHER.

Professor Lipsiensis, plurimas disputationes anatomici argumenti edidit, dictione obscuriori, iconibus sæpe minus nitidis, diligens cæterum incisor.

De lente crystallina Lips. 1712. 4.* Nimiam facit lentis crystallinæ refractionem.

De secretione animali ib. 1712. 4.*

De sanguine in suo per vasa progressu retardato & accelerato (anno non addito). STAHLIANUM parenchyma arteriis & venis interpositum, motuque pollens tonico, facile refutat. Sanguinem ex corde per arterias in latius omnino vas didi: pulsum a ramorum resistentia oriri.

EJ. *De fibra motrice & influente nerveo liquido* Lips. 1723. 4.* Succum nerveum agilitatem partibus tribuere majorem.

De lingua humana libellus ib. 1724. 4.* in Belgio recusus Haarlem 1745. 8. cum anonymi objectionibus, & WALTHERI additamentis. Libellus occasione COSCHWIZIANI ductus scriptus est, quem noster refutat. Ductus minores sublingualis glandulæ RIVINIANOS confirmat, seorsim apertos, & alios majores, similiores BARTHOLINIANORUM, tum glandulas postremi dorsi linguæ, foramen cæcum, imi laryngis poros aliquos. Sublingualem glandulam cum maxillari continuari recte monet.

In *Act. Erudit.* 1727. ductus suos defendit & confirmat.

De membrana tympani 1725. 4.* a nobis recusa in *selectis*. Foramina VALSALVIANA arteriolas transmittere. De imaginario foramine membranæ tympani.

EJ. progr. *de cerebro nervis & gangliis* 1727. 4.*

EJ. *De organis generationis vitiatis, & de tumore vaginæ uteri* 1724. 4.

EJ. *De articulis ligamentis & musculis in incessu statuque dirigendis* 1728. 4.* Fusa dissertatio, qua musculos & ligamenta pedis describit, etiam depingit, occasione gangrænæ, quam AUGUSTUS rex in pede senserat. Icones non pulchræ, cæterum diligens anatome in partibus, eo tempore parum notis.

Ad eum librum *supplementum* 1731. 4.* Iterum ligamenta aliqua & musculis potissimum interossei. Utrumque libellum recusum in *selectis* dedi. Recuduntur etiam in *Henrici* WINKLER *Anleitung zu allen chirurgischen Wissenschaften* Berlin 1735. 8. 1738. 8.*

Arteriæ cæliacæ tabula 1729. 4.* Hæc præter modum obiter facta.

Historia suffocationis 1729. 4.* De vena subclavia, valvula EUSTACHII, cisterna chyli &c. Alterum patientiæ musculum vidit. Recusam dedi.

De

De vasis vertebralibus 1730. 4.* de arteriis in arteriæ vertebralis vicinia ex arteria subclavia natis, colli præcipue minus notis vasis. Vena mater bronchialium sinistrarum: vena vertebralis externa.

De ductu thoracico bipartito, vena bronchiali sinistra & inferiore, arteria hepatica superioris mesentericæ sobole 1731. 4.* Recusam dedi.

Anatome musculorum teneriorum humani corporis repetita 1731. 4.* cum tabula musculorum SANTORINIANA, aliquantum mutata. Faciei, pharyngis, etiam uvulæ, atque partium genitalium musculos tenuiores descripsit. Recusam dedi. De cervicali descendente, musculo peculiari atlantis, aliis varietatibus.

Historia partus monstrosi 1732. 4.* Caput enorme, labium leporinum.

Paris intercostalis & vagi humani corporis nervorum & ab utroque ejus latere obviorum anatome P. I. 1733. 4.* & secunda 1735. 4.*, utraque recusa inter meas *selectas*.

Observationes de musculis 1733. 4.* Musculus splenii accessorius. Aliqua de musculis in pelvi positis, deque laryngis, pharyngis & faciei musculis, de transversi urethræ nova parte, circumflexi palati ad pharyngem fasciculo, & lumbricalium varietatibus, de musculo peculiari atlantis. Recusum dedi.

De pulsu sanguinis in sinu duræ meningis 1734. 4.* [illegible]um pulsum admittit. Recusam dedi.

De obesis & voracibus 1734. 4.* De situ cordis accurate.

De enterosarcocele Lips. 1737. 4.* Continet hiatus inguinalis descriptionem.

De intestinorum angustia 1737. 4.* Hic cellulosa tunica tertia dicitur.

De deglutitione naturali & præpostera 1737. 4.* Musculi eo pertinentes describuntur. Recudi feci.

De vomitu 1738. 4.* in *selectis* meis.

De oscitatione 1738. 4.*

De structura cordis auricularum 1738. 4.*

De vena portarum I. 1739. 4.* II. 1740. 4.* Contra capsulæ GLISSONII fibras musculosas. Venarum varietates.

De erubescentibus & subitaneo venarum capitis tumore 1739. 4.* Recudi feci in *selectis meis*. Auriculæ cordis descriptio, cujus spasmis hæc phænomena tribuit.

De larynge & voce 1740. 4.* Glottidem & minores laryngis carnes describit.

De atra bile 1740. 4.* 1745. 4.*

De temperamentis & deliriis 1741. 4.* progr.

De collo vesicæ virilis, cathetere & unguentis illi inferendis 1745. 4.* Urethræ flexiones. Musculi, & peritonæi ad vesicam habitus. Non sufficere ad urinam continendam sphincterem vesicæ, situm ipsum & vicinos musculos multum conferre, levatores aliosque.

Ih

In *Act. Erud. Lipſ.* 1727. ad objectiones aliquas reſpondet anonymi, qui eadem a WALTHERO repeti ſcripſerat, quæ MORGAGNUS dixiſſet: aliqua etiam addit.

EJUS *memoria* celebrata eſt Lipſ. 1747. 4.* & a *J. Ern.* KAPPIO 1746. fol.

§. DCCCXXXV. *Diſputationes.*

Georgii CROKAT *de æquilibrio animali* Harderwic. 1712. 4. HAENEL.

L. H. RUNGE *de differentibus actionibus, quæ exercentur in corpore humano ab alimentis medicamentis & venenis* Hardervici 1712. 4.

August Ludwig MITHOB ανθρωπογονια Groning. 1712. 4.*

Guilielmi DOUGLAS *animalium hydraulifis* Utrecht 1712. 4.*

Urbani SOHAN *de cerebro* Utrecht 1712. 4.*

Jojachim CORVINUS *de menſtruo univerſali microcoſmico* Utrecht 1712. 4.*

Samuel STEK, civis & amici mei, *de vaſorum minimorum natura & efficacia* Leid. 1712. 4.*

Guilielmi DERRIX *cauſa mutationis, quæ ingeſtis accidit in ventriculo* Leid. 1712. 4. anno non expreſſo.

J. Hieron. ALBRECHT *de natura humana* Leid. 1712. 4.

Herman v. BLOEMESTEIN *de genuina adminiſtratione anatomica* Leid. 1712. 4.* Fuſe de variis artificiis anatomicis.

J. Lud. BOSE *de mente humana ejusque origine* Jen. 1712. 4.*

Henrici HENRICI *de veſiculis ſeminalibus mulierum* Hall. 1712. 4.* De Nabothianis veſiculis.

EJ. *Hepar ex tumulo ad officium ſanguificationis revocatum* Hall. 1713. 4. PL.

Jacobi GELLENTIN *de excerniculis capitis* Hall. 1712. 4.* præſide STAHLIO. Anatomici argumenti. Glandulæ ſalivales, pituitariæ, ſuturarum varietates.

Friderici MENZ *de temperamentis* Lipſ. 1712. 4.

EJ. & *Caſparis* BOSII *generatio παραδοξος in ranis conſpicua* Lipſ. 1724. 4.*, cum anatome partium genitalium. Maris vis premens neceſſaria. Tumorem in pollice ornat, & ſuſpicatur pro pene eſſe, atque ad eum forte obſcurum aliquem ductum a genitalibus organis abire.

J. Andr. PLANCK *nova de anima humana propagatione ſententia* Witteberg. 1712. 4. B. BURCKH. 1720. 4.

J. Frid. HERTLING *de ventre illiusque jure, vulgo vom Hänſgen im Keller* Heidelberg 1712. 4. Tubing. 1718. 4. HE.

C. MUSTINGER *de articulis* Argentor. 1712. 4.* Bona Diſp. ad ligamenta & articulationes.

Chriſtophor. HELWIG & N. SCHULZ *de ſanguine* Greifsw. 1712. 4. HEFT.

J. Wilhelm WIEDMAN *de tonfillis* Altdorf. 1712. 4.*, cum anatome earum glandularum.

In *Cent.* IV. *Eph. Nat. Cur. obf.* 90. Pulmonis fetus in utero materno exftincti partim natantis & partim fubfidentis exemplum.

Obf. 91. Foramen ovale in juvene apertum.

EJ. M.S. pofthuma anatome publica fuperfunt.

Car. BOMPART & *J. le* BERTHON *Ergo juvat perfpirationem optima medendi ratio* Parif. 1712.

J. Henr. IMBERT, & *Petr. Ant.* LEPY, *Ergo in juvene convenientibus organis inftructo nunquam defperanda venus* Parif. 1712.

§. DCCCXXXVI. *Diaria* a. 1713.

In *Phil. Tranf.* n. 337. *Samuel* BOWDITCH de femina agit, quæ per fex dies nive tecta abfque alimento vixit.

Henricus HAGUENOT negat motum inteftinum antiperiftalticum, paucis nimis experimentis factis, in quibus nullum deprehenderat. Regreffum fæcum mufculis abdominis tribuit & diaphragmati.

Eadem experimenta repetiit in Difp., cui titulum fecit, *an ileus a motu antiperiftaltico* Monfpel. 1715. 8.*, quam recudi feci in *meis felectis*. In *Commentariis Monfpelienfibus* motum periftalticum negat, a fe rejectum fuiffe.

EJ. Diff. *de nutritione* Monfpel. 1727. 8.* Totus BOERHAAVIANUS.

EJ. *De fenfationibus externis & earum differentiis* 1728. 8.*

EJ. *De febribus in genere* 1729. 8.*, ubi agit de motu cordis.

EJ. *De tranfpiratione infenfibili* 1733. 8.*

EJ. *Catameniorum mechanifmus atque caufa* 1743. fol.

§. DCCCXXXVII.

Petrus Simon ROUHAULT, & *Dominicus* ANEL,

Prior ille Gallus, Chirurgus Regis Sardiniæ & incifor.

In *hift. de l'Acad.* 1713. fetus, ut putat, ex nævo deftitutus cerebro & cerebello.

In *hift. & mém.* de 1714. agit de placentæ fabrica. Fetum docet cum matre communicare poffe, nullo enim involucro faciem placentæ utero obverfam obftrui, quod videatur adeffe, id reticuli modum innumeris poris perforari. Corpus fpongiofum funiculi flatu detexit. Venam umbilicalem arteriarum duplam effe recte vidit: tum membranam fetus mediam.

EJ. *Difcours fur les changemens differens, qui arrivent à la circulation du fang* *sang dans le fetus* Turin absque anno, forte 1723. 8.*, & in *Memor. di Valentuomini* T. I. Hypothesin suam primum hic proponit, quam continuo dicemus.

Ej. *Osservazioni anatomico fisiche* Torino 1724. 4.* Omnino sex dissertationes minime contemnendæ, 1. de placenta, cujus involucrum extimum reticulare describit, & membranam fetum continentem mediam (*h*). 2. Ad funiculum umbilicalem, ejus corpus spongiosum, arteriarum nodos & diametrum. 3. Fetum per solum umbilicum ali. 4. Humores fetus a solo corde suo proprio in circulum moveri, neque quidquam conferre cor matris. 5. De circuitu sanguinis per cor fetus: MERYANAM sententiam tuetur. Recte adnotat, cor dum se contrahit, & valvulas venosas expandit, partem aliquam sanguinis in auriculas rejicere. 6. De causa partus; uterum vellicari a fortiori tractione vasorum placentæ.

Ej. *Reponse à la critique de Mr.* WINSLOW Turin 1728. 4.* Gallice & Italice. Male & hic & prius sinus cordis ab auribus ita distinguit, ut aliis temporibus repleantur & evacuentur. Portionem illam sanguinis valvulas inter venosas & cordis ostia interceptam magnam esse. Fusius & verbosius.

In *Mém. de l'Acad.* 1715. de placenta, ejus involucro reticulato, & chorio.

In *Mém. de* 1716. Chorion densius factum in placentam abire.

De eadem membrana reticulari; de chorii lamina super placentam producta.

Mém. 1718. Utique fetum sanguinem suum vi propria movere, non a matre accepta. Septimam tantum partem placentæ cum utero communicare.

IDEM ad replenda vasa minora laudat ichthyocollam, & sua præparata RUYSCHIANIS æquiparat.

Hist. de l'Acad. 1719. Ungues monstrosi.

Dominicus ANEL, Chirurgus, & ipse aliquamdiu Turini vixit. Ej. *nouvelle methode de guerir les fistules lacrimales* Turin 1713. 4.* Multa sunt opuscula, pleraque potius chirurgici argumenti, & ad noviter inventos stilos & siphones auctoris pertinent: huc tamen facit descriptio punctorum, ductuum, sacci, & canalis nasalis, lacrumis recipiendis & vehendis destinatorum. Anulum habet cartilagineum; Redit apud PALFYNUM p. 13.

Porro huc facit inter *les critiques de la critique de* F. SIGNOROTTI epistola ad J. FANTONUM.

In *hist. de l'Ac. des Scienc.* 1714. describit placentam magnam cum fetu minimo.

In *Journal de Trevoux* 1716. describit tergeminos pro re valde rara, & de iis inquirit.

§. DCCCXXXVIII. *Varii.*

Peter KENNEDY *ophthalmographia, or a treatise of the eye* London 1713. 8.* Parte I. continetur descriptio oculi exigui momenti, ex ANTONIO, cum malis iconibus ex BIDLOO sumtis. Circulus uveæ ex RAVIO.

(h) Lego multa habere ex HOBOKENIO.

EJ. *Supplement to* KENNEDY's *ophthalmographia* London 1739. 8.* Adversus J. J. BRACKEN, quem plagii postulat, tum in CHESELDENIUM, PORTERFILD, SHAWIUM, SHARPIUM, ipsum denique JURINUM. Fusæ controversiæ, quas nullum inventum excusat.

EJ. *Essay on external remedies* Lond. 1715. 8. Purgantia medicamenta effectum suum edere posse per cutem, & minus quam in ventriculo mutari.

Matthæi GEORGI, Albingaunensis, *summa supremæ partis Philosophiæ bipartita, s. de homine L. II.* Genuæ 1713. 4.* Liber alter est de anima, peripateticus, quem non legi: alter de corpore. Aliqua habet de mathematico ordine & BELLINI methodo, cum descriptione anatomica singulari. Generationem fieri unione partium insito adpetitu se adtrahentium. Fetum mechanice formari, quod spiritus in eo motu pergant, quem per vasa corporis circumeundo didicerunt. Alimentum moveri per triangularia interstitia minimorum vasorum cylindricorum, quibus nervorum & membranarum substantia constat.

Dominici SANGENITO *dialogi de fabrica & motu cordis*, qui hoc anno sub prelum dati fuerant (*i*), nunquam videnter prodiisse.

Neque *Camilli* BRUNORI *de homine* italico sermone scriptum (*k*).

Theatro astrologico e fisionomico perpetuo Venez. 1713. 8.

J. Baptistæ GASTALDI, discipuli CHIRACI, fermenta amantis, *institutiones medicinæ* Avenione 1713. 12. ASTRUC. Nihil passum esse animal, resectis supra cor nervis intercostalibus & vagis.

EJ. *An alimentorum coctio, s. digestio a fermentatione vel tritu fiat* Avenione 1713. 12. Contra tritum.

EJ. *De somnambulis* Avignon 1713. 12.

Philippus della TORRE, contra vermes hereditarios scripsit, in *lettera intorno alla generazione dei vermi* Padova 1713. 4 cum *nuove osservazioni* A. VALISNERI.

Entretiens de deux Messieurs sur les questions à la mode; la these de M. de CRESSE, *An virginitatis & virilitatis certa indicia* Paris. 1713. 8., quam thesin continuo dicemus.

T. S. J. F. *Curiositates philosophicæ, s. de principiis rerum naturalium Diss. selecta de generatione hominum, animalium, arborum, plantarum* Lond. 1713. 4.

Barthold WICHER si recte lego, *von den listigen Ränken der Urinbeseher* Schifbek 1713. 8. Semejotici potius argumenti.

Mich. Procope COUTEAUX *Analyse du systeme de la trituration* Paris 1713. 12.* 1727. 12.* titulo tantum mutato. Contra HECQUETUM. Ironia potius & satyra in ampullata verba HECQUETI. Vasa omnino negat contrahi.

Philippe

(i) *Giorn. de Letter. d'Ital.* XIII.
(k) ib. XIV.

Philippe BERNARD *de* BORDEGARAYE *reponse à Michel Procope* COUTEAUX *sur sa pretendue analyse du systeme de la trituration* Paris 1713. 12. BUR. Acer defensor HECQUETI.

Respondet PROCOPIUS in libello *Extrait des beautés & des verités contenues dans la reponse de Philippe* BERNARD *de* BORDEGARAYE *à Michel* PROCOPE Londres 1713. 12. BUR.

J. Bapt. VERNA, Medici Turinensis, *Pleuritis morborum acutorum princeps* Turin. 1713. 4.* Aliqua de vena sine pari, de pleura.

Joh. SIMBENI *exercitatio medico philosophica, in qua differitur de morbis epidemicis, & de sanguine extra corpus* Arimini 1713. 4. cum sanguinis aliqua analysi, *Giorn. de Letter.*

§. DCCCXXXIX. *Disputationes.*

J. Adolphus WEDEL, *Georgii W.* fil., Professor & ipse Jenensis, libros quidem nullos, sed plusculas Disputationes scripsit, neque mathematum ignarus, neque mechanices & chemiæ.

De sanguine menstruo Jen. 1713. 4.*

De visione, quæ oculo fit gemino 1714. 4.*

De sensu brutorum Jen. 1714. 4.*

De valvula venæ subclaviæ ductui thoracico imposita 1714. 4.* a me in *selectis* recusa. Negat facere ad eum ductum.

De œconomia animali 1714. 4.*

De circulatione sanguinis 1714. 4.*

De motus corporis natura, usu & abusu 1715. 4.*

De nutritione 1716. 4. HE.

De resolutione ciborum in ventriculo 1719. 4.* Contra enormes illos calculos PITCARNII.

De temperamento viventis 1720. 4.*

De principio vitali 1721. 4.*

De vi naturæ humanæ medica 1725. B. BURCKH.

De valvulis vasorum animalium semilunaribus 1727. 4. progr. HE.

De transpiratione insensibili & sudore 1728. 4.* 1739. 4.*

De velocitate sanguinis a statu diverso vasorum dependente 1734. 4.*

De valvulis hydraulicis valvulas animalium imitantibus 1739. 4.

J. Jac. FICK *de saccharo lactis* Jen. 1713. 4.* Ejus sacchari præparationem describit usumque medicos.

EJ. *De ira efficacia & remediis* ib. 1718. 4.*

EJUSD. *De clysteribus nutritiis* 1718. 4.

Helwich Wilhelm STAUDACHER *de umbilico* Altdorf. 1713. 4.*

Rudolf HUBER *de glandulis* Basil. 1713. 4.*

J. Samuel de BERGER, viri ILL. *de transitu sanguinis per vasa minima* Witteberg. 1713. 4.* Continuitatem arteriarum cum venis defendit, & in pulmone experimento confirmavit.

J. Georg. HERING *de animæ & corporis vinculo* Witteberg. 1713. 4.

Georg Henrich GOETZ *de gemellis* Lubec. 1713. 4. HE.

Laurentii ZELLWEGER, optimi viri, in patria sua aliquando primo magistratu defuncti, *de nutritione animali* Leid. 1713. 4.*

Laurentii BLUMENTROST *de secretione animali* 1713. 4.*

Pauli DONS *de transpiratione animalium* Hafn. 1713. 4. R.

Car. Franc. VOLKERSHOVEN *de juncturis ossium* Leid. 1713. 4.* Habet articulationem maxillæ inferioris ad sensum RAVII.

Andr. CRESSE & *Franc. Ant. le* DRAN, *Ergo virginitatis sic virilitatis recta indicia* Paris. 1713. 4.

J. Bapt. Thom. MARTINENQ & *Ant. le* MOINE *Non ergo ingenii diversitas a sexu* Paris. 1713. 4.

J. Bapt. SILVA, cujus opus de venæ sectione dicemus, & *Petri* AFFORTI, *E. seminis virilis aura cum sanguine muliebri permiscetur in conceptu* Paris. 1713. 4.

Joh. le BRETHON & *J. Fr.* GIOT, *E. vita magnetismus* Paris. 1713. 4.

Antonii de JUSSIEU, celebris botanici, & *Claudii Adriani* RENARD *Non ergo corporis functiones absque fermentatione* Paris. 1713. 4.

J. BESSE & *Franc.* BAILLY *E. partus a fluxu menstruo* Paris. 1713.

Henrici BESNIER & *Emanuel Maurice* DU VERNEY *Ergo a salibus digestio* Paris. 1713.

§. DCCCXL.

Thomas WOOLHOUSE. *G. Wilh.* MUYS.

Prior ille Jacobita, Anglus, ocularius medicus, non ineruditus, sed asper, & micrologus, magnus cataractæ membranaceæ defensor, edidit *observations critiques sur un l. intitulé ophthalmographia*, in *Journal des Savans* 1714. n. 22. Nomina vitiata KENNEDYI carpit.

IDEM cum HEISTERO magnas lites aluit. Eo pertinent *Diss. ophthalmica de cataracta & glaucomate contra systema* HEISTERI editæ a *Christophoro le* CERF Francof. 1719. 8.* Passim etiam anatome hic tangitur, non tamen ut multa inde discas. Gallice prodierunt *Diss. critiques tirées des M. S. de l'auteur*, & *reponse à l'apologie* d'HEISTER Uffenbach. 1717. 8.

Disqui-

Disquisitions physiques & anatomiques sur l'experience de M. HEISTER &c. 1725. 4. Contra experimenta HEISTERI, qui humorem aqueum congelatum parce in camera posteriori repererat.

Cum PALFYNI l. de morbis oculorum exstat WOOLHOUSII epistola de cataracta.

In *Mem. de Trevoux* 1728. *Caroli de S.* YVES l. de morbis oculorum carpit. Duos esse musculi trochlearis tendines. RUYSCHIANAM tunicam separari posse.

EJ. *On the cataract and glaucoma* Lond. 1745. 8. Ita lego.

In *Journal litteraire* Haag 1714. 12. & in *Philos. Trans.* n. 339. primæ reperiuntur *Wieri Guilielmi* MUYS, Professoris Franekerani, de fabrica musculorum adnotationes. Minutissimas eo tempore fibrillas microscopio viderat: per arterias se putaverat eas replevisse, cavas esse adeo, & liquore aliquo repleri.

In eo labore vir Cl. perstitit, & magnum opus molitus est, cujus prima pars prodiit Leid. 1741. (potius 1738.) 4.*; titulo præfixo, *investigatio fabricæ, quæ in partibus musculos componentibus exstat*, Diss. I. *carnis musculosæ fibrarumque carnearum structura.* Fusissime in fibra carnea exponenda versatus est, cum vasa, nervos, tendines, cellulosam telam hic omiserit, & ad aliud volumen reservaverit. Fibram minutissime & valde artificiose divisit, ut quæque majuscula fibra constaret ex tribus ordinibus fibrillarum; fibrilla ultima ex duobus filorum ordinibus, quorum ultimum putavit esse vesicularum seriem. Deinde in corde fibras reticulatas esse, unde fiat, ut distentæ proprio ex elatere resiliant & arctentur. Fibras etiam cordis, ventriculi, vesicæ & linguæ latiores & laminarum similiores reperit. Globularum sanguinis constantiam esse per omnia animalia magnitudinem. Icones bonas dedit, & compendium eorum, quæ priores scriptores, & potissimum LEEUWENHOECKIUS vidissent.

Præfatio seorsim Gallice prodiit.

EJ. *Opuscula posthuma, s. sermones academici de selectis materiis, & Diss. de distinctione animæ & corporis cum Hermanni* VENEMA *oratione funebri* Leeuward. 1749. 4.

§. DCCCXLI. *Diaria.*

In *hist. de l'Acad. des Sciences* 1714. *Paulus Bernardus* CALVO fetum tubarium describit.

Francisc. NISSOLE animalculum kermes describit, gallamque & muscam, cui cum kermesino animalculo nil commune est.

Nonne IDEM cujus M.S. *nouvelle methode de bien dissequer* inter meos est codices.

In *Diar. Triv.* 1714. Jul. D. BRUN fuse describit fetum capite difformi, medullæ spinalis parte amissa, ejus canali gulæ vices replente.

§. DCCCXLII.

§. DCCCXLII. L. FEUILLÉE. ALII.

Ludovicus FEUILLEE, Monachus, aliquoties jussu Regis Galliæ Americam adiit, adnotationes suas descripsit in *Journal des observations physiques, mathematiques & botaniques &c.* T. I. Paris 1714. 4.* & altero tomo eodem titulo s. *Suite du Journal* 1725. 4.* Pluscula animalia rariora dissecuit, & testudinis anatomen, oculos, & auditus organum, & crocodili anatomen dedit, tum satis fusam capitis avis indicæ dissectionem; ovis huanaco quatuor ventriculos, viscera testudinis, mutationem colorum chamæleontis descripsit. Habet etiam monstra aliqua animalium & hominum.

Anatome corporis humani ex Gallico versa, ab *Augustino* SARACENO aucta Patavii 1714. 4. prodiit alii annum faciunt 1715.

Jacobus Peregrinus NUVOLETTI, Chirurgus Fanensis, edidit 1714. 4.* *Lettera sopra d'un parto mostroso nato nel contado di Fano.* Systema, quod vocant ovariorum, refutat.

Hiacynthi GIMMA, Canonici, *Dissertationum Academicarum* T. I. *de hominibus fabulosis, de fabulosis animalibus, ubi de generatione viventium* Napoli 1713. 4. *Giorn. de Letter.*

CLIFTON WINTRINGHAM patris, *tr. de podagra, in quo de ultimis vasis & liquidis & succo nutritio tractatur* Eboraci 1714. 8.* BOERHAAVIANA vasorum minimorum theoria: solidas partes meris nervis fieri. Theoria nutritionis &c.

J. Henrici PRÆTORII *breviarium physiognomicum, wie man aus dem Angesichte, Geberden und Gestalt, gute und böse Zuneigungen erkennen, und sich im Umgange und Handel darinn ersehen kann* Hamburg 1714. 8.

J. Jac. GRAMBS *de nutritione & augmento fetus in utero theses anat.* Giess. 1714. 4.*

EJ. *Anweisung zur Osteologie* Frankfurt 1740. 8.*

Zur Myologie ib. 1741. 8.*

Zur Angiologie 1741. 8.*

Zur Nevrologie 1741. 8.*

Zur Splanchnologie 1741. 8.* Ordo tabularis: proprii nihil.

Sub HEISTERO defendit Diss. *de glandulis, quæ præter necessitatem in corpore humano statuuntur* Altdorf. 1719. 4.*

P. v. CLARET (si recte legi) *encomium bovis* Haarlem 1714. si huc facit.

J. G. MONTAG *Beschreibung einer Wundergeburt* Leipz. 1714. 4. HUTH.

§. DCCCXLIII. *Disputationes.*

Joh. BURGOWER *de æqualitate morborum internorum & externorum* Utrecht 1714. 4.* Valde queritur de J. RAU, qui magna pecunia accepta discipulos ad colle-

collegium publicum & privatum remiserit. Apud AMMANNUM vidit, ligata vasa lymphatica tumescere. Magna pars physiologiæ percurritur.

Caspar SCHALCH *de causa proxima mortis animalis* Utrecht 1714. 4.*

Anton. Gabriel MEDER *de partium respirationi dicatarum structura* Leid. 1714. 4.*

J. Georg. NOTTER *de depuratione sanguinis per venas* Argentorat. 1714. 4.*

Heinrich Christian KRUGER *de usu respirationis in arte medica* Hall. 1714. 4.

Godofr. Ludov. BARUTH *de calore sanguinis antidiluviano* Altd. 1714. 4. HE. si huc facit.

Christianus FOSSIUS *de ossibus* Hafn. 1714. 4.*

J. Phil. ELVERT *de secretionibus & excretionibus* Argentor. 1714. HE.

Meinhard Car. EULER *de mesenterio* Argentor. 1714. 4.* & inter *nostras selectas*. Præses HENNINGER. Mesenterii & ejus vasorum, tum ductus thoracici per vasa lactea secundi generis a *Daniele* KIESLING repletorum, icon. Ea icon redit in *E. N. C. Cent.* IV. *app.*

J. Ludwig BOIE *de homine* 1714. 4. HE.

Petri Antonii LEPY & *Matth. le* BERTH *Ergo pulmo præcipuus sanguinis opifex* Parif. 1714.

Francisci Antonii le DRAN & *Mich.* PEAGET *Ergo ventriculi motus ad elaborationem chyli confert* Parif. 1714.

J. Fr. GIOT & *Franc.* HALLUYN *E. secretionum omnium materies lympha* Parif. 1714.

Paul. Gottfried SIEVERT *de morbis a motu humorum circulatorio aucto oriundis* Basil. 1714. 4.* Jatromathematicus, minutiem arteriolæ ultimæ conatur exprimere numeris, & multo minutiora vascula perspirantia.

J. Antonii CASSINIS *de* BUGELLA & *Francisci Ignatii* HOSSAUER *de obesitate, s. de saginosa corporum crassitie* Prag. 1714. 12.*

§. DCCCXLIV. *Diaria* anni 1715.

In *Phil. Transf.* n. 346. *Francisci* NEUFVILLE & *Thomæ* MOLYNEUX icones & descriptio *dentium elephantinorum in Hibernia repertorum*.

In *Diario Trivultino* 1715. M. Aprili, anonymus evolutionem conatur refutare, ob parvitatem necessariam involutorum germinum.

In *Act. Nat. Cur. Cent.* III. & IV., quæ a. 1715. prodierunt, *Maximilianus* PREUSS, Medicus Vratislaviensis, in *obs.* 11. descripsit lienem infantis permagnum, & *obs.* 12. quasi abruptum.

J. Adam GENSEL *obs.* 49. impraegnationem per somnum, passim alias dictam.

Cent. VI. *obs.* 85. In ventriculo submersi aqua reperta, non ita in pulmone.

J. Sigismund. SCHMIEDER *obs.* 79. pro seminis in sanginem regressu. Redit in *Supplem. Act. Erud. Lips.* T. V.

J. SERMES celebris lithotomus sed infelix *obs.* 95. de dentium primordiis, folliculo, excussione a dentibus secundis.

David Christian WALTHER *obs.* 135. de androgyno, ut putabatur, viro, aperta urethra.

Viti de BLISCHER, Austriaci Medici, descriptio satis accurata gemellorum per pectora connatorum.

In *Hist. de l'Acad. des Sc.* 1715. Canis ille loquax etiam LEIBNIZIO dictus repetitur.

MARANGONI, Medici Mantuani, historia vomitus urinæ diuturni.

DUPUY agnus ore clauso, cum tamen materies albumini ovi similis in ventriculo, & meconium in intestinis esset.

EJ. medicus oppidi Rochefort, de musculis pectorali insedentibus, qui videatur esse iidem, ex quibus veterum opinio nata est, rectum abdominis ad claviculas usque, summumve thoracem produci.

In *Memoires de Montpelier* a. 1715. quærit Cl. . . . SENEZ de vi ventriculi musculosa: eamque facit trigesies debiliorem, quam fecerat PITCARNIUS.

§. DCCCXLV. *Christophorus Jacob.* TREW.

Lauffæ in ditione Noribergensi natus, vir industrius & in perpoliendis suis operibus diligens, nisi quod multa amplexus, incepta non perfecit omnia, plurimum in anatome humana laboravit, & bonarum artium in splendida fortuna fautor, per sua merita ad magnam famam pervenit.

EJUS primum opusculum fuit *de chylosi fetus in utero* Altdorf. 1715. 4.* Annis novemdecim non major jam proprias suas adnotationes adtulit, in venæ umbilicalis cum vena portarum nexu: sesamoideo poplitis ossiculo, & minimi digiti: rugis & cellulis ductus cystici.

EJ. *Vertheidigung der Anatomie* Nürnberg 1729. 4.* Sermo dictus, cum corpus musculum incideret, qui ob historiam anatomicam legi meretur.

EJ. *De differentiis quibusdam inter hominem natum & nascendum intercedentibus* Norimberg. 1736. 4.* Multo studio natum opusculum, numerosissimis iconibus varia fetui peculiaria exprimit: foraminis ovalis varias facies, & ejus vestigium in adulto homine superstes; ductum arteriosum, venosum, eorum valvulas, valvulam EUSTACHII, arterias umbilicales vesicæ urinariæ nexas, earumque vaginas; intestinum cæcum cum adpendicula.

EJ. ad ALB. HALLERUM *epistola de vasis linguæ salivalibus atque sanguiferis* Noriberg. 1734. 4.* Contra COSCHWIZII novum ductum. Venæ linguæ descriptæ, quas vir Cl. pro salivalibus ductibus habuerat. Glandulæ salivales & earum

earum ductus. Rete venosum dorsale linguæ; glandulæ mucosæ linguæ postremæ, tonsillæ, ductus ad latera linguæ minores.

Porro anno 1733 fol. programma edidit quo novam ossium corporis humani historiam proposuit, cum tabulis ad naturam factis. Eæ tabulæ post multos annos denique Noribergæ 1767. fol. max. * prodierunt, sermonem addente anonymo Germanicum & Latinum, cum titulo *Tabulæ osteologicæ corporis humani*. Tabulæ maximæ formæ, pleræque ad nativam magnitudinem, & vivis coloribus pictæ, & adumbratæ, ossa compacta & dissoluta, mascula & robusta manu sculpta.

In *Actis Academiæ Naturæ Curiosorum*, cujus fuit Director, multa dedit solertiæ suæ specimina: multa etiam in *Commercio Literario Norico*, cujus & ipse princeps fuit sodalis.

In E. N. C. *Vol.* II. *obs.* 55. etiam in ileo intestino valvulæ.

Obs. 56. velamentum peculiare membranæ tympani, fetui proprium.

Vol. X. cum anevrysmatis historia icones dedit & descriptionem arteriarum brachialium, potissimum ad anastomoses per ramos collaterales, quæ faciunt, ut truncum brachialem ligare liceat. Collateralis superior ipsi est, quæ dorsalis humeri, inferior anastomotica brachialium; Seorsim recusa est dissertatio Noribergæ 1769. 4.*

Ib. De pilis leporinis colorem mutantibus. Ad radicem fuscos esse, apicem albescere.

Nov. Act. Nat. Cur. Vol. I. *obs.* 103. Palati deficientes exempla aliqua.

Nov. Act. Vol. II. *obs.* 100. spina bifida funesta.

Obs. 101. fetus tertii mensis, sexto per abortum editus.

In altero Diario, cujus noster magnam partem scripsit, *Commercio* nempe *Litterario Norico*, agit a. 1731. *spec.* 2. de tegumento proprio membranæ tympani in fetu.

Spec. 7. de ovulis & valvulis atque sinubus cervicis uteri,

Et de iisdem *Spec.* 13.

Spec. 9. de partibus corporis, arte anatomica præparatis, in liquore idoneo conservandis.

Spec. 18. de sede nigredinis, in reti MALPIGHIANO toti cuti substrato.

Spec. 30. multa ad nervorum visceralium historiam.

Ann. 1732. *hebd.* 36. de ovis Nabothianis porro, & de fabrica cervicis uteri.

Anno 1733. *hebd.* 49. & 50. de vasis umbilicalibus cum icone in libello repetita.

Anno 1734. *hebd.* 38. ad ursi anatomen aliqua.

Et *hebd.* 28. & 29. ad descriptionem vasorum umbilicalium cum iconibus.

Anno 1735. *hebd.* 2. de fetu, qui ex hæmorrhagia periisse dicebatur.

Hebd. 7. de puella nuper nata ſanguinem per uterum amittente.

Hebd. 39. alia icon cervicis uteri.

Hebd. 57. ſententiam SCHULZII limitat.

Anno 1731. *hebd.* 14. de agnello monſtroſo, capitis fabrica tota confuſa.

Hebd. 29. de pede vitulino multifido.

Hebd. 30. de artificioſa vaſorum repletione.

Anno 1737. *hebd.* 13. de vaſis umbilicalibus.

H. 24. varietates venarum, ut venæ renalis cum iliaca ſui lateris conjunctio.

Hebd. 37. de modo ſuſpendendarum in ſpirituoſo liquore partium corporis animalis præparatarum.

Anno 1738. *hebd.* 9. alia icon vaſorum umbilicalium cum veſica & recto inteſtino.

Graviditatis ſigna minus certa, & menſes in femina imprægnata fluentes.

Hebd. 13. animadverſiones in Cl. BRUNS de articulatione coſtarum cum ſterno hypotheſin.

De gemellis inæqualibus.

Hebd. 47. veſicula fellis bifurcata, & alia ſepto fere diviſa.

In eodem anno. Ova humana, & inter ea ova prægnantia depicta dat.

Anno 1739. *hebd.* 36. Argentum vivum ex vena in arteriam redire.

Anno 1740. *hebd.* 51. adcurata anatome vituli bicollis.

Anno 1741. *hebd.* 20. & 21. de ſpina bifida agit.

Anno 1743. *hebd.* 31. in mamma cingaræ, in ſpiritu frumenti ſuſpenſa, vidit per epidermidem adipem ſudare, & in villos quosdam coire.

Hebd. 51. anatomen & ſceleton depingit vituli bicipitis & bicollis.

Anno 1744. *hebd.* 33. ovum humanum, in quo perparvus & immaturus fetus, cujus ſolæ ovuli tunicæ incrementa ceperant.

Vita Cl. viri reperitur in appendice T. IV. *nov. Act. Nat. Cur.*

§. DCCCXLVI. *Petrus v.* MUSCHENBROECK,

Phyſices experimentalis Profeſſor Leidenſis, in experimentis faciendis ſolers & curioſus, non quidem inciſor, multis tamen modis phyſiologiam adjuvit & anatomen.

Ipſa ejus diſputatio inauguralis *de aëris præſentia in humoribus corporis humani* Leid. 1715. 4.* a nobis in *ſelect.* T. IV. recuſa, multo labore nata eſt. Oſtendit vir ILL., aërem quidem ex omnibus humoribus humanis in aerem valde

valde adtenuatum erumpere, quem vulgo vacuum BOYLEANUM vocant. Minime tamen ab eo aëre elaterem exerceri, dum in nostris humoribus latet, cautus monet. Vasa aërea ovi habet. In vivo animali pulmonem pleuram contingere: membranam pulmonis aërem non dimittere.

Deinde *Institutiones physices* variis temporibus edidit, ut tamen princeps editio sit *Introductio ad philosophiam naturalem* Leidæ 1762. 4 2. Vol.* In hoc, omnium compendiorum physices præstantissimo, visionis & auditus historia ad nos pertinet. Illam ex optimis fontibus dat, cum mensuris oculi ejusque partium accurate sumtis. Lentis crystallinæ convexitatem ad objectorum diversam distantiam mutari putat. De vero in tenebris visu dubitat. Pondera humorum & partium solidarum. In introd. adnotat, nihil in phialis recte clausis vitale nasci.

EJUSD. *De mente humana se ipsam ignorante* Leid. 1740. 4.*

§. DCCCXLVII. *J. Zacharias* PLATNER,

Professor Lipsiensis, qui peculiarem curam in Chirurgia exercenda impendit. Ejus multæ sunt disputationes, aut programmata, argumenti anatomici.

Prima ejus disputatio præside *Polycarpo Gottlieb* MULLER prodiit Lipsiæ 1715. 4. *meditationes in œconomiam generationis animalium ab* HARTSOEKERO *expositam*.

Alia est *de medico directore motuum vitalium* Hall. 1716. 4.

Inde *de fistula lachrymali* Disp. Lips. 1724. 4.* cum partium lacrumalium descriptione.

De damno ex neglecta anatome in medicinam redundante Lips. 1734. 4. progr.* Spina bifida.

De MAGNO HUND *progr.* ib. 1734. 4.* Rari libri descriptio.

EJUSD. *de thoracibus* ib. 1735. 4.* cum anatome.

EJUS *de ossium epiphysibus* ib. 1736. 4.*

Observationes aliquæ anatomicæ 1736. 4.* Extus ossa durescunt, intus cellulosa manent.

EJ. *De musculo digastrico maxillæ inferioris progr.* ib. 1737. 4.* cum ejus musculi varietatibus.

EJ. *De ossium conformatione & colore* 1738. 4.* a nobis recusa.

EJ. *De risu a splene* 1738. 4.*

EJ. *De motu ligamenti ciliaris in oculo* 1738. 4.*

EJ. *De somno infantum ex agitatione cunarum* 1740. 4. progr.

EJ. *De hydrocele* 1745. 4.* cum scroti descriptione.

EJ. *Institutiones Chirurgiæ rationalis* 1745. 8.* Utique etiam partium dat historiam. Germanice 1748. 2. Vol.* &c.

EJ.

Ej. *Opuscula* Lipſ. 1749. 4.* conjunctim edita, priora omnia continent, programmata nempe & disputationes. Recusa sunt Venet. 1749. 4. 2.Vol.

Vita viri a J. A. ERNESTI scripta exstat Lipsiæ 1747. fol.

§. DCCCXLVIII. *Varii.*

Thomas SCHWENKE, Medicus Haagiensis, gratiosus clinicus. Ej. Disp. *de saliva* Leid. 1715. 4.*

Ej. *Hæmatologia s. sanguinis historia. Accedit observatio anatomica de acetabuli ligamento externo, caput femoris firmante* Haag. 1743. 8.* Etsi liber lectu neque gratus est, neque boni ordinis, habet tamen utilitatem a numerosis experimentis factis ad pulsuum numerum, calorem naturalem thermometri, calorem qui sanguinem resolvit, eventus ab admistis variis liquoribus sub ortis, grumum sanguineum & serosum, pondus sanguinis, cruoris, serique. Sanguinem arteriosum fluidiorem facit.

Ligamentum teres femoris extra capsulam supra tuber ischii oriri, parva parte ex solita sede capsulæ articulationis. Belgice prodiit Haag. 1748. 8.

Ej. *Institutiones medicæ in usum annuæ exercitationis domesticæ* Leid. 1724. 8.

Ej. De callo ossium in *verhandelingen der holl. maatschappy* T. I. In fracto in vivo animale osse sanguis adparet, deinde cellulosa tela, denique periosteum, quo fractura conferruminatur.

In P. GARIDEL *hist. des plantes autour d'Aix* 1715. fol. continetur NISSOLII historia animalculi Kermes, recusa in E. N. C. *Vol.* III. *app.* Insignum & cupidum fuisse incisorem lego in *Rech. de liter. & d'hist.* 1731. Juin.

Pierre AMAND *nouvelles observations sur la pratique des accouchemens* Paris 1713, ut videtur, 8. 1715. 8.* Inter observationes plusculæ atretæ, quæ conceperunt, etiam pepererunt.

Conrad Ludwig WALTHER, Chirurgi Hallensis, *medicinisch- chirurgischer Schatz sonderbarer Anmerkungen* Leipzig 1715. 8.* Chirurgici potissimum argumenti. Habet tamen rariora & monstrosa aliqua, ut puerum ex epigastrio fratris natum, & imperfectum. Puerum cum tumore ex fronte eminente; menses nono anno erumpentes, & in gravida nana: hominem artubus a partu truncatis: puellas Ungaricas connatas.

Valentin TRICHTER *anatomia & medicina equorum nova* T. I. Francof. & Lipſ. 1715. 8. T. II. 1716. 8. recus. 1755. 8. Ej. *Pferdbuch* Nürnberg 1715. 1717. 8. An idem l.

Frid. Wilhelm PAGENSTECHER *de barba l. singularis* Lemgov. 1715. 8.

Wilhelmi NEUHAUS Th. D. Profess. Hammoniensis, *de homine liber, in quo mentis & corporis adtributa aliaque curiosa distincte traduntur* Susati 1715. 8.* Fuse primum agit de animæ natura, functionibus, & cum corpore fœdere. Inde aliqua physiologica, ad CARTESII saporem. Contra gigantes, pygmæos, alios homines fabulosos. De androgynis. Non dari homines in vulneranerabiles. De hominum in bestias transformationibus. De sede animæ, de qua quidem quæstione ampliat.

Ralph THORESBY *topography of Leeds* Lond. 1715. fol. Habet monstrificos partus, & alia rariora.

Ferd. Carl WEINHART *nucleus universæ medicinæ* Patavii 1715. 8. 1728. 8. Pars prima est physiologica.

§. DCCCXLIX. *Disputationes.*

Adam Friderich KREMER *de nervis* Vienn. 1715. 4. B. BURKH.

Ej. *De sanguine ejusque tinctura, circulatione & mira venarum arteriarumque ramificatione* ib. 1715. 4.

Ej. *De facultatibus animæ* 1715. 4. B. BURCKH.

Ej. *De propria facultatis animalis quiete s. somno* 1715. 4. B. BURKH.

Ej. *De animæ facultate & bina operatione vitali & in specie de pulsibus* 1715. 4. B. BURKH.

Ej. *De structura s. officio glandularum* 1716. 4. B. BURKH.

Ej. *In osteologiam* 1720. 4. B. BURKH.

Ej. *De tactu* 1722. 4. ib. B. BURKH.

J. Stephan ZANUTI *de calore innato & humido radicali* ib. 1715. 4. B. BURKH.

Ej. *De motu locali atque progressivo* 1717. 4.*

Ej. *De musculi & fibræ operatione læsa* ib. 1718. 4. B. BURKH.

Ej. *De circulatione sanguinis* 1720. 4.*

Christoph. FRAWN *de vena portæ* Leid. 1715. 4.* Glandulas duodeni describit.

Guil. MARTYN *de fluxu menstruali & morbis virginum* Leid. 1715. 4. PL.

Aegidius GLAGAU *de senectute ipsa morbo* Leid. 1715. 4.*

D. W. ANDREÆ *de processibus mamillaribus* Leid. 1715. 4.*

Guilielmi Augusti la ROSE, Archiatri Hannoverani, *de chyli præparatione* Lond. 1715. 4.*

Georgii Michaelis WEPFER *de vitiis tympani* Utrecht 1715. 4.*

J. KUPFERSCHMIDT, Helveti, *de machina humana ejusque conservatione* Basil. 1715. 4. HAENEL.

Frid. Christ. HELWIG *theoria vitæ & mortis* Argentorati 1715. 4.*

Paul. Frid. OPITIUS *de gigantibus* Kiel. 1715. 4. B. BURCKH.

J. Wilhelmi BUSSII *adstatæ viriles* Erford. 1715. 4.*

Marianus BROKÆUS *de mente brutorum* Erfurt. 1715. 4.*

Ananiæ WEBER *vestigia sapientiæ divinæ in oculi fabrica conspicua* Arnstatt. 1715. 4. MURR.

Benedicti

Benedicti STÆHELIN *de solidorum nutritione & dissipatione* Basil. 1715. 4.* Fuit in hoc olim amico nostro felix ad inveniendum industria, quam nescio quæ connata viro facilitas vetuit, ut quidem merebatur, in publicam famam maturari. Magno artificio vidi ova succo colorato replentem: liquorem eumdem per minima foramina narium in cranium adigentem. Reliquit icones ad historiam conceptionis & formationis pulli pertinentes, quæ ad ILL. TREWIUM a morte viri transierunt.

EJUSD. *Theses physico anatomico botanicæ* Basil. 1721. 4.* Adipem circa chorioideam oculi vitulini tunicam reperit. Exomphalos congenitus. Hydatides per urinam. Os WORMIANUM.

EJ. *Tentamen medicum* Basil. 1724. 4.* Pleraque viscera abdominis per vulnus diaphragmatis in pectus compulsa. Lochia per tubam FALLOPIANAM effusa. Vasa lymphatica uteri humani.

Aliud *specimen* Basil. 1731. 4.* Experimentum producit, quo ostendit utique liquorem Amnii deglutiri.

El. HOPPE *de palpebris* Basil. 1715. 4.

Antonii le MOINE & *J. Phil.* DAVIER *de* BREVILLE *Ergo statim a menstruorum effluvio concepti firmioris valetudinis* Paris. 1715.

And. de LALEU & *J. B. Faust.* ALLIOT *de* MUSSAY *Non ergo ab aëre diversi spiritus* Paris. 1715.

Francisci BAILLY & *J. Damian* CHEVALIER *E. succus nutritius a sanguine diversus* Paris 1715.

Cl. Ant. RENARD & *Jac. Ant.* MILLET *E. mores parentum traducuntur in sobolem* Paris. 1715.

J. ROBERT & *Franc.* HARLAYS *Ergo optima alimenta, quæ perspirationi aptissima* Paris. 1715.

§. DCCCL. *D. Wilh.* TRILLER.

Daniel Wilhelm TRILLER, vir eruditissimus, Græcarumque & latinarum literarum peritissimus, clinicus præterea, etiam etiam nunc Wittebergæ superstes.

EJUS *de pinguedine, s. succo nutritio superfluo* Hall. 1715. 4.

EJ. *De nova* HIPPOCRATIS *editione adornanda commentarius: speciminis loco librum de anatome recensuit, emendavit, commentario perpetuo illustravit* Leidæ 1728. 4.* Minime timidus criticus. Venam cartilagineam ad hepar pro vena cava habet. Pulmonem faviformem legit, textu recte emendato: renes etiam cum ovibus potius quam cum pomis comparat. Redit in *opusculorum* ILL. VIRI Tomo II.

EJUS *De* HIPPOCRATIS *studio anatomico singulari* Witteberg. 1754. 4.* Valde erudite colligit, quæcunque HIPPOCRATEM ostendunt anatomica coluisse.

De

De clysterum nutrientium antiquitate & usu Witteberg. 1750. 4.

De mensibus per nares LEONIDÆ *filiæ erumpentibus.*

De mira naturæ solertia in reparandis damnis corpori animato illatis. Portionem tibiæ cariosæ quatuor uncias longam exemtam, & a natura reparatam fuisse. Frontis os ampliter amissum & reparatum.

Opuscula medica ac medico physiologica ab auctore recognita, aucta & emendata Vol. I. Francof. & Lipſ. 1766. 4.* Vol. II. 1766. 4.* Vol. III. 1772. 4.* Priora continet. In *præfatione* in irritabilitatem invehitur, ejusmodi experimentis minime innutritus.

Ej. *De morbis pubertate solutis* Witteb. 1770. 4.* Locum HIPP. *de septimestri fetu* interpretatur & emendat.

§. DCCCLI. *Louis* LEGER *de* GOUCY. *J. G. de* HAHN.

Chirurgus Rothomagensis. EJUS *veritable chirurgie etablie sur l'experience a la raison, avec de nouvelles decouvertes sur l'osteologie & la myologie, & un nouveau systeme de la generation du fetus* Rouen 1716. 8.* Pro novis dat nova nomina articulationum: motum capitis inclinatorium ad latus, obliqui musculi minoris opus; post quem motum caput a vi mastoidei alterius lateris docet restitui. Gibbum nasci a nimia musculorum abdominis tensione. Unicum esse musculum interosseum. Nullum esse musculum capitis anticum minorem: sæpe se vidisse cor absque pericardio.

Verum princeps opus est de generatione. Semen masculum per poros oris uteri transpirare, & imprægnare ova actu venereo in uterum deducta. Ova se vidisse absque coitu per voluptatis vim educta, (de placenta vesiculari, ut videtur, locutus). Historia fetus inguinalis. Sæpe se os uteri in gravidis mulieribus clausum vidisse.

J. God. de HAHN, vir ILL. & eruditus. EJUS fuit Disp. præside SCHACHERO proposita, *de partibus corporis humani externis* Lipſ. 1715. 4.

Ej. *De manu hominem a brutis distinguente* ib. 1716. 4.

Ej. *De aeris inspirati in pulmones effectu* Lipſ. 1731. 4.* Hunc aërem diastolen cordis facere, & particulis sanguinis admistum, motum ciere intestinum.

Ej. *Variolarum ratio exposita* Breslau 1751. 4.* Variolas esse evolutionem plurimorum per cutem vasculorum, tunc demum erumpentium, & aliquam dentitionis similitudinem habere.

Ej. *Morbilli variolarum vindices* Vratislav. 1753. 4.* Uti variolæ sint vasa sanguinea evoluta, ita morbillos vasa lymphatica.

§. DCCCLII. *Diaria anni* 1716.

N. 349. *Edmundus* HALLEY, celebris mathematicus, campanam urinatoriam descripsit, & retulit, quæ ipse sub ea campana expertus sit. De iisdem n. 368.

Hist. de l'Acad. des Sciences 1716. *Andreas Franciscus* DESLANDES de fetu cujus sceletos tota concreverat.

ID. *Hist.* de 1720. aliqua de vermibus ligna erodentibus navium.

In *Hist. de l'Acad.* 1722. de cancelli cum ovis solearum necessario nexu. Ea ova hoc cancello egere, ut ad eum firmentur.

In *recueil de différens traités de physique* Paris 1748. 12.* & in *Mém. di fisic.* II ex nervis harmonice tensis sympathias hominum, & ex contrariis causis antipathias explicat.

In *Mém. de Trevoux* 1731. Mars; de avibus marinis, avibus scoticis, minime ex putrescente ligno nascentibus. De ostreo.

MORIN de fetu monstroso bicipite, bicorporeo, absque vesica.

MARTIN, Chirurgi, partus ventralis, cum uterus integer esset, & placenta ad vertebras lumbares adnata.

In *Mémoires* ejus anni 1716.* D. MARCOT egit de fetu monstroso, cui cerebrum deerat & cerebellum. De formatione monstrorum ex duobus ovis confusis. Contra vim monstrificam maternæ imaginationis, & MALEBRANCHII fetum, cui ea causa crura fregisse dicebatur.

§. DCCCLIII. *Carolus* RICHA,

Medicus Turinensis. EJUS *asserta physico anatomica* prodierunt Turin 1716. 4.

Prolusio anatomica altera ib. 1717. 4. CINELLI.

Morborum vulgarium historia, s. constitutio epidemica Taurinensis anni 1720. Turin. 1721. 4.* In hoc tomo vix aliquid est anatomici argumenti.

Sed cum *morborum vulgarium anno* 1721, *s. constitutione epidemica altera* Turin. 1722. 4.* monstri bicipitis unicorporei historia, & de monstris in universum theoria continetur, tum *Hieronymi Joh.* PESTALOSSII de monstris tractatus & methodica distributio.

EJ. *Morborum vulgarium anni* 1722. *historia, s. constitutio epidemica tertia* Turin. 1723. 4.* Hic talpæ dissectio & muris montani.

In *opusc. scientif. & philologicis*, eorumque tomo XXII. agit de microcosmi cum macrocosmo analogia.

§. DCCCLIV. *Bernardus* NIEUWENTYDT,

Medicus & Consul. EJUS *regte gebruyk der waereld beschouwing* prodiit Amsterd. 1716. 4 1720. 4. 1725. 4. 1754. 4. quæ VI. est editio. Gallice *Existence de Dieu demontrée par la structure du corps humain les elémens & les astres* Paris 1725. 4. vertente P. NOGUEZ, Amsterdam . . . . & 1760. 4. Germanice *Erkenntniß des göttlichen Wesens aus dem rechten Gebrauche der natürlichen Dinge*, vertente W. C. BAUMAN Frankf. 1722. 4. cum præfatione C. WOL-

C. Wolffii. Ad imitationem *Guilielmi* Derham fabricam corporis animalis contemplatus, Vir Ill. eam descriptam dedit, inque ea sapientia divinæ vestigia detexit. Quare compendium hic anatomicum reperias, ad saporem *Philippi* Verheyen, & cum ejus viri figuris vitiisque. Displicet potissimum succus nerveus gelatinosus, ex Malpighio repetitus. Multa cum Hiobi libro & Hebraicis paginis comparatio.

Novam versionem curavit vir Ill. adfinis noster *J. Andr.* Segner, cum tit. *rechter Gebrauch der Welt-Betrachtung* Jen. 1747. 4.* Multa inutilia amputavit, malas icones melioribus supplevit, calculos virium muscularium ex imo subvertit, & dedit emendatiores: theoriam addidit triplicium valvularum coli, quæ perinde, ut ostiorum arteriosorum valvulæ, terno ordine intestinum suum claudunt. Subinde etiam lectorem monuit, quoties auctor longius a natura recesserat.

§. DCCCLV. *J. Theod.* Eller,

J. Theodorus Eller, Archiater Brandenburgicus, celebris clinicus & chemicus, non adeo incisor, passim tamen ad physiologiam aliqua contulit. Ejus Diss. *de liene* Leid. 1716. 4.* a nobis in *selectis* recusa est. Etiam in vitulo non alias esse cellulas, nisi a collapsis vasis: glandulas, quæ putabantur esse retractas fibras. Alias a Malpighianis in liene glandulas esse.

Ejusd. *Physiologia & pathologia medica oder gründliche Untersuchung aller Bewegungen &c. a J. Christiano* Zimmermann edita Schneeberg 1748. 8.* Altenburg 1768. 8. 1770. 8. Ex prælectionibus Cl. viri manu discipuli exceptis, & Boerhaavii aliisque operibus, potissimum etiam Winslowo, ab editore collectum opus, ab Ellero repudiatum est. Dictio negligentior & exoticis vocabulis gravis, sententiæ fere ad saporem Boerhaavii, anatome satis fusa.

In *Mém. de l'Acad. des Sciences de Berlin* 1746. de vagina tendinea, sede ganglii.

In *Mém de l'Acad. de Berlin* 1751. ad sanguinis naturam experimenta admistis variis salibus. Globulorum mensura ut diameter sit $= \frac{1}{1980}$ pollicis. Figuram globulorum a salibus non mutari.

Anno 1754. anatome cyclopis a nostro Roloffio administrata. Nasus penis similior, cerebrum absque sinubus vulgaribus, cum sinu circumeunte magnum foramen occipitis.

In *Mém. de l'Acad. de Berlin* T. XII. anni 1756. egit de vi imaginationis feminarum gravidarum. Pro ea vi. Arctata arteria, aut vena, magnitudinem partis alicujus mutari. Placentam tamen utero non vere cohærere. Sceletos catellæ rostratæ, ex matris, ut putat, terrore. Posse ejusmodi phænomena exponi per mistionem partium organicarum. D. devorato semine galli Indici.

Mém. de 1757. T. XIII. In spatio ab aëre inanito per quindecim annos sanguinem, lac, vinum, alia incorrupta servavit.

Ut sanguis in vacuo absque putredine adservetur *œcon. und phys. Abh.* XV.

EJ. *Physicalisch-chymisch-medicinische Abhandlungen* Berlin 1764. 8. 2. Vol. eæ sunt dissertationes, quas nunc dixi.

§. DCCCLVI. *Varii.*

Manuel de PORRAS, Protomedici Nosocom. Madritensium, *Anatomia Galenico-moderna* Madrit 1716. 4. BERG. 1733. 4. CAP. de VIL. cum figuris fere ex *Petro* DIONIS sumtis. Compendium est ad modum VERHEYENII, quem passim sequitur, cæterum non malum, ut tamen vix quidquam proprii habeat.

Jaques Philibert MOREL *discours anatomiques* Chalons 1716. 12. RAST.

CASSONE *Anatomie & Chirurgie* Paris 1716. 8.

De LONGUEVILLE HARCOURT *histoire des personnes, qui ont vécu plusieurs siecles, & qui ont rajeuni* Paris 1716. 12. (potius Bruxelles) *. Non bonus liber, plenus fabellis. Utaris Gallorum longævorum nuperis exemplis, quos inter multi sunt monachi CARTUSIANI.

J. Caspar REISS *anatomische und chirurgische Anmerkungen, nach den principiis des acidi, alcali &c.* Augspurg 1716. 8.*

EJ. *Compendium Anatomicum, oder gründliche Anleitung zur Wundarzney* Augspurg 1739. 8. TREW.

EJ. *Gründliche Untersuchung des Aderlassens und Schrepfens* ibid. 1744. 8. De origine etiam & generatione sanguinis, & humorum ex eo secretorum.

J. Simonis BAUERMULLER, quem STAHLIUS inter primarios suos discipulos numeravit, *specimen theoriæ medicæ* prodiit Würzburg. 1716. 8.* quo physiologia STAHLIANA continetur.

EJ. *Diss. de natura sana in corpore sano* Herbipol. 1722. 8. GOETZ.

EJ. *De usu partium* ib. 1726. 4.*

EJ. *Physica* HIPPOCRATICA ib. 1729. 4.* & ipsa compendium est physiologiæ STAHLIANÆ.

EJ. *Progr. ad anatomen cadaveris feminini* ib. folio anno non addito.

J. Christian KUNDMANN, Medici Vratislaviensis, *kurze Abhandlung vom Zustande des Menschen vor und nach dem Falle* Budissin 1716. 8. 1720. 8.* Pius homo, acer STAHLII adsecla. Ab anima corporis esse fabricam, excretiones, hæmorrhagias. Sapientiam ejus animæ in morbis laudat auctor, cum ad acrium in sanguine molecularum præsentiam, cutis poros dilatet, quo eæ particulæ difflari possint: una pulsum intendit, appetitum minuit. Aliqua sunt, quæ indulgentia lectoris egent, ut quæ de pallore profert. Denique de temperamentis.

EJUSD. *Seltenheiten der Natur und Kunst* Breslau 1737. fol.* Inter partes hujus libri est, quam vocat *observationes in re medica singulares*. Hic sectiones cadaverum violenta morte peremtorum hominum. Deinde embryones aliqui, fere singulorum mensium, quorum primus faba non major; eos auctor colle-

llegit, sed præter tenerrimos non describit. De graviditatis signis. De næ-
s fraudulentis. De fetu acephalo, etiam pectore & brachiis destituto. Fetus
positis pelvibus connati; etiam monstrosi partus. De figuris anatomicis ce-
is a *P. la* COUREGE fabricatis, deque suis propriis ligneis figuris. De asita
r 10. & alia per tres annos cibo abstinente. Magna pars ossis humeri reparata.
ulta ad fastos emortuales & natalitios.

In *Act. Nat. Cur. Vol.* VII. *obs.* 124. homo ex aqua post quindecim minu-
retractus & suscitatus.

EJ. *Anmerkungen über die Heuschreken in Schlesien* Breslau 1748. 4. Diu
xerunt, etiam evulsis intestinis & ventriculis. De fabrica aliqua.

§. DCCCLVII. *Disputationes.*

Augustin GRISCHOW *polychresta ophthalmographiæ methodice & synoptice connata* Jen. 1716. 4.

Christ. Lud. WUCHERER *de corpulentia nimia* Jen. 1716. 4.*

EJ. *De amore insano* ib. 1717. 4.*

Damian Hartard DUNWALD *admiranda salivæ humanæ in sanitatis conserva-
ne & morborum curatione* Erford. 1716. 4.*

Ludov. Christ. CRELLIUS *de imaginationis in mentem corpusque imperio* Lips.
716. 4. HE.

Frid. KUNTH *de visus præstantia præ sensibus reliquis* Lips 1717. 4.

J. SCHATZEN *tr. curiosus de iride, lacrumis, labris & linguis* Norib. 1716. 4.
otius lib.

J. Reinh. KUSTNER *de lingua sana & agra* Altdorf. 1716. 4.*

August. Carol. Georg. CUMME *dentium historia* Helmstatt. 1716. 4.*

B. *a* SCHELLEBECK *de aëris in pulmones recepti usu & effectu in sanguinem*
id. 1716. 4.

Guil. LANDREBEN *de nutritione* Leid. 1716. 4. HAENEL.

Isbrand Gysbert ARLEBOUT *de sanguine menstruo & ejus suppressione* Leid.
716. 4.

IDEM indicem in opera RUYSCHII edidit.

C. E. MULLER *de statu ventriculi integro & læso* Leid. 1716. 4.

Petrus RABUS *de dentibus* Leid. 1716. 4.* habet adnotata RAVII.

Daniel SLEUM *de lacte* Leid. 1716. 4.

Philipp. BOON *physiologia & pathologia respirationis* Leid. 1716. 4.* Aliqua
perimenta habet.

Christian REINERS *de ortu, natura & morbis solidorum* Utrecht 1716. 4.*

Henricus SEUTER *de cruore errante* Utrecht 1716.

Philipp. DOUTE' & *Mich. Lud.* VERNAGE *Ergo fluentium in corpore magna potentia* Parif. 1716.

Amand DOUTE' & *Lud. de* SANTEUII *Non ergo mutuum tritus & fermentationis commercium* Parif. 1716.

Franc. GOUEL & *Jof. de la* GRIVE *E. quæ ftatim a menftrua purgatione concipiunt citius pariunt* Parif. 1716.

J. Bapt. DOYE & *Gabr. Ant.* JAQUES *Ergo præcellentia medicorum ab idiofyncrofiarum accurata notitia* Parif. 1716.

§. DCCCLVIII. *Diaria anni* 1717.

In *Galer. di Minerv.* T. VII. *Francifcus* VERATTI improbabilia varia narrat, mufcas in cimices mutatas, animal generis hybridis ex cane & fele natum, ovum a capone pofitum.

Difcorfi familiari &c. ad A. VALISNERIUM. Tertius fermo agit de animalibus in genere.

Hiftoria puellæ, quæ ultra fextum menfem abfque cibo & potu vixit.

In *Phil. Tranf.* n. 351. S. ANDRE' Chirurgus probe mihi notus, egit de colica. Motum antiperiftalticum refutavit, & quæ ab eo exfpectantur, tribuit contractioni mufculorum abdominalium.

Ille IDEM putavit, fe in epidermide vafcula argento vivo repleviffe: eâ & ego anno 1727. vidi, procul dubio epidermidi adglutinata, quæ putabat ad abfciffam cum cute epidermidis taleolam pertinere.

Denique ridendum fe dedit, cum *Mariæ* TOFTS fidem adhiberet, & cuniculorum partum pro vero admitteret.

De ejus artificiofâ injectione *Bresl. Samml. Verfuch.* I.

In *Hift. de l'Acad. des Sciences* 1717. amicus olim nofter vir ILL. DORTOUS de MAIRAN hiftoriæ naturali & mathematibus addictus, agit de cornu bubulo, quod radices egiffe videbatur.

IDEM 1724. de aculeis, quibus limaces in venere fe compungunt.

In *Centuria* V. & VI. *Actorum Acad. Naturæ Curioforum*, quæ prodierunt anno 1717. *obf.* 1. PETRI eft WOHLFARTI, qui hepar veficula fellea deftitutum vidit.

EJUS *de leone* Difp. Caffel 171 . 4.* anatomen non habet.

Chriftian Gottlieb REUSNER in *E. N. C Cent.* V. *obf.* 11. Embryo poft fex menfes, quibus mortuus in utero manfit, feliciter partu editus.

David Laurentius EBERSBACH *obf.* 20. improbabilem habet hiftoriam fetus in vefica urinaria reperti.

Samuel GRASS *filius*, *obf.* 24. in folo utero menfium fontes reperit, cum interior vagina pura effet.

Hermanni

Hermanni Werner ENGELBERT *de* WESTHOVEN *obf.* 28, improbabilis iterum hiſtoria feminæ 75. annorum, quæ pepererit, & partu bicipitem & tripartitum fetum ediderit.

Cent. VIII. *obf.* 8. Cor gallinæ duplex.

Vol. II. *obf.* 91. avis tripes.

Obf. 34. vitulus enormis, a nativitate cæcus, & ano imperforato.

EJ. *Diſp. de angina ex obſtructis glandularum thyreoidearum lymphaticis vaſis deducta* Lemgow. 1718. 8.*

J. Matthias MULLER *E. N. C. Cent.* V. *obf.* 52. duo lienes.

IDEM *obf.* 54. menſes in puella ſeptenni.

Obf. 55. mola veſicularis.

EJUSD. eſt *caſus medico-chirurgicus de fractura cranii cum notis de capite & ejus affectibus.* Habet etiam anatomen. Vide B. Chirurgicam.

Cent. X. *obf.* 68. Sanguis ex puella nata quatuor dies nata.

J. Adam LIMPRECHT *Cent. obf.* 98. Ciconiæ anatome & potiſſimum quidem ventriculi.

& *Obf.* 99. fulicæ anatome, & critica aliqua, ut de aliorum erroribus moneat.

Vol. I. *obf.* 73. manus per ſeculum incorrupta.

Vol. II. *obf*, 83. fricando ſopiti aſtaci.

Vol. III. *obf.* 8. mola, ut vocat, dentibus & pilis prædita, per umbilicum excluſa.

Gottfried David MAYER *Cent.* VI. *obf.* 67. ſanguis ex oculis naribus & ore per violentiam tuſſis expreſſus.

Cent. VIII. *obf.* 81. ſanguis ex poris cutis a nixu ſudans.

Novum hoc anno Diarium Medicum Vratislaviæ a *Johanne* KANOLD ceptum eſt edi, cum titulo *Sammlungen von Natur- und Medicin-, wie auch hierzu gehörigen Kunſt- und Litteratur-Geſchichten*, cujus trimeſtribus intervallis volumen prodiit cum titulo *Verſuch*. In eo Diario paſſim adnotationes ſingularium eventuum reperias, monſtra, longævos homines, & robore pollentes.

In 1. *Verſuch* viri exemplum recenſetur, qui incude pectori impoſita ictus mallei excipiebat.

Ib. monſtrum difforme obſcure deſcriptum.

Verſuch II. inciſio canis in ſpecu lacus Agnani enecti, ſatis obiter inſtituta.

Tres pulli in abdomine gallinæ reperti.

Pulli equini, urethra fiſſa, ut pro androgynis habiti ſint. Ova caudata.

Procerorum numeroſorum exempla, etiam 7. pedum unc. 3.

Varii mortuorum & natorum catalogi. Viennæ inter 5205. mortes, ſeculares & longæviores ſex.

§. DCCCLIX.

§. DCCCLIX. *Varii.*

F. BELLINGER tr. *de fetu nutrito, or a discourse concerning the nutrition of the fetus in the womb by ways hitherto unknown* London 1717. 8.* Fetum non ali liquore amnii, qui acris sit & urinosus, sed per umbilicalia vasa. Deinde succum lacteum cotyledonum venire ad thymum, & per proprium excretorium ductum ejus glandulæ, communicantem cum maxillari ductu, in os effundi & deglutiri. Ansam huic opinioni dedisse videtur, thymi in fetu vitulino magnitudo, ut maxillarem glandulam adtingat.

Sebastianus MELLI, Chirurgus Venetus edidit *il Chirurgo svegliato* Venez. 1717. 4.* quo etiam anatome continetur.

EJ. *Arte medica esaminata da suoi principii* Venez. 1721. 8. 2.Vol.* Prima pars laudes fere medicinæ & potissimum chirurgiæ continet, cum nonnullis chirurgicis observationibus.

EJ. *Delle fistole lacrimali il pro e contra* Venez. 1740. 8.* Anatomen etiam dat, & figuram BIANCHIANÆ similem, cum valvula & infundibulo ductus nasalis. Puncta lacrumalia aliquando nulla fuisse.

Una excusa est *Francisci* SIGNOROTTI contra ANELLIUM accusatio, in qua multa anatomica non vera de receptaculo nescio quo lacrumarum intra glandulam, & lacrumarum per puncta exitu. Titulus est, *informazione ad uno dell' anatomici di Parigi contro Monsu* ANEL. Extat cum hujus viri collectione Turin. 1713. 4.*

EJUSD. *La commare levatrice istrutta nello suo offizio* Venez. 1750. 4.*, quæ editio tertia est. Prima anno 1721, secunda Patavii anno 1737. prodiit. Pars I. anatomicam & physiologicam historiam partium genitalium continet, multis cum versiculis, & piis partim, partim etiam lascivis quasi flosculis. Hymenem negat ex naturæ voluntate reperiri. Uterum gravidum linteo non esse crassiorem. Verum dari semen femininum, diversum a muco circa exitum urethræ nato; semen masculum acidum esse, femininum alcalinum; ex fervore horum salium motum & incrementum fieri. Icones collectæ & malæ. L. IV. de monstris agit & falsis germinibus. Negat partus tubarios.

Giuseppe Maria VIDUSSI *motivi di dubitare intorno la generatione de viventi sensitivi secondo la commune opinione de' moderni* Venez. 1717. 12.* Theologus ARISTOTELI addictus, defendit generationem ex putri materia, in quam fermentatio introducta sit per heterogeneas in aere obvolitantes particulas, materiam disponentes ad recipiendam formam substantialem insecti. Argumento utitur a pediculis, a vermibus natis in pyxide, in qua panis benedictus conservetur, a vermibus cruciformibus natis a musca rosiseca, a vermibus morbosis animalium, qui utique non possint ex parentibus nati esse. Ovum humanum negat unquam certo visum esse. Defendit semen femininum & miscelam seminum. Adversus NIGRISOLIUM & VALISNERIUM pugnat.

Ludwig

Ludwig CRON *der im Aderlassen und Zahnausziehen qualificirte Barbiergeselle* Leipzig 1717. 8.* Dens alieno loco in palato natus. Dens per alveolum cum radice exeuns, & in genam innatus. Dens evulsus & repositus comprehendit. Selectus venarum, quæ secari solent.

Georg. Theod. BARTHOLD, Prof. Giessensis, *opera medica tripartita.* P. I. theoretico anatomico physiologicam corporis humani descriptionem exhibet, Francof. 1717. 4.

Christiani HERZOG *Pharmacopolæ, Mumiographia medica,* Germanice Gotha 1717. 8.* etsi lego alibi 1716. Non asphalto solo, sed gummi etiam acaciæ & aromatibus usos esse Aegyptios.

Gallice etiam prodiit *Essay de Mumiographie, où description d'une momie qu'on trouve chez* C. HERZOG Gotha 1718. 8.

David HERMANN *tabulæ osteologicæ* Budissin 1717. 4.* recusæ cum titulo *Christiani* HERMANN *succincta anatome corporis humani* Freyberg. 1726. 4.*, solorum tamen ossium est. Auctor dicit se Lipsiæ medicinæ studuisse, præceptore NABOTHO. Verum opus est mere elementare.

Christ. REINSCHMIDT *Vorstellung der Temperamenten* Cöhten 1717. 4.*

WAGRET in *Observations de Medecine & de Chirurgie* Paris 1717. 8.* longissimam dedit de ossibus digressionem.

Annæ MAZZOLINI, laude peritiæ anatomicæ florentis feminæ, hic meminimus, quod PETRI I. admirationem meruisse dicatur (*l*).

David SPLEISS *Oedipus lithologicus S. L. II. physica de cornubus & ossibus* Schafh. 1717. 4. potius physici est argumenti.

§. DCCCLX. *J. Frid. de* PRE',

Professoris Erfordiensis, *de noxio nutricum ministerio* Erford. 1717. 4.

De perpetuo mobili maris rubri microcosmici ib. 1718. 4.*

De machina microcosmica per motum animata 1719. 4.*

De hæmorrhoidibus naturalibus 1725. 4.

De lactis progenie, quales sint caseus atque butyrum 1725. 4.

De officio lactantium 1723. 4.

Christ. Fried. LENZ *de vinculo animam & corpus conjungente* Lips. 1717. 4.*

David BAZIN *de lingua & ejus vitiis morbosis* Basil. 1717. 4.

J. Frid. SCHNEIDER *an lacrymæ sint signum tristitiæ* Regiomont. 1717. 4.*

Henric. STOKAR *de omento* Leid. 1717. 4. HE.

Christian Gottlieb NEUMAN *de exclusione ovulorum in salacibus absque ullo prægresso coitu* Leid. 1717. 4.

(l) AZZOGUIDI *fabr. uter.* p. 56.

van der HULST *de circulatione sanguinis in fetu* Leid. 1717. 4.

Jacob de VISVLIET *de somno* Leid. 1717. 4.*

J. Henric. MUNNIK *diversæ positiones medicæ* Utrecht 1717. 4.* Habet etiam physiologica.

Eduard Petri WIUM *de via alimentorum & chyli*, præside G. F. FRANK Hafniæ 1717. 4.* & in *meis selectis.* T. I. Icon ductus thoracici bifurcati, & in utramque venam subclaviam desuper vergentis.

Fr. Ant. RELING *de ganglio* Altdorf. 1717. 4.*

Urban LIEUTAUD & *Cl. de la* VIGNE *Ergo qui fermentationis, ille & hominis naturam nescit* Paris. 1717.

Franc. PICOTE' *de* BELESTTE & *Lud. Claud.* BOURDELIN *Ergo amor ingenium mutat* Paris. 1718.

§. DCCCLXI. *Phil. Trans.* annis 1718.

Jacob JURIN, vir nobilis & honoratus, Præses aliquamdiu Collegii Regii Londinensis, jatromathematicus ex sapientioribus, dedit in *Phil. Trans.* n. 355. & 358. de viribus cordis dissertationes, in quibus vim cordis æstimat ex summa virium contractilium cujusque sectionis, unde emergit vis ventriculi sinistri librarum 9. unc. 1., dextri librarum 6. unc. 3.

Non probes, quod momentum sanguinis majus faciat, ut arteria a corde remotior est, & etiam majus in vena.

Impetum respirationis melius definivit, quem æstimat ad sesquidrachmam, quæ in minuto secundo digitum percurrat.

IDEM & has Dissertationes & alias collectas dedit cum titulo *Dissertationum physico-mathematicarum* Londini 1732. 8.* Accedit priori, sumta ex *Transact. Philos.* n. 362. responsio ad *Jacobi* KEIL objectiones.

Et ex n. 361. alia Diss. *de gravitate sanguinis humani specifica.* Sanguinem ad aquam se habere posuit ut 1054 ad 1000, serum ut 1030, coagulum ut 1084, globulos solos ut 1126, serum ergo utique globulis levius est. Addit chemicam analysin factam a J. BROWN.

Inde cum *Roberti* SMITH *complete system of optiks* Cambridge 1738. 4.* edidit tractatum *essay upon distinct and indistinct vision.* In eo subtiliter positis calculis ostendit necesse videri, oculum pro diversa objectorum distantia mutari. Uveæ fibras circulares tamquam veras & receptas admittit: musculum alium circularem in ea membrana uvea supponit, qui contractus augeat corneæ membranæ convexitatem, & ad breviorem objecti distantiam oculum accomodet. Ad majores distantias oculum aptum reddi, dum processus ciliares lentis crystallinæ ambitum ad latera deducunt, inque ea quasi foveam faciunt. Quæ quidem omnia cum oculi anatome conciliari nequeunt.

Notas etiam ad SMITHII optica adjecit: distantiam æstimari a sola inversa ratione magnitudinum &c.

EJ.

EJ. *A reply to* ROBINS *remarks upon distinct and indistinct vision* London 1739. 8.* Non huc facit, sed ad alternos paroxysmos admissionis & reflexionis radiorum spectat.

Denique cum P. SENAC mensuram virium cordis JURINIANAM refutasset, noster paulo ante mortem respondit in *lettre à Mr.* DE BUFFON *en reponse a quelques censures contenues dans le traité du cœur de Mr.* SENAC Lond. 1749. 8.* Fatetur esse, in suis de viribus cordis calculis, erroris aliquid: SENACUM vero in longe graviores errores incidisse, solida posuisse quatuor dimensionum: sua JURINI verba non recte excerpsisse.

§. DCCCLXII. HELVETIUS.

J. Claudius Adrianus HELVETIUS, *Adriani* fil. Reginæ medicus, celebris clinicus. In anatomicis videtur (ex ventriculi historia) multum usus esse WINSLOWO.

In *Mém. de l'Acad.* 1718. dedit pulmonum descriptionem, & de utilitate respirationis hypothesin. Pulmonem non fieri vesiculis, quæ extremis ramis bronchiorum adpendantur; sed vesiculari textu, in quem bronchia suum aërem effundant. Hunc lobulorum cellulosum textum non communicare cum lobulorum intervallis, in quibus aër aliquandiu moram agat, dum aër textus cellulosi in singula exspiratione expellitur. Arterias pulmonis venis esse ampliores; sanguinem adeo ab aëre in pulmone compingi, ejusque nimiam dilatationem respirando præcaveri, quam theoriam HAMBERGERUS repetiit.

Cum in hanc hypothesin nonnulla monuisset P. A. MICHELOTTUS, respondit noster in *Eclaircissemens concernant la maniere dont l'air agit sur le sang dans les poumons* Paris 1728. 4.* Bono ordine & liquide scripsit, & sententiam suam contra MICHELOTTUM defendit.

Adjecta est *de structura glandularum ad* WINSLOWUM *epistola.* Ejus viri theoriam secretionis repetit, cujus diversitatem ab adtractione ad succos homogeneos interpretatur.

In *Mém. de* 1719. describit ventriculum humanum & animalis ruminantis, fibras œsophagum amplexas, fibras orbiculatas facci cæci. Negat magnam in tritu vim esse. In primo boum ventriculo fœnum humidum, in reticulo idem humidius & magis dissolutum, in tertio ventriculo jam succi viridis nonnihil, in quarto liquorem virescentem, crassum reperiri.

In *Mém. de* 1721. agit de intestinorum fabrica, tela cellulosa, etiam tertia, de anulis musculosis obliquis, villis spongiosis ramosis & papillatis, per propria foramina chylum sugentibus.

EJUSD. *Idée generale de l'œconomie animale* Paris 1722. 8.* Lyon 1727. 8. In sanguine fermentationem admittit, vasorum lymphaticorum, s. tenuiorum & secretoriorum, hypothesin BOERHAAVIANAM proponit: aliqua de sanguine & lympha habet. Denique post practicam partem redit ad glandulas, eamdem, quam dixi hypothesin repetit, & in hepate vesiculas admittit.

EJUSD. *Lettres à M. au sujet de la lettre critique de M.* BESSE *contre l'idée generale de l'œconomie animale* Paris 1725. 12.* Decem sunt epistolæ, satis acres. Theoriam inflammationis se a BOERHAAVIO non habere, qui de ea re brevissime egerit, errorem tamen loci ab eo viro dictum esse. Vasa lymphatica arteriosa sibi vindicat, non bene. Ut una arteria aorta sit divergens, in ratione ad omnes suos ramos, & convergens in ratione ad unicum. Uterum habere vasa exhalantia, quæ sanguinem transmittant. Pleraque practici argumenti.

EJ. *Principia physico-medica* Paris. 1752. 8. 2. Vol. vix huc faciunt.

§. DCCCLXIII. *Diaria anni* 1718.

In *Hist. de l'Acad. des Sciences* 1718. *M. de* MALEZIEUX agit de animalculo minimo 27. millionibus vicium acaro minore, in quo tamen motus contrarios sanguinis & ejus circuitum viderit.

J. MARCHANT de lacerta cauda duplici. Non bene successisse experimentum, cum caudam resecuisset, quo nova repararetur.

Salvator Franciscus MORAND, celebris Chirurgus, de ovo prægrandi in abdomine gallinæ reperto.

IDEM in *Mém. de l'Acad.* 1722. de cataracta, & ea occasione de membrana propria crystallinæ lentis, & de tunica uvea, quæ ejus lentis nidum vestit. Capsulam lenti per oram cohærere.

IDEM de hydatidibus in appendice vesicæ urinariæ visis. De iisdem 1723. Ex lymphaticis vasis hydatides fieri, inter duo paria valvularum intumescentibus.

In *Mém. de* 1724. de ossibus spongiosis narium in quadrupedibus.

Mém. de 1728. de saccis odoriferis civettæ, deque glandulis compositis, in quibus unguentum fragrans generatur.

Mém. de 1730. osseus scyphus in oculo, loco vitrei humoris.

Mém. de 1732. de venarum pulsatione.

Mém. de 1733. ovis monstrosa sepes, cum accurata satis anatome ventris & pelvis.

Mém. de 1735. de modo, quo intestina dissecta conserveant.

Mém. de 1736. de contractione arteriæ, qua suum vulnus claudat.

Hist. de 1737. Cyprinus vere androgynus.

Mém. de 1739. Ex suis & D. ALLOV adnotationibus de anatomia hirudinis, tribus seriebus aculeorum, quibus trifidum vulnus infligit, papilla, qua sugit, cellulis genuinis intestini, ani defectu.

Mém. de 1742. Os parietale crassissimum solidumque.

Mém. de 1744. Occasione inventorum AUBERTI de ventriculis anterioribus cerebri agit, eorum processu ancyroide, pede hippocampi, & tunica ex corpore calloso natis.

IDEM

IDEM & Cl. *de la* SONE 1745. de vitulo quasi ex integro vitulo composito, & ex altero dimidiato, intestinis coalescentibus, corde unico.

In *Hist. de l'Acad.* 1746. de puero, cui adnatum os humeri alterius fetus.

In *Mém. de* 1747. de hinnulis pectore connatis, corde unico, sterno communi.

In *Mém. de* 1748. de fetu 31. annis in utero materno retento.

In *Mém. de* 1750. de DROUARTO, quem hominem recte habet pro viro cum urethra aperta, cujus canalis ultra productus videtur, ut in hædo vidi se habere.

In *Hist. de l'Acad.* 1758. de liene semiosseo.

In *Hist. de l'Acad.* 1759. de anatome factitia virginis BIHERON, quam prolixe laudat.

IDEM catalogum dedit in *catalogue des pieces d'Anatomie*, *instrumens*, *machines*, *qui composent l'Arsenal de Chirurgie formé par la Chancellerie de Medecine de Petersbourg* Paris 1759. 8.* Paulo fusius de ea cerea anatome.

Mém. de 1770. A stlopo sublatam partem offi os subactum restituit.

In l. *de la taille du haut apareil* 1728. 12.* agit de earum partium anatome, quæ ad calvulum eximendum inciduntur, & de cellulosa tela peritonæo circumjecta.

Antonius de JUSSIEU, celebris botanicus, in *Mém. de* 1718. de puella, quæ lingua tota amissa loquebatur & deglutiebat.

In *Mém. de* 1721. Maxilla piscis quasi pavimento strata.

In *Mém. de* 1724. dentes & cranium hippopotami.

In *Journal de Trevoux* 1718. M. April. *Mathurinus de* LIGNAC occasione erucarum vomitu redditarum quærit de modo, quo insecta in corpore humano generentur. Ova putat deglutiri.

In *Sammlungen von Natur- und Medicin- Geschichten Johannis* KANOLD anno 1718. *M. Febr.* ed. datur anatomici Gedanensis, quem suspicor esse *J. Adam* KULMUS, descriptio varicosæ & mire dilatatæ venæ sine pari in cane.

Ib. anonymus aliquot atretarum historias narrat.

Huc referas *M. Martio* dictam sceleton crocodili lapidi impressam, & a *J. Henrico* LINK in epistola ad J. WOODWARD descriptam.

Iterum refertur *M. Aug.* de robusto viro; quæ exempla non adeo ad peculiare alicujus hominis robur pertinent, quam ad vires musculorum humanorum æstimandas, quibus pollent rite exercitæ.

Fetus difformes hexadactyli.

M. Aprili etiamque *M. Majo* D. CHILIANI Wismariensis exempla narrat Chirurgiæ infusoriæ, in homine ulcere venereo exeso, inque cephalæa adhibitæ: infeliciter in ista, cum post 20. diem æger interierit.

Ib. cor adipe tectum.

Et canis loquens, idem ut puto, cum LEIBNIZIANO.

Pygmæus pede non altior.

Anas tripes.

M. Junio partus a morte matris editus.

M. Octobr. experimentis evictum est, vermes equidem, non autem bombyces, ex putrescente carne nasci.

Infans serpentis figura in collo notatus.

M. Novembri vagitus uterini exemplum.

Fetus difformis & *M. Decembri* fetus bicorporeus capite unico.

Tabulæ emortuales variæ, quæ ad finem singuli anni repetuntur, quare eas porro non recensuero.

In Borussicis ditionibus intra quatuor annos inter natos 306006. centenariis majores 32.

§. DCCCLXIV.

Guilielmus MAUQUEST *de la* MOTHE,

Chirurgus, qui fere in oppido Valogne Normandiæ vixit, non quidem incisor, sed in praxi chirurgica & obstetricia exercitatus, vir boni ingenii & judicii, verique amans.

Primum edidit *dissertation sur la generation & sur la superfetation & reponse au l'indecence aux hommes d'accoucher des femmes* Paris 1718. 8.* Contra ova humana scribit pro feminum miscela, quæ spissata ad uteri cavitatem figurentur. Utitur tubarum angustia, numero, unde gemelli deberent esse perpetui, remoto ab ovariis situ, aliisque argumentis. Fetus non æque maturos admittit, superfetationem minime. Cum M. PUZOS quæreret, per quas adeo vias semen muliebre advehatur, canales ait nondum esse notos. DIONISIUM potissimum refutat, inde HECQUETUM.

In Epistola ad D. PUZOS partum ventralem describit, utero integro.

EJUSD. *Traité complet d'accouchemens naturels, non naturels & contre nature* Paris 1721. 4.* Leid. 1729. 4.* Germanice prodiit Srasburg 1732. 4. Nullam quidem partium genitalium anatomen hic speres, neque ordinem ullum. Sed plurima utilia ex numerosorum partuum laboriosorum serie repetas, multos fetus variæ ætatis immaturos, ova humana, monstra, fetus encephalo destitutos. Capita etiam aliqua integra huc pertinent, ut de sterilitate fecunditate, conceptu, ubi denuo contra ova scribit. Porro de graviditate, partu & situ fetus, inversione, membranis, aquis, lacte. Cur nunquam vidit hymenem?

Novam editionem Parif. 1765. 8. 2. Vol.* eo minus oportet præterire, quod a prioribus plurimum differat. Totum opus novum in ordinem redactum est secundum sua capita, plurima addita ex recentioribus obstetriciæ artis auctoribus,

bus, anatomica etiam potissimum, & icones partium genitalium, equidem antiquæ. Partus caussa naturalis indicatur, a robore majori fundi, debiliori resistentia fibrarum orificii, ut istas superari necesse sit.

In *traité complet de Chirurgie*, qui l. primum a. 1719. prodiit, tunc Parisiis 1732. 4. 4. Vol.* in libro primo reperitur compendium anatomicum. Deinde passim adtentus lector in curationibus quidem chirurgicis multa reperiet utilia, quæ quidem non licet enumerare.

§. DCCCLXV. *J. H.* VOGLI. *G. E.* BERNER &c.

J. Hyacinthus VOGLI, Bononiensis, *de anthropogenia Diss. anatomico-physica, in qua de viviparorum genesi* P. I. *quæ refellit ova vivipara* Bonon. 1718. 4.* *Pars altera propugnat novum specimen per substantiæ uterinæ elongationem atque ordinatam texturam ex seminibus plasmantibus* Bonon. ut prior.* Scholasticus auctor refutat optimos naturæ contemplatores, ut suam hypothesin stabiliat, non dari in feminis viviparis ova, & semen potius ex testibus advenire in uterum, ibi cum masculo semine misceri, ita fermentatione quadam nata, fetum de iis fibris & vasis uteri germinantibus propagari, juxta seminum virtutem plasticam complicatis & contextis.

EJ. *Fluidi nervei historia* Bononiæ 1720. 4.* Spiritus aëreos sed subtiliores esse, eos ex pia matre, non ex cortice cerebri secerni. Glandulas cerebri rejicit. Monstrum acephalon describit.

Gottlieb Ephraim BERNER, Professor Duisburgensis. EJUS *oratio de fallacia sensuum & usu rationis in rebus physicis & medicis, habita a.* 1718, *cum professionem medicinæ ordinariam auspicaretur* Duisburg 1718. fol. BOEHMER.

EJ. *Exercitatio physico-medica de applicatione mechanismi ad medicinam* Amsterdam 1720. 8.* Fusus auctor & vagus.

EJ. *De efficacia & usu aëris mechanico in corpore humano* Amsterd. 1738. 8.*, quæ altera est editio. Neque anatomen propriam habet, neque experimenta.

In *Vol.* III. *Act. Nat. Cur. obs* 27. Cingaræ mulieris anatome; tubæ cæcæ, ovarium NABOTHI.

Ibid. *obs.* 30. pulsus quartus quisque intermittens.

Charles MALOUIN *traité des corps solides & fluides, où examen du mouvement du sang, de celui du cœur, des arteres & des autres vaisseaux du corps humain* Paris 1718. 12.* & novo cum titulo 1758. 12.* Posthumum opus frater *Jacobus Laurentius* MALOUIN edidit. Pro trituratione contra fermentationem. Omnes fibras corporis humani pollere elatere & vi contractili, & oscillare; eam vim ab aere habere, qui in fibris habitet. Et venis suam esse contractilem vim, neque eam sufficere, quæ in corde est inve arteriis. Vim cordis non adeo magnam esse, neque omnes resistentias superare, quæ a vi arteriarum contractili adjuvetur. Vasa minima oscillare. Spiritus animales ignotos esse & superfluos, iis succum nervosum cum iisdem fere qualitatibus noster substituit. Ut fiat nutritio

&

& incrementum: pro ea functione proprios in animale poros esse. De irritatione s. oscillatione aucta, quo masticationem cadaverum refert: de ejus oscillationis causis.

§. DCCCLXVI. J. E. WREDEN. *Alii.*

J. Ernesti WREDEN *Vademecum anatomicum* Hannover. 1718. 8. 1722. 8. brevissimum compendium.

EJ. *Arteriologische Tabellen* Hanover. 1721. fol.* Chirurgi Hanoverani minime malum opusculum, in quo multa videas emendata ante WINSLOWUM (nisi ab eo ipso noster ea habuit, qui Parisios adierit), ut arcum magnum intestinalem, arteriam nostram-colicam anteriorem, recurrentem cubiti, coeliacam totam, aliasque arterias. Non meruit adeo latere.

Cum theatrum anatomicum aperuisset, programma edidit, & myologiæ utilitatem prædicavit Hanover 1721. 8.*

In *collectaneis medico chirurgicis* anni 1721. & 1722. Hanov. 1722. & 1723. 8., quarum pars magna est WREDII, passim inter chirurgica incisiones etiam cadaverum occurrunt, & monstra etiam aliqua, & exomphalus congenitus.

Ad anatomen etiam *programmate* invitavit Hanover. 1733. 4. * & denuo 1734. 4.*

Joh. Christoph. SPROEGEL *der ganze menschliche Körper nach seinen Theilen* Hamburg 1718. 8.* Nova varia collegit, ex COLLINO etiam magis. Non accuratus valvulam WINSLOWII tribuit venæ spermaticæ, & per eam lites MERYI & HARVEJI & HARVEJI ait componi.

J. Georg RAPHEL, V. D. M. *Kunst taube Reden zu lehren* Lüneb. 1718. 4.* AMMANNUM fere sequitur, ipse tamen artem in propriis filiabus expertus, eas loqui docuit.

M. Matth. BRUNNER *Erörterung des Ursprungs aller Bewegung in dem Leibe der Thiere und Menschen* 1718. 8.

J. S. D. *relatio curiosa vom Urin* Gotha 1718. 8.*

Samuel FÖRBIGER *der vernünftige Medicus in der Physiologie, Pathologie und Praxi* Leipzig 1718. 8. TR. 1726. 8. TR. 1735. 8.* Omnes in corpore humano motus esse animæ opus.

Jos. WARDER's *Monarchie der Bienen* Hanover 1718. 8.* BOECL. Editionem anglicam ignoro.

§. DCCCLXVII. *Johannes* WOODWARD.

Ex linteorum mercatore historiæ naturalis cultor, deinde medicus, etiam clinicus evasit. EJUS *state of physik and of diseases* London 1718. 8. & latine Tiguri 1720. 8.* adjecta est idea machinæ humanæ. In ea legas bilem ejusque sales in sanguinem resorbtos veram causam esse animalis motus & vitæ: deinde morborum, quoties bilis corrupta sit.

A sup-

A supplement and continuation of the essay toward a natural history of the earth, written originally in latin, translated by Benjamin HOLLOWAY London 1726. 8.* Ex magno opere WOODWARDIANO decerpsit editor aliqua, ex quibus ostenderet, DEI perpetuum concursum ad res sublunares requiri. De formatione pulli aliqua, & contra LEEUWENHOECKIUM. Deinde cum ostendere vellet, animam in sanguine residere, inque singulis partibus corporis animalis, non in nervis, multa & memorabilia experimenta fecit, ex quibus constet de motu musculis insito, & motibus inde pendentibus. Accurate ostendit, in variis animalibus emortuis carnes palpitare & irritatas convelli, cor evulsum felis, viperæ, cyprini, columbæ, pergere in alternis motus vicibus, & contrahi atque laxari. Ejusmodi etiam experimenta in rana fecit, inque serpente, aliisque animalibus. Cerebro evulso superesse sensum, etiam animi adfectus, & sanguinis motum in partibus de toto corpore animali separatis. Hæc omnino merebantur legi.

Aliqua etiam habet de communi fabrica ossium & testarum, tum corporum vegetabilium: ut ostendat, quare ejusmodi corpora in diluvio non fuerint destructa.

Scripserat majus opus *de fabrica & usu partium in animale.* De origine etiam hominis scripserat, ut ostenderet, communem Aethiopum cum aliis gentibus originem esse.

In ejus *cases and observations* Lond. 1757. 8.* contendit omnia in corpore humano mala, etiam animi adfectus, ex ventriculo oriri.

In *Phil. Transf.* n. 38. de cæruleo Prussico ex sanguine parato.

§. DCCCLXVIII. L. JOBLOT. *Alii.*

Laurent. JOBLOT *observations d'histoire naturelle faites avec le microscope* Paris 1718. 4. 1754. 4.* In P. II. prioris editionis potissimum icones animalculorum erant, quæ in aqua reperiuntur, cui fœnum variæque herbæ infusæ fuissent. Ex adnotationes nunc auctæ redeunt, partemque faciunt priorem. In animalculis, quæ dixi, præcipuus suo tempore auctor fuit. Vidit etiam polypos ex corpore suo ramosos, aliosque aliis cum nominibus dictos. Anguillas aceti habet. Animalcula minora multis iconibus repetit, cum tamen ipse moneat, iis commune esse figuram mutare. Contra originem animalium ex putredine: ipse panspermiam defendit. De oculis compositis culicis. Animal etiam rotiferum dixit. Dubitari potest, num cor & venerem ejusmodi animalium vere viderit, & aliquæ icones manifesto artificio pictoris adjutæ sunt. Parvi faciebat hominem UFFENBACHIUS (*m*), & Hagæ vitris poliendis se sustentasse scribit a. 1710. (*n*).

Henricus RUYSCH, aliquamdiu patris sui adjutor, sed ante mortem fastidio anatomes abreptus, edidit Amsterdam 1718. fol. Theatrum universale animalium JOHNSTONI & auxit.

(m) Reisen III, p. 490, &c. (n) Ib.

Francesco SCUFONIO *osservazioni intorno alle cavallette* Rom. 1718. 4. Generationem horum insectorum describit, & a putredine negat provenire.

In *Cent.* X. *Eph. Nat. Cur.* de locustis agit & earum generatione.

Fr. SIMONI, VULPARII discipuli, & *Petri Aegidii* OLANDI anonymi, amici SIMONIS, *responsio ad epistolam* HORATII *de* FLORIANIS, *adversus* SBARALEAM Bonon. 1718. 4. HEISTER.

Francisci SCHUYL, custodis theatri anatomici & ministri, *catalogus antiquarum & novarum rerum in anatomia publica* (spectandarum) Leid. 1718. 4.*

§. DCCCLXIX. BURCHARD DAVID MAUCHART.

J. ZELLERI gener, Professor Tubingensis, ocularíis potissimum morbis curandis se dedit, neque libros quidem, sed disputationes anatomici argumenti scripsit. Primum respondit sub L. HEISTERO *de vera glandulæ appellatione* Altdorf. 1718. 4.* Glandulæ definitionem ab habitu sumendum.

Deinde de *hernia incarcerata* memorabilem disputationem scripsit Tubing. 1722. 4.* quam recudi fecimus. Anatomen scroti partiumque ad herniam spectantium dedit.

De injectionibus anatomicis ib. 1726. 4.* Commendat ichthyocollam.

Inspectio medico legalis 1737. 4.*

EJ. *Caput obstipum* ib. 1737. 4.* Anatomen etiam habet partium adfectarum.

De cornea oculi tunica 1743. 4.*, quam recusam dedimus. Accurata anatome; laminæ, pori, vascula, mensuræ, situs nexus.

De hydrophthalmia ib. 1744. * Anatomen addidit: uveam tunicam negant convexam esse: figuram crystallinæ lentis a ligamentis ciliaribus negat mutari.

Mydriasis pupillæ ib. 1745. 4.* De pupilla, iride, illius dilatatione & constrictione. Fibras circulares uveæ tunicæ describit.

In Diss. de ectropio, inflationem globuli oculi & siccationem commendat pro sumendis mensuris.

De oleo animali ib. 1745. 4.* Artem præparandi habet & usus practicos.

De articulatione capitis cum prima vertebra 1747. 4.* a nobis recusa. Dentem primæ vertebræ, nonnunquam etiam in adulto homine, a reliquo osse distinctum esse.

De luxatione nuchæ 1747. 4.*: a nobis in *selectis* recusa. Ligamenta capitis describit: id difficillime luxari ostendit.

Oculus artificialis ecblepharos & hypoblepharos Tubing. 1749. 4.*

§. DCCCLXX. *Disputationes.*

Lud. Henric. RUNGE *respirationis negotium mechanice adumbratum* Bremæ 1718. 4. B. BOEHM.

J. Carol. SPIES *de œconomiæ animalis cognitione ad medicam praxin judiciose instituendam maxime utili* Helmstatt. 1718. B. BURCKH.

EJ. *Veritatum medico-practicarum decas* ib. 1722. 4. Aliquæ sunt physiologicæ. Prima, qualis chylus talis sanguis.

Emanuel KOENIG, amici nostri & Prof. Basileensis, *de stimulis villorum corporis humani* Basil. 1718. 4.*

EJ. *Positiones botanico anatomicæ* Basil. 1721. 4.*

EJ. *Adversaria anatomica & botanica* Basil. 1724. 4.*

EJ. *De deglutitione* Disp. 1727. 4.

EJ. *Theses anatomica botanica* 1731. 4.* In Disp. *de taenia*, cujus respondens est D. ERNST, describit os animalis & proboscidem, vidit celeriter moveri. Proboscidem de tubulo mammillæ simile prodiisse, ut lac captaret. Vermes cucurbituros in unicum animal convalescere.

J. Georg BECK *de viro ex polypo cordis & asthmate violento mortuo* Basil. 1718. 4.*

J. Benj. KONHARD *de eo in quo bruto animalia hominibus antecellunt* Lipsiæ 1718. 4. RIV.

Georg Andreas ORLOV *de motu sanguinis in arteriis & venis* Regiomontani 1718. 4.* geometrica dissertatio.

J. Daniel REISSEISEN *de articulationibus analogis* Argentor. 1718. 4.*

Jacob LUFNEU *de naturali & præternaturali sanguinis calore* Leid. 1718. 4.*

J. BERKHOUT *de causis contenta in ventriculo mutantibus* Leid. 1718. 4. B. PL.

J. SLUIK *de vomitu* Leid. 1718. 4. B. PL.

Leon. SCHMIDT *de vita & generatione hominis* Leid. 1718. 4.*

J. OLDFIELD *de causis motum sanguinis circularem per vasa corporis promoventibus ac obstantibus* Leid. 1718. 4.*

J. Daniel de SUPERVILLE *de sanguine & sanguificatione* Traject. 1718. 4.*

IDEM in *Phil. Transf.* n. 456. de generatione & de monstris. Pro LEEUWENHOECKII systemate. A vermiculis coalescentibus monstra. Fetus corde destituti & cerebro. Pro ovariis. Motum vermiculorum paulatim minui, mori denique & immotos esse in gonorrhœa.

J. Georg SIMONIS *de impotentia conjugali* Jenæ 1718. 4. Omne genus spurcæ veneris recenset, credulus conpilator.

Francisci AFFORTY & *Cl. de la* VIGNE *Ergo in homine amarum, salsum, acidum, dulce, quibus valet & ægrotat* Paris. 1718.

J. Matth. le BERT & *Petri* MALOET, *Ergo functionum integritas a spiritibus* Paris. 1718.

Jac. Ant. MILLET & *Guil. de* MAGNY *E. χυλωσις tritus simul & fermentationis opus* Paris. 1718.

§. DCCCLXXI.

§. DCCCLXXI. *Georgius Gottlob* RICHTER,

Professor Göttingensis, noster olim collega, vir eruditus, poëta & litterator. EJUS prima exstat disputatio, *quā somnium arcadis de amico cauponis megarici scelere interfecto* Kiel. 1718. 4.* præside *J. Lud.* HANEMAN. Physice hoc somnium interpretari suscipit.

EJ. *Mors sine morbo* Götting. 1736. 4.*

EJ. *De voce* κοιλίας *disquisitio* ib. 1741. 4.*

EJ. *Vindiciæ H.* BOERHAAVII *adversus Anglum* ib. 1744. 4.*

EJ. *De balneo animali* ib. 1748. 4.*

EJ. *Sensus interni variæ indigentiæ corporis adstricti* ib. 1751. 4.*

EJ. *De nimiis perspirationis laudibus* ib. 1753. 4.

EJ. *De statu mixto somni & vigiliæ* ib. 1756. 4.*

EJ. *Victus animalis antiquitas & salubritas* ib. 1761. 4.* Pro ejus victus innocentia & utilitate.

§. DCCCLXXII. *Guilielmus* STUKELEY,

Medicus & antiquitatum cultor, vir pius non satis cautus, in *Phil. Transf.* n 360. egit de magno animale marino in medio duro lapide detecto.

EJ. *The spleen, its description, uses and diseases, and some anatomical observations made in the dissection of an elephant* London 1723. fol.* Tabulæ aliquæ, quas ad partes corporis ab amico suo SYMMONDO cera repletas factas esse ait; sed eas omnino reperio esse ex VESALIO furtim imitatas. Arterias lienis docet in venas subire, earumque totam longitudinem concentricas replere. Lienem ventriculo, reni, utero sanguinem mittere. Icon venarum ad VESALIUM ficta, ut ex arteria coli sinistra adparet. Icon nervorum perinde ficta. Arteriæ a mesenterica & cœliaca satis bonæ. Sed arteria umbilicalis male hepaticæ inserta.

Elephantem apud HANS SLOANE virum ILL. inciderant; aliæ adnotationes ad Elephantis ex India dissecti anatomen factæ, missæ sunt a D. SUPPLY; dissectio genitalium partium a DOUGLASSIO provenit, eademque melior est: reliqua viscera, proboscis & cerebrum hactenus expressa. In proboscide valvulæ. Glandulæ palati.

§. DCCCLXXIII. *Diaria anno* 1719.

In *Cent.* VII. & VIII. *Eph. Nat. Cur. Cent.* VII. *obs.* 59. *J. Andrea* USENBENZ fetus monstrosus cerebro destitutus, & galea cranii.

Samuel STEURLIN *obs.* 18. fetus putridus de umbilico extractus.

EJ. est de urinæ pondere adnotatio *Eph. Nat. Cur. Cent.* I. *obs.* 33.

Cent. IX. *obs.* 30. fetus octimestris vivus & frigidus.

EJ. Libellus cum titulo S. S. *vom verachteten Signo des Urins.*

Cent. VIII. *obs.* 57. *Jacobi* DILLENII, magni herbariæ doctrinæ promotoris, olim amici mei, anatome hirudinis, cum intestino, corpusculis glandulosis.

In *appendice* ejus voluminis *Godofredi Benjamin* PREUSS, Vratislaviensis, anatome fetus, cui abdomen apertum, viscera pendula lien in ventriculum illapsus.

Christophori Bernhardi VALENTINI anatome lari cinerei majoris, *Cent.* VIII. *obs.* 52: & pici nigri, *obs.* 53.

Vol. I. *obs.* 154. vesicula fellis maxima.

E. N. C. Vol. II. *obs.* 124. post puerum perfectum, nono die fetus digitalis.

Obs. 125. fetus biceps, bipes cum anatome.

In *Hist. de l'Acad.* 1719. bufonis vivi media in ulmo reperti exemplum.

In *Breslauer Sammlungen Versuch* VII., varia monstra; inter ea biceps unicorporeum quadrupes.

Pueri difformi manu & pede.

Quinque fetus uno partu editi.

De odore moschato pilorum uri.

Fetus mense vigesimo editus.

Pueri pene difformi, diviso alter, alter glande cæca.

Versuch VIII. Hirundinum glomer sub aquis mersus. Ovum bicaudatum.

Baccæ uvæ supra sexagesimum diem in ventriculo retentæ.

Puella per septem annos asita in nosodochio Florentino.

De signis vitæ aut necis in fetu.

Versuch IX. de pluvia sanguinea succi rubri papilionum.

Partum octimestrem ad abortus pertinere.

Versuch X. aliqua de erucarum generatione.

Hominis melancholici exemplum, qui post jejunium quadraginta dierum periit.

Homo artificiose utens manu deformi, pedibus mancus.

Mulier bis mortua.

Hic & alibi de cane loquente.

J. Godofred. BUCHNER in *nov. lit.* Lipsiæ 1719. agit de cancrorum luna crescente augmento imaginario.

LIBER

LIBER IX.

ANATOMES PERFECTIO.

§. DCCCLXXIV. *Bernard Siegfried* ALBINUS.

BERNHARDI fil. Francofurtanus ad Viadrum, summus anatomicus. In RAVII locum ex gnari judicis *Hermanni* BOERHAAVE commendatione vix viginti tunc annos natus suffectus est, raraque usus est felicitate, ut quinquaginta integros annos in solis laboribus anatomicis, a nullo alio officio avocatus, ei vivere licuerit.

Hanc opportunitatem solertia secandi, artificiosa vasorum repletione, adsiduitate laboris, pictorum etiam optimorum facultate ita adjuvit, ut in ossium musculorumque historia omnes priores incisores superaverit: in viscerum etiam fabrica multa accuratius viderit, immensis denique operibus rem anatomicam ditaverit.

EJUS *Oratio inauguralis de anatome comparata* Leid. 1719. 4.* Animalium ex ovo generatio, & cum plantarum generatione comparatio.

EJUSD. *Oratio, qua ad veram viam, quæ ad fabricæ corporis humani cognitionem ducit* Leid. 1721. 4.* Brevis anatomes historia. Cujusque partis ad vicinas partes situm & nexum jubet contemplari. De minuta musculorum fabrica, & divisione in minima. De arte injiciendi in vasa liquoris colorati, quam Belgis dicit propriam: de vasculis per id artificium quasi de Ade emergentibus. De vasis alienis, quæ membranæ non suæ sæpe tribuuntur. De inflationis artificio. De anatome comparata: de abrogando auctoritatis præjudicio: de anatome artificiali, & pictura, & dubia utriusque fide.

EJUSD. *Index suppellectilis* RAVIANÆ, *quam Academiæ (Leidensi) legavit J. J.* RAU Leid. 1725. 4.* Pulchros thesauros gnarus describit, memorabilia adnotat. Caput enormis magnitudinis, quod pro giganteo habitum est, sed morbosum esse videtur, cum nulla constans ossium sit proportio. Vitam etiam auctoris præmisit.

EJ. *De ossibus corporis humani ad auditores suos* Leid. 1726. 8.* Vindobon. 1756. 8.* recusus; brevis liber meis temporibus editus, quando BOERHAAVIUM audiebam & ALBINUM. Brevem quasi picturam ossium adulti hominis proponit, cum tabularum VESALII & EUSTACHII perpetuis citationibus. Contra aliorum anatomicorum morem minus capitis descriptioni indulsit, in trunco corporis & artubus fusior. Asperitates & scrobiculos, qui aut musculorum causa facti

facti ſunt, aut plerumque ab ipſis muſculis naſcuntur ſollicite expreſſit. Oſſibus carpi nova nomina impoſuit. Articulationem maxillæ inferioris definivit, quæ utique magis eſt ad tuberculum, ad ſubjectam foveam minus.

Hiſtoria muſculorum hominis Leid. 1734. 4.* Solebat horis, quas ſibi a ſtudioſorum juvenum inſtitutione ſervabat liberas, magna cum cura muſculorum potiſſimum in oſſa inſitiones metiri, deſcribere, etiam in ipſa oſſa ſtygio aliquo liquore inurere. Hos muſculos a peritiſſimo artifice curabat delineari: comparabat VESALII, EUSTACHII & fere priorum ſcriptorum icones & hiſtorias. Pleniorem ergo longe quam priores omnes, & quam ipſe nuper WINSLOWUS, muſculorum hiſtoriam dedit, ut quisque muſculus abunde deſcriptus, ludentis naturæ varietates adnotatæ, muſculi minus perpetui ſollicite adnotati, burſæ adipoſæ muſculis aut tendinibus ſubjectæ, & aponevroſes ſuis locis recenſæ, nominum apud varios auctores pinax additus ſit. Minimas aliquas carnes SANTORINI, potiſſimum in facie & larynge omiſit; pharyngis muſculos in pauciores contraxit: muſculos per regiones & ſtrata diſpoſuit, effectus cujusque ſeorſim docuit; interſpinales in tota ſerie vertebrarum continuavit, ſic intertransverſarios, in collo etiam duplices: ſcalenos quinque diſtinxit; nomina paſſim reformavit. Chondrogloſſum, & clidomaſtoideum diſtinxit, & transverſum urethræ alterum. Deglutitionem accuratius expoſuit. & deſcenſum ſuperiorum partium faucium cum conſtrictione inferiorum. Icones grandes & perpulchras muſculorum manus dedit, cujus muſculos melius, quam WINSLOWUS & diſtinxit & nominavit. De muſculo etiam in genere egit.

EJ. *De arteriis & venis inteſtinorum hominis* Leid. 1737. 4.* cum iconibus a J. L'ADMIRALIO vivis coloribus pictis. Inteſtinorum membranas noviter deſcribit; vaſa, quæ RUYSCHIUS confuſe delineaverat, ad ſuas tunicas reducit.

EJ. *Diſſertatio ſecunda de ſede & cauſa coloris Aethiopum & cæterorum hominum* Leid. 1737. 4.* Deſcribit reticulum nigrum, etiam ſub ungue nigricans: oſtendit pulpoſam eſſe membranam, neque reticulatam; de cauſa ejus nigredinis inquirit. De papillis & tactus organo.

EJ. *Icones oſſium fetus humani: accedit oſteogeniæ brevis hiſtoria* Leid. 1737. 4.* Figuræ inimitabilis elegantiæ, oſſium ſingulorum, etiam compoſitorum, non vero ſceletorum. Varietates paſſim numeroſiſſimæ collectæ, ut in ſterno. De modo, quo oſſis natura extenditur & cartilaginem conſumit, de nucleo oſſeo, vaſis perioſtei &c.

EJUSD. *Explicatio anatomica tabularum anatomicarum* B EUSTACHII Leid. 1743. fol.* 1761. fol.*: quæ editio auctior eſt & emendatior. Solebat ALBINUS in has tabulas publice prælegere: hic interpretationem integram tradit. Ad eam uſus eſt tum libris EUSTACHII ipſius, & aliorum ejus ævi inciſorum, ex quibus ſcopus magni viri innoteſceret: tum præcipue inciſis humanis cadaveribus, ad EUSTACHII icones collatis.

Tabulas ergo Romanas hinc non mutatas recudi fecit, inde ſolas circumſcriptiones ſcalpi curavit, quas literulis declaravit. In muſculis oſſibus & viſceribus

ceribus fuſius verſatus eſt; nervi & aliqua vaſa forte vix admittebant plenam interpretationem. In SENACUM, BERTINUM, MORGAGNUM, WINSLOWUM paſſim perhumaniter animadvertit. Nupera editio 18. paginis aucta eſt, & interpretatio t. 42. & 27. fuſior. Adnotationes, quæ erant ad calcem operis, nunc, & commode, in ipſum ſermonem libri diſtributæ ſunt.

Tabulæ ſceleti & muſculorum corporis humani Leid. 1747. fol. max.* Sceleton paravit nativis ligamentis cohærentem, ſculptamque dedit. In eam muſculos ex aliis cadaveribus diſpoſuit, ut quisque ſuam veram ad oſſa poſitionem ſervaret. Tres ergo ſceleti, muſculorum viginti & quinque tabulas hic dedit, quarum novem integras: aliquæ ſyſtemata aliqua peculiaria, ut pharyngis, partiumque genitalium, reliquæ ſolitarios muſculos exprimunt. Nihil poteſt accuratius & plenius cogitari, neque licet per ſingula ire.

*Tabulæ ſeptem uteri gravidi** eodem fere tempore prodierunt: uterus primum cum cernuo fetu, & in partum nitente. In utero & magna oſtia venarum ſanguinearum tumidarum exprimit, & eminentes in uterum ſerpentinas arterias. Chorii nomine mediam membranam fetus intelligit, aliamque villoſam mollemque, & eam, & una placentam obducentem exprimit, quæ ovum cum utero conjungit. Sanguinem ex arteriolis ſerpentinis uteri in placentam urſit.

Tabulæ oſſium humanorum Leid. 1753. fol. max.*. Tabulæ ſunt 39, aliæ umbris perfectæ, aliæ literulis inſignitæ. Sceletos omiſſa eſt, quæ in priori opere reperiatur; oſſa ſingula repetita, delineata, & peculiariter capita oſſium & articuli. In capite aliquot narium ſectiones & ſinus pituitarii.

Tabula vaſis chyliferi cum vena azygo, arteriis intercoſtalibus aliisque vicinis partibus Leid. 1757. fol.* Varietates aliquæ ejus ductus, & ciſternæ chyli, ægre a ductu diverſæ; inſula nulla, inſertio duplici ramo deſuper facta.

De ſceleto humano Leid. 1762. 4.* Prius de oſſibus corporis humani opus hic plurimum auctum redit; citatæ hic ipſius ſummi viri tabulæ. Monet figuras ſuas omnes habere ſuas circino ſumtas menſuras Iterum non poſſumus nos in ſingula dimittere, quæ bona habet. Sinus ethmoideos utrinque quinos numerat, præter minores alios. Pelvim femininam a virili inſigniter differre. Utique in reſpirando inferiores coſtas ad ſuperiores accedere.

Conjunctas recenſemus *annotationes anatomicas*, quarum octo volumina prodierunt. Primum a. 1754. 4.*, quod in titulo continet *anatomica, phyſiologica, zoographica.* Urachum in juvene apertum vidit. Fuſius hic de celebri illo filo in propriam terminato veſiculam, quod in funiculo umbilicali vidit. Arteria centralis lentis cryſtallinæ. Membrana pupillaris, ea ipſa, ob quam tantas iras ſum paſſus. Vaſcula in medullam cerebri deſcendentia repleta. Involucrum mucoſum, neque reticulatum, linguæ: fila papillarum. Vaſcula, quæ in placentam convaleſcunt, involucrum, quod eam ipſam obducit. De funiculo, ejus infundibulo & herniis.

L. II.

L. II. Leid. 1755. 4.* Multa de dentibus, eorumque rudimentis. Epididymidis icon, & testis vasa rubra. Cellulosam intestinorum telam secundam, & nerveam separat. Anus artificialis, de quo fuse agit. Ut possit arteria repleri, quæ nihil a suo trunco recipit. Nullum esse involucrum nervosum penis RUYSCHIANUM. Ignotam esse erectionis causam. Fila cutanea ungui subjecta, quæ unguis lineis & sulcis respondent. Ad cordis alternum motum, non a nervis oriri. Arteriam pulmonalem in magnam arteriam inmitti, quæ dicatur ductus arteriosus.

L. III. 1756. 4.* Corpus humanum non totum vasis fieri. Videri nova vasa ex nostris vasis germinare. De valvula coli & ejus deletione, dum nexus intestinorum tenuis & crassi solvitur. Foramina ossium HAVERSIANA vasis repleri. Valvulas intestinorum fieri a nervea tunica productu & a villosa. De nonnullis sulcis & mucosis sinubus palati. De ciliis multiplicis ordinis. De MALPIGHIANO rete penis, cum pulcherrima icone. De nutritione contra BOERHAAVIUM. Iterum de venis intestinorum, quas ne suus quidem pictor recte expresserit. De papillis cutaneis. De retina ex medullosa & ex vasculosa membrana facta. De CANTII iconibus, quæ factæ sint ad ALBINI incisiones.

Hic primum erupit vehemens ira, qua vir summus me sui & antea, & postquam singulis in libris me studuit opprimere, sui amantissimum persecutus est. Mallem non inaudirent de ea lite posteri. Permiseram WACHENDORFIO, mihi sola ex fama noto, aliquas de silentio querelas, quo ALBINUS prætererat membranam pupillarem a WACHENDORFIO prius inventam, quam eam ALBINUS descripsisset. Nunquam, ut vitæ ALBINI auctori visum est, de ullo invento cum ALBINO contendi: id maluissem, cum sua proponeret, ut voluisset pro sua humanitate discipulorum meminisse, qui eadem priores tractassent.

Non exigua pars libri IV. a. 1758. excusi 4.* huic ipsi iræ dicata est. Agitur de cellulosa fabrica plerarumque partium corporis humani. De valvula coli, ubi recte ALBINUS monet, carneas fibras esse, quibus eminens intestini tenuis plica debeatur. Porro de epididymide & vasis efferentibus testis. Sed revocamus nos ab ingrato labore. In eodem libro IV. agit ALBINUS de lege, qua se calvaria ad partes contentas accomodat. Perpulchræ icones organi auditus. Duos esse ductus excretorios vesicularum seminalium. De musculi stylopharyngei vicino musculo; de subcrurali & de extensore digitorum brevi. Tunicæ arteriæ, de quibus cellulosam interiorem rejecit. Iconem ductus thoracici CANTIANAM sibi vindicat. Hymenis vera icon.

Liber V. 1761. 4.* pene totus ad eamdem, quam dixi, litem pertinet; quam gloriæ summi viri studiosus cupio oblivione mersam. Habet etiam iconem uteri puerperæ, & ostiorum venarum ejus receptaculi. Nova articulatio post luxationem femoris nata.

Lib. VI. 1764. 4.* Contra DU HAMELIUM, & pro succo nutritio ossium. Periosteum non pervenire ad subnascentis ossis nucleum. Icones auriculæ, ductus mucosi intestinorum. Papillæ alibi filorum similes, alibi subrotundæ; earum

earum vasculum. Contra CAMPERUM, pro suis iconibus. In meæ *physiologiæ* Tomum IV.

Lib. VII. 1766. 4.* Utique musculum biventrem os aperire, & tamen una os hyoides adscendere: ore clauso, caput ab eo musculo retrorsum agi. Ut vascula fingi possint, quæ videantur in epidermide esse. Vulva virginis. Contra ossium figurationem a tendinibus, a pressione. De vasis nervi optici & ejus poris. De medullosa & vasculosa retinæ lamina. Vena cava cæca. Lienis varietates, & duo lienes. Papillas intestinorum RUYSCHIANAS esse materiem de venis sudantem. Vasa vitrei corporis in balæna. Animadversiones in vitam viri, quam J. BRUCKERUS edidit.

L. VIII. 1768. 4.* cum titulo *de tabulis scriptisque suis opportunitate epistola nupera Petri* CAMPERI viri Cl. Lis est de tabulis majoribus ALBINI, & quæritur, num eæ sint ad optices leges ex uno puncto delineatæ, ut remotiora decurtentur. Ita factum esse dat ALBINUS, sed ad distantiam quadraginta pedum oculum positum esse. Aliquas etiam suas & EUSTACHII icones defendit.

Ad VESALII *opera*, ut puto, præfatus est Leidæ 1725. fol.*, & vitam viri descripsit.

Edidit etiam cum præfatione *Guilielmi* HARVEJI *opera*, & H. F. ab AQUAPENDENTE; hæc Leidæ 1737. fol. De valvulis venarum in præfatione agit, easque HIERONYMO vindicat.

In *Eph. Nat. Cur. Vol.* X. descripsit intestinum per vulnus ilium elapsum, in quo licuit tempus definire, quo quisque cibus coqueretur. Panis & parca caro intra nonam horam decedebat, pinguedo post biduum.

Sex tabulas ALBINI male diminutas, & historiam operis dedit D. BRISBANE London 1769. fol.*

In *epistolis* ad me nuper editis T. I. n. 4. docet cor in agendo brevius fueri, sanguinem valvulas extendere.

Vita viri reperitur in *Extr. de journaux* 1772. Avril & in *B. des beaux arts*.

Dictata physiologica passim, & inter labores nuper venales reperias.

§. DCCCLXXV. *J. Th.* DESAGULIERS.

J. Theophili DESAGULIERS *system of experimental philosophy* Lond. 1719. 4.

EJ. *Course of experimental philosophy* London 1734. 1745. 2.Vol. 4.* Gallice, vertente P. PEZENAS Paris 1752. 4. Belgice 1751. 4. Ab aliis ejusdem fere scopi scriptoribus distinguitur Cl. THEOPHILUS claritate sermonis, & perpetua experimentalis philosophiæ ad usus vitæ humanæ adplicatione, ut omnino cum voluptate legam.

De motu musculari egit, plerisque theorematibus ex BORELLO sumtis. Deinde vires musculorum humanorum calculis positis expendit; *Philippi de la* HIRE æstimationem nimis parvam esse ostendit, & certis cum subsidiis dorsi muscu-

musculos vim ter mille libris æqualem exserere reperit. Artificia ostendit, quibus obtinetur, ut integræ vires hominis suum effectum sortiantur. De respiratione, ubi mireris Cl. virum aërem thoracicum defendere. Optica.

Liceat adnotasse, Cl. SAVERIEN (o) victoriam nostri celebrare, quam de BOERHAAVIO reportaverit, ostenso, in vena jugulari utrinque ligata, aere. Sed ejusmodi aërem BOERHAAVIUS nunquam negaverat.

§. DCCCLXXVI. *Varii.*

Hermann Friederich TEICHMEYER, ill. socer olim noster, Professor Jenensis, chemiam quidem potissimum coluit, anatomen tamen passim adtigit. Ej. *Elementa anthropologiæ, seu theoriæ corporis humani* Jen. 1718. 4.* & auctius 1739. 4.* De ductus cystici variabili magnitudine, de poris vesicæ urinariæ, de hiatu in membrana tympani. Sinus transversi occipitis.

Vindiciæ quorumdam inventorum anatomicorum in dubium revocatorum Jen. 1727. 4.* De ossiculis auditus minoribus, omnino quatuor, quorum duo a Cl. viro subinde visa sunt, alterum in musculo stapedis, alterum in tympani articulo, tum aliud sub incudis breviori crure. Pro hiatu membranæ tympani.

In *Medicina forensi* Jen. 1723. 4.* 1740. 4.*, aliqua etiam huc spectant, ut fere solent, de virginitate; pulmonis experimento. Fetus intestinis nudis.

Disputationes etiam passim huc faciunt; *De elatere sanguinis* ib. 1724. 4.*

De septo pellucido programmata ib. 1725. 4. 1729. 4.

De magna cerebri valvula progr. duo ib. 1728. 4.

De lympha cerebri progr. tria ib. 1728. 4.

De cerebro cogitationum instrumento ib. 1729. 4.*

De musculosa duræ matris substantia ib. 1729. 4.

De phosphoris ib. 1732. 4. quinque progr.

De generatione ib. 1736. 4.*

De vomitu gravidarum primis plerumque mensibus gestationis fiente ibid. 1738. 4. HE.

De calculis bilariis ib. 1742. 4.*

De cadaveris inspectione & sectione legali ib. 1742. 4.*

Vita viri prodiit in progr. ib. 1744. fol.*

§. DCCCLXXVII. *Varii.*

Edward BARRY, Hibernus, disputavit *de nutritione* Leid. 1719. 4.*

(o) In vita J. THEOPHILI D.

IDEM ter omnino edidit *a treatise on a consumtion of the lungs with a previous account of nutrition, and of the structure and use of the lungs* London ... 1727. 8.*, quæ secunda est editio. Discipulus BOERHAAVII & fidus adsecla. Pulmones chylo subigendo, & in sanguinem coquendo factos esse. Ut vita actuosa per numerum pulsuum præceps in mortem ruat. Pulmonis descriptio. Aër in thorace admissus. Elater costarum est antagonista musculorum intercostalium. Calor ab adtritu globulisque sanguineis densatis & compactis.

In editione tertia London 1759. 8.* titulus est *a treatise on the three different digestions, and discharges of the human body, and the diseases of their principal organs.* Etsi titulus aliud promittit, est tamen omnino liber de pulmonibus & phthisi. Præmissa BOERHAAVIANA theoria de digestionibus, quæ fiunt in primis viis, in vasis sanguineis, atque pulmone. Pro finibus decrescentibus vasorum, & vasis BOERHAAVII minoribus. Pro spiritu animali, in elaterem fibrarum nervearum. De transpiratione. Pro hypothesi de alternis vicibus motus cordis, a compressis nervis pendentibus.

Danielis HOFMANNI, Professoris Tubingensis, *annotationes medicæ in hypotheses* GOUEYANAS *de generatione fœtus ejusque partu* Francof. 1719. 8.* *Eliæ* CAMERARII gener, dubiis excitandis pariter ut socer aptus. Varia monet: cæterum ipse nihil valde memorabile adfert. Galliæ literatum & medicum statum ex nupero itinere narrat.

In *Ephem. Nat. Cur. Vol.* II. *obs.* 1. visus duplicatus.

Obs. 2. cor pericardio & mediastino adnatum.

Observations curieuses sur toutes les parties de la physique, extraites & recueillies des meilleurs memoires Paris 1719. 12. Ex actis fere academicis. Habet etiam anatomica; DODARTI aliqua de visione, iride. Infans capite pellucido.

Hoc anno puto prodiisse E. ROLANDS *berättelse om pigan Ester Jöns dotter at hon i 7. år lefwat utan mat eller dryk* Stockholm 1712. 8. Eadem puella, de qua DOEBELIUS.

Hoc etiam anno prodiit *Magni* BLOCK *betänkande öfwer Ester Jöhns dotter* Stockholm 1719. 8.* Non nimis credit, vere abstemiam fuisse.

Dissertation sur la cause de la multiplication des fermens Bourdeaux 1719. 8. Auctor est Cl. BOUILLET pater. Theoriæ meræ.

Ad Academiam misit a. 1743. suum de aëre in aëre corporis animale subeunte hypotheses.

In *elemens de medecine pratique Beziers* 1744. 4.* breve compendium exstat œconomiæ animalis.

In T. II. 1746. 4.* aërem dissolutum in sanguinem venire. Aërem utique per ossis cribrosi foramina ad cerebrum penetrare, & ea via catarrhos descendere.

Antonii MAGNOL, *Petri* fil. & *Bernardi de* JUSSIEU *de naturali secretione bilis in jecore* Monspelii 1719. 8.* Physiologica aliqua. Bilem ex venæ portarum

rum ramis parari, per poros lumine & figura ad particulas bilis accomodatos, absque ullo fermentationis adjumento &c.

Ej. *De respiratione* 1729. 4.

Ej. *An myopiæ ars tutius medicina succurrat* 1730. 4.*

Ej. *De salivæ fontibus & usibus naturalibus* 1740. 4.

Ej. *De natura & causa fluiditatis sanguinis deperditæ* ib. 1741. 8.

Reperio etiam Ejus disputationem citari, *an homo ex ovo* Monsp, 1715. 12.

J. Jacob PEYER, Scaphusiensis, *J. Conradi* fil. Ej. *Observationes anatomicæ in homine post mortem, in brutis avibusque viventibus ac mortuis notatæ secundo* Leid. 1719. 8.* Variæ sectiones morbosorum hominum, in quibus tamen alia, & ad historiam musculorum viscerumque sanorum pertinentia adnotantur, breviter equidem. Deinde multæ animalium dissectones, eorumque potissimum viscera. Denique vivarum bestiarum frequentes incisiones, ad motum intestinorum, cordis, vias lacteas. In echino ductum capsularum renalium vidit. Tria ligamento coli.

Inter PACCHIONI Dissertationes Romæ 1721. 8.* editas exstat *Matthæi* BASSANI epistola ad eum virum anno data 1719. cum approbatione hypotheseos de musculari fabrica & motu duræ matris.

PELLET *oratio anniversaria* HARVEJANA a. 1719. 4.* OSB.

Josephi TRIMUNDI *quæstio, an partus octimestris septimestri magis vitalis sit* Avenione 1719. 8. FALC.

Johannes DOUGLASS, Chirurgus, *Jacobi* frater. Ejus est *syllabus of what is to be performed in a course of anatomy &c.* London 1719. 4.* Summi rerum tituli, & partium corporis humani nomina.

Ej. *Advertissement occasioned by some passages in Manningham's diary* London 1721. 8.* Pertinet ad fabulosum illum cuniculorum partum. Epistolæ sunt chirurgi S. ANDRE', quibus mirificum illum partum adnunciat. Maligna femella dolores parturientis accurate erat imitata, ut nullus, præsente nostro, partus tamen sequeretur. Negat unquam se absonæ historiolæ fidem aliquam tribuisse.

Ej. *Animadversions on a late pompous book intit. osteographia* Lond. 1735. 8.* Acerba censura operis CHESELDENIANI. Contra hiatum membranæ tympani. Promittit osteographiam anatomico-practicam, quæ nunquam prodiit.

Kurzer Entwurf der anatomischen Uebungen auf dem Theatro zu Berlin Berlin 1719. 4.

§. DCCCLXXVIII. *J. Adamus* KULMUS,

Medicus Gedanensis, & minime indiligens incisor.

Multa edidit in collectionibus *Vratislaviensibus* KANOLDI.

In *Versuch* VII. aliquot canum incisiones.

Versuch XI. vasa lactea canis, in quæ lymphatica de glandulis mesentericis vascula inserebantur.

Versuch XIII. Vena sine pari in cavam inserta. Officula sesamoidea rariora.

Versuch XVI. ductus thoracicus in cane valde multiplex, in venam cavam inferiorem & in venam sine pari insertus.

Ej. De lepore, cujus clitoris maxima est.

Versuch XIX. cordis motus per inflatum ductum thoracicum suscitatus.

Suspicatur idem, se in cane ductum excretorium capsulæ renalis vidisse, tendentem ad ductum thoracicum.

Versuch XXI. Submersa. Aqua neque in ventriculo, neque in pulmone. In ejus incisione varia adnotat: duos musculos trochleæ, duos patientiæ: sternum perforatum &c.

Versuch XXIX. pro hymene testimonium.

In *Supplemento* ejus Diarii I. 1726. 4.* trium animalium incisiones habet minime negligenter scriptas, castoris, phocæ & tursionis.

Anatome phocæ etiam reperitur in *Act. Nat. Cur. Vol.* I. *obs.* 9.

In iisdem *Actis Vol.* VII. *obs.* 128. partus a morte matris. Seorsim etiam prodiit *de partu infantis post obitum matris* Disp. Gedan. 1742. 4. HEBENSTREIT. De filio ex suspensa matre edito exemplum. Refert ad humorum putredinem.

Deinde alias aliquot Disputationes edidit.

De sanguine ejusque circulatione Gedani 1718. 4. HE.

De olfactu 1728. 4. HE.

De auditu Gedan. 1728. 4. HE. Pro hiatu membranæ tympani.

De gustu atque loquela 1728. 4.*

De visu 1728. 4.*

De tactu 1729. 4. HE.

De generatione animalium Gedan. 1729. 4. HE.

De somno & vigiliis 1729. 4. HE.

De accessu aëris per pulmones ad sanguinem dubio 1732. 4.*

De circulatione sanguinis medicina universali 1744. *

Libros edidit perpaucos; in iis *Descriptionem anatomico physiologicam fetus monstrosi. Accedit observatio viri aqua suffocati* Gedani 1724. 4.* add. *Breslauer Samml. Versuch* XXVII. Partus fuit unicorporeus, biceps, quadrimanus, quem noster accurate incidit, ut etiam musculos depictos dederit, & vasa: viscera etiam potissimum, cor unicum, auriculis quatuor, tribus ventriculis. Hepar unicum reperit, venam umbilicalem unicam, portarum duas. In dorso linguæ eas venas depinxit, quas COSCHWIZIUS pro ductibus salivalibus habuit. Musculum

lum inter splenium & complexum novum habet. In homine in aquis suffocato nulla iterum neque in ventriculo, neque in pulmone aqua fuit. Secundum musculum trochlearem oculi vidit. Systema causarum accidentalium non probat. Liquorem amnii negat nutrire.

EJUSDEM *anatomische Tabellen* Gedan. 1722. 8. 1725. 8. TR. Amsterdam 1732. 8. TR. 1743. 8. TR. Aug. Vind. 1740. 8. 1745. 8. 1764. 8. Lips. 1741. 8.* 1754. 8. Latine Amsterd. 1732. 8.* minus plena editio. Gallice, vertente Cl. MASSUET, Amsterdam 1734. 8. *Compendium anatomicum*, non sine Cl. viri adnotationibus, etiam propriis, ut & aliquæ icones Cl. viri opus sunt, pleræque quidem ex VERHEYENIO sumtæ. In vasis, & ligamentis fusior est.

Programma, quo *vita viri* continetur, prodiit Gedani 1745. fol.*

§. DCCCLXXIX. *Disputationes.*

Christianus Michael ADOLPHUS, Professor Lipsiensis, ejus multa sunt minora opera.

In *Cent.* VII. *Act. Nat. Cur. obs.* 34. narrat inediam novimestrem feminæ Silesiacæ.

Edidit Disputationes plerasque fusas, & plenas collectis auctorum locis. *De motu ventriculi & intestinorum peristaltico* Lips. 1720. 4.*

De intestinorum tunica villosa plurimorum morborum foco 1721. 4.*

De colo intestino multorum morborum nido.

De eructatione flammante.

Collectæ eæ prodierunt cum aliis, cum titulo *Dissertationum physico medicarum* Lips. 1747. 4.*

Simon Paulus HILSCHER, Professor Jenensis, præter Disputationes, sed numerosas, nihil scripsit.

Ejus sunt *observationes & meditationes circa opus generationis in feminis* Jen. 1719 4.* De corpore luteo, ejus cavea & foramine, eodem in puerpera viso & contabescente. In NABOTHUM.

EJUSD. *De loquela* Jen. 1729. 4.*

EJ. *De sensu corporis sanitatis conservandæ & redintegrandæ consiliario* 1729. HE.

De semine virili 1731. 4. PL.

De rationali in praxi fundata sphygmomantia, *s. arte pulsum explorandi & ex eo judicandi* 1732. 4.*

De longævitate hominum antediluvianorum 1733. 4. HE.

De unico in homine rene progr. 1733. 4.*

De tempore partus humani naturali ac ordinario 1741. 4. HE.

De mutuo animæ cum corpore commercio 1744. 4. progr.

De oculis sanitatis & morborum indicibus 1745. 4. HE.

De auditu 1746. 4. PL.

J. Friderici POLLICH & J. VOGELMANN *de machina microcosmica per motum animata* Erford. 1719. 4. B. BURCKH.

Jac. Wilhelm FEUERLIN *de argumentis exsistentiæ & providentiæ divinæ ex loquela hominis* Altdorf. 1719. 4. B. BURCKH.

Car. Wolfg. a LEBZELTERN *de visu* Vindob. 1719. 4. B. BURCKH.

Jac. Franc. KRUSIUS *de* KRAUSENBERG *de hominis ortu, vita, morte, morbo & medicina* Prag. 1719. 4. HE.

J. Henr. MULLER *Brutorum actiones mechanice inexplicabiles* Lipſ. 1719. 4.*

J. Thom. HENSING *cerebri examen chemicum, ex eodemque phosphorus singularis omnia inflammans* Gieſſ. 1719. 4.* per experimenta nata Diſſ.

EJ. *Admiranda generationis rerum naturalium* Gieſſ. 1721. 4.*

Brandan MEIBOM *de animæ ad restituendam sanitatem impotentia* Helmſtatt. 1719. 4.*

EJ. *De fundamentis brevioris vitæ* 1729. 4.

EJ. *De pilis eorumque morbis* 1740. 4.

Sigism. Aug. PFEIFFER *Embryologia ſ. doctrina fetuum in utero* Stettin 1719. 8.

J. Christophori LISCHWIZ, Profeſſor Kilonienſis, Diſp. *de voce & loquela* Lipſ. 1719. 4.*

EJ. *De ortu & propagatione hominum* Lipſ. 1723. 4.* cum icone pudendi muliebris.

EJ. *De masticatione* Lipſ. 1725. 4.*

EJ. *De naturæ singularibus lusibus erroribusque circa varias C. H. solidas partes* Kiel. 1732. 4.

EJUSD. *An aër ex pulmonibus substantialiter transeat ad sanguinem* Kiel. 1735. 4. progr.

EJ. *De principio venarum* Kiel. 1736. 4.*

EJ. *Sanguinis renum in fetibus urinæ secretionem declinans diverticulum* Kiel. 1736. 4. progr.

EJ. *Omenti fabrica* Kiel. 1737. 4.*

Justi Christophori BOEHMER, *Memoriæ Professorum Helmstadiensium*, Guilferbyti 1719. 4.* ARNISÆI, SIEGFRIDI, CONRINGII, SCHRADERI vitæ &c.

Jacob de FONSECA *de chylificatione* Leid. 1719. 4.*

Guilielm. SAWREY *de liene* ib. 1719. 4.*

Otto Frider. CORTHUM *de aëris seorsim ab exhalationibus considerati in corpus humanum effectu* ib. 1719. 4.*

Francisci

Francisci ARDINOIS *de fundamento totius medicinæ anatomica* ib. 1719. 4.*

Cornelii van BLEISWYK *de medicina automatica* ib. 1719. 4.*

Sebastiani MIDDELBEECK *de incremento fetus humani in utero* ib. 1719. 4.*

Christophori LIPSTORP *de morbis passionum animi* ib. 1719. 4. Motum tonicum sequi intentiones animi.

Martin v. ROSSEN *de functione cutis* ib. 1719. 4. PL.

Henrici PEMBERTON, jatro-mathematici, *de fabrica oculi, quæ ad diversas rerum distantias se accomodat* Leid. 1719. 4.* & in selectis nostris T. VII. Fibras musculosas, nondum equidem conspectas, lentis crystallinæ convexitatem augere & diminuere.

Idem *introductionem* præfecit operi COWPERIANO Londin. 1724. fol.* In ea calculos BORELLI subvertit, & aliquos peculiares casus consideravit, in quibus musculi vis absque effectu impenditur. Duplicationem impensarum virium a reactione pendentem rejicit. Causam motus musculorum in medio reliquit.

Posthuma prodierunt *Elements of physiology* London 1772. 8.* in quibus anatome & fabrica partium reperitur & usus. Fere similia eorum docet, quæ in nostris reperiuntur, non ut nos exscripserit, sed quod eadem ipsi vera visa fuerint.

Leonhard SMEUR *de origine lymphæ pericardii* Utrecht 1719. 4.* Putat se vidisse fontes ejus lymphæ glandulosos duos, priorem supra aortam, alterum supra arteriam pulmonalem.

J. Fr. LEAULTE & *Jac.* TRANT *Ergo virgines possunt lactescere* Paris 1719. 4.

Mich. Ludwig VERNAGE & *Lud. Simeon* MELEZ *E. corporis functiones a sanguine* Paris. 1719.

Ant. PEPIN & *Guil. de* MAGNY *Ergo desiderati cibi digestio felicior* Paris. 1719.

Eman. Maurit. DU VERNEY & *Petri* MALOET *Ergo multis in morbis corporis elucet mechanismus* Paris. 1719.

§. DCCCLXXX. *Diaria anni* 1720.

In *Phil. Trans.* n. 366. *William* RUTTY de spina bifida.

EJUSD. *Treatise of the urinary passages concerning their descriptions power and uses* London 1726. 4.* Gallice etiam prodiit, & Germanice vertente J. L. HUTH Noriberg. 1759. 8.* Multa ex MORGAGNO. Renes hyænæ depinxit, cui animali, ut toti felino generi; venæ grandes per superficiem renis dividuntur. Duplex pelvis visa & duplex ureter. Fasciculus fibrarum ex osse pubis in prostatam productarum, quem a *Jacobo* DOUGLASSIO habuit. Ureteris dilatationes & in vesicam aperti ostium. Sinus urethræ.

In *Breslauer Sammlungen* 1720. *Vers.* XI. locus est, quo de viro pedibus manco agitur.

Fetum omni tempore animatum esse.

Defluvium pilorum de toto corpore.

Abortus hydatidum.

Agnus sepes, & alius pedibus imperfectis.

De quodam SCHULZE, surdos loqui docente.

Versuch XII. Monstrosi partus, simiæ similis, labio leporino fœdatus: alia monstra.

Narratio de homine 108. annorum.

Puella facie hirsuta.

Versuch XIII. aliqua peculiaria de fetu ORTHIANO.

Fetus varie difformis.

Versuch XIV. de intestino vulnerato, per latus aperto, cum digestione imperfecta cibi.

Cyprinus androgynus.

Hoc anno ceperunt prodire *acta literaria Sueciæ* Upsal. & Rostock. 1720. 4.* Hic etiam subinde aliquid anatomici argumenti reperias.

§. DCCCLXXXI. *J. Henricus* SCHULZE,

Professor primum Altdorfinus, inde Halensis, HOFMANNI familiaris & adjutor, vir varie eruditus, non quidem incisor, ut tamen multis modis de physiologia bene meritus sit. Numerosissimi ejus sunt minores libelli, programmata & disputationes.

De periergia in studio anatomico vitanda Altdorf. 1719. 4.*

De justa studii anatomici æstimatione.

Historia anatomica Spec. I. Altdorf. 1721. 4.* & II. 1723. 4.* recusa cum HARTMANNI originibus anatomicis Hall. 1759. 8.* Primæ anatomes antiquitates: contra Aegyptiorum anatomicam peritiam: de primis in Græcia incisionibus corporum humanorum, ARISTODEMI & ARISTOMENIS. HIPPOCRATIS anatome. Philosophorum merita. Vitiosa ARISTOTELIS anatome: anatome ERASISTRATI, HEROPHILI, RUFI, CELSI.

Programma *ad anatomen publicam* ib. 1725. 4.*

Et aliud 1727. 4.

De ossibus conferventibus 1727. 4.*

De refectione celeri per alimenta humida 1728. 4.*

Ad nostrum etiam pertinet *Sebastiani* REININGER Diss. *de cavitatibus ossium capitis, earumque vera constitutione, usu & morbis* Altdorf. 1722. 4.* Sinus potissimum ethmoidei bene descripti.

De

De observationibus anatomicis, quod & ipsum est *programma ad anatomen invitatorium* 1729. 4. HE.

De vasis umbilicalibus natorum & adultorum Hall. 1733. 4.*

An umbilici deligatio in nuper natis absolute necessaria sit ib. 1733. 4.* Magnos inter physiologos & jurisprudentiæ forensis auctores motus hæc dissertatio excitavit, qua vir Cl. defendit, non ligato funiculo umbilicali nullum sanguinem de fetu stillare, neque adeo periculum ei aliquod suscitari. Arterias umbilicales se de sua vagina eripere, & inanes superesse. Geniculum, quod sit in umbilici arteria, quod idem rumpatur, ut eæ arteriæ se retrahant.

De sudore Hall. 1734. 4.*

De temperamentorum exsistentia, illorumque usu in medicina Hall. 1734. 4.* PL. lego etiam 1737.

De liene canibus exciso. Porro Hall. 1735. 4.*

De mechanico naturæ artificio in vulneribus persanandis 1735. 4.*

De sanguinis humani constitutione naturali & præternaturali 1735. 4.*

De medico vehementer laudari digno 1735. 4.* Ab ignoratione anatomes magna mala. Chirurgus palpebram tertiam pro pterygio habuit, & gestivit excidere.

EJ. & PLENN *de mechanismo musculorum abdominalium* 1736. 4.*

De naturali & præternaturali menstrui ventriculi constitutione 1736. 4.*

De mechanico se- & excretionis fundamento 1736. 4.*

De tono partium corporis humani 1737. 4.*

De anatomes ad praxin chirurgicam summa necessitate 1737. 4.*

De mumia 1737. 4.*

De larga alimentorum ingestione cum eupepsia ut signo sanitatis 1737. 4.

De elasticitatis effectu in machina humana 1738. 4.*

De ventriculi & intestinorum ratione in omni morbo habenda 1738. 4.*

EJ. & KIESEWETTER bona Disp. *de lithiasi sinistro, quam dextro, reni magis infesta* 1738. 4.* ob longitudinem venæ renalis sinistræ.

De pinguedine 1739. 4.* Lymphæ per cellulosam telam motum docet.

De consideratione ossium recentium utili & necessaria 1739. 4.*

EJ. & ENGELBRECHT *de raucitate* 1740. 4.*

De chemiæ ad corpus humanum applicatione 1742. 4.*

De lacte 1742. 4.*

De vomitu & vomitionibus 1742. 4.

De nonnullis ad motum cordis & circulationem sanguinis pertinentibus 1742. 4.*

EJ. & LAUFFER *de infante sine cerebro nato* 1743. 4.* Aliquæ tamen de cerebro reliquiæ supererant, & medullares nervi.

Historia medicinæ a rerum initiis ad annum MDXXXV. Lipsiæ 1728. 4.* Eruditum opus & optimo cum judicio exaratum. Anatomen Aegyptiorum potius nimis deprimit. De circuitu sanguinis nostro Chinenses ne cogitasse quidem ostendit. ARISTOTELIS anatomen non magni facit: ejus artis incrementa philosophis tribuit, tum ERASISTRATO atque HEROPHILO.

EJ. *Compendium historiæ medicinæ a rerum initio ad* HADRIANI AUGUSTI *excessum* Hall. 1741. 8.* Pauca huc faciunt; fere ASCLEPIADIS placita, & methodicorum.

Promiserat historiam medicinæ ad reparatas usque literas continuatam, sed nihil ultra prodiit. Infelix fuit in re familiari.

Physiologia medica usui prælectionum accomodata prodiit cura generi *Christophori Caroli* STRUMPF Hall. 1747. (1746.) 8.* BOERHAAVIUM sequitur, sed timidius.

In BUCHNERI *miscellaneis* 1727. defectum glandulæ pinealis in fatuo: glandulas thyreoideas duas; duos ductus pancreaticos; invaginationem intestini innocuam dixit.

In *Comm. Litt. Nor.* 1731. *sp.* 5. agit de ossiculo sesamoideo vertebræ primæ lumborum; de utero, in quo sanguinis nonnihil; de tuberculo LOWERI magno.

Ib. de transudatione pinguedinis per vasorum poros.

Ann. 1732. *hebd.* 51. De dente elephanti prope Halam reperto.

§. DCCCLXXXII. *Varii.*

J. Leonhard FRISCH *Beschreibung von allerley Insecten in Deutschland*, XIII. Theile. Berlin. Tomus I. ann. 1720.* Tomus XIII. ann. 1738. 4.* Etsi propius ad historiam naturalem pertinet, multa tamen habet ad generationem insectorum, ad animalia gallis similia, ad ova & exclusionem pertinentia. De aliis etiam insectorum scriptoribus in suis præfationibus judicia adfert.

EJ. *Beschreibung der Vögel* Berlin 1733. ad 1736. Splendidum & pretiosum opus, & ipsum passim ad venerem, ova, cibumque avium pertinet. Aves rapaces pilulas facere ex materia indigesta, eas evomere; etiam in piscibus se pilulas vidisse. Anates varios ex imaginatione colores facile accipere.

EJ. *Eph. Nat. Cur. Vol.* I. *obs.* 221. latibula vespertilionum.

In *Miscell. Berolinensibus Cont.* II. hypothesin tradit, tria vermium humanorum genera idem esse animal, & lumbricum evolutum in tæniam abire.

Ib. de aphidibus. Omnes viviparas esse, fetum maximum, marem alatum.

J. M. GLUSING, qui se archiatrum Polonicum dixit, & Hamburgi vixit, *Anatomia rationalis &c.* Hamburg. 1720. 4. cum 6. tabb. folio magno.* Nihil

hil miserius hoc seculo prodiit. Ipsa historia ita rudis, ut cerebrum aiat a temporali & bronchiali arterias habere, hujus bronchialis nomine pulmonalem arteriam describat.

J. HERLIN, Medici Altenburgensis, *balsamirte und fünf Jahre herumgeführte Mann* Frankf. und Leipz. 1720. 8. CAT. BOECL. Chemniz 1725. 8. GOZ. script. STAHL. Habet etiam balsamo condiendi rationem.

Curiose Nachricht von starken Leuten, sonderlich von J. CARL *von* ECKENBERG Frankf. 1720. 4. B. THOM.

HYGIANDERS *Regeln vom Urin* Nürnberg 1720. 8. HEIST.

M. D. L. F. PRETRE (*de la* FERRIERE) *tr. des abeilles, avec une dissertation sur leur generation* Paris 1720. 16. B. BOEHMER.

P. CALMET & ALLIOT Diss. *sur la sueur de sang de* J. CHRIST Paris 1720. 8. Omnino huc pertinet, cum auctor ostendat, qui fiat, ut ex gravi mœrore sanguineus sudor erumpere possit.

Joachimi POETÆ *de usu uvulæ* Napoli 1720. 8. PORT.

Ej. *Che la natura nell' ingeneramento de mostri non sia ne attonita, ne disadatta* Napoli 1752. 4.

Martinus SCHURIG, Medicus Dresdensis, multos libros compilavit, consarcinatis scriptorum vulgarium locis, vix unquam propria ulla rei visæ memoria auctis. Quare soli tituli suffecerint.

Spermatologia Francof. 1720. 4.*

Sialographia Dresd. 1723. 4.*

Parthenologia ib. 1729. 4.*

Muliebrium historia ib. 1729. 4.*

Gynæcologia ib. 1730. 4.*

Syllepsiologia 1731. 4.*

Hæmatologia 1744. 4.*

§. DCCCLXXXIII. *Disputationes.*

Gottl. Ephraim HERMANN *de oscitatione & pandiculatione* Altdorf. 1720. 4. Hall. 1737. 4. BAIERI opus PL.*

Florian Bertrand GERSTMANN *de pulmonum vera functione* Tremonæ 1720. 4.*

Gottfried Mich. NITSCHE *de insensibili transpiratione* Erford. 1720. 4. præside J. A. FISCHER.

Ge. Gottfried JANITSCH *de somniis medicis* Argentorati 1720. 4.

Petri BECKER *nova hypothesis de duplici visionis organo, dioptrico altero, altero catoptrico, quorum hoc insectis, illud animalibus reliquis natura concessisse videtur* Rostock. 1720. 4.* De oculis insectorem. Nulla iis pupilla, neque cornea pellucida tunica, sed oculi catoptrici.

J. Bernh.

J. Bernh. WIDLBURG *oratio de influxu siderum in temperamentum hominis* Jenæ 1720. 4.

Georg. Frider. ORTH *de fetu 46. annorum* præside R. J. CAMERARIO Tubing. 1720. 4.* Memorabilis historia: vidi fetum, ossea & callosa crusta tectum, qui nunc in horti regii Parisini Thesauros transiit. De eo etiam fetu in *Phil. Transf.* n. 367. & in *hist. de l'Acad. des Sciences* 1721.

Martin Jacob KUPFER *volvulus sanguineus* Regiomont. 1720. 4.* & in *collectione practica.*

Christian Ludw. CHARISIUS *de bulimo* Regiomont. 1720. 4.*

EJ. *De morte submersorum in aquis* ib. 1731. 4.

Franc. Wilhelm MENCEL *de structura mammarum* Leid. 1720. 4.*

Richardi BARRET *de compressione, quam pulmo in respiratione patitur* Leid. 1720. 4.* Ad 752. librarum in leni exspiratione, ad 4382. in fortissima æstimat.

Arnold MEYER *de errore loci* Leid. 1720. 4.*

Ulric. Wilh. RHODE Leid. 1720. 4. Ad anatomen cerebri & nervorum.

Matthias van STOLK *de splene ejusque usu* Leid. 1720. 4. PL.

J. KIRTON *de primis viis* Leidæ 1720. 4. B. BOEHMER.

Edward STROTHER *de vi cordis motrice* Utrecht 1720. 4.* Brevissimus.

Stephan Henrich CAAMANN *de aëris efficacia & usu mechanico in corpore humano* Duisburg 1720. 4. HE.

Gabriel Antonii JACQUES & *Georg. Anton.* TARON de LOMMEAU *E. humorum præstantior semen* Parif. 1720. 4.

Guil. de MAGNY & *Jac. Julian.* CARRE' *Non ergo quo salacior femina eo fecundior* Parif. 1720.

Cl. de la VIGNE & *Ant.* CASAMAJOR *E. fluxus menstrui & transpirationis insensibilis materia eadem* Parif. 1720.

§. DCCCLXXXIV. *Antonius Cœlestinus* COCCHI,

Romanus, diversus ab *Antonio* COCCHI *Mugellano.* Inter ejus *epistolas medicas* Romæ 1725. editas, & Offenbaci 1732. 4.* recusas, est data anno 1720. ultima, de venæ cavæ dilatatione.

EJ. *Lectio de musculis & ortu musculorum* Rom. 1743. 4.* Ratiocinia.

§. DCCCLXXXV. *Diaria anni 1721.*

In *Philosophicis Transactionibus,* inque *Mem. de l'Acad. des Sciences,* quæ anatomici exstant argumenti, ea ad auctores pertinent, aliis locis recensos.

In *Breslauer Sammlungen* 1721. *Versuch* XV. de homine seculari relatio.

Versuch

Versuch XVI. Partus veſicularum. Menſes ſub genu viam ſibi aperientes.

Equus ſepes, bos quinquepes, & alia ejusmodi.

Versuch XVII. de *Georgii* GEHLERI M. S. Chiromantico, & nonnullis ejus artis legibus, quæ hic minime repudiantur.

Atreta vagina.

Digiti manus pedisque connati. Breves aliæ monſtrorum hiſtoriæ, ex terrore natorum.

Aliqua de multiparis.

Fetus gemelli epigaſtriis connatis.

De animalibus præter naturæ conſuetudinem albis.

Manus & pes difformis.

Versuch XVIII. Gemelli communi funiculo umbilicali.

Diverticulum inteſtini ilei in puello.

De *Petri la* COUREGE anatomia cerea, de NOUESIANIS ejusmodi ſtatuis aliisque.

§. DCCCLXXXVI.

Petrus Antonius MICHELOTTI. D. BERNOULLI.

MICHELOTTUS, Tridentinus, Medicus Venetus, Jatromathematicus ex præcipuis & cautioribus. EJUS *de ſeparatione fluidorum in corpore animali diſſertatio* Venet. 1721. 4.* non minimam phyſiologiæ partem continet. In *prænotandis* de fluidis in genere agit. Inde incipit leges ſecretionis humorum eruere: uti glutinoſæ particulæ a minus glutinoſis, elaſticæ a minus elaſticis, magis centrifugæ a minus centrifugis ſecedant. Ut ex æquabili preſſione circularis figura vaſorum naſcatur (non naſcitura ſi parietes inæqualiter robuſti forent, ut in exemplo ſinuum duræ membranæ cerebri). Inde metitur preſſiones, quas fluida experiuntur, quamve canales conici aliive. Recte negat, ab anguſtia minimorum vaſorum ſanguinem accelerari. Negat velocitatem ſanguinis in data arteria accurate poſſe menſurari; retardari tamen in minimis, etiam ex adtritu & ſuperata tenacitate. De plicarum vi velocitatem frangente. Globulum graviorem minorem velocitatem a communi cauſa recipere. Sanguinem a contracta arteria perinde ad cor retro agi, uti ad ramos promovetur. Hic digreſſio intercedit de vi, quam ſanguis in pulmone patitur, aut vi, qua aër in vaſa pulmonum nititur. Longe aliter noſter quam KEILIUS, neque vim aëris in pulmone majorem ſex unciis facit, exſpirationis vim fere quadruplam, celeritatem vero expulſi aëris pedum 400. in minuto ſecundo. De fabrica glandularum. In BIANCHUM. Epiſtola MORGAGNI pro veſicula arteriæ & ductui excretorio interpoſita.

Denique *de humorum in corpore humano ſecretione.* Ejus leges aliquæ generales. Fluidorum humanorum conſideratio & diverſa indoles, parum plene.

Pro

Pro spiritibus animalibus. Cur diversis in colis diversi humores de sanguine secedant. Plurimum tribuit naturæ particularum in ipso jam sanguine sua, ut fluiditate maxima minimave præditæ sint. Diametro etiam particularum multum tribuit. Interponitur LEIBNITII epistola, quæ adtractioni ad similes particulas favet. Hæc primam partem operis efficiunt, quam nulla alia secuta est.

Una excusæ sunt, tres quas dixi, *Johannis* BERNOULLI dissertationes.

Inde MICHELOTTI in KEILII de motu musculari hypothesin animadversiones.

EJUSD. *ad* B. FONTENELLIUM *epistola qua aër pulmones influens cogatne an solvat sanguinem eorum canales permeantem inquiritur* Paris. 1724. 4.* Contra HELVETIUM, qui sanguinem in pulmone cogi docuerat & densari. Negat humanos humores omnes ab aëre cogi: negat densitatem in sanguine ruborem facere: ab aëris defectu imam partem grumi sanguinei docet nigrescere. Sanguinem arteriosum venoso esse densiorem. Venam pulmonalem minorem factam esse putat, quod per eam sanguis celerius fluat. Dextrum ventriculum cordis ampliorem esse, sed minus perfecte depleri. Aërem sanguini esse pro fermento.

EJUSD. *Apologia, in qua* BERNOULLIUM *motricis fibræ in musculorum motu inflatæ curvaturam recte supputasse defenditur, & R.* MEAD (potius PEMBERTON conf. ACT. ERUDIT. 1728. p. 276.) *objectionibus respondetur.* Ipsius, ut audio, J. BERNOULLII opus. Prodiit Venet. 1727. 4. WACHEND.

In *Comm. Bonon.* T. I. de morbis vasorum varia habet, & ea occasione de circulari figura arcus aortæ.

In *Vol.* IV. *Act. Nat. Cur. obs.* 59. & 89. de saliva saccharina.

Daniel BERNOULLI, *Johannis* Fil. Med. D. & Professor, etiam nunc superstes, primum *de respiratione* disputationem dedit inauguralem Basil. 1721. 4.*, in *nostris selectis* recusam. Dilatationem pectoris inspirantis æstimat, & aëris copiam, & vim, cum qua aër in pulmones descendit, & vicissim efflatur. Aërem sanguinem subire putat.

EJ. *Positiones miscellaneæ medico-anatomico botanicæ* Basil. 1721. 4.*

Inde in *actorum Petropolitanorum Vol.* I. hypothesin dedit de modo, quo motus muscularis perficiatur; ut nervi anulares cylindricam fibram strangulent, mutentque in vesiculas. Contractionis magnitudinem ex subtili experimento æstimavit, in oculo capto.

Ib. egit de sede cæca oculi, & de experimento MARIOTTI. Magnitudinem cæcæ partis & situm in nervi optici ingressu definit.

EJ. *Hydrodynamica, s. de viribus & motibus fluidorum commentarii* Argentorati 1738. 4.* Non quidem proxime physiologici sunt argumenti, hic tamen citasse oportuit, cum etiam nostri humores per sua vasa fluant, & communibus legibus regantur. Præcipuum vero discrimen fuerit in vi irritabili vasis animalis, certe in aliquibus eorum vasorum, & ipsius cordis. Huic enim mechanici nihil habent in suis mortuis tubis comparabile.

§. DCCCLXXXVII.

§. DCCCLXXXVII. Arent Cant.

Arent Cant, brevis ævi juvenis, non contemnendæ bibliothecæ possessor, Albini discipulus, edidit Leidæ 1721. 4.* *de receptaculo & ductu chyli disputationem*, cum tabula, quæ in *impetubus* redit, sed ab Albino vindicatur (p). Vesicula chyli notabilis, ductus recte supra subclaviam venam elatus, & duobus ramis descendentibus in eam venam inmissus.

Ej. *Impetus primi anatomici ex lustratis cadaveribus nati* Leid. 1721. fol.* Præter primam iconem hic reperitur tabula musculorum faciei, & figura arteriæ carotidis: tabula duræ matris cranium vestientis, nonnullorum sinuum, & musculorum oculi: tabula non incommoda aliquorum pharyngis & inferioris maxillæ musculorum: bonæ tabulæ cordis & pericardii suo in situ: tabula, qua ventriculus plenissimus exhibetur: & os palati plenius, cum ramo adscendente: denique articulatio genu.

§. DCCCLXXXVIII. Bradley. *Alii.*

Richardus Bradley, polygraphus, qui potissimum botanica scripsit & œconomica. Ejus *philosophical account of the works of nature* London 1721. 4.* catenam entium per sequitur, & a terra per varias plantarum & animalium classes ad hominem adscendit. Passim anatomica aliqua admiscet, & addit *Jacobi* Douglas bonam ranæ feminæ incisionem: girynorum etiam seriem, & fetus aliquos, anthropogoniam, sceletosque hominis & simiæ, penem & vulvam cochleæ.

In aliis suis operibus passim aliqua physiologica tangit. Non felix in anguillis, quas facit viviparas (q).

In *country ladies director* de anserum saginatione.

Cornelii Plevier *de mesenterio ejusque morbis* Leid. 1721. 4.* & Ej. *gezuiverde vroedkonst* Amsterdam 1751. 4.* edente J. D. Schlichting. Nullos ex utero flatus admittit. Humorem amnii aliquantum, neque tamen satis alere: partum promoveri a fame fetus. Recte, uteri os ab ambulatione descendere. Admittit allantoidem. Icones anatomicæ non optimæ.

Gabriel Rzaczynski S. J. *historia naturalis Poloniæ & M. Ducatus Lithuaniæ* Sandomir. 1721. 4.* & auctarium *historiæ naturalis* Gedani 1736. 4.* In hac compilatione etiam animalia eorumque monstra & longævi, proceri, pumiliones aliisve modis non vulgares homines, recensentur, copiose potius, quam accurate, creduli auctoris opus.

Henrici Jos. Rega *de sympathia, s. consensu partium corporis humani, & potissimum ventriculi in statu morboso* Haarlem 1721. 8.* 1765. 8. Francof. 1762. 8. Con-

(p) Nempe figuras Cantii ad suas incisiones factas esse, neque bonas, Annot. L. II. c. 17.
(q) *Ladies direct.* p. 13.

Consensum potissimum fieri per membranas, quæ in corpore animali undique cohæreant, & per oscillationem dolorificam, quæ e centro oscillationis undiquaque dispergatur. Fieri etiam a nervorum communicatione vel communi origine. Omnium humani corporis partium consensum percurrit, potissimum tamen ventriculi.

Ej. *De urinis tractatus duo* Lovan. 1733. 8. Francof. 1760. 8.

Ej. *Diss. de sanguine, qua demonstratur, nullo acido vitiari* ib. 1744. 8.

Francisci FAVELET, qui & ipse Lovanii docuit, *Prodromus apologiæ fermentationis in animantibus; instructus animadversionibus in l. nuper editum de digestione* (HECQUETI) Lovan. 1721. 8.* Absque experimento.

Ej. *Animadversiones in S. de* VILLERS *medicas institutiones* Lovan. 1735. 4.

Ej. *Novarum, quæ in medicina repullulaverunt, hypothesium lapis lydius* Aquisgr. 1737. 12.

James HANDLEY, Chirurgi, *mechanical essays on the animal œconomy* London 1721. 8.* Anatome nihil habens proprii, aliqua physiologica ex KEILIO, deinde practica.

Thomæ Vincentii TOSCA, Theologi, *Compendium philosophicum* Venetiis 1721. 8. In tomo V. physiologia & pathologia continetur.

Viti RIEDLIN, junioris, *Bericht vom Urtheil aus dem Harn* Ulm 1721. 8.

Alexander le BLOND, celebris pictor, edidit, *preparation anatomique des parties de l'homme servant a la generation* 1721. 4.* Icon vivis coloribus expressa, quæ redit apud COCKBURNE de gonorrhæa.

Otto v. HELWIG *sonderbarer Discours vom Urin* Zittau 1721. 4.

§. DCCCLXXXIX. *Disputationes.*

J. Christoph. SCHMIDT *de analogia regni vegetabilis cum animali* Basileæ 1721. 4.*

Nicolai HARSCHER *positiones tumultuariæ de reviviscentibus iis, qui mortui credebantur* Basil. 1721. 4.*

Claudii PASSAVANT *theses medicæ miscellaneæ* Basil. 1721. 4.*

. . . CORDEY *de alimentorum in chylum conversione* Basil. 1721. 4.

Thomæ SECKER, ex medico theologi & archiepiscopi Cantuariensis, Diss. *de medicina statica* Leid. 1721. 4.* & in *meis selectis.* Multa, neque immerito, in SANCTORIANIS effatis carpit. Passim ab eo GALENUM exscribi, sibi ipsi eum contradicere, inhalationum examen negligere: sed & KEILIUM parum sibi constare.

Obiit ex carie femoris, 75. annorum senex, eo osse sponte in lecto fracto.

Adami SPIES *de transmutatione elementorum in substantiam corporis naturalem* Leid. 1721. 4.*

J. F. FLATO *de narium fabrica usu & morbis* Leid. 1721. 4.

Mart. Loth. LANGE *de olfactu* Leid. 1721. 4. BUTTNER.

Michael Matthias LUDOLF *de vomitu* Leid. 1721. 4.*

Ej. *de visu sponte restituto* fusus commentarius in *Miscell. Berol.* T. IV. De viribus restringentibus humorum oculi.

Augustini BUDDEI *de musculorum actione & antagonismo* Leid. 1721. 4.*

Ej. *De fabrica sinuum cranii.* In *Contin.* II. *Miscell. Berolin.* icones dat horum sinuum, historiam & varietates. Aliqua ad sinus orbitarios.

Ib. De ovarii tumore pilis pleno.

In *Contin.* IV. *Miscell. Berolin.* de osteogenesi præternaturam agit, quam veram ossium naturam induere negat, sed aut terram esse, aut compressam prius mollem membranam, nunc induratam.

Franciscus Petrus SCRIBA, *animam rationalem vitæ, sanitatis, morborum & convalescentiæ causam esse efficientem demonstrat* Duisburg. 1721. 4.

Just. Heinrich MANGOLD *observationes medico-practicæ* Rinteln 1721. 4.* Multa physiologica.

J. Wilh. BOETTICHER *de vera fluidi nervei, s. succi nervosi exsistentia, ejusque genuino usu nervorum cavitate &c.* Berolin. 1721. 4. PL.

Car. Phil. HOFMANN *de ætate juvenili contrahendis sponsalibus & matrimoniis idonea* Regiomont. 1721. 4. HEIST.

J. HAGER *de glandula thyreoidea* Witteb. 1721. 4.* contra VERCELLONUM.

Samuel SEELMATTER, medici Tobiniensis superstitis, *de natura hippocratis* Argentor. 1721. 4.

Jacobi CHATELAIN *de respiratione* Monspel. 1721. 4.

Ludov. Simon EMMEREZ & *David* VASSE *Ergo a mente sanitas* Paris. 1721.

Petri MALOET & *Andr. Jos.* SERON *E. globuli sanguinis spiritus* Paris. 1721.

Jac. TRANT & *Nicol. le* ROI *E. functionum æquabilitas a circuitu sanguinis inæquali* Paris. 1721.

Germani PREAUX & *Thom. Ren.* GASNIER *E. a succo nerveo totius fere corporis nutritio* Paris. 1721.

Joann. CORDELLE & *Joann.* MOULLIN *E. perpetuus & cordis a sanguine & sanguinis a corde motus ob æquilibrium* Paris. 1721.

Jac. FOURNEAU & *Joh.* MOULLIN *E. mentis perturbationes motum cordis sanguinisque augent & minuunt* Paris. 1721. & in *meis selectis*.

. . . . HAWYS *oratio anniversaria* HARVEJANA anni 1721. Londin. 1721. 4.

J. Franc. RAUCH *de partibus corporis humani earumque functionibus vivis* Wien 1721. 4.*

Ej. *De ſanguinis motu circulari* Wien 1728. 4.*

Ej. *De uſu ventriculi & inteſtinorum* ib. 1728. 4.*

Ej. *De catameniis* ib. 1735. 4.*

Ej. *De anomaliis menſium* ib. 1736. 4.* cum appendice, in qua de femina agitur, cui ſanguis menſtruus fere per omnes corporis poros erupit.

§. DCCCXC. *Diaria anni* 1722.

In *Philoſophicis Tranſactionibus* M. Couzier n. 372. Utique a bile hominum a peſte occiſorum in venas animalis injecta, peſtis lethalis.

In *Hiſt. de l'Acad. des Scienc.* 1722. Reliquiæ fetus in tuba, ut putatur.

Cl. Frezier de vitulo ſquamis tecto, ex terrore, ut putat.

In *Cent.* IX. *Act. Nat. Curioſorum* 1722. 4.* *Hieronymi* Laub ren ſiniſter duplex.

Obſ. 63. arenulæ in glandula pineali.

J. Caſpar Grimm hæmorrhoides in puero 6. annorum, *obſ.* 92.

Ej. in *Act. Nat. Cur. Vol.* II. *obſ.* 22. Cor totum per ſuppurationem conſumtum.

In *Cent.* X. una edita *Andreæ* Pizler arteriæ carpi loco alieno ſitæ, *obſ.* 42.

In *Cent.* XI. *obſ.* 49. *J. Burkard* Mögling de partu Orthiano 46. annorum.

In *Bresl. Samml. Verſuch* XIX. tumor abdominis feminæ, virginem vocant, in quo dentes, oſſa & crines.

Aliqua de manducatione mortuorum.

Cornua multiplicata de cranio cervi.

De homine pedibus deſtituto, agili & ingenioſo.

Virgo noctambula.

Monſtrum ex connatis gliribus coaleſcens. Fabuloſa aliqua.

Aliquid parti animalis ſimile ex recto galli inteſtino editum.

Fetus a morte matris in uteri oſtium nitens.

Verſuch XX. fetus capite deſtitutus tum pectore brachiisque.

Verſuch XXI. aſita per 25. menſes.

Ovum ovo prægnans.

Pullus gallinaceus pedibus anatinis.

Cancri titillatione vere ſopiti, etiam ſi diis placet, ſtertentes.

Fabulæ de hominibus, quos beſtiæ pepercerint.

Verſuch XXII. ova prægnantia caudata.

Puella

Puella in deserto educata aphona, cæterum ratione prædita.

Aliqua de insectorum generatione.

Hic & XXI. pro generatione æquivoca, argumento vermium morbosorum.

De consensu nervorum C. H.

Puellæ connatæ.

In *Actis Liter. Suec.* a. 1722. de homine ope vitrioli in fodina metallica indurato & immarcescibili.

De eodem *Phil. Trans.* n. 384.

In *Journ. des Sav.* 1722. *M. du* BOIS Medici, de partu ventrali per incisionem educto, felici eventu.

In *Mém. de Trevoux Octobre* 1722. describitur partus capite difformi, cranio destitutus, absque cerebro aut oblongata medulla, cum nervi tamen adessent.

In *M. Nov.* D. NOGUEZ queritur de exigua firmitate hypothesium, etiam anatomicarum & physiologicarum.

Hoc anno prodire ceperunt *Annales Academiæ Juliæ* Helmstad. 1722. 8.* porro continuatæ, ut in iis recenseantur scripta, quæ in ea Academia ab anno 1720. prodierunt. Intercedunt aliqua propria.

§. DCCCXCI. *Varii.*

Carolus de S. YVES, Medicus ocularius, quem alter ejusdem nominis, sed ex aliena familia natus, secutus est. EJUS *nouveau traité des maladies des yeux, avec de nouvelles decouvertes sur la structure de l'oeil, & qui prouvent l'organe immediat de la vue* Paris 1722. 12.* Anatomen operi suo præmittit WINSLOWIANAM, cujus *expositio* eo tempore nondum erat edita, cæterum bonam. Pro MARIOTTI hypothesi, ex eo argumento, quod iridis motus debilitato visu & ipse debilitetur, iris autem chorioideæ tunicæ sit propago.

Christiani Bernhardi ALBINI *specimen anatomicum exhibens novam tenuium hominis intestinorum descriptionem* Leid. 1722. 4.* 1724. 8.* *Bernhardi Siegfriedi* ALBINI frater, inde Professor Ultrajectinus, singulari morbo adfectus contabuit; tanta nempe ei fuit in auditu subtilitas, ut etiam remotos & tenues sonos cum intolerabili incommodo perciperet. Cæterum fratris usus experimentis inversum intestinum hic docet inflare. Ita aër per eam sedem, qua mesenterium adhæserat, subit inter musculosam tunicam, & villosam, & totam nerveam membranam dissolvit, inque cellulosam telam convertit. Nos incisa nervea membrana sufflabamus, ut cellulosa secunda appareret, cellulosam tertiam ostendebamus incisa villosa.

EJUSD. *De anatome prodente errores in medicis* Utrecht 1723. 4.* Nimias vires ventriculo tributas, & alias similes hypotheses ab anatome refutari.

J. Baptistæ PAITONI *della generazione dell' uomo discorsi academici* I. II. Venez. 1722. 4.* & III. IV. ib. 1726. 4.* Ad difficultates movendas aptus, non perinde ab experimentis ad verum demonſtrandum inſtructus. MALPIGHIANAM ſententiam defendit, neque ovulis GRAAFIANIS favens, neque inviſibili ovulo VALISNERII, neque ſpermaticis vermiculis, quos tamen hoſpites nativos eſſe ſeminis admittit, quorum utilitas ignoretur. In utero feminam fecundari, neque ſemen ad ovarium venire.

EJ. *Vindiciæ contra epiſtolas Petri* BLANCHI D. Venet. 1724. 4.* Hoc nomen eſt Raguſino medico, diſcipulo VALISNERII, qui præceptorem ſuum contra PAITONUM duabus acribus epiſtolis tuitus eſt. In prima epiſtola noſter oſtendit neceſſe eſſe ſemen reſorberi, & in ſanguinem redire, niſi in immenſum velis coacervari. In altera negat, motu tubæ poſſe aliquam auram feminalem ad ovarium promoveri.

Bartholomæi BOSCHETTI, Vicentini, *de ſalivatione mercuriali* Venet. 1722. 4. 1735. fol. 1744. 4. Offenbach. 1734. 4.* aliqua de ſalivæ fontibus, natura, uſu & vitiis.

J. MASSONEAU, M. D. & Chirurgus. EJUS *Cirurgia natural data al luz por el ſupremo autor del mundo en la creacion de l'hombre* Madrit 1722. 4. videtur eſſe phyſiologici argumenti.

J. W. ALRUTZ *Vademecum anatomico-chirurgicum* Hanover. 1722. 8.

La medecine ſtatique de SANCTORIUS, *traduite par le* BRETON Pariſ. 1722. 16.

J. Frid. HENKEL, celebris metallurgi, *Verwandtſchaft der Pflanzen mit dem Mineralreiche* Lipſ. 1722. 8.* De terra oſſium humanorum & ejus albo vitro aliqua.

EJ. *De ſudore phoſphoraſcente* in *Act. Nat. Cur. Vol.* V. *obſ.* 94.

Giuſeppe Antonio BADIA *iſtoria rara di un ſangue cavato col ſiero nero ed eſperienze ſopra lo ſteſſo* Parma 1722. MAZUCH.

Chr. VÖLTER *neu eröffnete Hebammenſchule* Stutgard 1722. 8.* Obiter partes genitales deſcribit. Nævis fidum adhibet.

Sam. DWIGTH *de vomitione &c.* Lond. 1722. 8.

Der rechte Gebrauch der Affecten, darinn ihre Natur, Eigenſchaften, Würkungen und Gebrauch vorgeſtellt werden Witteberg 1722. 8.

Eugenius PHILALETHES *hiſtory of long livers* London 1722. 8. OSB.

§. DCCCXCII. *Diſputationes.*

Chriſtoph. Daniel MELZER *de modo ſecretionis humorum* Regiom. 1722. 4.*

Eſdras Henrich EDZARD *de corporis humani palingeneſia* Witteberg. 1722. 4. B. BOEHM.

EJ. *De cygno ante mortem non canente* Witteb. 1722. 4.

Car. Ferdinand MAYER *de ſiti* Argentor. 1722. 4.*

Polycarpi

Polycarpi LEYSER *primæ novi systematis medicinæ lineæ* Argentor. 1722. 4.* Contra sanguinis circuitum. In BORELLI calculos de potentia cordis.

EJUS, certe ejusdem nominis, *de frustranea cadaveris inspectione* Helmstatt. 1723. 4.

Emanuel Christian LOEBER *historiæ inflammationis* Hall. 1722. 4.

Gottfried HELD *de* HAGELSHEIM *de tempore partus occasione partus tubarii per quadraginta sex annos gestati & in vetula nonaginta quatuor annorum mortua inventi* Bareith. 1722. 4.*

J. Casimir HERT progr. *ad anatomen cadaveris masculini* Giess. 1722. 4.*

Aliud *ad anatomen duorum cadaverum* 1726. 4.*

IDEM *Cent.* X. *Act. Nat. Cur. obs.* 24 Menses & fecunditas vetulæ redditæ.

Dan. Alb. FORSTER (& J. A. SCHMIDT præs.) *de menstruo fluxu, ejusque suppressione,* Helmstatt. 1722. 4.*

Gerard. Anton. de SONSBEK *de respiratione* Leid. 1722. 4.*

J. Henr. LAMPRECHT *de mechanismo corporis humani* Leid. 1722. 4.*

Isaac HESTERMANN *de vario sanguinis motu per præcipuas corporis humani partes* Leid. 1722. 4. B. BOEHM.

Hugo RIED *de præparatione bilis in hepate* Leid. 1722. 4.

TELEMANN TAME *de nervis illæsis & læsis* Leid. 1722. 4.*

André Joseph SERON & *Lud. Joh. le* THUILLIER, *E. alimentorum coctio a fermentatione* Paris. 1722. Contra tritum.

Thomas Ren. GAGNIER & *Ludov.* DUVRAC *Ergo solida agunt & aguntur* Paris. 1722. 4.

. . . . PLUMPTRE *oratio anniversaria* HARVEJANA London 1722. 4.

§. DCCCXCIII. *Diaria anni* 1723.

N. 377. *Georgii* MACKENZIE anatome animalis *Coati mondi*, aliquantum diversa ab ea, quam Parisini anatomici dederunt.

COLIN MACLAURIN, celebris mathematicus, anatomen dedit fetus, cujus capita duo, duoque fuerunt thoraces, pelvis & pedes simplices.

N. 378. *Robertus* HOUSTOUN de fetu ventrali, sexto anno per incisionem detecto.

N. 379. *Johannis* HUXHAM, celeberrimi clinici, deinde *Guilielmi* OLIVER relatio, de puella, cui ex spongiosa carne in sede umbilicali urina per duos poros prodibat, duæque erant vaginæ, per quarum alteram cum concepisset, non inmisso pene, oportuit utramque scalpello conjungere, quo fetus posset educi.

In *Phil. Trans.* n. 382. saliva viridis.

In

In *Hist. de l'Acad. des Sciences* 1723. uterque GEOFFROY de fetu, cujus duo erant corpora, pelvis cum pedibus unica.

In *Act. Liter. Suec.* 1723. *Joh.* LINDESTOLPE fetum per anum eductum recenset, repetitum in *Phil. Transf.* n. 385, & menses per aurem fluentes.

IDEM anno 1724. de acicula deglutita & ex manu excisa.

In *Breslauer Sammlung. Versuch* XXIII. *Rud. Augustus* BEHRENS, Medicus Brunsvicensis, fuse anatomen corporis humani describit, quam administraverat. Hydatides recte a cellulis adiposis interpretatur. Glandulæ ventriculi. Ductu cystico ligato, flatu acto in ductum choledochum, felleam vesiculam paulum tamen intumuisse. Gulam accurate pone asperæ arteriæ partem membranaceam poni.

In eodem Diario 1723. M. *Jan.* internos & externos musculos intercostales potius aliorum musculorum motui obsequi docet.

In *Comm. Lit. Nor.* 1737. h. 18. promittit l. de nodis & contortionibus intestinorum. Non puto prodiisse.

EJ. Ad fratrem gratulatio, ubi de longævitate agit.

IDEM Brunsvici 1748. 4.* edidit *orationem de fortuna medicorum aucta in terris Brunswicensibus.*

Porro in *Breslauer Samml. Verf.* XXIII. Hæmorrhoides ex palato.

Magna pars ossis callo reparata.

De sene 109. ann. inciso, (eodem de quo SCHEUCHZERUS).

Quadrigemini.

Femina, si vera est fabula, 86. anno ætatis suæ puerpera.

Asitæ duæ, altera 10. annorum, altera trium.

Versuch XXIV. menses fætidissimi.

Ova caudata, articulata.

De monstris nonnulla, quorum ultimum labium est leporinum.

Sic *Versuch* XXV. quadrupeda sex pedibus, etiam duobus capitibus. Sed hæc omnia repetere nolo, quæ fere ex vulgatissimis fontibus & publicis *novellis* sumantur.

Iterum monstra varia, quorum externa facies describitur.

Puer cranio destitutus & cute.

Partus a morte matris.

Placenta hydatica.

Atreta incisione sanata.

Iterum de robusto viro ECKENBERGER. Nihil valde adtinet, num vero robore, num artificioso virium suarum usu, pondera illa maxima superaverit.

Versuch

Versuch XXVI. Ales, ut videtur, pro monstro habita.

Fetus inæquales, quorum alter minimus & imperfectus.

Dens comprehendens.

Fetus ventralis in ovo suo.

Fabellæ de multiparis. Etiam octo fetus uno partu editos esse.

§. DCCCXCIV. *J. Baptista* MAZINI,

Jatromathematicus, minus tamen in suis demonstrationibus severus. Brixianus, Professor fuit Patavinus.

EJUS *mechanica morborum* Pars I. Brixiæ 1723. 4. Pars II. 1725. 4. Pars III. 1727. 4. prodiit, & conjunctæ Offenbach 1731. 4.* Calculos passim reperias positos, & faciem mathematicam. Firmi quid, aut veri, quæras.

EJ. *Mechanica medicamentorum* Brix. 1734. 4.* Scopus est explicare, ut inter medicamenta diversarum classium suo quodque officio fungatur, urinam moveat, aut sudorem &c. Præmittit ergo brevem fabricæ partium historiam: explicationem ipsam a particulis triquetris, octaedris, hamatis, aliisque repetit, ut etiam vim adstringendi &c. in figura particularum poni putet.

EJUS *Conjecturæ de respiratione fetus* Brix. 1737. 4.*; Ut ostendat fetum tamen respirare, experimenta producit, per quæ fetus eo leviores sint, in eadem mole, quo adultiores. Partum repetit a figura uteri ex sphærica in longam mutata, hinc capacitate uteri imminuta. Experimenta nimis pauca producit, & quæ nimis facile fallant.

EJUSD. *Institutiones medicinæ mechanicæ* Brix. 1739. 4.* Similis priorum. Principia sibi sumit arbitraria; elasticum nervorum succum, semina parentum in speciem fetus subsidendo *crystallizari*. Cibos in ventriculo digeri ab angulis salium succi gastrici &c. Fibras bonum sensum repræsentare, quando homologe tenduntur omnes. Dulce esse lac, quod in ovatis glandulis reparetur.

EJ. *Opera omnia* Brix. 1743. 4.*

§. DCCCXCV. *Georgius Daniel* COSCHWIZ,

Professor Hallensis, de secta STAHLIANA, theatri in ea academia anatomici promotor, cæterum in iis, quæ sibi nova videbantur, pro perpetuis recipiendis aliquantum præceps. EJUS prima est *de valvulis in ureteribus repertis* diss. Hall. 1723. 4.*, in qua dilatationes ureterum perpetuis, & plicas in parte arctata subnatas pro veris valvulis habet. Reperitur etiam in *Breslauer Samml. Vers.* XXIII.

EJUS Disp. *de ductu salivali novo* Hall. 1724. 4.* Ductum salivalem descripsit & depinxit, qui a glandula maxillari, sublinguali, aliisque glandulis natus, arcum in dorso linguæ prope epiglottidem faceret, ex quo porro numerosi rami per linguam divisi in ejus superficiem aperirentur. Vasa circa linguam lymphatica describit.

Cum in id inventum HEISTERUS, WALTHERUS, J. G. DUVERNOI scripsissent, ego demum venas esse, quæ vir Cl. vidisset, eo certius adfirmarem, quod ipsam a Cl. viro præparatam linguam vidissem, respondit satis acriter COSCHWIZIUS *in continuatione observationum de ductu salivali* Hall. 1729. 4.* Nunc ea lis oblivione est sepulta.

Qualis incisor fuerit exstat BURGGRAVII testimonium Ep. ad me dat. 14.

EJ. *De studii anatomici præstantia & utilitate oratio* Hall. 1727. 4.*

EJ. *Organismus & mechanismus* Lips. 1725. 4.* 1745. 4.* STAHLII systema tradit, fusior de motu tonico & de temperamentis. Suum ductum etiam hic defendit, succum nerveum admittit, aliis suæ sectæ scriptoribus potius moderatior.

§. DCCCXCVI. *Varii.*

Georgius Bernhardus BULFINGER, ex familia natus, cujus manus uno digito abundabat, princeps WOLFII discipulus, primum Professor temporibus meis Tubingensis, porro Petropolitanus, inde patriæ regendæ administer, aliis quidem laudibus celebrior, non nihil tamen ad physiologiam contulit. IDEM primum de animæ cum suo corpore vinculo scripsit l. *de harmonia animi & corporis humani præstabilita* Tubing. 1721. Disp. Francof. 1723. 8. Tubing. 1741. 8., & in *Variorum* T. I. si idem semper est opusculum.

Inde inter *varia in fasciculos collecta* Stutgard. 1743. 8.* est oratio *de anatomia elephanti & ossibus Mamouth*, occasione elephanti a *J. Georgio* DUVERNOI dissecti. Varia habet memorabilia, foramina in ventriculi caveam aperta, fibras lienis, valvulas intestinorum a recepta sententia alienas. Ossa *Mamouthi* elephantis tribuit.

In *Commentariis Academiæ Petropolitanæ* T. II. micantes particulas & fabricam nervorum elephanti microscopio speculatus est.

Ib. T. III. quærit, num aër sanguinem subeat. Antlia pneumatica usus, aërem vehementi vi in arteriam pulmonis ursit: sed aër neque per asperam arteriam, neque per venam rediit, cum aqua id iter facillime percurreret.

Georg. Philipp. THUMMIG, ex eadem schola, *Versuch einer gründlichen Erläuterung in der Natur* Hall. 1723. 8. P. II. ib. 1723. 8. P. III. ib. 1723. 8. P. IV. & junctim ib. 1723. 8. Marburg 1735. 8.* Intimæ admissionis discipulus WOLFII, Professor Cassellanus, sed brevis vitæ juvenis.

In P. I. de origine mechanica fetus bicorporei agit, quam repetit a duobus animalculis uni ovo inclusis. Tum de visu duplicato ex fulgore nivis nato, ejusque causa. De perspiratione in manu maxima.

In P. II. aranearum ova egere fecundatione maris. De visu per nares. De arte docendi surdos & mutos. De catulo vomitu rejecto, quem negat verum um fuisse catulum. De urina vomitu reddita. De mensium per pedes fluxu. IV. de visu nocturno inflammati oculi. Seminis ad usque ovarium iter ad cundationem requiri. Sanguinem in ossibus per arterias & venas circulum bire. Vir ingeniosus, sed quem maluisses ejusmodi eventus expendendos sumse, quos ipse vidisset.

Martini MARTINEZ *observationes de corde* Madrit 1723. 4.* & in *meorum lect.* T. II. Exemplum cordis nudi de pectore pendentis, & in universum alia de cordis motu.

EJUSD. *Anatomia completa del hombre, con todos los hallazgos nuevas doctrinas y observaciones veras* Madrit 1728. 4.

EJUSD. *Noches anatomicas, o anatomia compendiosa* Madrit 1717. 4. CAP. VIL. 1750. 4. quæ secunda est editio. Laudari lego.

Girolamo MARINI *pratica delle piu difficili operazioni* Rom. 1723. 4.*; alia anatomica habet, etiam icones, aliunde sumtas, ut vesicæ.

Noel FALCONET, eruditi viri & magnæ bibliothecæ domini, *tr. des fievres &c.* Paris 1723. 12.* Major pars operis practica est; huc vero pertinet *de la circulation du sang*, quem noster HIPPOCRATI tribuit ob voces παλιρ-, διεξοδας, aliasque ejus generis.

Petri NOGUEZ, Medicini Parisini, *anatomie du corps humain en abregé* ris 1723. 12.* 1726. 12. Anonymum prodiit comp. Ex KEILIO pleraque; addita tamen aliqua ad nervorum historiam, ad refutationem hypotheseos MALPIGIANÆ &c. & in posteriori editione icones.

IDEM edidit Paris 1725. 12. 2.Vol.* collecta opera SANCTORII SANCTORII *statica medicina*, & staticam Gallicam DODARTI, Britannicam KEILII, notis ctas, in quibus nihil valde proprii reperi. Ganglion ophthalmicum habet.

BRETHOUS *lettres sur différens points d'anatomie* Lyon 1723. 16. RAST. lmonis nulla esse foramina. Sanguinem arteriarum pulmonalium non effundi in vesiculas. Pericranium a periosteo distinctum esse.

Theodori de HAZE, vulgo HAZÆI, *de leviathan* JOBI & *de Cete* JONÆ *dissitio* Brem. 1723. 8.*

EJ. *Dissertationum & observationum philologicarum sylloge* Brem. 1731. 8. Mamuth, de manati.

Anton. VANOSSI *placita physica de motu transpirationis depromta ex P. Fran- de* LANIS Vienn. 1723. 12. si ad nostram perspirationem facit.

Gius. Alessandro duca de Peschio = lanciano opere — tr. de fisionomia ol. 1723. fol.

Tobiæ TAUT *physica medica* Lips. 1723. 8.

J. Aug TROEGER *Medicina institutionalis aphoristica*, d. i. *kurze Einleitung in ganze Medicin, nach philosophischem Grunde gestellt* Leiden 1723. 8. B. BOEH-. Latine, *synopsis medicinæ universæ* 1724. 8.

Alex. le FRANÇOIS *reflexions critiques sur la medecine* Paris 1723. 12.* Etiam physiologiam adtingit.

PESCATORIS *metoposcopia & chiromantia* Jen. 1723. 8. BOECL.

§. DCCCXCVII. *Disputationes.*

J. Frid. HELVETIUS *de hygraulica corporis humani* Leid. 1723. 4.* An idem p. 82.

Guil. CRAMER *sitis vera historia naturalis* Leid. 1723. 4.*

Ch. POLLICH *de incremento ossium* Leid. 1723. 4.

Dieterich SOLTAU *de excretione cutanea & mediis eam promoventibus & dirigentibus* Leid. 1723. 4.*

J. Jac. JANTKE, Professoris Altdorfini, Disp. *de sanguificatione* Altd. 1723. 4.*

EJ. *De sudore sanguineo* ib. 1727. 4.

J. Caspar UNRAHT *de conceptione & jure ventris* Hall. 1723. 4.*

Christ. Gottfr. SEILER *tr. juridica exhibens privilegia quædam partus qui in utero est, & casus in quibus pro jam nato habetur* Hall. 1723. 4. TR.

Sigismund. MAJOOR *de mascula sobole procuranda* Altdorf. 1723. 4.

J. HAENEL *de morbis scroti* Argentorati 1723. 4.* non absque anatome. Ejusdem adnotationes aliquæ anatomicæ reperiuntur in *epistolis* ad me datis. Vena cum emulgente & azygo sinistra communicans, insignis. Arteria pharyngea *Epist.* 244. Rami venæ cavæ ad ilei intestini principium euntes, fere ejus diametri, quæ est spermaticæ *Ep.* 269. Vena a capsula atrabilaria ad hepar: & in rene sinistro duo similes rami. Tres venæ spermaticæ ex renali natæ *Ep.* 265. In *Ep.* 164. spina bifida; appendicula duplex. In *Ep.* 175. venam umbilicalem multum sanguinem hepati dare.

J. Jac. a BRUNN *de sanguine* Duisburg 1723. 4.*

Caspar Wilh. BEUSSER *de urinis & uroscopia* Heidelberg 1723. 4.*

Georg. Christ. DETHARDING *meditatio de morte* Rostoch. 1723. 4. TREW.

EJ. *Centuria thesium anatomico-physiologicarum* Rostoch. 1726. 4. HE.

EJ. *De studio anatomes a chymicorum insultibus vindicato* ib. VATER.

EJ. *De restitutione scroti spontanea* ib. 1739. 4.

EJ. *De glandula inguinali* 1746. 4.*, a qua suspicatur ductum in genitalia venire.

EJ. *De fetus abortivi exclusione* 1748. 4.

EJ. *Progr. ad anatomen feminæ* 1752. 4.*

EJ. *De corpore humano semper irritabili* 1755. 4.*

EJ. *De myopia & presbyopia* ib. 1756. 4. bona Disp.

Jac. Jul. CARREL & *Guil. Joseph de* L'EPINE *Ergo commentitium tritus & rmentationis commercium* Paris. 1723. 4.*

David VASSE & *Lud. Hieron.* COSNIER *Non est anima facultatum corpoream principium* Paris. 1723.

§. DCCCXCVIII. *Diaria anni* 1724.

In *Philosophicis Transactionibus* n. 383. VASSE de quotidiana staturæ rietate, ut corpus hominis mane longissimum, vesperi magno intervallo evius sit.

William BECKET de eadem staturæ humanæ inconstantia, ejusque causa, in rtebris dorsi posita.

N. 384. *Johannis* BONNET accuratior descriptio feminæ n. 379. descriptæ.

In *Hist. de l'Acad. des Sciences* HAUTTERIVE de hominibus ex Europæis & ex thiopibus, aut ex Americanis, natis. Hos per plures generationes charactem singularem servare.

PRIVAT *de* MOLIERES de musculorum actione. Plurimum tribuit fibris nsversis, quæ arterias constringant, ut in vesiculas abeant.

In *Journal de Trevoux* Octobre 1724. Anonymus negat cameram oculi poriorem minorem esse. WINSLOWUM sua ex HEISTERO habere.

M. April. describuntur duæ puellæ, corporibus suis connatæ, vivaces, quan singulæ sua voluntas erat, suusque sensus.

In *Breslauer Sammlungen* 1724. *Versuch* XXVII. (tum XXIX.), de puepræcocis ingenii, sed parum vitali.

Aliqua de longævis, viro etiam 175. annorum, cui fuerit filius 97. annorum.

Fetus abdomine patulo.

Et duo fetus capite semiduplici.

Calor in cadavere per triduum, & sanguis per urinam.

Capella, cui ab ipsa nativitate ubera lacte plena fuerunt.

Partus palato fisso & difformis.

Engastromythus.

Vorax helluo.

Labium leporinum singulare.

Versuch XXVIII. Tumor umbilicalis singularis.

Menses in sexagenaria.

Pro re certa de cadavere corde destituto.

Vampyræ fabella.

Versuch XXIX. femina prolixa barba.

Partus hydatidum.

Frequens esse, pueros nuper natos lac habere in mammis.

De velocitate equi, qui dimidium milliare in 10' percurrit.

Suspensa ad vitam revocata.

Versuch XXX. Canities ex terrore.

Homo obesissimus.

Sanguis lactei coloris.

Fetus ursinus.

Senex secularis fecundus.

Vena saphena singulo mense sponte aperta.

§. DCCCXCIX. *Petrus* SENAC.

Ita viri ILL. nomen lego in fastis Academiæ Scientiarum, nam alibi JOHANNEM & J. BAPTISTAM video vocari. Vir acris ingenii, chemicus, incisor, celebris clinicus, denique Comes Archiatrorum.

In *Mém. de l'Acad. des Sciences* 1724. primum scripsit de respiratione, de pectoris fabrica, dilatatione, costarum ab utroque ordine musculorum intercostalium elevatione, actione levatarum costarum in retinenda spina, diaphragmatis fabrica, actione. Intervalla costarum inspirantibus increscere. De circulatoribus, qui incudem pectori imponunt, malleumque patiuntur.

In *Hist. de l'Acad.* 1725. agit de submersis. Nihil subire, neque ventriculum, neque pulmonem, ob glottidis angustiam; submersos exstingui ob aerem interceptum.

In *Hist.* 1727. de motubus nonnullis labiorum. In MALOETUM.

In *Mém. de* 1729. diaphragma describit & delineat. Solas partes laterales & posteriores inter inspirandum agere. (Non in bestiis ut certo novi.)

Ej. *l'Acad.* J. B. *l'anatomie de* HEISTER *avec des essais de physique sur l'usage des parties du corps humain* Paris 1724 8.* 1735. 8.* 1753. 3.Vol. 12.* Anglice 1734. 8.* HEISTERI quidem sunt tabulæ, sed maxima pars est physiologica. Vir ILL. multum utitur BOERHAAVIANIS ad institutiones prælectionibus, ut in exemplo secretionum & actionis arteriarum manifesto adparet. Adjicit caput de motibus sympathicis, & icones ex EUSTACHIO, RUYSCHIO aliisque auctoribus bonæ notæ, sumtas. Habet etiam ligamenta vesicæ, & caveam cæcam in mesenterio, quæ possit esse propior urinæ via.

In editione secunda varia nova sunt addita, mutata, & auctori propria. Negat in cochleæ lamina spirali auditum residere. Motum antiperistalticum rejicit.

In ultima editione anonymus aliqua addidit.

JULIEN MORISSON *Lettres sur le choix des saignées* Paris 1730. 12.* Auctor SENACUS est, & libellus SYLVÆ oppositus. Revulsionem & derivationem exigui

gui momenti esse ob exiguitatem vasculorum minimorum & lentorem sanguinis transfluentis. Sanguinem a vulnere & venæ sectione non accelerari. Experimentis factis in tubis ramosis apertis, nihil nisi proxime ad vulnus mutatum fuisse. Dari revulsionem veram sanguinis arteriarum in truncum aortæ revocati.

Idem *Julianus* MORISSON, Medicus in Pictaviensibus, *in Diario Trivultino* 1732. *M. April.* insultat victo & silenti SYLVÆ. Et iste libellus SENACO tribuitur.

EJUSD. *Traité de la structure du cœur, de son action & de ses maladies* Paris 1749. 4. 2. Vol.* Anglice etiam vers. Insigne opus, cujus laudes eo lubentius celebro, quod passim in eo me carptum legam. Neque enim hæc ad posteros descendere cupio, ut vindicias de adversariis sumam, ideo velim eo pervenire, ut posteri æstiment, num æquo fuerim in omnes animo. Plurimum laboris in hoc opere posuit vir ILL. Humores humanos chemicis experimentis exploravit, cordis anatomen de integro molitus est: mediastinum primo dixit, deinde pericardium, cujus duas facit laminas, & vesiculas ei tribuit, porosque. Pericardium corde multo esse amplius. Deinde fibras cordis, quas persecutus est, & novis iconibus expressit: sic valvulas, & vasa cordis propria. MERYI hypothesin refutavit, cum valvula operiendo foramini ovali sufficiat. De glandulosa viscerum fabrica. Cordis longitudinem in systole minui, recte, neque tertiam partem esse mensuram decurtationis. Sanguinem rubrum ad irritandum cor aptiorem esse. De motu cordis in moriente animale, bene. Cor ad pectus adpellere. Pulsum ejus fieri ab arteriis se in rectitudinem restituentibus & ab auricula sinistra. Negat sanguinem in cordis cavitates exhalare. Causam motus cordis in fibrarum irritatione ponit. Arterias a sanguine irritatas multum ad sanguinis motum conferre. Arteriarum anatome, fibræ, mensuræ. De pulsu multa nova. De respiratione. Vasa venosa pulmonis non esse arteriosis minora: Sanguinem negat refrigerari, aut aërem inter pulmones esse & pleuram. Lympham cordis inflammabilem, materiem crustæ pleuriticæ, & sudoris viscerum inflammatorum acescentem, distinguit a muco, a sero, quod inflammabile sit. Globulos sanguinis lentium habere figuram: in iis facta experimenta. Non cogi sex minores globulos in unum majorem. Non dari vasorum minora genera, neque errorem loci. Ab arteriis baseos cranii esse pulsationem cerebri. Cellulas uteri venas esse. Ventriculos cerebri non communicare. Calculos pro metienda cordis potentia positos rejicit, & in universum scriptores refutat, qui ante eum de corde egerunt. Ea omnia mollire destinaverat, si fata novam editionem curare ei permisissent.

In l. *de recondita febrium intermittentium natura* Genev. 1759. 8.* & 1769. 8.* excusa, varia huc faciunt, de causa caloris, de pulsuum numero. Gradus caloris humani adscendere ad 39. usque REAUM. s. 113. grad. FAHRENH.

§. DCCCC. *Johannes* TABOR. *Alii.*

EJUS *Exercitationes medicæ &c.* London 1724. 8.* Jatromathematicus, & tamen STAHLIANUS, a STAHLIO animam corpus suum fabricantem & gubernantem &

& utilitatem admittit motuum, quos mens morbis opponit. De sanguine ejusque globulis. Aerem sanguini admisceri. De proportione sanguinis ad serum. Contra globuli sanguinei in minores globulos discessionem. Cordis fabrica, quam imaginariam recipit, vel ex fibrarum recto ductu convictus. Vim ejus cordis æqualem ponit resistentiæ valvularum. Vesicularum fabricam fibrarum muscularium & cylindros iis subponit. Decurtationem musculorum non recte ex unico musculo æstimat, qui non est verus brachii levator, neque eam decurtationem satis magnam facit. Somnum esse voluntariam remissionem incommodi laboris.

History of Michel SERVETUS *burnd alive at Genera for heresy* Lond. 1724. 4.

Andreæ MURRA *Demonstratio* DEI *ex voce animalium publico examini Kiloniæ subjecta nunc plenius exposita* Hamburg 1724. 8.*

§. DCCCCI. *Varii.*

Petrus GERIKE, Professor Helmstadiensis, *de studio novitatis in anatomia & physiologia* Helmstad. 1724. 4.*

EJ. *De influxu lunæ in corpus humanum* 1724. 4.

EJ. *Corpus humanum admiranda & miseranda machina* Helmstad. 1732. 4.

EJ. *Singularia quædam, de sensibus potissimum externis* 1733. 4.*

EJ. *De valvulis venarum & earum usu* 1733. 4. BURKH.

EJ. *De usu anatomiæ, præsertim theoreticæ* 1735. 4.

EJ. *De anatomes & potissimum practicæ usu* 1736. 4.

EJ. *De antiquissimorum Ægyptiorum anatomia fabulosa* 1735. 4.

EJ. *De circulatione sanguinis* 1739.*

EJ. *De texturæ solidorum in corpore humano diversitate ejusque cognitione necessaria* 1740. 4.

EJ. *Conjecturæ de respiratione fetus in Italia propositæ* 1740. 4.* Contra MAZINUM.

EJ. *De cordis & vasorum proxime ei connexorum situ vero in homine, ejusque ratione* Helmstad. 1741. 4.

EJ. *De insomniis* 1742. 4.*

EJ. *Corpus humanum machina naturalis* 1745. 4.

EJ. *De generatione hominis* 1744. 4.* Aliquæ in corporibus luteis suis prægnantis observationes. Corpora lutea esse exteriorem corticem vesiculæ, cujus pars interior verum est ovum. Partium genitalium utriusque sexus anatome. Auram seminalem in vasa inque cor venire: ipsos vermiculos spermaticos per tubas eo tendere: eos stamina esse ex aere resorbta, & animalium rudimenta.

EJ. *De viis genituræ ad ovarium & conceptum* 1746. 4.* & 8.* *Accesserunt obss.*

obſ. de primis hominibus. Defendit ſe contra diarium *bibl. raiſonn.* T. XXIII. Seminis utique auram per ora abſorbentia uteri recipi, ad ovaria venire, ita duplici via & per tubas & per ſanguinem recipi. Conceptionem fieri, dum aura ovulo unitur.

Chriſtian Gottlieb STENZEL, Profeſſoris Wittebergenſis, acris STAHLIANÆ ſectæ adverſari, περι ευφυιας και αφυιας Witteberg. 1724. 4.* Græce.

EJ. *De lactis ſuccique nutritii præparatione* 1727. 4.*

EJ. *Veſtigia circulationis ſanguinis apud Hippocratem* 1727. 4.

EJ. *De dignitate & actione glandulæ* 1727. 4. VAT.

EJ. Diſſ. *de futuri generatione hominis* 1726. 4. HE.

EJ. *De concepti fetus incremento* 1726. 4.

EJ. *De perfecti embryonis partu* 1727. 4.

EJ. *De ſolidarum & fluidarum partium natura* 1727. 4.

EJ. *De primarum viarum natura & uſu* 1727. 4.

EJ. *De genuina cordis & pulmonis functione* 1727. 4.

EJ. *De præcipuorum abdominis viſcerum, hepatis & lienis officio* 1727. 4.

EJ. *De pancreaticæ glandulæ dignitate & actione* 1727. 4.

EJ. *De tranſpirationis ſenſibilis & inſenſibilis emolumento & detrimento* 1727. 4.

EJ. *De naturali atque præternaturali diaphragmatis & inteſtinorum ſtatu* 1727. 4.

EJ. *De renis mechaniſmo, uſu & morbis* 1727. 4.

EJ. *De genitalium organorum munere & pathematibus* 1727. 4.

EJ. *De veri temperamenti in humano corpore abſentia, hujusque cum intemperie confuſione* 1727. 4.

EJ. *De continentibus & contentis capitis partibus* 1727. 4.

EJ. *Anthropologia ad pathologiam adplicata* 1728. 4.* Diſſertationes in unum opus phyſiologicum collectæ, fere ad BOERHAAVII ſenſum.

EJ. *De glandularum in plurimis viſceribus abſentia ubi ſimul aliæ hypotheſes* STAHLIANÆ *refutantur* 1731. 4.* Adverſus GOHLIUM.

EJUSD. *Medicina theoretico-practica* Lipſ. 1732. 8.

EJ. *De ſignis virginitatis* Witteberg. 1735. 4.

EJ. *De ventriculo imputatorum criminum experte* ib. 1736. 4.

EJ. περι ὑπνου Gedani 1745. 8.* Græce ſcriptus de ſomno liber. Iterum ad BOERHAAVII ſaporem. ADAMUM non dormiiſſe.

EJ. *De lienis humani fatis* Witteberg. 1746. 4.*

EJ. *De anima animalis ſecretionis ignariſſima* Witteb. 1746. 4.

EJ. *De lotio ſanguinis* ib. 1746. 4.

EJ. *De secretione in genere* Witteb. 1746. 4.*, opus puto esse respondentis.

EJ. *De naturæ* STAHLIANÆ *in chirurgia impotentia*, absque anno.*

§. DCCCCII. *Varii.*

Von dem anderthalbjährigen Fasten einer Haderslebischen Jungfer Hall. 1724. 8. Cum DOEBELII similis argumenti libello.

Geheimnisse der Jungferschaft, ob selbige corrumpirt seye oder nicht Erfurt 1724. 8.

John MAUBRAY *the female physician* Lond. 1724. 8.* describit etiam fabricam partium; & de tempore animationis quærit.

LAFFITEAU *histoire des Sauvages* Paris 1724. 4. 2.Vol. passim aliqua huc pertinentia habet, & de astragalo dissertationem.

In *Francisci* VALENTYN *Oostindien* Amsterdam 1724. fol. 4. Vol. aliqua huc faciunt, ut de ave granivora *jaarvogel* vesicula fellis carente, deque aliis animalibus. De *Kakerlaken* hominum gente, ingrate albi coloris, capillis flavis, cute squamosa, iisdem noctambulis, oculis interdiu nictantibus, veris indigenis, & ex nigris hominibus nascentibus, morbosis, ut videtur.

J. Ferdinandi GUILIELMINI *de recto morbosorum cadaverum judicio* Bonon. 1724. 4.

EJ. *De claris Bononiæ anatomicis* ib. 1735. 4.

J. Baptista FELICE in *Giorn. de letterati* 1724. describit organum cantus cicadarum, & cartilagines, quæ a certis musculis sublatæ & depressæ eum sonum efficiunt.

EJ. *Dissertazioni epistoliche teoretico pratiche* Venez. 1748. 8.* BOERHAAVIUM ejusque discipulos legit. Diss. II. est de fetus generatione, & partu: III. de clausione foraminis ovalis, nutritione, incremento. Reliquæ fere practicæ.

Eodem anno FLAMINIUS PINELLI describit partum, post aliquot annos ex ulcere editum, & fetum ventribus nudis apertisque.

J. POLENI *Epistolæ ad G.* GRANDI, *quarum altera est de causa motus musculorum* Patav. 1724. 8.* Experimento facto cum catenis fibras musculares imitantibus confirmatos esse BERNOULLII de elevatis ponderibus calculos. Dilatato musculo ad angulum graduum 13. 18. elevationem esse = 1796: dilatato ad gradus 25. 18, elevationem esse = 6438, quare elevationes ponderum pro multo majori crescere portione, quam musculorum dilatationes. Recusa est in *epistolarum mathematicarum fasciculo* Padua 1729. 4.*

§. DCCCCIII. *Disputationes.*

Hieronymi LUDOLF, Chemici, *de lacte* Erford. 1724. 4.*

EJ. *De sudore naturali, non naturali & præternaturali* Erford. 1724. 4. lego etiam annum 1735. 4. B. BURKH. & 1722. HELLER. *cat.*

EJ.

Ej. *De funiculo umbilicali in homine longiore præ brutis* Erford. 1724. 4.

Ej. *De plica* ib. 1724. 4.

Ej. *De incommoda placentæ a fundo uteri aberratione* ib. 1757. 4.

Ej. *De usu lactis medico* ib. 1735. 4.

Ej. *De articulatione maxillæ inferioris cum osse temporum* 1749. 4.*

J. Jac. GEELHAUSEN *de alimentorum in ventriculo transmutatione seu trituratione* Prag. 1724. 4. B. BOEHMER.

Ej. *De pulmonibus neonatorum aquæ supernatantibus, aut in ea subsidentibus &c.* Prag. 1728. 4.* Contra robur experimenti: posse pulmonem suppuratum subsidere, natare eundem, cui aër inflatus fuerit.

J. Frid. WUCHERER *de harmonia mentis & corporis humani præstabilita stabilimento orbata* Jen. 1724. 4. duæ Dispp. B. BURCKH.

J. Andr. HEIMBURGER *de stupendo naturæ mysterio, anima humana sibi ignota* Witteberg. 1724. 4.

Sigism. Christ. KLOSE *de anima humana* Witteberg. 1724. 4.

Eberhard Jacob WACHENDORF *de natura solidorum & fluidorum, eorumque mutua actione in variis ætatibus* Utrecht 1724. 4.*

In *Comm. Litt. Nor.* 1740. IDEM vir Cl. in h. 18. membranæ pupillaris descriptionem primus dedit. In collectione mea *Ep.* T. III. n. 413. celebris est illa epistola, in qua ob inventam membranam pupillarem de ALBINO queritur.

B. BOUDON *Diss. medica de spiraculis cutaneis & eorum excretis in genere* Hardervic. 1724. 4.

Samuel BATTIER *positiones anatomicæ* Basil. 1724. 4. A dextra aure surda, sinistra paralytica facta. Contra commeatum reciprocum inter duas cordis fetus auriculas. Non puto esse eumdem cum viro cognomine p. 745.

Cromwell MORTIMER *de ingressu humorum in corpus humanum* Leid. 1724. 4.* & in *meis selectis.* Resorbtionem venosam per experimenta collecta confirmat.

IDEM *Philos. Trans.* n. 415. anastomoses arteriarum spermaticarum cum venis delineat.

IDEM ib. n. 430. Anatome castoris feminæ, cum saccis castorei, & glandulis eo pertinentibus.

IDEM Londini a. 1743. 4. edidit libellum, de polyporum per vulnera renascentium mira facultate, nuper detecta.

IDEM n. 477. egit de calore animali ex motu putredinoso & intestino orto.

EJUSDEM n. 486. homo bilinguis. Alteram linguam sponte evanuisse.

Martini CANISII Disp. *de ventriculo* Leid. 1724. 4.

Jac. Henric. CROESER *de hominis primo ortu* Groning. 1724. 4. Oratio.

EJ. *Diss.*, *qua sanguinis per foramen ovale trajectus indicatur*, & *membranæ ejus foraminis ante partum nullum esse usum; post nativitatem vero claudere id foramen* ib. 1735. 4.*

Quæ ad litem de pulmone natante & submerso pertinent, conjuncta reliqui cum reliquis eo facientibus, ad a. 1739. dictis.

J. Jac. STEINBRÜCHEL *de morte* Basil. 1724. 4. LEUW.

Lud. Hieron. COSNIER & *Paul. Jac.* MALOUIN, *Non ergo fetus in utero suctione nutritur* Paris. 1724. 4.

Ludov. Joh. le THUILLIER & *Bernard de* JUSSIEU *Ergo a systematis medicina certior* Paris. 1724. 4.*

Petri QUARIN *de temperamentis* Vienn. 1724. 4. B. BURKH.

EJ. *De cute* ib. 1734. 4.

EJ. *De structura organorum sensibus externis dicatorum* ib. 1734. 4.*

EJ. *De sanguine ex phlebotomia extracto* ib. 1735. 4.*

EJ. *De bile* ib. 1744. 4.

EJ. *De viribus corporis humani* ib. 1745. 4.*

EJ. *De sero sanguinis & liquidis lymphaticis eo tenuioribus, qui vasis lymphaticis in circulum moventur* ib. 1745. 4.*

EJ. *De natura sanguinis* ib. 1745. 4.*

EJ. *De urina* ib. 1745. 4.*

EJ. *De visu* ib. 1745. 4.*

EJ. *De fermentis & fermentatione in homine* ib. 1747. 4.*

§. DCCCCIV. *Diaria anni 1725.*

In *Phil. Trans.* n. 386. *Johannes* RANBY, Chirurgus Regis primarius, ad anatomen struthiocameli. Utique duos habere ventriculos, nullam vesiculam fellis, ductum hepaticum in duodenum insertum. Musculi a costis in diaphragma euntes.

N. 387. EJ. de ductu VALSALVIANO. Pro arteriola habet, certe ex conjectura.

N. 395. Arteriæ spermaticæ minores pro re nova, quas habet pro ductu excretorio VALSALVÆ.

N. 401. Viperæ caudisonæ organum lethiferum: glandula, ductus inconspicuus: vagina dentis glandulosa, dens cavus superne & inferne apertus. Vis animalis subito funesta.

N. 387. *Paulus* DUDLEY de Caschilloch, ceto in quo sperma ceti, & in vesica urinaria ambra grisea.

Lien

Lien in puero bilibris.

N. 413. Iterum de inteſtinis & eorum valvulis in ſtruthio camelo.

In *Stephani* HALES *haemaſtatiks* deſcribitur RANBYI materia pro injectione vulgari, ex una parte reſinæ, tantumdem ceræ, & quatuor partibus vernicis terebinthinati compoſita.

In *Hiſt. de l'Acad. des Sciences* 1725. reperitur compendium aliquot diſſertationum *Abb. de* FONTENU, qui & ipſe varietatem quotidianam ſtaturæ humanæ vidit, & vertebris acceptam retulit: tantum ut a paſtu eamdem aliquantum augeri adnotaverit.

In *Actis Litterariis Suecicis* anni 1725. *Baſilius* TATISCHEW aliqua habet de oſſibus Mamouth, quorum animal nondum putat innotuiſſe.

Magnus BROMEL, Archiater, cerebrum bubulum oſſeum ſatis probabile deſcribit.

Et ſceleton fetus, cui galea cranii deficiebat.

In *Breslauer Sammlungen Verſuch* XXXI. Nuclei ceraſorum per tres annos in ventriculo retenti.

Lepus dentibus caninis prolixiſſimis.

Columba biceps.

De cauſa delapſus cornuum cervi. Sanguis per cutem exſiliens in ſene.

Verſuch XXXII. manubus deſtitutus variis pedum ope officiis defungens.

Verſuch XXXIII. immenſa ſternutatio ex odore carbonum foſſilium.

De molis.

De Vampyris.

De longæva, fuſe.

De exiguo robore ECKENBERGI.

Verſuch XXXIV. ſuperfetationis exemplum, nempe duo perfecti pueri intra 20. hebdomadem partu editi.

Ex matre 52ria puer.

Fetus hydrocephalicus.

Somnambulus diurnus deſcriptus.

De puero Hamelenſi in ſolitudine educato.

Rejuvenaſcens vetula, novis pilis & dentibus.

Sperma ceti ex tota pinguedine Ceti Caſchilloch parari.

Ibid. Menſe Octobri de tritone narratio.

In *Act. Erud. Lipſ.* 1725. Anonymus Italus monet, MORGAGNO dictos eſſe ductus glandularum ſublingualium, quos ſibi tribuit WALTHERUS, etiam teſtibus productis.

Alius

Alius Anonymus WALTHERUM tuetur, & negat, eosdem esse utrosque ductus.

§. DCCCCV. *Gerardus v.* SWIETEN.

Belga, Archiatrorum Cæsareorum Comes, mecum BOERHAAVII discipulus, quem virum ipse constanti animo per plurimos annos audivit, utilis hinc magni viri commentator, & celebris clinicus. EJ. Diss. inauguralis *de arteriæ fabrica & efficacia in corpore humano* Leid. 1725. 4.*

EJ. *Commentaria in H.* BOERHAAVII *aphorismos de cognoscendis & curandis morbis* Tom. I. Leid. 1742. 4.* Tom. II. 1745. 4.* Tom. III. 1753. 4.* Tom. IV. 1764. 4.* Tom. V. 1772. 4.* Etsi scopus fere clinicus est, non potuit tamen undique a rebus physiologicis & anatomicis vir Cl. abstinere. BOERHAAVII placita fere ubique sequitur, ejusque prælectiones cum iis, quæ propria habet, ita miscet, ut quid præceptoris sit, quid SWIETENII, non possis distinguere. Partes etiam corporis animalis LIEBERKUHNIANA arte præparatas speculatus, in pulmone negat duos lobos communicare, aut communem arteriam habere, in exemplo. Menses de cute sudantes. Ossa pubis in partu discessisse. Lacteum quid ex placenta in ovum transire. Vasa lactifera mammæ describit, in anatomicis fontibus usus, quos putabat optimos. De respiratione præceptorum defendit, & in diaphragmatis actione. Partium genitalium aliquam dat historiam.

Contra superstitionem Vampyrorum scripsit, quem libellum non vidi, titulus est *Considerazione intorno alla pretensa magia postuma presentata al supremo direttorio di Vienna* Roveredo 1756. 8. Germanice *Discurs von den Gespenstern, nebst einem Anhange vom Vampirismus* Augspurg 1767. 4.

§. DCCCCVI. *Hieronymus David* GAUBIUS,

BOERHAAVII discipulus, & successor, vir egregie doctus, chemicus potissimum & clinicus, cautus vir, & in recipiendis opinionibus difficilis. EJUS *idea generalis solidarum corporis humani partium* diss. est inauguralis Leid. 1725. 4.*

EJUS *Sermo de regimine mentis, quod medicorum est* Leid. 1747. 4.* Plus in animam hominis corpus posse, quam in corpus animam; Neque eam motus involuntarios producere. Fabulam esse, quam dicunt harmoniam præstabilitam. Voluntarios etiam motus subinde absque animæ imperio nasci. Ingenii acumen a corpore esse.

EJ. *Sermo Academicus alter de regimine &c.* Leid. 1763. 4.* De mente perturbata, & ejus in suum corpus potestate. Effectus dirissimi adfectuum animi: morsus irati hominis hydrophobiæ causa. Ex terrore subitæ mortes. Benefica potestas lætitiæ & adfectuum gratorum. Benigna vis sitis, nauseæ, famis. Delirium terrore suppressum. Videri in homine & mentem esse, & aliud ens, sedem adfectuum animi. Multa voluntati tribuit, etiam respirationem primam, aversationem carnis in morbis, & desiderium refrigerii & acoris.

EJUSD.

Ejusd. *Institutiones pathologiae* Leidae 1758. 8.* & 1763. 8.* Passim etiam physiologiam adtingit, ut de nervorum adfectionibus. Passiones animi mistam habere naturam, ex ea, quae corpori propria est, & ea quae cum mente communis. Irritabilitas propria est corpori animali. Eum universis animalis partibus tribuit. Cum irritatione conjungit sensum quemdam fibrae. Irritabilitas non est ab anima, ab ea tamen robur accipit. Non residet in glutine, neque in solido elemento. Sanguinem nulla dilutione flavescere. Globulos sanguinis ut olei moleculas esse, quae sint divisibiles. Pro sanguinis fibris. Pro plethora. In nervis teneriorem irritabilitatem habitare. De lite cum Stahlianis ambigit. Physiologiam necessarium praestare pathologiae fundamentum.

Nova editio parum differt.

In discipulorum Disputationibus experimenta passim summi viri utuntur, ad bilem in Vilscheri cholopejosi, in ten Haaffio de bile cystica.

§. DCCCCVII. *J. Philippus* Burggrav,

Clinicus Francofurtensis, vir eruditus & olim amicus noster,

Cum *J. David* Gohlio & *A. O.* Goelicke juvenis litem aluit, quod spiritus animales contra eos tueretur. Eo pertinent *de exsistentia spirituum nervosorum* Diss. Francof. 1725. 4.* Goelickio opposita & reliquis uberior; & *Vertheidigung von der Würklichkeit der Nervengeister* ib. 1727. 4.* contra J. D. Gohlium: & *spiritus nervorum immeritus exsul restitutus*, contra Goelickium ib. 1729. 4.*

Ej. *Notae in* Conringium *de habitu Germanorum ejusque causis* Francofurt. 1725. 8.* Causas, quae antiquorum Germanorum habitum produxerint, novumque, ex physiologia & anatome repetit. Fabricam corporis humani ad Boerhaavii sensum proponit, ut fiat ex vasis, haec ex nervis, isti ex fibris; inde humorum censum init. De proceritate: favet gigantibus, patagonum exemplo motus. Sordes cutis ex lacunis Boerhaavianis & earum inspissato oleo nasci.

Ejusd. *Lexici medici universalis* T. I., *quo literae A. B. continentur* Francof. 1733. fol.* Anatome recentior per suos titulos distribuitur, etiam cum iconibus.

Ej. *Bedenken von dem Geschäfte der Erzeugung* Francof. 1737. 4.* Vermiculos tuetur contra ovariorum fautores. Fetus & ova praegnantia recenset, & exemplum, in quo alius praeter uterum mali fomes fuit. Monstra coalitu nata.

Ej. *De aëre aquis & locis urbis Francofurtanae ad Moenum. Disquisitio de origine & indole animalium spermaticorum* Francof. 1751. 8.* In historia urbis patriae aliqua huc faciunt, de fastis natalitiis & emortualibus, de mensibus, quibus nativitates sunt uberiores &c. In altero libello Auctor fetus aliquos describit. Recte monet, embryonem tenerrimum nondum infantem esse, sed ea habere, quae in fetum possint adolescere. Ejusmodi etiam putat vermiculum esse, non hominem, sed qui in hominem convalescere possit. Eos vermiculos in testiculo ex materia viscida formari.

In

In *Breslauer Sammlungen* IDEM *Versuch* XXXVII. de placenta orificio uteri adnata.

In *Act. Nat. Cur. Vol.* IV. *obs.* 127., uteri cavum membrana vasculosa obductum.

In *Vol.* V. *obs.* 29. ovulum humanum.

In *Vol.* X. *obs.* 38. cibi & uvæ baccæ per urinam, tum pruna.

Obs. 39. cor anevrysmaticum in dextris micans.

Nov. Act. Nat. Cur. Vol. I. *obs.* 78. cutis capitis capillari evulsa & restituta.

In epistolis ad me datis inque T. I. varia habet anatomica.

§. DCCCCVIII. *Georgius* MARTINE,

Jatromathematicus. EJUS *de alterno thoracis & pulmonis motu* reperitur in *Ess. of a society at Edimburg* T. I. Non putat causam hactenus detectam esse.

In T. II. multa ad sanguinis theoriam, globulos variorum ordinum accurate dimensos; analysin.

A vinculo nervo recurrenti injecto in cane mutitas, & mors per languorem. Hæc Diss. aucta redit in editione IV. horum *tentaminum.*

In T. III. de arteriosi systematis divisionibus, & productione caloris animalis.

In T. V. p. 2. Nullas esse anastomoses arteriarum spermaticarum cum venis, & quæ putantur in iconibus EUSTACHII exprimi, eas esse venas in membranas arteriarum, aut arterias in venarum membranas divisas.

EJUSD. *De similibus animalibus & animalium calore* l. 2. London 1742. 8.* In priori libro agit de diametris, velocitatibus, viribus motricibus arteriarum, musculorum correspondentium, quæ fere omnia pendent ex theoremate, corpora similia esse in ratione tuborum suarum longitudinum similium. Inde aliqua sequuntur ad comparandas velocitatis humorum similium in diversis animalibus.

Calorem deducit a celeritate & frictione, quam majoris aliquanto facit, quam BOERHAAVIUS, & in aëre nostro majorem nostro calorem tolerari fatetur. Facit autem calores ut celeritates, has ut frictiones, hinc eamdem sanguinis in omnibus corporis partibus velocitatem. Arteriarum mensuras dat, ex EUSTACHIO desumtas.

EJ. *Medical and philosophical essays* London 1740. 8.* Quinque sunt tentamina. Quintum huc solum pertinet, quo de calore agit; de eo, quem corpus nostrum in aere ferre potest: de calore manus humanæ, & aliquanto majori calore sanguinis. Calores majores quadrupedum, & etiam majores avium aliqui tamen piscium. Passim in BOERHAAVIUM. Quæ de calore habet, bis Gallice excusa sunt Diss. *sur la chaleur, avec des observations sur la construction & la comparaison des thermometres* Paris 1751. 12.

Et

Et *essai sur la construction & la comparaison des thermometres, sur la communication de la chaleur &c.* Paris 1751. 12.

Ej. in EUSTACHII *tabulas anatomicas commentaria* Edimb. 1755. 8.*, edente *Alexandro* MONROO. Scriptum fuisse addit Editor a. 1729, dudum ante infelicem in novam Carthaginem expeditionem, in qua noster occubuit. Finis præcipuus est definire, quis scopus fuerit EUSTACHII in quaque icone, & quid potissimum voluerit expressum. Accurate igitur coætaneos & aliquanto antiquiores authores legit, ut omnino ad historiam accuratiorem anatomes pertineat. COLUMBUM spernit. EUSTACHII vita. Tabularum proportiones ad juvenile corpus factas esse. Ad singulas tabulas adnotationes. EUSTACHII inventa in situ ventriculi, glandulis intestinorum, adhæsione hepatis ad transversum septum. Vestigia vasorum lymphaticorum, ortus glandis penis ex corpore cavernoso urethræ. Contra anastomoses arteriarum spermaticarum cum venis. Nullas EUSTACHIUM vaginæ glandulas voluisse, sed angustiores utique uteri ad tubas quasi appendices. Bronchiales glandulas invenisse, & aortæ arcum, anulosque cordis venosos; velum impositum glandulæ pineali; chordam tympani. Carotidis aliquam cum vena temporali posteriori anastomosin male admisisse. BIANCHI interpretationem vasorum hepaticorum undique erroneam esse. Bene manus musculos ab EUSTACHIO exprimi. Vidit etiam nervi optici arctatum in transitu per scleroticam tunicam conum. Non connasci cartilagines costarum, sed cellulosa tela uniri. De musculo semispinali vero EUSTACHIANO, quem COWPERUS cum transversario confuderit.

Verum jam a. 1725. 4.* dederat Leidæ Diss. *de fluxu menstruali & morbis virginum.*

§. DCCCCIX. *Johannes de* GORTER.

Fidus & ipse BOERHAAVII discipulus, aliquamdiu in Russia archiater, multa scripsit, quibus fere commune est, ut generalia doceantur, peculiares adnotationes parcius intercedant.

Ejus l. *de perspiratione* SANCTORIANA *insensibili* London 1725. 4.*, prodiit recusus a. 1726. 4.* Patavii 1755. Commentarius fere in SANCTORIUM, cum adjectis KEILII, etiam suis observationibus, his utique parcis. Adjicit de urina deque motu musculari tractationem. Ubique PRÆCEPTOREM sequitur, qui honorificam præfationem præmisit.

Altera editio multo copiosior est. A BOERHAAVIO dissentit in succo nerveo, quem duplicem facit, externum involucri nervei, internum fistulæ. In somno vires vitales augeri contra SANCTORIUM negat. Noctu & in frigore plus putat perspirari.

EJUSD. *De secretione humorum ex sanguine, ex solidorum fabrica præcipue & humorum indole demonstrata* Leid. 1727. 4.* Theoria BOERHAAVIANA a decrescentibus vasorum ordinibus, & decrescentibus pariter globulis sumta.

Y   Ej. *Me-*

EJ. *Medicinæ compendium in usum exercitationis domesticæ digestum* P. I. Leid. 1731. 4.* P. II. ibid. 1731. 4.* Francofurt. 1749. 4. Vindobon. 1759. 4. Anatome etiam cum physiologia & pathologia conjungitur. Ipsa elementa adgreditur, & BOERHAAVIANAM fibrarum intestinorum telam, & BELLINIANAS flexarum fibrarum figuras, & similia.

EJUSD. *Exercitationes medicæ quatuor* Amsterdam 1737. 4.* In prima *de motu vitali* contra BOERHAAVIUM. Defendit in quaque fibra contractionem esse insitam, oppositam actioni musculari, & cum ea alterne agentem, unde perpetuum mobile corporis humani nascatur. II. *De somno.* Contra BOERHAAVIUM & animales actiones & vitales in somno languere; causam somni esse spirituum inopiam. III. IV. *De fame & siti.* Sensus esse peculiares, deficientis chyli sensum, aut humidi faucium irrorantis absentis. De siti practice & utiliter.

EJ. In *Chirurgia repurgata* Leid. 1742. 4.* Ossa, periosteum & aliæ partes describuntur, de quarum morbis quærit. Ossium analysis chemica. De membrana adventitia tympani sonos suffocante.

EJ. *Exercitatio medica quinta de actione viventium particulari* Amsterdam 1748. 4.* Propriam cuique parti corporis animalis facultatem esse, qua suo officio defungatur, diversam ab omni alia vi motrice. Ad eam pertinere motum peristalticum, respirationem, secretiones varias, vim propriam placentæ, quæ sanguinem in fetum maternum impellit. Eam vim ab irritabilitate separat; etiam a vi vitali, qua superstite vis propria possit exstingui. Cordis robur solum ad motum sanguinis producendo non sufficere.

EJ. *De præparatione urinæ in renibus* Hardervic. 1741. 4.

EJ. Diss. *de motu pinguedinis* Hardervic. 1742. 4.*

EJ. *De pulmone natante aut submerso Uytgeleezene aanmerk.* T. III. Num ex eo signo de vita morteve fetus aliquid certi definiri possit. Id noster negat.

§. DCCCCX. *Thomas* MORGAN.

Religionis osor, iatromathematicus, vir acris & minime sibi diffidens, anatomes tamen parum gnarus, neque interioris physiologiæ, PITCARNIANUS. Ejus *philosophical principles of medicine* Lond. 1725. 8.* 1728. 8. 1730. 8., quæ editio plenior est. Adtractionem atmosphæræ recipit, quæ intime in humoribus nostris habitantem aërem modo diminuta pressionem rarefaciat, modo eadem aucta comprimat. Motus muscularis ab elatere fibrarum pendet, quæ nerveis fibris, veris vasis sanguineis, circumplicantur. Deinde rationem celeritatis sanguinis KEILIANAM imitatur, quæ pendet a canalis arteriosi dilatatione, ut omnino ab auctis luminibus retardetur. Secretionem ab adtractione particularum in vasculis minimis fieri, ubi calor & impulsio minor est. In somno circuitum sanguinis accelerari. Dari peculiares ad vesicam urinariam vias. Somnum esse voluntatis effectum. De adfectibus animi &c. Timorem a metu separat. Ossium analysis.

EJUSD.

EJUSD. *Mechanical practic of physik* Lond. 1731. 8.* Contra JURINUM. Celeritatem in latescentibus arteriis minui, in venis per eamdem causam renasci. BOERHAAVIUM & BELLINUM de motu musculari refutat. Nervos cellulosa natura plenos sumit. Non vult menses a plethora esse. In ROBINSONI animalem œconomiam.

§. DCCCCXI. *Varii.*

Johannis Francisci van LEEMPOEL *Anatomes origo & progressus* Leid. 1725. 4.* Ad VESALIUM usque. DOUGLASSIUM fere exscripsit, inde mera fere nomina dedit, eaque sæpe fictitia & imaginaria. Temporum rationes ubique confundit, spuria & supposititia scripta pro veris admittit.

Jo. ARNZENII Diss. *de colore & tinctura comarum* Utrecht 1725. 8. literator.

Thomæ KNIGTH *essay of the transmutation of blood* London 1725. 8.* *A vindication of a late essay on the transmutation of blood, and the digestion* London 1731. 8.* Solam causam digestionis esse aerem internum, qui omnium corporum vinculum sit, & connexas particulas dimoveat, dum se extendit.

In *Phil. Transf.* n. 460. de pilis per urinam egestis.

IDEM in *reflexions upon Catholicons, or universal medicines* 1749. 8.* agit etiam de calore animali & de luminosis corporis humani emanationibus. Verum ignem in venis nostris fervere docet: in cerebro vero lympham generari, quæ eum ardorem temperet.

In *Fulvii* GHERLI *Centuria* II. *di rare osservazioni di medicina e di chirurgia* Venet. 1725. 8.* aliqua ova humana dicuntur.

Rob. WELSTED *de ætate adulta* Lond. 1725. 8.*

EJ. *De ætate vergente* ib. 1726. 8.*

J. Ignatii MAYER *collegia anatomico practica ad præsentiam cadaveris virilis secti a.* 1724. Prag. 1725. 4. Nihil proprii.

IDEM in *Comm. Litt. Nov.* 1731. *Spec.* XXX. de utero osseo, & de pilis in utero.

Bernard MOURIK *naamroll der chirurgice en natuerkondige schryvers* Amsterdam 1725. 4.* Locorum ad anatomen facientium indicatio.

Em. Leop. BEHM *de novissimo ingenii præcocis exemplo Christ. Heinr.* HEINECKE Lübek 1725. 4.

VIGNEUL MARVILLE (veri nominis d'ARGONNE Cartusiani) *Melanges d'histoire & de litterature* Paris 1725. 3. Vol. cujus prior minus plena editio sub initia seculi prodiit. In magna rerum varietate aliqua parte anatomen adtigit, de homine suturis & de simio ossiculis auditus destituto. T. II. Ad vitam PECQUETI. Dentes repositos non comprehendere. Cur homo non natet. Experimenta microscopica fabulosa.

L. C. de LUDWIG *neuentdeckte Heimlichkeiten des Frauenzimmers* Frankfurt und Leipzig 1725. 8. 3. partes.

Josephi Antonii PUJATI *dissertazioni fisiche* Venez. 1725. 4. Inter eas est de voce & de ejus formatione & morbis.

EJUSD. *De morbo Naroniano tractatus* Feltri 1747. 4.* Longa digressione aëris in pulmone ad sanguinem accessum defendit. Sanguinem in pulmone dissolvi.

In l. *de victu febricitantium* Padova 1758. 4.* Vasa minora derivat ex rubris, absque multiplici vasculorum intermediorum serie.

Christiani Polycarpi LEPORINI *Bericht vom Leben und Schriften Laurentii* HEISTERI Quedlinburg 1725. 4.* Cum operum Cl. viri recensione & inventorum.

EJ. *Erörterung einiger die zurückgebliebene Nachgeburt betreffender Fragen* RUYSCHEN *entgegengesetzt* Quedlinburg 1729. 4.* Periculosum esse placentam in utero relinquere. De causis adhærentis placentæ.

Richardi HALE *oratio anniversaria Harvejana* Leid. 1725. 4. An ejusd. p. 10.

J. Henr. HERLIN *Balsamirte Maani acc. wie die balsamische Concreta vor Corruption zu bewahren* Chemnitz 1725. 8. TR.

§. DCCCCXII. *J. Georgius* DUVERNOY,

Montisbeligardi natus, Præceptor meus in anatome primus. Etsi pressus adversa fortuna neque humana cadavera habebat, quæ incideret, neque per fortunæ angustias librorum copiam poterat sibi curare, diligentiam equidem summam his impedimentis opposuit, neque tamen potuit eam adquirere rerum ab aliis dictarum notitiam, qua a paradoxis opinionibus avocaretur.

De ductu salivali COSCHWIZIANO, me respondente, valde tunc ephebo Tubing. 1725. 4.* & in *collectione nostra.* In canibus & equis & aliis animalibus inquirendo reperit, venas esse, quæ COSCHWIZIUS vidisset; ex communibus etiam dotibus ductuum excretoriorum ostendit, non eam ejus ductus naturam esse, ut possit pro excretorio haberi.

In *Comm. Acad. Imper. Petropol.* T. I. describuntur vasa lactea ab ipsis intestinis orta, exque eorum conniventibus valvulis, toto cum systemate vasorum lymphaticorum abdominalium in usque venam subclaviam. Duplicem ordinem eorum vasorum, chylosorum & lymphaticorum, intestinalem & mesentericum recte distinguit. Vasa lactea secunda quinque. Duplex receptaculum chyli, duplex ductus thoracicus. Cisterna vesiculis seminalibus comparata. Fasciæ musculares tres, ductui thoracico adplicatæ.

In alio *commentario* agit de varietate venarum chyli in animalibus. Elephanto nulla esse vasa lactea. Venæ lacteæ catopardi, phocæ.

In T. II. a. 1727. cordis elephanti anatomen dat. Glandulæ, quas putat esse

esse in facie ventriculorum interiori. Injectum liquorem exploratum non exsudare in id cavum.

Ib. penis elephantini anatome & splendida figura: Venae internae ad cribrosum modum perforatae; erectio non musculis, sed venis tributa, quae per cancellos nerveos transeunt.

In Tom. III. duos partus monstrosos accurate descripsit, bicorporeum alterum capite unico, alterum corpore unico bicipitem.

In Tom. IV. a. 1729. agit de sinubus, nempe ventriculis, cerebri & pede hippocampi spirali, cornu ventriculi posteriori & superiori.

Venas breves tamen perforatas esse. Lien cellulosus, ne in elephanto quidem glandulosus. Ejus molem alternis vicibus augeri & subsidere, forte a ventriculi pressu.

De ventriculo & intestinis. In illo reticulatum opus quadrangulare. De valvulis intestinorum, a villosa tunica factis.

In Tomo V. a. 1729. de glandulis renalibus, earum succo; esse diverticula sanguinis in fetu, ne nimis ubertim renes adeat.

De aere sub extima & sub intima tunica intestinorum viso. Anatome muris volantis Russici.

In Tomo VI. de puero mutilato brachiis, eorumque accurata anatome.

De dorsi spina ab aorta deformata.

In Tomo VII. qui respondet annis 1734. 1735. de thymo, cujus caveam admittit. De adpendice vere cava ex glandula thyreoidea adscendente. De fabrica ventriculi, ejusque cellulosis telis & retibus vasculosis. De petiolo epiglottidis ejusque sulcis & glandulis: de cellulis majorum cartilaginum laryngis.

In Tomo XIII. Iterum de renibus succenturiatis. Vascula ex adiposa tunica pulchro ordine in eos subeuntia. Venae in eorum cavea undique perforatae. Canalem in cavea putat se detexisse. De minoribus renibus succenturiatis (nempe gangliis nervosis circa eam sedem frequentibus.

Tom. XIV. de erinacei anatome, & potissimum de vesiculis mammarum.

Et demum de novis renibus succenturiatis.

§. DCCCCXIII. *Disputationes.*

ALEXANDRI CAMERARII, RUDOLFI JACOBI fil. *de efficacia animi pathematum in negotio sanitatis & morborum* Tubing. 1725. 4.

Ej. *Sorbendi actus, modus, usus que multiplex* ib. 1736. 4.*

In *Eph. Nat. Cur. Vol.* III. *obs.* 119. Oedipum describit.

J. Georgii GMELIN, celebris botanici, olim amici nostri, *de actione glandularum mesentericarum retardante* Tubing. 1725. 4.* praeside J. G. DUVERNOY.

In T. II. *Act. Acad. Petrop.* aliqua animalia descripsit, cum anatome, murem moschatum, rupicapram cornubus arietinis moschiferam, moschiferum potissimum animal, cui mirifica penis est fabrica.

Ej. *De viis urinæ ordinariis & extraordinariis* Tubing. 1753. 4.*

Ej. *Singulare anthropogeniæ specimen.* 1753. 4.

Ej. *De tactu pulsus certo in morbis criterio.* 1753. 4.

In *Epist.* 281. ad me defendit, verum ex lacte acido equarum spiritum ardentem obtineri, cui paucum frumentum addant.

Leonhardi BOHNEK *de varietate in formis animalium externis, tamquam indice exsistentiæ divinæ* Altdorf. 1525. 4.

J. Christian HEBENSTREIT *de corporis humani machina divinæ sapientiæ ac prudentiæ teste* Lipf. 1725. 4.

Georg. VOLCMAR HARTMANN *de commercio corporis cum anima secundam diversas philosophorum hypotheses* Erford. 1725. 4.

Ej. *Epistola de bruto ex homine* ib. 1733. 4. *, cum iconibus fabulosis.

Ej. *Schediasma apologeticum, quo sententia* STAHLII *de natura humana in epistolis de bruto ex homine defensa confirmatur, ut* STENZELII *dubiis satisfiat* 1735. 4.*

J. Gottlieb BAUER *de nervis eorumque in corpore humano præstantia* Lipsiæ 1725. 4.*

Ej. *De causa fecunditatis gentis circumcisæ* ib. 1734. 4.

Ej. *De molis intestinorum* ib. 1747. 4.

Anton. Wilhelm. PLAZ *de corpore humano machina divinæ sapientiæ ac providentiæ teste* Lipf. 1725. 4. LEHMAN.

Christoph. Joachim WOLFAHRT *de fetu monstroso duplici; & de pulmonum aquæ injectorum & submersorum experimento* Marburg. 1725. 4.*: Fetus prior unicorporeus biceps. Alter biceps & quadrimanus, visceribus plerisque duplicatis. Pro experimento pulmonum.

Abraham PETERSON *de nausea & vomitu* Erfordiæ 1725. 4.

J. A. FISCHER & auctor *Gottfried* FRAUSCHKE, *succincta sexus potioris spermatologia* ib. 1725. 4.

Joachim BECKENDORF *de signis virginitatis* Franeker. 1725. 4.*

Gideon WELLS *de vomitu* Leid. 1725. 4. HAENEL.

Guilielmi ROELL *de ventriculi fabrica & actione musculari* ib. 1725. 4.

Petri KIRCHHOF *de mentis & animæ humanæ consensu & dissensu* Leidæ 1725. 4.*

Godofredi de BOIS *de sono & auditu* ib. 1725. 4.* Eruditi viri, amici nostri.

A. P. BURS *de nausea & vomitu* Utrecht 1725. 4. HAENEL.

Ignatii SCHWARTZ *Sol Peripateticus nostri temporis* Friburg. Brisg. 1726. 4. Altera pars est de microcosmo.

J. Georgii BETZOLD *de cholelitho* Argent. 1725. 4.*

Henrici Alberti NICOLAI *Decas observationum anatomicarum* Argent. 1725. 4.* Duæ fontanellæ minores. Pro foramine membranæ tympani experimentum: Os sesamoideum inter trapezium os carpi & maximum.

EJ. *De directione vasorum* ib. 1725. 4.* Discipuli WINSLOWIANI docta disputatio in *nostris selectis* recusa. Vasorum corporis humani descriptionem & physiologiam minime eo tempore malam continet. Mensuram utriusque cordis ventriculi dat.

In *Comm. Litt. Nor.* 1733. observationes recenset anatomicas in musculis, liene 15. librarum, lingula de ostio uteri eminente, ductu chylifero, cisterna maxima.

Antonii Emanuel ROSSET *de visu* Basil. 1725. 4.*

J. Adam KUNST *de quibusdam hepatis morbis* Basil. 1725. 4.* Ligamentum ab œsophago in hepar euns. Arteria hepatica nata ex mesenterica. Menses per umbilicum manantes, & vena umbilicalis cruore distenta. Ramus a ductu cystico secedens, & seorsim in duodenum apertus. Hepar maximum 15. libr. cum ß. Ductus choledochus latissimus, ad insertionem angustissimus. In cystide fellea calculi, & in ea unciæ bilis viginti.

Jac. GERING *praxis vitia ex figura partium oculi cognoscendi & sanandi* Meissen. 1725. 4. BOECL.

EJ. *De distantia lentis convexæ ab oculo* Meissen 1726. 4.*

Guilielmi Joseph de L'EPINE & *François* MERY *Ergo inspiratus aër sanguini miscetur* Paris. 1725. 4.

Julian de SANTEUIL & *J. Bapt. du* BOIS *Ergo obesis rarior soboles* Paris. 1725. 4.

Emanuel Mauric. DUVERNEY & *J. Jacob* COSTAR *Ergo tritus chylosin adjuvat.* 1725. 4.

Leonis Bernardi PAGLIAI *conclusiones physico-medicæ sub auspicio A.* VALLNERII Patav. 1725. Ex scriptis præsidis.

§. DCCCCXIV. *Diaria anni* 1726.

In *Philosophicis Transactionibus* n. 394. *Georgius* WARREN, Chirurgus, accurate egit de anatome struthiocameli. Habere epiglottidem; duos ventriculos, valvulam spiralem in cæcis intestinis, & tritus signa in nummis deglutitis, & erosionis. Urethra semicanalis.

In *Hist. de l'Acad. des Sciences* 1726. PARENNIN S. J. refert de sua Tartarica versione anatomes *Petri* DIONIS pro Imperatore KANG-HI facta, & adfirmat,

mat, circuitum sanguinis medicis ejus gentis, vulgo Mantcheoux, non ignorari.

DANTY D'ISNARD de psittaco, certo virgine, qui ova posuit, in quorum altero germen fuerit.

In *Act. Lit. Suec.* de ossibus sesamoideis rarioribus.

Hoc ipso anno cepit nova *Academia Scientiarum Petropolitana* suos *Commentarios* colligere, quorum I. Tomum Petropoli 1728. 4* ediderunt. Pleraque diximus. Adnotationes aliquæ præterea in hoc tomo reperiuntur, argumenti pathologici, hydatides, alia.

In *Bresl. Sammlungen Versuch* XXXV. de monstro ex gliribus coalescente.

Iterum costas cum carne ossea esse vere partem thoracis testudinis.

Ovum caudatum & contortuplicatum.

Versuch XXXVI. & XXXVII. de puella, quæ dicebatur Thorbergæ absque cibo vixisse. Rem fabulosam esse cominus cognovi.

Puella quinquennis menses patiens.

Partus parte cranii superiori & cerebro destitutus.

Duo pulli alis pedibusque quaternis.

Versuch XXXVII. Capreolus comatus.

Ren unicus. Sic *Versuch* XXXVIII.

Versuch XXXVIII. quem A. E. BUCHNER edidit; auditus per dentes.

Vir urethra in medio pene aperta, cum vulvæ imagine in perinæo.

Dens insitus & comprehendens.

Supplementa porro *quatuor* ad hæc tentamina prodierunt, primum a. 1726. 4.*

In annalibus Juliis *Hermanni* TEICHMEYER, uxoris meæ avi, partus tubarius traditur.

§. DCCCCXV. *Alexander* MONRO.

Scotus, Chirurgus, anatomes in Academia Edinburgensi per multos annos Professor, vir industrius, & in corporibus incidendis adsiduus. EJUS *Anatomy of the bones* frequentissime recusa est Edinburg 1726. 8.* 1732. 8.* 1741. 8. TR. 1746 8. GUNZ. 1750. 8.* 1763. 8.* Germanice Lips. 1761. 8. vertente Cl. KRAUSE ad Cl. SUE versionem, quam emendat, cum nonnullis etiam suis notis. In hac editione accesserunt MONROI de nervis, de thoracico ductu & de motu cordis diss. Gallice Avignon 1759. 8.* & cum splendidis iconibus Cl. SUE, quam editionem seorsim laudabimus, Paris. 1759. fol. 2. Vol.*

Multam laudem hoc opere MONROUS meruit; Ossium fabricam & analysin, vasa. Periostei interni per ossis totam naturam appendices: Capitis ossa minute exposita; varietates; scrobes & tubercula pro musculorum adhæsione. Ossa artuum paulo minus plene.

In

In posterioribus editionibus aliqua accesserunt, potissimum ad fabricam ossium. Ligamenta passim habet; etiam decussatas fibras ligamenti intervertebralis. Duae suturae squamosae. Foramina ossis occipitis non perpetua. Non esse inter occiput & atlantem mobilem cartilaginem.

In editione Cl. SUE prima pars est MONROI. Eam Germanice vertit Cl. Chr. KRAUSE, & versionem emendavit.

Jam secundae editioni accesserant tres tractatus alterius naturae; *de nervis* etiam cum experimentis, & de succo nerveo, *de motu alterno cordis*, fere ad BOERHAAVIANAM hypothesin, a pressis nervis, & obductis coronariarum arteriarum ostiolis valvulis aorticis; & *de vasis lacteis ductuque thoracico*, bonus tractatus.

In editione 1750. historia nervorum tota fere nova est.

In editione 1762. habet nervum a secundo ramo quinti paris, euntem ad intercostalem. Recte cutaneum nervum, & musculo-cutaneum, monet in basilicae, inque cephalicae sectione saepe violari.

Hos tres posteriores libellos vertit G. COOPMANS, qui *commentarium & librum de cerebri & nervorum administratione* addidit Franeker. 1754. 8. 1762. 8. Haarling. 1763. 8.* KRAUSIUS eos libellos suae de ossium historia versioni adjecit. Gallice cum *le* BEGUE *de* PRESLE versione WHYTTIANI operis Paris. 1769. 12.* Belgice Utrecht 1773. 8.

EJ. Anonymi quidem, *Essay on comparative anatomy* London 1744. 8.*. Bonus liber. Vaccae potissimum & canis, avium & piscium anatomen cum humana confert: causas exponit, cur aliter in animale, quam in homine quaeque partes fabrefactae sint. Glandulam in pharynge canis etiam valvulae officio fungi. Unicam papillam renis facere ad celeriorem urinae secretionem, necessariam ob magnum foetorem urinae. Hippomanes etiam in vacca reperiri, incerti usus carunculam. Figuras vesicae PARSONI malas esse, ex pueris captas, inferiori sacco destitutas, MONROI caeterum hoc opus esse audio, etsi auctor dicitur ante editionem obiisse. Suorum in humana allantoide quaerenda laborum meminit.

EJ. *Expostulatory epistle to D.* HUNTER Edinburg 1762. 8.* recus. in *museo medico*. De asperitate adversarii filii sui queritur. De communicatione vasorum fetus & matris, quam MONROUS rejicit. Periosteum sanum sensu carere fatetur.

Tabulas anatomicas magnae formae parabat, WINSLOWO probatas, sed eas perficere omisit. Quatuor omnino ad me pervenerunt.

In *Essays of a society at Edinburgh* magnae partes auctoris nostri sunt, tum in chirurgicis, tum in anatomicis. In anno I. dedit de arte injiciendi dissertationem, quae aucta rediit in ed. IV.

Deinde de articulatione maxillae inferioris, ejus musculis & motu, cum vera descriptione articulationis maxillae inferioris, & chordae tympani, quam nervo duro recte tribuit.

In T. II. tres dissertationes eruditæ, quibus ostendere vult, fetum per os omnino non ali. De communicatione placentæ cum utero; de natura liquoris amnii; de formatione pulli in ovo; auctæ in T. IV.

Idem de arteriarum tunicis, intima, musculosa, & tendinea.

In T. III. sua consilia dat de injectione vasorum anatomica; de exsiccatione, quæ adjuvatur aëre impulso, aut argento vivo. Cerebrum in spiritu vini cum spiritu nitri misto indurescere. Argento vivo repletum pharyngem conservari.

Has ad anatomicum cultrum pertinentes duas dissertationes verterunt, & ediderunt Leidæ 1741. 8.* cum titulo *tentaminum circa methodum injiciendi*, tum Germanice. Oleum terebinthinæ laudat, & Lieberkuhnii siphonem. Minutas encheireses docet, ut ossa quam mundissima & albissima obtineantur; ut dura membrana cerebri integra servetur. Quæ commoda sint aëris ad siccandum, quæ argenti vivi. Ut lien siccetur, cerebrum densetur. Acidi spiritus & alcoholis vis balsamica.

Porro in *Essays of a society at Edinburgh* T. III. de musculo digastrico ejusque officio in Winslowum dicit. Gallice hæc reddita sunt: *Examen des remarques de Msrs* Winslow, Ferrein & Walther *sur les muscles par Alex.* Monro Edinburg. 1752. 12. Retrorsum caput ducere, quando maxilla firma, negat in ed. IV.

Aliqua ad vias lacrumales.

In T. IV. anni 1736. Duodenum int. describit & pingit, satis recte. Ad omenti situm & ad duodenum adhæsionem. De intestinis varia, de eorum cellulosa tela, villosa, s. epidermide, thymi & capsularum renalium decremento.

T. V. P. I. De cranio, in quo numerosa ossa triquetra fuerunt.

Ibid. de cartilaginibus intervertebralibus.

Ibid. contra anastomoses arteriarum spermaticarum cum venis. Porro de vaginali tunica, de processibus peritonæi vulgo dictis, de minoribus vasculis testis. Conos epididymidis habet pro arteriolis; de scroto. Hæc diss. aucta est in IV. edit.

In eadem *supplementum* adjectum est de musculi digastrici actione, qualem Winslowus & Ferreinius docuerunt.

In *Ess. physical and literary read before a society at Edinburgh* T. I. 1759. 8.*, quærit, cur nulli dentur musculi intercartilaginei? nempe quod ea spatia in inspiratione dilatentur.

In *essay of a society of phys. and litter.* T. II. Omnino nudata pleura, nullum spatium eam inter & pulmonem adparere.

§. DCCCCXVI. *Fr. Josephus* Hunauld.

Anatomes post Duverneyum, Professor & Academicus, subtilis anatomicus. Ejus *diss. en forme de lettres au sujet de l'auteur du livre sur les maladies des os* Paris 1726. 12.* Per ossa & per universam anatomen Petitum persequitur,

tur, in ista facile superior. Maxillam inferiorem cum tuberculo ossis temporum committi, non cum fovea. PETITI diss. de potu BOSSUETI esse opus, qui nimia linguæ tribuerit, & musculorum uvulæ officia prætermiserit.

In *Mém. de* 1729. de lumbricalibus & eorum varietatibus; de musculo sublimi in diversos musculos diviso.

In *Mém. de* 1730. Varia ad ossa capitis, ad suturas, ad fornicatam firmitatem calvæ, officula WORMIANA, membranam se inter dentes suturarum demittentem, laminas ossium cranii, sinum longitudinalem dextrum majorem: Ossa turbinata inferiora partes esse ossis cribriformis.

In *Hist. de l'Acad.* 1732. de adipe ejusque usu dubio; de appendice ilei int.

In *Hist. de* 1734. Suturæ abolitæ: ossa infantis præcrassa. Nervus ex abdomine ad cor veniens. Vasa lymphatica pulmonis.

In *Mém. de* 1735. de Simiæ anatome. Habere processum coracoideum, nervos & musculos brachii fere humanis similes, ligamentum coli. Passim aliqua antiquorum academicorum effata corrigit.

In *historia* ejus anni foramen ovale apertum. In arcu aortæ varietatem.

In *Mém. de* 1740. bifurcatos ureteres tribuit veloci incremento ramorum, qui celerius perficiantur, quam ureteris truncus. Sic de arteriarum divisione ex causis mechanicis variata, deque suturarum lusibus. Hydrocephali historia.

Hist. de 1742. ossa emollita.

Ej. Disp. *Ergo bilis præparatio in omento* Paris. 1731. 4.* Respond. ACHILL. FR. FONTAINE.

Ej. Disput. *de ancylosi* Paris. 1742. 4.* Ligamenta intervertebralia describit. Lamella quæque intervertebralis in centro mollior comprimitur in situ erecto, & inter inspirandum una cum pulmone urgetur.

Vita viri est *in Mém. de l'Acad.* 1742.

§. DCCCCXVII. *Richardus* MANNINGHAM. *Th.* SIMSON.

Richardus MANNINGHAM, Eques, Medicus & obstetrix, primum occasione MARIÆ TOFFTS scripsit *exact diary of what was observed during a close attendance upon* MARY TOFFTS *the pretended Rabbit breeder* Lond. 1726. 8.

Ej. *Artis obstetriciæ compendium, tam theoriam, quam praxin spectans* Lond. 1739. 4.* Anglice, *an abstract of midwifry for the use of the lying in infirmary* 1744. 4.* Latine recusum cura *Phil. Adolphi* BOEHMER Hall. 1744. 4.* Brevis tabula eorum, quæ obstetricem nosse oportet, ad usum prælectionum. Anatome partium genitalium, partus naturalis &c. Quæ Cl. EDITOR addidit, ea alias dicentur.

Thomæ SIMSON *de re medica dissertationes quatuor* Edinburg 1726. 8.* Professor

fessor in Acad. S. ANDREÆ. Inter eas dissertationes huc facit tertia, in qua quæritur, quatenus humorum in corpore humano nascentium consideratio ad medicum pertineat. Unicum esse humorem alentem. Mala, quæ humoribus tribuuntur, esse fere solidorum vitia. Contra secretionum leges. In quarta bilem docet non causam esse morborum, sed effectum. De bile atra, in liene, in ductibus bilariis nata.

EJUSD. *System of the womb* Edinb. 1729. 8.* In utero sinus esse, ad quos in puellis junioribus sanguis non perveniat, quoad dilatati sub pubertatis tempora sanguini pateant. Ita repleri sinus, & vasa uteri comprimi, & circuitum sanguinis moram pati. Plethoram rejicit.

EJ. *Inquiry how far the vital and animal actions can be accounted to be independent of the brain being the substance of the Chandos lections for 1739. and some subsequent years* Edinburg 1752. 8.* Primum de motu musculorum agit; quos ait absque medio, aut cerebri aliquo officio, ab anima cieri, argumento palpitantis ab animo adfecto cordis. Cellulosam telam tendineam, & denique nerveam facit, ei convulsiones tribuit: per eamdem sympathias interpretatur. Animam musculos suos quidem non adgnoscere, sed ab incommodo excitatam motus aliquos ciere, quibus se ingrato sensu liberet: itaque voluntati tribuit, quæ sunt stimuli. De circuitu sanguinis. De respiratione. Obturata aspera arteria animal tamen pectus agitavit, verum sanguis dextras cordis caveas replevit, dum sinistræ inanes manserunt. De sanguine & caloris ortu, quem a tritu negat esse. De cerebro. Negat animæ functionibus cerebri morbos magis obesse, quam aliarum partium mala. Negat ex irritato cerebro fieri convulsiones, aut a vulneribus cerebri mentem pati. Nervos etiam extra cerebrum ex minutis vasculis oriri. In chorioidea tunica sedem esse visus. Cerebrum sanæ vaccæ induratum vidit: sed ea fuit, ut olim VALISNERIUS monuit, exostosis.

In *Essay of a society at Edinb.* T. IV. Placentam tenerius ovum totum ambire: abire vero in veram placentam, qua fundo uteri obvertitur. Pro musculo uterino RUYSCHII.

In *Vol.* V. P. II. excretio secedentis villosæ tunicæ intestini.

§. DCCCCXVIII. *Renatus Jacobus Crescentius* GARENGEOT.

Amabat se vocare de GARENGEOT; Chirurgus & demonstrator anatomes, ingenio minime tardus, sui decoris studiosus, hinc de inventis frequens litigator. In *hist. de l'Acad. des Sciences* 1726. describit os in corde Jesuitæ repertum, tum in *Journal de Trevoux* ejus anni.

In *hist. de* 1728. sinum longum falcis in solum transversum dextrum continuari.

EJUS *Splanchnologie où l'anatomie des viscères avec des figures originales dessinées d'après le cadavre* Paris 1728. 12.* & auctius ibid. 1742. 12. 2. Vol.* Germanice maniee Berlin 1733. 8. Icones ad cadaver delineatæ a Cl. STOKHAUSEN, pleræque tamen ut parvæ, ita rudes. Plerumque WINSLOWUM sequitur, alias MALPIGHIUM. Vasa, & ea sanguifera, epidermidi tribuit: sphincterem coli valvulæ & ductum HIGHMORI admittit; & acceleratores novos, qui sunt SANTORINI transversi minores. Intercostales arterias superiores pariter aortæ tribuit, ad rarius exemplum. Sic de vena sine pari. Membranam arachnoideam laminam esse piæ matris; sed ea late regnat in cauda equina, qua nulla nunc pia est. Ventriculi fibras carneas dicit se depinxisse, sed ex HELVETIO sumsit.

Historiam denique Anatomiæ dat fere ex CLERICO. In posteriori editione passim cum HEISTERO decertat.

EJ. *Myotomie humaine & canine, où la maniere de dissequer les muscles de l'homme & des chiens, suivie d'une histoire abregée des muscles* Paris 1728. 12.* 1750. 12. 2.Vol.* Passim bona aliqua & myologiam caninam probes. In humanis mansit cum levioribus anatomicis. Musculos oculi parat non aperta orbita; & contra cervicem removet, ut pharyngem ostendat. Recti tibiæ secundam originem sibi tribuit, quæ est DOUGLASSI; & deprimentem vim levatoris scapulæ, quæ WINSLOWI est: splenium colli & alios minores manus & pedis ignorat. Pyramidalem narium ossi ipsi vult inseri. Suam esse bicipitis alteram insertionem superficialem. Contra *Julianum* OFRAI acriter pugnat, fere de spatio cellulofo mediastini.

In Chirurgicis operationibus passim etiam partes aliquas ægras expressit. Fibras appositione renasci.

§. DCCCCXIX. *Varii.*

Johannis OOSTERDYK SCHACHT, *Hermanni* fil., Professoris Ultrajectini, *de secretione animali* Disp. Leidæ 1726. 4.*

EJ. *De senilis fati inevitabili necessitate*: eam ex hominis mechanismo sequi ibid. 1739. 4.* & 1747. 4. cum institutionibus.

EJ. *Institutiones medicinæ practicæ* Utrecht 1747. 4.* 1767. 4. Pathologici argumenti.

EJ. *De actione ventriculi* Utrecht 1736. 4.

J. Christophori BOHLII *de morsu* Leid. 1726. 4.* Regiomontanus Professor, ultimus discipulorum RUYSCHII & ejus familiaris, amicus noster.

EJ. *Diss. epistolaris* ad *Fr.* RUYSCHIUM Amsterdam 1727. 4.* De vasis ad intestina a cava vena venientibus, quæ defendit: dubia contra boni senis persuasionem, corticem cerebri meris vasis fieri.

EJ. *Via lacteæ corporis humani historia naturalis* Regiomont. 1741. 4.* & in *nostris selectis* T. I. Gótting. 1745. 4.* Eximia disputatio; bona icon ductus thoracici & multa peculiaria adnotata.

EJ. *Von der nöthigen Vorsichtigkeit bey denen in lebendigen Geschöpfen anzustellenden*

ſtellenden Erfahrungen über die Unempfindlichkeit Regiomont. 1764. 4.* Experimenta ſua producit, quibus conſtitit, aponevroſes muſculorum abdominis, perioſteum, duram cerebri membranam, tendinem achillis, in homine ſenſu caruiſſe.

Idem opuſculum vir ILL. a. 1766. 4.* auctius reddidit.

EJUSDEM eſt *programma de inſenſibilitate tendinum* Regiomont. 1764. 4.

In epiſtolis ad me datis aliquæ ſunt anatomicæ. Valvulam coli per adminiſtrationem anatomicam evaneſcere ep. 8.

J. Heinrich SCHUTTE *Nothwendigkeit und Nutzen der Anatomie* Duisburg. 1726. 8.* Invitatio ad condendum theatrum anatomicum.

EJ. *Die wohlunterwieſene Hebamme, oder gründlicher Unterricht von dem, was eine wiſſen, und bey ſchweren Geburten durch geſchickte Handübung verrichten ſoll* Weſel 1765. 8. Habet etiam aliquam anatomen.

EJ *Anthropotheologia, Anweiſung, wie man aus Betrachtung des Menſchen, ſeines Leibes und Glieder die Allmacht und Weisheit Gottes erkennen könne* Hall. 1769. 8.* Pii ſenis.

In *Giuſeppe* VOLPINI *opere medico pratiche filoſofiche* Parma 1726. 4. fere ad generationem pertinent, quæ phyſiologica habet. Pro ovis humanis, ſed inconſpicuis. Prima ſtamina futuri animalis ante fecundationem in ovo eſſe. Ovum humanum deſcribit.

Simon Giovanni BIANCHI, viri ILL. *epiſtola anatomica* ad *Joſephum* PUTEUM, *Jacobi* fil. Bonon. 1726. 4. MAZUCHELL. Solet ſe vocare *Janum* PLANCUM, amans hiſtoriæ naturalis & conchyliorum.

EJ. *Oſſervazioni intorno una ſezzione anatomica* . . . Rimino 1731. 4. ib.

EJ. *Lettera del* S. G. B. LUNADEI *intorno una bambina nata con due teſte, e riſpoſta del* D. G. BIANCHI *intorno a quel moſtro* MAZUCHELLI, absque anno.

EJ. *Breve ſtoria della vita di Catarina* VIZZANI, *che per ott' anni veſti abito da uomo, e che in fine fu occiſa e ritrovata pucella nella ſezzione del ſuo cadavere* Venez. 1744. Anglice 1751. 8.* Femina tribas hymene integro.

EJ. *De conchis minus notis* Venet. 1739. 4.* & auctius 1760. 4.* Aliqua ad nonnullorum inſectorum & zoophytorum anatomen.

EJ. *De monſtris & monſtroſis* quibusdam Venet. 1749. 4. max.* Pro monſtris aliis primigeniis, aliis caſu ortis. Caſu natum putat porcellum unicipitem bicorporeum: melonem duplicem. Huc ſedigitus, anulari digito duplici; hernia congenita. Primigeniæ vero fabricæ facit vitulum capite plus quam ſemiduplici, puerum tripedem. Vir electricus de induſio ſcintillas excutiens. Oſſis hyoidis appendices ſecundæ, quæ oſſicula ſunt in ligamento hyothyroideo nata.

EJ. *Storia medica d' un poſtema nel lobo deſtro de cerebello &c.* . . . . . Ex hoc caſu exque aliis in homine exemplis perſuadet ſibi vir Cl. nihil firmi eſſe in illa cerebelli prærogativa, qua creditur magis ad vitam, quam cerebrum valere.

EJ. *Epi-*

Ej. *Epistola de urina cum sedimento cœruleo* 1756. 12.* Annon ex cupro ab alcalescente lotio extractus color?

Ej. *Dissertationes habitæ in Academia medica conjecturantium* Venet. 1759. 12. Puer absque ore natus cum sceleto.

In *Commentariis Academiæ Bononiensis*, T. II. P. II. aliqua de piscis molæ anatome, potissimum etiam cordis

T. III. pariter de molæ anatome. Piscibus nullum esse pancreas.

In *excerptis literar.* Ebroduni excusis 1759. n. 3. valvula coli intestinum claudens.

In *Actis physico criticorum Senensium* agit de aurantio marino: id animal ex imaginatione a DONATO ornatum esse. Mentula marina per duos tubulos aquam ejiciens, fibris pollens contractilibus. Polypi manus marinæ.

In *Comm. Bonon.* T. V. de gressu echinorum marinorum, quem brachiis suis perficiunt: de fabrica ejus animalis.

Ej. *Lettera ad un suo amico sopra d'un gigante che e passato per questa citta* Rimin. 1757. 8. MAGRATHUM debilem 7. pedum Parisinorum altitudine fuisse, unico anno octo pollicibus increvisse.

Hieronymus Leopoldus BACCHETTONI, Professor Oenipontanus, scripsit *sermocinationem de corpore humano* Oenipont. 1726. 4. SMITH.

Ej. *Anatomiam medicinæ theoreticæ & practicæ ministram* Oenip. 1740. 4.* Præter tabulas passim collectas dat etiam suas, quas inter tamen hactenus laudes tabulam arteriarum mesentericarum & mesocoli transversi.

Ej. *Speculum matris non lactantis* Oenipont. 1740. 4.*

Levin VINCENT *description du Pipal où crapaud aquatique de Surinam avec une description des grenouilles & crapauds de* VINCENT Haarlem 1726. 4. FALC. latine & Gallice. Ea animalia ipse olim vidi.

Wouter SCHOUTEN *gewondte hoofd* ed. II. Roterdam 1726. 8.* Negat pericranium cum dura membrana in suturis conjungi.

Ern. Victor SPRENGEL *tabulæ anatomicæ* Magdeburg 1726. 8.* Hominis scholastici breve opusculum.

Jean PERRIER anonymus edidit *reflexions sur la machine du corps humain, & sur le sang, avec des remarques utiles pour faire vivre plus longtems* 1726. absque loco. Chylum non verti in sanguinem. Plethoram nullam esse. Sanguinem in vasis nostris non corrumpi. PAVILLON.

Thomas BRATHWAITE *remarks on a short narration of an extraordinary delivery of Rabbits performed by Joan* HOWARD Lond. 1726. 8. GUNZ.

William WOOD *oratio Harveyana* Lond. 1726. 4.

Ej. *Mechanical essay upon the heart* ib. 1729. 4.* Opus collectitium.

§. DCCCCXX.

§. DCCCCXX. *Andreas Elias* BUCHNER.

Professor Erfordiensis, inde Halensis, & Præses *Academiæ Cæsareæ Naturæ Curiosorum.* EJUS *fundamenta physiologiæ ex physico-mechanicis principiis deducta* prodierunt Hall. 1726. 8.* HOFMANNUM sequitur, ut etiam ovarium NABOTHI retineat: sanguinem per vasa minora celerius circumire doceat.

EJUS *Abhandlungen von einer besondern und leichten art Taube hörend zu machen, samt andern medicinischen Abhandlungen* Hall. 1759. 8.* Pleræque in actis hebdomadariis Halensibus prodierant, nunc emendatæ & auctæ dissertationes. Quando de restituendo auditu agit, organum quidem & sensum ipsum describit, deinde artificium casu a surdo mercatore inventum narrat, tubam nempe stentoream altero fine amicus dentibus comprehendit, qui cum surdo colloquitur, alterum surdus; is accurate audit, quæ prior pronuntiat. Idem fit bacillo aut infundibulo ferreo, tantum ut dentes ad instrumentum admoveantur. Anglice 1770. 8. Alia est disp. *de somniis* & eorum significatione medica.

Zweyte Sammlung Hall. 1760. 8.*, potius diætetici est argumenti.

Porro cum *Johannes* KANOLD a. 1727. obiisset, diarium quidem perfecit, & ultimum *Versuch* 38. ipse supplevit.

Ipse vero eodem omnino ordine proprium diarium supposuit, cum titulo *miscellaneorum physico-medico mathematicorum*, quorum tomi 4. Erfordiæ ab anno 1727. ad 1730. prodierunt. Aliqua habent anatomici argumenti a. 1727. os pubis in vetula sectionis patiens. Vomitus diuturnus a concremento in ventriculo residente. Partus duodecimestris; monstra aliqua. Fetus vitalis, alter corruptus. Monstrosus partus biceps, bicorporeus & quadrimanus cum anatome. De submersione vel natatione hominum.

A. 1728. duplex uvula: in cerva sceletus hinnuli.

A. 1729. PETRUM I. anatome delectatum sua manu ursum dissecuisse. Monstrifici partus aliqui absque anatome. De vagitu uterino. Fetus ex lapsu matris deformati.

A. 1730. vitulus ore destitutus: nævi varii. Puer duodecimo die dentatus. Psittacus ova ponens. Communis duobus catellis placenta. Excisi dentes & capilli ex tuba FALLOPIANA. Pullus gallinaceus biceps, uniceps &c.

In *Eph. Nat. Cur. Vol.* II. *obs.* 96. os infantis.

Obs. 97. fetus biceps unicorporeus quadrimanus.

Vol. VI. *obs.* 51. senex per multos ante mortem dies cibo abstinens & potu.

Sed potissimum innumerabiles pene disputationes, aut a Cl. viro scriptæ, aut certe eo præside defensæ, prostant. Earum prima est *de naturali bilis constitutione & usu* Erford. 1726. 4.*

De præternaturali bilis depravatione & noxa ib. 1735. 4.*

Monita circa usum noxium & salutarem lactis Erford. 1741. 4.

De

De morbis cerebri ex structura ejus anatomica deducendis 1741. 4.*
De situ uteri gravidi a sede placentæ in utero Erford. 1741. 4.*
De morte naturali & præternaturali & ejus causis Erford. 1745. 4.*
Cur feminæ licet corpore debiliores eumdem terminum vitæ adtingant cum viris Hall. 1745. 4.*
De gracilitate ejusque causis & effectibus Hall. 1747. 4.*
De bulimia nimia ciborum appetentia Hall. 1747. 8.*
De gangliis Hall. 1748. 4.
De salivæ secretione vera 1748. 4.
De communicatione vasorum mammariorum cum epigastricis 1748. 4.*
De consensu pedum cum intestinis Hall. 1749. 4.*
De adjumentis & impedimentis concoctionis alimentorum ib. 1749. 4.*
De oscitationis mechanismo ib. 1749. 4.
De insomniis ut signo in medicina ib. 1749. 4. recusa in Germanica collectione.
De sanguificatione ib. 1749. 4.
De atonia nervorum morbisque inde oriundis ib. 1749. 4.*
De natura somni ib. 1750. 4.
De naturali constitutione salivæ ib. 1750. 4.*
De celeri corporis incremento post febres 1752. 4.*
De insolito corporis augmento frequenti morborum futurorum nuntio 1752. 4.*
De mutua uteri cum ventriculo consensione 1753. 4.
De causis pulsus intermittentis 1755. 4.*
De differentia sensationis & irritationis 1755. 4.*
EJUS & PENZKY Auctoris, *phosphori urinæ analysis & usus medicus* 1755. 4.*
De vasorum lymphaticorum glandularumque conglobatarum utilitate 1757. 4.*
De sternutationis commodis & incommodis 1757. 4.
De genuino fetus in utero materno situ naturali 1758. 4.*
De oscitatione ut signo in morbis 1758. 4.
Generatio molarum ex novis principiis deducta 1760. 4.*
De causis sitim producentibus Hall. 1763. 4.
De secretione lactis muliebris & præcipuis ab ea impedita pendentibus morbis Hall. 1764. 4.*
De consensu primarum viarum cum perimetro corporis humani 1764. 4.
De fluxus menstrui ratione ad ventriculum & intestina 1764. 4.*

Offificatio duræ meningis fingulari obfervatione confirmata Hall. 1764. 4.*

De liquidi nervei ratione ad vitam & fanitatem 1765. 4.*

De legibus irritationis generalioribus 1765. 4.*

De ufu nervorum telæque cellulofæ in nutriendis humani corporis partibus 1766. 4.

De natura fomni ejusque caufis 1766. 4.

De fingultu Hall. 1767. 4.

De natura cordis quatenus a nervis pendet 1769. 4.* Pro vi nervea: qua vis infita non differat.

§. DCCCCXXI. *Difputationes Variorum.*

F. Eliæ PREUSS *thefes phyfiologicæ ex operibus medicis C. J.* LANGII *decerptæ* Upfal. 1726. 8.*

J. Godfried ARNOLD *de vi vifcerum in fluida* Regiomont. 1726. 4.* & in *noftris felectis*. Vim contractilem arteriarum & in fluida poteftatem metitur.

Franc. Car. Anton. EGLOFF *Sermocinatio de corpore humano ejusdemque & fingularium partium anatomicarum defcriptio* Infprugg 1726. 4

Leonh. Ferdinand MEISNER *de auditu ejusque vitiis* Prag. 1726. 4.

Arnold DULÆUS *de vita fana* Leid. 1726. 4.

J. BURMAN *de alimentorum in chylum mutatione* Leid. 1726. 4.

Petri BUTEUX *de morbis fenectutis* Leid. 1726. 4.*

Franc. Phil. DUVAL *de emeticorum effectibus in corpore humano* Leid. 1726. 4.*

Samuel Theodor QUELMALZ *de infigni anatomes in facultates fuperiores influxu* Lipf. 1726. 4.*

EJUS *de venis abforbentibus* 1732. 4.*

EJ. *De epidermidis totius corporis fecessione. Comm. Lit. Nor.* 1737. h. 19.

EJ. *De pinguedine ejusque fede fecundum & præter naturam* Lipf. 1738. 4.*

EJ. *De adjumentis fanguinis ad cor regreffus* 1741. 4.*

EJ. *Homo electricus* 1745. 4.*

EJ. *De ferotino teftium defcenfu* 1746. 4.*

EJUSD. *De arteriæ pulmonalis motu fingulari & ejus efficacia* 1748. 4.* Inter infpirandum eam arteriam produci, hinc arctiorem reddi.

EJ. *De liene* ib. 1748. 4.* Sanguinem in liene fluidum fervari vi contractili fibrarum, & refpirationis, ita aptum fieri, qui tranfitum fanguinis venæ portarum per anguftias hepatis adjuvet; in cellulofam telam lienis effundi; fic obtineri, ut non per pulfus, fed perpetuo ad hepar veniat.

IDEM *anatomen corporis feminini indicit* ib. 1748. 4.* Aliqua de nutritione & incremento.

EJ.

Ej. *De incurvatione septi narium* 1750. 4.

Ej. *De oleo palmæ, materie injectionibus anatomicis aptissima* Lipf. 1750. 4.*

Franc. MERY & *Desider. Cl.* FREMONT *E. cordis motus a dura meninge* Parif. 1726. 4.

§. DCCCCXXII. *Diaria anni* 1727.

In *Phil. Tranf.* n. 399. de celerrimis mortibus animalium relatio, quæ vipera caudifona momorderat.

N. 400. *Simeonis* DIGGS, Medici, relatio de humana fceleto novem pedum in Anglia detecto, fed aliena fenis aratoris fide.

Fafti emortuales.

In *Mém. de l'Acad. des Scienc.* 1727, & in *Phil. Tranf.* n. 403. 404. vir ILL. HANS SLOANE agit de offibus elephantorum paffim repertorum, & habitorum pro gigantum offibus, quo refert offa Mamuthi.

Ib. defcribit enormia cornua fex pedibus longiora, quæ habet pro cornubus tauri Aethiopici.

In *Phil. Tranf.* n. 433. de vi incantante viperæ caudifonæ. Non aliam putat præter vulnus jam inflictum.

Cl. MALOET de quibusdam labiorum motubus & eorum caufis; de productis labiis, ab orbiculari, de iisdem dilatatis in fpeciem infundibuli. Eam figuram tribuit anteriori parti orbicularis laxatæ, pofteriori contractæ.

Peritonæum cartilagineum.

Peritonæum late adnatum.

Hepatis lobus finifter ad lienem productus. In hepate perfpicuæ glandulæ.

Ej. In *hift. de l'Acad.* n. 443. de odoratis particulis celeriter in corpus humanum reforbtis.

IDEM in *Mém. de l'Acad. des Scienc.* 1732. de hydatidibus agit.

Et a. 1735. de modo quo pueri fugunt inani parato fpatio.

In *hift.* hujus etiam anni pedis & manus digiti in unum connati.

Fetus occipitibus & dorfis connati.

Renatus Ludovicus MOREAU *de* MAUPERTUIS, poftea Præfes Academiæ Berolinenfis, de falamandra. Lac ejus acerrimum, fere ut lac tithymali, non tamen noxium, uti neque morfus beftiolæ nocet. Igni non refiftit.

In *Mém. de* 1731. de fcorpione & ejus aculeo perforato.

Ej. *Venus phyfique* 1746. 12.*, cujus plurimæ funt editiones, etiam cum titulo *le negre blanc* 1746. 8. min. Italice Venez. 1767. 8. vertente DIODATO ANNIANI. Contra evolutionem, ova, vermiculos; pro miftione duorum feminum & pro particularum adfinium vi adtractili. De albis Aethiopibus &c.

Hominem primævum album fuiſſe, nam albos ex nigris gigni, non viciſſim. De novis animalium varietatibus.

Lettres de M. de MAUPERTUIS Dreſd. 1752. 8.* Homo abſque ſaltu ſimiis adgregatus. Contra jatromathematicos. De generatione hypotheſis, cum BUFFONIANA conjuncta. De familia hereditario jure ſedigita. De vi præſagiendi, dum animæ vires exaltantur.

In *Actorum Academiæ Naturæ Curioſorum Volumine* primo Norib. 1727. 4.* excuſo *J. Guilielmus* ANDREÆ *obſ.* 30. enema per os rejectum narrat,

& *obſ.* 31. menſes in vetula fluentes.

J. Henricus LINK fetus facie leonina, *obſ.* 74.

Lacerta vomitu reddita *obſ.* 107.

EJ. *De ſtellis marinis l. ſingularis* Lipſ. 1733. fol.* *Gabrielis* FISCHERI opus. In eo etiam anatome animalculi repetitur, & viſcera aliqua.

In *Commentariis Acad. Scient.* Petrop. T. II. 1727. anatome folliculorum caſtoris exſtat, & ſuſpicio, caſtorei utilitatem aliquam eſſe ad cibos ſubigendos in inteſtinis.

In *Miſcell. Berolin. Cont.* II. fuſe agitur multisque opuſculis, de pluvia ſanguinea.

In *Journal de Trevoux* 1727. Februar. quidam artifex vitrorum polidendorum nomine LE MAIRE mirifica de oculo humano proprium per artificium in ſpeculo inſpecto dicit. In uvea tunica adparere albos penicillos circa pupillam in ordinem diſpoſitos. Lentem cryſtallinam eſſe plenam canaliculis: imaginem in fundo oculi, inque retina depingi, recte; cameram oculi poſteriorem majorem eſſe: canales in cryſtallina lente per catenas connexos motu ſyſtolico & diaſtolico agitari; & catenas de ea lente pendere.

In *Journ. a Sav.* 1727. Juin, fetus corde deſtitutus.

§. DCCCCXXIII. *Stephanus* HALES,

Eccleſiaſtici ordinis, rector pagi Haddington, vir pius & ſolers, neminique inviſus, quæ rara fortuna eſt, experimentis naturam detegere conatus, ſæpiſſime felix. EJUS *vegetable ſtatiks* Lond. 1727. 8.* Gallice verſa a BUFFONIO Paris 1735. 4.* Belgice 1750. 8. Germanice edita Hall. 1747. 4. Paſſim ad phyſiologiam pertinet. Experimentum ſuum citat, fuſius in proximo opere expoſitum, quo ſaltus ſanguinis de arteria crurali proſilientis in equo definivit, qui in equo fuerit circa 9. pedes cum dimidio, in cane inter 6. & 7. pedes. Iter ſanguinis, aliorumque humorum animalium velocitates. De vi qua reſpiratio aerem reddit inutilem, deſtructo ejus elatere. Copia aeris, quæ inſpiratur, vis qua efflatur, area pulmonis, fabrica veſicularum, alia. Motum humorum in plantis eſſe unice a vi adtractili tubulorum capillarium & a ſolis calore. Vis qua ſuccus in vite movetur.

EJUSD.

EJUSD. *Statical essays containing hemastatiks* London 1733. 4.* Genevæ 1744. 4.* vertente *Francisco* BOISSIER. Germanice cum ejus viri notis, Hall. 1748. 4. Italice Napoli 1750. 2. Vol. 8. ad versionem Cl. *de* SAUVAGES. Ex primariis fontibus physiologiæ, cujus plures partes experimentis ingeniosis & difficilibus expedivit. De saltu sanguinis, primum de arteriis equi in tubum vitreum subsilientis; & de ejus saltus in debilitato animale diminutione. Aestimatio areæ cordis. Inde celeritas computata sanguinis, & pondus, quod cor sustinet, hæc ex variis animalibus ad hominem translata. Retardatio sanguinis in vasis capillaribus, per injectionem & celeritatem diminutam transitus per ramos minimos computata. Celeritas major in pulmone: iter aquæ ex vasis rubris in aërea apertum, non perinde aëri liberum. De respiratione aliqua: aërem in cavo thorace admittit. Calorem a frictione globulorum rubrorum oriri: noxa aëris calidi, neque tamen sanguinem in pulmone conprimi. Contra breviores urinæ vias. Pro resorbtione venarum mesentericarum. De vi adstringente aut laxante vasa nostra. Inter arterias & venas negat iter liberum esse. De modo vasa animalia replendi. Robur arteriarum & venarum: quæ id robur augeant & minuant. Vires contractiles fibrarum serici, tendinum, ventriculi canini. Aqua in anum injecta penetrat ad os usque. Multa de aëre fixo corporum. Ut aër respirando corrumpatur.

EJUSD. *Philosophical experiments* London 1739. 8.* Vix huc pertinet, nisi muriæ impulsio in vasa animalis ad condiendas carnes.

EJ. *Treatise on ventilators* London 1758. 8.* Ad aërem ab exhalatione humana corruptum, & ad eumdem emendandum.

EJ. *Sermo Crounianus anni* 1751. London 4.* Hominis incrementum utiliter a cartilagine circumscribi, quæ os finiat. Ad hominis felicitatem etiam minus sensuum acumen pertinere, cum intolerabilis in videndo dolor fuisset, si æque profunda radii violacei esset impressio, quam est rubri.

§. DCCCCXXIV. *J. Leonhard* EULER. *G. E.* HAMBERGER.

J. Leonhardus EULER, Basileensis, Berolinensis & Petropolitanus Professor, vir in calculis difficillimis unicus, passim physica adtigit.

In diss. inaugurali *de sono* Basil. 1727. 4.* quæ physici est argumenti.

Fusius eadem redit in majori opere, *tentamine novæ theoriæ musicæ* Petropoli 1739. 4.* Ejus primum caput est de auditu: Suavitatem harmoniæ ponit in facili proportione numerorum, qui utriusque toni vibrationes metiuntur.

Sic in *opusculorum* T. I. Berolin. 1746. agit de visione: sed utrinque physice magis quam physiologice.

Georgius Ehrhard HAMBERGER, *Georgii Alberti* fil., Professor Jenensis, jatromathematicus, de quo viro cautissime loqui me decet, qui acerbissimus meus, dum vixit, inimicus fuit.

Causa mali ipsa prima fuit Cl. viri diss. *de respirationis mechanismo & usu genuino*

nuino Jen. 1727. 4.* In ea BAYLEI sequebatur opinionem, musculos nempe intercostales internos costas deprimere, cum eorum insertio propior sit centro motus, atque adeo firmior. Idem aërem pulmonem inter & pectus admittit, qui alternis vicibus comprimatur, dum pulmonis a augetur, & expansus vicissim pulmonem urgeat, ejusque adjuvet subsidentiam. Habebat autem pectus pro unica connexa machina, cujus costæ per sternum connexæ omnes una & elevarentur & deprimerentur. Sanguinem cæterum in pulmone & refrigerari & condensari docet.

EJ. *De venæsectione* Jen. 1729. 4.* 1737. 4.* Experimentis in tubis vitreis factis invenit, angulos varios parum mutare truncorum effluxum, & aperturam canalium in vicinos ramos neque derivationem, neque revulsionem a remotis vasis ullius momenti facere, neque sanguinem accelerare. Valvulas venosas pressionem sanguinis non sustinere.

Nunc cum interim in T. V. operis BOERHAAVIANI præceptoris sententiam essem tuitus; ut neque aërem in pectoris cavo elasticum admitterem, neque musculos intercostales interiores costas detrahere darem, exarsit vir acris & Jenæ 1744. 4.* deinde 1746. 4.* octo programmata edidit, in quibus vehementer in me invectus, nulla tamen pro sua hypothesi experimenta, nullas rationes anatomicas produxit, a quibus vitæ genus, viro ingenio cæterum pollenti, alienum fuit. Non putat costas rotari posse, neque super suos duos fines volvi, neque costæ primæ majorem firmitatem considerat.

Paulo post Burdigalæ præmium obtinuit, & quam ad eam Academiam miserat dissertatio, in ea urbe prodiit Gallice & latine 1746. 4.* cum titulo, *diss. sur la mecanique des secretions dans le corps humain.* Diversos humores diversis in corporis humani colis separari docet, quod ponderis specifici majoris solida ponderosiores pariter humores fortius trahant, atque vicissim: nullum autem humorem ad parietes ullius partis solidæ adhærescere, neque adeo humorem per id colum de sanguine secerni, nisi qui sit ejus coli solidis partibus aliquanto levior. Putabat autem per exhalationes & exsiccationes se ostendere, eas solidas partes, eave viscera specifica ponderosiora esse, quæ minus amittunt de suo pondere.

Cum porro ego *experimenta de respiratione priora & posteriora* edidissem, neque me vis veri sineret cum Cl. viro sentire, edidit *de respirationis mechanismo & usu genuino dissertationem* Jen. 1748. 4.* Prior illa anni 1727. disputatio hic redit, tum octo programmata, quæ nuper diximus, & refutatio experimentorum Göttingensium, qualis potest ab ingenio & indignatione proficisci. Adeo indulsit iris suis, ut convitiorum integras paginas amici mei ex hoc libello decerpserint: hactenus tamen eum excuses, quod asperam schedulam, alio ab auctore profectam, & Gottingæ editam mihi tribuerit, indeque causas sumserit irarum.

Porro Jenæ 1751. 4.* edidit *physiologiam medicam, s. de actionibus corporis humani sani, doctrinam suis principiis physicis superstructam*, cujus compendium cum titulo *Elementa physiologiæ medicæ* Jenæ 1757. 8.* a morte Cl. viri excusum, nuper super etiam 1770. 8.* recusum fuit. Mallem de toto opere silere, nisi me ipse finis laborum meorum juberet, posteris de celebribus potissimum operibus aperire, quæ iis solicite perlectis invenerim, aut laudanda, aut excusanda: superest, ut omni refutatione abstineam, & Cl. viri placita nuda decerpam. Sanguinem arteriosum densiorem esse. Calorem sanguinis esse a sale lixivo in phlogiston agente. Fibras rectas proprias in corde esse, a quibus dilatetur. Musculum in contractione pallescere. Dilatabiles esse auriculas ob figuram trapeziam. Venosas valvulas sanguinis circuitum non dirigere. Non esse in aortæ trunco sanguinis velocitatem, ad eam quæ est in venæ cavæ trunco, in ratione inversa luminum. Utique sanguinem in pulmone refrigerari & densari: Pro aëre thoracico, pro vi deprimente musculorum intercostalium internorum. Theoria ponderum specificorum secretiones animalium succorum dirigentium. Sufficere autem, si debita ratio densitatis sit in membrana interna. Pondera glandularum & viscerum specifica: nempe numeri experimentes pondus, quod de quoque post exsiccationem superest. Glandulam pituitariam durissimam esse. In cerebro unam arteriolam unum generare nervulum; in cerebello plures arteriolas ad unum nervulum conferre. Pro vitali cerebelli officio. Arterias pleuræ serum, non sanguinem vehere. Semen humorum esse levissimum. Transpirationem esse ab adhærente vi vasculorum cutaneorum. Sanguinem venæ portarum spiritu abundare. Ponderosas partes, ut ossa, levioribus particulis alentibus egere. Dentes non deteri. Ventriculum repletum necessitate mechanica claudi. Valvulas chyli iter non sustinere. Motum muscularem esse a sanguinis fibris [illegible] rarefactione. Cava corporis humani brevia fieri, dum replentur. Patellam luxationem genu impedire. Pro palingenesi plantarum. Primam respirationem a pressione esse, quam fetus in utero patitur. In omnibus arteriis minoribus æqualem esse resistentiam.

Disputationes alias non paucas Cl. vir edidit, in quarum plerisque theoriam suam proposuit: est tamen, ubi naturam habuit præ oculis. Eæ, quas novi, sunt; *Diastolen a sanguine per venas redeunte non perfici* 1744. 4.*

De cyprino monstroso numerosa *programmata* 1748. 4.* Contra animam struentem suum corpus.

De calore corporis humani naturali 1748. 4.

Unius pulsus prædicata, quatenus est actio 1748. 4.*

De vigiliis Jen. 1750. 4.*

De nutritione 1750. 4.*

De rigiditate fibrarum 1750. 4.*

Fetum in utero humorem amnii deglutire 1751. 4.*

De siti 1751. 4.*

De aëris in corpore humano hærentis elastici effectibus tam naturalibus, quam præternaturalibus 1755. 4.*

§. DCCCCXXV.

§. DCCCCXXV. *Jac. Augustus* BLONDEL. *Joh. Bapt.* SYLVA.

Prior ille in Anglia vixit, ex Gallica quidem familia natus & a. 1734. obiit. EJUS prodiit Londin. 1727. 8. *the strength of imagination in pregnant woman examined and the opinion that marks and deformities are from them demonstrated to be a vulgar error;* absque nomine auctoris. Gallice, *sur la force de l'imagination des femmes enceintes &c.* Leide 1737. 8.*, vertente *Alberto* BRUN. Belgice, *Verhandelinge over de verbeelding der zwangere vrouwen* Rotterd. 1737. 8. Germanice cum supplemento Strasburg 1756. 8.* Acuti ingenii vir ostendit, fabellas quidem plerasque esse historias fetuum a materni animi adfectibus deformatorum; id etiam facile vincit, fetum propriam sibi vitam vivere, non esse partem matris, cui per sola tenuissima vasa aliquod sit uteri cum placenta commercium. In nonnullis difficilibus refutatu exemplis colorum a matris imaginatione in fetum transeuntium laborat.

Cum interim in l. *de cutis morbis* aliqua in nostrum TURNERUS protulisset, refutatio BLONDELLIANA in editione anni 1729. accessit, & cum titulo *supplement* in Gallica versione rediit. TURNERUM imaginationis defensorem salse exagitat, & historiolas, quas profert, risui exponit.

Nempe *Dan.* TURNER chirurgus scripserat in BLONDELLUM Londini 172 . 8. cum libro de morbis cutaneis, *on the force of the mothers imagination, upon the fetus in utero,* quem librum non præsto habeo. Reposuit idem adversus BLONDELLUM *the force of the mothers imagination upon the fetus in utero still farther considered by way of replic to* D. B. *book* London 1730. 8.* Historiolas nævorum defendit, & ipsam rem gestam tuetur, nimis credulus. Ista editio recusa est Germanice Argent. 1756. 8.*

Jean Baptiste SYLVA, ortu Lusitani, *traité de l'usage des differentes sortes de saignées, principalement de celle du pied* Paris 1727. 8. 2. Vol.*; celebris liber, & qui multis litibus occasionem dedit. Pro revulsione, quæ fit, si in parte a loco adfecto remota venam aperueris. Quare vena in pede secari debet in capitis morbis, & in adfectibus earum partium, quæ arterias suas ab aorta superiori accipiunt. Contra derivationem noxiam putat, nisi prius venæ multa sanguinis missione potenter levatæ sint. Multa anatomica intercedunt, potissimum ad arterias pectorales & capitis, etiam venas artuum, emissaria cranii, cerebri venas, & mastoideam.

In *dissertations & consultations medicinales* Paris 1744. 12.* redit libellus *de la saignée*, quo priora theoremata repetuntur.

Deinde una recusa est *dissertation sur la conception;* hypothesis, quæ fermentum uteri admittit, & seminalem auram, quæ in ovo fermentationem excitet. Non esse a plethora menses, sed a glandulis.

In *Journ. des Sav.* 1744. m. Jul. IDEM spiritum seminalem in vasa recipi, nam esse valvulam in ostio tubæ, quæ nihil ab utero admittat.

§. DCCCCXXVI.

§. DCCCCXXVI. *Varii.*

J. Laur. de MOSHEIM, Academiæ Georgiæ Augustæ Cancellarius, vir undique doctissimus, ediderat a. 1727. 4.* Helmstadii, historiam M. SERVETI in dissertatione propria. Eam uberrime auctam reddidit ib. 1748. 4.* cum titulo *Anderweitiger Versuch einer vollständigen und unpartheyischen Ketzergeschichte.* Loca hic etiam recusa dat, in quibus SERVETUS circuitum minorem sanguinis exposuerat. Vitam heterocliti hominis accurate collegit.

J. Franciscus COGROSSI, Professor praxeos Patavinus, edidit a. 1727. 4.* Patavii *Saggi della Medicina Italiana, nelle quali le invenzioni del* SANTORIO *con nuove rifflessioni ed osservazioni s. illustrano.* SANCTORII historia & inventa. Contra jatromathematicos & FLOYERI horologium. De pulsilogio SANCTORII.

EJ. Variæ diss. in opusculi *scientifichi e filologici.* De inventoribus circuli sanguinei n. 7. Resp. ad SANTORINUM de historia fetus sui n. 28. De mammis & earum morbis n. 7.

In *Johannis* MIDDLETON *Short essay on the operation of lithotomy* London 1727. 4.* vesicæ repletæ situs supra os pubis in icone exprimitur: nodulus describitur, qui est in uracho ad insertionem in vesicam.

J. Friderich ERMEL *physiologische und anatomische Tafeln* Dresden 1727. 4.* Germanice & Latine. STAHLIANUS, in humoribus fusior, dat etiam sanguinis analyses. In anatome, osteologia paulo uberius dicitur, tum partes genitales. Physiognomiam & chiromantiam admittit.

Georgius Fridericus GUTERMANN, mecum Tubingæ CAMERARIOS audiit, & a. 1727. præside ZELLERO disputavit *de mammis & lacte.* 4.*

EJUS etiam exstat *erläuterte Anatomie für Hebammen* Augsburg 1752. 8.* partium nempe genitalium descriptio. De orificio uteri & ejus tactu: eo contactu graviditatem esse in femina detectam, quæ supplicio erat proxima.

In *Comm. Lit. Nov.* 1731. *hebd.* 20. fetus a funiculo intorto suffocatus.

Spec. 40. graviditas quinque annorum.

Ib. 1732. *hebd.* 26. aqua in ventriculo submersi.

Ib. 1734. *hebd.* 16. & 22. de utilitate mammæ in maribus.

In *Vol.* III. *Eph. Nat. Cur. obs.* 107. partus gemellorum intervallo aliquot hebdomadum distincti.

Comm. Lit. Nor. 1739. *hebd.* 9. aliquot fetus dat depictos.

Act. Nat. Cur. Vol. VI. *obs.* 63. cor cum pericardio & mediastino connatum.

Matth. Ernesti BORETII, Borussi, viri eruditi, *Anatome plantarum & animalium analoga* Regiomont. 1727. 4.*

EJUSD. *Musæum* BORETIANUM, *s. catalogus præparatorum anatomicorum rerumque naturalium* Regiom. 1739. 8. Anatomica continet.

J. David SOLBRIG's *Bericht, wie er zwey Taube und Stumme in der Christlichen Lehre unterrichtet* Salzwedel 1727. 8. suspicor huc facere.

Guy de TIMOGUE (*Edme* GUYOT rei Salariæ præfecti) *tr. nouveau de microcosme, où traité de la nature de l'homme, dans lequel on explique la cause du mouvement des fluides, le principe de la vie, du sang & des humeurs la generation & les autres operations du corps humain* la Haye 1727. 8. Heteroclitus auctor. Paroxysmos febriles, ut DIPPELIUS, a bilis cum pancreatico succo conflictu derivat. Prærogativæ lateris dextri & feminis inde profecti, peculiares.

Blasii BEAUMONT, chirurgi regii, *Exercitationes anatomicas y essenciales y operaciones essenciales di cirurgia,* Madrit 1727. 4. PORTAL. alii 1728. 4. CAP. de V.

EJ. *El bien del hombre boscado en el mismo con las reflexions de anatomia y cirurgia* 1739. 4.

Georgii Henrici BEHR, Argentinensis, *theses anatomicæ* Argentor. 1727. 4.

EJ. *De pancreate ejusque liquore disput.* ib. 1730. 4.*

EJ. *Physiologia medica* ib. 1736. 4.* Aliquas proprias adnotationes habet, aliquantum STAHLIANÆ hypothesi propior.

EJUS *Lexicon physico chymico medicum reale* ib. 1738. 4.*

In *consiliis medicis* T. II. Augspurg 1756. 4.* agit de legitimo tempore partus. Exemplum partus octimestris. De influxu lunæ, & planetarum in corpus humanum.

In *Act. Nat. Cur. Vol.* V. *obs.* 47. vir manubus destitutus, pedibus artificiosus.

Vol. VI. *obs.* 82. ovum prægnans.

Vol. X. *obs.* 102. maxima salacitas in sene provectæ ætatis.

Lemuel GULLIVER (nomen fictum) *anatomist dissected* Westmünster 1727. 8. HEISTER.

In *Suite du Guidon de S. Cosme* Paris 1727. 8. osteologia traditur.

§. DCCCCXXVII. *Disputationes.*

Roberti PORTER *de natura vasorum in corpore humano* Leid. 1727. 4.*

Guilielmi CLARK *de viribus animi pathematum in corpus humanum* Leid. 1727. 4.

Petri BRUYNVISCH *de vomitu* Leidæ 1727. 4. HE.

Johannes SACRELAIRE *de communibus tegumentis corporis humani* Leid. 1727. 4.*

J. Ern. TURK *historia mulieris varia ossa per alvum rejicientis* Utrecht 1727. 4.*

A. BOYND *de miranda Dei sapientia conspicua in corporis humani fabrica* Hardervic. 1727. 4.*

Herman. Erhart RUCKERSFELDER *theses medicæ physiologicæ pathologicæ* Marburg. 1727. 4.*

J. Hen.

J. *Henrici* METHE *de urinarum natura & diversitate* Marburg. 1727. 4.*

Ivonis Joh. STAHL *de pane, speciatim triticeo* Erford. 1727. 4.* huc parum facit, sed altera disp.

EJ. *De longævitate principum possibili* 1730. 4.

EJ. *De motu corporis humani, medico sanitatis conservandæ & restituendæ præcipua arte* 1733. 4.*

EJ. *De adjumentis & impedimentis partus humani* 1736. 4. BUR.

EJ. *De motu & secretione universali humorum, & particulari lactis* 1739. 4. PL.

J. TYRELL *de vomitu* Erford. 1727. 4. PL.

Wendelin BRETSCH *Hippocrates Justinianeus* Argentor. 1727. 4. In meretrice mortua ovula liquore limpido plena vidit.

Samuel WYTENBACH, Poliatri Bernensis senioris, veteris amici nostri, *functiones corporis humani & ægritudines* Basil. 1727. 4.*

J. *Joseph* CHLADER *theses de sudoribus* 1727. 4. F.F. des TOURNE.

J. *Christoph.* GOTTSCHED *vindiciæ influxus physici* Lips. 1727. 4.*

J. *Zacharia* HARTMAN *de conjugibus incantatis* 1727. . . Jen. 1741. 4.

J. *Mich.* GLASCHKE *programma ad demonstrationes utilitatis osteologiæ in chirurgiam redundante* Würzburg 1727. 4. TREW.

J. *Bapt.* DU BOIS, & J. *Baptista* BOYER, *Ergo fœtus extra uterum genitus salva matre excludi potest* Paris. 1727. Partus geminarum ventralium.

§. DCCCCXXVIII. ALBERTUS VON HALLER.

Liceat vitam meam hic recensere, eam nempe, quæ ad anatomen pertinet. Nimis gnarus, quam impar fuerim magno a me suscepto labori, constituendæ de integro Physiologiæ, ostendam ni fallor, aliquos tamen meos conatus fuisse, quibus ad verum propius accesserim. Tubingæ pene puer in brutorum animalium dissectionibus *J. Georgio* DUVERNOI ductore me exercui, ut aliqua hactenus viscerum & musculorum mihi cognitio esset: integrum enim anatomes ambitum in canibus vir optimus multo suo labore demonstrabat, cum humanis corporibus destitueretur, neque ei aut industria defuit, aut patientia laboris. Cum post CARTESIANOS aliquos doctores IDEM Cl. DUVERNOI in BOERHAAVII Institutiones prælegeret, perculsus a vi veri, Leidam pene puer me contuli, ut ex ore tanti viri doctior redirem. Incredibili cum voluptate BOERHAAVII prælectiones audivi, adeo candide, dilucide, diserte, vir incomparabilis sua præcepta tradebat, ut alios pares in rebus ipsis habuisse possit, in arte docendi neminem. *Bernardo Siegfrido* ALBINO me non exiguo pretio comitem dedi laborum, ut nempe in cadavere ea imitarer, altero in latere, quæ vir summus suo in latere studiosis juvenibus demonstraverat. Non est dissimulandum, tamen musculos solos & ossa, viscerumque & nervorum majora momenta ab EO

Viro

Viro publice fuisse iis in scholis ostensa, aut, quod ajunt, præparata: injectiones, & subtiliora omnia studia sibi servabat soli. Hactenus tamen profeci, ut meas ad incisiones de ductu COSCHWIZIANO, veris nempe venis. disputare potuerim. RUYSCHIUM optimum senem frequenter adii, sæpe a BOERHAAVIO ei mandata tradidi: erat in eo viro summus ardor, patientia laboris in replendis vasis, in conservandis corporibus nitor, ultra ne requiras. Angliam inde adii a. 1727. & in *Jacobi* DOUGLAS familiaritatem veni, qua utique multo majori cum fructu uti mihi licuisset, obtulerat enim vir optimus, me in societatem laborum recipere, quos ad perficiendam ossium historiam his annis sedulo urgebat. Vidi, neque parum sum admiratus, immensam vim sceletorum, ossium: partim integrarum compaginum suis cum ligamentis in aqua salsa adservatarum, partim omni fere ductu serra divisorum ossium. Sensi aliquid ultra ea dari, quæ hactenus videram. Parisios me potissimum confluxus præcipitem egit, qui undique ex universa Europa ad inaugurationem novi Regis fiebat maximus, ejusdem Principis, cujus munificentiæ multa debeo, GEORGII II. Lutetiæ *le* DRANIUM hospes audivi, cadavera apud eum incidi. Fateor, parcat mihi bonus senex, offensum me fuisse sordibus ejus, quod dicebatur theatrum; & præcipiti nimis incisione, quæ non sciebat curiosius investigare quidquam. Cum præterea WINSLOWUM viderem minutissimas quasque humani corporis partes persequentem; mihi ipsi non satisfeci, quoad sodali chirurgo *de le* GARDE, meis sumtibus, furtive effossorum cadaverum mihi copiam feci, in quibus nervos, cordis vasa, manus musculos, & alia minutius, & cum aliqua subtilitatis WINSLOWIANÆ imitatione scrutarer. Sed etiam hanc discendi opportunitatem maligna curiositas operarii turbavit, qui effosso pariete, quid agerem speculatus, meum nomen ad viros publicæ securitati præfectos detulit. Ut graves pœnas, ipsas forte triremes, effugerem, latendum mihi fuit, & deserenda cadavera. Basileam ad Mathemata addiscenda profectus, commode in tempora incidi, quibus *J. Rudolphus* MIEG, Anatomes Professor, ob maligniorem valetudinem, non poterat officio suo satisfacere. Cadaverum ergo incisiones mihi commisit, & paulo post etiam demonstrationes. Accurate, quantum in me erat, in partibus corporis incidendis, describendis, delineandis versatus, quædam artis rudimenta deposui, neque mihi cadaverum fuit penuria. Bernæ nescio qua felicitate obtinui, ut locus incidendis corporibus & demonstrandis mihi publice traderetur. In bicipiti fetu, deinde in aliis cadaveribus laboravi, aliqua tamen mihi ignorata didici. Gottingam vocatus, nihil habui antiquius, quam theatrum anatomicum exædificare, cadaveribus instruere. Obtinui, ut sceleratorum hominum corpora undique mihi adferrentur incidenda, ut etiam furtivo ex concubitu nati mihi traderentur; & ampla certe mihi fuit opportunitas cadaverum humanorum, potissimum etiam puerilium. Ea facilitas fecit, ut arteriarum anatomen majori studio persequerer, quæ in ea ætate melius quam musculi possent ostendi, & quas videbam passim parum plene, etiam vitiose describi. Injectiones enim illæ Belgarum pulcherrimæ, ad interiorem potius minutissimorum vasculorum fabricam, quam ad illam vulgatiorem, quam vulgo vocant, Angiologiam, spectabant.

Con-

Consilium tamen aliud mihi perfeliciter in mentem venit. Cum numerosos & diligentes juvenes viderem ad novam Academiam confluere, & in GEORGIA AUGUSTA summos honores ambire, suadebam, ut quisque erat elatiori ingenio, sibi ut aliquam difficilem partem anatomes, aut quæstionem physiologicam sumeret, in qua ornanda per duas hiemes occuparetur. Cadaverum erat satis, quibus uterentur, adjuvabam ut poteram juvenum studia, experimenta in variis animalibus pleraque ipse faciebam, quæ supra fidem certe numerosa feci. Ita cum plures juvenes eodem tempore majus otium unicæ parti bonæ artis impenderent, longe plus profectum est, quam ulla mea industria potuisset profici. Lætor etiam nunc, quando ILL. MEKELII, boni ANDERSCHII, aliorum exquisitas nervorum descriptiones, quando laboriosam illam ovium custodiam, quam in se KUHLEMANNUS suscepit, aliorumque juvenum felicissima specimina repeto. Neque ex hoc instituto in physiologia nihil lucis adfulsit.

Verum ut sunt res humanæ imperfectæ, qui a clinica praxi ad anatomen forum advocatus, ea studia deserere coactus fui, ab infirma valetudine, somni defectu, manus dextræ debilitate paralysin minitante, theatro & cathedra depulsus. Honores, reditus, cariorem his omnibus spem discendi & proficiendi, immolare debui vitæ conservandæ & valetudini. In Patria alienissimi me labores exspectabant, quos mihi esse impositos posteri vix credent, nisi qui liberarum rerum, publicarum genium perspexerint. De horis tamen patriæ debitis aliquas mihi servavi. In motu sanguinis subtiliter rimando; in ossium & universi fetus formatione speculanda, in prægnantium animalium incisionibus, in cerebri & oculorum anatome, in morbosorum cadaverum inspectione, ut potui, occupatus, aliqua tamen parte anatomicæ arti porro adhæsi.

Felicitatem ALBINI semper laudavi, & pene invidissem, nisi adeo bene vir summus usus esset opportunitate, quæ ipsi fuit maxima. Supra quinquaginta annos vir ILL. unicæ arti dedit, nullis aliis officiis distractus; omnes suas horas perficiendæ arti potuit impendere. M. mea sors ad varias juris dicendi provincias, ad laboriosam præfecturam, ad curam Reipublicæ, & difficiles cum vicinis rebus publicis & regibus negotiationes, ad quæ non alia depulit. Ignoscent ergo boni posteri, si ultra ea, quæ potui, non profeci, si passim imperfecta aliqua reliqui, si ipse cum non vidissem omnia, aliqua coactus sum ab aliis sumere. Voluntatem probent, rogo, & infirmitatis humanæ vestigia indulgentes excusent.

Nunc auctor Bibliothecæ dicat, non HALLERUS.

Tubingæ sub præsidio AUCTORIS *J. Georgii* DUVERNOY a. 1725. 4.* defendit HALLERUS disp. *de ductu salivali* COSCHWIZIANO.

De eodem ductu, visis apud ipsum inventorem venis, quas pro ductu salivali habuerat, Leidæ repetita sua manu incisione linguæ, partium vicinarum, & potissimum arteriarum, edidit Leidæ 1727. 4.* disputationem, *qua experimenta & dubia circa ductum salivalem novum* COSCHWIZIANUM producuntur. Recusa est in *Operum minorum* T. I. Lausannæ 1762. 4.* paulum emendata. Venam esse, quam COSCHWIZIUS pro ductu habuisset, ob faciem multo venæ,

Bb 3 quam

quam excretorio ductui propiorem suspicatus, reperit venas simillimas ante epiglottidem arcus facientes, & alium arcum in ipsis geniohyoideis musculis.

Bernæ 1733. 4.* edidit *de musculis diaphragmatis dissertationem anatomicam*, quæ recusa est Lipsiæ 1738. 4.* Amstelodami 1738. 4.* cum SWAMMERDAMIO *de respiratione*, in *opusculis* Götting. 1751. 8.* & inter *opera minora* Lausann. 1762. 4.* Icon non optima, ut ab amico delineata non a pictore; habet tamen duplices appendices, & decussatos sub œsophago fasciculos. Reliqua physiologica sunt.

In *Tempe Helveticis*, quæ Tiguri 1735. 8.* amicus auctoris *J. Georgius* ALTMANN edebat, in T. I. S. I. dedit HALLERUS diss. epistolicam *de nupero partu bicipite & unicorporeo*: pure tunc anatomicam. Eam recusam dedit cum titulo *descriptionis fetus bicipitis ad pectora connati* Hanover. 1739. 4.*; iterum emendatius recusam inter *opuscula anatomica* Götting. 1751. 8.* In *operibus minoribus*, cum aliis ejus argumenti libellis, transiit in l II. *de monstris* Lausann. 1768. 4.* Inciderat auctor fetum duobus capitibus, artubus duplicatis, epigastrio simplici. Defenderat eam sententiam, quam DUVERNEYUS tenuerat, & WINSLOWUS postea tuitus est, dari nempe partus alienæ a recepta fabricæ, quæ nulla a violentia ex communi structura deformatæ fuerint. Comparaverat per singula in aliis monstrosorum partuum historiis, ut sub ipsa ea confusione latentem ordinem detegeret. Passim aliqua adsperserat: hymenem defenderat; thymum fere duplicem esse; de magnis vasis thyreoideis; de vena jugulari utraque; de sanguinis per hepar in fetu peculiari circuitu.

Quod HIPPOCRATES *corpora humana secuerit* Göttingæ 1737. 4.* in *opusculis*, & in *operum minorum* T. III. recus. Lausann. 1768. 4.* argumento potissimum musculi de industria nudati & incisi, quem ad claviculam nasci scripserat auctor libri *de articulis*.

De vasis cordis propriis Götting. 1737. 4.*; in *dissertationibus selectis* T. II. Götting. 1747. 4.*, & in *operibus minoribus* Lausann. 1762. 4.* Parisiis auctor corda humana accuratius inciderat. Arterias, sed potissimum venas cordis, majorem, mediam, anteriores minores, valvulas in earum ostiis, aperta in sinus & ventriculos cordis vasa rubra hic describit.

De motu sanguinis per cor Götting. 1737. 4.* tum in *diss. selectis* T. II., & in *operum minorum* T. I. Valvulas venosas unum continuum esse anulum; eas valvulas minute descripsit, utilitatem valvularum confirmavit, & HARVEJI sententiam contra LANCISIUM & *Franciscum* NICHOLLS defendit.

De valvula EUSTACHII Götting. 1738. 4.* Lips. 1739. 4.* tum in *diss. selectis & in oper. minoribus*, hic auctius. Historia inventi & descriptio valvulæ. Aliqua de tuberculo LOWERI, & isthmo. Foramen ovale sæpe apertum esse.

De membrana media fetus in femina gravida visa Götting. 1739. 4.*, in *disp. select.* T. V. & in *oper. min.* T. II.

Historia dissectæ feminæ gravidæ Götting. 1739. 4.* Ovum humanum, membrana

brana media. uteri sinus, fibræ musculosæ, fetus, corpus luteum, cum aperto ostio. In *oper. min.* T. II. recusa est, & in *select. disp. Vol.* V.

Iteratæ de vasis cordis observationes Götting. 1739. 4.* in *disp. select.* T. II. & *oper. min.* T. I. Cor contractum non pallescere. Vena auris dextræ. Triplex anulus venosus cordis. Aliqua ad valvulam EUSTACHII.

Hoc anno, post mortem magni PRÆCEPTORIS, Auctor passus est se exorari, ut *Prælectiones* ejus, quales calamo exceperat, ederet, nihil ultra pollicitus. Cum vero in ipso nunc opere versaretur, nimis certo reperit, non posse fieri salvis veri juribus, ut hæ prælectiones nudæ ederentur. Passim enim erat, quod egeret explicatione, erat in sermone libero, neque semper satis meditato, aliquid subinde nimiæ adfirmationis: erant in ipsis SUMMI VIRI institutionibus, quæ aliqua admonitione egerent. Denique non vidit HALLERUS caveri posse, quin ad partium corporis humani descriptiones ea adderet, quæ vel ipse vidisset, vel apud certos auctores reperisset, ut ea omissa, aut paulo aliter a PRÆCEPTORE essent proposita. Cum suis cæterum PRÆLECTIONUM codicibus alium a *Johanne* GESNERO, viro præstantissimo & celeberrimo, alium a *Bernardo* FELDMANN, Ruppinensi viro egregio, alium antiquiorem contulit, ut & plenius fieret opus, & ex ipso consensu diversorum codicum de vera sententia PRÆCEPTORIS firmius constaret. Ita natum est haud parvi ambitus opus, in quo monemus non debere, ut sæpe factum est, *Prælectiones* BOERHAAVIANAS HALLERO tribui, quas in tota parte posteriori, non physiologica, operis absque commentario reliquerit, ut præter omnem rem sit carptus, quod crises & alia absque commentario ediderit.

Prodiit *Tomus* I. Götting. 1739. 8.*; accessit *Supplementum* ex novis codicibus natum ib. 1740. 8.*, & idem insertum novam editionem uberiorem reddidit eam, quæ ib. 1740. 8.* prodiit. Recusa est ib. 1744.* Altdorf. 1747. 8.* Turin. 1742. 4.* Venet. 1742. 4.* Leidæ 1758. 8.* Gallice versa a *Juliano* OFRAY *de la* METTRIE Paris 1747. 12.*

Tom. II. prodiit Götting. 1740. 8.* 1744. 8.* Altdorf. 1747. 8.* Leidæ 1758. 8.* Turin. 1743. 4.* Venet. 1742. 4.* & Gallice ut prius Paris 1747. 12.*

Tom. III. Götting. 1741. 8.* Leid. 1758. 8.* Venet. 1743. 4.* Turin. 1743. 4.* Paris 1747. 12.*

Tom. IV. Götting. 1743. 8.* 1748. 8.* Venet. 1744. 4.* Turin. 1745. 4.* Leid. 1758. 8.*

Tom. V. P. I. Götting. 1744. 8.* 1750. 8.* Venet. 1745. 4.* Turin. 1745. 4.* Leid. 1758. 8.*

Tom. V. P. II. Götting. 1744. 8.* 1750. 8.* Leidæ 1758. 8.* Venetiis 1745. 4.* Turin. 1745. 4.* Ex ultimis tomis vix quidquam in *Commentarios Parisinos* transiit, quos, ni fallor, JULIANUS deseruerat.

Tom. VI. totus est BOERHAAVII.

Quid in toto opere præstiterit EDITOR, non repetimus, cum ea omnia rectius

rectius in ultimo opere redeant. Properasse manifestum est, nondum a PRAECEPTORIS placitis recessisse, etiam ubi oportuisset; denique sermonem suum intermistis turbasse citationibus.

EJ. *Strena anatomica* Götting. 1740. 4.*, in *opusc. anat.* 1751. 8.* & in *oper. min.* T. III. Vesicæ urinariæ situs per ætatem mutabilis; membrana media fetus confirmata. Hepar in fetu majus. Ductus pancreaticus divisus. Ductus arteriosus.

De ductu thoracico Götting. 1741. 4.* in *diss. sel.* T. I. & *oper. min.* T. I. Iconem ex siccis partibus depictam dedit, tantum ut sermo fieret facilior. Monuit, ne in sinistro latere thoracis hic ductus quæratur. Plerumque supra insertionem adscendere & deorsum flecti, plerumque insula dividi.

De diaphragmate Progr. Götting. 1741. fol.* & in *anatomicarum Iconum fasciculo* I. Götting. 1743. fol.*, denique in *oper. min.* T. I. Multo meliorem hic diaphragmatis iconem reperias, potissimum ad pulcherrimas fibras tendineas, appendices quatuor, duplicem decussationem.

Observationes quædam myologicæ Götting. 1742. 4.* breve programma. Varietates aliquæ, musculus interosseus supernumerarius: horum musculorum numerus ad decem completus; duæ caudæ eorum tendinea expansione unitæ; fibræ ad latissimum dorsi a scapula accedentes: duo serrati posteriores dorsi in continua serie aponevrosi uniti. Interspinales longi & breves.

Duorum monstrorum anatome & de causis monstrorum ulterior disquisitio Götting. 1742. 4.* in *Opusculis* 1751. 8.*; mista aliquot opusculis congeneribus in *oper. min.* T. III. Fusa anatome porcelli bicorporei, capite semiduplici. Contra *Ludovicum* LEMERY, qui omnia monstra a casu fieri scripserat. Non potuisse tantis malis fetum supervivere; non orituram fuisse eam fabricam, quam anatome ostendit, si duos fetus casus aliquis collisisset. Novas partes visas, & fabricas a solita dispares, absque ulla suspicione coalitionis natas. In fetu periosteum posse de ossibus detrahi, & solum omnes musculos recipere. Alterum catellum omitto.

Progr. *de monstris, quo ad nupera* L. LEMERY *argumenta respondetur* Götting. 1742. 4.* & in *opusculis*. Felis capite semiduplici descripta, quæ fabrica non potuit a coalitu orta fuisse.

De valvula coli 1742. 4.* in *disp. sel.* T. I. & in *oper. min.* T. I. Valvulæ ipsæ, nam vere duas esse in sicco & inflato intestino adparet, sollicite descriptæ, inferior major, superior minor, utraque a subeunte inter tunicas coli ileo facta, ut claudant iter, & possint destrui incisa cellulosa tela, quæ utrumque intestinum conjungit. Hic error subfuit, nam præter cellulosam telam etiam carneæ fibræ colon cum ileo conjungunt. Eum errorem ALBINUS indicavit, & olim in *Elementis* noster correxit.

De membrana pupillari WACHENDORFIANA primum aliqua in Commentario BOERHAAVIANO T. IV., deinde in propria dissertatione inter *Acta Soc. Reg. Ups-*

Upsaliensis ab a. 1742. editis 4.*, & in *K. Swenska Acad. Handling.* 1748. in *Holl. Magazin* T. III. 8. 1758. deinde in *opusculis*, & in *oper. min.* T. I. Id inventum, quo noster facile WACHENDORFIO cessit, quod idem ALBINUS sibi vindicavit, membrana est, in nonnullis quadrupedibus fetus pupillam claudens, subfusca, & vasculosa. Cur cuniculis albis pupilla rubra? Quadrupedibus, quibus tertia est palpebra, iris minus sentit.

De omento Götting. 1742. fol.* & S. II. 1743. fol.*, & in *fasc.* I. *iconum* 1743. fol.* Primæ icones tolerabiles omenti utriusque, gastrocolici & hepaticogastrici. Porta omenti. Omentum novum colicum. Natura omentalis appendicularum pinguium coli. Hic repetit auctor, venam umbilicalem magnos ad hepar ramos dare, atque adeo bonam partem sanguinis in fetu per ramos venæ umbilicalis in venæ portarum ramos venire. Mesocolon transversum ab omento distinctum, cum quo a VESALIO, plurimisque scriptoribus, confusum sit.

De vera nervi intercostalis origine Götting. 1743. 4.* in *disp. sel.* T. II. & in *oper. min.* T. I. Nempe a sexto nervo advenire, non ab ophthalmico Quinti ramo. Neque enim eo tempore eos nervos noster viderat, quos ad intercostalem nervi Quinti secundus ejus paris ramus dat. Arteriola, quæ pro nervo ab ophthalmico nervo veniente habita est. Septum receptaculi. De sinubus cerebri aliqua.

De arteriis venisque bronchialibus & œsophageis Götting. 1743. 4.* in *disp. select.* T. III.; melius hæc redeunt in *Iconum fasc.* III. Duas cæterum arterias bronchiales distinxit, præter minores alteras; venam cognominem, arterias œsophageas numerosas.

Iconum anatomicarum partium corporis humani præcipuarum fasciculus I. Götting. 1743. fol.* In eo, præter ea, quæ citavimus, continetur tabula baseos cranii. Sinus cum eorum varietatibus & antiquitatibus: emissaria, sive sinuum per foramina nervosa cum venis extra cranium positis communicationes. Arteriæ ophthalmicæ vera origo. Ganglii ophthalmici prima icon. Septum receptaculi & arteriæ &c.

De nervorum in arterias imperio Götting. 1744. 4.* in *disp. select.* T. IV. *oper. min.* T. I. Hypothesis erat, qua per nervorum laqueos arterias stringentes effectus adfectuum animi in sanguinis circuitum explicabantur. Dudum eam noster deseruit, cum invenisset, nervos non esse contractiles. Exempla horum laqueorum interim usui esse possint.

Iconum anatomicarum partium corporis humani præcipuarum fasc. II. Götting. 1745. fol.* Uteri icon. Columnæ duæ rugosæ & callosæ vaginæ. Sinus mucosi superiores, inferiores, medii, urethrici. Carunculæ ex hymene ortæ. Valvulæ cervicis uterinæ. Nullas esse muliebres prostatas. Hic libellus recusus est in *oper. min.* T. II.

Arteria maxillaris interna parum hucusque nota, suo in situ, vasa pterygoidei canalis; arteria meningea, nasales; dentales, alveolares, palatinæ, ophthalmicæ. Nervi molles carotici.

Arteriæ thyreoideæ, & cervicales variæ, & bronchiales superiores, & vertebrales. Rami ad duram meningem medullæ spinalis &c.

Arteriæ cœliacæ duæ icones, ramique sollicite expositi, phrenici, gastrici, pancreatico duodenalis, ejus duo anuli cum mesenterica, hepaticæ, gastroepiploicæ, splenicæ.

De fetu humano septimestri cerebro destituto Götting. 1744. 4.*, in *opusculis* recus. & in *operibus minoribus*, cum aliis conjuncta ad monstra pertinentibus. Frequens omnino malum, ex pressione, ut videtur, natum.

Progr. *quo* WINSLOWI *de monstris sententia defenditur* Götting. 1745. 4.* & in *opusculis* 1751. 8.* Pressionem non potuisse coalitum facere, quem LEMERYUS descripsit, fuse & per singula. In HUNAULDI costas supernumerarias.

De viis seminis Götting. 1745. 4.* in *disputat. sel.* T. V. in *philos. transact.* n. 494. & in *oper. min.* T. II. Lausann. 1767. 4.* Argento vivo repleto teste adparuit, quod dicitur corpus HIGHMORI non ductum esse, sed rete vasculorum, natorum ex vasis serpentinis testem ipsum constituentibus; emittentium numerosos conos vasculosos, qui de teste egressi in epididymidem, unicum canalem, consentiunt. Deinde vesiculas seminales repletas, tunc evolutas, adparere esse intestina cæca, in quæ multa & ipsa cæca intestinula partim simplicia & partim ramosa se immittunt.

De respiratione experimenta anatomica Götting. 1746. 4.* in *opusculis* 1751. 8.* Cum reliquis ejus scopi libellis in *Mémoires sur la respiration*, inque *oper. minor.* T. II. Nullum se in animalibus sub pleura aërem reperire. Bullam, quam HAMBERGERUS viderit, esse proprium canibus pulmonum lobum supernumerarium, cum sua inflata pleura. In vivo animale perinde pulmonem proximum pleuram contingere. Musculos intercostales internos utique costas levare. Fila eos musculos exprimentia, thoraci humano hactenus flexili adaptata, costas adtollere. Pondera, quibus adpensis costæ levantur, ostendere maximam firmitatem costæ primæ, quæ sit reliquis pro fundamento. Intervalla costarum inter inspirandum minui.

Pars altera Götting. 1747. 4.* in *opusculis* 1751. 8. Ad programmata octo HAMBERGERI hic respondetur. Intercartilagineos esse veros intercostales internos, quibus HAMBERGERUS eos adversari scripsit. Submersi sub aqua canis apertum thoracem nullas bullas edere. In experimentis in vivis canibus repetitis, inter inspirandum agere musculos internos, intervalla costarum ad certas mensuras minui, costas elevari, inferiorem marginem extrorsum verti, totas manifesto rotari.

Iconum anatomicarum partium corporis humani præcipuarum fasciculus III. Götting. 1747. fol.* Arteriæ capitis, thyreoidea, lingualis, labialis, occipitalis, auricularis, pharyngea, hæc nova, maxillaris interna, temporalis, ciliares anteriores. Deinde arteriæ mammariæ, thoracicæ minores. Phrenicæ superiores, pericardiacæ; tum duæ plerumque bronchiales, œsophageæ multæ; vena azyga, bronchialis, alia ex sinu pulmonali nata. Vasa mesenterica, colica

lica media, dextra, ileocolica; anuli inteſtinales magni & parvi, hepatica a meſenterica nata. Vaſa minora & inter ea rami ſpermaticarum, quos RUYSCHIUS habuit pro ſyſtemate peculiari venarum inteſtinalium, a cava provenientium. Arteriæ phrenicæ inferiores magnæ, parvæ, capſulares, renales. Adipoſæ, ſpermaticæ minores, uretericæ. Utique urachum cavum eſſe, & aqua plenum.

Primæ lineæ phyſiologiæ Ed. I. Götting. 1747. 8.* verſa a *Petro* TARIN Gallice Paris 1752. 12.

Editio II. Götting. 1751. 8.* Venet. 1754. 8.* Neapoli 1761. 4. SMITH. Verſa Anglice a S. MIHLES London 1754. 8. 2.Vol.* 1772. 8.* Italice Venet. 1765. 8.* Gallice a D. BORDENAVE Paris 1768. 12.*

Editio III. Götting. 1766. 8. recuſa Edinburg 1767. 8.* Lauſann. 1771. 8.* Germanice verſa Berolin. 1770. 8.* potius 1769. Ad uſum prælectionum Academicarum ſcriptus liber brevem anatomen continet, & viſcerum & earum partium, quarum functiones in phyſiologia docentur; eam BOERHAAVIANO operi auctor ſubſtituit, ut ordinem ſuum ſibi ſequi liceret, & aliqua plenius exponere. Nuperiores editiones aliquanto copioſiores ſunt. Hic AUCTOR corporis humani maximam partem ex celluloſa tela fieri docuit, quam deinde materiam Cl. HERISSANT oſtendit etiam oſſibus eſſe & teſtis: in tendine cocto etiam C. MOSCATI vidit eamdem eſſe. Vaſa minora admiſit, ſed non multorum ordinum. Motum cordis irritationi tribuit ſanguinis venoſi, ex ordine duas auriculas & duos ventriculos percurrentis. Cor omni alia parte corporis animalis magis irritabile eſſe reperit. Neque convulſionem nervorum, neque arterioſi ſanguinis a coronariis averſionem alternas in motu cordis vices facere oſtendit. Humores animales in quatuor claſſes reduxit, coagulabiles, inflammabiles, mucoſos, aqueos. Globulorum diminutas ſeries rejecit; ipſos facit rotundos. Arteriarum vim contractilem partim mortuam eſſe, partim muſculoſam inſitam. Pulſum in vaſis minimis evaneſcere, neque ea minima vaſa videri contractione alia valere præter mortuam. A ſolo corde eſſe vim moventem ſanguinem. Numeros pulſuum definivit, multo pauciores, quam nuperi aliqui fecerunt. Humores fetus ab hominis adulti humoribus differre. De utilitate reſpirationis ampliat: pulmonem mere celluloſum facit. Reſpirationem eſſe a voluntate. Literarum formationem ad ſua experimenta expreſſit. Nervos neque elaſticos eſſe, neque contractiles. In muſculorum motu diſtinxit vim mortuam, quæ in fibra multo a morte tempore ſupereſt; vim inſitam, quæ paulum vitæ ſupervivit; vim nerveam, quæ per nervos accedit. Omnem hypotheſin a motu muſculari removet. Voluntarios muſculos a ſpontaneis differre, quod iſti magis irritabiles ſint. Perſpirationis dignitatem hactenus minuit, ut ſit potiſſimum a cibo & potu, ut tamen etiam acres aliquas & nocituras particulas difflet. In oculo oſtendit, iridem parum aut ſentire, aut irritabilem eſſe. Retinam fieri pulpoſa natura, & vaſculis, & demum ex fibris ſuper tenuem celluloſam telam expanſis, & utique ex medulla per cribroſæ laminæ foramina continuata naſci. Animam non putat corpus ſuum regere. Motum periſtalticum ventriculi confirmat,

firmat. In fetu magnos a vena umbilicali ramos hepar adire, qui in adulto homine rami sunt venæ ad portas. Capsulam GLISSONII meram esse telam cellulosam. Intestina vario motu agitari. Ut mechanico modo cæcum intestinum fetus in aliam fabricam transeat, quæ in adulto homine est. Cellulosa tela tertia intestinorum, secunda urinariæ vesicæ. De generatione, pro primordiorum animalis ex matre origine, quæ tot in animalibus manifesto sola novum animal gignat, aut ex parte decidua sui, aut ex ovo: ut in agilioribus demum animalibus, & valde compositis, sexus alter accedat. Embryonem longe differre a fetu, ita tamen præparatum esse, ut possit in fetum per certas causas transire, viribus cordis & adtrahentium se fibrarum solidarum, & varia pressione. Fabrica membranarum: lactis pars ex cellulosa tela & adipe nascitur, pars ex glandulis: ductus singuli, nihil habentes, quod diversos conjungat. Animal tenerrimum maxime irritabile esse, inde paulatim eam teneritudinem minui: hanc senii & mortis causam esse.

De foramine ovali & EUSTACHII *valvula* Götting. 1748. fol.* in *fasciculo iconum* IV. & in *oper. min.* T. I. hic auctius & cum multis iconibus. Ejus valvulæ varietates, & in adulto corde reticulum: sed potissimum de foramine ovali in tenero fetu maximo, sensim minori, minori semper quam est ductus arteriosus: ob eam ejus ductus amplitudinem arteriam pulmonalem oriente aorta majorem esse, cum ista minus sanguinis per ovale foramen accipiat, quam quidem ipsi per arteriosum ductum decedit. Ita MERYANO argumento responderi. Cornicula valvulæ foraminis ovalis, quæ foramini tegendo abunde sufficiat.

Iconum anatomicarum partium corporis humani fasciculus IV. Götting. 1749. 4.* Narium dissectarum icones, cum sinubus pituitariis, novisque cellulis orbitariis. Deinde vasa pelvis, in quibus ob difficilem situm WINSLOWUS minus bene erat meritus, quam in aliis anatomes partibus. Arteriæ iliolumbales, sacræ, media, iliaco posterior, obturatoria, ischiadica, pudenda, hæmorrhoidea media, uterina, vesicalis ima, reliquæ, denique umbilicalis.

Progr. *de rupto utero* II. Götting. 1749. 4.* & in *opusculis pathologicis* Laus. 1755. 8.* 1768. 4. & 8.* De corporibus luteis, fibris musculosis uteri, venis, quæ sinus aliis uteri; uteri perpetua crassitie.

De gibbo ib. 1749. 4.* & in *opusculis pathologicis*. Costarum pars ossea & depressa.

De ossificatione præter naturam Götting. 1749. 4.* & in *opusculis pathologicis*. Succum quemdam quasi caseosum sensim indurari, exque pultacea natura in cartilagineam & demum in osseam abire. Suecice in *Swenska Wet. Acad. Handl.* 1750. Anglice London 1750. 12.

De aortæ venæque cavæ gravissimis morbis ib. 1749. 4.* & in *opusculis pathologicis*. Inter ea est mira & polyposa arteriæ carotidis venæque jugularis exsæcatio.

De uteri variis morbis 1749. 4.* & in *opusculis pathologicis*. Pili in steatomate ovarii. Redit in *Philos. Trans.*

De

De herniis congenitis Götting. 1749. 4.* & in *opusculis pathologicis*. Hic testem in fetu intra peritonæum contineri noster docuit, & sensim descendere; herniam congenitam fieri, quoties peritonæum ex sede depressum, & in appendicem productum est.

Ad operis BUFFONIANI *versionem tomumque secundum præfatio*, qua agitur de generatione, Hamburg & Lips. 1752. 4.* & in *operibus Germanicis* Bern. 1756. 8.* 1772. 8.* inque HEUERMANNI *physiologia* T. IV. Tiguri in *vermischten Nachrichten* T. IV. Gallice Paris (Genevæ) 1751. 12* cum titulo *reflexions sur le systeme de M. de B. sur la generation*. Latine in *oper. min.* T. III. Contra modulos interiores BUFFONII. Non omnes novis animalis partes in adulto superesse, neque fetum quasi ex modulo expressum parenti similem esse. Ex sola adtractione non nasci fabricam ad certos fines accurate destinatam. Nullum dari semen muliebre, neque corpora lutea ante venerem reperiri.

Opuscula anatomica recensa & emendata Götting. 1751. 8.* Redeunt hic, quæ sigillatim recensui, passim emendata. Tum nondum edita *oratio de amœnitatibus anatomicis*, anno jam dicta 1742, denique *experimentorum de respiratione pars* III.; experimentorum nempe ad litem de respiratione dirimendam institutorum diarium. Sunt omnino 36. In iis sæpe præsentibus eruditis & illustribus testibus ostensum est; nullum in pectore, pulmonem inter & pleuram aërem esse, nullum de aperto sub aquis pectore aërem exire. Costas rotari, inverti, descendere cartilaginibus, mediis arcubus adscendere, intervalla costarum mensuris captis minora fieri, inter inspirandum musculos intercostales internos intumescere & durescere. In prioribus partibus ejusdem de respiratione libri deleta sunt, quæcunque vel paulo acrius in HAMBERGERUM dicta fuerant. Reliqua de monstris passim aucta. In præfatione responderat Auctor ad SENACI objectiones. Sed eam præfatiorem ipse suppressit. Redeunt omnia in *operibus minoribus*.

Cum longe maxima pars sit HALLERI, hic dicemus *Hermanni* BOERHAAVE *methodum studii medici* Amsterdam 1751. 4. 2.Vol.* Venet. 1753. 4. 2.Vol.* Primus editoris finis fuerat emendare codicem mendosum BOERHAAVII; inde vidit plurimos & optimos passim scriptores ab AUCTORE omitti: deinde omissos alios de quibus, cum ipse EDITOR exemplis destitueretur, non potuerit definire, bonine essent an mali. Partem anatomicam satis copiosis additionibus auxit; judicium passim suum interposuit. Typographus frequenter peccavit, & in præfatione diffitentis sui HALLERI voces in laudes proprias convertit.

Ejus & *J. M. Friderici* ALBRECHT, auctoris, *experimenta quædam in vivis animalibus præcipue circa tussis organa explananda instituta* Götting. 1750. 4.*: experimentorum pars est HALLERI, ideo cum l. *de respiratione* Lausannæ 1758. recusa. Vix ulla irritatione tussim in animale producere potuit, ut alioquin aspera arteria multo sit macilentior & durior.

An dentur hermaphroditi diss. Prælecta in conventu Societatis Regiæ Scientiarum

tiarum Göttingensis a. 1751. edita in T. I. *Commentariorum* Götting. 1752. 4.* Describit hircum & arietem, utrumque pro hermaphrodito habitum, marem utrumque, urethra sub pene aperta, brevi & femininæ simili. Ejusmodi, aut feminas magna clitoride, pro androgynis haberi, etsi frequentius viros esse probabilius sit. Deinde historias numerosas colligit androgynorum, quos inter aut nullum, aut unicum verum androgynum reperit. Ut adgnoscantur & a viris feminisve distinguantur quærit. Redit in *oper. min.* T. II.

De cordis motu a stimulo nato in Comment. Soc. Reg. Scient. T. I. sermo dictus 10. Nov. 1751. Experimentum tentavit, quo posset privilegium novissime superviventis partis cordis a dextra aure dextroque cordis ventriculo in sinistras caveas transferri: dextram nempe aurem incidit, sanguinem expressit, venam cavam vinculo intercepit, ne novam sanguinis penum adferret. His factis prior siluit auris dextra, & ejus lateris ventriculus, cum sinister ultimus in motu persisteret. Germanice, *Allgemeines Magazin* T. III. Gallice in collectione SIMONI T. II. Latine in *oper. min.* T. I.

In T. II. horum commentariorum Göttingæ 1753. excuso * reperiuntur *duo sermones Academici* 23. April. & 6. Maji 1752. prælecti, qui multas lites excitarunt, multumque Auctori suo conciverunt odii. Res tamen simplex erat, & absque ullo animo novandi per experimenta nata.

Primum, post nonnulla vestigia apud varios scriptores sparsa, noster reperit, nullum ab ulla injuria videri sensum animalis excitari in dura cerebri membrana, aliisve membranis, in pleura, peritonæo, periosteo, cornea oculi tunica: nullum cieri a læso tendine, ligamento, osse, cartilagine, viscere. Sensum in solo nervo residere.

Alter sermo agit *de partibus corporis humani irritabilibus*, quæ nempe ferro irritatæ se contrahunt: eam contractionem invenit propriam esse musculosæ fibræ. Nervum non esse irritabilem, neque sentiendi facultatem cum natura irritabili conjungi. Hanc non a nervo esse, hoc resecto, & in parte corporis toto de corpore separata superesse. Esse forte in arteriis vim irritabilem, cæterum per experimenta de ea re non constare. Maxima vi irritabili cor pollere, deinde intestina & diaphragma. Videri in glutine eam vim residere. Historiam aliquam eorum addit, quæ alii Cl. viri in ea animalium facultate viderunt.

Hujus opusculi numerosæ fuerunt editiones. Latine Göttingæ 1753. 4.* *Oper. min.* T. I. emendatius.

Gallice vertente Cl. TISSOT Lausannæ 1754. 12.* 1756. 12.*

Italice vertente *J. Vincentio* PETRINI Rom. 1755. 4.* & Bonon. 1757. 4.* in *collectione Fabriana*, tum Neapoli 1755. 8.*

Anglice Londin. 1755. 8.*

Suecice in *K. Swenska Wetenskaps Acad. Handl.* 1753. Tr. I. & II.*

Germanice in *Hamburg. Magaz.* T. XIII. & Lips. 1756. 4.* in *oper. Germanicorum* T. II.

Iconum

Iconum anatomicarum fasciculus V. Götting. 1752. fol.* Arteriæ pedis, plurimæ novæ arteriæ. Epigastricæ rami hepatici, vesicales. Abdominalis, pudendæ externæ duæ, profundæ femoris, earumque rami, nutritiæ femoris, circumflexæ, popliteæ, nutritiæ tibiæ, recurrentes genu, arteriæ pedis, earumque magni parvique arcus. De tabula V. auctor queritur.

Iconum anatomicarum fasciculus VI. Götting. 1753. fol.* Arteriæ brachii, ab ipso arcu aortæ ad ultima: multa hic etiam nova, arteriæ potissimum perforantes superiores, inferiores, arcus carpeus, tres arteriæ recurrentes cubiti ab ulnari, radiali & interossea plenius dictæ, thoracicæ arteriæ pleræque, earumque cum mammariis & intercostalibus pulchri arcus. Mammariarum rami plenius dicti, etiam hepatici, tenues cum epigastricis anastomoses, alia.

De fabricis monstrosis Götting. 1755. 4.* Palatum fissum; proboscis de puero ex occipite nata, alter puer & puellus tripes; ovicula ore clauso.

In II. *de fabricis monstrosis* progr. Renes semiduplices, vaginæ duæ. Redeunt in *pathologicis*, inque L. II. *de monstris*.

De morbis uteri progr. ib. 1753. 4.* Placenta vesicularis.

De induratis partibus corporis humani 1753. 4.* & in *pathologicis*. Memorabile exemplum ossei scyphi citra chorioideam in oculo visi, & vitreum corpus continentis.

Iconum anatomicarum fasciculus VII. Götting. 1754. fol.* Historia primum eorum, quæ de carotidibus innotuerunt. Arteriæ a carotide in cerebrum & a vertebrali. Velum vasculosum, quod thalamis opticis & pineali glandulæ imponitur. Vasa minuta exteriora & intima medullæ spinalis, cum ea ipsa in situ relicta. Denique arteriæ oculi: plena historia; arteriæ ophthalmicæ; centralis retinæ, ciliares longæ, breves, & anteriores, circulus arteriosus uterque, vasa vorticosa, quæ venæ sunt, arcus tarsei.

Opuscula pathologica partim recusa, partim inedita, quibus sectiones cadaverum morbosorum potissimum continentur. Accesserunt experimenta de respiratione quarta parte aucta Lausannæ 1755. (verius 1754.) 8.* recusa, plurimumque aucta ib. 1768. 8.* & cum *operibus minoribus* 1768. 4.*; recusa etiam Neapoli 1755. 8.* & Venet. 1755. 8.* Anglice versa Londin. 1756. 8.* Septemdecim programmata hic recusa sunt, quæ passim ad anatomen pertinent. Sanguinis in cellulosam pulmonum telam sudor: idem verioris inflammationis auctor. Calculi renalis initia in flava viscida materie replente ductus uriniferos. Cellulosa tela indurata. Agnus cyclops, ovum prægnans; pullus & canis tripedes. De suffocatis sub aqua, quam mortem Auctor fere spumæ asperam arteriam replenti tribuit. Nova experimenta de respiratione 47. Unde error eorum natus sit, qui putarunt se bullas vidisse de pertuso pectore adscendentes. Musculorum intercostalium internorum in vivo animale officium. Mediarum costarum intervalla parum mutantur, superiorum & inferiorum plurimum. Diaphragmatis actio: apices costarum imarum introrsum contrahit; gulam & asperam arteriam comprimit. Horum experimentorum imperfecta editio prodiit Lausann. 1763. 8.*

De

De motu sanguinis Gotting. in *Comment. Soc. Reg. Scient.* T. IV. a. 1755. 4.* edito diss. Gallice versa Lausann. 1756. 12.* Anglice Lond. 1757. 8.* Redit aucta in *oper. min.* T. I. Experimenta sunt aliqua Gottingæ, pleraque Bernæ facta. De effectu impulsi sanguinis arteriosi in arterias: lumen augetur, membranarum crassities minuitur. Ut anevrysma pro arbitrio producatur, deleta cellulosa tela, quæ arteriam ad sua fulcra, ut ad mesenterium, religat. Globulos sanguinis vere sphæricos videri, etiam in ranis, rubros esse in valente animali, flavos in languido. Nullum verum arteriosi sanguinis a venoso discrimen unquam adparuisse. Circuitus sanguinis & microscopio visus, & per injecta vincula demonstratus. Pulsus in ranis paucis in arteriis conspicuus est, pleræque immotæ manent, neque ab ullo stimulo arctantur. In minimis vasis sanguis non valde lente circumit. Ab arteria obstructa sanguis avertitur. De effectu venæ sectionis, quo sanguinis motum mutat. Velocitatem generat & auget; ad locum incisæ venæ potenter per venam derivat: sed etiam omnibus expensis per arteriam. Causæ motus cordis, quæ præter cordis potentiam accedunt. Nervi, certe in experimentis, nihil hic possunt. Pondus sanguinem utique urget. Vis adtractionis. Motus sanguinis a morte, aut evulso corde superstes.

Iconum anatomicarum fasciculus VIII. Gotting. 1756. fol.* Duæ sunt magnæ tabulæ arteriarum universi corporis ita pictæ, ut alterum latus cuti propiora, alterum profundiora exprimat. Alia ad cadavera icones factæ sunt, quam quæ ad priores tabulas inservierunt: quare hæ sunt priorum quasi supplementum. In sermone adjecto nuperius etiam visa recensentur, ad arterias potissimum hepatis, lienis, ventriculi & septi transversi; nova descriptio arteriarum cæcalium & recti intestini, novæ arteriæ cervicis, dorsi, & lumborum. Cæterum harum arteriarum icones plures in *Encyclopædiam*, aliquæ in *collectionem* Londinensem 1746. fol.*, aliquæ in nuperam WINSLOWI editionem receptæ sunt, omnes multum detrimenti passæ.

Deux memoires sur les parties sensibles & irritables Lausanne 1756. 12.* Hos commentarios latine scriptos Gottingam noster miserat a. 1755: cum vero ibi commentarii nulli nunc ederentur, reddidit in *oper. min.* T. I. *Compendium in* FABRIANO *supplemento* prodiit Bonon. 1759. 4.* Eorum libellorum posterior jam dictus est, prior nunc primum prodierat. In priori experimenta recensentur, ex quibus hæc primi libelli quasi corollaria nata sunt.

Primum monetur, a quibus cavere oporteat, ne ab ipso experimento error nascatur. Dudum hic cautum est, ne nervorum per superficiem alicujus partis corporis decurrentes rami, pro nervis ejus partis habeantur, ipsorumque sensus tendini tribuatur, cui incumbunt, & quem nusquam subeunt. Sequuntur experimenta, per quæ constitit, a nervis violatis neque dolorem in animale, neque convulsiones sequi: eorum aliqua in hominibus capta sunt. Inde ligamenta, capsulas articulationum & periostea dicitur non dolere lacessita. Porro de duræ membranæ cerebri indolentia; ubi experimenta redeunt anno 1751 capta, & a. 1753, a Cl. WALSDORFIO publicata, quæ evincunt, præter arteria-

rum

rum motum, etiam a respiratione cerebrum moveri, & in exspiratione levari, inter inspirandum quasi resorberi. Sed neque piam matrem sentire putat; neque in corpore calloso quidquam esse praecipui, neque in cerebello. De obtuso sensu viscerum & membranarum. De irritatorum, vinctorum, resectorum nervorum effectu. Sensum intercipiunt hæ violentiæ, non motum; & nervo de cerebro resecto manet sua vis, qua musculos suos convellit. Iris non sensilis, neque irritabilis, pupilla a morte amplior. Vis irritabilis arteriarum in calidis animalibus pigra, in frigidis inconspicua. Non debere mutationes a venenorum chemicorum contactu natas, vi insitæ tribui. Vis contractilis vesicæ urinariæ perpetua nec alterna: vis modica vesiculæ felleæ. Ventriculi contractio & in vomitu partes. Gula valde irritabilis. Sic intestina, quorum varius motus hic narratur, potissimum, qui a venenis sequitur. Motus cordis in nupera editione ad eum libellum relatus, quem continuo dicemus. Una, brevi libello noster, ad aliquas objectiones *Claudii Nicolai le* CAT sua argumenta reposuit: Hæc excerpta reperiuntur in Diario, cui titulus *Journ. de Medec.* 1756. Jun.

Deux memoires sur le mouvement du sang Lausanne 1756. 12.* Anglice diss. *on the motion of the blood, and effects of blood letting* Lond. 1757. 8.* Latine multo auctius in *oper. min.* T. I. Experimenta ipsa hic recensentur, ex quibus, tanquam corollarium aliquod, libellus natus est, quem non dudum diximus. Colorem sanguinis, etiam in eodem vase, alium esse & alium. Phænomena in sanguine a variis succis & salibus admistis nascentia. Experimenta, quibus circuitus sanguinis demonstratur. Globuli natant, non rotantur. Nulla a ligata vena jugulari mala. Motus sanguinis turbatus, oscillatio & retrogressio. Pleraque diximus.

Maximum nunc operum auctoris adtigimus, *Elementa physiologiæ corporis humani.* Hic, quæ in *primis lineis* brevissime dicuntur, fuse exponuntur, & cum iis comparantur, quæ alii scriptores utiliter viderunt. Tela tamen operis ex propriis auctoris incisionibus sumta est. Tomus I. prodiit Lausannæ 1757. 4.*, recusus Neapoli 1763. 4.* & Venetiis 1765. 4.*; Germanice versus a *J. Samuel* HALLE Berlin 1759. 8.* Continet prima capita operis minoris, & cordis potissimum historiam. Arteriarum simplex fabrica, rami robustiores. Contra parenchyma; anastomosium numerosus census. De vasorum lymphaticorum inventoribus: RUDBEKII causæ favet, qui plura ejusmodi vasa vidit: ea & ex rubris vasis nasci noster, & ex cellulosa tela. Circuitum sanguinis fuse demonstrat, objectiones removet; HARVEJO refert acceptum. Pericardii nova descriptio, anulus & icones. Tendines cordis rejicit: Nervos cordis de integro describit. Arterias coronarias a valvulis aortæ negat tegi. Cor utique brevius reddi, dum contrahitur; ejus motus ex ordine. Contra oscillationem vasorum minimorum, nullo unquam microscopio visam. Causa motus cordis non ab anima, neque a nervis, sed potissimum ab irritatione valde irritabilium carnium cieri.

Non separabo ejusdem operis volumina, etsi alii intercesserunt labores. Tomus II. prodiit Lausann. 1759. 4.*, recusus Neapoli, Venet. 1766. 4.* & Germanica manice Berolini 1762. 8.* De sanguine; ejus calorem 113. gradus FAHRENHEITIANOS in vivo homine nondum superasse: aërem multo magis calescere, absque vitæ jactura. Globulos sanguinis perpetuos esse, non quidem in minores alios dividi: fibras nullas. Temperamentorum princeps fundamentum esse in firmis partibus. De arteriarum officio; difficili quæstione. Minui in minimis celeritates, minus tamen, quam ex calculis sperares. A nervis nihil hic sperari. Utique pressionem lateralem locum habere. Ut pulsus conspicuus nascatur. Calorem tamen a motu esse, ruborem forte a ferro. Ut celeritas in venis renascatur. Etiam in venis pressio lateralis locum habet. Humores, glandulæ, earumque fabrica. Secretio; varia quæ possunt ad separandos humores conferre. Particulas diversi ingenii in sanguine esse, has satis commistas, plerumque impuras, de eo decedere, in glandulis plerumque resorbtis humoribus aquosis depurari. Ad HAMBERGERI hypothesin, non respondere experimenta legibus. Ad *Franciscum* LAMURE.

Tomus III. Lausannæ 1760. 4.*, inde Neapoli, Venetiis, & Berolini 1766. 8.*. Respirationis instrumentum fuse; costarum fabrica & motus. Fuse hic de potestate musculorum intercostalium internorum. Raro pectus integrum tamquam unum corpus levari, plerumque costas inferiores ad superiores adscendere. Unde error sit eorum, qui contraria putaverunt se vidisse; potissimum ex eo ortus, quod solas ad medias costas oculos intenderint, quarum firmitates parum differrent. Utique nervum noni paris cum phrenico conjungi; hujus phrenici phænomena; thymi lac & lobi. De aëre inter pleuram & pulmonem omnino non admittendo, fuse, & per varias animalium classes. Venam pulmonalem utique arteria sodali minorem esse. Aëris historia, pressio in sanguinem exigua. Respirationis stadia & cujusque causæ. Sanguinem & per inspirationem & per exspirationem in pulmone colligi. HARVEJANUM ænigma solvitur, & ostenditur mutari respirando pulmonem, non tamen adeo subito necessitatem respirandi subnasci. Pulsus venæ pulmonalis. Contra aërem elasticum sanguinis. Dextra vasa & dextras caveas pectoris in maturo fetu majores esse; de ea amplitudine aliquid in adulto homine superesse. De larynge, etiam avium, & de voce: singularum literarum formatio mechanica: & vocales octo, earum quæque surda aut clara.

Tomus IV. Lausann. 1762. 4.*, tum Neapoli, Venetiis, & Berolini, hic 1768. 8.* Cerebri per varia animalia anatome (quam tamen postea in avibus & piscibus perfecit) & pondera. In aviculis magnam cerebri rationem esse ob macilentiam totius corporis. Cerebri particulæ, tria ventriculorum cornua, hippocampi pedes & tænia, & unguis recessus posterioris. Tunc medulla spinalis, dura mater, ejus fibræ; de ejus motu ab arteriis & a respiratione. Ad LAMURII objectiones. Duram membranam cum nervis non longe continuari. De partibus sentientibus; eas esse, quibus multi sunt nervi, qui soli sentiant. Non sentire, quibus nulli; obtuse, quibus pauci. Meninges non sentire. De spiritibus; conjecturæ: motus musculorum varius, mortuus, insitus, nervosus, per experimenta separati. Tendo neque sentit, neque motu valet insito.

Motus

Motum insitum nervus non regit. Phænomena motus muscularis; contractio carnium maxima, & longe major, quam tertiæ partis longitudinis; sed absque pallore. Vires immanes ab insectorum musculis exsertæ. Causa motus muscularis. Videtur motus naturalis a stimulo nerveo augeri. Motuum spontaneorum a voluntariis discrimen, & ejus causa. Contra eam legem, effectum causa non posse majorem esse; cum tamen levis nervi irritatio in musculo convulsionem cieat millena pondo sublevantem. Contra animam ut causam motus muscularis. Subjecta est anatome cerebri piscis.

T. V. Lausann. 1763. 4.* Sensus. Fuse de perspiratione insensibili, ex variis experimentorum auctoribus collecta relatio. Papillæ linguæ & earum nervi. Vasa & nervi nasales & odorum classes. Arteriæ dentales pleræque. Fuse etiam de oculi anatome, etiam comparata. Contra fibras circulares iridis. Lentem crystallinam a muco firmari. Tres retinæ laminæ. Contra MARIOTTUM ex anatome comparata. Oculum ad diversas distantias non mutari. Memoriæ mirus mechanismus. Anima incorporea est. Opii vis.

T. VI. Gotting. 1764. 4.* Pro RAVIANA articulatione maxillæ inferioris. Fuse de ductibus salivalibus, ductus ad STENONIANUM accessorius. Anatome comparata ventriculi, ejus fabrica musculosa verior; ejus cellulosa tela tertia: de natura succi gastrici experimenta. Ventriculum irritabilem esse & contractilem. Chylum non nasci a fermentatione. Omenta varia. Simplex fabrica lienis. Utique majorem partem sanguinis venæ umbilicalis per hepar transire. In hepate utique bilem nasci. Contra ductus hepaticysticos. Non in vesicula bilem parari. Lienis sustentaculum a mesocolo natum, situsque variabilis.

T. VII. Lausann. 1765. 4.* Duodenum tantum & reliquum tenue intestinum numerat, sic colon & rectum. De duodeni sede in mesocolo. Cellulosa intestinorum tela tertia, motus eorum varius. Valvula coli in variis animalibus. Venæ lacteæ. Urachum utique ad umbilicum usque cavum esse; per funiculum continuari non posse. De testibus copiose: eos intra abdomen fetus poni, & serius in scrotum descendere, ante POTTIUM, & alios vidit. Ex aliquot cadaveribus sinuum urethræ varietates. Arteriæ capsulares trium ordinum, uretericæ, arteriæ pelvis, hæmorrhoidea media &c. De vermiculis seminalibus copiose: animalia esse, seminis nativos hospites. Mammæ earumque ductus. Uteri fabrica & vaginæ. Menses tamen videri a plethora esse.

T. VIII. Lausann. 1766. 4.* Copiosissime de tota generatione, graviditate, partu. Animalium scala, quæ absque sexu sunt, & ex parte sui decidua novum animal reparant. Quæ ovum reliqui corporis dissimile pariunt. Quibus & ova sunt & masculæ partes. Quæ sola non sufficiunt ad generationem, & altero sui generis individuo egent, ut novum animal nascatur. Androgyna classis. Demum ea, cujus alia individua mascula sunt, alia feminina: istæ ova habent, sed illorum secundante succo egent, sive is ovis jam positis superfundatur, sive in corpus feminæ expellatur. Hæc animalia fere majora, mobiliora sunt & magis composita. Vesiculæ ovarii non sunt ova, sed tumet earum maxima, crepat,

crepat, liquorem effundit, qui in verum ovum abit, tunc undique villo efflorescit intus, & in corpus luteum degenerat. Ova quadrupedum neque ovata esse, neque adeo præcociter conspicua reddi. Contra BUFFONIUM, vim structricem animæ, & LEEUWENHOECKII vermiculos. Semen masculum videri stimuli loco se habere, quod latentis in matre animalculi cor ad micationem excitet. Embryonis formatio. Contra epigenesin; machinæ motrices, cor, cellulosa tela. Cordis origines & transformatio. In MERYUM. Vita, nutritio, progressus ab infantia ad virilem statum, & senium. Ejus causæ ubertas partium terrestrium, diminuta irritabilitas, humores non optimi. Addenda ex noviter fere inventis, aut communicatis.

Uno nunc ordine subjungemus; *opuscula* viri, etsi aliqua post primam partem operum anatomicorum minorum prodierunt.

Deux Memoires sur la formation du cœur dans le poulet Lausann. 1758. 12.* Observationes Göttingam missæ fuerant a. 1757. & 1758. recusæ Latine in *oper. minor.* T. II. Causa suscipiendi libri fuit, quod MALPIGHIUS dextrum & sinistrum ventriculum cordis ita depinxisset, ut a dextro in sinistrum canalis simplex transiret, nusquam per pulmonem nondum natum, distributus. Id AUCTORI insolubile visum est ænigma. Quare eo nodo se solvere tentavit, ovis gallinis subjectis & per certas horas apertis. Mensuras etiam omnium partium fetus quotidianas sumsit, & duplicem fecit libelli partem, ut priori experimenta narraret, & adnotata phænomena, altero ea sub certos titulos colligeret, & incrementa atque mutationes cujusque partis novi animalis conjunctas traderet. Nidum ab amnio post nuperiora experimenta nunc separavit; membranam umbilicalem rapide totum ovum vestientem; figuram venosam pulcherrimam membranæ vitellinæ; sanguinis pallorem, inde ruborem; fetus expansionem a solo corde natam. Vitelli pulcherrima fabrica sequitur, & valvulæ vasculosæ soli ANTONIO MAITRE JEAN tactæ, & vermiculata vascula. Inde fetus prima facies, mutatio, incrementa, incredibili primum celeritate progredientia, inde lentiora. Cor princeps scribendi causa, longe aliter, quam a MALPIGHIO deprehensum. Laquei utique in principio simile est, ventriculo dextro nondum nato, isthmo aliquo inter auriculam unicam & sinistrum ventriculum intercepto. Paulatim partes cordis conjunguntur, auriculæ cum corde uniuntur; ventriculus dexter subnascitur, & auricula in duas secedit auriculas. Una nunc pulmo conspicuus fit, & ejus invisibilia etiam vasa conspicua redduntur. In avibus duo sunt ductus arteriosi. Rubor sanguinis pulmonem præcedit. Cordis sensim perfecti phases. Harum phasium successio & causæ, adtractio potissimum cellulosæ telæ. In ventriculo caseosum coagulum: initium motus peristaltici. In oculo retina ad lentem crystallinam producta, & zona ciliaris. Porro causæ tantæ mutationis, quæ ex inconspicuo quasi clavo pullum bicrurem & alatum produxit. Non ideo nullæ sunt partes, quæ ob pelluciditatem inconspicuæ. Colorum & saporum origines, incrementa partium inferiorum, ob duritatem in primævo capite primum subnatam. Causa, quæ novum ventriculum cordi addit, quæ foramen ovale arctat. Embryo est pars matris. Motus muscularis validus cietur, quo tempore cerebrum totum aquorum est.

Deux

Deux Mémoires sur la formation des os Lausann. 1758. 12.* Latine & auctius in T. II. *oper. minor.* Hoc opusculum cum priori natum est, cum in ipsis pullis videretur sibi AUCTOR, se ossium formationem vitris augentibus a primis primordiis speculari posse. Perinde priori commentario experimenta, altero corollaria eorum dedit. Cartilaginis initia, natura gelatinosa, cum nondum quidquid adpareret ossei. Corpus ossis, quod ipsum totum cartilago fuit, primum naturam mutat, rugis percurritur, opacum fit, flexilitatem amittit. In eo incipit tubulus intus excavari, tunc laminæ secedere, & natura alveolaris apparere. Periosteum tenue, facile separabile, sensim crassescit, & ad os adhæret. Vasa nutritia ramos numerosissimos inter laminas emittunt, alios per alveolarem partem. Isti ejus partis finem perforant, abeunt in cartilagineam epiphysin, per laminam cribri modo perforatam. In epiphysi nucleus in media cartilagine osseus nascitur, de cujus omni ambitu vasa efflorescunt. Incrementa ossis sensim minora. Laminæ, eorum fibræ & vasa. Periosteum neque materiem ossis esse, neque modulum. Formatio ossium a cordis vi arterias producente. Ad ossa quadrupedum & dentem elephantis exsertum, in quem media glans impacta.

Mémoire sur plusieurs phenomenes importans de la respiration Lausanne 1758. 12.* & auctius in *oper. minor.* T. I. Priores quatuor (r) partes experimentorum de respiratione hic repetuntur, sed totæ mutatæ, ut nulla litis species supersit, & ipsum HAMBERGERI nomen nusquam proferatur. In P. I. demonstratur vis levans musculorum intercostalium internorum, & objectiones solvuntur. In P. II. diaphragmatis functio, & vis gulam stringens & venam cavam. In P. III. de aëreo spatio thoracis. Ostenditur, ut in avibus, quibus est ejusmodi spatium, pulmones aliter se habeant. P. IV. de submersis sub aquis: in quibus AUCTOR & in pulmone & in ventriculo aquam reperit. Nullum eorum animalium, quæ sub aqua versata fuerant, suscitari potuit, etsi ab electrico ictu utique nuper mortui animalis artus percussi agitantur.

Tomus IV. *des Mémoires sur les parties sensibles & irritables* Lausanne 1759. 12.* HALLERI est, cum priores sint variorum Cl. virorum. In eo continetur, 1. brevis commentarius ad pulsum venæ pulmonalis pertinens, & ad id experimentum, quo vinci credebatur, tamen in dura cerebri membrana sensum esse: 2. *reponse generale aux objections*, latine reddita in *oper. minor.* Tom. I. Hic multorum in auctorem objectiones colliguntur, & ex imis rerum fundamentis eruitur, num aliqua in iis objectionibus & in adversariorum experimentis vis sit. Animalia dolorem suum non dissimulare; eventus constantissimos fuisse, paresque in hominibus; pares etiam a numero exiguo, aut nullo nervorum exspectari potuisse, in iis partibus reperiundorum, de quorum sensu quærebatur. Etiam adversarios eventus suorum similes vidisse. Si alios viderint, non satis sibi ab erroribus cavisse; nam & fluida venena profudisse, quæ in alias partes dimanarent: & nimis multa eidem animali vulnera inflixisse, aut nervos non eo spectantes læsisse. Nullum in ullo experimento grave malum læsos

 tendines

(r) p.

tendines secutum esse. Irritabilem naturam a sentiente diversam esse: 3. Adversus R. WHYTT objectiones. Recte quidem dici, partes parum sensiles insigniter dolere posse, si inflammatae fuerint; id tamen de iis tantum valere, quae exiguos nervos nactae sint, non de iis, quae nullos. Longe aliter evenisse Cl. FONTANA de opio pericula quam WHYTTII. 4. In *Franciscum* LAMURE recus. cum *oper. minor.* T. I. Is Cl. vir de respirationis in cerebrum movendum potestate, serius ad Academiam scripserat, quam HALLERUS; serius etiam experimenta publicaverat, & tamen nostrum pene plagii postulabat, quod prior, ut certe ipse sibi testis est, experimenta capere cepisset, pauca ea, & quadruplo HALLERIANIS pauciora. Erant etiam apud HALLERUM epistolae, ex quibus constat, Cl. *de* SAUVAGES Göttingensia experimenta accepisse, Monspelienses eadem repetiisse, & confirmasse, grato animo, quae HALLERUS ad eum scripsisset. Ad *Franciscum* BOISSIER noster scripserat Decembri M. 1751. Januario M. 1752. ad ILL. *de* REAUMUR.

Adversus ILL. *Antonii de* HAEN *difficultates* Lausannae 1761. 8.* Bernae 1765. 8.* Germanice Tiguri 1761. 8.* Non sibi contradicere HALLERUM, arteriae aortae truncum, venas cavas thoracicas carneas fibras habere, non ita arterias venasque minores. Non debere experimenta sua ratiociniis impugnari &c. Redit in *oper. minor.* T. I.

De oculis piscium commentarius in Mém. de l'Acad. des Sciences 1762., & Paris 1764. 4.* & in *oper. min.* T. III. Membranae oculis piscium propriae, vasculosa, nigra; musculus anularis: retinae laminae tres, pulposa, vasculosa, fibrosa. Maculae nigrae, quae nihil ad chorioideam tunicam transmittunt. Vasa vitrei corporis posteriora, anteriora, anulum facientia. Campanula, quae lentem sustentat, flabelli avium hactenus similis. Mucus lentem ad processus ciliares firmans.

Ad nuperum R. WHYTTII *scriptum apologia* Ebrodun. 1763. 8.* ILL. WHYTTIUM secum sentire de sensu tendinum obscuro. De pupilla oculi aperta, de continua contractione vesicae, nullam per relaxationem intercepta. Non debere animalibus cerebrum tribui, in quibus nullum possit demonstrari. Omnino se vim contractilem venae cavae docuisse. Non omnem motum ab anima esse, aut a DEO.

De cerebro avium & piscium adnotationes Haarlemum missae anno 1766. in *Verhandelingen van de Hollandze gezellschap Tom.* X. Haarlem 1768. 8.* Latine & Belgice; recusae in *oper. minor.* T. III. Avibus majoribus cerebrum parvum, magnis multo minus: cerebellum parvum. Thalami nervorum opticorum maximi, a cerebro remoti, cavi; plus corticis, gyri nulli, nullum corpus callosum, nates testesque nulli & glandula pinealis, valvula magna; vermis.

Piscibus cerebrum parvum, longum, depressum, levi sulco divisum, tubercula superiora olfactoria bina, duo thalami, cerebellum ansatum. In thalamis posterius tubercula recondita. Commissurae dextrae & sinistrae columnae multae. Thalami optici cavi, striati. Ventriculus quartus cum aquae ductu. Inferne duo

duo alia tubercula olfactoria; glandula pituitaria nervos generans. Cerebrum inter, & durissimam membranam cranio adfixam, spatium adipe liquido plenum. Nervi optici decussati, non coalescentes, sed per commissuras conjuncti. Multa vero est in reliquis varietas. Non uno loco nervus opticus nascitur, sed multis radicibus fibras ex cerebro colligit. Glandulam pinealem alii pisces habent, alii minime.

Opera anatomica minora T. I. Lausann. 1762. 4.* Pleraque priores dicta sunt, hic cum aliis emendationibus recusa. Multum mutata, & novis iconibus aucta diss. *de valvula* EUSTACHII. Multum aucta *experimenta de motu sanguinis*, & eo translata, quae ad cordis motum spectant, & ad cerebri motum a respiratione profectum, pulsumque venae pulmonalis. Confirmatur hic ordo, quo priores & posteriores cordis partes moventur, & qui idem est cum ordine advenientis sanguinis venosi. Cordis vis motrix omnes alias corporis partes superat, intestina etiam longissime. Quiescunt primae partes cordis, a quibus prius stimulus avertitur, ultimae, cum quibus diutius manet. Nervi nihil ad cordis motum faciunt, quod certe possis sensibus perspicere. Cor brevius fit in contractione, neque tamen pallet, nisi quando perspicuum est. Totum inanitur. Relaxatio non est actio cordis, sed quies; quae in morte perennat. Coronariae arteriae eodem tempore saliunt cum aliis universi corporis arteriis. De experimentis ad respirationem illustrandam factis; inde remota praefatio, qua litis historia continetur In responsione ad objectiones reperias, quae WHYTTIO, *le* CATIO & HAENIO reposita fuerant.

Tomus II. Lausann. 1766. 4.* Libri de formatione cordis in pullo multum aucti, & novis experimentis illustrati. Nidus fetus ab amnio separatus, cujus nova hic datur historia: cam omnes scriptores pro parte embryonis habuerant, ut crassum & clavi similem facerent, qui gracilissimam, rectam tamen caudam habet. Num viae sint, num vasa, quae in figura venosa adparent, noster sollicite inquisivit, vasa esse reperit. Corollaria aucta: Sic liber *de formatione fetus*. L. de quadrupedum generatione totus novus est. Adnotationes sunt 81, pleraeque in ovibus factae, tamen & in aliis animalibus. Fetus primordia mucum esse pellucidum. Fetus avium & quadrupedum sibi esse simillimos. Vesiculas etiam in virginibus reperiri, corpora lutea a venere nasci, exque vesicula mutari; ea corpora sunt in ratione fetuum & in eodem latere. Tubae a venere ovariam amplectuntur, ut in eas ovum illabi possit, & debeat, eaeque motu valido pollent. Serius fetus in quadrupedibus conspicitur. Semen in utero non est visum.

T. III. a. 1768. prodiit 4.* In eo libri duo *de monstris* toti mutati redeunt: classes constitutae monstrorum, in eas & AUCTORIS adnotationes dispositae, & aliorum Cl. virorum. In secundo libro in causas monstrificae fabricae inquisitum. Aliqua pressioni tribui possunt, alia non possunt ab ullo casu esse, ut viscerum inversio, digitus sextus. In compositis etiam fetubus partes novae reperiuntur & vestigia, ex quibus adgnoscis esse primogenias.

Cerebri

Cerebri avium & piſcium hiſtoria a. 1766. Göttingam miſſa; tum oculorum ex quadrupedibus avibus & piſcibus numeroſæ inciſiones. In quadrupedibus cornea tunica convexior, ſclerotica mollis, iris contractilis, etiam a morte; lens cryſtallina minor. Anulum quadrupeda circa lentem cavum habent, & in fetu pupillarem membranam. Paſſim fibræ retinæ oſtenſæ, & coloratæ in ea arteriæ, & fibroſa atque pulpoſa lamina. Propria eſt avibus zona ciliaris retinæ continuata, & flabellum apice in lentem cryſtallinam inmiſſum, & oſſeus corneæ circulus. Piſcibus inmota iris, nulli ciliares proceſſus, humor aqueus parcus, lens a quibusdam ſuſtentaculis ſuſpenſa, vitreum corpus exiguum; arteria centralis vitrei humoris. Opuſcula pathologica multum aucta, ſed clinicis fere adnotationibus. De corde maximo in juvene velociter creſcente. Phænomena inteſtini elapſi, ab inſperſis acribus nata. Ovum galli, ut putabatur. Ea *opuſculorum pathologicorum* editio Lauſann. 1768. 8.* recuſa eſt.

De partibus corporis humani ſentientibus Comm. III. Götting. 1773. 4.* in *Commentariorum* T. III. Poſt elapſos viginti annos priora retractat, & ſua experimenta cum aliorum Cl. virorum experimentis conciliare ſtudet. Oſtendit nuperos Cl. viros hanc ſenſus abſentiam ſuis periculis confirmaſſe, neque in dura membrana nervos reperiri. Nullum celluloſæ telæ ſenſum eſſe. In T. IV. Götting. 1774.* de partibus irritabilibus perinde adverſarios ſecum conciliare ſtuduit.

In ipſa *Bibliotheca anatomica*, cujus in II. Tomo hæc dicuntur, conatus eſt guſtum aliquem dare omnium, quæ a rerum initiis ad rem anatomicam & phyſiologicam veriora dicta fuiſſent; majorisve momenti. Non omnia certe vidit ipſe in labore immenſo, viresque ſuperante mortales: quæ dixit, ea ſtuduit vera fide dicere.

In nonnullis *Diariis* aliqua edidit, pleraque jam relata. Anatomica aliqua in *Commercio Literario Norico* 1733. h. 211. & ib. 1736. exomphalon congenitum, qui redit in *opuſculis pathologicis*.

Anno 1735. *hebd.* 14. varias adnotationes anatomicas. Veſicam juniori homini magis ſupra os pubis adſcendere. Ad venas capitis aliqua.

Hebd. 24. de arteriæ aortæ obliquitate.

In *Hamburgiſchen vermiſchten Beyträgen* T. I. P. III. & in *Phil. Tranſ.* n. 473. ovarium tumidum, pilis plenum, quod in pathologicis recuſum eſt, & in *Hamb. vermiſchte Bibl.*

In *Relationum Göttingenſium* faſc. XII. de HILDANI poſthumis operibus agit.

In *Philoſ. Tranſ.* n. 494. experimenta præcipua indicavit, per quæ lites de reſpiratione conficiuntur.

Ib. de ſeminis viis agitur, cum eadem icone, quæ eſt in operibus minoribus.

De reſpirationis in ſanguineas venas cerebri poteſtate, in *hiſt. de l'Acad. des Scienc.* 1753; prius miſſæ adnotationes quam LA MURII, quas tamen quatuor annis ante meas ediderunt.

Ib. de experimentis in ove factis, & ad generationem ſpectantibus.

Tendines

Tendines & duram meningem sensu carere. De pene salmonis GRAUNTII testimonium.

Epistola de embryone in matre jam exsistente reperitur apud BONNETUM *sur les corps organisés.*

Edidit anatomici argumenti, præter BOERHAAVII *prælectiones* & *methodum studendi*, de *morbis oculorum scholas* ejusdem, plenius 1750. 8.* recusas adjuvante Cl. WILLICHIO.

Disputationes anatomicas variorum, quarum Tomus I. Götting. 1746. 4.* 1751. 4.* prodiit. Tomus II. 1747. 4.* Tomus III. 1748. 4.* Tomus IV. 1749. 4.* Tomus V. 1750. 4.* Tomus VI. 1751. 4.* Tomus VII. 1752. 4.* Index 1752. 4.*

Memoires sur les parties sensibles & irritables variorum Lausan. 1760. 12. 2. Vol.*

Ad VALMONT *de* BOMARE *dictionnaire d'histoire naturelle* notas adjecit, aliquas anatomicas Yverd. 1768. 8.* 1769. 8.* Plura ad *Encyclopædiam* ab A. ad E. in Parisina editione *Supplementi* excudenda, inde ad Z. in Ebrodunensi impressa.

HIPPOCRATIS *opera* & CELSI edidit, ad quæ singula præfatus est. HIPPOCRATES prodiit Lausann. 1769. 8.* & 1770. 8.* quatuor voluminibus. CELSUS ib. 1772. 8.*

Epistolas Cl. virorum ad se datas edidit Bernæ 1773 — 1775. sex Tomis 8.* in quibus multa anatomici argumenti continentur.

Non satis novi, quid sint HALLERI *medical chirurgical and anatomical cases* London 1758. 8.

§. DCCCCXXIX. *Diaria anni* 1728.

In *Philosophicis Transactionibus* hujus anni huc pertinet n. 404. *Caroli* PRICE diss. qua cuticulam docet in ventriculum bovis continuari, & villi cujusque fabricam truncosque vasculosos exprimit.

Hoc anno J. KANOLDI *drey Supplemente curioser und nutzbarer Anmerkungen* prodierunt Budissin 1728. 4. II. III. & IV. In II. agitur de generatione ex putredine. In III. aliqua de dentibus coalitis aut aliter difformibus. In IV. anatome alcis, Cl. *J. Georg.* WEYGANDI opus.

Deinde EJUSDEM phocænæ dissectio;

Et vespertilionis;

Et erinacei.

De puero in deserto educato.

IDEM in BUCHNERI miscellaneis a. 1728. chelam cancri altero dente ramoso depinxit.

Mauritius Antonius CAPPELER, Lucernensis, in BUCHNERI *miscell.* 1728. De sceleto fetus per anum educta.

Hoc anno *Andreas* CALOJERA collectionem cum titulo *Racolta d'opuscoli scientifichi e filologichi* edere cepit Venet. 12. & in eo ipso I Tomo LAMPREDANI de vipera per os parturiente historiola reperitur, cum VALISNERI responsione. Sic in aliis tomis, qui tamen potissimum argumenti sunt literarii, reperias. In T. II. de impostore, qui in sanguine insecta demonstrabat, & *Caroli* GIROLAMI historia monstri, cui neque cranii pars superior erat, neque cerebrum. T. III. vita PACCHIONI & aliqua apologia: BASSANI judicium, quod diximus. T. IV. HYACINTHI de CHRISTOPHORO obscurus de cordis motu libellus. T. V. de evolutionis systemate duæ epistolæ, & ROSETTI de spirituum per membranas in cerebrum reditu. T. VI. hydræ novemcipitis sceletus. P. S. ROUHAULT incisio fetus ventralis per 15. annos gestati. T. VII. COGROSSI de mammis. Compilatio de cadaveribus incorruptis. T. VIII. EJUSD. in BOERHAAVII de atra bile doctrinam. T. IX. Censura in NUVOLETTI monstrum. T. X. DOMINICI de MAURODENOIA (nomen apocryphum) in ROSETTI hypothesin censura, continuata in T. XII. T. XIII. CONSTANTINI GATTA de duabus feminis hirsutis & barbatis, & de graviditate 22. mensium. T. XVIII. a. 1738. JOSEPHI BADIA de particulis in sanguine, quas magnes adtraxerit. T. XX. a. 1739. COGROSSI de igneo animantium principio. T. XXII. LUNADEI descriptio fetus bicipitis. CAROLI RICHA comparatio macrocosmi & microcosmi. T. XXIV. MARTIALIS REGHELLINI somnambuli historia, omnino curiosa. A Tomo XXVII. ad L. opus non ad manus est.

Hoc etiam anno Lausannæ cepit prodire Diarium *Bibliotheque Italique*, quod parum habet ad rem nostram faciens. In T. I. partum ventralem multis annis gestatum reperias. In T. VII. *Jac.* VERNET *de la voix des Eunuques*, cum epistola VALISNERI.

§. DCCCCXXX. *J. Fridericus* SCHREIBER.

Regiomontanus, ingenio valens, & diligentiæ summæ vir, non credulus alienis placitis, jatromathematicus, amicus noster, in exercitubus Russicis Medicus, denique Professor Petropolitanus.

EJ. Disputatio inauguralis *de lacrymis* Leid. 1728. 4. recusa cum titulo *de lacrymis & fletu* Lips. 1729. 4.* Phænomena fletus recenset, inter ea memorat anxietatem, hinc sanguinis in pulmone stagnationem, totamque hanc actionem mechanice explicat.

EJ. *Fundamenta medicinæ physico-mathematica* Tomus I. Lipsiæ 1731. 8.* Physiologiam moliebatur methodo mathematica concinnandam, ad imitationem WOLFII, tunc maxime florentis, cui totus erat addictus. Liber I. est de harmonia præstabilita, de natura, de sanitate, de medicinæ partibus. L. II. generalia habet de solidis corporis humani partibus, de sanguine & ejus sero; de circuitu sanguinis; de arteriis, quas potius series facit cylindrorum, qaam conos; de vasis minoribus BOERHAAVIANIS, quæ recepit; de adfectionibus motus sanguinis, fere BELLINIANIS; de pulsu; de fibra, glutine causa firmitatis & debilitatis; compositione fibræ.

EJ. *Historia vitæ & meritorum Friderici* RUYSCHII Amsterdam 1732. 4.* Bonum senem sæpe adiverat: ejus nunc inventa critice prosequitur, per singulas humani corporis partes, & RUYSCHIANA placita, cum aliorum scriptorum inventis comparat. Laudat vasa minima, eorumque diversum incessum & habitum; refutatam glandulosam viscerum naturam; RUYSCHIANAM tunicam; papillas; venam anteriorem inferiorem cordis; cellulosam intestinorum telam; lamellam chorii placentæ obductam. Musculum uteri ipse amicus noster rejicit. Polypos immaturos a perfectis separat.

Non dudum ante obitum edidit *Almagesti medici* P. I. Introductionem & partem physiologiæ medicæ Lipsiæ 1757. 4.* Introductio prioris operis satis similis, STAHLIANÆ structrici animæ adversa. Perfectio corporis humani. Fibra, membrana, vas, ad BOERHAAVII morem. Elateris sedem in glutine ponit. De nova eo tempore irritabilitate, quam admittit, & a voluntatis imperio separat. Articulationem maxillæ RAVIANAM defendit. Respiratio. Vim levantem intercostalium internorum adgnoscit, revocato, quem HAMBERGERO largitus fuerat, adsensu. De sanguine, ejus sero. Globulorum divisionem in sex globulos ex BOERHAAVIO recipit. Cordis relaxationem a propriis videri fibris pendere. In cordis caveam lympham potius, quam sanguinem exhalare. Vires cordis magnas esse, nullum tamen probabilem calculum innotuisse. Vim elasticam arteriarum a musculosa separat: series vasorum minorum defendit. Arterias peristaltico motu agitari. Celeritatem sanguinis ad 148′ in 1″ metitur. Contra WEITBRECHTI difficultates. Nullum in sanguine intestinum motum esse. Nullum aërem pulmonem inter pleuramque reperiri. De gressu, aliisque animalis motubus. Ultra vir ILL. non progressus est.

DOUGLASSII edidit *myologiæ specimen* Leid. 1729. 8.* ib. 1738. 8.* additis nonnullis musculis, & CLOPTON HAVERS *de ossibus sermonibus*; Eos sermones ex Anglico converso edidit Amsterd. 1731. 8.*

In *Commentariis Academiæ Scientiarum Petropolitanæ* aliquæ ejus partes sunt. In T. III. Suturarum aliquæ varietates.

In T. VII. pulmones thoraci undique adnati: hepar in homine multilobe visum. Varietas in duodeni situ.

In *novor. Commentariorum* T. III. de ossiculis triquetris numerosis.

In *epistolis* ad me datis plusculæ sunt argumenti anatomici. In V. de vena renali pone aortam ad suum renem tendente: vena bronchiali utrinque ab azyga, œsophagea ex azyga seorsum nata. *Ep.* 9. de arteria centrali lentis, ad ALBINI inventa.

§. DCCCCXXXI. *Nicolaus* ROSEN

Inde de ROSENSTEIN, per sua merita, Archiater Suecicus, Medicus eleganter doctus & noster olim amicus. EJUS sunt plusculæ disputationes. *De usu methodi mechanicæ in medicina* Upsal. 1728. 4.

In *Act. Lit. Suec.* 1733. os destructum renatum.

Ej. & *Abr.* Baeck *de aëre ejusque in corpus humanum effectu* Upsal. 1734. 4.

Ej. *De ventriculo humano* Upsal. 1736. 4.

Ejusdem *Compendium anatomicum eller beskrifning om de delar af människans kropp with medfogende försök och anmerkningar* Stockholm 1738. 8.* Ex optimis fontibus collectum bonum compendium: physiologica potissimum ratiocinia, aliquas etiam proprias anatomicas habet adnotationes.

Ej. *Tal om en opartisk och förnüftig medici förnämste göromål.* Oratio, Stockholm 1746. 8.* Requiri mechanicam cognitionem instrumentorum motus in humano corpore & anatomes.

Ejus & *Jonæ* Sidren *de ossibus calvariæ* Upsal. 1746. 4.* De osse frontis variæ utiles adnotationes. Ab arteria frontali ossi inscripti sulci. Fons pulsatilis in quadragenario homine mollis.

Ej. *De legibus microcosmicis in K. Sw. Acad. Handl.* 1750.

Ej. *De legibus microscopicis* Upsal. 1750. 4.

Ej. *De exsistentia vasorum absorbentium in intestinis* R. J. G. Wallerio Upsal. 1751. 4.

Ej. & *David* Schulze disp. *de emesi* Upsal. 1754. 4.* Cl. Schulze vomitum in vivis animalibus contemplatus est, dato medicamento emetico. Utique in ventriculo motus excitatus est, concurrebat tamen vis transversi septi, quæ ventriculum comprimebat, vomitumque faciebat. Non ergo inter inspirandum vomitur.

§. DCCCCXXXII. *Varii.*

Johannis Quincy, Medici, primas editiones non habeo. Quare quartam demum *medicinæ staticæ* editionem recenseo, Anglice nempe versum Sanctorium, adjecta Keilii *statice*, notisque Quincyi, Londin. 1728. 8.* 1737. 8. Meminit enormis, quadraginta omnino librarum, a balneo perspirationis. Sudorem putat plus auferre, quam perspirationem: hujus materiem esse, id quod fibram animalem humectet, etiam spiritus. Vim ad calculos revocat, quam perspiratio adversus aquam exercet. Nutritionem esse a succo in fibrarum intervalla effuso & adhærescente. Adjecta sunt tentamina, inter quæ est de fibra elastica, de vi ejus contractili, & perspiratione ex ea contractione nata; satis ad Bellini modum. Vim distrahentem perpetuo operari. Involucrum fasciculos particularum continet. Natura vis distrahentis elementa fibræ &c.

In Ejus *lexico physico-medico*, cujus quarta editio ann. 1730. 8.* prodiit, voces etiam anatomicæ cum aliqua explicatione reperiuntur.

Pierre Poliniere *experiences de physique* Paris 1728. 12.* quæ tertia est editio. Caput habet de sanguinis circuitu, cum experimentis Harvejanis, & experimentis quibusdam infusoriis: cordis motu a morte superstite: ad olfactum &c.

Antonio

Antonio ROMANI *di Lendenaria l'acido ritornato al sangue* Venezia 1728. 4.* Contra D. DONATUM de VITALI. Esse in sanguine parcum equidem acorem, & aliis particulis obrutum, cum phlogiston tamen in sanguine reperiatur.

Ephraim CHAMBERS *dictionary* Lond. 1728. fol. Italice Venet. 1753. SMITH. Habet etiam anatomica, & figuras in compendium reductas satis malas.

Pierre FAUCHART *Chirurgien dentiste* Paris 1728. 12.*, & multo auctius 1746. 12. 2. Vol.* Dentium anatomen aliquam habet, & nonnullas adnotationes rarioris fabricæ. Dentes repositi, qui comprehenderunt.

Fabr. Joh. FERRI *de generatione viventium in triplici statu, univoco, analogo & æquivoco, ad mentem* HIPPOCRATIS Ferrar. 1728. 4. PLATTNER.

BOULLIER *Ess. philosophique sur l'ame des betes* Amsterdam 1728. 8.

Martin TRIEWALD *Nödig tractat om bi* Stockholm 1728. 8. De apum natura & proprietatibus. Anatome & tres sexus, & reginæ amores, generatio apum, nova alvearia.

Francisci Ernesti BRUKMAN, Medici Guelferbytani, scripta hactenus huc referas. In Epistolis 275, quæ prodierunt, est in epist. I. monstrum pelvibus obversis: in 12. dentes aliqui magni animalis, non quidem gigantis. Epist. 77. dentium marinorum majorum animalium figuræ. Ep. 99. Sorores Hungaricæ, quæ connatæ adoleverunt. In *Cent.* II. *Epist.* 9. oculorum in variis animalibus positio.

Monstri etiam historiam edidit, *Beschreibung einer seltsamen Geburt zu Wolfenbüttel zur Welt gebracht* Guelpherbyti 1732. 4.* Fetui adhærebat alter fetus imperfectus. Cordis nullum vestigium; absque anatome.

Carpio vere androgynus. *Comm. Lit. Nor. hebd.* 39.

Ib. 1739. *hebd.* 27. de cornu non vero equi.

Ib. 1742. *hebd.* 28. ovum difforme.

Beschryving der kleine waerelt of verhandeling van's menschen natuer met platen Haag. 1728. 8.

J. Gottlieb NEUMANN *vom Umlauffe des Geblüts im menschlichen Leibe* Dresden 1728. 8. TR.

Ej. *Von der Articulation des menschlichen Körpers, wie die Knochen zusammen hangen, wie auch vom Umlauf des Geblütes* Freyberg 1745. 8. cum præfat. *Mich.* ALBERTI.

Nicolas de JANSON *Suite du guidon de* S. COME, *qui explique les premiers elemens de l'anatomie* Paris 1728. 12. cum fig.

SOUMAIN *relation de l'ouverture du corps d'une femme* Paris 1728. 12. excerpt. in *Diario Trivult.* 1728. M. *Nov.* Cor pene totum consumtum.

MAYNE *two dissertations concerning sense and the imagination with an essay on Consciousness* Lond. 1728. 8.

Joh. TIMME, infelicis literati, *deutlicher Beweis, dass ein Gott sey, aus der anatomischen Betrachtung des Rückgrades* Brem. 1728. 8.*

EJ. *Anmerkungen und Eröffnungen von Körpern* Brem. 1735. 8.* Pericardium adnatum.

EJ. *Sammlung zur anatomischen Vorbereitung des menschlichen Körpers gehöriger Schriften* Brem. 1735. 8.* LYSERI culter: C. BARTHOLINI demonstrationes anatomicæ: GRAAF de siphonis usu, cum C. BARTHOLINI emendatione.

In Misc. BUCHNERI 1728. IDEM clitoridem enormem describit, indeque natam nymphomaniam.

Ant. MAITRE JEAN de morbis oculi opus Germanice versum edidit Brem. 1731. 8.

Kleine Chirurgie, oder die Zergliederung und Heilung des menschlichen Körpers Meissen 1728. 8.

AMICI *cujusdam epistola de causa secretionis & excretionis periphericæ* Viennæ 1728. 4. HAENEL.

Andreæ RIDIGER *diæta humana adj. scholia perpetua in* SANCTORII *medicinam staticam* Lipsiæ 1728. 8.

§. DCCCCXXXIII. *Disputationes.*

Petri MASSUET, docti viri, *de generatione ex animalculo in ovo* Leidæ 1729. 4.* cum iconibus vermiculorum, embryonum girinorum. LEEUWENHOECKII sententiam probabilem putat.

EJ. *Recherches interessantes sur l'origine, le developpement, la structure des vers a tuyau, qui infestent les vaisseaux* Amsterdam 1733. 8.* Oeconomici potissimum scopi, tamen etiam de ovis &c.

G. v. OSTEN *de elementis corporum & de sanguine* Leid. 1728. 4.

Jac. Frid. HULSEBUSCH, amici nostri, *pinguedinis corporis humani s. panniculi adiposi fabrica* Leid. 1728. 4.* & Belgice, *Verhandeling van het vet en cellulosa* Enkhuysen 1736. 8.*

T. COE *de fluxu muliebri menstruo, morbisque inde oriundis* Leid. 1728. 4.

J. BURMANNI, celebris botanici, *de chylopoiesi* Leid. 1728. 4.

Nicolai de VOS *de actione ventriculi in ingesta* Leid. 1728. 4.*

Dan. RUCKER *de mesenterio multorum malorum sede* Leid. 1728. 4.*

Michael RANFT *de masticatione mortuorum in tumulis* Lips. 1728. 4. & Germanice *vom Kauen und Schmazen der Todten.* 1734. 8.

Matth. MORLEY *de profluvio muliebri* Leid. 1728. 4. PL.

Andreas SPÖRLIN *de prole quadam cranii experte* Basil. 1728. 4.*

Ge. Ulrich SCHMIDT *de bilis usu primario* Altdorf. 1728. 4.*

J. BUX-

J. BUXTORF *de visu* Basil. 1728. 4.* cum experimento MARIOTTI.

EJ. *Theses anatomico botanicæ* Basil. 1731. 4.*

EJ. *Theses anatomico botanicæ* anno 1733. 4.* Iconem nostram aliquam dedit, non alias excusam, ad origines nervorum & potissimum intercostalis pertinentem.

Jac. SMITH *de submersorum morte* Prag. 1728. 4.

Andr. de LALEU & J. B. BOYER *non ergo catarrhus a cerebro* Paris. 1728. 4.

Bern. de JUSSIEU & *Raym. de la* RIVIERE *Ergo suus lymphæ, ut sanguinis, per propria vasa circuitus* Paris. 1728. 4.

Joach. Jo. COSTAR & *Lud. Petri* LEHOC *Non ergo dura mater habet motum a se* Paris. 1728. 4.

§. DCCCCXXXIV. *Diaria anni* 1729.

In *Philos. Trans.* n. 409. Fasti emortuales, ex Vratislaviensibus collectionibus.

N. 410. *Job.* BUDGEN vesicæ hernia, nisi potius spina est bifida.

In *Mém. de l'Acad.* 1729. DU FAY de salamandris potissimum aquaticis earum bronchiis deciduis, utroque sexu, fetubus in abdomine vivis.

In *hist.* viscera abdominis in pectore.

Partus fetus quadraginta dierum & paulo post fetus maturi.

§. DCCCCXXXV. *Franc.* NICHOLLS.

In *Philos. Trans. Franciscus* NICHOLLS, prælector Anatomes Oxoniensis, nitidis injectionibus celebris, adversus HELVETII hypothesin scribit, negatque sanguinem in pulmonibus densari. Opponit suas mensuras vasorum cordis, per quas venæ pulmonales arteria sua majores sint (verum quinque & quatuor venas cum una arteria comparat): tum in fetu venas cum arteriis confert, ubi nulla fuit respiratio.

EJUS *compendium anatomico œconomicum ea omnia comprehendens, quæ ad corporis humani œconomiam pertinent* Londin. 1736. 4.* Universalia ad fibras ad hypothesin delineatas, vasa, tunc compendium anatomicum. Passim vero peculiares hypotheses intercedunt. Ita vesicam urinariam putat a musculo pyramidali detrahi, ut laxatis ligamentis rotundis (umbilicalibus arteriis) fibræ longitudinem vesicæ sequentes se contrahere possint, & vesicam inanire. Cordis motum ita dividit, ut auricula dextra cum sinistro ventriculo contrahatur, & vicissim. Ossiculorum auditus microscopicam dat figuram, qua exprimitur, malleum ab externo CASSERIANO musculo tendi, ab anteriore laxari. Chordam tympani musculosam naturam habere. In fetu aortam descendentem constringi, quo adscendens dilatatur.

EJ. *Oratio anniversaria* HARVEJANA Lond. 1739. 4. OSB.

EJ. *De*

EJ. *De anima medica prælectio* Londin. 1750. 4.* 1773. 4. Ad STAHLII mentem, acris contrariæ sectæ adversarius. Eam animam facit pertinacem, malignam, ut a medicis non justis remediis irritata, ab officio suo desistat; sapienter eadem eruptionem variolarum partitur, ne onere nimio obruatur: lac abigit, quando puellus periit. Meticulosa anima in febre periculum summum facit, quod expulsionem noxiæ materiæ negligat. Pigritiem mechanicos ad suam hypothesin deduxisse.

Phil. Transf. n. 413. Anatome cancri marini vere androgyni.

In *Vol* L. II. P. I. cor ruptum ventriculus dexter divulsum. Vasa ad RUYSCHII morem repleta.

EJ. *An enquiry concerning the motion of the heart* 1773. 4. cum l. de anima.

Inventorem esse præparationis viscerum, quæ fit per erosionem. ARNAULD *bern.*

§. DCCCCXXXVI. *Josias* WEITBRECHT,

Professor Petropolitanus. Primum a. 1729. in *Commentariorum* Tomo IV., interosseos digitorum musculos descripsit, fere ut DOUGLASSIUS, tum alias varietates musculorum manus, erectorem pollicis, palmaris varietates. Porro ligamentum duas claviculas conjungens: & musculum recti abdominis portioni thoracicæ similem; tubas FALLOPIANAS cæcas; intestini ilei appendicem; uterum oblique positum. Ostium foraminis ovalis non undique clausum.

In *Comm.* T. V. de vesicæ vero situ veraque figura, bene & utiliter.

Ut adgnoscantur ossa dextri & sinistri lateris.

T. VI. de cordibus villosis.

Et de mutationibus vasorum, quæ fiunt ab impulso sanguine, deque ejus circuitu. P. I. Venas magnas absque alio medio cavo se in cordis ventriculos inanire.

In *Comm. Lit. Nor.* 1733. n. 5. ligamentum suum interclaviculare indicit.

In *Comment. Acad. Petrop.* T. VII. de motu sanguinis ejusque causis, gravitate, cordis contractione & arteriarum. Parum esse, quod in arteriarum systemate ab impulsa sanguinis unda voluminis oriatur incrementum. Auricularum actio. De nonnullis musculis faciei, orbiculari palpebrarum, frontali & occipitali, submentali, risorio.

In *Comment.* 1737. de musculis faciei, pharyngis & uvulæ agit, & eorum descriptiones a variis scriptoribus datas cum re ipsa comparat. Biventrem anterius pene semper bipartitum esse. Ceratostaphylinum debere inter musculos recipi. Cricothyroideum in duos dividit.

EJ. Descriptio accurata manuum & pedum monstrosorum in juvene.

EJ. *Syndesmologia s. historia ligamentorum corporis humani* Petrop. 1742. 4.* Gallice 1752. 8. Insigne opus, & quo hactenus carebamus; præter ea, quæ apud

apud VESALIUM fere & alios parca de ligamentis reperiebantur, & apud WINSLOWUM, hic plenius omnia cum iconibus repetuntur; ita ut etiam viscerum ligamenta hic reperias, ut pharyngis & intestinorum, partiumque genitalium, & arterias umbilicales, quæ in ligamenta degeneraverunt, ductusque incisivos. Scalptoris passim artem desideres.

In *Comm.* T. XIII. pupillæ contractionem & dilatationem non a fibris fieri musculosis nondum demonstratis, sed uveam tunicam lenti apprimi a rarefacto humore vitreo: ut vicissim latior fiat, si ea rarefactio remiserit.

T. XIV. Pituita glutinosa laryngis. Ejus analysis chemica. Negat ex glandulis bronchialibus nasci.

IDEM agit de processibus mammillaribus, & quærit, cur brutis animalibus dati sint. Icon nervorum olfactoriorum humanorum, non bona.

In *Nov. Comm. Acad. Petrop.* T. I. quo anni 1747. & 48. diff. continentur, egit de utero. Gravidum uterum tenuiorem reddi. In eo fibræ musculares; cingula duo superiora, fibræ longitudinem sequentes, & cingulum inferius. Valvulæ cervicis, earum trunci quinque, ex quibus rami pectinati exeunt. Quando uterus gravidus nunc ampliatur, cingulum circa uterum nascitur a tunica, quam ei peritonæum dat.

§. DCCCCXXXVII. *Varii.*

Giuseppe DUCCINI, Lectoris medici in Acad. Pisana, *nuovo trattato sopra la natura de' liquidi dell corpo umano e dell' animale* Lucca 1729. 12.* Fermentationes & variam humorum acrimoniam defendit, totumque hominis corpus in laboratorium chemicum convertit, adeo ab anatome alienus, ut quinque ostia faciat ductus chyliferi, ex PECQUETO.

J. Thomæ BRINII *de spiritibus animalibus disquisitio physico-medica* Patav. 1729. 4.* Pro fibrarum tremore elastico & contra animales spiritus. Nervos vult a meningibus oriri. Multa de animæ facultatibus. Nulla anatome.

Gulielmi SCOTI *prolusiones quatuor habitæ in gymnasio Patavino* Patav. 1729. 4. Non inesse proprium firmis corporis humani partibus motum. Nitrum aereum utique pulmonem subire, saliva dilutum.

Otto Just WREDEN, Medicus Hanoveranus, noster Leidæ & Parisiis amicus, ALBINI discipulus & WINSLOWI, pluscula scripsit argumenti physiologici; *Unterricht von der Circulation des Geblütes, worinn die Structur und Nutzen des Herzens gezeigt wird* Hanover 1729. 8.* Aliqua de foramine ovali & auriculis in fetu promiscue communicantibus, ad mentem WINSLOWI.

EJUSD. *Unterricht von der Nutrition, wie auch Wachsthum und Sterben des Menschen* Hanover 1731. 8.*: ad BOERHAAVII placita.

EJ. *Kurzer Unterricht von der Structur und Action der Musceln* Hanover 1731. 8.*

Ej. *Kurzer und deutlicher Unterricht von den Theilen des menschlichen Körpers* Hanover 1737. 8.*

Ej. *Kurze und gründliche Demonstration des Gehirns* Leipz. und Cell. 1741. 8.*

Georgius Heinrich RIBOV, suam RORARII editionem dedit Helmst. 1729. 8.* cum notis & diss. *de anima brutorum.*

Christian Joachim LOSSAU *Beschreibung eines merkwürdigen Casus Inediæ* Hamburg 1729. 4.* Hactenus huc refero. Vera inedia diuturna cum dissectione cadaveris. Lethargicus erat cerebri status, ex insolatione natus.

Melchioris de RUVSCHER *histoire naturelle de la cochenille, justifiée par des documens autentiques* Amsterdam 1729. 4.* Verum esse animal.

Benedict DUDELL *treatise of the diseases of the horny coat* London 1729. 8.* Chirurgi ocularii opus. Oculi descriptio cum ganglio ophthalmico, circulo arterioso &c. Corneæ tunicæ duæ diversæ indolis laminæ. Ex terrore credit nata esse in fetu glaucomata. Epidermidem conjunctivæ habet. Membranam crystalloidem ab arachnoidea separat.

Appendix &c. London 1733. 8.* Imaginationes esse bullas in anteriori facie tunicæ arachnoideæ subnatas. De flava & subopaca lente crynallina, quam jubet per incisam corneam educere.

Supplement &c. to the treatise of the horny coat London 1736. 8.* Pro retina sede visus; chorioideæ membranæ vitia adfert, in quibus visus nihil sit passus. In puero iridem rubram vidit.

J. Augustin STOELLER *historisch-medicinische Untersuchung des Wachsthums des Menschen in die Länge* Magdeburg 1729. 8.* 1747. 8. Theoria incrementi, exempla proceritatis, cæterum STAHLIANI scriptoris opus.

Louis François MANNE *Observation de chirurgie au sujet d'une plaie à la tête* Avignon 1729. 8.* Bonus liber, in quo per experimenta ostenditur, sanguinem in cerebrum effusum, simplicem etiam commotionem, majora facere mala, quam cerebri vulnera; meninges etiam absque symptomatibus violari & discindi.

Nicholas ROBINSON *new treatise of the spleen, vapours, and hypochondriak melancholy* London 1729. 8.* Præponitur diss. de origine adfectuum animi, fabrica & mechanismo nervorum, principiis cogitationis, sensationis & reflexionis. Cor convulsione excitata se liberare materie morbifica.

EJUSD. *Discourse upon the nature and cause of sudden death* Lond. 1732. 8.* Aliqua de organis vitalibus.

Louis BOURGUET *Lettres philosophiques sur la generation & le mecanisme organique des plantes & des animaux* Amsterdam 1729. 12.* Dari seminales vermiculos, sed non esse novorum animalium primordia, quæ sint in ovo. Contra ideas plasticas animamque structricem.

In Epistola ad VALISNERIUM ep. negat dari unum continuatum animal, quod tænia dicatur.

Syllabus totam rem anatomicam complectens Lond. 1729. 4. Osb.

Vincent. GILABERT, Medicus Valentinus & Archiater; EJUS *Escrutinio phisico medico anatomico, que satisface alla apologia del D.* LLORET, *prueva che de l'ocean de la sangue sale la materia de la nutricion, estableça la necessidad de los espiritus animales y convença la fermentacion, chilifacion, y la preferencia de las carnes a los alimentos quadragesimales* Madrit 1729. 4. Cap. de Vil.

Stephani COULET *de ascaridibus & lumbrico lato tr.* Leid. 1729. 8.* Vermem capite, ore & ductu alimentario instructum describit, in cujus caudam se alius similis vermis adaptet.

Noel REGNAULT S. J. *entretiens physiques d'Ariste & d'Eudoxe* Paris 1729. 1755. 4.Vol. 12. Amsterdam 1731. 12. 4.Vol. Anglice London 1733. Continet etiam animalia.

Ej. *Origine ancienne de la physique nouvelle* Paris 1734. 12. 3.Vol. Amsterdam 1735. 12. 3.Vol.* CARTESIANUS, arguti vir ingenii, non satis æquus, & hypothesi serviens. HONORATO FABRI circuitum sanguinis inventum tribuit.

Le SAGE *de la lumiere des couleurs & de la vision* Geneve 1729. 12.

J. Christ. SEIDEL *de regulis architecturæ generalibus, quibus deus in formandis animalibus usus est* Bareith 1729.

Jacques MENTEL *adversaria de medicis Parisiensibus* Paris 1729. *Hazen.*

Leonh. Dav. HERMAN *relatio historico antiquaria de sceleto s. ossibus alcis Masslae detecto* a. 1729. Hirschberg 1732. 4. Tr. Germanice latine Budissin 1731. 4. Boecler. Idem in *Misc. Berol.* T. V. Berlin 1739. 4.* anatomen dat conchæ anatiferæ.

§. DCCCCXXXVIII. *Disputationes.*

Herman Paul JUCH, Professor Erfordiensis. Ej. *Disp. de urinæ secretione & excretione* Erford. 1729. 4.*

Ej. *De abortu* 1730. 4.

Ej. *De animalculis spermaticis* 1731. 4.*

Ej. *De circulatione sanguinis tamquam actu vitali præcipuo* 1731. 4.*

Ej. *De naturali & præternaturali lochiorum statu* 1731. 4.*

Ej. *De senectute* 1732. 4.

Ej. *De constitutione corporis humani materiali* 1732. 4.

Ej. *De ambiguitate uroscopiæ* 1732. 4.

Ej. *Theoria ætatum physiologico-pathologica* 1733. 4.

Ej. & GRYPHANDRI *de instrumentis areometricis, eorumque usu in medicina* 1735. 4.*

EJ. *De trichomate s. plica* Erford. 1737.

EJ. *De respiratione ejusque effectibus in corpore humano* 1739. 4.*

EJ. *De viis & motu chyli* 1744. 4.

EJ. *De calore animali* 1746. 4.

EJ. *De lochiis* 1749. 4.

EJ. *De bilis dignitate & praestantia, ejusque in corpore humano organo secretorio* 1750. 4.

Gottfried THIESEN *theoremata osteologica* Regiomont. 1729. 4.*

EJ. *De materie cerea ejusque injectione anatomica* ib. 1731. 4.*

Antonii GOUNET *de temperamentis* Argentor. 1729. 4.

J. Georg. ABICHT *de commercio animae & corporis* Gedani 1729. 4.

Jacob. Nicolas WEISS *de ulcerum viscerum & glandularum analogia* Altdorf. 1729. 4.

EJ. *Progr. ad anatomen feminae* 1733. 4.*

EJ. Aliud ej. anni. Ab obliquo minori ad ligamentum suspensorium penis productae fibrae super vesiculas spermaticas sparsae: emissarium carotidis comes.

EJ. *De structura venarum ad movendum sanguinem diversae aptata* 1733. 4.*

EJ. *De usu musculorum abdominis* 1733. 4.*

EJ. *De aquae adminiculo in administratione anatomica* 1733. 4.

EJ. *Discrimen motus vitalis & elastici fibrarum* 1735. 4.*

EJ. *De arteriis viscerum propriis* Altdorf. 1744. 4.* molli intus & laxa tunica praeditis.

EJ. *Progr. ad anatomen publicam suspensae* 1745. Villi uteri interni, ejus foramina menses dimittentia, natura spongiosa. Ventriculos cordis aequales esse.

EJ. *Tetras dissertationum, quibus theorema medicum alia sensatio alius motus adstruitur, adplicatur & limitatur* 1759. 4.

EJ. *De caussis cur corpus humanum ex materia valde corruptibili compositum sit* 1764. *

EJ. *De dextro cordis ventriculo post mortem ampliori* 1767. 4.* In vivo animale duos ventriculos aequales esse.

Joh. M. GRAV *ossa gigantium* Abo 1729. 8. non omnia genuina esse.

Martin LITHENIUS *de Lagopode gallinaceo & congeneribus* Upsal. 1729. 4.*

CAR. GUNTHER LUDOVICI *tentaminis pneumatico metaphysici de motu spirituum Sect.* I. Lips. 1729. 4. *Sect.* II. 1729. 4.

Burchard Adam SELLIUS *de allantoide* Kiel. 1729. 4.*

Ej. *De anatomicæ historiæ scriptoribus* 1734. 4.* Errores in A. O. GOELICKE, passim etiam in HEISTERO corrigit.

Martini NAGY BOROSNAY *de potentia & impotentia animæ humanæ in corpus organisatum* Hall. 1729. 4.*

J. Christoph. SCHUTZER *de fabrica & morbis ligamentorum uteri* Harderwic. 1729. 4.

Cornel. Ger. MOEHRING *de visu* 1729. 4.* Aliqua ex ALBINO: duæ laminæ retinæ. Scleroticam tunicam non esse a dura meninge.

J. AMMAN *de venis in corpore humano bibulis* Leid. 1729. 4.*

Andr. Bernhard HEYMAN *de pericardio sano & morboso* Leid. 1729. 4.*

Richard POWER *de urinæ humanæ secretione & excretione* Leid. 1729. 4.*

Hugon. GOURAIGNE *de respiratione* Monspel. 1729. 4.* Diaphragma & musculos intercostales exspirationem facere, aërem non ideo pectus subire, quod dilatetur. Aliqua ex MUYSIO de fabrica musculari, & de humoribus.

Ej. *Tr. de febribus* 1730. 12. etiam physiologica continet.

Ej. *Diss. medico chirurgicæ juxta circulationis* leges 1731. 8.* Habet BOERHAAVIANAS vasorum series, & KEILIANAS retardationes.

Ej. *Duodecim quæstiones* 1732. 4. De monstris agit, negat imaginationis maternæ vim in fetum, eorumque ortum casui tribuit.

Mém. de l'Acad. 1741. Fetus pectore & capite destitutus.

Ej. *De fluiditatis sanguinis natura & causis; de lactis natura & usu in medicina* Monspel. 1741. & in *nostris selectis*. Comparat lac diversorum animalium per experimenta.

Ej. *De humorum crassitie* ib. 1741. PORTAL.

Ej. *De motu mechanico in corpore humano* ib. 1743. PORTAL.

Ej. *Conspectus physiologiæ* ib. 1743. 8.

Ej. *Diss. de sanguinis missi &c.* ib. 1743. 8.* Negat SYLVÆ divisionem in arteriam aortam superiorem & inferiorem. Negat arterias evacuari. Derivationem fieri in vas quod percusseris, si vires in reliquo corpore diminutæ fuerint, revulsionem potius quando integræ.

Porro ad H. GOURAIGNE pertinet *reponse aux objections qu'on trouve dans le Journal des* 1729. Nov. *contre la diss. sur la respiration* Montpellier 1730. 4.

Jacobi LAZERME *partium humani corporis solidarum conspectus anatomico mechanicus* Monspel. 1729. 8.*

Ej. *De somnambulatione* Paris. 1748. 8.*

Ej. *Tr. de morbis internis capitis* Monspel. 1748. 8.* Physiologica varia. Cerebelli privilegium admittit, generare nervos vitales.

Desider. *Caroli* FREMONT & *Ant. Nic.* GUENAULT *E. ventriculi motus ad elaborationem chyli confert* Parif. 1729.

J. Bapt. BOYER & *Franc. Jos.* HUNAULD *Non ergo æqualiter totus uterus in gravidis extenditur* Parif. 1729. 4.

Franc. GOUEL & *Ant. Nic.* GUENAULT, *E. optati cibi digestio facilior* Parif. 1729. 4.

Franc. PICOTE' L. P *le* HOC *Ergo aqua vitæ aqua mortis* Paris 1729. Canem periiſſe, cui unciæ duæ ſpiritus vini in venam injectæ fuerint.

§. DCCCCXXXIX. *Alexander* STUART,

Doctus Medicus, in *Philoſ. Tranſact.* n. 414. Occaſione vulneratæ veſiculæ felleæ agit de bilis uſu, cujus vis eſt in motu periſtaltico inteſtinorum ciendo & chylo præparando, abſque quo nullus ſomnus ſperari poteſt.

Pergit de uſu bilis n. 427.

N. 442. lacteus liquor loco ſeri in ſanguine viſus.

N. 449. adnotationes ad caſum morboſum, in quo abundantiſſima bilis fuerat ſecretio.

EJUS, qua præmium meruit Academiæ Burdigalenſis, diſſ. *de ſtructura & motu muſculorum* Bordeaux 1737. 12.* latine cum iconibus æneis, Londini 1738. 4.* ſplendidiſſime edita. Dedit idem *three lectures on muſcular motion*; quæ prodierunt cum *Phil. Tranſ. Vol.* XL, tamquam prælectiones ex legato CROONIANO, & fere ejusdem ſunt argumenti. Admittit veſiculas, vim elaſticam ſanguinis, motum muſculorum compoſitum ex diaſtole ſanguinea & nervea, quibus alternis cauſis is motus abſolvatur, & ex ſyſtole elaſtica veſicularum. De motu muſculorum aliqua. Ranarum muſculos tacta medulla ſpinali convelli: arteriam reſectam valide retrahi, nervum vix quidquam. Anatomen muſculi dat, vaſorumque habitum.

In *Phil. Tranſ.* n. 460. poſthuma diſſ. de cordis ex unico fibrarum parallelarum plano compoſitione, quod ſecundum certas leges in ſe ipſum convolvatur.

Jacobus Theodorus KLEIN, civitati Gedanenſi a ſecretis, hiſtoriæ animalium inſignis auctor, in *Phil. Tranſ.* n. 413. deſcribit renum lupinorum lumbricos, utriusque ſexus.

Hiſtoria piſcium miſſus I. Gedan. 1740. 4.*

Secundus 1741. 4.*

Tertius 1743. 4.*

Quartus 1744. 4.*

Quintus 1749. 4.*

In primo miſſu ſenſum auditus piſcibus reddit, & in 35 ſpeciebus oſſicula ei ſenſui deſtinata delineat. Delphini ſpeciem minimam fellea veſicula deſtitutum incidit.

In

In *secundo* agit de cetis & dentibus elephantorum, qui vulgo ossa mamouth dicuntur.

In *tertio* fetum piscis pristis describit. De ovis galei piscis per varios gradus perfectis.

In *quarto* pullus galei Acanthiæ nudus dicitur in utero absque membrana habitare.

In *Phil. Transf.* n. 426. enorme cornu bubulum describit, plicamque maximam.

N. 456. mensuræ bregmatis gigantei Witseniani.

In *Versuchen der Gesellschaft zu Danzig* T. II. 1754. 4.* defendit contra REAUMURIUM, una cum animale & testam formari. Num caro costis proxima possit durescere. Non putat, & quæ credebatur in lapidem abiisse, eam habet pro parte thoracis testudinis.

In *Phil. Transf.* n. 486. iterum auditum piscibus vindicat, & de mure alpino agit.

In *Danziger Versuch* I. pisces negat aut surdos esse, aut mutos. De hibernaculis hirundinum, quas hieme in aquam se demergere etiam notariorum fide interposita confirmat.

Porro Gedani a. 1740. 4.* proprio libello *de sono, & auditu piscium* egit, & audire ea animalia docuit; nonnulla etiam voce non undique destitui. Contra anonymum, qui in T. 36. *Bibliothecæ Gallicæ* eum piscium auditum refutaverat.

Edidit porro 1743. Gedani 4.* *summam dubiorum circa classes quadrupedum & amphibiorum, cum diss. de ruminantibus & periodo vitæ humanæ, collato cum brutis.* Plurima cum de animalibus scripserit, non fuit is finis viro Cl. ut anatomen doceret. Passim tamen aliqua huc faciunt. Ita in *dispositione quadrupedum* Lipſ. 1751. 4.* lepores cornutos & duo cornua habet rhinocerotis.

In *historiæ avium prodromo*, Lubeck 1750. 4.* agit de hibernaculis hirundinum, quas confirmat sub aquis mergi. Ad ventriculum lagopodis.

In *methodo ostracologica* Leid. 1753. 4.* agit de concharum generatione.

In *herpetologia* Götting. 1755. 4.* anatome redit lumbricorum teretium lupi.

In *Echinodermatibus* Gedan. 1734. 4.* os & quinque dentes ejus animalis describit, & aliqua habet de aculeorum anatome.

Ova avium posthuma prodierunt Regiomont. 1766. 4.* Tabulæ pictæ ovorum, etiam rariorum, ut psittaci & casuarii.

Pholades in lapide habitare.

In *Versuchen* &c. T. III. de agno fictitio Borametz.

§. DCCCCXL.

§. DCCCCXL. *Diaria anni* 1730.

NOURSE Chirurgus in *Phil. Tranſ.* n. 416. deſcribit partum per anum.

Hiſt. de l'Acad. des Scienc. 1730. Ren unicus. Maximum hepar galli.

GEOFFROY jun. analyſis juris carnium in variis animalibus. Sal ex extracto ammoniacæ indolis, &c.

IDEM de jure & partibus nutritiis cyprini.

In *Mém. de* 1732. aliorum piſcium, etiam oſſium quadrupedum jura, & eboris. Serum lactis, in quo ſalem marinum invenit.

In *Phil. Tranſact.* n. 471. de puero 38. menſium valde procero, pubere, ſemen emittente.

In *Hiſt. de l'Acad. des Scienc.* 1743. ebur flexile & pellucens.

In *Hiſt. de* 1746. de nano ingenioſo.

In *Act. Litt. Suec.* 1730. *Kilianus* STOBÆUS dat anatomen teſtudinis terreſtris Americanæ. Unicam cordis aurem facit, ventriculum unicum.

In *Act. Nat. Cur.* T. II. 1730. 4.* *J. Frider.* BAUER *obſ.* 9. dentes renati in vetula ſexagenaria.

Obſ. 35. *Wolfgang Henrich* SCHREY pueri incrementum præcox & nimium.

Conrad GRAFF veſicula fellis enormi mole *obſ.* 115.

IDEM *Vol.* IV. *obſ.* 106. pullus ſepes, duobus uropygiis.

Iterum in *Vol.* II. *J. Erneſti Valentini* chela trifida.

In *Vol.* II. idem *J. Heinrich* FUCHS fetus quadrageſimi diei deſcriptio. *obſ.* 145.

J. Chriſtophori GOETZ carnis fruſtum altero demum anno de inteſtino redditum *obſ.* 206.

IDEM *obſ.* 208. nævus ex pomo.

IDEM in *Comm. Litt. Nor.* 1732. n. 16. de gemellis, quorum alter 23. hebdomade poſt alterum in lucem prodiit.

§. DCCCCXLI. *Caſpar* NEUMANN,

Pharmacopola & Chemicus, minime incelebris, hic recenſetur ob experimenta in humoribus & corporibus animalibus facta.

In *Eph. Nat. Cur. Vol.* II. *obſ.* 136. habet oleum formicarum æthereum.

In magna *Chemia*, quam multis alienis adjectis auctam KESSELIUS edidit, Tom. III. Zullichau 1753. 4.* continetur animalium hiſtoria & ſuccorum corporis animalis analyſis: Eas, quæ igne fiunt, non credit quidem vera elementa corporum revelare: oſtendit tamen ſericum inter animalium partes plurimum dare ſalem volatilem: olei plurimum capillos: viperas plurimum ſalem fixum. Ad urinæ producta, & ovorum, bilis, oſſium, lactis, medullæ potiſſimum experimenta adtulit. In urina & ſtercore ſal fixus parcus, qui a ſale marino eſt.

In

In T. IV. P.I. 1754. 4.* l. de ambra grisea l. etiam alias editus, non quidem ad animalia pertinet, quam pro bituminis specie noster habeat.

In *Eph. Nat. Cur.* T. V. *obs.* 55. ovi albumen succini simile.

§. DCCCCXLII. *J. Fridericus* CASSEBOHM,

Discipulus WINSLOWI, ex præcipuis hujus seculi anatomicis fuit, etsi pauca scripsit, Professor Hallensis, brevis ævi incisor. EJ. Disp. inauguralis *de aure interna* Francof. ad Viadr. 1730. 4.*

Id argumentum ornatius tractavit edidítque Hallæ 1734. 4.* *Quatuor tractatus anatomicos*, quibus accessit a. 1735. 4.* *quintus* & *sextus*. Titulus est *de aure humana*. Auris integra cum vasis & nervis ex fetu a tertio mense ad maturitatem, exque adulto homine: ossibus vario modo dissolutis, aut serra divisis. Vere omnia etsi breviter, multa etiam penitius eruta, ut canalis arteriæ tympanicæ, foraminula venarum tympani, meatus auditorii; laminæ quatuor membranæ tympani, ligamenta ossiculorum, vasa tympani interna, foramina minora vestibuli, & vascula, cochleæ scalæ, earumque in apice per duo foramina communicatio; membrana pulposa vestibuli & canalium semicircularium; nervi mollis rami & vascula cochleæ; hiatus FALLOPII. Zonas VALSALVÆ refutat, & foramen membranæ tympani.

EJ. *De differentia fetus & adulti anatomica* Hall. 1730. 4.* Breviter hæc discrimina percurrit. De situ ventriculi in fetu magis pendulo. De cæci intestini relatione ad colon.

EJ. *Methodus secandi musculos, & methodus secandi viscera* Hall. 1740. 8.*, & Germanice 1740. 8.* In musculis aliqua peculiaria. Ad uvulæ musculos. In visceribus ad septum pellucidum, ad valvulam venæ cavæ inter diaphragma & hepar, ad repletionem ductus thoracici, brevia omnia.

Ad editionem Germanicam pauca accesserunt.

Codicem M.S. Cl. viri possideo, multo uberius de administratione anatomica agentem, potissimum de vasis, deque iis sebo replendis. Totam autem anatomen trádit. Osteologiam continet, quæ deficit in editis. Multa bona habet; testium ex abdomine descensum, membranam epididymidis, naturam darti cellulosam, corpus HIGHMORI cæcum & porosum; tunicam mucosam vesicæ a nervea diversam, sphincterem in utroque sexu natum a sphinctere ani. Ad situm œsophagi. Ad cellulosas ventriculi & intestinorum telas. Ductus bilarios per vasa bilaria replebat. Cornicula sphenoidea.

Multo auctior est & ad totum corpus humanum spectat *methodus secandi, oder deutliche Anweisung zur Zergliederung des menschlichen Körpers* Berlin 1746. 8.* 1769. 8.* Accurate ad WINSLOWI morem, ut de hepate.

Ej. Cl. viri in ALBERTI *medicina legali* incisio ad cognitionem de vulnere spectans reperitur, valde accurata: & in GLASSII disputatione de circuitu sanguinis ad venas bronchiales.

§. DCCCCXLIII. *Franciscus* QUESNAI,

Chirurgus, vir insignis ingenii, novæ sectæ œconomico politicæ auctor, ratiociniis tamen, quam incisionibus magis eminuit.

Observations sur les effets des saignées avec des remarques critiques sur le traité de M. SYLVA Paris 1730. 12.* inde 1736. 12.* & denuo triplo amplius 1750. 12.* Princeps scopus est ostendere, veram utilitatem venæ sectionis esse in spoliando sanguine, nempe in educendis globulis rubris, qui tenuioribus humoribus conpensentur. Deinde derivationem aliquam esse, ad augendam celeritatem sanguinis, atque adeo ad superandas obstructiones utilem, minorem vero esse, quam SYLVA posuerit, & in ea fere ad integram sanguinis velocitatem ratione, quæ est amissi sanguinis ad omnem. Effectum autem a vena pendere & ab arteria, quæ ei venæ respondet.

In secunda editione multa addit, plura in tertia De sanguinis rubri ad omnem cruoris massam portione & ad serum; de coagulo lymphatico ex HELVETIO. Contra vasa minora & errorem loci BOERHAAVII, quem virum impar adversarius adeo parvi facit, ut indignationem moveat. Ipse non bene negat venæ sectionem vasa deplere: cum utique diminuto sanguine, & ex ea causa diminuto stimulo cordis, vique inpellente diminuta, minor in partes ambeuntes pressio sit, vasaque adeo ab ea ipsa causa elisa & minora fiant. Convulsio a contractione arteriarum, cui vir Cl. plurimum tribuit, mera est hypothesis. Derivationem facit æqualem sanguinis jacturæ, ut vena incisa ab omnibus aliis corporis humani partibus novum sanguinis supplementum accipiat. Germina, quæ ova fecundant, esse telas textas in natura solida animalis maris, ova partes naturæ feminæ &c.

Ej. *Essai sur l'œconomie animale* Paris 1736. 12.* Hæc editio plurima ex BOERHAAVIO (s) habet, potissimum chemica, etiam gradus caloris numeris expressos. In sanguine humores statuit numerosos, etiam bilem per sanguinem diffusam, pituitam, lympham, mucum; ex iis temperamenta deducit. In vasorum seriebus, in nutritione BOERHAAVIUM sequitur: cæterum minima pars physiologiæ hic traditur, sensubus, chyli præparatione & seminis omissis.

Multo amplior est editio *Essay de physique sur l'œconomie animale* Paris 1747. 12. 3.Vol.* Prima pars physica est, pars II. chemica. Duplex in animalibus oleum esse, pituitosum alterum (gelatinam). Tertia pars demum physiologiam continet; humores primum quatuor, omnino ad veterum morem, quibus noster impense favet, bilem, & pro atra bile gelatinam. Non bene negat, sanguinis globulos rubros esse. Plurima a BOERHAAVIO neque nominato recepta; humorum diminuti gradus; corpus totum vasis fieri, hæc nervis. De

(s) CLERC a EUDOXE p. 63.

De anima: habitare eam in calloſo corpore; ſpiritus eſſe æthereos. De LOCKIO, cum contemtu. Facultates animæ mechanice exponit. Hominis tamen animam a beſtiarum anima ſeparat. Muſculorum vis, ex *Daniele* BERNOULLIO, aut PRIVATO *de* MOLIERES. Sanguinis globulos per fibras muſculoſas circuitum obire, ſecretionem a calore eſſe, temperamenta a partibus firmis. Lymphaticos globulos in globulos minores dividi: ad eam lympham pertinere humorem cerebralem, qui ab aqua ebulliente ſe patiatur cogi. Diverſæ ſecretiones a diverſa irritabilitate. Iterum majorem partem phyſiologiæ omittit.

In opere de *gangrana* deſcribit aponevroſes in brachio ex deltoide & pectorali, in femore a faſcia lata natas, alias in manu & pede. His accenſet muſculum colli quadratum. Quæ fuerit aponevroſes ſuper muſculos faciei producta.

In *Mém. de l'Acad. de Chir.* T. I. de putredine humorum in morbis, & humoribus extra vaſa effuſis in tumoribus, tum lymphaticis, tum ſeroſis.

In *tr. de la ſuppuration* Paris 1750. 12.* multa huc faciunt; de reſorbtione puris: de renaſcente carne per productas arterias, quæ diſſectæ fuerant.

In *tr. des fievres continues* Paris 1753. 12. 2.Vol.* varia phyſiologica habet. Poſſe tamen duram matrem & perioſteum, & multo magis arteriarum tunicas, convulſivo motu agitari.

§. DCCCCXLIV. *Johannes* PRINGLE.

Exercituum Britannicorum primo Medicus, deinde Archiater Regius, VIR ILLUSTRIS, Soc. R. Brit. Præſes, clinicus equidem, ſed de omnibus bonis artibus bene meritus, noſter, quod honoris noſtri cauſa dicimus, ſingularis amicus. EJUS *de marcore ſenili diſp.* Leid. 1730. 4.*

EJUS *obſervations on the diſeaſes of the army* prodierunt Londin. 1752. 8.* 1761. 8. 1764. 8.* 1775. 8.* quæ editio paulum aucta eſt. Oſſa ſponte fracta; ſtara in minus ſpatium contracta; oſſa emollita; hepar maximum. Præter plurima, quæ utiliter dicit, dum de morbis agit, adnectit diſſertationes etiam coram ſocietate Regia Scientiar. prælectas, & cum *Philoſophicis Tranſactionibus* excuſas n. 495. 496., in quibus experimenta recenſet, in corporibus putreſcentibus facta. In iis reperit, naturam alcalinam a putredine differre, ſales alcalinos & fixos & volatiles potius putredini reſiſtere. De viribus variorum corporum putredini adverſis, potiſſimum etiam corticis Peruviani & camphoræ. Ut bilis, ſanguis, alii humores animales a putredine vindicari poſſint. Animales partes, etiam putreſcentes, & ſalivam fermentationem promovere. De lactis fermentatione. De fermentatione, quæ fit in ventriculo. De iis, quæ coctionem ciborum adjuvant, vel morantur. De cruſta pleuritica, de ſanguinis putredine, etiam ſuperſtite vita viſa.

§. DCCCCXLV. *Johannes* JUNKER,

Halenſis Profeſſor, de STAHLII ſecta. EJUS numeroſæ ſunt diſputationes. *De diſcreto ſenſu circa ſtudium anatomiæ* Hall. 1730. 4.*

Ej. *De usu myologiæ medico* 1730. 4.*

Ej. *De ignobili muco* 1734. 4.

Ej. *De gangliis generatim* 1740. 4. nisi de morbo agit.

Ej. *Vena portæ porta salutis* 1742. 4.

Ej. *De sinubus duræ matris sinubus multorum malorum* Hall. 1743. 4.*

Ej. *De utilitate animi pathematum* 1745. 4.*

Ej. & *J. Dav.* LORENZ *singularia ad vesiculam felleam & ejus bilem spectantia* 1745. 4.*

Ej. *De motu post pastum* 1757. 4.

Ej. *De ovuli impraegnati nexu cum utero* 1757. 4.

Ej. *Conspectus physiologiæ medicæ* (& hygieines) Hall. 1735. 4.* Physiologia fere qualem BOHNIUS docebat, non valde erroribus maculosa. Voluntatem & intellectum purum absque conscientia & sensu agere. Vim structricem animæ, tantamque ejus in motubus vitalibus sapientiam laudat, ut menses novissimos copiosiores expellat, satis gnara, hanc profligandæ plethoræ methodum nunc sibi iri interdictum.

EJUSD. *Institutiones physiologiæ & pathologiæ medicæ* Hall. 1745. 8.* Ex tabulari forma, quæ in priori opere est, in quæstiones & responsiones *Theodorus Christophorus* URSINUS retulit, ut juvenibus subveniret, examen medicum subituris.

In Ej. *Elémens de Chymie suivant les principes de* BECKER & STAHL, quæ Cl. MACHY cum suis adnotationibus Paris 1757. 6.Vol. 12.* edidit, passim aliqua huc faciunt. Ita fermentationes in corpore humano defendit editor.

§. DCCCCXLVI. *Varii.*

Gottfr. Henrich BURGHART *de termino pubertatis* Francof. ad Viad. 1730. 4.*

Ej. *Gründliche Nachricht von einem Hermaphroditen* Breslau 1743. 4.*

Ej. *Sendschreiben an einen guten Freund* Frankfurt an der Oder 1752. 8.* De Italo, cui posteriores partes fetus imperfecti de epigastrio prodeunt.

Ej. Editio *der academischen Vorlesungen von der Venusseuche* H. BOERHAAVE Breslau 1752. 8.* STAHLII sententiæ propior, passim in historia anatomica aberrat.

EJUSD. *Gründliche Nachricht von einem neuerlich gesehenen Hermaphroditen* Breslau 1763. 4.*; nempe de eo, quem Mr. MERTRUD descripsit. Pro femina habet, cui clitoris sit grandior, & nymphæ.

Henricus Franciscus le DRAN, Chirurgus Parisinus, noster olim hospes, ingenio potius valuit, qam accurata corporis humani incisione.

Ej. *Parallele des differentes manieres de tirer la pierre hors de la vessie* Paris

Paris

Paris 1730. 8.* Describit vias urinarias, & vesicæ urinariæ in pelvi situm depictum dat, cum arteriæ pudendæ trunco & ramis. Ligamentum interosseum pubis habet, rejectum a *Josia* WEITBRECHT. Tendines vesicæ ab osse pubis ortos, cellulosam telam propriam ei circumpositam, veram figuram, ejusque mutationes docet.

EJ. *Abregé œconomique de l'anatomie du corps humain* Paris 1768. 12.* Compendium anatomicum & physiologicum pro tironibus. Icones non bonæ. Renem vervecinum accurate descripsit, valvulas ureterum refutavit. In liene duplicem cellulosam telam distinxit, alteram a membrana lienis communi ortam, fibris inde natis & eo redeuntibus, alteram tenerrimam vasa comitantem. Venas in cellulas lienis patere.

Georg. Daniel BOESSEL, Physicus Ducatus Slesvicensis, respondit *de usu myologiæ medico* Hall. 1730. 4.

EJUS est *Grundlegung zur Hebammenkunst vor die Wehmütter* Altona 1753. 8. Agit de genitalibus graviditate, partu.

EJ. *Das Hauptwerk in der Hebammenkunst* Flensburg 1763. 8.

John COOKE *anatomical and mechanical essay of the whole animal œconomy* London 1730. 8. reperio etiam 1736.

EJ. *The new theory of generation* Lond 1762. 8.* Opus collectitium. LEEUWENHOECKII theoriam adoptat; ea animalcula, quibus non contigit in ovum penetrare, in aerem redire putat, & ventis circumferri. Verum animal in paterno semine structum adesse. Cuique visceri suum succedaneum viscus addi, quod deficienti suppetias ferat.

IDEM in *Lond. Magaz.* 1765. derivat motum voluntarium & involuntarium a diversis classibus nervorum.

Francisci SUAREZ *de* RIBERA *clave medico chirurgica universal, y dictionario medico zoologico* Madrit 1730. fol. 2. Vol. CAP. de VILL. EJ. est etiam *theatrum chirurgicum anatomicum* Madrit 1729. 4. SEG.

Chr. CRUSII *der Niederlausnizische Mathusalem, oder Lebensbeschreibung eines Mannes, der sein Leben auf* 117. *Jahr gebracht hat* 1730. 4. B. THOMAS.

Nicolas GROSELIER *observations curieuses sur toutes les parties de la physique* T. III. 1730. 12. idem opus, cujus primum tomum a. 1719. dedit P. BOUGEANT.

Le TELLIER, fils, *reflexions critiques sur l'emmenologie de* FREIND Paris 1730. 12.* Medicus Peronensis. Plethoram quidem causam esse fluxus menstrui, sed vasa uteri non rumpi.

CHEVALIER, Medici Parisini, *reflexions critiques sur l'usage des differentes saignées, en particulier de celle du pied* Paris 1730. 12.* Pro HECQUETO & venæ sectione venæ jugularis. Pleraque in practicis dicentur: passim tamen disputatur de ramis carotidum, vasis aliis, quæ secantur.

Daniel VINK, Medici, *amænitates philologico medicæ* Trajecti 1730. 8.* Ad historiam & laudes medicinæ, & ea occasione de DEMOCRITO, ERASISTRATO, GALENO, eorumque inventis.

J. Christian FRITSCH, Medici Vinarienſis, *ſeltſame jedoch wahrhafte medicinische und physicalische Geschichte* Lipſ. 1730. ad 1740. 4. 6. Vol.* Multa faciunt ad anatomen. Ova difformia. Ob atretam vaginam matrimonium diſſolutum. De nævis maternis. Exempla penis difformis, qui tamen ad impraegnationem ſuffecit; hoc improbabile.

Fernando de SANE *compendio d'Albeiteria* Madrit 1730. ut videtur, cum iconibus, & de bonis equis educandis conſilia.

Henr. Conr. KOENIG *de hominum inter feras educatorum ſtatu* Hanov. 1730. 4. ſi huc facit.

§. DCCCCXLVII. *Diſputationes.*

J. Wilhelm ALBRECHT, mei in cathedra Göttingenſi deceſſoris, *obſervationes anatomicæ circa duo cadavera maſculina* Erford. 1730. 4.* Siphonis anatomici WOLFIANI uſus. Valvula venæ penis.

EJ. *De effectibus muſices in corpus animatum* Erford. 1735. 8.*

EJ. *Parænesis ad artis medicæ cultores* Götting. 1735. 4.* Valvulas aorticas coronariarum arteriarum oſcula non poſſe tegere. De valvula EUSTACHII; non poſſe, quæ reticulata ſit, pro valvula haberi. Ex vena pulmonali ceram in venam ſine pari penetraſſe.

EJ. *De vitandis erroribus in medicina mechanica* ....

J. Sigmund REFTEL *theoria generalis motus partium ſolidarum* Hall. 1730. 4.* præſide M. ALBERTI.

J. van der ZEE *de vomitu* Leidæ 1730. 4.

Georg. Friderich RICHTER *de machina & ſpiritu* Lipſ. 1730. 4.*

J. Gottlieb HOKWEIN *de partu Hebræorum* Witteberg. 1730. 4.

Simonis ADOLPHI *theſes anatomico medicæ miſcellaneæ* Hall. 1730. 4.*

Georg. Balthaſar HAGNAUER *de motu ſanguinis circulari* Helmſt. 1730. 4.*

Chriſtian Stephan. Ant. SCHEFFEL, & *J. Georg. Wilhelm* CAVAN auctor *de ſingultu* Greifswald. 1730. 4.*

EJ. CAVAN *de anatomiæ præſtantia definitione & hiſtoria* 1736. 4.*

Henrich PASCHKE *de abortu* Regiomont. 1730. 4.

Henrich KUNAD *de imaginatione* Gedan. 1730. 4. HE.

Petrus Guilielmus GELHAUSEN *de differenti fluidorum in corpore animali ſecretione ex cauſis phyſicis demonſtrata* Argentor. 1730. 4.* HAMBERGERI hypotheſis.

Raphael DAVIE *ventriculi actio juxta triturationis ſyſtema* Argentor. 1730. 4.*

J. Ehrhard BRUNNER *de partu præternaturali ob ſitum placentæ ſuper orificium internum uteri* Argentor. 1730. 4.

Hyacinthi Theodori BARON patris & filii: *Ergo duodenum ventriculus alter* Paris 1730. 4.

J. Frider.

J. Frideric. COUTHIER & *Petri* ROUSSIN *de* MONTABOURG *Ergo aër praecipuus secretionum opifex* Paris 1730. 4.

J. Bapt. MONGIN & *Ludov. Mar.* POUSSE *Ergo sal, sulphur, aqua & terra hominis principia* Paris 1730. 4.

J. Caspar SCHOBINGER *de fistula lacrumali* Basil. 1730. 4.* & in *meis selectis*: bona disp. Vias lacrumarum describit; musculum sacci lacrumalis indicat, a Gallis inventum.

J. Casp. LANDOLT *de morbis a catameniorum suppressione oriundis* Basil. 1730. 4.

Ludovici de NEUFVILLE *de allantoide* Leid. 1730. 4.* Habet vesiculam & urachum per funiculum continuatum: eum per vesicam urinariam inflari, & aquam exire docet.

Theodori TRONCHIN, celeberrimi clinici, *de nympha* (nempe clitoride) Leid. 1730. 4. Conjunctim utraque disputatio recusa est Leid. 1736. 8.*

J. Ad. JACOBÆI & *Severini* HEE *theses miscellaneae* Hafn. 1730. 4. De unguibus, glandulis solitariis intestini recti, pinguedine.

Nicolaus Conradus Antonius de COURCELLES *de nutritione* Leid. 1730. 4.

§. DCCCCXLVIII. *Diaria anni* 1731.

In *Hist. de l'Acad.* 1731. iterum testimonium est de bosone in ulmo, caetera sana reperta.

BASSUEL pro cordis in sua systole decurtatione, per ratiocinia potius, quam per experimenta.

In *Act. Lit. Suec.* 1731. de conservatione cadaverum incorruptorum, & de vampiris, agit *Nicolaus* BOYE.

In *assembl. de Beziers* 6. Dec. 1731. agitur de aponevrosi, quae in venae sectione pedis laedi possit, ex fibris facta tibialis postici per ligamentum transeuntibus.

Hoc anno duo nova diaria prodire ceperunt, magni ad anatomen momenti utrumque. *Commentarii* nempe primum *de Bononiensi scientiarum & artium instituto & Academia* Bonon. 1731. 4.*, cui subinde alii & alii tomi accesserunt. Hic de Academia (*t*) antiqua, deinde cum Instituto, MARSIGLIANA fundatione, conjuncta, ejusque historia. Tunc breviores adnotationes, & longiorum compendia; tituli commentariorum, denique opuscula longiora.

Victorius Franciscus STANCARIUS de perlarum oculis compositis, qui singuli lentis vitreae naturam habent, suumque nervum.

IDEM de *Antonii* PACCHIONI in dura meninge inventis, quibus ita favet, ut falcem potius velit musculum esse, quam tendinem, quo certius se contrahat.

Hiero-

(t) Exstat propria etiam historia de *Academia Clementina Bononiensi* Bologna 1739. 4. 2. Vol., quae a nostra differt.

Hieronymus LAURENTIUS de cicadis aliqua, earumque ovis, cum *Josephi* PUTII de iisdem nonnullis adnotationibus.

Antonius LEPROTTUS, Archiater pontificius, de vasorum lacteorum in homine radiculis, de eorum per mesenterium incessu, fabrica, vesicula & ductu.

In T. II. P. I. IDEM & P. NANNIUS aqua in intestinum inpulsa, hoc compresso, vasa in mesenterio vidit intumuisse. Glandulas etiam simplices intestini recti dicit.

EJUS etiam in iis *comment.* sunt obss. de arteria bronchiali, de valvula coli gemina, in variis animalibus, cujus rima ita hiet, ut clysteres posset transmittere.

Dominicus Gusmanus GALEATIUS aliqua ad hæc ipsa vasa lactea; inde de corpore luteo in gravidis & puerperis, bene.

IDEM de tunica cribriformi, ut vocat, intestinorum, de ejus foraminibus majoribus, minoribus, sinubus conpositis, & villis ad microscopium inspectis.

In T. II. P. I. & II. egit de ductibus, quos putat ex poro hepatico in vesiculam felleam tendere (vasculis sanguineis.)

IDEM ib. de fibris ductus alimentarii, & de cellulis coli a ligamentorum contractione natis.

IDEM in P. II. de particulis ferreis in cineribus animalium repertis, uberioribus ubi fodinæ sunt in proximo.

T. V. P. I. de rene in hydatides soluto.

Petrus NANNIUS de fabrica vesiculari viscerum, quam fuse tuetur.

Petri Pauli MOLINELLI, celeberrimi medici & chirurgi, aliqua in duræ matris vulneribus experimenta, & pro chiasmo symptomatum testimonia, quæ vulneratum cerebrum sequuntur.

EJUSD. *De aneurysmate e læsa brachii in mittendo sanguine arteria* Bonon. 1746. 4. max.* & in *Comm. Acad. Bonon.* T. II. P. II. Egregium opusculum. Arteriæ, venæ & nervi situs: qua parte vena secatur. Arteriæ ligatæ tumores & recurrentis rami cum superioribus arteriis brachii conjunctio. Nervus ligatus intumescens cum insigni arteria. Experimenta in vinciendis nervis facta.

IDEM in T. II. P. I. commentariorum de viis lacrumarum, earum ductibus, quibus motum peristalticum tribuit.

In T. III. Experimenta facta ligatis nervis paris octavi. Oculi utique turbidi facti, nervus tumidus, & mors secuta est, quoties utriusque lateris nervus ligabatur.

Non ignoravit, duram cerebri membranam irritatam non dolere, tendinesque animose dissecuit. (u)

J. Anto-

(u) CALDAN ad HAEN p. 26.

J. Antonius MUNDINUS de admirabili urinæ profluvio, ut totis 97. continuis diebus non pauciores quam quadraginta libræ in singulos dies redderentur.

Cajetanus TACCONUS experimenta fecit cum liquore articulari, quem spissatum putat arthritidis esse causam.

Ej. *De nonnullis cranii ossiumque fracturis & de partu monstroso, nævis & maculis, quæ in fetu imprimuntur. Acc. alterius monstri historia*, a *Matthæo* BAZZANI *descripta* Bonon. 1751. 4.* De fibris ex dura matre efflorescentibus, quæ in carnem confirmatæ sunt. Succum de membraneis ossibus sudare vidit, & in mucum, gluten, cartilaginem, demum in os confirmari. Longum ossis fragmentum amissum, & a natura reparatum. Hernia cerebri, & puella brachiis manca pedibus laborans.

Ej. De raris quibusdam hepatis aliorùmque viscerum affectibus observationes. Et in *Mém. de Valentuomini* T. II. Lucca 1744. 8.* Bilis per vulnus emanantis copiam dimensus est; collegit sex fere uncias in horis 24. Ductus a poro hepatico in vesiculam felleam euntes admittit.

§. DCCCCXLIX. *Comm. Liter. Noric.*

Alterum Diarium Noribergæ cepit prodire, præfixo titulo *Commercii literarii ad rei medicæ & scientiæ naturalis incrementum instituti*, cujus I. Tomus 1731. 4.* A societate medicorum scriptum fuit, cujus princeps TREWIUS erat, intererat etiam scholæ director, qui caveret, ne in puritatem linguæ impingeretur. Partim relationes de aliis libris hic reperias, partim adnotationes varias.

Hoc anno *specimine* XII. agitur de partu monstroso vaccæ, quinque pedibus ano & vulva duplici.

Spec. XXIV. *Franc. Casp. Ludwig* WALTHER de corde male conformato, auricula enormi &c.

Spec. XLI. D. MARTINI, olim nostri amici, relatio de ventriculis porcorum ossea crusta intus obductis, & de talo lusorio, cujus pars ossea ceperat resolvi. Eædem redeunt in *Hist. de l'Acad. des Sciences* 1732.

§. DCCCCL. *Job* BASTER,

Medicus Zirikseæ in Seelandia, amicus olim noster. EJUS *de osteogenia* disp. Leid. 1731. 4.* recusa est in *mearum selectarum* T. I. Nucleos depingit epiphysium.

Deinde in *Phil. Trans.* n. 455. anatomen teredinis ligniperdæ.

In iisdem *Phil. Trans.* n. 466. exemplum pueri cum sacco aqua pleno nati.

In *Hollandze Magazyn* Stuck III. a. 1758. Contra ELLISIUM se tuetur vir Cl. & negat porro corallia polyporum opus esse, etsi passim in iis polypi possint habitare, ita tamen, ut multarum diversarum specierum animalia, eamdem plantam colant, sed etiam eadem in aliis plantis reperiantur. Redeunt in I. Tom. *Natuurlyke uytspanningen.*

In *Act. Nat. Cur. Vol.* VIII. *obs.* 11. de ossium generatione, fere quæ in disputatione.

Obs. 12. de pilorum ortu in cute; ex tela cellulosa, ex folliculis, etiam absque iis.

Obs. 18. duo ureteres.

Obs. 35. menses per ulcus fluentes.

In *Phil. Trans.* n. 495. fetum tripedem termini similem describit.

In T. L. P. I. Polypos hospites esse plantarum corallinarum, non architectos. Inde fieri, ut unica planta plures polyporum species ferat. Vesiculas non esse polyporum ova, etsi ab iis habitentur. Porro suos polypos describit, & alia insecta.

In T. LII. P. I. Corallinas meras esse plantas. Sertularias ab animale intus per omnes ramos continuato habitari, polypos producente, ova posituros. Eos polypos fructum esse plantæ, corticem ad regnum vegetabile pertinere, neque a polypo strui.

Ejusd. *Natuurlyke uytspanningen behelzende eeninge waarneemingen over somige zee planten en zee insecten &c.* T. I. Haarlem 1759. 4.* & eodem tempore latine cum titulo *opusculorum subcisivorum* prodiit. * Cujusque tomi tres sunt partes. In I. habet, quæ diximus, & de ovariis nonnullorum insectorum marinorum aliqua. In P. II. de zoophytis, quo sertulariam etiam numerat, cujus medulla animal, cortex planta est. De ostreis; androgyna esse, & sua ova in se ipsis formare. Alia animalcula marina.

P. III. De mytulis eorumque duplici sexu, ovisque & lacte. De echinorum fabrica & proboscidibus, & stellarum, priaporum, aliorum marinorum anatome: icones squamarum piscium, quæ non sint partes epidermidis. Asellus androgynus lac habens & ova.

Tomi II. pars I. prodiit 1762. 4.* Astacorum ovaria habet & semina & oculos. Aculeus pastinacæ marinæ & vagina.

In P. II. 1765. 4.* agit de medusis, de variis animalibus testaceis, eorum aspera arteria, siphone, ano. In turbine oculos detexit.

P. III. potius botanica est.

Ej. *Verhandeling over de vortteeling der dieren en planten* 1768. 8.* A matre fetum provenire, non a patre, cujus semen non in omnibus animalibus in uterum veniat.

In T. IV. *Actor. Belgicorum* Haarlem 1758. 8.* de ovariis agit cochlearum quarumdam marinarum.

In T. VI. P. II. de pilis & squamis animalium.

§. DCCCCLI.

§. DCCCCLI. *Carolus Augustus a* BERGEN,

J. Georgii fil. Professor Francofurtensis ad Viadrim, olim amicus noster. Ejus est *de nervo intercostali progr.* Francof. ad Viadr. 1731. 4.* & in *nostris selectis.*

Ej. *De tunica cellulosa progr.* 1732. 4.*

Ej. *De ventriculis cerebri* 1734. 4.* & in *meis selectis* T. II. cum nova icone, cornubus posterioribus ventriculorum &c.

Ej. *De piæ matris structura* 1736. 4.* & in *meis selectis.* Arachnoideam habet pro vera pia matre, pro cellulosa tela eam quæ vulgo pia dicitur.

Ej. *De difficultatibus controversiarum medicarum & cur vix unquam solvantur* 1737. 4.* : exemplo dato de motu cordis, & de ejus musculi viribus.

Ej. *De motu cordis modoque, quo vires ejus ad calculum revocantur* 1737. 4. ita lego. An diversum.

Ej. *De perspiratione viscerum* 1738. 4.* tres disputationes a nobis recusæ.

Ej. *Nervi cranii ad novem paria cerebri non relati* 1738. 4.* Nervum ab ophthalmico in os petrosum euntem vidit, ramum puto pterygoidei nervi cum duro conjunctum.

Ej. *De pulsu* 1740. 4.

Ej. *De judicio medico per venæsectionem ex sanguine emisso* 1740. 4.* cum experimentis nonnullis.

Ej. *De controversia systematis dogmaticorum & mechanicorum* 1740. 4.*

Ej. *Methodus cranii ossa dissuendi* 1741. 4.* cum propriis instrumentis.

Ej. *Partium anatomes plures esse hactenus descriptis* 1742. 4.*

Ej. *Demonstrationes anatomicæ in cadavere musculo* 1742. 4.*

Ej. *De conceptione fecunda* 1742. 4.

Ej. *Pentas observationum medico-chirurgicarum* 1743. 4.* Varietates in musculis manus, iliaco &c. De gustu in radice linguæ, comparatione cordis fetus & adulti hominis.

Ej. *De pilorum præter naturam generatione ex pilosis tumoribus* 1745. 4.*

Ej. *De maculis, punctulis, scintillis aliisque corpusculis visui obversantibus* 1747. 4.* Non sedere in lente.

Ej. *De dentibus, qui sub nomine dentium hippopotami in officinis veneunt pharmaceuticis* 1747. 4.*

Ej. *De Trachea* 1748. 4.

Ej. *Mensura & proportio membrorum corporis humani* 1750. 4.* Summam perfectionem & rigorem mathematicum non admittere probatur.

Ej. *Anatomes experimentalis* Pars I. & II. 1755. 4.* & 1758. 8.* Culter est anatomicus per singulas partes, viscera, ossa, telam cellulosam, nervos, vasa, cum eorum repletione & vulgari & subtiliori. Liquores conservatorii & eorum usus. Antliæ pneumaticæ utilitas ad anatomicas incisiones. LIEBERKUHNII subtiles injectiones. Anatome cerea. Animalium conditorum artificia. Usus microscopiorum in anatome.

In *Comm. Lit. Nor.* 1735. *hebd.* 7. Varietas in vena renali.

A. 1737. *hebd.* 49. Ureteres in tumore super os pubis aperti.

A. 1738. *hebd.* 17. Aliqua de ranarum convulsionibus ab irritatis in mortua bestiola nervis subnascentibus.

A. 1739. *hebd.* 36. Venæ cerebri aliæque argento vivo per ductum thoracicum repletæ.

In *Hamb. Mag.* T. XI. de cranio babyrussæ comparato cum suis cranio.

In *Nov. Act. Nat. Cur. Vol.* I. *obs.* 46. diversam magnitudinem esse, quam in eadem distantia diversi homines eidem objecto tribuant.

§. DCCCCLII. *Johannes* BAGET. *Henr.* BASS.

Joh. BAGET, Chirurgus, demonstrator anatomes. EJ. *Osteologie premier traité où l'on considere chaque os par rapport aux parties qui le composent &c.* Paris 1731. 12.* Additur partem esse operis primam, & aliæ secuturæ promittuntur, quæ nunquam successerunt. Liber minime spernendus, quo ossa per suas partes, tubercula & scrobes sollicite & minute describuntur. Ligamenta passim bene recensentur, & pedis ossa.

EJ. *Myologie où methode exacte pour apprendre à disséquer les muscles* Amsterdam 1736. 12.* ejusdem viri est, etsi non nominatur & Parisiis pariter, certe non Amstelodami excusus. Simplex pariter descriptio, cum musculorum actione.

Cl. PORTAL tribuit ei *Elementa physiologiæ juxta selectiora experimenta* Genev. 1749. 8. BOERHAAVIANA esse additis.

Henrici BASS, Professoris Halensis, *observationes anatomico chirurgico medicæ* Hall. 1731. 8.* Minime spernendus auctor, etsi nihil præterea reliquit anatomici argumenti. De vesicula seminali in intestinula resoluta, cum anulo equidem minus vero; de thymo & renali capsula hypothesis; de valvulis aorticis, earum fibris adducentibus & abducentibus, & foraminibus. De musculo novo, qui videtur azygos thyreoideæ glandulæ: de tribus coli intestini flexibus, & de hymenis varietatibus. Ossa sesamoidea esse tendines induratos. Testiculus in inguine reses. Chylum non transire in venas mesentericas. De facili in junioribus ossium innominatorum discessu, etiam a sola alvo pigra.

§. DCCCCLIII. *Balthasar Ludovicus* TRALLES,

Celeberrimus clinicus, passim anatomen, aut certe physiologiam, adtigit & illustravit, HOFMANNI discipulus. EJUS *de vena jugulari frequentius secanda* Breslau 1735. 8.* Laudat quod sanguinem in arteriam carotidem externam derivet, & mechanice ut id fiat, describit.

EJ.

EJUSD. *De machina & anima humana prorsus ab invicem distinctis* Breslau 1749. 8.* Contra *Julianum* OFRAI animam ostendit, ab omni materiæ admistione puram esse. JULIANUM sua quæ bona sint, ex BOERHAAVIANIS *prælectionibus* habere. Vires animæ cum corporis debilitatione non minui.

EJ. *Critique d'un medecin du parti des spiritualistes sur la piece intitulée les animaux plus que machines* Bresl. 1752. 8.* Iterum contra JULIANUM. Imagines nervo optico impressas non venire ad cerebrum, neque pro pondere corporis visi impressionis in animam factæ robur esse.

EJ. *Vis opii salubris & noxia* Bresl. 1759. 4.* Opium omnino & sensum nervorum minuere, & tamen pulsus frequentiam facere. De mechanica ratione & naturalis somni, & soporis ab opio nati, cujus causa est, pressio in cerebrum exercita. Pulsus lentescere in somniculoso, non ita in dormiente.

In *l. ad principem patriæ* negat transitum aëris elastici in sanguinem.

§. DCCCCLIV. *Gottlieb* STOLLE. *Alii.*

Ill. Professor Jenensis, litterator utique, non medicus. EJUS est *Anleitung zur Geschichte der medicinischen Gelahrtheit* Jen. 1731. 8.* Amplum caput hic reperias de anatomes & physiologiæ historia, gratum lectu, cum vitis incisorum & meritis. Passim GOELICKIUM castigavit.

Petri Christ. BURGMANN *succinctum examen hypotheseos* STAHLIANÆ Tom. I. 1731. 8. T. II. Rostoch. 1735. 8.* Primo libro ALBERTUM, altero hunc ipsum LONGOLIUM & HARTMANNUM refutat.

EJ. De placenta canina adnotatio *Com. Lit. Nor.* 1731. *hebd.* 1. 1734. *obs.* 21.

Ib. 1734. *hebd.* 25; contra SCHULZII hypothesin dicit, a vinculo funiculi umbilicali neglecto nullum malum sequi.

Hebd. 49. hæmorrhagiam utique secutam, & vasa magna inanita reperiri.

Anatomie universelle de toutes les parties du corps humain representées en figures Paris 1731. fol. Esse 27. tabulas VESALII Cl. PORTAL.

Dionysii Andreæ SANCASSANI, Medici Spoletani, *dilucidazioni fisicho mediche*, quarum Tomus I. Venez. 1731. fol.*, Tomus II. 1733, Tomus III. 1737, Tomus IV. 1738. prodiit, chirurgici quidem potissimum sunt argumenti. Huc tamen pertinent *Josephi* ZAMBECCARI recusa experimenta, quæ diximus, & *Fr.* REDI de aqua sanguinem compescente.

GIROLAMO GASPARI *nuove ed erudite osservazioni storiche, mediche e naturali* Venez. 1731. 8.* In principio aliqua de physiologia præfatur, deinde de mola monstrosæ magnitudinis. Pro fabrica glandulari, tum de partu.

Juan XIMENES de MOLINA *cartilla fisiologica* GALENICA *y spagirica para conoscer con summa claridad todas las differencias de los temperamentos segun las su connaturales combinaciones . . . . — Contra rispuosta & papel que baro el titulo de Desempenno de la Verdad del* D. NICOLAS SALDERO NAVARRO *y* D. RIAFAIL *de* FUENTES

FUENTES *y* CERDA *medicos* Murcia 1731. 8.* Lis nata erat ob consilium a duobus medicis Malacensibus, hic nominatis, datum, a quo noster dissenserat: responderant duo sodales in *Cartilla apologetica* hic *excusa*, & noster se defendit in *Verdad triumphante.* Illi secundo reposuerant *el desempenno*, & noster iterum respondet, posse cum temperamento simplici pituitoso habitum simplicem conjungi, & multa de temperamentis colligit, fere GALENICA. Idem aquas thermales non quidem specifice morbo gallico mederi, tamen ad mala, quæ eum morbum sequuntur, a viscido & lento humore nata, prodesse putat. Recte se denique rarefactos tubulos dixisse. Nihil valde utilis & proprii habet, & argumentum potius clinicum est.

Francesco SOLANO *de* LUQUES *Lapis lydius Apollinis* Madrit 1731. fol. EJUSD. *Origen morboso comun y universal gravante de los accidentes todos segun la doctrina del grande Hippocrate* Malaga 1718. 8. Lapidis Lydii, vasti libri, compendium scripsit *Jacobus* NIHELL, Medicus Anglus in Hispania praxin secutus, cum titulo *New and extraordinary observations concerning the prediction of crises by the pulse* London 1745. 8.* Gallice vertente la VIROTTE Paris 1748. 12. Tres pulsus criticos invenit, dicrotum, sive micationem subito repetitam, quæ hæmorrhagiam præsagit, intermittentem pulsum qui diarrhœam, & inciduum, in quo robur pulsus cujusque robur prioris superat, qui ipse sudorem indicat. Addit suas adnotationes NIHELL satis cum SOLANIANIS convenientes. Latine vertit G. NOORTWYCK Amsterdam 1746. 8.* Fusius de istis in practicis dicemus.

Gottlieb BUDÆI, Medici Lusati, *miscellanea medico chirurgica, practica & forensia* T. I. Görliz 1731. 4.* T. II. 1732. 4.* T. III. 1733. 4.* T. IV. 1733. 4.* Casus, qui dicuntur medico legales, antiquitus collecti; incisiones cadaverum occisorum: de signis virginitatis, lacte nutricum, tempore partus (ubi semestris pro legitimo admittitur.)

Jac. Mich. KORNMAN *höchst-nöthiger Unterricht von der Geburt des Menschen* Erfurt 1731. 8.* Continet aliquam partium genitalium anatomen.

J. Georg MAURER *Vademecum Chirurgicum, — nebst einem Anhang von dem circulo sanguinis* Schafhausen 1731. 8. GUNZ.

Grosses Universal-Lexicon aller Künste und Wissenschaften Leipzig 1731-49. fol. 64. Vol. etiam ad anatomen.

§. DCCCCLV. *Eleazar* ALBINUS. *Alii.*

Pictoris, *natural history of birds with notes of W.* DERHAM London Tom. I. 1731. 4. Tom. II. 1738. 4. Supplement 1740. 4. TREW. Gallice la Haye 1750. 3. Vol. 4.* cum vivis coloribus. Avium anatomen certe aliquam ubique tradit, ventriculi, intestinorum, & appendices cæcas; laryngem inferiorem avium aquaticarum, sæpe tamen ex F. WILLOUGHBY.

J. Bapt. LABAT, peregrinator: Passim aliqua confert ad historiam naturalem. In *voyage d'Italie & d'Espagne* Paris 1731. 12.* de cadaveribus Tolosanis incorruptis

tis agit. In *Americano itinere* de serpentis dentibus venenatis, cavis, deciduis, & de vesicula eo venenum mittente.

Fr. ROBICHON *de la* GUERINIERE *Ecole de Cavalerie* Paris 1731. 1733. 1751. fol. 1756. 8. 2.Vol.* 1758. 8. 2.Vol.* 1768. aut 69. 8. 2.Vol.

& EJ. *Elémens de Cavalerie* 1754. 2.Vol.

& EJ. *Manuel de Cavalerie* la Haye 1742. 8.

In *scholæ* parte secunda tradit osteologiam animalis ad equilia & pullos educandos sic in *Manuel.* Morbos lego a medico Parisino esse additos, medicamenta non semper respondere VITTET.

Fr. Mariæ Pompeji COLUMNÆ *des principes de la nature, où de la generation des choses* Paris 1731. 12. TREW.

EJ. *Histoire naturelle de l'univers* Paris 1734. 12. In T. II. agitur de regno animali & de generatione, & nuperæ hypotheses refutantur.

§. DCCCCLVI. *Disputationes.*

Petri RIDEUX *conspectus physiologico mechanicus secretionum in genere* Monspel. 1731. 8.* Non a fermentis, neque ab humore analogo, neque figura pororum diversitatem humorum secretorum pendere; sed ab amplitudine, angulo, velocitate &c. ad sensum BOERHAAVII. Recudi feci in *select.* T. II.

Gerald FITZGERALD *de naturali catameniorum fluxu* Monspel. 1731. 8.* Punctula uteri sanguivoma in menses patentia. Menses fluere ex vasis lymphaticis uteri dilatatis, a plethora eo determinata.

EJ. *De visu* 1741. 8.

EJ. *Des maladies des femmes* Avignon 1758. 12. Anatome collectitia.

Anton. Nicolai GUENAULD & *J. Bapt. Lud.* CHOMEL *E. a facili perspiratione vita longior* Paris 1731.

Ludov. Petri le HOC & *Roberti Hubert* LINGUET *Ergo omnes animantium motus ab aëre* Paris 1731. 4.

Raymond de la RIVIERE & *Ott. Sim.* BARFEKNECHT *Ergo succus lacteus fetus alimentum* Parif. 1731. 4.

DE SUPERVILLE progr. *de anatome a multis calumniis & falsis imputationibus vindicanda* Stettin 1731. 4. An *Daniel de* SUPERVILLE?

Jac. ZWART *de saliva* Leid. 1731. 4.*

Jan. Wilh. de STEENBERGEN *de cerebro* Leid. 1731. 4.*

J. OSTERLING *de olfactu* Leid. 1731. 4.

A. LEDESMA *de homoiosi* Leid. 1731. 4.*

David PARADYS *de oculi humani fabrica* Leid. 1731. 4.

Nic.

Nic. den OTTER *de origine bilis cysticæ* Leid. 1731. 4.

HENDER *v.* NUNOM *de ortu, progressu & occasu hominis* Leid. 1731. 4. PL.

Dav. de MEZA *de αἱμάτων* Leid. 1731. 4. PL.

J. Matth. van BERKMAN *de actione secretoria cerebri, cerebelli, medullæ spinalis* Leid. 1731. 4. HE.

Goethius STINSTRA *de fluxu mulierum menstruo* Franeker. 1731. 4.*

Jan. Ever. MEEKMA *de singultu* Franeker 1731. 4.* præside J. G. MUYS.

F. W. GROTHAUS *historia conchæ pholadis pseudochenea vulgo anatiferæ dictæ, junctis observationibus Thomæ* BARTHOLINI & *Martini* LISTER Hafniæ 1731. 4.

Magnus RYDELIUS & *Zacharias* BLACKSTADIUS *de gigantibus* Lund. 1731.

J. Frider. CARTHEUSER, viri publici utilis, *de reciproco sanguinis & fluidi nervei motu* Hall. 1731. 4.*

EJ. *De necessitate transpirationis cutaneæ* Francof. ad Viadr. 1742. 4.*

EJ. *De perenni aëris subtilioris per corpus humanum circulo* 1743. 4.*

EJ. *De calore corporis humani naturali & præternaturali febrili* ib. 1745. 4. 1761. 4.

EJ. *De esculentis in genere* 1747. 4.* cum digestionis historia.

EJ. *De subitanea cutis inflatione* 1747. 4.*

EJ. *De ciborum neglecta manducatione* 1748. 4.*

EJ. *De singultu* 1754. 4.*

EJ. *De pinguedinibus animalibus subdulcibus & temperatis* 1762. 4. HE.

EJ. *Theses ad physiologiam & reliquas partes medicinæ spectantes* 1763. 4.

EJ. *De incitamentis motuum naturalium externis* 1764. 4.

EJ. *De irritamentis motuum naturalium internis* 1764. 4.

In EJUS *elementis chemiæ pharmaceuticis* Francof. ad Viadr. 1766. 8. & alias editis, animales etiam succi, & quæ ab ipsis parantur, sæpe cum chemica analysi recensentur. Habet acorem sebi.

Gottlieb Friderich HAGEN *de mensura soni articulati* Hall. 1731. 4.*: etiam de literarum formatione.

Daniel Gottlieb THEBESIUS *de usu rationis sufficientis, maximi in anatomia usus* Hall. 1731. 4.* Per partes anatomiæ; etiam de nervo optico.

EJ. in N. A. N. C. *Vol.* I. Gemelli post aliquot horas sibi succedentes.

Ib. *obs.* 11. Femina multipara.

Obs. 12. Partus septimestris vitalis.

Obs. 13. Tempus partus pene certum.

EJ. *Beyspiel einer besondern Fruchtbarkeit einer Frau, welche in Zeit von dritt-*

halb

halb Jahren eilf Kinder zur Welt gebracht hat. In DÆHNERT *Pommersch. Bibl.* IV. *Band* 4. *Stuck.*

Christian Frid. RAST, & *J. Henr. v.* SANDEN *de utero ejusque constitutione tempore gestationis* Regiomont. 1731. 4.*

Gottfried Wilhelm MULLER *de situ uteri obliquo in gravidis, & ex hoc sequente partu difficili* Argentor. 1731. 4.*

In *Act. Nat. Cur.* T. V. a. 1740. excuso, *obs.* 152. monstrosus fetus in tuba FALLOPIANA.

EJUSD. 24. *Kupfertafeln, welche die Knochen des ganzen menschlichen Körpers vorstellen* Frankf. 1749. 4.* Tabulas ossium CASSERIANAS auxit, tenuiorum ossium iconibus collectis, etiam suis; duas sceletos fetus; duo ossa cuneiformia, duas orbitas, nasi ossa, vomeris, ossa palati, nitide omnia sculpta.

EJ. *Zwölf Kupferplatten, welche die zarten Mäuslein im menschlichen Körper vorstellen* Frankf. und Leipz. 1755. 4.* Ex variis auctoribus has icones collegit & ipse depinxit.

In *Satur. Siles. spec.* 5. historia noctambuli.

In *Nov. Act. Nat. Cur. Vol.* I. n. 61. Concrementum osseum per anum egestum.

Vol. III. *obs.* 97. de intestino cæco male formato.

Joh. PFEFFINGER, Professoris anatomes, *theses miscellaneæ medicæ* Strasb. 1731. 4.* Ventriculum & auriculam dextram cordis in omnibus animalibus iisdem in sinistro latere cavis ampliores esse.

Georg WACHTER *de vera perpetui mobilis in homine idea* Hall. 1731. 4.*

Adolph. Frider. HOFMANN *de rebus physiologicis novæ hypotheses* Erfordiæ 1731. 4.* Tabulam dat ponderum specificorum liquorum humani corporis: semen contra alia experimenta facit levissimum. - De digestione: de secretione; eam ab anima pendere. De sanguine & reliquis humoribus.

Friderici ZWINGER, *Theodori* fil., *positiones anatomico botanicæ* Basil. 1731. 4.* De intercostalis nervi origine ex solo sexto: quinti primum ramum oculo non prospicere. De cisterna chyli; de musculis nonnullis ex ALBINO.

Frid. Conrad ALBERT *de* TRAUN *de corde & cerebro victimarum* Brem. 1731. 4.*

Wilh. Bern. NEBEL *de partu tredecimestri legitimo* Heidelberg. 1731. 4.

§. DCCCCLVII. *Diaria anni* 1732.

In *Phil. Transact.* n. 422. HOPKINS de maximis cornubus cervinis, 30. uncias longis, cum perpaucis ramis, in Anglia repertis.

Claudii AMYAND, chirurgi primarii, de fetu nato intestinis de abdomine effusis.

Et de ventriculo humano media ſtricta ſede diviſo.

N. 439. Foramen ovale in adulto homine apertum.

N. 429. J. MACHIN puer epidermide ſquamoſa, tubulis grandibus erectis & cylindricis facta.

In *Hiſt. de l'Acad.* 1732. MANGIN de epiploo oſſefacto.

Carolus Maria de la CONDAMINE in itinere Turcico agit de abortu humano tripede bicipite, hinc puero, inde puella.

In *Commerc. Lit. Nor.* 1732. *hebdom.* 6. *Erneſt. Gotth.* STRUVE de ſudore particulari in zona quaſi abdominis.

N. I. *Joſeph* BIENER de ſceleto per abſceſſum umbilici prodeunte.

Hoc anno magna fuit Vampyrorùm fama, cadaverum quæ in ſepulchris incorrupta, ore ſanguine pleno reperirentur, & quæ noctu per viciniam vagantia exſucto ſanguine proximum quemque interimerent. De iis agitur n. 12. 18, ubi ILL. adfinis noſter SEGNERUS fabulam in dubium revocat, tum n. 19, 22, 28, 30, 32, 37.

J. Juſti FICK de fetus monſtroſi abortu n. 20.

G. LASER n. 27. dentes vetulis renati.

Chriſtiani JACOBI duo fetus, alter toto menſe poſterior n. 35.

J. Georg. Henrich KRAMER de plica n. 46.

§. DCCCCLVIII. *Bryan* ROBINSON,

Archiater (*Phyſician of the ſtate*) Hibernicus, jatromathematicus non undique hypotheſium abſtinens, vir multi ingenii. EJUS *treatiſe of the animal œconomy* Dublin 1732. 8.* quo continetur tr. de motu humorum per ſua vaſa; de motu muſculorum; de reſpiratione; de ſecretione, & de excretionibus. Auctius rediit, & denique tertia editio Lond. 1738. 8. 2.Vol.*

In prioris editionis parte I. velocitates, vires & moles ſanguinis metitur: ponit autem in tubis cylindricis velocitatem fluidi eſſe in ratione ſubduplicata vis fluidum moventis, & inverſa ſubduplicata longitudinum & diametrorum conjunctim inverſorum, quod mihi dubium videtur, etſi in tubis artificialibus ita ſe habet. Experimenta cum calculis conjunxit, in tubis artificialibus capta, neque magnus eſt diſſenſus. Ad BELLINI modum docet, in ſyſtemate parte tuborum obſtructa, velocitatem augeri in parte libera, quare revulſionem & derivationem defendit. Velocitatem ſanguinis a prima nativitate creſcere ad plenum augmenti terminum. Tendinem parum ſenſilem & parum irritabilem eſſe, jam eo tempore ſenſit. De vi nervorum. Solidos facit, & ætherem vibrantem ſibi ſumit. Humorum ſecretionem tribuit adtractioni glandularum ſpecificæ, quam glandulæ in definitas certasque humorum particulas exercent. Inter excrementa agitur etiam de perſpiratione, & propria adferuntur experimenta, quæ eam excretionem renali minorem faciunt.

In

In posteriori editione illa prior vix mutata redit; quæ sequuntur, nova sunt. In fibras nostri corporis effectus considerat fluidorum varii generis, tempestatum, exercitii. Experimenta fere fecit in capillis, quæ appensis ponderibus extendebat, & in illorum longitudine varie aucta: ut magna extensio ex eodem pondere debilitatem indicet, parva robur. Capilli minus ab oleo patiuntur, ab aqua magis, magis tamen a calida. Malles non recepisset vim in aëre ab acido pendentem & robur augentem, quando is aër per pulmonem resorbtus est. Porro cum ætate robora augeri ostendit, diametros minui.

In Parte II., quæ tota nova est, agit de tenacitate sanguinis, quæ cum robore fibrarum conjuncta est. Aëris acorem sanguinem coagulare: viscidas febres inflammatorias in frigida tempestate frequentiores esse. De motu vibratorio, nato ex alterna fibræ plicatione & remissione. De æquabili pondere hominis senis. Urinam noctu graviorem esse, quam interdiu, in pueris, quam in adulto homine, & magis adhuc quam in sene; & serum sanguinis pariter in senibus levius. De usu venæ sectionis; pro revulsione.

Prodiit *l'Economia animale del Bryan* ROBINSON vertente *Bonaventura* PEROTTI cum adnotationibus Senis 1753. 4. 1765. 4. SMITH.

Contra MORGANUM responsio est hydraulici fere argumenti. Seorsim prodiit Dublini 1735. 8. cum titulo, *Letters to B.* CHEYNE *containing an account of the motion of water through orifices and pipes, and answers to* D. MORGAN's *remarks on* ROBINSON's *treatise of animal œconomy.* Aortarum diametros in corporibus diversæ longitudinis esse ut longitudinum radices.

EJ. *Diss. on the food and discharges of human bodies* London 1748. 8.* In introductione malles aliqua aliter dicta: nam neque 1500. grana sanguinis ex ventriculo sinistro cordis uno in pulsu expelli putes, & numerus pulsuum certo superat 54. In ipso opere noster utiliter comparat pondus cibi, potus, urinæ, fæcum alvinarum, perspirationis, secundum eorum excrementorum & alimentorum rationes; & mutationes, quas aër, calor, animi adfectus aliæque causæ producunt. Tabulis utitur suorum experimentorum, tum KEILII & Cl. RYE, denique LININGII. Hæ omnes a SANCTORIANIS satis dissentiunt, ut etiam in calida Carolina meridionali, plus urinæ sit, perspirationis & cibi minus; & noctu minus perspiretur atque in frigore; in calore plus. Denique memoria dignæ tabulæ accedunt, in quibus ratio cordis & hepatis ad universum corpus in nonnullis animalibus exponitur. Cor feris animalibus, quam cortinis, majorem ad reliquum corpus rationem habet, hepar contra. In junioribus animalibus ubique cordis major est portio, quam in vetulis, in maribus, quam in feminis; in avibus, quam in piscibus, quibus cor minimum sit, (recte hæc omnia). Vicissim hepar in piscibus majus est, quam in avibus, etiam in planis piscibus, quam in teretibus, ut sit fere in ratione directa tarditatis sanguinis, & inversa cordis.

Vertit D. LAVIROTTE & edidit Parisiis 1749. 12.*, cum titulo, *Dissertation sur la quantité de la transpiration & des autres excrémens du corps humain.*

Ej. *Observations on the virtues and operations of medicines* Dublin 1752. 8.* De calore aëris in diversis regionibus diverso aliqua. De motu musculorum, quem vibranti tribuit ætheri, & nerveos spiritus rejicit. De vomitu, qui, dum vomitur, pulsum parvum & celerem facit, post absolutum effectum robur auget. Pulsuum in febribus numerus, quem non putat 140. superare. Esse tamen in succo pancreatico spirituum plusculum. De bile; crassiorem flavescere, tenuiorem ad cæruleum colorem accedere: acriorem esse in macilento animali, in adulto, in herbivoro. Cum acore, etiam cum alcohole fervere. Ab ea & a phlegmate omnes morbos nasci. De vi roborante & relaxante medicamentorum, ut nempe capillum aptum reddant, longiorem extensionem absque ruptione pati, quod noster putat robur esse.

Idem apud R. Helsham, cujus dedit Prælectiones London 1739. 8.* alias dicendas, experimenta repetit sua propria de aquæ ex diversis tubi ostiis effluentis varia copia, quæ non satis conveniunt cum legibus in œconomia animali positis. Ibidem pondera inivit vitrei in oculo corporis & aquei humoris, fere æqualia, denique lentis crystallinæ, quam una duodecima putat superare.

§. DCCCCLIX. *Varii.*

Jan. Hoogvliet *Konst om wonden te schouwen* 1732. 8.* Oeconomiam animalem Boerhaavianam fere totam interponit, quæ dimidium opus efficit.

Amos Lambrechts *manuductio obstetricantium* Amsterdam 1732. 8.*, ut puto, cum præfatio sub finem anni 1731. data sit. Anatomen partium genitalium dedit. Nullas esse vulvæ in virgine caruncula sensit. Mortis a prima virginum venere exempla habet.

Ej. *Compendium anatomico medicum practicum* Harderovic. 1757. 8. Martin.

Arnold Helvetius *korte ontleeding van het geheele menschelyk ligham volgens de leiding van* Cornelis *van de* Voorde Amsterdam 1732. 8.* Non est Cornelii opus, sed nostri; anatome nempe cum aliqua physiologia. Pro tironibus.

In G. Smith *principles of surgery* London 1732. 8.* agitur de derivatione & revulsione.

John Crawfurd *the causes of impotency and frigidity discussed* London 1732. 8. Pl.

§. DCCCCLX. *Josephus* Pozzi. *Antonius* Ferrein.

Josephi Pozzi, *Jacobi* fil., Professoris Bononiensis & Academici, *orationes duæ; accedit epistolare commerciolum anatomicum* Bonon. 1732. 4.* In *commerciolo* varia peculiaria reperias, de pilorum & unguium fabrica, quos ex tendinibus nasci vult; de capsula Glissoniana, quam musculosam facit; de glandulis pericardii, lienis; de succo glandularum bronchialium, quem pericardii succo similem facit. Motum musculorum arteria ligata non destrui. Non renasci erutos avium oculos lentemve crystallinam. Cerebrum avium minorum majus

majus esse, quam vulgo putatur. De musculorum varietatibus. De thymo. Orationes minoris sunt momenti, earum altera est de adquirenda facultate anatomica.

In *Comment. Bonon.* T. I. agit de vermiculo cicadæ.

In T. II. P. I. decerptæ ex libro modo dicto adnotationes repetuntur. Vita viri prodiit Florent. 1753.

Antonius FERREIN, Professor anatomes Parisinus & Academicus, quem nuper amisimus. In XII. *quæstionibus* Monspel. 1732. 4.* & in *selectis nostris Chir.* T. V. propositis, reperitur duodecima, *quinam sint præcipui, quomodo explicentur & curentur lentis crystallinæ morbi.* A lentis situ mutato strabismum fieri. Membranam posterius firmiter vitreo corpori, lenti laxius adhærere. De luscitate etiam & duplici visione egit.

Lego etiam duos novos motus cordis considerasse, rectum quo ad pectus accedit, & ab eo recedit; & motum conversionis, quo totum cor se antrorsum convertit. Illum motum tribuit sinubus venosis antrorsum pellentibus, hunc sinui sinistro, magis quam dexter, ob eminentes vertebras educto. Lego hic elementa latere novi de voce systematis.

Ej. & *Petri Antonii* l'EPINE *Non ergo fistulæ lacrumali cauterium actuale* Paris. 1738. 4. & in *selectorum anatomicorum* T. IV. Lacrumarum vias describit.

Ej. *Ergo mechanica actio pulmonis in fluida est in tempore exspirationis* Paris. 1738. 4., & in *nostris selectis* T. IV. Organum describit respirationis, & rete vasorum lymphaticorum pulmonum superficiale valvulis destitutum. Quiescere pulmones pleura magno vulnere læsa.

In *Mém. de l'Acad. des Sciences* 1733. hepatis duplicem carnem distinxit, corticalem & medullarem. Vasa bilaria exteriora, aliqua etiam in diaphragmatis facie inferiori descripsit. Dixit de rete lymphatico pulmonis.

In *Hist. de l'Acad.* 1738. vasa arteriosa pellucida uveæ tunicæ Academiæ demonstravit. Eadem in *Mém. de* 1741. confirmat.

Eodem anno 1741. agit de suis in larynge experimentis. Glottidis ligamenta chordas esse, quarum tensione varii soni varii generis producantur. Nihil ad eam varietatem conferre arctationem glottidis. Vocem cujusque animalis per aërem in asperam arteriam impulsum produci.

In *Mém. de l'Acad.* 1744. Duos dedit commentarios de oris apertione & de musculis eam regentibus. Utique caput a musculo biventre retrorsum duci, dum maxilla inferior descendit, contra MONROUM. Etiam quando maxilla firmiter retinetur, os posse aperiri. Ad deglutitionem biventrem nihil facere. In fibris cordis motum obtinere progressivum.

In *Mém. de* 1749. Primum de fabrica renum in homine & animalibus, avibus etiam potissimum. Albis fieri vasculis nulla arte replendis. Porro lobi renis eorumque vasa serpentina, inter quæ parenchyma est: vascula urinifera in paucos ampliores ductus confluentia, ut integer fasciculus unum BELLINIANUM ductum efficiat.

In *Mém. de l'Acad.* 1766. de inflammatione hepatis, quod facit sensile.

In *Mém. de* 1767. de hermaphroditis. Non alios admittit quam feminas, duasque describit, quæ videntur utique feminæ fuisse, clitoride nimia.

§. DCCCCLXI. *Varii.*

Vir pius pariter, & ingenio eminens clinicus, irreparabilis amicus noster, *Paulus Gottlieb* WERLHOF de febribus & præcipue intermittentibus librum dedit Hanoveræ 1732. 4.* & 1745. 4.* & nuper 1775. 4.* excusum, clinici quidem argumenti. Passim tamen ad physiologiam spectant placita viri, de causa mensium, tum in STAHLIANAM sectam, monita, quæ motus vitales animæ tribuit.

In *Comm. Lit. Nor.* 1734. *hebd.* 14. agit de causa, quæ sanguinis de funiculo umbilicali fluxum moratur.

Hebd. 27. de aëris cum vapore humido in sanguinem susceptione.

Hebd. 38. aliqua ad ursi anatomen.

Caroli GIANELLA *saggi di medicina theoretico pratica* Venet. 1732. 8.* Practici argumenti; admista tamen' aliqua de fluidorum & solidorum æquilibrio, de partium consensu.

EJ. *Epistola ad* MORGAGNUM *de legendorum librorum medicorum ratione instituenda* Venet. 1746. 8. Historia aliqua anatomicorum.

EJ. Diss. *non semper ex cadaverum sectione colligi potest, rectene an perperam sit curatio morborum instituta* Patav. 1755. 4.*

Francesco CANNETTI *de machina humana* Veron. 1732. Poema non inelegans.

P.C. FANTANI *la scimia non e specie vera d'huomo* Veron. 1732. 8. HEIST.

Francisci CLIFTON *ancient and modern state of physick briefly considered* London 1732. 8.* Paris 1742. 8. 2.Vol. Empirice autor contra utilitatem anatomes & systemata medica dicit. BOERHAAVII tamen systema optimum vocat. Anatomes mala historia.

EJ. HIPPOCRATES *upon air, waters and situations* London 1734. 8.* Notæ fere ad emendandum textum.

In *Theatro critico Benedicti* FEYOO Tom. V. Madriti 1732. excuso agitur de nova arte physiognomiæ.

In T. VI. ib. 1734. de satyris, tritonibus, nereidibus.

In *Epist. eruditarum* Vol. I. Madrit 1742. egit de transfusione sanguinis, de influxu imaginationis maternæ in fetum. In VI. respondet ad consultationem de monstroso infante.

In *Epist.* III. Madrit 1750. 4. *del discubrimiento de la circulacion de la sangue hecha per un Albeitar Espannol* (REYNA.)

Id. *Epist.* IV. edidit 1753. 4. *in qua da se noticia y in comendosa la doctrina del famoso Medico Espannol* D. FR. SOLANO *de* LUQUE.

Antonius de MONRAVA Y ROCCA, Academicus edidit, *oracoens phisico anatomico medico Chirurgicas* Antverpiæ 1732. 4.

EJ. *Critico desterro das anatomias falsas* Lisbon. 1739. 4.

EJ. *Tratado proeemial anatomico fisiologico* Lisbon. 1744. fol. 2. Vol.

Conyers MIDDLETON oratio *de novo physiologiæ explicandæ munere ex* J. WOODWARD *testamento* 1732. 4.* Laudes WOODWARDI.

EJ. *Miscellanea works* London 1752. 4.* Mumiam describit Cantabrigiensem, sola superstite cute cum ossibus, reliquis consumtis, mero asphalto fartam.

§. DCCCCLXII. *Varii.*

Godofredus SELLIUS primum in *Commerc. Lit. Nor.* 1732. *hebd.* 52. agit de teredine marina lignoperda, muci simili animale: de duabus ejus bestiolæ testis ora secante lignum incidentibus, & de fortissimis musculis eas testas dirigentibus; de vase per longitudinem corporis deducto, carne fibrosa, ovulis.

EJUSD. *De teredine marina* opus Utrecht 1733. 4.* & Belgice ib. eodem anno. Accuratius de musculis testarum lignum effodientium. Ova incredibili numero 13388000. Liquor, quo animal lignum mollit. Cor, ejus duæ arteriæ, vena unica. Androgyna esse animalia, & in se ipsis concipere. Vasa interna. Eruditum & verbosum opus.

Hendryk UYLHOORN *nodig denkbeeld van het nooit beschreevene ongemak spina bifida* Amsterdam 1732. 8.* Bona icon & descriptio deficientium spinarum ossis sacri & lumbalium. Putat hoc malum oriri a curvatura complicatæ spinæ dorsi, in præcipiti fetus inversione nimis efficaci.

EJ. *Tweede vertoog over de spina bifida tot tegenantwoording van Abram* TITSINGH Amsterd. 1733. 8.* Acriter respondet non blando scripto TITSINGHII. Negat ab imaginatione materna malum sibi dictum fieri; a complicata spina dorsi esse fuse confirmat.

EJ. *Osteologia* Amsterd. 1769. 8.* A discipulis editæ breves prælectiones.

Abraham TITSING *heelkondige verhandelingen van de splytingen van de ruggegraad* Amsterdam 1732. 8.* Spinam bifidam non esse a curvata dorsi spina, sed esse hydrocephalon, & sæpe ab imaginatione materna oriri. Icones collectitiæ.

EJ. *Diana ontdekkende de dwaasheid der voordmeester* Amsterdam 1750. 4.* In Tomo II. anatome est & physiologia, quæ nihil habet proprii.

EJ. *Cypria &c.* Amsterdam 1742. 4.* pene totam anatomen continet.

In EJ. *rustuuren* narratur de virgine imperforata, cui vagina a sanguine retento distendebatur.

F. A. de GARSAULT *nouveau parfait Marechal, où la connoissance generale & universelle du haras, des operations du cheval, avec un dictionnaire de Cavalerie* Paris 1732. 4. 1755. 4.* la Haye 1741. 4. IDEM SNAPII opus Gallice verterat cum titulo *anatome generale du cheval* Paris 1734. 4. BUR. Hic propria sua habet; dentium & palati iconem suam & pedis. Deinde aliqua de ætate, venere & generatione, hermaphroditis, hippomane, equilibus. Equos adnotat vix abdomine respirare. Cerebri miram esse parvitatem, quod vidi &c. Pulsus equorum solis in febribus percipitur, duplo & triplo lentior, quam in homine.

In *Abb.* PLUCHE *spectacle de la nature*, cujus Tomus I. Paris a. 1732. 12.* prodiit, tomo quinto anni 1746. 12.* continetur œconomia animalis; tum aliqua optica.

In Tomo I. agitur de insectis, apibus, muscis, avibus, quadrupedibus. Passim flores rerum carpit.

Le dictionnaire universel des arts & des sciences de M. C. nouvelle edition, Paris 1732. fol.

Umständliche Nachricht von der Plage der Seewürmer Regenspurg 1732. 8.

MORFONAGE *de* BEAUMONT *Apologie des bêtes, où leurs connoissances & raisonnement prouvés contre le systeme des* CARTESIENS. Poema. Paris 1732. 8.

Portrait de l'esprit de l'homme où traité de l'influence de l'esprit de l'homme sur le corps Anvers 1732. 12.

§. DCCCCLXIII. *Ad* VAMPYROS.

Enormis hoc anno numerus libellorum ad hæc prodigia pertinentium prodiit. Ecce aliquos.

Anonymi autentische Relation von den Vampyren Leipzig 1732. 8.*

Eines Weimarischen Medici Gedanken von den Vampyren Leipzig 1732. 8.*

Gottlob Henrich VOGT *Kurzes Bedenken von den actenmäßigen Relationen von den Vampyren* Leipzig 1732. 8.*

Ejus etiam auctoris est, *der eingeschlichene aber wieder ausgemerzte Theil des Menschen, nebst der Quelle vieler Irrthümer von den Temperamenten* Leipz. 1732. 8.*

PUTONEI *besondere Nachricht von den Vampyren* Leipzig 1732. 8.

EJ. *Historische und physicalische Beschreibung einer Art höchstschädlicher Seewürmer* Leipzig 1739. 8.

Visum repertum über die sogenannten Vampyren Nürnberg 1732. 8.

V. S. G. E. *Curieuse und wunderbare Relation von den in Servien sich erzeigenden Blutsaugern oder Vampyren* 1732. 8.

Christoph Friderich DEMEL *philosophischer Versuch, ob nicht die merkwürdige Begebenheit in Nieder-Ungern aus den Principiis Naturæ zu erklären* 1732. 8.

Nunc

Nunc tota fabula obsolevit, cujus unicum fundamentum in quibusdam cadaveribus incorruptis videtur poni.

§. DCCCCLXIV. *Disputationes.*

J. Hieronymi KNIPHOF, Professoris Erfordiensis, disp. *de physiognomia tamquam parte semeiotica* 1732. 4.*

Ej. *De M. S. pracipue medicis &c.* Erford. 1745. 4.*

Ej. *De transpiratione insensibili* 1748. 4.

Ej. *De optima ossium in sceleto artificioso jungendorum ratione* 1749. 4.*

Ej. *De respiratione* 1751. 4.

Ej. *De capite reniformi fetus partum facilitante* Erford. 1752. 4.*

Ej. *De pilorum usu* 1754. 4.

In *Eph. Nat. Cur. Vol.* III. *obs.* 76. de præparatione organi auditus.

J. Christian STOCK, Professoris Jenensis, *de cadaveribus sanguisugis, oder sogenannten Vampyren* Jena 1732. 4.

Ej. *De anima rationali* Jenæ 1732. 4.

Ej. *De corpore humano* Jenæ 1732. 4.

Ej. *De homine DEI conditoris teste* Jenæ 1733. 4.

Ej. *Lienis humani fabrica* 1748. 4.*

Ej. *De massæ sanguineæ depuratione* 1749. 4.

Ej. *Judicium de sanguine e vena secta emisso* 1749. 4.*

EJUSDEM *De statu salivalium humorum naturali & præternaturali* Jenæ 1755. 4.

Ej. *De statu mesenterii naturali & præternaturali* 1755. 4.

Ej. *De sudore CHRISTI sanguineo* Jen. 1756. 4.*

J. Christoph. POHLII, Professoris Lipsiensis, *de hominibus post mortem vulgo sic dictis Vampyren* Lips. 1732. 4. PL.

Ej. *De obesis & veracibus eorumque vitæ incommodis* Lips. 1734. 4.

Ej. *De respiratione sana & læsa* Lips. 1738. 4.*

Ej. *De defectu lienis & liene* Lips. 1740. 4.*

Ej. *De saliva & ejus ortu ex parotide* 1741. 4.*

Ej. *De fibra senili* 1746. 4.*

Ej. *De hydrope saccato cum hydatidibus* 1747. 4.* In utero fetus semestris, chorio ad uterum adhærente. Hydatides ex lymphaticis vasis. Redit in *Act. Nat. Cur. Vol.* VIII. *obs.* III.

Ej. *De motu musculari sanitati restauranda conveniente* 1749. 4.

In *Act. Erudit.* 1749. describit etiam lienis novem enormis molis saccos in hydropica aqua plenos.

Ej. Progr. *de chylificatione* Lips. 1758. 4.*

Ej. *De dura matre partim ossea facta* 1764. 4.*

Ej. *De excretionum universalium moderumine* 1764. 4.*

Ej. *De morbis contextus cellulosi in genere* 1765. 4.*

Ej. *De contextu celluloso fabricæ ossium varietatem efficiente* 1767. 4.*

Ej. *De motu humorum in contextu cellulari corporis humani* Lips. 1767. 4.

Ej. *De communicatione cellularum contextus cellulosi* Lips. 1768. 4.

Ej. *De apta musculorum dispositione & decisione* 1772. Progr.

In progr. agit de fetu humano, in chorio & amnio intra uterum viso.

Obss. anatomicas etiam dedit de ureteribus, papillarum numero &c.

Andreæ Caroli GROSSE *verum universæ medicinæ principium in structura corporis humani mechanica reperiendum* Hall. 1732. 4.*

Christian BERNHARD *de nutritione per funiculum umbilicalem* Hall. 1732. 4.*

Jacob HUTTER *senectus ipsa morbus* Hall. 1732. 4.*

Petri MULLER *de jure prægnantium* Jen. 1732. 4.*

Hactenus huc referas *Burc. Gottl.* STRUVII diss. *de partu supposito & custodia corporis feminarum illustrium* Jen. 1732. 4.

J. Friderich HERELIUS *de primario usu pororum in corpore humano* Altdorf. 1732. 4.*

Ej. in *Emmenologiam* FREINDIANAM ib. 1735. 4.*

Joh. Caspar. HAFERUNG *parabola de lacte & cibo* Wittebergæ 1732. 4. si huc facit.

Daniel Reinhold MELZER & *Cl.* B. HUHN *de natura humana motrice* Regiomont. 1732. 4.

Antonii BIRR, viri eruditissimi, *de requisitis in demonstratione anatomica spec.* I. & II. Basil. 1732. 4.*

J. F. WILPERT *de necessitate & utilitate anatomiæ pathologicæ* Basil. 1732. 4. HAENEL.

J. Henr. DUMMELIUS *de ætate senecta & fato senum* Basil. 1732. 4. PLATN.

Philippus CLEARKIUS *de Chamo maledicto*; in collectione diss. *theol. physiologico* Leid. 1732. fol.

R. KELDERMAN *de pulmonis humani fabricæ usu primario* Utrecht 1732. 4.

J. Caspar

J. Caspar SCHMID *de vomitu matutino* Leid. 1732. 4.

Bernardi FELTMANN, physici Ruppinensis, viri eruditi, *comparatio plantarum & animalium* Leid. 1732. 4.*

Francisci CHICOINEAU, Cancellarii Monspeliensis, *Quæstiones medicæ XII.* Monspel. 1732. 4.*

Mich. PROCOPE & *Renati* BEGUYER *Ergo sanguinis partes tenuiores in venis, quam in arteriis* Paris. 1732.

Hyac. Th. BARON fil. & *Caspar* COCHON *du* PUY *Ergo in triplici corporis cavitate diversus sanguinis circuitus* Paris. 1732.

Lud. Mar. POUSSE fil. & *J. de* DIEST *Ergo ab exquisita bilis secretione perfecta digestio* Paris. 1732.

J. B. L. CHOMEL fil. & *J. Alb.* HAZON *Ergo præcipuum respirationis organum diaphragma* Paris. 1732.

Achill. Fr. FONTAINE & *Gilb.* BOULLAND *E. a saliva digestio* Paris. 1732. 4.

Rob. Hub. LINGUET & *Adr.* MALAVAL *E. a placido intestinorum motu perfecta chyli digestio* Paris. 1732.

J. Bapt. THOMAS & *Fr. Felicit.* COCHU *E. caussa vitæ caussa mortis* Paris. 1732.

Phil. CARON & *Anton. Joh.* DAVAL *E. humoribus quibuscunque eadem sedes & origo est, illique quod incolunt organo nascuntur* Paris. 1732.

Georgii GRIEVE *de secretione* Edimburg 1732. 8.

§. DCCCCLXV. *Diaria anni* 1733.

In *Phil. Transf.* n. 428. *Ambrosius* HANKEWITZ de phosphoro urinæ, potius chemici argumenti.

Conrad SPRENGEL & *Guilielmi* MAITLAND varii fasti emortuales.

In appendice *Mém. de l'Acad. des Sciences* Cl. LAMORIER non ob valvulam œsophagi, sed ob parvam vim musculorum abdominis equos non vomere. EJUSD. sunt plusculi libelli in *Mem. de l'Acad. de Montpellier* 1737. EJUSDEM bonæ notæ est commentatio *sur l'union qui se fait des arteres avec les nerfs aprés les amputations pour determiner la cause mecanique des douleurs, que l'on croit sentir dons plusieurs parties du corps, qui en ont eté separees.* Ingeniosus vir incidit truncatos artus, reperit in nervo quasi foveam factam ab arteria incumbente nervo, cumque eo conjuncta, & ipsum suo pulsu deprimente. Ab ea pulsatione dolores explicat, qui percipiuntur in artubus amissis. Experimento facto stuporem sibi fecit in humero, brachio, femore, diutius autem infantum nervos conprimere necesse est. Idem sensus fit a presso nervo, qui a torpedine. Eadem experimenta fecit in hominibus, quibus truncati artus, & in parte semper inferiori, quam sit locus pressionis, inque digitis aut pedibus jam amissis. Dolent in febre ob pulsus majores, qui non do-

 lebant

lebant fani. Nulli aut imaginarii fiunt dolores in mammis pene ablatis, quia nulla arteriarum cum nervis eft coalitio. Anatomen etiam dedit fepiæ.

Ej. Organum peculiare canis carchariæ, cribri vitrei cerebro fubjecti, & mucum in cutem depluentis. *Hift. de l'Acad.* 1742.

J. Theophil. Michaelis mulier barbata *obf.* 127.

In *Vol.* III. *Act. Nat. Cur. obf.* 88. *J. Sebaftian* Albrecht nævum dicit fcroto fimilem in cervice fetus.

In *Comm. Litt. Nor.* 1734. gemelli capitibus connati.

Ejusd. *Delineata fapientiæ & providentiæ Divinæ in aliis corporis partibus ab aliis diverfis temporibus demonftrata, nunc ex capite humano & fitu ejus partium concinno ordine* Coburg. 1750. 4.

In *Ann.* IV. *Act. Nat. Cur. obf.* 13. Lamdoideæ futuræ duo crura transverfa futura conjuncta.

Obf. 50. incifa puerpera, in cujus utero poft editum gemellum alter fupererat.

Obf. 103. Uvula bipartita.

Obf. 104. Gemelli valde maligni incrementi. Cæterum veri funt humani fetus, quos nofter putat canum habere fimilitudinem.

In *Eph. Nat. Cur. Vol.* V. *obf.* 21. pericardium cordi connatum.

Obf. 22. infans abfque artubus.

In *Act. Nat. Cur. Vol.* VII. *obf.* 102. agnus cyclops.

Vol. VIII. *obf.* 124. ancylofis vertebrarum equi.

Nov. Act. Vol. II. *obf.* 21. fetus biceps, quadrimanus, quadrupe, cum anatome, alterius tamen a noftro fabricæ.

In *Vol.* III. *Act. Nat. Cur. obf.* 97. *J. Georg.* Brebis fetus contortus.

Obf. 98. fetus alter maturus, alter imperfectus.

Benedicti Duvernoi & *J. Chriftophori* Maji uterus & vagina duplex. *Comm. Lit.* 1733. *hebd.* 25.

J. Andreæ de Segner, Profefforis Halenfis, Ill. adfinis noftri, de diaphragmate diff. cum icone, *obf.* 47.

Idem *de actione inteftini coli* Jen. 1733. 4.* & in editione Germanica *Bernardi v.* Nieuwetydt, ternatas defcripfit valvulas, quæ fæcum lapfum fuftineant, & eas contractæ promoveant.

Ejusd. Libera verfio libri Nieuwetydtiani *vom rechten Gebrauche der Naturlehre* Jen. 1746. 4.* Icones paffim melioribus mutatæ, diaphragmatis icon Cl. editori propria. Tum calculi pofiti, ad definiendum, quantus motus a mufculo abfque effectu edatur. De actione inteftini coli ut in prioribus.

In *Act. Liter. Suec.* 1733. H. D. Spöring de fingultu retulit, ex preffa vena aut arteria oriente.

Hoc

Hoc anno ceperunt edi *Medical essays, and observations published by a Society at Edinburgh*, cujus sex tomi editi sunt, saepe recusi, etiam Edinb. 1752. 8.* Gallice 1740. 8. vertente Cl. DEMOURS & Amsterdam (certe T. I.) Compendium fecit Cl. LEWIS; *Essays of Edinburg abrigd* London 1746. 8. 2.Vol. Magna pars est MONROI. In T. I. *Johannes* GIBSON defendit nutritionem fetus per os, & vim nutritiam amnii.

Jacob CALDER duo exempla rariora habet, aliud intestinorum nudorum, cum deessent abdominis involucra, alterum ani clausi.

T. III. *obs.* 29. mensium per ulcus malleoli fluxus.

David LAGNAC de magna parte amissi ossis tibiae reparata.

In *Mém. de Trevoux* 1733. M. Nov. P. AUGUSTUS . . . . . S. J. originem Nigritarum CAINO tribuit, quem DEUS colore novo signaverit.

§. DCCCCLXVI. *Guilielmus* PORTERFIELD,

Jatromathematicus, bonus scriptor de STAHLIANA secta. In *Essays of a Society at Edinburg* 1733. agit de vi, qua ossa resistunt ponderibus ea transversim fracturis.

Ej. de motubus oculorum externis in T. III.

Et in T. IV. de internis.

EJUSD. Insigne opus *a treatise on the eyes the manner and phænomena of vision* Edinburg 1759. 8. 2.Vol.* Anatome oculi, etiam comparata, cum calculis nonnullis & phænomenum adnotationibus. Duos nervos opticos non misceri. Melius duobus oculis nos videre, unicum tamen punctum distincte perspicere. Solam consuetudinem facere, ut eodem tempore uterque oculus moveatur. Pupilla in senibus arctatur, neque noster credit WHYTTIO, eam ex sola consuetudine discere in tenebris angustari. Non duo objecta nos videre, quod non possint duae sensationes similes esse. Lentem crystallinam penicillum radiorum opticorum non valde arctare. De luce, de radiorum penicillo & depicta imagine. Utique, ut paulo prius dictum est, oculum internum mutari; id fieri a corpore ciliari.

Tomus II. ad physiologiam spectat. Oculum unice remota spectare aptum, egere mutatione ut videat propiora. Ab animae imperio hos motus fieri dudum se ante WHYTTIUM vidisse. Sed etiam omnes in corpore humano motus in principio voluntarios esse, sensim ita fieri spontaneos, ut non necesse sit, expressa voluntate eos ab anima imperari. Animam ad fines praevisos motus ciere, neque esse superfluum ens, quale sit WHYTTII anima. Fibrae retinae latitudinem metitur. Utique in oculis non perfectis posse extra retinam sedem punctorum atrorum esse. Etiam ad remota pupillam aperiri. Experimentum MARIOTTI repetiit. Flabellum avium musculum esse. De distantia nos ex consuetudine judicare. In presbyopibus & myopibus posse utique macularum sedem esse in aqueo humore.

§. DCCCCLXVII. BROWNE LANGRISH,

Medicus. EJUS *the modern theory and practic of physik* London 1738. 8.* quæ editio secunda est, cum priorem ignorem. Ad rem nostram facit, quod sanguinis & urinæ analyses dederit, eorumque humorum sales & olea, viresque cohæsionis in sano homine inque ægroto comparaverit. Pro sectione jugularis, venæ. Oleorum & salium portiones ad pondus definivit, qui in variis morbis pro urinam decedunt.

EJ. *Physical experiments upon brutes* London 1746. 8.* Tres sunt partes, quarum secunda & tertia huc facit. In secunda agit de venenato aquæ laurocerasi in corpus animale effectu : sanguinem floride coccineum reddit, tenerumque facit coagulum, pulsumque ad 132. auxit. In tertia parte vim vaporis sulfuris expertus est, totum innoxium. Aëre in venam inflato canem occidit.

Ediderat Londini 1733. 8. *a new essay on muscular motion, founded on experiments and* NEWTONIAN *philosophy*. Non legi, sed utique Ejusdem viri *Croonian Lectures* London 1748. 8.* tamquam supplementum *philosophicarum transactionum* excusas. In P. I. elementa describit musculi. De glutine partium solidarum, cujus magna pars est aër fixus. De vi contractili fibrarum, renitente vi impulsi humoris, deque perpetuo inde nato renixu. P. II. De fabrica conspicua musculi. Fibras non esse vesiculares. A vesiculis nullam decurtationem secuturam, quas æquum esset perinde in longitudinem expandi. Musculi contracti molem minui. Vim musculosam esse ab æthereo spiritu, qui vim adtractilem elementorum fibræ augeat, ut in acervum se colligant. In III. P. agitur de singulis musculis, & de causa alterni motus in corde. Ad eum motum aliquid conferre motum duræ matris. Experimenta aliqua ad motum cordis, ejus ventriculorum areas &c.

§. DCCCCLXVIII. *J. Jacobus* HUBER,

Primus meus Basileæ & Bernæ discipulus, inde Professor Göttingensis meusque incisor, denique Professor & Archiater Cassellanus. Non quidem longa, bona tamen aliqua opuscula anatomica reliquit.

EJUS *Positiones anatomico botanicæ* prodierunt Basileæ 1733. 4.* De vesicula fellea.

EJ. Disp. *inauguralis de bile* Basil. 1733. 4.* cum experimentis nonnullis & admistorum liquorum effectibus.

EJ. *De medulla spinali* Götting. 1739. 4.*

Et EJUS *de medulla spinali & speciatim de nervis medullæ spinalis* ib. 1741. 4.* Bonæ diss. potissimum posterior laboriose nata, cum egregia icone.

EJ. *De hymene* ib. 1742. 4.* bene, tum de valvulosis sinubus mucosis, de columnis vaginæ & rugis, quas numerat quatuor. Hæ diss. cum critica recensione eorum conjunguntur, quæ prius de his rebus dicta fuerant.

EJ. *De viris vis maternæ, ac imprimis imaginationis in mulieres gravidas inde-*

que

que in embryones effectibus Cassel. 1743. 4.* Conceptus sedem esse in ovario. Fetus fabricam ab humoribus maternis posse turbari, etiam ab imaginatione.

Ejusd. *De nervo intercostali; de nervo octavi & noni paris deque accessorio* ib. 1744. 4.* De ganglio cervicali superiori, & vasculis parvis ejus sedis. Nervum sexti paris non crescere ab accepto intercostali. Duæ radices nervi intercostalis. Nihil a quinto ad intercostalem venire

Ej *De foramine ovali* Cassel. 1745. 4.* cum ejus corniculis, valvula, officio.

Ej. *De monstris* Cassel. 1746. 4.* Porcellus capite breviori & rotundiori; ei proboscis, oculus unicus. Alius porcellus informis. Puer, quem & vidimus, macula pilosa, ex terrore, ut putabatur. Cæterum pro monstris per accidens pugnat, & pro efficacia imaginationis maternæ.

Ej. *De aëre atque electro œconomiæ animali famulantibus & imperantibus* Cassel. 1748. 4.* Esse in succis nostris elasticum aërem per pulmonem advenientem.

Ej. *Observationes circa morbos nonnullos epidemicos per reciprocum aëris humani & athmosphærici commercium illustratos* Cassel 1755. 4.* Pro aeris elastici in sanguinem commeatu.

Ej. *Observationes aliquæ anatomicæ* Cassel. 1760. 4.* Septum pellucidum, ejus duas laminas, & caveam describit. Venam portarum per proprium septi transversi foramen in venam cavam se inmisisse. Arteria spermatica dextra ex phrenica nata. Duæ pelves renales, cum duobus ureteribus. Redeunt ista in *obs.* 101. *Vol.* III. *Nov. Act. Nat. Cur.*

Ej. in *Phil. Transf.* n. 492. cadaver vesicula fellea destitutum.

In *Eph. Nat. Cur. Vol.* VI. *obs.* 76. icon hymenis parabolici.

Vol. VIII. *obs.* 24. anus clausus, ut suspicatur, ex imaginatione matris.

Vol. IX. *obs.* 102. Vesicula fellis duplex. Eam in fetu subinde ultra marginem hepatis eminere. Aqua in vesicula limpida, loco bilis.

Vol. X. Fasciculus rarior musculi pectoralis. Secundum caput sartorii. Pyramidales musculos in feminis nunquam desiderari.

In *Act. Helv.* T. III. de musculo subcrurali in capsulam articuli genu inserto.

§. DCCCCLXIX. *Christoph Gottlieb* BUTTNER,

Professor Regiomontanus, diligens anatomicus. Ej. *De vasis hæmorrhoidalibus, præcipue in abdominis visceribus conspirantibus* Regiomont. 1733. 4.

Ej. *De hydropis veri causa proxima* ib. 1734. 4.

Ej. *De peritonæo* ib. 1738. 4.* & in *select. nostr.* T. I. deque ejus velamenti propaginibus cellulosis aliisque.

Ej. *Kurzer Beweis der vermehrten Glückseligkeit eines Landes durch ein erbautes Theatrum anatomicum* Konigsberg 1738. 4. quod ipse exstruxit.

Ej.

Ej. *Homo microcosmus mundorum optimus* Regiomont. 1747. 4.*

Ej. *Daß ein Kind mit dem aus der Brust gewachsenen und heraushängenden Herzen und fehlenden Herzbeutel leben könne* Königsberg 1747. 4.* Cordis nudi de pectore penduli exemplum.

Ej. *Anatomische Anmerkungen bey einem mit heraushängenden Herzen lebendig gebohrnen Kinde* Königsberg 1752. 4.* Prior libellus hic recusus est addita altera diss. *de fetu bicipite quadrimano tripede*, accurate dissecto. Vasa magna mirifice conmista, ut constet primigeniam fuisse aberrationem a solita fabrica, cum alter fetus ab alterius corde sua vasa habuerit.

Ej. *Erörterung, die Lungenprobe betreffenden Frage* Königsberg 1765. 4.* 1768. 4.* Ligatura funiculi umbilicalis omissa posse fetum vita privari. Omnino pulmonem natantem vel submersum demonstrare, fetum vel vitalem natum esse, vel mortuum.

Ej. *in vielen Jahren gesammelte anatomische Wahrnehmungen* Königsb. 1769. 4.* Priores duo libelli hic redeunt, & præterea aliquot exempla fetuum absque cerebro editorum, quorum alicui etiam reliqui præter caput ventres erant aperti. Partus monstrosus valde difformis, cui caput cum pectore confusum, nullum cor, nullæ arteriæ, ut necesse fuerit a matris sanguine hujus fetus sanguinem promoveri. Fetus in tuba residens cum sua placenta, matri suæ funestus, cum tuba subito rupta esset. Ej. *Seltene Wahrnehmung eines aus der Zunge hervorgehangenen Fleischgewächses* Königsberg 1770. 4.* Linguam e proxime vicinas partes describit.

Ej. *Beschreibung des innern Wasserkopfes und des ganzen Beincörpers einer bis ins 31. Jahr kranken Person* Königsberg 1773. 4.* Ossa triquetra nimis copiosa, sceletus curvata &c.

§. DCCCCLXX. *Varii.*

Jacobi DENYS *verhandelingen over het ampt der Vroedmeesters en Vroedvrouwen* Leiden 1733. 4.* Bonus liber, non gratus lectu & miræ prolixitatis, multa vero habens propria & accurate scripta. Pelvis descriptio uteri, & graviditatis. De molis, de monstris, quæ multa hic describuntur; de aquis, de partu. De signis partus ex ostio uteri sumtis. Bona alia ad situm fetus, vim uteri contractilem, placentam, funiculum. Vasa lactea in fetu nuper nato.

Pieter DUPUY *vermaakelikheten omtrent de vryheit der heelkonst* Leid. 1733. 8.* etiam ad anatomes historiam. Cochlidem auris non bene vertit *lepuels wyzze*, quasi a cochleari similitudo sumta esset.

Giuseppe del PAPA *Trattati vari fatti in diverse occasioni* Firenza 1733. 4.* Sola huc pertinet diss., qua demonstrat, vapores non posse ex abdomine in caput adscendere.

Ej.

Ej. *De præcipuis humoribus, qui in corpore humano reperiantur* Florentiæ 1733. 4.* Leid. 1736. 4.* Recentiorum collecta placita.

Una prodiit H. BARBATI *de sero & sanguine* l.

Franc. Jos. GRIENWALD *album Bavariæ jatricæ* Monach. 1733. 8.* ad historiam.

Jean ROUSSET, historici, *observations sur les vers de mer qui percent les vaisseaux, les piliers des jettées, & les estacades* la Haye 1733. 8. BUR.

J. Christ. HEYSEN's *Diluvium Francofurtanum magnum, mit Beschreibung von den Seewürmern in Nord-Holland* Frankfurt 1733. 4.

Ej. *Neue Beschreibung des übelberüchtigten See- oder Pfalwurms* Nürnberg 1733. 8.

Christian Gottlieb TROPPANEGGER's *decisiones medico forenses* Dresd. 1733. 4.* Aliqua huc pertinent, de funiculo umbilicali exque eo funesta hæmorrhagia, de impotentia &c.

Ej. *De adjumentis sanguinis regressu ad cor* Lips. 1741. 4.* Agit de sanguine circuitu a respiratione mutationibus.

Edmond CHAPMAN *Essay on the improvement of midwifry chiefly with regard to the operation* London 1733. 8. 1735. 8.* 1759. 8.* Vix aliquid habet anatomici, pene practicus liber. Exemplum infantis in utero liberi.

M. J. *Spiramina or respiration, being chiefly the arguments of* J. B. HELMONT *discovering certain uses of the lungs not commonly observed, and asserting that they have not the alternate motion, that in general is ascribed to them, but that in a sound man they are porous pervious to the air and constantly at rest* London 1733. 8.

Some observations whereby BOERHAAVE's *vindicated* London 1733. 8.

Joseph RODRIGUEZ *de* ABREU, Lusitanus filius medici, *Historiologia medica fundata e estabilida nos principios de G. E.* STAHL *e ajustada ao usu practico desta.* Pars I., in qua physiologia, Lisbon. 1733. fol.

J. Christoph. HARENBERG *vernünftige und christliche Gedanken über die Vampires oder blutsaugenden Todten* Wolfenbüttel 1733. 8.

Joh. Alexander MISCHEL a. 1733. 8. edidit versionem operis J. G. DUVERNOY: & eodem anno Berolini 1733. 8. versionem splanchnologiæ GARENGEOTI. Deinde Hamburgi 1744. 8.* *Institutionem anatomicam cum methodo secandi.* 8. 2. Vol. ex WINSLOWO & LIEUTAUD Germanice.

J. Adam DELSENBACH *kurzer Begriff der Anatomie, worinn die vornehmsten Stücke der Osteologie und Myologie &c.* Nürnberg 1733. fol.* pro pictoribus. Addit ad naturam picta esse omnia, & video per musculos lineis punctatis ossa expressa, ut quid cuique musculo subsit distingui possit.

Th. BERKMULLER *microcosmus* Aug. Vindel. 1733. 12.

J. Wilhelm APPEL *Entwurf der Temperamenten und der daraus entstehenden Neigungen des Gemüths, Sitten und Naturells* Hamburg 1733. 8. TREW.

Christ. Abraham SEIDEL *wohlgemeinte Unterricht von dem Einflusse des Gestirns* 1733. 8. TREW. si huc facit.

§. DCCCCLXXI. *Disputationes.*

J. Frid. CRELL, Professoris Wittebergensis, deinde Helmstadiensis, plusculæ sunt disputationes Academicæ.

Progr. *Observationes in partibus corporis humani morbidis, ad illustrandam corporis sani œconomiam temere non esse adplicandas* Witteberg. 1733. 4.

EJ. *De valvula venæ cavæ* EUSTACHIANA Witteberg. 1737. 4.*

EJ. *De motu synchrono auricularum & ventriculorum cordis* 1749. 4.*

EJ. *De functione partium solidarum & fluidarum* Witteb. 1740. 4. VATER.

EJ. *De glandularum in cæcas & apertas distinctione* Helmst. 1741. 4.*

EJ. *Observationes nuperæ sectionis* Helmst. 1742. 4.* Fæces in appendicula &c.

EJ. *De anatomes viventium necessitate* 1742. 4.

EJ. *De viscerum nexubus insolitis* 1743. 4.*

EJ. *Sanguinis jacturam plethoram sustentare* 1743. 4.*

EJ. *De causis respirationem vitalem cientibus* 1743. 4.*

EJ. *De ossibus sesamoideis* Helmst. 1746. 4.*; & eorum ortu mechanico.

EJ. *Act. Nat. Cur. Vol.* IX. *obs.* 56. Canalis osseus prægrandis, a processibus clinoideis coalescentibus interceptus.

Obs. 57. ossiculum in falce duræ membranæ.

Obs. 58. peculiaris prvcessus intestino cæco adnexus.

Obs. 59. hydatides aliaque mala circa ovaria.

Obs. 61. hymen cum processu vaginam bipartiente, descendente ab urethra.

Obs. 62. claudæ feminæ anatome.

Laurentii Theophili LUTHER, Professor Erfordiensis. EJ. *De peritonæo integræ sanitatis & ambiguorum morborum indice* 1733. 4. B. BURKH.

EJ. *Lactis humani status naturalis & præternaturalis, hujusque therapia* Erford. 1735. 4.

Phil. Ad. ULRICH *quæstio an medicis corpora peremtorum ad anatomen concidenda* Lipsiæ 1733. 4. prius Würzburgi proposita.

Franc. Heinr. GOTTFRIED *de singultu* Hall. 1733. 4.* præside F. HOFMANNO.

Matth. Philipp. RITTER sub præsidio F. HOFMANNI *de vomitu* Hall. 1733. 4.

Daniel MINDNER *de abortu* ib. 1733. 4. etiam præside HOFMANNO.

J. LEMBKEN

J. LEMBKEN *de anatomiæ utilitate in theologia, jurisprudentia & medicina* Greifswald. 1733. 4.

EJ. *Anatomes nucleus* Greifswald. 1733. 4.*

Paul. Henrich Gerhard v. MOEHRING, medicus Jeveranus, amicus noster, *inflammationis sanguineæ theoria mechanica* Wittemberg. 1733. 4.*

EJ. in *Ephes. Nat. Cur. Vol.* V. *obs.* 44. systema bilarium lutræ & numerosi ductus hepatici in cysticum inserti.

Obs. 45. EJ. animalis lobulosi renes & spermatica organa.

J. Henrici RESPINGER *theses anatomico botanicæ* Basil. 1733. 4.* Ramus arteriæ pulmonalis dexter major. Hiatus membranæ tympani non naturalis.

Claudii PASSAVANT, discipuli & amici nostri, *theses anatomico botanicæ* Basileæ 1733. 4.*

EJ. *De insensibili perspiratione* SANCTORIANA Basileæ 1733. 4.*

J. Caspar ESCHER *de unguibus & pilis* Basil. 1733. 4.*

Caspar HAUSER *de aëre intra œconomiam corporis humani* Basil. 1733. 4.*

Franc. Lud. CRETTUS *de morbis mesenterii* Basileæ 1733. 4. habet etiam anatomen.

Frid. Salomon SCHOLL, cognati & amici nostri, *de origine, nutritione, incremento & decremento hominis* Basil. 1733. 4.*

Detslef Benjamin HUCKEL *de vomitu gravidarum* Francof. ad Viadr. 1733. 4.

J. Frid. BORBSTAETT *de circulatione sanguinis in fetu* Regiomont. 1733. 4.*

Phil. de la COUR *de naturali catameniorum fluxu* Leid. 1733. 4.

Geo. Frid. WILPERT *de necessitate & utilitate anatomiæ pathologicæ in facienda medicina* Leid. 1733. 4.

Remacli KAISIN *de visu* Leid. 1733. 4.

Petrus BOOT *de intestinis tenuibus* Leid. 1733. 4. PL.

A. NOODT *de renum structura & usu* Leid. 1733. 4.*

Henrici VLOOT *de pancreate* Leid. 1733. 4. PL.

Georgii BUSINKAI *theses inaugurales medicæ* Franeker 1733. 4. de generatione, funiculo umbilicali, nervo intercostali &c.

J. Henrich ZOPP *de Vampiris Serviensibus* Duisburg 1733. 4.

Nicol. RYBERG *de aëre vitæ pabulo* Hafn. 1733. 4.

BIORKLUND & *Andr.* PRISS *de ortu hominum* Abo 1733. 4.

EJ. & *Henr. E.* FREGE *de vivacitate Patriarcharum* Abo 1735.

J. Petri TURREL *de digestione alimentorum* Monspel. 1733. 8. ASTRUC.

Alexandri Petri MATTOT & *Henr.* GUYOT *Ergo a functionum integritate mentis sanitas* Paris. 1733. 4.

Petri Joh. BURETTE & *Oliv.* BOUGOURD *Non ergo refusa in sanguinis alveum pinguedo cedit in corporis nutrimentum* Parif. 1733.

Ott. Casimir BARFEKNECHT & *Jac. Fr.* VANDERMONDE *E. omne vivens ex ovo* Parif. 1733. Fetus in ovario visus.

Lud. Claud. BOURDELIN & *Henr. Franc.* BOURDELIN *E. ut in insectis animalibus, sic & fetui sua metamorphosis* Parif. 1733.

Paul. Jac. MALOUIN & *Joseph de* JUSSIEU *Ergo in reactionis actionisque æqualitate œconomia animalis* Parif. 1733. 4.*

Urb. LEAULTE' & *Cl. Car. de* JEAN *Ergo Eunuchus ut corpore sic & mente minor* Parif. 1733.

Fr. David HENCHOZ *de transpiratione insensibili* Monspel. 1733. 8.

§. DCCCCLXXII. *J. Ernestus* HEBENSTREIT,

Professor Lipsiensis. EJUS *de organis piscium externis* programma Lipsiæ 1733. 4.* continet ad respirationem eorum animalium, ad generationem, ad branchias, ad manducationem aliqua.

EJ. *Anatome hominis recens nati repetita* Lipf. 1738. 4.* Urachi caveam non reperit. De valvula ovali, thymo &c.

EJ. *De partium coalitu morboso.* Auctore ut puto Cl. SPRINGSFELD Leipz. 1738. 4.*

EJ. Progr. *de basi calvariæ* 1738. 4.* De finubus ejus partis & nervis. Foramen vicinum meatui auditorio interno bipartitum, cujus altera camera conspirat cum fissura aquæductus.

EJ. *De diploe ossium* Lipf. 1738. 4. PORTAL. Variam varia in fede cranii crassitiem adnotat.

EJ. *De usu partium carmen* 1739. 8.* Difficilem sibi materiem sumsit versibus tradere, quæ neget ornari.

EJ. *De methodo cerebri incidendi progr.* 1739. 4.*

EJ. *De arteriarum confiniis* 1740. 4.*

EJ. *Rariora ossium momenta* 1740. 4.* De ossibus triquetris. De sterno in fetu octimestri integre osseo: de fonticulo in adulto homine undique suturis circumscripto.

EJ. *De vaginis vasorum* progr. 1740 4.* a pericardio & a cellulosa tela ortis. In *Select. Vol.* II. recudi feci.

EJ. *Duo cadavera feminina indicit* 1740. 4.* De ossium cellulis, canalibus.

EJ. *De flexu arteriarum* 1741. 4.* & in *select.* T. II. Spermaticas in abdomine rectas, infra abdomen flexuosas esse.

EJ. *De pulsu inæquali* disp. 1741. 4.*

EJ. *De*

EJ. *De medici cadavera secantis religione* 1741. 4.*

EJ. *De vermibus anatomicorum administris* 1741. 4.*

EJ. *De vasis sanguineis oculi* 1742. 4.* & in *select.* T. IV.

EJ. *De mediastino postico* 1743. 4.* & in *select. nostr.* T. IV.

EJ. *De corpore delicti medici secantis culpa incerto* 1743. 4.*

EJ. *De confiniis arteriarum* 1743. 4.* Mammariis &c.

EJ. *De insectorum natalibus* 1743. 4.*

EJ. *De capitonibus difficili partu nascentibus* disp. 1743. 4.* a nobis recusa in *selectis.*

EJ. *De venis communicantibus* 1744. 4.* & in *selectis.* Vena socia carotidis: azygæ communicationes. Emissaria cerebri. Pudendarum conjunctiones &c.

EJ. *De oculo lacrumante* 1744. 4.*

EJ. *Funiculi umbilicalis pathologia* 1747. 4.* A nobis recusa. Depictas dat membranas fetus trimestris, arteriam pulmonalem, vesicam urinariam, quam monet plerumque pene inanem esse. Contra SCHULZIUM, exemplum funestæ hæmorrhagiæ ex non ligato funiculo. Fetum animalis cum fetu plantæ comparat. Vasa sanguinea matris & fetus communicare.

EJUSDEM *Anthropologia forensis* Lipsiæ 1751. 8.* 1753. 8.* Partum docet, graviditatem, incrementa fetus; de amnii liquore, quem non habet pro nutritio: de pulmonum experimento. Funiculum umbilicalem jubet ligare. In posteriori editione aliqua monstra depingit, & de sede animæ quærit. De hermaphrodito glande imperforata, rima in perinæo conspicua, testibus latentibus.

EJ. *Carmen de corpore sano & agro* 1753. 8.* 1759. 8.* Integrum medicinæ compendium, & primo loco physiologia.

Lexicon Græco-Latino-Germanicum cum WOYTII dictionario edidit Lips. 1751. 4.*, in quo etiam voces anatomicæ reperiuntur.

De mularum fabrica epistola passim recusa, etiam in SPALLANZANI collectione Modena 1768. 8.* Fabricam vulgarem equæ pro mulæ propria fabrica habuit.

Varios Codices M.S. reliquit, methodum secandorum cadaverum, collegium anatomicum, tabulas osteologicas.

§. DCCCCLXXIII. *Diaria anni* 1734.

In *Philos. Trans.* n. 434. *Charles* BALGUY de corporibus humanis dimidio seculo in solo paludoso incorruptis.

In *Comm. Lit. Nor. hebd.* 8. *J. Dan.* RUCKER de sudore sanguineo egit, in nosocomio adnotato.

In *Essays of a Society at Edinburg* T. II. a. 1734. *Jacob* JAMIESON cerebrum a tussi de cranio vidit expelli.

IDEM 1736. de atreta infante.

In *Mém. de Trevoux* 1734. M. Avril. P. TOURNEMINE agit de nigredine Æthiopum. CAINI colorem non fuisse nigrum.

Hoc anno diarium prodire cepit cum titulo *Uytgeleezene natuurkundige verhandelingen* Amsterdam 1736. 8.*, cujus tres tomos habeo, a. 1734. 1736. & 1741. editos. Pleraque ex *Anglicis* diariis sumta. In P. I. diss. est de spina bifida, de cohæsione partium corporis animalis. In T. II. J. SCENTEN describit rajam duobus adpictis informibus pedibus.

H. REGA de uromantarum fraudibus.

§. DCCCCLXXIV. *Justus Godofredus* GUNZ,

Professor Lipsiensis, deinde Archiater Aulæ Dresdensis, vir eruditus, dum anatomen exercuit varia scripsit, huc pertinentia. EJ. *De mammarum fabrica & lactis secretione* Lips. 1734. 4.* præside Cl. CRELLIO.

EJ. *De puris in bronchia derivatione* ib. 1738. 4.* cum anatome mediastini, bronchi, vasorum bronchialium. Bronchum dextrum magis incurvum esse.

Comm. in HIPP. l. *de dissectione* Lips. 1738. 4.* De venarum nominibus antiquis. Venam cavam non posse dici cartilaginosam, qua voce pericardium intelligit. Tuberculum LOWERI apud HIPPOCRATEM reperiri. Venæ umbilicalis descriptio.

EJ. *De respiratione nova sententia* ib. 1739. 4.* Multum ad respirationem situm corporis facere. Male fieri homine in genua procumbente, in supino pedibus pendulis. Pulmones pleuram contingere. Pulmones non prosilire, quod ab aëre expandantur, sed quod a thorace arctato exprimantur, contra BREMOND, HOUSTOUN & HAMBERGERUM.

EJ. *De situ parturientium* 1742. 4.* Aliqua ad pelvim (commoda). De musculis respirationis eorumque diversa in diverso corporis situ actione.

EJ. *De arteria maxillari epistola* 1743. 4.* In hac arteria multa se putabat invenisse; sed multo pleniorem ejus arteriæ historiam dedisse potuerat. Ad BERTINUM hæc scripsit, a quo fere habuerat, reclamante in literis BERTINO.

EJ. *De sanguinis motu per sinus duræ matris* 1747. *: factos esse sinus pro sanguine retardando, ad secretionem spirituum adjuvandam: porro de sinubus minus perpetuis, de eorum arteriolis. Venas tentorii pro sinubus habet.

EJ. *Observationes circa hepar* 1748. 4.* Vascula venosa in superficie hepatis describit: ramos venæ umbilicalis venæ ad portas tribuit.

EJ. *De maxillæ articulo & motu* 1748. 4.* Articulatio satis ad RAVII sententiam; de musculis cum FERREINIO.

EJ.

Ej. *Enterepiplocele* 1748. 4.*

Ej. *De suffusionis natura & curatione* Lipſ. 1750. 4.* & in *ſelectis chirurgicis*. Aliqua ad oculi fabricam.

Ej. *De cerebro* progr. I. & II. Lipſ. 1750. 4.* Corpus calloſum, ſeptum lucidum, fornix, pedes hippocampi, tubercula thalamorum. Unguis in receſſu poſteriori ventriculi lateralis &c.

Ej. *De lapillis glandulæ pinealis in quinque mente alienatis* 1753. 4.*

Obſs. ad ozænam maxillarem & dentium uſum Lipſ. 1753. 4. Membranam ſinuum pituitariorum tenuem eſſe & firmam, narium pulpoſam & quaſi villoſam.

Ej. *De utero & naturalibus feminarum partibus obſervatione* 1753. 4.* De uteri obliquitate, tubis ſinuoſis, earum fine anguſtato, ligamento lato, cervice, tunica villoſa, lacunis, labiis orificii. Axin uteri obliquum eſſe in puellis, in matribus transverſum.

Libellum integrum ſcripſit *de ſecandis calculoſis* Lipſ. 1740. 8.* In eo agit de muſculis earum partium.

Commentarium in l. de humoribus HIPPOCRATIS dedit Lipſ. 1736. 8.* Multa dajecta anatomica, pori narium, cryptæ inteſtinales, nervi diaphragmatici, ganglion ſemilunare.

Ej. *De herniis obſervationes anatomico chirurgicæ* Lipſ. 1744. 4.* Aliqua de muſculis abdominis; de eo quem dicunt anulum; de vaginali tunica; de ſcroto. Peritonæum ita cum tranſverſo muſculo abdominis connaſci, ut veſica inter muſculum rectum abdominis ponatur & peritonæum. Columnam inferiorem anuli a ligamento POUPARTIANO diverſiſſimam eſſe. Ad ſitum ventriculi aliqua. Ad vaginas celluloſas peritonæi. Darton eſſe muſculoſam. Ligamenta pelvis aliqua. De celluloſis proceſſibus peritonæi.

In *Mém. preſentés à l'Academie* T. I. de appendice glandulæ thyreoideæ, de ejus muſculo. De ſepto collum bipartiente (celluloſa tela): de arteriis & muſculis laryngis & aſperæ arteriæ, de mediaſtino.

In T. XII. *Sw. Acad. Handlingar* agit de hepate in fetu ligamento ſuſpenſorio deſtituto, cujus ductus venoſus ramus erat venæ portarum.

Ejus *memoria* Lipſ. 1755. 4.

Præparata anatomica ſicca ſelecta & oſſa Gunziana Dreſd. 1756. 12.

§. DCCCCLXXV. *Theophilus* LOBB,

Vir pius & ſimplex, practica laude celebratus. Ej. *rational method of curing fevers deduced from the ſtructure of human body* London 1734. 8.* BOERHAAVII fere phyſiologiam exponit: glandulam dicit vas incurvum, de quo lymphatica vaſa humorem tenuiorem auferunt. Vaſa inhalantia demonſtrat. Fuſe de effectibus venæ ſectionis: a ligatura, ob quam retento ſanguine cor minus repletur; deinde a vulnere „unde motus per arterias artus inciſi celeritas augetur,

augetur, & fit in ſedem venæ ſectionis derivatio, ab aliis vero corporis vaſis revulſio. Non valde probat venæ ſectionem; ſanguinis in homine non eſſe ſupra 16. libras.

Ej. *Medical practice in curing fevers* London 1735. 8.* Introductio huc facit, in qua ſigna conſiderat, quæ in febribus medicum dirigant, eaque ſigna phyſiologice interpretatur, ut pulſum, urinam, de qua fuſe, perſpirationem, reliqua excrementa.

Ej. *A practical treatiſe on painfull diſtempers* London 1739. 8.* Huc faciunt, quæ profert de fibra nervea BOERHAAVIANA, & de natura doloris, quam ponit in preſſione partium extremarum nervi, & in adplicatione acris corporis ad extremos nervorum ſentientium fines.

Joſeph ROGERS *on epidemical diſeaſes* Dublin 1734. 8.* Vix huc facit, niſi quod empiriæ fautor theoriam impugnet, & multa ei contraria in corpore vivo evenire contendat.

Sed adnexa eſt *epiſtola Cl.* RYE, magni ea pretii. Experimenta ad perſpirationem metiendam facta repetiit in ſe ipſo. Urinam per æſtatem minus copioſam reperit, etiam duplo. Fæces alvi ſatis conſentire cum SANCTORIANIS calculis. Noctu etiam bene tecti corporis magnam eſſe perſpirationem, quæ pariter per corporis exercitationem augetur. Ad ſeptem uſque libras edit bibitque, hieme multo minus. Pulſum vix putes recte numeraſſe, quos aliquando 25. non plures fuiſſe narrat. De variis cauſis perſpirationem augentibus, aut minuentibus.

R. BUTLER *Eſſay on bloodletting* London 1734. 8.* SYLVÆ principia ſequitur, & pariter omnem derivationem improbat, niſi in corpore prius inſigniter evacuato. Revulſionem diſtribuit pro diverſitate arteriarum, quæ a ſuperiori aorta, aut ab inferiori, natæ ſint. Hinc in morbis abdominis ſanguinem de brachio mittit; in pene omnibus morbis, in quibus periculum eſt, ne ſanguis in caput colligatur, potius ex pede. In menſibus ſuppreſſis derivationem laudat &c. Subtile diſcrimen perſequitur, ut rami ab alterutra aorta nati majores fuerint, minoresve.

Andrea HOOK *Eſſay on the practice of phyſik* cum adjectis *obſervations on animal æconomy* London 1734. 8.

William GIFFARD *caſes in midwifry* London 1734. 8.* ab *Eduardo* HODY editi. Aliqua inter practicas adnotationes huc faciunt, ut partus tubarius, partus hydatidum a relicta in utero placenta. Ab eadem, cum funiculus non fuiſſet ligatus, funeſta hæmorrhagia.

George THOMSON *the anatomy of human body, with an account of muſcular motion, and the circulation of the blood, and a deſcription of the four ſenſes &c.* Lond. 1734. 8.* Anatome fere ex WINSLOWO, icones collectitiæ. Muſculorum motum interpretatur a vibratione fluidi elaſtici. De motu ſanguinis. De digeſtione & nutritione; de ſenſibus, excepto tactu.

Ej. *The art of diſſecting human bodies* Lond. 1740. 8.* LYSERIANI cultri verſio.

Ej.

Ej. *Way of preserving the blood in its integrity and rectifying it if at any-time degenerated* London Pl.

In *Essays of a Society at Edinburg* P. I. agit de dentibus supernumerariis.

Jacob. Holling *oratio de statu humanæ naturæ* London 1734. 4. Osb.

Ejusd. *Oratio anniversaria* Harvejana Lond. 1735. 4.

Edw. Wilmot *oratio* Harvejana Lond. 1734. 4.

§. DCCCCLXXVI. *Cæsar* Verdier. *Alii.*

Chirurgus Parisinus, qui anatomen in ea urbe docebat. Compendium anatomicum edidit aliquoties *Abregé de l'anatomie du corps humain* Paris 1732. 12. forte potius 1734. 12. 1739. 12.* 1761. 12. 2.Vol.* 1768. 8.* Bruxell. 1752. 12. 2.Vol. Anglice a Dale Ingram vers. *abstract of the anatomy of human body* London 1753. 8.* Germanice vertente *J. Andrea* Deisch Aug. Vind. 1744. 8.* Compendium anatomes breve & fere Winslowianum, neque editiones priores 39. & 61. valde differunt. Aliquæ hinc inde intercedunt adnotationes. Ossa pubis inter se, & ossa innominata a sacro in partu sæpe discedere. Exempla nullius in tendinibus sensus. Cubitalem arteriam aliquando superficiei proximam incedere. Cellulosi processus peritonæi.

Quartam editionem anni 1768 Cl. Sabatier, Chirurgiæ Professor, utique insigniter auxit, & certe melior pars operis ad ipsum editorem spectat. Pro foraminibus incisivis. De spina bifida. Musculos potissimum ex Albino emendavit: pectoralem ad respirationem facere fatetur. Pro vera actione musculorum intercostalium internorum. Nullum a dura matre nervis involucrum accedere. Cerebrum a respiratione alternis vicibus levari & subsidere. De musculo mallei Casseriano dubitat. Ventriculos cordis non satis persuadetur diversæ esse molis. In ventriculo aliquid vidit lacteorum vasorum simile. Situs hepatis mutabilis. Puer ureteribus ad pubem apertis. Contra hymenem. De corpore luteo recte. Ter se vidisse ossa pubis in partu discessisse.

Paul. Jac. Malouin *traité de chymie* Paris 1734. 12.* multo auctius 1750. 2.Vol. 12.* & demuo auctum 1755. 12. 2.Vol.* De medicamentis ex animalibus productis. Cameli stercus non requiri ad salem ammoniacum, & bubulum etiam melius esse.

Ej. & *Guilbert de* Preval *E. in actionis reactionisque æquitate œconomia animalis* Paris. 1751. 4.

Ej. & *Cæsar* Coste *Ergo ad sanitatem musica* Paris. 1759. 4.*

Ej. *Description & details de l'art de munier boulanger &c.* Paris 1767. fol.* De animalculis juris carnium & infusionum: Non esse animalcula, neque habere, ut animalia, sui incrementi gradus. Anguillas farinæ in aqua dilutæ mori, & revivifcere, habere involucrum mucilagineum, quod vegetat, sed nucleum deserit.

Michaelis Pinelli, pharmacopœi, *nuovo sistema dell' origine della podagra* Rom.

Rom. 1734. 4.* Ab alcalina degeneratione podagram esse, per acida sanari: neque acorem in sanguine reperiri. Analysis nodorum podagricorum, & humorum humanorum: sed nimis facile recipit, eos in sanguine sales fuisse, quos igne obtinuit. Salem urinæ fusilem non ignoravit.

Josephi Thomæ ROSETTI *systema novum de morbis fluidorum & solidorum* Venet. 1734. fol. In principio aliqua habet de spiritibus ex aere sulfure & sale compositis, in pulmone natis, naturali judicio motus pene omnes ad crises dirigentibus.

EJUS nunc lego esse diss. duas *de febribus & de succo nerveo* Rom. 1740. 8. quas dicemus.

D. J. ZENGVARDIN *genees en heelkondige aanmerkingen* Amsterd. 1734. 8.*

Anton. Joseph. RODRIGUEZ, monachus, scripsit *Experimentos anatomicos y practicos. Medicina statica* Pompejopoli 1734. 4.

EJ. *Palestra critico medica en que se tratas intendeser la moderna medicina, y de salvar la tyrana intrusa del regno de la naturaleça* T. II. Pampelona 1738. de temperamentis. T. III. Saragossa 1738. de generatione.

EJ. *Principios medicos e scolasticos, elementos, temperamento humano y facultades de los medicamentos* . . . . . Pompejopoli 1738. 4.

EJ. Diss. *de la respiracion* Madrit 1739. 4.

J. Jul. HECKER, Theologi, *Betrachtung des menschlichen Körpers nach der Anatomie und Physiologie &c.* Hall. 1734. 8.*

In *Damiani* SINOPEI *parergis medicis* Petrop. 1734. 8.* multæ cadaverum incisiones reperiuntur, & in iis multa cordis mala.

§. DCCCCLXXVII. *Albertus* SEBA,

Aromatarius Amstelodamensis, magnus rerum rariorum collector. EJUS *locupletissimi rerum naturalium thesauri accurata descriptio* cepit edi anno 1734, quo Tomus I. Amstelodami fol. max.* prodiit. Ad rem nostram faciunt sceleti aliquæ: monstra aliqua animalium, quæ ex duobus composita videntur. Hydra septiceps Hamburgensis. Piscis ex rana degener Surinamensis, per suos varios succrescentis caudæ gradus. Pipa. Mea editio Gallica est & Latina.

In Tomo II. Amsterd. 1735. fol.* cum serpentibus horum animalium sceleti & integra anatome reperitur: & aliqua similia ad ranas & locustas.

In T. III. posthumo Amsterd. 1758. pisces & zoophyta: cæterum vix quidquam huc faciens repesias.

In T. IV. qui nuper prodiit anno 1765. insecta & potissimum papiliones depinguntur.

Cæterum non is fuit Auctori scopus, ut anatomen traderet, contento externum habitum numerosorum & rariorum animalium depingere.

EJ. *Catalogus van den Cabinetten van hoorns en zeegewassen . . . . van anatomische præparata* Amsterd. 1752. 8.

J. le

J. le SAUNIER *parfaite connoiſſance des chevaux*, *leur anatomie*, *leurs bonnes & mauvaiſes qualités*, *leurs maladies & les remedes* la Haye 1734. fol. B. B. London 17 . . . (Icones ex RUINO ſumtæ.) Angliçe Lond. 1760. 8. Germanice vertente *Chr. Henrico* WILKEN Gloglau 1769. fol. Tabulæ anatomicæ non bonæ, quæ dicuntur ad naturam ſculptæ eſſe, & quarum manifeſto, certe aliquæ, ſint fictitiæ.

Le Gouvernement admirable où la Republique des Abeilles Paris 1734. 12. la Haye 1740. 12.* Imperite de generatione, de rege & regina, quæ reges propaget, fucis maribus & feminis, qui & ipſi ſuam gentem reparent.

§. DCCCCLXXVIII. *Diſputationes.*

Andr. Erh. HEINRICH *phænomena cordis* Erford. 1734. 4.

Jodoci Joſeph DEPPE *de ſpirituum exſiſtentia*, *quidditate*, *differentia & uſu in corpore humano* Erford. 1734. 4.

Martin FOIT *de motu in corpore humano novo medicinæ principio* Hall. 1734. 4.*

Chriſtian Benjamin MANN *de harmonia variorum corporis humani partium*, *inſpiratione*, *ejusque vera cauſa* a. 1734. prodiit in *Vol.* II. *ſelect. Francofurtenſium.*

Franc. Anton. RHODIUS *de uſu ſenſus & motus in negotio vitæ & ſanitatis* Argentor. 1734. 4. B. BOEHMER.

Anton. Wilhelm SCHARF *de uſu lienis* Duisburg. 1734. 4.*

J. Heinr. SCHAAF *de organo tactus* Duisburg 1734. 4.* Papillæ compoſitæ muſculoſæ, ungues, epidermis ex ALBINI demonſtratione.

Alvarez TELLEZ *da* COSTA *de maſticatione* Utrecht 1734. 4. PORTAL.

Eleazar v. EMBDEN *de pulmone ejusque variis morbis* Leid. 1734. 4.

A. HEMSKERK *de animæ pathematum efficacia in corpus humanum* Leid. 1734. 4.*

J. v. BEEKHOVEN *de* WIND *de ureteribus & veſica urinaria* Leid. 1734. 4.* Vaſa umbilicalia in adulto patula, etiam urachus.

Jacob v. EEMS *de ſomno* Leid. 1734. 4.* IDEM edidit BOERHAAVII *de morbis nervorum prælectiones.*

Joh. Godfrid SALZMAN, *Joh.* Fil. *de plurium pedis muſculorum defectu* Argentor. 1734. 4.* Patris fuerit opus.

Hyacinthi Theodori BARON & *Jac. Albert* HAZON *Ergo ſolvendis pertinacis ſanguinis in cerebro congeſtionibus jugularis venæ ſectio* Pariſ. 1734.

Joh. de BUCHWALD *de graviditate tempus excedente* Haſn. 1734. 4. An idem *Balthaſar Joh. de* BUCHWALD cujus eſt *obſervationum anatomicarum quadriga* Haſn. 1740. 4.*

EJ. *Deſcriptio* fetus qualem vidi, corde unico, venis in unum ſinum coeuntibus, duobus hepatibus &c. In *prodr. prævertente nova Acta Hafnienſia*, idem ut puto cum titulo *monſtri gemelli coaliti* Haſn. 1743. 4. HAENEL.

EJ. *Historia gemelli coaliti scholiis illustrata* Hafn. 1743. 4.

EJ. & HEUERMAN *de lingua humana* ib. 1749. 4.*

§. DCCCCLXXIX. *Diaria anni* 1735.

In *Phil. Transf.* n. 439. salubritas peculiaris pagi in comitatu Devoniæ, in quo incolarum $\frac{1}{54}$. intra annum moritur.

In *Hist. de l'Acad. des Sciences* 1735. *Georg. de la* FAYE cor enormis amplitudinis.

EJ. In *Hist. de l'Acad. des Sciences* 1736. describit visum sibi peculiarem in anteriori facie thoracis musculum & digiti medii extensorem proprium.

ID. hoc anno agit de labiis leporinis rarioribus.

EJ. *Principes de Chirurgie* Paris 1738. 12. 1744. 12.* 1747. 12. 1757. 12. 1761. 12. Berlin 1758. 12. Italice Venet. 1751. Hispanice Madrit 1761. Suecice Stokholm 1763. edente Cl. SCHUZERO cum notis. Germanice Argentorati 1751. 8. Breve compendium anatomicum, & theoria inflammationis BOERHAAVIANA.

EJ. In *Hist. de l'Acad.* 1755. porcellus monstrosus duobus in eadem orbita oculis & proboscide ex fronte prodeunte.

In *Essays of a Society at Edinburgh* T. III. fasti emortuales.

Jacobi MOWAT puer urinam reddens per foramen epigastrii, cum pene cæco & male formato.

Francisci PRINGLE aquarum hydropicarum per umbilicum fluxus.

In *Commercio Literario Norico* 1735. *obs.* 4. *J. Wilhelmus* AGRICOLA describit valvulam ad insertionem ductus arteriosi positam.

Obs. 8. EJUSDEM pericardium cum corde connatum.

Obs. 18. icones oculi ad cataractæ historiam.

Hebd. 17. GRAPII fetus cum mola & duplici placenta exclusus.

BLOKII *obs.* 19. fetus in tuba FALLOPIANA per 15. annos retentus, cujus pars contabuerat.

Car. Frid. HOECHSTETTER *obs.* 21. de femina vivas ranas in abdomine circumgerente, etiam partu editas.

J. Georg Henrich KRAMER de funiculi umbilicalis non ligati hæmorrhagia, *obs.* 43.

§. DCCCCLXXX. *Varii.*

Guilielmi NOORTWYCK *de natura humana* disp. Leid. 1735. 4. recusa cum SOLANI de pulsu versione.

EJ.

Ej. *Uteri humani gravidi anatomia & historia* Leid. 1743. 4.* Placentæ & chorii cum utero anastomosin macerando conperit, a G. HUNTERO nunc emendatam. Allantoideam urinariam membranam rejicit, ut tamen ALBINI vesiculam excipiat. Icones dedit sinuum placentæ & uteri. Rimam ovarii describit, & septa funiculi. Multa collegit, longo utique sermone.

Johannes HUWE *onderwys der vrouwen aangande het kinderbaaren* Haarlem 1735. 8.* Multa singularia habet, & a receptis opinionibus aliena. Partus & dolorum partum moventium causas omnes hucusque prolatas refutat; impeditum sanguinis per placentam motum pro causa dat dolorum, & ante partum placentam mortuam esse adfirmat: nullumque in vasis placentæ motum. Pelves semper satis amplas esse, neque in partu caput fetus in longum produci. Neque adeo coccygem debere repelli.

Hieronymi QUEYE *de syncope & causis eam producentibus* disp. Monspeliæ 1735. 8.* Pertinet huc longa refutatio BASSUELLII (x), & demonstratio, quam dare suscepit, cor utique sua in systole longius reddi, in vivis animalibus nata.

J. N. L. M. D. *de abortu & medicamentis abortivis* Hanov. 1735. 4. alii 1736. 12.

Samuel FORBIGER *vernünftiger Medicus in der Physiologie* Lips. 1735. 8.*

Gottfried LANGHANS *von geschwänzten Fröschen* Landshut 1735. 4. B. BOEHM.

Ej. *Anmerkungen über das Fliegenauge* Landshut 1736. 4.

§. DCCCCLXXXI. *Josephus* LIEUTAUD,

Professor Aquensis, inde archiatrorum comes, vir laboriosus & utilis.

In *Hist. de l'Acad. des Scienc.* 1735. aliquas dat adnotationes, in cadaveribus morbosis natas, ex quarum prima recte deducit, bilem in vesicula fellea minime parari.

In *Hist. de* 1738. de variabili magnitudine renis.

In *Mém. de l'Acad. des Scienc.* 1752. De pericardio, in quo tres laminae & tendineam fabricam admittit; de ejus capsulæ membrana tenera & levi, quæ vasa cordis obvolvit. Non satis naturalem esse aquam pericardii. In quoque cordis ventriculo separat caveam venosam, & eam quæ ad arteriam ducit. Valvulas venosas unicum efficere anulum, quod inventum, si ita vocare placet, mecum vult partiri. Descripseram a. 1737.: Videram Parisiis a. 1728. IDEM vomitum neque a musculis abdominis cieri, neque a diaphragmate docet. In facili vomitu, ut in ructu, solo gradu diverso, ventriculus solus videtur cibos expellere: in difficili & laborioso vomitu etiam vires respirationis collaborare.

In *Mém. de* 1753. fuse de vesica egit. Rejicit membranam internam & sphin-

(x) Opus esse D. FOURNIER. CARRERE circul. p. 33.

ſphincterem; fibras a proſtata deducit, & a ligamentis ad os pubis revinctis. Urachum multo quam in vertice, anterius inſeri. Tumores duos ab ureteribus deſcendere; hæc dudum dicta. Partem poſteriorem tumentem oſtii veſicæ uvulam vocat; Addit valde ſenſilem eſſe. Num proſtata glandula ſit dubitat.

In *Mém. de* 1754. porro de cordis fabrica agit. Valvulam venæ coronariæ motum ſanguinis retardare. Valvulam EUSTACHII ad foramen ovale adhærere: eam in adulto homine fere reticulatam eſſe, a ſanguinis violentia. A bronchis ductum arterioſum elidi, quorum ſitus ſit mutabilis. Arcum aortæ per ætatem ſitum mutare.

EJ. *Eſſays anatomiques contenans l'hiſtoire exacte de toutes les parties qui compoſent le corps de l'homme* Paris 1742. 8.* & auctius 1766. 8.* Bonus liber & propria per experimenta natus, neque ut plerique nuperi ex WINSLOWO exſcriptus, a cujus placitis noſter multis locis differt: adminiſtrationis etiam modum docet. Omentum colicum mecum invenit, aut paulo ſerius. Mentalis muſculi novam dat iconem. Vaſa pelvis multo rectius exponit. De lacunis veſiculæ felleæ & de celluloſa tela, & vena cyſtica ad cavam eunte. Bulbos pilorum & in cute radicari & ſub ea Corpus reticulare non reperiri in toto corpore humano; a mucoſo corpore Aethiopum differre. Nullas eſſe cutis glandulas. Quatuor laminæ membranæ tympani. Unicum eſſe muſculum oſſiculorum auditus, reliquos ligamenta. Glandulæ ſublinguales, bene. Nullum eſſe veſicæ ſphincterem. Valvulam EUSTACHII inſeri in valvulam venæ coronariæ. Venulas in utrumque cordis ventriculum patere, ſed inconſtantes. Nullam eſſe naturalem aquam pericardii. Primam laminam pericardii eſſe tendineam, & cum fibris diaphragmatis tendineis continuari. In oſtiis venoſis pericardii anulos eſſe, non in arterioſis: membranam internam pericardii cum externa arteriarum continuari. Fibræ cordis. Muſculi. Pars anuli valvuloſi ventriculum quemque bipertit in partem auricularem & arterialem. Arterialem nullas habere columnas. Oſtia venoſa auriculæ habent anulum calloſum, arterioſa carnoſum. Ventriculos inter cerebri commercium eſſe tertii ope. Oſtia arteriarum coronariarum a valvulis tegi; cor contractum brevius fieri. Ejus ventriculos æquales eſſe. Muſculum metatarſeum WINSLOWI ligamentum videri.

Subjicit theoreticas duas diſſ. *de ſpiritu animali & de ſecretionum mechaniſmo.*

In nuperiori editione acceſſerunt duo Commentarii ex *Academiæ Scientiarum monumentis* ſumti; ordo etiam mutatus eſt, encheireſes conjunctæ.

EJ. *Hiſtoria anatomico medica ſiſtens numeroſiſſima cadaverum humanorum extiſpicia* Pariſ. 1767. 4. 2. Vol.* Pathologici quidem ſcopi, tamen, ut ad rem noſtram paſſim lucem adſpergat.

EJUSD. *Elementa phyſiologiæ juxta ſelectiora noviſſimaque phyſicorum experimenta, & accuratiores anatomicorum obſervationes concinnata* Amſterd. (Genev.) 1749. 8.* Valvulas etiam aorticas pro unico habet anulo. Lienem factum eſſe, ut eo tempore, quo cibi coquuntur, plus ſanguinis hepati ſubmittat. In hepate ob lentum motum particulas leves de ſanguine ſecedere. Succum capſularum

larum renalium sanguinem venæ cavæ reddere tenuiorem. Sensus sedem non esse in cerebro. Motum spirituum ipsis proprium esse, neque a vi contractili nervorum pendere. Medium sensuum fluidum esse tenuissimum, in quo elastica materia motus natet. Ab ea materie minimas fibrillas dilatante motum musculorum fieri. Motus principium animale dari, debile id, & vitale. Cor ab elatere fibrarum suarum constringi.

§. DCCCCLXXXII. *Carolus* LINNÆUS.

Carolus LINNÆUS, inde v. LINNE', summus plantarum & rei naturalis cultor, anatomen rejicit, & subterranea putat mortuis deberi, qui nobis super terram suis bonis cesserint. In *systemate* tamen *naturæ* Leid. 1735. fol.* Holm. 1758. 8.* & alios sæpissime recuso, signa classium animalium a dentibus fere sumit, & a mammis, quare has quidem utique memorat, illos describit, & partes animalium externas. Contra degenerationem ranæ in piscem. Animalium classes anatomicæ „Cor unico ventriculo & aure unica „Cerebrum aliquod & nullum. Hominem nocturnum separat, & cum orang-outang conjungit. Raia, sturio, alii pisces respirantes, habent duos penes.

In disp. *Cervus Rheno* 1754. 4.* Cornua juniora valde mollia esse & sensilia.

De coralliis 1745. 4.* Pro nova theoria, corallia esse nidos & opus polyporum.

Om märkwärdigheter uti insecterne Stockh. 1747. 8.* De aphidibus, scolopendra lucente &c.

Diss. *de tænia* 1748. 4.* primam esse articulis deciduis, qui in vermiculos cucurbitinos abeant. Caput non habere: propagari ad polypi modum. De polypis aliqua.

EJ. *Miracula insectorum* Upsal. 1753. 4.*

EJ. *Mus indicus* 1754. 4.* cum aliqua anatome.

EJ. *Animalia composita* 1753. 4.* Huc tæniam numerat & polypum. Tæniam ex multis animalibus conponi. Volvocem generare decidentia quasi semina. Non posse dari animalia conposita cerebro prædita.

EJ. *Generatio ambigena* 1759. 4.* Vermiculos seminales non esse animalia. In hybridibus animalibus partem corticalem a patre esse, medullarem a matre.

EJ. *De pinguedine animali* 1759. 4.* potius de sue, cujus varietatem dicit solidipedam.

EJ. *Clavis medicinæ* 1766. 8.* ob quintuplicem medullam, inter quas etiam caudalis est (s. partium genitalium.)

EJ. *De morsura serpentum* 1762. 4.* Inspirare viperam, non exspirare.

EJ. *Mundus invisibilis* Upsal. 1767. 4.* Sibi tribuit inventam naturam animalem coralliorum. Deinde ex literis ILL. MUNCHHAUSII docet, semina fungorum esse insectorum ova, & alterne in fungos abire, inque animalcula. Ustilaginem plenam esse seminum aut ovorum.

EJ.

Ej. *Metamorphosis humana* 1767. 4.* Vita humana in duodecim menses dividitur.

Ej. *Venæ resorbentes* 1767. 4.*

In *Journ. des Sav.* 1769. & edit. Belg. de renascente capite Limacis dubia movet. Fieri potuisse ut SPALANZANUS caput non reseruerit, Limacem sopore lithargico premi, & mucum cutaneum generare, ut ab eo se liberent, etiam octava vice.

Ej. *Respiratio diætetica* 1771. 4.*

Ej. *Fundamenta testaceologiæ* 1771. 4.* Testarum fabrica. Animalium mollium, qui creduntur oculi esse, a nostro non habentur pro oculis. Auctor videtur *J. Adolphus* MURRAY, vir egregius.

§. DCCCCLXXXIII. *Varii.*

Abraham de BRUYN *de zeeworm beschouwt in zyn eygen art en natuur &c.* Roterdam 1735. 8.

Cornelis BELKMEER *natuurkundige verhandeling betreffende de hout uytraspende en doorboorende zeeworm in des zelfs maaksel of natuerlike gestel: hoe het hout daar dit schepzel inlegt, sich vertoont, den oorsprong en teeling deeses schepzels, de wyze hoe hetselve in't hout komt, darin voortgaat, groot word, leeft, groyd en sterft, en van deszelve vyand zynde eenander schepzel* Amsterdam 1735. 8.

Friderich Christian LESSER, V. D. M. Noorthusanus, *de sapientia, omnipotentia & providentia divina ex partibus insectorum cognoscenda disquis. epistolaris* Noorthusen 1735. 4. GRON.

Ej. *Insecto theologie, oder Versuch, wie der Mensch durch aufmerksame Betrachtung der Insecten zu lebendiger Kenntniß und Bewunderung der Allmacht und Güte Gottes gelangen könne* Frankfurt 1740. 8. 1758. 8. Gallice cum additionibus *Petri* LYONNET & titulo *Theologie des insectes* la Haye 1742. 8. 2. Vol.* Plurima de suo addidit LYONNETUS, integras sæpe dissertationes, ut de vermiculis spermaticis, de charactere quo insecta ab aliis animalibus separantur, de polypo, de vermiculis aquaticis reparabilibus. Icones perpulchræ. Auctor versionis a LYONNETO diversus est, neque optimus. Italice ex editione LYONNETI Venez. 1751. 8.

Ej. LESSERI *einige kleine Schriften zur Geschichte der Natur, und zur Physico-Theologie gehörig* Nordhausen 1754. 8.*

Ej. *Testaceo theologia* Leipzig 1744. 8.

In J. B. du HALDE magno opere, quo Chinense imperium describitur, Paris. 1735. fol. 4. Vol. Germanice 4°. 4. Vol. edito, tomus tertius continet anatomen aliquam, & pulsuum theoriam ex antiquo medico WANG SCHU HO decerptam, qui ante CHRISTUM natum vixit.

Fortunati

Fortunati a BRIXIA *Philosophia sensuum mechanica ad usus academicos accommodata* Brix. 1735. 1736. 1745. 4. 2.Vol. Venet. 1756. 4. MAZUCHELLI.

Joh. MARQUES CORREA *trattado physiologico medico fisico ed anatomico da circolagao de sangre* Lisbon. 1735. 4.

Huc referas *Ferdinandi* GUILIELMINI *orationem de claris bononiensibus anatomicis recitatam in theatro anatomico* a. 1755. fol.

§. DCCCCLXXXIV. *Disputationes.*

Richard WORSWYK *de pinguedine soluta, vel in sanguinem admista* Leid. 1735. 4.

Petrus VINK *de hepate* Leid. 1735. 4.

M. SAS *de partibus manducationi inservientibus* Leid. 1835. 4.*

N. TETTRODE *de fluxu menstruo* Leid. 1735. 4.

Hugo van der POLL *de partibus, quæ in homine olfactui inserviunt* Leid. 1735. 4.

Roger JONES *de motus muscularis causa* Leid. 1735. 4.* A retardato motu spirituum fieri, quorum pressio lateralis aucta fibram distendat. Recudi feci in *meis selectis*.

N. BERKHOUT *de tussi* Leid. 1735. 4.*

Jacob de VISCHER *de cholepoiesi* Leid. 1735. 4.* Venam portarum cum ductu bilario communicare, non arteriam.

Cornel. Alb. KLOEKHOF *de frigidis nervorum systemati inimicis ad ductum aphorismi* HIPPOCRATICI 18. *Sect.* V. Leid. 1735. 4.*

Ej. *De morbis animi ab infirmato tenore medullæ spinalis diss.* Utrecht 1753. 8.* Animam in partem solidam nervorum operari, non in spiritus. De fibræ nerveæ debilitate, irritabilitate aucta & imminuta, de temperamentis inde natis, de alacritate morientium.

Opera conjuncta prodierunt Lipf. 1772. 8.

Bernhard Engelbert COHAUSEN *de chylopœa ventriculi a triturationis mechanicæ commercio vindicata* Hardervic. 1735. 4.*

M. SAS *de partibus manducationis inservientibus* Hardervic. 1735. 4.

J. LINDSAY *de calore* Edinburg 1735.

J. ARNOT *de abortu* ib. 1735.

ASP. & *Chr.* OMNBERG *animalia quædam ex hiberno sopore circa ver evigilantia* Upsal. 1735. 4.*

Anton. Joseph. MARHERR *motus ventriculi & intestinorum peristalticus*, præside *Franc. Xaver.* MANNAGETTA Wien 1735. 4.*

Hans HAGEN *de divinatione ex insomniis* Basil. 1735. 4.*

Anton. Frid. DANKWERTS *ratio paralyseos anatomica* Helmstad. 1735. 4.* præside L. HEISTER.

Paulus HAAS *de tunicæ villosæ renovatione* Altdorf. 1735. 4.*

J. Christ. MITHOB PR. HOFMANNO *fistula lacrumalis* Hall. 1735. 4. Aliqua anatome.

Joachim Georg DARIES, ILL. nostri adfinis, *de oculo quod sit camera obscura maxime artificiosa* Jena 1735. 4.*

J. Valentin HARTRANFT *de non differenda secundinarum extractione* Lipsiæ 1735. 4.*

Henr. Gottlieb JACOBS *de fide & legalitate medici in investiganda vulnerum lethalitate* Jen. 1735. 4.*

August WENKER *de virgine ventriculum per viginti tres annos perforatum alente* Argentor. 1735. 4.* recus. in fratris disputatione.

J. Martin REICHART *uterus gravidus cum fetu vulneratus* Argentor. 1735. 4.* Aliqua ad uteri structuram.

Petri STUART *secundinæ salutiferæ æque ac nocivæ* Argentor. 1735. 4.*

Jac. Frid. MULLER *influxus physicus restitutus* Giessen 1735. 4.*

Marc. Paul. DEISCH *de splene canibus exciso Pr.* SCHULZIO Hall. 1735. 4. & in *select. nostr.* Experimentum fecit.

IDEM *necessariam esse pubis ossis discessionem* Argentor. 1740. 4. Vidit discessisse.

Matth. GROEN (Præs. J. de BUCHWALD) *de graviditate debitum gestationis tempus excedente s. diuturna* Hafn. 1735.

Anton. Job. DAVAL & J. ISOARD *E. qualis nutritio talis secretio* Paris. 1735. 4.

Henr. Franc. BOURDELIN & *Carol.* PAYEN *Ergo secernendis variis humoribus varius sanguinis motus* Paris. 1735.

Jos. de JUSSIEU & *Barthol.* MURRY *Non ergo fetui sanguis maternus alimento* Paris. 1735. Negat communicationem placentæ cum utero.

J. de DIEST & *Luc. Ant.* FOLLIOT *E sui sanguinis solus opifex fetus* Paris. 1735. 4.* Matre exhausta fetum sanguine plenum reperiri. Vim styptici medicamenti non transire a matre ad fetum.

Lud. Florent. BELLOT & *Lud. Jacob* PIPEREAU *E. adtenuando sanguini motus arteriarum* Paris. 1735. 4.

J. Franc. LEAULTE & *Car.* PAYEN *Ergo minus salubris ad sudorem usque, quam ad transpirationem labor* Paris. 1735. 4.

§. DCCCCLXXXV. *Diaria anni* 1736.

In *Phil. Transf.* n. 441. paradoxa experimenta in canibus facta, quibus *Gulielmus* HOUSTOUN pectus perforabat. Utrinque perforato pectore, vixisse bestiam ftiam & refpiraffe & clamaffe. Pulmones in exfpirando dilatari. (hactenus recte ut ne ad fanum animal transferas.)

N. 442. & 443. *Johannes* BELCHIER, chirurgi, experimenta cum refidua de tinctorio opere rubia capta, quibus fi nutrias animalia, eorum offa rubro colore tinguntur, quod experimentum inde multis locis fuit repetitum.

In *Comm. Lit. Nor.* 1736. *hebd.* 1. pulmonem pu·idum nataffe.

Hebd. 43. *J. Michael* SCHOENMEZLER aliquas de interoffeis & lumbricalibus in manu mufculis adnotationes dat.

Hoc anno prodiit primum volumen *selectorum medicorum Francofurtenfium, anatomen inprimis practicam, chirurgiam, materiam medicam univerfam chirurgiam illuftrantium* Francof. ad Viadr. 1736. 8. min.* In Vol. I. cartilago enfiformis perforata & bifurcata.

In Vol. III. *J. Otto* BRUKNER de fpontanea venarum apertione.

Eodem anno ceperunt prodire *Medicorum Silefiacorum fatyræ, quæ varias obfervationes ex omni medicinæ ambitu exhibent* Breslau 1736. 8.* Princeps diarii promotor fuit G. H. BURGHART, qui & *mantiffas* fere ad fingula fpecimina addidit. In I. fpecimine *Chriftophorus Timotheus* BURGHART de homine agit pro androgyno habito. Perinæum fiffum cum maxima vefica urinaria.

In *parergis Göttingenfibus* a. 1736. Göttingæ excufis 8.* *Samuel Chriftophorus* HOLMANNUS, vir ILL. & nofter olim amicus, aliqua cogitata protulit de globulis fpermatis & fanguinis.

IDEM vir ILL. in Tom. II. *Comm. Göttingenfium* egit de ingentibus offibus circa Herzberg inventis, accurate dimenfis, quæ videntur ad Rhinocerotem pertinere.

In *primis lineis philofophiæ naturalis* Gotting. 1753. 8.* phyfiologiam etiam hominis tradit & animalis.

In confeffu Societatis Reg. Scientiarum a. 1758. prælegit de refpiratione, quam fpontaneam effe, & mero itu & reditu aëris fieri poffe putat.

EJUSD. *De ftupendo naturæ myfteria animæ fibi ignota* Greifswald. 1722. 4. II. Witteberg. 1723. III. 1724. &

EJUSD. Difp. *harmonia inter corpus & animam præftabilita* ib. 1724. huc poffunt referri.

In Societatis Hifpalenfis actis, Sevilla 1736. 4. edidit *Emanuel* PEREZ de fingultu.

Marcellus de YGLESIAS *de nutritione*.

§. DCCCCLXXXVI. *Francifcus* DU HAMEL *du* MONCEAU.

In *Mém. de l'Acad.* 1736. agit de purpura Galloprovinciæ.

In *Phil. Tranf.* n. 457. de rubore offium in animalibus a rubiæ tinctorum ufu fubnafcente experimenta. Omnia offa vera penitus rubefcunt, neque præter offa quidquam.

In *Mém. de l'Acad.* 1741. porro experimenta narrat, quæ fecit in animalibus rubia paſtis. Oſſa rubeſcere ab eo alimento, & expalleſcere naturali alimento reddito. Colorem oſſa per laminas mutare. Hic primum docuit, callum oſſeum non a ſucco concreto oriri, ſed a perioſteo craſſiori reddito & indurato. Eodem modo oſſa naturalia a lamellis perioſtei ſibi impoſitis generari.

In *Mém. de* 1742. h [illegible] eamdem hypotheſin defendit, potiſſimum comparatione plantarum nixus. Experimenta etiam cum rubia facta producit, in quibus albæ laminæ alterne cum rubris oſſa obduxerint.

In *Mém. de* 1743. quatuor integris commentariis ſuam ſententiam tuetur; ex laminis perioſtei induratis oſſis eſſe incrementa. De ordine ejus incrementi. Phænomena incrementi & formationis oſſium ex ſua hypotheſi interpretatur. De magna portione oſſis reſtituta, quæ amiſſa fuerat.

Aliqua de animalis *le renard armé* cornu occipitali duriſſimo, cum ſectione cranii.

In *Mém. de* 1746. inſitionem animalem comparat cum vegetabili. Reſecta vaſa facile convaleſcere. De calcaribus in caponum capita inſertis & comprehendentibus, & propriis ligamentis firmatis.

In *Mém. de* 1751. de calcaribus in caponum caput inſitis, de eorum laminis nucleo & cortice.

In *Journal de Médécine* 1757. edita eſt epiſtola ad *Car.* BONNETUM, in qua ſuam de formatione oſſium hypotheſin hactenus reſtringit, ut certe perioſteum non ſit organum, in quo os formetur.

In *Supplément au traité de la conſervation des grains* Paris 1765. 12.* exempla adfert enormis caloris, in quo homo vivere poteſt, multum ſuperantis calorem aquæ ebullientis.

Inter artes quas edidit huc pertinent *l'art du chandelier* Paris 1761. fol.* ubi de vario adipe duriori & molliori egit.

Porro *art de faire la colle* Paris 1774. fol.* Germanice Königsberg 1772. 4. ubi de glutine ex partibus animalibus coquendo. Ex oſſibus colla paratur, vulgo ex corio, ex tendinibus. Ex pedibus ſolis debilis habetur, puriſſima ex agnorum pellibus. Ex piſcium pinnis & cute aliqua. Ichthyocolla, ex veſica natatoria, & alia jam parata ſecundum ſpinam dorſi acipenſeris & ſturionis.

Sic *l'art du cirier & du pergamenier.*

In nuperis, qui nunc maxime ab a. 1774. prodeunt, tomis hiſtoriæ piſcium etiam anatomen aliquam piſcium in univerſum, & nonnullorum peculiarem dat.

§. DCCCCLXXXVII. *Philippus Adolphus* BOEHMER,

Juſti HENNINGI filius, Profeſſor anatomes Halenſis: Huc referas ejus diſp. *de præcavenda polyporum generatione* Hall. 1736. 4.*

Deinde *ſitum uteri gravidi* Hall. 1741. 4.*, quam diſſ. in *noſtris ſelectis* recuſam dedimus. De uteri ſitu recto, obliquo, de adhærentis placentæ ſede.

Ej.

Ej. *De quatuor & quinque ramis aortæ* Hall. 1741. 4.* a nobis recusa. Varietates continet arcus aortæ.

Ej. *De mammarum ductibus* 1742 4* a nobis recus. Unum ductum ex ramis confluentibus coalescentem depingit.

Ej. & J. BURCHART *de necessaria funiculi umbilicalis vi vasorum structura in nuper natis deligatione* Hall. 1745. 4.* a nobis recus. Contra Collegæ sui SCHULZII conjecturam dicit. Vasorum umbilici figuras dat. Arteriarum urget amplitudinem, rectum ductum, sanguinis de eo resecto a partu fluxum. Negat geniculum, negat arterias abrumpi.

Ej. *Institutiones osteologicæ in usum prælectionum Acad.* Hall. 1749. 8.* Pulchræ icones embryonum, sceletorum fetuum tenuiorum, ossium difficiliorum, ut ethmoidei. Habet etiam musculorum insertiones & varietates, ut duos & tres tendines musculi interni mallei.

EJUSD. *Observationum anatomicarum fasciculus* I. Hall. 1752. fol.* Primum colligit rariores adnotationes anatomicas theatri sui, inter quas rara est venæ cavæ superioris duplicis, & varietates musculorum. Porro observationes ipsæ; Feminæ gravidæ, in qua uterus crassa membrana (accessoria f. caduca HUNTERI) obductus fuit. Fetus in tuba residens sua cum placenta. Ovum verum contineri corpore luteo, quale putat se vidisse. De cicatricula; de modo, quo corpus luteum membranam ovarii perrumpit. Pulchra icon rugarum vaginæ.

Fasciculus II. secutus est Hall. 1756. fol.* Descriptio fetus tubarii perminuti, ejusque signa. Tumorem ventris conjungi cum ore uteri non mutato. Fusa diss. de fetubus tubariis, & ventralibus. Deinde partus bicorporeus uniceps, cum duobus commistis corporibus, & viscerum vasorumque anatome. Vasorum pelvis icon minus plena. Vagina bifida.

Ej. *De confluxu trium cavarum in dextro cordis alveo* Hall. 1763. 4.* Mira fabrica. Una dextra vena cava superior, altera sinistra cum ramo venæ sine pari supra septum transversum inserta.

EJUSD. *Anatomia ovi humani fecundati difformis, trimestri abortu elapsi* Hall. 1763. 4.* Alterum ovum unius mensis, fetu satis articulato fecundum. Alterum majus.

Una prodiit *epistola de uracho in adulto homine aperto*; quo commovetur vir Cl. ut allantoideam membranam in homine admittere non recuset.

Ej. *De urinæ se & excretione ob multitudinem arteriarum renalium largiore, casu quodam illustrata* Hall. 1763. 4.* Quatuor erant arteriæ renales, venæ tres.

Ej. *De natura & morbis salivæ ejusque necessaria excretione rite promovenda* Hall. 1763. 4.*

Ej. *De pulmonum cum encephalo consensu* Hall. 1763. 4.*

EJUSD. & SPANNAGEL *de solvendis & extrahendis secundis* Hall. 1769. 4.* Placenta putrida, adhæreat, ob eam uterus funesto eventu sphacelosus. Quarto jam die secundæ putridæ. Nono die expulsa putrida placenta funesto eventu. Sic. die 4. 7. 10. 11. 14. & 17. Uterus intra unicam a partu horam nonnunquam constringitur. Dubii ego est eventus, placentam sibi relinquere: præstat manu uterum purgare.

EJ. & *Frid. Aemilii* KOENIG *de aquis ex utero gravido* Hall. 1769. 4.* Distinctæ in gemellis placentæ, & vesicæ (amnii producti). Aquæ in partu ad libram unum, & quatuor, etiam triplum effluit. Sub parciori aqua fetu magis agitari. Post partum naturalem alterum suis membranis inclusum fetum BOEHMERUS extraxit. Mense quinto, etiam quindecim ante partum diebus, aquas de integris membraneis effluxisse. Aquas præmaturas videri ex hydatidibus manare.

EJ. & WILDEGANG *Consideratio motus progressivi sanguinis in venis* 1772. 4.

EJ. & ZIMMERMANN *de mutatione qualitatum sanguinis quæ a pulmones dependent* 177 . 4.*

§. DCCCCLXXXVIII. *Robertus* NESBIT. *Alii.*

Medicus Londinensis edidit Londin. 1736. 8.* *human osteogeny explained in two lectures.* Materiam ossium viscidam & scrupeam & in membranas deponi, & in cartilagines. Ossa non nasci ex cartilaginibus. Inde ossa per varios menses descripta & delineata. Germanice vertit *Joh. Ernest* GREDING Altenburg. 1753. 4.* Bonus in universum auctor.

Richard REYNILL *de catalepsi schediasma* London 1736. 4. cum historia mulieris catalepticæ.

Matth. LEE *oratio anniversaria Harvejana* Lond. 1736. 4.

John TAYLOR, periodeutæ ocularii, *new treatise on the diseases of the crystalline humour of a human eye* London 1736. 8.* potius practicum opusculum.

EJ. *Account of the mechanisme of the globe of the eye* Lond. 1730. 8. MURR. EJUSD. *Le mechanisme, où nouveau traité du globe de l'oeil avec l'usage de ses parties* Paris 1738. 8.* Aliquam oculi anatomen habet & opticen vulgatiorem. Pro chorioidea, contra retinam. Ligamentum ciliare negat moveri; cæterum nupera PETITI inventa habet. Bibliotheca ophthalmica corruptissima. Latine prodiit 1737. 8. Hispanice Madrit 1738. 8. 1750. 8. Lusitanice 1738. 8. Germanice recusus est cum titulo *Künstliche Zusammensetzung des Auges* Frankfurt 1750. 8.*

EJ. *Versuch über die Bewegung der Mäuslein der Augenkugel* Lisboæ Lusitanice 1740. 8.

EJ. *Impartial enquiry into the seat of the immediate rogan of sigth* London 1743. 8. Germanice Rostock 1750. 8. Latine 1734. 8. MURR.

EJ. *Tr. über die Beschaffenheit und Schönheit des Auges* Lips. 1744. 8.

EJ. *Theses von einer anatomischen Probe.* Frankfurt 1751. 8.

EJ.

EJUSD. *Tr. von der Beschaffenheit des menschlichen Auges* Suecice Stokholm 1753. 8. MURR.

EJ. *Explicatio modi visionis* Neapoli 1756. 4. Italice MURR. Venet. 1754. 8. MURR. Danice 1753. 8. ID.

DEVAUX *œuvres de chirurgie*, nempe fere versiones. Inter eas FREINDIUS est *de menstruo fluxu* Paris 1736. 12. HEISTERUS, alii.

§. DCCCCLXXXIX. *Antonius* COCCHI, *Car.* TAGLINI.

Solebat se a patria vocare MUGELLANUM, ut ab *Antonio Cælestino* COCCHI Romano facilius distingueretur. EJ. *De usu artis anatomicæ oratio* Florent. 1736. 4.* 1761. 4.* aliis nonnullis adjectis. Aliqua excerpta de historia anatomica. ERASISTRATUM & HEROPHILUM cadavera humana negat incidisse. Lego ejusdem tituli libellum Florent. 1736. 4. prodiisse, sed auctore *J. Antonio* PINI.

EJ. *Dell' anatomia, oratio* Fiorenza 1745. 4.* Utilitatem ostendit anatomes in medicina; & de historia aliqua dicit. Fragmentum APOLLONII Citiensis.

EJ. *Discorsi Toscani* T. I. Firenza 1761. 4.* T. II. 1762. 4.* Priora hic redeunt, cum vita auctoris, & præfationibus, quas addiderat sermonibus L. BELLINI vir eruditus & humanissimus.

EJ. *Dei vermi cucurbitini dell' uomo* Pisa 1768. 8.* In catenam coalescere: Cæterum virum naturæ peritum physicum vidisse duos ejusmodi vermes se comprehendisse & cohæsisse.

Caroli TAGLINI, Professoris Pisani, l. 2. *de aëre ejusque effectibus* Florent. 1736. 4.* Physici magis argumenti, quod tamen ad physiologiam accedat, ut ea quæ de sono nitroque aëreo dicit. Non posse simul sugi & deglutiri.

EJ. *Lettere scientifiche sopra vari dilettevoli argumenti* Firenz. 1747. 4.* Huc referas epistolam ultimam, in qua quærit, cur odoramenta olim omnibus grata, nunc multis, potissimum feminis, molesta sint. Negat vere nocere, & imaginariæ teneritudini tribuit, quæ de non perceptis queruntur, neque veras illas esse sinit vulgo dictas aversationes ab idiosyncrasia natas.

§. DCCCCXC. *Varii.*

Servatii Augustini VILLERS *institutionum medicarum* l. 2. *complectentes physiologiam & hygieinen* Lovan. 1736. 4.* Ex paucis neque optimis auctoribus collectum opus.

Samuel SCHAARSCHMIDT *disquisitio, num pulsus in cordis diastole vel in systole sit* Berlin 1736. 4.*

EJ. *Kurzer Begriff und Betrachtung des menschlichen Körpers vom* Prof. HENRICI *in die Feder dictirt* Zerbst 1736. 8.* Vix putem vere ex HENRICO esse, plurimum enim hic auctor BOERHAAVIUM sequitur. Pleraque pathologica sunt aliqua de fibris & humoribus physiologica.

EJ.

EJ. *Medicinische und chirurgische Nachrichten* Berlin 1738. 4.* & porro sex tomi, quorum ultimus prodiit a. 1748. Pleraque practica sunt, aut chirurgica intercedentibus explicationibus physiologicis. Intercedunt anatomica aliqua, ut in T. I. de aëre & respiratione: de calculi in rene sinistro generatione ob venæ longitudinem facili. De sternutatione. T. V. motus cerebri a sanguine arterioso. T. VI. de ossiculo Luz, putato fundamento corporis humani: de respiratione, rebus non naturalibus &c.

EJUSDEM *Abhandlung von der Geburtshülfe* Berlin 1752. 8.* curante E. A. NICOLAI. Multa in physiologia repetuntur. De incremento fetus, non veri calculi. Valvula ad utrumque ductus venosi finem gratis posita. Sanguinem ad unam tertiam in pulmone densari.

EJUSD. *Physiologia* Berlin 1751. 8. 2.Vol.* edente E. A. NICOLAI. Historia aliqua medicinæ. Plerumque cæterum BOERHAAVIUM sequitur. Cor agere duobus fibrarum ductibus, ut constringi possit & vicissim laxari. Arterias venasque habet pro tubo bicruri In respiratione cum HAMBERGERO sentit. In generationis negotio multum tribuit musculis erectoribus. Valvulam ponit ad venæ umbilicalis in cavam insertionem. Cl. NICOLAI tractatum de sensu ipse adjecit.

Christoph. Heinr. KEIL *anatomisches Handbüchlein* Leipzig 1736. 8. TREW. 1747. 8.* 1756. 8. nunc reperio etiam 1730. 8. prodiisse. Compendium pro tironibus.

Anton. Philipp. QUEITSCH, præter *tabulam isagogicam ad studium anatomiæ* Francof. 1734. & *tabulam isagogicam ad studium physiologiæ*, dedit in *selectis Francofurtensibus* 1736. T. I. dissertationem tripartitam de ductu thoracico, & ejus administratione. Aliam de eodem ductu in porco viso.

EJUSD. *Anatomische Nachricht von der grossen Speisesaftsröhre in der Brust* Francof. ad Viadr. 1740. 4.* cum non mala tabula ex homine depicta.

In eodem T. I. *selectorum Francof.* duas diss. dat, n. 5. 6. de tenacitate vitæ.

In eodem *select. Francof.* T. II. n. 1. habet eandem iconem ductus thoracici, & agit de glandulis cæcis (s conglobatis).

In n. 2. de iconibus ductus thoracici judicat. SALZMANNIANAM carpit.

In n 4. quæstiones aliquas anatomicas & physiologicas sibi proponit, de panniculo carnoso, rete mirabili &c.

In T. III. n. 4. agit de modo administrandi hepar.

In T. IV. de pectoris brevitate, viscerum cum pleura concretione. Ossium memorabilia: de prudentia anatomica: de tunicis uteri & glandulis morbosis.

EJUSD. est *corporis medicinæ archetypus* Francof. ad Viadr. 1737. fol.* Argutula multa & parci usus.

Erhart KNORRE *chirurgischer Wegweiser* Nürnberg 1736. 8.*

Mi-

Michael BORBON scripsit *flumen vitale, quatuor liquidorum dissertationibus, chyli nempe, sanguinis, bilis & lymphæ illud constituentium elaboratum, quinto de instrumentis respirationis, eorumque usibus* Saragossa 1736. 4.

Bernard LOPEZ de ARAUJO *diss. de fetus nutritione in utero* Madrit 1736. 4.

G. BARROWBY *syllabus anatomicus prælectionibus annuatim habendis adaptatus* London 1736.

Catalogus von den anatomischen Præparatis, so sich auf dem Königl. Amphitheatre zu Coppenhagen befinden Hafniæ 1736. 8.

§. DCCCCXCI. *Disputationes.*

Lud. Mich. DIETERICHS περι των σπερματιζοντων ζωων Götting. 1736. 4.* præside ILL. SEGNERO.

EJ. *Duorum cadaverum masculorum sectio anatomica* Ratisbon. 1743. 4.

EJUSD. *De thesi* BOERHAAVIANA „*functio lege mechanica fit, & per eam tantum explicari potest* Ratisbon. 1745. 4.

EJ. *De fratribus Italis ad epigastrium connatis* 1749. 4.* Minoris fratris partes posteriores solæ nudæ erant.

J. Henr. BECKER *de natura corporis humani* Hall. 1736. 4.*

EJ. *Unterricht von den Temperamenten* Bremen 1739. 8.

Henrich Christian LEMKER *de cordis dilatatione* Luneburg. 1736. 4.

Abraham NITSETI *examen scripti* GÖLICKIANI *sub spiritus animalis merentis exsulis nomine divulgati* Gedan. 1736. 4. PL.

Gottlieb METIUS *de construendo sceleto* Erford. 1736. 4.*

J. Leonhard ETLINGER *de corporis humani nutritione* Altdorf. 1736. 4.*

ID. in *Comm. Lit. Nor.* 1738. *hebd.* 36. gemellos inæquales, posteriorem validiorem describit.

Christian Philipp. GLASS *de admirando sanguinis circuitu medicinæ vero fundamento* Hall. 1736. 4.* integer liber cum nonnullis CASSEBOHMII inventis. Nullum esse cordis tendinem.

EJ. *de inflammatione ossium* ib. 1737. 4.*

Joh. Zachariæ PETSCHE est *sylloge observationum anatomicarum* Hall. 1736. 4.* eximia disput. a nobis recusa. Auctor discipulus CASSEBOHMII hic plurimas suas in universa anatome adnotationes edit; Musculorum varietates. Angiologica hoc tempore nova & copiosa, alia. Vasa lymphatica cerebri, oculi.

C. VERBRUGGE *de morbis elementorum sanguinis humani* Leid. 1736. 4.

Friderici WINTER, postea Professoris & Archiatri diss. *de motu musculorum* Leid. 1736. 4.* & in *selectis nostris* T. III. Simplicissimam causam muscularis motus proposuit: majorem esse vidit contractionem, quam mathematici admittant; vanas hypotheses rejecit; de ductu pancreatico, allantoide egit.

EJ. *De certitudine in medicina practica* Franeker. 1746. fol.* Ab irritabilitate fibræ motus in corpore animali causam explicat, etiam a morte superstite, etsi multa nervi addant.

EJ. *De motu vitali & irritabilitate fibrarum* oravit eodem anno.

Nic. STUMPHIUS *de cerebro* Leid. 1736. 4. PL.

G. van HEYNINGEN *de mente humana* Leid. 1736. 4.

Corn. Leonh. van AMSTERDAM *de cibi, potus & condimentorum consideratione medica* Leid. 1736. 4.*

J. NELSON *de renibus, secretionibus & diabete* Leid. 1736. 4.

Barth. Herm. de MOOR *in Aphorismum* HIPPOCRATIS 28. Sect. VI. *Eunuchi neque calvescunt, neque podagram patiuntur* Leid. 1736. 4.

J. van STRYDONK *de actione ventriculi* Utrecht 1736. 4.*

F. C. QUEYSEN *de musculorum structura & usu* Harderwic. 1736. 4.

J. Jac. MELON *de chylificatione* Duisburg 1736. 8. B. BOEHM.

Casp. Anton von MATT, Helveti, *de mediastino & ejus morbis* Basil. 1736. 4.*

Frid. Wilhelm KUHN *pars I. scrutinii auditus in statu naturali considerati* Regiomont. 1736. 4.*

Caroli PAYEN & J. MIDY. *Ergo eadem est ossium, quam aliarum partium nutritio* Paris. 1736. 4.

Bartholomæi MURRY & *Guid. Andr.* GARNIER *Ergo hiemalis transpiratio perfectior* Paris. 1736.

§. DCCCCXCII. *Diaria anni* 1737.

In *Hist. de l'Acad.* 1737. dicuntur crystalli tartari, quæ de cranio effloruerant, quod mersum fuerat in vas fæce vini plenum. Idem in aliis ossibus vidi, sub acetum demersis.

In *Act. Nat. Cur. Vol.* IV., quod prodiit a. 1737. DIDACUS REVIGLIAS egit de venere & generatione culicum.

Frider. Ignatius LOSPICHLER de gemellis in abdomine per sex annos gestatis.

J. Gottfried BUCHNER *obs.* 69. aliqua de animalibus monstrosis Voigtlandiæ.

Vol. VI. *obs.* 81. ovum insolitæ figuræ.

Vol. VII. *obs.* 86. equus cornutus.

Otto

Otto Philipp. WILDUNG *ab* HARTUNG *obs.* 76. de gemellis ab imo capite ad umbilicum usque connatis.

Georg. Leopold HOYER *obs.* 97. femina barbata, vir imberbis.

Obs. 98. Æthiops natus, ut putat, ex terrore.

J. Georg. HASENEST *obs.* 146. viscerum concretio, etiam cordis cum pericardio.

EJUSD. *Medicinischer Richter, oder acta physico medico forensia* Anspach T. I. 1755. 4.* Casus sunt medico legales, sincero plerumque judicio addito, neque, ut sæpe fit, ad gratiam captandam ficto. Plurima ad vitam fetus pertinentia. Fetum duodecimestrem recte repudiat. Impotentia ab imperfectis genitalibus.

Tomus II. a. 1756. 4.* Fuse de infanticidio & funiculo non ligato. Num homo vivus suspensus fuerit, num mortuus.

T. III. 1757. 4.* De masticatione mortuorum, de sudore post mortem.

T. IV. 1759. 4.* De signis graviditatis. Fetus octimestris rejicitur.

In *E. N. C. Vol.* VI. *obs.* 10. fetus monstrosi ex vi imaginationis maternæ, inter eos fetus intestinis effusis nudisque.

In *Comm. Lit. Nor.* 1743. *hebd.* 8. de partu ex duobus infantibus per occurrentes pelves coalescente.

In appendice *E. N. C.* 1737. *Franciscus Antonius Ferdinandus* STEBLER de vampyris, ad depravatam imaginationem relatis.

In *Comm. Lit. Nor.* 1737. *hebd.* 1. 2. *Wolfgang Hannibalis* LANGE gravidæ feminæ incisio: ovulum de ovario pendens.

Justinus David Frider. HAMMER *hebd.* 10. tres ventres in fetu aperti.

J. Ludw. HOMMEL, olim prosector noster, varietates arcus aortæ expressit *hebd.* 21. Solers omnino incisor, nisi eum mors immatura abripuisset.

Anno 1739. *hebd.* 16. musculum uteri depictum dat.

Anno 1743. *hebd.* 10. duæ in eodem intestino imaginationes.

Ib. *hebd.* 36. duo exempla renis alterius in pelvem delapsi; cum vasorum icone, etiam penis & vesicularum seminalium.

Eodem *Vol.* de communicatione inter venas crurales, renales, & uretericas.

Apud STÆHELINUM in thesibus a. 1751. editis ostendit sanguinem & aërem de matre in fetum & vicissim pelli posse.

J. Conrad TRUMPH, Medicus Goslariensis *hebd.* 33. Manus deformis.

In *Satyris Silesiacis* anni 1737. experimenta exstant facta catulis nuper natis, sub aquam demersis. Diutius vixerunt, quam canes adulti, pulmo vero aquam non recepit.

Deinde in *spec.* III. describitur vir cum rima in perinæo, si fides est figuræ, androgynus, pene, clitoride, testibus & vulva præditus.

De fetu gravido.

Et de ranis caudatis.

In *spec.* IV. *Car. Wilh.* SACHS de barba a morte erescente.

§. DCCCCXCIII. *J. Godschalk* WALLERIUS. HANOWIUS. ZINANNI.

Cl. WALLERIUS physicen equidem magis coluit & chemiam. Aliqua tamen ad rem nostram contulit.

In *Act. Lit. Suec.* 1737. exemplum adtulit, ubi urina omnino in sanguinem rediit, & suis dotibus conspicua per vasa salivalia egesta est.

In *disp. de utilitate philosophiae naturalis in medicina* Upsal. 1748. 4.* aliqua huc faciunt.

EJ. *De siti naturali & morbosa* Upsal. 1746. 4.*

EJ. *De convenientia microcosmi cum macrocosmo* 1764. 4.

In *Comm. Acad. Reg. Scient. Suec.* T. XXI. duobus libellis agit de terra animali. Vitrescentem esse in humoribus, ut in vitello & albumine ovi: calcariam in testis, tamen ut ejus pars vitrescat. Sanguinis bubuli terra vitrescit, cornuum terra calcaria est. Calx animalis difficulter liquescit.

In *hydrologia eller waturiket* Stokholm 1748. 8.* Gallice Paris 1753. 8. 2.Vol. humores animales in sex classes divisit, nostras, praeter quas sanguinem & spiritus numeravit.

Michael Christoph. HANOW, Prof. Gedanensis, *erläuterte Merkwürdigkeiten der Natur* Danzig 1737. 4.* Hebdomariae a. 1736. prodierant schedulae physici argumenti. Inter ea est volatus historia cum instrumento, etiam cum anatome. De hominum incremento & decremento. De voce animalium.

Deinde ab a. 1739. cum titulo *Danziger Erfahrungen und Nachrichten* multae philyrae prodierunt, quas denique *J. Daniel* TITIUS praefixo titulo *Seltenheiten in der Natur und Oeconomie* conjunctas edidit Lipsiae 1753. 1755. 3.Vol. 8.* Ejus collectionis tomus alter ad plantas pertinet, primus totus ad animalia & hominem. Pleraque auctor per mensuras & externum habitum expedivit. Multa & commoda ad fastos emortuales adtulit. Monstra aliqua, inter quae puer absque cerebro & cranio. Magna clitoris. Partus post matris mortem. Animalia insoliti incrementi. Ovum geminum: ventriculus anseris plumis ornatus. Cancrorum exuviae, & lapidis cancri in ventriculum resumtio. De polypis: eos utique prolem alere, eique de parte suae praedae cedere.

Tomus III. est priorum supplementum a. 1755. excusum. Rariora animalium genera. Penna gemella; chelae cancri difformes. Num polypi dudum noti fuerint. Ovarium percae singularis fabricae.

In diario *Versuch und Abhandlungen der Naturforschenden Gesellschaft zu Danzig* T. I. vim quam flatus humanus in distendenda vesica & elevandis ponderibus

ribus exercet, per experimenta æstimavit, argentum nempe vivum in tubulum flatu coegit promoveri, ita confecit, vim flatus tertiæ & quintæ parti pressionis atmosphæræ æqualem esse.

Deinde *physices elementa* WOLFIANA perficienda suscepit. Eorum Tomus IV. f. ultimus Hall. 1768. 4.* prodiit, quo egit de regno animali. Animam putat corpus regere & struere. Irritabilem naturam separat a sentiente, & post mortem superesse adgnoscit. Motus vitales obscuris animæ sensationibus tribuit. De sensibus in certis animalibus paucioribus. Microscopica animalcula vera esse animalia. Nulla absque sensu animalia esse. Denique anthropologia. Evolutio Cl. viro non displicet. Hybridibus animalibus fidem adjicit. De cerebri functionibus & reliqua physiologia.

Opuscula a J. D. TITIO edita Hall. 1762. 4.* non puto huc facere.

Josephi ZINANNI (vel GINANNI) *delle uove e dei nidi degli uccelli* Lib. I. Venez. 1737. 4.* & *osservazioni giornali delle cavallette*, una excusæ. Ova multarum avium cum temporibus incubationis & exclusionis. Subinde avis aliqua describitur. Locustarum plenior est historia, cum aliqua anatome, exuviis, venere, ovis. Multa in SCUFONIO corriguntur. Icones nitidæ.

EJ. *Opere postume* Venez. 1755. fol.* Plantas equidem solas titulus promittit, centum & quatuordecim tabulis æneis expressas. Cum vero earum permultæ sint de classe zoophytorum, omnino Cl. viri contra nuperorum polyporum systema objectiones audire oportet. Corallia plantas esse, quarum fibræ utique a trunco ad ramos non interruptæ continuentur. Flores MARSIGLIANOS esse verrucas septem glandulis conspicuas, quarum quæque sex strias habet, & una media major est. Ex quaque verruca tubulos continuos in planta intima continuari, de quibus aquam & demum lac exprimas, & eas omnes verrucas in cortice cohærere. Ab Eschara marina Imp. se ramos deciduos ad Sempervivi modum vidisse vegetare.

§. DCCCCXCIV. F. M. DISDIER.

Franciscus Michael DISDIER, Chirurgus, & in Academia pictorum incisor. *Histoire exacte des os, où description complette de l'osteologie* Lyon 1737. 12. 1745. 12.* 1750. 12.* 1759. 12. 1767. 12. hic plenius cum triginta non optimis tabulis (PORTAL) quæ in mea editione nullæ sunt: ipsum compendium bonum, ad sensum WINSLOWI. Belgice Roterdam 1770. 8.

EJ. *Sarcologie, ou tr. des parties molles; 1. partie myologie* Paris 1748. 12.* Minus bene quam reliqua volumina.

EJ. *Sarcologie, ou tr. des parties molles; 2. partie splanchnologie* Paris 1753. 12. 2.Vol.* Pleraque iterum ex WINSLOWO: Coli valvulam habet pro sphinctere. Hepar pro varia plenitudine intestinorum situ alio esse alioque. Hymenem defendit, & sanguinem vidit ex uteri floccis fluentem. Pericardii unicam esse membranam. Falces cerebri, se mutuo sustinent & tendunt. Falx cerebelli dex-

dextrorsum declinat, ut sinistra cavea major sit. Rimam membranæ tympani RIVINIANAM admittit. Quatuor, & nimis adeo multos, musculos mallei habet.

EJ. *Sarcologie &c.* P. III. *description exacte des vaisseaux du corps humain* Paris 1756. 12.* Arteriæ non emendatissimae, & fere WINSLOWIANÆ. Recurrentes cubiti quatuor. Bronchiales arteriæ ad auriculas cordis ramos dant. Pelvis arteriæ aliquanto meliores, quam WINSLOWIANÆ.

P. IV. *de nervis* & P. V. *de glandulis*; istæ non bonæ, cum imaginariis glandulis separantibus humorem aqueum &c.

Horum eorundem operum compendium est *description succincte des visceres, des vaisseaux, des nerfs & des glandes* Paris 1753. 12.* pro tironibus scriptum.

EJ. *Exposition anatomique, ou tableaux anatomiques de differentes parties du corps humain executées par* ETIENNE CHARPENTIER Paris 1758. fol.* Tabulæ sunt triginta, pleræque ex EUSTACHIO & aliunde compilatæ, nulla auctori propria, & musculi subcutanei leviter pro pictoribus aut statuariis indicati. An has vult PORTAL p. 293.

§. DCCCCXCV. *Christian Gottlieb* LUDWIG.

Lignicensis Silesius, HEBENSTREITII in itinere Africano comes, inde Professor Lipsiensis, amicus noster, quem non dudum amisimus, totum artis medicæ ambitum suis operibus illustravit.

Præside WALTHERO disputavit *de deglutitione* Lips. 1737. 4.*

EJ. est *de vomitu navigantium* 1738. 4.*

EJ. *De tunicis arteriarum* 1739. 4.* Non deponere in cerebro tunicam muscularem.

EJ. *De cuticula* 1739. 4.* & in *nostris selectis*. Pro theoria BOERHAAVIANA.

EJ. *Decas quæstionum* 1740. 4.* Pleraque physiologici sunt argumenti.

EJ. *De glandularum differentia* 1749. 4.*

EJ. *Panegyricus* WALTHERO *diebus* 1747. 4.*

EJ. *De ortu & structura unguium* 1748. 4.* quam diss. recudimus. Reticulum MALPIGHII abire hic in cellulosam telam. Tendines extensorum tenui propagine in unguis radicem produci, & in ipsam cutem. Ab indurato periosteo fila aliqua in unguem exire.

EJ. *De humore cutem inungente* 1748. 4.*, quam etiam recudimus. Omnes pilos oriri ex pinguedine. Cellulosa adipe ebria ambit cylindrum pili, ut noster aliquem adipem cum pilis per eadem foramina putet erepere.

EJ. *De victu animali* 1750. 4.*

EJ. *De cortice dentium* 1753. 4.* In acido liquore primam partem osseam solutam fuisse; demum corticem, in terram calcariam, educto glutine dilapsum. Is cortex jam adest, quo tempore dens intra gingivas latet, & in adulto homine perpetim nutritur.

EJ.

Ej. *De natura fibræ animalis elasticæ per ejusdem genesin & morbos declaranda* Lipſ. 1755. 4.*

Ej. *De physiologia per phænomena pathologico therapeutica illustrata* 1755. 4.*

Ej. *De callo femoris ejusque fractura* 1755. 4.* Articulum femoris in pelvi conſiderat & ejus ligamenta.

Ej. *Obſervata in femina, cui oſſa emollita erant* 1757. 4.* Caput naturalem firmitatem retinuerat, cum vertebræ & pelvis oſſa mollia facta eſſent, tum artuum; hæc etiam pertenuia.

Ej. *Obſervatio, qua bilis cyſticæ via declaratur* 1758. 4.* Bilem omnino in hepate naſci, inde per cyſticum ductum in ſuam veſiculam venire.

Ej. *De ſitu partium imi ventris præternaturali* 1759. 4. & *de cauſis ejus ſitus* 1759. 4.* In priori varietates potiſſimum inteſtinorum & omenti recenſit.

Ej. *De fallaci judicio vulgi ſuper vim imaginationis maternæ in fetu obſervatam* 1759. 4. quam rejicit.

Ejusd. *De ſanitate ſenili* 1759. 4.*

Ej. *De læſa oſſium nutritione.*

Ej. *De membrana epicrania muſculis in eam inſertis* 1760. 4.* Separat eam membranam & a frontali muſculo & ab occipitali, quos ipſos diſtinguit, & a tendinibus muſculorum extenſorum capitis ſuam membranam deducit, ad uſque jugum continuatam. In eam occipitales muſculi & auriculares ſe immittunt.

Ej. *Obſervationes quædam angiologicæ* Lipſ. 1764. 4.*

Ib. 1767. *duæ arteriæ radiales*, quarum altera ab interoſſea alias ex axillari. Non magni facit recurrentes, quas tamen deſcribit.

Ej. *De plexibus nervorum abdominalium atque nervo intercoſtali* 1772. 4.

Majores etiam aliquos libros edidit. *Inſtitutiones phyſiologiæ* prodierunt Lipſiæ 1752. 8.* in uſus auditorii ſui. Univerſum corpus ex celluloſa tela fieri; nullum in thorace aërem eſſe; coſtas etiam ab internis intercoſtalibus muſculis detrahi: retinam ſedem eſſe viſionis: amnii liquorem alere. Porro vaſorum ſanguineorum contractionem ad circuitum ſanguini requiri: novas fibras ex concreſcente ſucco gelatinoſo generari; utique oſcillare fibram nerveam; proprias eſſe vias ſudoris. Icones etiam phyſiologicas addidit.

Nuper cepit edere *adverſaria medica.* In eorum *adverſariorum* parte II. appendices inteſtinorum dixit.

In P. III. de evolutione partium firmarum & fluidarum corporis humani, harum etiam potiſſimum.

P. IV. de errore loci ſeri ſanguinis in alios ductus ſecretorios abſcedentis. Spinæ dorſalis deſcriptio & deformationes.

T. II. P. I. de monſtris variis, quæ negat ex vitio maternæ imaginationis naſci. A defectu alimenti ſæpe provenire.

P. II. de ſpina dorſi naturali & deformi.

P. III.

P. III. progr. de ossibus emollitis. GREDINGII observationis suo loco dicemus.

In T. III. P. I. de viribus corporis humani, fibra ejusque contractione, atque ex succis gelatinosis compactione.

In P. II. de resorbtione ex tela cellulosa.

In *Medicinæ forensis institutionibus* Lips. 1765. 8.* aliqua huc faciunt; pulmonum experimentum, cui L. multum tribuit. De partus temporibus. Neglectum funiculi vinculum funestum esse.

Commentarios etiam cepit ab a. 1752. edere de rebus in scientia naturali & medica gestis. In iis præter librorum indicia etiam passim adnotationes aliquæ & demum Cl. virorum vitæ reperiuntur. Prodierunt tomi XIX. cum parte XXmi & duobus supplementis.

In *Epistolis* ad me datis n. 169. negat dari duos fibrarum cordis ductus. In *Ep* 176. de corpore reticulari agit, quod visci simile sit & ad pigmenti modum diffluat, ab alcohole tamen confirmetur. In Ep. 183. de musculo epiglottidis a stylopharyngeo nato, quem WALTHERUS viderit. Contra funiculos, quos WINSLOWUS dixit a gula ad diaphragma ire (ramo nervi phrenici.) Testiculum alterum nullum & tantum vestigium fuisse epididymidis. Zygomaticum minorem nullum fuisse, sed fasciculum utique SANTORINI ab orbiculari palpebrarum descendentem, & cum incissore musculo coeuntem. Corrigator ab orbiculari diversus & a frontali. Fasciculus a stylopharyngæo ad tonsillam. Chorii laminæ. Camera oculi posterior æqualis anteriori.

§. DCCCCXCVI. *Andreas* PASTA. *Alii.*

PASTA, MORGAGNI discipulus, Medicus Bergomensis. EJUS *epistolæ duæ, altera de motu sanguinis post mortem, altera de cordis polypo in dubium revocato* prodierunt Bergomi 1737. 4.* In priori epistola agit de motu sanguinis etiam post mortem per suum pondus acti, ut se in partes inferiori loco sitas conferat. Experimenta habet in canibus & in humanis cadaveribus facta. Hæc breviter, fusissime vero in polypos ante mortem natos sua dubia profert.

EJ. *Discorso intorno al flusso di sangue dall' utero delle donne gravide* Bergomi 1748. 8.* Eas hæmorrhagias esse a sanguine arterioso de ostiis erumpente, quæ effundendo sanguini menstruo destinata sint. Non vult hæmorrhagias parturientium educto fetu levari.

Recudi fecit hoc opus 1751. 8.* multo auctius. Ex sanguinis coacti fere grumis fieri molas & polypos. Cum RUYSCHIO vetat secundam violenter evellere, & naturæ auxilium mavult exspectare.

EJ. Diss. *sopra i mestrui delle donne* Bergomi 1757. 4.* Fuse de mensibus. In Italia minus præcoces esse puellas. Pro plethora cæterum & contra fermentationem. Menses vetularum periculo non carere. Pleraque practica.

J. Francisci le FEVRE, Professoris Vesuntini, *opera* Vesuntione 1737. 4. 2. Vol.* In primo tomo de venæ sectione agit, SYLVAM fere secutus, & per eam

eam venæ sectionem sanguinem in ea corporis parte ait accelerari, cujus vena inciditur. In altero integram physiologiam tradit, BOERHAAVIUM fere secutus.

Jean BANIERES *de la lumiere & des couleurs* Paris 1737. 12. De oculi fabrica, visu, coloribus chamæleonis, quos ad speculi modum a reflexis corporum vicinorum coloribus nasci putat.

BOUILLIER *Essai philosophique sur l'ame des bêtes* Amsterd. 1737. 12. 2. Vol.

Christian Philipp BERGER's *Versuch einer gründlichen Erläuterung merkwürdiger Begebenheiten in der Naturhistorie* Lemgo 1737. 8.* De homine, cui ex odore medicamenti alvus solvebatur: de lacte pro menstruis fluente. Num superfetatio locum possit habere. Vampiros esse morbum epidemicum.

VALISNERII etiam opus de generatione vertit & notas adjecit.

EJ. *Abhandlung vom Umlauf des Geblüts, welchen* HARVEJUS *gefunden* Frankf. und Leipz. 1737. 8. GUNZ. (annon J. G. NEUMANN.)

Charles FONTENETTES, Medici Pictaviensis, diss. *sur une fille de Grenoble, qui depuis quatre ans ne boit ni ne mange* Poitiers 1737. 4. unicum folium. Alium annum lego, & puto rectius, 1747. 4.

Opus neotericum medicum de adstricto & laxo juxta HIPPOCRATIS *mentem*, SANCTORII *observationes &* BAGLIVII *experimenta* Valent. 1737. 4. CHIV.

Ant. Ludovicus MEDINA Y CAMPION, Medici Hispalensis, *Triumfo della major doctrina i carta apologetica contra la dissertation de la nutricion del cuerpo humano escrita por D. Manuel de* YGLESIAS Madrit 1737. 4.

Didacus ZAPATA *y* BALLESTEROS *respuesta critico physiologica anatomica nel impresso intitulado triumfo de la major doctrina en defensa de la dissertacion de D. Manuel de* YGLESIAS Hispali 1737.

PLAN *d'une histoire generale des maladies, ou l'on rendra raison de tous les changemens, qui peuvent arriver au corps humain* Beziers 1737.

Anatomy epitomised Lond. 1737. 8.

Franc. Joseph OVERKAMP *systema theoretico practicum* Nürnberg 1737. 8.

EJ. *Mechanismus s. fabrica intestinorum tenuium* Würzburg 1745. 4.*

EJ. *De mutatione esculentorum & potulentorum* Würzburg 1743. 4.*

EJ. *Collectio disputationum inauguralium Lugduno Batavarum* Francofurti 1767. 4.* Inter eas anatomicæ bene multæ, etiam HERMANNI BERNARDI *de eo quo differt circuitus sanguinis fetus, ab illo hominis adulti*, sed neglexit editor annos addere.

§. DCCCCXCVII. *Disputationes.*

J. Matthiæ GESNER, viri eruditissimi. ψυχαι HIPPOCRATIS Götting. 1737. 4.* &

& in Comment. Göttingensibus. Ex L. de diæta primo seminum per universum dispersionem, introitum in corpus animale, evolutionem in animal, regressum in mundum invisibilem doctissime exponit.

Christian Andreas KOCH *de proportione solidorum ad fluida in corpore humano* Götting. 1737. 4.*

Nicol. Wilhelm CUHN *de lacte insonte* ib. 1737. 4.*

Gunth. Ant. Heinrich ALBRECHT *de natura se ipsam nunc vindicante, nunc destruente*, ib. 1737. 4.*

Heinrich Gottlob KESLER *de tono partium corporis humani* Pr. SCHULZIO Hall. 1737. 4.*

Georg. Philipp. WILL *de usu lactis antidoto* Altdorf. 1737. 4.

J. Jac. KIRSTEN *de physiologiæ ortu & progressu* Altdorf. 1737. 4.*

EJ. *De nutritionis impedimentis* Altdorf. 1742. 4.*

EJ. *De exsistentia liquoris gastrici, imprimis contra* LIEUTAUD ib. 1764. 4.*

EJ. *De uvula ejusque usu* 1764. 4.*

Gottlieb FRIDERICI *monstrum humanum rarissimum* Lips. 1737. 4.* Hernia ingens cerebri & pedes contorti.

J. Jac. RITTER, amici nostri & discipuli, *de possibilitate & impossibilitate abstinentiæ a cibo & potu* Basil. 1737. 4.* Contra historiolam *Christinæ* KRAZER.

EJ. De fetu cum exomphalo nato *Eph. Nat. Cur. Vol.* VI. *obs.* 12.

Vol. VIII. *obs.* 88. iterum de exomphalo congenito.

J. Wolfgang TRIER *de vita fetus humani in utero* Francof. ad Viadr. 1737. 4.

Jac. de MAFFE' *de oculi constructione* Leid. 1737. 4.* Ex ALBINI placitis.

R. FORSTER *de homine ut perpetuo mobili* ib. 1737. 4.

Theodori ABEL disp. *de vomitu* ib. 1737. 4.

Guil. CADOGAN *de nutritione, incremento & decremento corporis* ib. 1737. 4.*

J. van den BERGH *de mammis* ib. 1737. 4.

Jos. Moses BENDIEN *de renibus eorumque adfectibus* ib. 1744. 4.*

Mich. BENEDICTUS *de ventriculo humano* ib. 1737. 4.*

Henrici DOORSCHOOT *de lacte* Leid. 1737. 4.* & in *selectis*: habet GAUBII egregiam lactis analysin.

J. BARTSCH, infelicis in Surinamiam peregrinatoris, *de calore corporis humani hygraulico* Leid. 1737. 4.*

J. Honorati PETIOT *universæ physiologiæ conspectus mechanicus* Monsp. 1737. 8.* præside *Ant.* FIZES. BOERHAAVIANUS.

In *animadversionibus* eod. anno editis *Franc.* LAMURE exprobat, ex meis operibus suas [illegible] prælectiones p. 31, quod ego nolim adfirmare.

EJ.

Ej. *Ergo conficiendæ bili a mesenterio oleum, ex facibus liquor alcalinus* Paris. 752. 4. Pr. MILLIN *de la* COURVAULT.

MONRO (puto JOHANNIS) *oratio* HARVEJANA Londin. 1737. 4.

Lud. Jac. PIPEREAU & *Laur.* FERRET *E. solus nervorum liquor alibilis* Pa- siis 1737.

Gabriel Anton. JACQUES & *Ant.* FERREIN *Non ergo sanitas a solidorum & -idorum æquilibrio* Paris. 1737. 4.*

Claud. de la VIGNE & *Mich. Philipp.* BOUVART *E. perspirationi & sudori -liquæ excretiones vicariæ* Paris. 1737. 4.*

J. Damian CHEVALIER & *Caroli* DIONIS *E. a diversa causa moventur cere- -um & dura meninx* Paris. 1737. 4.

Cl. BRUNET & *Mich. Jos.* MAJAULT *E. a diverso glandularum situ secretio- -s diversæ* Paris. 1737. 4.* Ex situ glandulæ sanguinem lentescere posse, quo -vior in ea humor secernatur, & vicissim.

Cl. Ant. RESTARD & *Mich. Philipp* BOUVART *Non ergo aptiores sunt ad re- -urandum seniorum animalium carnes* Paris. 1737. 4.*

Emanuel Mauritius DUVERNEY & *Ged. du* RABOURS *E. tritus chylosin juvat* -ris. 1737. 4.

§. DCCCCXCVIII. *Diaria anni* 1738.

In *Hist. de l'Acad. des Scienc.* 1738. D. BAZIN ad anatomen erucarum ... -a confert. Negat perire oleo inunctas, cordis motum describit.

Ej. sunt *observations sur les plantes, leur analogie avec les insectes* ... *-ent du corps humain, & la cause pour laquelle les bêtes nagent naturellement* ... -41. 8.* Pro evolutione & ovis. De fistulis spiritalibus insectorum ... , quæ earum obstructionem sequuntur. Contra circuitum humorum ... -lis. Calor piscium ad thermometrum demensus. De natura ... -imalium.

Ej. *Histoire des abeilles, & histoire des insectes* Paris 174... ipsum excerptum ex REAUMURIO. Apes solitariæ ... -mbylii, ut vocant, tres apum sexus retinent. Sic ... -it operarias. Culicis branchiæ, quas deponit, qua... -umentum sonorum cicadarum. Libellarum singu... -s pariunt. Erucarum evolutio, anatome, phys... -ans; proboscidis mira fabrica.

Ej. *Lettres au sujet des animaux appellés* ... in-

In ead. *Hist. Acad.* 1745. *Comes de* B... -centu-

... reddere.

In *Comm. Lit. Nor. hebd.* 4. Conr... -rum cum sterno pro re nova descri... re-

... ut

Hebd. 45. Anonymus de luna ...

dextrorſum declinat, ut ſiniſtra cavea major ſit. Rimam membranæ tympani RIVINIANAM admittit. Quatuor, & nimis adeo multos, muſculos mallei habet.

EJ. *Sarcologie &c.* P. III. *deſcription exacte des vaiſſeaux du corps humain* Paris 1756. 12.* Arteriæ non emendatiſſimæ, & fere WINSLOWIANÆ. Recurrentes cubiti quatuor. Bronchiales arteriæ ad auriculas cordis ramos dant. Pelvis arteriæ aliquanto meliores, quam WINSLOWIANÆ.

P. IV. *de nervis* & P. V. *de glandulis*; iſtæ non bonæ, cum imaginariis glandulis ſeparantibus humorem aqueum &c.

Horum eorundem operum compendium eſt *deſcription ſuccincte des viſceres, des vaiſſeaux, des nerfs & des glandes* Paris 1753. 12.* pro tironibus ſcriptum.

EJ. *Expoſition anatomique, ou tableaux anatomiques de differentes parties du corps humain executées par* ETIENNE CHARPENTIER Paris 1758. fol.* Tabulæ ſunt triginta, pleræque ex EUSTACHIO & aliunde compilatæ, nulla auctori propria, & muſculi ſubcutanei leviter pro pictoribus aut ſtatuariis indicati. An has vult PORTAL p. 293.

§ DCCCCXCV. *Chriſtian Gottlieb* LUDWIG,

Lignicenſis Sileſius, HEBENSTREITII in itinere Africano comes, inde Profeſſor Lipſienſis, amicus noſter, quem non dudum amiſimus, totum artis medicæ ambitum ſuis operibus illuſtravit.

Præſide WALTHERO diſputavit *de deglutitione* Lipſ. 1737. 4.*

EJ. eſt *de vomitu navigantium* 1738. 4.*

EJ. *De tunicis arteriarum* 1739. 4.* Non deponere in cerebro tunicam muſcularem.

EJ. *De cuticula* 1739. 4.* & in *noſtris ſelectis*. Pro theoria BOERHAAVIANA.

EJ. *Decas quæſtionum* 1740. 4.* Pleraque phyſiologici ſunt argumenti.

EJ. *De glandularum differentia* 1749. 4.*

EJ. *Panegyricus* WALTHERO *diebus* 1747. 4.*

EJ. *De ortu & ſtructura unguium* 1748. 4.* quam diſſ. recudimus. Reticulum MALPIGHII abire hic in celluloſam telam. Tendines extenſorum tenui propagine in unguis radicem produci, & in ipſam cutem. Ab indurato perioſteo fila aliqua in unguem exire.

EJ. *De humore cutem inungente* 1748. 4.*, quam etiam recudimus. Omnes pilos oriri ex pinguedine. Celluloſa adipe ebria ambit cylindrum pili, ut noſter aliquem adipem cum pilis per eadem foramina putet erepere.

EJ. *De victu animali* 1750. 4.*

EJ. *De cortice dentium* 1753. 4.* In acido liquore primam partem oſſeam ſolutam fuiſſe; demum corticem, in terram calcariam, educto glutine dilapſum. Is cortex jam adeſt, quo tempore dens intra gingivas latet, & in adulto homine perpetim nutritur.

EJ.

Ej. *De natura fibræ animalis elasticæ per ejusdem genesin & morbos declaranda* Lipſ. 1755. 4.*

Ej. *De physiologia per phænomena pathologico therapeutica illustrata* 1755. 4.*

Ej. *De callo femoris ejusque fractura* 1755. 4.* Articulum femoris in pelvi conſiderat & ejus ligamenta.

Ej. *Obſervata in femina, cui oſſa emollita erant* 1757. 4.* Caput naturalem firmitatem retinuerat, cum vertebræ & pelvis oſſa mollia facta eſſent, tum artuum; hæc etiam pertenuia.

Ej. *Obſervatio, qua bilis cyſticæ via declaratur* 1758. 4.* Bilem omnino in hepate naſci, inde per cyſticum ductum in ſuam veſiculam venire.

Ej. *De ſitu partium imi ventris præternaturali* 1759. 4. & *de cauſis ejus ſitus* 1759. 4.* In priori varietates potiſſimum inteſtinorum & omenti recenſit.

Ej. *De fallaci judicio vulgi ſuper vim imaginationis maternæ in fetu obſervatam* 1759. 4. quam rejicit.

Ejusd. *De ſanitate ſenili* 1759. 4.*

Ej. *De læſa oſſium nutritione.*

Ej. *De membrana epicrania muſculis in eam inſertis* 1760. 4.* Separat eam membranam & a frontali muſculo & ab occipitali, quos ipſos diſtingnit, & a tendinibus muſculorum extenſorum capitis ſuam membranam deducit, ad uſque jugum continuatam. In eam occipitales muſculi & auriculares ſe immittunt.

Ej. *Obſervationes quædam angiologicæ* Lipſ. 1764. 4.*

Ib. 1767. *duæ arteriæ radiales*, quarum altera ab interoſſea alias ex axillari. Non magni facit recurrentes, quas tamen deſcribit.

Ej. *De plexibus nervorum abdominalium atque nervo intercoſtali* 1772. 4.

Majores etiam aliquos libros edidit. *Inſtitutiones phyſiologiæ* prodierunt Lipſiæ 1752. 8.* in uſus auditorii ſui. Univerſum corpus ex celluloſa tela fieri; nullum in thorace aërem eſſe; coſtas etiam ab internis intercoſtalibus muſculis detrahi: retinam ſedem eſſe viſionis: amnii liquorem alere. Porro vaſorum ſanguineorum contractionem ad circuitum ſanguini requiri: novas fibras ex concreſcente ſucco gelatinoſo generari; utique oſcillare fibram nerveam; proprias eſſe vias ſudoris. Icones etiam phyſiologicas addidit.

Nuper cepit edere *adverſaria medica*. In eorum *adverſariorum* parte II. appendices inteſtinorum dixit.

In P. III. de evolutione partium firmarum & fluidarum corporis humani, harum etiam potiſſimum.

P. IV. de errore loci ſeri ſanguinis in alios ductus ſecretorios abſcedentis. Spinæ dorſalis deſcriptio & deformationes.

T. II. P. I. de monſtris variis, quæ negat ex vitio maternæ imaginationis naſci. A defectu alimenti ſæpe provenire.

P. II. de ſpina dorſi naturali & deformi.

P. III.

P. III. progr. de offibus emollitis. GREDINGII obfervationis fuo loco dicemus.

In T. III. P. I. de viribus corporis humani, fibra ejusque contractione, atque ex fuccis gelatinofis compactione.

In P. II. de reforbtione ex tela cellulofa.

In *Medicinæ forenfis inftitutionibus* Lipf. 1765. 8.* aliqua huc faciunt; pulmonum experimentum, cui L. multum tribuit. De partus temporibus. Neglectum funiculi vinculum funeftum effe.

Commentarios etiam cepit ab a. 1752. edere de rebus in fcientia naturali & medica geftis. In iis præter librorum indicia etiam paffim adnotationes aliquæ & demum Cl. virorum vitæ reperiuntur. Prodierunt tomi XIX. cum parte XXmi & duobus fupplementis.

In *Epiftolis* ad me datis n. 169. negat dari duos fibrarum cordis ductus. In *Ep.* 176. de corpore reticulari agit, quod vifci fimile fit & ad pigmenti modum diffluat, ab alcohole tamen confirmetur. In Ep. 183. de mufculo epiglottidis a ftylopharyngeo nato, quem WALTHERUS viderit. Contra funiculos, quos WINSLOWUS dixit a gula ad diaphragma ire (ramo nervi phrenici.) Tefticulum alterum nullum & tantum veftigium fuiffe epididymidis. Zygomaticum minorem nullum fuiffe, fed fafciculum utique SANTORINI ab orbiculari palpebrarum defcendentem, & cum inciffore mufculo coeuntem. Corrigator ab orbiculari diverfus & a frontali. Fafciculus a ftylopharyngæo ad tonfillam. Chorii laminæ. Camera oculi pofterior æqualis anteriori.

§. DCCCCXCVI. *Andreas* PASTA. *Alii.*

PASTA, MORGAGNI difcipulus, Medicus Bergomenfis. EJUS *epiftolæ duæ, altera de motu fanguinis poft mortem, altera de cordis polypo in dubium revocato* prodierunt Bergomi 1737. 4.* In priori epiftola agit de motu fanguinis etiam poft mortem per fuum pondus acti, ut fe in partes inferiori loco fitas conferat. Experimenta habet in canibus & in humanis cadaveribus facta. Hæc breviter, fufiffime vero in polypos ante mortem natos fua dubia profert.

EJ. *Difcorfo intorno al fluffo di fangue dall' utero delle donne gravide* Bergomi 1748. 8.* Eas hæmorrhagias effe a fanguine arteriofo de oftiis erumpente, quæ effundendo fanguini menftruo deftinata fint. Non vult hæmorrhagias parturientium educto fetu levari.

Recudi fecit hoc opus 1751. 8.* multo auctius. Ex fanguinis coacti fere grumis fieri molas & polypos. Cum RUYSCHIO vetat fecundam violenter evellere, & naturæ auxilium mavult exfpectare.

EJ. Diff. *fopra i meftrui delle donne* Bergomi 1757. 4.* Fufe de menfibus. In Italia minus præcoces effe puellas. Pro plethora cæterum & contra fermentationem. Menfes vetularum periculo non carere. Pleraque practica.

J. Francifci le FEVRE, Profefforis Vefuntini, *opera* Vefuntione 1737. 4. 2. Vol.* In primo tomo de venæ fectione agit, SYLVAM fere fecutus, & per eam

eam venæ sectionem sanguinem in ea corporis parte ait accelerari, cujus vena incidatur. In altero integram physiologiam tradit, BOERHAAVIUM fere secutus.

Jean BANIERES *de la lumiere & des couleurs* Paris 1737. 12. De oculi fabrica, visu, coloribus chamæleonis, quos ad speculi modum a reflexis corporum vicinorum coloribus nasci putat.

BOUILLIER *Essai philosophique sur l'ame des bêtes* Amsterd. 1737. 12. 2.Vol.

Christian Philipp BERGER's *Versuch einer gründlichen Erläuterung merkwürdiger Begebenheiten in der Naturhistorie* Lemgo 1737. 8.* De homine, cui ex odore medicamenti alvus solvebatur: de lacte pro menstruis fluente. Num superfetatio locum possit habere. Vampiros esse morbum epidemicum.

VALISNERII etiam opus de generatione vertit & notas adjecit.

EJ. *Abhandlung vom Umlauf des Geblüts, welchen* HARVEJUS *gefunden* Frankf. und Leipz. 1737. 8. GUNZ. (annon J. G. NEUMANN.)

Charles FONTENETTES, Medici Pictaviensis, diss. *sur une fille de Grenoble, qui depuis quatre ans ne boit ni ne mange* Poitiers 1737. 4. unicum folium. Alium annum lego, & puto rectius, 1747. 4.

Opus neotericum medicum de adstricto & laxo juxta HIPPOCRATIS *mentem*, SANCTORII *observationes &* BAGLIVII *experimenta* Valent. 1737. 4. CHIV.

Ant. Ludovicus MEDINA Y CAMPION, Medici Hispalensis, *Triumfo della major doctrina i carta apologetica contra la dissertation de la nutricion del cuerpo humano escrita por D. Manuel de* YGLESIAS Madrit 1737. 4.

Didacus ZAPATA *y* BALLESTEROS *respuesta critico physiologica anatomica nel impresso intitulado triumfo de la major doctrina en defensa de la dissertacion de D. Manuel de* YGLESIAS Hispali 1737.

PLAN *d'une histoire generale des maladies, ou l'on rendra raison de tous les changemens, qui peuvent arriver au corps humain* Beziers 1737.

Anatomy epitomised Lond. 1737. 8.

Franc. Joseph OVERKAMP *systema theoretico practicum* Nürnberg 1737. 8.

EJ. *Mechanismus s. fabrica intestinorum tenuium* Würzburg 1745. 4.*

EJ. *De mutatione esculentorum & potulentorum* Würzburg 1743. 4.*

EJ. *Collectio disputationum inauguralium Lugduno Batavarum* Francofurti 1767. 4.* Inter eas anatomicæ bene multæ, etiam HERMANNI BERNARDI *de eo quo differt circuitus sanguinis fetus, ab illo hominis adulti*, sed neglexit editor annos addere.

§. DCCCCXCVII. *Disputationes.*

J. Matthiæ GESNER, viri eruditissimi. ψυχαι HIPPOCRATIS Götting. 1737. 4.* &

& in Comment. Göttingensibus. Ex L. de diæta primo seminum per universum dispersionem, introitum in corpus animale, evolutionem in animal, regressum in mundum invisibilem doctissime exponit.

Christian Andreas KOCH *de proportione solidorum ad fluida in corpore humano* Götting. 1737. 4.*

Nicol. Wilhelm CUHN *de lacte insonte* ib. 1737. 4.*

Gunth. Ant. Heinrich ALBRECHT *de natura se ipsam nunc vindicante, nunc destruente*, ib. 1737. 4.*

Heinrich Gottlob KESLER *de tono partium corporis humani* Pr. SCHULZIO Hall. 1737. 4.*

Georg. Philipp. WILL *de usu lactis antidoto* Altdorf. 1737. 4.

J. Jac. KIRSTEN *de physiologiæ ortu & progressu* Altdorf. 1737. 4.*

EJ. *De nutritionis impedimentis* Altdorf. 1742. 4.*

EJ. *De exsistentia liquoris gastrici, imprimis contra* LIEUTAUD ib. 1764. 4.*

EJ. *De uvula ejusque usu* 1764. 4.*

Gottlieb FRIDERICI *monstrum humanum rarissimum* Lipſ. 1737. 4.* Hernia ingens cerebri & pedes contorti.

J. Jac. RITTER, amici nostri & discipuli, *de possibilitate & impossibilitate abstinentiæ a cibo & potu* Basil. 1737. 4.* Contra historiolam *Christinæ* KRAZER.

EJ. De fetu cum exomphalo nato *Eph. Nat. Cur. Vol.* VI. *obs.* 12.

Vol. VIII. *obs.* 88. iterum de exomphalo congenito.

J. Wolfgang TRIER *de vita fetus humani in utero* Francof. ad Viadr. 1737. 4.

Jac. de MAFFE' *de oculi constructione* Leid. 1737. 4.* Ex ALBINI placitis.

R. FORSTER *de homine ut perpetuo mobili* ib. 1737. 4.

Theodori ABEL disp. *de vomitu* ib. 1737. 4.

Guil. CADOGAN *de nutritione, incremento & decremento corporis* ib. 1737. 4.*

J. van den BERGH *de mammis* ib. 1737. 4.

Jos. Moses BENDIEN *de renibus eorumque adfectibus* ib. 1744. 4.*

Mich. BENEDICTUS *de ventriculo humano* ib. 1737. 4.*

Henrici DOORSCHOOT *de lacte* Leid. 1737. 4.* & in *selectis*: habet GAUBII egregiam lactis analysin.

J. BARTSCH, infelicis in Surinamiam peregrinatoris, *de calore corporis humani hygraulico* Leid. 1737. 4.*

J. Honorati PETIOT *universæ physiologiæ conspectus mechanicus* Monsp. 1737. 8.* præside *Ant.* FIZES. BOERHAAVIANUS.

In *animadversionibus* eod. anno editis *Franc.* LAMURE exprobat, ex meis operibus suas sumsisse prælectiones p. 31, quod ego nolim adfirmare.

EJ.

EJ. *Ergo conficiendæ bili a mesenterio oleum, ex facibus liquor alcalinus* Parif. 1752. 4. Pr. MILLIN *de la* COURVAULT.

MONRO (puto JOHANNIS) *oratio* HARVEJANA Londin. 1737. 4.

Lud. Jac. PIPEREAU & *Laur.* FERRET *E. solus nervorum liquor alibilis* Parisiis 1737.

Gabriel Anton. JACQUES & *Ant.* FERREIN *Non ergo sanitas a solidorum & fluidorum æquilibrio* Parif. 1737. 4.*

Claud. de la VIGNE & *Mich. Philipp.* BOUVART *E. perspirationi & sudori reliquæ excretiones vicariæ* Parif. 1737. 4.*

J. Damian CHEVALIER & *Caroli* DIONIS *E. a diversa causa moventur cerebrum & dura meninx* Parif. 1737. 4.

Cl. BRUNET & *Mich. Jos.* MAJAULT *E. a diverso glandularum situ secretiones diversæ* Parif. 1737. 4.* Ex situ glandulæ sanguinem lentescere posse, quo levior in ea humor secernatur, & vicissim.

Cl. Ant. RESTARD & *Mich. Philipp* BOUVART *Non ergo aptiores sunt ad restaurandum seniorum animalium carnes* .Parif. 1737. 4.*

Emanuel Mauritius DUVERNEY & *Ged. du* RABOURS *E. tritus chylosin juvat* Parif. 1737. 4.

§. DCCCCXCVIII. *Diaria anni* 1738.

In *Hist. de l'Acad. des Scienc.* 1738. D. BAZIN ad anatomen erucarum aliqua confert. Negat perire oleo inunctas, cordis motum describit.

EJ. sunt *observations sur les plantes, leur analogie avec les insectes, l'accroissement du corps humain, & la cause pour laquelle les bêtes nagent naturellement* Strasb. 1741. 8.* Pro evolutione & ovis. De fistulis spiritalibus insectorum & malis, quæ earum obstructionem sequuntur. Contra circuitum humorum in insectis. Calor piscium ad thermometrum demensus. De natatu & incremento animalium.

EJ. *Histoire des abeilles, & histoire des insectes* Paris 1747. 1751. 12. 4.Vol.* & ipsum excerptum ex REAUMURIO. Apes solitariæ masculæ sunt & feminæ. Bombylii, ut vocant, tres apum sexus retinent. Sic vespæ. Mater primas parit operarias. Culicis branchiæ, quas deponit, quando ex aqua emersit. Instrumentum sonorum cicadarum. Libellarum singularis venus. Aphides virgines pariunt. Erucarum evolutio, anatome, physiologia. Medulla spinalis oscillans; proboscidis mira fabrica.

EJ. *Lettres au sujet des animaux appellés polypes* 1745. 12. PORTAL.

In ead. *Hist. Acad.* 1745. *Comes de* BIEVRE de placenta in utero retenta.

In *Comm. Lit. Nor. hebd.* 4. *Conradus Dietericus* BRUNS articulationem costarum cum sterno pro re nova describit.

Hebd. 45. Anonymus de lunæ in corpus humanum potestate.

D. G. MESSERSCHMIDII accurata anatome cameli Bactriani reperitur in *Comm. Acad. Petrop.* T. X. *anni* 1738.

§. DCCCCXCIX. *Franciscus* BOISSIER,

Gallorum more dixit se a villa DE SAUVAGES. Aletensis, Professor Monspeliensis, jatromathematicus, STAHLII sectæ acriter addictus, ut tamen plerumque mitiori stylo adversarios refutaverit, olim HAMBERGERI per multos annos amicus. EJUS numerosissima sunt vel opera vel opuscula.

EJUS *theoria febris* Monspel. 1738. 12. Neapoli 1740. 8. Gallice excusa cum HALESII *hæmastaticis* Genev. 1743. 4.* Vires cordis metitur, negat posse a nervis esse, quorum liquor suam celeritatem ab ipso corde habeat, longe minorem, quam quæ contractionem cordis producere valeat. Ostendi olim, Cl. virum omittere vires stimuli, qui in corpore animali motus producit multo majores, quam a pondere & velocitate corporis stimulantis speres. Rectius refutat theoriam BELLINI, qui velocitatem sanguinis, per obstructa vasa non fluentis, in vasis liberis augeri docebat ex necessitate mechanica. Sed idem phænomenon a corde minus depleto pendet, hinc acrius stimulato, & perinde violentius in obstructa vasa insurgente. His vero aut ignoratis, aut rejectis, nihil superest nostro, nisi ad animam confugere.

EJ. *Theoria inflammationis* Bourg S. Andeol 1743. 12.* & ipsa recusa est cum *Stephani* HALES *hæmastaticis* Genev. 1743. 4.* Iterum BELLINIANAM sanguinis ab inflammatione accelerationem refutat. Experimenta recenset facta ad computandam ignis in serum sanguinis efficaciam. Pulsus theoria; dilatationem arteriæ ab impulso sanguine facit perexiguam, quod non respondet experimento in vivo animale capto. Sic reliqua symptomata inflammationis mechanice interpretatur. Febrem esse optimum remedium obstructionis. Non a stimulo cor accelerari. Aestimatio pressionis lateralis. Obstructio vim cordis minuit, & celeritatem in trunco. Ex trunco & ex ramis eamdem sanguinis copiam exire.

EJUSD. *Somni theoria* Monspel. 1740. 4.*

EJUSD. *Diss. in qua vulgatæ de febrium causis hypotheses examini subjiciuntur* Monspel. 1740. 4.*

EJUSD. *Motuum vitalium causa* Monspel. 1741. 4.* Eadem, quæ & alibi pro origine eorum motuum ab anima argumenta.

EJUSD. *Adnotationes ad hæmastatica Stephani* HALES Genevæ, ut dixi, excusa Gallice 1743. 4.* Italice vertente *Angela* ARDINGHELLI. KEILII, JURINI, HALESII calculos conciliat, quibus hi viri potentiam cordis exprimunt. Arteriarum contractiones ad tertias reducit. Adhæsiones humorum animalium per experimentum metitur. FERRENII de vasis pulmonum hypothesin refutat; venas in vitulo putat esse valvulosas. Arteriæ dilatationem computat, quam facile credas aortæ dilatationi æqualem esse; nam & dexter ventriculus debilior est,

est, & pulmonalis arteria. A contractis vasis calorem non augeri (utique si frictioni debetur, & pulsuum idem est numerus). Maximam ad accelerandum pulsum in corde actionem requiri.

EJ. *De vasorum capillarium suctione* 1747. 4.* Eam disp. *Josephus* BRUN resp. sibi tribuit.

EJ. & *des* HAIS *de hemiplegia per electricitatem curanda* Monspel. 1749. 4.* Causa motus in animale est anima, primum instrumentum succus nerveus electricus: cum ex dissecto nervo conus lucidus erumpat. Sensus est refluxus nervei spiritus. Motus acceleratio per voluntatem nata. In agendo fibras nerveas electricam vim expertas a se invicem recedere. Musculum excitata electricitate contrahi, & sua actione defungi.

EJ. Diss. *sur la nature & la cause de la rage* Toulouse 1749. 4.* 1759. 4.* & inter *chefs d'oeuvres*. Venenum canis rabidi humores nostros spissare; electricum esse ut spiritus nervei, horum motum augere, sensum adeo incitare, ut fere intolerabilis ejus sit efficacia.

EJ. *Conspectus physiologicus* Monspelii 1751. 4. *R. Ludovico Honorato* SOULLIER. *Francisci* est LAMURE, etsi titulus nostrum nominat.

EJUSD. *Pulsus & circulationis theoria* Monspel. 1752. 4.* Admittit fibras in arteriis rectas, quæ resectam arteriam retrahant. Arteriam aortam anterius duriorem esse. Motus venarum a respiratione. Vasa minora pariter & tenuiora fieri & angustiora. Musculum utique majore portione contrahi, quam ex calculis positis sequatur. Summam luminum omnium arteriarum tantum octuplam esse luminis nascentis arteriæ aortæ. Auriculas factas esse ad minuendam resistentiam redeunti sanguini a corde oppositam. Cor prius dilatari, quam sanguine distendatur. In systemate truncum vasculosum plus dare aquæ, quam ramorum summam, & minus aliquanto, si pars ramorum claudatur. Non pulsare venas, quia celeritas sanguinis nunc desiit minui.

EJ. Diss. *sur les medicamens qui affectent certaines parties du corps humain plustôt que d'autres & sur les causes de cet effet* Bourdeaux 1752. 4.* a MANETTO etiam italice vers. & in *chefs d'œuvres*. Effectus medicamentorum pendere ab anima, ut suum bonum quærente. Mechanice agere per adhæsionem, quæ est in ratione punctorum contactus. Maxime agere medicamenta in ea viscera, quorum pondus medicamenti ponderi proximum est. Latine prodiit Lipsiæ, *de medicamentis, quæ certas partes corporis humani præ aliis adficiunt* Lips. 1755. 4.*

EJ. & *Rudolfi Jeremiæ* RAISIN *embryologia* Monspel. 1753. 4.* Multa peculiaria. Pondera viscerum fetus comparata cum ponderibus viscerum adulti hominis: omnia vero in fetu pro portione majora sunt; caput duplum, cor insigniter majus. Parum sanguinis per pulmonem in fetu fluere: renes succenturiatos veros renes esse, & verum secernere lotium, id autem venæ cavæ reddere.

EJ. *Theoria tumorum* 1753. 4.* De facilitate, qua fibra se extensioni præbet; eo magis autem resistere extensioni quo magis est extensa, & debere ut porro

porro extendatur, pondera augeri in majori ratione, quam extenſiones. Nervum minus ſe retrahere quam ſanguinea vaſa: minora vaſa facilius rumpi. Iterum non tumeſcere ligatam arteriam. Multum tribuit laqueis arteriarum nervoſis.

Inter *diſſertations ſur le mouvement des muſcles* Berlin 1753. 4.* excuſas, n. 20. videtur noſtri eſſe auctoris, ex electricis experimentis, ex repetito argumento a parvitate nervorum cordis, aliunde. Negat vinculum aortæ injectum paralyſin facere. Fila muſculoſa in contractione a ſe invicem recedere, ut in experimento viderit, poſtquam actionem electricam receperunt. Muſculum agentem ad partem decimam intumeſcere.

Diſſertation dans laquelle on recherche comment l'air ſuivant ſes differentes qualités agit ſur le corps humain Bourdeaux 1754. 4.* & in *chefs d'œuvres*. Cutem non ultra partem vigeſimam quintam abſque dolore diſtendi. Nullum in ſanguine eſſe aëris indicium. Non putat vivi poſſe in aëre, cujus calor ſanguinis noſtri calorem ſuperet. Duodecuplo pulmonis molem minui, ſi accurate inaniveris. Non valde in pulmone ſanguinem premi. Aërem thoracicum admittit. Pulmonem eſſe ſanguinis diverticulum.

Hanc & diſp. *de actione medicamentorum Xaverius* MANETTI Florentiæ 1754. 4.* excudi fecit Italice verſas, notisque illuſtratas.

EJ. *Phyſiologiæ anatomicæ elementa* abſque anno edita mecum communicavit olim ILL. *J. Samuel de* BERGER. Non poſſe in machina aliam præter animam cauſam motus eſſe. Vires arteriarum ad venas faciebat nimias. Eamdem eſſe vaſorum in adultis & fetubus proportionem, numero vaſa in adultis ſuperare. Cæterum ſectio tantum prima erat de fibris & vaſis. Inde, ut puto, nata ſunt *Phyſiologiæ elementa* edita Avenione 1755. 12.* Non adgnoſcit equidem hoc opuſculum Cl. AUCTOR: conſentiunt tamen ejus & FRANCISCI noſtri hypotheſes. Utique reperias menſuras & pondera iisdem numeris expreſſa; utique animam pro cauſa motus habet. Vivas vires per quadrata velocitatum metitur. Fibram ventriculi rumpi, ſi ad ſeptuplum extenderis: ſerum ſanguinis rubro cruore gravius eſſe. Venas quintuplo arteriis debiliores eſſe. Arteriam pulmonalem vena ſodali minorem eſſe. Maximum ſanguinis de corde expulſi ſaltum a minimo non valde differre. Valde decreſcere celeritatem ſanguinis per vaſa minima moti. Fibras cordis rectas admittit, & coſtas ab internis intercoſtalibus deprimi. Sanguinem in pulmone parum condenſari. Duplo plus humoris per pulmonem exhalare, quam per cutem. Fuſe ſpiritum eſſe electricum: medullam cerebri leviſſimam inter partes corporis. Omnes muſculos perinde irritabiles eſſe & robuſtos. Muſculos ſpontaneos etiam a voluntate moveri. Cerebelli nullam eſſe prærogativam. Secretionem ex theoria HAMBERGERI exponit: Vaſcula ſecretoria in fetu nihilo eſſe minora quam in adulto. Semen maſculum viſcidos humores ovuli reſolvere. Erectionem panis eſſe a ſanguine arterioſo uberius irruente. Inſtinctum eſſe facultatem cognoſcendi individua per ideas confuſas.

EJ. *De reſpiratione difficili* Monſpel. 1757. 4.* Celerius inſpirationem perfici,

fici, quam exſpirationem. Pro cauſa detumeſcentis inter inſpirandum cerebri ſanguinem in pulmonem receptum habet. De neceſſariis viribus ad efflandum, quando glottis anguſtior eſt.

EJ. *Theoria doloris* Monſpel. 1757. 4.*

EJ. *De aſtrorum influxu in hominem* ib. 1757. 4.

EJ. *De viſione* ib. 1758. 8.

EJ. *Theoria convulſionis* 1759. 4.* Convulſiones & ab anima eſſe, & ad proprios fines cieri, etſi obſcurus ſenſus ejus eſt mali, cui ſuperando deſtinentur. Vim vivam tamen a mortua ſeparat.

EJ. *Pathologia methodica*, *ſ. de cognoſcendis morbis* Editio III. omiſſis prioribus Lyon 1759. 8. 12.*, & multum auctius *Noſologia methodica &c.* Genevæ 1763. 8. 5. Vol.* Iterum pro animæ poteſtate pugnat etiam ſpontaneos motus regente. Quamque etiam corporis partem ſibi convenientia curare, noxia depellere vult. Mechanicam theoriam pene ſpinoſiſmi ream facit: Irritabilitatem omnino cum elatere & cum ſentiendi facultate confundit. Iterum arteriam ligatam negat intumeſcere. Venæ inciſionem utique ſanguinis per arterias ejus partis motum accelerare. Omnem machinam $\frac{23}{27}$. ſui motus amittere, quod de fibra humana dici omnino nequit. Animam vires non prodigere, & ad actiones vitales ſervare. Pulſum in valde ſenibus inſigniter lenteſcere. Iterum motum cordis non eſſe a ſpiritibus, cum ſanguis in cerebro 5230. lentius moveatur, quam in oriente aorta. Pulſus bene numerat. In pleuritide pleuram non pati. Corticem cerebri inſenſilem eſſe. Iridem irritatam non contrahi. Nullas in retina venas eſſe.

Nupera & poſthuma editio Lyon 1768. 4. 2. Vol.* paſſim aucta eſt curante *J. Antonio* CRAMER.

EJUSD. *De animæ imperio in cor* Monſpel. 1760. 4.* In Cl. EBERHARDUM. Iterum Catholicum medicum non poſſe non STAHLIUM ſequi. Omnem ab anima motum eſſe. Reſiſtentiam cordis vires minuturam fore, niſi animæ voluntas eas intenderet. Contra vim ſtimuli. Contra theoriam irritabilitatis; hic aſpere. Animam, ut STAHLIUS, ſapientem facit.

EJ. *De ſuffuſione* ib. 1760. 4.* Maculas ex conſuetudine evaneſcere; hanc eſſe cauſam, cur in MARIOTTI experimento nullam videamus maculam. Rete arterioſum pulſans retinæ. Coruſcatio a ſpirituum electricorum oſcillatione. Canalem PETITI ſpiritibus repleri.

EJ. *De amblyopia* 1760. 4.* Hic de viſu nocturno a tenerrima retina, & diurno ob retinam obtuſe ſentientem; de myopia diſſertatio.

EJ. *De anima rediviva* ib. 1761. 4.

EJ. *De viribus vitalibus* Monſpel. 1769. 4.* Non citatur in *vita auctoris*.

In *Mém. de Montpelier* 1743. 4.* de aere in ſanguinem reſorbto agit, qui prius in humoribus noſtris diſſolutus ſit.

In

In *Mém. de Montpelier* 1745. agit de cancris, qui sceletos nitidas parent.

In *Sw. Acad. Handlingar* T. XII. directionem obliquam musculorum intercostalium externorum ad levandas costas optimam esse docet.

In *Mém. de l'Acad. des Sciences de Berlin* T. XI. a. 1755. de legibus motus sanguinis agit. Aortam ampliorem esse, quam KEILIUS fecerit; hinc celeritatem sanguinis ad 50. pedes in minuto primo reduci. In minimis arteriis superesse vigesimam partem celeritatis trunci. De pulsu in vasis longis, etiam cylindricis. Nullam esse in venis pressionem lateralem.

In *Journal de Medecine* 1755. T. II. respondet recensioni suæ versionis *hæmastaticorum*, quæ *in B. raisonnée* T. 34. excusa exstat. Non vult animam cor regere tamquam musculum voluntarium. Animam multos eodem tempore motus imperare: chordarum oscillationes numerare, motus producere quorum non sit conscia. Irritabilitatis in mortuis effectus superstiti vitæ tribuit. Aspere in WERLHOFIUM, qui in vim medicatricem animæ scripserat.

In eodem *Diario* T. V. pugnat contra SCHREIBERUM, vim motricem animæ refutantem.

In *Nov. Act. Nat. Cur. Vol.* I. n. 36. quærit, quare in arteriis pulsus sit, nullus in venis. Celeritatem a corde acceptam in sanguine arterioso eundo minui, celeritatem vero augeri, quam accipit a contractis arteriis: ita in minimis arteriis has duas potentias exæquari.

A morte viri edidit *chef d'œuvres de Sauvages* Cl. GILIBERT Lyon 1771. 12. 2. Vol.* Editor notas aliquas adjecit. Feminas debere suos fetus suo lacte alere: lac nutricis facile fetum morbis etiam turpibus inficere, & ei alioquin nocere.

Elogium IDEM addidit, tum RATTIUS proprio libello.

§. M. *J. Godofredus* BRENDEL,

Adami fil., *Godofredi de* BERGER nepos, noster olim collega, Jatromathematicus, clinicus celebris & gratiosus. EJUS *de valvula* EUSTACHII lib. Götting. 1738. 4.* cum icone ejus valvulæ caudatæ.

EJ. *De Chyli ad sanguinem publico privatoque commercio per venas mesaraicas non improbabili* 1738. 4.*

EJ. *De auris humanæ concha* 1747. 4.* Foramina sinus auditorii pro nervis mollibus parata, cochlea, scyphus.

EJ. *De auditu in apice conchæ* Götting. 1747. 4.* & in *nostris selectis*. Nempe de cochlea, cum iconibus. Nucleus ellipticus, cortex ejus & interior natura, scyphus supremi nuclei: in apice nervi nuclei auditum fieri.

EJ. *De pulsu febrili* 1747. 4.* I. II. eum pulsum per lineam curvam exprimit ut lentescat in frigore, in æstu acceleretur.

EJ. Progr. LEEUWENHOECKIANORUM *globulorum sanguineorum rationes sextuplas expendens*. Ostendit non respondere numeros boni senis rigori mathematico. Progr. I. & II, prodiit Götting. 1747. 4.*

EJ.

Ej. *De phosphoro urinario* 1747. 4.*

In J. A. Borelli *propositionum* 41. L. II. Götting. 1747. 4.* censura.

Ej. *De maximo & minimo in corpore humano* 1747. 4.*

Ej. *De motu cordis* Lancisiano *non plane improbabili* 1748. 4.* Cor non totum inaniri.

Ej. *Fabrica oculi in fetubus abortivis observata* Götting. 1752. 4.* Lentis crystallinæ corticem exteriorem rubere, aliquantum & vitreum corpus, tum retinam.

Collecta redeunt in *opusculis mathematici & medici argumenti* Göttingæ 1769. 4.* a Cl. viro H. Aug. Wrisberg editis.

§. MI. *Varii.*

Robert Smith's *compleat system of optiks* Cambridg. 1738. 4. 2.Vol.* Gallice vertente P. Pesenas; etiam Germanice cum additamentis A. G. Kæstneri viri ill. Altenburg. 1755. Huc referas librum I. f. popularem, quo de lucis coloribus & lentium vitrearum usu agitur. Juriniana diximus.

Wilh. J. Burton *treatise on non naturals* York 1738. 8.* Huc pertinet c. 6. de digestione ciborum ejusque organis: c. 7. de adfectibus animi: c. 5. de somno & vigilia; c. 4. de motu musculari. Boerhaavium ubique sequitur.

Ej. etiam est *account of the life and writings of* H. Boerhaave London 1743. 8.*

Id. De fetu, cui urina exibat per spongiosum tumorem supra os pubis positum. In *Essays of Edinb.* T. V. P. I.

Ej. *Essay toward a new system of midwifery* London 1751. 8.* Prima pars operis est anatomici argumenti, & describitur fabrica partium genitalium, incrementum ovi humani & fetus. Mensuras dat pelvis; sinus mucosos uteri admittit; liquorem amnii negat alere, negat etiam placentam cum utero cohærere. Contra Ouldii situm pueri in partu lateralem. Fetus per sua incrementa, etiam aperto abdomine.

Placidi de Puzzolis l. *de organo visorio* Rom. 1738. 4.* Ex Briggio.

Petri Artedi *Ichthyologia*, edente *Carolo* Linnæo Leid. 1738. 8.* Huc pertinet physiologia ichthyologica, in qua partes piscium definiuntur, & horum adeo animalium anatome traditur. Deinde in specierum piscium descriptione passim etiam viscera recensa invenias.

Eliæ Col *de* Villars *cours de chirurgie dicté aux ecoles de medecine* in T. I. Paris 1738. 12.* continet anatomen & physiologiam, sed plenam effervescentiis & cribris.

Sic in *Dictionnaire François Latin des termes de medecine & de chirurgie* Paris 1741. 12.* partes corporis humani definiuntur.

In *Barbaræ* Wiedemannin, obstetricis Augustanæ, *Anweisung christlicher Hebammen* Augspurg 1738. 8.* aliqua uteri anatome reperitur.

Alberti SCHULTENS *oratio academica in memoriam Hermanni* BOERHAAVE Leid. 1738. 4.* Summi physiologi & optimi viri bene meritæ laudes.

Traité de la communication des maladies & des passions la Haye 1738. 8.* Omnia ad corpus refert, quæ sunt animæ, ipsam voluntatem & superbiam. A lacte corrupto & morbos omnes & vitia oriri. Voluptatem esse desiderium laxandarum fibrarum tensarum. Vitia esse a fibris tensis. Vaccæ lac materno præfert, ut quieti animalis, nulloque animi motu agitati. Auctorem lego dici *l'Abbé* MOREAU *de* St. ELIE (y).

A new essay on the nerves and the doctrine of animal spirits, by D. BAYNE alias KINNEIR London 1738. 8.* & secund. editum. 1739. 8.* Succum nerveum resorberi inter fila nervorum parallela, sic distendere nervos, ex sua natura elatere destitutos. Nullos dari spiritus animales, qui sensuum sint medium. Reliqua practica.

STUART's *anatomy and surgery* London 1738 8.

Jeremie de POURS *le raccourcissement des jours; ou examen, si en cet âge accourci nos jours peuvent être prolongés & accourcis, ou s'ils sont determinés* Amsterdam 1738. 4. MARTIN.

Huc etiam possis referre *Guilielmi* KERSEBOOM *verhandeling tot en proeve om te weeten de probable meenigte des volks in Holland en Westvriesland* Haag. 1738. 4.

A. 1740. 4. accessit *observatien waarin getoont word wat is een gelyktydigheit dewelke vereischt word in alle calculatien die tot voorwerp hebben de probable leevens kragt van persoonen van eenigen voorgestelden ouder* ib. 1740. 4.

Derde verhandeling over de probable menigte des volkes in de Provincie van Holland &c. Haag. 1742. 4. cum prioribus duabus diss. Calculator: numerum hominum in Hollandia & Frisia occidentali æstimat ad 980000: eos in classes secundum ætates partitur, ut erui possit, quot annorum spes sit cuique supervivendi, & quantum adeo fenus erogatæ pecuniæ cuique possit quotannis solvi. Numerum civium prodire, si partus annuos per 35. multiplices. Conjugia 100. dare liberos 325. Puerum biennem vivere Londini annis 37. Londini etiam & Lutetiæ incolas noster numerare tentavit, sed omnino recte ostensum est in *Phil. Trans.* n. 450. baptismos Londinenses multos omitti.

In B. RAIS. t. 34. p. 402. numerum incolarum urbis Romæ conputat, & æstimat in universum ad 35plum nativitatum.

Ad eamdem quæstionem pertinet *Vertoog bewyzende dat de faculteit, om de renten te mogen nemen op lyven by verkiezing zonder eenige distinctie &c.* 1737. 4. SÜSMILCH.

J. van der BUCH *Vervolg op de aantoning, wegens de faculteit geeving in de Holl Lottery tot conversie van de dertig jaarige prysrenten en lyfrenten* Dordrecht 1738. 4. SÜSMILCH.

IDEM

(y) Penelope I. p. 83.

IDEM BUFFONII & HALLEYI calculos comparavit. Præfert priores tabulas, quæ ſpem vitæ metiuntur. Paſſim tamen BUFFONIUM lapſum eſſe.

Johannis L'ADMIRAL, pictoris, *icon duræ matris in concava ſuperficie viſæ* Amſterdam 1738. 4.* & in *convexa* ib. 1738. 4.* cum iconibus pictis; Arterias tenuiſſimas expreſſit, quæ nudo oculo meræ videntur maculæ.

EJ. *Icon membranæ vaſculoſæ ad infima acetabuli oſſium innominatorum* Amſterdam 1738. 4.* Hæc ex RUYSCHIO.

EJ. *Icon penis humani cera præparati* Amſterd. 1741. 4.* Sinus mucoſos exteriores MORGAGNO dicit ignotos. Auctorem non addit.

Bernard ROUTH *ſur la maniere d'inhumer les morts* Paris 1738. 12.

Poſſes *auream catenam Homeri* Lipſ. 1738. 8.* & alias excuſam huc referre, oſſ. hypotheſes de generatione.

Thomas SHAW *travels and obſervations relating to ſeveral parts of Barbary and the Levant* Oxford 1738. fol.* De mumiis veris pice conditis; de mumiis ex cadaveribus in arenis arefactis. Hyſtrices ſpicula non projicere.

§. MII. *Abraham* KAAUW,

Nepos ex ſorore BOERHAAVII, ab a. 1736. ſurdus, inciſor diligens & veterum lector adſiduus, Profeſſor demum Petropolitanus. EJUS *perſpiratio dicta* HIPPOCRATI *per univerſum corpus anatomice illuſtrata* Leid. 1738. 8.* Utiliſſimus libellus. Pleuræ nexus, ſaccos, celluloſas vaginas & productiones hic reperias; Pericardium; exhalationem in magna cava inque cellulas; integumentorum univerſalium anatomen, tum unguium, pilorum: inhalationem ex cavis majoribus, ex celluloſa iterum tela; folliculos ſebaceos, uterum: omentum, meſocolon, pericardium: vim contractilem veſicæ, ejus vim inhalantem, arteriarum vim exhalantem, tranſitum aquæ per ventriculi poros. Vaſa lymphatica pulmonis. Omenti duæ laminæ. Papillæ circa ductum STENONIS: vaſa lymphatica ventriculi; & modus, quo ea in univerſum conſpicua redduntur. Nerveas fibras transverſas muſculorum refutat. Ad aquam pericardii, ad vaſa cordis exhalantia, adverſus fibras ejus rectas &c. De modo, quo perioſteum ſe habet ad articulationes. Sed omnia, quæ bona habet, non poſſunt recenſeri.

EJUSD. qui nunc dicebatur KAAUW BOERHAAVE, *impetum faciens dictum* HIPPOCRATI *per corpus conſentiens obſervationibus & experimentis paſſim firmatum* Leid. 1745. 8.* Veterum de anima humana opiniones: hypotheſis peculiaris de hominis ex vermiculis ſeminalibus origine, de eorum animalculorum in epididymide ortu, exitu, partu: alia de venenorum operatione. Multa bona de fabrica & motu muſculorum, de nervorum motu, de effectu læſi cerebri ejusque partium, de ſomno & ſomniferis, de animi pathematibus. Fibram muſcularem non facit nerveam. Laqueis arteriarum nervoſis utitur ad exponendos effectus pathematum animi. De opii effectubus in cane. Experimentum HOOKIANUM. Pro evolutione. Paſſim meis uſus eſt (z).

(z) p. 429. 474.

In *novis Commentariis Academiæ Petropolitanæ* T. I. de hominibus pro androgynis habitis, etiam de ejus generis animalibus. Non dari veros androgynos, sed mares eos esse, quorum fissa sit urethra, aut feminas.

Ej. *Adnotationes anatomicæ.* Elephanti pericardium ad pleuram adnatum: idem inter duas laminas cellulosam telam habet. Ex spissato glutine cellulosam vitiosam generari. Duram cerebri membranam membrana vitio nata obductam fuisse.

In T. II. musculi aliqui pectoris insoliti.

In T. IV. de partium corporis humani cohæsione, digna tractatio: terra sunt & gluten. Fibræ musculorum semper rectæ, neque in iis quidquam simile nervorum. Omnia vasa cellulosa tela obvolvuntur. Fibræ ossium elephantinorum nihilo crassiores, quam in aliis animalibus.

Ej. *Historia anatomica infantis cui pars corporis monstrosa* Petropol. 1754. 4.* minute & accurate. Puer termino similis, pede unico, nullis genitalibus, colo intestino in cæcum saccum terminato. A violentia aliqua malum ortum fuisse suspicatur.

Ej. *Historia anatomica altera infantis cujus pars corporis inferior monstrosa* Petropoli 1757. 4.* Pariter termino similis, cæco intestino bifido. Musculi alii proprii, alii varie deformes.

§. MIII. *Claudius Nicolaus* LE CAT,

Chirurgus Rothomagensis, vir ingeniosus, minime diffidens sibi, in hypotheses novas pronus, in anatome alias inventis clarus, alias minus accuratus, acris cæterum adversarius.

Ej. in *Hist. de l'Academie des Sciences* 1738. duæ sunt observationes, altera de vena coronaria unica, in subclaviam inserta; altera de azyga vena utrinque in quamque cordis auriculam inmissa, quæ adnotatio valde est improbabilis.

Ej. *Traité des sens* Rouen 1740. 8. & eodem anno Amstelodami cum titulo Rouen *, & 1742. 8. PL. porro Amsterdam 1744. 8. 1760. 8. Quatuor priores sensus breviter dicuntur, neque figuras laudes narium, neque aurium, minus multo mirificam figuram baseos cerebri, in qua originem nervi intercostalis, rete ciliarium nervorum, alia mire deformia & a natura aliena sunt. Plura in oculo præstitit. Membranam fuscam intus scleroticæ tunicæ adplicatam primus dixit. Coronam ciliarem fieri nervosis papillis. Multa optica experimenta fecit, eorum aliqua paradoxa. Anglice etiam prodiit.

IDEM *Description d'un homme automate dans lequel on verra executer les principales fonctions de l'œconomie animale, la circulation, la respiration* Rouen 1744. in *Mém. de l'Acad. des belles lettres, & des beaux arts de Rouen.*

Ej. *Recueil de pieces concernant l'operation de la taille* Rouen 1752. 8.* Huc pertinent tabulæ, quibus eæ partes humani corporis exprimuntur, quas necesse est incidere, ut calculus eximatur. In iis non probes, quod a latere tan-

ta

ta pars prostatæ adpareat, quod isthmus urethræ angustissimus sit, & subito plicatus, vasa parcissime expressa, urethra quasi cellulis divisa. Tela aponevrotica, quæ cellulosa dicatur. Ut intestina vesicam urgeant. Pavimentum aponevroticum pelvis.

In *Journ. des Sav.* 1750. Nov. epistola exstat contra MEKELIUM scripta, qua suam baseos cerebri iconem defendit.

Diss. qui a remporté le prix de l'Academie de Prusse sur le principe de l'action des muscles Berlin 1753. 4.* Hic iterum vera mista incertis. Revinctam aortam paralysin fecisse, recte. Experimentum in nervo phrenico factum, eodem eventu, qui BELLINO tribuitur; hoc nimium. Spiritum animalem esse eumdem, qui spiritus rector plantarum, præter quem alius viscidæ naturæ succus in nervis sit, qui idem herniam spinalis medullam replet, & in semine animalium redit. Fibras musculorum intus cellulosas esse, & ex nervis fieri. Theoria motus muscularis STENONIANA est, tantum ut anima propria vi liquorem nerveum rarefaciat, quo rhomboidea spatia repleat, & in rectos angulos obliquos illos mutet. Animam cominus id facere, non ex cerebro. Arteriam addere spirituosi quid, quod in fibras effusum dilatationem augeat. Aquam impulsam eo ipso modo musculum dilatare. Necessariam esse ad motum muscularem connexionem cum corde. Esse in quoque musculo penum spirituum, quæ aliquamdiu absque reparatione supersit, & motui faciendo sufficiat. Ex membranis cerebri musculorum oriri membranam, &c.: ultimum filamentum a pia matre factum eas fibras colligere.

Inde contra insensilem naturam duræ membranæ tendinumque, contra experimenta in brutis animalibus facta. Aliqui in vulneribus observati eventus, quos hypothesi suæ putat favere. Hæc priusquam nostra vidisset festinus præmisit.

In *Mercure de France* 1756. varia. De somno. Observationes in polypis factæ.

In Collectionis FABRIANÆ *supplemento* addidit *dissertazione seconda intorno la sensibilta della dura e pia madre &c.* Bologn. 1759. 4.*, nescio an prius alibi excusam. Cerebrum non dolere; Chirurgum *le* BLANC dolorem in sua dura meninge percepisse. Aliqua pro sensu pericranii. Efflorescentem de pericranio carnem dolere, conjunctivam oculi tunicam sentire, quod quidem ipse docueram. De tendine incertum experimentum: sic in capsula articulationis: alius CATII homo, dum magnus tendo dissecabatur, nihil sensit, & in universum fatetur ipse, sæpe se nullum in iisdem partibus sensum reperisse, in quibus nullum repereramus. Nervum in latam membranam dilatatum sensum amittere. Contra irritabilitatem. Motus dissecti cordis esse a sensitiva anima, quam Ecclesia adoptaverit.

Lettre à Mr. BIANCHI ibidem. Infuso in tendines oleo vitrioli canes doluisse. Aliqua experimenta parum distincta.

In *Mém. de l'Acad. des Scienc. belles lettres & arts des* Rouen egit a. 1763. de somno.

Traité de l'existence, de la nature, & des proprietés du fluide des nerfs &c. idem cum paulo priori opusculum, passim auctum. Animam vegetabilem & corpoream atque mortalem necesse esse admitti. Adjecta est dissertatio *sur la sensibilité des meninges, des tendons, l'insensibilité du cerveau, la structure des nerfs, l'irritabilité* HALLERIENNE Berlin 1765. 8.* Contra nostra, quæ manifesto non vidit, toties & Gallice excusa. Multa nobis tribuit, nunquam a nobis prolata, & nostras responsiones ubique aut ignorat aut prætermittit. Experimentum adfert viri, qui senserit dolorem suum inter laminas duas duræ matris sedisse: ut is vir eam mali sedem distinxerit non docet. Meningi mala tribuit, quorum aliæ erant & potentiores causæ. Iisdem meningibus sensum tribuit, aufert cerebro, quod in cetis sit merum oleum, (sed id oleum, firmiori quam in quadrupedibus, cerebro piscium circumfunditur). Fuse videtur ZINNIUM refutare, cujus ipsissimam theoriam repetit, duram nempe membranam in cellulosam telam resolvi, quæ nervum obvolvat. Experimenta aliqua laudat, sæpe ex narratione accepta. Tendinibus paronychiæ dolores tribuit, qui sunt nervorum. Sed denique ipse fatetur, se tendines hominum & animalium insensiles vidisse, cellulosam telam ex nervis ortam insensilem esse, duram membranam cerebri post perforatum cranium insensilem reperiri. De cerebri vulneribus agit, quasi neque ego dudum, neque HOUSSETUS, sedem definivissemus, quam vulnerare oportet, ut convulsiones nascantur. De irritabili natura pauca profert, & absque experimentis, & animæ convulsiones inputat, quæ in partibus animalibus a corpore separatis cientur.

Sepiæ anatomen prælegit in *Academia Rothomagensi* a. 1764. quam non puto prodiisse.

Nouveau systeme sur la cause de l'evacuation periodique du sexe Amsterdam 1765. 8.*, quæ dissertatio prius in Diario *Journal de Medecine* T. 20. edita fuerat, tamen ut LE CATIUS hic objectionibus D. BONTE' fuse respondeat. Multa a vero aliena, ut aorta inferior in maribus mare duplo superiori major, in femina minor: chylus in primis vasis lacteis non albus. Hypothesis est, menses oriri a phlogosi venerea, quam perinde fit ab atonia deducere, aut a nimia tensione. Spiritum seminalem fermentatum habet, alias hypotheses.

Traité de la couleur de la peau humaine en general, de celle des Negres en particulier, & de la metamorphose de l'une de ces couleurs dans l'autre Amsterdam 1765. 8.* Aethiopem animalem hunc nigrorem facere, qui sit fuscus succus nerveus. Nam ex nervis pilos, ungues, glandulas subcutaneas, rete MALPIGHII oriri. Cerebrum Aethiopibus subcæruleum esse, sanguinem non nigrum. Etiam atrum pigmentum chorioideæ tunicæ esse a papillis nerveis. De cuniculis albis.

Annum ignoro in quo pro gigantibus scripsit. Recusa est diss. in *Allgem. Magaz.* T. VI.

Parallele de la taille laterale avec celle da lithotome caché Amsterd. 1768. 8.* Partes per quas incisio ducitur, sed negligenter delineatæ. De modo, quo cellulæ vesicæ urinariæ generentur.

Traité

Traité des sensations & des passions Paris 1767. 2. Vol.* Collectio diversorum libellorum: 1. excerptum ex LE CATII operibus. 2. Oratio de utilitate anatomes. 3. De partibus solidis corporis animalis. Cellulosam fere telam fibras componere. Icones aliquae hypothesin auctoris expressurae. 4. De partibus fluidis: globuli BOERHAAVIANI; resinosae in sanguine partes. Calor sanguinis est fluidum causticum. Fluidum animale sensitivum, motivum, conservativum. Omnes partes corporis animalis sensu donatae sunt & phantasia. Spiritus putredinem a corpore arcet: oritur ex aere, & per respirationem recipitur. In meningibus sedes est animae & sensus. Glandula est finis nervi, qui finem arteriae obvolvit. Ganglia vicarii sunt cerebri, glandulae gangliorum. Dolor fit a spiritu sensorio ex ictu sensus in motum excitato, ex quo tumescit, crassior fit, motorium spiritum reddit inertem. In ventriculo gaudium residet. Putes haec prius Rothomagi 1739. prodiisse, sed eam editionem non vidi.

Tomus II. est *tr. des sens*, nihil mutatus, sed adjectae *remarques & additions*, in quibus varia in ILL. MEKELIUM profert. Aspera nimis defensio iconis baseos cerebri, ut errores partim sculptori tribuat. Injuste in ZINNII measque icones, & praeter omnem veri speciem. MEKELIO novam radicem nervi intercostalis in ductu pterygoideo natam subripere tentat. Oculorum congelatorum mensurae. Pro sede visus in chorioidea tunica. Verum eas partes corporis auctor nunquam recte vidit. Lentem crystallinam ab exsiccatione convexam in senibus reddi, male. Senes qui convexum vitreum abjecerunt.

La theorie de l'ouie supplément à cet article du traité des sens Paris 1767. 8.* CATIANORUM operum longe praestantissimum, ob iconum potissimum nitorem & parciores hypotheses. Non ideo subtilissima est anatome, ut male viderit nervum pterygoideum: alterum ad duram membranam euntem, sed verius ad nervum durum tendentem, reperire non potuerit. Nomina plerumque mutat. Multa nova putat dudum notissima, ut laxationem membranae tympani ad fortes sonos.

Cours abrégé d'osteologie Amsterdam 1768. 8.* Vix quidquam proprii habet, praeter separationem ossium faciei ab ossibus maxillae superioris.

Vita in Journ. des Sav. edit. Belg. 1769. Febr. Rouen 1769. & a VALENTINO scripta *Eloge historique* Paris 1769. 8.* Elogium in quo etiam ibi victoria LE CATIO decernitur, ubi certo verum, a se agnitum, ob hypothesin pressit.

In *Hist. de l'Acad. des Scienc.* 1739. membranam novam fuscam ostendit, quae scleroticam oblinit; membranas oculi tamen ab optico nervo deducit.

De polypis aliquid scripsit in Lipsiensi promtuario *Allgem. Magazin* T. III. recusum, quod nihil continet proprii.

In *Phil. Transf.* n. 460. figuras dedit foraminis ovalis in adulto homine pervii. Motus antiperistalticus.

N. 489. de vitulis connatis. Venae umbilicales duae per canalem communem conjunctae.

N. 491.

N. 491. de vasis vitreis sulco incisis, in quem operculum adaptat, pro conservandis in spiritu frumenti animalium partibus.

Vol. 47. verus processus peritonæi herniam faciens.

Vol. 56. de magno fragmento osseo decem pollicum amisso & reparato.

Vol. 57. Fetus non accurate incisus, in quo cor deficiebat, & caput, & pleraque viscera, inferiores vero sub umbilico partes se recte habebant. Motus sanguinis videtur a matre esse, & vena umbilicalis in aortam fetus aperiebatur.

Ej. *Discours sur l'Anatomie Bibl. Françoise* T. XXV.

§. MIV. *Disputationes.*

J. Baptista SYLVESTRE *de symphysi* Leid. 1738. 4.

Abr. WESTERHOF *de cadaveribus auctoritate publica lustrandis* Leidæ 1738. 4.

J. de MESLON *de liene* Leid. 1738. 4.* Cellulas esse vasa venosa.

Bernhard ZIEGLER *de saliva* Leid. 1738. 4.

J. BAERT *de obstructione ab errore loci a sanguine humano sano* Leid. 1738. 4.

Otto ZAUNSCHLIFFER *historia pilorum in homine* Leid. 1738. 4.

Alexandri KELLER *historia sanguinis humani* Leid. 1738. 4.* De prima evolutione pulli, deque sanguine in eo animalis statu pallente, inde rubescente, demum rubro.

Petri IMCHOOR *de ventriculi fabrica & usu* Leid. 1738. 4.*

Quirini CAPPELE *de singultu* Leid. 1738. 4. PL.

Henr. Battus KAECK *ad aphorismum* HIPPOCRATIS 33. *Sect.* VI. Leid. 1738. 4.

J. v. ARUM *expositio aphorismi* HIPPOCRATIS 16. *Sect.* V. Leid. 1738. 4.

P. C. van der MARK *de oculi fabrica* Duisburg 1738. 4.

Andrea OORTMAN *de dentibus* Trajecti 1738. 4.*

Henricus HASSEL *de homine microcosmo* Abo 1738. 4. HR.

J. Georg ZUMPE *centuria thesium miscellanearum qua dubia vexata ex omnibus medicina partibus proponuntur.* Præf. G. DETHARDING Hafn. 1740. Hafniæ lego respondentes disputationum esse auctores.

Frider. Wilhelm JAHR *systema influxus physici restitutum* Witteb. 1738. 4.*

Michael MORGENBESSER *de vomitu* Lips. 1738 4. docta diss. Pr. WALTHER. Conf. p. 88.

Polyc. Friderici SCHACHER *de aëris efficacia in corpus humanum* Lips. 1738, 4.*

Ej. *De lacte virorum & virginum, num illud nutriendo infanti sufficiat* Lips. 1742. 4.*

Lego etiam ejus esse disp. *de nutritione recens natorum sine usu lactis matrum ac nutricum* Lips. 1742. 4. HELLER.

J. Andrea

J. Andreæ UNGEBAUER *de dentitione secunda juniorum* Lipſ. 1738. 4.*

EJ. *De oſſium trunci corporis humani epiphyſibus ſero oſſeis viſis, eorumque geneſi* Lipſ. 1739. 4.* bona diſp.

J. Henr. KESSELRING præſide J. SCHULZE, *de lithiaſi, ſiniſtro magis quam dextro reni infeſta* Hall. 1738. 4.* ad vaſa renalia.

J. Chriſtoph. LIBERTUS *de mechaniſmi in corpore humano abſentia* Erf. 1738. 4.*

J. Rud. GEYMULLER *de ſero lactis* Baſil. 1738. 4.*

Franc. LUPICHIUS *de riſu* Baſil. 1738. 4.*

J. Georg. MAURER *de pulſu cordis* Altdorf. 1738. 4.*

Chriſt. Alb. Goth. GRUNER *de periodici motus ſanguinis prima cauſa ſpecimina II.* Altdorf. 1738. 4.*

EJ. *Conſilium ſcribendæ bibliothecæ phyſiologicæ* Altdorf. 1741. 4.*

Michael ADELBULNER *de pulmonum fabrica* Altdorf. 1738. 4.

J. Michael SCHWARZ *de membranarum & tunicarum corporis humani numero* Argentorati 1738. 4.*

Franc. Georg SACHS *theſes medicæ miſcellaneæ* Argentor. 1738. 4.

J. Phil. GRAVEL *de ſuperfetatione* Argent. 1738. 4.* Hiſtoria uteri duplicis.

J. Frid. KNOLLE *de luxatione artuum ſuperiorum* Argent. 1738. 4.* Etiam anatomen habet. Capſulare ligamentum in cubito inſertum accipere proprium muſculum, qui id ligamentum adſtringat.

J. Frid. RAVESTEIN *de diverſa ſanguinis circulatione per tres ventres* Argent. 1738. 4.*

Mich. Joſeph MAIAULT & *Ludov. Guil. le* MONNIER *Ergo muſculorum momentum a longitudine & diſpoſitione fibrarum* Pariſ. 1738. 4.

Nicolai CAMBRAY *de vita corporis humani* Monſpel. 1738. 8.* Mechanice vaſcula minora a tubi majoris ſanguine elidi. Cordis vis eſt a liquido nervorum cordis fibras oblique ſecantium. In tubulo nerveo diametrum augeri ſupra punctum interſectionis, quando minuitur in ea ſede a vi fibram relaxante. Ita hoc fluidum coacervatum in fabrica muſculari arteriæ cauſam eſſe contractionis & dilatationis, quæ eam ſequitur: ita ſanguinis circuitum perfici. Apparatus mathematicus abſque anatome & experimento.

§. MV. *Georgius Auguſtus* LANGGUTH,

Profeſſor Wittembergenſis, præter diſputationes nihil edidit, ſed eas plurimas. EJ. *Communis ſenſorii hiſtoria* Lipſiæ 1738. 4.*

EJ. *De luce ex preſſione oculi* Witteberg. 1742. 4.

EJ. *De motu periſtaltico inteſtinorum* ib. 1742. 4.* Nullum eſſe in ventriculo, œſophago, inteſtinis craſſis.

EJ. *De circulatione sanguinis* I. II. Witteberg. 1743. 4.*

EJ. *Polypus infantis rachitici* ib. 1744. 4.*

EJ. *Arteria ab officio cordis æmulo remota* ib. 1744. 4.*

EJ. *De fractura patellæ & genu* ib. 1745. 4.* De ligamento patellæ.

EJ. *De usu siphonis anatomici parum anatomico* ib. 1746. 4.* Directionem aquæ introrsum aut extrorsum persudantis non demonstrare tunicarum numerum, facere poros aliquos inorganicos. WOLFII machinam aliquantum emendavit.

EJ. *De humoris saccati per solos renes expulsione* ib. 1747. 4.* Nerveam vesicæ tunicam distinguit a villosa: exponit ut aqua per eam tunicam transeat.

EJ. *De fetu ab ipsa conceptione animato* 1747. 4.*

EJ. *De pilo parte corporis non ignobili* 1749. 4.*

EJ. *Embryonem trium cum dimidio mensium describit* 1751. 4.* Mensuras & faciem externam.

EJ. *De nutritione fetus per solum umbilicum* 1751. 4.*

EJ. *De officio matris prolem lactandi* 1752. 4.*

EJ. *De oculorum integritate in prima puerorum ætate sollicite conservanda* 1754. 4.

EJ. *De animo sanitatis præsidio atque custode optimo* 1758. 4.

EJ. *De nonnullis odoratus admirabilibus* 1762. 4.*

EJ. *De incrementis futuri populi* 1764. 4.

EJ. *De vena fonte hæmorrhoidum non satis limpido* 1768. 4.*

EJ. *De venosarum hæmorrhoidum vindicatione* 1768. 4.*

EJ. *De modo regenerationis vasor.* P. I. *generalis* 1772. 4.*

§. MVI. *Joachim Fridr.* HENKEL,

Chirurgus Berolinensis. EJ. *Epistola de nonnullis singularibus circa nervos opticos* Hall. 1738. 4.* Mollissimos nervorum esse, quod thalami humore irrigentur. In retina esse substantiam medullarem & crystallinam, hanc humorem vitreum ambire, capsulam lentis crystallinæ facere.

EJUS disp. *de cataracta vera* Francof. ad Viadr. 1744. 4.* præside CARTHEUSERO. Aliquas Præceptorum habet observationes, ut vitrei corporis ossei.

EJ. *Sammlung medicinischer und chirurgischer Anmerkungen* Tom. I. Berlin 1747. 4.* Passim aliqua anatomica intercedunt, ut in II. *Samml.* vertebralis arteriæ ex arcu aortæ origo.

T. II. varietates atlantis; processus transversi vertebrarum cervicis fere bipartiti.

T. III.

T. III. 1748. de offe mobili in articulo genu, de maxilla inferiori deformi, & vitiofe cum fuperiore maxilla conjuncta.

T. IV. ib. 1749. 4.* multa habet ad oculi fabricam. Retinam capfulam lenti cryftallinæ impertire: de fede cataractæ in lentis capfula: de ejus lentis fabrica. Pulfus rariffimus. Spina bifida abfque hydrope.

T. V. 1750. 4.* habet exemplum capfulæ lentis opacæ. Foramina vertebrarum in transverfis proceffibus fe bipartita vidiffe.

T. VII. 1760. 4.* Placenta intime utero adnata: alias ad os uteri internum adhærens. Duo dentes incifivi connati.

T. VIII. 1763. 4.* Duo exempla fpinæ bifidæ. Puella utrinque atreta & varie deformis. Cor lardo quafi obductum & adipofis appendicibus.

Neue medicinifche und chirurgifche Wahrnehmungen Samml. I. Berlin 1769. 8.* Inter eas partus aliqui difformes, atretus anus, & hypofpadias. Funiculus umbilicalis perbrevis. Fetus abfque capite, cerebro, vifceribus, brachiis imperfectis. Fetus abfque cranio, cerebro, medulla fpinali, nervis abfque medulla præditus. Gemelli inæquales fecundis connexis. Placenta fupra os uteri adnata.

Samml. II. Berlin 1772. 8.* Fetus capite inconfpicuo. Gemellorum duæ placentæ connatæ, duæ feparatæ. Puer natus offibus mollibus. Agnus capite difformi, longa probofcide, coftis quinque ad os facrum connatis, pelvibus duabus, pedibus feptem.

§. MVII. *Diaria anni 1739.*

In *Phil. Tranf.* n. 453. *Andreas* CANTWELL defcribit puerum, cui alter ad epigaftrium adnatus.

Cl. PORTAL citat diff. ejus viri *fur les fecretions* 1731. 12.

EJ. *Ergo microcofmi vita motus mere mechanicus* Paris 1749. 4.

EJ. *Ergo fanitas a debito partium tono* Parif. 1763. 4.*

In *Phil. Tranf.* n. 454. *Johannes* GREEN agit de puella, quæ reftituta eft, cum quindecim horæ minutis fub aquis vixiffet.

In *Hift. de l'Acad. des Scienc.* 1739. *De la* BORDERIE de femina integros 13. dies, & alias aliquanto breviori tempore dormiente.

Ibid. *François de* BREMONT memorabilem differtationem de refpiratione dedit. In pulmone ipfo facultatem refidere dilatationis & conftrictionis. Ejus motus cum pectoris alternos effe, & dilatato pectore pulmonem arctari, atque viciffim. Pectore perforato refpirationem, etiam vocem, in cane fupereffe. Ranas pulmonis fui dilatationem & conftrictionem fub arbitrio habere.

Partem vertit *Phil. Tranfactionum* notas adjecit & parallelas aliarum academiarum adnotationes. Foramen ovale in adulto homine apertum vidit.

In *Comm. Lit. Nor.* 1739. *hebd.* 32. *Philippus* WOLF de analogia fetus viviparorum animalium & oviparorum.

IDEM *Act. Nat. Cur. Vol.* VI. *obs.* 99. puerum dicit cum dente natum.

In *miscell. nuove di operette* Venez. 1739. T. II. sunt *Dominici* BENEDETTI *Elucubrationes anatomicæ* II. *carminibus concinnatæ* I. *de communibus corporis humani integumentis.* II. *de ventriculo & omento.* Seorsim Venet. 1740. 12. MAZ.

§. MVIII. CORNEL. DAVID *de* COURCELLES. BARBAUT.

CORNELII *icones musculorum plantæ pedis eorumque descriptio* Leid. 1739. 4.* Icones satis bonæ: ossa non satis nudata, neque sculptor artificiosus. Aponeurosin plantæ in duas divisit, trifidam & quadrifidam. Flexoris brevis digitorum tres tantum partes esse. Tribus chordulis tendineis tendines sublimis & profundi connecti.

Icones musculorum capitis Latine & Belgice, Leid. 1743. 4.* Hæ icones nitidiores & perpulchre sculptæ, tantum quod auctor ossa non satis nudaverit, & studium neglexerit, quod ad intelligendos musculos necessario requiritur. Papillas cutaneas mire magnas depinxit.

IDEM aut alter de COURCELLES, Brestensis, in *hist. de l'Acad. des Sc.* 1743. de musculo retulit, a condylo interno humeri orto, in tendinem verso, iterum dilatato in carnis speciem, & inserto in digiti minimi phalangis primæ basin.

Splanchnologie ou traité des visceres, suivie de l'angiologie & de la nevrologie par M. Chir. Juré, Paris 1739. 12.* Auctor est *Antonius Franciscus* BARBAUT. Fere ubique compendium dat WINSLOWI, quem etiam tunc secutus est, quando Cl. viro errasse contigit, ut in vasis pelvis, villo ductuum excretoriorum, venis faciei a jugulari externa deductis. Aliqua de suo addidit, de placenta, vasis umbilicalibus, theoria chylificationis. Ductus hepati-cysticos admittit. Vidit arterias bronchiales & œsophageas.

J. Nathanael LIEBERKUHN *de valvula coli & usu processus vermicularis* Leid. 1739. 4.* & in *collectionis meæ* T. I. Mesenterio remoto, vasis incisis, ileon rectiorem cum cæco intestino angulum facere, incisis fibris longis totum exire. Varia fabrica in fele, cane, porco. Cæcum intestinum factum esse, ut colon clausum sit.

EJ. Diss. *de fabrica & actione villorum intestinorum tenuium* Leid. 1745. 4.* Artificiosa manu excelluit, tum in microscopiis fabricandis, tum in anatomicis injectionibus (*a*), quibus omnes suos æmulos superavit: inventor earum injectionum, quæ fiunt vasis metallo repletis, & parenchymate acri aliquo liquore absumto nudatis. Villos subtilissime replevit, ostendit tegi epidermide, in quoque scrobem esse profundam, quæ chylum recipiat, & nascenti vasi lacteo tradat: eam scrobem cellulosa tela repleri. Cuique villo unam esse venam, arterias

(a) Omnibus præfert ILL. BOHLIUS via lact. n. 15.

terias plures; cuique octo mucosos sinus; materiem in arteriolam effusam, & in scrobem majorem lacteam, & in mucosas minores, & in venas penetrare. Icones pulcherrimæ, rete arteriosum ad microscopium delineatum exprimunt.

In *Mém. de l'Acad. des Sc.* 1745. descripsit suam ad circuitum sanguinis in vivis animalibus, ranis potissimum, aptissimam mensulam, qua aliquanto mutata multo cum fructu usus sum.

Ut vasa repleantur, cera cum colophonio, & olei terebinthinæ momento; deinde membranæ oleo vitrioli erodantur; gypso vero circumfuso & cocto, & destructa in calore cera, argentum in gypsum infundatur, docet in *Mém. de l'Acad. de Berlin* 1748.

Index præparatorum anatomicorum a morte viri prodiit fol. magn.* In brevi catalogo tamen plura nova reperias; vasa esse, quæ pro fibris cordis habeantur; pulmones ex variis piscibus; puer ex compressione in utero passa monstrosus, intestinum rectum strictura divisum &c.

Cabinet anatomique, où collection des preparations anatomiques de M. L. Ann. Litt. 1764.

§. MIX. *Josephus Stephanus* BERTIER,

Pater oratorii, paradoxorum experimentorum auctor, quæ nescio quomodo fere pleraque aliter ei ciciderunt, quam aliis in arte magistris. Et primum *Diss. sur cette question, si l'air de la respiration passe dans le sang* præmium retulit, & excusa est Bourdeaux 1739. 12.* Utique aëris elastici partem in sanguinem recipi, quæ sit in spatiis inter lobulos. Experimentum HOOKIANUM. Respirationem causam esse circuitus sanguinis. Aërem internum in sanguine minus densum & elasticum esse; hanc esse causam, cur externus aër densior & valentior pulmones subeat, & ipsum sanguinem. Recepti aëris partem in respiratione exire de sanguine, quod calidior sit & magis elasticus. Cor inter inspirandum exhaustis vasis aërem in pulmonem trahere. Sanguinem causam esse motus musculorum. Contra spiritus animales. Motum peristalticum non esse naturalem.

Cum in eam diss. Anonymus animadvertisset, respondit noster in *Journal des Savans* 1742. * aërem inflatum ex aspera arteria in venas penetrare.

EJUSD. *Physique du corps animé* Paris 1755. 12.* Utique aërem in sanguinem venire, seque bullas in junioribus animalibus vidisse. Pulmonem tamen clausum esse & aërem retinere, ne in cavum pectus exeat. Aerem in venam inflatum per asperam arteriam exiisse. Ideo in eodem aëre diu non posse respirari, quod pars aëris amittatur. Ex grumo sanguinis se aërem premendo elisisse. Aërem tenuem sanguine receptum circuitum obire. Non a voluntate respirationem cieri, & superesse quando pectus apertum est. Cum sinister sinus nimis angustus sit, neque capiat sanguinem dextri ventriculi, partem aëris exhalare de pulmone, quo spatii sit satis. In sanguine calorem raritatem facere: ita propelli sanguinem, uti spiritus vini in thermometro adscendit, & tota quinta parte ſanguinum rareſcere. Cor eum motum adjuvare. Porro in nervis viſcidum quidem ſuccum, nihil vero ſpirituum nomine dignum habitare. Nervos tamen fibras contrahere, in ſerras mutare: a ſanguine vero muſculum moveri, ut funis humectatus contrahitur. Motus a ſenſu mechanice abſque animæ nutu cieri. Ut ſanguis caleſcat. Contra motum periſtalticum: eum in ſano animale nullum eſſe.

In *Journal des Savans* 1764. Dec. habet experimenta, ex quibus conſtat, utique irritato nervo a cerebro ſeparato, tamen muſculum in convulſiones cieri.

In *Hiſt. de l'Acad. des Scienc.* 1750. contra motum periſtalticum, quem putat poſt mortem demum ſubnaſci.

§. MX. *Lis de pulmone fetus.*

Cum ea lis multis ſcriptis agitata fuerit, ea ſcripta conjuncta dicemus.

Bernardi IDEMA, Medici, *gedagten over het dryven en zinken der longen* Leeuwaarden 1739. 4.* Primum eſt ſcriptorum eriſticorum, quæ de ea lite prodierunt. Defendit nihil certi a natatione pulmonum ſequi: poſſe fétum in ipſa vagina reſpiraſſe, inque ea vagina periiſſe, ita fieri, ut pulmo pueri natet, qui tamen nunquam plene in lucem editus fuerit.

Roelof ROUKEMA (*b*) ſcripſit in BERNARDUM *Natuurlyke ſtellinge dat een dryvende long een onfelbaar teeken is, dat zodanig kind geleeft heeft* Amſterdam 1739. 4.* Fetum non adeo ſubito ſpiritum ducere, neque in vagina ducere poſſe, ſed neque aliquo a partu tempore. Natationem ergo pulmonis certo vitam fetus demonſtrare; non perinde certo ad mortem fetus in utero ex ſubmerſo pulmone concludi poſſe. Sua & RUYSCHII experimenta profert.

Reſpondit *Bernardus* IDEMA *vervolg der gedagten* Leeuwarden 1739. 4.* Fetum utique in partu varia conari, & pectus ſuum dilatare, experimentis confirmat & ratiocinio.

Peter IDEMA, Medici, *korte en beſcheidene aanmerkingen tegens en over de gedagten en den vervolg der gedagten van B.* IDEMA Leeuwaarden 1740. 4.* Negat infantem plorare, dum in lucem editur.

Hendrik CROESER (*c*) *kort ontwerp vervattende de waare oorſaak der eerſte inademing* Groning. 1740. 4.* Pro *Bernardo* IDEMA. In pectore maturi fetus naſci vaccum ſpatium, ut continuo aërem externum irrumpere neceſſe ſit, quamprimum ei aditus conceſſus eſt. Utique adeo fetum in vagina reſpirare poſſe, & interire, ejusque pulmonem natare; neque ROUKEMAM certum ſignum proponere, ex quo fetum, ante partum mortuum, a fetu ſeparet poſt partum mortuo, ſed prius quam reſpiraverit.

Bernardi IDEMA *nareeden agter de gedagten over het dryven en zinken der longen* Leeuwarden 1740. 4.* Poſt CROESERI ſcriptum, cui magnas laudes tribuit.

R. ROU-

(b) Idem quem diximus p. 39. (c) Diximus p. 164.

R. ROUKEMA *aanmerkingen over het kort ontwerp van* J. H. CROESER Leeuwaarden 1741. 4.* Aſpere CROESERO reſpondet. Per ſua experimenta, nullum dari pulmonem inter & pleuram vacuum ſpatium.

EJUSD. J. H. CROESER *ander betoog en berigt der beteekenis van een dryvende en zinkende long* Groning. 1741. 4.* Aſpere ſatis in *aanmerkingen Rulofi* ROUKEMA animadvertit. Vacuum ſuum ſpatium defendit, eo fere argumento, quod puer in tranſitu per vaginam vagiat. Non bene adſeruiſſe adverſum ſibi medicum, ægre ſe nuper nati pueri pulmonem poſſe aëre replere.

B. IDEMA *noodige tuſschen inſpraak over het dryven en zinken der longen* Leeuwaarden 1741. 4.* Acriter ROUKEMAM refutat, PETRUMque IDEMA.

GORTERI libellum vide p. 169.

§. MXI. *Varii.*

Non differemus *Petri* IDEMA *ontleed en natuurkundige verhandeling van het oog* Leeuwaarden 1741. 4.* Diſſertatio cum adnotationibus paſſim collectis. Mireris virum negare, adnatam tunicam trans corneam produci. Retinæ jura defendit.

EJ. Partus fetus ſemeſtris capite truncati.

Oeconomy of human frame upon the principles of new philoſophy London 1739. 8.* Auctor ingenio non caret, ſed hypotheſin nimium ſequitur. Totam machinam animalem in motum ciet & regit per vaporem, qui in vaſa lactea reſorptus, & cor verſus erumpens, inque arterias, ab ambeuntibus corporibus reſiſtentibus retropellatur, pene abſque cordis actione. Eumdem vaporem cerebrum adire, in ſpiritum fieri, & varia ſub ſpecie humorum ſecerni.

Nicolai GRANITI, patritii Salernitani, *dell' antica e moderna medicina teoretica e pratica meccanicamente illuſtrata* Venez. 1739. 4.* Medicus & Theologus. In Libro I. continetur phyſiologia, in qua regnantes ſub finem prioris ſeculi opiniones producit.

Richardi HELSHAM *a courſe of lectures in natural philoſophy* Lond. 1739. 8.* edente *Bryano* ROBINSON. Nitidi & juſti ingenii mathematicus viſionem & auditum deſcribit, ipſumque oculum, cujus corneam tunicam putat cum JURINO a muſculis oculi convexam reddi, & a retina adeo removeri, quoties objecta nimis vicina ſunt. Menſuras habet diſtantiarum inter partes oculi, & experimenta optica. Vitiorum utriusque generis naturam & effecta conſiderat.

Reſponſa pro veritate clariſſimorum Italiæ & Gallice medicinæ Profeſſorum ſuper judicio obſtetricum de mulieris virginitate Rom. 1739. HEIST,

Benjamin ROBINS *remarks on* SMITH's *compleat ſyſtem of optiks, and* JURIN's *eſſay upon diſtinct and indiſtinct viſion* Lond. 1739. 8.

Reſpondit *Jacobus* JURIN in *remarks upon diſtinct and indiſtinct viſion publiſhed at the end of* SMITH's *ſyſtem of optiks* Lond. 1739. 8.

ORTIZ BARROSO *la anatomia luciente entorcha que tanto illuſtra la medicina*

cina luce mas a presencia de las negras sombras, que se la operen? Sevilla 1739. 4.

Philippi MAY *Chiromantia & physiognomia medica* Dresd. 1739. 8. liber ut puto vetustus.

La curiosité fructueuse Paris 1739. 8. Etiam de anatome agit.

Christoph Benj. SEMBDENS *Untersuchung von dem Nutzen und der Nothwendigkeit der Anatomie in den hohern Wissenschaften* Dresden 1739. 4.

Louis de SANTEUIL *les proprietés de la medicine par raport à la vie civile* Paris 1739. 12.* Anatomen chirurgis adsignat.

BOUGEANT S. I. *amusement philosophique sur le langage des betes* Paris 1739. 12. BUR.

Lucii Francisci ANDERLINI *il anatomico in Parnasso o sia compendio delle parte del corpo umano esposto i versi* Pesaro 1739. 4.

J. H. BECKER *kurzer Unterricht von Temperamenten* Bremen 1739. 8.

§. MXII. *Disputationes.*

J. Jac. v. DOEBELN & J. LECHE *de mumia Ægyptiaca* Londin. Scanor. 1739. 4.* Exempla corporum incorruptorum. Multas mumias nostris temporibus a Judæis parari. Veræ mumiæ pissasphalto conditæ, exinde assatæ, tum demum linteis obductæ, in iis os cribrosum integrum fuisse.

J. Christoph. SCHUTZER *de fabrica & morbis ligamentorum uteri* Hardervic. 1739. 4. HAENEL.

W. WILHELMI *de commercio mentis cum corpore* Leid. 1739. 4.

Melchior VASSENS *de sudore & insensibili transpiratione* Leid. 1739. 4.*

Aegidii v. LIMBURG *de corpore consentiente* Leid. 1739. 4.

Cornelii HERSTATT *de sanguine* Leid. 1739. 4.*

J. v. REVERHORST *de fabrica & usu linguæ* Leid. 1739. 4.* & in *selectis nostris*. Fabrica papillæ & involucrorum linguæ.

J. KENNION *de situ & structura renum* Leid. 1739. 4.*

Georg. SEGER *de ortu & progressu bilis cysticæ* Leid. 1739. 4.* & in *selectis nostris* T. III. Experimenta fecit in vivis animalibus. Bilem ex hepate in vesiculam per ductum cysticum regurgitare.

Guil. BRITTEN *de hepatis fellea & bilis natura* Leid. 1739. 4.*

Abraham TERSIER *de vita & morte* Leid. 1739. 4.*

Jac. Nicol. van GENT *organum tactus* Groning. 1739. 4.*

J. W. WERNER *de deglutitionis mechanismo* Hall. 1739. 4.*

J. SULZER *de aëris absque exhalationibus considerati in corpore humano effectibus* Basil. 1739. 4.

Ant.

Ant. Ludov. PORTEFAIX *de singultu* Basil. 1739. 4.*

J. Henr. WINKLER *de anima corporis organici architecta* Lipf. 1739. 4.

EJ. *Quam mirabiles sint, quamque necessariæ in animalibus parvitates* 1739. 4.

EJ. *Philosophische Versuche von dem Sinn und Wesen der Seele der Thiere* Leipzig 1745. 8.

EJ. *Anfangsgründe der Physic* ib. 1753. 8.* De plantis etiam & animalibus & de motu musculorum ad D. BERNOULLI sensum. De œconomia animali; de animæ officiis, somno, generatione.

EJUSD. *De soni celeritate* 1764. 4.* Acutorem tamen celerius progredi, & in aëre calido.

EJ. *De ratione audiendi per dentes* ib. 1759. 8.

EJ. *Qua ratione ignis & materia electrica inter se differant* 1767. 4.*

EJ. *Tentamina quæstiones & conjecturæ circa electricitatem animantium* ibid. 1769. 4.* Scintillas de fele surgentes utique electricas esse, hominis pilos minus.

Carl Gottlob KESLER *de liquido nervoso ejusque effectu in corpore, ex harmonia corporis & mentis deducendo* Erford. 1739. 4.*

EJ. *Die Bewegung der electrischen Materie, als die würkende Ursache der Bewegungen und Empfindungen im lebendigen Körper* Landshut 1748. 8.* Spiritus animales ab electrica materia rarefieri, ita musculos distendere.

J. Frid. FLEISCHMANN *de dura matre* Altdorf. 1739. 4.*

Georg Matthias BOSE egit *de anatomia ranæ in vacuo exstinctæ* in *otiis Wittebergensibus* Witteberg. 1739. 4.* Tumefactus pulmo &c. Ironiam esse audio.

Frid. Christian STRUVE *de inediæ noxa & utilitate* Hall. 1739. 4.* præside F. HOFMANN.

Car. Wilh. KOLB *consideratio ossium recentium* Hall. 1739. 4. præside J. H. SCHULZE.

J. Gerh. DUISING *anatomen in cadavere humano indicat* Marburg. 1739. 4.*

J. Sebastian IDLEBER *de vitalis principii quidditate & communicatione* Würzburg. 1739. 4.*

A. GONNET *de temperamentis* Argent. 1739. HAEN.

J. Jac. BELLETETE & *J. Ludwig* CLAUDE *de* BACLOY *Ergo dura meninx habet motum a se* Parif. 1739. 4.*

Mich. Philipp. BOUVART & *J. Exuperius* BERTIN *Ergo ossa innominata in gravidis & parturientibus diducuntur* Parif. 1739. 4.* adductis exemplis.

EJ. *Consultation sur une naissance tardive* Paris 1765. 8.* Contra *le* BAS, BERTIN, & PETIT. Loci scriptorum, ab adversariis citati, acriter excussi ut appareat, non respondere abutentium voluntati, neque probabile esse, uxorem a moribundo marito imprægnatam fuisse.

Ej. *Letres pour servir de reponse a un écrit, qui porter pour titre letre a* M. BOUVART Paris 1769. 8.* Partus necessitatem esse a secessione placentæ, ut matris sanguis in eam subire nequeat, eamque depellat. Utiliter sanguinem de umbilicali arteria mitti. Animalibus certum pariendi tempus esse. *Guilielmum* LAMOTTE nimis credulum esse, absurdam historiam feminæ Pecquigny. Auctoritates pro certo partus tempore.

Joh. MIDY & *Leander* PEAGET *Ergo ventriculi motus confert ad elaborationem chyli* Paris. 1739. 4.*

Laurent. PERRET & *Lud. Alex.* VIEILLARD *Ergo senium a fibrarum rigiditate* Paris. 1739. 4.*

§. MXIII. *Gottwald* SCHUSTER, *&c.*

Physicus Chemniziensis, clinicus, ut tamen passim anatomen adtigerit. Ej. *De genesi quadrugeminorum vivorum non tamen diu vitalium, cum historia rara mulieris, duplices gemellos enitentis* l. Chemniz. 1739. 4. PL. recusus in *thematibus difficilioribus & notatu dignis* Chemniz. 1741. 4.* Agit etiam de superfetatione, de secundis, de temporibus partus legitimis, ubi negat, ejusmodi quadruplicem fetum potuisse perfectum in lucem edi. Systema ovorum contra HANNEMANNUM tuetur.

Deinde *de pericardii liquore* Chemniz. 1740. 4.* Exempla pluscula hujus humoris vere in humano corpore visi. Vasa lactea in nuper nato homine. Eadem in *E. N. C. Vol.* VI. *obs.* 46.

Ej. *Commentationes* Chemniz 1741. 4.

Ej. *Mechanismus circuitus sanguinis stabilitus & ruinosus* Chemniz 1752. 4. BUCHN.

Ej. *Medicinisches Journal*, cujus pars I. Chemniz. prodiit 1767. 8.*, & cujus pars quarta ibid. a. 1768. 8.* excusa est, partim ad clinicam praxin facit, partim ad medicinam forensem, & passim aliqua ad physiologiam facientia continet. Atretæ. De posthumo 43. hebdomade nato dubie respondetur. De organismo.

In T. V. 1770. 8.* iterum plusculæ fetuum a matribus occisorum incisiones, pulmonum experimenta, sanguinis ex non deligato funiculo jacturæ.

Ej. in *Act. Nat. Cur. Vol.* VII. *obs.* 47. humor aqueus oculi restitutus.

In 2. *layette* Chemniz 1774. 8.* methodum incidendorum ob quæstiones medico legales cadaverum docet.

Ej. *Dissertationes de febribus, una de secretione fluidi nervorum, ipsius indole, motu ac usibus* Rom. 1740. 4.* Edidit *Felix* ROSETTI.

Altera dissertatione defendit BOERHAAVIANOS spiritus.

§. MXIV. *Diaria anni* 1740.

Phil. Trans. n. 456. *Thomas* SHELDRAK de fetu difformi pedibus brevissimis ventre prolixo.

Johannis

Johannis BARTRAM, Medici Americani, de acervo dentium minorum ad radicem dentium veneniferorum viperæ caudisonæ posito.

N. 457. *Henricus* BAKER de scarabæo per tres annos cibo carente.

EJ. *The microscope made easy* London 1743. 8. 1744. 8.* nihil auctus. Multum utitur LEEUWENHOECKIANIS, & pauca habet propria: de sanguinis circuitu aliqua, de animale rotifero, polypo. Arteriam habet in venam reflexam.

EJ. *Employment for the microscope* London 1753. 8.* Pars magna ad animalia pertinet. De proteo; de animalculo pastæ farinaceæ; de polypis variis & inter eos de polypo pennato, fasciculato, infundibuliformi, ramoso, aliis minoribus insectis. Ovum intra ovum, sive vermes aquatici in uno ovo inclusi, quorum quisque proprium habet involucrum. Dentes araneæ perforati. Cuivis generi animalium distinctas sensationes esse.

Vertit HOUTTUYN Belgice Amsterd. 1755. 8. & aliqua de polypis adjecit. Gallice prodiit Paris 1754. 8.

BAKERUS etiam in *Phil. Transf.* n. 471. aliqua profert de polypis siccatis.

N. 4. describit ossa elephanti in Anglia reperta.

T. XLIX. P. I. De viro undique de toto corpore longis verrucis efflorescente. Dejicit eas verrucas, sed renascuntur. Id vitium in filios transiit.

EJ. *Essay on the natural history of the polype* London 1743. 8. Gallice vertente P. DEMOURS Paris 1744. 8.* Collegit, quæ ipse vidit, aut una *Jacobus* PARSONS & H. MILES. Anum polypo tribuit, quem ei TREMBLEYUS negat. Dentes habere & prædam mordere, ut sanguine manet: brachia hinc convexa esse, inde concava. Experimenta TREMBLEYI repetiit, non omnia, nam neque polypum invertere potuit, nec duos polypos eruentatos sibi adplicare, ut coalescerent.

EJUSD. De microscopiis LEEUWENHOECKII relatio.

In *Hist. de l'Acad. des Scienc.* 1740. sudor dicitur unius genæ, ob epidermidis defectum.

François AUBERT egit de foramine ovali aperto in adulto homine.

In *Hist. de* 1742. EJUS est descriptio ventriculorum cerebri.

Contra D. NAVIER etiam aliqua scripsit *de peritonæo*, ad quæ ille acerrime respondit. Tum *Reponse aux écrits de M.* NAVIER *sur le peritoine* 1751. 4.

In *Act. Nat. Cur.* T. V. a. 1740. excuso, *obs.* 48. *J. Car.* ACOLUTHUS dixit de deformi manu, ex terrore, ut putat.

Tobias Ferdinandus PAULI *obs.* 62. pro cerebro & cerebello massa sanguinea.

Obs. 63. Menses in fetu.

Obs. 49. *J. Christoph.* KUHNST Sal marinus ex animalium ossibus.

Obs. 134. *J. Jacob* TREYLING partus vesicularis.

Obs. 131. Lac in mammis nuper nati.

Obs. 133. Gemelli coccygibus connati.

In *Comm. Lit. Nor.* 1740. *hebd.* 50. præmatura fontis pulsatilis abolitio funesta.

In *hebd.* 19. de KIRCHII cadavere diu incorrupto & sudante.

In *Miscell. Berolin.* T.V. a. 1740. *J. Henrich* POTT, celebris chemicus, acidum humorum animalium elementum confirmat.

EJ. *Abhandlung vom sonderbar Feuerbeständigen und zartflüßigen Urinsalz* Berlin 1757. 4.* bona experimenta ad sal fusile lotii.

In *Contin.* VI. *Miscell. Berolin. Theodorus* SPROEGEL, celebris medicus, refert de homine absque oculorum usu nato; qui restituto visu, cum admiratione vivida omnia corpora distinguebat, colores dividebat in obscuros & vividos, distantias æstimabat.

In T. XII. *Comment. Acad. Petrop.* spectante ad a. 1740. J. C. WILDE aliquas observationes anatomicas cum Academia communicavit. Vena cava adscendens duplex. Venæ jugularis externæ lusus. Duplex vena sine pari. Musculus adfinis recto pectorali veterum. Tendinum extensorum manus nimius numerus. Appendiculæ vermicularis gyri, cum valvula in ejus insertione. Vasa capsularia.

In *Act. Soc. Lit. Upsal.* 1740. 4.* *Herman Dieterich* SPÖRING bonam dat anatomen vituli bicollis.

Nova Academia Scient. Suecica anno 1740. primum tomum suorum laborum *s. handlingar* edidit, in quo equidem nihil est anatomici argumenti.

In *Journ. des Sav. M. Septembr.* & *Oct.* reperitur *diss. dans laquelle on examine les preuves sur lesquelles le P.* BERTIER *etablit le passage de l'air de la respiration dans le sang.* Anonymus eum transitum rejicit; negat aërem ex bronchiis in spatia interlobularia ire. Densitatem sanguinis arteriosi non esse ab aëre. Pulmonem bene inflatum manere distentum, etiam in spatio vacuo.

§. MXV. *Clifton* WINTRINGHAM,

Vir acuti ingenii, Regius Britannorum archiater, Jatromathemathicus & experimentis feliciter usus, atque ratiocinio. EJUS *experimental inquiry on some parts of the animal structure* prodiit London 1740. 8.* Arterias venasque variorum animalium accurate dimensus, impulso demum aëre diffidit, cujus pondus calculo exploravit. Ita constitit, arterias in universum pro portione crassitiei tunicarum facilius rumpi, venas tenacius resistere. Inter arterias, eas, quæ organa secretoria adeunt; inter venas eam, quæ ad portas it, impulso aëri potentius resistere, deinde venas musculares. Arterias musculorum ubique firmiores esse. Ramos ubique truncis suis esse validiores. Porro arterias uteri esse majores & debiliores, venas in feminis minores & duriores, unde propensio ad stagnationem sanguinis in utero. Pauca hæc ex multis.

De-

De oculo. Corneam tunicam debere convexiorem reddi. A magnitudine pupillæ mutata, objecti visibilem magnitudinem non mutari, neque eam magnitudinem ex angulo visorio ab anima æstimari &c.

EJUSD. *Inquiry into the exility of the vessils in human body* Lond. 1743 8.* Stamina in corpore animali dari primigenia, ad quæ adplicatæ particulæ alimenti nutritionem faciunt. Incredibilem esse parvitatem molis solidæ in fetu, neque superare granum divisum per 29. cifras, quarum prima est 9. Partis sentientis molem etiam infra hanc parvitatem esse. Ab his tamen staminibus identitatem personæ pendere; staminibus amissis ex bono sanguine malos humores gigni.

§ MXVI. *Milcolumbus* FLEMYNG,

Medicus & poeta, olim noster amicus. Ejus *nevropathia, s. de morbis hypochondriacis & hystericis* L. III. Eboraci 1740. 8.* In præfatione *Georgium* CHEYNE refutat, & pro spiritibus dicit contra eos, qui nerves solidos faciunt. Experimentum profert suum, ut ostendat, lac sero sanguinis levius esse. Malum, de quo canit, laxitati nervorum & coctioni debilitatæ tribuit.

Italice prodiit Rom. 1755. 8. vertente J. B. MORETTI.

EJ. *The nature of the nervous fluid, or animal spirits demonstrated* London 1751. 8.* Non posse nervorum naturam elasticam admitti, neque oscillationem: Superesse ut spiritus admittantur. Aetheri in actione musculorum multum tribuit. Celeritatem spirituum non facit maximam, fere trecenties minorem celeritate soni.

EJUSD. *Syllabus of the contents and order of a course of lectures on the principal parts of the animal œconomy* London 1752. 8.* Auctores indicat laude dignos, & prima elementa physiologiæ: multum tribuit telæ cellulosæ.

EJUSD. De *Francisci* SOLANI *inventis circa arteriarum pulsum* Lond. 1753. 4.* de dicroto, inciduo & intermittente pulsu, quorum significationes mechanice interpretatur.

EJUSD. *Introduction to physiology being a course of lectures upon the most important parts of animal œconomy* London 1759. 8.* Fere ubique nobiscum sentit, nisi quando a BOERHAAVIO dissentimus; ut in tempore, quo arteriæ coronariæ replentur, quod cum PRÆCEPTORE nostro aliud facit a tempore, quo reliquæ arteriæ distenduntur. Pro SOLANI pulsibus. Vesiculas fibræ muscularis retinet. Ideo longævos esse pisces, quod lacteis venis destituti, nihil patiantur a mesenterii exsiccatione. Passim pathologica admiscet.

In *Phil. Trans.* T. 49. P. I. ostendit, utique fetum liquorem amnii deglutire, & lingua uti. In fetubus enim vaccinis ventriculum pilis propriis plenum reperiri & intestina; non in cane, cujus pili nimis firmiter cuti hærent.

§. MXVII. *Franciscus* RONCALLUS,

Aut RONCALLO PAROLINI, ut mavult se vocari, comes, medicus Brixiensis. Non satis novi an huc referam ejus *dissertationes quatuor*, quæ Brixiæ

 1740.

1740. 4. max.* prodierunt. In earum secunda agitur de homine invulnerabili: in tertia de miraculo acuum in cadavere repertarum.

EJUSD. *Europa medicina a sapientibus illustrata* Brix. 1747. fol.* Epistolæ sunt a variis ex universa Europa medicis missæ, in quibus equidem potissimum status medicinæ & morborum continetur, tamen passim aliqua huc faciunt, ut de anatomes in nonnullis civitatibus cultu. Anatome Veneta a medicis collegiatis exercetur.

Christian Wilhelm KÆSTNER *medicinisches Gelehrten-Lexicon* Jenæ 1740. 4.* Vitas habet medicorum: aliqua etiam de libris. Literaria potius, quam ad res ipsas facientia.

EJUS *breve compendium historiæ medicæ artis* prodiit Hall. 1748. 8.*, cum titulo *Kurzer Begriff der medicinischen Gelahrtheit*, & amplior aliquanto *Bibliotheca medici* Jen. 1746. 8.*, qua etiam anatomes historia continetur.

Jac. SMITH *prælectiones physico-medicæ institutionisticæ* Prag. 1740. 4.

§. MXVIII. *Benjamin* HOADLEY. *Alii.*

B. HOADLEY, elegantis ingenii vir, poëta etiam comicus, Medicus Londinensis, celebris Episcopi filius. EJUS *three lectures on the organs of respiration* prodierunt Londini 1740. 4.* cum prælectæ fuissent a. 1737. in R. Collegio. Magno ingenio deteriorem causam defendit. Aërem in omnibus humani corporis caveis reperiri: sic in pectore, a cujus aëris alterna compressione & relaxatione vires respirationis explicavit. Machinula etiam suam sententiam declaravit, & experimenta in vivis animalibus fecit.

EJ. *Oratio anniversaria* HARVEJI Lond. 1742. 4.

Gaetano PETRIOLI, medici, ut se vocat, Romani, sed omnino chirurgi; *Riflessioni anatomiche sulle note del S. G. Maria* LANCISI *fatte sopra le tavole di* B. EUSTACHIO Rom. 1740. fol.* *Riflessioni aggiunte & omissioni* EJ. ibid. LANCISIUM olim sua opera usum carpit, non ideo oneri par, quod susceperat, neque anatomicarum divitiarum EUSTACHII dignus interpres: vidit in EUSTACHIO, quæ vir ILL. non dixerat, non vidit, quæ vere depinxerat.

EJ. *Tabulæ anatomicæ a Petro* BERRETTINO Cortonensi *delineatæ a* G. P. *notis illustratæ* Rom. 1741. fol.* De ipso opere diximus p. 340. Literas adjecit & interpretationem GAJETANUS.

EJ. *Dubii Anatomici circa le riflessioni aggiunte da M.* WINSLOW *alle note da* LANCISI *sopra la tavola* XXV. *dell* EUSTACHIO Genov. 4°.

EJ. *Le otto stadere che ponderanno gli abbagli del* CHERMESIO *di* FULCET *presi nella risposta che fece a dubii dottissimi del S. G.* PETRIOLI Venez. 1746. 4.* PETRIOLUS scripserat *dubii anatomici* contra WINSLOWUM, cujus viginti errores noster indicabat. Responderat in *risposta alli dubii anatomici del Cerusico*

Reale

Reale e Arcade anonymus auctor, quem noster medicum & Poetam *Firmanum* D. ROCCA vocat. Responderat iterum in *commento universal* PETRIOLUS. Anonymus iterum CHERMESIUS, quem COCCHIUM nunc vocat PETRIOLUS (*d*) se tuitus erat. Iterum insurgit iste, aspero hoc scripto: schedas anatomicas parum justis artibus ad COCCHIUM pervenisse, ad eum satyras in SECTANUM pertinere, ei plagii culpam impactam esse. Se contra demonstratis LANCISII erroribus, tamen a viro summo in amicitiam esse receptum, eique gangliorum fabricam (erroneam), & fontes liquoris pericardii (pariter erroneas) ostendisse. Cæterum totus liber pauci est, & PETRIOLUS in arcu aortæ minutæ se agitat. Testantur tamen, PETRIOLUM multa pro LANCISIO cadavera incidisse, musculorum fabricam, nervum intercostalem, vasa pericardii liquorem fundentia docuisse.

EJ. *Compimento delle riflessioni ed omissioni anatomiche sopra li commenti fatti dal* S. LANCISIO Rom. 1750. fol.

EJUSD. *Apologia anatomica contro la difesa del* S. NICOLO GIRARDI *sostenuto dal* D. BASSANI *della dottrina di* E. BOERHAAVE Rom. 1753. 8.* Editionem Londinensem BOERHAAVIANARUM institutionum adgreditur, cujus tabulas nonnemo erat interpretatus, quem nostro placet BOERHAAVIUM esse, qui dudum erat mortuus. Contra eas interpretationes CAJETANUS ediderat *dispute anatomiche*, quas non vidi; responderat ut alias dixi, NICOLAUS GIRARDI. Noster aspere & cum plurimis convitiis litem urget. Defendit quartum tegumentum universi corporis: tamen expositionem tabularum Londinensem BOERHAAVII esse: recte se splenicam & cœliacam arteriam dixisse, quam alii vocant cœliacam & mesentericam. ALBINUM etiam minus recte EUSTACHIUM interpretatum esse, quam quidem BOERHAAVIUM. Tamen EUSTACHIUM vasa lactea depinxisse, & ex glandulis conglobatis ductus conspicuos liquorem pericardii deducere. SANTORINUM ex EUSTACHIO sua habuisse. Partem foraminis optici in osse frontali esse: diaphragma a duabus imis costis non oriri. Nullum latum tendinem a biventre ad os hyoides ire &c.

J. Christ. EHRLICH *vernunftmäßige Abhandlung von der Vortreflichkeit des Menschen* Stargard 1740. 4. GUNZ.

§. MXIX. *Petrus* DEMOURS,

Medicus ocularius, vertit & edidit *Essays de la Soc. d'Edimbourg* Paris 1740-ad 1747. 12. 7. Vol. & Amsterdam 1741. 8.*

In Tomo I. addidit observationes aliquas anatomicus, primam de salamandræ fecundatione. Marem semen effundere, repetito, non quidem in uterum aliquem. Tum occasione mydriaseos de theoria visionis agit. Uveæ tunicæ fibras anteriores circulares admittit, posteriores rectas. Pupillæ statum naturalem esse dilatationis.

In

(d) *Apologia* p. 67.

In *Hist. de l'Acad. des Sc.* 1741. describit bufonem marem, qui ante amplexum ova de femella exprimebat.

Ibid. tunicam corneam pellucidam negat a sclerotica nasci, a qua in calida secedat. Fabrica cellulosa corporis vitrei per congelationem demonstrata. Eæ cellulæ communicant.

In *Mém. presentés* T. II. iridis fibras non esse carneas, sed tensas a circularibus resilire elatere suo, & pupillam dilatare; contractionem esse contra naturam iridis; nam in somno pupillam dilatari.

Cum *Ant.* PETITO, cujus amicus fuerat & adjutor, in litem incidit occasione morbi in oculo, qui post inoculationem in puero superfuit. Ea occasione scripsit noster *Lettre à M.* PETIT Paris. 1767. 8.* Describit hic etiam a D. DESCEMETS dictam membranam, quæ corneæ interiora obducat, capsulam lentis crystallinæ obtegat, quæ cartilagineæ sit indolis, & caveat, ne aqueus humor a cornea pellucida tunica resorbeatur.

In *Journal de Medecine* T. XXXIII. contra D. DESCEMET defendit, suam membranam diversam esse ab ea, quam is medicus dixit.

§. MXX. *Varii.*

Giuseppe LARINI *tratt. sopra le qualità delli denti* Firenz. 1740. 4.* Aliquas dentium varietates habet.

Anonymi dilucidationes uberiores de origine animæ & malo hæreditario, quam LEIBNIZIUS *in theodicea primum tradidit* Holm. 1740. 8.* Editionem priorem non vidi, sed ista uberior est. In parte priori tota historia generationis continetur. Vermiculum spermaticum dare animal primi generis, s. monadem, quæ sensim in animam rationalem perficiatur. Id animal ex aëre advenire, ad πανσπερμιας systema. Reliqua methaphysica.

Emanuel SWEDENBORG *œconomia animalis in transactiones divisa Prima de corde* Londini & Amstelod. 1740. 4.* absque auctoris nomine. Primum anatomen præfigit, ex bonis auctoribus collectam: proprium caput habet de marina testudine, aliud de circuitu sanguinis in fetu, aliud de formatione pulli in ovo, deinde subjungit physiologiam, hanc suam & omnino mirificam. In sanguine spiritus habitat animalis, non materialis. Globulus sanguinis fit cubo salis marini, tamquam basi, cui adaptantur undique variæ salinæ particulæ & sulphureæ. Sanguis etiam ab innumeris corculis cerebri & cerebelli promovetur, adque cor remittitur, inque vasis minimis celerius fluit, & ab oscillatione arteriæ promovetur. Extimam arteriæ membranam fieri in venæ intimam. Sanguinem in sinubus cerebri a nervorum conpressionibus actuari. quæ eo perveniant. Causam circuitus esse alternam vim fibrarum auriculæ, & sanguinis venosi.

EJ. *Transactio secunda de cerebri motu & cortice & anima humana* Amsterd. 1741. 4.* Cerebri motum esse voluntarium & a corde oriri. Aërem per processus mammillares ad cerebrum venire & ejus corticem. Sphæras ejus corticis esse corcula,

corcula, quæ in motum cieant eam, quam mens imperat, fibram, & in eam liquidum tenuissimum impellant. Id liquidum in sanguinem, & ad cerebri corticem redire: spiritum corporeum esse, sed immortalem, & proprium suum corpus struere, etiam alia corpora animaturum. Anseris cerebrum noster dissecuit.

EJ. *Regnum animale anatomice, physice & philosophice perlustratum.* P. I. *de visceribus abdominis* Haag. 1744. 4. P. II. *de visceribus pectoris* ib. 1744. 4. P. III. *de cute, sensu tactus & gustus, & difformis organicis* Londin. 1745. 4.

EJ. *De animi & corporis commercio* 1769.

J. H. MAUCLERC *the force of the imagination in pregnant women considerd* Lond. 1740. 8. Germanice Argentor. 1740. 8.* BLONDELLUM sæpe vix serio refutat, excitati scriptor ingenii. Defendit historiolas, quas ille nolebat recipere. In *appendice* refutat refutationem opusculi TURNERIANI, & explicationem hœdulorum JACOBI, quam BLONDELLUS dederat.

Benjamin MARTIN *new system op optiks* London 1740. 8.* Habet etiam fabricam & usum partium oculi.

§. MXXI. *Disputationes.*

Moses COHEN *de singultu* Leid. 1740. 4.

Peter RATELL *de fabrica & usu ventriculi* Leid. 1740. 4.

Jac. v. LINDER *de integumentis corporis communibus* Leid. 1740. 4.*

Friderici Bernardi ALBINI *de deglutitione* disp. Leid. 1740. 4.* & in *meis selectis*. Fratris de deglutitione placita recenset.

IDEM apud *van* WAERT *de utero gravido*, uteri situm obliquum, & placentam alieno loco adnatam vidit.

Leonhard PATYN *de omento* Leid. 1740. 4.*

P. LUCHTMAN'S *de anatomicis seculi XVIII. incrementis* Leid. 1740. 4.*

Abraham MORRENVLIET *de adfectibus nervorum* Harderwyck. 1740. 4.*

Christoph. Frider. FALK *de utilitate transpirationis* diss. I. Regiom. 1740. 4.*

Abraham LEVIN *de vi imaginationis in vitam & sanitatem naturalem* Hall. 1740 4.*

Christian Bernard von SANDEN *de cutis externa morbis* præside SCHULZIO Hall. 1740. 4.* Amplissima disp. Negat venas resorbentes.

. . . . HAUPT *de sale mirabili perlato urinæ* Regiomont. 1740. 4.

Franc. Car. CONRADI *de inspectione cadaveris occisi a solis medicis peracta vitiosa nec sufficiente ad pœnam ordinariam irrogandam* Helmstatt 1740. 4.

Joachimi Friderici BOLTEN *de gangliis generatim* Hall. 1740. 4.

EJUSD. *ad* LINNÆUM *epistola de novo quodam zoophytorum genere* Hamburg 1771. 4. maj.* Verum animal, ore donatum & ano, & intestinis, aliisque etiam facculis & fistulis, absque corde aut sexum exprimentibus particulis. Ex mari Boreali, fretoque Davis adlatum est, ubi fundo maris adhæret lapidibusque, ex quodam quasi stipite prægnatum. Idem novum theatrum anatomicum Hamburgensis aperuit.

Frid. Lebegott PITSCHEL *de axungia articulorum*, præside *J. Frider.* BAUER Lipsiæ 1740. 4.* & in *nostris selectis.* Bona disputatio cum multa enumeratione glandularum articularium, & icone ejusmodi glandulæ malleolis adjacentis.

EJ. *De hydrocephalo interno* Lips. 1741. 4.* bona disp.

Georg. Christian. HAHN *de transitu chyli ex ventriculo ad sanguinem* ib. 1740. 4.*

J. Ehrenfried THEBESIUS *de somno & signo* Lips. 1740. 4.*

IDEM *Hebammenkunst* Leipzig 1759. 8.* Anatomen partium genitalium dat, pelvis mensuras, etiam ligamenta. Uterum in parturiente femina tenuem reperit. Dari & allantoideam membranam, & urachum patulum. Signa graviditatis ex ostio uteri sumta. Icones non bonæ.

J. Caroli PUSCHER, præside HEBENSTREITIO, Diss. *de morbis a pervigilio* Lips. 1740. 4.* Theoriam habet somni & vigiliæ.

Erhard BASS *de obesitate nimia* Erford. 1740. 4.*

Car. Frid. SATLER *de mechanismi in corpore humano exsistentia & veritate* Altdorf. 1740. 4.*

J. Christian KLUG *de nervorum usu & differentia* Argent. 1740. 4.*

J. Guil. HESSE *de partu gemellorum* Argentor. 1740. 4.*

Ernest Henrich KECK *de dolorum, præcipue ad partum, causis, illorumque cura rationali* Argentorat. 1740. 4.*

J. Wilhelm KOCH *de consensu mensium cum hæmorrhoidibus* Giess. 1740. 4.*

J. Lud. BAUDE *de la* CLOY & *Petri* LALOUETTE *Ergo lien idem munus hepati præstat ac pulmones universo corpori* Paris. 1740. 4.

Lud. Guil. le MONNIER & *Jos. Maria Fr. la* SONE *Ergo in macilentis liberior, quam in obesis circulatio* Paris. 1740. 4.

Ludov. Alex. VIELLARD & *Petri Joseph* MACQUER *E. ab imminuta sanguinis celeritate in capillaribus facilior quæcunque secretio* Paris. 1740. 4.*

Lud. PEAGET & *Natalis Mar. de* GEVIGLAND *E. musculorum intercostalium & diaphragmatis actio partim voluntaria, partim spontanea* Paris. 1740. 4.* & in *nostris selectis.* A ganglio semilunari natum nervum phrenicum habet.

Benj. Ludov. Lucas de LAUREMBERT & *Sylv. Ant. le* MOINE *Non ergo demersorum vitæ fomes ultimus respiratio* Paris. 1740. 4.*

§. MXXII. *Josephus Exuperius* BERTIN,

Academicus, aliquamdiu principis Moldaviæ Archiater, Rhedonibus vivit. EJUS Disp. *Ergo causa cordis alterni motus multiplex* Paris. 1740. 4* & in *nostris selectis.*

ſtolis. Coronarias arterias in cordis ſyſtole repleri; cor impulſa cera liquida ad motum revocari.

EJ. & *J. Fr.* ISEZ *E. non datur imaginationis materna in fetum actio* 1741. 4.*

Paulo poſt cum *Antonio* FERREIN litem ſuſcepit. DODARTIO addictus nova inventa FERREINII refutabat, qui chordas in larynge muſicas, non formam ponebat, per quam aër eliderctur. Primam edidit epiſtolam *lettre à M. ſur le nouveau ſyſteme de la voix*, la Haye 1745. 8.* Noſter monet, non omnes Academicos teſtimoniis ſuis FERREINII experimenta probaſſe. Labia glottidis non eſſe chordas tenſas, quæ molles membranæ obducant. Labia humana, in quibus nihil tenſum ſit, tamen manifeſto in ſibilo diverſos ſonos producere. Laryngis motus non eos eſſe, quos F. dixerit.

Inde, cum & *Antonius* FERREIN reſpondiſſet, & ejus amici, prodierunt *Lettres ſur le nouveau ſyſteme de la voix & ſur les arteres lymphatiques* 1748. 12.*, quarum vel ipſe BERTINUS auctor fuit, vel aliquis amicorum. Ad communem diſcipulum GUNZIUM ſcribit, videri FERRENIUM tæniam (ruban) ipſum in larynge ſubpoſuiſſe; non videri quinque Academicos cauſæ FERRENII faviſſe. In alia epiſtola negatur chordas glottidis non eſſe liberas, quæ humidæ ſint; eas urgetur, urgendo glottidem arctiorem reddere; in avibus carum locum conchas oſſeas minime tremulas tenere: certiſſime in aliis inſtrumentis muſicis foramina arctata tonos reddere acutiores. Porro uveæ membranæ arterias non ſanguineas HOVII & RUYSCHII, non FERRENII, eſſe inventum; denique ne id quidem ſatis certum eſſe, dari in uvea membrana ejuſmodi arterias.

Habeo deinde ex illuſtris SENACI dono *fragmentum oſteologiæ particularis, latine 8. editum* paginarum 192, quod nunquam videtur abſolutum fuiſſe; certe PORTALIUS non habet. Verum aliquot poſt annos prodiit *traité d'oſteologie* Paris 1754. 12. 4. Vol.* egregium certe opus. In longa præfatione agit de communibus oſſium adfectionibus & de articulationibus. Glandulas mucilaginoſas habet duorum generum, vel in capſulis irretitas articulorum, vel in adipe aliquantum remotas. Sulcum bicipitis muſculi membranoſo ſeptulo a cavea articulationis diſtingui. Medullæ majorem partem in cellulis epiphyſium naſci, aliquam in medio oſſis corpore. Nullam dari medullæ communem membranam, nullum internum perioſteum. Aliquas exiguas fibras nervoſas oſſium cavum ſubire putat, non tamen quod eas viderit. Perioſteum trans articulationum capſulas produci negat. Pleraque oſſa nunquam fuiſſe membranacea. Cranii tamen oſſa nunquam cartilaginea eſſe. Pro ſucco oſſeo: cartilagineum oſſis corpus in medio incipit oſſeſcere. Vaſa oſſium in cellulis libere pendere, neque reticula facere. Majorem medullæ partem in epiphyſi parari, inde in magnum oſſis tubum confluere, aliquid addi a vaſculis cylindri medullaris. Venas oſſium arterias non comitari, valvulis deſtitui. Obliquas vaſorum canales pro vaſis factos eſſe, quo pauciores laminæ dividantur.

In T. II. oſſa capitis ſollicite deſcribuntur, multo quam ab alio quocunque auctore minutius. Oſſis ſincipitis alibi interiorem laminam longiorem eſſe, exterioteriorem alibi, interiorem tamen primam oriri. Fossa jugularis dextra pene semper major. Arteriola comes nervi noni. Ramulum nerveum, quem vir Cl. putat per hiatum FALLOPII in duram membranam ire, certum est ad secundum ramum Quinti paris pergere. Ramulum a duro nervo ex aquæductu ire in canales semicirculares. Cornicula sphenoidea hic dicuntur, alibi fusius descripta. Quartum ex ordine & supremum os turbinatum vidit. Appendix ossis turbinati, vulgo superioris. Sphenoideas caveas in MORGAGNI conchas aperiri. Per os nasi venulam tendere, per quam sinus duræ membranæ possis inflare. Esse ubi nullum sit os unguis; esse ubi ejus processus cum osse turbinato inferiori coeat. Arterias dentales superiores putat se primum dixisse, nostris arteriarum historiis non visis. Laminam adscendentem ossis spongiosi inferioris sæpe cum osse unguis, vel cum maxillari principe, confervere, etiam cum ossis ethmoidis lamina. Recte articulationem inferioris maxillæ describit. De dentibus fuse: osseam laminam primam esse, ex ea cremorem efflorescere, qui in vitrum consistat. Dentes lacteos radicibus non carere. Dentes hominis adulti crescere, sed lentius. Arteriolæ minores tympani. Sex rami ab ophthalmica in cranium redeuntes (plerumque pauciores). Arteriolæ tentoriorum cerebelli. Sinus intus cellulis ossis plenus, in quem ramulus arteriæ ophthalmicæ subeat. Arteriolas plerorumque nervorum comites & parietales dicit. Ophthalmicam ex carotide externa venire recte negat. Nervos & arterias ductus pterygoidei non satis perspexit. De ossibus supernumerariis ex succo concreto ortis. Variabiles cranii figuræ.

Non possumus Cl. virum per reliquos tomos persequi, quorum tertius ad truncum corporis & ad artus superiores pertinet. Quartus ad inferiores artus.

In quarto etiam cartilagines habet interarticulares, & ipsius laryngis, tum aurem.

Habet Cl. PORTAL Cl. BERTINI *Consultation sur la legitimité des naissances tardives* Paris 1764. 8. Pro variabili tempore partus.

Inter *Commentarios Academiæ Regiæ Scient.* a. 1744. describit cornicula sphenoidea.

In alio *commentario* fabricam renis proponit, glandulas inter fasciculos ductuum uriniferorum positas: urinæ secretionem duplicem, & per eas glandulas, & per ductus absque glandulis ex arteriis natos.

Ib. anno 1746. anatome ventriculi equini, qui ab humano non longe recedit. Ligamenta duo cutanea, & duo tendinea, quæ duorum ostiorum stomachi discessionem impediunt. Fibræ musculares ab œsophago descendentes, partim undique sparsæ, partim ad pylorum tendentes, aliæ ambeuntes ostium œsophagi. Intimæ cæcum finem ventriculi circulis ambeunt concentricis. Membrana villosa ad dextrum ventriculi finem tonsi serici similis. Sphincter in ostio œsophagi, a quo, tum etiam ab obliqua gulæ insertione, vomitus impeditur.

EJ. De inscriptionibus tendineis musculorum rectorum abdominis. Conjungere rectum musculum cum obliquis, & facere, ut in eamdem actionem consentiant.

In

In *Mém. ann.* 1753. fuse rem nobis prius dudum dictam ornat; venam nempe umbilicalem hepatis lobo sinistro in fetu ramos dare; ad eam venam sinum venæ portarum fere pertinere: hepar fetus ab eadem umbilici vena majorem partem sui sanguinis habere, prægrandem esse, sensim imminui, inque adulto homine iterum grandescere.

Ib. 1759. de circuitu spirituum animalium. Magnam esse corticem inter cerebri & renum analogiam, & perinde videri, succum aliquem in cortice renis secerni, qui in medullam veniat.

Ib. 1761. descriptio fibrarum ventriculi humani, nostræ simillima. Imputaverant mihi Academici, me anno demum 1751. ventriculi musculos in *primis lineis* descripsisse: sed candide eam accusationem revocaverunt, qui eamdem fabricam in editione 1747. dixerim.

In *Mém. de* 1763. de alterna sanguinis in hepate ejusdemque magnis venis congestione. In valida inspiratione ex venis hepaticis sanguis uberius in cor exprimitur, contra quam in exspiratione. Quare sanguis in venis hepaticis inter exspirandum congeritur, evacuatur inter inspirandum. Transversum abdominis musculis inspirationis accenset.

In *Comment.* a. 1765. Porro de circulatione sanguinis per hepar. Anastomoses majores venæ portæ & umbilicalis cum vena cava. Venas inter utramque eam magnam venam, unius etiam lineæ diametrum habentes, se vidisse: & majusculas arterias in mediocres venas apertas.

In *Mém. de* 1766. agit de ductu lacrumali & de glandulis lacr. in variis animalibus, nimis cæterum acriter scripsit, cum meæ voces alium omnino sensum admittant.

In *Epistolis ad me* anno 1747. de arteria scribit, quæ per tubam, pharyngis musculos, & tonsillas distribuitur, & per varia foramina cranii penetrat, non descripta. De hepate. Differre se a me, quod ego ramum sinistrum venæ portarum admittam, quem ipse non credat quidquid ab ea vena habere. *Epist.* 352.

Historia carotidis, quam paravit (*e*), nunquam prodiit. Sed nunc maxime operum anatomicorum Cl. viri plena editio promittitur.

§. MXXIII. *Diaria anni* 1741.

In *Phil. Transf.* n. 460. *Guilielmus* BROMFEILD, chirurgus regius, de femina agit, quæ novem annis partum ventralem circumgestaverit.

In ejus *cases and observations* London 1772. 8. 2.Vol.* passim anatomica extant, ut articulatio humeri cum scapula. Iconis ossium capitis. Sulcus in osse maxillæ superioris extra orbitam, de quo monet vir Cl. ne habeatur pro facci lacrumalis nido. Ossa insensilia esse; ad eorum fabricam aliqua. Icon vesicularum seminalium, cum ductu deferente non satis celluloso. Glandulas conglobatas a conglomeratas non differre, & in nonnullis animalibus conglobatas esse, quæ in aliis conglomeratæ

(e) Nunquam HOMMEL *Comm. Lit. Nor.* 1741. p. 241.

meratæ, iſtas factas eſſe ad evitandam preſſionem. Hepar in animalibus ſalientibus eſſe multifidum. In rene duas membranas eſſe, quas calor ſeparet: ſe in ſuperficiem renis corpuſcula ſubrotunda manifeſta vidiſſe. Veſicæ anatome. Veſicæ muſculus longitudinalis, & prope proſtatam fibræ transverſæ. COWPERI glandulæ.

T. KNIGTH de pilis per urinam egeſtis.

Henrici MILES circuitus ſanguinis in ſalamandra aquatica viſus.

N. 469. IDEM de anguillarum aceti ore. Semen bidentis pro peculiari animale depinxit.

N. 477. de effluviis electricis hominis & animalis.

N. 461. *Joſeph. Ignatius de* TORREZ exemplum dedit cordis inverſi, apice deorſum ſpectantis. Recuditur in *Mémoires des Savans etrangers.*

ROBERTI Epiſcopi in Cork, & aliorum relatio, de ſceleto viri variis adpendicibus deformi, cujus omnes articulationes per ancyloſin coaluerant.

IDEM Epiſcopus de viro lactente.

In *Hiſt. de l'Acad. des Sciences* 1741. puer ultra modum procerus.

De lamiæ ampliſſimo rictu & dentibus. VAUCANSONI anas deglutiens, digerens, excernens.

In *Actis Societatis Regiæ Scientiarum Upſalienſis* anni 1741. *J. Fridericus* GRONOVIUS anatomen dat ſalmonis. Adpendices pyloricæ 62. Sic anno 1742. & 1744 — 1750.

IDEM in *Phil. Tranſ.* n. 466. nuntium ad Regiam Societatem miſit, de nuper inventa polyporum ex fragmentis regeneratione.

In *K. Swensk. Wet. Acad. Handlingar* t. II. anni 1741. J. M. GRAABERG bufonem vivum deſcribit, medio in ſaxo repertum.

In *Comm. Lit. Nor.* 1741. *hebd.* 41. J. P. MODEL, celebris pharmacopœus, agit de oleo animali DIPPELII, qui equidem commentarius chemici magis eſt argumenti.

In *Sel. Francof.* T. II n. 2. hernia umbilicalis congenita deſcribitur.

In *Sat. Sileſ. Gottlieb* OLLSNER deſcribit penem bipartitum in puero, ſ. ſemiduplicem.

§. MXXIV. *Jacobus* PARSONS,

Medicus Londinenſis. EJUS *mechanical and critical enquiry into the nature of hermaphrodites* London 1741. 8.* Opus fere collectitium, in quo ex temporum ordine plurima exempla androgynorum recenſentur. Androgynos qui putantur, eſſe feminas magna clitoride. Quam ipſe vidit Aethiopiſſam putes utique eo pertinere.

EJUSD. *Deſcription of the urinary human bladder and the parts belonging to it with anatomical figures* London 1742. 8.* Germanice Norib. 1759. 8.* Gallice Paris

Paris 1743. 8. Princeps scopus fuit dissuadere usum medicamenti lithontriptici STEPHANIANI, circa ea tempora celeberrimi. Præmisit autem aliqua anatomica. Vesicam superne latiorem pingit, ut in puero se habet. Planum fibrarum longarum anterius & posterius exprimit, in feminis in vaginæ sphinctérem, in viris in prostatam inmissum. Ad ejus plani latera duas latiores quasi cellulas delineat. Ut nascantur adpendices in vesica &c.

EJ. *The Croonian lectures on muscular motion* Lond. 1745. 4.* cum *Transactionum Philosophicarum* volumine. Tres lectiones. Refutat scripta priorum: fibras musculorum dicit esse tubulos, per intervalla intumescentes. Aërem, qui sit spiritus nerveus, has fibras replere, sed celerius, quando voluntatis imperium accedit: ita cellulas breviores fieri & latiores, & aërem intervalla replentem comprimi. Eum ipsum aërem, quando voluntas remittit, tum sanguinem etiam distentis fibris elisum, cellulas fibrarum in priorem angustiam reducere. Multum hæc cum BOERHAAVII theoria consentiunt.

In *tertia prælectione* de utero, tubis & ligamentis rotundis agit, tribus ut putat musculis. Tunc feminam parere, quando cervicis crassities adeo diminuta est, ut contracto utero resistere nequeat, quæ fere est *Antonii* PETIT hypothesis. Tubam peristaltica vi ovum adducere; serpentinam esse in virgine, in femina gravida rectam: superfetationem non posse fieri, cum in graviditate tubæ non possint ad ovarium pertingere. Ligamenta rotunda facere, ut uterus se æquabiliter contrahat.

EJUS *human physiognomy explaind in the Croonian lectures on the muscular motion of the year* 1746. 4.*, quæ appendix est *Philosophicarum Transactionum* ejus anni. Scopus est viro Cl. ostendere, qui musculi in quoque animi adfectu agant, & in facie potissimum. Negat orbicularem palpebrarum musculum oculum claudere, & id officium unice fibris tribuit, quæ sunt in palpebra superiore. Neque obliquis musculis oculi rotationem relinquit, quæ a solis rectis pendeat. Negat in utroque oculo cognominem musculum utrumque eodem tempore posse contrahi. Buccinatorem habet pro organo cachinni, cutaneum pro oris apertore. Inde transit ad physiognomiam, quam repetit a multa actione ejusdem musculi, unde robur superius adquirat, & etiam tunc aliquantum agere videatur, quando is prævalens adfectus animum nunc non agitat, inque homine læti ingenii musculi gaudii indices videantur conspectiores, etiamsi mens nunc nullo gaudio adficitur. Quietem animi adgnosci, quod nullus musculorum faciei reliquis prævaleat. Venerationem ex oculo sursum verso distingui, & ex actione consentiente musculorum oculos levantium & palpebras. In desiderio ruborem accedere, & oculos ad desideratum objectum conflecti. Non omnes cæterum adfectuum characteres accurate expressos fuisse credas, neque desperationem, neque aversationem, neque contemtum. In risu oculos cum ore mutari, & os aperiri, dum oculi clauduntur. Lacrymis non putes copiam humorum stagnantium minui. Myopes melius legere libro ad latus posito, recta enim si præ se habuerint, dolere agentem utrumque adductorem oculi.

EJ. *Philosophical observations on the analogy between the propagation of animals and that of vegetables* London 1752. 8.* Belgice *de over eenkonst tusschen de voorteeling der dieren en gewassen* Haag. 1753. 8. Opiniones hominum de animalium generatione recenset. Refutat vermiculos seminales, & BUFFONII vires adtrahentes. In matre semen residere. Auram seminalem ova fecundare. De animalculis microscopicis. Non interire in calore aquæ fervidæ. Secundaria germina in polypis evolutionem præstolari. Secretionem fieri adtractione succorum analogorum. Dentes & cornua gaudere germinibus secundariis, illos etiam ternis; sic in chela cancri. Polypum differre a salice, quod cum quavis secundaria organisatione vivum ens conjunctum sit. Vulnus liberare germen, quod etiam absque vulnere se evolvisset. Mollibus & multis periculis obnoxiis animalibus potissimum ea secunda germina data esse. Animæ immortalem & immaterialem naturam defendit.

In *Phil. Transf.* n. 469. agit de Phoca, ejus partibus externis, & bicorni utero.

In n. 470. de rhinocerote, cum pulchris iconibus. Penis bifurcatus, retrorsum euns, ex vagina quadam erumpens. Proboscis exigua sed utilis. Plicæ opportunæ cutis.

N. 483. puella, quæ distincte loquitur, corpore linguæ amisso.

In n. 485. de dactylo, quem tamen non pro pholade habet, & mavult chamam vocare, cum duas nec plures testas habeat. In saxo duro cuniculos sibi effodit.

N. 489. de fetubus humanis ad pectora connatis. Aortæ per canalem conjunctæ, intestina confluentia.

In *Vol.* XLVII. de Phocarum classe agit, & aliqua de intestinis valde similaribus phocæ vulgaris habet.

IDEM contra novam PEYSSONELLII hypothesin, corallia strui a polypis.

Firmas particulas, in areolas retis membranacei depositas, facere testas astacorum, quæ in aceto mollescant: hoc ante HERISSANTIUM.

De feminis magna clitoride. Omnes fetus femininos eo pertinere.

T. XLIX. P. I. de ovo, cui cornu ex latere enatum est.

In *Phil. Transf. Vol.* LV. Aethiopes albos vidit, ex nigris natos parentibus.

In *Vol.* LVI. de animalibus amphibiis. Foramen ovale apertum habere.

IDEM de aspera arteria nonnullarum avium incurvata & reflexa, & de pulmone atque aspera testudinis arteria.

§. MXXV. *Antonius* PETIT,

Clinicus, anatomicus & obstetrix, vir egregius.

In *Hist. de l'Acad. des Sc.* 1741. de submersis experimenta fecit. Insecta post

post 50. etiam horas refocillari possunt; canes ne tria quidem minuta vixerunt, aves quatuor, aquaticæ ad decem. Homines sæpe posse ad vitam revocari, quod non constanter sub aquis mersi maneant: consuetudinem facere, ut urinatores 15. minutis edurent: tribuit etiam aliquid foramini ovali.

IDEM Paris 1753. 8. 2.Vol.* edidit *Anatomie chirurgicale de Mr.* PALFYN *refondue & augmentée par* A. PETIT. Magna pars operis, nostri est; ossa tota & icones ossium fere omnes, quæ bonæ sunt & nitidæ: reliquas partes anatomes insigniter idem reformavit. Claviculos GAGLIARDI rejicit. Vidit juvenem 20. annorum, cui ossium epiphyses distinctæ manserant. Habet os frontis digitum crassum. Exemplum in quo anno ætatis vicesimo epiphyses nondum cum ossibus conferruminatæ fuerant. Callum & ossium formationem tribuit laminis induratis periostei Esse ubi infanti nulla sagittalis sutura sit. Ossa turbinata inferiora cribroso ossi accenset; cornicula sphenoidea ossi cribroso. Negat ductus incisivos apertos esse. Articulationem maxillæ inferioris describit, ut RAVIUS. Foramen in sterno habet pro vestigio ossis inmaturi. Sternomastoideos musculos caput putat extendere. Glandulas in vaginis tendinum digitorum nullas admittit. Passim a WINSLOWO dissentit. Venarum fibras musculosas rejicit. Mammariæ ramum ad pericardium habet. Arterias pelvis melius describit, quam WINSLOWUS. Succum putat, se de nervi medulla expressisse. Ligamentum ciliare opinatur nervorum esse plexum. Nervos cordis parvos facit. Rete MALPIGHII monet esse faciem internam epidermidis. De mutabili situ lienis, qui ventriculum sequitur. Musculos uteri non admittit. Quadratum menti a cutaneo *Josephi* LIEUTAUD separat. Metacarpeus ab osse unciformi natus. Ligamenta inter musculos brachii anterius & posterius. Infundibulum solidum esse. Hymenem confirmat. Capsulam crystallinæ lentis fieri a membrana vitrea.

EJUSD. *Recueil de pieces relatives à la question des naissances tardives* Paris 1766. 8. 2.Vol.* Prima pars hujus collectionis est „ *Memoire sur la cause & le mechanisme de l'accouchement.* Suecice *afh. om mechanismen af barna — förlosningar* vertente H. SCHUTZER Stokholm 1768. 8. Subtilis ingenii opus. Partum fieri a viribus diaphragmatis & musculorum abdominis, cum musculosa vi uteri conjunctis. Ejus uteri fibræ nullum certum quidem ductum sequuntur, in universum tamen uteri fundum detrahunt, dum osculum undique diducunt. Fibræ cervicis uteri ab ejus incremento sursum ducuntur, & super uterum sparguntur, ita crassities uteri conservatur, cervicis vero crassities minuitur. Partus fit, quando fibræ cervicis omnes distractæ sunt, cumque cedere nequeat quidquam, nunc uterus incipit irritari. Contractionem uteri placentam depellere, continuo si vivida fuerit.

Inde argumenta contra partus serotinos refutantur.

Sequitur *consultatio* favens partubus serotinis, ob diversam irritabilitatem feminarum: ob exempla etiam annui partus & octodecimestris.

In secundo tomo BOUVARTI epistola refutatur. Fere totum hoc volumen occupatur in partuum serotinorum exemplis. Inter ea sunt exempla partus 14.

& 22. mensium. Contra causam partus a distracta placenta & impedito in ea circuitu sanguinis repetitam.

Ej. Disp. *E. in sua systole cor decurtatur* Paris. 1746. 4.*

In *Journal de Médéc.* 1758. P. I. de ossiculis novis inter ossa temporum, verticis & sphenoideum. (*Fontes* sunt anteriores inferiores.

Ej. *De novis ligamentis*, ut putat, uteri, plicis nempe peritonæi.

Ej. *Deux consultations medico-legales.* De signis nuperi puerperii. Vidit hymenem post falsas graviditates integrum. De lactis a puerperio confluxu in mammas.

Arteriam coronariam ventriculi ampla anastomosi in hepaticam inseri vidit *Dict. Anat. Chir.* 1771. p. 389.

§. MXXVI. *Philippus Conrad.* FABRICIUS,

Professor Helmstadiensis, medicus, incisor, herbarius, simplicis vir vitæ & philosophicæ. Ej. *Idea anatomiæ practicæ exhibens modum cadavera humana secandi* prodiit Wezlariæ 1741. 8.* Culter anatomicus, natus ex Cl. viri in nosodochio Argentinensi laboribus. Nuperrimæ, potissimum WINSLOWIANÆ, anatomes artificia docet, injectiones etiam & nervorum historiam: interspergit etiam adnotata propria. Ossa pubis discedere negat. Mastoideum musculum ad cartilaginem ensiformem usque produci vidit.

In *commentatione de animalibus quadrupedibus, avibus, amphibiis piscibus & insectis Wetteraviæ* Helmstatt. 1749. 8.* aliqua huc faciunt, ut de ranarum primordiis, in quibus tamen retrograda MERIANÆ reformatio locum non habet. Ex scarabæi generatione putat vir Cl. sententiam LEEUWENHOECKIANAM probabilem reddi.

EJUS *Sciagraphia historiæ physico-medicæ Butubacii cum sylloge observationum anatomico chirurgico medicarum* Wezlar. 1746. 8.* Hymenem constituit; discrimen utriusque sexus in ossibus pubis negat constans esse: vertebras in suspensis luxari non putat &c.

EJUS *Sammlung einiger medicinischer Responsorum und Sections-Berichte* Helmstätt. 1754. 8.* Responsa, ut vocant, medico legalia. A funiculo umbilicali non ligato funestæ hæmorrhagiæ. Virum unico testiculo præditum non esse ad conjugium inutilem, recte respondetur.

Zweyte Sammlung Helmstätt 1760. 8.* Potissimum judicia continet de infanticidiis. Utique pulmonem, quem aër nunquam subiit, fundum petere, etiam in mediocri putredine; magis corruptum natare. Vasa magna inania fuisse, cum vasa umbilicalia non fuissent ligata.

Utraque sylloge conjuncta rediit Hall. 1772. 8.* variis responsis aucta. Ex funiculo non ligato manifesta hæmorrhagia. Putrescens pulmo natat, absoluta putredine subsidet.

Ej. *De autopsiæ utilitate & præstantia* Helmstätt 1748. 4.* Non posse ex iconibus veram corporum, potissimum etiam incisorum, cognitionem obtineri.

Ej. *Programma ad anatomen anni* 1749. Helmstätt 1749. 4.* Trium cadaverum singularia. Costæ 26. cum vertebris 26. Vasa lactea in puero, & varietates vasorum.

Ej. *Programma ad anatomen anni* 1750. Helmst. 1750. 4.* Trium etiam cadaverum singularia. BRUNNERI glandulæ conspicuæ: appendix intestini: cor ad pericardium adnatum.

Ej. *De cognitione anastomosium vasorum præcipuorum necessaria* Helmstatt. 1750. 4.* in physiologia & in medicina forensi.

Ej. *Propriæ cautiones in sectionibus & perquisitionibus cadaverum humanorum pro usu fori observandæ* ib. 1750. 4.*

Ej. *Observationes nonnullæ anatomicæ* Helmst. 1751. 4.* Subclavia dextra ex trunco aortæ nata. Senii vestigia & indurationes variæ.

Ej. *Dubia circa novum systema evolutionis vasorum cutaneorum naturalis in morbo variolarum contingentis* Helmst. 1751. 4.* Contra HAHNII hypothesin.

EJUSD. & KUHN *de suppressæ transpirationis causis morbisque præcipuis ex eadem ortis* Helmst. 1756. 4.*

Ej. *Observationes aliquæ anatomicæ nuperis sectionibus collectæ* Helmst. 1754. 4.* Musculus plantaris longus duplex. In fetu colon cylindricum, absque cellulis esse. Lien insolitæ molis. Appendix vesicæ, cisterna chyli. Bronchiales arteriæ duæ: Arteria brachialis duplex. Pulmo putridus natans.

Ej. *Sylloge observationum anatomicarum ab a.* 1754. *ad* 1759. *in theatro anatomico Helmstadiensi factarum* Helmst. 1759. 4.* Magna clitoris, intestina præter morem brevia. Pulmo adulti subsidens, & ren lobulis factus. Arteria pulmonalis, quam aorta, latior. Quatuor rami arcus aortæ. Prostatæ BARTHOLINI. Infantum intestina etiam decies proprio corpore longiora. Suturæ cranii sibi impositæ.

EJUSD. *Programma indicans adnotationes in puero varioloso factas* Helmst. 1760. 4.* Nullum pustularum ultra pharyngem vestigium, neque in cellulosa tela pustulæ.

In *Eph. Nat. Cur. Vol.* X. *obs.* 36. adnotationes variæ. Carotis dextra ex trunco aortæ. Vesiculæ de utero decedentes.

§. MXXVII. *J. Daniel* SCHLICHTING,

Medicus Amstelodamensis, qui Chirurgiam etiam exercebat.

In *Comm. Lit. Nor.* 1741. *hebd.* 1. describit luxationem ossis innominati a sacro, quæ a partu fit.

Ej. *Siphilidos mnemosynon criticum, of gedanken over ongemaaken door't gebruyk der teel deelen oorspronklyk* Amsterdam 1746. 8.* De lue venerea alias.

Ana-

Anatomen hic tradit partium genitalium non eximiam, icones collectitiæ sunt, nisi propria viro est icon hymenis. Gonorrhœam recte ponit in ductibus mucosis. Ejusmodi in vagina ductus defendit. Muci in naribus & ore organa describit, quæ lues infestat. Glandulas inguinales aponevrosi tamquam vagina ambiri.

EJ. *Traumatologia novantiqua, of vernieuwde wondheelkonst &c.* Amsterdam 1748 4.* Vulnera tendinum, etiam ad dimidias incisorum, non vult periculosa esse. Non in sola cellulositate pus generari &c. Suturarum varietates.

In *Act. Nat. Cur. Vol.* VI. *obs.* 24. Tendo ad dimidium dissectus absque symptomate.

Obs. 26. Singularis morbus, in quo ex brevitate ligamenti epiglottis erecta.

Obs. 27. menses in puella septenni per uterum, cutem aliasque partes.

In *Comm. Lit. Nor.* 1744. *hebd.* 52. & uberius in *Mém. des Savans étrangers* motum cerebri descripsit, ut in exspiratione descendoret, vulneratum etiam undique palpitasse.

Nov. Act. Nat. Cur. Vol. I. *obs.* 85. 86. exempla hymenis perfecti & menses retinentis.

Edidit etiam J. VERBRUGGE *examen* (f) Amsterd. 1748. 8.* & aliquas notas addidit, anatomicam & physiologicam partem emendavit & correxit. De vaginis tendinum flexoriorum ortis ab armillis carpi.

PLEVIERI obstetricium opus edidit, notulas adjecit, monuit, ne inter uterum & fetum vacuum spatium admittatur.

§. MXXVIII. *Petrus* BARRERE,

Medicinæ Professor Perpinianensis aliquamdiu in Cayenna insula vixerat. Edidit Parisiis 1741. 4.* suo nomine non addito, libellum *dissertation physique sur la couleur des Negres, de la qualité de leurs cheveux, & de la degeneration de l'un & de l'autre.* Epidermidem Aethiopum nigram esse, cutem ex rubra nigram: bilem esse nigerrimam, ab ea videri sudorem esse pinguem & fætidum, quo cutis Aethiopum obducitur, & ipsum denique etiam cutis colorem. Ab eo pingui & unguinoso cutis humore etiam crispitatem esse pilorum. Has singulares ejus gentis notas cum semine in fetus transire.

EJ. *Diverses observations anatomiques tirées de l'ouverture d'un grand nombre de cadavres* Perpignan. 1751. 4.* Pathologici potissimum argumenti, varias morborum causas indicat, de quibus per extispicium constitit. Inter eas pus viride a cupro tractato. Editio altera multo plenior successit ib. 1756. 4.* Cor pericardio adnatum &c.

§. MXXIX. *Varii.*

MARTIN, Medici Monspeliensis & Avenionensis, *traité de la phlebotomie & de l'arteriotomie* Paris 1741. 12.* Omittimus practica. Hactenus pro SYLVA pugnat,

(f) p. 562.

pugnat, venæsectionem derivare, s. sanguinis motum versus eam partem accelerare, cujus vena incisa est, hinc venæ jugularis sectionem in gravioribus capitis morbis nocere.

J. Burchardi SCHLERETH, Professoris Fuldensis, *Institutiones medicæ succinctis thesibus comprehensæ notisque uberioribus illustratæ* Fuldæ 1741. 4.* Passim tamen etiam in bonos fontes incidit.

Philippi Maximiliani DILTHEY *observationes anatomico physico medicæ* Herborn. 1741. 8.* Sectiones fere medico legales.

J. Lud. HOCKER in V. tomo *mathematischer Seelen-Lust* agit de cantu avium.

BUNON, Medici dentarii, *diss. sur le prejugé très pernicieux concernant les maladies des yeux, qui surviennent aux femmes grosses* Paris 1741. 12.* Non periculosam esse dentis canini evulsionem. Nervis dentium nihil esse cum oculi nervis commune.

EJ. *Essay sur les maladies des dents* Paris 1743. 12.* De modo & ordine, quo dentes prodeunt. Dentes primos radicibus non destitui: ut iis novi dentes succedant deleta radice.

EJ. *Experiences & demonstrations pour servir de suite & de preuves à l'essay sur les maladies des dents* Paris 1746. 12.* Practicus utique homo; varia tamen adnotat, ut de inæquali crassitie vitrei corticis dentium.

Conrad ZUMBAG *de* COESFELD *de pulsibus & urinis* Leid. 1741. 12.

Antonius Cælestinus COCCHIUS, Romanus, Ejus est *lectio de musculis & motu musculari* Rom. 1741. 4. maj.*

Connoissances parfaites des Chevaux — avec une instruction sur les haras Paris 1741. 8. BOISS.

Idée générale de l'homme consideré comme le sujet de la physiologie 1741. HOUS. An la CAZE primum forte tentamen.

François Pasgual VIRREY *y* MANGE *institutiones medicinales o Physiologica segun el systema de acidos y alcalinos* Madrit 1741. 8. CAP. de VIL. recusum cum *chirurgico manuel* ib. 1749. 4.

§. MXXX. *Disputationes.*

Andr. HERRINGA *de motu musculorum* Leid. 1741. 4. PL.

Henricus KYPER *de humore pericardii* Leid. 1741. 4.*

Josias VERHEL *de alimentorum in ore ac ventriculo χυλοποιησει* Leidæ 1741. 4.*

Joachim HOFMEISTER *de organo auditus ejusque vitiis* Leid. 1741. 4.*

J. MARTIN *de fato senili* Leid. 1741. 4. PLATNER.

Dionys. APEL *de oculi humani fabrica* Leid. 1741. 4. ID.

Franc. Tiberius BONVOUST *de saliva* Leid. 1741. 4.*

J. Christian MENZ, præside J. C. PUCHLER, *de saliva non temere exspuenda* Lipſ. 1741. 4.*

David Henrich VOLPRECHT *de saliva ejusque ortu ex glandula parotide* Lipſ. 1741. 4.*

Christ. Frid. SCHULZ *de sicca corporum animalium conservatione* Lipſ. 1741. 4.*

Jonas SZENT PETRI *de conservatione corporum* Hall. 1741. 4.*

Christiani THOMASII *de concubinatu vom Beyschlaf* Hall. 1741. 4.

Wolfgang Jacob LOCHNER *de præcipuis sanguinis qualitatibus ad nutritionem corporis humani facientibus* Altdorf. 1741. 4.*

Henrich Aug. GERLACH *de actione & reactione in corpore humano æquali conservanda* Erford. 1741. 4.*

J. Philipp. ZAUNSCHLEIFFER *jus graviditatis & gravidarum* Jen. 1741. 4.

Benjamin Friderich ERHARDT *de sudore imprimis nimio* Argentor. 1741. 4.* Collectio.

Philipp. Henrich BOECLER *de somni meridiani salubritate* Argent. 1741. 4.

EJUSD. *Thesium medicarum decas.* Pr. J. BOECLER Argent. 1741. 4.* Aliquæ physiologicæ & anatomicæ.

EJ. *De thyreoidea, thymi atque suprarenalium glandularum in homine nascendo & nato functionibus* Argent. 1753. 4.*

EJ. *Oratio extollens procerum & medicorum Argentoratensium in Anatome merita* Argent. 1756. PORT.

J. BOECLER *an nitrum sanguinem coagulet an resolvat* Argent. 1741. 4.*

J. Georg EISENMANN & MOSEDER *Theses medicæ anatomicæ* 1741. de lacte virginum. Experimenta pulmonum natantium & subsidentium.

EJ. EISENMANN & LAUTH *quæstiones varii argumenti* Argent. 1742. 4.* Pluscula experimenta in ranis facta, & alia anatomica.

Conrad Ludwig ZOEL *de respiratione sana & morbosa* Rinteln 1741. 4.* præside J. H. FURSTENAU.

J. Rudolph RHAN *de more sternutantibus salutem apprecandi, ejusque origine* Tiguri 1741. 4. LEU. alii 1742.

Jac. Nicol. MARCARD *de generatione caloris & usu in corpore humano* Götting. 1741. 4.*

J. Lud. Christoph. BERINGER *theses selectiores philosophico physiologico medicæ* Heidelberg 1741. 4. HE.

Jac. Henr. BALTHASAR *de homine* Greifwald. 1741. 4. HE.

J. Franc.

J. Franc. ZELLER *Diss. de bile & ejus usu medicamentoso* Prag. 1741. 4.

Frid. de BUCHWALD & *Christian Ludov.* MOSSIN *thesium decades de musculo* RUYSCHII *in fundo uteri* Hafn. 1741. 4.* Pro RUYSCHIO contra LEPORINUM. Non semper quidem, aliquando tamen fibras uteri facile conspici. Placentæ sedem incertam esse. In femina secundas absque malo per annum retentas fuisse.

Gust. HARMENS *exsistentiam spirituum animalium adumbrat* Lundin. 1741. 4.*

EJ. *De usu & noxa bilis genuinæ & vitiatæ* Lundin. 1746. 4.*

EJ. *De vera ratione secretionis corporis humani in genere* Lundin. 1758. 4.*

Wilh. Bernh. NEBEL *de synovia* Heidelberg 1741. 4.

Lud. LAUGIER *de natura & causis fluiditatis sanguinis ... de lactis natura & usu* Monsp. 1741. 8. Idem ut puto libellus p. 133. cum præside *Ant.* MAGNOL dictus.

Nicolai ANDRY & *Franc. David* HERISSANT *Ergo ab impulsu sanguinis in arteriam pulmonalem respiratio spontanea* Paris. 1741. 4.* & in *nostris selectis*. Hypothesis singularis.

IDEM (*Franc. Dav.* HERISSANT) in *Hist. de l'Acad.* a. 1741. egit de respiratione. Pulmonem in exspiratione dilatari (nempe de pectore expelli, non adeo aperto pectore collabi). De minori dilatatione pulmonis, quæ fit ab arteria pulmonali.

EJ. De labio leporino singulari cum defectu ossium turbinatorum inferiorum.

EJ. HERISSANT *E. secundinæ pulmonum præstant officia* Paris. 1743. 4.* & in *nostris selectis*. Negat fetum sanguine materno ali.

EJ. *De fabrica cartilaginum*. Laminas in iis tenues, in equis rete reperit. *Mémoir. de l'Acad.* 1748.

IDEM in avibus aquaticis utique etiam superius rostrum mobile esse.

ID. *Mém. de* 1749. de dentibus canis carchariæ sibi succedentibus.

In *Vol.* XLVII. *Trans. Philos.* si huc vis referre, de veneno Americano, & de vulneribus eo inflictis.

Mém. de l'Acad. 1752. de cuculo. Ejus voracitas a magnitudine ventriculi pendet, qui membranaceus est, & totum abdomen replet.

In *Mém. de* 1753. de instrumento vocis in quadrupede inque ave. Equus & asinus membranam habet glottidi incumbentem, quæ per exeuntem aërem in tremores alternos cietur. Alia mulo est fabrica. Ad ventriculos laryngis. De larynge inferiori avium.

Ib. *Histoire* ejus anni. Pulsus nullus, cor vacillans & laborans; pericardium toti sinistræ caveæ thoracis æquale.

IDEM de pullo, cui intestina in femur descenderant.

IDEM anno 1754. de organo, in quo vitreus dentium cortex paratur. Vesiculas esse in folliculo subnascentes & gluten fundentes.

IDEM de inteſtinis ſtruthiocameli: duæ cæcæ appendices; cellulæ in colo. Ductus pancreaticus ab hepatico diſſitus. In ventriculo muſculoſo calculi.

In *Hiſt. de* 1756. de fetu 27. menſe ſectione cæſarea extracto, cum interim mulier concepiſſet.

In *Mém. de* 1758. Oſſa ope acidi mineralis diſſolvit. Ita reperit duplicem in iis naturam eſſe, membraneam vaſis plenam, & terram cretaceam. Non putarem a noſtris differre, qui vaſa cum ſua celluloſa tela undique oſſa percurrere perſuademur, niſi vir Cl. doceret, omnino laminas oſſium naturam membranaceam & cartilagineam retinere. Terra oſſium cum acido nitroſo abit in nitrum baſi cretacea.

In alio commentario de exiguis burſulis perioſtei in alveolari textu oſſium ſedentibus, & de earum cum perioſteo externo continuitate. Quatuor nunc elementa oſſis numerat, & prioribus gluten addit, atque telam ex perioſteo continuatam. Terram cretaceam in lotio vidit.

In *Mém. de* 1766. eamdem fere fabricam reperit in teſtis animalium marinorum; celluloſam nempe telam, quæ teſtæ fundamentum eſt. Neque teſtam ergo ex glutine naſci. Ea tela acido adſperſo, ſoluta calcarea terra, nudatur.

Petrus MARAIS & *Hyac. Theod.* BARON Paris 1741. 4.* & in *ſelectis noſtris*. *Ergo dum contrahitur cor, dilatantur arteriæ coronariæ.* Contra BOERHAAVIUM. In cordis ſyſtole ſanguinem de inciſa arteria coronaria altius exſilire.

Petri Joh. BURETTE, eruditi viri & magni librorum collectoris, & *Theodori* BARON Jun. *E. dum cor contrahitur dilatantur arteriæ coronariæ* Pariſ. 1741. 4.*

Antonii PEPIN & *Matthiæ* ARRAGON *Ergo a mutuo ſanguiferorum lactiferorumque uteri vaſorum nixu menſtrua mulierum purgatio* Pariſ. 1741. 4.* Ad fabricam uteri, ad ejus vaſa lactifera.

Joh. HERMENT & *Abr. Fr.* LEO *de* VILLARS *E. ſanitas potius a fluidis quam a ſolidis* Pariſ. 1741. 4.*

Raymund Jacob FINOT & *Jacob. Fr. le* CHAT *de la* SOURDIERE *E. bilis circulatio multiplex* Pariſ. 1741. 4.*

Petri le TONNELIER & *Ludov. Ren. du* BOIS *E. nutritio tantum in minimis vaſis* Pariſ. 1741. 4.*

Phil. CARON & *Car. Fr.* BOUTIGNY *des* PREAUX *E. a vario fibrarum contextu & elatere diverſa temperies* Pariſ. 1741. 4.

Urbani LEAULTE' & *Urbani de* VANDENESSE *E. ut omnium ſecretionum cauſa tritus, ſic materia lympha* Pariſ. 1741.

Benjam. Ludov. LUCAS *de* LAUREMBERT & *Car. Lud.* LIGER *E. aër ſanguini admiſcetur per pulmones* Pariſ. 1741.

Leandri PEAGET & *Juliani* BUSSON *Ergo ſanguis in fetu a dextra in ſiniſtram cordis auriculam per foramen ovale tranſit, non ſecus* Pariſ. 1741.

Ludov.

Ludov. Alexandre VIELLARD & *Andr.* CANTWEL *E. secretionum diversitatis causa multiplex* Parif. 1741. 4.*

Lud. Guil. le MONNIER & *J. Stephan.* GUETTARD *E. ex vasorum figura & origine facilior aptiorque fluidorum dispensatio* Parif. 1741. 4.* Arterias cylindros esse, non conos.

§. MXXXI. *Diaria anni* 1742.

In *Phil. Transf.* n. 462. *Eduard* NOURSE vesicam urin. in aliquot cellulas continuatam describit.

N. 464. C. WARWICK de puero pene difformi, cæco, cui lotium in spongiosa carne supra pubem excernebatur.

N. 466. R. CAMPBELL de viro integris 18. annis aqua sola vitam sustinente.

In *Hist. de l'Acad. des Sc.* 1742. de castratione piscium in Anglia inventa.

Ibid. *Bernardus de* JUSSIEU, botanices summa peritia celebris, PEYSSONNELLI inventum ornat, qui corallia animalculorum opificium esse primus docuerat, quæ sententia nunc vulgo recepta est.'

In *Journal des Sav.* 1742. Mai. contra *Petrum* BARRERE objicitur, bilem non atram esse, sed flavam.

In *Actorum Acad. Naturæ Curiosorum Vol.* VI. anno 1742. excuso *obs.* 11. *J. Hartmann* DEGNER refert de puella pilosa.

Obs. 66. *Johannes v.* WOENSEL: vitiose formati digiti, ex terrore, ut putat, materno.

Obs. 86. Dens apri insolitæ magnitudinis.

Obs. 88. *Gottlieb Henrich* KANNEGIESSER, Prof. Kilon., uteri ostium concremento carnoso clausum, ut sanguis menstruus retineretur.

EJUSD. *Institutiones medico legales* Hall. 1768. 8.* Hymenem negat, pulmonum experimentum dubium reddit & difficile. Quinto mense nasci vitalem fetum. Imaginationem maternam ad monstra facere. Posse cerebrum etiam extra caput alicubi latere.

EJ. *De tubulosa nervorum natura* Kiel 1749. 4.*

EJ. Disp. *de signis virginitatis læsæ, & integræ* tria ad minimum progr. Kiel 1757. 4.*

In appendice ad A. N. C. N. *Vol.* VI. *Tobias Henrich* HAEHNE de annis climactericis, eorumque veris in corpus humanum effectis.

In *Eff. of a Soc. at Edinburgh* T. V. P. I. *Johannes* GEMMIL de concremento gelatinoso in tuba reperto.

In *Act. Lit. Upsal.* 1742. *Ernst Friderich* BURCHARD cocci Polonici metamorphoses describit.

EJ. *Disputationes de peculiari osse sesamoide ad os frontale reperto* Rostock. 1742. 4.

EJ. *De arteria palatina* Rostock. 1746. 4. HE.

Ib. *Satyrar. Siles. spec.* VIII. D. A. B. C. epistolæ. Inter eas est de surdis mutisque loqui discentibus.

Mala icon duorum uterorum cum vagina unica.

In *Daniel August* GOHL's *Berlinische Sammlungen nützlicher Wahrheiten wöchentlich herausgegeben* Berlin 1742. 8. reperias de modo quo surdi audiunt, admisso bacillo, cujus alter finis loquentis ore continetur, alter instrumento sonanti adplicatur.

§. MXXXII. *Theophilus de* BORDEU.

In Bearnia natus, clinicus Parisinus. EJ. *chylificationis historia* prodiit Monspell. 1742. recusa Paris. 1752. 12.* cum tr. *recherches sur les glandes.* Glandulas molares HEISTERI inter præcipuas glandulas salivales numerat. Negat a massetere parotidem glandulam premi; negat salivam aperta maxilla excerni (quod tamen evidentissimum est in WHARTONIANO ductu, de STENONIANO nemo dixerit). Ductus tribuit glandulæ thyreoideæ, versus asperam arteriam tendentes. In digestione BOERHAAVIUM sequitur.

EJ. *De sensu generice considerato* Monspel. 1743. (ut putes ex *avis de l'Editeur*, non 1742.) recusa cum *recherches sur les glandes.* Nervorum rugas ponit, quæ in sensu ampliari possint & minui.

EJ. *Recherches anatomiques sur la position des glandes & sur leur action* Paris 1751. 8* Non a pressione aliqua glandulas exinaniri, sed a stimulatione nervorum suorum; qua occasione noster fere repetit, quæ in prima thesi dixerat. Ductus ex thyreoidea glandula in asperam arteriam ducentes iterum putat se vidisse. Sic ex D. PESTRE testimonio ductum ex thymo versus asperam arteriam ducentem adesse conjicit. Ab averso in pulmonem sanguine incrementum thymi putat supprimi. Pancreas a pleno ventriculo premi; renes in respiratione urgeri negat (istud contra experimenta). Fuse de epiglottide ejusque glandulis. Ductum incisivum tamen lacrumas transmittere. Glandulas nervis abundare (omnino præter rem, cum non alia pars corporis humani pauciores nervos nacta sit). In somno omnes secretiones cessare. Glandulæ cuique suam esse vitam. Nervum contractionem arteriæ augere & secretionem. Denique ad STAHLIANAM sententiam inclinat.

EJ. *E. omnes organicæ corporis partes digestioni opitulantur.* Præside D. LAVIROTTE Paris. 1752. 4.* Cellulosam telam subcutaneam esse machinam contractilem, quæ humores contra ventriculum urgeat, quos vicissim ventriculus distentus reprimat. Nervos inter has duas actiones medios agere &c.

EJ. *Ergo aquæ Aquitaniæ minerales morbis chronicis* Paris. 1752. 4.* Inflammationes habere confusa centra connatarum cellularum; materiem ejus concrementi

crementi ſuccum eſſe alibilem non ſatis extenſum. Contra experimenta in vivis animalibus facta, quod utique ex iis tendines & ligamenta ſenſu carere videatur.

Ej. *Recherches ſur le pouls par raport aux criſes* Paris 1756. 12.* Nova hic plurima. A *Franciſci* SOLANO novis pulſibus incitatus vidit, cum virum longe citra verum ſubſtitiſſe. Ipſe primo pulſum irritationis, arctum & ſiccum, & pulſum coctionis, expanſum admittit, iſtum ſemper ſalutarem. Deinde pulſum criticum vel ſuperiorem facit, in quo unicus ictus in duos celerrime ſe ſubſequentes pulſus dividitur; vel inferiorem: demum ſeparat pulſus inæquales iniquis ſe intervallis ſequentes. Superior porro per ſua ſigna, hic non repetenda, diſtinguitur in gutturalem, pectoralem, cephalicum, naſalem. Inferior iterum inteſtinalis eſt, iſte intermittens, alius emeticus, menſtruus &c. Pulſus etiam alii ex duobus generibus componuntur, naſali & gutturali, & ſic porro. Multo plura omittimus. BOERHAAVIO iniquus in univerſum, & irritabilitati, quæ ex methodicis renovata ſit. Anglice London 1765. 8.

In nupera editione Pariſ. 1768. 12. 2.Vol.* inque ſecundo volumine, multa admiſcet, & teſtimonia producit doctorum de ſuis pulſibus. Noſtrum unice diſtulimus.

In *recueil des piéces, qui ont concouru pour le prix de l'Academie Royale de Chirurgie* T. III. Paris 1759. 4.* agit de ſcrophulis, quas ab acido deducit, in humoribus monticolarum abundante, & ex multo lactis uſu nato.

Recuſa eſt cum ſequenti libello

Recherches ſur le tiſſu muqueux & l'organe cellulaire Paris 1766. 12.* Germanice Wien 1772. 8. Non poſſis certe probare, quod vir Cl. totam hanc hiſtoriam ita tradat, ut putes a nemine prius fuiſſe traditam. Et tamen dudum dignitas celluloſæ telæ, & magnarum, quas in componendo animali corpore ſuſtinet partium; & origo ex gelatina; & coalitus in membranas & naturales & vitio natas; & conjunctio cellularum perpetua, & exhalatio in eas cellulas, & motorum per eam telam corporum fluidorum & ſolidorum itinera a KAAUWIO aque nobis dicta fuerant. Reliqua facile adgnoſcimus THEOPHILO propria; ut originem temperamentorum, [ſi humores nervos & muſculos excluſeris); vim contractilem, ſi ſupra lentam & inconſpicuam vim aliquid efficacius velis; bipartitionem corporis humani & arterioſi ſyſtematis, & inteſtinorum. Phrenicas vires Cl. *de la* CAZE alias dicemus. Cæterum ex gelu fibras ambeunte celluloſum textum naſci docet: inter duas quasque fibras nervoſa filamenta plurima eſſe, & ad vaginæ modum fibras ambire, vaſisque carere. Per ſpatiola cellularum humores ire & redire, flatum easdem vias percurrere. Ali a juxta poſitione ſucci nutritii. Vaginæ exteriores, celluloſæ, magnarum membranarum. Sacci celluloſi artuum. Vaginas aponeureticas primum naſcentes merum eſſe textum celluloſum. Vaginæ celluloſæ in ſe invicem reagunt, & viciſſim ſe trahunt. Obſtructiones & congeſtiones fieri motu humorum per celluloſas telas impedito. Eas telas a vaſis & nervis ſenſum habere & motum. Inter vaſa nervosque, atque inter reſiſtentem celluloſam telam, perpetuum eſſe antagoniſmum, & vaſorum atque nervorum

 vim

vim in cellulosa tela perire. Ejus est tonus. Antagonismus inter diaphragma & pleuram, atque peritonæum: totas eas membranas cum suis cellulosis alterne distrahi.

Ej. *Recherches sur quelques points d'histoire de la medecine* Paris 1764. 12.* Historica hic tradit, deque medicis celebrioribus liberrime judicat.

In Mém. presentées à l'Acad. T. II. de modo, quo ossa maxillæ superioris composita sint, ut inferiori resistant.

In *Journal œconomique* 1758. litem intendit *Francisco*, THIERRY viro optime meriti, ob ostensam cellulosæ telæ dignitatem. Se de ea annis 1751. 1752. 1754. scripsisse. Sed nos & noster A. SCHOBINGERUS annis 1747. & 1748. fuse de ea tela egeramus, & multo quam THEOPHILUS magis per singula.

§. MXXXIII. *J. Gottlieb* KRÜGER,

Professor Hallensis & Helmstadiensis, vir excitati ingenii, physiologica aliqua scripsit. Ej. Disp. *de sensatione* Hall. 1742. 4.*

Ej. *Theoria physica tubulorum capillarium ad corpus humanum adplicatorum* Hall. 1742. 4. Resp. *A. Samuel* HAMBACHER.

Ej. *Naturlehre zweyte Theil, oder Physiologie* Hall. 1743. 8.* 1748. 8.*, quæ posterior editio aucta est. Belgice cum notis *D. van* GEESCHER Amsterdam 1764. 8. SANDYFORT. Nostris placitis passim usus in nuperiori editione multa emendavit, suam aëri thoracico datam fidem, musculorumque intercostalium internorum vim detrahentem, antiquavit. Experimenta WOODWARDI operi inseruit. Icones collectitiæ. In T. III. f. pathologia agit de corporis & animi motubus. Proportiones partium.

EJUSD. *Grundriß eines neuen Lehrgebäudes* Hall. 1745. 8.* Mediam inter STAHLIANOS & mechanicos viam init. Motus etiam vitales sensationes aliquas sequi, & eorum motuum causam animam esse, etsi ejus potestatis non conscia est sibi. Hactenus vero a STAHLIO diffidet, quod animæ prævisos fines rejicit, præter unicum ingrato a sensu se liberandi desiderium: sed etiam secretiones aliasque functiones corporis animalis de animæ imperio eximit. A stimulo ergo causam motuum in animalibus derivat. (Verum stimuli absque anima agunt in plantis, in nuper mortuis animalibus, & in eorum partibus de corpore separatis.)

Ej. *De physiognomiæ in re medica utilitate* Hall. 1745. 4.*

Ej. *Neue Lehre von den Gemüthsbewegungen* Hall. 1746. 8.* Temperamenta restituit, deducit a nervorum tensione majori minorive, & a conjunctis motubus celeri cum debili, aut robusto &c. Accurate hæc composita temperamenta dividit, & cholerico melancholicos a melancholico cholericis separat. Omnes animi adfectus, etiam superbiam, a corporis constitutione derivat. Humores negligit. Neque videntur nervi ad ullas oscillationes idonei esse.

Ej. *Betrachtung einiger Thiere* Hall. 1746. 8.*, quæ editio altera est. Teleologia

leologia oculorum, ventriculi, generationis, aliarum functionum animalium. Ranarum vim masculam in pollice esse: ad brachium canalem ab utero ducere.

Ej. & BRAND *de refrigeratione sanguinis in pulmonibus* Hall. 1748. 4.* Chyli in vasa lactea resorbtionem mechanice explicat.

Ej. *Diat oder Lebensordnung* Hall. 1751. 8.* Multa huc faciunt, & princeps lex, quod post omnem sensationem aliquis motus sequatur. Cor perpetuo micare ex ipsa micandi consuetudine. Vim motricem ab anima in corpus dari. Nævis credulus incredibilibus, lunæque in feminarum menses imperio.

Ej. *Gedanken von Erziehung der Kinder* Hall. 1752. 8.* Multa huc faciunt. Pro affectuum animi materni imperio in fetum. Suffocari submersos, quod venæ pulmonis arteriis angustiores sint. Variolas non esse efflorescentiam cutis &c.

Ej. Diss. *de differentia elateris, toni, contractionis vitalis, voluntariæ, sensibilitatis & irritabilitatis* Helmstatt 1754. 4.*

Ej. *De lege naturæ, quod in corpore humano spasmum excipiat atonia spasmo proportionata* Helmstatt 1754. 4.*

Ej. *De somno morborum matre & fetu* ib. 1754. 4.

Ej. *Versuch einer experimental Seelen-Lehre* ib. 1756. 8.

§. MXXXIV. *J. Petrus* SUSSMILCH. *J.* BRUHIER.

J. P. SUSSMILCH, Pastor Berolinensis & Regi a consistorio, vir studiosus & boni ordinis amans, de vitæ humanæ stadiis, & mortium partumque vicibus fuse egit in L. *Göttlicher Verordnung bey der Vermehrung des menschlichen Geschlechts* Berlin 1742. 8. & multo auctius 1761. 8. 2. Vol.* Magno labore collegit fastos emortuales undique dispersos, potissimum etiam Borussicæ ditionis. In pagis rationem morientium ad viventes facit 1. 42: in magnis urbibus ut 1. ad 25. Conjugiorum rationem ad pueros inde provenientes, indeque sequentia generis humani incrementa ad calculos revocat. De annis vitæ humanæ. Feminæ viris longæviores sunt.

Jacob. Johannes BRUHIER, WINSLOWIANAM differtationem de incertis mortis signis auxit & in eam commentatus est. Titulum operi fecit *Diss. sur l'incertitude des signes de la mort* Paris 1742. 12.* T. I. & T. II. 1745. 12.* 1749. 12. 2. Vol.* Germanice vertente Cl. JANTKE Hafniæ 1754. 8.* Suecice Stokholm 1752. 8. *om dödes tekners owisheit* vertente *Olao* TILLÆO, adjectis exemplis Suecicis. Anglice London 1746. 12. Disputatio WINSLOWIANA hic redit Latine & Gallice excusa, deinde numerosa exempla hominum, qui revixerunt. Sic in T. II. innumeri homines falso pro mortuis habiti, & responsiones ad aliquas objectiones.

Ej. *Mémoires sur la necessité d'un reglement general au sujet des enterremens & embaumemens* Paris 1745. 12.* Tertium nycthemerum exspectari debere.

Ej. *Addition aux Mémoires &c.* Nova exempla hominum, qui male pro mortuis habiti, in loculis, demum in sepulchro ad se redierunt.

Editio 1749. ordine differt. In Tomo I. vis immensa est exemplorum hominum, qui vivi sepulti fuerunt; & varii morbi, in quibus facilius errari potest: auxilia denique, quibus homines ad vitam revocantur. Non posse nisi a putredine mortem adgnosci, quo VESALII infortunium & adfines historiolas refert. Masticationem mortuorum ad vivorum hominum sepulturam revocat. Neque ex pulsus, neque ex respirationis defectu, neque a sensu ad irritationes surdo de morte nos certos fieri. Legis formulam dat ad evitandam vivorum inhumationem rogandæ. In Tomo II. pro suis sæpe vix fidem merentibus exemplis pugnat. Iterum de restituendis submersis. Paulo minus in recipiendis narrationibus difficilis fuit. Suscitata, quæ octo integris diebus frigida fuerat.

In editione Germanica redit WINSLOWI disputatio: in ampla præfatione ad objectiones *Antonii* LOUIS respondetur, aliquæ historiæ defenduntur, aliæ aliquantum temperantur, nova exempla adduntur a morte parientium &c.

Cl. BRUHIER in editione, quam curavit libri *Ludovici* LEMERY *des alimens* Paris 1755. 8. 2.Vol.* tractatum addidit proprium *des alimens en general*, de humoribus animalibus, de coctionis alimentorum modo. Deinde in T. II. de elementis corporis humani alentibus, & de animalibus varia.

§. MXXXV. *Varii.*

J. Augustus SCHAARSCHMIDT, prosector Berolinensis, EJ. disp. *de nonnullis ad motum cordis & circulationem sanguinis pertinentibus* Hall. 1742. 4.*

IDEM anatomen WINSLOWIANAM in tabularum formam reduxit & edidit *Osteologische Tabellen* Berlin 1746. 8.*

EJ. *Myologische Tabellen* 1747. 8.* f. musculi, quos inter HEISTERIANUS Epistaphylinus lateralis ab unco pterygoideo natus.

EJ. *Angiologis. Tabellen* 1748. 8.* Nimis, etiam erranti WINSLOWO confidet.

EJ. *Splanchnologische Tabellen* 1748. 8.*

EJ. *Nevrologische Tabellen* 1750. 8.* In critica præfatione contra eos dicit, qui nervos a primo ramo quinti paris ad intercostalem accedentes admittunt.

EJ. *Adenologische Tabellen* 1751. 8.*

EJ. *Syndesmologische Tabellen* 1752. 8.* f. ligamenta.

Conjunctim hæ tabulæ prodierunt Germanice Frankfurt 1759. 8. 7.Vol. Latine Moscau 1769. 8.

EJ. *Verzeichniß der Merkwürdigkeiten, welche bey dem anatomischen Theater allhier befindlich sind* Berlin 1750. 8.* Fetus, quem pro androgyno habet; partus varii monstrosi & deformes. Hœdus lactans.

EJ. *Anatomische Anmerkungen* 1750. 4.* Inter morbosas adnotationes lienes minores.

Edidit etiam CASSEBOHMII *methodum secandi & fetus physiologiam* 1751. 8.

Gulielmus Jacobus STORM vulgo s'GRAVEZANDE, Professor Leidensis, edidit

Leidæ

Leidæ 1742. 4. 2.Vol.* *elementorum physices mathematicorum experimentis confirmatorum*, quæ melior est editio. Aliqua habet physiologica, ut de visu & oculi constructione & de vitiis visus. Lentis crystallinæ situm mutabilem reperit. Physica experimenta ad aëris adque luminis naturam pertinentia alias laudabimus.

EJ. *Nouveau traité de physique sur toute la nature, où meditations & songes sur tous les corps dont la matiere tire les plus grands avantages* Paris 1742. 12. 2.Vol. Habet etiam physiologiam.

Charles OWEN *essay towards the natural history of serpents, their propagations, qualities &c.* London 1742. 4.

J. Henrich ZORN *Petino Theologie, oder Versuch zur Verwunderung und Verehrung des Schöpfers, aus näherer Betrachtung der Vögel*, T. I. Pappenheim 1742. 8. T. II. Schwabach 1743. 8. Ad œconomiam animalem avium.

EJ. *Gedanken über die Mäuseplage, welche a. 1742. verschiedene Kreise betroffen* Dietfurt 1742. 4.

Musæi imperialis Petropolitani Pars I. *qua continentur res naturales ex regno animali* Petropoli 1741. 8.* Pene totus liber huc pertinet. Pars I. continet præparata ut vocant anatomica, thesaurorum nempe RUYSCHIANORUM catalogum, qui Petropolin advecti sunt. Rariuscule adnotatur, quid in quoque *præparato* memorabile sit. Anthropogonia cæterum pulcherrima. Varia a J. G. DUVERNOY. Monstra multa. Reliqua pertinent ad animalium exuvias.

In T. II. P. I. Petrop. 1741. 8.* instrumenta artium, etiam anatomica.

A philosophical essay on fecundation by a member of the society London 1742. 8.* Procacis juvenis opus: semen maris esse plenum hominibus masculis, puellis plenum ovum. In fecundo coitu hos homunciones se adtrahere, & singulas particulas singulis æquali vi adtrahente præditis adhærere.

Joseph HURLOK *practical treatise upon dentition* London 1742. 8.* Dentitionem describit, & ordinem quo dentes prodeunt.

Fielding OULD, obstetricii viri, *a treatise of midwifry* Dublin 1742. 8.* Ad praxin potissimum spectat. Maxime naturalem partum non esse, quando media fetus facies os sacrum respicit, sed eum in quo mentum humero imponitur. Aliqua ad partium genitalium anatomen.

Die Kunst ertrunkne Menschen wieder zu erwecken 1742. 4.* Gallica scheda cum notis.

Memoires sur les glandes thyroides & leurs usages 1742. Ho. Nisi est *Theophili* BORDEU libellus p. 346.

Eustachio SALVADORE *corso anatomico* Rom. 1742. fol. SMITH.

§. MXXXVI.

§. MXXXVI. *Casimirus Christophorus* SCHMIEDEL.
Fridericus Guilielmus HENSING.

C. C. SCHMIEDEL, Professor Erlangensis, Archiater Anspacensis, vir ILL. disputavit *de exulceratione cordis & pericardii* Jen. 1742. 4.* & in *selectis nostris.*

Secutum est progr. *de varietatibus vasorum plerumque magni momenti* Erlang. 1745. 4.* Anastomosis inter ramos venæ azygæ & iliacæ, renalis & gastro epiploicæ, vasorum intestini recti cum vesicalibus, arteria radialis in humero divisa. Azygæ venæ icon.

EJ. *De habitu naturali venarum lymphaticarum in hepate* Erlang. 1747. 4.* Iconem dat trunci cum ramis non valvulosis.

EJ. *De controversa origine nervi intercostalis* 1747. 4.* A canalis carotici integumento ramos venire ad intercostalem: eum nervum ganglion in ipso transitu per cranium facere. Ramos a Quinto varios accipere.

EJ. *Pathologia dolorum gravidarum puerperarum & parturientium* Erlang. Erlang. 1750. 4. BOEHM.

EJ. *De nervo intercostali* 1754. 4.* Iconem dat ganglii semilunaris. Ramos ad tympanum mittere. Rami in collo, in thorace, in abdomine.

Cum JENTY tabulis anatomicis edidit Nürnberg 1761. fol. max.* duas puerperarum incisiones, in quarum utero multa memoriæ digna vidit. Uterum tenuiorem potius quam crassiorem. Membranam filamentosam, quam placentam obvolvit, ejus rete vasculosum. Sinus in utero arteriosos. Arteriarum, etiam venarum, uteri manifestum cum placenta communicationem.

EJ. *De pulmonibus natantibus* 1767. 4.* Bona disp. Pulmones mortui nati subsident, a putredine enatant, non tamen a primo fetore. Ea occasione agit de communicantibus ad placentam ex utero arteriolis duorum generum: tum de venis uteri in placentæ sinus patulis. Placenta & uteri vasa ceracea materie repleta.

Friderich Wilhelm HENSING, Professor Giessensis, quem 26. annis non majorem mors abripuit, disp. *de peritonæo* Gieff. 1742. 4.* & in *nostris selectis.* Suas & HOMMELII observationes habet de processibus cellulosis peritonæi. Ad lienis ligamenta.

EJ. *De apophysibus corporis humani* 1742. 4.* Bona disp.

EJ. *De omento & colo* 1745. 4.* Partes omenti, ut nos, divisit: colicum, omentum pro novo descripsit. Coli int. situs vitiosus.

Vitam viri dedit *Chr. Frid.* AYERMANN Gieff. 1745. 4.

§. MXXXVII. *Petrus* TABARRANI,

Bononiensis: EJUS *observationes anatomicæ* Luccæ primum prodierunt in *Memorie di Valentuomini* T. I. deinde seorsim Luccæ 1753. 4.* auctæ & emendatæ.

datæ. Tres tabulæ sinuum cerebri. Vena ophthalmica & ejus arcus trans nasum (plures ego reperio), quam putat a sinu cavernoso versus nasum ducere. Jugularem sinum cum inferiori petroso conjungi. Circularis sellæ equinæ sinus & transversus. Duos laterales conjungens sinus. Sanguis circa carotidem exeuntem effusus. Quatuor sinus falcis cerebelli. Utique sinus falcis cerebri plerumque dextrorsum inflectitur. Sinus novus in ossis petrosi cum occipite conjunctione, etiam cum jugulari sinu communicans. De arteriæ carotidis flexionibus. De musculo dorsi semispinato; bifidum nonnunquam esse, & in spinas & in processus transversos lumbalium vertebrarum inseri. De glandulis mucosis feminarum & COWPERI. Glandulam, ut BARTHOLINUS, ejusque ductum reperit. Hymenem confirmat. Placentam retentam non continuo nocere. Pili & sebaceæ glandulæ nympharum; sinus uteri. Corpus luteum; ductus galactophori, quos non bene ait inter se uniri. Valvula EUSTACHII: de dentibus tertio nascentibus &c. Reliqua pathologica & chirurgica.

In tertio tomo *Atti dell' Academia degli fisico critici* Siena 1767. 4.* numerosæ iterum Cl. viri observationes exstant, paulo longioribus periodis expositæ. De acetabulo femoris & ligamento terete, fere ut Cl. SCHWENKE. De teste & tenui membrana, quæ ab albuginea separari potest, quæ eadem est vaginalis tunica trans epididymidem adveniens. Nervum quinti paris utique septo proprio a sanguine receptaculi distingui. Ossa triquetra. De valvula EUSTACHIANA & coronaria fuse. Mecum sentit de umbra illa in EUSTACHII icone, de qua me accusavit ALBINUS. Foramen ovale a sinistris. Androgynus qui videtur verus. Alter vir urethra fissa. Appendix intestini. Veri pulli in ventre gallinæ. Spinæ dorsi curvatæ.

Lettere di P. TABARRANI Lucca 1764. 4. Inter eas est de lacrumis sanguineis.

§. MXXXVIII. *Disputationes.*

J. Caspar MEZGER *de somni natura & causis* Leid. 1742. 4.

Balthasar Johann. HAVER *de principiis corporis humani, ad locum Geneseos, pulvis es & in pulverem reverteris* Leid. 1742. 4.

Petri JOSSELET *de vomitu* Leidæ 1742. 4.*

Nicol. Frid. Wilh. PRÆTORIUS *de saliva* Leid. 1742. 4.*

P. le MONNIER *de conceptu & incremento fetus* Leid. 1742. 4.*

Jac. van VISVLIET *de somni natura & causis* Leid. 1742. 4.

Francisci Nicol. NARCISSI *de generatione & receptaculis chyli* Leid. 1742. 4.* & in *nostris selectis.* Nodos habet in vasis lacteis prægrandes, & prælonga ductus thoracici ultima crura.

J. Cornelii VELSE *de mutuo intestinorum ingressu* Leid. 1742. 4.* & in *nostris selectis.* Variæ, valde singulares, ductus thoracici cum vena sine pari anastomoses. Duæ in uno rene pelves. Flatus ex vesica in ureterem redeuns.

J. Petri LOBE' *de oculo humano* Leid. 1742. 4.*

J. H. de NORMANDIE *de fabrica pulmonum eorumque usu* Leid. 1742. 4.

J. Cornelissen van de EBO *de fabrica & usu linguæ* Leid. 1742. 4.*

Samuel KLINGENSTIERNA *de modo visionis* Upsal. 1742. 4.*

Andreæ WESTPHAL, Professoris, *exsistentia ductuum hepatico cysticorum in homine* Greifswald. 1742. 4.* De experimenti certitudine testes aliqui mihi dubia moverunt.

EJ. *De injectionibus anatomicis* Greifswald. 1744. 4.*

EJ. *De* ARISTOTELIS *anatomia* ib. 1745. 4.* Cadavera humana tamen secuisse videri.

EJ. *De materia lactis* 1764. 4.*

EJ. *De commercio uterum inter & placentam & fetus nutritione* 1771. 4.*

EJ. *De calore naturali aucto & imminuto* 1771. 4.

EJ. *De irritabili* 1772. 4. Ita lego.

Theodor. PYL *de auditu* Greifswald. 1742. 4.

Christoph Henrich KESSEL *de chemiæ ad corpus humanum adplicatione* Hall. 1742. 4.*

Salomon Bernhard WOLFSHEIMER *de causis fecunditatis gentis circumcisæ* Hall. 1742. 4.

J. Frid. TSCHEPP *de amputatione femoris non cruenta* Hall. 1742. 4.* Exemplum pulmonis adulti hominis, parvi, contracti, submersi.

Pol. Frid. SCHACHER *de nutritione recens natorum sine usu lactis matrum* Lipf. 1742. 4.*

Theod. Sigm. HESSE *de conceptione fecunda* Francof. ad Viadr. 1742. 4.* præside *C. A. a* BERGEN.

J. Casp. LEDERER *de sensibus in genere* Götting. 1742. 4.* præf. J. A. SEGNER.

Wolfgang Thomas RAU *de nævis maternis* Altdorf. 1742. 4.*

IDEM in *Vol.* IX. *Act. Nat. Cur. obs.* 32. de vetulis menstruatis.

In *Nov. Act. Nat. Cur. Vol.* III. a. 1767. IDEM *obs.* 34. spinam bifidam dixit.

J. Joach. SCHOEPFER *de partu octimestri* Witteberg 1742. 4. PL.

Georg. Henr. EISENMANN *quæstiones medicæ varii argumenti R. J. Georg.* LAUTH Argent. 1742. 4.* Experimenta aliqua de nervorum irritatione; de peculiari per hepar sanguinis circuitu.

EJ. (*J. Georg.* LAUTH) *de glandula thyreoidea* Argent. 1742. 4.*

G. H. EISENMANNI *tabulæ quatuor uteri duplicis* Argent. 1752. fol.* Pulchræ icones uterorum & vaginarum duarum, cum simplicibus ovariis, & ligamentis, & simplici vulva. Hymenes duo. Superfetatio. Repetit etiam GRAVELII uterum semiduplicem.

J. BAR-

J. BARBENES *theses medicæ variæ* Argent. 1742. 4.* Aliquæ physiologicæ.

EJ. *Mechanicus sanguinis in corpore adulto circulus* ib. 1742. 4.*

J. Frid. MOSEDER *de vesicula fellea* Argent. 1742. 4.*

Benj. GLOKIN *de catameniorum mechanismo & causis* Monsp. 1742. fol. ut lego.

J. Jaques Louis HOIN, Chirurgi Divionensis, qui nuper obiit, *Quæstio an bilis materies in venæ portarum sanguine.* Præside D. FITZ MAURIZE Monspel. 1742.

EJ. *Discours sur l'utilité des passions par rapport à la santé, avec un eloge de Mr.* PETIT Dijon 1752. 8.

EJ. *Nouvelle description de l'hermaphrodite* DROUART Dijon 1761. 4.* Esse feminam, glande cæca, sed nymphis prædita, & menses pati.

EJ. *Mémoires sur la vitalité des enfans* Paris 1764. 4. PORTAL. mihi 8. Requirit ad vitalitatem, ut satis perfectus & respirationi idoneus thorax sit & pulmo.

Petrus BERCHER & *Dionys.* PONCHON *Non ergo a valvulis intestinorum chymi progressus determinatio* Paris. 1742. 4.* & in *selectis.*

EJUS est etiam *E. ab uteri ejusque vasorum perpendiculari situ menstrua mulierum purgatio* Paris. 1749. R. MORAND.

EJ. *Ergo sua cuique ideæ in cerebro fibra* Paris. 1763. R. COLLET.

Theod. BARON & *Fr. Nic.* GAUTIER *Non ergo humor perspirationis est excrementitius* Paris. 1742. 4. Exhalare sub cuticula, & maximam partem resorberi.

Abraham Fr. Leo COL *de* VILLARS & *Guill.* RUELLAN *E. a vorticoso motu sanguinis calor* Paris. 1742. 4.

Urb. de VANDENESSE & *Jac.* VERDELHAN *des* MOLES *E. a globulosa sanguinis parte ad cutem appellentis Aethiopum color* Paris. 1742. 4.

§. MXXXIX. *Georg Friderich* SIEGWART,

Professor Tubingensis, subtilis Philosophus. EJ. *Specimen ophthalmologiæ* Hall. 1742. 4. etiam huc spectaverit.

EJ. *Pantometron eruditionis, maxime medico chirurgicæ, novis principiis mathematicis promotum* Paris. 1752. 4.*

EJ. *Cor veri nominis antlia hydraulica pressoria* Tubing. 1754. 4. Tres valvulas arteriosas arteriarum esse partes non cordis: unicum efficere anulum.

EJ. *Antagonismus fibrarum cordis humani controversiosus* 1754. 4.* Non dari rectas cordis fibras: cor in actione sua longius fieri.

EJ. *Tripes Heitersbacensis* I. 1755. 4.* & II. 1755. 4.* Fetus vitalis, cui inter plorandum tumor cum tertio crure pendet ex imo dorso. Contra monstra primigenia.

EJ. *Tibia callo reparata* 1746. 4.* auctoris nomen respondenti datur.

EJ. *Anthropotomes historico chondrologicæ conspectus systematicus* 1758. 4.*

EJ. *Fragmenta dynamices* HIPPOCRATICO GALENICÆ *sparsis monumentis memoriæ prodita* Tubing. 1759. 4.*

In IV. *fragm.* 1761. 4.* irritabilem naturam a sentiente distinguit. Non esse qualitatem obscuram, & a nobis illustratam esse.

EJ. *Epistola in qua homo in singulari dualis totus, anceps & duplex, neque est ibi simplex uti videtur simplicissimus* ib. 1762. 4.* Divisio hominis in duas partes per totum, systemata duo animalia &c.

EJ *Medicus non anatomicus non medicus, sed medicaster, non inutilis tantum sed perniciosus plane* Tubing. 1763. 4.

EJ. in *hist. mammæ cancrosæ sanguinem menstruum fundentis* ib. 1763. 4.*

EJ. *De vasis sanguiferis & cordis motu* ib. 1764. 4.

EJ. *Historia gemellorum coalitorum monstrosa pulchritudine spectabilium* ib. 1769. 4.* Fetus epigastriis connati, visceribus duplicatis, intestinis bis coalescentibus, bis separatis. Mediam inter theoriam primigeniam eamque sententiam aperit, quæ monstra casui tribuit.

EJ. *De vi imaginationis in producendis & removendis morbis* ib. 1769. 4.

EJ. *An sub partu humano etiam naturali emoventur innominata pelvis ossa* ib. 1774. 4.* Negat.

IDEM duo volumina *quæstionum Medicarum Parisinarum* a. 1759. & 1760. 4.* edidit, quæ annis prodierant 1742. & 1743.

§. MXL. *Diaria anni* 1743.

In *Phil. Transf.* n. 469. *Martinus* FOLKES ex TREMBLEYANIS equidem experimentis agit de polypo aquæ dulcis, ejus cornubus, papillis, ventre mutabili, præda, fetubus de corpore materno prodeuntibus, monstris & hydris.

N. 470. *Sylvanus* BEVAN de femina, cui ossa emollita.

Memoria dignissima sunt experimenta *Johannis* LININGS, quæ in se ipso cepit in Carolina Australi. Per ea adparet, frigidis mensibus urinam superare, calidis perspirationem; omnibus tamen computatis urinæ copiam esse majorem. Potus cibi pene quadruplus. Excretiones alvinæ cibi potusque trigesimæ.

IDEM de iisdem experimentis n. 475. De perspirationis diurnæ ad nocturnam ratione; de lotii ratione ad perspirationem, ut in prioribus, ut aliquantum lotium superet &c. Perspiratio nocturna minor est. Vir Cl. copiosissime mingebat.

Dux in RICHMOND & LENOX de polypo TREMBLEYANO cum ipso inventore viso.

Thomas LORD de vermibus hirudinum adfinibus, quorum partes dissectæ convalescunt.

N. 471. Celeberrimus mathematicus MACLAURIN de basibus cellularum, in quibus apes mel suum deponunt, deque parsimonia accuratissima ejus figuræ.

GRIFFITH HUGHES de flore animali (polypi adfini ex uno infundibulo numerosos radios expandente).

IDEM hunc suum animalem florem repetit in *natural history of Barbados* London 1750. fol.* Aliqua ad hominum & animalium naturalem historiam. Hirundo aliquot menses in recessibus rupium transigit, etsi hiems hic nulla est.

In *Mém. de l'Acad. des Scienc.* 1743. *Antonius* NOLLET quærit, num pisces auditu gaudeant, negatque gaudere. Experimentis physicis se dederat.

In *leçons de Physique experimentale* T. III. Paris . Amst. 1746. 12.* Organum auditus describitur & depingitur, fere ad *le* CATII mentem, cujus hypotheses noster ubique sequitur. Sic FERRENIUM de voce. Anatomen aliquam dat organi auditus.

In T. V. Paris 1755. 12.* Oculus dicitur & visus. Non ab experimento nos discere erecta videre. De æstimatione magnitudinis, distantiæ. De circuitu sanguinis ope microscopii solaris viso (quod nimii facit).

In *Hist. de l'Acad.* 1743. os magnum, ut putant, elephanti in Burgundia repertum.

In *Hist. de l'Acad.* 1754. de elephanti historia naturali aliqua.

Cl. GRANDJEAN *de* FOUCHY, Academiæ a secretis, ostendit calculis positis, quam ægre possibile sit, monstrum 24. digitorum nasci.

BOUILLET aerem aqua mistum per vesiculas pulmonis in sanguinem venire.

Claudii PERSON, medici, cor in contractione brevius reddi.

EJUSD. Disp. *E. vesiculæ felleæ per ductum cysticum bilis mittitur* Paris. 1744. 4.* Resp. *Ant.* PETIT. Nullas dari glandulas in vesicula fellea, nisi mucosas, nullos ductus hepati cysticos. Pro FALLOPII sententia.

EJ. *Nouveaux elemens d'anatomie raisonnée* Paris 1749. 8.* pro tironibus. Multum utitur prælectionibus BOERHAAVIANIS & WINSLOWO. De ossibus & dentibus satis bene. Icones compilatæ.

MASTIANI auditus organa ligno expressa laudantur.

CRUGER, Chirurgus primarius Danicus, describit uterum duplicem.

Le RICHE, Chirurgus Argentoratensis, agit de pilis, ossibus, dentibus in ovario repertis, miro certe phænomeno & ægre explicabili, neque tamen raro.

GARCIN & BRISSEAU de sensu deleto cum superstite motu.

Hoc anno primum volumen prodiit *des Mémoires de l'Acad. Royale de Chirurgie* Paris 1743. 4.* 1743. 12. 3. Vol.* Novam Academiam Rex condiderat, cujus me etiam membrum esse voluerunt; scopus laborum utique ea medicina est, quæ manu medetur: passim tamen rerum congenita vincula fecerunt, ut aliqua anatomica in has dissertationes reciperentur.

Alexander Sigmund MARGGRAF, celebris chemicus, in *Cont.* VI. ſ. T. III. *Miſcell. Berol.* 1743. 4.* agit de phoſphoro urinario etiam ex ſale fuſili cum phlogiſto parando. Seorſim prodiit *Chymiſche Unterſuchung eines Urinſalzes, welches den Phoſphorus innerlich enthält* Leipz. 1757. 4.

De eodem egit *Mém. de l'Acad. des Sc. de Berlin* 1746.

IDEM *Mém. de* 1749. de oleo & liquore acido formicarum.

Johannes GESNER, magni *Conradi* GESNERI digniſſimus ex fratre nepos, ad alia quidem potiſſimum ſtudia animum adplicuit, neque tamen hæc noſtra neglexit. In *Comm. Litt. Noric.* 1743. *hebd.* 8. de monſtro agit, gemellorum circa pectus coalitorum.

EJ. *De Termino vitæ* Tiguri 1748. 4.* De cauſa mortis naturalis, numero mortium & ſpe vitæ in variis ætatibus.

EJ. *Phytographiæ ſacræ generalis P. Practica altera* Turic. 1762. 4.* agit de irritabilitate & ſenſibilitate, indeque naſcentibus viribus plantarum medicis.

In *Theſ. phyſ. miſcell.* Tigur. 1771. 4.* monet, ſenſum non eſſe objecti impreſſionem. Fibrillæ nerveæ tenuitas. Minimum quod diſtinguitur objectum ad diſtantiam octo poll. eſt $= \frac{1}{240}$. lineæ.

In *epiſt.* 348. ad me, experimenta FERRENIANA ſibi reſpondiſſe teſtatur.

In *Select. Francofurt.* T. III. n. I. excuſatur STAHLIUS, quod anatomen viſus ſit ſpernere.

Eduardi WIUM icon viarum lactearum recuditur.

§. MXLI. *Carolus* BONNET,

Metaphyſicus, ingenii & pietatis laude conſpicuus, vir nobilis, civis optimus, & amicus noſter ſingularis, in alio vitæ genere, plurima tamen ad illuſtrandam phyſiologiam contulit. Eundem diximus aphidum virgineum partum accuratis experimentis confirmaſſe.

M. Martio & Aprili coram *Britannica Societate* prælectæ, & in n. 470. excuſæ ſunt de inſectis adnotationes. Novam partem ſub capite erucarum detexit. Inter eas dari, quæ fæteant; dari tamen etiam ſuaveolentes. Aphides ab ipſa earum nativitate cuſtodivit, & vidit abſque mare vivos edere fetus. Earum feminæ alias vivas aphides producunt, alias fetus involucro incluſos. De verme, cujus diſſecti pars utraque fere in perfectum animal abiit, cui ſuum os eſt, & magna arteria, & inteſtinum. Sed etiam aliorum vermium & lumbricorum terreſtrium diſſectorum partes in nova animalia convaleſcunt. Eruca ſua ova devorans.

Hæc omnia ornatiora & pleniora redeunt in *traité d'inſectologie* Paris 1745. 12.* cujus prima & ſecunda pars eſt. In parte I. legas obſervations ſur les pucerons : aphidum nempe virginum partum, non virginum ſolum, ſed ex virginibus matribus & aviis naſcentium. Incredibili cura hæc omnia geſta ſunt. In univer-

universum aphides feminas alis destitui, mares alas habere. Sed alia tamen aphidum genera tota fieri feminis, absque suspicione maris fecundis &c. Vermes illos etiam ex quartis partibus, & quartarum quartis sui particulis, in animal integrum convalescere. Posse apta sectione bicipites reddi. In utroque fine voluntatem esse. Etiam novies resecto capite decimum pertinax redire. Ab exsectione non turbari motum sanguinis in arteria magna, per quam sanguis a cauda ad caput fertur. Sponte etiam vermes in partes dilabi, quæ in animalia reparentur. De catena entium, inter quæ plantæ nunc cum animalibus accurate, nullo omisso anulo connectuntur. Pulchræ hic icones additæ.

Germanice vertente *Chr. G.* SCHUZ Brem. 1770.* 1771. 8. additis variis, CONDILLACI compendio: judiciis de liberis psychologicis, diss. de viribus animæ.

EJ. *Essai analytique sur les facultés de l'ame* Coppenhague 1760. 4.* 1769. 8. 2.Vol. Meditationes Cl. viri ex infortunio natæ, quod oculos suos nimio microscopii usu debilitasset. Ut ex sensatione adtentio voluntas & memoria nascatur. Adsociatio novæ ideæ cum vetustiori. Memoriæ idea mechanica, fibræ nempe in eumdem sensum repetita flexio, unde fit ut fibra facilius in eundem sensum flectatur, quam in alium. Personalitas oritur, quando anima & sui & vetustiorum sensationum conscia est. Ea placet sensatio, quæ in fibra celerrimas oscillationes faciat, neque tamen nimis frequentes. Anima voluntarie neque ex necessario nexu motum excitat, qui sensationi respondet: excitat eadem adtentionem, dum hanc sensationem omnibus aliis præfert. Voluntas est preferentia certo modo essendi ab anima data. Libertas; desiderium; signa; voces. Neque enim catenam Cl. viri possumus persequi. Germen inmortale in cerebro latens.

EJ. *Essais psychologiques tirés de l'essai analytique sur les facultés de l'ame* Berlin 1769. 8. Compendium prioris, & FORMEYI opus.

EJUSD. *Considerations sur les corps organisés, où l'on traite de leur origine, de leur developpement, de leur reproduction* Amsterdam 1762. 8. 2.Vol.* Duo opera conjuncta, breve illud & aphoristicum, idemque antiquius, quo auctor evolutionem defendit. Inter panspermiam & involutionem ambigit, ex femina tamen fetum provenire post nostra experimenta pro certo admittit. Germen animale cum laxo rete comparat, in cujus areas succus nutritius deponitur. In semine masculo vim esse, quæ faciat, ut aliæ partes corporis animalis præ aliis evolvantur, forte quod succi sint in masculo semine ad eas partes alendas aptiores. Inde hybridea animalia. In polypis & animalibus per sua vulnera renascentibus præstolantia germina admittit, quæ a sectione uberius nutrita evolvantur. Deinde contra BUFFONIUM. Deest in ejus viri hypothesi sapientia, quæ partibus novi animalis ordinem impertiat. Contra moleculas organicas. De vermibus in uno ovonovenis.

In nova editione vir Cl. nostris usus experimentis ostendit, ut partes animalis, quæ super alias formari videntur, tantum ex pellucidis opacæ fiant. Evolutio SWAMMERDAMIANÆ chrysalidis: ejus vis motrix est in corde, & in vi irritabili,

bili, vero animalis charactere. Quas BUFFONIUS particulas organicas dixit, ea revera sunt animalia. Polypus est arbor viva, a LEIBNIZIO prævisa. De generatione ossium.

In T. II. agitur de lumbricis dissectis & repullulantibus. Pars anterior reparat asperas arterias, aortam, musculos, posterior non item. Vermis aquatici neuter finis, sed utique pars media redintegratur, & caput sibi & caudam reparat, vel duo capita cum duabus voluntatibus. Ut in istis animalibus, ita in cancro germina latent ad renascendum parata. Polypus viva est arbor genealogica cum filiis ad nepotibus, & nepos prodit, quando sectio filium dimovit. Personalitas in capite residet & voluntas; irritabilitas in omnibus animalis partibus. Aphides æstivo tempore vivas aphides, ova sub hiemem pariunt. Polypi dantur ovipari. Contra BUFFONIUM, non potuisse papilionem dissimillimæ erucæ modulum fuisse. Polypus campanulatus discedit in duos, quorum quisque confirmatur in integrum animal: alius polypus germinat nodulis, qui secedunt, in campanulas abeunt, etiam repetito divisas & redintegratas, quæ tamen omnes communem truncum habent, & eo motu agitantur omnes. Alius polypus ova parit, quæ matri adhærent, & in ea in polypos abeunt. In muscæ specie nympha prægrandis pene subito ex pulte formatur. Contra epigenesin. Animalcula minima BUFFONII non minora reddi, sed utique increscere. Novum animal vitam concipit ex corde per semen masculum irritato. De mulis, & de modo, quo tympanum in faucibus equæ in tympanum muli perficitur. Contra semen femininum. Partes superfluas fetuum monstrosorum esse quasi insitas. Nulla germina alienæ fabricæ primigenia dari.

EJ. *Contemplation de la nature* Amsterdam 1764. 8. 2.Vol.* Describit insecta, animalia, hominem, animam, ejusque functiones. Iterum semen masculum cor sopitum embryonis irritando suscitare, & certarum partium evolutioni præ aliis favere: inde monstrorum a natura aliena fabrica explicatur. De insectis & polypi miraculis. Particulas organicas BUFFONII vera esse animalia. De lumbricorum partibus reparatis. WHYTTII dissecabilem animam rejicit. De industria animalium, potissimum fibri. Quæritur de experimentis & adnotationibus ad REAUMURIUM missis, quæ in alias manus inciderint. Germen spirituale ad futuram vitam præparatum.

Italice vertit L. SPALANZANUS Mantuæ 1770. 8. 2.Vol.* & suas notas addidit. Hanc editionem Cl. TITIUS Lipsiæ Germanice edidit 1772. 8 * & ipse notis adjecit, quibus sæpe aliqua monet & emendat. Auglice 1766 12. 2.Vol 1775. 12. 2.Vol. Belgice int. G. COOPMAN's Franeker 1774. cum notis.

EJ. *Palingenesie philosophique, où idées sur l'état passé & sur l'etat futur des etres vivans* Geneve 1769. 8. 2.Vol.* Lausanne 1770. 12. 2 Vol. Iterum de animæ functionibus, sentiendi modo, in fibras reactione, adtentionis vi fibri molesta, nexu & revocatione idearum, memoria. Corpora organica omnia nascuntur ex germine, quod ante fecundationem lentissime, post eam rapide crescit. Nulla datur epigenesis. Polypo sua, neque divisibilis est anima. Pr

in

involutione. Virtutis germen esse in numerosis fibris ad vera bona pertinentibus. Brutorum animalium memoria. Eorum animas posse perfici. Germen incorruptibile hominis in æternam vitam transiturum. Tela præformata embryonis. Pro involutione & evolutione. Germina posse & tenera esse, & durare, argumento polyporum, animalculorum frumenti. Voluntas determinatur a numerosis fibris unius generis. Memoria revocatur ab actione fibrarum similium Germen indestructibile futuri hominis, intra cerebrum latens. Aliter fibræ virgines ab objecto adficiuntur, aliter pridem adfectæ. Cuique sensationis generi propriæ fibræ destinatæ sunt, tamen etiam cum alterius sensus fibris connexæ. In germine organa latere possunt, alia in vita se expeditura. Vestigia noviter subnascentis partis cochlearum & lacertarum jam prius parata latuisse. Ut regeneretur compositum animal & caput cochleæ. Animam corpus suum non struere, neque naturam plasticam. Polypus ab irritabilitate regitur. Animal tubulosum, cujus tubulus finditur, & quæque medietas completur, etiam repetito. Alia animalcula, quæ per divisionem multiplicantur. Microscopica animalcula vera esse animalia. Germen futuri hominis in cerebro latet. Fecundatio est cordis embryonis stimulatio a semine facta. A semine masculo certas corporis animalis partes validius nutriri. Omnino embryo a matre advenit. Contra monstra primigenia. Regeneratio capitis & cerebri cochleæ.

In *recherches philosophiques sur le Christianisme* Genev. 1770. 8.* aliqua de cerebro indestructibili intra vulgare cerebrum latente: de resurrectione corporis.

In *Phil. Transf.* n. 487. de erucis: aërem per stigmata & adtrahere & emittere, non adeo per poros cutis inconspicuos. Duo stigmata ad vitam alendam sufficere.

In *Mém. presentés à l'Acad. des Sciences* T. I. fuse de tænia. Caput vidit quatuor quasi cavis calycibus conspicuum, rosulis in singulo articulo quinque & sex fidis, inter quos lobos foramen est. In alia tænia fere duo magna vasa longa, & mediam fibram albam vidit, tum rosulas & innumeros globulos. Tænias duas facit, longis articulis & brevibus. Tænia unicum est animal, capite instructum & ductu alimentari. Plures una tæniæ possunt in eodem homine nidulari.

In *Mém. presentés* T. II. de novis partibus insectorum, & de verruca inter labium inferius & primum par pedum.

In T. V. de respiratione erucarum. Per stigmata vidit aërem & subivisse & exivisse; quatuor tamen extrema stigmata plurimum ad respirandum faciunt. Sua etiam 18. stigmata papilioni sunt.

In *histoire naturelle de la reine des abeilles* Haag. 1772. 8.* tres sunt Cl. viri diss. in quibus hactenus SCHIRACHUM sequitur, ut putet, ovarium apum operariarum inconspicuum in reginis evolvi posse.

Post id opusculum tres adhuc epistolæ de eadem vagina apum ad RIEMIUM cum actis eruditorum Belgicæ editionis prodierunt, ægrius vero noster REAUMURIUM suum deserit. Ib. 1774. Aug. de evolutione & germinibus primigeniis.

§. MXLII. Turberville Needham.

Ex Societate J. vir pius, dictione usus aliquantum obscura, multa & memorabilia ad physiologiam adtulit.

In *Phil. Transf.* n. 411. de granis frumenti ab ustilagine corrupti (Smutty) agit, in quibus fibras vidit, quæ in aqua motum concipiunt, & per aliquot horas ad anguillularum similitudinem agitantur.

Ej. *Microscopical discoveries containing observations on the calamary and its miltvessels, on the suposed embryo sole found in the bodies of shrimps, on eels and worms breed in blighted wheat, on other particulars relating to the natural history of animal* London 1745. 8.* Polypus calamarius lactes habet, miræ fabricæ. A morte animalis, si aqua irrores, exit de propria vagina cochlea, quæ fortis fili ope cylindricam antliam sustinet. Ejus antliæ embolus per cochleam extrahitur, & de vagina sua ejicitur. Sepiolas, quæ videbantur, esse embryones cancellorum. De Bernacla; esse de polypi genere. In lacerta caudas reparari vidit, in stella marina brachia. In rajæ ovo nullo a mare fecundato se embryonem vidisse. Animal rotiferum Leeuwenhoeckii; esse polypi genus, quod brachia sua celeriter rotat. Hoc opus Leidæ Gallice recusum est 1747. 12.

Ej. *Nouvelles observations microscopiques avec des decouvertes interessantes sur la composition & la decomposition des corps organisés* Paris 1750. 12.* Pars prior est id ipsum opus, quod modo citavimus, cum notis translatoris Leidensis, a quo in Bernacla natura reparabilis polypi visa est: anguillulas idem illas corrupti frumenti pro tubulis habet, qui ab animalculis intus habitantibus moveantur.

Pars II., quæ in *Phil. Transf.* n. 490. adnotationibus auctoris aucta redit; multa cum Buffonio communia habet: semen esse partem alimenti superfluam, quæ in quaque parte corporis animalis *specificationem* sit adepta. Contra evolutionem: nova vasa sanguinea in strumis generari (quæ sunt vasa dilatata). In jure carnium, a quo noster aërem averterat, animalcula nasci spontaneo agitata motu, nullis tamen e parentibus orta. Sic in aqua, in qua varia corpora macerata fuerant. Vermiculos spermaticos esse animalcula ex genere non spontaneo. In farina cum aqua trita nascuntur fila, quæ tumescunt, finduntur, edunt globulos mobiles, motu spontanei simili circumlatos. Quare esse in quovis filo plantæ aut animalis vim vegetabilem, quæ semiviva fila per putredinem generat postquam sales secesserunt, exque iis filis prodire animalia spontaneo motu agitata, quæ in gelatinam redeant. Ejus etiam generis esse animalcula spermatica. Omne incrementum fieri a duabus viribus, expandente & resistente, hanc potissimum in salibus habitare. Animalculorum microscopicorum duo esse genera, alterum descendens, plantis propius, non generaturum, partim spontaneo motu agitatum, partim non nisi oscillans. Alterum adscendit & animalibus nobilioribus propius accedit, ut anguillæ glutinis farinacei, & polypi campanarii. Discrimina motus spontanei a non spontaneo &c. Animalium alia genera ex aliis generari posse, ut tæniam ex animalculo glutinis farinacei, anguillæ simili.

Ej.

Ej. *Nouvelles recherches sur les decouvertes microscopiques de* SPALLANZANI, *avec des notes, des recherches physiques & metaphysiques sur la nature &c.* Paris 1769. 8. 2. Vol.* Præfatio alterius est auctoris, & historiam continet inventorum microscopicorum, atque experimentorum ad generationem pertinentium. Tunc Cl. SPALLANZANI quod dicemus opus sequitur. Inde adnotationes NEEDHAMI. Irritabilitatem esse corporum insitam facultatem a sentiendi facultate undique diversam. Vitale in animale corporeum esse, sentiens incorporeum. Zoophyta recte dici. In planta marina unum habitare polypum ramosum, non rempublicam polyporum. Vitalitatem inferiorem esse potentiam ea facultate, quæ sentit, & ista animalcula aliqua minime destitui, tum spontaneo motu, qualia ex secali corniculato gignuntur. Vermiculos spermaticos non veri nominis esse animalia, & ex mortua materie provenire, neque eadem esse animalia, quæ ex apicibus fibrarum vegetabilium prodeunt. Animalcula infusoria per divisionem minora fieri, non mori; nasci fere ex gelatina, cui vis insit generatrix; redire in naturam vegetabilem. Animalcula spermatica non reperiri in vasis seminis, & demum ex decomposito semine nasci. Polypus arborescens, in quo quædam quasi intestina sunt. Utique cochlearum resectas partes reparari. Pars altera huc non facit.

§. MXLIII. *Guilielmus* HUNTER,

Chirurgus, vir obstetricius, insignis anatomicus, ad LIEBERKUHNII etiam morem metallicis in vasis præparandis peritus.

In *Phil. Transf.* n. 470. aliqua de fabrica habet cartilaginum articularium, quam reperit remoto epichondrio villosam quasi reddi, & cartilagines fibris fieri, quæ ad perpendiculum ossi insistant. Fibrillas transversas tenuiores esse. Vascula minima, quorum circulum non oportet cum nostro vasculoso circulo confundere.

Ej. *Medical commentaries* P. I. *containing a plain answer to* P. MONRO *jun.* London 1740. 4.* Disputatur de teste, & ejus vasculosa fabrica; de lymphaticorum vasorum natura resorbente, & de ductibus lacrumarum. HUNTERUS se a. 1752. testem cum suis vasis argento vivo replevisse monet: (nos a. 1745. descripseramus, & in programmate WINKLERIANÆ disputationi addito, & in *Philos. Transf.*) MONROUM serius & anno demum 1754. & 1755 HUNTERUM ab anno retro 1746. vidisse, vasa lymphatica vaporem ex majoribus corporis animalis caveis, & minoribus ex cellulis resorbere. Ea vasa per cellulosum textum facile inflari, neque prius ex arteriis coloratum humorem in vasa lymphatica transire, quam ea ruperit. Non videri quidquam in vasa rubra resorberi. Denique HUNTERUM ductus lacrumarum a. 1747. in homine ostendisse, MONROUM anno demum 1753. Membranam pupillarem a viro inventam esse, quem noster non nominat. Ab ea in lentem crystallinam tenerrimam membranulam ire, & vasa eo ducere. Utique se jam a. 1746. sensisse, tendines, periosteum & duram meningem sensu carere: ipsum enim RANBYUM proprium sibi tendinem absque ullo sensu amputasse. Denique de testibus. Nos quidem eos in abdo-

abdomine fetus habitare, serius in scrotum descendere vidimus, & aliquando peritonæum foramine patuisse, per quod testis exiret. Accuratius hæc *Johannes* HUNTER, *Guilielmi* frater exposuit, addidit, ut debilis cellulosa tela cedat, testem transmittat, peritonæum vero supra transitum confirmet. Hæc bonis iconibus exprimit. Aliæ adnotationes utiles intercedunt. Fetus in tuba falloppiana, & funesta hæmorrhagia. In utero erat membrana decidua, quæ uteri sit. Hunc de herniis congenitis libellum Gallice vertit G. ARNAULD, & in T. I. suorum *Memoires* recusum dedit London 1768. 4.*

Secutum est a. 1764. *Supplement to the first part of medical commentaries* 4.* HALLERIANUM testis de abdomine exitum POTTIUM sibi tribuisse, se hæc dudum etiam docuisse. Iterum de lite MONROANA.

In *medical observations of a society of physicians at London* T. II. London 1762. 8.* aliqua habet de tela cellulosa, quam tamen vasculis putat fieri. Adipem suas proprias habere cellulas, & ex glandulis secerni. Non putat hydrargyrum impulsum unquam ex cute exsudasse. Singularem errorem sanguinis vidit, qui ex pertusa arteria in vicinam venam fluebat. Discessisse ossa pubis in partu non valde laborioso.

Icones etiam vir ILL. paravit ad naturam uteri gravidi, quarum plusculas nobiscum communicavit; quas ut edat omnino publicis votis dignum est. Tabulas habemus 25; erunt 36. Uterum exprimunt, ejus in gravidis incrementum, & in puerpera mutationem, fetus situm, placentam, vasa serpentina, vasa venosa dilatata. Theoriam viri dicemus, cum COOPERI de abortu disputatione. Plura nolim non consulto inventore prodere. Nunc legi omnia, sed non possum edere nisi in *auctario.*

In *Phil. Trans. Vol.* LVIII. comparatis dentibus molaribus ad fl. Ohio repertis, negat eas sceletos esse elephanti.

§. MXLIV. *Georgius Ludov. le* CLERC *de* BUFFON,

Vir eloquentia & ingenio conspicuus, non quidem anatomicus, ut tamen microscopiis multum usus, & animalium varietatem contemplatus sit.

In *Mém. de l'Acad. des Sc.* 1743. agit de coloribus imaginariis, qui oculis obversantur, postquam eos in objectum lucidum direximus; deinde de maculis ex usu multo microscopiorum natis, de umbris vere cæruleis, de cærulei & viridis coloris ad candelas confusione. Impressiones in anima diversas esse a corporeis.

Eodem anno egit de strabismo, qui ex inæquali utriusque operis robore nascatur.

Hist. de 1744. Vitulus hydrocephalicus, cruribus destitutus.

Mém. de 1746. in corporibus luteis animalium sexus sequioris se perinde, ut in masculo semine, corpuscula organica reperisse.

EJUSD. & D. D'AUBENTON immensum opus: *Histoire naturelle generale & particuliere avec la description du Cabinet du Roi* Paris 1750. 4.* & annis sequenquentibus, quindecim volumina; tum Parif. 1749. & fequentibus forma 12. Hamburgi Germanice verfum ab anno 1751. 4.* deinde in compendium redactum eft opus Berlin 1772. 8. Conjungemus Cl. virorum labores, nam phyfica pars eft BUFFONII, anatomica D'AUBENTONI. Tomus I. non facit ad rem noftram. T. II. totus eft BUFFONII. Continet hypothefin de generatione animalium & l. de hominis hiftoria naturali. In priori paradoxa illa de formatione animalium placita reperias. Dari materiem organicam, quæ fabricam animalis aut plantæ perpetuet. Eam in corpus noftrum receptam id corpus alere: quod fuperfluum fit, id ad modulum corporis noftri fictum convenire in feminales partes utriusque fexus, & efficere particulas organicas, quæ habitæ fint pro vermiculis fpermaticis: Neque tamen ea vera funt animalia, fed cum fimilibus particulis alterius fexus conjuncta, per adtractionem partium fimilarium, in novum animal abeunt. Vidiffe fe, ut in femine fila efflorefcant, & de iis globuli fecedant celerrime moti, qui tamen paulatim & mole minuantur, & motum amittant. Similia corpufcula in corporis lutei feminæ humore reperiri; fimilia etiam in aqua cum carnibus variorum animalium decocta. Ex abundantibus ejusmodi particulis monftra fieri.

Hiftoria naturalis hominis, ejus incrementi, vitæ & mortis alteram partem hujus tomi efficit. Aetates hominis, earumque functiones, pubertas, caftratio, menfes, fuperfetatio, proportiones partium, adfectus animi. Hymenem rejicit. De incremento offium & ofteogenia; de incrementi retardatione, de proceritate, vitæ duratione, longævitate antediluviana, ex minore denfitate alimenti nata. Tabulæ emortuales D. de St. PRE'. Experimenta catulorum fub aquam merforum.

In T. III. agit de fenfibus, potiffimum de vifu. Infantem nuper natum inverfa videre. De presbyopibus & myopibus. De auditu: officula auditus accidenti deberi. Manum accuratius tangere, quod fit in digitos divifa: hinc prudentiora effe animalia, quibus digiti fiffi. (Sed penis non fiffus, omni digito accuratius tangit.) De Aethiopibus, de caudatis hominibus, de variis hominum generibus. Atrum colorem effe ab æftu. In rerum primordiis unicum hominem genus fuiffe.

Majores hic D'AUBENTONI partes funt, cuftodis thefaurorum in horto Regio fervatorum. Varia ad partes corporis humani contulit: offa, ofteogeniam; offa morbofa, gibbos, partes corporis humani cera repetas; artem injiciendi, & in fpiritu eas partes confervandi. In muria fceletos albefcere docet; & fufe de fceletis parandis agit. Offa WORMII. De injiciendo marmore tufo. Fetus cum eorum iconibus. Mafculas partes a femininis folo fitu differre ex GALENO repetit. Monftra varia. Anatome cerea, nimis fufe. Germanice 1752. 4.

In T. IV. Parif. 1753. 4.* BUFFONIUS agit. De animalium hiftoria naturali. Nullam iis animam effe, & memoria deftitui. Non cogitare animalia, non crefcere eorum facultates, ignorare fervitutem. Nullam apum effe prudentiam. Addit Cl. D'AUBENTON, figna a dentibus & mammis fumta ad conftituenda genera non apta videri.

Porro ſigillatim BUFFONIUS & eloquenter de equis. Patris partes majores putat eſſe. Anatome ejus animalis a D'AUBENTONIO inciſi. Ejus ampliſſima inteſtina, cæcum laxiſſimum, nulla veſicula fellis. Papillæ in præputio, ventriculus parvus, vomere neſcius. Hippomanes eſt ſedimentum urinæ fetus. Unicus equo digitus. Dari equos cum duobus dentibus acceſſoriis. Sic aſinus a BUFFONIO quidem phyſice, a D'AUBENTONIO anatomice deſcriptus, cum dimenſionibus, ſceletis & viſcerum potiſſimum aliqua hiſtoria. Porro bos, in quo Cl. D'AUBENTON ventriculos accurate deſcribit, & ventriculum ſecundum pro parte primi habet. Tauro quatuor ut vaccæ ſunt papillæ. Hippomanes in liquore allantoideæ vaccæ; ea eſt altera quaſi chorii lamina. Fibras cornuum ex perioſteo prodire.

T. V. ovis, capra, porcus, canis. Varia de ovis hiſtoria naturali; de vermibus hepaticis. Anatome & pondera cerebri. Capra Ancyrana promiſſa & ſericea lana. Uberis capræ caveæ lacteæ. Suem utique quatuor habere digitos. Allantoideæ tunicæ exiguam partem a lotio repleri. Membrana propria fetus apri. Dari partes inutiles, ut digitos laterales ſuis (non inutiles, qui muſculos producant). De cane fuſiſſime: cujus animalis integram genealogiam BUFFONIUS dat, in qua gradus tentat adſignare, per quos paulatim canis primigenius ſe in tantam varietatem canum diffuderit. Ut canes in Guinea mutentur & obmuteſcant. Canes cum vulpibus & lupis ſe non miſcere. Cerebrum exiguum. Uberum numerus incertus. Anulus tumidus vaginæ catulæ, qui penem retinet. Dentium numerus incertus.

T. VI. Pariſ. 1756. 4.* Femellam felem marem cogere, ut ſibi ſatis faciat. Fulgorem oculorum eſſe lucem diurnam, quam oculi imbiberunt. Aures pendulas ſignum eſſe vetuſtæ ſervitutis. Hepar omnium animalium ferorum quam cicurum minus eſſe. Felis capite ſemiduplici. Monſtra felina. De cervo eloquentiſſime BUFFONIUS, rei venatoriæ, ut videtur, peritus. Æſtate cervum pingueſcere, & jugulum ei intumeſcere, non ita capreolo. Cornua a ſuperfluis fieri particulis organicis, eſſe pene vegetabilia ut lignum, & brutis fieri particulis. Solas particulas organicas alimentorum activas eſſe. Cornuum cum oſſe quaſi articulatio, demum coaleſcens. Cervum non ſupra quadrageſimum annum vivere. A bove defectu veſiculæ felleæ differre: quatuor etiam in cervo digiti ſunt. Capreolus moribus differt, non fabrica. Lepus non ruminat, cujus unicus ſit ventriculus. Partes genitales in utroque ſexu valde ſimiles; clitoris prægnans, teſtes diu latentes. Facile concipit lepus femina etiam gravida. De cæco inteſtino accurate, glandulas perinæi. Ut cuniculus a lepore differat. Nullus lepori & cuniculo uterus.

T. VII. Pariſ. 1758. 4.* Multa animalia, inter ea lupus & vulpes. Pro viribus centralibus diaphragmatis: cerebrum non eſſe niſi organum ſecretioni ſucci nutritii nervorum deſtinatum. Lupus canina habet viſcera, ſed inteſtina ampliora. In lutra nullum eſſe foramen ovale. Mures numeroſi, ſaccus fetido unguine plenus. Melis.

T. VIII. Parif. 1760. 4.* Iterum mures. Sorex non mordet. Gliris minoris fanguis hieme friget. Urfus, Caftor, in quo BUFFONIUS nullam induftriam adgnofcit. Bona anatome veficularum caftoreum parantium. Urfus. Porcelli Guineenfis quatuor ad anum glandulæ. Anulus in œfophagi infertione. Tria cæci inteftini ligamenta.

T. IX. Parif. 1761. 4.* Nulla animalia veteris mundi in America auftrali reperiri, etfi paffim videantur eadem effe. Omnia animalia novi orbis minora effe. Aliqua genera animalium interiiffe, ut Mamut, fexies Elephanto majorem belluam. Leoninum genus & Hyænæ, nunc defcribuntur: duæque civettæ cum odoramenti facculis. Leonis inteftinum fenfim verfus cæcum inteftinum anguftatur. Veficulæ ad anum.

T X. Parif. 1763. 4.* Animalia parum nota, mofchata tria, muribus adfinia. Vefpertiliones vampiri. In Tamandua duo inteftina cæca.

T. XI. Parif. 1763. 4.* Elephanti laudes, cujus folertiam BUFFONIUS probofcidi imputat, in qua fenfus tactus cum olfactu conjungatur. In elephanti dente pila ferrea reperta. Anatome belluæ. Camelus, cujus gibbos nofter cafui tribuit. Quatuor ventriculi cameli & eorum cellulæ. Unicam bovis fpeciem effe, ovis unicam.

T. XII. Parif. 1764. 4.* Rheno: etiam feminam cornua alere, ob alimenti ubertatem. Ibicem effe primigenium hircum, non probabiliter. Vacca Barbarica propius ad bubulum genus fpectat, ob felleam veficulam. Hyftrix fpinas non jaculator.

T. XIII. Parif. 1765. 4.* Iterum modulos fuos internos repetit, viresque formatrices duas, adtractricem, & elafticam, quæ & ipfa prioris genus eft. Animalia quædam rariora. *Pigrum*, effe animal imperfectum, qualia multa fuerint, fenfim exftincta, ut veftigia fuperfint tentaminum naturæ diu in generandis animalibus fruftra laborantis, quæ fibi confervandis non fuffecerint. Phocæ formæ ovale apertum effe, grande cerebellum.

T. XIV. Parif. 1766. 4.* Simiæ veteris orbis. Non tamen undique animæ vires a fabrica corporea pendere, cum fimiæ adeo homini fimiles alia animalia ingenio non fuperent. Subtiliter de animalium degeneratione: quæ fit a vitæ genere, ab alimento. Inter animalia hybridea majores matris partes effe. Pauciffima facit animalium genera, degenerationes plurimas. Mulus in calidis regionibus nonnunquam generat. Albus color fumma eft degeneratio.

Addit D'AUBENTONIUS rariora aliqua thefauri Regii monftra &c.

T. XV. Parif. 1767. 4.* quo hoc opus hactenus clauditur. Fere ad rariora animalia novi orbis, fimias aliquas, inter eas eft, cui clitoris prælonga & mira falacitas. Iterum aliqua de thefauris horti Regii, & inter eos de mumia pice condita, & pulvere aromatico. De nano Bebe.

In *hift. naturelle des oifeaux* Paris T. I. 1770. 4. max.* cum pictis iconibus, deinde & minori charta 4. & denique 12. De avibus in genere, de earum moribus, voce, incubatione, vifus prærogativa, tum auditus, & pulmonum. De earum colori

colori volatu, plumarum annuo lapsu. Aliqua ad anatomen: avibus rapacibus feminis duo esse cæca intestina, unum mari. In T. II. 1772. 4. max.* & 4. min. & 12. aliquo ad struthiocameli anatomen: feminam & otidem habere testes. Aliqua ad initia pulli in ovo. Esse gallinas, quibus vesicula fellis sua sit, esse quibus nulla. De hybridibus aliqua. Tomus III. Paris. 1775. 4.* Cl. GUENEAU opus est.

Cl. D'AUBENTON in *Mém. de l'Acad.* 1751. fuse agit de hippomane. Sedimentum esse humoris urinosi, qui inter allantoideam membranam & amnion equi reperitur; similis in asino. Allantoidea membrana equi imperfectus saccus est, quem amnios perficit: in vacca saccum facit integrum, habet etiam hippomanes, tum capra.

Pergit in eo labore a. 1752. & dicit de concremento in membrana allantoidea multorum animalium, quod vocant hippomanes.

A. 1756. agit de sorice, & ea occasione de animalium varietatibus.

A. 1759. vespertiliones describit.

A. 1762. de magnis ossibus in Sibiria repertis: de humero camelopardali in Gallia, & de rosmari ossibus ad Ohio fl. erutis.

A. 1766. Foramen occipitis in homine pene in medio cranio esse, in quadrupedibus fere in parte postrema. Causa est in situ erecto & pendulo.

A. 1768. fuse de ovibus, & earum ventriculis. In contractione evanescere reticulum, renasci in relaxatione. Ruminationem esse actionem voluntariam. Iter cibi. In ruminando pila alimentaria ex secundo ventriculo in os redit, descendit iterum in tertium; in eo, ut ruminationem passus, accurate coquiitur.

§. MXLV. *Franciscus* LAMURE,

Discipulus *Francisci* BOISSIER. EJUS *Theoria inflammationis* Bourg S. Andeol. 1743. 8.* diversa a disputatione *Francisci* BOISSIER (PORTAL.)

EJUSD. *De vero mechanismo secretionum in corpore humano* 1748. 4.* Diversitatem humorum secretorum repetit a diversa solidarum partium cujusque coli densitate & firmitate.

EJ. *Quæstiones Medicæ* XII. Monspel. 1749. 4.* In I. De motu musculari. Aortam vix posse ligari, quin una nervi intercipiantur. In sexta revinctis magnis canum vasis ad LOWERI modum se hydropem produxisse. Pulsus in febre maligna rarior Q. VII. In octava urachum tamen canalem esse defendit. Fetus in utero tamen in allantoideam mingit. Exemplum pueri calculosi, cui urina per umbilicum exibat. In undecima visionis dat theoriam, & complanationem lentis crystallinæ, quæ ab ætate fit.

Cum in eum libellum animadvertisset *Honoratus* PETIOT, tuitus est se Cl. LAMURE in *examine animadversionum in parergon de anevrysmate* 1749. 4.* Negat se plagii recte postulari, etsi arterias ex MONROO descripserit.

EJ. *Conspectus physiologicus* Monspel. 1751. 4.* Inpressum est no nen *Francisci*

cisci de SAUVAGES, sed vir Cl. manu sua meo exemplari adscripsit, *Francisci* LAMURE opus esse. Physiologia, quæ BOERHAAVIANA. Recte cerebelli vulnera negat subitam mortem inferre. In aperiendo ore vere caput retrahi.

EJ. *De respiratione* Monspel. 1752. 4. Pro aëre thoracico: pro vi detrahente musculorum intercostalium internorum.

Eadem dissertatio prodiit cum titulo *Jacobi Petri* DAOUSTENC Lyon 1743. repetita in *nostris selectis*.

EJUSD. & *Fr. de* BORDEU diss. *de sensibilitate & irritabilitate in corpore sano* Monspel. 1757. 4.

EJ. *Sur la cause des mouvemens du cerveau, qui paroissent dans l'homme & dans les animaux trepanés Mém. de l'Acad. des Sciences*, in commentario anno 1749. inscripto, sed demum anno 1753. excuso. Experimenta fecit ad solvendum problema a SCHLICHTINGIO propositum: invenit utique cerebrum ab alternis respirationis vicibus moveri, & inter exspirandum intumescere. Recte vidit eum motum esse a compressione thoracis, quæ fit inter exspirandum. Aërem thoracicum admittit.

Accusatum fuisse adparet Cl. virum, non quidem a me, sed a suis, ut videtur civibus, & plagii passim reum factum, qui prælectiones meas sibi videntur sumsisse & mea experimenta, de his ipsis phænomenis. Scripsit ergo ut se purgaret *Lettre de M. de la* MURE *à M.* D'AUMONT *par laquelle il fait voir qu'on ne peut le soupçonner d'avoir copié Monsieur* DE HALLER *au sujet de l'explication des mouvemens du cerveau &c.* Lyon 1756. 12.* Eadem, quæ ego, & ipse viderat: in theoria aliquantum erat discriminis, ut tamen perinde verum sit, pectus inter exspirandum comprimi, ut vir Cl. docet, & inter inspirandum pulmonem sanguinem suum facilius admittere, ut ego. Experimenta fecit 13. manu usus TANDONII; ego supra 50. mea manu. Misit sua ad *Academiam R. Scientiarum* 1752. M. Aug. ego prælegi in *Societate R. Scient. Göttingensi* 24. Aprilis ejus anni. Publicavit sua, ut potuit fieri, celeriter a 1753; ego anni 1752. ultimis mensibus, cum *totus tomus Commentariorum Gottingensium* M. Aprili prodierit. Nihil ego de ipso inaudieram; a me habuit experimenta mea *Franciscus de* SAUVAGES, & ad me scripsit, se & LAMURIUM mihi devinctos esse, & rem reperire se habere, uti scripsissem. Unum ergo, quod sibi adscribit vir Cl. privilegium, est in tempore, quod prius experimenta facere ceperit; eam epocham ignoro, quæ ex ejus fide pendet. Injustam cæterum in me, nihil simile de ipso meritum, exscriptorum alienorum fontium accusationem sibi permisit, qui tot alia præter ea viderim; quæ sunt a LAMURIO dicta, & aliqua viderim rectius, ut id ipsum princeps phænomenon, non adparere motum cerebri, nisi duram membranam de cranio solveris. Sinus non bene dixit pulsare. Non bene aërem admisit thoracicum.

Respondi olim & in I. tomo operum minorum, & hæc suppressissem, nisi vir Cl. in *nupero opere* totam suam epistolam recudisset, & præterea ita æquitate mea esset abusus, ut laudaret, quod nescio quid meorum revocaverim.

 Ej.

Ej. *Positiones ex physiologia* Monspel. 1761. 8.

Ej. *Recherches sur la cause de la pulsation des arteres.* *Mém. de l'Acad. des Scienc.* 1765; paradoxum opus, in quo post WEIBRECHTUM negat a pressione laterali pulsum fieri; revincta utrinque arteria, ejus pulsare vult, quod vincula inter medium est, (hic aliena usus industria). Aortam posterius non pulsare. Et vidit tamen levem illapsi a quatuor pedum altitudine liquoris pressionem aortam ad duas lineas dilatare. Cæterum omnia ea dubia oriuntur ab experimentis non satis repetitis. Nam & ipse sæpe vidi, arteriam non pulsasse, vidi contra omnino saliisse, neque unquam non salit cor propius vincta, ut videas a pressione laterali pulsum esse.

Utrumque suum commentarium recudi fecit Monspel. 1769. 8.* sub titulo *Recherches sur la cause de la pulsation des arteres, sur les mouvemens du cerveau, sur la coëne du sang.*

§. MXLVI. *Julianus* OFFRAY.

Julianus OFFRAY, vulgo *de la* METTRIE, in fano S. MACLOVII natus, omnis religionis publicus adversarius, homo demum undique levissimus.

Ej. sunt *institutions & aphorismes de medecine de* BOERHAAVE *tr. en François avec un commentaire* Paris 1743. 12. 6. Vol.* Verterat prius BOERHAAVII institutiones, & ediderat. Nunc commentarios addidit. In primis voluminibus ex meis fere commentariis (g) sumsit, & mirificos ridendosque errores admiscuit, & tamen ipse mea experimenta sibi sumserat. In ultimis voluminibus brevior fuit, & suspicor aliam esse commentatoris manum.

Ej. cum falso nomine CHARPE *histoire naturelle de l'ame* la Haye 1745. 8.* Animam materialem esse, & hominem animal de simiarum gente.

Ej. *L'homme machine* Leide 1748. 12.* Hominem machinam esse, cum alioquin nulla in rerum natura præter corpora substantia reperiatur. Animæ nihil in corpore esse simile. Cogitationem, ratiocinium, voluntatem, esse diversi generis in cerebro motus.

Ejus *l'homme plus que machine* 1748. 12.* DEMETRIUS, nam ita amabat se vocare, hic se ipsum refutat. Ex mera materia non posse cogitationem nasci.

Ej. *l'homme plante* 1748. 12.* merum ludibrium.

Les animaux plus que machines. Contra ILL. TRALLES. Utique impressiones sensuum in cerebrum penetrare, & corporea in cerebro vestigia relinquere. Per jocum omnia.

Ej. *Recherches philosophiques sur l'origine des animaux* 1750. 4.* Ex terra nata fuisse, nunc eam vetulam gallinam desiisse ova parere. Primos homines im-

(g) PORTAL p. 303. Ipse fatetur DEMETRIUS in *oper. omn.* p. 235.

imperfectos natos esse & aliquo viscere mancos; sensim exstinctis istis monstris successisse magis durabiles machinas.

Ej. *Ouvrage de Penelope ou machiavel en medecine par Aletheius Demetrius* 1748. 12 2.Vol.* Libellus in omnes fere medicos hujus ævi scriptus, potissimum quidem in Parisinos, tamen etiam in BOERHAAVIUM: audacissimi & convitiosi in tanta ignorantia hominis. FERRENIUM in primis (h) calumniatur. In altero tomo priora videtur retractare, & medicis suas laudes impertiri, recensione in *Bibliotheque raisonnee* excusa multum usus. SENACO nunc soli parcit.

Ej. *Oeuvres philosophiques* 1751. 4.* Priora opuscula hic repetita. In *systeme des systemes* se denique ipsum depingit, animumque omnem posteris aperit.

Ej. *Oeuvres du Medecine* Berlin 1751. 4. Practica continent. In tr. *du vertige* aliquæ physiologicæ hypotheses occurrunt, per quas eum morbum conatur explicare.

Ej. *Caracteres des Medecins* 1760. 12. video citari.

§. MXLVII. *Georg Friederich* MEIER,

Professor Halensis, Philosophus, neque Medicus, passim tamen rem physiologicam adtigit. EJUS *Beweis der vorherbestimmten Uebereinstimmung* Hall. 1743. 8.* Influxum physicum negat: cum enim actio reactioni sit æqualis, influxum tamquam causam sui effectus duplum esse. Refutat etiam causas occasionales.

Ej. *Versuch eines neuen Lehrgebäudes von den Seelen der Thiere* Hall. 1750. 8.* & Gallice ib. 1750. 8.* vertente C. F. HELWING. Animam bestias habere: ad præcisos fines certo agere, formicarum exemplo, quas contemplatus est. Non carere intellectu, & duas res clare & eodem tempore percipere: aliqua pariter clare distinguere, ut individua ab aliis ejusdem speciei individuis, & genera dignoscant.

Ej. *Versuch einer Erklärung des Nachtwandelns* Hall. 1758. 8.* Somnum inter & vigiliam tertium statum admittit, soporem, in quo & sensationes aliquæ supersunt, & voluntarii motus: somnia huc pertinent, in quibus externæ sensationes tamen supersunt, etsi cum alienis caussis fere connectuntur (difficilior respiratio cum humili & continuo humiliori fornice &c.) In somnambulone homine plures sensationes externas superesse: satis validas, quæ possint motus aliquos exteriores producere &c. Non cadere somnambulonem, quod non metuat.

§. MXLVIII. *Varii.*

G. *Maria* PIGATI *istoria d'un sonnambulo* Venez. 1743. 8* De eodem homine scripsit REGHELLINUS in *opusculi scientif.* T. XXIV. Mirifice compositas & difficiles actiones per somnum perpetratas hic reperias, mirum etiam eum hominem

(h) III. p. 243.

minem tactu saccharum a pane distinxisse, ut eo solo sensu valeret, gustu intercepto, & auditu, & visu &c.

Andreas PICQUER, Professor anatomes Valentinus, non quidem incisor, edidit Valentiæ 1743. 4.* *Medicinam veterem & novam continentem pharmaciam & febrilogiam &c.* Adest etiam tractatus de urinis & pulsibus.

EJUSD. *Las obras de* HIPPOCRATE *mas selectas* T. I. Madrit 1757. 4. T. II. 1761. 4.* Magnus osor mechanicorum & BOERHAAVII. Spiritum admittit materialem, valde subtilem, qui causa sit caloris: in respiratione cum spiritu mundi communicet, in eum a morte redeat. Influxus eumdem stellarum sentire, inde morbos fieri. In corpore eumdem spiritum sympathiæ causam esse, bene notum HELMONTIO. Valde sibi placet, quod errorem loci everterim.

EJ. *De procuranda veteris & novæ medicinæ conjunctione* Madrit 1761. 4.* Vehemens osor medicorum mechanicorum, & inventorum nuperorum, ut omnia ad fabulas releget, quæ per thermometrum, perque microscopium, in physiologicis sunt inventa.

EJUSD. *Institutiones medicæ ad usum Scholæ Valentinæ* 1762. 4.

EJ. *Dissertacion contra los mecanicos en la quel pretende dar por suspechos de Materialismo Theologico* Madrit 1768. 4. Ita lego.

F. Gabriel FISCHER *vernünftige Gedanken von der Natur, daß sie ohne Gott ohnmächtig seye* Gedani 1743. 8.* Multa metaphysica, aliqua ad physiologiam. Contra vermiculos spermaticos; non esse primordia novi animalis: pro ovis. Contra harmoniam præstabilitam. Sensus, generatio, nutritio &c. IDEM LINKIUM de stellis marinis edidit.

J. Christoph. RIEGER *introductio in notitiam rerum naturalium & artefactarum, quas ars & natura &c.* Haag. 1743. 4. 2. Vol.* Etsi ad materiam medicam pertinet, habet tamen anatomica varia, ut arcana RUYSCHII, tum administrationem, qua vasa replebat, tum denique ipsam materiem ceraceam, & modum, quo partes præparatæ in spiritu vini servantur. In animalibus aliqua pertinent ad eorum anatomen. Cum litera C totum opus desinit.

Dale INGRAM, chirurgi, *essay on the cause and seat of the gout* Reading 1743. 8.* Fuse de cellulosa tela, de oleo in ea contento, inque capsulis articulorum, in ipso demum liene genito, cujus olei degeneratio sit causa podagræ.

Memoire sopra la fisica ed istoria naturale di diversi valentuomini Luccæ T. I. 1743. 8.* T. II. 1744. 8.* T. III. 1747. 8.* nam in quarto volumine nihil est physiologici argumenti. Collectio est dissertationum, quarum aliquæ anatomici aut physiologici sunt scopi, ut *J. Petri* TABARRANI observationes, *Jani* PLANCI adnotatio de flamma ex ventriculo bovis erumpente. Aliqua Cl. BOISSIER *de* SAUVAGES de morbis bombycum. P. S. ROUHAULT de la circulation du sang. In T. II. *Cajetani* TACCONI de hepatis & viscerum adfectionibus.

In T. III. J. B. BIANCHI de novis in genitalibus partibus.

Jacques

Jacques MENARD *Guide des accoucheurs* Paris 1743. 8. 1753. 8.* Ad partium genitalium anatomen.

J. G. H. M. P. *Lexicon anatomicum Latino-Germanicum* Lipſ. 1743. 8.

Abrah. de MOIVRE *on annuities on lives* Lond. 1743. 8. De vitæ & mortis ſpe.

... BECK *von Schwäch- und Schwängerungen* Nürnberg 1743. 4. Non quidem medici.

J. Jac. SCHMIDT, V. D. M. *bibliſcher Medicus* Zullichau 1743. 8.* Anatomen etiam & phyſiologiam tradit.

§. MXLIX. *Diſputationes.*

J. STAM de αἱματοποιήσει Leid. 1743. 4.*

CONWAY JONES *hiſtoria vitæ humanæ* Leid. 1743. 4.*

Henr. de BOSCH *de inteſtinorum craſſorum uſu & actione* Leid. 1743. 4.*

SERVAAS *van de* COPPELLO *de fabrica atque actione glandularum* Leid. 1743. 4.*

Wilhelmi Daniel LILLIE *de auditu* Leid. 1743. 4.*

J. ROEBUCK *de effectibus quarundam atmoſphæræ proprietatum in corpus humanum* Leid. 1743. 4.*

Franciſcus de RIET *de organo tactus* Leid. 1743. 4.*

J. OOSTERLING *de olfactu* Leid. 1743. 4. PL.

Frideric. de la FOSSE *de aëre vitæ & morborum cauſa* Leid. 1743. 4.*

NIEROP *de libera urinæ excretione* Leid. 1743. 4.

Leonhard SPEISEGGER *de olfactu* Leid. 1743. 4.* Papillæ narium ex ALBINO.

Hugo van der POLL *de partibus, quæ in corpore humano olfactui inſerviunt* Leid. 1743. 4.*

Joſephi ONYMOS *de naturali fetus in utero materno ſitu* Leid. 1743. 4.* & in *noſtris ſelectis*. Potiſſimum contra inverſionem fetus pugnat, quæ ſeptimo menſe fieri dicitur: noſter contra, omni tempore fetum cernuum & pronum in utero ſedere oſtendit.

J. Benjam. de FISCHER *de modo, quo oſſa ſe vicinis accomodant partibus* Leid. 1743. 4.* Habet varias in variis gentibus craniorum figuras, oſſium fabricam, incrementum, pro ſexu diverſitatem, impreſſiones in oſſa vaſorum, muſculorum, proceſſus eductos.

Pet. Franc. TYSSOT *de circulatione ſanguinis per corpus humanum & tribus hominis principiis* Utrecht. 1743. 4.*

J. Anton. Joſeph. SCRINCI & *Wencesl. Alexius* BUTA *de oſſium natura, inflammatione a frigore & inde orta ſpina ventoſa* Prag 1743. 4.*

EJ. SCRINCI *de organo ſenſu atque objecto tactus* Prag 1749. 4.

EJ. *De principio atque causa corpus animale formante, necnon de natura hujus principii* Prag., ut puto, 1756. 4.

Laurentius Anton. DERCUM & autoris *J. Georg. Henric.* HOFMANN *de anatomiæ cereæ præstantia & utilitate hactenus incognita* Würzburg 1743. 4.*

Andr. Jos. RUGEMER *de mutatione esculentorum* Würzb. 1743. 4.

EJ. *Effectus iræ medice considerati* ib. 1752. 4.

J. Wilhelm TRALLES *de plurium morborum ratione ex inspiratione seri excernendi deducenda* Hall. 1743. 4.*

J. Mich. DUBINSKI *de reminiscentia vitali quatenus causa morborum* Hall. 1743. 4.*

Car. Frid. WALTHER *de gustatione & saporibus* Hall. 1743. 4.*

J. Jac. LAUFFER *de infante sine cerebro* Hall. 1743. 4.* pr. SCHULZIO.

J. Ehrenfried GEISLER *comm. de sanguinis per vasa coronaria cordis in hujus cava motu* Lips. 1743. 4.* Et arteriosa oscula in cordis cava patere & venosa.

EJ. *Disp. de usu vomitoriorum* Lips. 1746. 4.* etiam physiologica.

Philipp. David KRÆUTER *de commercio animi & corporis rite explicando* Jen. 1743. 4.

Benjamin WOLF GINZBURGER *Medicina ex Talmudicis illustrata* Götting. 1743. 4.* Varia de semine, partu, aliqua satis subtilia.

J. Christian LEONHARD *de constitutione fibrarum naturali & præpostera* Bareuth. 1743. 4.*

J. Friderich JERRE *de respiratione* Erlang. 1743. 4.*

Tobias WALTHER *de butyro ejusque usu* Altdorf. 1743. 4.*

Et *Abhandlung vom Butter* Erlang. 1751. 8.*

Caroli VOIGT *de capite infantis abrupto* Giess. 1743. 4.* Contra diductionem ossium pubis.

EJ. *De mola, s. conceptu fatuo* ib. 1761. 4.* Embryo artubus conspicuis septuaginta ad minimum dierum, ovum columbino æquale.

Samuel ERNST *de tænia secunda* PLATERI Basil. 1743. 4.* & in *selectis nostris.* Canalis toti catenæ articulorum communis, cum ramis lacteis. Catenam esse potius animalium, quam unicum animal; cum animalis anatome, qualis adparet vasis artificiose repletis.

Christian WENKER *de virginis per 27. annos ventriculum perforatum habentis historia & sectione* Argentin. 1743. 4.* & in *selectis meis chirurgicis.* Testimonium motus peristaltici.

Andrea Joseph SERON & *Joh. le* MUNIER *Thés. an suppresso & immoderato catameniorum fluxui aperientia* Paris. 1743. 4.* Theoriam paulum a plethora mutatam proponit, adhibitis sphincteribus.

J. Ste-

J. Stephani GUETTARD & *J. le* THEULLIER *Ergo nervi canales* Parif. 1743. 4.*

IDEM Cl. GUETTARD in *mémoires pour differentes parties des arts & des sciences* Paris 1743. 4.* aliquam habet anatomen ceti Cachelot. Non credas carere musculis. De magnis offibus offoffis varia. De polypo in ficco vivente. In T. II. de fele inter gypfi ftrata confervata. De graviditate imaginaria, de ancylofi vertebrarum in equo. Contra particulas organicas BUFFONII, quæ fint vesiculæ: fic animalcula infuforia.

Julian BUSSON & *Petri Isaac* POISSONNIER *Non ergo ab origine monstra* Parif. 1743. 4.*

Petri L'ALOUETTE & *Jof.* LALLEMANT *E. nutrimentum tandem decrementi corporis causa* Parif. 1743. 4.* Caufa mortis ex fibra rigida BOERHAAVIANA.

EJ. In *Mém. pref.* T. I. de glandula thyreoidea. Eam aliquoties aëre plenam reperit, vias, quibus aër fubierat ignorat. In ea cellulæ.

Caroli Ludovici BOUTIGNY *des* PREAUX & *Ludovici Renati* MARTEAU, *Ergo in qualibet hominis ætate fuccus idem nutritius* Parif. 1743.

Joh. Fr. ISEZ & *Joh. Cl.* MUNIER E. *venæ spermaticæ structura fecretionem feminis favet* Parif. 1743. 4.* Lentorem facere.

Jac. Frid. le CHAT *de la* SOURDIERE & *Fr.* BERNARD *Non ergo ubique corporis sanguis idem* Parif. 1743. 4.

Ant. BERGIER & *Cl.* PERSON *E. respiratio motus sympathico mechanicus* Parisiis 1743.

Natalis Maria GEVIGLLAND & *Petri* CHEVALIER *E. functionum integritas a spiritibus* Parif. 1743. 4.

Reperio citari BIDAULT *Non ergo a vomitu facilior partus* Parif. 1743.

J. AUGIER *de fecundatione* Monfpel. 1743. 8. PORTAL.

§. ML. *Petrus Joseph* MACQUER.

EJ. & *Ludovici* PATHIOT *Ergo chylus & fuccus nutritius fimili perficiuntur mechanismo* Parif. 1743. 4.*

Ejus funt etiam *Elémens de Chymie pratique* Paris 1751. 12. 2.Vol.* In Tomo II. aliqua de humoribus animalium huc pertinent, de lacte carnivororum animalium & herbivororum. Analyfis butyri, quod oleo conftat per acorem coacto. Analyfis fanguinis. Ejus liquor demum cum aliquo tempore aërem fuum explicat, quando pars alcali volatilis diffipata eft. Adipi pariter pinguedo ineft, ab acore ligata. Sal urinæ fufilis eft fal marinus, ab acido velatus.

§. MLI. *Antonius le* CAMUS.

EJ. fub *Sylveftro Antonio le* MOINE defenfæ thefes *E. obliqui oculorum musculi retinam a cryftallino removent* Parif. 1743. 4.*

EJ.

EJ. & respondentis *Bartholomæi Thomæ* TOUSSAINT *le* CLERC, *E. pulsationis defectus in venis ab æquabilitate motus sanguinis* Paris. 1745. Vim arteriarum frangi a vasculis capillaribus, ut fit in spongia.

EJ. *Medecine de l'esprit* Paris 1752. 12. 2. Vol.* 1769. 4. & 12. 2. Vol. Historia naturalis animæ, sensationes directæ, reflexæ, mistæ. Sic ratiocinia; sic memoria. Adfectus animi. Influxus corporum exteriorum in animam: tum generationis, aëris, ciborum, quo loco auctor acoribus favet. Temperamenta.

EJ. *Memoires sur divers sujets de medecine* Paris 1760. 12.* Poëtam adgnoscas. In cerebro semen parari, in quo sint parva cerebra, futuri animalis germina. Semen siccatum abire in membranulam; sic cerebri medullam. Testes esse ganglia. De pulsu critico etiam narium hæmorrhagiam prædicente, & hæmorrhoides. Chinensium de pulsu theoria.

EJ. *Ergo a fluido electrico vita, motus & sensatio* Paris. 1761. 4.* Electricum torrentem in corpore humano oriri ex frictione materiei diversi generis. Ex cerebro per nervos eum torrentem manare per adipem, qui non sit electricus. Duo succi nervei, crassior ad motum, tenuior ad sensum.

§. MLII. *Jos. Maria Fr. la* SONE,

Reginæ Medicus, & Archiater, vir Cl. & humanissimus. EJUS thesis: *starene potest visio absque crystallino* Paris. 1743. 4.* *R. Petro* ARCELIN.

In *Mém. de l'Acad.* 1749. de capsulis renalibus, de glandulis in facie involucri earum interiori positis.

In *Mém. de* 1750. de fabrica ossium, pro DU HAMELIO. Rete esse fibrarum durarum, quæ propius continuo ad invicem accedant, ut nihil earum intervalla repleat. Medullam inter laminas ossis per poros insensiles se spargere.

Porro a. 1751. de dentium ortu ex sacculo mucoso, de origine coronæ, de alveolis & cartilagine ossium tegumento. De filis cartilaginum. Tendineas fibras in os demergi, & ejus naturam induere. Causa futurarum.

A. 1754. de fabrica lienis. Fibrosum rete admittit, cujus fibras vocat tendineas. Acini inter arterias venasque medii, quos non habet pro vasculorum glomeribus.

In *Mém. de l'Acad. des Sc.* 1756. de fabrica arteriarum, de cellulosa tela, quam vult fibris fieri ligamentosis: de tendinea membrana, quæ ei telæ sit pro fundamento; de musculosa tunica, de cellulosa altera ægre conspicua, & de tunica intima. Cellulosam extimam robustiorem fieri, ut ad interiorem accedit; interiorem undique laxam esse. Canis arteriæ duriores.

§. MLIII. *Diaria anni* 1744.

In *Phil. Transf.* n. 472. *Georgius* AYLETT de spina bifida, osse nempe sacro, cujus spinæ fissæ.

N. 474. *Johannes* MITCHELL de causa nigroris Aethiopum. Esse in cute crassa, in qua radii lucis hæreant, neque reflectantur. Ex æstu cæli sensim fuscam, denique nigram cutem factam esse. Redit in *Hamb. Magaz.* T. I.

Joh. BARTRAM Ostrea Pensylvanica protrusione increscere, ut tunæ solent.

In *Hist. de l'Acad.* 1744. de COUDERE de catulo proboscide instructo, in qua propria ossa erant.

De Aethiopibus albis, qui ex veris Nigritis nascuntur.

Puer præter morem procerus, sed idem ratione pene destitutus.

Sanguinis de vena fluxum utique per terrorem inhiberi.

In Tomo VII. *Act. Nat. Cur.* anno 1744. excuso *Tobias Henrich* HAHENE *obs.* 11. dat vagitus uterini exemplum.

Obs. 12. scrotum restitutum.

Obs. 13. pulmones undique adnati salva respiratione.

Christophorus Conradus SICELIUS *obs.* 80. menses in vetula vidit.

J. GRASHUYS *obs.* 130. fuse de ortu hydatidum ex cellulosa tela.

IDEM in diss. *de generatione puris* Amsterdam 1747. 8.* aliqua habet ad cellulosam telam & adipem.

Vol. VIII. *Act. Nat. Cur. obs.* 81. Pro femina habitus partus vere masculus.

In *Bibl. Brit.* 1744. Tom. III. aliqua huc faciunt continuata a. 1746. Tom. IV.

In *K. Swenska Wetensk. Acad. handlingar* 1744. *Jac.* MOUNSEY de fetu 13. annis gestato, per incisionem feliciter exemto. Redit in *Phil. Trans.* n. 486.

IDEM *Phil. Trans.* n. 486. Mustelam non in ranam transformari, neque a rana nasci, & ficta esse exempla, quibus hæc metamorphosis adseritur.

Petrus ELVIUS, celebris Geometra, de fastis emortualibus & natalitiis civitatis V.

In *Hamburgische vermischte Bibliotheck*, novo diario, Hamburg 1744. 8. J. F. BOLZEN s. BOLTEN contendit, puerum tamen in utero mediisque aquis posse respirare.

Ej. Historia fetus in ovario reperti *Hamb. Magaz.* T. I.

Ej. De modo quo apes ceram parant, ibid.

Christian HANDTWIG de situ renis dextri in femina præternaturali.

Ej. est disp. *de dormientibus eorumque situ* Rostoch. 1752. 4.

Ej. *De justa somni salutaris quantitate & mensura* 1755. 4.

Ej. *De salubri sub somno situ* 1755. 4.

Ej. *De salubri sub somno loco* 1756.

Et plures ni fallor aliæ.

In *Hamburg. vermischte Bibliotheck* de pulmone fetus.

In *Essays of a Societ. at Edinburg* T. VII. P. II. a. 1744. excuso *Thomas* ARNOT de pinguibus corporibus, quæ de alvo decesserunt.

Johannes STEVENSON de causis caloris animalis & effectu pediluvii. Illum tribuit processui, ut vocat, per quem alimenta naturam mutant, imperfectæ nempe putredini. In pediluvio pulsus augeri cum aucto calore. Belgice recusus est l. *Proeve over de oorzaak der dierlyke waarmte en over eenige uytwerkingen der hitte en koude op onze lighamen.* Vertit *Hendrik v.* SOMEREN Haarlem 1764. 8.

William TOSSACK de viro inflato aëre ad vitam revocato.

James ECCLES abstinentia 35. & 54. dierum.

Thomas STEILL de *Johanna* YOUNG abstinentia quinquaginta annorum, ut solo sero lactis viveret.

Jacobi CRAWFORD diss. de sympathiis in corpore humano. Per experimenta nata bona disputatio. Omnem sympathiam fieri per nervos vel per musculos.

Cum hoc anno huic diario finis est impositus, sed novis editionibus multum est additum.

In quarta, quæ a. 1752. 8. min. 6. Vol.* prodiit, præter minores accessiones multum aucta sunt

Georgii MARTIN experimenta de nervi recurrentis revinctione.

Alexandri MONRO de nutritione fetus.

EJUSD. De arte injiciendi.

EJ. De musculi biventris actione, contra WINSLOWUM & FERRENIUM.

EJ. De vasorum spermaticorum involucris &c.

Et J. STEVENSON de calore animali.

In *select. Francofurt.* T. III. n. 3. *Philippus Samuel* GIERING sceleti similem per anum partum describit.

In T. III. n. 5. egit IDEM de bilis cysticæ collectione & in duodenum fluxu. Negat commodam viam dari ab hepate ad fellis vesiculam, & eo tunc demum bilem admitti, quando duodenum eam porro recipere negat.

N. 6. ibid. IDEM de administratione hepatis.

In T. IV. valvulas aortæ contendit, ostia coronariarum arteriarum tegere posse.

In hoc tomo passim variæ vindiciæ STAHLII adversus mechanicos reperiuntur, quas puto esse A. OTTOMARI GOELICKE.

§. MLIV. *Abraham* TREMBLEY,

Vir nobilis, civis optimus, industria incomparabili ad eruenda naturæ arcana usus est. Post aliquot obiter fere factas aliorum adnotationes ei debetur miraculum animalis, ut plantæ per deciduos ramos se propagantis. Passim jam hoc

hoc inventum tetigimus. Sed aliquot demum post annos potuit vir Cl. integram suam primi polypi historiam naturalem edere, quæ Leidæ 1744. 4.* prodiit cum titulo *Mémoire pour servir à l'histoire naturelle d'un genre de polypes d'eau douce à bras en forme de cornes*. Hagæ Comitum hæc experimenta fecit in prima specie trium, quos invenit polyporum, quibus quartus *en panache* accessit. In primo commentario describit hæc animalia: in altero eorum mores & vitæ genus, alimenta, horum digestionem. In tertio generatio polyporum exponitur, tum germinantia tubercula, decidui fetus, aut matri hactenus adhærentes, inque matre novos in fetus pullulantes. Monstra etiam polyporum vidit, brachium unicum, brachia alieno loco enata. Inde sua in polypo facta experimenta profert. Polypum dissectum in duo animalia convalescere, fissum bicipitem reddi, & repetita incisione abire in hydram multicipitem. Sponte etiam enasci de animale tubercula, quæ in polypos convalescant, & denique de matre delapsa proprium in animal perficiantur. Sed & inversus & secundo inversus polypus vitalis superest, & polypus in polypum, ut ramus in ramum se patitur inseri. Tabulæ pulcherrimæ. Parisiis recusum est opus 1744. 4. 2.Vol.*

In *Phil. Transf.* n. 474. alios præter vulgares polypos describit; campanulatos, ramosos: & tria genera polyporum infundibuli similium.

Hi, ut puto, libelli, *sur les polypes à bouquet*, & *sur ceux en entonnoir* recusi sunt Leidæ 1747. 8. cum NEEDHAMI observationibus.

In app. n. 483. Ut microscopium ad polyporum contemplationem possit adhiberi. Fasciculosorum polyporum motum non esse veram rotationem. Modus, quo ea animalcula multiplicentur, divisione & subdivisione. De motu peculiari trunci eorum communis. Alia species polyporum ex uno trunco nascentium, flori similis, etiam dividentium se & subdividentium in nova animalia.

In *Phil. Transf.* L. P. I. de discrimine favorum apum & plantarum de coralliorum classe. Testas illas duras esse animalis ossa.

Ej. *Instruction d'un pere a ses enfans sur la nature* & *sur la religion* Genev. 1775. 8. 2.Vol.* In Tomo I. fuse de animalibus agitur, ut eorum physiologia ad captum juvenum proponatur; fusius tamen polyporum diversi generis miracula exponuntur. Aptitudo fabricæ in quaque animalium classe ad suum vitæ genus. De ventriculo, coctione ciborum, nutritione, corde. Conparatio fabricæ animalis cum vegetabili. Accurate pro evolutione, contra epigenesin. Novum animal matris partem esse, ab ea suo tempore decedere, in omni genere animalium, in polypo perinde, ut in humana specie. Instinctus & industria animalium, congenita, neque per experientiam adquisita. Mirificus confluxus nonnullorum polyporum in unum animal. Societates animalium. Hæc omnia ad fines potissimum physicos & teleologicos adaptantur.

§. MLV. *Ernestus Antonius* NICOLAI.

Ernest. Anton. NICOLAI, KRUGERI discipulus, Professor Jenensis, multa scripsit argumenti physiologici: *Von den Würkungen der Einbildungskraft auf den menschlichen Körper* Hall. 1744. 8.* De insomniorum origine ex idearum nexu, ut animæ totum instrumentum ejus sensationis coram sit, quam obscure experitur. Motus in corpore humano oriri ex certis sensationibus, aliquid habentibus incommodi. De somnambulis: contra animalia a nævis structa. Animam utique oscillationes tonorum numerare. Auctius recusus est libellus Hall. 1751. 8.*

Ej. *Von dem Nutzen der Music in der Arzneygelahrtheit* Hall. 1745. 8.* Adfectus lætos mechanice excitari per tonos certis adfectibus destinatos, qui ex iis adfectibus nascantur, & eosdem vicissim excitent.

Ej. *Abhandlung vom Lachen* Hall. 1746. 8.* Risus causam esse gaudium ex minutiis natum. Ut diaphragma & facies in risu agant, cum aliqua nervorum descriptione.

Ej. *Theoretische und practische Betrachtungen des Pulsschlages* Hall. 1746. 8.* Mensura virium utitur LEIBNIZIANA. Pulsus paucos fere BOERHAAVIANOS habet, eorumque causas describit. Cur sanguis per venas lentius quam per arterias moveatur: a pressione nempe sola moveri, quæ velocitatem pro mensura habeat: in arteriosum sanguinem cor ictu insurgere, cujus mensura quadratum sit velocitatis.

Ej. *Abhandlung von der Erzeugung des Kindes in Mutterleibe* Hall. 1746. 8.* Describit organa genitalia. Pro vermiculis, quos ipse vidit: in iis animæ habitant f. monades. Earum primæ repræsentationes obscuræ sunt; eæ sensim una cum corpore fiunt perfectiores. Anima matris harmonice cum fetus anima consentit; quare a matre in fetum temperamenta, morbi, nævi transeunt. Quoties enim sanguis matris ad aliquam partem corporis uberius fertur, toties etiam ad eamdem partem sui corpusculi sanguis fetus incitatur.

Ej. *Abhandlung von der Schönheit des menschlichen Körpers* Hall. 1746. 8.* Pulchritudo nititur symmetria. Ejus ex DURERO aliisque leges. In omnibus sensibus videri causam gratarum sensationum eamdem esse, quæ in auditu obtinet, ut gratæ consonantiæ numeris facillimis exprimantur.

Ej. *Gedanken von Thränen und Weinen* Hall. 1748. 8.* Nunquam absque tristitia nos lacrumari. Viæ lacrumarum. HAMBERGERUM in theoria secretionum sequitur, sic in respiratione.

Ej. *Bemühungen in den theoretischen und practischen Theilen der Arzneywissenschaft* Hall. 1749. 8.* Pro sua lacrumalium viarum & respirationis historia. Dolor: ejus sedes est in nervorum involucris. Physiognomia, fere ad sensum PARSONI oriri, ob majus robur musculorum sæpius agentium, inde certas in facie formas prævalere. Unde rubor. De obstructione: vasorum minora genera admittit. Contra derivationem & revulsionem, ad HAMBERGERI placita.

Ej. *Gedanken von der Erzeugung der Mißgeburten und Mondkälber* Halle 1749. 8.* De monstris: casu nasci, & ex coalescentibus vermiculis, ut tamen modum se ignorare fateatur, quo casus eam compositorum fetuum fabricam struat.

ſtruat. Dari tamen etiam monſtra primæva, ut ſunt ſedigiti. Multa tribuit viribus imaginationis maternæ.

Ej. *Verſuch eines Lehrgebäudes von den Fiebern überhaupt* Hall. 1752. 8.* Hambergeri theoriam caloris ſequitur: pulſus velocitatem ad febris definitionem non pertinere, ſed ſanguinis eſſe per ſales lixivos reſolutionem. Dari ergo in ſanguine ejusmodi ſales. Celeritas ab obſtructione ad Bellini ſenſum.

Ej. *Abhandlung von den Fehlern des Geſichts* Berlin 1754. 8.*. Viſus rationem breviter deſcribit, & in præfatione de ſenſatione in univerſum agit.

Aliquæ Cl. viri diſputationes huc faciunt:

De ſpiſſitudine ſanguinis Hall. 1749. 4.*

De ſenſatione & ſenſibilitate Jen. 1758. 4.*

De dolore in genere ib. 1758. 4.*

Ej. progr. tria, *de ratione ſtructuræ quarumdam auris partium* Jen. 1760. 4.

Ej. de diſp. *de pulſibus* Jen. 1761. 4.*

Ej. *De cauſis pelluciditatis partium corporis humani præſentis & ſublatæ*, Jen. 1763. 4.

Ej. *Progr.* IV. *de pulſu celeri crebro & frequente* 1763. 4.

Ej. *De mixtione corporis humani* 1765. 4.

§. MLVI. *Varii.*

Petropoli hoc ipſo anno anonymum opus anatomici argumenti prodiit, cujus tamen auctores nominari lego, *J. Bartholomæum* Hanhardt Chirurgum, & *Chriſtophorum Jacobum* Mellen pariter Chirurgum. *Syllabus* dicitur, *ſ. index omnium partium corporis humani figuris illuſtratus.* Icones pleræque collectitiæ ſunt, ex Eustachio multæ, aliæ propriæ, ut minora capitis oſſa, muſculi pharyngis, intertransverſales dorſi, uvulæ, vaſa cordis; hæc ob parvitatem obſcura. Id opus nunc video ab aliis J. F. Schreibero tribui, qui tamen ad me exemplum miſerat, nihilque tribuerat ſibi.

J. Guil. Heymann *commentarii in* H. Boerhaave *Inſtitutiones medicas* Leid. T. I. 1744. 8.* T. II. 1744. 8. T. III. 1746. T. IV. 1747. T. V. 1750. T. VI. 1752. T. VII. 1754., ut cum actione veſicæ urinariæ deſinat. Interſperſæ Boerhaavii & Albini adnotationes verboſo operi pretium addunt. Pluſcula etiam a nobis ſumſit nec citatis (*i*).

Hervieux de Chanteloup *nouv. tr. des ſerins de Canarie* Paris 1745. 12.* Etiam feminæ canunt. Duæ feminæ contubernales ova pariunt. Serinus lentus eſt ad amores cum acanthide, denique tamen eam fecundat, & pulli iterum fecundi ſunt, dantque pulcherrimos nepotes. Veneris maxima vis eſt in abbrevianda vita animalis.

(i) *Götting. gel. Zeit.* 1748. p. 115.

J. Stephanus BERNARD, vir eruditus, edidit Leid. 1744. 8.* *Isagogen anatomicam*, HYPATUM *de partibus corporis* Gr. & Lat. & icones tres antiquas earum partium. Notas passim adjecit; aliquas etiam vir pereruditus *J. Jacob* REISKE.

In epistola ad me data abortum intra amnium sibi visum describit Ep. III. n. 268.

David STEPHENSON *a new mechanical practice of physick* London 1744. fol.* Mirificas hypotheses clinicas omitto. Digressio de respiratione huc pertinet. Ejus principem utilitatem ponit in expurgatione aëris, qui nimis diu in corpore animali mansit, & humores nostros rarefacit. Deinde perspirationem cutaneam minorem facit, quam pulmonalem, qui alter est respirationis scopus.

Ludovici de CLARELLIS, Prof. extr. Neapolitani, *spiritus animales e medico systemate exturbantur* Neapoli 1744. 4.* Dictio barbara, objectiones plurimæ, quarum multæ non nostri temporis systema feriunt. Fibris solidis ad sensum & motum explicandum utitur. Contra auram seminalem; castratos semen emittere. Motum cordis, quo laxatur, fibris rectis tribuit. De pulsu. Opus immaturum.

PIERQUIN (curé) *œuvres physiques & geographiques* Paris 1744. 12. De natatione submersorum etiam agit, & de hominibus amphibiis. Germina etiam lapidibus & plantis tribuit.

P. T. S. C. *methodica totius corporis humani fabricæ sciagraphia*, i. e. *Beschreibung des menschlichen Körpers in 5. Tabellen vorgestellt* Görliz 1744. fol. min.

André FROMOND *imperforatæ mulieris utero prorsus carentis observatio anatomica* Cremon. 1744. 4. HEIST.

EJUSD. *Fundamenta medicinæ solidis physico anatomicis principiis superstructa* Venet. 1744. 8.

M. R., Med. à Lyon, *diss. sur l'origine des Negres* 1744. 12. Alios esse homines. Nomen auctori esse *Guillaume* REY, PORTAL.

Joh. THORLEY *melissologia, or female monarchy being a enquiry in to the nature of the bees* 1744. 8. Germanice vertente ILL. A. G. KÆSTNER· Göttingæ 1766. 8.* Paulum enthusiasta Reginæ venerationem & cultum describit. Ei breves alæ, neque ad volandum idoneæ, aculeus longus. Fucorum testes vidit, & penem, hunc cornu bubalini similem. Dubitat fucos esse reginæ maritos, gravidam enim se vidisse, cum fuci valde juvenes essent. Numerum reginarum esse 10. ad 12. Apes habere sermonis genus, quo sibi suos sensus aperiant. Reginam filiam a matre avolandi veniam petere, neque ex alveari prodire, nisi consenserit.

Gerardi QUAGLIA *de venæ sectionis usu* Neapoli 1744. 8 *. Contra acidum hostile & fermentationes HELMONTIANAS.

LYNCH *the guide of health, the causes of old age, the nature and influence of air &c.* Lond. 1744. 8. CHION.

Herman

Herman VENEMA vita *W. Wilhelmi* MUYS Franeker 1744. 8.
Regeln, vom Urin unbetrüglich zu urtheilen Nürnberg 1744. 8.

§. MLVII. *Ern. Jeremias* NEIFELD.

Ern. Jeremiæ NEIFELD *de genesi caloris febrium intermittentium* Lipſ. 1744. 4.*

IDEM *de ſecretione ſpec.* I. *de ſecretione humorum in genere* Zullichau 1751. 8.* In Polonia medicinam facit. Quærit cur ex uno ſanguine tot diverſi humores naſcantur. Multa a BOERHAAVIO retinuit, ſeries vaſorum; ſecretionem ex ramoſa arteria. Sanguini & adtrahendi vim ineſſe, & aliam electricam. Secretio fit a minori diametro majores globulos excludente. Humores conpoſiti ex ductibus confluentibus. Ad calcaria vaſorum globulos diſſilire, inque minutiores abire moleculas. Minores globulos minus denſos eſſe. Angulorum aliquam eſſe poteſtatem. In vaſis flexis confluere globulos. Sed præterea frictionem moleculas electrica vi imbuere, inde ſe invicem adtrahere: facilius globulos mole & denſitate æquales, minus qui ſecus. Celeritatem eſſe ut diametri vaſorum. Humorem ſecretum in folliculum depoſitum mutari ab exhalante in ejus cavum liquore &c.

T. II. ſecutus eſt a. 1763. Glogaviæ 8.* & agit *de ſecretione humorum in ſpecie.* Aliqua HAMBERGERIANA cum BOERHAAVIANIS conjungit, ut diſſolutionem humorum in vaſis minoribus, adtractionem humorum leviorum ad vaſa graviora; adtractionem etiam habet humoris cujusque ad analogum in colo jam præſtolantem ſuccum. Retinet humorum tenuiorum ſeries cum ſuis vaſis. Sanguinem venæ portarum arterioſo leviorem eſſe, & magis ſpirituoſum. Corporum organicorum in ſemine fermentationem deſcribit: ea corpuſcula in intimis particulis ſanguinis latere: eadem adfuſo nerveo ſucco a nexu reliquarum particularum liberari, ita vitales fieri. Ad exhalationem tamen ignis in frigidiorem aërem exhalatione utitur.

In *primitiis Polonicis* T. I. egit Cl. NEIFELD de manducatione, de deglutitione, de celeritate ſanguinis a variis vaſorum angulis mutata, ad BOERHAAVII placita & MARTINII, quem lentorem putat ad ſecretione diſponere.

In T. II. de celeritate ſanguinis ut cauſa retardante ſecretionum.

In T. III. de poſitione & divaricatione vaſorum, ut cauſa antecedente ſecretionis bilis in ſpecie.

§. MLVIII. *Diſputationes.*

Thomas Balthaſar HAVER *de oſcitatione* Leid. 1744. 4.*

Dominicus HUYBERS *de valvulis, quæ in inteſtinis & in ſyſtemate venoſo ac in corde occurrunt* Leid. 1744. 4.* Celluloſam telam facere valvulam coli, ex ALBINO.

MARK AKINSIDE *de ortu & incremento fetus humani* Leid. 1744. 4.* Vir eruditus & Poëta in litem cum juniori MONROO incidit.

IDEM

IDEM in *Phil. Transf.* tr. n. 1. Contra vasa minorum generum dixit: & contra arterias pellucidas. Vasa valvulosa esse ramusculos vasorum confluentium.

Respondit ad MONROI jun. objectiones in *notes on the postscript of a pamphlet intitled observations anat. and physiological* Lond. 1758. 8.* Contra originem vasorum lymphaticorum ex arteriis. Ex meis se sumsisse fatetur.

Joh. GIBSON *de utero* Leid. 1744. 4.*

IDEM nuper edidit *a treatise on continual intermitting & fevers* London 1769. 8.* Varia in medicos mechanicos effundit, fere injusta.

Christian SWAVING *de excrementis secundæ coctionis* Leid. 1744. 4.*

William v. BLOEMESTEIN *de humorum motu per corporis humani vasorum sanguineorum systema, variisque modis quibus eorum fines ultimo terminantur* Leid. 1744. 4.* Aliqua microscopica.

Gerhardi Antonii GEYMANS *de humorum corporis humani natura, usu & recessu* Leid. 1744. 4.*

Guilielmi BOX *de ventriculi usu & actione in ingesta* Leid. 1744. 4.*

Franc. DREW *de usu lienis* Leid. 1744. 4.* Cellulas rejicit & glandulas.

J. ROGAAR *de nutritione* Leid. 1744. 4.* Ex ALBINO contra naturam cellulosam membranarum.

AART MULDERS *de respiratione* Leid. 1744. 4.*

Gisberti BEUDT *de fabrica & usu viscerum uropoieticorum* Leid. 1744. 4.* & in *nostris selectis*. Pulchra icon vesicæ urinariæ. Sphincterem non ad BOERHAAVII sententiam laxari. Fibras ab uretere ad urethram descendere. Cellulosam habet telam vesicæ, & mucosam; peritonæi habitum ad vesicam, & in varia ætate, veram vesicæ figuram, sphincterem, vasa & exhalationem. De ductu putatitio capsulæ renalis.

Eduard LYNE *de urinæ secretione in statu naturali & morboso* Leidæ 1744. 4.*

J. v. ALPHEN *de excrementis quibusdam cutaneis* Utrecht 1744. 4.* ALBINUM urgendo materiam facere, ut per exiguos cutis poros eructetur.

Christophorus GRAM & *Christophorus* MOE *de motu chyli per vasa lactea* Hafniæ 1744.

EJUSD. & *Jacobi* LUND *observata & cogitata quædam de somno ejusque usu & abusu* Hafn. 1745.

Alberti ROGGENKAMP & *Christian* HALKIAER *de viis fluidorum sub catharsi* Hafn. 1744.

IDEM & *Andrea* BREDAL *de musculis abdominis* Hafniæ 1744. 4.

Petri ENGELL & *Andrea* SCHIOTT *de ductibus salivalibus in homine* Hafniæ 1744. 4.

J. Mich. VOSSI *tortores animi, s. de passionibus animi corpus humanum mire alterantibus* Prag. 1744. GUNZ.

Jac.

Jac. Frid. BECKER *de speciali sanguinis in cerebro circulatione* Regiomont. 1744. 4.*

J. Frid. SCHROEDER *de olfactu diss. duæ* Regiomont. 1744. 4. B. BOEHMER.

J. KOPP *de partu dubio, quem vidua intra dies luctus enixa est* Helmstätt 1744. 4. Nisi mere juridica est.

J. Christian LAUBMEYER *de dentibus* Regiomont. 1744. 4.*

Christian Ern. LOSSII *de viis & motu chyli* Erford. 1744. 4.* P. JUCHIO.

Petrus Stephanus Antonius CAUVINUS *de lacteorum vasorum fabrica & positionibus* Turin. 1744. 4.*

Joseph de MARCO *de respiratione ejusque usu primario* Monspel. 1744. 4.

Laurent. CLAVILLARD *de ira noxa & utilitate* Monspel. 1744. 4.

Cl. PERSON & *Ant.* PETIT *E. vesiculæ felleæ per ductum cysticum bilis mittitur* Paris. 1744. 4.* Valvulam esse in ostio ductus choledochi; & in vesicula fellea lacunas. Nullos esse ductus hepaticysticos.

Jac. VERDELHAN *des* MOLES & *Pascasii* BORIE *E. temperamenti diversitas a diversa fibrarum constitutione* Paris. 1744.

Jac. le THUILLIER & *Jac. Laur.* MAUROY *E. physiologiæ basis mechanica* Paris. 1744. 4.

Fr. Sal. Dan. PAULLIN & *Flor. Car.* BELLOT *E. functiones ab aliis mutuo pendent* Paris. 1744.

§. MLIX. *Diaria anni 1745.*

In *Phil. Trans.* n. 475. *Johannes* FOTHERGILL, ex secta Quakerorum, cæterum doctus vir, & celebris medicus. De viro, inflato per os aëre ad vitam revocato.

Aliquot epistolæ de puero giganteo.

ID. N. 478. de diaphragmate rupto & visceribus abdominis in thoracem irrumpentibus.

Johannes STILL de fetu per anum excreto.

STARKEY MIDDLETON de fetu tubario.

N. 476. B. B. & J. COCKSON de puero bulimo laborante, ut intra nycthemerum supra sexaginta libras devoret.

N. 477. *Jacob* SIMON de ossibus fetus per anum egestis.

In *Hist. de l'Acad. des Sc.* 1745. duo fetus dorsis oppositis, duobus cordibus.

GABON, Chirurgus, de fetu humano bicipite, tripede, ventriculis duobus, intestinis duodenis coalescentibus.

In *Commentariorum Academiæ Bononiensis* T. II. P. I., quæ a. 1745. prodiit, & in P. II., quæ a. 1746. *Matthæus* BAZZANUS de experimentis suis retulit factis

ctis in animalibus rubia paſtis, & quorum oſſa de more rubedine tincta ſunt. Perioſtei color non eſt mutatus.

Laurentius BONAZZOLIUS de ſitu inteſtini duodeni: de valvula in appendiculæ vermiformis ad cæcum inteſtinum oſtiolo. Adpendix inteſtini. Renum varietates.

Joſ. VERATTUS P.I. & II. De catella non lactente feles lac extraxerunt ſugendo. Pulmones extracto aëre in aqua ſubſidere.

IDEM ib. de animalibus in aëre non renovato pereuntibus, diminuta aliquantum aëris elaſticitate. Corpuſcula glandularum ſimilia paſſim per viſcera ſparſa.

Vincentius MENGHINUS de hydatidibus cum lotio egeſtis.

IDEM P.II. ejus tomi a. 1746. edita de particulis ferreis repertis in ſanguine variorum animalium, & in oſſibus, hic parce, atque in carnibus, ut in grumo rubro ſanguinis vera ejus ferri ſedes ſit, in homine uberioribus. Globulos ſanguineos non eadem eſſe in omnibus animalibus mole. Pro fibris ſanguinis.

EJ. De via ejus ferri: ad ſanguinem per ſolas venas rubras advenire.

Jacobus Bartholomæus BECCARIUS de abſtinentia diuturna a cibo & potu: ut poſſit ex legibus naturæ exponi, &c.

IDEM & alii Academici de luce dactylorum.

IDEM in T.V. P.I. de lacte ejusque analyſi, de ſaccharo lactis, ſero, caſeo. Ex ſaccharo & acorem igne expulit, & ſalem volatilem ramoſum.

In P.III., quæ a. 1747. 4. prodiit, *J. Antonius* GALLUS fetum maturum deſcripſit, quem chirurgi manus per inciſum abdomen extraxit.

Paul. Balth. BALBI de cicatriculæ in aqua fervida motu.

In *K. Swenſk. Wetenſk. Handling.* 1745. *Samuel* SANDEL de perexigua ſtatura duorum puerorum.

In *Comm. Lit. Nor.* 1745. *hebd.* 52. *Philippus Fridericus* GMELIN, frater *J. Georgii*, & ipſe poſtea Profeſſor Tubingenſis, dedit analyſin aquæ hydropicæ, veræ lymphæ coagulabilis.

IDEM *de rabie canina.* Deſcribit animal moſchiferum.

EJ. *De viis urinæ ordinariis & extraordinariis* Tub. 1753. 4.*

EJ. *De tranſpiratione cutanea hominis ſanitatis præſidio* Tubing. 1760. 4.*

EJ. *De ſero lactis dulci* HOFMANNIANO Tub. 1765. 4.*

Hoc anno *Societas Regia Scientiarum Berolinenſis*, novis legibus & privilegiis ornata, Academiæ nomen adoptavit, porroque ſuos commentarios Gallica lingua cepit edere. In ea collectione varia huc pertinent. Hoc anno Cl. HEINII diſſ. *ſur l'origine des etres animés ſuivant le ſyſtème* D'HIPPOCRATE. GESNERI cogitata porro ornavit, & ab HERACLITO animas illas per aërem obvolitantes repetiit, & ab ipſo PYTHAGORA.

Compendium edidit PAUL Avignon 1768. 4. 2.Vol.

§. MLX.

§. MLX. *Arnauld Eloy* GAUTIER d'AGOTI.

Pictor, historiam naturalem etiam & anatomen adgressus est ornare, & experimentis suis; & arte *Christophorum le* BLOND, quam imitatus est, & quæ quatuor coloribus ex ordine totidem æneis tabulis illitis omnes colores in charta exprimit. Pulchriores tamen alii dederunt ejusmodi tabulas; noster fusci quid & obscuri suis in iconibus habet, minus tamen in anatome, magis in plantarum figuris.

Essai d'anatomie en tableaux imprimés, qui representent au naturel tous les muscles de la face, du cou, de la tête, de la langue & du larynx, d'après les parties preparées par Mr. DUVERNEY (Chirurgien), *en huit planches.* Paulatim plures sunt secutæ, & exstant 20. tabulæ myologiæ, Paris 1746. fol.

Octodecim tabulæ *de l'anatomie generale des viscères* Paris.

Exposition anatomique pour servir de supplement. Viginti tabulæ administrante *du* CHEMIN: pars splanchnologiæ & nervi.

Demum *anatomie de la tête* Paris 1748. octo tabulis ad D. DUVERNEY præparationem.

Magnitudo tabularum, & colores, pretium augent; eam etiam laudem meretur auctor, quod nihil exscripserit, sed ad naturam sua depinxerit. Plerumque tamen longe ab ea sollicita minimarum partium definitione abest, ad quam hoc seculo est perventum; musculos ipsos potissimum post ALBINUM non erat necesse noviter delineasse; neque demum colores hic quidquam juvant. In capite vasa satis apte repleta, neque mala figura corporis callosi cum fornice & septo lucido, demum arteriolarum duræ matris, quæ tabula reliquis excellit. Nervi aliquanto meliores & viscera, etiam vasa cutanea.

Depictum etiam dedit androgynum DROUART, de cujus sexu litigatur.

EJUSD. *Zoographie ou generation de l'homme & des animaux* Paris 1750. 12.* Omnes de generatione animalium hypotheses refutat, ovorum etiam potissimum. In semine virili embryonem, sed facile adgnoscendum, asini, etiam hominis adparere, si in frigidam demiseris: quem etiam fetum in priori opere depinxit, & in sequente. Fetum nasci ex vesiculis seminalibus.

EJUSD. *Observations sur l'histoire naturelle, la physique & la peinture* T. I. 1752. 12.* cum iconibus pictis. In præfatione depictum dat asinum in semine masculo visum. Duos androgynos dicit, qui viri videntur, & quibus urethra fissa erat. In talpa putat se ex ganglio nerveo prodeuntem ductum vidisse cum deferente conjunctum. Oculos pro re nova habet, toties dictos & delineatos.

T. II. a 1752. Iterum de androgyno DROUART. In cochleis vesiculam seminalem in ovarium se aperire, neque quidquam penis simile adesse.

T. III. de arte surdos docendi, dum mentum loquentis ad occiput surdi hominis admovetur. Aures internæ testudinis ex PLUMERIO. In sanguine puncta esse alba, quæ rubra videantur, quando pallido humore ambiuntur. Vasa lactea testudinis cum arteriis hepatis & pulmonis conjungi. De cochleis & earum anatome obscure. Cor testudinis biventre.

T. IV. Ex Cl. EISENMANN uterus duplex. In ranis maribus se fetum in vesica intra abdomen reperisse. Lentem crystallinam objecta neque invertere, neque erecta repræsentare, cum perinde recta videamus, quando ob cataractam sede sua depulsa est.

T. V. Theoria motus muscularis, quam *G. Josepho* DUVERNEY tribuit, aucta hypothesi GAUTERII, spiritus igneos ad cerebrum redire per plexus chorioideos.

T. VI. Exigui momenti: aliqua continet anatomica. In tribus postremis tomis nulla est tabula picta, & reliqui 74. tomi, quos noster promittebat omnino interciderunt, postquam emtores nummos numeraverant.

§. MLXI. G. VINK. GUATTANI. RUBERTI.

Wilhelmus VINK, lector anatomiæ & chirurgiæ Roterodamensis, primum, ni fallor a. 1732. ediderat *Beschryving der beenderen en spieren.* Eam editionem non vidi, sed edidit a. 1745. *Korte en klare beschryving der beenderen, spieren, en bloodvaten* Roterdam 8.* Satis ignotum librum, quo tamen deteriores plurimi in omnium sunt manibus liceat laudasse. In musculis nihil valde singulare reperio, præter vaginæ dilatatorem. In ossibus: icones aliquas habet, non satis distinctas, vasorum periostei, dentium demolita maxilla nudatorum &c. Melior pars operis est de vasis sanguineis: ea enim fere vera sunt, & ad naturam descripta: icones etsi paulo minus distinctæ, tamen non contemnendæ, arteriarum capitis, manus, pedis, in strato intimo depictarum & ossium proximo. Non possidebam, quando meas arteriarum historias scripsi, non certe futurum inutile mihi opus, aut laude sua cariturum.

Caroli GUATTANI, Chirurgi Romani, *historiæ duæ anevrysmatum* Rom. 1745. 4.* Præter chirurgica habet icones ligneas quidem, minime tamen inutiles, quibus potissimum arteriæ per flexum brachii recurrentes, earumque cum superioribus ramis conjunctiones exprimuntur. Tres recte recurrentes habet, a radiali, ulnari, & interossea.

In *Mém. des Savans etrangers* T. III. venæ azygæ vulgarem fabricam describit.

Michel Angiolo RUPERTI *lezione sulla testa mostruosa d'un vitello* Napoli 1745. 4.* brevis libellus. Caput pene integre duplex, absque anatome.

§. MLXII. *Henricus Josephus Bernhardus* MONTAGNAT,

Medicus Rhemensis, FERRENII amicus, scripsit Paris 1745. 8.* *Lettre à Mr.* L'ABBE *d. F.* (*des* FONTAINES) *sur la critique que fait M.* BURLON *du sentiment de M. F. sur la formation de la voix humaine.*

Sed plus est nervi in *Eclaircissemens en forme de Lettre à M.* BERTIN *sur la decouverte que M.* FERREIN *a faite du mecanisme de la voix de l'homme* 1746. 8.* Asperrima epistola. Cum FERRENIUS Academiæ sua glottidis ligamenta vellet demonstrare & experimenta facere, quibus theoria sua niteretur, nescio quis in laryngem tænias rubras introduxit, ut tota res in cachinnos abiret. Testes adeo producuntur experimenti Monspelii facti. Sed etiam octavam superiorem sonasse

onasse ligamenta, quorum dimidia tantum pars libera esset. Avium cartilaginem lottideam utique tremere.

Ej. *Lettre à M.* BERTIN *au sujet d'un nouveau genre de vaisseaux decouvert dans corps humain* Paris 1748. 8.* Omnino FERRENIUM nova vasa uveæ lymphaca primum ostendisse. Sed videram & descripseram, cum me Cl. MONTAGNAT men pro teste producit a nemine esse visa, & quinquaginta ante me annis UYSCHIUS viderat, & RAVIUS, inde ALBINUS Sed neque anulus aut rete tuicæ chorioideæ FERRENII est inventum. Inde Cl. M. se in BERTINUM convertit; ova ejus cornicula partes esse ait ossis sphenoidei; vasa lymphatica pulmonis a ERRENIO esse detecta &c. Ubique mira acrimonia in eo scripto dominatur.

Cæterum nomen esse MONTAGNATI, opus FERREINI PORTALIUS.

Supplement à la lettre precedente sur les vaisseaux lymphatiques.

Isaac BELLOT, Medicus Burdigalensis, anonymus edidit *lettres sur le pouvoir l'imagination des femmes grosses* Paris 1745. 12. BUR. Anglice vers. *Letters on e force of imagination* London 1765. 8. 1772. 8. Italice Venet 1751. 8. vernte *J. Fortunato* BIANCHINI. BLONDELLUM nimium in eo fuisse, quod histoam fidem omnibus exemplis vires maternæ imaginationis confirmantibus neverit. Noster parce anatome usus, multo ingenio suam hypothesin tuetur. temerario motu nihil organici fabricari posse; nihil a cerebro ad ullam definitam us particulam venire; sanguinem ad nullam partem singularem C. H. adfluere, que voluntati subjici. Nihil in vi imaginationis maternæ veri esse, nisi conctionem spasmodicam abdominis materni, & sanguinem in aliquam fetus rtem, aut nimis parce, aut nimis vehementer ineuntem.

Contra anonymum, qui aliqua in hoc scripto carpserat, tuetur se auctor *Journ. de Trev.* 1746. *Juin.*

§. MLXIII. LOESECKE. KRÄZENSTEIN.

J. Lud. Leberecht LOESECKE, Medici, qui Berolini docuit brevisque fuit ævi, diss. *de motu sanguinis intestino* Lips. 1745 4.* Negat repulsionem globulorum; tum intestinum repetit a diversitate prticularum diversos motus suscipientium.

Ej. *Observationes anatomico chirurgico medicæ novæ & rariores* Berol. 1754. 4.* anatomica referas novam articulationem in scapula natam: membranam mpani duplicem: tum de chorda tympani, stapede & musculis mallei singues adnotationes. Arteriæ pulmonalis in aortam continuatio, pro fabrica mis vulgata datur, quæ est constantissima. In animalibus a rubiæ usu etiam cartilaes, ungues, plumas tinctas fuisse. Germanice Berlin 1761. 8. *Neue und sele anatomische, chirurgische, medicinische Wahrnehmungen.*

EJUS *Physiologie, oder Lehre von dem gesunden Zustande des menschlichen Kör-* edente *Christiano Gotthold* SCHWENKE Dresdæ & Varsaviæ 1762. 8.* Phyogia posthuma multa continet nostrorum similia. LIEBERKUHNIANAM fabrin vasorum lacteorum proponit. Cordis motum irritationi tribuit. Vitiis tygraphicis abundat. Recusa est Dresden 1767. 8.

Christian Gottlieb KRAZENSTEIN, Medici & Professoris nunc Hafniensis, *Beweis, daß die Seele ihren Körper baue* Halle 1745. 8.*

EJ. *Fortsetzung des Beweises* ib. Animam corpus suum struere, argumento reparatarum partium polypi, quas recte negat ab ulla mechanica vi ea concinnitate posse perfectas esse, & necessario gnarum architectum requirere. Symmetriam pulcherrimam corporis animalis idem suadere.

EJ. *Physicalische Briefe* Hall. 1746. 8.* quae editio tertia dicitur. Sunt aliorum.

EJ. *Theoria fluxus diabetici geometrico more explicata* Hall. 1746. 4.* & in *nostris selectis*. Observationes aliquae, ut vocant, propriae. A venoso refluxu impedito malum derivat.

EJ. *Abhandlung von der Erzeugung der Würmer im menschlichen Körper* Hall. 1748. 8.* Taeniam esse catenam insectorum suis labiis se comprehendentium. Pro vermiculis seminalibus. Eos parere & generare.

EJ. *Von dem Einflusse des Mondes und der Witterungen in den menschlichen Körper* Hall. 1770. 8.* Adtractionem lunae minuere resistentiam, quam atmosphaera externo aeri opponit. Menses tamen a luna pendere, etiamsi variae causae ejus influxum turbant.

EJ. & *J. Henr.* SCHOENHEIDER (auctor) *de restitutione & impotentia motus muscularis* Hafn. 1768. 8.* Bona disp. Pulsum naturalem Groenlandorum 30. & 40. in minuto primo non superare.

EJ. Progr. 1772. fol.* Agit de anatome Aegyptiorum. Taricheutas in anatome potissimum sollicita potuisse accuratius versari, cum odium vulgi fere in Paraschisten incubuerit.

§. MLXIV. *Varii.*

Johannes STORCH, qui saepe nomine PELARGI usus est, clinicus de STAHLII secta. Clinica multa scripsit, quae passim aliqua continent ad physiologiam facientia. Brevissime dabo titulos,

Vernünftige Untersuchung, ob und in welchen Fällen es erlaubt seye Säugammen zu halten Frankfurt und Leipzig 1745. 8.

Weiber-Krankheiten T. II. Gotha 1748. 8.* de virginitate, atretis. T. III. 1748. 8.* de sterilibus, atretis, os uteri alieno loco habentibus. T. IV. 1749. 8.* multa habet exempla abortuum, molarum, ovorum humanorum fecundorum, sterilium. In virginis ovario dentes 52. & ossa visa. Molas partim animae tribuit, quae formandis veris fetubus intenta, sed a defectu fecundationis impedita, interim fingendis molis tempus terit. Ova humana varia, partus vesicarii. In nobili virgine tumor utero adnatus, dentium plenus & pilorum. Monstrosi partus varii, spinaeque bifidae. De partus tempore.

In T. V. De partu ipso, doloribus, imaginationis maternae effectibus. Non posse duas unius fetus placentas esse.

In

In T. VII. superstitiosissimam historiam habet de viro diabolum lactante, de femina absque papillis.

In T. VIII. 1753. 8.* de mensibus post mortem fluentibus; mensibus vetularum.

Ej. *Unterricht vor Hebammen* Gotha 1746. 8.* unius sexus gemellos fere unicam secundam habere, & vicissim.

In *theoretische und practische Abhandlung von Kinderkrankheiten* Eisenach 1750. 8.* agit de morbis hereditariis, quos tuetur, de molis, fetubus retentis, lingua duplice, palato fisso, aliis monstrosis fabricis, spina bifida, nævis, dentitione. Asperrime in mechanicos medicos.

In T. III. Eisen. 1751. 8.* asperrime iterum in medicos mechanicos invehitur.

In T. IV. pariter 1751. 8.* agit de vinculo funiculi umbilicalis, cujus non eamdem ubique facit necessitatem.

Lud. Ant. MURATORI *della forza della fantasia umana* Venez. 1745. 8.* Vir cordatus, laboris patientissimus, verique, quoad licuit, amans. De ideis, memoria, somno, insomniis, somnambulis, stultis, non sine utilibus adnotationibus. Satis libere ecstases arctis circumscripsit limitibus. Ediderat a. 1735. 8. l. *dell intendimento umano.*

Lettres d'Eugene à Clarice au sujet des polypes Strasbourg 1745. 12. An forte BAZINI?

John TENNENT's *physical disquisitions on the real causes of the bloods morbid rarefaction and stagnation* London 1745. 8.* Disquisitio III. huc facit. Hactenus huc pertinet. Mirificam theoriam proponit, ut humor aliquis coaguletur, facere, quod in minores particulas solutus sit. Ita sanguinem ab ictu viperæ caudisonæ cogi.

Fasciculus disputationum medicarum HEISTER *de chorioidea:* ONYMOS & ENS Leid. 1745. 8.

De colore sanguinis ex doctrina medica Persarum Leid. 1745. 8. cura *J. Stephani* BERNARD.

Jacques DARAN *observations chirurgiques sur les maladies de l'urethre* Avignon 1745. 8.* Paris 1748. 8.* Anglice 1750. 8.* &c. Iconem habet urethræ virilis apertæ cum capite gallinaginis, vivis coloribus expressam.

Christoph KRETSCHMER *von den sogenannten Stuffenjahren* Dresden 1745. 4. BOECLER.

C. A. G. GRUNER porro laudandi viri, & *J. F.* KESSEL *diss. epistolica ad E. Andr.* FROMMAN *de historia motus periodici sanguinis* Altdorf. 1745. 4. WELL.

§. MLXV. *Disputationes.*

Richard BROKLESBY *de saliva sana & morbosa* Leid. 1745. 4.*

In

In *Phil. Transf.* n. 482. Experimenta facta cum veneno Indico CONDAMINII. Cor diu pulsans post caput resectum.

EJ. ILL. viri exstat etiam in *Philos. Transf.* XLIX. P. I. relatio de experimentis, quae in tendinibus, periosteo, corde, & intestinis fecit, ad insensilem & irritabilem naturam definiendam. Ubique mecum convenit.

Tum in *medical observations and inquiries by a society of physicians in London* London 1767. 8.* EJ. est urina mellei saporis.

Adrian STOKE *de calore corporis humani* Leid. 1745. 4.*

Petri PASQUAI *signa fetus mortui* Leid. 1745. 4.* Aquas præmaturas videri provenire ex appendice placentæ suis peculiaribus membranis comitatæ.

Isaac BILDERDYCK *de musculorum actione* Leid. 1745. 4.

P. Christ. LUDEMANN *de siti* Leid. 1745. 4.*

Philippi d'ORVILLE *fabrica pancreatis* Leid. 1745. 4.* In pancreate, cujus vasa repleta fuerunt, distingui acinos albos, neque per vasa repletos, cellulosa tela conjunctos.

Abrah. ENS *de causa vices cordis alternas producente* Utrecht 1745. 4.* Eam causam esse in pondere sanguinis, venas comprimente, sanguinem retinente. Et nos recudimus.

Cornel. Johannes de FAMARS *de liene structura & usu* Leid. 1745. 4.*

Benjamin SCHWARZ *de vomitu & motu intestinorum* Leid. 1745. 4.* a nobis recusa. Motus diaphragmatis, & musculorum abdominis, quo vomitum adjuvant. Motus peristalticus ventriculi & intestinorum, hoc vero & tumultuario, per experimenta in vivis animalibus capta.

Gerh. BODDE *de fluxu mensium* Leid. 1745. 4. TH.

Ambros. DAWSON *oratio anniversaria* HARVEIANA London 1745. 4.

J. Jac. KAMM *theses medicæ varii argumenti* Argentor. 1745. 4.*

J. David LORENZ *singularia circa vesiculam felleam* Hall. 1745. 4.*

Joseph BORDOLO *de morte ejusque causis* Erford. 1745. 4.* Uterus abscessibus plenus, in ventre libræ sex humoris effusæ.

Christian WILDVOGEL *jus embryonum* Helmstad. 1745. 4.

Car. Eman. SCHELLENBERGER *de respiratione* Wien 1745. 4.*

EJUSD. & *Maxim. Joseph* LOCHER Wien 1747. 4.* de duplici homine.

EJ. *De musculorum actione* ibid. 1753. 4.*

Jacob MULLER *Casus rarissimus uteri in partu rupti* Basil. 1745. 4.* Descriptio & mensuræ pelvis; uteri fibræ musculosæ: earum æquilibrium fetum in utero retinet; excessus virium in fundo uteri positarum expellit. Mutatio uteri in graviditate per lineas curvas expressa.

Georg Ludwig DE MOUGE' *de corde in genere* Basil. 1745. 4.*

Adolph Bernard WINKLER *de situ uteri obliquo* Götting. 1745. 4.* discipuli olim nostri opus, & incisoris. Angulum uterum inter & vaginam intercipi. Causæ uteri obliqui & effectus.

EJ. *Disp. de arteria brachii* ib. 1745. 4.* In theatro nostro nata, & minime contemnenda dissertatio.

EJ. *De vasorum corporis humani lithiasi* ib. 1747. 4.*

Georg Christian Beat BREHM *de hydatidibus* Erford. 1745. 4.*

Franc. BERNARD & *Nat. Andr. Jo. Bapt.* CHESNEAU *E. frequentissima temperamentum mutatio* Paris. 1745.

Petri CHEVALIER & *Stephani* POURFOUR *du* PETIT *E. quo accuratior masticatio eo perfectior digestio* Paris. 1745.

Petri ARCELIN & *Dion. Cl.* DOUCET *E. dantur vasa absorbentia* Paris. 1745. 4.

Guillielm. RUELLAN & *J. Fr.* PARIS *Non datur hominis status perfecte sanus* Paris. 1745. 4.

Cl. BOURDIER & *Barthol.* TOUSS. *le* CLERC *Non ergo in quacumque corporis parte hæmatosis* Paris. 1745. 4.

Petri S. POISSONNIER & *Lud. Gabr.* DUPRE' *Ergo perfectior somni tempore chylosis* Paris. 1745. 4.

Josephi LALLEMANT & *Juliani* HINGANT *E. actio musculorum a solis spiritibus* Paris. 1745. 4.* & in *nostris selectis.* STENONII experimentum interpretatur, a sanguinis commeatu arteriis spinalibus subducto.

EJ. LALLEMANT *mecanisme des passions* Paris 1751. 4.* Unicus animi adfectus, amor. Utriusque sexus amor a cupidine veneris nascitur. Adfectus explicat a nerveis fibris in calloso corpore convenientibus & oscillantibus. A leni ictu anima parum commovetur, magis a valido. Ut musica animi adfectus suscitet, quod eorum linguam imitetur. Tremores a corpore calloso in nervos & musculos transeunt, eosque in convulsiones citant. Sic porro per effectus passionum, in abdomine, pectore &c.

Francisci IMBERT, Univ. Cancellarii, *generationis historia* Monsp. 1745. 8.* in utroque sexu.

EJ. *Duodecim quæstiones* ib. 1749. 4.* De singultu. Eadem via perspirationis & sudoris tenuioris. Ossa emollita non sentire. Nitrum & acetum calorem & fluiditatem sanguinis minuere.

EJ. *De fibræ natura, viribus & morbis in corpore animali, R. Henrico* FOUQUET ib. 1759. 4.* In *la* CAZII sensum.

In *Journ. de Med.* 1756. egit de mediastino, idque non quidem accurate ex medio, sed sinisterius, ad perpendiculum tamen de sterno descendere, per sollicitam inquisitionem reperit.

Nicolaus SALMON *de fluxu menstruo* Monspel. 1745. 8.* Contra plethoram. San-

Sanguinem in ſinubus uteri accumulari; eos ſinus pubertatis demum tempore aperiri, cruorem dimittere.

§. MLXVI. *Diaria anni* 1746.

In *Phil. Tranſ.* n. 478. *Jacob* SHERWOOD de anguillis viviparis glutinis farinacei aceſcentis.

N. 479. *Thomas* KNOWLTON maximæ molis crania & cornua capreolorum.

In *K. Swenſk. Wetenſk. Handl.* 1746. de lactis & butyri rationibus, & ponderibus ſpecificis.

Abraham BAECK de polypis nuper Holmiæ inventis diſſertatio. Polypi alii nudi, alii tubulo clauſi. *Bernhardum de* JUSSIEU polypum vulgarem album ovis appenſis tectum reperiſſe. Polypi criſta caſtrenſi ſeſſili, & mobili, & coralliorum hoſpites, quos etiam Cl. BAECKIUS vidit.

IDEM 1748. Trim. I. de cute Aethiopum. Lamina epidermidis exterior tenuis, pene pellucida: interior mollis, craſſa, vulgo reticulum. Macerata iſta aquam tingit, & ipſa ſolvitur. Cutis alba.

In *Hiſtoire de l'Acad. des Sciences de Paris* 1746. Cl. *le* VACHER cuti adhæſiſſe novum oſſis fragmentum, quo trepani foramen oppletum fuerit.

EJ. Fetus difformis capite deſtitutus.

In T. III. *Mém. de Chirurgie* motum periſtalticum ſe in homine vidiſſe nos docet.

CHABELARD Chirurgus de tribus partubus monſtroſis, quorum priori ventres aperti; cornutus alter, tertius biceps.

B. GUILLERME de fetu per anum educto.

In *Journ. de Trev.* 1746. Avril. Anonymus BELLOTUM de imaginatione gravidarum refutat; cum utero placentam cohærere contendit.

§. MLXVII. *J. Joſeph* SUE,

Chirurgus Pariſinus, Profeſſor, & inciſor induſtrius, fetum in *hiſt. de l'Acad. de Paris* a. 1746. deſcripſit, ſpina bifida, cranii galea deleta.

Tum alterum maximo abdomine, multis ejus partibus duplicatis, duobus uteris, vagina communi &c.

EJ. *Abrégé d'Anatomie du corps de l'homme avec une methode courte & facile d'injecter & de preparer* Paris 1748. 12. 2. Vol. 1754. 12. 2. Vol. abſque nomine. Laudat Cl. PORTAL, & bene uſum eſſe commentariis Academiæ Scientiarum addit: recte etiam ſcripſiſſe de ſuturis, alveolis, oſſe maxillari, viſceribus.

EJ. *L'Anthropotomie, où l'art d'injecter, d'embaumer & de conſerver les parties du corps humain* Paris 1749. 8. 1765. 12.*, quæ editio dicitur multum aucta eſſe; eam ſolam legi. Practicum opus. Olea & balſami ad injiciendum.

Uterum

Uterum ante injectionem in frigida, inque aluminosa aqua indurat. Cera HUNTERIANA cum resina & terebinthina composita. Ut membranæ de repletis visceribus acido chemico liquore deradantur. Musculorum administratio. Siccandas partes crine equino distendit. Vasa forfice suadet mundare, periculoso instrumento. Inflata in venam aere, distenta auricula, animal continuo perit.

EJ. *Elémens de Chirurgie* Paris 1755. 12. 2.Vol.* Tomus I. physiologiam continet, satis ad nostram sententiam. In utero describit duo fibrarum strata. Ab exterioribus fasciculi cum tubis & cum ligamentis teretibus continuati. Interni anuli tubarum ostia ambeunt. Quæ fibræ ostio uteri propiores sunt, eæ oblique descendunt reticulatæ, & denique ostium uteri ambeunt, in circulum ductæ. Quatuor denique musculi triangulares intus supersunt, duo priores, posteriores duo.

EJUSD. *Traité d'osteologie traduit de Mr.* MONROO Paris 1759. fol. 2.Vol.* Ad historiam anatomes & utilitatem cognitionis ossium. Multas adnotationes ad MONROI laborem adjecit. De SUPIOTÆ ossibus emollitis; a salis marini abusu factum esse. Varietates ossium. Costarum numerus auctus. Os humeri acetabulo terminatum, in scapula pro eo tuberculum, & in pelvi nullum. Acromion in duobus adultis hominibus cartilagine a scapula separatum vidit. Sic alia utilia. Tabulæ denique pulcherrime sculptæ, masculo scalpro. Hic cornicula sphenoidea, & sola & cum osse ethmoide videas. Porro etiam fetus ossa & sectiones ossium variæ. Tabulæ 31. Hæ primæ in Gallia natæ sunt majoris alicujus operis anatomici tabulæ.

IDEM *de sectione Cæsarea* Paris. 1763. 4.* continet eamdem fibrarum uteri historiam.

In *Mém. presentés à l'Acad.* T.I. de viscerum omnium situ inverso, & a dextris ad sinistra transposito.

In T.II. incisiones trium lutrarum. Pluscula foramina a dextra in sinistram aurem cordis patentia.

EJUSD. Mensuræ aliæque proportiones partium corporis humani in diversis ætatibus, & ossium plerorumque.

In T.V. de fibris uteri, quas etiam dicit in *Elémens de Chirurgie.* Primum aliquæ, fere ad vesicæ modum, supra fornicem supremum uteri ab anterioribus ad posteriores propagatæ; aliæ istas decussantes obliquæ. Hæ exteriores. Alterum stratum fere simile. Interius iterum quatuor musculi triangulares; duo alii ex ostiis tubarum propagati in medium uterum. Propius os fibræ horizontales sunt.

§. MLXVIII. *Petrus* CAMPER,

Professor Amstelodamensis, inde Groningensis, chirurgiæ & anatomes peritia clarus, magni vir ingenii. EJ. Disputatio *inauguralis prima de visu* Leid. 1746. 4.* Oculi anatomen opticam continet, mentis de objectis judicia & errores.

Ej. *De nonnullis oculi partibus Diss. inauguralis medica* Leid. 1746. 4.*, & in *nostris selectis*. Anulum Petiti pulchre expressit, laminas dixit & fibras. Pro retina visus organo facultatem mutandi oculi nondum innotuisse.

Idem anno 1759. 4.* Amsterdam ad Mauricaeum multa utiliter praefatur. Mensurae pelvis, paulum diversae a mensuris aliorum scriptorum. Capitis mensurae, per verticem non latius facit $3\frac{1}{2}''$. Cartilago ossibus pubis interjecta in medio pultacea est & elastica: ea ossa se in partu difficili vidisse discedere. Ligamenta aliqua coccygis. Uteri crassities varia, semidigiti, digiti. Uteri cum vagina acutus angulus, ut anterius labium longius sit. Versus partum uterus se demergit. Sinistrorsum inclinatum vidit. Fetus situs varius occipite sinistro, dextro, aure ad os pubis, tamen ut linea eadem per columnam spinalem, & caput ducat. Fetum ante 7. mensem se cernuum dare.

Ej. *Oratio de analogia inter animalia & stirpes* Groning. 1764. 4.* Ad anatomes historiam aliqua.

Ej. *Demonstrationum anatomicarum L. I. continens brachii humani fabricam & morbos* Amsterdam 1760. fol.* Ipse masculo penicillo arteriarum venarum & nervorum truncos expressit. De cute aliqua. Nigrum mucum in aqua, sed lente solvi. Vulnerum symptomata ad nervos pertinere, non ad tendines: quorum etiam ductum sequuntur. Ligamenta tendinum in dorso & vola manus bene. De physiologia nervorum. Motum ex irritabilitate ortum per convulsiones vasorum paralyticorum explicat, & intestinorum in cadavere motus. Phrenicum nervum aliquando per foramen aortae transiisse. Contra arteriarum vim contractilem. Arterias fere habet quas nos. Omnino tamen arteria radialis, neque rarissime, supra flexionem cubiti oritur. Figura vasorum flexus cubiti cum nostra convenit.

Ej. *Demonstrationum anatomico pathologicarum L. II. Pelvis virilis* Amsterdam 1762. fol.* Pelvis per medium dissecta, arteriarum trunci expressi, nam de ramis ad nos remisit. Mallet arterias nostras non serpentinas: Pleraque ad chirurgiam pertinent.

Ej. *Epistola ad anatomicorum principem, magnum* Albinum Gron. 1767. 4.* Albinum ex uno puncto suas tabulas delineasse; ita multa tegi aut decurtari: se malle suas tabulas ad architectorum morem absque puncto optico delineare. Albinus reponit, se suum punctum opticum ad 40. pedum distantiam remotum sumsisse, ita veritati non noceri. Instat Camperus, tamen puncto optico esse usum, ita factum, ut nimis rectas claviculas, nimis humiles scapulas pinxerit: sed neque Wandelaarii artem probat.

Ej. *Lessen over de thanz zwervende veesterfte* Leeuwaarden 1769. 8.* Describit ventriculos animalium ruminantium, quos etiam in minimo illo Africano capreolo reperit. In me monet de deglutitione boum aliqua: ea mihi non propria sunt, qui ex Perralto habeam.

An ad virum Ill. facit *de fractura patellae* disp.? Groning. 1754. 4.

In

In *verhandelingen der Holl. maatschappy der wetenschapp.* T. VI. P. I. anni 1761. 8.* primum iter testium in scrotum describit, nostris non visis, ut nostra confirmet.

Ej. *De partibus genitalibus bufonis Brasilici Pipa.* Ova perinde in utero sunt, per tubam resorbentur, per rectum intestinum egeruntur, ut in nostrate bufone.

In *verhandelingen &c.* T. VII. P. I. agit de vagina, per quam testes in fetu ante partum aut post eum descendunt, per experimenta, ib. a. 1758. facta.

IDEM *de organis auditus piscium*: de canalibus tribus semicircularibus, tribusque capsulis cartilagineis, in quibus nervi; demum de sacco, in quo unum aut duo sint officula, super quem saccum nervi innumeri paulatim breviores extenduntur. Auditum piscibus non negat.

In T. VII. P. II. agit de lacte & educatione puerorum. Varia notabilia. Capita difformia. De membrana pupillari, quam ALBINO tribuit: & semel in fetu nuper nato clausam vidit.

In T. IX. P. III. de organo auditus ceti Cachillot. Tria habet solita officula & cochleam, nullos canales semicirculares. Malleus parum mobilis: cochleæ fere duæ spiræ. In crocodilo malleus & membrana tympani est, & canales semicirculares, cochlea nulla. Cl. GEOFFROY passim corrigit.

Libellus *de restituto naso* vix huc pertinet.

In *verhandelingen der bataefsche Ginootschap* Tom. I. vir ILL. de aëre egit, qui ex pectore & abdomine avium altius volantium, in earum humerum, femur, sternum, vertebras, costas penetrat, ut per ea ossa inserto tubulo vesicæ illæ pectorales & abdominales instari possint. In avibus altiora non petentibus humeri ossa medullam habent, absque aëre.

IBID. agit de instrumento, cujus ope ranæ coaxant. Duæ vesicæ sunt, in quas proxime glottidem per totidem ostia aër subit, quem animal pro lubitu ex vesicis pellere potest, contracta, qua obducuntur, musculosa tunica.

IBID. dum veras dimensiones elastici bracherii meditatur, diametros hominis metitur ex ALBINO & statuis. Rationem diametri transversæ ad ossa ilium in viro invenit 10. 7. in femina ut $11\frac{1}{2}$. $7\frac{1}{2}$.

IDEM in *hedendaegze letter oeffeningen* T. III. n. 7. junioris elephanti incisionem dedit. Cerebrum non valde parvum, & simile humani. Nullum os cordis, nullæ glandulæ cordis DUVERNOY. Magni sacci coli. Pro vesicula ampliter dilatatus ductus hepaticus. Non mingit retrorsum. Octo & decem renis tubercula, & totidem ureteres. Testes ad renes ad peritoneum adhærent.

IDEM in eodem Diario IV. n. 2. de invento jam anno 1771. aëris in avium ossa commeatu. Caveam cranii cum tuba EUST. communicare. In casuario, & struthiocamelo, avibus non volantibus, nullus ut in aliis avibus aër ossa humeri subit, utique vero in reliqua ossa, & ex abdomine & in ea ossa, & in canalem medullæ spinalis, inque ipsam maxillam inferiorem. Aëris in

 ossibus

offibus copiam effe ut altitudinem volatus. Aviculis nonnullis aërem in offa artuum non penetrare, ut pafferibus.

In difputatione Cl. J. BUSCH *de mechanifmo organi vocis &c* Groning. 1774. 4.* dicitur de duabus exiguis cartilaginibus oblongis in ligamentis expertis, quæ ab epiglottide ad capitula cartilaginum arytænoidearum defcendunt, CAMPERI invento.

§. MLXIX. *Chriftian Ehrenfried* ESCHENBACH,

Medicus & Philofophiæ Profeffor Roftochienfis. EJUS *medicina legalis breviffimis comprehenfa thefibus* Roftoch. 1746. 8.* nuper recuf. De fubmerfis; de impotentia, virginitate, graviditate, partu, fuperfetatione, menftruis, fignis fuffocati pueri.

EJUS *anatomifche Befchreibung des menfchlichen Körpers* Roftock 1750. 8.* Compendium anatomes in univerfum ad WINSLOWIANAM *expofitionem* concinnatum, etiam ubi W. peccat, ut in oculi arteriis. Aliqua tamen fua habet CL. E., & fermone puriori ufus eft, quam vulgo noftri folent. Valvulam in facco lacrumali effe: nullam in rene fuccenturiato caveam. Aliqui mufculi peculiares, ut ex atlantis proceffu transverfo in partem proceffui maftoideo proxime pofteriorem mufculus. Quadratus alter lumborum. Dari veficæ fphincterem. Pfoas tertius. Effe ubi nervi optici toti feparati fint. Tendinea expanfio a M. fartorio & fociis in periofteum demiffa. Vafa lymphatica a convexo hepate pene fternum adfcendentia. Icones KULMIANÆ.

EJ. *Obfervata quædam chirurgico-medica* Roftoch. 1753. 4.* Varia memorabilia. Cor dextrorfum verfum. Fetus ventre aperto, mufculis abdominis hifcentibus. Atreta, urethra fupra os pubis aperta. Lingua duplex. Contra imaginationis potentiam in producendis monftris. Cornea tunica bis renata.

EJUSD. *Obfervationum variarum continuatio* Roftoch. 1755. 4.* Offa innominata ampliffima. Aliqua ad arterias flexus brachii: innominata eft recurrens radialis. Cranium fetus undique claufum, inde partus difficilis. Noctambulo. Revivifcens, quæ mortua putabatur. Utique per plenam putredinem pulmo fupernatat. Pulfus alio loco tangebatur, quod fuperiori loco arteria radialis ad dorfum tranfiiffet.

EJUSD. operis nova & plenior editio eodem cum titulo prodiit, Roftoch. 1769. 8.* Priora non repeto. Abdomen fponte apertum, & motus periftalticus confpicuus. Penis trifidus & urina ex fpongia inter pubem & umbilicum. Quadrigemini. Inteftinorum ordo mutatus, ut colon proxime a ventriculo fuccederet. Atretæ puellæ ab ipfa natura fanatæ. Placenta undique ad uterum adnata. Sanguis ex funiculo umbilicali non ligato modo plurimus, modo nullus.

EJ. Progr. *de apparenter mortuis* Roftoch. 1766. 4.

EJ. *De fudore Chrifti fanguineo parere e principiis medicis* ib. 1766. 4.

EJ. *Bedenken von der Schädlichkeit des Mutterkorns* ib. 1771. 8.* Aliqua habet de refocillandis fubmerfis. Obfcuram refpirationem fub aquis fupereffe.

§. MLXX.

§. MLXX. *Augustus Johannes v.* ROESEL,

Vir non ignobili prosapia natus, pictor artificiosus, insectorum amator, cepit ab anno fere 1742. insecta colligere, eorum ova, exclusionem, metamorphosin, generationem adnotare. Ita natæ sunt *monatliche Insecten-Belustigungen*, quarum Tom. I. Noribergæ 1746. 4.* prodiit, merorum papilionum. Inde T. II. ib. 1748. 4.* Hic scarabæos plusculos describit; inter eos in nonnullis anatomen & viscerum fabricam. Tunc locustæ, iterum cum utriusque sexus anatome, genitalium potissimum, & in cicadis cantus organi. Hirundines sub aquis non degere. Aliquæ muscæ: pulicis fecundatio.

T. III. ibid. 1755. 4* Aliqua supplementa; inter ea bombyx. Instrumentum serici. Larva vorax Ephemeri. Cancri fluviatilis historia naturalis. Non durum penem habet, sed verrucam. Contra REAUMURIUM, tunc potissimum reperiri lapides cancrorum, quando thorax perfectus est; cum eo tempore lapilli crescant, quo thorax mollis est. Testis trilobatus & vasa seminalia. Ut thorax durescat. Renascentes chelæ, monstrosæ aliquæ atque ramosæ. De polypis fuse & plene: ramosus, in cristas fissus, unico trunco multipartito. Polypi TREMBLEYANI quatuor generum, & eorum discrimina, aliaque phænomena: polypos etiam sua capita vorare. Hydræ polypinæ. Etiam ex dissecto brachio renati polypi. Contra *Bernardi de* JUSSIEU ova polyporum. Polypi minores varii: ferri equini similis, vorticem in aqua excitare gnarus: tubulosi, calyciformes, bicornes, gregarii, quadricornes, cylindrici, ovales aliquot generum. Animal globosum BAKERI, deciduis truncis se propagans. Proteus. Serpentuli aquatici, qui dissecti convalescunt, etiam capite reparato & oculis.

T. IV. 1761. 4.* Aranei anatomen continet, de qua BAGLIVIUS desperaverat, etiamsi tarantula poterat uti. Dentes, oculi, vasa sua sericifera. Reliqua pars operis supplementa continet.

Belgice versum hoc opus nitide prodiit, primusque tomus a. 1768. 4.* absolutus est, cum emendationibus Cl. KLEEMANNI, auctoris generi. In papilionibus vermiculi seminales absque caudis sunt, non reperiundi in feminis. In erucis omnino duodecim sunt oculi.

EJ. *Natürliche Historie der Frösche hiesigen Landes, worinn alle Eigenschaften derselben, sonderlich aber ihre Fortpflanzung umständlich beschrieben werden* Nürnberg 1758. fol.* cum nostra præfatione. Splendidum & egregium opus Latine & Germanice prodiit cum tabulis pictis & nigris. Venerem ranarum maximo suo labore contemplatus, vidit denique semen ex ano maris in ova feminina, aut exclusa, aut nondum deposita, ejectum fuisse. Tumor in pollice, quem MENZIUS pro pene habuit, ad continendam feminam factus est. Ovorum ranæ exclusio, girinus, branchiæ caducæ. Mas solus coaxat. Appendices adiposæ circa veneris tempora majores sunt. Vermiculi seminales non caudati sunt. Ductus a testibus in vesiculas seminales. Penis, in quem eæ vesiculæ patent. Uterus in rectum intestinum apertus. Oviductus prælongi. Ova in ventrem eduntur, inde in uterum. MENZII errores. Sceletos ranæ. Vox ranun-

ranunculi arborei per ſaccum edita, cujus duæ anguſtæ rimæ ſunt. Ova ranarum a mare non fecundata pereunt. Evolutio arborei ranunculi, branchiarum lapſus, artuum initium, viſcera. Sceletos: per penem inflatæ veſiculæ. Vis contractilis ventriculi. In bufone aurantio ſemen pariter in ova ſpargitur. Girini per ſtigma reſpirant abſque branchiis. Viſcera, veſiculæ ſeminales, pulmo inflatilis. Bufonis verrucoſi canalis, per quem venenum, quod putatur, ſudat.

§. MLXXI. *J. Auguſt* UNZER,

Profeſſor Medicinæ Rinteliensis, vir acuti ingenii: EJUS eſt *neue Lehre von den Gemüthsbewegungen* Hall. 1746. 8.* Temperamenta fieri a nervis vario gradu tenſis, celeriter, cum robore, aut cum debilitate; ut lente pariter cum robore aut cum debilitate tremere poſſint. Ex his cauſis, neque ex humorum indole, naſci temperamenta.

S. C. J. S. *Gedanken vom Schlafe und den Träumen, ſamt einem Schreiben, daß man ohne Kopf denken könne* Hall. 1746. 8. In ſomno perfecto nihil animæ repræſentari, inſomnia ex ſomno & vigiliis miſta eſſe. Abſque capite & a morte ſentiri, cum in nervo a capite ſeparato, & a morte animalis, irritatio convulſionem producat.

EJ. *Von dem Einfluſſe der Seele in den Körper* Hall. 1746. 8.* Pro STAHLIANA hypotheſi & influxu phyſico.

EJ. *Vom Seufzen* Hall 1747. 8.* Elegans opuſculum. Suſpiria ex corporis adfectione nata, & ex animæ. Sanguinem per pulmonem lentius moveri, hinc coagulari & refrigerari. Suſpirii ſcopum eſſe, ut ſanguis refrigeretur, & retardetur: oſcitationem ad ſanguinem lente motum accelerandum facere, &c.

EJ. *De ſternutatione* Hall. 1748. 4.

EJUSD. *Philoſophiſche Betrachtungen über den menſchlichen Körper überhaupt* Hall. 1750. 8.* Phyſiologia partim phyſica, partim medica, de corpore in univerſum & ejus viribus. Nervis adhuc tenſis fidem adhibet.

EJUS *Sammlung kleiner Schriften* Rinteln 1766. 8. 2.Vol.* De venere luciorum, quæ frictu abſolvitur. Nullum dari in corpore motum, quin animæ obſcura inde perceptio obverſetur. Motus in corpore ad animæ ſenſa ſe accomodare, nullos tamen remotos animæ fines eſſe. De polypo illo colloſſali ſeptentrionis, qui Kraken dicitur. De ſcolopendra, cujus diſſectæ utraque medietas vixit. De forficula, cujus pars anterior poſteriorem devoravit, ſic *Hamb. Magaz.* T. XII.

EJUS *Grundriß eines Lehrgebäudes über die Sinnlichkeit des thieriſchen Körpers* Rinteln 1768. 8.* Non eſſe neceſſarium nexum inter ſenſum nervorum & animæ repræſentationem. Nervi ſenſum mere corporeum eſſe: nempe de ſenſu loquitur, qui in nervo etiam avulſo & de corpore ſeparato locum habet. A ſenſu nervorum in muſculis motum oriri: quo pertinent cordis motus & reſpiratio.

Animam

Animam non ubique in corpore præſentem eſſe. Animalia dari anima deſtituta. Corpus animalis eſſe horologium ſentiens, cujus vis motrix ſenſus eſt.

In diario *der Arzt*, cujus prima editio a. 1759. nova Hamburgi 1769. 8.* prodiit, Danice etiam, Suecice, & Belgice verſo Amſt. 1766. 8. paſſim aliqua intercurrunt argumenti phyſiologici. In T. I. de ſomno, deglutitione, corporum conditura. In T. II. de irritabilitate; membranas fatetur ſenſu carere. Nervos etiam extra cerebrum ſentire, abſque conſcientia equidem, tamen cum voluntate. Animam non in toto corpore habitare, & animalia poſſe, abſque anima dari. Pro laqueis nerveis. De nutritione. In T. III. alia lege quam mechanica corpus animale regi. De auditu: lacte, adfectibus animi, ſubmerſis. In T. IV. grana polyporum eſſe ganglia, dari animalia abſque cerebro nullius actionis capacia, quæ conſcientiam requirat. Scintillæ ex hominibus electricæ. DROUARTUM feminam eſſe. T. V. contra eos, qui ad quamque in nervos impreſſionem in anima ſenſationem docent ſequi. In nervis ſenſum internum habitare, per quem muſculos in motum ciunt. Cordis motum tamen a nervis pendere.

In T. X. Oculum cum camera obſcura comparari poſſe, nulla animæ ratione habita. Pro influxu animæ, ut tamen corpus non ideo iners putet. De porcello capite rotundo, & quadam proboſcide: eum habet pro animale ex cane & ſue hybrideo.

In libello *philoſophiſche Unterſuchungen* 1773. 8.* urget, tamen neque abſque nervis ſtimuli effectus ſecuturos, neque abſque nervis cordis motum perfici, neque debere nervos polypis negari, neque bene voluntatis effectus cum animæ actionibus confundi.

§. MLXXII. *Joſephus* MOSCA.

Medicus Neapoſitanus, minime vulgaris auctor. EJUS exſtat inſigne opus *dell' aria e di morbi dell' aria dipendenti* Neapoli 8. 4. Vol.* T. I. P. I. 1746. P. I. T. II. 1747. P. II. T. I. 1749. P. II. T. II. 1749. 8. Phyſici quidem potiſſimum & clinici argumenti, multa tamen habet ad rem noſtram ſpectantia.

In T. I. diſſ. 3. contra BOERHAAVIUM defendit, omnino aërem in pulmone reſorberi, in ſanguinem venire; ab aëre generationem animalium pendere, eamdem eſſe veram ſpirituum animalium materiem. Reſorberi etiam per cutem, recta via in caput venire, inter duram membranam & cranium, per ejus meningis ſyſtolen.

In T. II. diſſ. 1. iterum aërem vitæ & mortis in animalibus cauſam eſſe, tum motus & ſenſus. Mihi hic aliqua tribuit, quæ ſunt BOERHAAVII. Reliqua fere practici ſunt argumenti.

Cum mecum conqueſtus ſit vir Cl. me aliquas ejus voces in magno opere phyſiologico minus recte citaſſe, comparavi, nihil reperi, quo mihi videatur læſus eſſe, & ſi qua ejus mentem non accurate repræſentantia dixi, de quo quidem crimine non velim ipſe mihi judex ſedere, caſu aliquo id invito accidiſſe teſtor.

EJUSD. vita MORGAGNI & *Lud. Ant.* PORTII italice Napoli 1765. 8.*

§. MLXXIII. *J. Phil. Laur.* WITHOF,

Profeſſor Duisburgenſis, medicus & poëta. EJUS ſunt *ad ſyſtema* LEEUWENHOECKIANUM *commentarii duo: acc. brevis monſtroſorum renum hiſtoria* Leid. 1746. 4.* In priori commentario hypotheſin LEEUWENHOECKII proponit, vermiculos ſeminales vera eſſe juniora animalia, quæ ſola evolutione perficiantur. In altero pro epigeneſi laborat, argumento polyporum, cornuum deciduorum & reparabilium cervi, exuviarum ſerpentum. Pro vi imaginationis maternæ. Mulos pro animalium genere habet, & ab equo diverſo & ab aſino. Demum de tota re ampliat. Renem vidit, qui ex duobus renibus connatus videbatur; renes tamen duo erant, ſola tela cellulosa connati.

EJ. *De aëre in hominis humoribus hærente* Duisburg 1747. 4.*

EJ. *De pilo humano* diſſ. Duisburg 1750. 4.* ex proprio labore nata. De bulbis, qui in nonnullis animalibus ſanguinem continent. De cortice, de pili internis filis, ſ. tubis longitudinem ſequentibus.

In eo argumento perrexit in *Comm. Acad. Götting.* T. II. Cis corticem fiſtulæ celluloſa tela revinctæ; in medio pilo tubulus cavus, ſplendentibus globulis plenus.

EJ. *Nachrichten von dem* ÆGIDIUS CORBOLIENSIS Duisburg 1752. 4.* tum de ejus viri opere de urinis & pulſibus.

EJ. *De caſtratis commentarii* IV. Duisburg 1756. 8.* Lauſannæ 1762. 8. Eruditum opus, niſi quod neque eunuchos vir Cl. incidit, neque caſtrata animalia. Hiſtoria caſtrationis & collecti effectus. Semen in ſanguinem reſorbtum, acre, ſtimulans, fibras ſollicitans ad contractionem. Inde protruſio barbæ & alia virilitatis privilegia.

§. MLXXIV. *Etienne* BONNOT *de* CONDILLAC. PERNETTI.

Præceptor Ducis Parmenſis, vir ingenioſus & in conjecturis audax. EJUS *eſſay ſur l'origine des connoiſſances humaines* Amſterdam 1746. 12. 2.Vol.* Hiſtoria naturalis functionum animæ: ſenſatio probe evoluta, perceptio, memoria, imaginatio. Per fibras medullæ & earum in cerebri flexionem hæc explicat, & memoriam per fibrarum in certum ſenſum ſæpe flexarum facilitatem ad ſimilem flexionem repetendam. Idearum nexus; ſignorum natura, utilitas. Memoria ſignorum eſt. Reflexio, judicium, abſtractio, hiſtorice omnia, ſed acute. Omnem ſenſationem cum conſcientia conjungi, nonnunquam obſcura; fortiorem adtentio ſequitur.

In T. II. origo linguarum, Muſices, ejus effectus. Modus inveniendi: ſed hæc alio fere pertinent.

EJUSD.

EJUSD. *Traité des ſenſations* London (Pariſ. potius) 1754. 12. 2.Vol.* Novum opus. Statuam ſibi ſumit auctor; ea primo unico a ſenſu adficitur, olfactu & odore. Jam a ſolo odore amor & odium naſcebantur, ut odor gratus eſſet, aut ingratus: tum memoria, quando novus odor ſe ſtatuæ imprimit, dum prioris impreſſio ſupereſt. Judicium eſt diſtinctio duorum odorum. Voluptates in animo reſidentes ex revocata impreſſione grati odoris: origo tædii; revocatio idearum; animi adfectus, abſtractio, ut gratia quæ ſola diverſis odoribus communis eſt. Tempus, ſucceſſio impreſſionum. Sed nunc novus ſenſus agit „ auditus, ut inde anima perficiatur, & porro ex viſu. Quare videamus meros in ſuperficie colores. Tactus corrigit viſus ſenſationes, & colores certos, umbrasque certas, ſuas figuras indicare oſtendit. Ideæ mere ſpiritales, & corporeæ aliæ. Omnes ideæ a ſenſatione naſcuntur. Uſus digitorum in tactu.

In T. II. Ut tactus doceat diſtantias uſu metiri, & corrigere figuras & continuitates corporum. Ut anima obruta numero impreſſionem minus vivide percipiat & imaginetur. Ut bonum ex odore & ſapore, pulchrum ex reliquis ſenſibus oriatur. Cur homo in deſerto educatus memoria deſtitutus fuerit. Libertas &c.

EJ. *Traité des animaux, où après avoir fait des obſervations critiques ſur le ſentiment de* DES CARTES *& ſur celui de Mr. de* BUFFON *on entreprend d'expliquer leurs principales facultés* Amſterdam (Paris 1755. 12.)* Multa mere eloquenter a BUFFONIO dici. Contra hypotheſin „ animalia machinas eſſe: omnino ideas ea habere, & inter ſe comparare, & judicare, & meminiſſe. Ipſe deinde auctor de facultatibus animalium. Etiam diſcere animalia & perfici, & artem prædæ capiendæ, aut vitandi periculi, experiendo adquireret. Modulos propoſitos habent, quos imitentur, caſtoris exemplo & apum. Inſtinctum eſſe cognitionem indirectam. Animalia parum abſtrahere, paucas notiones generales poſſidere, pauca ſibi communicare.

Sequitur compendium libri ſui de ſenſationibus. Se primum hominem reduxiſſe ad initia ſuarum ſenſationum & idearum. Ipſa reflexio in principiis mera eſt ſenſatio.

Anton. Joſeph PERNETTI *lettres philoſophiques ſur les phyſiognomies* la Haye 1746. 12.* Ingenioſa grataque dictione ſumma rerum percurrit. Animas omnes æquales eſſe; diſcrimen *ab organizatione* naſci. Temperamenta facilibus characteribus adgnoſci. In robuſtis plus eſſe terræ, in teneris hominibus plus aëris & ſanguinis, & pituitæ in feminis. Ciborum aliquam in temperamenta potentiam eſſe, primigenium tamen temperamentum non mutari. Cur in facie potiſſimum phyſiognomia ſedeat; ejus fundamentum in crebra actione eorundem muſculorum poni.

EJ. *Diſcours ſur la phyſionomie & les avantages des connoiſſances phyſiognomiques* Berlin 1749. 8.* Phyſiognomia fit ab eorum muſculorum majori robore, qui dominantis adfectus ſymbola ſunt. Magna oculorum ad exprimendum temperamentum poteſtas. Colorum in cute ſigna, potius nimia. Proceros homines ſtupidos eſſe, nanos viciſſim. Oculi non poſſunt mentiri. Hic multa potius ſupra verum.

§. MLXXV. *David* HARTLEY,

Pius homo, ut tamen omnia ad materiem referret. EJ. *De sensus, motus & idearum generatione* Bathon. 1746. 8.* & longe uberius, *Observations on man and his frame* London 1749. 8. 2.Vol.* Gallice, *explication physique des sens, des idées, & des mouvemens, vertente Mr. l'Abbé* JURAIN Rheims 1755. 2.Vol. 12. Germanice, nonnullis additis, Rostock 1772. 8. Omnes animæ functiones ex solo corpore mechanice explicat. Organum proximum motus & sensus est in cerebro, & in medulla spinali, quæ tamen ad sensationem non pertinet. A corporum nos ambeuntium impressione oriri in nervis oscillationes, quæ aliquamdiu in cerebro supersunt: ea oscillatio est ab æthere, sequitur rectas nervorum fibras, qui solidi sunt; eas agit in similes tremores, qui in medullam cerebri continuantur, per eam se diffundunt, & paulatim debilescunt. In his vibrationibus discrimina sunt, a viribus, celeritate, sede cerebri, ductu fibræ nerveæ. Dolorificæ oscillationes novam in nervea fibra constructionem faciunt. Somnus est a retento venis repletis sanguine. Ideæ sunt impressionum sensoriarum repetitarum vestigia, & aptitudo ad oscillationes primigeniarum oscillationum similes, dum oscillationes tardius & tardius evanescunt, ob repetitionem, & cerebrum primum tardius ad statum naturalem redit, & denique nunquam. Nexum idearum explicat per mutationem partis cerebri a proximis vibrationibus factam, ex quo fit, ut ab ejus partis statu aliqua ipsa adoptet, & facile ejus oscillationes admittat, alias difficulter. Adsociationes idearum fiunt a complexione idearum connexarum, quarum aliæ alias in pares oscillationes cieant. Ideo complexæ ideæ sæpe adsociatæ tandem reliquas omnes superant. Complexus idearum sensoriarum cum motoriis, ut porro sensationes motus accessorii sequantur, exemplo sternutationis. Opium somnum facere gratas excitando oscillationes, quæ ad cerebrum adscendunt, & reliquas vibrationes opprimunt, ita quietem introducunt. Motus cordis perpetuus a plenitudine sanguinis, impulsu sanguinis in vasa coronaria, perpetuo vibrationum in cor descensu. Ut animi adfectus mechanice operentur. Causa primæ respirationis & plorationis, quæ omnia mechanice & absque fine fieri putat. Multæ hic hypotheses, & demum libertas ab actionibus humanis undique remota. Gratia saporis est, ab analogia oscillationum in corpore sapido, earum roboris, & frequentiæ cum vibrationibus corporis nostri. T. II. potius ad ethica & theologica pertinet.

Nuper cum nonnullis notis recudi fecit J. PRIESTLEY Lond. 1774. 8. 2.Vol.

§. MLXXVI. *Christlob* MYLIUS *&c.*

Rei naturali & poesi addictus, aliqua habet tamen huc pertinentia. EJUS *Sendschreiben von den Saamen-Thierchen* Hamburg 1746. 4.*

EJ. *Physicalische Belustigungen* T. I. Berlin 1752 8.* Ad nos facit libellus *H. de* RUUYSCHER de coccinella, vero animale: *Petri* LYONNET pro embryonis in ovo delineatione, & MYLII pro sententia hanc inter & LEEUWENHOEKIANAM media. De ave hybridea ex gallo Calecutico & anate nata.

In

In T. II. Berlin 1752. 8.* Corpora incorrupta. Capreolus cincinnatus.

T. III. 1757 8.* Ex ſanguine natum fibroſum concrementum. Cuniculorum ſylveſtrium pupillas fuſcas eſſe.

Ej. *Beſchreibung einer neuen Grönlandiſchen Thierpflanze* London 1753. 4.* Animal ex ſtellarum genere. Reperitur etiam in T. III. *der phyſic. Beluſtigungen.*

In *vermiſchten Schriften* Berlin 1754. 8.* varia huc faciunt. Num licitum ſit animalia viva incidere. Cur erecta videamus. De vitæ humanæ diuturnitate.

Johann ANDERSON, Conſulis Hamburgenſis, *Nachrichten von Island, Grönland und der Straſſe Davids* Hamburg 1746. 8.* Non quidem ipſe has regiones adiit, ſed ex variis peregrinatoribus & piſcatoribus notitiam harum regionum ſeptentrionalium minime ſpernendam collegit. Inter ea, quæ ad naturæ hiſtoriam faciunt, quædam huc referas. Ita piſcem monocerotem, ut putabatur, credas vere bicornem eſſe. Ex deſcriptione ceti, cujus *ſperma* in medicinam accipitur, putes eſſe oleum, partim cerebro circumfuſum, partim in celluloſa tela per ipſos muſculos continuatum. De piſcibus veſica natatoria deſtitutis, & per fundum maris reptantibus. De larynge avium marinarum &c.

N. DUYN *over het jaarlyk ſterffel der menſchen in ſommige Steden van Holland* Haarlem 1746.

§. MLXXVII. *Henrich Friedrich* DELIUS,

Non quidem inciſor, Profeſſor Erlangenſis, varia ad rem noſtram contulit.

Jam anno 1746, & etiam ut puto prius, *Chriſtianus Gottlieb* KRAZENSTEIN ediderat *phyſicaliſche Briefe* Hall. 8.* Inter eas ſunt epiſtolæ duæ ad DELIUM. Polypis utitur, ut oſtendat animam proprium corpus ſtruere. Adjecta eſt epiſtola *Chriſtiani* WOLF de re eo tempore nova. Videntur KRUGERI eſſe.

Reſpondet DELIUS in eumdem ſenſum, & nævis ex terrore materno ortis vim fabricatricem animæ confirmari putat. Vermiculum ſeminalem vivere, nervos poſſidere, ſentire, in ovum receptum ab anima porro ſua ædificari. Nova vaſa ſe vidiſſe ſtrui in vulneribus.

Ej. *Amœnitates medicæ* Lipſ. 1747. 8.* fere practici ſunt argumenti. Appendiculæ defectus. Inteſtini appendix &c

Ej. *Theoria & fecundus in medicina uſus principii ſenſationem ſequitur motus ſenſatione proportionalis* Erlang. 1752. 4.* Non poſſe tenſionem nervorum admitti.

Ej. *Animadverſiones in doctrinam de irritabilitate, tono, ſenſatione, & motu corporis humani* Erlang. 1752. 4.* Nondum viſis noſtris ad ZIMMERMANNI diſputationem objectiones movet: nobis imputat, nos confudiſſe ſentiendi facultatem cum motrice irritabilitate, nos qui accurate utramque vim diſtinxeramus. Dubitat de tendinum, membranarum &c. natura inſenſili. Pro motu duræ cerebri membranæ. DEMETRII impiam opinionem irritabilitati tribuit. KRUGERI quædam ſibi vindicat. Equos tamen vomere.

Octo volumina diarii edidit *Fränkische Sammlungen von Anmerkungen der Naturlehre, Arzneygelahrtheit, Oeconomie, und damit verwandten Wissenschaften* T. I. Noriberg. 1755. 8.* Aliqua hic de circuitu sanguinis in ranis. Globulos sanguineos angulosos visos: nullam se oscillationem vidisse &c. De androgyno DROUART: pro femina noster habet. De sensu in fascia lata viso (qui a praetereunte nervo potuit ortus fuisse). Membrana sponte ex sanguine nata. Equos tamen vomere. Duo vitales fetus septem mensium intervallo nati.

T. II. ib. 1757. 8. Iterum pro vomitu equi. Hic & alibi fasti emortuales, quorum aliqui vitiosi. Puellarum connatarum anatome. Giganteus juvenis Magrath octo pedum. Puer saccum semiperfecto puello plenum de dorso circumgestans. Vapores de corpore humano inflammabiles.

T. III. 1758. 8.* Duram matrem cranio non adhaerere. Contra ASCHII de vermiculis seminalibus opinionem. De hepatis deformatione memorabili, & magnum hepar. De reviviscentibus anguillulis glutinis farinacei. Contra irritabilitatem, nullo facto experimento.

T. IV. 1759. 8.* Palatum divisum. Canities subita.

T. V. 1760. 8.* Animalcula, quae NEEDHAMIUS in jure ab omni aëris commercio secluso viderat, esse bullulas. BUFFONIUM non optimis usum microscopiis. Pro vomitu equorum. Brachium in sacco de pueri dorso gestatum. LEDERMULLER de cavea in nervis visa. Cl. de SAUVAGES obstructionem non facere in suis vasis tumorem. Globuli sanguinei ovales visi. Iterum Cl. de SAUVAGES & DELIUS contra SCHREIBERUM pro animae imperio. De vi contractili arteriarum.

T. VI. 1762. 8.* Muris & unguis talpae imagines pro naevis & sympathia hereditaria. Perfectus intra matrem gallinam pullus. In liquore decocto & rite ab aëre servato tamen animalcula nata. Oculi in anguillis collae farinaceae. Ossa fetus per anum edita.

T. VII. 1765. 8.* De vermiculis seminalibus, omnes caudatos esse; vivere ad quartam horam. Ex putredine producta animalcula. Ossiculum in ovario. Androgynus DROUART pro viro nunc adgnitus, cui fissa urethra. Vetula per triduum pro mortua habita, sensibus integris.

T. VIII. 1768. 8.* Redit hic diss. de ovis muliebribus. Cl. GESNER de bile: diu servata moschum utique olet. Putridam tamen amaram esse.

In *Ephem. Nat. Cur. Vol.* VIII. *obs.* 106. Cl. DELIUS de uvula duplici.

Obs. 107. ureter duplex.

Nov. Act. Nat. Cur. Vol. I. *obs.* 24. Secundinae sero absque noxa eductae.

Vol. II. naevi, ut putat, aliqui materni.

EJ. *Theoria appetitus* Erlang. 1750. 4.*

EJ. *Vena cava vena malorum* 1751. 4.*

EJ. *Cicatrix & callus idea nutritionis* Erlang. 1755. 4.* Experimenta aliqua rubia facta.

EJ.

Ej. *De ovis muliebribus fecundis & sterilibus* Erlang. 1763. 4.* cum aliquibus adnotationibus.

Ej. *De pulsu intestinali* ib. 1764. 4.

Ej. *Experimenta & cogitata circa lixivium sanguinis* ib. 1764. 4. chemici potius argumenti.

Ej. *De scrobiculo cordis ut signo* ib. 1766. 4.

· Ej. *Peculiaria microscopica circa sal seri* ib. 1765. 4. Non est ad manus.

Ej. *Betrachtungen und Untersuchungen, welche das Geschäft der Erzeugung betreffen* Nürnberg 1766. 8.

Ej. *De secretionibus una cum aliis thesibus medicis* Erlang. 1767. 4.*

Ej. *De vultu sereno morientium* ib. 1769.

Ej. *Uteri fabrica controversa* ib. 1769. 4.*

§. MLXXVIII. *Varii.*

In *Suite des élémens de medecine pratique* hoc anno edita BOUILLET filius agit de pressione aëris in corpus humanum. Aërem utique in cavum cranium penetrare, ex cerebro muci partem ad nares in coryza descendere, absque experimento.

Angelo NANNONI, Chirurgi Florentini, *delle malatie delle mammelle* Firenz. 1746. 4.* Aliqua partium descriptio. Physiologica quædam de nutritione.

George LICHTENSTEGER *die aus der Arithmetic und Geometrie geholten Gründe der menschlichen Proportion* Nürnberg 1746. fol.* Eamdem proportionem inter partes corporis humani regnare, sive procerum sit corpus sive humile, & facile herculem in mercurium positis calculis mutari &c.

J. Christian Gerard KNOLLE *Abhandlung von der Verdikung des Blutes in der Lunge* Halle 1746. 4.* HAMBERGERIANUS. Arteriosum sanguinem canis se ponderosiorem reperisse venoso.

Ej. *Die Würkungen der Luft in den menschlichen Körper* Quedlinb. 1752. 4.* Pro sanguinis in pulmone refrigerio & condensatione. De caloris ortu ex salibus alcalinis, frictu globulorum &c. De diversi ponderis specifici in sanguine particulis.

Ej. *Vermischte Anmerkungen aus der Arzneygelahrtheit* Halberstatt 1756. 8.* recusæ cum titulo *sechs und zwanzig medicinische Ausarbeitungen* ib. 1761. 8.* Practici fere generis sunt.

Essai sur la probabilité de la durée de la vie humaine (*par* DEPARCIEUX) Paris 1746. 4.* Mathematicus & Mechanicus. Multa sunt alterius scopi: ad nos pertinent fasti emortuales monachorum. Verum multa in magnis urbibus locum habent, quæ non possis ad universum genus humanum transferre. Ita pauci Parisiis infantes moriuntur, quia permulti exteri adveniunt adulti, infantes vero in rus transportantur, ibi morituri. Vita media infantum Parisiis est 21. annorum, multo

multo tamen, quam in Helvetia brevior. Veſtales monachis vivaciores, & in univerſum viris feminæ. Dimidia pars hominum 28. anno minor eſt.

Ej. *Addition a l'eſſai ſur les probabilités de la in humaine* Paris 1760. 4.

Ej. *De aptiſſimo modo, quo equi trahunt* in *Mém. de l'Acad. des Sc.* Præſtare funes cum terra angulum intercipere. Addere robori pondus hominis trahentis, eumque ſe antrorſum ſponte curvare.

Joh. Jacob WEBER *Abhandlung von der Oefnung des Leibes bey angebohrnen Kindern* Hall. 1746. 8.* Aliqua phyſiologica de mutationibus, quæ locum habent in puero nuper nato.

MOUTON *Eſſai d'odontatechnie* Paris 1746. 12.* Omnino dentes evulſos & inſertos comprehendere.

Hoc anno J. MARII *de caſtore* libellus prodiit cum excerptis ex SARRAZINO in *Mém. de* 1704. Pariſ. 1746. 12.

Walter Henrich RIECKE, Chirurgi, *kurzer und deutlicher Unterricht für die Hebammen* Stuttgardt 1746. 8.* Anatome partium genitalium. De placentæ adhæſione varia & de uteri obliquitate.

Lezione ſu d'un vitello a due teſte, colle note di Samuel GULLIVER Napoli 1746. 4. contra RUPERTUM.

Gottfried ENSPÖRNING *caſus rariſſimus de fetu mortuo per quadrimeſtre in utero adſervato & putrefacto* Breslau 1746. 4.

L'art de ſe rendre heureux par les ſonges, c'eſt à dire en ſe procurant telle eſpece de ſonges, que l'on puiſſe deſirer conformément à ſes inclinations Leipſ. 1746. 8.

Paul HIFFERNAN *reflexions on the ſtructure and paſſions of man* London 1746. 8.* nullius momenti.

Georg ADAMS *micrography* London 1746. 4.* Microſcopiorum mercator JOBLOTI animalcula microſcopica recuſa dedit, tum TREMBLEYI polypos & varia ex LEEUWENHOECKIO & HOOKIO.

Etienne CHARDON *de* COURCELLES, Breſtenſis. Ejus eſt *manuel de la ſaignee* 1746. 1763. 12.

Ej. *Abrégé d'anatomie* Breſt. 1752. 8. 4 Vol. BOECL.

Ej. *Manuel des operations les plus ordinaires de la Chirurgie pour l'inſtruction des eleves Chir. de Breſt,* Breſt. 1756. Aquam ſubire in pulmones ſubmerſorum.

§. MLXXIX. *Diſputationes.*

J. Jac. KLAUHOLD *de viſu duplicato* Argentor. 1746. 4.*

J. Auguſt de HUGO *de glandulis in genere,* & in ſpecie de thymo, Götting. 1746. 4.* cum thymi bipartiti & cavi icone. Noſtri olim nobilis diſcipuli & amici, præmatura morte abrepti opus.

Gerhard

Gerhard Rutger HANCOPH *de mola* (osseo cortice). Götting. 1746. 4.*

J. Friderich CHRIST *de aquilæ juventa* Lipf. 1746. 4.* Literaria.

J. Dan. KUNTSCHKE *de secretione in genere.* Pr. STENZEL. Witteb. 1746. 4.*

Cornelius GOESSEL *de organis secretoriis, secretioneque ipsa in genere* Marburg. 1746. 4.*

Caspar MARTI *de loco præternaturali orificii ductus salivalis* STENONIANI *sanato* Basil. 1746. 4.*

Paul. WEGELIN *de superfetatione* Basil. 1746. 4.*

Henricus KINTIUS *de nephritide* Leid. 1746. 4.* Ad vasa & fabricam renum.

J. C. HIRZEL *de animi læti & erecti efficacia in corpore sano & ægro, speciatim grassantibus morbis epidemicis* Leid. 1746. 4.*

Gottfried de XHORE *de spiritu rectore in regno animali vegetabili, fossili, athmosphærico* Leid. 1746. 4.*

Thomas DICKSON *de sanguinis missione* Leid. 1746. 4.*

Justus van den HOEVE *de vita* Leid. 1746. 4.*

Jac. HOOG *de actionibus primarum viarum in morbis* Leid. 1746. 4. BUTTN.

Michael SAUSSINE *de respirationis mechanismo* Monspel. 1746. 4.*

J. Antonii BUTINI *de sanguinis circulatione* Monspel. 1746. 4.* Melioris notæ disputatio jatromathematica. De pressione laterali bene. Non pulsare venas, quod omni tempore eadem sit pressio lateralis, fracta in minimis cordis vi impellente. Calculi ad velocitatem sanguinis a corde acceptam æstimandam. Calorem animalium a motu progressivo esse.

EJ. *Lettre à Mr.* BONNET *sur la non pulsation des veines* Lausanne 1760. 8.* me edente. Priora repetit. Contra *Francisci de* SAUVAGES de ea re theoriam, qui velocitatem sanguinis arteriosi continuo in systole arteriæ augeri, in diastole minui scripserat, donec fiat æqualis. Contra me, qui posueram ideo venas non pulsare, quod excessus celeritatis undæ posterioris supra velocitatem prioris undæ perpetuo minuatur. Verum simplicius forte pulsus evanescit in ipsis arteriis, quia vis cordis iis elevandis in minimis non sufficit.

Laurent. Car. BELLOT & *Petr. August* ADET *Ergo quo longius a corde distat organum secretionis, eo humor secretus subtilior* Paris. 1746. 4.

Petri BORIE & *Jac.* BARBEU *du* BOURG *Ergo datur organorum vitalium somnus* Paris. 1746. 4.*

Stephan. POURFOUR *du* PETIT & *Stephan. Lud.* GEOFFROY *E. pro diversis a conceptu temporibus varia nutritionis fetus via* Paris. 1746. 4.

Ant. PETIT & *Car. Fr. de* VALLUN *E. in systole sua cor decurtatur* ib. 1746. 4.*

Lud. Gabriel DU PRE' & *Anna Car.* LORRY *Ergo causa caloris in pulmone aëris actione temperatur* Paris. 1746. 4.*

§. MLXXX. *Diaria anni* 1747.

In *Philos. Trans.* n. 482. Hydrops cum alter renum deesset.

N. 483. *Edward* DAVIS de fetu nato ossibus omnibus luxatis.

N. 484. *Starkey* MIDDLETON de puero post 16. annos de abdomine exciso.

In palude Lincolniensi femina incorrupta ab antiquissimis temporibus servata, cute flexili.

In *Hist. de l'Acad. des Sc.* 1747. urinam tigridis cantharidum esse odore, dare spiritum subtilem hystericis feminis salutarem.

In *Assemblée publique de la S. R. des Sciences de Montpellier* 1747. Cl. ARLET de ponderibus cerebri in variis animalibus egit. In Delphino æque magnum est ac in homine, in bove perexiguum.

In *Journal des Savans* 1747. M. D. RODRIGUEZ *de* PEREIRA programma edidit, de duobus pueris surdis & mutis natis, quos sonos articulare docuit. Passim video hunc virum ob eam artem laudari.

EJ. *Mémoire sur un sourd & muet de naissance* Paris 1749. 4. FALCONET.

In *Mém. de mathematiques & de physique presentés à l'Acad. des Scienc.* T. V. anno 1768. edito. IDEM cui laudem perfectioris artis (surdos loqui docendi) *le* CAT tribuebat, de eodem agit artificio. Paucos homines perfecte surdos esse; unice ægrius audire aliquos. Videtur digitis alphabetum construere.

In *Selector. Francofurtensium* T. IV. huc referas *Bartholdi Ludovici* HUEKEL de vomitu gravidarum & retentione secundarum libellum. EJUSD. est *Abhandlung vom Schafvieh* Stargard 1745. 8.

GIERING de atreta frustra incisa.

Hoc anno cepit Diarium *Hamburgisches Magazin*, cujus 27. tomi prodierunt Hamburg 8.* in quibus Britannicarum & aliarum Academiarum opuscula, passim etiam propria opuscula continentur.

Sic in hoc tomo I. de instinctibus insectorum.

Hoc etiam anno prodiit T. I. *Versuche und Abhandlungen der naturforschenden Gesellschaft zu Danzig* Gedani 1747. 4.*

In *recueil de pieçes en prose & en vers de l'Acad. de la Rochelle* Paris 1747. 8. D. M. GIRARD *de* VILLARS agit de zoophytis, cum experimentis in stellis marinis institutis.

In T. II. de PATY de nonnullis testaceis animalibus.

In T. III. Cl. *la* FOLLIE de Pholadibus. Sex habere squamas, & piscem pene a principio inclusum esse.

§. MLXXXI. *Carolus de* GEER.

In *K. Swensk. Wetenskaps Acad. handling.* T. VIII. vir ILL. Baro *Carolus de* GEER *de* GEER polypos quosdam describit fasciculatos, ovales, ad monoculum adhærentes.

EJ. *Om nyttan som insecterna tilskyndas* Stokholm 1747. 8.*

EJ. *Tal om insecternas alstring* Stokholm 1754. 8.* Germanice im *Schwedischen Magazin* T. I. Contra generationem æquivocam. Pulex aquaticus raro exemplo post fecundationem incrementa capit. Ephemerorum venerem vidit vir ILL., quæ REAUMURII oculos fugit & SWAMMERDAMII. Aphides viviparæ sunt: earum fetus intra ventrem maternum adolescunt, & impræ-gnantur, non ideo virgines. In utroque sexu alata dantur animalcula, & alis destituta. Ova vesparum serriferarum crescunt. Araneæ suos pullos non de vorant. De aliis insectis viviparis. Asperarum arteriarum in erucis fabrica. Vasa sericea, vernicifera: intestinum fibris transversis percursum & ligamentis. Sphincter coli extremi, & aliæ intestini structuræ.

EJ. *Mémoires pour servir à l'histoire des insectes* Stokholm 1752. 4.* De erucis potissimum agit, earumque inimicis, ut muscis ichneumonibus. Anatome erucæ, intestina, ex quibus serici materia; in nonnullis duæ vesicæ, in quibus oleosi quid. Proboscis resecta irritabilis. Stigmata etiam in ventre papilionis, tot quot in eruca. Penem vidit, ovorum octo series, seminales vesiculas. Quarum chrysalidum evolutionem vir ILL. præcipitaverat, eæ paucioris ævi fuerunt: Evolutionem frigus retardat. Eruca aquatica brachiis munita, olei patiens.

Tomi II. P. I. secuta est Holmiæ 1771. 4.* Insectorum anatome & physiologia. Proprium ipsis est habere musculos cuti innatos, maxillas ad latera hiantes. Eorum transformatio, unci quibus mas feminam retinet. Aphidum generatio. Vere primo natæ pariunt absque mare: non ita, quæ per æstatem natæ sunt. Nullum insectum androgynum esse. Esse quibus ova sint, sed intra ventrem matris fetus excludatur. Alimenta insectorum & habitacula. Hieme erucas cibo abstinere. Insecta omnia respirare, etiam chrysalides. Stigmata in papilione eadem esse, quæ in chrysalide. Esse quibus nova pedum paria adnascantur. Anatome phryganei, & vasa sericifera.

In P. II. Holmiæ 1771. 4.* Ephemeri oculi. Venus ILL. viro visa, branchiæ. Libellarum venus. Proboscidis apum quarumdam fabrica. Crabronum penis, Ichneumones; species cujus penis per 24. horas mobilis superest. Formicarum historia, marium in venerem ardor. Venus; venenifer aculeus. Maris & feminæ solæ oculos tres minores habent.

In *Hist. de l'Acad. des Sc.* 1748. de vesica succo acido plena in eruca salicis.

In *K. Swensk. Acad. handl. trim.* 3., varia de papilionibus. Bronchia sunt semicanales, qui se impositi claudunt. Octodecim stigmata demonstrat vir ILL. & ortas exinde asperas arterias.

IDEM de aphidibus & de venere ephemeri. Videri aliquot diebus vivere.

Vol. 21. a. 1760. de Oestrorum generatione & vita.

Vol. 22. a. 1761. de volvocis papillis, quibus tegitur, fetubus quos continet, qui & ipsi alios fetus contineat. Parere vidit.

In *Mém. des Sav. etrangers* T. I. de acri ſucco, quem eruca expellit: de ſcolopendra, cujus anuli & pedes numero creſcunt, dum animal incrementa capit.

In *nov. Mém. preſentés à l'Acad. des Sc.* 1760. ſ. Tomo III. de ſcolopendra 14. pedum, quæ in ſecunda metamorphoſi duos pedes amittat.

§. MLXXXII. *Antoine* LOUIS,

Profeſſor Chirurgiæ Pariſinus, Academiæ a ſecretis, noſter ſodalis Gœttingenſis. EJUS *eſſai ſur la nature de l'ame où l'on tâche d'expliquer ſa communication avec le corps, & les loix de cette union* Paris 1747. 12.* Utique animam eſſe extenſam. Cogitationem non eſſe de animæ eſſentia, quæ ſit effectus ſenſibilitatis & activitatis. Tangere adeo animam corpus, in quo habitat, ejus recipere impreſſiones, in eo motus ciere.

EJ. *Obſervations ſur l'electricité ſon mecaniſme & ſes effets ſur l'œconomie animale* Paris 1747. 12.* Ab electrica vi menſes ſuppreſſos fuiſſe. Sanguinem de homine in ſtatu electrico miſſum ad occurſum digiti pariter eo in ſtatu conſtituti ſcintillam emittere, cum dolore ad cubitum uſque producto.

EJ. *Poſitiones anatomico chirurgicæ de capite & ejus vulneribus* Pariſ. 1749. 4.*

EJ. *Lettres ſur la certitude de la mort, où l'on raſſure les citoyens de la crainte d'être enterrés vivans. avec des obſervations & des experiences ſur les noyés* Paris 1752. 12.* Diſſuadet cadaverum adſervationem: certa vult mortis ſigna dari, inertiem lapidis infernalis, rigiditatem cadaveris. De ſubmerſis uberius. Perire a deglutita aqua, quæ in aſpera arteria ſpumam agit. Non ſubire in ventriculum aquam. Nihil promtius ſubmerſos refocillare aëre in aſperam arteriam flatu adacto. Contra bronchotomen.

EJ. *Tr. de la cauſe de la mort des noyés* verſ. a *Cornelio* BLAEU prodiit Amſterdam 1760.

EJ. *De partium externarum generationi inſervientium in mulieribus naturali, vitioſa & morboſa diſpoſitione* Pariſ. 1754. 4.* Pro hymene, cujus laciniæ ſunt, quæ dicuntur carunculæ. De oſſium pubis in partu diſceſſione, quam confirmat, & coaleſcere negat: cartilaginem oſſibus pubis interpoſitam intumeſcere docet & craſſeſcere. Non putat nymphas excretionem lotii juvare; in graviditate addit evaneſcere. Conceptio per anum facta, in quem vagina patebat. Lego hanc diſſertationem publica auctoritate ſuppreſſam fuiſſe, neſcio quam vere.

EJ. *Mémoire ſur une queſtion anatomique relative à la juriſprudence, dans laquelle on établit des principes pour diſtinguer à l'inſpection d'un corps trouvé pendu les ſignes du ſuicide d'avec ceux de l'aſſaſſinat* Paris 1763. 8.* Libellus ſcriptus

occa-

occasione miseræ necis *Johannis* CALAS. Mori suspensos ob apoplexiam: Si quis vero ab alio suspensus fuerit, in ejus cervice signa esse violentiæ: eo luxationem pertinere vertebrarum, quam carnifices Parisiis rotatione quadam efficiant.

In T. 19. *Journal de Medecine* ad aliquas PHILIPPI objectiones respondet.

EJUSD. *Mémoire contre la legitimité des naissances pretendues tardives* Paris 1764. 8.* Multæ ex hoc libello lites natæ sunt. Cum enim vidua, 10. mense & diebus 17. post mortem debilis mariti & ex gangræna pereuntis, peperisset, indignatus noster ostendere suscepit, certum esse & fixum partus tempus in omni regione, omni ætate, omni temperamento, omni demum animale, etiam in pullo. Nihil vitam fetus, nihil pondus ad partum facere. Tunc pari, quando placentæ vascula ab utero separantur, & fetus alienum nunc in utero & molestum corpus est.

EJ. *Supplément au mémoire contre la legitimité des naissances pretendues tardives* Paris 1764. 8.* Contra Chirurgum *le* BAS. Certum tempus partus confirmat, consentientes medicos citat, aliter sentientes refutat, & exempla contraria impugnat.

EJ. *Recueil d'observations d'Anatomie & de Chirurgie pour servir de base à la theorie des plaines de tête par contre-coup* Paris 1767. 12.* Excerpta fragmenta ex VALSALVA, MOLINELLO, SANTORINO, HEISTERO, aliis. Convulsiones duræ matris ad fabellas refert.

In *Mém. de l'Acad. de Chir.* T. V. negat partes molles regenerari, & de modo quærit, quo ossa reconciliantur, reticulo nempe materia ossea repleto, & glutine conjungente partis ossis diffractas.

§. MLXXXIII. *Andreas* LEVRET,

Celeberrimus nostra ætate vir obstetricius, etiam aliarum chirurgicarum administrationum peritus, solers in inveniendis instrumentis.

EJ. *Observations sur les causes & les accidens de plusieurs accouchemens laborieux* Paris 1747. 8.* Fere de instrumentis agit; tamen etiam de placenta prope uteri ostium adhærente, tum obliqua & uterum ad suas partes trahente; de capitis fetus situ vario.

EJ. *Suite des observations sur les causes & les accidens de plusieurs accouchemens laborieux* Paris 1751. 8.* Fetus situm obliquum fere oriri a placenta non accurate centro suo ad centrum fundi uteri adnata. Cellulæ in utero ut nascantur, quæ placentam includunt.

EJ. *Explication de plusieurs figures sur le mecanisme de la grossesse & de l'accouchement* Paris 1752. 8. ASTRUC. Sequente libro puto revocari.

EJ. *L'art des accouchemens demontré par les principes de physique & de mecanique* Paris 1761. 8.* Ex pluribus constat opusculis. In primo anatome traditur.

multo tamen, quam in Helvetia brevior. Veſtales monachis vivaciores, & in univerſum viris feminæ. Dimidia pars hominum 28. anno minor eſt.

Ej. *Addition a l'eſſai ſur les probabilités de la in humaine* Paris 1760. 4.

Ej. *De aptiſſimo modo, quo equi trahunt* in *Mém. de l'Acad. des Sc.* Præſtare funes cum terra angulum intercipere. Addere robori pondus hominis trahentis, eumque ſe antrorſum ſponte curvare.

Joh. Jacob WEBER *Abhandlung von der Oefnung des Leibes bey angebohrnen Kindern* Hall. 1746. 8.* Aliqua phyſiologica de mutationibus, quæ locum habent in puero nuper nato.

MOUTON *Eſſai d'odontotechnie* Paris 1746. 12.* Omnino dentes evulſos & inſertos comprehendere.

Hoc anno J. MARII *de caſtore* libellus prodiit cum excerptis ex SARRAZINO in *Mém. de* 1704. Pariſ. 1746. 12.

Walter Henrich RIECKE, Chirurgi, *kurzer und deutlicher Unterricht für die Hebammen* Stuttgardt 1746. 8.* Anatome partium genitalium. De placentæ adhæſione varia & de uteri obliquitate.

Lezione ſu d'un vitello a due teſte, colle note di Samuel GULLIVER Napoli 1746. 4. contra RUPERTUM.

Gottfried ENSPÖRNING *caſus rariſſimus de fetu mortuo per quadrimeſtre in utero adſervato & putrefacto* Breslau 1746. 4.

L'art de ſe rendre heureux par les ſonges, c'eſt à dire en ſe procurant telle eſpece de ſonges, que l'on puiſſe deſirer conformément à ſes inclinations Leipſ. 1746. 8.

Paul HIFFERNAN *reflexions on the ſtructure and paſſions of man* London 1746. 8.* nullius momenti.

Georg ADAMS *micrography* London 1746. 4.* Microſcopiorum mercator JOBLOTI animalcula microſcopica recuſa dedit, tum TREMBLEYI polypos & varia ex LEEUWENHOECKIO & HOOKIO.

Etienne CHARDON *de* COURCELLES, Breſtenſis. Ejus eſt *manuel de la ſaignee* 1746. 1763. 12.

Ej. *Abrégé d'anatomie* Breſt. 1752. 8. 4 Vol. BOECL.

Ej. *Manuel des operations les plus ordinaires de la Chirurgie pour l'inſtruction des eleves Chir. de Breſt*, Breſt. 1756. Aquam ſubire in pulmones ſubmerſorum.

§. MLXXIX. *Diſputationes.*

J. Jac. KLAUHOLD *de viſu duplicato* Argentor. 1746. 4.*

J. Auguſt de HUGO *de glandulis in genere*, & in ſpecie de thymo, Götting. 1746. 4.* cum thymi bipartiti & cavi icone. Noſtri olim nobilis diſcipuli & amici, præmatura morte abrepti opus.

Gerhard

Gerhard Rutger HANCOPH *de mola* (osseo cortice). Götting. 1746. 4.*

J. Friderich CHRIST *de aquilæ juventa* Lipſ. 1746. 4.* Literaria.

J. Dan. KUNTSCHKE *de ſecretione in genere.* Pr. STENZEL. Witteb. 1746. 4.*

Cornelius GOESSEL *de organis ſecretoriis, ſecretioneque ipſa in genere* Marburg. 1746. 4.*

Caſpar MARTI *de loco præternaturali orificii ductus ſalivalis* STENONIANI *ſanato* Baſil. 1746. 4.*

Paul. WEGELIN *de ſuperfetatione* Baſil. 1746. 4.*

Henricus KINTIUS *de nephritide* Leid. 1746. 4.* Ad vaſa & fabricam renum.

J. C. HIRZEL *de animi læti & erecti efficacia in corpore ſano & ægro, ſpeciatim graſſantibus morbis epidemicis* Leid. 1746. 4.*

Gottfried de XHORE *de ſpiritu rectore in regno animali vegetabili, foſſili, athmoſphærico* Leid. 1746. 4.*

Thomas DICKSON *de ſanguinis miſſione* Leid. 1746. 4.*

Juſtus van den HOEVE *de vita* Leid. 1746. 4.*

Jac. HOOG *de actionibus primarum viarum in morbis* Leid. 1746. 4. BUTTN.

Michael SAUSSINE *de reſpirationis mechaniſmo* Monſpel. 1746. 4.*

J. Antonii BUTINI *de ſanguinis circulatione* Monſpel. 1746. 4.* Melioris notæ diſputatio jatromathematica. De preſſione laterali bene. Non pulſare venas, quod omni tempore eadem ſit preſſio lateralis, fracta in minimis cordis vi impellente. Calculi ad velocitatem ſanguinis a corde acceptam æſtimandam. Calorem animalium a motu progreſſivo eſſe.

EJ. *Lettre à Mr.* BONNET *ſur la non pulſation des veines* Lauſanne 1760. 8.* me edente. Priora repetit. Contra *Franciſci de* SAUVAGES de ea re theoriam, qui velocitatem ſanguinis arterioſi continuo in ſyſtole arteriæ augeri, in diaſtole minui ſcripſerat, donec fiat æqualis. Contra me, qui poſueram ideo venas non pulſare, quod exceſſus celeritatis undæ poſterioris ſupra velocitatem prioris undæ perpetuo minuatur. Verum ſimplicius forte pulſus evaneſcit in ipſis arteriis, quia vis cordis iis elevandis in minimis non ſufficit.

Lorent. Car. BELLOT & *Petr. Auguſt* ADET *Ergo quo longius a corde diſtat organum ſecretionis, eo humor ſecretus ſubtilior* Pariſ. 1746. 4.

Petri BORIE & *Jac.* BARBEU *du* BOURG *Ergo datur organorum vitalium ſomnus* Pariſ. 1746. 4.*

Stephan. POURFOUR *du* PETIT & *Stephan. Lud.* GEOFFROY *E. pro diverſis a conceptu temporibus varia nutritionis fetus via* Pariſ. 1746. 4.

Ant. PETIT & *Car. Fr. de* VALLUN *E. in ſyſtole ſua cor decurtatur* ib. 1746. 4.*

Lud. Gabriel DU PRÉ & *Anna Car.* LORRY *Ergo cauſa caloris in pulmone aëris actione temperatur* Pariſ. 1746. 4.*

§. MLXXX. *Diaria anni* 1747.

In *Philos. Trans.* n. 482. Hydrops cum alter renum deesset.

N. 483. *Edward* DAVIS de fetu nato ossibus omnibus luxatis.

N. 484. *Starkey* MIDDLETON de puero post 16. annos de abdomine exciso.

In palude Lincolniensi femina incorrupta ab antiquissimis temporibus servata, cute flexili.

In *Hist. de l'Acad. des Sc.* 1747. urinam tigridis cantharidum esse odore, dare spiritum subtilem hystericis feminis salutarem.

In *Assemblée publique de la S. R. des Sciences de Montpellier* 1747. Cl. ARLET de ponderibus cerebri in variis animalibus egit. In Delphino æque magnum est ac in homine, in bove perexiguum.

In *Journal des Savans* 1747. M. D. RODRIGUEZ *de* PEREIRA programma edidit, de duobus pueris surdis & mutis natis, quos sonos articulare docuit. Passim video hunc virum ob eam artem laudari.

EJ. *Mémoire sur un sourd & muet de naissance* Paris 1749. 4. FALCONET.

In *Mém. de mathematiques & de physique presentés à l'Acad. des Scienc.* T. V. anno 1768. edito. IDEM cui laudem perfectioris artis (surdos loqui docendi) *le* CAT tribuebat, de eodem agit artificio. Paucos homines perfecte surdos esse; unice ægrius audire aliquos. Videtur digitis alphabetum construere.

In *Selector. Francofurtensium* T. IV. huc referas *Bartholdi Ludovici* HUEKEL de vomitu gravidarum & retentione secundarum libellum. EJUSD. est *Abhandlung vom Schafvieh* Stargard 1745. 8.

GIERING de atreta frustra incisa.

Hoc anno cepit Diarium *Hamburgisches Magazin*, cujus 27. tomi prodierunt Hamburg 8.* in quibus Britannicarum & aliarum Academiarum opuscula, passim etiam propria opuscula continentur.

Sic in hoc tomo I. de instinctibus insectorum.

Hoc etiam anno prodiit T. I. *Versuche und Abhandlungen der naturforschenden Gesellschaft zu Danzig* Gedani 1747. 4.*

In *recueil de pieçes en prose & en vers de l'Acad. de la Rochelle* Paris 1747. 8. D. M. GIRARD *de* VILLARS agit de zoophytis, cum experimentis in stellis marinis institutis.

In T. II. de PATY de nonnullis testaceis animalibus.

In T. III. Cl. *la* FOLLIE de Pholadibus. Sex habere squamas, & piscem pene a principio inclusum esse.

§. MLXXXI. *Carolus de* GEER.

In *K. Swensk. Wetenskaps Acad. handling.* T. VIII. vir ILL. Baro *Carolus de* GEER *de* GEER polypos quosdam describit fasciculatos, ovales, ad monoculum adhaerentes.

EJ. *Om nyttan som insecterna tilskyndas* Stokholm 1747. 8.*

EJ. *Tal om insecternas alstring* Stokholm 1754. 8.* Germanice im *Schwedischen Magazin* T. I. Contra generationem aequivocam. Pulex aquaticus raro exemplo post fecundationem incrementa capit. Ephemerorum venerem vidit vir ILL., quae REAUMURII oculos fugit & SWAMMERDAMII. Aphides viviparae sunt: earum fetus intra ventrem maternum adolescunt, & impraegnantur, non ideo virgines. In utroque sexu alata dantur animalcula, & alis destituta. Ova vesparum serriferarum crescunt. Araneae suos pullos non de vorant. De aliis insectis viviparis. Asperarum arteriarum in erucis fabrica. Vasa sericea, vernicifera: intestinum fibris transversis percursum & ligamentis. Sphincter coli extremi, & aliae intestini structurae.

EJ. *Mémoires pour servir à l'histoire des insectes* Stokholm 1752. 4.* De erucis potissimum agit, earumque inimicis, ut muscis ichneumonibus. Anatome erucae, intestina, ex quibus serici materia; in nonnullis duae vesicae, in quibus oleosi quid. Proboscis resecta irritabilis. Stigmata etiam in ventre papilionis, tot quot in eruca. Penem vidit, ovorum octo series, seminales vesiculas. Quarum chrysalidum evolutionem vir ILL. praecipitaverat, eae pauciores aevi fuerunt: Evolutionem frigus retardat. Eruca aquatica brachiis munita, olei patiens.

Tomi II. P. I. secuta est Holmiae 1771. 4.* Insectorum anatome & physiologia. Proprium ipsis est habere musculos cuti innatos, maxillas ad latera hiantes. Eorum transformatio, unci quibus mas feminam retinet. Aphidum generatio. Vere primo natae pariunt absque mare: non ita, quae per aestatem natae sunt. Nullum insectum androgynum esse. Esse quibus ova sint, sed intra ventrem matris fetus excludatur. Alimenta insectorum & habitacula. Hieme erucas cibo abstinere. Insecta omnia respirare, etiam chrysalides. Stigmata in papilione eadem esse, quae in chrysalide. Esse quibus nova pedum paria adnascantur. Anatome phryganei, & vasa sericifera.

In P. II. Holmiae 1771. 4.* Ephemeri oculi. Venus ILL. viro visa, branchiae. Libellarum venus. Proboscidis apum quarumdam fabrica. Crabronum penis, Ichneumones; species cujus penis per 24. horas mobilis superest. Formicarum historia, marium in venerem ardor. Venus; venenifer aculeus. Maris & feminae solae oculos tres minores habent.

In *Hist. de l'Acad. des Sc.* 1748. de vesica succo acido plena in eruca salicis.

In *K. Swensk. Acad. handl. trim.* 3., varia de papilionibus. Bronchia sunt semicanales, qui se impositi claudunt. Octodecim stigmata demonstrat vir ILL. & ortas exinde asperas arterias.

IDEM de aphidibus & de venere ephemeri. Videri aliquot diebus vivere.

Vol. 21. a. 1760. de Oestrorum generatione & vita.

Vol. 22. a. 1761. de volvocis papillis, quibus tegitur, fetubus quos continet, qui & ipſi alios fetus contineat. Parere vidit.

In *Mém. des Sav. etrangers* T. I. de acri ſucco, quem eruca expellit: de ſcolopendra, cujus anuli & pedes numero creſcunt, dum animal incrementa capit.

In *nov. Mém. preſentés à l'Acad. des Sc.* 1760. ſ. Tomo III. de ſcolopendra 14. pedum, quæ in ſecunda metamorphoſi duos pedes amittat.

§. MLXXXII. *Antoine* Louis,

Profeſſor Chirurgiæ Pariſinus, Academiæ a ſecretis, noſter ſodalis Gœttingenſis. Ejus *eſſai ſur la nature de l'ame où l'on tâche d'expliquer ſa communication avec le corps, & les loix de cette union* Paris 1747. 12.* Utique animam eſſe extenſam. Cogitationem non eſſe de animæ eſſentia, quæ ſit effectus ſenſibilitatis & activitatis. Tangere adeo animam corpus, in quo habitat, ejus recipere impreſſiones, in eo motus ciere.

Ej. *Obſervations ſur l'electricité ſon mecaniſme & ſes effets ſur l'œconomie animale* Paris 1747. 12.* Ab electrica vi menſes ſuppreſſos fuiſſe. Sanguinem de homine in ſtatu electrico miſſum ad occurſum digiti pariter eo in ſtatu conſtituti ſcintillam emittere, cum dolore ad cubitum uſque producto.

Ej. *Poſitiones anatomico chirurgicæ de capite & ejus vulneribus* Pariſ. 1749. 4.*

Ej. *Lettres ſur la certitude de la mort, où l'on raſſure les citoyens de la crainte d'être enterrés vivans. avec des obſervations & des experiences ſur les noyés* Paris 1752. 12.* Diſſuadet cadaverum adſervationem: certa vult mortis ſigna dari, inertiem lapidis infernalis, rigiditatem cadaveris. De ſubmerſis uberius. Perire a deglutita aqua, quæ in aſpera arteria ſpumam agit. Non ſubire in ventriculum aquam. Nihil promtius ſubmerſos refocillare aëre in aſperam arteriam flatu adacto. Contra bronchotomen.

Ej. *Tr. de la cauſe de la mort des noyés* verſ. a *Cornelio* Blaeu prodiit Amſterdam 1760.

Ej. *De partium externarum generationi inſervientium in mulieribus naturali, vitioſa & morboſa diſpoſitione* Pariſ. 1754. 4.* Pro hymene, cujus laciniæ ſunt, quæ dicuntur carunculæ. De oſſium pubis in partu diſceſſione, quam confirmat, & coaleſcere negat: cartilaginem oſſibus pubis interpoſitam intumeſcere docet & craſſeſcere. Non putat nymphas excretionem lotii juvare; in graviditate addit evaneſcere. Conceptio per anum facta, in quem vagina patebat. Lego hanc diſſertationem publica auctoritate ſuppreſſam fuiſſe, neſcio quam vere.

Ej. *Mémoire ſur une queſtion anatomique relative à la juriſprudence, dans laquelle on établit des principes pour diſtinguer à l'inſpection d'un corps trouvé pendu les ſignes du ſuicide d'avec ceux de l'aſſaſſinat* Paris 1763. 8.* Libellus ſcriptus

occa-

occasione miseræ necis *Johannis* CALAS. Mori suspensos ob apoplexiam: Si quis vero ab alio suspensus fuerit, in ejus cervice signa esse violentiæ: eo luxationem pertinere vertebrarum, quam carnifices Parisiis rotatione quadam efficiant.

In T. 19. *Journal de Medecine* ad aliquas PHILIPPI objectiones respondet.

EJUSD. *Mémoire contre la legitimité des naissances pretendues tardives* Paris 1764. 8.* Multæ ex hoc libello lites natæ sunt. Cum enim vidua, 10. mense & diebus 17. post mortem debilis mariti & ex gangræna pereuntis, peperisset, indignatus noster ostendere suscepit, certum esse & fixum partus tempus in omni regione, omni ætate, omni temperamento, omni demum animale, etiam in pullo. Nihil vitam fetus, nihil pondus ad partum facere. Tunc pari, quando placentæ vascula ab utero separantur, & fetus alienum nunc in utero & molestum corpus est.

EJ. *Supplément au mémoire contre la legitimité des naissances pretendues tardives* Paris 1764. 8.* Contra Chirurgum *le* BAS. Certum tempus partus confirmat, consentientes medicos citat, aliter sentientes refutat, & exempla contraria impugnat.

EJ. *Recueil d'observations d'Anatomie & de Chirurgie pour servir de base à la theorie des plaines de tête par contre-coup* Paris 1767. 12.* Excerpta fragmenta ex VALSALVA, MOLINELLO, SANTORINO, HEISTERO, aliis. Convulsiones duræ matris ad fabellas refert.

In *Mém. de l'Acad. de Chir.* T. V. negat partes molles regenerari, & de modo quærit, quo ossa reconciliantur, reticulo nempe materia ossea repleto, & glutine conjungente partis ossis diffractas.

§. MLXXXIII. *Andreas* LEVRET,

Celeberrimus nostra ætate vir obstetricius, etiam aliarum chirurgicarum administrationum peritus, solers in inveniendis instrumentis.

EJ. *Observations sur les causes & les accidens de plusieurs accouchemens laborieux* Paris 1747. 8.* Fere de instrumentis agit; tamen etiam de placenta prope uteri ostium adhærente, tum obliqua & uterum ad suas partes trahente; de capitis fetus situ vario.

EJ. *Suite des observations sur les causes & les accidens de plusieurs accouchemens laborieux* Paris 1751. 8.* Fetus situm obliquum fere oriri a placenta non accurate centro suo ad centrum fundi uteri adnata. Cellulæ in utero ut nascantur, quæ placentam includunt.

EJ. *Explication de plusieurs figures sur le mecanisme de la grossesse & de l'accouchement* Paris 1752. 8. ASTRUC. Sequente libro puto revocari.

EJ. *L'art des accouchemens demontré par les principes de physique & de mecanique* Paris 1761. 8.* Ex pluribus constat opusculis. In primo anatome traditur.

ditur. Menfuræ pelvis. Labiorum & clitoridis in partu ufus eft. Ex carunculis hymenem componi. Menfuræ: angulus obtufus uterum inter & vaginam interceptus. Placenta ubique adhærere poteft. Chorii lamina placentam obducit, qua utero obvertitur. Aquam amnii ab argento vivo imprægnari, qua mater ufa eft. De ovo humano: nimis præcoces facit epochas. Amnios geminis femper duplex. Cutis alimentum imbibit. Signa graviditatis incerta. Partum folis fibris uteri tribuit, viribusque oppofitis fundi & cervicis. Tabulæ æneæ, quæ uteri per graviditatem mutationes exprimunt, tum naturales, tum ex malo placentæ loco natas. Menfuræ accuratæ uteri gravidi.

In appendice de placenta vere ad os uteri adnata: de diffolvendo lacte, cafeo, & coriacea fanguinis crufta, per oleum tartari deliquefcendo natum. Menfuræ fetuum variæ ætatis cum incrementis nimis præcocibus. Secundæ & funiculus nervis & fenfu deftituuntur.

Ej. *Abus des regles generales & contre les prejugés qui s'oppofent aux progrès de l'art des accouchemens* Paris 1766. 8.* Varia mifta. Præfert, & recte, feptimeftri fetui octimeftrem. De fuperfetatione ampliat. Pro fetus ante partum præcipitatione. De freno linguæ, dentitione &c. Fetus fe ipfum in partu adjuvat. Conceptus non obftante peffo.

In *Journal de Medecine* T. 37. De pueris lacte alendis. Ut puer fugat alterne inflatis & compreffis buccis. Frenum linguæ aliquando omnino fectione egere. De ligando funiculo. Raro teftes pueri nuper nati in fcroto reperiri: ut in tranfitu manu chirurgi expediantur.

§. MLXXXIV. *Antonius* BENEVOLI. *Alii.*

BENEVOLUS, Chirurgus Florentinus. In ejus *quadraginta obfervationibus* aliqua huc pertinent, quæ prodierunt cum *Differtazioni fopra l'origine del' Ernia inteftinale &c.* Florent. 1747. 4.* Menfes vere in utero vifi. Fetus tubarius. Ulcera per urinam critice foluta &c.

J. Chriftian THEMEL *Hebammen-Kunft, oder gründliche Anweifung, wie eine Hebamme vernünftig verfahren foll* Leipzig 1747. 8.* Partum naturalem defcribit. Brevis anatome partium genitalium; graviditas &c. Non inexpertus in arte auctor.

IDEM ab anno 1748. cepit edere *Obererzgebürgifches Journal* Annaberg 8.* In primo tomo varia, interque ea albus capreolus rubris oculis, qui in cuniculis albis folent rubri effe. Anevryfma aortæ.

Ej. *Difp. qua nutritionem fetus in utero per vafa umbilicalia folum fieri contendit* Lipf. 1751. 4.* Fetum defcribit, natum abfque lingua & maxilla inferiori. Contra eos, qui humorem amnii alere contendunt.

Robertus DOUGLAS. Ejus eft *Effay concerning the generation of heat in animals* London 1747. 8.* Calorem nafci a fanguinis globulis confrictis contra parietes

parietes vasorum suorum unico globulo perviorum. Ea vasa putat a frigore externo contrahi, contra globulos premi, ita frictionem oriri & calorem. Non alibi, nisi in partibus aëris externi tactui expositis, calorem oriri, nam calorem humanum 98. gradus FAHR. nunquam superare. In pulmone sanguinem refrigerari, &c.

Gallice *Essai sur la generation de la chaleur* Paris 1755. 12. 1760. 12.

James HODGSON, mathematici, *the calculation of annuities upon lives deduced from the London bills of mortality* London 1747. 8.

Camilli BARBIELLINI, medici Romani, diss. *fisico anatomica sopra l'esclusione de' fermenti stomachici & delle glandole nella villosa* Rom. 1747. 12.* Non bene cum fermento stomachico etiam glandulas ventriculi rejicit.

G. Battista SORMENI *lettera al* RANIERI BUONAPARTE *della natura de' mostri* Lucca 1747. 8. Non legi: occasione scriptum monstri ibi nati.

Gioachimo POETA *che la natura nell ingeneramento de' mostri, non sia attonita ne disadatta* Napoli 1747. 4. 1751. 4. Non dari monstra. Non pro monstro habendum fetum, cui aliqua corporis pars abundet.

Simon BALLERINI *origine dell uso di salutare quando si sternuta* Rom. 1747. 4.

François Nicolas MARQUET *nouvelle maniere facile & curieuse pour apprendre par les notes de musique à connoitre le pouls de l'homme, & les différens changemens, qui lui arrivent depuis sa naissance jusques à sa mort* Nancy 1747. 4.* Paris 1769. 12.* Pulsus numerosos distinguit, inter eos etiam superficialem & profundum. Eclipsatum dicit in urinatoribus se adnotasse, natum ab aere in sanguinem recepto. Dicrotum ad syncopem & mortem ducere. Numerum pulsuum senum 30., febrientium 300. facit. Eos exprimit notis musicis, earumque intervallis.

In *nova editione* aliquæ hujus viri adnotationes reperiuntur, ut urinæ vomitus.

M. O. *der allerneueste und leichteste Weg zur Anatomie* Leipzig 1747. 8.* Brevis culter anatomicus. Musculi ex BARTHOLINO, VESLINGIO. Non bene auctor queritur, nullum haberi librum, quo administrationes anatomicæ doceantur.

Christoph Henrich KEIL *anatomisches Handbüchlein* Leipzig 1747. 8.* Multæ editiones hujus libri sunt, etiam antiquiores, ut anni 1736. & 1740. Pro tironibus.

EJ. *Lexicon medico-physicum &c.* versi a I. a S. Amsterdam 1767. 8.

A. MONCERA *Schreiben von der Einbildungskraft der schwangern Weiber, bey Gelegenheit einer Missgeburt* 1747. 8. GRAU.

Francisci PIVATI *riflessioni sopra la medicina elettrica* Venet. 1747. 8.* & Gallice Paris 1750. 8. Iterum auctius Venez. 1749. 4. Pro penetratione virium medicatarum alvumque moventium, quæ fit excitato torrente electrico. Varia ejus generis passim reperias, quæ in physicis dicemus.

§. MLXXXV.

§. MLXXXV. *J. Thomas* GUIDETI,

Archiater R. Sardiniæ. Ejus sunt *dissertationes physiologicæ & medicæ in duas sectiones divisæ* Turin 1747. 8.* Practica alias dicentur. I. de generatione. Semen gallinæ in proprio sacculo contineri, qui in fetu pone rectum intestinum reperitur. Cum gallina violis pasceretur, colorem in vitellum transiisse. Ova etiam incubata effregit, aliquas adnotationes adtulit. Pullum oleoso liquore, vitello, ali & lymphatico. Partium spermaticarum principium esse cerebrum, cor sanguinearum. Se vidisse sub occipite glandulam conglomeratam similem thymi. II. De nutritione. Dari vias in homine anatomicis ignoratas. Pullus capite truncatus diu superstes.

§. MLXXXVI. *Varii.*

Matthæi MATY *eloge critique sur le caractere de grand medecin, où eloge critique de* BOERHAAVE Cologne (Hollande) 1747. 8.* Auctor humanissimus MATY, qui nomen suum occultavit, ne nimios magni præceptoris adoratores offenderet, sancti & innocui viri pietatem & excelsum animum veneratur; aliquantum nimiam in eo fuisse veterum & chemicorum reverentiam, hypothesibus nonnunquam indulsisse fatetur. Peculiaria summi viri inventa non persequitur.

In T. VI. P. 2. *verhand. der Hollandsche maatschappy* commentatur ad fastos emortuales Londinenses.

Lettere intorno alli insetti che si multiplicanno mediante le sezioni di loro corpi Venez. 1747. 12.* & in *opusc. scientif.* t. 37. Lumbricorum dissectorum portiones in integrum animal convalescere. Zoophytorum fabrica & incrementi analogia cum vegetabilium incremento. Renascentes partes explicantur per spiritus in universo mundo dispersos (animas Hippocraticas), qui conantur perpetuo in corpus aliquod irrepere, quod ad eorum evolutionem idoneum est. Diarium sexaginta dierum, quo adnotationes in dissecto lumbrico terrestri factæ continuantur.

Melchioris Card. de POLIGNAC *Antilucretius s. de Deo & natura* Lib. IX. Paris. 1747. 1749. 12. 2.Vol.* Lips. 1748. 8.* &c. Posthumum poema, non ubique legi pediæ fidele, cæterum neque ingenio destitutum, neque nitore. L. V. de anima, ejusque cum corpore commercio, motu voluntario. L. VI. contra animam brutorum ex CARTESII placitis. L. VII. de generatione, & contra eam, quæ dicitur æquivoca.

Italice vertente J. P. BERGANTINI Verona 1753. 8. Vertente *Francisco Maria* RICCI ib. 1751. 8. 2.Vol.

William GOULD *account of English Ants* London 1747. 8.* Fabrica animalis; sedes vitæ in thorace, nam capitis jacturam facile fert. Venenum. Tres sexus, feminæ pariter in quoque examine paucæ, sed concordes, quas feminæ gregariæ & sexu destitutæ magna cum cura alunt, majori nymphas. Ad hiemem penum nullam convehunt, quam sopitæ transigant.

John

John BARKER *essay on the agreement between antient and modern physicians, or a comparison between the practice of* HIPPOCRATES, GALEN, SYDENHAM *and* BOERHAAVE *in acute diseases* London 1747. 8.* Gallice Amsterdam 1748. 8.* Paris 1768. 12. Pleraque practici sunt argumenti, huc tamen spectant, quæ de natura profert. Ejus nullam esse in morbis sapientiam ostendit, cum a venenis sumtis alvum claudat, fæcesque periculoso eventu sursum remittat. De nexu philosophicæ & mechanicæ medicinæ.

Rowland JAKSON *de vera phlebotomiæ theoria sanguinis circulationis legibus innixa tentamen* Lond. 1747. 8.* Pars prior physiologica satis BELLINIANÆ hypothesi accedit, non tamen in phlebotomiæ rationibus. Longe enim noster distinguit phlebotomiam cum vinculo, quæ derivat, ab ea, quæ sine vinculo fit & revellat. Sed de istis in practicis.

EJ. *A physical dissertation upon drowning* London 1747. 8.* Pluscula collectanea, propria enim vix habet. Clysterem tabacarium laudat, multum usus BRUHERIO.

Udalrici WEISS *de emendatione intellectus humani* 1747. 4. 2.Vol. si huc facit.

Jac. HAWLEY *oratio anniversaria* HARVEYANA Lond. 1747. 4.

Dictionäire des termes du marege moderne Amsterdam 1747. ad dentes & alias partes equi.

L'immaterialité de l'ame demontrée contre LOCKE Turin 1747. 12.

§. MLXXXVII. *F.* BOERNER. *Rud. Aug.* VOGEL.

Prior aliquamdiu Wittebergensis Professor, se Bibliographiæ dedit. EJUS est *de adoranda DEI majestate in mirabili narium structura*, Brunswig. 1747. 4.

Vitas incisorum nonnullorum dedit in *Nachrichten von denen Lebensumständen und Schriften jeztlebender Aerzte und Naturforscher* Wolfenbüttel Decas I. 1748. Decas II. *C. A. a* BERGEN, *H. F.* DELIUS, *G. E.* HAMBERGER, *A.* VATER, alii hic laudantur.

De operibus anatomicis retulit in *relationibus* aliisque quos laudabimus libellis, *Bibliotheca Medica Specimine* I. Helmstad. 1751. 8. de M. HUNDT. In *noctibus Guelphicis* Rostoch. 1755. 8.* *Alexandri* BENEDICTI vita habetur.

EJ. *Memoria Professorum Medicinæ Wittebergensium* Witteberg. 1755. 4.*

Rudolph. August. VOGEL, Professoris Göttingensis, potissimum chemici & clinici, disputationes pluseulæ.

EJ. *De larynge humano & vocis formatione* Erford. 1747. 4.*

EJ. *De usu circumcisionis medico* Götting. 1764. 8.*

EJ. *Institutiones chemiæ ad lectiones accomodatæ* Götting. 1755. 8.* Passim ad humores corporis humani spectat, ut ad salem urinæ nativum, phosphorum, salem ammoniacum, lactis equini spiritum.

Edidit etiam diaria *medicinische Bibliotheck.*

Deinde *neue medicinische Bibliotheck.*

§. MLXXXVIII. *Variorum Disputationes.*

F. J. ANTHEUNIS *de morte naturali* Leid. 1747. 4.*

Henrich WESSELING *de arteriis hominis* Leid. 1747. 4.*

Petri DOZY *de ortu & occasu vitæ humanæ, morbisque inde orientibus* Leid. 1747. 4.*

Jac. de SOMBE *de pulsibus* Leid. 1747. 4. Pulsus inciduus ante sudorem.

Christian Friderich TRAUN *de modo quo consolidantur vulnera* Leid. 1747. 4.*

Car. BEELS *de febre ex solo pulsu dignoscenda* Leid. 1747. 4.

Christian Jacob HINZE *examen anatomicum papillarum cutis tactui inservientium* Leid. 1747. 4.* & in *nostris selectis.* Papillæ aliæ villorum similes, in labiis, vola, in apicibus digitorum. Aliæ fungiformes in mammis, cute (lingua). Cuique papillæ albi quid inest, & unum vasculum duove. Ex simplicibus quinis senisve una major coacervatur. Neque venam, neque nervum ad papillam ducere possis.

Melchior VASSENS *de sudore & insensibili transpiratione* Leid. 1747. 4.*

Bernard JELGERSMA *de dentibus* Leid. 1747. 4.*

G. WOESTENBOURG *de mensium fluxu* Leid. 1747. 4.*

Convay JONES *historia vitæ humanæ* Leid. 1747. 4.*

Edmund BARKER *de causis circulationem sanguinis a statu naturali mutantibus* Leid. 1747. 4.*

Caroli Ferdinandi HUMMII *hypotheseos* STAHLIANÆ *phænomena corporis humani per organismum explicantis pars altera, quæ eadem mechanismi ope evolvere nititur, excellentia geometrice demonstrata* Regiomont. 1747. 4. HE.

Caroli Friderici KALTSCHMIDT, Professoris Jenensis, ob chirurgicam etiam solertiam gratiosi, disputationes numerosæ;

De distinctione inter fetum animatum & non animatum Jenæ 1747. 4.*

De virginitate 1750. 4.* R. ROSS. Recte hymenem restituit, & carunculas ejus membranulæ laceratæ reliquias esse docuit: Exemplum pueri ano clauso nati, & feliciter curati.

De sanguinis in vena portarum congesti vera natura 1751. 4.*

De liene pueri novennis raræ magnitudinis 1751. 4.* & in *nostris selectis.*

De intermissa funiculi umbilicalis post partum deligatione non absolute lethali Jen. 1751. 4.*

De experimento pulmonum aquæ injectorum 1751. 4.* Monet ut de putredine inquiratur.

De partu legitimo 1752. 4.*

Via chyli ab intestinis ad sanguinem 1752. 4.*

Nervi optici compressio causa guttæ serenæ 1752. 4.*

De bilis interno & externo usu medico 1752. 4.*

Hydrocephalus internus 1752. 4.*

Coalitus lienis & hepatis ib. 1752. 4.*

De uno rene in cadavere invento 1755. 4.* transverso, lunato.

Rarus casus intestini recti in vesicam urinariam inserti 1756. 4.*

De effectibus salium sanguini inhærentium tam naturalibus, quam præternaturalibus 1757. 4.*

Infantis recens nati ancylosis (duæ costæ connatæ).

Scrotum restitutum 1765. 4.*

De secretionibus 1767. 4.*

In disp. *de lethalitate vulnerum capitis in infantibus recens natis* 1769. 4.* aliqua spectant ad anatomen ossium capitis.

Davidis Christophori SCHOBINGER, Sangallensis, cari olim auditoris, nunc in patria Professoris, *de ortu bilis cysticæ, & ejus ad vesiculam felleam itinere* Götting. 1747. 4.* Vesiculam viasque bilis descripsit, in illa quidem merum mucum secerni ostendit, in hepate bilem parari, quæ absque vesicula solam per moram fiat amarissima &c.

Ej. *De telæ cellulosæ in fabrica corporis humani dignitate* 1748. 4.* Hic primum mea sententia in *primis lineis* a. 1747. proposita fusius exponitur. Cellularum parietes ex gelatina nascuntur, caveæ omnes communicant; ipsa tela omnia vasa omnesque fibras sequitur, crassioribus laminis, tenuioribus filis, adipe aut halitu irrorata. Processus cellulosi peritonæi; membranæ cellulosæ intestinorum, ventriculi, vesicæ, Omenta tria, laminæ duæ omenti veræ, flatu separatæ. Sacci membrana abdominis, pectoris, & cellulosi processus. Nervi optici, arachnoidea tunica, corpus vitreum, glandularum cellulosa tela. Omnes membranas ex ea tela compingi.

In *Epistola* 213. T. V. meæ collectionis experimentum habet pericranii absque hominis sensu sollicitati.

J. Arnold GOESLING *de spissitudine sanguinis temere accusata* Gött. 1747. 4.*

Georg Albrecht de SELPERT *de insolatione s. potestate solis in corpus humanum* Götting. 1747. 4. præside G. G. RICHTER.

J. Bernhard MARTINI *de tussi* ib 1747. 4.*

In A. WILLICH diss. qua potissimum *observationes botanicæ* continentur Götting. 1747. 4.* Musculus dicitur cum pectorali continuatus.

Daniel Joh. TAUBE *de sanguinis ad cerebrum tendentis indole* ib. 1747. 4.* Plus aquæ in carotide reperit, quam in sanguine arteriæ cruralis.

Georg Conrad SCHMIDT, Professoris nunc Moguntini, *de actione aëris in corpus humanum* Götting. 1747. 4.*

Daniel LANGHANS, clinici nunc Bernensis & poliatri, *de causa somnolentiæ a partu oriundæ* Götting. 1747. 4.* Non esse ab aorta compressa.

EJ. *De consensu partium corporis humani* ib. 1748. 4.* De consensu per telam cellulosam; per vasa; per nervos; per membranas; per similitudinem fabricæ, cum cujusque generis exemplis.

Frid. Leberecht SUPPRIAN *de utilitate harmoniæ præstabilitæ in medicina* Hall. 1747. 4.

Caroli STRACK, Professoris inde Moguntini, *de mechanismo, effectu & usu respirationis sanæ* Erford. 1747. 4.* docta diss.

EJ. *De reliquis instrumentis, quibus præter contractionem cordis sanguinis circulus &c.* ib. 1752. 4.*

In *Journ. de Medec:* T. 33. & 37. agit de pulsu, etiam in duobus ejusdem corporis lateribus diverso.

Georg Christian BAUMGÆRTNER *de differentiis partus vivi & vitalis* Altdorf. 1747. 4.*

J. Volraht REICHNAU *de pulmonum structura* Hall. 1747. 4.*

Sam. Frid. BOEHMER *de legitima cadaveris occisi sectione* Hall. 1747. 4.*

Ludwig BALDINGER *de conceptione* Argentor. 1747. 4.*

J. B. BARIOLE *de insensili corporis humani perspiratione* Avenione 1747. 8.

Dionysii Augusti SONYER *du* LAC *de secretione bilis & ejus in corpore humano effectibus* Monspel. 1747.

Bertrand CASAMAJOR *la* PLACE *Physiologiæ conspectus* Monspel. 1747. 8. Nisi error est in anno.

Joseph BRUN *de vasorum capillarium corporis humani suctu* Monsp. 1747. 8.* Præside SAUVAGES. Auctor videtur LE BRUN. Pro adtractione in vasa minima. Atramentum oculo illitum contra suum pondus adscendit in angulum oculi minorem. Multa huic phænomeno superstruit.

EJ. *Otia physiologica de circulatione, de pulsu arteriarum & de motu musculorum* Avignon 1753. 4.* Cor non esse causam motus sanguinis; sed neque pulsum esse a sanguine in arterias impulso, verum ab arteria arctata, ut fiat altior. Fibram muscularem a fibris transversis animi imperio adstrictis in vesiculas mutari. Arteriam in diastole circularem fieri, in systole explanari.

Bartholomæi TUSSAN *le* CLERC & *Hug.* CAPET *Ergo chylosi promovendæ tritus* Parif. 1747. 4.

Dionysii Claud. DOULCET & *Bern. Nicolai* BERTRAND *E. tonus partium a spiritibus* ib. 1747. 4.

J. Fr.

J. Fr. PARIS & *Alexandri Dionysii* DIENERT *E. chylus in canalem thoracicum quasi suctu trahitur tempore inspirationis* Paris. 1747. 4.*

Natal. Andr. J. Bapt. CHESNEAU & *J. Jac.* MESSENCE *E. a facili perspiratione functionum libertas* Paris. 1747. 4.*

§. MLXXXIX. *Diaria anni* 1748.

In *Phil. Transf.* n. 481. *Franciscus* DRAKE egit de fetu retento, & per ulcus umbilici expulso.

N. 486. *William* ARDERON de subtili visu piscium. Vult eorum chorioideam tunicam antrorsum & retrorsum cedere. Homines sub aquis obtuse audire, pisces nihil quidquam.

N. 487. *Johannes* HUXHAM de puero, qui de coccyge tumorem secum in lucem adtulit, in quo reliquiæ fetus erant.

N. 488. B. COOKE de scintillis de vivorum animalium cute emicantibus.

N. 489. *Philippus* DODDRIDGE aries lactans: agnus quinquepes, cum aliqua anatome.

In *Hist. de l'Acad.* 1748. refertur de fetu 31. annis in utero retento.

Femina, quæ conceperat, cum vagina perangusta esset.

Fetus biceps cum aliqua anatome.

BERRYAT de femina pulsu destituta.

IDEM edidit *collection academique concernant la medecine, l'anatomie, la chirurgie, la chymie, la physique experimentale, la botanique, l'histoire naturelle* Dijon 1754. 4. 2.Vol. Ex Academiarum commentariis collegit.

Collectionem a morte Cl. viri continuavit D. GUENEAU, idem qui in magno opere de avibus nupera volumina elaboravit.

In *Swenska Wet. Acad. handling.* 1748. *Trim.* II. *Nicolaus* GISLER pisces in venerem ruentes vehementem odorem spargere: dari etiam pisces, quorum femina ovis incubat.

IDEM ibid. a. 1751. agit de salmone, in quo ova fecundata in abdomine vidit, & delineatos pisces.

In *Trim.* IV. *Car. Wilh.* CEDERNHIELM L. B. de pullis in fornacibus exclusis. Vigesimo die, neque facillime, octo pullos vivos obtinuit.

Olaus ACRELL, celebris ingenio & manu chirurgus, de spina bifida absque vitio spinalis medullæ.

In *tal om fostrets sjukdomar i modars lifwet* Stockholm 1750. 8.* Morbos congenitos admittit. Nævos accurate inspectos ad imaginationem non matris, sed adstantium pertinere. Pro monstrosa fabrica casu nata. Membranam pupillarem intra duos priores menses fere evanescere. Origo partus vesicularis.

In *Chirurgiska händelser anmärkt uti K. Lazaret* Stokh. 1759. 8.* huc pertinent experimenta tendinum absque ullo symptomate compunctorum & incisorum: sanguinis exspirationis tempore in cerebrum nitentis

In *S. Wetensk. Acad. handling.* 1757. de cataractæ depositione, fuse. Corneam tunicam sensu destitui.

Uterus duplex in muliere detectus & obss. illustratus, Holm. 8. 1762. & in *Sw. handl.* 1761.

In *Act. Nat. Cur. Vol.* VIII. *obs.* 38. *J. Jacob* SCHLIERBACH sudor pedum cum fluore albo alternans.

Obs. 49. Hæmorrhoides menstruæ in in puero undecim annorum.

Ib. *J. Adam* RAYMANN de lochiorum necessitate.

J. Car. Wilh. OESEN *obs.* 68. os frontis præcrassum: os cribriforme aliter a naturali fabrica formatum.

Christian Gottlieb FREGE *obs.* 86. Apex linguæ gustu destitutus, cum mala sinistra, ut nervus quintus sinister paralysi tactus esse videretur.

Georgius Christianus MATERNUS *de* CILANO fetus cum duabus, ut putat, cotyledonibus capiti adnatis, ex imaginationis maternæ vitio.

EJ. De brachio fetus in utero resoluto *obs.* 86.

J. Christoph. SCHILLING sudor sanguineus post convulsivum morbum *obs.* 46.

Rudiger Frideric. OVELGUN in app. fuse de pulmonum experimento in legali medicina recepto.

In T. II. *des Hamburg. Magazins* describitur duplex gallinæ embryo, duo nempe puncta nigra in ovo, loco unici. (Ea puncta ignoro).

Ib. T. III. aliqua addit de exclusione pullorum, quæ furni ope fit. De ossibus magni animalis effossis. De polypis & difficultate experimentorum, quæ in iis animalibus fiunt.

§. MXC. *J. Friderich* MEKEL,

Auditor noster, inde Professor Berolinensis, ex primis hujus seculi incisoribus, nitidissime difficillimas corporis humani partes, nervos, extricavit. EJ. Disputatio inauguralis *de quinto pare nervorum cerebri* Gotting. 1748. 4.* longe superat quæ VIEUSSENII & aliorum industria in capitis nervis detexerat. Difficillimum nervorum, & per canales osseos reconditos tendentem, accuratissime persecutus, plurima partim nova invenit, partim in controversia posita in plenam lucem constituit. Nervum sympathicum magnum nihil a nervo ophthalmico habere plene evicit; sed a Vidiano utique ramum in canalem caroticum, & ad sympathicum magnum dari invenit, cujus alter surculus cum septimi paris duro ramo in rima aquæductus communicat. Sed etiam reliquos nervos Quinti paris accurate persequitur, ramulos minimos ex ophthalmico ganglio ad scleroticam tuni-

cam

eam euntes: ramum ciliarem cum tertio non miſtum. Rami naſales, ex Vidiano nati. Ramus dentalis uterque. Ganglion nervi lingualis; rete in glandula WHARTONI nerveum. Varii laquei circa arterias capitis nervei. Nervi duri cum intercoſtali plexus. Arteriæ ex carotide exteriori natæ. Phyſiologica varia ad ſympathiam nervorum, ejusque effectus.

EJ. Diſſ. epiſtolica *de vaſis lymphaticis, glandulisque conglobatis* Berlin 1757. 4.* Epiſtola ad me data. Vaſa lymphatica in univerſum; cruralia ab ipſo genu ſurſum. Ex iis vaſis cum cellulosa tela componuntur glandulæ conglobatæ. Lympha non tranſit per continuata vaſa in efferentes ramos, ſed in celluloſam telam effunditur. Vaſa lymphatica utique in venas rubras paſſim aperiuntur. Ciſterna chyli & ductus thoracicus, cum vaſis lymphaticis axillaribus, brachii, colli, capitis. Lympha alba in venis meſenterii. Recuſa eſt Lipſ. 1770. 8.

In *Mém. de l'Acad. de Berlin* 1749. Novum ganglion deſcribit, in ortu nervi VIDIANI inventum, cujus utrumque ramum confirmat. Ganglia in univerſum nervos colligere; plures edere, quam acceperunt, & ductum eorum mutare.

In *Mém. de l'Acad. des Sciences de Berlin* 1750, occaſione ventriculi cordis & arteriarum pulmonalium peramplorum, cum aorta juſto anguſtior eſſet, agit de cauſa, quæ facit, ut vaſa pulmonis venoſa arterioſis minora ſint, eamque horum vaſorum parvitatem facili evacuationi in ſinum ſiniſtrum ut ampliorem tribuit.

In *Mém. de* 1751. admirabilis ejus eſt tabula nervorum faciei, quæ omnes alios labores anatomicos ſuperat in nervos impenſos.

Germanice *phyſiologiſche und anatomiſche Abhandlungen von ungewöhnlicher Erweiterung des Herzens, und den Spannadern des Angeſichts* Berlin 1755. 4.*

In *Mém.* T. X. a. 1754. de calculis glandulæ pinealis in fatuis & furioſis repertis: de calculis in cellulis veſicæ, veſiculis ſeminalibus, aliis.

In *Mém.* 1753. de cute & epidermide Aethiopum. Cuticula alibi nigra, in planta pedis vix ab Europæorum cuticula colore differt. Niger color eſt in muco per aquam ſolubili, cujus muci originem in adipe noſter quærit, Aethiopibus intenſius flavo. Nullæ ſquamæ epidermidis. Cerebrum ſubcæruleum.

T. XI. a. 1756. Venas pulmonales anguſtiores eſſe, quod ſe in amplum ſaccum facilius inaniant. A clamore, nixu &c. ſanguinem in ventriculo dextro accumulari; eum & arteriam pulmonalem dilatari.

T. XIII. a. 1757. Cerebrum Aethiopibus ſubcæruleum eſſe, ſanguinem nigrum. Cuticula coactus mucus eſt, per quem ut per humidum corium humor tranſit.

In *Mém. de* 1765. obſſ. ad fabricam cerebri. Pedunculos glandulæ pinealis nunquam non reperiri, & in thalamos opticos inſeri: alias laminas medullares in commiſſuram poſteriorem ab ea glandula propagari. Septum lucidum ſtria medullari ad crura anteriora fornicis produci: porro de formatione & figura laminarum,

narum, quæ ſeptum lucidum componunt. Nullum eſſe pſalterium: crura poſteriora fornicis a laminis ſepti lucidi conſtitui. Ventriculi anteriores non communicant. Nervi nullius origo a pedunculis cerebelli.

EJUSD. in *Hiſt. de l'Acad.* 1770. cerebrum cum ætate levius fieri.

EJUSD. *Nova experimenta & obſervationes de finibus venarum & vaſorum lymphaticorum in ductus viſceraque excretoria corporis humani ejusque ſtructuræ utilitate* Berlin 1772. 8.* Omnino vaſa lymphatica etiam in venas rubras inſeri; Sic vaſa galactophora, & ex veſiculis ſeminalibus in venas rubras viam patere. Redeunt in *Mém. de l'Acad. de Berlin* 1770.

In *Journ. combiné* 1774. M. Febr. repetitur ejus diſp. de præparatione liquorum ſecretorum, & pro reſorbtione.

In *epiſtolis* ad me datis multa ſunt argumenti anatomici. Plexus proſtaticus venoſus, natus ex vena per ligamentum iſchiadico ſacrum cum arteria pudenda exeunte, conjuncta cum vena ex pelvi erumpente. Arteriæ ſpermaticæ quatuor. Plexus in dorſo teſtis hydrargyco repletus, ex eo plexu cami laterales ultimo colligantur in duos ramos. Aliæ varietates vaſorum renalium ſpermaticorum, vertebralium. Nullum dari glandulæ inguinalus ductum. In puerpera ſe vaſa uteri repleviſſe, & per ea teſte CL. JAEGERO (*metaſtaſ. lact.*) placentam & fetum.

§. MXCI. *Petrus* TARIN,

Medicus, edidit a. 1748. 8.* brevem epiſtolam ad Cl. *Theophilum* BORDEU, in qua reſolvitur *problema anatomicum, utrum inter arterias meſentericas viasque lacteas immediatum detur commercium.* Arteriam aortam repleverat oleo terebinthinæ, cruralem ligaverat; ita liquor injectus venas meſenterii replevit & vaſa lactea.

EJUSD. *Anthropotomie, où l'art de diſſequer* Paris 1750. 12. 2.Vol.* abſque nomine auctoris. Compendium eſt anatomicum, quo etiam ligamenta deſcribuntur, bonis auctoribus conſultis, ut MEKELIO & WINKLERO, noſtrisque auctariis. Additur ubique quomodo, & qua arte, incidantur quæque partes humani corporis. Phyſiologica intercedunt, ut de cerebri ejusque partium utilitate tractetur. De injiciendi liquoris colorati artificio. Multum utitur oleo terebinthinæ. De ſiccandis partibus ſolidis, de condiendis, & de balſamo. Inſtrumentum anatomicum. Varietates anatomicæ.

Vidi, neſcio quare D. DEVAUX tribui. Sed vide idem, ut lego, opus cum titulo SUE dictum p. 394., quod cum D. SUE opere conferre non potui, cum editione 1749. vel 1750. carerem.

EJUSD. *Adverſaria anatomica de omnibus corporis humani partibus cum deſcriptionibus & picturis. Prima de cerebri, nervorum & organorum functionibus animalibus inſervientium deſcriptionibus & iconiſmis* Pariſ. 1750. 4.* Icones proprias dat diſſecti parallelo ductu cerebri. Aliqua pro novis dat, ut geminum centrum ſemicirculare, frenulorum nomine. In raphe calloſi corporis

poris rima. Duo medullaria glandulæ pinealis fila. Valvulæ & scrobes quatuor ventriculi cerebri quarti. Dentes pene ferræ similes in pedibus hippocampi. Ventriculorum cerebri descriptio. MORANDI, aliorum figuras rejicit.

Inde sequuntur collecta fragmenta & figuræ variorum scriptorum, cum judicio, satis acri; neque noster vel rudissimas icones negligit. GARENGEOTIUM ad aerea simulachra suas icones parasse. STENONII icones, raræ visu, de cerebri fabrica, satis rudes hic repetuntur.

EJ. *Dictionnaire anatomique suivi d'une Bibliotheque anatomique & physiologique* Paris 1753. 4.* In priori parte vocabula technica exponuntur: in altera tituli operis nostri ad studium medicum pertinentis repetuntur.

EJ. *Osteographie où description des os de l'adulte & du fetus, precedée d'une introduction à l'étude des parties solides du corps humain* Paris 1753. 4.* Icones a WINSLOWO communicatas cum suis laboribus conjunxit. De ratione inquisivit, qua cranii fetus ossa in adulti hominis ossa cranii mutantur. Icones cranii fetus nitidas dedit. Proportiones partium corporis a sculptore ADAMO probatas, & tabulis Apollinis declaratas addit. Census partium humani corporis. Ut plene de aliqua corporis parte scribi possit. Osteologia hominis adulti & sceletus feminæ. Icones ossium fetus ALBINI. Icones propriæ cartilaginum. Circumscriptiones figurarum musculorum ad sua ossa adhærentium. Ad figuras cartilaginum nasi.

EJ. *Myographie où description des muscles du corps humain* Paris 1753. 4.* ALBINI tabulæ in minorem formam contractæ.

EJ. *Observations de medecine & de chirurgie* Paris 1758. 12. 3. Vol. Non vidi.

IDEM nostras *primas lineas physiologiæ* ad editionem 1747. vertit, & Gallice edidit, cum titulo *élémens de physiologie* Paris 1752. 8.*

Gallice etiam edidit Cl. WEITBRECHT *desmologiam* Paris.

Encyclopædiæ Parisinæ anatomica suppeditavit, artis historiam dedit, & arteriarum, musculorum, reliquarum corporis partium historias.

§. MXCII. J. BONHOMME.

Traité de la cephalotomie, où description anatomique des parties que la tête renferme par J. B. chirurgien d'Avignon Avignon 1748. 4.* Præter capitis partes, continet etiam communia musculorum, vasorum, ossium, humorum, columnam spinæ dorsi. Multa WINSLOWIANIS similia, ut neque ibi eum virum noster deserat, ubi manifesto erravit. Aliqua tamen propria habet, ut duos musculos cricothyreoideos, conchas narium inferiores, ethmoideo ossi accensas. Tabulæ 24. duriter sculptæ, aliquæ ad alias imitatæ, tamen & propriæ aliquæ (l), ut frena sinus falciformis valvularum similia. Sinus duræ membranæ cerebri non

(l) Non esse ad naturam factas, & nimis magnas, TARIN.

non male exprimit, tria cornua ventriculi superioris cerebri, striam nerveam thalamorum opticorum, ganglion ophthalmicum, officula in ligamentis stylohyoideis. De osse palati, de musculis incisivis minoribus &c.

§. MXCIII. *Georgius* ARNAULD,

Chirurgus Parisinus, in Angliam profugus, ubi Londini chirurgiam & potissimum herniarum medicinam exercuit. Ej. Diss. *on hernies or ruptures* Lond. 1748. 8.* ex Gallico versa. Meritas operis laudes in chirurgia dedimus. Elogia anatomes pathologicæ, anatomes cereæ: de corpore humano in universum, potissimum de abdomine & ejus visceribus, de partibus generationi servientibus, de humoribus humanis &c.

Ej. *Dissertation of hermaphrodites* Lond. 1750. 8.* Exempla fabricæ dubiæ sibi visa depicta dat: eorum aliqua verarum feminarum sunt, nimia clitoride deformium. Aliud exemplum androgyni verioris. Testicondus. Celebris ille DROUART, quem & ipse vidi. Femina clitoride pro urina perforata. Alia exempla collecta, cum iconibus ad scriptorum verba delineatis.

EJUSD. *Plain and easy instructions on the diseases of the bladder and urethra* London 1763. 12.* Anatome partium genitalium. Contra hymenem. Pro prostatis femineis. Pro carunculis. Fossa in glande, prima gonorrhoeæ sedes. Glandulas odoriferas TYSONI in morbo succum suum projicere.

Ej. *Mémoires de chirurgie avec quelques remarques historiques sur l'état de la medecine & de la chirurgie en France & en Angleterre* T. I. & II. London 1768. 4. 2. Vol.* Collectio multorum opusculorum. In T. I. aliqua sunt HUNTERI, cum ARNALDI notis. De natura herniarum congenitarum non bene, cum eximius HUNTERUS sponte fateatur, se a. 1755. ex nostris *opusculis pathologicis* primum de ea natura audivisse, testes nempe in abdomine fetus contineri, & sensim demum exire, nonnunquam etiam appendicem patulam peritonæi paratam esse, in quam intestinum herniam facturum descendat. Negat etiam adeo facile ostensu in fetu omentum. Negat pariter manifestum involucrum commune vasorum spermaticorum. Vidit triorchidem, luxuriosum hominem. Testes plerumque ante partum in scrotum descendere: residere nonnunquam in sede anuli abdominalis, & male pro hernia haberi. Iterum de androgynis. De androgyna quadam, in qua se vaginam, os uteri & testes reperisse putat vir Cl.; non plenam tamen fidem poscere potest, cum viventis hominis fabricam internam non potuerit eruere. Urina per umbilicum manans. Exempla virorum pro androgynis habitorum, & puellæ, quæ uxorem duxerat. Clitoride aliæ magna, aliæ duplici.

Tomus II. fere ad hernias pertinet. Oratio de laudibus anatomes. ADELAIDEM Aurelianensis ducis filiam chirurgicas administrationes exercuisse.

§. MXCIV. *J. Petrus* EBERHARD,

Göttingæ ILL. SEGNERUM audivit, nunc Halensium Professor. Ejus disp. *de sanguificatione* Hall. 1748. 4.*

Ej. *Vom Ursprung der Perlen* Hall. 1751. 8.* Esse ova sterilia, ante tempus ab ovario discedentia. Ut ex pelliculis induratis sensim coalescant.

Ej. *Gedanken von der Würkung der Arzneymittel im menschlichen Leibe überhaupt* Hall. 1751. 8.* Passim actionem partium corporis humani tangit, dum medicamentorum effecta interpretatur. De causa caloris, quæ sit in oscillatione partium solidarum &c. De animæ cum corpore, & sensus cum motu conjunctione.

Ej. *Sensationum theoria physica geometrice demonstrata* Hall. 1752. 4.*

Ej. *Betrachtungen über einige Materien aus der Naturlehre* Hall. 1752. 8.* Vix huc facit.

In T. II. 1767. 8.* de siti agit. Sedem ejus unice in ore esse, neque in ventriculo. Hic mecum contra HAMBERGERUM de respiratione sentit. De idiosyncrasia. Contra hypotheses.

Ejusd. *Conspectus physiologiæ & diætetices tabulis expressus* Hall. 1753. 8.* HOFMANNI fere placita sequitur. Quinque numerat membranas arteriæ, & cellulosam in tres dividit: fibras admittit longitudinem sequentes: conglomeratas glandulas conponit ex conglobatis. Acorem in saliva recipit; sanguinem rubrum ex arteriis spermaticis in venas prius transire, quam testes adtingant &c.

H. BOERHAAVEN's *Physiologie übersetzt und mit Zusätzen vermehrt* Hall. 1753. 8.* Nostras adnotationes alias Germanice vertit, alias excerpsit. Addidit & sua.

EJUSDEM *Conspectus medicinæ theoreticæ & hygieines* Hall. 1757. 8.* Ordinem fecit tabularem. Naturam non in anima humana ponit, sed in sensatione, ex qua in anima mutatio, in corpore motus sequatur, modo absque animæ consensu, modo cum ejus adjumento. Alterum principium corpus animale regens esse irritabilitatem, a sensu distinctam, neque suscitantem aliquam in anima mutationem. Ad eam vim refert etiam elaterem, tamen ut vis sentiendi & natura irritabilis characterem efficiant, quo animal a planta distinguitur. Sed etiam influxum animæ rejicit, cujus non simus conscii. Elementa corporis fibram esse & telam cellulosam. Calor etiam a putredine adjuvatur. Cordis motus ab irritabilitate est. Hic adhuc intercostalium internorum HAMBERGERIANAM sequitur, quam in posterioribus rejicit. Pro spiritibus nerveis minus, quam elementum electricum velocibus.

Ej. *Versuch eines neuen Entwurfes der Thiergeschichte* Hall. 1768. 8.* Spongiam habere motum oscillatorium, & alternatim contrahi & laxari, ergo zoophyton esse.

EJ. *De mutationibus fluidorum a qualitatibus vasorum in corpore humano dependentibus* Hall. 1751. 4.* I. & II.

EJ. *De sensatione & natura* ib. 1754. 4.*

EJ. *De visu* ib. 1754. 4. MURR.

EJ. *De motu cordis ab aucta vasorum resistentia* ib. 1757. 4.* Contra Fr. BOISSIER.

EJ. *De aequilibrio virium in corpore humano* ib. 1762. 4.*

EJ. *De actione narcoticorum in fluidum nerveum* R. SCHROETER ib. 1762. 4.*

EJ. *De doloribus partum promoventibus* ib. 1762. 4.*

EJ. *De aëris actione in chylum* ib. 1764. 4.*

EJ. *De caussis aucta sensibilitatis* ib. 1764. 4.*

EJ. *De causa caloris in corpore animali* ib. 1766. 4.

EJ. & KUNST *de submersorum vita restituenda* ib. 1767. 4.*

EJ. *De pulsu ut signo fallaci* ib. 1767. 4.

§. MXCV. *Guilielmus* BATTIE.

William BATTIE, *de principiis animalibus exercitationes* XXIV. London 1757. 4.* sed primae prodierunt a. 1751. A stricto & laxo morbos derivat. Contra spiritus animales: nervos non esse contractionis musculorum caussam, quae in ipsis musculis resideat. Non esse eam vim in eadem ratione cum firmitate musculi, eamque in senio decrescere. Separat ab instrumento sensus motus instrumentum. Arteriis vim contractilem negat.

EJ. *Treatise on madneß* London 1758. 4.* Medullam sentire, meninges & nervorum involucra sensu carere. Contra spiritus nerveos.

IDEM *orationem anniversariam* HARVEJANAM anno 1748. dixerat.

§. MXCVI. *Anna Carolus* LORRY,

Medicus Parisinus. EJUS & *Eman. Jos.* PATIE est disputatio inauguralis *E. summa assimilationis elementorum & fermentationis analogia* Paris. 1748. 4.*

EJ. *Essai sur les alimens pour servir de commentaire aux livres diététiques* d'HIPPOCRATE T. I. Paris 1754. 12.* BOERHAAVIO multum usus & SANCTORIO. Nihil alere, nisi quod in gelatinam animalem transire aptum est. Ei gelatinae proprium esse in aqua solvi, & minus quam eam fluidam esse. Sanguinis natura, globuli minores humorum tenuiorum, fibrarum nervearum in parte rubra rete (non BOERHAAVIANUM). Rubram sanguinis partem in flavam transire, non vicissim. Coctio ciborum & nutritio.

T. II. Paris. 1757. 12.* Iterum multum usus BOERHAAVIO. Fibrae fabrica: ejus robur recte separat ab irritabilitate. Omnem fibram contractili vi gaudere.

gaudere. Irritationis vim decrescere dum stimulus operatur. Irritabilitas nimia s. erethismus. Ex fibra temperamenta, sed etiam ex humoribus. Atram bilem recipit & hominum discrimina. Graviora & densiora esse corpora agricolarum, & in aqua magis subsidere. Calor est a frictione humorum.

EJ. *De melancholia & melancholicis* T. I. Paris. 1765. 8.* Eum morbum partim a nimium sentiente fibra esse, quam tensam vocat; tunc alium esse a melancholia humorali. Exempla nervorum nimis tensorum vere reperiri, tum bilem atram, piceum nempe & nigrum in sanguine subalcalinum humorem. Dari in humoribus acescentiam.

T. II. ib. eodem anno edito mali curationem continet.

EJ. SANCTORII *de statica medicina aphorismi* Paris. 1770. 8.* De SANCTORII vitiis, qui inhalationem ignoraverit. Ad quamque sectionem operis SANCTORIANI introductu physiologica. Passim notae adjectae quibus subinde leges SANCTORII restringuntur. De unguine cutaneo. Partes animalis solidas non mutari.

In *Journal de Médécine* T. V. experimenta, quae fecit ad sensum certarum partium, & ad irritabilitatem detegendam. Non separat sensum ab irritatione. Duram membranam valde sentientem facit, non ita peritonaeum, neque membranam exteriorem intestinorum, neque membranas viscerum. Sentire membranas internas. Viscera ipsa parum sentire, sic neque pericardium & mediastinum, pleuram utique. Cor non sentire, neque arterias. Non sentire tendinem relaxatum, tensum sentire, non tamen venena chemica. Omnem retractionem dissectarum membranarum ad irritabilitatem refert. Eo sensu cutem facit irritabilem; non ita tendines. Sanguinis venosi ex cerebro, descensum inter inspirandum, esse a faciliori per pulmones transitu.

In principio T. VI. de eodem argumento agit. Confundit sensibilitatem cum irritabilitate. Sensum membranarum vult per venena demonstrare. A morte negat intestina contrahi. Duram matrem sentire, etsi nervis destituatur.

Repetuntur fere eadem in T. III. *des Mémoires presentés*. Pleraque similia nostrorum. Motus durae membranae & cerebri a respiratione ortus. Eam meningem sentire, minus tamen acriter quam tegumenta corporis: nimis autem abunde butyrum antimonii profudit, ut de vera sede doloris non potuerit certus esse. Pressionem cerebri ab animale aegre ferri, id ab ea causa in soporem delabi.

§. MXCVII. *Ambrosius* BERTRANDI,

Celebris Chirurgus Taurinensium. EJUS *dissertationes anatomicae duae de hepate & oculo* Turin. 1748. 8.* Discipulus BIANCHII, quem in parandis iconibus adjuvit, multa hic utilia docet. Duos vidit lienes minores praeter majorem. Anastomosis inter arteriam mesentericam inferiorem, & vasa vesicam & partes genitales adeuntia. Arteria hepatica ex aorta nata. Rami venosi ab hepate ad septum transversum euntes, cum ramis venae sine pari conjuncti. Rami venae umbilicalis ad hepar dati. Pro vasis hepati-cysticis. Contra glandulas, quibus

quibus hepar dictum est constare. Laminæ duæ ligamenti suspensorii hepatis. In oculi cornea tunica rete fibrarum angulosarum. In chorioidea tunica vasa pellucida, quorum aliqua retinam adeunt & corpus vitreum. Vasa ex uveæ circulo arterioso ad pupillam tendentia. Vasa lymphatica venosa ex capsula lentis crystallinæ & vitreo corpore advenientia. Fibræ lentis crystallinæ sollicite dictæ. Gelu distendere corpus vitreum, & cameram oculi anteriorem angustiorem reddere &c.

In prima parte *miscellaneorum societatis privatæ* observationes suas habet de corporibus luteis, quæ putat in homine ante coitum, etiam in virginibus reperiri. Multa hic memoria digna profert.

§. MXCVIII. *Varii.*

J. François Clement MORAND, SALVATORIS fil., *Question de medecine sur les hermaphrodites* Paris 1748.

EJ. & *Pauli le* ROY *E. in corpore fluidarum tantum partium datur deperditio & reparatio* Paris. 1751. 4.*

EJ. *Histoire de la maladie singuliere & de l'examen du cadavre d'une femme devenue en peu de tems toute contrefaite par un ramollissement general des os* Paris 1752. 12.* 1764. 12. Post gypseam materiem per lotium egestam omnia ossa ipsique dentes emolliti, corpus contractum.

De eadem muliere in *Mém. de l'Acad.* 1753.

Iterum de eadem *lettre à Mr. le* ROI *sur l'histoire de la femme Supiot* Paris 1755. 12.* Anatome ossium emollitorum per singula.

EJ. *Recueil pour servir d'eclaircissement detaillé sur la maladie de la fille de St. Geosme* Paris 1754. 12.* Fraudulenta historia puellæ calculos vomentis.

EJ. *E. ex heroibus heroes* Nancy 1757. 4.* De varietatibus antiquis & constantibus humani generis.

In *Mém. de l'Acad. des Sc.* 1759. De thymo. Duplicem etiam facit, meis non visis. Cellulas habere, in quas succus lacteus de arteriis effundatur, porroque per vasa lymphatica avehatur.

Mém. de 1764. de alia femina ossibus mollescentibus.

In *Hist.* ib. de nonnullis monstris, breviter.

Joachim Daniel MEYER, pictoris Noribergensis, *Betrachtung curiöser Vorstellungen allerhand kriechender, fliegender und schwimmender Thiere, als auch ihrer Scelette*, T. I. Noriberg. 1748. fol.* T. II. 1752. fol.* T. III. 1756. fol.* ista fere ex SEBA. Præcipuum pretium est sceletorum, non quidem nitide, sed fideliter tamen expressarum. Piscium sceletos aliquanto malles distinctius expressas, & simiarum paulo grandiorem formam. Ursi sceletus, præter caput, humanæ simillima est. Intercedunt rariora aliqua. Gallinæ sceletum rubia tinctam communicavi cum MEYERO; aliam TREWIUS dedit. Vitulus biceps & sepes. Hœdus qua-

quadricornis, lepus cornutus. Criceti veficæ buccales. Tabulæ funt 176; icones aliquanto plures. Commodum opus ad comparandas fceletos, & communia elicienda, atque difcrimina. Offa prælonga linguæ pici, orta ad originem roftri, circa caput conflexa, & demum in linguam confluentia.

Ottavio NERUCCI, Senenfis, in patria Academia Profefforis, *Lettere fifico mediche* Lucca 1748. 8.* Perfpirationis infenfibilis diminutionem non tanti effe, neque febres facere aut catarrhos. Aethiopes oleo obunctos non perfpirare, fic neque borealium regionum incolas, in rigido aëre pene nudos. Perfpirationis materiem fere aqueam effe. De confervatione corporum animalium fub cineribus.

MORANDI MORANDI *prima decade di lettere famigliari* Ferrara 1748 8.* Sexta eft de æquilibrio inter partes corporis humani folidas & fluidas. Octava de generatione & de fetubus ex recto inteftino eductis.

J. Jaf. VERATTI *off. fificho mediche interno alla elettricita* Bologna 1748. 4.* De vi penetrabili balfamorum, quæ vis electrica per cutem agit.

Nicolas de GERVAISE *des* LONGSCHAMPS *obfervations fur la nature du fang* Rouen 1748. 12. Laudat PORTAL, audio etiam latine exftare.

Theologifche medicinifche Gedanken über das Faften Madrit 1748. Ita lego.

Beweis und Erforfchung der betrüglichen Jungferfchaft Frankfurt und Leipzig 1748. 8. BOECL.

In J. LOGHAN *experimentis & meletematibus circa plantarum generationem* Londini 1748. 8.* defenditur panfpermia.

John FREKE *effay on the art of healing* London 1748. 8.* Varias hypothefes profert de origine puris, verrucarum, atra bile &c.

TELLIAMED (DE MAILLET) *Entretiens d'un philofophe Indien avec un miffionnaire François fur l'origine de l'homme, rediges par J. A. G.* Amfterd. 1748. 8. Obfcurum & tædiofum empaectæ fcriptum, qui nobis vult perfuadere, homines ex mari oriri, & olim meros fuiffe tritones. Omnia genera terreftrium plantarum & animalium in mari reperiri. Semina animalium in mari natare. Homines caudati, aliæque fabulæ.

François PLANQUE *Bibliotheque de medecine tirée des ouvrages periodiques avec plufieurs autres pieces rares & des remarques utiles & curieufes* T. I. Paris 1748. 4.* Enorme opus molitus novem tomos edidit pene undique compilatos, non fine confufione & fabellis, decimum addidit D. GOULIN. In T. I. potiffimum de partu longiffime differitur, & monftrifici partus plurimi recenfentur. T. II. Paris 1749. 4.* T. III. 1750. 4.* & fic porro. In T. III. fcriptum D. CLAUSIER de futuris contra Cl. HUNAULD dicit.

Guil. REY, Medici Lugdunenfis, *difc. fur la transmiffion des maladies hereditaires, qui a balancé le prix de l'Acad. de Dijon en* 1748. Abfque loco & anno editus ab *Ant.* LOUIS, cum fimilis argumenti opufculis. Ad fetum producendum ab utroque parente humorem confluere; maris humores cum feminæ humoribus amalgamari. Nihil verum effe in imaginationis viribus fetum *fignantibus:*

tibus: feminam albam noctu ab Aethiope non viso compressam, perinde semi *Aethiopem mulattum* parere.

M. *abrégé de la myologie* Paris 1748. 8.

J. Andreas ROEPER *die Würkung der Seele in einen menschlichen Körper, nach Anleitung der Geschichte eines Nachtwanderers* Helmstätt 1748. 4.* STAHLII de grege, satis asper & obscurus.

Metaphysical essay on the formation and generation of spiritual and material beings London 1748.

Paul Gottfried CASSII *Beschaffenheit des menschlichen Körpers nach dem Tode* 1748. 8. TREW.

Gustav. Henric. MYL *de inspectione cadaveris ante sepulturam* Francofurti & Lipsiæ 1748. 4.*

Ernst Ludwig RATHLEF *acrido-theologia, oder Betrachtungen von den Heuschrecken* Hannover 1748. 8.* Belgice Amsterdam 1750. 8. vertente *Petro Adriano* VERWER. De locustarum multiplicatione. Habet oculos leves.

MOREL *nouvelle theorie physique de la voix* Paris 1748. 12. DODARTI theoriam & FERRENI conjungit.

§. MXCIX. *Disputationes.*

Jac. Joh. ANDRIESSEN *de maternarum imaginationum & animi pathematum in fetu efficacia* Utrecht 1748. 4.* Exempla aliqua in eam sententiam producit.

Jac. WELSCH *de generatione* Leid. 1748. 4.*

J. LUPS *de irritabilitate* Leid. 1748. 4.* Neque ab influxu nerveo esse, neque ab arterioso; latius patere quam nerveum systema, & in ipsis plantis redire. Ab ea motum cordis esse, a stimuli defectu quietem.

Abraham FRANKEN *hepatis historia anatomica* Leid. 1748. 4.* Ex ALBINO de acinis hujus visceris.

Abraham VALCKENAAR *de animi affectionibus* Leid. 1748. 4.*

Rudolf VOS *van* ZYL *de prima coctione* Leid. 1748. 4.

Jac. HOOG *de actionibus & passionibus primarum viarum in morbis* Leidæ 1748. 4. Conf. p. 409.

J. REDMAN *de abortu* Leid. 1748. 4.*

Maur. v. REVERHORST *de singultu* Leid. 1748. 4.

J. Baptista BOLOGNA *theses de vasis lacteis* Turin 1748. 4.*

Car. Friderici RIBE, chirurgi regii, *tal om ögonen* Stokholm 1748. * Descriptio oculi. Retinam epidermidi posse comparari. Pro vi refringente humoris vitrei, & pro chorioidea tunica sede visus.

Ernest Gottlob BOSE *de assimilatione alimentorum* Lips. 1748. 4.*

EJ-

Ej. *De conatus pariendi regimine* Lipsiæ 1756. 4.*

Ej. *Decas librorum anatomicorum rariorum* ib. 1761. 4.

Ej. *De suturarum corporis humani fabricatione & usu* ib. 1763. 4.*

Ej. *De anastomosium corporis humani dignitate.*

Ej. *Motus humorum in plantis cum motu in animalibus comparatus* 1763. 4.*

Ej. *Virium corporis humani scrutinium medicum* 1764. 4.*

Ej. *Imperium animi in circulationem exemplo febris illustratum* ib. 1770. 4.*

Ej. *De diagnosi fœtus & neogeniti* ib. 1771. 4.*

Ej. *De respiratione fœtus & neogeniti* diss. I. ib. 1772. 4.* Non respirare nequidem in vagina.

Franciscus GRUZMACHER *de ossium medulla* Lips. 1748. 4.* Cellulosam medullæ telam describit: in medulla acorem invenit: nasci ex adipe & lympha gelatinosa, & os ipsum nutrire. Non credit per ossa exsudare, aut cum glutine articulari misceri.

Gustav. Henr. MYLIUS *de inspectione cadaveris ante sepulturam* Lips. 1748. 4.*

Friderich Gottlob JACOBI *de sanguinis colore* Lips. 1748. 4.* A densitate globulorum pendere colorem: ruborem non esse ab aere.

J. Benjamin BOEHMER *de ossium callo* Lips. 1748. 4.* Contra DUHAMELIUM, callum non semper esse a periosteo. Non bene Cl. virum in fetubus in hanc rem inquisivisse, quando cartilaginis discrimen a membrana obscurum est. Calli partem interiorem ex ipso osse prodire: renasci, etsi periosteum totum laceratum fuerit.

Ej. Panegyricus in laudem PLATNERI. 1742. 4.*

Ej. *Radicis rubiæ tinctorum effectus in corpore animali* Lips. 1751. 4.* Historia experimenti, quod vir Cl. ipse repetiit. Cartilagines ab usu rubiæ non rubere: sanguinem & bilem & mucum articularem, & medullam aliquantum, tum ovi testam.

Ej. Progr. *quo callum ossium rubiæ tinctorum radicis pastu infectorum describit* Lips. 1752. 4.* Nucleos in callo osseos solos rubros esse, non cartilagines, neque periosteum, quod in fractura crassescit. Periosteum utique fractas partes ossis conjungit, non vero in os abit.

Adolph Friderich HAMBERGER *de calore in genere* Jena 1748. 4.*

August. a LEYSER J. C. *de posthumo anniculo s. duodecimestri* Witteb. 1748 4.*

Roberti Stephani HENRICI, discipuli nostri, *descriptio omenti anatomica, cum icone nova* Hafniæ 1748. 4.*

Christoph Andreas MANGOLD *chymische Erfahrungen* Erfurt 1748. 4.* De oleo animali.

Ej. *Experientiæ quædam physiologico-pathologicæ decussationem nervorum & fluidi*

fluidi nervei naturam illustrantes Erford. 1766. 4.* In se ipso lethalem morbum patiente adtento animo experimenta fecit.

Nathanael Matthæi WOLF *de senectutis natura & artibus longissimam vivendi senectutem veris* Erford. 1748. 4.*

Henrich Rudolf de TRESSELT *de olei animalis facili præparatione & agendi modo* Erford. 1748. 4.*

Abraham d'ORVILLE *de causis menstrui fluxus* Götting. 1748. 4.* Descriptio uteri ejusque villorum, quibus & cervix caret & vagina, per quos sanguis menstruus ex arteriis deponitur. Causam mensium reperit in ligata vena umbilicali, hinc represso sanguine & magno incremento pelvis. Contra fermenta.

Ern. Godfrid KURELLA *de salivæ secretione* vera Hall. 1748. 4.*

IDEM edidit Hall. 1754. 8.* libellos de historia anatomica SCHULZII & HARTMANNI. Conf. p. 674.

J. Aug. LINDNER *de communicatione vasorum mammariorum cum epigastricis* Hall. 1748. 4.*

J. August WOLFAHRT *de bronchiis vasisque bronchialibus* Hall. 1748. 4.* Vesiculas pulmonis veri nominis tuetur. Arteria bronchialis sinistra. Vena socia ex vena sine pari.

EJ. *De vermibus per nares excretis observatio* in *N. Act. Nat. Cur. Vol.* IV. recus. seorsim Hall. 1769. 4.*

Car. Joh. August. OTTO *epistola de fetu puerpera, & de fetu in fetu* Weissenfels 1748. 4.* Ex chartis avi sui (*J. Georgii* OTTO) refert de puella, quæ octo dies natá pepererit, quem mirum partum olim CLAUDERUS descripserat. Contra vermiculos pro seminali aura.

Andr. CREUZBERGER *von den verschiednen Arten des Sehens* Nürnb. 1748. 4.*

EJ. *Verschiedene Arten des Geschmacks* ib. 1749. 4 * Cuique homini suum esse sensum saporum. Septem sapores ad imitationem septem colorum &c.

EJ. *Die Verschiedenheit der äussern Sinne bey den Menschen* Züllichau 1755. 8.

Franc. Eugenius IHL *utrum sententia* BOERHAAVIANA *an* STAHLIANA *præstantior sit ad praxin medicam* Altdorf. 1748. 4.*

Eberhard Friderich BLANCHOT *de indole veroque usu liquoris amnii* Tubing. 1748. 4.*

EJ. *De monstro sine collo & spina dorsi* A. N. C. *Vol.* IX. *obs.* 84.

J. Gottfried VIZELLIUS *de inspectione & sectione legali* Giess. 1748. 4. PORT.

Ludwig Leo Henrich HILCHEN *emmenologia* Giess. 1748. 4.*

Daniel PASSAVANT *de vi cordis* Basil. 1748. 4.* Vis cordis æqualis est pressioni columnæ aqueæ octo pedum, & effectus est intra horam 375. libras levare ad pedes octo. Non putat, cor aliis musculis robustius esse. Sumit sibi, posse hominem

minem intra horam ad 4000. pedes adſcendere. Vis contractilis arteriæ. Cordis impetum ſanguinis celeritatem una ſedecima augere &c.

J. Jac. ROHT *de fecunditate abſque conſuetudine viri* Argentor. 1748. 4.*

Ej. *De liquore pericardii* ib. 1748. 4.*

Phil. Jac. WALTHER *de partu naturali ejusque vera cauſa* Argentor. 1748. 4.*

Stephan. Lud. GEOFROI & COSNIER *Ergo aër præcipuum digeſtionis inſtrumentum* Pariſ. 1748. 4.*

EJUS eſt *hiſtoire abregée des inſectes, qui ſe trouvent autour de Paris* 1762. 4. 2.Vol.* Etſi ad hiſtoriam naturalem proprie facit, habet tamen in egregio opere, quæ nobis uſui ſint. Formicaleo parit ova vix fecundatus. Maribus inſectos majores oculi. In univerſum etiam inſecta perſequitur, & eorum generationem atque evolutionem. Mytuli ſiphonis ope aquam nutritiam ſorbent, & ſuperfluam expellunt. Neritæ penis prope collum, & in alia ſpecie in altero cornu ponitur: omnes oviparæ ſunt, unica vivipara. Buccini oculi ad baſin corniculi. Buccina androgyna, coeunt cum duobus & cum pluribus buccinis, ut una agant & patiantur, & multa ſymplecade implicentur. Mytuli & chamæ androgyni ſexus, cum immobiles ſint, in ſe ipſis generant. Cochleæ vulgares omnes ſunt androgynæ, ut tamen coeant, etiam cum duabus. Spiculo ſe conpungunt, quod exit de penis exitu aut vulvæ. Venus multarum horarum eſt. Die 18. ova pariunt.

In *Mém. preſentés* T. II. fuſe de organis auditus lacertæ, ranæ, bufonis, quod valde diverſum facit, cæciliæ, viperæ, colubri, ſalamandræ aquaticæ, rajæ. Optimo auditu lacertam gaudere, deterrimo ſalamandram.

In *Journal de Médécine* T. III. a. 1755. de pullo gallinaceo, pene undique duplici, niſi quod unicus eſſet ventriculus, unum ad duo uropygia fiſſum inteſtinum, colla duo, in unum caput conjuncta.

Bernard Nicolaus BERTRAND & *Ludov. Alexander* GERVAISE *Ergo vere novo conceptus, autumno finiente partus felicior* Pariſ. 1748. 4.*

Car. Frid. de VALLUN & C. A. VANDERMONDE *E. ſanguis a liene ſpiſſior* Pariſ. 1748. 4.*

J. Jac. MESSENCE & *Anna Car.* DORIGNY *E. in ſomno perſpirationis imminutio* Pariſ. 1748. 4.*

Jac. BARBEU *du* BOURG & *J. Lud.* ALLEAUME *E. ſanguinis præcipua officina pulmo* Pariſ. 1748.

Ei tribuuntur *anecdotes de medecine, où choix de faits ſinguliers, qui ont rapport à l'Anatomie* Lille 1766. 12. 2.Vol.* Sed alium auctorem indicabimus.

Petri Auguſti ADET & *Mart.* NOUGUEZ *E. partium durarum nutritio eadem ac mollium* Pariſ. 1748. 4.*

Jac. Franc. le CHAT *de la* SOURDIERE, WINSLOWI gener, *Ergo chirurgicæ herniarum curationi muſculorum ſterno-maſtoideorum tenſio nocet* Pariſ. 1748. 4.*

Supinus nempe homo sternum per musculos abdominis firmat, ad sternum confirmatum musculi mastoidei caput erigunt.

§. MC. *Diaria anni* 1749.

In *Philosophicarum Transactionum* n. 492. *William* WATSON de variolis in fetum a matre modo transeuntibus, modo nequaquam.

In *Mém. de l'Acad. des Sciences de Paris* aliqua sunt de musculorum ab electrica scintilla percussorum actione.

In *Nov. Act. Acad. Petrop.* T. II. curiosissima *Georgii Wilhelmi* STELLER dissertatio reperitur de bestiis marinis, urso marino & leone marino, utroque de phocæ genere, deque manati & lutra marina vellere nigerrimo. Mores, generatio, denique anatome horum animalium fuse hic traditur, & ad naturam, quam in insula maris pacifici naufragus auctor accuratissime contemplatus est. Manati fabricam fere equi habet, & vesicula fellis destituitur. In urso marino foramen ovale apertum est. In lutra videtur ductus ex thymo in asperam arteriam aperiri. Germanice prodiit Hall. 1753. 8. *Beschreibung sonderbarer Meerthiere.*

In T. III. EJUSD. de piscibus variæ adnotationes. Salmones semel parere: pisces & mares & feminas lac emissum devorare. Piscium marinorum ova lucere. Appendices pyloricas non esse pancreata. De hepatis in salmonum genere diversitate.

In *Mém. de l'Acad. des Sciences de Berlin* 1749. Cl. BEGUELIN, Helvetius, sua in ovis facta experimenta recenset. Lampade usus est, cujus ope perpetuam æqualitatem caloris obtinuit, eum testæ particulam defregisset, ut incrementa animalculi contemplaretur.

In *Swenska Wetenskap. Academ. Handlingar* 1749. *J. Fridericus* DAHLMANN animalis squamis tecti Chinensis dat anatomen. Penem habet, neque est de lacertarum genere.

In *Act. Erud. Lips.* 1749. Anonymus contra *B. Ludovici* TRALLES refutationem DEMETRII aliqua monuit.

In *Hamburger Magazin* T. IV. *J. Godofredus* PIETSCH negat dari androgynos, cum spatium pro duobus genitalibus systematibus non sufficiat. Quæ habebantur pro androgynis, eas feminas fuisse.

Selecta physico-œconomica hoc anno ceperunt Stuttgardiæ edi; primum tomum curante potissimum *J. Alberto* GESNER. Varia continent, quæ huc referas, curam serinorum. Cerebrum in homine vulnerato per plenilunia manifesto intumuisse, detumuisse per novilunia. Monstrum, cui caput cerebro destitutum ossi sacro insidebat. De venæsectionis utilitate. Contra SPRENGERI serinos hybrides fecundos. De sceletis per formicas curandis.

Sic *œconomische Nachrichten* Lipsiæ prodire ceperunt, promovente *Petro* HOMAN de *Hohenthal*, œconomici potissimum argumenti, ut passim tamen physioloſiologiam tangat. Monſtra agnina frequenter reperiri, ore canino, a terrore matris nata.

Porro *Chriſtophorus Gottlob* GRUNDIG cepit hoc anno edere *Sammlungen zur Natur- und Kunſtgeſchichte, ſonderlich in Ober-Sachſen* Schneeberg 1749. 8.* & annis ſequentibus. Monſtrifici aliqui partus.

In *nouveau Magazin François* London 1750. 8.* Membrana pupillaris: de uracho: experimenta in cerebro facta.

§. MCI. *Georgius* HEUERMANN,

Inciſor & Medicus Hafnienſis. Ej. diſſ. inauguralis *de lingua humana* præſide *B. J. de* BUCHWALD, prodiit Hafniæ 1749. 4.* Papillarum tertiam partem vaſculis fieri; de iis vermiculos eminere cereos &c.

Ej. *Phyſiologie* Hafniæ T. I. 1751. 8.* Univerſum hujus ſcientiæ ambitum tradit: hic communia aliqua habet, tum vaſa, humores, cor, pulmones. Sæpe, quod mihi honori duco, mecum ſentit. Suas inciſiones in fibris cordis ſecutus eſt. Animalia ligato pare vago intra triduum, intercepto intercoſtali intra trihorium periiſſe vidit. Fetum acephalon deſcribit, plerisque viſceribus deſtitutum, & fetum depreſſo capite, cerebro carentem.

T. II. ib. 1752. 8.* Organa ſenſuum & vocis. Laryngem nihilo minus craſſum in feminis ſæpe vidit, quam ſit in viris. Vaſa lymphatica in dura meninge putat ſe vidiſſe, in homine ſubmerſo. In ea membrana facto experimento nullum ſenſum conperit. Duos peculiares ventriculos in thalamos opticos productos, ſemel vidit. De oculis fuſe: oculi mutationem corpori ciliari tribuit. Icones propriæ cerebri.

T. III. 1753. 8.* Confirmat experimentis ſuis inſenſilem tendinum naturam, irritabilitatem ſolis muſculis relinquit. Muſculum, dum agit, detumeſcere, per experimentum. Contra vires dilatantes proprias cordis. Viſcera a dextris ad ſiniſtra translata vidit, vaſa in colo inteſtino lactea. Nullam bilem in veſicula generari. In cane ad ſex uncias bilis intra 24. horas ſecerni. Ceram urſit ex arteria in ductum pancreaticum. In venam portarum pulſus humor facillime in venam cavam, deinde in bilaria vaſa, difficilius in arterias tranſit: ex arteria pariter facilius in venam cavam, difficilius in venam portarum. Lac ex vaſe lacteo per glandulam meſentericam in alia vaſa lactea tranſit (etiam iterato, bis & ter). Glandulæ ventriculi & pori. Cavea lactifera inteſtini per arteriam repleta. Raras vidit lacteorum vaſorum & ductus thoracici varietates. Greſſum, ſaltum &c. fuſe deſcribit.

T. IV. 1755. 8.* Urinæ ſecretio, generatio, vita & mors. Cum muſculi in paralytica femina contabuiſſent, oſſa tenuiſſima fuerunt. Ductum ſe vidiſſe, ex cavea capſulæ renalis in pelvim renis euntem; per eum ductum tenuem humorem adfundi urinæ, quam diluat. Nullas in uretere fibras muſculoſas eſſe. Ureterem amplo tubulo patentem vidit. Contra BUFFONIUM, &

vim imaginationis maternæ. Submersionem sub aquam occlusionem foraminis ovalis non impedire. Ossa non per periosteum nutriri. Nullas esse BERTINI in rene glandulas. Animalcula spermatica rejicit, & femina utriusque sexus mavult confluere. Semen femininum in ovario gigni. Semen maris nutrire.

Edidit IDEM *Abhandlungen von den vornehmsten chirurgischen Operationen*, quarum T. I. Hafniæ 1754. 8.* alter 1756. 8.*, tertius prodiit 1757. 8.* Passim interspersa sunt anatomica & physiologica aliqua. In T. I. Dura mater cerebri & medulla spinalis sensu caret: sic ligamenta & tendines, pleura, pericardium, peritonæum. Darton cellulosam esse telam. In latere sinistro frequentiores sunt morbi vasorum seminalium, ob longiorem venam renalem. DROUARTUM pro femina habet. Tabulam addit musculorum & vasorum pelvis internorum & externorum.

In T. II. submersos perire ob spumam, quæ asperam arteriam obstruit.

In T. III. Vulnera duræ matris sæpe absque symptomatibus fuisse, habere tamen, etsi obscurum, sensum. Nocere infelicem venæsectionem, non ob tendinem læsum, sed ob nervum musculo-cutaneum: ita neque paronychiæ dolores esse a tendinibus.

EJ. *Vermischte Bemerkungen und Untersuchungen der ausübenden Arzneywissenschaft* T. I. Hafniæ 1765. 8.* De spina bifida; in vertebris nasci ex nimia flexione spinæ dorsi: in osse sacro ex femoribus nimis sursum flexis. Cyclopicus partus, oculus & cerebrum accurate descriptum.

T. II. 1767. 8.* Iterum DROUARTUM pro femina habet. Aliquot androgyni, quos recte vidit, veros esse viros urethra fissa.

§. MCII. *J. Godofredus* ZINN,

Anspacensis, meus auditor, incisor, Professor demum botanices, egregius anatomicus, inter principes futurus, nisi eum mors acerba abripuisset, etiam nunc inter accuratissimos corporis humani ruspatores numerandus. EJ. *experimenta circa corpus callosum, cerebellum, duram meningem in vivis animalibus instituta* Götting. 1749. 4.* Ex iis fuit juvenibus, qui Gottingæ inauguralia sua specimina majori cura mecum elaboraverunt. Scopus erat hic inquirere, num major aliqua vulnerum callosi corporis ad vitam auferendam sit potestas. Non esse, repertum est in experimentis, in vivis factis animalibus. Sed neque cerebelli vulnera majorem ad occidendum vim habent. BELLINI, ut vocant, periculum emendavit, ostendit, ut sæpe & ipse vidi, ligatum nervum etiam sub vinculo irritatum perinde in diaphragmate motum excitasse. Nullum doloris signum a dura matre vivorum canum lancinata, nulla symptomata.

EJ. *De ligamentis ciliaribus programma* Götting. 1753. 4.* corpore nempe ciliari. Describit accurate orbiculum ciliarem; plicas tunicæ uveæ in corpus ciliare productas. Coronam ciliarem vocat membranulam nigram, vitreo corpori impositam, pariter lenti incumbentem; quam inter & vitream tunicam anulus sit

PETITI.

PETITI. Plicis hujus coronæ flocci penduli corporis ciliaris imponuntur, neque in lentis cryſtallinæ capſulam innaſcuntur. Corona nigra eam lentem firmat. Ejus flocci & ſtriæ non ſunt muſculoſæ, & potius impulſo humore intumeſcunt.

EJUSD. *Obſervationes botanicæ . . . & anatomicæ de vaſis ſubtilioribus oculi & cochlea auris interna* Götting. 1753. 4.* Rete mirabile proceſſuum ciliarium a LIEBERKUHNIO artificioſiſſime materie tenui repletorum. Id rete, ex minimis vaſculis factum, majores & rectos chorioideæ membranæ truncos obducit. Eæ arteriæ ultimo omnes in corpus ciliare excurrunt. Iridis duæ membranæ, vaſa poſteriora lentis: anteriora a corpore ciliari, ſemel viſa, in lentem cryſtallinam demerſa. Circulus vaſculoſus tenuiſſimus, circa corneam tunicam ductus. Fibræ transverſæ ſepti cochleæ, vera auditus organa, dum nervos ſibi incumbentes ſuis oſcillationibus concutiunt. Pori per quos ramus mollis in cochleam ſubit.

De *oculo* porro aliquoties egit in Societatis Regiæ Scientiarum monumentis. In T. III. de ſclerotica tunica, eam negat ſuper oculum expandi. Chorioideam non oriri ex pia membrana, verum proprio anulo a ſclerotica naſci in ambitu papillæ, qua retina in oculum ſubit. Pia mater abit in tunicam fuſcam LE CATII. Retinam eſſe celluloſam telam, in qua & vaſa jacent & nerveæ fibræ. Origo muſculorum oculi: ſuperior ſolus a dura membrana opticum nervum tegente prodit, recti ex communi tendine ſub optico nervo, obliquus ſuperior ex membrana orbitæ.

In T. IV. eorumdem commentariorum. De diverſa fabrica oculi in animalibus & in homine. Membranarum varietates. Chorioidea, unica membrana, antrorſum tenuior ad corpus ciliare abit: iris ſua & propria membrana eſt: ejus colores a floccis eſſe celluloſis. Arteriolæ chorioideæ tunicæ longæ & breves: anulus arterioſus uveæ ex utrisque natus, venæ vorticoſæ quaternæ. Retina: ejus fibræ in lepore: anulus vaſculoſus ejusdem anterior. Lens cryſtallina in homine exigua, & plenior: fabrica oculi carnivoris animalibus propior.

EJ. *Deſcriptio anatomica oculi humani iconibus illuſtrata* Götting. 1755. 4.* Eximium opus, cujus ornamenta hic non poterunt pro dignitate exponi. Plenam dedit anatomen, abſque phyſiologia. Pulcherrimæ icones; admirabilis illius retis LIEBERKUHNIANI, quod interius incumbit chorioideæ: pulcherrima alia ſtriarum corporis ciliaris, venarum vorticoſarum: ea membrana (chorioidea) in homine ſimplex eſt, in magnis animalibus in duas laminas fiſſilis. Corona mucoſa. Circulus cribroſus. Retina ſimplex, etſi medulla exterior eſt, vaſa interiora. Non putat retinam cum lente connecti. Vitrei corporis cellulæ, membrana, anulus PETITI. Ex arteria poſteriori lentis cryſtallinæ vaſa ad corpus vitreum tendentia (in piſcibus evidentiſſima). Inter laminas lentis celluloſa tela. Nervi uveæ. Fuſe de venis oculi, quarum trunci ſtellati ſunt vaſa vorticoſa. Nullus anulus venoſus. Glandulæ ſebaceæ palpebrarum. Nervi oculi perpulchre. Pauca hæc ex multis.

Prælectio 5. Febr. 1757. nondum edita est. In ea iterum de oculis animalium agit, de musculis, de glandula lacrumali peculiari, pone ligamentum tarseum posita, ad ejus vaginam imam producta, suos habente tubulos, cujus partes non compinguntur, per quarum intervalla nervi excurrunt. Negat in homine dari ductus lacrumales longiores, quales sunt in animalibus. De alia glandula leporum, potius salivali. De motu iridis. In moribundis iris ampla refrigescente corpore contrahitur. Naturalem statum iridis esse claudere pupillam, aperiri vi musculari. Contra fibras uveæ tunicæ anulares. Non in iridem lucem agere, sed in retinam. Ab impulsu tamen humorum etiam iridem produci, pupillam arctari.

Est etiam inter ineditas ZINNII prælectiones, quam 8. Maji 1756. recitavit de porcello semibicipite. Cerebra duo, medulla oblongata unica, nervi omnes duplices, octavum nonumque par simplicia, duæ linguæ radicibus connatæ. Tota fabrica adeo regularis, ut primigeniam esse certus esses. Nobiscum ergo monstra admittit casu facta, & alia primigenia. Comparat monstra animalium cum plantarum prodigiis.

Die 1. Junii 1758. prælegit de fibris nerveis, quæ iterum dissertatio inedita est. Nusquam fila nervea communicare aut misceri, unde confusio inevitabilis in sensatione oriretur, & in motu. Contra argumenta a patronis tubulorum nerveorum producta. In experimento BELLINI male peculiarem effectum ductui tribui, secundum quem nervus stringitur. Videri liquorem nerveum electricæ esse naturæ.

In *Mém. de l'Acad. des Sc. de Berlin* 1753. Solum nervum opticum dura mater comitatur; reliquos nervos sola cellulosa tela vestit. Ubicunque nervus profundo loco & tecto ponitur, idem mollis manet. Gangliorum utilitas: videntur commiscere funiculos nerveos, ut unius sensatio ad omnes perveniat. Dura meninx etiam in homine insensilis.

In *Hamburg. Magaz.* T. 19. eamdem scyphi ossei in oculo miram fabricam describit, quam & ego dixi.

In T. 2. *Mém. sur les parties sensibles & irritables* aliqua nova experimenta adjecta sunt, ad duræ matris sensum, quem nullum reperit.

In *epistolis ad me datis* egit de dura membrana cerebri in femina sensu carente, de vesicula ALBINI quam vidit, & quæ videtur pertinere ad vasa omphalomesenterica.

Vitam egregii viri in programmate Cl. *J. Matthias* GESNER dedit Götting. 1759. fol.*

§. MCIII. *Christian Friderich* TRENDELENBURG,

Strelizensis, noster pariter auditor & incisor, summas certe in anatome partes sustenturus, nisi maluisset se clinicæ dare medicinæ; incredibili enim nitore & patientia corpora humana dissecabat. Pauca scripsit, fere ut me contra

HAM-

HAMBERGERUM tueretur, eo modo me refutantem, quem malim lector ex ipsis ejus viri scriptis æstimet. Edidit ergo noster Gotting. 1749. 4.*

Continuationem controversiæ de mechanismo respirationis HAMBERGERIANÆ 1. Absentia aëris thoracici probatur. 2. Demonstratio HAMBERGERIANA de actione musculorum intercostalium sub crisin modeste vocatur. Ex ipsa HAMBERGERI responsione ostenditur, Cl. virum vim veri sibi repugnantis sensisse. Testimonium adfert discipuli HAMBERGERIANI, qui intra quatuor annos nunquam experimentum ita successisse vidit, ut vir Cl. promiserat. Vitii causa in lacerato mediastino fuisse videtur. Nunquam eam opinionem probasse LIEBERKUHNIUM. In altera parte male sibi sumsisse ostendit HAMBERGERUM, costas inter se parallelas, æque longas, parallelis corporibus disterminatas esse, quæ omnia secus se habent. Neque veram esse HAMBERGERI demonstrationem, nisi his positis, quæ aliter se habent, non ignorante Cl. viro.

EJ. *Fortsetzung der Hallerischen und Hambergerischen Streitigkeiten vom Athemholen* Rostock und Weimar 1752. 4.* Non potuit se continere vir optimus, tot cum legeret convitia, quin aliqua doloris sui vestigia in ejus scripto superſint. In vulgatis calculorum legibus & patrem & filium aberrasse. Historiam litis dat, & convitia ulciscitur.

§. MCIV. *Anatomici varii & Physiologi.*

Luigi STAMPINI *Descrizione d'un feto umano nato colla maggior parte delle membra radoppiate* Rom. 1749. 4.* Chirurgus Bononiensis. Fetus uniceps bicorporeus, curiose dissectus. Inter duo ossa occipitis novum os. Medulla in capite simplex, duplex in spina dorsali. Pulmones duplicati, ventriculus simplex, viscera abdominis duplicata. Nervus octavi paris in capite simplex, in corpore duplex.

J. F. M. D. (DU VERNEY, Chirurgus, a prioribus hujus nominis viris diversus) *myotomologie, où dissection raisonnée des muscles*, absque die & anno, sed annum Cl. PORTAL facit 1749. 12.* Minime malus scriptor. Musculi omnes, neque fuse nimis, neque nimis breviter propositi. Passim a GARENGEOTIO exscribitur, ut in musculo peculiari ex processu styliformi in auditorium meatum eunte. Passim aliqua propria habet; ut styloglossum a maxilla inferiori sola natum. Alibi in minoribus musculis peccat, ut in uvula. De homine, qui pro lubitu ossa sua de acetabulis expellebat & reponebat.

IPSI in titulo tribuuntur tabulæ capitis a *Jacobo* GAUTIER cum vivis coloribus editæ p. 345.

J. Claude MERTRUD, Prof. Chir. EJUS est *dissertation au sujet de la fameuse hermaphrodite, qui parait aux yeux du public* Paris 1749. fol.* cum figura, quam a D. GAUTIER paratam habeo, absque libello.

EJ. *Theses anatomico chirurgicæ* Paris. 1761. 4.*

EJ. *De fractura sterni* Paris. 1761. 4.* cum anatome.

EJ. *De variis in perinæo fistulis* Parif. 1763. 4.*

EJ. *De calculo renali* ib. 1770. 4.*

IDEM in *Mém. des Savans étrangers* T. III. dicit vafa lymphatica cum ductu thoracico communicantia, & in lumbales pariter venas aperta.

de la CHAPELLE edidit CHEYNEI *natural method* Gallice verfam, cum præfatione *de transfusione sanguinis* Parif. 1749. 12. 2. Vol.

Lettres sur les aveugles a l'usage de ceux qui voyent 1749. 12. CHESELDENIANA relatio, & aliæ cæcorum natorum hiftoriæ.

Chr. JETZE *Betrachtungen über die weissen Hasen in Liefland* Lübeck 1749. 8.* Ut pili fub exitum autumni in animale morbido & ciborum experte decolorentur, dum fanguis parum motus particulas tingentes parcius in pilos mittit (Animal redit in ftatum fetus, cui omnia alba funt).

La FOSSE, pater, medicus veterinarius (Marechal), aliqua fcripfit, quæ hic recenfebo. *Traité sur le veritable siege de la morve des chevaux* Paris 1749. 8.* Habet pro morbo finuum mucoforum animalis cum conjuncta carie: eorum finuum iconem dat, cum conchis olfactoriis. Germanice vertit *Daniel Gottfried* SCHREBER Hall. 1752. 8.* & notas adjecit. Morbum veteribus polypi nomine, aliisque nominibus notum fuiffe.

In *suite d'experiences & d'observations nouvelles* revocat, quæ dixerat de mali in glandulis fublingualibus fede, quæ fit in lymphaticis glandulis.

In *traité sur la ferrure* Paris 1754. 8. experimenta recenfet in equo facta, quibus circuitus fanguinis confirmatur.

Henrich Friderich PETERSEN, gratiofi olim Hamburgenfium Chirurgi, *Gründliche Anweisung zu der Zergliederung der Mäuslein des menschlichen Körpers* Hamburg 1749. 8.* Pro Chirurgis fcripfit; in minoribus mufculis minus follicitus. Paffim aliqua ipfe vidit, ut ftylohyoideum mufculum a maxilla inferiori ortum.

Ephraim Felix ENHOERNING *Anfangsgründe der mechanischen Arzneygelahrtheit* Frankf. und Leipzig 1749. 8.* (potius Wien). Ad BOERHAAVII placita, etiam ubi aliquid in fummi viri hypothefibus defideres.

Godofredi PLOUQUET *de corporum organisatorum generatione disquisitio* Stuttgard. 1749. 4.* Phhilofophi neque inciforis opus. Nullam dari in rerum natura materiem informem: fuam habere quamque moleculam fabricam, & ex organicis iterum particulis eam componi. Elementum organicum nullam deftructionem admittere. Effe in ipfa fabrica aptitudinem, ut in majora iterum organica corpora elementa confentiant. Mors eft difceffio in moleculas organicas. Dominatrix machina eft quæ completa; ferviens quæ ejus particula. Cuique dominanti machinæ fua eft monas. Hæc aliquam fervientium machinarum ad fui fimilitudinem format. Vermiculi fpermatici mera funt infecta. In ovo putat

prin-

principia latere veri animalis. Polypo proprium est, quod ejus machinæ servientes dominatrici similes sint.

EJ. *De materialismo cum supplementis & confutatione libelli l'homme machine* Tubing. 1752. 4.*

Antonii MICHETTA *de aëris theoria atque ejus in corpus humanum actione* Utinæ 1749. 4.* Juvenile tentamen. Catarrhos esse a spiritibus animalibus in spina dorsi spissatis.

Dissertazioni e lettere scritte sopra varie materie da diversi illustri autori viventi Florenz. 1749. 8.* *Caroli* MANTELASSI de superfetatione diss., sive de partu infantum non ejusdem magnitudinis, ut alter 3. hebdomadum, alter 4. mensium esse videretur. Contra evolutionem, pro viribus ex mistis seminibus novum animal fabricantibus.

In T. II. 1750. 8. compendium brevissimum anatomes. Contra lunæ potestatem. Pro viribus imaginationis, quibus nostalgia curetur, non ex alieno aëre nata.

§. MCV. *Louis de la* CAZE,

Bearnensis, Parisiensis olim clinicus, non anatomicus quidem, sed novorum principiorum, novarumque motus animalis causarum, audax inventor, contemtor BOERHAAVII, obscurus scriptor, longis periodis delectatus vocibusque non definitis, qui tamen suam, potissimum etiam Parisiis, sectam reliquit.

EJ. est *specimen novi medicinæ conspectus* Paris. 1751. 8.* etiam 1749. PORTAL. Longe jubet recedere profanos, qui experimentis nituntur; admitti STAHLIANOS, si paulum velint reconcinnari. Origo motus sensusque est systema membranoso nervosum: ejus scaturigo in epigastrio est, non in cerebro; ibi enim oritur nervus sympathicus magnus; ibi est diaphragma, vis determinantis sensitiva & motus principium. Hoc inter septum & intestina alternus est motus, & ciborum ea est necessitas, quod ventriculum distendi necesse sit. Sed idem ventriculus cum septo transverso cerebro æquilibratur, & ex ea libratione *perpetua agitur vitalitas*. Ventriculus & septum transversum cum toto corpore animalis connectuntur, per peritonæum, pleuram, appendices septi. Adfectus animi hoc æquilibrium turbant, dum meninges supra modum tendunt. Idem septum vera est scaturigo motuum naturæ, quos obicibus morbosis obponit: ex ejus torpore naturæ nisus deficiunt. Motus peristalticus fit a premente septo, & ab intestinis in suam dilatationem nitentibus. Manifestus porro in corpore animali est apparatus aponevroticus membranosus, ex cujus reciprocatione omnes in corpore animali motus pendent: & hic ipse apparatus ope epigastrii cum reliquis corporis partibus alternum motum exercet. Intelligat, cui id datum est.

Nova editio prodiit Paris. 1754. cum titulo, *Institutiones medicinæ ex novo medicinæ conspectu.*

Ej. *Idée de l'homme physique & moral pour servir d'introduction à un traité de medecine* Paris 1755. 12.* Partim ad ethica pertinet, partim ad physiologica. Spernit anatomen, & ad ea provocat, quæ ipse sit in seipso expertus. Boerhaavium solo octennio, & infeliciter, praxin secutum esse audacter adfirmat, cum Præceptor noster quadraginta annis Doctor Medicinæ vixerit, eo toto tempore vero & ægros viserit, & plurimis annis nosodochium frequentaverit, & ab universa Europa fuerit consultus, & splendidissimis gravissimorum morborum curationibus inclaruerit, quas inter Schaafium summi viri collegam numero, senem hydropicum, & gravi morbo erysipelaceo adflictum Albinum, me teste servatum. Nerveos spiritus ad electricum ignem refert: ad archetypum a parentibus acceptum futurum hominem in semine delineari docet, primum vitalia organa; deinde pectus, ut ex septo transverso contra focos archetypi (ita loquitur) cutis & musculorum vis fortius laboret; ex focorum vero vi contractili corpus integrum compleatur. Hæc in natura noster liquido videt, nos ne grammatice quidem intelligimus. Æquilibrium inter organum exterius atque contrarios nixus tegumentorum corporis musculorumque, & inter partes internas. Septi transversi vires; id nervum sympathicum sibi subjectum concutit (a nervo ipso concussum), per eum nervos omnes ad originem usque. Ventriculus a cibo distentus resistit diaphragmati, & cibi se ponderis modo habent, quo adtracta machina corporis humani ad motum revocatur. Sed tædet plura repetere.

Ejusd. *Melanges de physique & de morale* Paris 1761. 8. Habet iterum mira illa diaphragmatis privilegia.

Hæc opera Germanice, cum multo encomio recusa sunt Lipsiæ 1765. 8. 2. Vol.* *Medicinisch-physicalische und moralische Schriften.*

Ej. *Extrait raisonné de l'idée de l'homme physique & moral* Paris 1759. 12.

§. MCVI. *Varii.*

Christophori Friderici Daniel *Beyträge zur medicinischen Gelahrtheit* Hall. 1749. 4.* Hofmanni discipulus, clinicus, aliqua tamen tractat physiologici argumenti, ut de somniis & de temperamenti inde definiendi ratione. Exemplum fetus de gravida femina per anum educti. De sternutatione: de putredine.

T. II. ib. 1751. 4.* fere clinici est argumenti.

T. III. ib. 1755. 4.* perinde fere. Ossicula de fetu reliqua per anum post multa mala egesta.

Charles Dionis *Diss. sur le tænia ou ver plat, dans laquelle on prouve, que ce ver n'est pas solitaire* Paris 1749. 12.* Gener Andryi, non tamen ubique socero concors. Cucurbitinos vermes esse singularia animalia, neque partes unius bestiæ.

Adam Wilh. Franz *Widerlegung der Schrift l'homme machine* Leipz. 1749. 8. Boecler.

Jallabert, Professor Genevensis, qui ad summos in patria sua honores pervenit, *experiences sur l'electricité, avec quelques conjectures sur la cause de ses effets*

effets Genev. 1749. 8.* Dum curationem narrat fabri paralytici, varia adnotat huc spectantia. Musculos a scintilla tactos subsiluisse &c. Tendines scintillas dare fortiores. Verum numerosos de electrica natura libros malo inter physica recensere.

Thomæ BIRCH *the wisdom of God proved from the frame of man* London 1749. 4.* Ad DERHAMI modum sermo sacer. De charactere adfectuum animi faciei impresso, qui mentiri nescit. Ad vitam CROONII aliqua.

IDEM quatuor tomos ex codicibus M.S. Societatis Regiæ decerptos edidit.

A general chronological history of air, weather, seasons and meteors for 250. *years, their effects on animal specially human bodies* London 1749. 8. 2.Vol.* Princeps fontium, in quibus auctor hausit, theologus fuit nomine SAY. Huc facit ob usum fastorum emortualium.

BARROW *new medicinal dictionary containing an explanation of all the terms used in physik* London 1749. 8.

Joseph VIANELLI, Medicus fossæ Claudiæ, *Nuove scoperte intorno le luci notturne dell' aqua marina*, Venez. 1749. 8.* Scintillas aquæ maris Adriatici esse a verme anulato, cujus lux post mortem superest.

J. B. SCARELLÆ *de baptismo infantum in utero* Utenj. 1749. 4. SMITH.

Antonio ARRIGHI *risposta apologetica alle osservazioni del Pietro* CORNACCHINI *sopra certi effetti morbosi malamente adtributi alla impedita transpirazione* Amsterdam 1749. 12.

Catalogo de los Actos literarios de la R. Academia Medica Madritense Madrit 1749. Inter eas est *Thaddæi* ODONNEL, protomedici, exercitatio, *de las causas del pulso duro, en el dolor de costa.*

Caroli Augusti CRUSII, Professoris Lipsiensis, *Anleitung über natürliche Begebenheiten nachzudenken* Leipzig 1749. 8.* Physiologica etiam continet de animalium nutritione, secretione, vita. Sedes animæ in medulla oblongata. De generatione: In ovulo materno fetum præformatum esse. Pro structrice potestate animæ, & pro nævis. Polyporum multæ animæ: hypothesis de spiralibus musculorum fibris. Circuitum sanguinis Salomoni innotuisse. Mortem animali naturalem esse, non homini.

J. Georgius SULZER, Professor Berolinensis, vir illustris summique ingenii. In *Itinere* SCHEUCHZERIANO VIII., quod Tiguri recudi fecit a. 1749. 4.* de corpore humano post 150. annos flexili & incorrupto agit.

IDEM varia tetigit metaphysici argumenti, & ad historiam naturalem animæ spectantia, in *Mém. de l'Academ. des Sciences de Berlin*, quæ tamen, etsi summa cum vi judicii dicta sunt, paulo longius a nostro fine absunt.

EJ. *Von den Schönheiten der Natur* Berlin 1750. 8.* Contra fabricam corporis animati ex jactu temerario natam: ne unum quidem triangulum æquilaterale ex jactu nasciturum, multo minus animal. Contra querelam de inutilibus animalis partibus.

GUER *histoire critique il l'ame des betes contenant les sentimens des philosophes anciens & ceux des medecins sur cette matiere* Amsterdam 1749. 8. 2.Vol.

§. MCVII. *Disputationes.*

Isaac MOBACH QUART *de catameniis eorumque usu* Leid. 1749. 4.*

J. Wolfgang MANITIUS *de idiosyncrasia ex diversa solidarum partium corporis humani irritabilitate optime dijudicanda* Leid. 1749. 4.* Non esse a nervis naturam irritabilem. Effectus irritabilitatis post causam ablatam diu superesse.

Anton. Ernest. BROUNING *de fame* Leid. 1749. 4.*

P. J. VALKENAAR *de consensione partium in corpore sano & morboso* Leid. 1749. 4.*

Salomon de MEZA *de menstruis* Utrecht 1749. 4.*

HOUTH *vim vitæ sanitatem conservare, modo a medico dirigatur rationali* Groning. 1749. 4.

Car. Ludov. van der MARCH *de senectute hominis* Harderwic. 1749. 4.*

Joachim VOSSE, nostri auditoris, *de intestino cæco ejusque appendice vermiformi, disp.* Götting. 1749. 4.* Ad naturam nata. Primum conspicuum in fetu reddi ligamentum coli anterius, deinde omentale; sensim ea ligamenta confirmari, & tres cellularum ordines, tresque saccos efficere, in fetu nondum conspicuos. Pressionem fæcum alvinarum cellulam anteriorem dilatare, ita appendiculam ad latus sinistrum urgeri, inque adulto homine multo minorem ad cæcum intestinum rationem habere, quam in fetu. Ligamentis deletis in adulto figuram fetui propriam restitui &c.

Georg. Christianus OEDER, celebris Botanicus, inde merito inter Ministeria Status receptus, disputavit Götting. 1749. 4.* *de derivatione & revulsione.* Effectum novæ celeritatis ab incisione natæ cum singula divisione vasis minimi, in partibus remotis exiguum esse; clauso vulnere omnia in priorem statum restitui.

EJ. *De irritabilitate* Hafniæ 1752. 4.* Experimenta facta in carnibus sale irritatis. Irritatio destruit naturam irritabilem. Nervus a corpore evulsus & irritatus, musculos tamen concutit. Rana calidis animalibus diuturniorem habet irritabilitatem. Cor evulsum etiam in fele diu pulsat. Nervus in solis iis musculis motum ciet, quibus ramos dat. Musculos agere non ob novam undam nerveam, sed a penu, quem possident, spirituum. De causis mechanicis inspirationis.

J. NOREEN, Sueci, incisoris nostri, Diff. *de mutatione luminum in vasis hominis nascentis, in specie de uracho* Götting. 1749. 4.* Thecam vidit cellulosa tela remota, quæ urachum cum vesica colligat: rectum fieri urachum, & facile setam & argentum vivum admittere; in funiculo vero evanescere, postquam aliquantum progressus est. Vera ista, me & aliis testibus, ut non bene sit dubitatum.

Carol.

Carol. Gerh. STEDING *de tussi* Götting. 1749. 4.*

Eduard Jacob LUPIN *tenuitas humorum temere laudata* ib. 1749. 4.*

J. Zachariæ JAWANDT *de secretione seminis, ejusdemque refluxu in sanguinem* Giess. 1749. 4.

Engelbert WERTH *de functionibus pulmonum in genere* Marburg. 1749. 4.*

J. Henrici MOELLER *de tunica retina & nervo optico* Hall. 1749. 8.* Nervi optici ingressus, lamina cribrosa, membrana vasculosa retinæ, arteria lentis crystallinæ, alia pulchra.

F. O. HOMMEL *de lethalitate vulnerum & inspectione cadaveris post occisum hominem* Lips. 1749. 4.*

Daniel Gottfried FRENZEL *de pilo parte corporis humani non ignobili* Witteberg. 1749. 4. præside LANGGUTH.

J. Paul BAUMER *prodromus methodi surdos a nativitate faciendi audientes & loquentes* Erford. 1749. 4.* Conf. p. 184.

EJ. *Color densitas & crassities pulmonum fetus qui respiravit, & ejus qui non respiravit* Erford. 1768. 4.*

J. EICHEL *experimenta circa sanguinem humanum* Erford. 1749. 4.* Seri sanguinis & rubræ partis analysis, & cum variis salibus commisti phænomena.

Caroli Ern. August LOSSAU *de optima ossium in sceleto artificiose conjungendorum ratione* Erford. 1749. 4.* De articulo maxillæ inferioris recte; magis esse in tuberculo quam in glene.

J. Ludov. FURST *de sero corporis humani* Altdorf. 1749. 4.

Theodor. Ernst Jo. MOERS *idea generalis nutritionis partium solidarum corporis humani* Heidelberg 1749. 4.*

EJ. *De organo gustus* ib. 1750. 4.*

J. Frid. SCHEIBLER *de triplici motus principio in corpore humano vivo* Stettin 1749. 4.

EJ. *Fundamentorum totius scientiæ medicæ in usum auditorum adornatorum pars theoretica* Berol. 1751. 8.* Pro mechanica theoria adversus STAHLIANOS. Contra spiritus animales. De temperamentis. Animam fetus suum corpus struere.

Car. Frid. MENNANDER, nunc Archiepiscopus Upsaliensis, & RUDBERG *de loquela mutorum & surdorum* Abo 1749. 4.*

EJ. MENNANDRI *ichthyotheologiæ primæ lineæ* Abo 1751. 4.

EJ. & PONTIN *de utilitate fluente ex inito natorum denatorumque calculo* ib. 1749. 4.

Erich ELF, *Erici* fil. noster auditor, *de hæmorrhagiis uteri sub statu graviditatis* Upsal. 1749. 4.* a placenta alieno loco adhærente.

J. Rudolf STÆHELIN *de pulsibus* Basil. 1749. 4.* Pro medio numero pulsuum

ſuum in min. 1. admittit 60. Accelerari ab electricitate: ſpiritus nerveos eſſe electricos. Non poſſe unius pulſus celeritatem majorem & minorem in homine diſtingui. Diverſas eſſe pulſus ad reſpirationem rationes. De vi efflationis: ea eſt 170' & ultra in minuto primo; modica exſpiratio pondus levat unciarum 47.

EJUSD. in *Act. Helvet.* T. V. Baſil. 1762. 4.* eſt adnotatio, duræ membranæ cerebri inſenſilis, tendinumque pariter ſenſu carentium.

EJ. *Specimen anatomico-botanicum* ib. 1751. 4.* De muſculorum in ſitu corporis mutando conſenſu. Pro vaſis lactiferis placentæ.

BURCKART *de actione ventriculi & ejus morbis* Baſil. 1749. 4.

J. CORVIN *de organo ſenſu & objecto olfactus* Prag. 1749. 4.*

Wenceslai Adam Matthiæ FORST *de ſenſibus externis* Prag. 1749. 4.*

J. Nepomuceni MUFFAT *de ſenſu tactus* Prag. 1749. 4.* Fere phyſici argumenti. Multa mihi aliena tribuit.

J. SILBERLING *de humorum corporis humani gravitate ſpecifica* Argentorati 1749. 4.* per experimenta.

Frid. Chriſtian CORVIN *de hernia cerebri* Argent. 1749. 4.* bona diſp. & accurata deſcriptio mali, cujus natura proxime accedit ad ſpinam bifidam.

Joh. Stephani des HAYES *de hemiplegia per electricitatem curata* Monſpel. 1749. 4.* niſi eſt *Franciſci de* SAUVAGES. Muſculos a ſcintilla electrica tactos convelli, ſalivam adfluere, pulſum accelerari &c.

Jacobi FARION, viri egregii, *quæſtiones medicæ duodecim* Montp. 1749. 4.* Inter eas eſt an ſuppurationis cauſa putredo: & an in morbis ſoporoſis cerebellum minus adficiatur cerebro, & quare. Ejus obſs. alias dicemus.

Caroli SERANE *duodecim quæſtiones medicæ* Monſpel. 1749. 4.* An purgantia cum delectu humores educunt. An robur vitale ex actualibus pulſus & reſpirationis viribus æſtimandum.

Scripſit in D. LAMURE reſponſum ad ſcriptum ejus viri, cui titulus, *Vindiciæ de febre & palpitatione*.

Thomæ FIZMAURICE *quæſtiones duodecim* Monſpel. 1749. 4.* An mola uti fetus nono menſe excludatur: an chirurgia curtorum vera ſit an fictitia. Theoria tinnitus aurium.

Georg. Joh. LOCANO *de menſtruo feminarum tributo* Monſpel. 1749. 8.

Petri BERCHER & *Franc. Clem.* MORAND *Non ergo ab uteri ejusque vaſorum perpendiculari ſitu menſtrua mulierum purgatio* Pariſ. 1749. 4.* Serio defendit, etiam bruta animalia menſes pati.

Lud. Guil. le MONNIER & *J.* MACMHON *An ergo muſculorum momentum a longitudine & diſpoſitione fibrarum* Pariſ. 1749. 4.*

Urbani de VANDENESSE & *Antonii* GARNIER *E. chyloſin inter & præcipuas corporis functiones intimum adeſt commercium* Pariſ. 1749. 4.

Theodori BARON & *J. Franc.* THIERRY *Ergo nondum probati ſpiritus animales* Pariſ. 1749. 4. opus Cl. THIERRYI, quem continui dicemus.

Ben-

Francisci THIERRY, amici nostri, thesis *Ergo in celluloso textu frequentius morbi & morborum mutationes* præside *Bartholomæo* MURRY Paris. 1749. 4.* Omnes membranas in cellulosam telam dissolvi. Posse nimis tensam esse, nimisque laxam. De corporum fluidorum & solidorum per eam telam motu.

Recusa auctius est ea thesis a. 1757. 4.* *R. Guilelmo* BERTHOLD. Recte planam esse fibram cellulosam, musculosam convexam. Utilitas cellulosæ telæ in partibus corporis formandis & firmandis.

EJ. *An præter genitalia sexus inter se discrepant? R. Edm. Thom.* MOREAU. Paris. 1750. 4.* Pectore etiam differre, in viro latiori, duriori cellulosa tela, pulpa nervea mollieri, majori ergo ad sensum & ad irritationem teneritudine.

In *Journal œconomique* 1759. tuetur se contra *Th. de* BORDEU, & ostendit, suam anni 1749. disputationem omnibus scriptis ejus viri antiquiorem esse.

Benjamin Ludov. LUCAS *de* LAUREMBERT & *Petri Abr.* PAJON *de* MONCETS *Ergo a diverso glandularum situ secretiones diversæ* Paris. 1749. 4.

Leandri PEAGET & *El. Fr.* GRANDCLAS *Ergo chorioides immediatum visus organon* Paris. 1749. 4.

Ludov. Alex. VIELLARD & *Franc. de* PAULA COMBALUSIER *E. humanum corpus totum lympha perfusum* Paris. 1749.

§. MCVIII. *Diaria anni* 1750.

In *Philos. Trans.* n. 495. *David Erskine* BAKER mensuras partium corporis nani cum infantili corpore ejusdem ætatis comparavit.

N. 496. ARTHUR DOBBS de ceræ ab apibus præparatione. Per anum insecti excerni, non per os.

In *Mém. de l'Acad. des Sciences* 1750. *Franciscus* ROUELLE, pharmacopola & chemicus, agit de conditura cadaverum Aegyptiaca. Ea fiebat alias cedria sola, alias cum bitumine mista, alias natro solo.

In *Journal Britannique* anni 1750. Anonymus contra BUFFONII de generatione systema scripsit, & difficiles in eum objectiones movet.

Hoc anno medici aliqui Germani in Polonia medentes ceperunt edere *Primitias physico-medicas* ab iis, qui in Polonia practicam medicinam faciunt, collectas Lips. 1750. 8. T. II. Zullichau 1750. 8.* In I. *Gottlob Ephraim* HERMANN de superfetatione egit. In II. Tomo *J. Carolus* HEFTER de itinere bilis in intestina, ad nostrum fere sensum. Conceptio trimestri post priorem conceptionem repetita. In eodem tomo *Gottlob Ephraim* HERMANN de mola virginea.

In *Hamburger Magazin* T. V. acuti ingenii vir anonymus, de falconis agit educatione, ejusque ad venandum aptitudinem tribuit deletæ per vigilias rationi hujus animalis.

In *Journal des Savans* 1750. Octob. D. BOUSSAI egit *de l'ouraque & de son usage.* In arterias umbilicales fibris divisis inseri recte vidit.

Hoc anno Academia Regia Scientiarum Parisina edidit tomum I. commentariorum, a variis Cl. viris secum communicatorum. Titulum fecit: *Mémoires de mathematique & de physique presentés à l'Acad. R. des Sciences par divers savans, & lus dans ses assemblées* Paris 1750. 4.* Germanice Lipf. 1752. 4.* Ad nos facit GODEHEU *de* RIVILLE Eques, de eruca inter duas laminas foliorum vitis cuniculos agente.

IDEM in *Hist. de l'Acad.* 1751. de familia Melitensi sedigitorum.

Porro in *Mém. presentés* T. I. BASSUEL de cava facie arteriarum fusissime. Ostia ramorum ita se habere solent, ut media pars excavata sanguinem admittat, altera ut fornice emineat.

TORREZ de corde inverso, apice sursum posito.

MARCORELLE experimenta statica fere ex DODARTIO sumta.

In *Swenska Wetensk. Academ. Handling.* T. XI. homo unico femore & testiculo natus.

FAHLBERG de vivis in matre anguillis visis.

Hanoveræ prodierunt *gelehrte Anzeigen*, in quibus a. 1750. de apum cura; a. 1751. de pullis super lampadem educatis agitur, de avium pellibus servandis.

§. MCIX. *J. Georgius* ROEDERER,

Incisor noster, Professor rei obstetriciæ, deinde meus in anatomicis successor, præmatura morte abreptus, acuti ingenii vir, in anatomicis mensuras, pondera, multamque curiositatem adhibuit.

EJUS *thesium decas dupla*, ex more patrio proposita, Argentor. 1750. 4.* Ossa non a pressione formari, exemplo ossiculorum auditus: ossicula triquetra multiplicare centra ossificationis. De sutura squamosa. De ligamento a basi spinæ cujusque vertebræ orto. Sinus pituitarios inanes robur vocis intendere; animalia sagaciora esse, quibus laminis osseis repleantur, at voce minus flexili. Nullus aeri ad pectoris cavum accessus patet. Arteriarum in divisione anguli semper acuti sunt. Arteria umbilicalis eundo latior fit. Sanguis arteriarum superiorum a sanguine arteriarum inferiorum non differt. Describit porro arteriam axillarem, ramum lingualem paris octavi, & ligamentum denticulatum medullæ spinalis.

EJUSD. *De fetu perfecto* diss. Argent. 1750. 4.* proprio labore nata. Materiem in vasa uteri impulsam effluere in cellulosam naturam cotyledonum, non in vasa fetus. In vitulo vidit os apertum, & ventriculum liquore amnii plenum, quem tamen negat nutrire. Vesicam vidit allantoideæ HALEI simillimam, sed absque uracho. Ductus arteriosus mollissimus est, ut facilius conprimatur & conferveat. Pupillarem membranam a parte posteriori melius adparere. Urachum cavum esse, quem etiam depingit, tum hymenem & alias partes fetus.

EJ. *Programma de axi pelvis* Götting. 1752. 4.* Mensuræ accurate sumtæ.

tæ. **Axis pelvis non perpendicularis eſt, & antrorſum omnino adſcendit, ſic axis uteri, vagina vero magis antrorſum, ut uterus cum vagina angulum intercipiat.**

Oratio ipſa *inauguralis* laudes tradit artis obſtetriciæ, & varia ad fabricam organorum ad partum pertinentium.

In *Comment. Gotting.* S. R. T. II. de mola egit. Ovum eſt, cujus placentaria pars nimia, embryo nimis parva incrementa cepit. De molis in catellis viſis: de ejus animalis placenta: de ovis fecundis & ſanis, comparatis cum ovis in molas degenerantibus.

Ejus *elementa artis obſtetriciæ ad uſum prælectionum Academicarum* Götting. 1752. 8.* Bonum compendium, in quo præceptorum, ſuorum FRIEDII, *Antonii* PETIT, & *Guilielmi* SMELLIE adnotata cum ſuis conjunxit. Pelvis cum accuratis menſuris fere SMELLIANIS, ex quibus adparet, ſolitæ magnitudinis caput abſque offenſa de pelvi prodire poſſe. Eumdem eſſe axin pelvis & uteri. De mutatione oris uterini in graviditate (quam accurate percepi in univerſum eo redire, ut oſculum uteri perpetuo molleſcat, cæterum in ſedente & decumbente femina ſurſum ſe recipiat, in ambulante & corpus laboribus exercente magis deſcendat; in univerſum tamen cum progreſſu graviditatis ſurſum recedat, ut vallecula inter id oſtium & partem poſteriorem vaginæ intercepta perpetuo minuatur). De ovo, membrana filamentoſa & chorio, (quæ nobis media). Hiſtoria graviditatis & partus. Non valde varium eſſe partus tempus. Uteri obliquitas a laterali placentæ adhæſione.

Nova editio ſucceſſit a. 1759. 8.* Menſuras pelvis novis periculis confirmavit. Fibras uteri muſculoſas in puerperis manifeſto ſe offerre. Uterus in partu contrahitur fetumque expellit, dum pars ejus inferior debilitatur. Signa fetus præcocis. Nullus poſt decimum menſem partus. Unicum vinculum funiculi ſufficere, neque enim ex placenta ſanguinem effluere. Gallice vertente PATRIS Paris 1765. 8.

Tertio prodiit Götting. 1766. 8.* edente *Henr. Aug.* WRISBERG, qui & notas adjecit, & paſſim aliquas voces inſeruit. Negat Cl. virum a Gallis præceptoribus ſua habere *(m)*. Notæ fere phyſiologici argumenti. Sinus mucoſi cervicis uteri & vicinarum partium ex poſthumis ROEDERERI ſchedis adduntur. Pondus lochiorum Cl. editor facit unius libræ; ſanguinis etiam ad octo libras amitti. Uterum in gravidis craſſeſcere. Membranam villoſam fetus ad uterum adnaſci, caput ſenſim converti. Hymenem & cruentationem in virgine requiri, & carunculas laceri ejus velamenti portiones eſſe.

In *Comment. Soc. Reg Gotting.* T. III. egit de communi matrem inter & fetum ſanguinis commeatu, quem totum rejicit. Neque enim, quando fetus de utero prodiit, aut pulſare arteriæ umbilicalis finem, qui placentæ nectitur, neque ſanguinem de eo profluere. Sed etiam nullam eſſe inter patulos uteri ſinus & placentæ vaſcula æqualitatem. Menſium oſtiola in utero vidit: & magna in

 puer-

(m) *Journal des Savans* 1765. Octob.

puerpera ostia, plurimum sanguinem fundentia, cum placenta separaretur: cum contra ex placenta avulsa nihil efflueret.

In eodem volumine egit de pondere fetus. ROEDERERO multo minus occurrit, quam vulgo solet, plerumque librarum 6. 7., vix supra octo, cum passim etiam 23. librarum æstimatur. Placentæ etiam pondera definiit.

In T. IV. monstrosum partum accuratissime descripsit, varie mutilum, hydropicum, nullo pulmone, nullo vero corde, visceribus abdominis plerisque deficientibus, præter intestina. Vasa tamen arteriosa aderant & venosa. Accuratissime deformata ossa porro exponit & musculos.

Inde scribit pro monstris casu natis, & in me etiam potissimum, tamen ut alios fetus in ipsa conceptione mutari doceat, quæ sententia a nostra minus recedit. Fetum ex commistis seminibus formari; suum partum monstrosum meræ deberi violentiæ, quidquid habeat singulare. Ut possit fetus absque corde vivere, non vero in lucem jam editus infans, qui de matre solutus est. Atque adeo vel ab utero, vel a vi adtrahente, posse per fetum humores moveri, absque cordis officio.

EJ. *Observationum medicarum de suffocatis satura* Götting. 1754 4.* Foramen ovale non arcet suffocationem in aqua. Ut id foramen claudi soleat. Suspensos ex apoplexia mori, neque enim asperam arteriam comprimi (in eo nimius, nam etiam laryngem fractum vidi, & musculos ruptos). Vasa lactea sexto die in suspenso conspicua (vidi duodecimo). Aereæ in sanguine bullæ. Modicam pressionem nervi sensum non impedire, rudiorem utique. Recte pro experimento pulmonum natantium & submersorum. Fetum non ali succo amnii. Prius in nuper nato pectus expandi, quam aerem respiret, neque respirare fetum, nisi totum exclusum. Utique infantem in propriis aquis posse suffocari, & tunc aquam in pulmone & ventriculo reperiri. In cadaveris pulmonem & ventriculum nullam aquam venire. Posse utique sanguinem funesto eventu per funiculum umb. amitti.

Inter *thesauros Academiæ Reg. Scientiarum* est partus descriptio, cujus pedes male formati erant & contorti. Una spina aderat bifida. Porro pro sua monstrorum a mera violentia origine.

Dedit etiam ad *Soc. Regiam* anatomen cerebri & abdominis ursi. Ne in ea valida bestia quidem vesicula fellea musculosam habet membranam. Rami hepatici in cysticum ductum inserti. Vasa lactea. Ventriculus duplex, nempe pars prior carnivororum animalium fabricæ propior, pars altera granivorarum avium: utramque partem isthmus separat. Unicum intestinum. Nullæ valvulæ KERKRINGII, villi prælongi. Cerebrum multa de humano habet, & nullum adest rete mirabile.

EJ. Diss. *de uteri scirrho* Götting. 1755. 4.* cum exemplo uteri, & una ovariorum & glandularum mesentericarum scirrhosarum.

EJ. & KUHNII *nonnulla momenta motus muscularis perlustrata* Gött. 1755. 4.* Dari fibras in corpore animali non rubras, & tamen contractiles, uteri exemplo;

plo; dari & rubras, utrasque irritabiles esse. Cuique fibræ suos esse stimulos, cutemque a frigore, terrore, febre contrahi. Alternas vices cordis tamen a compressis inter magna vasa nervis esse &c. Fibras musculosas, porro in hypotheses delapsus, spirales esse docet, cavasque, & contrahi, quando replentur. Alterna laxatio fit a nervis inter spiras ejus cochleæ compressis. Non dari duas classes musculorum, spontaneorum & voluntati servientium.

Prælegit a. 1756. de vitulo monstroso, capite fere duplici, ex duobus capitibus composito. Cerebrum unicum. Ad ossa conformati musculi. Alter oculus elisus.

IDEM eodem anno porro de urso egit, deque ejus animalis pulmone. Vesiculas pulmonales a cellulositate diversas admittit.

De rene infantis unico, in renculos minores diviso, quem putat ex duobus coaluisse.

De agno sepede, ejusque pedum musculis & ligamentis præter naturam accedentibus. Tendines absque musculis. Non recte hic vir Cl. nos refutat, quasi nulla accidentium monstra admisissemus.

IDEM cum Academia Petropolitana insolito instituto præmium quidem proponeret ei, qui imaginationis maternæ in fetum efficaciam optime interpretaretur, ea tamen addita conditione, ut is solus præmium acciperet, qui hanc vim admitteret, excidit utique præmio, ejus vero dissertatio Petropoli edita est 1756. 4.* Nullam esse inter vasa uteri & placentæ communicationem: cum præter priora argumenta, nulla cera ex utero in fetus vasa transeat, neque vicissim. Placenta succum quidem aliquem de matre sugit, per eum vero vis maternæ imaginationis explicari nequit. Nævos non absque figmento aliquo similitudinem eorum exprimere, quibus solent comparari &c. Germanice prodiit Lipf. 1758. 4.*

In *observationum medicarum de partu laborioso decadibus duabus* Götting. 1756. 4.* aliqua huc faciunt, ut fetus diu in utero retentus, incorruptus, neque matri molestus.

EJ. Progr. *de genitalibus virorum* Götting. 1758. 4.* Tunica vaginalis testis duplex. Glandulæ fœtidæ TYSONI in lue venerea ampliores. Testes fetus in peculiari sacco abdominis contineri (verius in peritonæo continentur), qui cellulosa mollique tela repletur. In nuper natis paulo frequentius in scroto reperiuntur.

In progr. *observationes ex cadaveribus infantum morbosis* Götting. 1758. 4.* memorabile exemplum est vasorum lacteorum, luteo succo & bili simili repletorum. Puris principium est in habitu lymphatico, accedere reliquum ab humoris morbosi metastasi.

EJ. *De fetu observationes* Götting. 1758. 4.* Humoris amnii naturam mucosam esse, neque adeo alibilem. Ovale foramen patere, quando sinus laxi sunt. Exomphalos connatus, & diaphragma magno foramine patulum. Manus difformis.

De

De animalium calore Götting. 1758. 4.* Non esse a frictu nimis molli. Frigus febrile cum vehemente adtritu conjungi. Frigus esse a contractione convulsiva, calorem a laxitate fibrarum.

De oscitatione in enixis Götting. 1758. 4.* De causis oscitandi in universum. Debilitatem in enixa significare. Partum per somnum matris fieri a convulsione totius corporis, a morte matris partum soli uteri contractioni deberi.

Observationes de cerebro Götting. 1758. 4.* In mente captis non calculos in pineali glandula, sed vasa sanguinea cruore plena reperit.

Princeps viri Cl. opus Gottingæ 1759. fol.* prodiit, *icones uteri humani observationibus illustratæ.* Non adeo magna ratione magis dilatari fundum uteri, quam reliquum viscus, per mensuras ostendit. Crassities uteri prægnantium, potius minor, ad semuncem usque; a partu major, & crassius corpus uteri, quam fundus. Fibræ musculosæ uteri, venæ maximæ. Placenta alienis locis adnascens. Uteri gravidi icon; tubæ sæpe cis ostium dilatatæ. Vasa uteri gravidi. Fetus semestris $2\frac{1}{2}$. libras pondere. Nunquam visa allantoidea tunica. Contra situm lateralem OULDII. Iterum contra uteri cum placenta nexum. Vasa uteri minime patula, obduci membrana villosa, ostia patula per violentiam nasci. Arteriæ parvæ & serpentinæ, transeunt in velamenta fetus, neque cum vasis umbilicalibus communicant. Sinus cervicis uteri ad ejus osculum conversi. Ova NABOTHI aut a morbo fiunt, aut a maceratione in aqua. Uterus non gravidus per varias ætates descriptus: anterius longior est. Ostiola menses fundentia eo tempore conspici, quo is sanguis excernitur. Unicum ovulum solere majus & quasi maturum esse: non reperiri in infantibus corpora lutea, quæ denique in cadavercula degenerant. Mensuræ partium uteri & ovarii.

EJ. *De pathologia physiologiam informante* Götting. 1759. 4.* Hominem nunquam perfecte sanum esse.

EJ. *De submersis aqua* Götting. 1760. 4.* Duo exempla, in quibus nulla in ventriculo aqua fuit. Animalia fatetur aquam deglutire, qui mea experimenta viderat. In aliis hominibus & ipse aquam in ventriculo reperit. In pulmonibus aqua.

EJ. *De tænia* ib. 1760. 4.* ejus canalibus, fibris muscularibus, lacte.

EJ. *De infantibus in partu suffocatis* ib. 1760. 4.* Sanguinem ab aëris tactu rubere.

EJ. *De arcubus tendineis musculorum originibus* ib. 1760. 4.* Progr. I. & II. Ex aponevrosi nempe prodire, quoties subjectus musculus os tegit; exempla in pollicis adductore, in diaphragmate, in flexore longo digitorum pedis, in aliis reperit. Alia ad musculos & ligamenta manus. De arcubus tendineis diaphragmatis accurate.

Ad *Commentarios Soc. Reg. Sc.* 1761. ineditos suppeditavit descriptionem vermium parum notorum humani corporis, sexu distinctorum, quorum feminæ in canalibus seminalibus ovula continent, mares mucum spermaticum. Ascarides fere feminas esse, ovis plenas. In multis ejusmodi animalibus canalis alimentaris rectus est & longitudini par animalis, seminalis vero convolutus.

Alio

Alio die de fasciolis intestinalibus duorum generum, & de alia in systemate bilario fasciola egit a. 1763. In homine nunquam repertæ sunt fasciolæ, & omnes ova continent.

IDEM a. 1763. prælegit de scirrho circa deglutitam acum in ventriculo nato.

EJ & *Caroli Gottlieb* WAGLER *de morbo mucoso l. singularis* Gotting. 1762. 4.* Liber practici argumenti: habet tamen aliqua huc facientia, ut folliculos simplices primarum viarum, ventriculi, duodeni, ejusque rugas parallelas: folliculos in fine ilei, coli. Hepar acinis factum, quos rimæ distinguunt. PACCHIONI glandulas vitio nasci.

EJ. *Opuscula medica* Gotting. 1763. 4.* Quæ contineant jam dixi, programmata & disputationes. Monet editor Cl. WRISBERG varia adjecta esse, ut aliqua exempla fetuum, multo quam vir Cl. putaverat ponderosiorum. De cordis fetus ventriculis æque crassis. Adduntur hic etiam disputationes, quæ cum nomine præfixo Respondentis prodierunt, & quarum magna pars procul dubio ad ROEDERERUM pertinet. Eo Cl. STEIN *de signis graviditatis*; CHUDEN *de signis fetus mortui & vivi*; SCHAEL *de funiculi umbilicalis deligatione non absolute necessaria*; sed eos suis locis dicemus.

Vitam ILL. GESNERUS dedit Gottingæ 1763. fol.* etiam Argentor. 1763. fol. descriptam.

§. MCX. BOURGELAT.

Equisium Regiorum in Gallia præfectus, auctor scholæ veterinariæ Lugdunensis, nunc Carentonensis. EJUS sunt *élémens d'hippiatrique, ou nouveaux principes sur la connoissance & sur la medecine des chevaux* T. I. Lyon 1750. 12.* Germanice Danzig 1772. 8. Partes equi externæ. Fuse de oculo & dentibus. Deinde de mensuris partium corporis equi, & de symmetria, qualem DURERUS pro homine dedit. Obliquos poros facere pilos crispos.

T. II. ib. 1751. .* Ossa & musculi. Ad naturam hæc auctor descripsit, non ut alii, ad humanam fabricam. Vasa tamen multum humanorum habent similia, & certe facies cordis superior & inferior equo convenit, non homini.

T. II. P. 2. de capite & pectore equi, Lyon 1753. 12.* In equo duræ membranæ cerebri arteriæ sunt a carotide interna sola. Nullum rete mirabile. Fibræ musculares linguæ. Tunica chorioidea oculi manifesto in duas laminas dividitur. Humor aqueus facile renascitur. Plures in equo sinus pituitarii. Nulla uvula, contra SNAPIUM De ejus particulæ & linguæ musculis accurate. Pharyngo-salpingeus infundibulo tubæ insertus, quam dilatat. Aqua in pericardio: ventriculus cordis dexter latior. Pulmo sæpe absque noxa adnatus. Duæ glandulæ thyreoideæ. Contra HELVETIANAM pulmonis fabricam, cellulas ejus visceris clausas esse. Multa ubique physiologica.

Hoc opus quidem noster infectum reliquit, cæterum Lyon 1765. 8.* edidit *matiere medicale où précis des medicamens à l'usage de l'Ecole veterinaire.* Multa ad nos pertinent. Urina equi ex *muco* laborantis, & urina bovis fervet cum

cum liquoribus acidis: ſic & bilis dat ſigna naturæ lixiviſoæ. In equi ægri ſanguine, inque muco, facta experimenta. Mirifica equi ad potentiſſima medicamenta duritas. Centum & viginti grana nitri antimoniati nondum alvum ducunt, & octoginta grana vitri antimonii abſque malo purgant. Equus non vomit.

EJUSDEM *élémens de l'art veterinaire, précis anatomique du corps du cheval* Paris 1769. 8.*

In *Mém. preſentés à l'Acad. des Sciences*, de motu equi in greſſione aut curſu, omnino equos non poſſe ad vomitum cogi, neque tamen valvulam reperiri, quæ vomitui obſtet.

§. MCXI. *Johannes* HILL,

Celebris Botanicus Regius, microſcopiorum uſu exercitatus, paſſim etiam ad phyſiologiam, vel animalium anatomen, aliqua contulit.

EJ. tribuitur ludicrus libellus *Lucina ſine concubitu by Abraham* JOHNSON London 1750. 12.* Poſſet ſcopus fuiſſe, BUFFONIANÆ hypotheſi illudere. Fingit adeo, ſe ex aëre corpuſcula organica venatum, iisdem ancillam fecundaſſe.

EJ. *Review of the works of R. Soc. of London containing obſervations on ſuch papers as deſerve particular obſervation* London 1751. 4.* Errores, quos putat ſe in vaſta illa commentariorum Societatis Britannicæ collectione reperire, paſſim caſtigat, & ſuas addit adnotationes. Omnes androgynos habet pro feminis, quibus nimia ſit clitoridis moles. Verior hiſtoria kermes & coccinellæ. Uniones non ſunt ova.

EJ. *Hiſtory of the materia medica* London 1751. 4.* De medicamentis ex animalibus repetitis aliqua habet peculiaria. Ita ſperma ceti non a peculiari ceto parari, ſed ex oleo balænarum in aqua diſſoluto *rectificari.* Non dari zoophyta, & ſpongias plantas eſſe. Analyſis ſanguinis.

EJ. *Eſſays on natural hiſtory and philoſophy containing a ſeries of diſcoveries made by the aſſiſtance of the microſcope* London 1752. 8.* Belgice, *proeven der natuerlyke hiſtorie &c.* Haarlem 1753. 8. WACH. De gallinſecto tulipiferæ. Corallia nihil habere cum polypis commune. De animalculis aquæ ſtagnantis, quorum alia aliorum præda ſunt. Rotas polyporum fieri brachiis alterne flexis & extenſis &c.

EJ. *Natural hiſtory of animals* London 1752. fol.* Propria potiſſimum auctori eſt animalculorum microſcopicorum hiſtoria, quæ in tres claſſes diſtribuit, ſimpliciſſima, caudata, & magis compoſita. Hic rotiferum animal reperias, & alias nudo oculo inconſpicuas beſtiolas.

EJ. *The conſtruction of nerves and cauſes of nervous diſorders* Lond. 1758. 8.*, quæ editio ſecunda eſt. Medullam cerebri veris fieri tubulis, per quos tranſverſæ fibræ migrant.

EJ. *The fabrik of the eye* London 1758. 8.* abſque nomine auctoris. Iridem immobilem a ſcintilla electrica motum recuperaſſe. Brevis hujus organi anatome.

§. MCXII.

§. MCXII. *Vitalianus* DONATI &c.

Vit. DONATI, Professor Taurinensis, in Orientem a Rege Sardiniæ missus post varia infortunia in mari rubro obiit, ejusque thesauri interierunt, quos in Oriente collegerat. Edidit Venetiis 1750. 4.* *Storia naturale marina dell' Adriatico.* Huc faciunt, quæ de zoophytis invenit, microscopiis valde augentibus usus. Coralliorum classem esse polyporum nidos. Polypum oviparum describit, cujus ova pro lacte sint habita; ejus cellula durescit, dum animal incrementa capit. In madrepora aliud genus polypi octo brachiis instructum, habitat. In myriozoo animalculum proboscidem per urnæ suæ operculum propellit, & propriis musculis reducit: id operculum manifesto opus est ejus animalculi. Ita & alcyonium a polypis habitatur, & tethyum suum proprium habet hospitem, qui radios emittit curvos mobilesque, & fibras musculosas tubercula superficiei conjungentes: idem agitare se potest & convolvere. Non desunt, qui de veritate nonnullarum adnotationum dubitent.

Nullum annum reperio expressum in libello Cl. *Francisci* SERAO *de tarantula, overo falangio di puglia* Napoli 4.* excuso. Fusa descriptio animalculi; oculi octo, maxillæ duæ dentatæ, cornua duo durissima absque conspicuo poro, cerebrum magnum, numerosissima ova.

J. Gottlob LEHMANN *Abhandlung von phosphoris* Dresden 1750. 4.* celebris metallurgi opus. EJ. arcanus pulvis detectus, quo putredo ab animalibus arcetur *Hamb. Magaz.* XI.

Georg Wilhelm KRAFT, Professoris Tubingensis, *prælectiones in physicam theoreticam* Tubing. 1750. 8.* Humores animales in vasa capillaria adscendere, nulla ex lege, quæ ponderibus proportionalis sit. De calore animali: etiam piscium sanguinem calere.

Thomæ SHORT, Medici, *new observations on city town and country bills of mortality* London 1750. 8.* Fasti natales & emortuales ex parochiis 160. Quæ loca salubria, quæ funeribus obnoxia sint, quod vitium est comitatus Ely. Partus frequentiores in locis salubribus: masculi ubique numerosiores pariuntur. Ex centum pueris Londini 61. ante elapsum alterum annum intereunt. Feminæ vivaciores sunt. Mortes in locis parum salubribus ad vivos sunt 1. ad 28. in locis salubribus ut 1. ad 41.

Cl. EIDOUS, qui multos libros ex Anglio convertit, sunt *Mémoires litteraires sur divers sujets de physique, de mathematique, de chymie & de medecine* Paris 1750. 12.* Non ex solis Anglicis libris hæc collegit, ut titulus fert, sed plurima etiam ex Germanicis ephemeridibus. Parum ad nos facit, & fere idiosyncrasiæ aliquæ.

J. Georg LEOPOLD *nützliche und auf die Erfahrung gegründete Einleitung zur Landwirthschaft* Sorau 1750. 4.* In domo rustica viri practici passim aliqua ad generationem, dentitionem, morbos animalium. De ovibus fuse. *Zacken* animal inter hœdos & oves hybridum: sic *Spiegelkarpfe*, ut putat, inter cyprinum & tincam.

Francesco GRISELINI, qui Venetiis diaria edit, scripsit a. 1750. *observations sur la scolopendre marine luisante* Venise 1750. 8.* rec. in *Allgem. Magaz.* T. V. Accuratius VIANELLI insectum multipes describit, cui præter pedes etiam penicillorum 23. paria de corpore exeunt. Earum nitor aquam lucidam reddit.

EJ. Præfatio *dell' utilità della zootomia* Venez. 1751. 4* edita est cum *collectione ex Commentariis Academiæ Scientiarum.* Multa primum in animalibus, deinde solo demum in homine detecta esse.

IDEM vitam F. PAULI edidit, de ejus inventis disquisivit, de circuitu sanguinis, valvulis venarum. Recusa est Germanice Ulm 1761. 8.

§. MCXIII. PALLUCCI. *Alii.*

Joseph Natalis PALLUCCI, Vindobonæ per multos annos chirurgiam exercuit, nunc Florentiæ vivit. EJUS multi sunt chirurgici libelli, quorum plerique aliquid continent ad anatomen faciens. *Nouvelles remarques sur la lithotomie, suivies de plusieurs observations sur la separation du penis &c.* Paris 1750. 12.* De pelvi ejusque variis triangulis, cum icone vasorum intestini recti, & vesicæ. Vesicæ ostium a prostata claudi, & a nonnullis sphincteris ani fibris, Germanice Leipzig 1752. 8.

EJUSD. *Nouvelle methode d'abbattre la cataracte* Paris 1752. 12.* Anatome oculi. Retinam vocat *membrane commune*, ut *vera retina* fibrarum series sit, membrana vero communis ad lentem crystallinam pergat, ejusque faciat anteriorem capsulam. Vitream tunicam ad communem ab ortu coronæ nigræ ad ambitum usque lentis crystallinæ adhærere, deinde posteriorem lentis partem vestire. In lente nucleus est, cortex, & aquula. Membrana communis RUYSCHIANÆ per vasa lymphatica videtur adhærere.

EJ. *Methodus curandæ fistulæ lachrymalis* Wien 1762. 8.* Vias lacrumarum suspicatur plures esse, quam duos illos vulgo notos ductus lacrumales, easque in saccum ejus nominis humorem perinde vehere. Lacrumas facile in mucum abire.

Carolus Augustus VANDERMONDE, in China natus, Parisiis 1750. 4.* disputavit *Ergo successiva partium fetus est generatio.* Respondente MALOETO.

EJUSD. est *essai sur la maniere de perfectionner l'espece humaine* Paris 1756. 12.* 2. Vol. Rhetorice agit de pulchritudine; eam a symmetria nasci. De caussis roboris & pulchritudinis ex BUFFONIO. Eo conferre, si cives peregrinas mulieres duxerint. Particulæ organicæ cochleæ sunt, virilesque cochleæ non in alias congruunt, nisi in femininas. Humorem amnii alere: tendines esse insensiles, nervos tensos & spirales. Contra vim imaginationis maternæ. Rachiticos esse pueros, quos dicunt rota fractos.

Hoc anno IDEM cepit edere suum *Journal de medecine, de chirurgie & de pharmacie*, cujus I. tomus Paris 1754. & Argentor. 1757. 8.* hic Germanice prodiit.

Joh.

Joh. Philipp. ERPEL *Nachricht von einer Frau, welche zugleich fünf Kinder, vier Mißgeburten, und ein Mondkalb gebohren* Halle 1750. 8.* Incredibilis narratio, quæ fide obstetricis nititur; uno nempe partu sex infantes, quatuor mera fere monstra, & denique molàm, uno puerperio editam fuisse. Alii ad nos retulerunt, quatuor fuisse pueros, reliqua molas & grumos cruoris.

Kurze Erläuterung über J. Phil. ERPEL's *Nachricht von einer Frau, welche zugleich fünf Kinder, vier Mißgeburten und ein Mondkalb gebohren* Jena 1750. 8. ERPELIUM deridet.

J. Jac. PLITT *Prüfung der Gründe, womit H.* MEYER *die Vernunft der Thiere in diesem und jenem Leben beweisen will* Cassel 175*. 8. Animalia ratione destitui.

EJ. *Specimen oneirologicum* Marburg 1752. 8. Ad exponendam somniorum generationem.

EJ. *Gedanken über die Menschen, welche zweymahl gestorben sind* Marburg 1752. 8. Ad theologiam pertinet.

EJ. *Betrachtung der Weisheit Gottes bey dem langen Leben der Menschen vor der Sündflut und der Abkürzung desselben* Cassel 1754. 8.* Adamum, qui adultus sit creatus, omnium hominum longævissimum fuisse. Non repugnare, quin homo diutissime, etiam perpetuo vivat, neque mortis causas esse in fabrica hominis.

CARSTEN's *Nachricht von der Bienenzucht in den Chur-Hanöverschen Landen* in *Han. Anz.* 1750.

J. de DIOS LOPEZ, Chirurgi, *compendio anatomico* P.I. Madrit 1750. 8., qua osteologia continetur.

T. II. *Myotomia* Madrit 1751. 8.

Gregorio Arias GONZALEZ *opusculo historical anatomico de heridas prodigiosas con modo breve de curarlas* Sevilla 1750. Chirurgi argumenti, ut putes anatomica aliqua admisceri.

D. G. P. *della forza dell' imaginazione nel restituire la perdita salute nelle malattie* Firenze 1750. Negat nostalgiam esse ab aëre mutato.

Chirurgische Lexicon tot dienst der leergierigen in de heelkonst in hoogd gestelde door SCHROETER (HELWIGIUM) *met byvoegingen van een approbatie van* D. SCHLICHTING Amsterdam 1750. 8.* Brevissimum & miserum opusculum.

Christian KORTHOLT *die Vortheile eines langen Lebens* Götting. 1750. 8.* Aegre huc referas.

Joh. MONNIKHOF *ontleed heel een werktuyg kundige samenstelling tot ontdekking van de bezondere plaatsen, oorzaaken, kenteeken &c. van de breuken* Amsterdam 1750. 8.* Fabricam partium simpliciter describit & absque invento.

A compleat system of the bloodvessels and nerves taken from EUSTACHIUS, RUYSCH, DUVERNEY, HALLER, TREW *and* J. B. London 1750. fol. max.*

Non adtinebat, atlantica charta abuti, ut tabulas noſtras in minus ſpatium contraherent. Neque magnis ab erroribus artifices ſibi caverunt. Quatuor ſunt tabulæ, pro appendice quadam ALBINIANARUM tabularum deſtinatæ.

Antonii FRACASSINI *tr. theoretico practicus de febribus* Venez. 1750. 4.* Magnam partem phyſiologiæ tradit, SENACUM ſecutus & BELLINUM. Alia ſua habet, & pene ubique nimias hypotheſes refutat, ut veſiculas muſculoſas. Dictio parum emendata. Nova editio prodiit Veron. 1766. 4.* multum aucta. Phyſiologiam præmittit, fere noſtram. Deinde irritabilitate multum utitur, ad exponendam febris cauſam.

EJ. *De natura morbi hypochondriaci ejusque curatione mechanica investigatio* Veron. 1756. 8.* Spasmodicum morbum eſſe. Naturam in uniformibus oſcillationibus nervorum ſibi placere, ei diſplicere ſi inordinate fiant. Eas harmonicas oſcillationes corruptas facere morbum hypochondriacum.

PONTONOO (quod nomen eſt Arcadicum) *deſcrizione del corpo umano* Florenz 1750. 8.*

J. Caroli UNGNAD *caſus anatomico-phyſiologicus rarior* Stettin 1750. 4.* & in *noſtris ſelectis pract.* Oſſa in utero inciſo reperta, non tamen quæ ad plenum fetum ſufficerent.

Die gebährende Frau Frankf. und Leipzig 1750. 8.* edente F. BOERNER. Hirſchfeld 1757. 8. BOECL. cum nomine *J. Frid.* MOHRII, qui Giengæ medicinam fecit: machinam idem parabat ad explicanda partus phænomena & adminicula excogitatam.

Richardi RUSSEL, Medici Angli, *de tabe glandulari, ſ. de uſu aquæ marinæ in morbis glandularum* Oxford. 1750. 8.* A ſalis uſu vim partium corporis animalis contractilem confirmari.

EJ. *Oeconomia naturæ in morbis acutis & chronicis glandularum* 1755. 8.* De glandulis a prima origine per varias ætates. De excretionibus variis, etiam de perſpiratione.

Inde *de cervorum cornubus* eorumque mutatione. Cum hinnulus caſtraretur, nulla prodiiſſe cornua. Paulo vetuſtiori animali cornua ſed ſemi-cartilaginea & ſimplicia eruperunt, glandulis piloſis ornata &c.

Sylveſter ò HALLORAN *a new ſyſtem of the glaucoma or cataract* Dublin 1750. 4.* Deſcribit, etiam depingit, arteriolam lentis cryſtallinæ, eamdem quam nuperius ALBINUS. Habet vaſa longa & uveæ tunicæ circulum. Contracta pupilla iridem antrorſum pelli, & oculum longiorem fieri. Nullas eſſe iridis circulares fibras. In palpebram ſemilunarem aliquas fibras obliqui minoris & recti interni oculi muſculi ſe inmittere. Experimentum ex quo conſtat, humorem aqueum celerrime generari. Humores ligata vena jugulari non augeri. Iridem convexam pingit. Immerito adeo pene ignotus auctor.

Idem Cl. GENDRON, qui de cancro ſcripſerat, vixit in pago Auteuil, in qua domo olim *Nicolaus* BOILEAU habitabat, & reliquit l. *ſur l'origine le developement & la reproduction de tous les etres vivans.*

§. MCXIV.

§. MCXIV. *Disputationes.*

Johannes REEPS *de vita* Leidæ 1750. 4.*

Petrus van DINTER *de circulatione sanguinis* Leid. 1750. 4.*

Carol. Burchard VOET *de fabrica & actione ventriculi* Leid. 1750. 4.*

Johannes EYLERS *de suspiriis* Leid. 1750. 4.*

EJ. *De principio corporis humani automatico* Leid. 1749. 4.* epistola.

Bernardin' PEYER *de tussi* Leid. 1750. 4.*

Cornelii Tobiæ SNELLEN *de varia vitæ energia* Leid. 1750. 4.*

C. BIELEVELD *de effectibus & curatione acidi spontanei in primis viis* Leid. 1750. 4.

J. Gottlieb LEIDENFROST Duisburg. 1750. 4.* programma *de motu peristaltico in vulnere intestini viso, & uberior secretio muci.*

In diss. *de volvulo* papillarum meminit, quæ in intestinis se origant. EJ. *diss. de salibus essentialibus corporis humani eorumque succedente mutatione* ib. 1771. 4. CL.

Theodor. Gerh. TIMMERMANN *de notandis in machina humana lusibus* Duisburg. 1750. 4.* Collectio varietatum in fabrica corporis humani. Huc quinque costæ conferventes. Ren unicus. Vena cava bipartita.

Jonæ SIDREN, auditoris nostri optimi, Professoris nunc Upsaliensis, *de materia medica ex regno animali* diss. Upsal. 1750. 4.* Eorum vel terra calcaria in medicinam valet, vel gelatina.

EJ. & GAHN *de partu serotino* ib. 1770. 4.* Fetus pondus esse fere 10. l. Esse qui 43. hebdomade in lucem sit editus. Fetum primis mensibus celerius & ad 7. l. crescere.

Andreas HILLERSTRÖM *Wästmanlands biörn och warg fänge* Upsal 1750. 8.* Ursi historia naturalis. Totis 20. annis incrementa capit, longævum animal. Jejunium hiemale est a defectu motus peristaltici. Dentes ursi & lupi.

J. Gottlieb PETZOLD *de corde & ejus motu* Lipsiæ 1750. 4. Contra BOERHAAVIUM.

Georg Rudolf BOEHMER *de consensu uteri cum mammis causa lactis dubia* Lips. 1750. 4.* Lac non præparatur a parvulis mammariæ internæ ramis. Una in uterum & in mammas chylus irruit, quod eorum fabrica valde similis sit.

EJ. *De polyphago & allotriophago Wittenbergensi* Wittenberg. 1757. 4.*

EJ. *De experimentis, quæ* Cl. REAUMUR *ad digestionis modum in variis animalibus declarandum instituit* ib. 1757. 4.* dubia.

EJ. *De natura vulnerum medicatrice* ib. 1766. 4.* Non valde persuadetur, reparari arterias.

EJ. *De causis uterum imprægnatum distendentibus* ib. 1768. 4. R. KUHN.

Ej. *De naturalibus feminarum claufis* ib. 1768. 4. Hymen induratus, qui vaginam claufit. Ex ruftica puella incifo hymene fanguis retentus feliciter eductus.

Rutger Gottlieb HOERNIGK *de induratione partium præter naturam* Lipfiæ 1750. 4.*

Jofias Conr. PETZOLD *de natura fomni* Hall. 1750. 4.* præfide BUCHNERO.

J. Chriftian BOLTEN *de revulfionibus generatim* Hall. 1750. 4.*

Ej. *Entwurf von philofophifchen Curen* ib. 1751. 8.* Pro fecta STAHLIANA adverfus mechanicos.

Chriftian Ludov. ROLOF, auditor nofter egregius, *de fabrica & functione lienis* egit Hall. 1750. 4.* Situs vifceris mutabilis, nervi exigui; vafa lymphatica in homine non facile confpicua. Nequæ fibræ veræ, neque glandulæ. In liene fanguinem fubacrem & aquofum reddi; id analyfin docere.

Ej. Anatome animalis *Quikhatch* ex finu Hudfonienfi. Nulla valvula coli. Omentum craffiffimum. De veris glandulis nubeculofis inteftinorum, & de fpuriis, quæ maculæ funt. Eft ipfe Gulo.

Ej. *Mém. de* 1761. puer galea cranii deftitutus, hinc deformis.

Car. Chriftian Wilh. JUCH *de bilis fecretione fecundum & præter naturam* Erford. 1750. 4.*

Philipp. Anton SCHNORBUSCH *de potulentis* ib. 1750. 4.*

J. Nicolaus HELD *de liquore amnii* Gieffæ 1750. 4.*

Ej. *Von der Erkenntniß Gottes und feiner felbft, aus der Anatomie* Frankf. 1753. 4. BOECL.

Ej. *Beweis, daß die offentliche Anatomie einem Staat nothwendig, und in Rechten gegründet feye* Darmftatt 1762. 4.*

EJUSDEM, ut videtur, folis litteris J. N. H. indicati, *Abhandlung von der Verdickung des Blutes* Frankf. 1751. 8.* Ad HAMBERGERI mentem, fanguinem arteriofum venofo denfiorem effe.

J. Philipp. BERCHELMANN *de liene* Gieff. 1750. 4.*

Chriftian Frid. AHLEMAN *de regreffu feminis ad fanguinem* Francofurti ad Viadrum 1750. 4.*

J. Martini CHLADENII *de celeritate inprimis cogitandi* Erlang. 1750. 4.* Singularia in propria mente experimenta fecit. Cogitatio requirit dimidium fecundum minutum: in aliis celerius aut tardius procedit. Vetufta idea intra fecundum vel tertium minuta reproducitur. Intra 20. tertias ratiocinium trium fyllogifmorum abfolvi poteft.

Ej. *Vom Lichte der Augen in theologifchen Ergözungen* 1756.

J. Andr. Gottfried SCHETELING *de vita humana ejusque brevitate hodierna* Hamburg 1750. 4.*

Jacob

Jacob DOLDE *de coloſtro* Baſileæ 1750. 4.*

J. Conrad SCHIMPER *de ſignis graviditatis veræ & cautelis exinde cognoſcibilibus* Baſil. 1750. 4.*

Jacobi FOELIX, auditoris noſtri, *de motu periſtaltico inteſtinorum* Treviris 1750. 4.* diſputatio per experimenta nata. Motum illum a morte potius invaleſcere, neque adeo ab anima eſſe. Motus inteſtinorum ſurſum & deorſum æque conſpicuus. Ventriculus propria vi ſe inanivit. Per integrum peritonæum noſter periſtalticum motum vidit. Cæruleo colore heliotropii chylum tinxit. Venenorum efficacia in primas vias, veſicam utramque. Cani pectus ſub aqua aperuit, neque aer ullus ſe prodidit.

Samuel AURIVILLIUS, ILL. ROSENSTENII gener, noſter olim egregius auditor. EJ. diſp. *de inæquali vaſorum pulmonalium & cavitatum cordis amplitudine* Götting. 1750. 4.* Utique poſt multa experimenta compertum eſt, arterias pulmonis venis latiores eſſe; non a condenſatione ſanguinis ſed a majori dilatabilitate cavearum dextri lateris. Aliquantum exhalationem pulmonalem poſſe, frigus vix quidquam.

EJ. *De dentione difficili* Upſal. 1757. 4.*

EJ. *De læſo motu inteſtinorum vermiculari* Upſal. 1759. 4.* Eum deſcribit. Poſt aſitiam totum inteſtinum plenum reperit. Sphincteris vim in moribundis amitti.

EJ. *De naribus internis* Upſal. 1760. 4.* Deſcribit eas nares, ſinus pituitarios ethmoideos, alios, potiſſimum etiam de ſinu maxillari agit. Organum ſenſus eſſe in ſuprema narium parte.

EJ. *Hydrocephalus internus* Upſal. 1763. 4.* Memorabilis hiſtoria capitis anterius enormiter excreſcentis. Suturas evanuiſſe. In eo cerebri ſtatu femina ad 45. annos vixit, atque adeo cor vires ſuas non videtur a cerebro habere.

EJ. *De doloribus* Upſal. 1765. 4.* Tendines, ligamenta ſenſu carere; ſenſum in ſolo nervo eſſe.

EJ. *De glandulis animalibus* ib. 1764. 4.*

EJ. *De ſtructura hominis* ib. 1765. 4.*

Georg Thomas L. B. de ASCHE, carus olim auditor, nunc exercituum Ruſſicorum medicus primarius, diſputavit Gottingæ 1750. 4.* *de primo pare nervorum medullæ ſpinalis.* Ramus poſterior cum omnibus ſurculis. Ramus anterior cum ſurculo novo ad muſculum rectum lateralem eunte. Radices anteriores & poſteriores. Conjunctiones variæ cum vicinis nervis. Egregia ejus nervi icon. Ad carotidem vertebralem, vaſa colli, nervum acceſſorium.

Car. Sal. KOEHLER *de cardialgia* Gotting. 1750. 4.* Ad varium ſenſum vocis cardia.

Petrus Stephanus CRASSOUS *de generatione hominis* Monſpel. 1750. 4.*

J. Thecla

J. Thecla Felicitas DU FAY *E. fluidum nerveum est fluidum electricum* Monsp. 1750. 4.*

Martini NOUGUEZ *Ergo retina primarium visus organum* Paris. 1750. 4. *R. Car.* GILLOT.

Car. Frid. DESPEAUX & *Franc. de Paula* COMBALUSIER *An diu homo sine cibo potuque, & vivere & valere potest?* Paris. 1750. 4. Vivere potest, non valere.

Franc. de Paula COMBALUSIER & *Ludov. Anna* LAVIROTTE *E. calor animalis ab adtritu in capillaribus* Paris. 1750. 4.

Ludov. Alex. GERVAISE & *Petrus* AGAESSE *Non ergo fetus in utero respirat* Paris. 1750. 4.*

Ludov. Hieron. COSNIER & *Lud. Petr. Fel. Ren. le* THUILLIER *E. pracipua in pulmone succi nutritii separatio* Paris. 1750. 4.

Anna Car. DORIGNY & *J. Bapt.* THURANT *E. succorum dissolventium actio pracipuum sit digestionis instrumentum* Paris. 1750. 4.

Ambrosii HOSTY & *J. B.* BASSEVILLE *E. absque bile chylosis imperfecta* Paris. 1750. 4.

§. MCXV. *Diaria anni* 1751.

Hoc anno omissis numeris *Philosophica Transactiones* ceperunt prodire, præfixo solo nomine voluminis, neque porro selectus protestatem habente viro, qui ei Soc. est a secretis, sed deputatis ad eum selectum idoneis sodalibus. In XLVII. adeo volumine continentur dissertationes annorum 1751. & 1752.

Thomas COE de homine obesissimo, cui pondus 616. librarum fuit.

Joh. BROWNING de puero quindecim annorum nano, non altiori 31. pollicitus, nec supra 13. libras pendente, ex sanis parentibus nato.

Caroli MORTON diss. de motus muscularis causa. A sensatione fieri, cum anima potestate gaudeat sensationis acumen intendendi.

Thomas PERCIVAL de fetu de epigastrio posteriorem partem alterius fetus circumgerente.

In *essays medic. and experim.* Lond. 1767. 8.* de lacteo humore ex abdomine educto, qui cremorem dedit, ut verus chylus fuisse videatur. Experimenta DOBSONI, quibus constitit, opium pulsus in cane minuere. In bile putrida tamen naturam esse alcalinam.

In *medic. Commentar.* n. 2. de fetu refert per 22. menses retento.

In *Phil. Trans. Vol.* XLVII. *Jacobi* DODSON de fastis emortualibus emendandis, ut publice utiliores reddantur.

D. de PEYSSONEL, herbarii regii, qui in Guadalupa insula & in ora Barbariæ vixit, nova de coralliorum natura hypothesis, quæ nostro ævo fere ubique adoptatur, esse nempe cellulas & ædificia polyporum.

In

In *Vol.* L. P. 2. agit de murice edente purpuram. De vermibus ſpongiarum, qui non ſint polypi, neque ſuæ ſpongiæ proprii, de animale ex polyporum genere.

Thomas DEBENHAM, chirurgi, relatio de femina, ex qua per abſceſſum fetus oſſa educta fuerunt.

In *Hiſt. de l'Acad. des Sc.* 1751. fetus ex duabus quaſi puellis compoſitus per pectora connatis, cum brevi anatome.

Partus decimo poſt priorem die.

Inflammabilis vapor erumpens de bovis ventriculo.

Hic & alibi tabulæ emortuales & natales Pariſienſes habentur.

Sic Londinenſes in *Gentleman Magazine.*

In *K. Swenſka Wetenſk. Handl.* 1751. *Frid.* HASSELQUIST de ſalis ammoniaci deſtillatione, quam cominus in Aegypto vidit. Ante ſalem acidus humor non ingratus adſcendit. Omni genere fimi utuntur. Salem addit regionis natura, cujus ipſum gramen ſale multo temperatur.

In *itinere Palæſtinæ ſ. reſa til heliga landet* Stokholm 1757. 8.* piſcium pluſculæ inciſiones, & varia reperias ad hiſtoriam animalium, dentes, alias partes conſpicuas, humores & vires medicas ſpectantia. In cancro Aegyptio oculus anularis.

In *Hamburgiſchen Magazin* T. VII. 1751. agit anonymus de catalepſi & ſomnambulatione.

Vir ILL. *Abraham Gotthilf* KÆSTNER in T. VIII. diſcrimen oſtendit, quod oculum inter eſt & lucernam magicam. In oculo anima rem ipſam videt, non imaginem, in lucerna imaginem. Quare oculus erecta videt.

IDEM in *Hamb. Magaz.* T. XI. de infante bienni pendente libras 82.

In T. XIV. Experimentum SCHEINERIANUM. Id ita vir ILL. emendavit, ut per duo foramina ad juſtam diſtantiam ſimplices adpareant faculæ, duplices ſi propius vel remotius poſitæ fuerit.

Ad hunc annum 1751. pertinet Tomus I. *Commentariorum Societatis Reg. Scientiarum Gottingenſis.* 4.* Anatomica aliqua noſtra continet.

Hoc etiam eodem anno prodiit I. volumen *Actorum Helveticorum phyſico-mathematico-botanico-medicorum* Baſil. 1751. 4.* a Societate voluntaria editorum. Paſſim aliqua ſcopi noſtri ſunt ut *J. Henrici* RESPINGER obſ. duorum ovorum difformium, quorum alterum farcimini erat ſimile.

In *Hanöv. gel. Anzeigen* 1751. de pullis in lampade educatis.

In *Hallenſibus novis* 1751. monſtrum porcinum deſcribitur 4.* cum ico. B. BOEHMER.

§. MCXVI. *Robertus* WHYTT,

Professor & Medicus primarius Edinburgensis. Cum me passim sit adgressus, cavendum est, ne meum de Cl. viro judicium a dolore meo vitietur. Magni certe ingenii vir fuit & perspicacis, & cum pene ad STAHLII modum de anima omnis in animale motus causa sentiret, me & mechanicos sibi adversos invenit, quorum placita sibi putavit necesse esse infirmare.

EJ. *Essay on the vital and other involuntary motions of animals* Edinburgh 1751. 8.* A STAHLIO hactenus differt, quod non ad prævisos aliquos fines motus in corpore ab anima excitari statuit, sed ad vim stimuli. Motum a stimulo oriundum absolvi contractione & vicissim laxatione; neque a voluntate pendere, ne in musculis quidem voluntati alioquin obnoxiis. Cor a stimulo moveri: alios aliarum partium corporis animalis esse stimulos. Stimulum cordis in pulmonem per aërem advenire. Motum cordis esse in ratione stimulantis sanguinis. Contra condensationem sanguinis. Sed & intestina a cibo aut ab aëre in contractionem cieri. Ita & arterias minimas a stimulo contrahi & oscillare. Erectionem penis ab accelerato sanguine arterioso esse. Iridis circulum constringentem adoptat, & pupillam a morte ampliorem reddi. Contra aërem thoracicum. Pulmonem non ab insita vi moveri. Respirationem animæ esse actionem, incommodum vitaturæ. Nullam in corpore posse causam motus esse, & vim irritabilem asylum esse ignorantiæ. Cum partes a corpore avulsæ tamen naturam irritabilem retineant, videri animam dividi, partesque sui corporis sequi. Voluntarios musculos posse a nimio stimulo coactos contra voluntatem agere. Spontaneos musculos nonnunquam voluntati obsequi. Utique *influxum* animæ locum habere. Latere in corde causam, cur voluntati non obediat. Nervos vitales a cerebello oriri, a cerebro animales. Experimenta aliqua in partibus a corpore avulsis, irritato nervo octavo, opio destruente naturam cordis irritabilem.

EJUSD. *Physiological essays containing an enquiry into the causes which promote the circulation of the fluids in the very small vessels of the animals with observations on the sensibility and irritability of the parts of man and other animals* Edinburgh 1755. 12.* Gallice Paris 1759. 12. vertente D. THEBAULT. Hæc tentamina adversus me scripta sunt. Cor non sufficere promovendo sanguini per vasa minima. Contra BORELLUM, cor non percussionis vim habere, sed pressionis. Reliquam ad promovendum circuitum necessariam vim esse ab oscillatione vasorum minimorum, quam equidem fatetur inconspicuam esse, neque majorem $\frac{1}{600000}$. parte unciæ. Adeo iners corpus esse, ut gravitatis vis a spiritu sit, nempe a DEO Contra meam dissertationem, in Tom. II. commentariorum Gottingensium editam, ratiociniis pugnat. Dum tendines incidebantur, insensilia visa fuisse animalia, quod major dolor incisæ cutis minorem obrueret. Tendines & duram meningem in sano homine vix sentire, utique vero inflammatos. Esse in ea meninge suos nervos. Irritabilitatem non debere a sentiendi facultate separari. Nervo ligato motum superesse, quod anima ma in toto corpore ſentiat, ſui ſenſus equidem ſibi non conſciam. Animam reſidere in particulis de corpore avulſis. In omnibus animalibus caput eſſe & nervos, aut aliquid analogum. Ranam capite abſecto ſalire, & ſtimulatum pedem adtrahere, ex conſilio. Irritatio facit inflammationem, non obſtructio. Auctores irritabilitatis. Utique opium naturam irritabilem cordis deſtruere. Intervalla coſtarum tamen lateſcere inter inſpirandum.

Novam editionem dedit Edinburgh 1761. 12.* Varia adjecit. Oſcillationem vaſorum minimorum tuetur. Corneam oculi tunicam tamen ſentire, & articulorum capſulas. Irritationem ſanguinis majorem copiam in vaſa minora adtrahere. Me cavæ venæ vim contractilem rejicere. Sed neque in morte pupillam dilatari. Ens aliud activum & ſentiens corpus animare, etiam reſecta cum cerebro communicatione. Nova adpendix contra me. Non bene putat, a me omnem nervis contractionem rejici, (ALBINI dubia hic carpit). Ablato capite ranæ irritatum pedem non moveri. Polypis non debere caput & nervorum ſyſtema negari. Cor acriter ſentire. Nervos irritatos tamen cordis motum accelerare. Opium utique cordis motum lentiorem reddere; id facere, dum vim nervorum deſtruit. Experimenta ſua fecit in ranis, per totam longitudinem diviſis, earum pulſus reperit ab opio minui. Sed etiam ſublimato mercurio pulſum ipſe diminuit, ut in omni moribundo animale lenteſcit. Pulſus in primo minuto numerat ad 180, & 200. Male me paucis experimentis novum ſyſtema ſuperſtruxiſſe, quod ipſe deleverit.

Ej. *Obſervations ont the nervous hypochondriac, or hyſteric diſorders* Edinb. 1765. 8.* ipſe hypochondriacus, longo ante mortem tempore lecto addictus. Dat nobis oſſa, & cartilagines, & duram membranam ſentire. Sympathiam non eſſe a conjunctione ramorum nerveorum, cum ſympathiæ dentur, quibus nullæ ejusmodi anaſtomoſes reſpondeant. Adfectus animi oriri ab oſcillatione vaſorum minimorum. Morbi hypochondriaci a nimio nervorum ſenſu fiunt. Pulſus iterum numerat ad 230. Inflammationem fieri ſpaſmodica contractione vaſorum minimorum.

In *eſſays and obſervations phyſical and litterary read before a Society at Edinburgh* Edinburgh 1754. 8.* quærit, cur cor in naturali ſomno infrequentius ſaliat. Minus irritabile reddi.

T. II. 1756. 8.* deſcribit buccini Americani uterum & fetus numeroſiſſimos.

Ib. experimenta de effectu opii in ranis. Extus etiam admotum opium irritabilitatem deſtruere. Non videtur tamen commode de vi venenata opii poſſe judicari, quando animal per maxima vulnera pene peremtum eſt. Deſtructa medulla ſpinali cor non quieſcere.

Denique filius auctoris ejusdem cum ILL. patre nominis edidit Edinburghi a. 1768. 4.* *the works of Robert* WHYTT *&c.* hactenus mutato opere, ut potiſſimum, quæ paulo acriora in nos dixiſſet, cura & humanitate viri nobilis *Johannis* PRINGLE Archiatri ſint deleta.

§. MCXVII. *J. Godofredus* JANKE,

Professor Lipsiensis, multa utilia promittebat, quæ certe ex ejus solertia & indefesso labore sperari poterant; sed eum immatura mors abripuit.

Dedit Lipsiæ 1751. 4.* *de ossibus mandibularum puerorum septennium duas* diss. valde diligenter & minuta cum solertia scriptas. Comparat maxillam hominis adulti & septennis, ossa cum ossibus, canales cum canalibus, vasa cum vasis, cum nervis nervos, dentes primos cum secundis, utrorumque alveolos, radicum positionem, canales vasculosos, quos nerveos putat, a nobis pridem dictos, MEKELIO & BERTINO. Aliqua physiologica. Dentes elabi compressis vasis. Coronas dentium tegit callosa duraque membrana: ab ea difficultatem dentitionis esse. Ossa, quæ internam membranam non habent, rara esse, cellulis mollioribus. Ossa carpi perichondrium habere. Sculptor Cl. viri industriæ non respondit.

EJ. *De capsis tendinum articularibus* Lipf. 1753. 4.* De iis capsis, de earum muco, de capsæ origine, natura cellulari hic densiori, densitate majori alias, alibi minori.

EJ. *De cavernis quibusdam, quæ ossibus capitis humani continentur* Lipsiæ 1753. 4.* Ut eæ cavernæ in pueris ex cellulosis spatiolis sensim nascantur. Sinum sphenoideum etiam in infante reperiri, & claudi tum palati osse, tum duobus ossiculis peculiaribus ab ethmoideo diversis, quæ describit: sinus nostros orbitarios confirmavit.

EJ. *De foraminibus calvariæ eorumque usu* Lipf. 1762. 4.* Diligentissime scripta disputatio. Emissaria plenissime. ALBINIANA musculorum nomina a functione desumta non probat. De foraminibus parietalibus, quorum arteria & in pericranio & in dura membrana in ramos minores dividitur.

EJ. *De ratione venas angustiores imprimis cutaneas ostendendi* Lipsiæ 1762. 4.* Venæ cutaneæ pedis. Communicant venæ dorsales & volares manus inter singula digitorum intervalla. Venæ saphenæ ad mammas euntes rami habent valvulas deorsum ducentes, neque sursum.

§. MCXVIII. *Guilielmus* GIBSON. *Alii.*

GIBSON, Chirurgus, veterinarius Medicus. EJ. *New treatise of the diseases of horses* London 1751. 4.* 1754. 8. 2.Vol. Anatome integra animalis: valde affinis humanæ, ut fere metuamus, ne ad humanam passim accommodata sit. Ossa non pulchre delineata. Claviculas hoc animal habet, digiti cujusque duo tantum ossa, eaque singula. Musculi breviter. Viscera. In equis nimium ad laborem coactis adeps in venis reperitur. Vasa & nervi non bene.

J. BRIDGES *no foot no horse, or an essay on the anatomy of the foot of a horse, with particular directions for the cure of the chief internal diseases the horse is subject to* London 1751. 8. cum figg. MARTINI.

Natür-

Natürliche wirthschaftliche Belustigungen der Bienen Leipzig 1751. 8. Lego accuratum esse scriptorem.

Della morte apparente degli animali non dipendente da malattie, e maniera di soccorrerli, lettera medico pratica scritta d'un amico Genova 1751. 4.* Auctorem ignoro, qui multa similia habet nostrorum, ut de causa quæ facit, ut neque exspirationem diuturnam, neque inspirationem ferre possimus. Cæterum scopus ei fuit, *Lucam* MARTINUM, Nosodochii Sanctæ Mariæ novæ Chirurgum, defendere, qui variis modis, etiam tracheotomia & inflato pulmone, frustra conatus est hominem restituere, quem ova dura devorata strangulaverant.

DIEGO *de* TORRES VILLARAVEL *de la anatomia de todo lo visible y invisible* T. I. Salmanca 1751. 8. CAP. de VILL. si huc facit.

§. MCXIX. *Joseph Albert la* LANDE *de* LIGNAC.

Oratorii presbyter, REAUMURII amicus, auctor est novem voluminum, quæ cum titulo *Lettres à un Americain sur l'histoire naturelle de Mr. de* BUFFON T. I. II. III. IV. V. Hamburg 1751. 12.* prodierunt. Epistola sexta tomi II. adversus BUFFONII de generatione hypothesin pugnat. Modulos omnino non posse intelligi. Causam ab BUFFONII hypothesi abesse, quæ elementa oculorum aurium &c. suis locis adaptet. Non esse animalcula, quæ ex ustilagine frumenti nascuntur. DAUBENTONIUM sua consilia de servandis in spiritu animalibus a REAUMURIO habere. In T. IV. Ep. 2. contra NEEDHAMUM se convertit. Ejus potentiam productricem esse occultam facultatem. Animalcula, quæ N. putat ex farina nasci, utique ex aëre accessisse. Experimenta viri suis non consentire. Non videri plantarum partes in animalium partes posse abire. Metaphysica aliqua, satis ad sensum BERKLEYI. In animalibus vasa utriusve generis non posse in alia vasa evolvi & germinare, ut quidem in plantis fit. Necessario una & arterias factas fuisse & venas, cum neutra species absque altera esse possit. Sic & viscera & nervos una exstitisse.

T. VI. VII. VIII. IX. Hambourg 1756. 12.* Suas epistolas non esse REAUMURII opus. Male BUFFONIUM docere, mechanica necessitate a sensu nervum ita determinari, ut certum motum producat. Cerebrum non sentire imaginem visi corporis. Mirificam esse BUFFONII adsertionem, corpus posse sibi sui conscium esse. Animalia non esse machinas: vestigia sensationum esse corporea. Non omnes animi adfectus in corpore sedem habere; certe non superbiam. Aves nidos ædificant non edoctæ. BUFFONIUM contemtorem insectorum late patentem hypothesin unico, neque certo, animalculo superstruxisse. Apes cellulas ad propositum scopum struere. Metum gallinæ, privignis anatibus frustra timentis, non esse mechanicum. De anima brutorum dubius est: animam erucæ utique in corpore papilionis peregrinam fore. Vermes dissectos in suis experimentis conflari in nova animalia. Moleculas organicas vera esse animalcula. Si elementa nervorum animata facias & ratione prædita, nunquam tamen in commune opus harmoniee consensura. Pro evolutione partium, quæ in pullo fit. Fervorem aliquem arteriarum & cordis motum excitare.

In T. IX. contra CONDILLACI opus, quod metuit ne ad Spinosismum ducat. Instinctum non esse a consuetudine. Non bene eum virum sibi passum esse elabi, animam humanam ab animalium anima sola fabrica habitati corporis distare. Contra BUFFONII partes animalium inutiles.

Scripsit etiam *Mémoire pour l'histoire des araignées aquatiques & l'analyse des sensations.*

Louis ESTEVE *traité de l'ouie, où après avoir exposé les parties organiques de l'oreille, l'on donne une theorie du tintoin & du sifflement, avec plusieurs experiences nouvelles, & la theorie du son & de l'audition* Avignon 1751. 12.* Anatome brevis neque propria; theoriæ plus. Contra dignitatem trianguli nervei quod in septo cochleæ statuitur. De strepitu præcedente sonum. Physica plura. Consonantias nervearum organi auditus fibrarum cum sonis externis rejicit. De gratia consonantiarum ex ratione numerorum pendente.

Pulmonem in adjecta observatione vult in pectore aperto moveri.

EJ. *Quæstionis medicæ* XII. Monspel. 1759. 4.* De salis volatilis, qui ex animalibus obtinetur, copia.

Scripsit vitam *Henrici* FIZES.

EI. tribuitur *Lettre de M. E. a M. V. S. le Roy* Avignon 1758. De duodecim quæstionibus IMBERTI.

ARENT FERDINANDUS (non AMOS) LAMBRECHTS J. U. & M. D. *oblectationes & observationes anatomicæ* Franeker 1751. 8.* Breve compendium anatomicum, cui nonnullæ ALBINI adnotationes admistæ sunt, quas noster annis 1747. & 1748. collegerat.

J. GOLDHAMMER *Weiber- und Kinder-Arzt* Northusen 1751. 8. Multa fabulosa.

J. Phil. Frid. LESSER *Versuch über die natürliche Sprache* Northaus. 1751. 4.

J. Christophori BEKMANN & *Bernardi Ludovici* BEKMANN *Beschreibung der Chur-Mark Brandenburg* Berlin 1751. fol.* Aliqua de monstris humanis & animalium, deque animalibus.

J. KIRKPATRIK *reflexions on the causes and circumstances who may retard or prevent the putrefaction of dead bodies* London 1751. 8.* In sarcophago repertus vir, octogesimo ab hinc anno mortuus, flexili & incorrupto corpore: hieme aqua sarcophagum adluerat, cadaver picato linteo obductum fuerat. Frigori causam cadaveris incorrupti tribuit. In loca bituminosa delata cadavera, cum jam fæterent, odorem deposuerunt, & flexilitatem recuperarunt.

Aedologie où tr. du rossignol franc où chanteur, contenant la maniere de le nourrir

nourrir &c. Paris 1751. 12.* Solus mas cautat, & feminam incubantem cantu ſolatur. Plures mares naſcuntur quam feminæ. Lego eſſe SALERNII opus.

BRUDENELL EXTON, Medici, *new and compleat ſyſtem of midwifry* London 1751. 8.* Anatome partium genitalium perbrevis. De partu: de doloribus ex veris ſpuriisque mixtis.

Encyclopédie où dictionnaire raiſonné des ſciences hoc anno cepit prodire Paris 1751. fol.* & ſequentibus annis. Anatomicam partem TARINO deberi lego, quæ brevis eſt & collectitia, tabulæque etiam noſtræ corruptæ; hiſtoria anatomes parum plena. Singulares tamen paſſim aut adnotationes, aut hypotheſes reperias. Ita de gangliis, in fetu minora eſſe, per preſſionem naſci. Caloris gradus in variis animalibus. Cutis tecta calet ad 91. & 98. gr. F. quadrupeda fere ad 100. 103. phocam ad 102. anatem a 103. ad 108. qui ſummus gradus eſt animalis caloris.

LENGLET *du* FRESNOY *recueil de diſſ. anciennes & nouvelles ſur .... les ſonges* Avignon 1751. 12. 4.Vol.

Mémoire ſur la cataracte dans lequel aprés avoir examiné toutes les parties de l'oeil on expoſe les ſentimens des auteurs, depuis HIPPOCRATE *juſques a la fin du 17. Siecle ſur la nature de la cataracte* . . . 1751. . HUYS.

Anaſtaſius GOLEMBIOWSKY Lembergæ 1751. fol.* *commentarium* dedit *in octo libros phyſicorum* ARISTOTELIS, parum ad nos facientem.

Guil. BROWN *oratio anniverſaria* HARVEJANA Lond. 1751. 4.

Jean Pierre RAHTLAUW, Chirurgi non incelebris, *traité de la cataracte, avec une préface ſur la ſtructure de l'oeil, & les proprietés de la viſion* Amſterdam 1751. 8.* & Belgice 1751. 8.* Pro retina, quæ manifeſto ex nervo optico naſcatur. Lens cryſtallina undique mobilis.

Matthiæ Georgii PFANN *Sammlung verſchiedener merkwürdiger Fälle, welche in die gerichtliche und practiſche Medicin einſchlagen* Erlang. 1751. 8. Paſſim aliqua anatomica, ut anulus herinioſus.

Wilhelm Chriſtian. HOFMANN diſp. *medico forenſis de oſſibus fetus. quatenus inſerviunt ejusdem determinandæ ætati in caſu ſuſpecti infanticidii* Lipſ. 1751. 4.* Recte ſe ex oſſibus fetus reſpondiſſe, eſſe ſeptimeſtrem. De nutritione & & incremento; de oſteogenia. De valde parvo femoris oſſe in ſuo fetu, quem alii noluerunt pro ſeptimeſtri admittere: noſter regerit, fetus artus inferiores perexiguos eſſe, & exeunte demum graviditate celeriter creſcere.

DORITTI HERACLITEI *carmen in* NICOLAUM GERARDUM *in anatomica facultate præſtantiſſimum* Rom. 1751. 4.

§. MCXX. *Diſputationes.*

Iſaac BREBERENUS *van* DYCK *de chylificatione in ventriculo & inteſtinis* Leid. 1751. 4.*

J. KIRK-

J. KIRKHOFER *de circulatione sanguinis ejusque obstaculis & auxiliis mechanicis naturalibus* Leid. 1751. 4.*

Herman BOERHAAVE *de* GORTER *de lacte & lactatione* Leid. 1751. 4.*

Jac. MALBOIS *de intestinis & vermibus in iis nidulantibus* Leid. 1751. 4.*

J. David de HAHN, viri ILL. & nostri olim amici, *de consuetudine* Leid. 1751. 4.* Musculos digitorum, & laryngis officium suum per longam consuetudinem discere. Certi gestus cum oratione dominica per consuetudinem conjuncti.

Fortunatus DWARRIS *de catameniis* Leid. 1751. 4.*

J. Frid. FASELIUS, Professor Jenensis, *de sanguinis in venam portarum congesti vera natura* Jen. 1751. 4.* præside KALTSCHMIDT.

EJ. *De pulmonibus, organis humores ad futuras secretiones præparantibus, necnon sanguificationis atque nutritionis primariis* R. PERTHES. Jen. 1752. 4.

EJ. *An fetus in utero materno transpiret* 1755. 4.*

EJ. *De circulo* WILLISII Jen. 1759. 4.*

EJ. *De absorbtione* Jen. 1760. 4.

EJ. *De uracho* ib. 1760. programmata septem.

EJ. *De nervis exhalantibus* ib. 1761. 4.*

EJ. *De arteriis non sanguineis* ib. 1763. 4.*

EJ. *De causis flexilitatis partium solidarum corporis humani* ib. 1763. 4.*

EJ. *De vero adipis ad basin cordis circumfusi usu* ib. 1763. 4.*

EJ. *De saccis* LOWERIANIS ib 1763. 4.

EJ. *De corpusculis* ARANTII ib. 1763. 4.

EJ. *De profluvio aquarum spuriarum in gravidis* ib. 1763. 4.* Bis absque noxa vidit: eas aquas ex tunica filamentosa, vel ex chorii duplicatura, vel inter chorion & amnion colligi.

EJ. *De causis sternutationis ejusque effectibus* ib. 1765. 4.*

EJ. *De vasis corporis humani aëreis* ib. 1765. 4.* progr. III.

Edidit ILL. TEICHMEYERI *institutiones medico legales* Jen. 1762. 4.*

J. BOHADSCH *de utilitate electrisationis in arte medica* Prag. 1751. 4.* Transpirationem auget. De extremo fine nervi resecti scintillam prosilire.

J. Michael BARTH *de somno a prandio meditationes* Lips. 1751. 4.

Jac. HIRSCHBERG *de sanguinis motu progressivo tam regulari quam irregulari, indeque pendente cachexia* Hall. 1751. 4.*

Petr. Emmanuel HARTMANN *de sudore unius lateris* Hall. 1751. 4.* Experimenta ad sudorem, in proprio corpore facta.

EJ.

Ej. *Medica tormentorum æstimatio* Helmstätt 1762. 4.* Aliqua ad anatomen. Tendines in vulnere nudati non dolent. Os nudum non sentire, sed utique qua periosteo tegitur.

Ej. *Anatomes practicæ specimina* Francof. ad Viadr. 1765. 4.*

Ej. *De calculis in vesicula seminali, aliisque notatis anatomicis* Francof. ad Viadr. 1765. 4. Redit in *obs.* 105. T. III. *Nov. Act. Nat. Cur.*

Aaron Salomon GUMPERZ *de temperamentis* Francof. ad Viadr. 1751. 4.*

Andreæ NUNN *eversa vasorum rubrorum anastomosis, ac communicatio cum placenta* Erford. 1751. 4.*

Ej. *De officina & mechanismo secretionis in corpore humana* ib. 1767. 4.*

J. Ernst ZEIHER *de errore loci* Erford. 1751. 4.

Christian Gotthold SCHWENKE *de pollutione* Erford. 1751. 4.

J. Leonhardi OBERMAYR, auditoris nostri, inde Professoris Ingolstadiensis, *consideratio anatomico physiologica venæ portæ viscerumque secretioni bilis famulantium* Heidelberg. 1751. 4.* præside T. J. OVERKAMP.

Car. Gerard Wilhelm LODTMANN *de voluptate repetita* Helmstätt 1751. 4 *

J. Christian REINMANN *brevis prolusio ad actum anatomicum* Rudelst. 1751. 4.*

Ej. *Daß die Betrachtung des menschlichen Körpers die edelste Belustigung seye* Rudolstatt 1751. 4.*

EJUSDEM in *N. A. N. C. Vol.* I. *obs.* 70. intestinum colon situ motum ei contractum. Lien prægrandis &c.

Obs. 71. appendicula vermiformis enormis magnitudinis.

Obs. 73. ren in puero lobulosus.

Obs. 74. ductus arteriosus arteriæ subclaviæ insertus.

Obs. 75. hepar per totum abdomen extensum.

Obs. 76. Ventriculi à duro thorace deformatio.

Ej. in *Nov. Vol.* II. *obs.* 85. Carduelis decrepitus, annos natus 22. plumis nudus, cætera alacris.

Obs. 87. a male formato ostio uteri sterilitas.

Obs. 88. uterus feminæ gravidæ nono mense incisus, & in ovario cicatriculæ.

Obs. 89. Fetus noni mensis pulmo in aqua continuo subsidens.

Joh. Melchior Friderich ALBRECHT *experimenta quædam in vivis animalibus, præcipue circa tussis organa exploranda instituta* Göttingæ 1751. 4. Ex iis discipulis fuit, qui meo suasu quæstionem aliquam physiologicam per experimenta declarare sunt adgressi. Vix tamen potuit ulla arte tussim a vivis animalibus obtinere. Vapores & irritationes frustra fuerunt, & potest aliquid in tussi impedienda potuisse duritas & macilentia asperæ arteriæ, cujus in in plerisque animalibus, avibus potissimum & quadrupedibus carnivoris, exigua pars carnea est. De causa ruboris in pupilla cuniculi albi: de vi revulsionis; de iride in nonnullis animalibus immobili, utilia experimenta intercedunt.

In Epistola ad me data 162. varietatem illam ALBINIANAM recenset, venæ renalis pone aortam productæ, & duorum lienum exemplum.

Nic. HIMSEL *de victu salubri ex animalibus & vegetabilibus temperando* Götting. 1751. 4* utcunque huc facit.

J. Anton. HEYN *animadversiones anatomicæ juxta nervum opticum atque amphiblestroidem tunicam* Kiel. 1751. 4.

J. Casparus KRUSE *de sanguificatione læsa* Hafniæ 1751. disp. I. & II.

J. Abel SOCIN *de fœtu hydropico* Basil. 1751. 4.

EJUSD. *Theses anatomico botanicæ* Basil. 1757. 4.*

J. Rud. HESS *de vomitu gravidarum* Basil. 1751. 4.*

EJ. *Theses anatomico botanicæ* Basil. 1751. 4.* Plica ductus venosi ad ejus in venam portarum insertionem.

J. Jacob THURNEISEN *theses medicæ* Basil. 1751. 4.*

J. Rudolphi STUPANI *specimen anatomico-botanicum* Basil. 1751. 4.* Ossium cranii incerta crassities. Ductus thoracici descriptio.

EJ. Disputatio *de vena portarum* Basil. 1752. 4.*

Joh. STÆHELINI *theses anatomico botanicæ* Basil. 1751. 4.* Uterum gravidum non extenuari. Fibræ uteri musculosæ. Liquorem amnii non nutrire.

Jacob Christoph RAMSPEK *observationes anatomico botanicæ centum* Basileæ 1751. 4.* Auditor noster, qui vim adtollentem musculorum intercostalium internorum in præsente cane publice demonstravit. Plexum chorioideum tertium, mediumque describit. Utique vera continuata cutis ante corneam producitur. Psoas minor magnis vasis cruralibus vaginam præbet. FERRENIUM retinam ante lentem crystallinam undique productam ostendisse.

EJUSD. *Observationum anatomicarum & botanicarum specimen agonisticum secundum* Basil. 1752. 4.* Vim iridis non esse musculosam, cum a morte pupilla fiat amplissima.

Epistola ad me data de libro parum noto ARANTII.

Gottfried CHRISTEL *de partu gemellorum coalitorum* Argentorat. 1751. 4.* Pro monstris accidentalibus, magna cæterum collectio.

Michaelis GENORINI *de sanguificatione theses* Pisis 1751. 4.

Pauli BEYRE's *physiologiæ conspectus anatomico mechanicus* Perpignan. 1751. 4.*

Car. GEILLE *de* S. LEGER *an homini mature senescere & ultimum moritam naturale, tam ineluctabile sit, quam adolevisse & maturuisse* Parisiis 1751. 4. R. *Jac. Franc.* LATIER.

Cl. Frid.

Cl. Frid. GRANDCLAS & *J. Bapt.* BARIOLE *E. ex poris potius quam ex vasorum extremitatibus perspiratio* Parif. 1751. 4.*

Alexand. Dionyf. DIENERT & *Jac.* GOURLEZ *de la* MOTTE *E. pars fibrosa sanguinis ab ejusdem adtritu sobolescit* Parif. 1751. 4.*

Jac. Ludwig ALLEAUME & *Cl. Jof.* GENTIL *E. idem sudoris & perspirationis organum* Parif. 1751. 4.*

J. Bapt. BOYER & *Honorat.* PETIOT *Ergo pharyngis musculi ipsum constringunt* Parif. 1751. 4.*

Bernard de JUSSIEU & *Sim. Ant.* BRINGAND *Ergo minor in fetu quam in adulto partium solidarum abrasio* Parif. 1751. 4.

§. MCXXI. *J. Georg* ZIMMERMANN,

Auditoris olim noftri, Archiatri nunc Hannoverani viri ILL. diff. *de irritabilitate* Gotting. 1751. 4.* Multa mea experimenta vidit, non pauca ipfe fecit in vivis animalibus. Abeft ea vis a pinguedine, a membranis, a tendinibus, aponevrofibus, vifceribus, eo effectu excepto, quem venena chemica producunt. In mufculis potentiffima refidet; in eruca capite deftituta per aliquot dies fupereft. Convulfiones in rana capiti deleto fuperveniunt: mufculi vero foli convelluntur, quorum nervi irritantur. Ventriculus & inteftina magna vi irritabili pollent: denique potentiffima cor ipfum, cujus motus fere omnium in corpore humano partium motui fupereft. Irritabilitatem facit propriam fibræ animalis proprietatem.

EJUSD. *Leben des Herrn v.* HALLER Zürich 1755. 8.* Dum lites meas cum HAMBERGERO aliisque recenfet, paffim argumenta etiam caufæ atque experimenta repetit, per quæ de vero conftitit.

§. MCXXII. *J. Fridericus* KESSEL.

Fetum in utero materno liquorem amnii deglutire Jen. 1751. 4.*

EJ. *Widerlegung der im 99. und folgenden Stücken der Hamburgischen Correspondenten befindlichen ehrenrührigen Auflagen und unglücklicher Beurtheilung der Physiologie Hrn.* HAMBERGERS *&c.* Jen. 1751. 4.* Præter multa, quæ lubenter omitto, convitiofa, experimenta fua proponit. Intervalla coftarum inter infpirandum latefcere. In ftrangulato & fub aquis merfo cane pectus veficas aëreas per aquam emittere. Non firmius primam coftam quam reliquas cum fterno necti.

EJ. *Weitere Fortsetzung der Hallerischen und Hambergerischen Streitigkeiten vom Athemholen* Jenæ 1752. 4.* Hic experimenta opponuntur experimentis, & traditur ftrangulatis canibus fub aquis apertum fuiffe thoracem, & bullas erupiffe aëreas. Eas violentia produxiffe potuit; in noftris experimentis non potuerat fuppreffiffe. Deinde in coftis mediis 6. & 7ma, Jenæ experimento ex-

 pofitis,

positis, non bene selectis, intervalla in exspirando diminuta fuisse. Nam in istis costis experimentum est obscurissimum, nisi forte intercartilaginea spatia crescere viderunt.

§. MCXXIII. PIERRE TOUSSAINT NAVIER,

Medicus in civitate Châlons sur Marne. Ej. *Lettres sur quelques observations d'anatomie* Cl. PORTAL indicat.

Ej. *Lettre à Mr.* AUBERT, *dans laquelle où examine si le peritoine enveloppe immediatement les intestins* 1751. 4. Idem peritonæum intestina in mesenterium expansum obvolvere.

Ej. *Replique à la critique où libelle de Mr.* AUBERT, *où l'on demontre la fausseté de ses raisonnemens sur le peritoine &c.* Châlons 1752. 12.* Ex dictionariis sua habere AUBERTUM, & utique peritonæum intestina amplecti, quorum sit velamentum exterius.

EJUSD. utilius est opusculum *Observations historiques & pratiques sur l'amollissement des os en general & particulierement sur celui qui a été observé chez la femme Supiot* Paris 1755. 12.* Acida ossa mollire, facere ut gypsea & calcaria terra in solutione fundum petat. Quare videri Supiotæ ossa ab acore aliquo esse soluta, eumque acorem putat se invenisse in nimia salis communis copia, qua abusa sit. Alcalinam naturam a putredine non destrui, augeri potius. Analysis lactis muliebris & casei. In sero lactis valentem acorem latere, pingui obvolutum. Ex lacte humano saccharum paravit.

§. MCXXIV. *Diaria anni 1752.*

In *Hist. de l'Acad. des Sciences* D. BAGARD de utero duplici in femina viso, cum vestigiis fecunditatis in utroque utero. Seorsim prodiit Nancy 1753. 4.

EJUSDEM *Recherches & observations sur la durée de la vie de l'homme* P. I. Nancy 1754. 8.

Ej. *Explication d'un passage d'Hippocrate sur les Scythes qui devinrent eunuques* Nancy 1761. 8.

SERRE de puero, cui intestinum rectum in vesicam se aperiebat, ut ea via suas fæces ederet.

In *Nov. Comm. Acad. Imp. Petrop.* T. IV. pro annis 1752. & 1753. varii exstant libelli, GMELINI, KAAUWII, STELLERI, suis locis recensi.

In *Act. Nat. Cur. Vol.* IX. *obs.* 11. *Andreas Jacob* KIRSTENIUS. Puella manu deformi, intestino recto prope urethram anterius patulo.

Christiani Friderich JOERDENS sternutatio insolita & nimia, *obs.* 43.

Henrici HESSE exempla defectus mensium, *obs.* 51.

In *Hamburg. Magaz.* T. IX. fetus ex tuba FALLOPIANA excisus. Sepulchrum Warburgense, in quo corpora incorrupta.

In

In *œconomisch-physicalischen Abhandlungen* T. V. historia naturalis columbarum traditur, & venus, & generatio.

Hoc anno collecta scripta prodire ceperunt *Allgemeines Magazin der Naturkunst und Wissenschaften* Lips. 8.* dirigente Cl. LUDWIGIO. In hoc vol. exstat BECCARI de inedia. Alia ex Comm. Bononiensibus.

In Diario *Journ. des Sav.* 1752. LOUIS CASTEL de pilis in ovario mistis cum materie fetida & particula cartilaginea.

J. Daniel DENSO *monatliche Beyträge zur Naturkunde* Berlin 1752. 8.* de anate femina, quam putabant in marem transiisse: nihil erat, nisi ulcus ovarii, cum cupidine feminas anates comprimendi.

§. MCXXV. *Guilielmus* SMELLIE,

Medicus, celebris & exercitatus artis obstetricandi magister. EJUS *treatise on the theory and practice of midwifry* Londo 1752. 8.* Liber post 280. *cursus* obstetriciæ artis prælectos scriptus. Pars I. continet anatomen partium: mensuras pelvis accuratas. Rachitis fere male factas pelves facit & funestos partus. Fibras musculares uteri aut nullas esse, aut nulli certi ordinis. Uterus suam crassitiem in gravidis servat immutatam. Dolores parturientium fiunt a dilatata cervice. Molæ sanguis sunt coactus. Sanguis in fetu manet, quando mater suum sanguinem amittit: & de placenta in utero retenta nihil fere per liberum funiculum effluit. Rari partus difficiles. Puer nuper editus sæpe diu est absque respiratione, & tamen convalescit. Placentam solam in utero relictam negat crescere Gallice cum sequenti Paris 1754. 8. 1756. 8. 1765. 8. Germanice Altenburg 1755. 8. & Rostock 1755. 8.*

EJ. *A collection of cases and observations in midwifry* London 1754. 8.* Utique in partu difficili os ilium ab osse sacro discessisse. Hymen sanguinem menstruum retinens. Uterus puerperis semidigitum crassus, ad duas uncias pervenit, quando se contraxit. Fetus sæpe in partu immotus. Partus quatuor, etiam octo, hebdomadibus retardatus. Ova humana absque germine: placentæ vesiculares. Fetus ossa per anum excreta. Terror sæpe absque malo in fetu effectu. Situs fetus in utero. Post quartum jam mensem fere caput præcedit, neque raro laterali situ in partum nititur, ut a FIELDING OULDIO dictum est. Menses gravidarum. Graviditatis notæ, in dilatato utero, quem per vaginam tangas. Partus naturalis per sua stadia sollicite descriptus. Partus ovi integri. Aquæ præcoces. Placenta ad ostium uteri adnexa. Convulsiones uti dolores, sed absque matris sensu fetum promovent. De pelvibus difformibus & angustis. Fetus demum post septem minuta horæ spiritum duxit. Alius inflato aere suscitatus est. De male ligato funiculo sanguinem exsiluisse. Placenta in cellula uteri. Fetus exsanguis, cum mater ex utero lacerato interiisset.

EJ. *A collection of præternatural cases and observations in midwifry* London 1764. 8.*, cui additus est titulus voluminis III. a morte auctoris prodiit. Uterus

rus circa caput fetus contractus. Uteri os, cum aperiri recusaret, incisum absque noxa. Mater ignara partus.

EJ. *A set of anatomical tables with explanations and an abridgment of the practice of midwifry* London 1754. fol. gr.* Tabulæ sunt 39. Pelvis secundum naturam se habens, tum difformis. Pudenda. Uterus. Vaginæ exitus, ipse demum anus, ossibus pubis propiores, quam coccygi. Uteri ostium retrorsum spectat. Uteri dissecti tabula; vagina late ostium uteri amplexa; uterus a vesica aque intestinis in cavum ossis sacri compulsus. Uteri incrementa. Verus situs fetus is est, ut prior auris pubis os contingat, altera os sacrum. Uteri per varia tempora graviditatis mutationes, in parturiente semuncem crassus est. Iter capitis fetus in partu.

§. MCXXVI. *Carolus Christianus* KRAUSE,

Professor Lipsiensis, non quidem incisor, varia tamen scripsit physiologica. EJUS *de homine non machina* Lipsiæ 1752. 4.*

EJUSD. *Prüfung der Preisschrift des Herrn le* CAT *von der Muskelbewegung* Leipzig 1755. 4.* Contra *le* CATIUM, cujus dissertationem Germanice versam notis suis comitatur. Contra vim insitam, quæ non est a nervis. Etiam eos motus nervis tribuit, qui supersunt in partibus de corpore animalis avulsis. Sensorium commune nonnullorum animalium esse in spinali medulla. Non videri semispiritualem succum nerveum in nervis manere posse. Musculum nervis non constare. Motus non omnes esse a voluntate. A glutine uniente elementa terrea minus valide, ubi secundum longitudinem particulas revincit, magis ubi in latitudinem, posse muscularem motum exponi. Aliqua contra me.

Vertit etiam ex latino *Abhandlung des Herrn von* HALLER *von den empfindlichen und reizbaren Theilen des menschlichen Leibes* Leipzig 1756. 8.* Experimenta mea admittit, sed secus interpretatur a nobis. Non posse ex animalium apathia ad insensilem naturam tendinum concludi. Ex morbis de sensu earum partium constare. Pro sensu medullæ. De irritabilitate brevius. Non novam eam esse. Etiam *elongationem* fibræ ad irritabilitatem pertinere. Eam vim esse qualitatem obscuram. Cutem irritabilem esse; sic pulmonem. Varia placita refutat, quæ non sunt mea.

Non separabo diss. *de sensibilibus partibus humani corporis* Lipsiæ 1765. 4.* Omnes partes humani corporis sensu gaudere, etiam epidermidem, cellulas adiposas, medullam, ossa, renes: pericranium, de quo ampliaveram, duram membranam, corneam tunicam, capsulas articulorum. Nulla experimenta.

EJ. *Dissertatio de quæstione ab Academia Imp. Scient. Petropolitana proposita; Quænam sit causa proxima mutans corpus fetus, non matris gravidæ, hujus mente a causa quadam violentiæ commota &c.* Petropoli (non additus annus) 1756. 4.* Animam causam esse omnium in suo corpore actionum, earum etiam, quarum sibi non est conscia; suumque corpus ideis innatis regere, quas cogitat, non conscia se de iis cogitare. Imperium animæ regere etiam partes non sen-

ſentientes corporis, & noſſe nervos aptos reddere facilius percipiendis ſenſationibus, qui non erant apti. Animi adfectus ſolvere humorum coagula, vaſaque connata. Nihil ergo miri eſſe, ſi partes fetus ſolidas mutaverint, coloremve vitiaverint. Fetum pro uteri parte haberi poſſe, cum quo accuratiſſime cohæreat, ut nervi matris cum nervis fetus continuentur, & anima fetus in eumdem ſtatum poſſit conſtitui, in quo matris eſt anima. Fetus animam vividius operari, quam matris animam, fortius ergo in organa ſui corporis niti, eaque organa magis quam maternum corpus pati, quæ teneriora ſint.

Germanice *Abhandlung von den Muttermählern* Leipzig 1758. 4.

EJ. *De derivatione & revulſione* Lipſ. 1763. 4.*

EJ. *De irritabilitate* Lipſiæ 1772. 4. Contendit utique tonum a nervis eſſe.

EJ. *De phlogiſto corporis humani* ib. 1772. 4.*

EJ. *De viribus medicamentoſis hydrargyri & inde arte factorum Pharmacorum* Lipſ. 1773. 4.*

§. MCXXVII. *Gerhard Andreas* MULLER,

Profeſſor olim Gieſſenſis. EJUS eſt *Entwurf eines neuen Lehrgebäudes der natürlichen Philoſophie und Arzneykunſt* Frankfurt 1752. 8.* De viribus corporum. Vis muſculorum exploſioni oppoſita. Nerveum ſuccum non in cavis tubulis, ſed in celluloſa tela contineri fibris circumpoſita: eſſe ejus ſucci aliquam cum ſemine analogiam. Nervos perpetuo oſcillare. De alimento & ejus coctione.

EJ. *Betrachtungen über die Art und Weiſe der Mitwürkung der Nerven zu denen muſculöſen Zuſammenziehungen* Frankf. 1753. 8.* Succum nerveum multa habere ſeminis ſimilia, pariter viſcidum eſſe; magnam etiam eſſe analogiam fabricæ cerebri & teſtium. Muſculoſam actionem videri adtractionis ſpeciem eſſe, cui opponitur repellens exploſio. Vis nervea componitur ex vi muſculoſa & exploſione, & proxime ad magnetiſmum accedit. Utique nervos oſcillare, tum fibras, tum fluidum. Vim muſculoſam a nervis advenire &c.

EJUSD. *Nothdürftige Ablehnung einiger ihm gemachte empfindlicher Vorwürfe* Frankf. 1753. 8.* Adverſus aſperius judicium Cl. DELII. Vix huc facit. Redit in ſequente collectione *Nebenſtunden*.

EJ. *De utilitate anatomes practicæ* Frankf. 1753. 4.

EJ. *Gieſſiſche Nebenſtunden I. Sammlung* Frankfurt 1755. 8.* In DELIUM, odorem a ſapore utique diſtingui. De vi electrica torpedinis. Contra theorema, motum in corpore humano oriri proportionatum ſenſui. Noſter monet, fortiſſimas convulſiones abſque ſenſu cieri, etiam in ſopitis hominibus. Contra STAHLIANAM motus ex anima originem. Contra mentis fines in corporis motu prævíſos.

EJ. Diſp. *de calido innato veterum nova cogitatione* Gieſſ. 1758. 4.* Reſpondenti tribuitur C. GRUNINGER.

EJUSD. & *Georgii* BOESEFLEISCH *ſylloge obſervationum quarumdam anatomica-*

micarum, imprimis de cisterna chyli ductuque chylifero Giess. 1760. 4.* Ductus thoracicus tribus ramis insertus; valvulæ duæ, tres. Ejus truncus mesentericus, lacteus, lymphaticus, hepaticus, & alter inguinalis. Cisternæ varietates vesicæ. Polypi venarum ex ipsis tunicis producti.

§. MCXXVIII. *Claude* FLURANT. *Alii.*

Chirurgi Lugdunensis, *splanchnologie raisonnée, où l'on traite de l'anatomie & du mechanisme des viscères du corps humain* Paris 1752. 12. 2.Vol.* Pleraque similia commentariis nostris in BOERHAAVII prælectiones. Contra SENACI theoriam motus muscularis: noster spiritum nerveum docet uberius irruere, ætherem in fibris contentum propellere, qui fibras dilatet. Renem alterum vidit defuisse: vidit etiam cellulas in vesica urinaria effossas. Videtur cor equi & testudinem incidisse. Ova testudinis, ut variæ sunt magnitudinis, ita habere ostia sibi præparata & proportionalia. Multa in physiologicis inque anatomicis, quæ velles emendata.

Henrich Wilhelm BUCKING, Chirurgi, *Abhandlung von der Blutader-Oeffnung* Wolfenbüttel 1752. 8.* Venas describit, quæ solent aperiri, lingualem, cephalicam, basilicam, hanc sectu periculosissimam, venas pedis, quas etiam icone exprimit.

Georg Sigmund SCHLICHT *kurzer Unterricht vor Hebammen* Frankf. 1752. 8.* Brevis anatomica partium descriptio. Hymen menses retinuerat, incisus dimisit, inde mala sublata.

Johannis FACIO *Helvetisch-vernünftige Wehmutter* prodiit Basil. 1752. 4.* prioris seculi exeuntis opus. Varia rariora vidit; duos pueros absque funiculo; divisos pueros abdomine connatos. Anatomen breviter indicat.

Georg COUNSEL *the art of midwifry, or the midwifes sure guide* London 1752. 8.* Partium genitalium descriptio, icon pelvis bene formatæ & alterius, cui os pubis sacro nimium vicinum. Puer nihil suo motu ad partum facit.

Francesco GIORGETTI *il filugello ed una diss. sopra l'origine della seta* Venez. 1752. 4.

§. MCXXIX. *Varii.*

Caroli Wilhelmi Friderici STRUVII *exercitationes academicæ, quarum prima materiam medicam novam condendam tradit* Erford. 1752. 8.* De vi adstringente: eam succum glutinosum nervorum extrahere. Contra HAMBERGERUM, qui propter pondus nimium argenti vivi negaverat, argentum vivum in corpus humanum agere posse.

EJ. *Thenia fermentationis naturalis* Jen. 1753. 4.* Omnes humores humanos fermentari, chylum per fermentationem parari. Aliqua sanguinis analysis.

EJ. *Anthropologia naturalis sublimior* Jen. 1754. 4* De imaginatione & memoria. Memoriam describit corpoream, in striis residentem medullæ cerebri,

bri, & incorpoream, quæ in mente habitat, & in qua abſtractiones adſervantur. Ita & corporea imaginatio datur, quæ præteritas ſenſationes per ſimiles ſenſationes reſtiruit, & imaginatio in abſtractis ideis occupatam. In mente etiam ſenſus & motus vitalis habitat, qui corpus ſuum per relationem animæ ipſi ignoratam mutat. Ex obſcura perceptione motuum ad vitam conſervandam neceſſariorum eos exſequitur. Adgnoſcit ſpiritum nerveum, ejus elementa definit, nullum cerebri & cerebelli ad actiones animales aut vitales pertinens diſcrimen admittit.

EJUSD. *Idea ſyncretiſmi medici ex influxu ideali ſyſtematice evoluta* Erford. 1753. 4.

EJ. *Syſtemata neologiæ medicæ more geometrico conditæ* Nordhauſ. 1756. 8.

Traité d'optique Paris 1752. 4.* Brevis anatome oculi: presbyopiæ & myopiæ theoria.

A. TOLVER *treatiſe on teeth* London 1752. 8.* Secunda editio. Dentes deſcribit: foramen radicum circa annum ætatis 35. claudi.

EJUSD. *Preſent ſtate of midwifry wich a theory of the cauſe and mechaniſm of labour* London 1770. 8.

Gaſparo Deodato ZAMPONI *intorno il naſcimento de vermi ordinari del corpo umano* circa hæc tempora prodiit, in *Allgemein. Magaz.* recuſus libellus. Rubros vermes teretes viva animalia parere, non ova.

J. Henrich KRAZENSTEIN *Vertheidigung des Herrn* HAMBERGERS *gegen den Herrn* KESSEL Hall. 1752. 4.* Acris ironia.

Angelo della FABBRA *lettera intorno alle febri in generale* Ferrará 1752. 8.* Theoria BELLINIANA; motus ſanguinis uberioris per vaſa libera, dum alia obſtructa ſunt.

J. TARGIONI TOZZETTI *prima racolta de oſſervazioni mediche* Firenza 1752. 8.* Pathologici argumenti. De anatomico Italo, qui imperante HENRICO III. in Gallia vixit, & de ejus iconibus anatomicis. Adnotationes anatomicæ. Nulla epiglottis, abſque malo. Nulla veſicula fellis. Ductus pancreaticus duplex. De ovariorum fabrica & uſu. Pili in ovario, involucro adnati.

In nupera editione itinerum de erinacei anatome, calore, reſpiratione, de gruis aſpera arteria.

Vera relazione d'un parto moſtruoſo Venez. 1752. 4.* Puellæ epigaſtriis connatæ.

Franciſci GUERRA *theſes medico-anatomicæ in concurſu ad anatomiæ cathedram diſputatione propoſitæ* Valentiæ 1752. 4.* Compendium anatomes BOERHAAVIANUM.

EJ. *Theſes phyſico-medicæ ex phyſiologia, pathologia & pyretologia depromtæ* Valencia 1752. 4.*

EJ. STAHLII *argumenta pro depuratione sanguinis in febribus; & opposita* BELLINIANA Valencia 1752. 4.

EJ. *Physico mechanico medica pro cathedra theorica* Valencia 1752. 4.* Physiologia fere BOERHAAVIANA.

Ex *Ambrosii* BROGIANI *de veneno animantium naturali & acquisito tr.* huc referas, quæ habet de tarantula, cujus fabellam nrrantur.

Memoria technica or a new method of artificial memory London 1752. 8.

Lineamenta anatomiæ in usum pædagogii regii Hall. 1752. 8.

§. MCXXX. *J. Baptista* BOHADSCH. *Alii.*

Professor Pragensis. EJ. *diss. de veris sepiarum ovis* Prag. 1752. 4.* Ova sepiæ descripta innumerabilia, in iis conspicuum animal, cum anatome piscis & atramenti vesica. Non esse uvam marinam.

EJ. *De quibusdam animalibus marinis eorumque proprietatibus, vel nondum vel minus notis* Prag. 1761. 4.* Neapoli animalia maris mediterranei dissecuit; leporem primum marinum, qui utriusque sexus organa nactus est, miro ordine, ut penis uno loco, alio feminina organa sint, cum internis musculis, si quidem conjecturis fidi potest. Cæterum huic animali etiam ventriculus est, intus dentatus, & medulla spinalis circularis absque cerebro, capite, aut oculis. Habet & os & branchias, & ossiculum internum ad cochleæ modum. Penis diu irritabilis. Fimbria, similis fabricæ. Mentula marina, quæ ventriculum & rectum intestinum ante partum ejicit, & inter pariendum perit, neque cerebrum, cor, aut nervos habet. Penna marina. Tethyon, cujus pulli, ut in polypo, de matris corpore decedunt. Loligo, cujus ova uvam marinam vocant.

Friderich Wilhelm HASTFER *utförlig underrättelse om fullgoda färs ans och skotsel* Stokholm 1752. 8.* Gallice etiam & Germanice prodiit. De vita animalis, dentibus, venere, generatione, varietatibus, specie, perfectione per arietes peregrinos obtinenda.

Histoire des singes & autres animaux curieux, dont l'instinct & l'industrie excitent l'admiration des hommes, comme les elephans, les castors &c. Paris 1752. 8. Francf. 1769. 8.* Compilatio non undique fida.

§. MCXXXI. *Disputationes.*

Pauli Philippi de CLOUX *de menstruatione* Leid. 1752. 4.*

David v. ROYEN *de intestinis crassis multorum malorum causa & sede* Leid. 1752. 4.*

Franc. KLANKE *de usu venarum* Leid. 1752. 4.*

G. v. VIANEN *de vesica fellea atque ortu bilis cysticæ* Utrecht 1752. 4.

Contr.

Conr. Phil. WERNE *de structura urethræ cum nidulante inibi contracta ex impura venere gonorrhæa* Leid. 1752. 4.*

Adrian PELT *de hepate ejusque actione* Leid. 1752. 4.*

Christ. Everard de LILLE *de excessu motus circulatorii* Leid. 1752. 4.

EJ. *tr. de palpitatione cordis: præcedit cordis historia physiologica: Acc. de arteriarum pulsus intermissione monita* Zwoll 1755. 8.* Et ventriculos & aures cordis æquales esse. Cor utique, dum agit, pallescere, & vitales nervos ex cerebello oriri. Nervos, qui inter duas magnas arterias decurrunt, motui cordis servire, reliquos sensui.

EJ. *Physiologicarum animadversionum secundum ordinem Elem. physi. Halleri* Franeker 1772. 4.* Contra aliqua mea scriptum. Contra gluten fibrarum; quod vir Cl. negat ex aqua & phlogisto componi, cum hoc quidem non evictum sit, sal non bene omittatur: Contra aerem fixum. 2. Cellulosam telam non esse elementum corporis humani: nullis quidem productis contrariis experimentis. 3. Apologia vasorum minorum BOERHAAVII: dari globulos flavos. Inflammationem etiam fieri a sanguine in arteriis congesto. 4. Pericardium non propter positionem suam cum diaphragmate conservescere. 5. Ventriculos cordis tamen æquales esse, cum æqualis copia sanguinis eodem tempore per utrumque ventriculum transeat. 6. Coronarias arterias utique posse a valvulis comprimi: neque eodem tempore suum sanguinem accipere, quo reliquæ corporis humani arteriæ suum accipiunt. 8. Cor integre vacuari. 9. Nullam partem sanguinis in cordis contractione in sinus reprimi. 10. Cor non primum in animale mobile esse: cerebri magnam molem reperiri, dum cor exiguum est. 11. Neque cor unicam causam motus sanguinis esse: quem irritabiles arteriæ adjuvent. 12. Neque cordis actionem unice in contractione poni. 13. Nervorum in ea contractione tamen suas esse partes. 14. Et a compressis nervis quietem cordis sequi. Ubique vir Cl. ratiociniis contra experimenta pugnat, neque mollibus utitur vocibus.

Ger. Jac. SCHUTT *de proximo visus organo* Utrecht 1752. 4.

Cornel. v. BRUYN *de temperamentis* Utrecht 1752. 4.*

Jacob Gisbert WOERTMANS *de proxima sede, quam anima in corpore humano occupat* Utrecht 1752. 4.*

Samuel MERRIMAN *de conceptu* Edinburg 1752. 4.*

J. Michael HOFINGER *de doloribus parturientium* Wienn 1752. 4.* De arte tangendi, doloribus.

Christophori MOLINARI *de structura pulmonum naturali & læsa* ib. 1752. 4.*

Adam LEISLER *de secretione* Basil. 1752. 4.*

J. Jac. ZIEGLER *de mechanismo constructionis musculorum* Basil. 1752. 4.* Per fibras transversas adstrictas fibras carneas, abire in serpentinum ductum & breviores reddi.

J. Anton. MAIR *de diverſitate corporum humanorum ſecundum diverſitatem regionum* Baſil. 1752. 4.*

Chriſtian FRIIS ROTTBÖLL *de motus muſcularis cauſis, præſertim occaſionalibus* Hafniæ 1752. 4 „ Contra Cl. OEDERUM.

EJ. & J. MOELLER *de viribus animæ humanæ ope medica firmandis* Hafn. 1771.*

J. Anton. CASSINI *de* BUGELLA *de obeſitate* Prag. 1752. 4.*

Franciſci Joſephi DU TOY & *Mauritii Adolphi* MAYER *de* MAYERSBACH *de reſpiratione* Prag, 1752. 4.* Anatome partium ex ALBINO. Subclavium muſculum coſtam primam elevare (aut certe firmare). Utramque ſeriem muſculorum intercoſtalium inter inſpirandum agere.

Cl. DU TOY & *Bened.* RUPPERT *de tunica pituitaria* Prag. 1753. 4.* Icones narium internarum, & deſcriptio ad nuperos ſcriptores: de ſecretione muci ad HAMBERGERI placita.

EJUSD. & J. N. SCHLEMMER *de ventriculo, ejus anatomia, phyſiologia & ætiologia pathologica* Prag. 1754. 4.*

Georgii REMUS *experimenta quædam circa circulationem ſanguinis* Gottingæ 1752. 4.* Germanice in *Hamburg. Magaz.* T. 16. Experimenta plerumque me præſente, paſſim & adjuvante facta. Vincula vaſis ſanguineis injecta leges circuitus ſanguinei confirmaverunt. De pulſu venæ cavæ. Cor agens non expalleſcere. De globulis ſanguineis. Vas ſanguineum a ligatura non intumeſcit. De vi venæſectionis in ſanguinis motum exercita. De occluſione vulneris per lympham.

Julius Friderich DROYSEN, auditor noſter, *de rene & capſulis renalibus* Gotting. 1752. 4.* Diſp. per experimenta nata. Animalibus ſiniſter ren humilior, excepto ſue. Aqua impulſa reni fetus ſtatum reſtituit. Angulus arteriæ renalis acutus. Ren duabus pelvibus. In ſue argentum vivum facile ex arteriis in ductus uriniferos tranſit. Nullæ renis glandulæ.

Auguſtin Henrich Jacob MAETKE *de ciborum digeſtione* Gotting. 1752. 4.*

J. Wilhelm ILSEMAN *de colica ſaturnina* Gotting. 1752. 4.* etſi alterius ſcopi eſt, non inutiliter legitur.

J. Frid. AKERMAN *præſagia medica ex præcordiis* Gotting. 1752. 4.* de ſenſu vocis *præcordia.*

Andreæ Joachimi STARKMAN, *Hermanni* BOERHAAVE & *Frid.* HOFMANNI *in principiis mechanico medicis convenientia & differentia* Altdorf. 1752. 4.*

Frid. Gunther SEUBERLICH *de hydrope omenti ſaccato* Frankenhauſ. 1752 4.*

Georg. Wolfg. GILG *de exploratione gravidarum* Argent. 1752. 4.

Georg WIDMER *chymia corporis animalis lithogeognoſia & artificio aquas ſalſas dulcificandi* Argentor. 1752. 4.* Aliqua ad elementa humorum hominis pertinent. Sanguinem fermentari. Ut humores animales naſcantur &c. Proprias ubique rationes ſequitur.

EJ. *Theoria chymificationis, chylificationis & lactificationis* Argent. 1753. 4

EJ.

Ej. *Abhandlung von dem im Marggrafthum Baden gelegenen mineralischen Bade* Strasburg 1756. 8.* Ex albuminoso succo per fermentationem sanguinem rubrum fecit: eumdem in naturam gelatinæ, hanc in terram absorbentem reduxit. Ex muco vegetabili cum bile per motum peristaltico æmulum verum lac obtinuit.

Mariæ Gerard de VILLARS *nova pulsus & circulationis theoria* Monspel. 1752. 4. *Comm. Lips.*

Emanuel Maurit. DUVERNEY & LATIER *E. multis in morbis elucescit corporis mechanismus* Paris. 1752. 4.*

Guil. Jos. de L'EPINE & *Lud. Anna* LAVIROTTE *E. duodenum plurium morborum sedes haud infrequens* Paris. 1752. 4.

Ludovici Petri Fel. Renati le THUILLIER *E. nutritio est opus secretionum* Paris. 1752. 4.* R. AFFORTI.

J. Francisci POUSSE & *Claudii Jos.* GENTIL auctoris *E. in deprimenda cataracta ipsius capsula inferne & postice primum secanda* Paris. 1752. 4.* Habet etiam anatomica.

Guil. de MAGNY & *Jac* GOULEZ *de la* MOTTP *E. a vasorum aucta vel imminuta irritabilitate omnis morbus* Paris. 1752. 4.* Vasa irritabilia esse. A nimia irritabilitate morbos acutos fieri, chronicos a diminuta.

J. Nic. MILLIN *de la* COURVEAULT præside *Hon.* PETIOT *E. conficiendæ bili a mesenterio oleum, a fecibus liquor alcalinus* Paris. 1752. 4.*

Hactenus usus sum *Quæstionum medicarum serie chronologica* Paris. 1752. 4.* edita, auctore ni fallor, *Theodoro* BARON Decano, tamquam authentico libro. *Pastillares* theses non puto imprimi.

J. A. AVEROS *de nutritionis incrementi & decrementi mechanismo* Montpel. 1752. 8.

§. MCXXXII. *Diaria anni 1753.*

In volumine XLVIII. P. I. *Philosophicarum Transactionum* continentur opera anni 1753.

Ambrosii HOSTY, Medici Parisini, historia *Supiotæ*, potius *Queriotæ*, cui ossa emollita indeque artus contorti fuerunt.

Johannis BROWNING fasti emortuales & natales civitatis Bristoliensis, exque iis constitutus numerus incolarum.

In *Hist. de l'Acad. des Sciences* 1753. Canonicus de PINEAU retulit de mulo & equo, eodem partu ab equa editis.

BARON, Medicus Luçoniensis, de vitulis, ut videbatur, connatis.

FONTENIU de felibus potu abstinentibus: etiam totis 19. mensibus.

Femina graviditas 60. mensium nondum partu soluta.

Fasti emortuales, ut Londinenses, omnibus annis.

In *Hamburger Magaz.* T. 12. de Barone v. SAX, cujus cadaver post sesquiseculum corruptionem non sensit.

Prodromus prævertens continuata Acta Medica Hafniensia Hafniæ 1752. 4.* præfante B. J. de BUCHWALD. In eo

Wilhelmus HANNÆUS solitario loco in abdomine reperit partem maxillæ dentatam,

Et ossa fetus vidit per vaginam decedentia.

EJ. Fetus cranii galea destitutus.

H. W. HEILMANN egit de spina bifida.

Prodiit etiam T. II. *Mémoires de l'Acad. de Chirurgie* Paris 1753. 4.* Evulsi absque malo tendines. VERDIER herniæ cysticæ.

In T. XIV. *Swensk. Academ. Handlingar* A. KELLANDER de venere luciorum, qui ventres confricant. Negat feminam ova devorare.

Nicolai GISLER de venere piscium Sil.

In *Mémorie per servir all' istoria letteraria* Venez. 1753. 8.* quæ apud VALVASENSEM ceperunt prodire, passim aliqua medica intercedunt, ut *Thomæ* FONTANA SOLANJANORUM pulsuum confirmatio.

§. MCXXXIII. *Johannes* ÉLLIS,

Mercator, microscopicis observationibus inclaruit. Sæpe comite nostro discipulo inque horto successore BUTTNERO, cumque OEDERO, marina zoophyta conquisivit. In *Philosophicis* primum *Transactionibus* T. XLVIII. P. I. corallinas aliquas descripsit a propriis polypis habitatas, quos quidem Nautilos vocat.

In eodem volumine describit idem animal ex stellarum vel polyporum genere, quod MYLIUS.

Per multiplicata experimenta natum est *Essay towards a natural history of the corallines and other maritime productions of the same kind — commonly — found — on the coasts of Great Britain and Ireland* London 1755. 4. maj.* Gallice, Haag. 1756. 4. & Germanice, vertente D. KRUNITZ Nürnberg 1767. 4. Fere ubique præter corallinas polypum describit, arboreum animal, cujus pulposum corpus cavum tubulum corallinæ replet, & capita atque cornua de omnibus ramis exserit; hactenus a vulgari polypo diversum, quod testa defendatur. Idem sibi cellulas tubulosque constuit. Sed & in alcyonio & pomo marino polypos noster vidit, tum in coralliorum nonnullis. Zoophytum MYLIO dictum hic redit.

Appendicis loco tabulas 39. & 40. adjecit, corallinarum aliarum, & coralliorum.

De polypis in corallinis habitantibus in *Phil. Transact.* 1754, similia fere quæ in opere habet.

IDEM

IDEM contra BASTERUM dixit, qui ſæpe plantas meras pro polypariis habuerit: capita polyporum pro ſingularibus habuerit animalibus, cum unius truncum & ramos replentis polypi partes ſint &c.

In *Phil. Tranſ. Vol.* L. P. II. Pinnas *Bernaclæ* deſcribit.

In T. LII. P. 2. duos ſexus cochenillæ: mas alatus eſt, femina aculeum habet ad defodienda ova.

In T. LIII. de polypis, qui habitant in pinna marina, manu marina, & fungo marino.

In T. LV. ſpongias non habitari a polypis, ſed conponi filis animatis & contractilibus, & oſtiola habere contractilia.

In T. LVI. de amphibio bipede, Sirene LINNÆI.

In T. LVII. fuſe contra D. BASTERUM & S. PETRUM PALLAS de zoophytis. Utique aliquas plantas pro corallinis habitas meros eſſe fucos; alias tamen & pleraſque principia animalia dare, igne toſtas, cellulisque præditas eſſe ut corallia.

Gemeinſchaftliche Erzählungen für die Liebhaber der Naturlehre, der Arzneykunſt &c. Hamburg 1753. 8. aliqua parte huc ſpectat.

§. MCXXXIV. *Gualther v.* DOEVEREN,

Profeſſor Groningenſis nunc Leidenſis, obſtetriciæ artis gnarus, & inciſor vir ILL. EJ diſp. in *de vermibus inteſtinalibus hominis* prodiit Leidæ 1753. 4.* Cucurbitini vermes ſunt particulæ tæniæ. Tænias extra corpus humanum naſci, & paſſim reperiri, cum alimentis in hominis corpus venire. Tænia articulis brevibus ſpinoſa, & altera longis articulis abſque ſpinulis. Plures una tænias in eodem homine dari. Caput hactenus reperiri, quod in altero fine articuli minores ſint, & magis compacti. Unicum eſt animal, unum continuum vaſculum habet, & extimo fine contremiſcit, dum alter conpungitur. Renaſcitur & eſt de polypi genere. Gallice prodiit Lyon 1764. 12.

EJ. *De erroribus medicorum ſua utilitate non carentibus* Groning. 1762. 4.* Ad hiſtoriam medicinæ & litium, etiam phyſiologicarum.

EJ. *Specimen obſervationum academicarum ad monſtrorum hiſtoriam, anatomen, pathologiam & artem obſtetriciam præcipue ſpectantium* Groning 1765. 4.* Germanice *Verſuche über die Empfindlichkeit und Nutzbarkeit der thieriſchen Theile* Leipzig 1767. 4. Primum accurata anatome agni unicorporei bicipitis. In eo partu multas partes reperit, non ex violentia natas, ſed ad hanc ipſam fabricam meditatas, ut propriam arteriam, nihil in naturali fabrica ſimile habentem, venamque propriam. Situs præternaturalis coli inteſtini varius. Caput maturi fetus cernuum. Placenta ad os uteri adnata, hinc periculo plena hæmorrhagia. Oſſium varietates: proceſſus vertebræ in coſtam mutatus. Denique experimenta, quæ Cl. vir valde tunc juvenis a. 1751. & 1752. contra me

mea-

meaque de insensili natura variarum partium testimonia fecerat. In tendinibus & dura matre putat se sentientem naturam vidisse, non autem perpetuo, neque in aponevrosibus, neque in iis suis experimentis, quorum testis fuit Cl. HAHNIUS. Nulla tamen symptomata vulnera duræ meningis & tendinum sequi vidit. In irritabilitate fere nobiscum sentit.

EJ. *De recentiorum inventis medicinam hodiernam veteri præstantiorem reddentibus* Leiden 1771. 4.* Laudes potissimum ALBINI in physiologicis cautissimi, tamen & aliorum incisorum.

§. MCXXXV. *Anatomici varii.*

Roberti EMETT *tentamina medica de mensium fluxu & curatione morborum cephalicorum* 1752. 12.* Menses non esse a plethora. Parcam sanguinis copiam non eam habere potestatem, ut uteri arterias extendere possit, viamque sibi per eas aperire. Non desinere incrementum, quando menses erumpunt. Ipse cellulas uteri sanguine tumere putat, dum nervi a cupedine veneris incitati sanguinis per venas reditum morantur. Sinus non quidem in sanis feminis, sed in gravidis reperiri, aut per mensium tempora incisis (sed utique meræ sunt venæ). Respirationem sanguinis in cerebrum motum mutare: non tamen dum integrum est cranium. Non perire animal, cui arterias ligaveris. Gallice versa sunt Paris 1754. 12.

Cl. Fr. ATTHALIN, Professoris Vesuntini, *institutiones anatomicæ per placida & responsa digestæ* Vesunt. 1753. 8.* Multum *J. Adami* KULMUS, tum aliorum operibus usus. Nomina subinde erronea. Peroneum vocat, quæ perone est, scapulæ os minus quæ clavicula. Aliquæ adnotationes ex morbosis corporibus sumtæ interspergnntur.

Dictionnaire anatomique latin-françois Paris 1753. 12.* Fere ex WINSLOWO, cæterum ab auctore compilatum latini sermonis non peritum.

Anatomisch-chirurgisches Lexicon, darinn alle zur Zergliederung und Wundarzney gehörige Sachen und Kunstwörter angezeigt und erkläret werden Berlin 1753. 8.* Præfatus est L. HEISTER. Auctorem esse Cl. KURELLA.

Cum *le* CATII diss. *de motu musculari* Berolinenses a. 1753. 4.* etiam alia scripta ediderunt, quæ *concurrerant. Le* CATIANAM & Cl. *de* SAUVAGES diximus. Tertia sequitur n. IX. anonymi, qui me HALLERUM suum vocat, & experimenta mea in corde anguillæ facta vidit. Fistulas statuit sensorias & motorias. Quarta n. XVIII. demonstrat nerveos spiritus vere dari. Negat musculum dum agit minorem reddi, cum masseter undique turgeat, etiamsi brevior fieri nequit. Agentem musculum negat pallere. Spiritus irritando fibras reddere breviores, rarefaciendo musculum facere crassiorem.

Laurentii Cajetani FABBRI *de somno, medicamentis somniferis, & de natura hominis in somno* Lucca 1753. 4.

Giov. MORO sacerdos. EJ. diss. *epistolica intorno la generatione degli animali e vegetabili con riflessioni sopra gli suoi inviluppi* Bassano 1753. 4.* Contra VALISNERIUM.

Gasparo

Gaſparo Deſiderio MARTINETTI *della ſeparazione degli umori nel corpo umano* Ravennæ 1753. 8. Pro adtractione NEWTONIANA.

Nic. STRUYK *nader ontdekkingen omtrent de ſtaat van't menſchelyk geſchlacht* Amſterdam 1753. 4. Plures hujus viri ſunt libelli de numero civium, ſpe vitæ &c.

Joh. GROENEVELT *rudiments of phyſik clearly deſcribed and explaind* London 1753. 8. Compendium phyſiologicum & pathologicum, ex latino neſcio cujus ſcriptoris converſum.

Chriſtian Tobias Ephraim REINHARD, *Unterſuchung, ob Adam und Eva einen Nabel gehabt* 1753. 8. alii 1752.

EJUSD. *Umſtändliche Nachricht von einem übelformirten Kindeskopfe* Berlin 1759. 8.* Oſſa cranii ſuper ſe invicem adacta, inde funeſtus ſopor. Vitium partui tribuit.

EJ. *Abhandlung vom Maſtdarm-Blutfluſſe, und Beweis, daß die Vollblütigkeit an und vor ſich ſelbſt keine Krankheit genennet zu werden verdiene* Glogau 1760. 8.* 1764. 8.* Arterias duas venasque duas diſtinguit, ex quibus hæmorrhoides fluere poſſunt.

EJ. *De pallore faciei ſalutari & morboſo* Sorau 1762. 8. etiam 4.

EJ. *Ausmeſſung des menſchlichen Körpers und der Theile deſſelben, zum Gebrauche der Aerzte, Mahler und Bildhauer* Glogau 1766. 8.

Nicolaus GIRALDI, anatomes & chirurgiæ Profeſſor Romanus, edidit Rom. 1753. 4.* *rifleſſioni anatomiche ſopra le cenſure ultimamente date alla luce contro il dotto* E. BOERHAAVE. C. PETRIOLI adverſus BOERHAAVII monita hic recuſa dantur, & adjiciuntur vindiciæ præceptoris noſtri adverſus PETRIOLI argutias. Vix credas, qui non legiſti, hunc aerem in alios virum panniculum carnoſum in corpore humano recipere: ductum choledochum habere pro pancreatico: hepaticam arteriam pro ramo habere ſplenicæ: ſecundam cœliacam in EUSTACHIO reperire, & lactea vaſa: auricularum cordis pulſum cum pulſu ventriculorum ſynchronum facere.

J. Frid. JACOBI *Betrachtungen über die weiſen Abſichten Gottes &c.* Hannover 8. 2. Vol. a. 1753. ad 1766. In T. I. quæritur, cur ſolus homo inermis neque ſufficiens ſibi partu edatur, cur capite imperfecto. Ut imaginatio, per obſcuras repræſentationes, nos ad amorem, aut ad odium illiciat. Nævis fidem adhibet.

J. Aug. KOESELIZ *Beweis, daß der natürliche Einfluß das wahrſcheinlichſte Verhältniß zwiſchen Leib und Seele ſey* Witteberg 1753. 8.

Caſpar HOEFLER'S *Anweiſung zur Bienenzucht, und Betrachtungen über die Bienen des Herrn* MARALDI Leipzig 1753. 8. ſed dantur priores editiones.

Peter TEMPLEMAN *curious remaks and obſervations in phyſiks, anatomy, chirurgy &c. from the memoirs of the R. Acad. of Sciences of Paris* London 1753. 8.

§. MCXXXVI. *Jacob Christian* SCHÆFFER,

V. D. M. microſcopio multum uſus & pictore, quem ipſe aluit & inſtruxit, multa ſcripſit argumenti quidem zoologici, ut tamen paſſim ad rem noſtram faciat. EJUS *Egelſchnecken in den Lebern der Schaafe* Ratisbon. 1753 4.* Hæc animalcula in ductibus bilariis habitant, neque alibi, neque in ſanguine. Bilis ea non amara eſt. Os habent bilem dimittens, vaſa intus ramoſa, vulvam in pectoris principio, ſupra eam penem intortum: motu undulatorio reptant. Non timent oleum. Anus; ovaria, ova numeroſa ad mille: multiplicatio celerrima.

EJ. *Die Sattelfliege beſchrieben* Regensburg 1753. 8.* Libramentis amiſſis volandi facultatem amittit.

EJ. *Apus piſciformis inſecti aquatici ſpecies nuper detecta* Ratisbon. 1753. 4.* Mas eſt & femina: ejus oculi bini, os, inteſtinum, vas perpetuo agitatum, forte cor; branchiæ; duo penes, magnum ovarium.

EJ. *Die Armpolypen in den ſüſſen Waſſern von Regenſpurg entdeckt* Regenſpurg 1754. 4.* Tres animalculi ſpecies deſcribit. Experimenta *Abrahami* TREMBLEY confirmat ſuis. Color a cibo. Nataſſe vidit. Lucem quærunt; hieme cibo fere abſtinent. Mater facit agitando ſe, ut pullus delabatur. Una continua pullo & matri cavitas eſt. Monſtra fecit ſecando & hydras. Nodulos alimento diſtentos in novum abire animal. Pro ovis ſunt habiti.

EJ. *Die grünen Armpolypen* Regenſp. 1755. 4.* Non mutant colorem: frequenter locum mutant; paſcuntur minimis animalculis. Reviſcunt emortua ex ſiccitate. Pulex aquaticus alter caudatus, præda polyporum, pene præditus & ovario. Pariunt ſolitarii. Pulex aquaticus cauda deſtitutus. Anguillula aquatica capitata, tribus magnis vaſis inſtructa, diſſecta ſe in duo animalia complens.

EJ. *Die Blumenpolypen des ſüſſen Waſſers* Regenſp. 1755. 4.*, quæ animalcula rotifera Anglorum. Corpus animalculi in tubulo habitat: tria cornua ſerrata maxima velocitate agitantur, ut rotam referant. Vaſa & ipſum cor ſe putat vidiſſe. Non vidit ſe multiplicaſſe.

EJ. *Neuentdeckte Theile an Raupen und Zweyfaltern &c.* Regenſp. 1754. 4.* Conus in eruca incerti uſus. Erucarum oculi ſex. Dura particula papilionis feminæ, qua putat animalculum terram effodere, ut ovum deponat.

EJ. *Der Krebsartige Kieſenfuß mit der kurzen und langen Schwanzklappe* Regenſp. 1756. 4.* Monoculus cauda biſeta, pedibus natatoriis, frequentiſſime exuvias mutans. Omnia individua ova continent, rubra, quæ poſt multos annos in nova animalcula perficiuntur.

EJ. *Beſchreibung des Uferaaſes oder Hafts* Regenſpurg 1757. 4.* Tres facit ſpecies: deſcribit eam, cui branchiæ dorſo incumbunt. Eorum vita ſub vermis ſpecie: evolutio animalculi volantis, ejus anatome, vita duarum horarum, quo tempore coeunt & pariunt.

EJ.

EJ. *Beſchreibung verſchiedener Zweyfalter und Käfer mit Hörnern* Regenſp. 1758. 4.* vix huc facit.

EJ. *Wunderbarer Eulenzwitter* Regenſpurg 1761. 4.* Putat ſe papilionem vidiſſe, cui alterum latus maſculum fuerit, alterum femininum.

EJ. *Pentas piſcium Bavarico-Ratisbonenſium* ib. 1762. 4.* cum anatome.

EJ. *Der Zweyfalter oder das Afterjungferchen* Regenſpurg 1763. 4.* Neque perla eſt, neque papilio, carnivorum inſectum, pene in extrema cauda poſito. Utriusque ſexus organa valde ſibi ſimilia.

EJ. *Der weichſchalichte Kronen- und Keulenkäfer* Regenſp. 1763. 4.* Et penem deſcribit, & vaginam, & ovaria.

EJ. *Die Mäurerbiene in einer Rede beſchrieben* Regenſp. 1764. 4.* Proboſcidis anatome & partium genitalium, & nidus, cum certis ſignis præviſorum finium.

EJ. *Zweifel und Schwürigkeiten, welche in der Inſecten-Lehre annoch vorwalten* Regenſpurg 1766. 4.* Ad hiſtoriam naturalem magis pertinet. Scarabæos ſæpe alterius generis femellas fecundare. Aliam maris, quam feminæ ſæpe fabricam eſſe.

EJ. *Elementa Entomologiæ* Ratisbon. 1766. 4.* Partes inſectorum iconibus illuſtratæ.

EJ. *Erſtere Verſuche mit den Schnecken* Regenſp. 1768. 4.* EJ. *Fernere Verſuche mit den Schnecken* ib. 1769. 4.* Accurate reſectis antennis, utique novas ſucceſſiſſe, & caput abſque antennis abſciſſo capiti.

§. MCXXXVII. *Varii.*

Balthaſar SPRENGER, Profeſſoris nunc Maulbrunnenſis, *opuſcula phyſico-mathematica* Hanover. 1753. 8.* Huc pertinet alcyonis natura incorruptibilis & expers putredinis. Serinum cum linaria fecundos pullos generare, qui cum ſerinis maribus copulati veros ſerinos reddiderunt; cum aliis, hybridibus, linariæ craſſum roſtrum retinuerunt.

In EJUSD. *Einleitung in die neuere Bienenzucht* Stuttgard 1773. 8.* De generatione apum. Mas a coitu perit. Durum ſibi videri, ex vulgari nympha reginam ſola mutata victus ratione produci poſſe. SCHIRACHIANAM artem ex favo exciſo reginam obtinendi, caſu tantum reſpondere, ſi in exciſo favo cellula regia fuerit: reginam abſque diſcrimine ova ſua in omnes alvearis partes deponere. Apis nuper nata omnia callet artificia, quæ exercitatæ, nulla ergo diſciplina edocentur.

Stephani GASPARETTI *oſſervazioni medico chirurgiche* Bologna 1753. 4.* Secunda 27. demum hora ſponte ſecedens, quam auctor ſuadet, niſi graviſſimæ cauſæ urſerint, naturæ permittere.

Sim. Frid. FRENZEL *de cadaveribus humanis ad præsentiam occisoris cruentatis* Francof. & Lipſ. 1753. 4.*

Gerard ten HAAF, Chirurgus Roterodamenſis, ad editionem ſuam *Siphra & Puæ Johannis v.* HOORN Amſterdam 1753. 8.* recuſæ aliquas ſuas addidit adnotationes. Inter eas eſt de ſignis graviditatis, de doloribus partus; alia. Alias denuo de eo viro dicetur.

Jac. Reinboldi SPIELMAN, Profeſſoris Argentinenſis, celebris chemici, *de optimo recens nati alimento, lacte* Argentor. 1753. 4.* Analyſis lactis equi, aſini, vaccæ, ovis, capræ, etiam feminæ. Plurimum aquæ aſina habet, plurimum pinguis ovis, eadem plurimum caſei.

EJUSD. *Inſtitutiones chemiæ prælectionibus academicis accomodatæ* Argentorati 1763. 8.* & multo auctius 1766. 8.* Multa paſſim ad nos pertinent. Analyſis urinæ, aliarum partium corporis humani, cornu cervini. In cerebro plurimum olei & urinoſi ſpiritus. De phoſphoro &c.

Germain Philippe le MONNIER *diſſ. ſur les maladies des dents, avec le moyen d'y remedier & de les guérir* Paris 1753. 12. PORT. De formatione & incremento dentium.

Georg YOUNGE *treatiſe on opium founded on practical obſervations* London 1753. 8.* De ſomni natura.

John BOND *an eſſay on the incubus or nightmare* London 1753. 8.* De variis circuitus ſanguinis impedimentis ex ſitu ſupino oriundis. De morte voluntaria TOWNSHENDI. Utique ventriculum aortam comprimere &c.

Recueil des pieces qui ont concouru pour le prix de l'Acad. R. de Chirurg. Paris 1753. 4.* Paſſim hactenus huc ſpectant.

Joachim FRANKENS *Abbildung der Arzneyerkenntniß* Schleswig 1753. 8.* Scholaſtica varia: de influxu animæ; de ejus imperio & aliis functionibus ſoli corpori ſubjectis.

In *Zachariæ Conradi von* UFFENBACH *merkwürdigen Reiſen* 8. 3. Vol.* Ulmæ editis, paſſim aliqua huc faciunt, ut de RUYSCHII muſæo, de LEEUWENHOECKIANO, de SLOANEO, de WOODWARDII moribus. Cranium Cantabrigiæ vidit, petroſo concremento obductum, cætera non mutatum.

Urbani HIÆRNE *tentaminum chemicorum* T. II. edidit J. G. WALLERIUS Holm. 1753. 8.* De ſale acido formicarum.

§. MCXXXVIII. *Diſputationes.*

Petri CASTELL *experimenta quibus conſtitit varias humani corporis partes ſentiendi facultate carere* Gotting. 1753. 4.* Experimenta utique numeroſa, in quibus inveni, in brutis quidem animalibus, tendines, duram membranam cerebri, ligamenta, capſulas, perioſteum, pleuram ſenſus nulla ſigna dare. Tendines diſſectos & convaleſcentes celluloſa quædam conjungit, quam Cl. vir fuſe deſcripſit. In homine etiam tendo inſenſilis. Nulla unquam ex vulneribus earum partium ſymptomata. Exſtat in nova collectione chirurgica.

J. Andreæ HAMMERSCHMIDT *de notabili discrimine inter sanguinem arteriosum & venosum* Gotting. 1753. 4.* Sanguinem arteriosum fluidiorem esse, celerius exhalare, rubicundiorem videri, plus habere odoris.

J. Dieterich WALSDORF *experimenta circa motum cerebri, cerebelli, duræ matris & venarum in vivis animalibus instituta* Gotting. 1753. 4.* Experimenta partim nostra, partim Cl. nostri auditoris. Per ea constitit, duram meningem cerebri læsam nulla dare sensus signa. Ablato cranio, neque prius, motum in cerebro inque dura membrana adparere, ut in exspiratione adscendant, descendant inter inspirandum. Duram matrem in cranio integro immotam esse, & ubique accurate ad cranium adhærere. Eo ablato moveri, quod sanguis inter inspirandum facilius & uberius pulmonem subeat. Neque in solis cerebri venis, sed & in aliis, hunc a respiratione fluxum & refluxum percipi.

J. Adriani Theodori SPROEGEL *experimenta circa varia venena, in vivis animalibus instituta* Gotting. 1753. 4.* Cl. noster auditor & commensalis, inde Professor Berolinensis, plurima & laboriosa experimenta fecit in animalibus, quæ venena varia coegit devorare. Eorum effecta adnotavit, & ea vestigia veneni, quæ in cadaveribus incisis apparuerunt. Opium omnem ciborum coctionem destruit: ipsam iridem sua privat irritabilitate. Arsenicum & cobaltum eadem fere symptomata faciunt cuti inspersa, quæ per os adsumta. Experimenta infusoria varia.

EIDEM programm. Berlin 1767. 4.* *de antagonismo inter musculos illorumque actionis caussis.* Non omnes musculos antagonistas habere: vim musculorum non esse ab irritatione.

Petri DETLEF *ossium calli generatio & natura, per fracta in animalibus rubiæ radice pastis ossa demonstrata* Gotting. 1753. 4.* Incisor olim noster pulchra experimenta & utilia suscepit in avibus, etiam quadrupedibus, rubia pastis. Nulla pars corporis tingitur, præter ossa, in quæ particulæ asperæ rubiæ deponuntur. In canis lacte nihil mutatum est. In callo soli ossei nuclei tinguntur. In eo callo nova vasa nascuntur, oritur autem manifesto ex osse & ex succo exsudante, in gluten & gelatinam confirmato. Hæc accuratissime noster per horas vidit, & consignavit. Præcipua momenta ipse recudi feci, cum meis. Lausann. 1758. 12.* & 1767. 4.* in operibus minoribus.

J. Henricus v. BRUNN magni BRUNNERI nepos, WEPFERI pronepos, jam anno 1752. in conventu societatis Regiæ ostenderat„ de canis sub aquam mersi pectore nullam aquam adscendere; continuo vero, quando exemti animalis pectus aliquem aerem admiserat.

Inde a. 1753. 4.* disputavit *de experimentis quibusdam circa ligaturas nervorum in vivis animalibus institutis.* Nervo ligato, musculus insensilis fit, & ad motum voluntarium inidoneus. Neque ideo naturam irritabilem amittit. Vincula nervis injecta plerumque funesta sunt; a nervo octavi paris ligato etiam potissimum.

Excerpta habentur ea experimenta in T. II. Actorum Helveticorum.

Samuel BALLIGHA *propositiones medicas* defendit, Götting. 1753. 4.* etiam physiologicas.

J. Christophorus KUHLEMAN summo labore & incredibili tædio præfuit fecundationi quadraginta fere ovium, quas in theatrum nostrum adtulit, ut incrementa subcrescentis fetus speculari possem. Adparuit in ove in venerem furente vesiculam in ovario tumuisse; a venere tubam ovario fuisse adplicatam; vesiculam ruptam mucum cruentum emisisse; subnatos in ea fuisse floccos, qui paulatim quasi in acinos confirmati abierunt in corpus luteum. Verum ovum non ante d. 17. vidimus, oblongum & mucosum folliculum. Hujus fetus subnascentem perfectionem noster accurate contemplatus est ad diem fere 40. Recus. 1753. 4.* Lipsiæ. Titulus est *observationes circa negotium generationis* Gottingæ 1753. 4.*

Joachim Jacob RHADES *de ferro sanguinis aliisque liquidis animalibus* Gotting. 1753. 4.* Experimenta ipse fecit, aliquantum a MENGHINIANIS diversa. Solus cruor ferrum continet. Serum cum variis salibus conposuit. Liquor amnii parum habet gelatinæ. Ex adipe habuit acidum liquorem.

Emanuel Joh. EVERS *experimenta circa submersos in animalibus instituta* Gotting. 1753. 4.* Et ipse auditor noster coram me hæc experimenta fecit. Utique in vivis animalibus submersis aquam in pulmone fuisse, inque ventriculo; nunquam vero in iis canibus, qui a morte aquis demersi fuerant. In intestina aqua non transit. Nunquam potuit submersas bestias refocillare.

J. Georgii RUNGE, pariter auditoris nostri, inde Professoris Bremensis, *de voce ejusque organis* Leid. 1753. 4.* Etiam hæc experimenta in nostro theatro facta sunt, ultima eorum ad quæ capienda ingenuos juvenes excitavi. Utile certe fuit institutum, & ad publica commoda multum collaturum, nisi me adversa valetudo vitam coegisset quærere minus laboriosam. Cæterum Cl. RUNGE experimenta FERRENII imitatus est, & tonos acutiores aut obtusiores reddi reperit, uti ligamenta glottidis magis minusve tenderentur. Superiorum ligamentorum, quæ & ipsa oscillant suosque tendines habent, tonus altior est. Acutissimus sonus fit a ligamentis inferioribus, hactenus separatis, ut soli fines ad cartilaginem hæreant. Acuti etiam soni fiunt adscendente larynge. Ad anatomen laryngis varia. Foramina vasculosa. Ligamenti thyreohyoidei ossiculum. Thyreoepiglottideos musculos homo habet, non perinde hyoepiglottideos. Nervi accurate dicti.

Daniel van EYCK *de ventriculo* Leid. 1753. 4.*

Joh. HIDDINGA *de vi & effectu arteriarum in fluida contenta* Leid. 1753. 4.*

Friderich ALLAMAND *de externo tactus organo* Leid. 1753. 4.*

J. Alberti SCHLOSSER *de sale urinæ humanæ nativo* Leid. 1753. 4.* Optime præparari sola exhalatione, ut ex libra decem scrupuli nascantur. Ex eo verum salem marinum obtinuit, tum spiritum ammoniacum & salem lixivum.

Reddidit adjecto *tr. de calcis vivæ actione in salem volatilem alcalinum* 1760.

In *Phil. Transf.* n. 49. P. II. describit animal a polypis diversum; constans vivis radiis in medium calycem convenientibus.

J. Flo-

J. Florentius MARTINET *de respiratione insectorum* Leid. 1753. 4.* Potissimum de effectibus, qui a vaporibus in chrysalides & alia insecta edantur. Oleum omnia necat, spatium aere vacuum perpauca.

Arthur MAGENIS *de urinis* Leid. 1753. 4.*

Jac. d'ANCONA *brevissima primarum viarum historia* Leid. 1753. 4.*

Levi LEO *de natura* Leid. 1753. 4.*

Andreæ Bernardi HEIMANN *de pericardio sano & morboso* Leid. 1753. 4.* Partem aliquam hujus aquulæ albuminosæ esse indolis.

J. SCHIMMELPFENNINCK *de mente & ejus essentia* Harderwyck 1753. 4.*

Bartholom. v. SCHELLEBEEK *de fœtu in utero vivente & exinde in lucem prodeunte* Utrecht 1753. 4.*

Robert INNES *de ileo* Edinburgh 1753. 8.* Motum peristalticum contra HAGUENOTUM tuetur. Non putat feces alvinas veras vomitu reddi.

Joh. URBAN *de hæmorrhagia uterina* Edinburgh 1753. 8.* Sinus uteri esse venarum adpendices. Menses a plethora derivat.

Alexander AINSLIE *de vomitu idiopathico* Edinburgh 1753. 8.* Non vidit ventriculum in vomitu agere.

Alexander THOMSON *de effectu pathematum in corpus* Edinburgh 1753. 8.*

Samuel MERRIMAN *de conceptu* Edinburgh 1753. 4.*

Joachim Henrich GERNET *de siccitate senili* Lipſ. 1753. 4.* Cartilagines laryngis vidit osseas, in aspera vero arteria easdem crustas ossea obductas. Induratæ arteriæ coronariæ, & dura cerebri membrana.

J. Erd. Frid. Maurit. GILBERT *de putredine in corpore animali* Lipſ. 1753. 4.*

Rutger Gottlieb HOERNIGK *de partuum induratione morbosa* Lipſ. 1753. 4.*

Thomas Georg SUTER *de statu sano & morboso incolarum maris Balthici* Lipsiæ 1753. 4.*

Ern. Henr. HAUSDÖRFER *de aëris in corpus humanum ingressu & morbosa in eo genesi* Lipſ. 1753. 4.*

David WIPACHER *de phlogistico animali ut variarum morbum causa* Lipsiæ 1753. 4.

J. DAN. ISAAC *examen spirituum animalium* Hall. 1753. 4.

Elkana Benedict MAYER *de signis ex sanguine per venæ sectionem emisso petendis* Hall. 1753. 4.*

Georg Henr. TROSCHEL *de cataracta omni tempore deponenda* Hall. 1753. 4.* Etiam anatomen oculi tradit. PR. A. E. BUCHNER.

Gotthard Wilhelm REICHART *de uteri connexione cum mammis* Hall. 1753. 4. P. BUCHNER.

Christiani UNGNAD *casus physiologico anatomicus raro obvius fœtus circiter bimestris*

mestris in utero matris aquis suffocatæ aliquot partibus superstitis reliquiis putrefactis Sedin. 1753. 4.

Phil. Georg SCHROEDER, Professoris inde Gottingensis, *an aër sanguini in pulmonibus admiscetur* Marburg. 1753. 4.* Adfirmat.

EJ. *Experimentorum ad veriorem cysticæ bilis indolem explorandam captorum sectio* I. Götting. 1764. 4.* Diss. per experimenta nata. Bilis cystica humana sero fœtuit. Bilis non impedit olei separationem nec acorem. Non solvit olea, neque cum aqua miscet.

L. Henr. RIECKE P. J. G. GMELIN *singulare anthropologiæ specimen* Tub. 1753. 4.*

J. Nepom. TICHY *de aëris proprietatibus naturalibus, nec non morbis ab aëris vitio ortum ducentibus* Wien 1753. 4.*

J. Melchior STÖRK *de respirationis actione* Wien 1753. 4.*

EJ. *De visus organo* ib. 1753. 4.

EJ. *De secretione in genere* ib. 1753. 4.

Jos. Lud. GOYRAND *in duodecim quæstionibus* Monspel. 1753. 4.* agit de spina bifida.

Frid. REBMANN *de omento sano & morbido* Argentor. 1753. 4.

J. Phil. ENGELBACH *de nutritione generatim* Argentor. 1753. 4.

J. Petr. BUCHNER *de visione simplici & duplici* Argentor. 1753. 4.

ID. *De rachitide perfecta & imperfecta* Argentor. 1754. 4.* & in *nostris selectis pract.* Puer rachiticus venenata anima, quæ avem occidit, demum incisus: pro ossium medulla ichor &c.

Jacob. Franc. LATTIER & J. B. HATTE *E. toti œconomiæ animali præsunt leges physicis experimentis detegendæ* Paris. 1753. 4.*

Edmund Thom. MOREAU & SOLIER *E. ex utriusque sexus seminis miscela fetus* Paris. 1753. 4.*

Claudii Joseph SOLIER & MACQUART *E. a semine partium robur* Paris. 1753. 4.*

J. B. THURANT & MISS *E. sibi invicem auxiliantur diversæ glandularum functiones* Paris. 1753. 4.

Mich. Jos. MAJAULT & N. MILLIN *de* COURVEAULT *E. junioribus ex seniorum cohabitatione detrimentum* Paris. 1753. 4.

J. Ant. SCOPOLI *de affectibus animi* Trident. 1753.

Ann. V. anatome fetus damæ.

Petri FONTAINE *tumor abdominis* Basil. 1753. 4.*

Achillis MIEG *specimen observationum anatomicarum & botanicarum* Basileæ 1753. 4.* Accurate de musculo plantari, lumbricalibus, metacarpeo, extensore brevi pollicis pedis, nervo ischiadico, varietatibus aortæ.

EJUSD. in *Act. Helvet.* T. III. de fele relatio, quæ post cæsareum partum undecimo die peperit.

In Ep. 188. 192. T. V. ad me data anatomen accuratam fibram carnearum valvulæ coli dedit.

In *Mém. sur la sensibilité & l'irritabilité* T. III. experimenta Cl. VIRI continentur de loco cerebri, quo irritato convulsiones nascuntur. In medulla oblongata & corporibus striatis substitit.

Henrici SULZER *de actione cerebri decussata* Basil. 1753. 4.*

J. N. WESSEL *de partu cum hæmorrhagia ob placentam orificio uteri adhærentem* Basil. 1753. 4.*

§. MCXXXIX. *Diaria anni* 1754.

In *Phil. Transf.* anni 1754. T. XLVIII. P. II. iterum *Jacobi* DOBSON calculi ad spem vitæ in varia ætate hominis superstitem.

Wilh. BRAKENRIDGE de numero incolarum Londinensium. Trigesimus quisque quotannis moritur, ruri quinquagesimus.

Ej. in T. XLIX. P. I. de vitiis tabularum emortualium Londinensium, quæ utique sunt maxima. Nam & morientium numerus nimis parvus est, & inprimis nascentium. Deinde longe plures adulti moriuntur alibi nati, qui Londinum petunt, fortunæ vices experturi.

Jacobi TULL castratio piscium.

J. JACOB chirurgi, offa Elephanti in Anglia eruta.

In *Hist. de l'Acad. des Scienc.* B. de JUSSIEU de pisce bicipite.

In *Swensk. Acad. Handl.* 1754. T. XV. *Martin* KAEHLER de polypis lapides rodentibus.

Petri WARGENTIN equitis, amici nostri singularis, duæ diss. de tabulis nascentium & morientium. Partus æquant a $\frac{1}{25}$. parte viventium ad $\frac{1}{31}$. Puerorum partus uberiores sunt, & civium Europæ numerus videtur augeri.

Ib. a. 1755. T. XVI. In Suecia esse ubi 144. homines nascantur ad 100. morientes. Numerum incolarum certius iniri, si & mortes in tabulas referantur & partus: illas esse ad incolas fere ut 1. ad 40. Porro tabulas HALLEYI & aliorum cum suis comparat, ut spem vitæ eruat. Longævi Batavi, vivaciores feminæ. Spes vitæ alia quam apud HALLEYUM. Nondum sanata vulnera belli tabulas Suecicas turbant. Denique de mortis potentioribus causis ex magnarum civitatum exemplo.

IDEM de mensibus quibus plures infantes nascuntur, nempe Septembre M.

In *Act. Nat. Cur. Vol.* X. Pleraque cum suis auctoribus dicta sunt. Duæ in cartilaginibus laryngis ossificationes.

In *Versuchen und Abhandlungen der naturforschenden Gesellschaft in Danzig* Tomo II. a. 1754. 4.* excuso de aphidis partu virgineo G. REYGER.

La MOTTE experimenta de ſimplici viſu & duplici.

In *Commentariorum Acad. Reg. Scient. Gott.* T. IV. *Tobias* MAYER, celebris olim Aſtronomus de acie egit oculi; de angulo, quo minor non ſufficit ad videndum, deque ejus anguli menſura, quæ eſt ad 34. ſecunda min. ubi lucis eſt ſatis &c.

In *Hamb. Magaz.* T. XIII. O. K. S. M. de particulis in ſanguine ferreis. Cæruleum Berolinenſe habere colorem ſuum a ferro in ſanguine latente.

T. XIV. de vegrandi oſſe femoris circa Schierz reperto.

In *œconom. Abhandlungen* T. VI. bona hiſtoria, etiam anatomica, aſtaci. Negat fluvialem aſtacum certo loco artum decutere.

In T. VII. de ovis longis gracilibus ex morbo natis.

In *Mém. de l'Acad. des belles lettres de Caen* Caen 1754. 8.* J. ANDRÉ agit de corporis humani miraculis.

CHIBOURG de mechaniſmo, quo affectus animi ſuam efficaciam exſerunt.

In *œconom. Nachrichten* T. V. agitur de incubatione: etiam eas aves incubare, quæ a matribus non ſuis excluſæ ſint. Ut piſces conpreſſo aëre ſub glacie ſtupidi reddantur.

T. VI. de piſcium ſomno ſ. ſtupore hiemali.

Hoc anno prodiit *Eſſays and obſervations phyſical and litterary publiſhed by a Society at Edinburgh Vol.* I. Edinburgh 1754. 8.* Plura hic phyſica, anatomica pauciora. *Alexander* MONROO & *David* HUME ei ſocietati a ſecretis, fuerunt. Gallice recuſum eſt hoc diarium *ſuite des Eſſais d'Edimbourg* Paris 1764. & Germanice *Zuſätze zu den Edinburgiſchen Verſuchen &c.* Altenburg 1755. 8.

In *Journal de Medecine* T. I. *Henricus* MISSA, quem Gottingæ vidimus, labium leporinum deſcribit, in quo ſuperior maxilla deficiebat, & dentes in cartilaginem erant implantati.

D. BURETTE de lethargo.

Oſſicula in dura meninge.

In *Hanoverſch. gel. Anzeig.* 1754. de morbis gallinarum.

In *Stokholm. Magaz.* Stockholm 1754. 8.* auctore *Carolo Emanuele* KLEIN recuduntur ſcripta minora Suecorum.

Hic ILL. *Carolus de* GEER de generatione inſectorum.

In *London Magazine* 1754. p. 187. Surdus natus, non tamen conſcientia deſtitutus, neque DEI timore & cognitione.

§. MCXL. *Donald & Alexander* MONRO, *Alexandri* filii.

Prior fratrum, aliquamdiu noſter auditor, in *Eſſ. read before a ſociet. &c.* egit de utero gravido, ad tria cadavera muliebria. Inquiſivit num liberum aliquod vaſo-

vaſorum uteri cum placentæ vaſis ſit commercium. Vidit oſtia venarum uteri, quibus quaſi valvulas putat præponi. Ex iis cera in vaſa uteri inpulſa prodiit, neque tamen in placentam tranſiit. Arterias vidit ſerpentinas uteri, & putat aliquas etiam placentas arterias in uteri ſinus ſe inmittere.

EJUSD. *de hydrope* diſp. Edinburgh 1753. 8.* deinde in librum confirmata Londin. 1755. 8.* cum titulo *an eſſay on the dropſy and its different ſpecies.* De variis ſedibus, in quas aqua hydropica effunditur. Non putat vaſa lymphatica rumpi. In moribundo pupillæ dilatatæ.

Alexander MONRO jun. in eodem *Eſſays &c.* primum agit de teſte & epididymide. Vaſculum vidit ab epididymide decedens. Dubitabat eo tempore, num unico is funiculus ductu fieret. Sed certe eſt unicus.

Ad uterum gravidum idem. Venæ uteri gravidi enormiter amplæ. Arteriæ ſerpentinæ. Arteriæ aliquæ in ſinus uteri apertæ. Eos ſinus veras eſſe venas dilatatas.

EJUSD. Diſſ. inauguralis *de teſtibus & ſemine in variis animalibus* Edinburg 1755. 8.* Cum argento vivo ex alto tubo in epididymidem delabente ea vaſcula repleviſſet, ſimilia fere eorum invenit, quæ ego vidi: in variis autem animalibus has illasve particulas liquidius expreſſas invenit. Proceſſum peritonæi recte a vagina celluloſa diſtinxit: fetum teſtes in abdomine habere confirmavit. In variis animalibus arteria ſpermatica inferne lateſcit. Nulla peculiaris arteriarum cum venis eſt anaſtomoſis. Non datur ex arteriis in teſtis vaſa ſerpentina liquorem impellere. Unicum vaſculum epididymidis. Menſuræ, plicarumque numerus ad 11 100. Rete teſtis & ramos vaſculoſos perinde reperit, ut nos. Vaſculum aberrans in avibus in pectus uſque perſecutus eſt. Vaſa lymphatica faſciculi ſpermatici in animalibus vidit repleri, quando argentum vivum extra vaſa effuſum erat. Vermiculi ſpermatici vera ſunt animalia. Bonæ icones, potiſſimum ex animalibus. Aliqua de piſcium veſica aerea, hinc ab œſophago ductum habente, inde cloacæ inſerta.

EJUSD. *De venis lymphaticis valvuloſis & earum potiſſimum origine* Berlin 1757. 8.* Lauſann. 1761. 8. Lipſ. 1770. 8. Ea vaſa neque ex arteriis oriri, neque ex venis, ſed ex celluloſa unice tela; neque injectum in vaſa rubra liquorem in lymphatica tranſire, niſi poſtquam in celluloſa ſpatia effuſus eſt. Omnem humorem tenuiorem per vaſa valvuloſa lymphatica in venas redire. Valvularum receptam utilitatem contra HAMBERGERUM defendit. Vaſa lymphatica ventriculi in ductum thoracicum ducentia.

EJ. *Obſervations anatomical and phyſiological wherein* D. HUNTE'RS *claim to ſome diſcoveries is examined* Edinburgh 1758. 8.* De inventis HUNTERI, quæ ſint anni 1752. & noſtris nuperiora. Reſorbtionem ex celluloſa tela ſe a. 1757. in ſcripto equidem typis non edito, dixiſſe. Pro nobis adverſus Cl. *Marcum* AKENSIDE, & contra ſeries vaſorum minorum. Ductus lacrumales in homine viſi & depicti.

EJUSD. *Answer on the notes on the postscripts to the observations anatomical and physiological* Edinburgh 1758. 8.* *Marcum* AKENSIDE non recte meam de vasis lymphaticis sententiam refutasse: dari tamen alias causas, ob quas non conveniat, eorum originem ex arteriis repetere.

In *Essays physical and litterary* T. II. 1756. 8.* ad descriptionem ossium capitis in fetu aliqua, cui caput semiduplex.

De vasis lymphaticis valvulosis & de earum imprimis origine Edinb. 1770. 8.* Vasa lymphatica unice ex textu celluloso oriri: neque se id inventum habere a HUNTERO.

In *Ess. and obss. of the philosophical society at Edinburgh* T. III. Edinburgh 1771. 8.* experimenta exstant, plurima in ranis facta. Nervis resectis motus periit. Opium occidit etiam cuti impositum. Cor a resecto capite potius celerius movetur. Opium in ventriculum impulsum lente occidit. In nervos nihil operatur. Nervorum sympathiam per cerebrum operari. Nervi dissecti coalescunt. Spiritus vini minus ranæ nocet, quam opium, Camphora magis. Vis medicamenti non est in ratione sensus excitati.

§. MCXLI. *J. Bernhard de* FISCHER,

Archiater Russicus, qui, nisi plurimum fallor, etiam nunc in beato senio supervivit.

In *Eph. Nat. Cur. Vol.* X. *obs.* 22. agit de albis leporibus.

Obs. 75. de singultu & vagitu in utero auditu percepto.

In *Nov. Act. Vol.* II. *obs.* 55. nævus, ut putat, ex terrore natus catellæ a loxia territæ.

EJUS l. *de senio ejusque gradibus & morbis, necnon de ejus acquisitione* Erford. 1754. 1754. 8.* Plures feminas ad modicum senium, plures mares ad ætatem secularem pervenire. Hiemis finem senes necare. In senibus esse cor amplum, amplam aortam, indurationem osseam membranarum arteriarum, potissimum inferiorum, cerebrum firmius, involucrum lienis durum, sic glandulas, ossaque arida, totum corpus levius, sensus obtusiores, excretiones parciores, maxillam minus firmam. Salis portionem putat cum senio crescere: sudorem fieri viscidiorem. Senescere etiam asitos.

Nova editio Erford. 1760. 8.* multum aucta est.

Compendium Germanice prodiit cura auctoris Hall. 1762. 8.

In *Nov. Act. Nat. Cur. Vol.* III. *obs.* 71. de vagitu uterino alterum testimonium dixit.

§. MCXLII. *Laurentius Theodorus* GRONOVIUS.

J. Friderici fil. naturæ studiosus, etiam potissimum animalium. EJ. *Musæum ichthyologicum sistens piscium indigenarum & quorumdam exoticorum* qui in musæo

musæo L. T. G. *adservantur descriptiones ex ordine systematico* Leid. 1754. fol.* Passim intercurrunt aliquæ piscium incisiones, ut siluri, qui penem habere dicitur & omentum. Cycloptero verum est mesenterium, & in eo vasa alba, quæ ad particulam cisternæ chyli non dissimilem coeunt. (quo ex loco videas præter BARTHOLINUM etiam GRONOVIUM de vasis lacteis piscium cogitasse.)

T. II. Leid. 1756. fol.* *Acc. amphibiorum animalium historia zoologica*, quo refert serpentum & ranarum classes.

EJ. *Zoophylacii* GRONOVIANI fasc. I.; *exhibens animalia quadrupeda amphibia atque pisces musæi sui* Leid. 1763. fol.* Pisces uberiores. Gymnotus Surinamensis videtur electrico vapore nocere.

T. II. 1764. fol.* Insecta continet.

EJ. *Brief aan* C. N. *over nieuw ontdekte zeediertjes* (Beroe & medusa) *en byzonders van den siddervis of beefaal* in *Uytgeleez verhandel.* T. III. de eodem gymnoto.

EJ. *Brief aan N. behelzende een nieuwe waarneeming omtrent zeker zeegewas* (ovarium cochleæ ib. v. 2.)

Ibid. cyclogastrum describit.

In *Act. Helvet.* T. IV. accurate agit de anguilla stuporifera Surinamensi. Ictu lædit, qui per lignum, sed potissimum per metallum propagatur.

IDEM de animalculo marino gelatinoso & polypi specie.

§. MCXLIII. *Anatomici Varii.*

ARCHANGELI PICCOLHOMINEI *anatome integra* cum præfatione & emendatione J. FANTONI, Venez. 1754. fol.* Insignis fraus typographi. Nuperum enim est opus hoc seculo scriptum, cujus auctor omnes membranas ex fibris vel ex laminis cellulosæ telæ oriri scribat. Icones ex REMMELINO & VESALIO fictæ mire deformes.

S. A. D. TISSOT, celeberrimus clinicus, noster in primis amicus, hoc anno vertit & edidit meum *de partibus sensibilibus & irritabilibus commentarium.* In præfatione momentum ostendit, quod novorum experimentorum in universa medicina est.

In T. III. *meorum commentariorum* quatuor experimenta de tendinis in homine indolentia.

EJ. *Lettre à M.* HIRZEL *sur quelques critiques de M. de* HAEN Lausanne 1762. 12.* agit de pleura insensili, per experimentum in homine factum. Nostram de irritabilibus & sentientibus corporis humani partibus sententiam non esse Leidæ natam. Multa pro nostra innocentia.

FRANCIS PENROSE *physical essay on the animal œconomy* Lond. 1754. 8.* Fermentationem habet pro fonte motuum microcosmicorum. Eam oriri putat ex igne internum aërem rarefaciente, cui cohæsio partium fermentantis corporis resistit. Ejusmodi fermentatio in ventriculo locum habet, & ex fervente cibo vaporis specie alimentum in vasa lactea subit, hinc in venas, idemque sanguinem cogit in circulum ire. Cor non causa motus est, sed receptaculum, cum vesicula fellis aut chyli comparabile. Denique vapor aufugit per poros insensiles & per pulmones.

Xaverius MANETTI, Medicus Florentinus, edidit Florentiæ 1754. 4. *due diss. fisiche del S. de Sauvages la prima de' medicamenti che attacano alcune determinate parti del corpo umano: e la seconda, come l'aria con le sue diverse qualita opera sul nostro corpo.* Notas hic addidit sæpe satis fusas. Tarantismum meram esse melancholiam.

IDEM Florenz. 1759. 4.* *Antonii* COCCHI morbum edidit & cadaveris incisionem.

R. BROOKES *introduction to physik and surgery* London 1754. 8.* 1763. 8. Germanice Berlin 1770. 8. Physiologiam brevem tradit.

EJ. *Neuw and accurat e system of natural history* London 176 . 8. 6.Vol.* Valde vitiosum opus, passim cum aliqua anatome.

L'ECLUSE *nouveaux élémens d'odontologie contenant l'anatomie de la bouche* Paris 1754. 12.* Anatome oris, ejus ossium, musculorum & vasorum, fere ex WINSLOWO. De modo, quo dentes lactei a subsequentibus aliis depelluntur, subtracto iis dentibus alimento.

Samuel MIHLES ad versionem nostrarum primarum linearum Londini 1754. 8. 2.Vol.* 1772. 8. 2.Vol.* excusam addidit historiam anatomes, tum adnotationes, quibus physiologiam BOERHAAVIANAM confirmat. Fibras esse series globulorum viscidorum. Multa tribuit potentiæ contractili arteriarum, etiam convulsivæ; cordi minus. Aërem in sanguine eo firmius recipit, quod putet se ejus strepitum in proprio corde percepisse. In secundo tomo nosologiam addit.

Recherches & observations sur la durée de la vie de l'homme Nancy 1754. 8.

Amilec ou la graine d'hommes avec des remarques amusantes 1754. 8. joculare opusculum.

§. MCXLIV. *Varii.*

GILES WATTS *a dissertation on the antient notion of derivation and revulsion* Lond. 1754. 8.* Sanguinem per venas ipsas a corde moveri. Celerius per arteriam sanguinem fluere, cujus correspondens vena incisa sit. Pro derivatione; sed ea practici sunt argumenti.

EJ. *Reflections on slow and painfull labours and other subjects in midwifry* London 1755. 4.* Contra BURTONUM. Priorem evanescere marginem superiorem & posteriorem orificii uteri. Contra WHYTTIUM, primam causam respirandi in fetu esse sensum incommodi. Hæmorrhagiam ex funiculo vidit, quam venæ tribuit.

Ben-

Benjamin PUGH *a treatise of midwifry chiefly with regard to the operation* London 1754. 8.* Fere practici argumenti. Plurimum tribuit invento suo, quo in transitu per vaginam fetui os aperit, & linguam deorsum premit, ut respirare possit, multisque pueris eo iuvento putat vitam se servasse.

Josephi WARNER *Cases in surgery with remarks* London 1754. 8.* Os per tres menses in dura matre absque dolore relictum. Hymen in puella dimidiam partem ostii urethræ claudens. Ex vulneratis tendinibus nulla vidit symptomata. Tendines achillis & extensoris digitorum sola quiete coaluerunt.

EJ. *Description of the human eyes* London 1773. 8.* Brevis anatome, princeps labor viri fuit in chirurgicis.

EJUS *account of the testicules their common coverings and coats; their diseases &c.* London 1774. 8.* Darton musculosam esse, interque duas cellulosas telas poni, quarum interior crassior sit. Laminam internam tunicæ vaginalis funiculi spermatici per tenuem membranulam cohærere cum vaginali testis, sic nasci septum inter partem funiculi superiorem & inferiorem. Albugineam tunicam leviter mediam partem epididymidis connectere cum teste, tenuis membranulæ ope, quæ ligamenti speciem habeat.

Petri Pauli TANARA *trattato di chirurgia* Firenz. 1754. 8. 2.Vol.* Brevis physiologia ad WINSLOWUM.

BROUZET *essay sur l'education medicinale* Paris 1754. 12. 2.Vol.* De generatione; BUFFONIUM hic sequitur. Sensum acutum glandularum, dictum *Theophilo* BORDEU, pro principe in irritabilitate invento habet. Organicas particulas æque facile se adtrahere atque salium moleculas. Pro vi imaginationis maternæ. Puer sexto mense post priorem puerum editus. Non vult pueros lacte nutriri.

Car. Lud. NEUENHAHN *vermischte Anmerkungen über einige auserlesene Materien zur Beförderung nützlicher Wissenschaften* Leipzig 1754. 8.* De brevitate vitæ humanæ. De causis diversæ formæ in hominibus, hinc de generatione. Semen masculum ab omnibus corporis partibus decedere, neque tamen delineationem hominis continere. Causæ propter quas fetum æquum esset patri esse similiorem: nonnunquam tamen maternam potentiam prævalere.

In II. Tom. 1755. 8.* de hominis variis animabus. RIVINIANUM tertium principium admittit, ex luce purissima conpositum, dum anima pars est essentiæ divinæ. Non in mente discrimen est, sed in corpore. Homines primævos absque stimulo venereo fuisse, neque speciem suam propagasse: superstitiosa aliqua.

T. III. 1755. 8.* De causa phosphori ab æthere in animali adipe tamquam suo elemento vortices faciente.

In T. IV. 1756. 8.* vix quidquam huc facit.

EJ. *Vermischte Bibliotheck, oder Auszüge verschiedener zur Arzneygelahrtheit,*

heit, Chymie, Naturkunde &c. gehörigen academische Schriften Hall. 1758. 8.* Ex BERNOULLII disputatione de nutritione cum aliquis stricturis. De mola.

Zweyte Sammlung 1760. 8.* Parum huc facit.

Lud. Gottfried KLEIN *de aëre aquis & locis agri Erbacensis & Breubergensis* Francof. 1754. 8.* Cadaver in arena per quinquennium incorruptum & arefactum. In Erbacensi ditione nascuntur fetus 18. ad 10. mortes. Sæpe feminæ pariunt absque mensibus. Quatuor monstra delineata.

In *Act. Nat. Cur. Vol.* X. describit hæmorrhagiam ex umbilico, *obs.* 71.

In *N. A. N. C. Vol.* I. n. 38. homo urethra fissa, glande impervia, pro androgyno habitus.

J. Gottlieb ECKART *vollständige Experimental-Oeconomie über das vegetabilische, animalische und mineralische Reich* Jen. 1754. 4. Staturam animantium in aquosis Frisiæ augeri. De castratione avium cortinarum.

J. Gottfried Ohnefurcht RICHTER, V. D. M. *ichthyotheologie, oder vernunft- und schriftmäßiger Versuch, die Menschen aus Betrachtung der Fische zur Bewunderung des Schöpfers zu führen* Leipzig 1754. 8.* De fabrica piscium; de oculis sturionis. Auditum piscibus relinquit, & minora officula. Enumeratio octoginta officulorum capitis. Squamarum elegantiæ. Dentes lucii alii in aliorum locum succedunt. Cerebrum piscium ut in quadrupedibus moveri. Tinca frigore pene emortua facile ad vitam revocatur; eam menses putat pati. Pisces dormire. Lucium intra 24. horas devoratum piscem in ventriculo coquere. Monstrum piscis pedatum. Siluri cerebrum in oleo natat. Anguilla vivipara. Novem lampetræ pulmones.

L'art de cultiver les meuriers blancs, d'elever les vers à soye &c. Paris 1754. 12.* Collectus l. ex ISNARDO, CHOMELIO, aliis. Ova bene excluduntur in calore humani corporis. Eo melius est sericum, quo brevior vita animalis, in China est 25. dierum, in Gallia 55. Feminæ non fecundatæ pariunt ova infecunda.

Pensées sur l'interpretation de la nature Paris 1754. 12.* Auctor DIDEROT. Passim physiologica tangit. Pro semine feminino. De particulis nunquam quieturis, nisi quando in situm minime incommodum inciderint. BERTINUM invenisse anastomoses mammariarum cum epigastricis (toti antiquitati dictas). Contra utilitates partium. De fluctuatione physiologiæ, etiam a BOERHAAVIO ad me.

J. Gottlieb GLEDITSCH *Abhandlung von der Vertilgung der Heuschrecken* Berlin 1754. 8.* De ovis locustarum & partu. Feminas ter fere fecundari. Venerem esse 21. horarum. A pluribus maribus eamdem feminam iniri. Dari ova infecunda. Redit in *vermischten physicalisch-botanisch-œconomischen Abhandlungen* Hall. 1767. 8.*

EJ. De sopore ranarum hyberno in *Mém. de l'Acad. de Berlin* 1762.

In *Mém. de l'Acad.* 1764. refert experimentum D. de VELTHEIM in Harbke, qui

qui piscium marium lactes super feminarum ova expressit, cumque ovis miscuit: ita fecundatio facta est, piscesque ex ovis nati.

Gründliche Anweisung aller Arten Vögel zu fangen, Bastarte zu ziehen, fremden Gesang zu lehren Nürnberg 1754. 8.

J. C. ZEHNDTNER *Unterricht von der Pferdezucht, wie die Gestüte in bessere Verfassung zu bringen* Berlin 1754. 4.

Natürliche Betrachtung der Bienen Leipzig 1754. 8.

J. Rud. SCHUBART's *nützliches Bienenbuch* Hanover 1754. 8.

WALLACE *Essai sur la difference du nombre des hommes dans les tems anciens & modernes tr. par J. de* JONCOURT Londres 1754. 8. si huc facit.

RAMEAU *observations sur notre instinct pour la musique & sur son principe* Paris 1754. 8.

Frider. Wilh. MUHLMAN *kurze Untersuchung, ob durch die Verletzung der Sehnen und des Beinhäutchens Schmerz und Brand entstehen könne* Königsberg 1754. 4.* Neque dolorem, neque inflammationem, ex tendinum læsione oriri, per experimenta.

§. MCXLV. *Disputationes.*

Daniel Heinrich KNAPE *de acido pinguedinis animalis* Götting. 1754. 8.* præside ILL. SEGNERO. De acido in variis speciebus adipis reperto. Analysis sebi, ovilli adipis, in quo nihil est lixiviosi, adipis humani, butyri &c. Acidum animale peculiaris est ingenii, & ab acetoso diversum & a minerali, neque ex sale marino natum.

G. v. BYLER *de conceptu* Leid. 1754. 4.*

Abraham HEMSKERK *de animi pathematum efficacia in corpus humanum* Leid. 1754. 4.*

Arnoldi DUNTZE, amati olim auditoris, *experimenta varia calorem animalem spectantia* Leid. 1754. 4.* Experimenta accurate repetiit, quo caloris gradu animal intereat. Canes nonnunquam in 119 gradu edurant, alias in 106. 117. & 126. gr. pereunt. Non putrescunt nisi altero die, sed inflammantur & bullæ aereæ in cellulosa tela erumpunt. Venæ sectio pene mortuum canem restituit. Mihi retulit, sibi & per venas & per arterias ceram in cor exsudasse.

In libello *de vulnere cerebri* confirmat, duram matrem non dolere.

Jacob de MAN *de natura hominis* Leid. 1754. 4.*

Martin KUHNBAUM *experimenta de respiratione* Leid. 1754. 4.* Prima costa immobilis reliquarum motum definit. Musculum agentem non pallescere.

J. Christ. LANGE *de acido aëreo insonte* Pr. de BUCHWALD, Hafn. 1754.

Herman Gerard Osterdyck SCHACHT *de motu musculari* Traject. 1754. 4.* Contra HAMBERGERUM, BOERHAAVIUM. Incipit de sensu acri tendinum & duræ

duræ membranæ dubitare, deque pallore musculi agentis, ad exemplum in homine adnotatum. Contra vim vitalem cerebelli: irritabilem vim tamen a nervis repetit.

Simon STYL *de motibus musculorum automaticis* Franeker 1754. 4.*

Christian de JONGE *de pericardio & liquore in eo contento*, ib. eod. anno.

W. OWENS *de epiphysibus* Franeker 1754. 4.

Joseph BLACK *de humore acido a cibo orto & magnesia* Edinburgh 1754. 8.* Potius ad chemiam spectat. De terra ossium IDEM in *Ess. of Edinb.* II.

Alex. THOMSON *de efficacia animi affectuum* Edinburgh 1754. 8.*

J. Thomæ BATT *oratio anniversaria Harveiana* London 1754. 4.

J. Frid. de BROKE *de vesicæ urinariæ appendicibus* Argent. 1754. 4.*

J. PFEFFINGER *de vi musculari* Argent. 1754. 4.*

Christ. Wilh. STORTE *de generatione hominis* Erford. 1754. 4.*

J. Wilh. BAUMER *de animali generatim & speciatim de humana natura* Erford. 1754. 4.

EJ. De oleo animali & ejus utilitate medica.

EJ. Embryonis ossa per matris alvum excreta, in actis Moguntinis.

EJ. *De glandulis & vasis lymphaticis* Erford. 1765. 4.* LIEBERKUHNIUM ostendisse, renis succenturiati partem corticalem ex vasculis radiatis fieri.

IDEM in *actis Giessensibus* 1771. 4.* de pulmone fetus denso solidoque agit, qui tamen nataret, & contra experimenta dicit, quæ fiunt in pulmone natente & submerso.

J. Jacob PERTHES *de doloribus parturientium* Erford. 1754. 4.

Frid. Christ. JUNCKER *de chymificatione per confermentationem assimilatoriam explicata* Hall. 1754. 4.

EJ. *De causis quibusdam prematuræ senectutis præcipuis* Hall. 1765. 4.

Christian Friderich JAMPERT *de causis incrementum corporis animalis limitantibus* Hall. 1754. 4.* Tabulæ incrementi puerorum in pondere & statura non justæ.

EJ. *Fetum in utero respirationis effectu non carere* Hall. 1757. 4.*

J. Salomon la CARRIERE *de qualitate & quantitate alimentorum infantibus a prima nativitate ad septimum annum convenientibus* Jen. 1754. 4.*

Car. Wilh. POERNER *experimenta de albuminis ovorum & seri sanguinis convenientia* Lips. 1754. 4.*

J. Christian ARNOLD *de calore a motu particularum corporis eoque rotatorio circa axes neutiquam explicando* Erlang. 1754. 4.

Traugott Balth. Christian STENZEL *de* HIPPOCRATIS *studio anatomico singulari* Witteb. 1754. 4.* Nimiæ supra verum HIPPOCRATIS laudes.

J. Christ.

J. Christ. HEDLER *jura hominis bicipitis* Witteberg. 1754. 4.

J. Jacob de ZIEGLERN *de submersis & methodo illis succurrendi* Basil. 1754. 4.*

J. Ignatius GILG *de spina bifida* Wien 1754. 4.* Accurata mali descriptio.

Nicol. SCHLEMMER disp. *de ventriculo* Prag. 1754. 4.

§. MCXLVI. *Diaria anni* 1755.

In *Philos. Transactionibus* hujus anni s. T. XLIX. P. I. *Thomas* BRADY *de insectis ex polyporum gente, in Flandria visis.* Arbor polypea, quam etiam NEEDHAMUS dixit.

In *Mém. de l'Acad. des Sc.* 1755. CAROLI *le* ROI de electricis ictubus, deque restituto hactenus per eos musculorum motu, etiam iridis.

IDEM de motubus internis oculi. Eos refutat, & sufficere docet, pupillam ad objecta proxima arctare, ad remota dilatare.

EJ. *Quaestiones medicae duodecim* Monspel. 1759. 4.* Olea animalia. Humorum animalium genesis.

In *Mém. de Physique* Paris 1771. 8.* Oculum se non adaptare ad distantias varias, sed sufficere saepe nobis visionem minus accuratam, neque necesse esse radios in unum punctum convenire. In PORTERFIELDIUM, cujus experimenta non demonstrant oculi mutationem.

In *histoire ejus anni* BIET de porcello cum duobus pedibus, & uno pede semiduplici superfluis.

BOIRIE de infante ano clauso nato, recto intestino in collum vesicae aperto.

In *oeconomischen Abhandlungen* T. VIII. de cornubus ammonis, eorum fabrica, vesica purpuracea, de duplici sexu.

Ib. de apum natura erronea varia, ut etiam mares ajat ova parere.

In *allgem. Magaz.* T. VI. *Thomas* GLOVER tritonem visum describit.

In *Hamburger Magaz.* T. XV. vetula 64. ann. menses patiens.

De vi vehementer alente ossium.

In *Mémoires de mathematique & de physique presentés à l'Academie des sciences par divers savans* T. II. Paris 1755. 4.* quae continet nostri argumenti pluscula, ea per suos auctores dispersa recensui.

In T. II. Diarii *Journal de medecine* agitur de puero trienni, cui pondus 83. librarum fuit, ut tamen adeps solus 59. libras efficeret. De homine in Anglia ad 600. libras pendente. De femore pueri ex abscessu ventris educto. Cl. DAVIEL corneam tunicam absque aegri sensu divisisse.

In T. III., qui & ipse hujus anni est, BROSSILLON de fetus minoris parte ad fetum majorem adhaerente.

BALLY de puero, cui palatum & alia capitis ossa deerant.

In *Mercure de France* 1755. Avril. OLIVIER de VILLENEUVE de pueto nuper nato 28. diebus sepulto, tunc eruto, & hactenus vivo, mira relatio.

Commentariorum Academiæ scientiarum & artium T. V. Bonon. 1755. 4.* *Cajetanus* MONTI descripsit cranium & rostrum avis monocerotis, cujus cornu narium est appendix.

In *œconom. Nachrichten* T. II. MOLLER fuse de locustis agit, de earum exuviis, olfactu aliisque sensibus.

Nova Academia hoc anno in Hollandia coaluit, cujus acta sunt *Verhandelingen uytgegeven door de Hollandtze maatschappy der wetenschappen te Haarlem* Tomus I. prodiit Haarlem 1755. 8.* Insertus SCHWENKII commentarius suo loco dictus est.

Hoc anno cepit prodire *Nuova raccolta d'opuscoli scientifici e philologici* Venez. 12.* in qua subinde aliqua ad rem nostram pertinentia occurrunt, ut in Vol. XLV. *Franciscus* GINANNI de insectis, quæ per sectionem corporum [illegible] rum multiplicantur. In Vol. XXI. PASSERI de bombyce CAL. CAR. TOSCHI di FAGNANO contra vampiros.

§. MCXLVII. *Varii.*

Job. SHEBBEARE, medicus, qui etiam politica scripta edidit, perpetuo ob ea carceri dicatus, edidit Londini 1755. 8. 2. Vol.* *the practice of physik founded on principles in physiology and pathology hitherto unaplied to physical enquiries.* In principio fatetur, se nulla propria inventa aut experimenta habere, & acriter tamen in ipsum etiam optimum BOERHAAVIUM invehitur. In T. I. physiologiam tradit. De causa caloris animalis. Neque in frictione est, neque in putredine. WHYTTII *sentient principle* meram esse vocem. Omnem in animale calorem ex motu oriri, ex pulli exemplo. Eum motum esse ab igne electrico de aëre absorbto, per nervos meante. Eumdem ignis in cellulosam telam effusum, motum facere musculorum; post quem vis contractilis fibrarum priorem statum restituit. Pari modo etiam cellulosa arteriarum natura ab igne dilatatur, & a fibrarum elasticitate restituitur. Idem ignis pulmonem dilatat, abit cum halitu, tunc pulmo elatere suo se contrahit, neque aut diaphragma, aut musculi intercostales quidquam faciunt. Peristalticum motum apud P. BERTIER vidit: nullum esse. Spiritus animales sunt ignis electricus. De cibis eorumque coctione. Secretio humorum ab adtractione ad succum sui similem.

In P. II. quæ practica est; crusta coriacea sanguinis fit a lymphæ secessu de reliquo sanguine.

Francisci de PAULLA BEDINELLI *nupera perfecta androgynæ structuræ observatio* Pisauri 1755. 8.* Hœdulus erat cum pene simul & clitoride, duabus urethris, alia penem percurrente, alia in vaginam aperta. Testes aderant, epididymis, vesiculæ seminales: tum vesica, uterus, ovaria, tubæ. Memorabilis observatio, si plenam fidem meretur.

De

Du VERGET *Anfangsgründe der Wundarzneykunst, und Unterricht für Hebammen* T. I. Argentor. 1755. 8.* Opus direxit D. GERVASY, procuravit D. de LUCE missus regius, Tomus I. continet brevem physiologiam, T. II. anatomen. Princeps scopus est chirurgia.

Fortunatus de FELICE, Professor Neapolitanus, qui nunc Ebroduni vivit, & insigni typographiæ præest, vertit J. ARBUTHNOT *specimen effectuum aëris in corpore humano, notasque adjecit* Neapoli 1755. 4.* Contra aëris in sanguinem receptionem, inter cujus patronos me recenset. Aerem etiam thoracicum rejicit.

GODART Medicus, qui in pago Verviers prope Leodium vivit, *Physique de l'ame* Berlin 1755. 8. 2. Vol.* nata ut nunc video ex *specimine animasticæ medicinæ* Rhemis a. 1745. defenso. Sedem animæ quærit, & in corpore calloso ponit ex GIGOTO: ei motum cordis tribuit, utut ejus actionis sibi non sit conscia. In T. II. nutritionem & generationem, tum animæ functiones describit. Illam animæ acceptam refert. Seminales globulos esse partes nostri avulsas, quas per frictionem amittimus, & quæ pergunt vivere, easque omnes una anima regit. Similes in femina particulæ sunt, eæque ex utroque sexu vivæ moleculæ quærunt se mutuo, uniuntur, animam a parentibus acceptam remittunt, & a nova suaque anima porro reguntur. Corpus ut polypus ex particulis polypi integratur. Anima dominatur fibris cerebri, fereque iis ut clavicymbalo utitur. Actiones vitales sunt absque reflexione. De somnio ex FORMEYO.

EJUSD. *Des antispasmodiques* egit in diss. Divione. Diversi stimuli aliis & aliis corporis humani partibus molesti sunt. Irritabilitatem ab elasticitate distinguit.

EJ. *Diss. sur les antiseptiques* Dijon 1769. 8.* Phænomena putredinis in corporis animalis partibus. Alcalescere, quæ putrescunt, in carne præcedere aliquem acorem. Putredini favere 35. gradus caloris REAUM.

Giovanni Verard ZEVIANI *del flato a favore degli ipochondriaci* Veron. 1755. 4.* 1764. Ob nimium usum organorum animæ nervos animales laxos fieri in hypochondriacis, vitales autem solos operari.

THIERRY, medici, qui diversus est a FRANCISCO nostro p. 449. *medecine experimentale, ou resultat de nouvelles observations pratiques & anatomiques* Paris 1755. 12.* Peregrinator, genus humanum putat decrescere. In quoque homine partem aliquam sui corporis debiliorem esse. Non magnam esse utilitatem perspirationis insensibilis. Lappones, qui nihil perspirant, omnium mortalium sanissimos vivere.

BERARD *l'art du chant* Paris 1755. 8.* Huc facit theoria vocis FERRENIANA. Cantus est in elevatione & depressione laryngis. Quo mechanico modo variæ voces certorum adfectuum animi interpretes producantur. Ut voces fuscæ emendentur, lentius elevato, minusque in altum ducto larynge in voce arguta (*aigue*); magis elevato in surda voce. Litterarum formatio. De articulatione, quæ fit litteræ præcipuæ prolongatio. Ornamentorum (*agrémens*) in cantu mechanica per laryngem productio.

Hæc

Hæc inventa sibi M. BLAHCHET, vir ecclesiastici ordinis, vindicavit, in *art ou principes philosophiques du chant* Paris 1756. 12. Constitit, ut mihi refertur, pecunia numerata BERARDUM a BLANCHETTO veniam emisse edendi operis.

Medecine statique, ou science de la transpiration Montpel. 1755. 12.

J. Conrad LOEHE *Gedanken von der Federkraft des menschlichen Körpers* Altdorf 1755.

Huc referas J. GEDDE *apiarium Anglicanum*, cujus primam editionem ignoro. Germanice prodiit Lipf. 1755. 8.

Frid. Wilh. GUNTHER *de contusione articulationis genu* Wolfenb. 1755. 4.* Nullus dolor, cum laceraretur tendo extensoris tibiæ, & ligamentum patellæ, & cum raderetur cavitas inter patellam & tibiam.

Physiologiæ elementa Amsterdam 1755. 8. Quid?

WOUTER v. LIS *ontleedkondige onderwys* Bergen op Zoom 1755. 4. WACH.

In ejusd. *genees en heelkondige oeffeningen.* Middelburg 1763. 4.* solet partium adfectarum anatome addi, non ubique accurata. Conjunctivam tunicam oculi esse a periosteo.

Cum BETBEDERI *histoire de l'hydrocephale de Begle* Bourdeaux 1757. 8.* prodiit *Essay sur la nature des esprits animaux.* Igneam esse ipsis naturam, eosdemque scintillarum specie de pilis animalium elidi, aut de hominis indusio. Se vidisse medullam encephali in vesiculas mutatam, cellulosæ telæ similem.

Essai de psychologie, ou considerations sur les operations de l'ame &c. Londres 1755. 8.* Auctor noluit innotescere, quem suspiceris ILL. esse BONNETUM. Sedem animæ fere ad HOOKII mentem admittit, collectas nempe fibras omnes, per quas motus in corpore humano administrantur, aut sensus ab externis objectis ad animam veniunt. Memoria est sensus animæ auctam mobilitatem fibræ percipientis, cujus prima causa in externa est impressione. Adtentio robur auget sensationis, dum anima in fibras agit, certas sensationes repræsentantes. Sed profundi sensus librum præstat legisse.

REMOND *de* VERMALE *leçons d'Anatomie & de Chirurgie pratique faites en faveur des chirurgiens* Manheim 1755. & Germanice ib. 1755. 4.

§. MCXLVIII. *Varii.*

Caroli PERRY *mechanical account and explication of hysterical passion and of all other disorders as are peculiarly incident to the sex &c.* London 1755 8.* Crasin corruptam spirituum animalium accusat & inordinatas explosiones. Ea occasione de spiritibus agit, quos putat medium inter pura materie entia tenere interque corpora.

ELOY *Dictionnaire historique de la medecine* Liege 1755. 8. 2.Vol.* FREINDIO & CLERICO usus, in recentioribus scriptoribus valde parcus. Nomina corrupta, librorum alicujus scriptoris catalogi imperfecti, scriptores repetiti, omnia vitiis plena. *De-*

Description du Cabinet R. de Dresde touchant l'histoire naturelle Dresde 1755. 4.* & Germanice *Kurzer Entwurf &c.* auctore Cl. EILENBURG. Inter anatomica, plica enormis. Instrumenta chirurgica eunte seculo XVI. ab electore AUGUSTO coemta. Cornua cervorum difformia. Leæna.

Petr. HOGSTROM *kort berättelse om Lappernas biörnefänge* Stokh. 1755. 8.* Ursi in cavernis hiemem transigunt, exinanitis intestinis, devoratis pilis ex nidis formicarum compactis. Jejunant 20. fere hebdomadibus, pilas fæcales suas altero demum vere reddunt.

Onomatologia medica completa T. I. Ulm. 1755. 8.* T. II. ib. 1756. 8.* Vocabulorum technicorum interpretationes. In T. II. voces occurrunt anatomicæ & chirurgicæ.

John DOUGLAS, Chirurgi, *a treatise on the hydrocele* London 1755. 8.* Partium adfectarum descriptio. Darton cellulosam telam esse fatetur. Hydrocele in variis funiculi spermatici & testis involucris.

EJUSD. *An answer to the remarks on a treatise upon the hydrocele* London 1758. 8.* Vaginam vasorum seminalium mollem esse & cellulosam &c.

G. Antonio VANUCCI *raccolta dei principali effetti della cavata del sangue* Genova 1755. 4.* Copia sanguinis, qui in variis hominibus dato tempore de vena incisa effluxit. Aliqua de naturā vasorum sanguineorum.

J. Andreæ HARNISCH *von der Säugung neugebohrner Kinder* Leipz. 1755. 8.* Nutrices matribus præfert.

Le serin de Canarie Paris 1755. Poëma, quo plena aviculæ historia continetur.

L'art de faire des garçons ou nouveau tableau conjugal par M. D. M. de Montp. cùm fictitio titulo Montpelier in Germania prodiit 1755. 8.* 1760. 8. ASTR. Scriptori scopus fuit, deridere MAUPERTUSIUM; sed nimis certe lubricus est legi. Refutat semen muliebre, negat effundi, negat tantam esse feminæ voluptatem. Vermiculos seminales in ipsa venere nasci, & continuo interire. Pro ovis. Semen maris per tubas in ovarium ventre, & per poros ovi penetrare, cumque ejus liquido misceri, quod sit semen feminæ, cumque eo effervescere. Fetum esse animal compositum ex utroque semine, modo hunc, modo alium artum ab hoc, aut ab illo parente suppeditari. Septem unius patris filii communi signo duorum conferventium digitorum pedis notati. In omni viro duos esse testes inæquali magnitudine, filiis destinatum generandis priorem, alterum filiabus. Sedem voluptatis & tempus esse in apertione valvularum, quæ semen ex vesiculis seminalibus emittunt. Dari feminas, quæ pro arbitrio norint vaginam constringere.

§. MCXLIX. *Ad litem de natura insensili & irritabili.*

Urbanus TOSETTI, scholarum piarum, scripsit Romæ 1755. fol. epistolam ad *Josephum* VALDAMBRINI. In ea recenset experimenta, quæ in vivis canibus fecit, & per quæ constitit, tendines, pericranium, carere sensu, dum cutis acriter sentiebat. Recusus est in mea collectione & in PETRINIANA.

Duæ

Duæ aliæ TOSETTI epistolæ a PETRINIO sunt editæ, quibus ejusdem sensus experimenta continentur ad insensilem naturam tendinum &c. Ad cordis de corpore animalis evulsi in pulsando pertinaciam, dum omnia intestina frigent. De consolidatione tendinum per cæruleum gummi. Motus cerebri, & dura mater insensilis. Vetusta animalia minus irritabilia videri. Sensum, quem alii dixerunt tendinum, esse ab eorum vaginis. Experimenta de natura insensili Cl. *Ludovici* PALIANI, *J. Laurentii* GRAZIANI, *Ignatii* VARI, *Morando* MORANDI, *Everardi* AUDRICH.

Epistola TOSETTI IV. Rom. 1756. & in nostra *collectione*. Contra LAGHIUM & BIANCHUM Taurinensem. PALIANUM & ipsum præjudicata opinione contra nova experimenta occupatum, a suis periculis meliora doctum, insensilem tendinum naturam adgnovisse; cum nullos præterea in tendine nervos reperiret. Cl. BALDUINUM varios tendines in hominibus experimento facto sensu destitutos reperisse. Vitia experimentorum LAGHII; præceps experimentum, non nudati tendines. Cl. PIAZZA tendines humanos sensu vidisse carere, tum animalium: VESPAM periosteum. Pro insensili pleura varia experimenta. Nullum in dura membrana nervum esse, neque sensum apparuisse in BALDUINI experimentis. BIANCHUM nulla experimenta fecisse. Nervos prætereuntes posse fictitii sensus signa dedisse.

Cæsarius POZZI, Professor Matheseos, Florentiæ edidit 1755. 4.* *epistolam* ad *Antonium* LAGHI, in qua numerosa experimenta recenset, Florentiæ in vivis canibus facta. Tendines, pericranium, duram membranam, supra centum experimentis subjecit, alia etiam in corde & intestinis experimenta fecit, omnia ad nostrum sensum evenerunt. Adjuvarunt CÆSARIUM celebris chirurgus *Joseph* VESPA & *Everardus* AUDRICH. Recusus est libellus in PETRINIANIS, inque nostris.

EJUSD. *Epistola* ad D. SERAO in *J. Mariæ a* TURRE *de globulis sanguineis adnotationes*. Globulos necessario sphæricos esse: figuram planam esse a pressione. Infusoria ipse experimenta fecit, & dari picei sanguinis periculosam tenacitatem expertus est.

Romæ hoc ipso anno *J. Vincentius* PETRINI, Professor Matheseos, edidit *sull' insensibilità ed irritabilità di alcune parti delli animali dissertazioni dei* S. HALLER, ZIMMERMANN *e* CASTELL, *colle lettere del S. Urb.* TOSETTI *sullo stesso argomento*. In præfatione Cl. PETRINI utilitatem horum experimentorum exponit, post quæ audacius licebit tendines & duram cerebri membranam incidere, quotiescunque id ægri res requisiverint. Irritabilitas ab omni alia potestate animali distat. Incrementa hominis ex irritabilitate cordis sunt, quod a semine masculo excitatur.

Camillo BARBIELLINI *riflessioni Anatomiche intorno alla med. diss. del S. Haller dal quale con il experimento de quadrupedi aperti vivi si vogliano sustinere per insensibili molte parti del corpo umano contra l'esperienze anatomiche e contra le autorità di gravissimi scrittori di Medicina è Chirurgia* Rom. 1755. 12. MAZZ.

§. MCL.

§. MCL. *Disputationes.*

Herman Christian SCHRADER *de digestione animalium carnivororum* Gotting. 1755. 4.* Describit primas vias nonnullorum quadrupedum, inter ea ursi, & avium. Carnivoris animalibus œsophagus amplus, ventriculus rugis plenus & glandulis. In cane musculum retractorem intestini recti reperit. Ursus & erinaceus appendicula coli destituuntur. Corvi bilis cystica peculiarem suum & ab hepatica diversum ductum habet. In cane aliisque carnivoris ductus bilarius a pancreatico distinctus est. In corvo glandulæ supra ventriculum numerosæ, in ardea in ipso ventriculo. Corvo duo pancreata, duo ductus pancreatici.

EJ. *Observationum rariorum ad rem medicam & obstetriciam spectantium fasciculus* I. Wolfenbuttel. 1760. 8.* Præter practica, de aphonia ex ligato aut resecto nervo recurrente, de abstinentia trienni agit.

J. Frid. KUHN *nonnulla in motu musculorum momenta* Gotting. 1755. 4.* Musculi voluntarii alterne flexi, nervique inter eos flexus liberi. Musculi spontanei jugis fiunt undulatis, nervos intercipientibus. Pr. J. G. ROEDERER.

Christian Ludwig SCHAEL *de funiculi umbilicalis deligatione non absolute necessaria* Gotting 1755. 4.* Nullum sanguinis matrem inter & fetum esse commercium: per funiculum placentæ in utero relictæ sanguinem non manare; nullum esse periculum intermissæ deligationis; continuo a partu motum sanguinis in placenta & pulsum deficere. Posse tamen breviter resectum statim a partu funiculum funestum effectum edere.

J. Henrich BUTTNER *de qualitatibus corporis humani hæreditariis* Götting. 1755. 4.* Pro iis qualitatibus, pro integrarum gentium communi charactere. Pro panspermia & germine indestructibili, sed in corpore parentum ad eorum similitudinem reformato.

Christian Wilhelm PENZKY *de phosphori urinæ analysi & usu* Hall. 1755. 4.* diss. per experimenta nata. In phosphoro terra vitrescens, acor marinus, & vitriolicus.

Jordan BREBIS *Num fetus in utero respiret* Jen. 1755. 4.

J. Balthasar JANTKE *de præmatura aquarum parturitionis ex utero gravido effluvio* Altdorf. 1755. 4.*

Augustin Meinrad la CHAUSSE *de superfetatione, vera in utero simplici* Argentor. 1755. 4.* Lego falsam fuisse superfetationem.

J. Henrich PEREY *de visu* Basil. 1755. 4.*

Marci Beati Ludovici Jac. PORTA *de sternutatione* Basil. 1755. 4.*

Franc. Henrich ZANDER *de manducatione* Leid. 1755. 4.*

C. J. TIEBOEL *theses ad artem obstetriciam chirurgiam praxin & physiologiam* Leid. 1755. 4.*

Petri HINLOPEN *utrum aër cum sanguine per pulmonem transeunte misceatur* Utrecht 1755. 4.*

J. Henr. LANGE diss. *de ætatibus* Kiel 1755. 4.

Ej. *De salivæ efficacitate* Kiel 1755. 4.

Ej. *De somno inquieto sanitatis præsidio* ib. 1757. 8.

J. Joachim Gotthard STURM *de eo, quod justum est circa anatomen* Rostoch. 1755. 4.*

Gustav. Chr. HANDWIG *de somno* Rostoch. 1755. 4.

Ej. *Puerpera &c.* 1757. 4.

Andreæ MALM & KALMII *de ornithotheologia* diss. I. & II. Abo 1755. 4* anatomen etiam teleologicam habet.

Henrici Jacob MACQUART & auctoris *J. Franc.* FRANC *de la* RIVIERE *Ergo a multis concurrentibus digestio* Paris. 1755. 4.*

J. Alex. DUBOIS *de fluidi nervei exsistentia, origine, cursu & indole* Monsp. 1755. 8.* Contra tubulos nerveos. Pro spiritibus nervosis aëreis. Motus muscularis a spiritibus uberius in musculos impulsis.

Georgii BAKER *de adfectibus animi & morbis inde oriundis* Cambridge 1755. 4.* Utique animam corpus proprium consumere. SWIFTIUM macilentum fuisse, quamdiu eum ambitio agitabat, spe omni deposita obesum factum esse.

In *Medic. Transact.* T. III. refert de viro, qui totis sex mensibus potu abstinuit, & solo pudding vixit, ex ea curandi ratione insigne ponderis decrementum sensit, pulsus habet paucissimos & fere 45. in primo minuto, urinam etiam parcissimam reddit, ad sesqui libram in 24. horis.

Ej. *Oratio* HARVEJANA Lond. 1761. 4.

Ej. *Opuscula medica* Lond. 1771. 8. alii 1772. 8.

Robert TAYLOR *oratio anniversaria* HARVEJANA London 1755. 4.* HARVEJUM jam a. 1619. circuitum sanguinis in chirurgica prælectione docuisse, & inventi famam legatum Venetum captasse, & *Paulo* SARPIO aperuisse. GLISSONIUM irritabilitatem invenisse, veram potentiam fibræ innatam, ita ut tamen mihi potius nimia tribuat.

Ej. *Miscellanea medica* Londin. 1761. 4.* Repetit orationem HARVEJANAM, & testatur neque me GLISSONIO debitas laudes negasse, neque me non propriis experimentis irritabilitatem stabilivisse.

§. MCLI. *Diaria anni* 1756.

In *Phil. Transf. Vol.* XLIX. P. 2. *Edward* WRIGTH de animalculis in aqua cum variis corporibus infusa apparentibus, & continuo diminutis.

In *Hist. de l'Acad.* 1756. varii de DROUARTO, qui se dicit menses pati, cui interim barba efflorescit.

In Alvernia repertum in sepulchro cadaver perfecte flexile.

VAROQUIER de fetu in ovario reperto, cum hymen adesset.

Essays and observations physical and litterary read before a society at Edinburgh T. II. Edinburgh 1756. 8.* *Georg* CLERK de magnis ossibus circa Dumfrees repertis, ut costa 23. pollices longa esset.

J. MOWAT & *Alex.* MONRO de capite fetus quasi semiduplici, partibus inferioribus simplicibus.

Georg YOUNG dentes & ossa in ovario puellæ reperta.

Steph. FELL aquarum in partu incredibilis copia reddita, ad 50. libras.

Arch. HAMILTON menses ligato femore restituti.

In *K. Swenska Wetenskaps Academ.* T. XVII. n. 2. *Samuel* NAUCLE'R de refocillatione hominis frigore pene exstincti.

Herman SCHUTZER fetus biceps.

IDEM in T. XIX. p. 3. fetus in ovario virginis repertus, hymene superstite.

In *Hamburg. Magaz.* T. XVI. spiritus balsamicus ad conservandas partes animalium repletas.

Aliqua de polypis Holsaticis.

In T. IV. & V. *Journal de Medecine* 1756. continentur labores anni 1756. T. IV. FOURNIER de cæcitate nocturna, iride mobili, a retinæ sensu obtusiori.

Cl. MARTIN accurate egit de mediastini situ, inæqualiter pectus bipartientis.

STROPE de eadem mumia Alvernica flexili, pice cum plantis aromaticis condita.

DEVILLIER Asitia 15. dierum ex amore.

MELLET de fetu, cui nulla abdominis tegumenta.

Excerpta de nostris experimentis circa insensilem multarum corporis animalis partium natura. Non bene Collector ANNÆ CAR. LORRY experimenta priora fecit, quæ anni sint 1753., cum noster totus libellus a. 1752. prælectus sit.

In Tomo V. P. GOUPIL de fetu, cui ureteres aperti supra os pubis urina perpetuo depluebant.

MOREL ossa pubis a partu difficili per unciam dimota.

Le BOEUF menstrua hæmorrhagia in juvene.

MELLET dolores parturientium esse a capite fetus cervicem uteri urgente.

VANDERBELEN de fetu tubario. Vult etiam in virgine corpus luteum vidisse.

Homo capite vitulino D. RENSON.

BOCHARD fetus 27. annis in utero retentus, & nova interim conceptio.

Anonymus novam theoriam dedit motus muscularis.

In *Mém. de l'Acad. des Sciences de Berlin*, varia suo loco recensa.

In T. IX. *œconom. physical. Abhandlungen.* Historia & anatome halecis.

Anonymus de apibus.

De finibus insectorum, ut vita reddatur corporibus putridis.

In T. X. HOFMANN de vitæ humanæ termino.

De somno, ex nostris primis lineis, prius in Anglicum sermonem translatis.

In *Mercure de France* passim aliqua reperiuntur anatomici argumenti, ut hoc anno M. Jun. de anatome hippocampi.

TOUSSAINT & GAUTIER junior *Observations periodiques sur la physique & l'histoire naturelle* novum est diarium, anno 1756. 4.* ceptum. In I. mense hujus operis agitur de mulis: asinus ex equa excisus patri longis auribus simillimus. Aliqua ad anatomen castoris ex WEPFERO. Monstrum ex connatis quasi fetubus coalitum, cum aliqua anatome. Improbabilis partus quadrupes, quinque in uno oculo pupillis. Experimenta cum vivis anatibus capta, quibus GAUTIER capita amputavit: in capite parca vitæ signa fuerunt, plura in corpore. Aliqua etiam capitis & medullæ spinalis anatome. Ren ursi. Lacerta Americana & ejus cor, intestina, cæcum int. peramplum (quod mihi videtur mera intestini dilatatio). GAUTIER de magna lacerta Americana. Iterum se vidisse equum formatum, neque facile diffluentem, in semine caballi. Viperas & lacertas se ipsas fecundare, & ranam masculam fetus intra corpus suum habere.

In *Hannoverischen nützlichen Sammlungen* a. 1756. de astacis. Anno 1756. & 1757. de murium itineribus.

In JUSTI scriptis passim aliqua huc referas. In *den Policeyamts-Nachrichten* 1756. aliqua de verme canum, qui tendo sit sub lingua media positus, cute linguæ obvolutus.

Saggi di Medicina degli Academici conghietturanti di Modena Carpi 1756. 4.* *Antonius* MORANDUS negat, anatomen tutum fundamentum medicinæ præstare.

Josephus PAVANELLI BELLINI de derivatione & revulsione sanguinis sententiam proponit.

§. MCLII. SALERNE. BRISSON.

SALERNE, Medicus Aurelianensis, putat se in minori otide femina testes masculi sexus reperisse: videri etiam in majori specie PERRALTUM similem structuram reperisse (capsulas renales).

IDEM & socius operis *Arnauld de* NOBLEVILLE ediderunt a. 1756. *histoire des animaux* 12. 6. Vol.* Anatomen, viscera, humores etiam tradunt.

In

In tomo I. de insectis agunt. A collectis cantharidibus mictus cruentus.

T. II. P. I. pisces. Anguillas viviparas esse. Lucius devoratos bufones non mutatos evomit. P. II. Amphibia, lacertæ, ranæ: vana aliqua de vi incantante bufonis & nonnullorum hominum.

T. III. Aves. Cuculum altricem currucam non occidere. Gallus quadrupes adultus. Varietates gallinarum. Ululæ plumas in pilam redactas revomunt. Passim intestina cæca avium recenset. Cygni domestici aspera arteria recta, sylvestri cygni recurva & in sterni caveam recepta.

T. IV. V. VI. Paris 1757. 12.* Quadrupeda. Caprarum lac ob usum tithymali acre esse. Plurimum cæterum BUFFONIO hic usi sunt, neque nuperis STELLERI aliorumque borealium utilissimis relationibus.

In T. VI. de homine cum brevi anatome. Inde de mure, cujus propriam dant incisionem. Aliqua de Rhinocerote. Intervalla in fetu præparata, per quæ dentes exserti apri prodibunt. Melis anatome propria. Cornua boum ut crescant; anulos ætatem animalis exprimere.

SALERNE solus dedit *histoire naturelle eclaircie dans l'ornithologie* Paris 1767. 4.* Opus ipsum est RAJI *de avibus*, sed multum auctum, avium etiam iconibus ornatum, & ducentis fere avibus ab anonymo additis. Passim aqua aliqua a venatoribus didicit. Anatomica vix adtigit.

Cl. BRISSON olim REAUMURII adjutor, ejusque thesauris naturalibus præfectus. EJUS *regne animal & la division des deux premieres classes*, Latine & Gallice prodiit Paris 1756. 4.* Methodus a dentibus sumta, dentesque delineati, inde ungulæ. Anatome omnino nulla. Sola quadrupeda & cete.

EJ. *Ornithologie concernant la division des oiseaux, en ordres, sections, genres, espéces & leurs varietés* Paris 1760. 4. 6. Vol.* Etiam hic anatomica nulla exspectes, neque generationem, aut vitæ genus.

In *Hist. de l'Academie des Sciences* 1759. agit de cochlea, quæ, dum increscit, aliquos suæ testæ anulos defringit, ut circulorum numerus decrescat.

§. MCLIII. *Martinus Frobenius* LEDERMULLER,

Procurator ad causas Noribergensis, delectatus microscopicis speculationibus, varia in hunc sensum scripsit, quorum aliqua propius ad anatomen spectant. EJUS sunt *physicalische Beobachtungen der Saamenthierchen* Nürnb. 1756. 4.* Microscopiis maxime augentibus usus, vidit animalcula seminis caudata, vera animalia, quæ per duas horas vitam conservant. LEEUWENHOECKII figuras nimis amplas esse monet.

Contra GROLLIUM bibliopolam a. 1757. 8.* se tuetur.

EJ. *Versuch zu einer gründlichen Vertheidigung der Saamenthierchen* Nürnberg 1758. 4.* Ex TREWIANA bibliotheca collegit, quæ passim ad rem microscopicam scripta fuerunt. Vermiculos seminales simplici microscopio facile distingui, non vero in tubulo vitreo ostendi posse. Quod Cl. ASCHE nullas in his vermiculis caudas repererit, tribuit microscopio non satis augenti. Non omnes oculos posse has caudas distinguere. Suas lentes ad 320plum diametrum augere; LEEUWENHOECKIANA vitra multo obtusiora fuisse; sed eum virum microscopium solare non ignorasse. Nullos dari in corpore luteo vermiculos. Mensulam ad microscopicas ranarum contemplationes aptatam describit. Varia ex MALPIGHIO, aliis.

EJ. *Microscopische Gemüths- und Augenergötzungen* Nürnberg 1763. 4.* sed priores 50. tabulæ sunt anni 1760. Centum sunt tabulæ, ad microscopium cum vivis coloribus depictæ. Inter eas passim aliqua ad nos spectant. De globulis sanguineis in ranis visis. Seri sanguinis rete fibrosum, exhalatione natum, & particulæ quadratæ muriaticæ. Anguillæ in glutine farinaceo, in aceto: squamæ piscium: plumulæ papilionum. Tubuli, ut noster putat, nervi optici, qui sunt funiculi nervei pia meninge obvoluti. Vascula & viscera cimicis; vascula ramosa proboscidis, in papilione. Plicæ cutis humanæ, & spirales digitorum lineæ. Pili varii, & lana cellulosa, & pori, ut putat, sudoriferi. Oculus scarabæi, cum sexangularibus quasi corneis tunicis, & suo pro quaque nervo optico. Serpentulus aquaticus, cui vasa, oculi, intestinum strangulatum. Oculi & intestinum fasciolæ, & cæca intestinula numerosa. Vasa in chrysalidis capite. Ova cyprini & lactes masculæ. Polypi varii eorumque hydræ. Polypi cristam castrensem referentes. Alii polypi minores, varii. Papillæ linguæ bubulæ, aculcatæ, fungiformes, cum nervis & vasis.

EJ. *Der microscopischen Augen- und Gemüths-Ergötzungen Drittes Fünfzig* Nürnberg 1762. 4.* Ad fabricam linguæ coctæ. Ejus fibræ reticulatæ. Pilus de crine leonis, cum magno tubulo, & multis exhalantibus guttulis. Pilus reticulatus capreoli. Papilla unguiculata linguæ bubulæ. In papilione multa & ramosa vascula. Lana. Penis, ut putat vir Cl., muscæ, & oculus. Proboscis papilionis.

In *diariis* passim microscopica adtigit, & in *Fränkische Samml.* T. 3. de anguillis farinaceis & earum restituta vita egit. ASCHII globulos seminales rejicit.

§. MCLIV. *Anatomici varii.*

M. D. *élémens de physiologie* Paris 1756. 12.* Non eruditi viri opus, qui novos Gallicos libros fere legit & NENTERUM. Ductus hepati-cysticos pro indubitatis admittit. In utroque sexu semen reperit, & duorum quidem generum. Lac in fetus nuper editi mammis rarum putat. Plus noctu perspirari. Vis tonica. Ventriculum non posse cis tertiam partem diametri arctari. Motum peristalticum rejicit. Aërem thoracicum refutat. Omnes musculos intercostales habet pro musculis exspiratoriis. Neque aërem in sanguinem venire, neque eum humorem in pulmone refrigerari. Unica valvula cujusque ostii cordis. Non magni momenti esse vim corneæ tunicæ refringentem.

Roland

Roland MARTIN *om de gräntsor som naturlig billighed synes hafwa utstakt emellan medicin och chirurgie* Stokholm 1756. 8. Ad historiam anatomes: pleraque inventa hic esse medicorum.

EJ. in *Swenska Wetenskap. Acad. Handlingar* 1758. P. 3. de vesicæ evacuatione. Cum *Francisco* NICHOLLS sentit de pyramidalis musculi officio.

EJUSDEM *om atskilliga sätt atler upodla anatomen i äldra och yngra tider* Stokholm 1759. 8.* Historia anatomes: laudes incisorum nuperorum, ALBINI, aliorum. Ad injectiones penetrabiles sandaracham commendat, ad crassas resinam cum ceræ dimidio.

EJ. *tal om nervers almänna egenskaper i människans kropp* Stokh. 1763. 8.* Justi voluminis liber. Ex bonis fontibus hausit. Nervum humidum esse conductorem materiæ electricæ, ut sericeus funiculus madidus. Siccus transitum ejus materiæ moratur. Irritabilem naturam a sentiente distinguit. Retinam tunicam ad lentem crystallinam usque venire negat. A temporali ramo Quinti eum nervum provenisse, quem solet Septimus ad tempora edere.

In *Vol.* XXVII. ostendit, ossa a TIBURTIO pro giganteis habita hominis esse non proceriori septem pedibus.

In *Vol.* XXVIII. P. 4. de ossibus fetus per novem annis retentis, & per uteri ostium eductis.

In *Vol.* XXIX. P. 2. Arteria aorta ab *Adolpho* MURRAY repleta: uteri arteriæ ad placentam usque cera plenæ. Communicare vasa, forte non rubra, matris cum fetus vasis. Non putat vir Cl. fetum se cernuum dare.

Christian JAHN *Löchstnöthige Lehre von dem Menschen* Dresden 1756. 8.* Liber vetustus, quo nihil traditur, quod non sub finem prioris seculi inventum sit: auctor cæterum HOFMANNUM audivit. Nomina passim corrupta, & analysis urinæ impossibilis. Temperamenta a cordis magnitudine, & vasorum diametro repetita &c.

J. Frid. RUBEL *Abhandlung, wie man aus dem Urin Schweiß und Stuhlgang urtheilen soll* Augspurg 1756. 8. BOECLER.

Abhandlung von den Fingern, dero Verrichtungen u. s. f. Leipz: 1756. 8.

Philipp. PFAFF *Abhandlung von den Zähnen des menschlichen Körpers, und deren Krankheiten* Berlin 1756. 8.* Dentium anatomen dicit & dentitionem. In primis dentibus mucrones aliqui radicum analogi. Duo in septuagenario dentes eruperunt nimis magni.

Francesco BONSI in *compendio hippoosteologico Josephi Antonii* VENTURINI a Cl. BATARRA nonnullis figuris aucto Rimini 1756. 8.* Ossa sesamoidea recte definita. VENTURINUS periosteum vocat insensile.

J. Pietro CAVAZZINI ZANOTTI *avertimenti per lo incaminamento di un giovane alla pittura* Bologna 1756. 8. De utilitate anatomes in pictura. Multum ea usum esse M. ANGELUM & RAPHAELEM.

§. MCLV.

§. MCLV. *Dom.* Vandelli. *Mich.* Lamberti. *W.* Macneven.

Omnes adversarii mei. Prior, valde tunc juvenis, neque ex anatomico ullo opere notus, asperam scripsit epistolam *de sensibilitate pericranii, medulla, dura meningis, cornea & tendinum* Patavii 1756. 8.* Experimenta fecit in animalibus, sed paucissima, quibus comperit, in periosteo, dura meninge, cornea, tendinibus, sensum esse. Præter paucitatem experimentorum, etiam ferro candente facta sunt. Nervos cutaneos tendinibus tibiæ tribuit. In tendinibus plerumque ne ipse quidem sensum reperit. Negat etiam varia in motu sanguinis a me visa aliisque: adfirmat vincta arteria motum in artu continuo perire. Barbara dictio.

Ejusd. *De nonnullis insectis terrestribus & zoophytis marinis, & de vermium terræ reproductione, & de tænia canis* Patavii 1758. 8.* Animalia in thermis 38. gradu (puto Reaumurii) calentibus vivere. Mustela marina ventriculum habet, & intestinum, viscera aliqua, propria vasa & fetus formatos. Solam partem inferiorem lumbrici regenerari, non perinde superiorem. Tæniæ caninæ interius vasculum cera replevit. Lumbrici anatome.

Ej. *De thermis agri Patavini, acc. apologia adversus* HALLERUM Padua 1761. 4.* Priori opusculo accedit epistola de holothurio, cum aliqua anatome: id animal intestina habere, non vero cor.

Epistola mihi opposita asperrima est, ut etiam Hambergeri convitia recusa det. Nihil vero habet experimenti, mihique imputat, quæ nunquam mea fuerunt. Altera epistola exstat in Fabbri raccolta T. II. Continet experimenta aliqua in pericranio, periosteo & dura meninge facta; de ista aliena, denique in tendinibus, contraria nostris.

Epistola III. in *supplemento* Fabbriano. Hic corneam oculi tunicam sentire contendit, duramque matrem, adeo a vero alienus, ut eam meningem ab arteriis, non ab exspiratione, sursum agi doceat.

J. Michaelis Lamberti, Chirurgi, *lettera al* S. Bianchi *unita a quelle diverse osservazioni sopra la sensibilità del pericranio e tendini degli uomini* Alessandria 1756. 8.* Quinque experimenta producit, ut evincat, esse suum pericranio sensum, quem nunquam negaveram; tamen ut ipse fateatur, in sano homine eam membranam parum sentire, inflammatam utique. De dura matre experimenta non habet. De tendinibus tria, quibus eosdem, quos pericranio, limites ponit.

Wilh. Macneven & *Ign.* Radnizky *specimen experimentorum, quibus constitit, eas partes sensu esse præditas, quibus* Hallerus *cum aliis quibusdam omnem sentiendi facultatem cum irritabilitate denegat* Prag 1756. 4.* & in collectione Cl. Klinkosch 1775. 4.* Asper scriptor. Contra omnem experimentorum fidem adfirmat, cerebrum inter inspirandum tumere. Tendines distractos (sed una cum cute) aut cum cute perforatos, dolorem facere. Sic aponevroses affuso veneno, cum incisio sensum vix cieret. Duas esse periostei laminas; earum exteriorem sentire. Passim de

alii

aliis membranis, non is auctor, cui contra CALDANUM ZINNIUMque credere velis.

Altera epistola est in *raccolta* FABBRI, inque T. II. Omnes fere corporis animalis partes sentire, etiam cellulosam telam, oculi tunicam corneam &c. De tendinibus tamen fatetur, sibi relictos parum sentire. Multa ab indefinitis partibus dolentibus sibi sumit.

Thomæ LAGHI, Bononiensis, adversarii etiam nostri, sed non cum istis numerandi, *epistola responsoria* ad CÆSARIUM POZZI Bonon. 1756. fol.* Sæpe in suis experimentis animalia, quorum tendines & duram membranam læserat, nulla sensus signa dedisse, sed dedisse alias, dum candente ferro tendines perforabantur. Nervum a quinto pare ad duram membranam cerebri euntem se vidisse putat.

EJ. *De injectionibus* in Comm. Bonon. IV. p. 123. Laudat oleum nucum & gluten pelliceum.

EJ. *Ep.* ad *Jac. B.* BECCARI Bologn. 1757. fol.* Etsi me cupit refutatum, plerumque tamen similia vidit meorum, & sensum iis deesse partibus, in quibus nullum inveneram. Nervos tribuit duræ membranæ, qui sunt arteriæ receptaculi. Non semper convulsiones ex læso cerebro sequi. Redit in Comm. T. IV.

EJ. De mortibus avium in vasis clausis. Ab odoribus mors acceleratur, & aër levior fit, ut hydrargyrus subsideat. Recuderunt in *Allgem. Magaz.* T. V.

Giuseppe BERTOSSI *della sensibilità ed irritabilità delle parti del corpo umano* Padoua 1756. 8. SMITH.

§. MCLVI. *Varii.*

Theodori BARON *Cours de chymie de* LEMERY *revu corrigé & augmenté par* T. B. Paris 1756. 4.* Plurima utique adjecit, ad nostrum finem aliqua. Ferreas particulas negat ad sanguinem venire; salivam cum usu argenti vivi vult alcalescere. Alcali animale non evolvi leniori calore, quam est aquæ bullientis. Phosphorus urinosus sulfur est acido salis marini saturatum. Nihil intercedere, quin nervei liquoris natura sit ignea.

JOURDAIN *nouveaux elements d'odontologie* Paris 1756. 12.

EJ. *tr. des depots dans les sinus maxillaires &c.* Paris 1761. 8.* Brevis partium adfectarum anatome. Dentes lacteos a secundis depelli, qui accurate eorum radicibus subjiciuntur, secus ac in molaribus.

EJ. *Essai sur la formation des dents* Paris 1766. 12.* Obscure scripsit. In dentibus acido liquore solutis fila vidit & vesiculas, etiam in parte vitrea fila. Per vesiculas succum nutritium sudare; in iis conservari. Absque periosteo dentes nasci manifestum est, & ex glutine fieri. Vasa dentis non aboleri. Rudimenta dentium delineat.

David WIPACHER, jun., *genuina ratio cur pleuritide sæviente vena sectio adfecti*

adfecti lateris alias derivatoria dicta praeoptanda sit Leidæ 1756. 12.* Describit pleuram, ejusque morbos: dolorem esse in pulmonis involucro, tamen etiam in pleura costali: De vasis sanguineis pectoris. Venæ brachii sectionem evacuare venam cavam superiorem, hinc sanguini pectorali viam ad cor aperire, melius tamen, si in eodem latere incidatur.

J. Caspar CESTARI *breve diss. apologetica in cui si dimostra, che un feto puo rimanersi morto ed incorrupto nell' utero della madre per un tempo assai notabile* Fano 1756. 4.* Facile ostendit per exempla, fetum in utero materno non continuo putrescere; placentam etiam retentam ab utero vitam aliquam mutuare.

MONCHAULT *bibliographie medicinale raisonnée* Paris 1756. 8.* Paucissimos libros recenset. Duos fere scriptores laudat, HAMBERGERUM & BUFFONIUM, injustus undique censor.

EJUSD. sunt *anecdotes de medecine* Paris 1762. 12. 2.Vol.* Ex vulgatissimis fontibus, fabellæ plurimæ & incredibiles, historiæ inventorum physiologicorum imperfectæ & errorum plenæ.

de la CAILLE *tr. d'optique* Paris 1756. 8.

Hoc anno *Thomas* BIRCH edere cepit *the history of the R. society in London* London 1756. 4. 4.Vol.*, de quo opere diximus.

J. R. M. *Philosophical and scriptural inquiries into the nature of mankind* Lond. 1756. 8.

Antonii SANGUTELLI *de gigantibus nova disquisitio historica & critica* Altona 1756. 8.* edidit *Godofredus* SCHUTZE. Auctor mihi ignotus defendit utique homines aliquos insolitæ proceritatis passim vixisse, non vero integros gigantum populos.

Wilhelm OSMER diss. *on horses wherein it is demonstrated that innate qualities do the most, and that the excellence of this animal is mechanical and not in the blood* London 1756. 8.* Non ex genealogia equos æstimari debere, sed ex sua quemque fabrica. Non solos admissarios formosos requiri, sed pariter bene natas equas.

Nicolai LAMBSMA *ventris fluxus multiplex* Amsterdam 1756. 8.* De intestinorum fabrica & excretione fæcum.

Jacobi PLACENTINI diss. *de vena, qua in morbis particularium partium corporis sit salutaris incidenda* Padova 1756. 4.* Selectum venarum defendit. Utique celerius fluere sanguinem in arteriam, cui respondens vena incisa est, & ex qua sanguis fluit. Quo celerius porro sanguis per arteriam aliquam fluit, eo lentius fluere per arterias proximas ei, cujus vena incisa fuit. Quare revellere venæ sectionem, eo potentius, quo propior vena incisa est loco adfecto. Derivare porro venæ sectionem sanguinem in omnes arterias acutis sub angulis natas; revellere ab iis, quæ sub angulis rectis & obtusis prodeunt. Jugularis venæ sectionem potenter a cerebro revellere &c.

Drey

Drey merkwürdige Abhandlungen von der Einbildungskraft der schwangern Weiber Argentor. 1756. 8.* BLONDELLI, MAUCLERC contra BLONDELLUM, BELLOTI.

Antonius MATANUS, Prof. Pisanus, *de aneurysmaticis præcordiorum morbis* scripsit Florentiæ 1756. 4.* qui libellus sæpe recusus est. Caufas posse jam in molliori arteriarum fetus fabrica esse.

BAGIEU *examen de plusieurs parties de la chirurgie d'après les faits* T. I. Paris 1756. 12.* In suis ad RAVATONII & LOUIS de amputationibus præcepta adnotationibus, satis accurate arterias femoris describit.

T. II. 1757. 12.* Tendines non dolere, neque symptomata facere laceratos.

Petri Jonæ BERGII, viri egregii, *försök til de uti Swerige gångbare Siukdomars utrönande för år* 1755. Stokholm 1756. 8.* Aliqua ad tabulas morientium & natorum. Utique numerosiores esse partus, & ad viventes ut 1. ad 43.

In ejusdem operis volumine respondente anno 1757. relatio de flatibus ex utero prorumpentibus.

IDEM in *Wetensk. Acad. Handling.* 1772. *trim.* I. egit de lacte muliebri. Id lac sponte non acescere, cremorem tamen sibi inducere, & in coctivæ cum fortissimo acore demum caseum deponere. Victum vegetabilem ejus naturam mutare, ut cum aceto nunc cogatur, & sponte in calido aëre acescat. Quare cum lac muliebre a vaccino insigni nota differat, defectu naturæ acescentis, non posse perinde esse puero, num a matre lactetur, num vaccino lacte alatur. In phthisi muliebre lac præstare.

§. MCLVII. *Percivall* POTT.

Celebris Chirurgus. EJUS *treatise on ruptures* London 1756. 8.* 1771. 8. 1775. 8.* Partes a morbo adfectas describit. Appendicem peritonæi recte cellulosam facit. Tunicam vaginalem testis a vaginali tunica funiculi separat. Utique testes fetus in abdomine residere, & per respirationem deorsum pelli. Ut peritonæo in speciem digitalis depulso herniæ nascantur.

EJ. *Practical remarks on the hydrocele, or watry rupture, and other diseases of the testicles* London 1762. 8.* 1775. 8.* Iterum partium anatome. Vasa spermatica sub musculis obliquis transire. Testes in fetu intra abdomen esse. Herniæ congenitæ. Hic noster ob fontes suos non nominatos HUNTERI censuram expertus est. Vaginale involucrum funiculi propriam hydrocelen patitur, in qua vaginalis testis ipsius nihil vitii habet. Vaginalis tunica anterius testem liberum relinquit, posterius adhærescit.

EJ. *Account of a particular kind of rupture frequently attending upon newborn childern and sometimes met with in adults* Lond. 1757. 8.* 1775. 8.* Iterum in omni fetu testes sedere in abdomine, prope renes, pone peritonæum quidem (intra peritonæum, a quo suam membranam habent). Præparatum habere ad exitum ostium, per quod in cellulosam telam descendat, cumque ea in scrotum migrare, nonnunquam vero in inguine residere. Ex istis, quæ priores dixeramus,

ramus, interpretatur, ut nonnunpuam in hernia testis intra cavum peritonæi reperiatur.

Ej. *Observations on that disorders of the corner of the eyer commonly called fistula lacrymalis* London 1758. 8.* Partes adfectas hactenus describit.

Ej. *Observations on the nature and consequences of wounds and contusions of the head, fractures of the skull, concussions of the brain* London 1760. 8.* 1775. 8.* Etsi nihil contra nostra experimenta objicit, putat tamen non absque omni periculo duram membranam cerebri incidi, certe ob succos effusos, cerebrum conpressuros. Duram matrem undique cranio fortiter adhærere, & vascula in cranium mittere. Pericranii vulnera periculo carere. Si quid sub dura matre effusum fuerit, esse dissecandam.

§. MCLVIII. *Disputationes.*

Wilhelm Ludwig CHUDEN *de signis fetus vivi & mortui* Gotting. 1756. 8.* Fetum vix quidquam facere ad partum, qui contracti uteri sit opus. Ut motus fetus in utero gravido percipiatur. Signa fetus mortui. In partu vita æstimatur ex pulsu: mors ex diminuto tumore sanguineo fetus. Fons pulsare cessat in vivente fetu &c.

Petrus Ernst ASCHE *de natura spermatis observationibus microscopicis indagata* Götting. 1756. 4.* Semen variorum animalium, & varios alios humores animales, microscopii ope contemplatus, in omnibus globulos reperit, caudas in nullo. Globulos eos nihil tot in humoribus differre, neque in semine quidquam habere præcipui. A putredine apparere uberiores, sed minores. Non esse adeo animalcula, neque vi propria moveri.

Marc. Ludov. WILLIAMOZ *de sale lactis essentiali* Leid. 1756. 4.* cum analysi per experimenta facta.

Henrici Joh. COTTAAR *de calore vitali* Leid. 1756. 4.*

Salomonis SCHINZ, celebris practici Tigurini, *de calce terrarum & lapidum calcariorum* Leid. 1756. 4.* egregia disputatio. Terra animalis calcariæ est indolis. STÆHELINI olim nostri & Cl. SCHINZII experimenta de testa ovorum. In aceto abit in membranam, in qua stigmata sunt, & crystalli decedunt. Ope impellentis aeris in ovum vacuo in spatio firmatum coloratus liquor per poros penetrat, qui aëri transmittendo videntur destinati fuisse. In exiguos poros testæ materni uteri papillæ inseruntur.

J. Georg Emanuel RÖSNER *diss. circa vires lactis* Leid. 1756. 4.*, potissimum lactis per pastum herbarum propriarum medicati. Vires cordis per vires trahentes & repellentes conatur explicare, valde subtiliter.

Stephan WESZPREMI *observationes medicæ* Leid. 1756. 4.* In submersis nullam aquam in pulmone fuisse: vitam inflato pulmone revocatam.

In *Biographia Medicorum Hungariæ* Lips. 1774. 8.* incisorum etiam vitæ traduntur.

Stephan MATY *de irritabilitate & aliis quibusdam medicinæ capitibus* Utrecht 1756. 4.

Christian

Christian Stephan SCHEFFEL *de statu naturali & præternaturali tunica pituitaria* Greifswald. 1756. 4.

Ej. *De sanguine & jus missione* ib. 1756. 4.

Christian Friderich MICHAELIS *de orificii uteri cura clinica atque forensi* Lipf. 1756. 4.* Ut id ostium in graviditatis progressu mutetur, ut ex ea mutatione adgnoscatur graviditas, ut judicetur de partu instante aut remoto.

Conrad. Wilh. STRECKER *de fide & legalitate medici in investiganda vulnerum lethalitate* Jenæ 1756. 4.*

Georg Ludwig ALEFELD *de aëre sanguini permisto* Giess. 1756. 4.* Cl. MULLERUM aërem in sanguineis puerperarum vasis vidisse. Sic ALEFELDIUM in juvene ex sanguinis jactura mortuo. Perinde aërem in sanguine fuisse, cum cani vulnerato arteria in sanguine inmersa, & sub aqua vinculo adstricta fuisset. Hunc aërem per pulmonem in sanguinem advenire, neque suum elaterem amittere.

Gustav. Philipp. ZWINGER *historia pericranii sua sponte regenerati* Altdorf. 1756. 4.*

Joseph VILLESAVOIE *observationum medico chirurgicarum pentas* Erlang. 1756. 4.* Præside Cl. DELIO. Aliqua in me. Recusa est in *Raccolta* FABBRI.

Christian Rudolph HANNES *fetum in utero materno per os nutriri* Duisburg 1756. 4.* De puero male formato, sterno friabili, humero super caput extenso. Fetus cor dextrum sinistro non latius esse. Rejicit fibras musculosas uteri. Pro membrana pupillari. Contra hæmorrhagias ex umbilicali funiculo. Uterum gravidum non tenuari. Os fetus in mediis aquis apertum esse.

Dav. Car. Eman. BERDOT, (Medici Montisbeligardensis) cari sodalis aliquando mei in botanicis excursionibus, *de suspiriis* Basil. 1756. 4.* Experimentum in tendine humano factum, quem insensilem reperit. Fetus bicipitis anatome.

Ej. *Abregé de l'art d'accoucher à l'usage des accoucheurs des sages femmes &c.* Basil. 1774. 8.* Anatome. Duo freta pelvis. Non necesse esse fetum contorqueri, ut de pelvis freto exeat. Fœtum immutato situ, facie ad os sacrum conversa, in partum progredi. Partes genitales matris; & fetus. Fetum sensim se cernuum dare. Partus naturalis. Funiculum tamen ligari debere.

IDEM in *epistolis* ad me datis T. IV. *ep.* 119. experimentum ad tendinis naturam insensilem vincendam in vivo homine factum producit.

In T. V. *Ep.* 139. In puella trienni hæmorrhoides menstruæ & sudor sanguinis in sene largissimus.

Ep. obs. 193. aliud experimentum ad adstruendam tendinis insensibilem naturam, in juvene factum.

Ep. 238. fetus biceps pectoribus conjunctis. Ejus anatome: cor unicum. Sic hepar. Duo ventriculi, pyloro unico, sic utero. Spinæ dorsi duæ confluentes.

Aug. Theodor. BRODTBEK *carie consumta tibia notabilis jactura naturæ beneficio restituta* Tubing. 1756. 4.* Pr. SIEGWARTO.

Salomon PEYER *de morbis narium* Basil. 1756. 4. habet etiam anatomen.

Frid. Christian STRUVE *de matutina alvi excretione sanitatis præsidio* Kiel. 1756. 4.

Andreas WOHLIN *de pulsu intermittente* Upsal. 1756. 4.*

J. B. WIEST *theses medica de urina* Wien 1756. 4.*

J. Georg HASENOEHRL *de abortu ejusque præservatione* Wien 1756. 4.* Menses in prægnantibus fluentes esse ex vagina; superfuisse cum os uteri conferbuisset.

Volusianus RIVES *de sanguificatione* Monspel. 1756. 4.* Elementa chemica lactis, butyri, sanguinis, qui alcalescat, dum lac acescit: eam mutationem ex fermentatione fieri, ad putredinem vergente.

J. B. Fr. de la RIVIERE & d'ONGLEE *Ergo catamenia a plethora* Parisiis 1756. 4.* eadem quæ BERTRANDI 1711.

Marinus Jacob Clarus ROBERT *E. ad motum sanguinis in minimis vasculis plus facit adtractio, quam pulsus a tergo* Parif. 1756. 4.*

Richard CONYERS *oratio anniversaria* HARVEJANA Lond. 1756. 4.

Matthæus DOBSON *de menstruis* Edinburg 1756. 8.* Non esse a plethora. Non omnes puellas plethoricas esse, non desinere incrementum, quando menses erumpunt. Deducit autem menses ab aucta irritabilitate vasorum uteri, hinc accelerato sanguinis ad eas partes motu.

Guilielmo WAUGHAN *de rheumatismo* Edinburgh 1756. 8.* Experimenta coram WHYTTIO facta, quibus constitit, inciso tendine animal eo minus videri dolere, quo profundius ferrum adactum est &c.

M. L. COIRE *E. functionis cujuslibet causa multiplex* Paris 1756. repleta a P. A. BACHER ib. 1773.

B. BASSAN in *Epist.* IV. n. 9. ad me data, nullum nervum in tendinem subire microscopii testimonio confirmat.

§. MCLIX. *Marcus Antonius Leopoldus* CALDANUS.

Amicus noster singularis, Professor theoriæ primarius Patavinus, MORGAGNI etiam in anatomicis ostensionibus successor, acuti ingenii vir & egregius incisor. EJUS *epistola sull' insensibilità ed irritabilità di alcune parti degli animali*, prælecta d. 25. Nov. 1756. coram *Academia dell' instituto*, 4. forma prodiit. Numerosa experimenta fecit in mathematici *Pii* FANTONI ædibus, magnis coram testibus, inter eos *Petro Paulo* MOLINELLO. Summa idem cautione in experimentis faciendis usus est; quietem perfectam & apathiam animalium exspectavit experimenta repetiit, ut in solis tendinibus fecerit omnino 83, inter quæ quatuor fuerunt cum aliquibus sensus signis conjuncta, quod ten-

tendines non satis nudati fuissent. Erronea adversariorum experimenta eo refert, ut alienas partes læserint. Nullos esse tendinum nervos. Porro pro insensili natura pericranii, etiam a P. P. MOLINELLO adgnita dicit: multa etiam in dura matre pericula cepit; insensilem præter unicum peculiarem casum reperit. Etiam non profundas cerebri læsiones nervorum distensiones fecisse. Nihil in corpore calloso esse peculiare. Aponevroses musculorum abdominis & peritonæum sensu destituuntur: sic pleura. Nullus est aër thoracicus. Motus peristalticus etiam in felibus manifestus est. Ventriculus minus, quam intestina irritabilis est. Successit CALDANO, ut sinistræ partes cordis dextris superviverent. Recte evacuatum cor quiescit. Iris non est irritabilis. Vis irritabilis peculiare donum est fibræ musculosæ.

EJ. *Lettera seconda* exstat in *mea collectione* Lausannæ edita Tom. III. Vitia aliqua experimentorum Cl. LAGHI: tendines non satis nudatos. Ipsum denique LAGHIUM omnia nunc fere dare, quæ nos proposuerimus: tantum ut putet, in experimentis tendinum non sentientium aliquam esse inconstantiam. Pleraque experimenta LAGHI, in animalibus inque hominis dura meninge, sensum ostendisse omnino nullum. Spiritus nerveos videri speciem esse stimuli. Nullas in motu cordis nervorum partes esse.

EJ. *Lettera terza sopra l'irritabilità ed insensibilità* HALLERIANA Bologna 1759. 4.* Causas errorum in experimentis detexit, vulneratas partes alienas, aut nervos trans tendinem decurrentes. Nunquam sentire tendinem rite nudatum. In musculis paralyticis tamen electricam scintillam motum ciere &c.

In *Epistola* IV. *in Estratto de litteratura Italiana &c.* Ebroduni 1764. 8.* edita, exstant Cl. viri adversus WHYTTIUM facta experimenta. Irritata, dissecta medulla spinali ranæ sæpe tetanum sequi universi corporis, neque eo dominante ab irritato nervo in musculo quidquam oriri motus; id imposuisse WHYTTIO. Cor ranæ detruncato capite pulsat, quater lentius quam in homine.

EJ. *Riflessioni fisiologiche* Venez. 1767. 8.* Adversus *le* CATIUM. Cerebri sensum nunquam silere, si acum ad perpendiculum defixeris. VERNAM denuo duram matrem absque ullo sensu irritasse. Sic in septem hominibus Cl. BONIOLI, denique seipsum. In amputationibus celeberrimos chirurgos nullum in periosteo sensum adnotasse. De pleuræ insensili natura perinde per nupera experimenta constitisse, & de abdominalis aponevroseos, ejusque quæ in dorso est. Nunquam ex tendinis vulnere ullum symptoma supervenisse Coram T. LAGHIO se ostendisse, in sano viro nullum fuisse duræ meningis sensum. Contra cerebrum oleosum *le* CATII, & contra vegetabilem animam. Nervos irritatos cordis motum non mutare: qui tollatur, si perfecte cor inaniveris, & refluentis sanguinis adventum interceperis. Per acervatum sanguinem, qui in cor venit, ejus motum suscitari. Effectus rigiditatis in musculo contracto, qui irritabilitati resistat. Pulsus pulli 180.

EJ. *Esame del capitolo settimo della* 12. *parte del S.* ANTONIO *de* HAEN *indiretto al stesso autore* Padova 1770. 4.* Nunquam HALLERUM cogitasse de revocanvocandis iis, quæ de partibus corporis humani ſenſu carentibus ſcripſerit. Nihil ad tendinum ſenſum facere nervos, qui ſubcutanei trans aponevroſin decurrunt. ALBINUM negare, in dura meninge ſe nervum reperiſſe. MOLINELLUM bis tendines humanos cultro diviſiſſe. ARETÆUM, H. FABRICIUM, MOLINETTUM de variis partibus inſenſilibus ſimilia HALLERIANORUM docuiſſe. BARTHOLOMÆUM RIVIERAM in hominis dura meninge nullum ſenſum reperiſſe.

In *Diario Veneto* Cl. ORTESCHI paſſim aliqua habet phyſiologici argumenti.

In *Epiſtolis ad me datis* T. IV. multa. Experimentum, ex quo aliqua de ſenſu duræ membranæ ſuſpicio naſcitur. LAGHIUM ligaſſe tendinem rudum, nullum ſenſus ſignum apparuiſſe. De vi cordis irritabili.

In T. V. De aquæductu Fallopii, de aure interna. In ranis experimenta facta capite reſecto.

T. VI. Arteria renalis venam ſuam perforans. Aquulam labyrintho pertuſo effluxiſſe. Lobus hepatis ſupernumerarius. Os inſigne in dura membrana nullo cum ejus ſenſu. Duo ureteres ſepto diviſi, tamen ut ſupra veſicam confluerent.

In *pathologicis inſtitutionibus* Padova 1772. 8.* 1776. 8.* agit de fibra & de lamina, humani corporis elementis. Globulos ſanguineos nequaquam in minores globulos ſecedere.

§. MCLX. *Diaria anni* 1757.

In *Philoſ. Tranſ.* T. 50. P. I. continentur opuſcula anni 1757.

Johannes ROBERTSON pondus vivorum hominum per demerſionem in aquam definire adgreſſus eſt. Aquam partim æque gravem eſſe, quam corpus humanum, partim graviorem.

Alexander GARDEN ab opuntiæ uſu etiam lac tingi & ab indico.

Juſt. Joh. TORKOS de puellis Hungaris connatis quæ adoleverant. Videbantur natibus connatæ, commune tamen habebant pudendum, rectum inteſtinum unicum, urethras duas, voluntates diſtinctas, corda per arteriam connata.

In *Hiſt. de l'Acad. des Sciences* 1757. Celeritas equorum Italicorum ſumma, 37. pedum in minuto ſecundo: equi Anglici ad 82½.

Vapor inflammabilis ex cloaca.

Vir poſt 25. minuta, quibus ſub aqua merſus fuerat, fumi tabacini clyſtere refocillatus.

In *Nov. Act. Nat. Cur. Vol.* I. *obſ.* 56. *Chriſtoph. Frider.* KUHN de mira puellæ corpulentia aliqua.

Obſ. 94. *Frider. Simon* MORGENSTERN de ſeri ex umbilico deſtillatione.

In *Mémoires de l'Academie Royale de Chirurgie* T. III. Paris 1757. 4.* aliqua huc faciunt. GUATTANUS recte monet, œſophagum poni ad latus aſperæ arteriæ ſiniſtrum.

In

In *Conventu Soc. Regiæ Gottingensis* 1757. *Alb. Ludwig Frider.* MEISTER observationes suas de visu prælegit, omnino memorabiles, recusas in *Hamburg. Magaz.* T. 23. Potissimum accurate egit de maculis & filamentis coram oculo obversantibus. Globulos illos posse sanguineos esse. Ab iis globulis radios lucis refringi. Globulos solidos esse. Causam macularum esse myopum labores, & sedem in humore vitreo. Axes nostros visorios non accurate a voluntate dirigi posse. Alia sollicite legi digna.

In *K. Swenska Acad. Handlingar* 1757. J. G. WAHLBOM magna pars ossis bregmatis & maxillæ inferioris restituta, quam caries destruxerat.

EJ. T. XXII. Fetus imperfectus post alicam semestrem natus.

EJ. In *actis* a. 1764. de fetu, cujus colon in cute aperiebatur, & hepar nudum erat.

Petri ZETZELL relatio de juvene a nimis angusto collari pene suffocato. Gradus accurate, per quos vita rediit.

In *K. Swenska Wetensk. Handling.* 1770. n. 3. agit de sero chyloso, quod in sanguine natet, & pro lacte habitum sit, de aqua hydropica, & de sero sanguinis. In omnibus experimenta fecit, quibus eorum indolem erueret.

Torbern BERGMANN de hirudinum pene, vulva, sunt enim androgynæ, de ano, quem MORANDUS non invenerat.

In *Journal de Médécine de* VANDERMONDE T. VI. anni 1757. LIESCHING de puero tripede, de quo & SIEGWARTUS.

BOUSQUET de fetu utero & vagina destituto, ureteribus apertis in labia pudendi.

GERARD mors post abstinentiam 69. dierum.

PEQUEULT lamina in pleura ossea.

MARECHAL de cane rostro psittaci: puella simiæ simili: suspectæ historiolæ.

SANYER *du* LAC femina duobus uteris prædita.

LAPEYRE pars urethræ reparata.

GUILLERME fetus per anum egestus.

DEVILLIERS quatuor ureteres.

BARATTE vermes in sanguine.

BRILLOUET venæ sectio in femina frequentissime repetita, ut quotannis 300. sanguinis uncias amitteret.

DEYDIER, Medici, mira historia partus immaturi duarum molarum similis.

De la RUE de puella surda, percipiente quæcunque in dorsum scriberes.

T. VII. qui & ipse anni est 1757. M. MAHON sanguis undique dissolutus, ut per pulmonem exsudaret.

GLATIGNY diaphragma sursum impulsum, reliqua viscera situ mota.

Nicolas du SAULSAY puer triennis puber & miri roboris.

de la RUE cyclops infans.

BONAFOS anus pueri clausus.

HENRI menses per os.

MOREL varietates aliquæ. Duplicia foramina processuum transversorum colli, per quorum posteriora arteria cervicalis posterior meabat. Canalis in atlante osseus. Tarsi ossa novem. Nulli in virgine sphenoidei sinus. Mensuræ sceleti pueri rachitici pede non longioris. Varietates aliæ musculorum, vasorum. Ceræ per pulmones iter, ex venis in arterias. Peculiaris fabrica vasorum brachii & musculorum nonnullorum. Bis arteria radialis in summo humero distincta. Arcus volaris, ex ramo arteriæ ulnaris sub interossea nato.

In *Götting. Anzeigen von gelehrten Sachen* 1757. n. 54. refertur de puero, quem & ipse vidi, cui pars cutis pilo subfulvo tecta, fusca erat & verrucosa. Mater accusabat terrorem a capreolo conceptum.

In diario *Reich der Natur und der Sitten*, cujus aliquot tomi Hallæ hoc & sequentibus annis prodierunt, varia sunt argumenti physiologici; ut de cæcis hominibus artium peritis: de animalibus suos pullos docentibus.

In *Hannöverischen Sammlungen* 1757. de modo avium siccatarum servandarum.

In *Braunschweigischen Anzeigen* 1757. de majori quam solitus est, mortuorum numero, qui a. 1757. de vita decesserunt, deque ejus infortunii caussis.

In *observations periodiques sur la physique, l'histoire naturelle &c.* Paris 1757. Aliqua de piscibus marinis posthuma PLUMERII, ut doratæ cor, sirene, quam GAUTIER ait se in scypho vitreo coram habuisse. Lumbricorum terrestrium venus & partes genitales utriusque sexus.

Recueil de pieces, qui ont concouru pour le prix de l'Academie Roy. de Chirurgie Paris 1757. 4.* passim utcunque huc faciunt, ut ad inflammationis naturam. ERNAULD de arte docendi surdos.

Acta Academiæ electoralis Moguntinæ scientiarum utilium, quæ Erfordiæ est Erford. 1757. 8.* Chemici potissimum argumenti, aliqua & physiologici.

Der medicinischen Societät in Budissin Sammlungen und Abhandlungen aus allen Theilen der Arzneygelahrtheit prodierunt Altenburg 1757. 8.* Princeps auctor J. G. BUDÆUS. Varia responsa medica. Non a læso tendine, sed a nervo symptomata fuisse, quæ tendini tribuuntur. Cranium in partu conpressum, cerebrum elisum, ut nudum sub cute esset. Mors a nimia obesitate. In sanguine viri arthritici crusta sebo similis, in arenam per siccitatem mutata. De effectu opii in sanguine rarefaciendo. Plurima ad infanticidia.

Bremisches Magazin zur Ausbreitung der Wissenschaften, Künste und Tugend Bremen 1757. 8.* & annis sequentibus. Fere ex Anglicis diariis collectum aliqua habet nostri argumenti.

Commentariorum Acad. Bononienſis T. IV. Bonon. 1757. 4.* Quæ anatomica habet, ea fere ad LAGHIUM pertinent, & dicta ſunt.

In *Mercure de France* Decembr. D. GOYEAU canem piſcem deſcribit, minimo cerebro, oculis magnis, involucro nervi optici cartilagineo, oſſibus nullis, valvula inteſtini ſpirali.

Rarius, aliquando tamen, in *journal œconomique* res noſtræ tanguntur. Subriſi hoc anno, cum meum de ſomno libellum ex *primis lineis* in Anglicum diarium, hinc in Gallicum, inde denique in Germanicum verſum legi, & in *allgemeines Magazin* recuſum: ut nemo tot compilatorum fontem indicaret.

Uytgezogte verhandelingen uyt de nieuweſte werken van de ſocieteyten der wetenſkapen tomi VII. Vol. 24. Amſterdam 1757. 8. LAMB. In T. I. *Cornelius* NOZEMAN dedit deſcriptionem cochleæ marinæ, quæ vulgo *wulk* vocatur, tum ovarium & pullitiem animalis *zeekat*. Sic in aliis tomis, quibus invitus careo.

§. MCLXI. *Henricus Nepomucenus* CRANZ.

Inſtitutionum olim Profeſſor Vindob. & artis obſtetriciæ. In *appendice Vol.* I. N. A. N. C. agit de inſtrumentorum in ea arte utilitate, & recta atque præpoſtera adplicatione. Deſcribit fetum palato male formato, uvula in duas partes diſtinctas diviſa, auribus apertis, hinc ſugere impotem. Mireris referentem, Pariſiis neminem præter LEVRETUM credidiſſe, placentam alieno loco adhærere poſſe, aut chorio verſus uterum obduci.

In eodem *Vol. obſ.* 62. mors ex defectu palati.

EJ. *Quid ſit veri in ſententia* STAHLIANA *ratione animæ* Wien 1760. 4.

EJUSD. *Solutiones difficultatum circa cordis irritabilitatem* Wien 1761. 8.* Nempe *difficultatum* ILL. HAENII, qui cordis irritabilitatem undique receptam negabat, & motum hujus muſculi ignotæ poteſtati tribuebat. Contra *le* CATII animam ſenſitivam; maximos motus abſque ullo ſenſu cieri. HAENIUM non bene experimenta in animalibus facta rejicere. Non calleſcere cor, uti neque diaphragma. Omnino a ſanguinis venoſi ſtimulo cordis motum excitari. Alias etiam objectiones ſolvit.

EJ. *Quæſtio medica, quæ ſint cauſæ muſculorum motrices* Wien 1761. 4.* cujus diſp. auctorem nunc audio eſſe P. A. MARHERR. Contra *le* CATIUM, contra ſpiritus animales ſemi-immateriales. Irritabilitatem eſſe cauſam motus. ROGERII perpetuam oſcillationem inventam eſſe, ut irritabilitati noceretur. Muſculos voluntati ſubjectos minus irritabiles eſſe, hinc facile fatigari. Contra diſſertationem, in qua docetur, arterias non a ſanguine de corde ex pulſo dilatari.

EJ. *Einleitung in eine wahre und gegründete Hebammenkunſt* Wien 1756. 8.* 1768. 8.* Deſcriptio partium genitalium & pelvis, & ſecundarum: de graviditate &c. Vaſa uterina cum fetus vaſis communicare, & debilem puerum a ma-

materno ſanguine refocillari, ſi cum utero connexus manſerit. Placentam gemellis ſæpe unicam eſſe.

Ej. *Num in pulmone prævia fiant humorum ſecretiones* Wien 1759. 4.*

Ej. *An condenſetur in venis pulmonalibus ſanguis* 1759. 4.* Contra eam condenſationem.

Ej. Vita *J. Laurentii* GASSER Wien 1765. fol.

§. MCLXII. *Carolus Nicolaus* JENTY,

Gallus, qui Londini anatomen exercuit, *a courſe of anatomico-phiſiological lectures on the human ſtructure and animal œconomy* London 1757. 8. 3.Vol.* Ex nobis, & WINSLOWO, ſua ſe habere ipſe monet. Neque in animalibus anatomen diſci debere; neque in pueris vaſa repleri, nimis parva: In hoc volumine fere bibliothecam tradit anatomicam. Artificium replendorum vaſorum, ad quod oleum terebinthinæ commendat, ad ſebum nimium ceræ admiſcet. Porro de aliis adminiſtrationibus anatomicis: etiam lienis, quem facit in homine cellulosum. Oſſa. De cellulosa tela nobiſcum. Nervos oſſa & perioſteum non ſubire, utrumque tamen ſenſu pollere. Aliquæ ad oſſa adnotationes. Nullam dari harmoniam. Octo vertebræ dorſi connatæ. De muſculis ex B. LANGRISH: de ſanguine ex noſtro opere. Acris cæterum judex, etiam CHESELDENII & MONROI.

In T. II. anatome viſcerum ex WINSLOWO, ex noſtris phyſiologia. Poros in peritonæo ſtatuit. Rete vaſculoſum tenerum inter glandulas & floccos intimæ tunicæ inteſtini. Magnam invaginationem vidit cum gangræna. Omentum major & minor (ita ſcripſit), ex WINSLOWO. A compreſſione diaphragmatis & aortæ ſubinde ciſternam chyli in ductus ſpeciem elidi. Ductus hepaticyſticos in homine reperiri. Acinos renis eſſe fines diſſectorum vaſorum. Teſtes fetus peritonæo non contineri. Cor teſtudinis univentre eſſe. Vaſa lactifera in glandulas ſebaceas mammarum aperiri. Muſculus anonymus, quem dicit, videtur ad ſcalenum lateralem pertinere.

T. III. vaſa habet, ex WINSLOWO, neglectis nuperis emendationibus. Retinam tunicam eſſe epidermidem abſque ſenſu. Non ex læſo bicipitis tendine, ſed ex nervo vulnerato, ſymptomata fieri. Pyramidalem in feminis frequentius reperiri. Arteriam brachialem nonnunquam trans teretem muſculum incedere, cuti propiorem.

Ej. *Tentamen de demonſtranda ſtructura humana* London 1757. 8.* In præfatione monet, ſe in tabulis EUSTACHII, COWPERI, ALBINI, noſtriſque cramben repetitam & confuſam verborum congeriem reperiſſe. Dare ergo ſuas tabulas quatuor pedes altas, vivis inductas coloribus. Singularis icon eſt abdominis a dorſali ſede viſi, deletis cum dorſo vertebris. Ex renali vena deducit ſplenicam &c. Ad hominem depictæ tabulæ, ſed ambitu figurarum obſcuro. Venas cutaneas habet &c.

EJUSD.

Ejusd. *Explicatio demonstrationis uteri praegnantis mulieris cum fetu ad partum moturo in tabulis sex* London 1758. fol. magn.* Germanice & latine Nürnberg 1761. fol. max.* Duas vidit feminas gravidas. Auctor ipse nos docet, nihil pulchrius unquam visum esse, nihil proditurum pulchrius. Ex ordine uterus & fetus, iste capite in superiori parte uteri posito; inde porro ad partum conversus fetus, & denique secundae.

In *Phil. Transf.* 1758. intestina connata describit.

§. MCLXIII. *Hyacinthus Bartholomaeus* Fabbri.

Num ipse aliquid scripserit ignoro, sed collectionem dedit ad nostras de irritabilibus & de insensilibus corporis humani partibus lites pertinentem. Titulus est *sulla insensibilità ed irritabilità* Halleriana *opuscoli di vari autori.* Ejus collectionis P. I. *nella quale si contengono tutte le cose favorabili al sistema del* S. Haller; Bononiae prodiit 1757. 4.* Hic redeunt Castelli, Zimmermanni disputationes, Tosetti quatuor epistolae, prima epistola Caldani, Epistola Pozzii; excerptum denique ex Cignae diss. Nolles admissam epistolam al P. Lettore, quae contra nos est, & de dura matre docet, & nervos habere & sensum. In responsione Patris Lectoris theoria aliqua, & irritabilitatis in universum naturae extensum imperium traditur.

Parte seconda, nella quale si contengono tutte le cose opposte al sistema del S. Haller Bonon. 1757. 4.* Scripta Lamberti, Vandelli, duae epistolae J. B. Bianchi, duae Laghi, experimenta D. Lorry, & Girardi, quam dicam, disputatio hic reperiuntur. Deinde Sylvestris Antonii Ponticelli epistola ad Bianchum, haec absque experimentis: Dominici Sanseverini de fibrarum sensibilitate & irritabilitate. Omnes corporis humani partes vi contractili valere, sed alias aliis valentius.

Porro *J. Baptistae* Fe *saggio critico in difesa del* Boerhaave *contrariato dal suo scolare A.* Haller. Acre scriptum, in Zimmermannum potissimum. Experimenti nihil.

Riflessioni Anatomiche di un Dottor fisico intorno alla moderna dissertazione del S. Haller. Is doctor notissimus est Petriolus. Unicum est experimentum pro sensu pericranii. Nervos tendinum ab Eustachio depingi putat. Motum durae matris synchronum esse motui arteriarum.

Caroli Michaelis Lottieri *diss. sulla sensibilità ed irritabilità delle parti di bruti e degli uomini.* Ex morbis potius, quam ab experimentis pro nonnullarum partium sensu pugnat, quem ad ipsam cellulosam telam transfert. De tendinibus unicum ex cane experimentum producit. Anonymi incivilis epistola, & Girardi.

Ej. *Sulla sensibilità ed irritabilità* Halleriana *supplemento* Bologna 1759. 4.* Hic ipsius collectoris Fabbri experimentum in tendine nudato, qui tactus doluerit.

Lettera del dottore N. A. Mera declamatio.

Lettera del S. Gaetano Rossi, perinde.

Lettera di Giuseppe Bertossi. In fele duram meningem extus insensilem fuisse, non intus. Vide p. 521.

Eccezioni contro la lettera del G. B. Verna, quam dicemus. Experimenta viri refutat, quod communi sententiæ refragentur.

Fabbri excusatio, cur nervos duræ meningis petenti Caldano non ostenderit. Ablatum fuisse caput vituli: quasi difficile foret, ejusmodi caput reperire.

Tertia epistola Bianchi, & tertia Vandelli, hic redeunt & *le* Catii duæ.

Porro *Antonio* Arigoni *dell' irritabilità e sensatione delle parti dei viventi.* Modeste scripsit; de irritabilitate dubitat, quæ remota facultate sentiendi supersit.

Ej. *Jasimecanica o trattato di remedi naturali mecanici* Lodi 1775. 8. 2.Vol.* De modo quo motus sanguinis a musculorum motu acceleratur. Omne genus exercitationis, etiam declamatio. De motu musculorum in universum; de viro qui noningentas libras gestaverit.

Pro nobis hic Zinnii, Oederi & Vernæ opuscula. Experimenta nostra nusquam integra, sed utcunque excerpta hic recuduntur.

Huc vero facit omnino *Horatii Mariæ* Pagani *tr. delle parte insensibili ed irritabili delli animali* Venez. 1757. 8. hic recus. cum titulo H. M. Pagani, & *Camilli* Bonioli *discorso teorico pratico delle parte insensibili ed irritabili degli animali*, quæ magni momenti disputatio hic ab editore perinde, ut nostra, passim truncatur & in asperis notulis refellitur. Duo Cl. viri, medicus alter, alter chirurgus, per titulos experimenta describunt. Tendines carere nervis propriis. In canibus, ut nos, tendinem Achillis inciderunt, absque sensus signo, sed & in homine, & quidem in tendinibus nudatis, tum in Comite Volpe Volselli. Eadem in aponevrosi musculorum abdominis viderunt, & in capsulis articulorum, inque periosteo, & in dura matre. Vandellium dolorem expressisse adfuso vitrioli oleo. Medullam ossium non sentire, neque pleuram aut peritonæum.

Vim contractilem lentam locum habere in arteriis, venis, ductibus excretoriis, bilariis & ureteribus. Cordis constantiam, etiam dissecti, in ranis nostri viderunt, & intestina evulsa etiam vividius se contorquere. Contractilem vim dissectorum intestinorum & reptationem viderunt iidem & convulsiones in musculis excitarunt, ambustis oleo vitrioli nervis, &c.

In *Comm. Bonon.* T. V. P. II. Paganus egit de fetu, cui deerat pars cranii superior; tum de spina bifida.

§. MCLXIV. Adanson. Halle. Varii.

Adanson *histoire naturelle du Sénégal: des coquillages &c.* Paris 1757. 4.* In priori parte, qua itineris historia continetur, vir Cl. varia inmiscet nostri scopi. Ipse sicca tempestate, siccissimo Euro flante, sanguinem sudavit. Puellæ /ad Senegam fl. octavo anno pubescunt, quinquagesimo Æthiopes senescunt, neque sexageragesimum facile superant. Mahometani non transeunt in Æthiopum colorem vel habitum.

In P. II. describuntur & testæ, & animalia in testis habitantia, novisque nominibus insigniuntur, de industria nihil significantibus. Anatome animalium in conchis habitantium, oculi, tubuli respiratorii, sexus organa. Purpuræ aliquæ sexus habent distinctos. Maxillæ duæ, musculi perpauci. Aliqua horum animalium cum testa nascuntur.

In *Comment. Acad. Scient.* a. 1759. de teredine marina, quæ naves perterebrat; de ejus duplici & dentata testa; de visceribus simplicissimis, solo nempe ductu intestinali.

In *hist. plantarum* agit de sede saporis diversarum plantarum. Saporis sensum per sex minuta prima superesse.

J. Samuel HALLE (non HALLER) *Naturgeschichte der Thiere in systematischer Ordnung* T. I. *die vierfüßigen Thiere* Berlin 1757. 8.* In multis KLEINIUM sequitur: contemplationes de universa animalium natura addit, fere ad BUFFONII sensum, etiam de homine. Tunc physiologiam aliquam. Animale corpus ex cellulosa tela strui. Marem femina venerem magis appetere. Corpus luteum post fecundationem oriri. Primum nervei quid strui putat, cujus irritabilis natura reliquas partes sensim producat. De literarum pronuntiatione. Animam oscillationes sonoras non numerare. Unicum primum fuisse hominem. De hippomane, cujus analogam materiem aves habent. Passim etiam ad singula animalia aliquid additur de eorum anatome.

T. II. *aves* Berlin 1760. 8.* Communia avium & osteologia. Animalia non strui a vi adtractrice. Hirundines in arundinetis reperiri, sed infelici casu eo delatas. Quod ovum cuculi a matre in alienos nidos deponatur, noster non videtur a majori ventriculo repetere, qui in hac ave est vastissimus. Varietatum serinorum arbor genealogica.

Mea elementa Physiologiæ Germanice reddidit, quorum octo nunc tomi Berolini 8.* prodierunt. Primus prodiit a. 1757.

HEURTAULD *du flux menstruel* Paris 1757. 12.

VILLEMAIRE *l'andrometrie ou examen philosophique de l'homme* Paris 1757. 12.

DESALLIERS d'ARGENVILLE *la zoomorphose ou representation des animaux vivans qui habitent les coquilles de mer &c.* Paris 1757. 4.* Veras cochleas quadricornes describit: alias bicornes: inter eas proboscide donatas, s. tubo nutritio. Aliæ duobus ejusmodi tubis. Tum vermes, scolopendræ, polypi, echini.

Patrik BROWNE *civil and natural history of Jamaica* London 1757. fol.* Aliqua de animalibus zoophytis, polypis. Plerasque lacertas Americanas ad Chamæleonis modum colorem mutare, eumque induere, qui est in corpore, in quo jacent. Cum minimo cerebro aliquam tamen disciplinam admittunt.

Eduardi

Eduardi LISLE *observations on husbandry* London 1757. 8. 2.Vol.* In T.II multis de animalibus domesticis agit. Vacca altero anno mater. Oves *free-martins*, urethra fissa. Ab odore feminarum verres & bos ipse emaciatur. Calido cælo Londinum agitati bovis toti succis deplentur. Ranas respirare.

Daniel Peter LAYARD *observations on the contagious distemper* Lond. 1757. 8.* Habet anatomen ventriculorum ruminantium.

Pauli de WIND, medici & obstetricis, *de vraag is het niet afbinden der navelstreng volmaakt doodelyk, onderzoekt en beantwoorded* Middelburg 1757. 8.* Negat noster, necessario puellum perire, quoties funiculi ligatura intermissa fuit, nisi aut funiculus aut placenta una lacerata fuerit. Earum partium vulnera vario utique gradu periculosa esse, & totum funiculum avulsum funestum habuisse exitum. Vim lethiferam neglectus in ligando funiculo debere æstimari ex hæmorrhagiæ gravitate, & ex sanguinis jactura. Hanc suam sententiam noster experimentis fulcit. Ex placenta de utero soluta sanguinem nullum manasse bis vidit; nullum ex funiculo de industria dissecto, ut nullum vinculum ei injiceretur. Liquores injectos in matris arterias non transire in placentam, fetumque tenuiori aliquo humore ali. Eum lacti similem se de placentæ superficie manantem vidisse. Sæpe & diu, omisso vinculo, nullum de funiculo fluxisse sanguinem. Levem vasorum umbilicalis funiculi violationem non nocere. Arterias extensas nullum dare sanguinem. Esse tamen, ubi fetus funiculo majori & corde robustiori præditus, cum periculo, etiam cum funesto eventu, sanguinem amiserit. Lacerationem plus habere periculi quam dissectionem.

§. MCLXV. *J. Theophilus* WALTER.

J. Theophili WALTER *de emissariis* SANTORINI Francof. ad Viadr. 1757. 4.*

EJ. *Theses* huic dissertationi præmissæ, ib. 1757. 4.*

EJ. Prosectoris nunc Berolinensis *Abhandlung von den trocknen Knochen des menschlichen Körpers* Berlin 1763. 8.* Bonus liber. Periosteum est involucrum ossis, ut visceribus sua sunt involucra. Pulchre repletas patellas delineatas dedit, in quibus nucleus cum vasis ex eo undique exeuntibus. Ossa sollicite descripta. Ethmoidei sinus anterior & posterior. Varietates corniculorum ethmoideorum, accurate. Sic optima ossis palati descriptio, cujus pars orbitaria nonnunquam deest. Laminæ ab ossibus turbinatis inferioribus ad superiora euntes. Larynx &c. Particulæ in sanguine strepentes.

In KÖLPINI disp. *de mammis* historia nervorum mammæ & vasorum lymphaticorum WALTERI exstat.

EJ. *Observationes anatomicæ* Berlin 1775. fol.* Opus successoris MEKELII. Optima qua fruitur opportunitate feliciter usus., plurima accurate vidit, quorum cum in ubertate minutiarum pars laudis Cl. viri sit, pauca tantum tangemus. Anatome monstri bicorporei, duobus capitibus, pedibus tribus, pectore

ctore & pelvi connatis. In accurata potissimum descriptione magnorum vasorum hujus fetus, manifesto adparet, nullo non tempore eam ei fabricam fuisse, cum qua natus est. Cor unicum, duobus ventriculis. Ex eodem ventriculo posteriori prodiit aorta alteri fetui propria: arteria pulmonalis non inserta aortæ, sed ramo communicans, ex quo altera carotis, subclavia sinistra, dextra, & vasa communis pelvis & arteria pedis tertii. Ren uni fetui unicus, alteri duplex. Receptaculum peculiare, recipiens ureterem alterum, & dans conjunctos ductus deferentes, totum cætera cæcum. Cava vena fetus anterioris fissa, ejusque pars vena est azyga. Confirmat accurate, ductus lactiferos mammæ nullo circulo conjungi. Sed neque inter minutissimos surculos lactiferos ullum esse commercium. Cum vasis lymphaticis utique lactifera communicant, hæc cum vasis rubris. Urachus omnino cavus & apertus, per funiculum ramulis nonnullis divisus. Accuratæ venarum faciei, capitis & colli tabulæ.

§. MCLXVI. *Varii.*

Physiologia of natuurkundige ontleeding van het menschelyk lighaam waar in deszelfs maakzel werking &c. verklaart word stuk I. II. III. Amsterd. 1757. 1758. 8.* 1769. 8. Auctor ignotus discipulus ALBINI, nihil tamen valde singulare habet. Ordo aliquantum alius a BOERHAAVIANO. Aliqua de fabrica papillarum. Plerosque pilos in ipsa cute nasci. Papillas narium, exiguas quidem, subinde posse conspici. Ex ALBINO lamina vasculosa retinæ, & arteriola posterior lentis crystallinæ. Vortices chorioideæ tunicæ male pro arteriosis dati: cæterum de nervis non bene, neque de pia matre nervi optici. Sensus interni ex nostris *primis lineis*. De generatione nihil peculiare. Membrana exterior placentæ refutatur. Musculum agentem tamen non pallescere.

Josephus BENEVENUTUS Lucensis, Luccæ 1757. 8.* edidit diss. *& quæstiones medicas in Monspeliensi Lycæo & in Parisinis scholis discussas.* Inter eas est BUTINI de inflammatione, & septem quæstiones Parisinæ a nobis dictæ, anatomici & physiologici argumenti.

EJ. *Observationum medicinalium, quæ anatomiæ superstructæ sunt*, Coll. I. quæ morborum causas complectitur dissectis cadaveribus illustratas, Luccæ 1764. 4.

J. B. CARENI *de aëris ingressu ejusque usu, circulo & elatere* Mediolani 1757. 8.* Aërem esse præcipuam digestionis causam.

Jac. BELGRADI & HESSERLIZ *sull dell influsso degli astri ne' corpi terrestri* Padoa 1757. 4. Contra eum influxum.

Francesco CASELLI *la struttura del corpo umano* Firenza 1757. 8.* Nobis ob inventam irritabilitatem & multarum partium corporis insensibilitatem suum favorem testatur.

Thomæ LAWRENCE *hydrops dissertatio medica*. London 1757. 8.* STAHLII sententiam sequitur, & animæ providentiam tribuit, & media sapienter electa.

EJ. *Prælectiones medicæ duodecim* London 1757. 8.* De nervis eorumque morbis.

morbis. Duram tamen meningem undique cranio firmiter adhærere immotam fatetur. Motum ejus membranæ omnem esse ab arteriis cerebri. Carotides ad ingressum in cranium non dilatari. Motus sympatheticos ab anima esse, non a nervorum commistione. Animam ad prævisos fines sanguinis motus dirigere.

Ej. *De natura musculorum prælectiones tres* London 1759. 8.* Descriptio simplex, non falsa. Ad vires musculi COWPERI & BERNOULLII hypotheses proponit. A sanguine, sed tanquam a stimulo, musculos moveri. Aliquid conferre nervos; contrahere vasa, succos in sedes maxime irritabiles compellere, vim stimuli definire. Cor non moveri a voluntate: elaterem musculi differre ab ejus vi voluntati subjecta. Respirationem ab arbitrio esse. Post GLISSONIUM irritabilitati nihil additum, præter non necessarias demonstrationes adgniti veri, hic nimius.

MICHEL, Medici Monspeliensis, *nouvelles obs. sur le pouls par raport aux crises* Paris 1757. 12.* Pulsus *Theophili de* BORDEU pari cum confidentia docet, pulsusque criticos & non criticos, deinde cephalicos, pectorales, ventrales &c. inde pulsus mistos describit. Ita intermittens pulsus cum signis stomachici aut intestinalis compositus, criticum vomitum, criticamve diarrhœam præsagit.

Vincentii PERALES *lettera apologetica in risposta che fa l'autore del tirocinio veterinario sopra la critica nella VI. delle lettere ippiatriche del J. C. Francesco* BONZI 1757. 8.* Agitur de physiologicis, de bilis vi acida aut alcalina, de significatione vocis chymus & chylus.

Sammlung einiger Schriften von dem Ursprunge der Schicksalen der Wundarzney- und Zergliederungskunst 1757. 8. Non vidi.

Hygieine dogmatico-practica rationem conservandæ sanitatis corporis humani exponens Francof. & Lips. 1757. 4.

J. Henr. POTT, celebris Chirurgus, *von dem Urinsalz* Berlin 1757. 4.

Ludovicus PALIANUS a. 1757. in Epistolis ad me monet, se tussim extorsisse spiritu vini in asperam arteriam canis infuso. Nervum in tibia medullam subiisse vidit.

§. MCLXVII. *J. Franciscus* CIGNA. M. CARBURI.

Vir Cl. Taurinensis. Ejus est *specimen pro cooptatione in amplissimum collegium medicum* Turin 1757. 4.* Pars altera est de utero: accurata ejus visceris descriptio, ad ductum *Ambrosii* BERTRANDI. Dextrorsum inclinari. Tubera quædam & colliculos in gravida femina reperiri. P. III. est de irritabilitate. Recte sensit, ex nostris experimentis, STAHLII hypothesin ex ipsis fundamentis subrui, quæ ipsa fuit causa, cur tanto molimine ea secta in me vires suas conjunxerit. Ab irritabilitate excretiones partium, & plurimas vitæ humanæ actiones derivat. Nervos vitales ab animalibus distinctos non dari. Cuique corporis humani parti suum esse ad certos stimulos sensum.

Ej.

EJ. *Refutatio objectionum, quae adversus theses de irritabilitate J. Francisci* CIGNAE *exstant in* T. II. *libri Bononiae editi* 1758. 4.* Nimia sibi adrogasse BIANCHUM: eum noster & LAMBERTUM refutat, ostendit ignorare hominem quid sit irritabilitas, eamque tribuere corporibus non viventibus; tribuere nobis, quae sint a nostra sententia aliena. Irritabilitatem nobis deberi.

* EJ. *De electricitate & de respiratione* Turin 1773. 4.* De respiratione peculiares sunt Cl. viri opiniones. Requiri, ut sanguis a funiculo umbilicali repulsus novam viam sibi apertam inveniat: sequi etiam a sensu incommodi, quod infans a sanguinis per funiculum impeditum iter percipiat. Utilitatem respirationis esse aliam a necessitate: hanc quod vaporibus onustus aër, qui inter pulmones retentus fuit, eos pulmones convulsive stringat, immeabiles reddat. Illam in expulsione vaporum noxiorum poni. Nunquam in cavea pectoris aërem colligi, ut vesicas facere possit.

In *Miscellan. Taurinensium* T. I. de sanguinis colore agit. Adcessum aëris ad eum multum conferre, neque imam placentam sanguinis ab incumbentibus sibi globulis denigrari, sed ab aëris defectu. Laminam tenuem aëris eumdem nigrorem producere, & redire ruborem aëre restituto. Nullae ex pertuso pectore bullae adscendunt.

Marci CARBURI, comitis, Professoris Patavini & Turinensis, *lettera sopra una specie d'insetto marino al S. Marco* FOSCARINI Venez. 1757. 12.* Ex holothurii genere animal, velo, cavea, venis parallelis in sulcum confluentibus instructum. Ejus ova vel pullos in conchae speciem delabi.

In adjecta epistola notatur *Alexandrum* PINO a. 1703. invenisse succum animalis caeruleum ab acido rubescere. Recuditur in *Allgem. Magaz.* T. X.

§. MCLXVIII. TOUSSAINT BORDENAVE.

Chirurgus eruditus & Professor, in *Mercure de France* 1757. scripsit de irritabilitate & sentiendi facultate, nosque defendit. Utramque vim separat, tum illam ab elatere. In suis experimentis tendines nunquam sensum demonstrasse. Chirurgos nunquam sensum ullum experiri in nudatis & deligatis tendinibus. Aponevroses pariter sensu cavere, duram meningem absque dolore amburi. Sic periosteum. Putes eumdem esse libellum, quem PORTALIUS citat cum titulo *Remarques sur l'insensibilité de quelques parties* 1756. 12.

EJUSD. *Essai sur le mechanisme de la nature dans la formation des os, & Recherches sur la façon dont se fait la reunion des os fracturés.* In *Mém. de Chirurg.* T. IV. contra DU HAMELIUM dicit, Periosteum ossi leviter adhaerere: meram esse cellulosam telam stipatam. Ossa periosteo nondum conspicuo tegi, quando jam cartilago adparet. Ossa durescere, ut a vasis rubris penetrantur. Periosteum non esse praecipuum organum fabricandorum ossium: ea ex succo osseo in sanguine circumfluente, inque ossium vascula delato nasci. In L. II. ad callum cum textura vesiculari ossis conferre cellulosam naturam evolutam. Periosteum a rubia non tingi, callum utique.

Recusum est opusculum a D. FOUGEROUX.

EJ. *Essai sur la physiologie* Paris 1758. 8. PORT.

EJ. In *Journal de Medecine* T. XV. fetus biceps unicorporeus.

EJ. *De anthrace thesis anat. chir.* Paris. 1765. 4.* *R. J. Jac.* ROBIN.

In *Hist. de l'Acad.* 1768. Cor pene insensile esse. Pericardium crassius & concrementum osseum super utrumque cordis ventriculum effusum.

In *diss. sur les antiseptiques* Dijon 1769. 8.* ostendit sanguinem in viro homine dissolvi & exsudare. Putredinis historia & remedia.

§. MCLXIX. *Varii.*

BOURDET *recherches & observations sur toutes les parties de l'art du dentiste* Paris 1757. 12. 2. Vol.* Accurate de dentibus agit, ut etiam dextrum dentem & sinistrum sibi respondentem distinguat. Inde de alveolis eorumque vi contractili. Radicem priorum dentium non deteri a radice dentis supervenientis, sed perire ex ignota causa, Reliqua practica.

Thomas COE *treatise on biliary concretions or stones in the gall bladder* London 1757. 8.* De natura bilis aliqua.

J. Philippe de LIMBOURG *traité des eaux minerales de Spa* Luttich 1758. 8.* Physiologica minime negligit. De fibra, ejus tensione & irritabilitate. BIANCHI Taurinensis experimenta secum ipsis dissentire.

IDEM in *Philos. Trans.* V. LVI. de tæniis agit. Earum extremos fines reliqui corporis dissimiles esse; non ergo esse catenam animalium. Caput non habere.

§. MCLXX. *Antonius de* HAEN,

Professor Vindobonensis, celebris clinicus, ex schola BOERHAAVIANA & HIPPOCRATICA, non quidem incisor, multa tamen habet huc facientia.

Magnum EJUS opus est *ratio medendi in Nosocomio practico* Ejus T. I. prodiit Vindobonæ 1757. 8.* Scopus operi clinicus est; intercedunt tamen physiologica varia, ut experimenta in sanguine per subsidentiam & quietem facta. Membranam RUYSCHII ex rubra parte sanguinis nasci. De crusta sanguinis pleuritica: quæ secundum Cl. virum per exiguas causas aut adparet, aut secus. Adfusi ad serum sanguinis succi, & eventa.

Pars II ib. 1758. 8.* Pus oriri ex materia polyporum, quæ eadem de viscerum inflammatorum superficie sudet. Utique clysteres & suppositoria aliquando de ore prodiisse. Non putat, nisi a gangræna, valvulæ coli custodiam potuisse superari. Pulmo undique pleuræ adnatus absque difficili spiritu. Pulmonem non videri pleuram unquam deserere. Quare subinde experimentum natantis aut subsidentis pulmonis non respondeat. Calorem in corpore humano non esse in ratione numeri & roboris pulsus.

P. III.

P. III. 1758. 8.* Iterum non videri, calorem in sanguine arterioso habitare. Calorem summum absque magno pulsus robore esse, & summum robur absque magno calore.

P. IV. 1759. 8.* Aquam ventriculorum cerebri volatilem avolare. De pondere sanguinis lochiorum & mensium. Serum sanguinis etiam recens viridem colorem cum syrupo violarum facere. Calorem non esse a frictionem. Calorem magnum etiam in morte ipsa superfuisse. Calorem in variis vitæ humanæ ætatibus vix differre.

T. V. Wien 1760. 8.* vix huc facit.

T. VI. ib. 1761. 8.* Cum pauco sanguine pulsum durum & fortem fuisse. Cor & arteria magna dilatata pulsu non mutato, aliena quidem fide. Intestina ex sua membrana extima elapsa & nuda. Iterum pulmo undique adnatus, neque sublata respiratio.

EJ. *Difficultates circa modernorum systema de sensibilitate & irritabilitate humani corporis proposita* Wien 1761. 8.* Contra me, contra sensum nonnullis partibus humani corporis negatum, & contra irritabilem naturam pro causa variorum motuum datam. Acri usus est vir Cl. stylo, ut ipse non semel adgnovit. Experimenta nulla, sed comparatio nostrorum cum receptis opinionibus, & cum aliorum scriptorum sententia, ex qua adparet, diffidere nostra priscis. Frequenter accidit, ut certas partes doluisse sibi sumeret, quas vere doluisse non constat. Cordis sensum omnino nullum esse, sed neque irritabile esse. Auriculam cordis quievisse, cum sanguine esset plena. Omnia nostra nos Leidæ didicisse, &c.

EJ. *Vindiciæ difficultatum circa modernorum systema de sensibilitate & irritabilitate corporis apologia* Wien 1762. 8.* Asperius quam in priori opere hic scripsit, & me meumque animum sibi deprimendum sumsit. De me quidem viderint qui me legerunt, & judicent, quibus armis HAMBERGERUM, ALBINUM, alios impugnaverim. Sincere dubios eventus narrantem putat vir Cl. me mihi contradicere. Adparet ipsum virum ILL. tendinem in homine sensu carentem vidisse. Experimenta male in animalibus capta esse. Cor nunquam undique inaniri, & tamen quiescere. Experimentorum nihil quidquam.

Rationis medendi P. VII. 1762. 8.* Aliqua citata auctorum loca de adnatis ad pleuram pulmonibus sub examen revocat.

T. VIII. 1763. 8.* De experimentis Mediolani factis, & aqua in anum vivi animalis pulsa, quæ denique per os regurgitat. Verum cani utique in valvula coli alia ab humana est fabrica.

T. IX. 1764. 8.* Exempla pulmonum inflammatorum, in aqua fundum petentium. Iterum contra me, & contra insensilem pleuram. Interim in productis testimoniis adparet, plerumque pleuram in pleuritide absque inflammatione fuisse. De pleuræ cum pulmone contactu nunc dubitat. Iterum cor nunquam inane visum, neque adeo irritabile esse.

T. X. 1765. 8.* Iterum in me. Cor nunquam inane esse. Pleuram tamen inflammatam vidit, neque ideo exortam pleuritidem.

T. XI. 1767. 8.* In frigore febrili tamen calor thermometricus vere fuit 101. graduum. Calor summus febris intermittentis fuit 108. gr. In pleuritide crusta nata sive celeriter sanguis flueret, sive lente stillaret. Volvuli, & situs intestinorum mutati.

T. XII. 1768. 8.* Iterum non semper in eadem ratione pulsus esse celeritatem & calorem. Fuse contra novos pulsus *Theophili de* BORDEU. Neque incíduum unquam vidit, neque criticum, neque pulsus novos illos viscerales. Finis litis de irritabilitate. Admittit nostram dudum quidem repetitam distinctionem sensus nervorum trans tendines euntium, non tendini propriorum, qui utique sentiant. Se de pathologia sola curasse.

T. XIII. 1769. 8.* Ciborum coctionem non esse a fermentatione. Glutine utique fibram humanam compingi, non solo aëre. Difficillime submersos suscitari.

T. XIV. 1770. 8.* De sensu membranarum. Posse nullum adparere, dum subito dissecantur, & tamen dolere easdem, quando lente dividuntur. Dari ubi membranæ absque dolore inflammentur. Posse tendines ob vicinos nevos dolore, posse nervos sensum amittere.

T. XV. 1773. 8.* Vix unquam in nosodochio potuit submersos restituere. Motus utique aliquos extorquebat, sed moriebantur convulsi aut certe pectore inflammato. Infantem modo natum utique restituit inflato aëre. In cane vivo submerso spuma in aspera matre fuit. Sic in mortuo submerso nonnunquam, alias secus.

Rationis medendi continuatæ T. I. P. altera *de resuscitanda vitu suffocatorum* 1771. 8. & Germanice 1772. 8.* Multa experimenta, in quibus submersi non potuerunt revocari. Utique spuma in pulmone. Mors ab impedito sanguinis per pulmonem transitu. Nummi deglutiti post duos menses egesti.

In *continuatione* II. *rationis medendi* Wien 1774. 8.* multa sunt ad practicam anatomen, & ad fabricam corporis pertinentia. Renes coaliti. Convolutiores intestini ilei. Renes connati: errores intestini coli varii, miræ ejus dilatationes. A ventriculi parte media contracta vomitus perpetuus. Ductus hepaticysticos vir ILL. vere se vidisse putat. Renum alter per diaphragmatis hiatum in pectoris caveam adscenderat, ut cum pulmone ulceroso conserveret.

In *thesibus pathologicis de hæmorrhoidibus* Wien 1759. 8.* vasa etiam hæmorrhoidea ex WINSLOWO describuntur.

§. MCLXXI. *Disputationes.*

J. Frid. Wilh. DIEZ *de temporum in graviditate & partu æstimatione* Præside Cl. ROEDERER Gotting. 1757. 4.* Sollicite inquirendo invenit, in sensu con-

conceptionis nihil esse certi. Mensium interceptionem aliquot hebdomadibus aberrare posse. A primo motu vitæ æram ordiri tentavit. Tempus partus cadere inter 39. & 42. hebdomadem. Signa fetus præcoci partu editi, inter ea oculi clausi, scrotum inane, pondus non supra sex libras. Motum infantis primum percipi inter hebdomadem 19. & 22. Tribus ante partum mensibus caput fetus uteri ostio imminere. Non ergo tempore partus fetus se dat præcipitem.

Stephani Zagoni BARA *de theoria inflammationis vulgari, venæsectionem in curatione acutarum inflammationum male dirigente* Gotting. 1757 4.* Contra BOERHAAVII theoriam. Crustam pleuriticam esse serum sanguinis spissius, ex victu carnoso.

Philibert VOELKER *theses ex scientia medica* Gotting. 1757. 4.*

J. Frid. RICHERTS *observatio viscerum abdominalium labis brevis epicrisis* Leid. 1757. 4.* Fabrica scroti. Dartos cellulosa.

J. Alberti Henrici REIMARI, filii, *obss. de tumore ligamentorum circa articulos, fungo articulorum dicto* Leid. 1757. 4.* Ligamenta & capsulas putat per inflammationem sensus fieri compotes, neque enim sentire vidit cum discinderet. Partes super se motas non sentire ex proprio exemplo confirmatur. In callo vasa ex HUNTERO.

EJ. *Von den Pflanzthieren* Hamb. 1773. 8.* Pro monstris originalibus. Se vidisse putat ramis novis arterias germinasse: arterias & venas una se invenisse, & eas fines suos extremos univisse. Ut animalia zoophyta adhæresant, etiam per radices. Ut tæniæ ex uno articulo increscant: ut zoophytorum fiat multiplicatio per ova, per partem sui, per divisionem. Ut zoophyta inter composita tamen quodque suam peculiarem voluntatem habeat.

Lambert BICKER *de natura hominis, quæ medicorum est* Leid. 1757. 4.* Natura summa est virium corporis humani. Inter eas vires est anima: tunc virtus vitalis, quæ ipsa est irritabilitas, & in corde etiam non repleto operatur. Eam vim noster separat a sentiendi vi, cum animalia a fumis sulfureis irritabilitatem amittant, non sensum; a nervis ligatis sensum, non irritabilitatem. Hanc vim Cl. vir putat ad omnes corporis animalis partes pertinere. Ab ea vi calorem derivat. Etsi liquores homogenei nullo a motu concalescunt, eam legem non debere ad heterogeneos humores transferri, cujusmodi sanguis est. LAGHII epistola I. recusa.

EJ. est *verhandeling van de zoog der vrouwen* Leid. 1764. 8.* Anatome vasorum lacteorum. Ab irritabilitate lac adfluere. Viri lactentes. Lac a plethora nascitur.

EJ. *Vertoog over de oorzaaken welken de zenuwziekten in ons land gemeender dan vorheen maken* Roterdam 1768. 8.* practici magis argumenti.

Wilh. OUDENAARDEN *de pervigilio sano & morboso* Leid. 1757. 4.

Iman Jacob van den BOS *de vivis humani corporis solidis* Leid. 1757. 4.* Utique tendines & peritonæum aliasque partes sensu pollere: neque de homi-

ne

ne valere, quæ in animalibus vera sunt. Duram meningem nervum habere, arterias irritabiles esse; eo fundamento sui præceptoris theoriam niti, cum tamen ipse cultro arteriam non potuerit ad contractionem permovere. Experimenta aliqua, pauca quidem, sua adfert.

In opere *de historia epidemicæ constitutionis verminosæ* Leid. 1769. 8.* aspere in me dixit, non ut necesse sit respondere.

Abraham LEDEBOER *de respiratione* Leid. 1757. 4.*

J. Petr. LOTICHIUS *de phosphoris & urina phosphoro* Leid. 1757. 4.*

Rudolf EVERTSEN *de chylificatione intestinali* Leid. 1757. 4.* Infantibus veras in intestinis glandulas simplices esse, in adultis eas excæcari. In ventriculo inque crassis intestinis, glandulas dari compositas.

Daniel Andreas DIEBOLD *de aëre in humoribus humani corporis* Argentorati 1757. 4.* Aërem in sanguine non reperiri, nisi solutum & elatere destitutum. Per animalium cutem difficillime aërem penetrare, per experimenta: ita, neque ex aspera arteria in ventriculum cordis sinistrum venire. A frigore serum quidem, non autem partem sanguinis rubram dilatari. Foramen ovale claudi, dum auriculæ contrahuntur.

Lorenz CLAUSSEN *de intestini duodeni situ & nexu* Lips. 1757. 4.* bona disp. cum icone propria. Ab origine paulum adscendere, inde descendere, in cæcum usque intestinum: tunc iterum sinistrorsum pene ad originem suam ex pyloro redire: in cartilagine sub ultima vertebra dorsi finiri.

J. Christian KERSTENS *de maturatione ut causa præfectionis corporum organicorum* diss. I. & II. Lips. 1757. 4.*

J. JORISSEN, præside A. E. BUCHNER, *de nova methodo surdos reddendi audientes* Hall 1757. 4. Lignum, aliudve continuum durumque corpus, dentibus superioribus & surdus adprimit, & qui cum eo colloquitur. Ita surdus accurate audit, quæ alter pronuntiat. Experimentum pater D. JORISSEN casu fecit. Addit cautelas varias: non debere vehiculum vocis labiis adprimi.

J. APOSTOLOWITZ *modus quo affectus animi in humanum corpus agunt* Hall. 1757. 4.*

Bernard PERKUHN *de ovuli impragnati nexu cum utero* Hall. 1757. 4.* Præside BUCHNERO.

J. Jac. ECKER *theses de qualitate hominis, de compositione, sanitate, spiritu, motu, signi medici* Altdorf. 1757. 4.

Gabriel VEZA *de lacte* Wien 1757. 4.*

Anton. STÖRK, per alios labores celeberrimus clinicus, comes archiatrorum, *de conceptu, partu naturali, difficili & præternaturali* Wien 1757. 4.* In utero esse sedem conceptus. Si fetus in ovario conciperetur, plures fore gemellos. Pro continuitate placentæ cum utero. Pueros dari 16. libras pendentes. Uteri os a conceptu claudi. Fetum nono mense cernuum se dare. De musculosis uteri fibris dubitat.

dubitat. Multum tribuit obliquo utero. Epidermidem fetui totam decessisse, neque periisse.

Franc. de BORDEU, *Theophili ut* puto frater, *de sensibilitate & contractibilitate partium in corpore humano sano* Montpelier 1757.

Car. GEILLE *de St.* LEGER & *Ludovici Mariæ* GIRARD *de* VILLARS auctoris, disp. *Ergo ut sensibilitas ita irritabilitas a nervis* Paris 1757. 4.* In irritabilitate consentit nobiscum, de sensu differt, quem duræ cerebri membranæ, tendinibus & periosteo tribuit, cum tamen ipse & contrarios eventus viderit, & nervos in tendinibus nullos esse fateatur. Experimenta in universum perpauca ab aspero juvene facta, qui in epistola apud FABBRIUM recusa nostram sententiam venenatam dicit. Recusum est opusculum in ea *raccolta*, & in *Mém. presentés à l'Acad. des Scienc.* T. IV., libera versio, nullis aucta experimentis.

Petr. Lud. Maria MALOET & *Jacob* SAVARI auctor *E. ut cæteris animalibus, ita homini sua vox peculiaris* Paris. 1757. 4.* Describit laryngem inferiorem avium aquaticarum, earum clangorem, tum sibilum: demum clamorem hominis & quadrupedum. Proxime humanæ voci accedere canis vocem & gallinæ. Musculi exiles asperæ arteriæ avium. Vesicas abdominales & pectorales alternis vicibus inflari & comprimi. De litteris: octo vocales facit, tres e neglecto ö. Addit surdas nasales quatuor. Decem tantum habet literas consonantes, eas nempe solas, quæ Gallis notæ sunt. Distinguit loquelam a cantu, a voce submissa. Sequitur FERRENIUM.

Jac. SAVARI & *J. v.* DIEST præs. *Ergo sanitati nocet frequens exspuitio* Paris. 1757. 4.*

Thomæ COSTE *theses anatomico-chirurgicæ* Paris. 1757. 4.* De herniis.

J. Baptist. Anton. ANDOUILLE', & *Jac. Ren.* TENON theses *de cataracta* Paris. 1757. 4.* Anatomen tradit oculi cum icone. Radios ciliares numerat ad 72. Laminas lentis crystallinæ in nonnullis piscibus reticulatas esse. Figura processuum ciliarium ad microscopium depicti. Retinam adhærere ad lentis crystallinæ limbum.

In *Commentariis Acad. Reg. Scient.* 1758. Cl. TENON per experimenta reperit, dum ossa exfoliantur, primum ex terebræ foraminibus sudare gelatinam, eam in verrucam, cartilaginem, denique in os confirmari. Pergit de perterebratione a. 1760, sed fere chirurgice.

A. 1761. singularis casus viri, cui vesica urinaria cum ureteribus per lineam albam elapsa erat, & urina per duo ostiola plorabat. Eæ guttulæ a vini albi potu accelerabantur.

In *Hist. de l'Acad.* 1768. vesica septo bipartita.

J. MILLAR *de fluxu lochiorum immodico* Edinburg. 1757. 8.*

Roberti RAMSAY, docti viri & Professoris nunc Edinburgensis, *de bile* Edinburg. 1757. 8.* Bilis cysticæ naturam exploravit. Difficulter putrescere; ab acido

acido præcipitari: ex resinòso in spiritu oriri solubili principio & ex gummoso, in aqua tamen non solubili, conponi. Non esse saponem, non miscere aqueis oleosa, non resistere acori; intestina utique ad contractionem stimulare.

§. MCLXXII. *Diaria anni* 1758.

In *Phil. Transf.* a. 1758 sive Vol. L. P. 2. *Josua* PLATT de prægrandi osse animalis in schisto lapide reperto.

Edward WRIGTH salem ferri non subire vasa lactea.

In *Hist. de l'Acad. R. des Science*, *M. de la* ROCHETIERE de pericardio cum corde connato, & ossibus cordi inpactis.

Car. (ABBE') *de* SAUVAGES, *Francisci* frater, de puero præcocis incrementi, anima quidem nihilo perfectiori, quam in alio sexenni puero, corpore autem prævalido & pubere. Ab eo tempore cessavit incrementum, ut duodecimo anno quinque pedes non excederet.

EJ. *Mémoires sur l'education des vers à soie* Nismes 1763. 8.* In T. primo agit de bombycum ovis, eorumque exclusione; naturæ hoc opus non posse committi, non debere excedi 28. gradum caloris R.

T. II. de nutritione. Vermes noctu eminus frondem mororum detegunt: calore tunc opus esse 32. grad. Aërem debere renovari.

T. III. Bombyces non timere tonitrua. Aliqua de erucæ fabrica & chrysalide. In erucis ovaria vidit. Bombyx intestino caret, neque edit quando nunc volatilis est.

Aliquid de bombycibus dedit IDEM in *Mem. di Valentuomini* T. II. & in *Hamb. Magaz.* I.

EJ. *Observations sur l'origine du miel* Nismes 1763. 8.* Ab aphidibus feminis mel præparari, ab apibus colligi.

In *Actorum Societatis Batavicæ* Tomo IV. Haarlem 1758. 8.* Cl. SANNIE vidit fetus obversis pelvibus connatos.

ENGELMANN de bonis civibus, suffocatos per 30. minuta submersos servantibus. Homines non deglutire aquam, neque in pulmonem adducere. Utiliter aërem inflari, sternutationem moveri. De aliis suffocatis.

In T. VII. *Novorum Comment. Academiæ Petropolitanæ*, qui respondet annis 1758. & 1759. *J. Gottlieb* KÖLREUTER describit polypum marinum, magnum, edulem, perinde brachia reparantem & acetabula, cæterum pulmone, oculis, dentibus præditum. De zoophytis, & inter ea, de polypo, tubulosum vegetabile corpus incolente, emergente per ramos. Junius animal plantæ propius esse autumat; adolescendo animalem naturam perfici.

Dentes ibicis *Suiga* hic emendatius dicuntur, ut ad legem cornutorum animalium redeant.

In T. IX. piscis Gobii aliquam dat anatomen, & in T. X. enorme dentalium.

In

In T. XIV. anatomen dat piſcis Navaga ex aſelli genere.

In T. XV. anatome cyprini. Ductus bilarius in ventriculum inſertio.

In T. XVI. anatome acipenſeris.

In T. XVII. organum auditus acipenſeris. Tres canales ſemicirculares, veſiculæ, officula, nervi. In Harengo cochleam eſſe. Meatus male pro auditorio habitus.

In T. XVIII. anatome coregoni.

In *Act. Acad. Palat.* T. III. Phyſ. Lerneæ novæ aliqua anatome.

Medical obſervations and inquiries by a ſociety of phyſicians in London London 1758. 8.* Practici potiſſimum ſcopi. Duo pueri, quibus viſcera abdominis in pectus penetraverant. Aſphyxia. Somnus vitioſe diuturnus.

In *K. Swenſk. Wetenſk. Handl.* T. XIX. ſ. anni 1758. Cl. KÆHLERUS, qui cominus hunc morbum vidit, confirmat, tarantulæ morſum nullam facere ſaltationis neceſſitatem.

Ephraim Otto RUNEBERG de fecunditate Bothniæ orientalis. Partus ſunt ad mortes ut 91—50.

EJ. in T. XXVII. n. 4. de ordine, quo homines moriuntur. Infantes celerrime diſpereunt. Sueciæ incolæ in decem claſſes diviſi. Feminæ magis vitales ſunt, & una fere in 300. nonageſimum annum adtigit.

Iterum de tabulis emortualibus ID. T. XXVIII.

In *Mercure de France* 1758. Cl. RAVATON ſcribit contra hypotheſin DU HAMELII. Oſſa ex glutine naſci & reparari: nihil eſſe in perioſteo, quod oſſis fabricam definiat. Oſſa conſervere deſtructo perioſteo, neque in majori fractura renaſci.

Acta Helvetica phyſico mathematico anatomico botanico medica. In T. III. Baſil. 1758. 4.*

J. HOFER de puero terminum referente, unico femore, cum propriis muſculis.

Fetus mortuus tribus menſibus in utero retentus.

Emanuel WEISS de reptatione erucarum & vermium per adductos anulos.

IDEM in T. IV. de globulis ſanguineis; majores facit ovales, & minores ſphæricos.

In T. V. de inſectorum arteriis aſperis; de globulis ſanguineis, eorumque in pediculi interaneis mutatione; de tribus diametris, quas in his globulis diverſas facit: de papilionum plumulis.

In epiſtolis meis de iisdem globulis refertur Ep. IV. p. 102.

In VANDERMONDII *Journal de Medecine* 1758. BAUR mira relatio de puella nullo ano prædita, urethra nulla, fæces revomente, urinam reddente per mammam.

GAUDET fetus alter ſexti, alter ſecundi menſis una editi.

BALLAY varietates musculorum brachii, arteriarum brachii & spermaticarum, lien permagnus.

In T. IX. exsiccatio totius corporis ad mumiæ similitudinem.

COLLIN ossa fetus quarto anno ex ulcere prodeuntia.

DUMOLIN submersa refocillata calidis cineribus.

BONNET vidit œsophagum & ventriculum per antiquum ostium in pectus adscendisse.

LEBEAU tendo in homine insensilis.

Hoc anno Cl. F. FELICE edere cepit diarium *Estratto della litteratura Europea* Iverdon 1758. 8. cujus multi tomi prodierunt. Passim adnotata aliqua physiologici argumenti continet.

Hannoverische nützliche Sammlungen 1758. de ictu apum, de earum cellulis melleis.

§. MCLXXIII. *Anatomici varii.*

J. Baptista VERNA, celebris Chirurgus Taurinensis. EJ. est *lettera al* ILL. S. HALLER Turin 1758. 8.* Experimenta sollicite facta, quibus insensilem naturam tendinum, duræ meningis, & periostei confirmavit. Infantis atreti rectum intestinum cæco fine terminatum.

Carl Ludewig L'ESTOCQ, hic anonymi, *Abhandlung von dem Nutzen der vornehmsten Theile des menschlichen Körpers* Cöthen und Dresden 1758. 8.* Defuncti esse auctoris, & ex Latino versum, cauti viri, & a conjecturis alieni.

Deinde Halæ 1759. 8.* prodiit cum nomine Cl. L'ESTOCQ *medicinische Abhandlungen*. Pars I. est hæc ipsa diss.

Addidit autem Cl. L'ESTOCQ de sensibus aliqua & de temperamentis. Nervum olfactorium cavum esse. Temperamentum post trigesimum annum sæpe mutari.

J. Baptista BERNARD *problema physiologicum, cum tabula figurativa ipsius solutionem exhibente* Douai 1758. 4.* Problema est, definire copiam sanguinis, qui per aortam exit, ut tamen noster etiam aliarum arteriarum copiam sanguineam metiatur. Inspirationis tempus exspirationis tempori æquale esse. Quod sanguinis venosi undam respiratio possit, inquirit, & inventum nobis tribuit.

EJUSD. *Hydraulica corporis humani variis tabulis figuratis demonstrata* Douai 1759. fol.* Multas omnino diametros variabiles arteriarum computat, eas inprimis, quas exspiratio & inspiratio in venis definit: tum quam venæ cavæ refluus sanguis. Ad grana usque undas cujusque pulsus definit.

J. Friderich GLASER *Beschreibung seiner neu erfundenen Blutwage* Hildburghausen 1758. 8.* Hactenus huc pertinet, ob varietates sanguinis in portione & seri.

Joseph Ludwig ROGER *tentamen de vi soni & musices in corpus humanum* Avignon 1758. 8.* Magna pars opusculi physica est; alia philologica. De vocis

vocis formatione. Conjungi ad eam producendum oscillationem ligamentorum & organi vocis; in longitudine incrementa & decrementa. Anatome brevis. Animam utique numerare oscillationes. Esse spiritui nerveo nostro proprium tonum, cum quo harmonice consonat. Displicere sonos, qui laminam spiralem tympanis bipartientem in partes incommensurabiles dividant &c.

Ej. *Specimen physiologicum de perpetua fibrarum muscularium palpitatione, novum phænomenon in corpore humano experimentis detectum & confirmatum* Gotting. 1760. 12.* In quiescente etiam musculo fibras perpetuo oscillare, alterne contrahi & laxari. Eum sonum nos percipere, manu ad aurem adpressa. Oscillatio fibræ musculosæ similis est motui peristaltico intestini. Ex ea perpetuus strepitus oritur. Irritabilitatem dispositionem esse, non potentiam neque causam esse hujus motus. Inde esse electricum corporis humani congenitum statum, calorem, alia. Hypotheses meræ.

Franc. Eman. CANGIAMILA *Embryologia sacra s. de officio sacerdotum & Medicorum circa æternam parvulorum in utero exsistentium salute* Milan. 1751. 4. ut nunc lego & Panorm. 1758. fol. Venet. 1769. fol. Aug. Vindel. 1765. 8. SMITH. Gallice verteute DINOVART *l'Embryologie sacrée* Paris 1762. 8.* Scopus cavere ne fetus ullus baptismo careat. Fetus vitam valde præcocia habere initia. Fetus cum cruore abjectos vixisse. Die quadragesimo cor in fetu micare. Cui brachium elapsum amputatum fuerat, vivum prodiisse, & biduo supervixisse. Infans vivus ex latrina. Multa de restituendis submersis.

Carolus GANDINI, Veronensis, clinicus, *disamina delle ragione che hanno ritardato il progresso della medicina &c.* Genua 1758. 8.* Practici argumenti, modum tamen definit, quo putat meliorem medicinæ cognitionem obtineri.

Ej. *Saggio di lettere apologetiche critiche concernenti l'arte raggionevola di medicina* Lucca 1759. 4.* Iterum clinici potus argumenti.

Ej. *Gli elementi dell arte sfigmica overo la dottrina del pulso* Genua 1769. 4.* Fusissima dictio. Contra medicos mechanicos. Chinensium pulsus. Intermittentem pulsum diarrhœam criticam præsapige apud AETIUM reperit. Ipse per experimenta eo adductus est, ut *Theophili de* BORDEU partes adoptet.

Ej. *Riflessioni sulle leggi dei movimenti animali.* Cerebrum & nervos solos motus auctores esse &c.

Johannes LARBER edidit J. PALFYN anatomicam chirurgicam ad PETITI editionem, Venez. 1758. 8. 2.Vol.* Multa addidit ex nostris inventis, alia etiam sua, practica quidem & pathologica. Hymenem defendit.

Memoire instructif sur la maniere d'assembler, de preparer, de conserver & d'envoyer les curiosités d'histoire naturelle &c. Lyon 1758. 8.* De avium exsiccatione. De spiritus vini nimia in adstringendo potentia. Sceletos in aquis bene parari.

Nouvelles considerations sur les années climateriques, la longueur de la vie de l'homme, la propagation du genre humain, par un membre de l'Acad. de Berlin 1758. 12. (*Journ. Oeconom.*)

Medical, chirurgical and anatomical cases and experiments communicated by HALLER *and other physicians* London 1758. 8.* Medica ex *Actis Suecicis* decerpta.

Natuurlyke ontleeding van's menschen ligham 1758. Societatis opus.

§. MCLXXIV. *Varii.*

Benjamin GOOCH, Chirurgi, *Cases and practical remarks in surgery* London 1758. 8.* Dura mater per multos dies a fragmento acuto ossis conpuncta, & tamen indolens. Exemplum ossium in morbo emollitorum (præter dentes) & staturæ corporis contractæ. Duram meningem audacter discindit. Magna pars maxillæ inferioris renata.

Recuſ. tamquam secundus tomus sequentis operis 1767. 8.*

In T. LIX. *Phil. Transf.* de viro, cui subinde tota undique cuticula decedit.

EJ. *Practical treatise on wounds, and other chirurgical subjects* Norwich 1767. 8. 2.Vol.* Præmissa historia physiologiæ, anatomes & chirurgiæ: aliqua etiam anatomes fragmenta. Multa non bene narrata. Cor infantis nudum vidit micasse. Bursæ adiposæ ex HUNTERO. Lymphatica vasa urethræ ducentia ad vesiculas seminales, a WATHENIO visa.

EJ. *Medical and chirurgical observations or an appendix to a former publication* London 1773. aut 1774. 8.* Aliqua huc faciunt. Magna mala a nervis lino interceptis orta vidit. Maxillæ particula & dens in ovario. Epidermis de tota manu secedens. Mors ab aëre in pectoris cavo expanso, & pulmonem urgente. Testes in inguine latentes: testis sero in scrotum receptus. Experimenta facta liquoribus ossa solventibus.

J. Jul. WALBAUM, auditor olim noster, vertit & edidit Lubek 1758. 8. 2.Vol.* LEVRETI *Wahrnehmungen von den Ursachen und Zufällen vieler schweren Geburten.* Passim aliqua adnotavit, potissimum chirurgica. Pelvis tamen mensuras malas a LEVRETO dari monuit.

Remarks on DOUGLAS's *treatise of the hydrocele* London 1758. 8.* Auctor est OBADIAH JUSTAUMOND. De significatione vocum scrotum, dartos, vaginalis, erythroides. Omnes cellulas spermatici fasciculi & testium una inflari.

Cum DOUGLASSIUS respondisset, reposuit noster, *Defense of the remarks on* DOUGLAS's *tr. of the hydrocele* London 1758. 8.* Iterum fere de nominibus pugnatur.

J. Christian BLASCHE *Leben D.* HAMBERGER's, *mit einer Nachricht von seinen Schriften und gelehrten Streitigkeiten* Jena 1758. 8.* Gener Cl. viri rectius forte a litibus physiologicis & anatomicis abstinuisset, aliis omnino studiis innutritus. Neque enim vel litis historiam veram sinceramque dedit, vel experimentorum.

Petri CORNACCHINI *della pazzia* Siena 1758. 4.* Esse a cerebro indurato.

Daniel

Daniel COX *observations on the intermitting pulse as prognosticating in acute diseases a critical diarrhœa &c.* London 1758. 8. Aliqua exempla pulsus intermittentis veram diarrhœam præsagientis, & varia ad SOLANI mentem.

Samuel PULLEYN *the culture of silk for the use of American colonies* London 1758. 8.* Inter mammas feminarum bombyces optime excludi. De exuviis; cranium cum dentibus dejiciunt. Ut gummi per duo foramina expressum in unum filum coeat.

HELVETII famosus liber *de l'Esprit* Paris 1758. 8. 2.Vol.* Hominem à simia sola manu differre, aliquanto debiliori. Omnes cogitationes, adfectus omnes, etiam REGULI ad tormenta reditum, ad materiem revocat.

Robert DOSSIE *the elaboratory laid open, or the secrets of modern chymistry and pharmacy reveald* London 1758. 8.* Nihil veri discriminis esse inter calces & olea diversorum animalium.

EJ. *Institutes of experimental chymistry* London 1759. 8. 2.Vol.* De animalibus in Tomo I. Sanguinem in statu constitui ad putredinem vergente ab eo statu calorem esse, ruborem a sale alcalino. Ad fæcum alvi analysin aliqua. Nimis in BOERHAAVIUM asper est, Analysis vitelli ovi. Terra ossium. De putredine.

Ignatio SOMIS, amici nostri singularis, archiatri Regii, *Raggionamento sopra il fatto advenuto in Bergamoletto, in cui tre donne sepolte fra le ruine della stalla sono state trovate vive doppo* 37. *giorni* Turin 1758. 4.* In angustissimo spatio cum paucissimo lacte, summo in fætore, vitam in aëre non renovató tamen toleraverunt.

Entretiens sur la nature de l'ame des bêtes Colmar 1758. 8.

§. MCLXXV. *Disputationes.*

Georg Wilhelm BENEFELD *de habitu virium motricium corporis humani ad actionem medicamentorum* Gotting. 1758. 4.* Vires motrices eædemque sensoriæ in omnibus partibus corporis humani habitant, ut totum corpus sentiat. Duram matrem ad plerosque stimulos insensilem, ferreis denique penicillis laceratam doluisse.

J. Friderich Carl GRIMM, Cl. medici, *de visu* Gotting. 1758. 4.* Processus ciliares lentem crystallinam non posse mutare, neque musculos externos oculi. Verum in iride cellulosum quid esse, quod irritante luce humoribus repletum dilatetur, & pupillam angustet. Recte in MARIOTTI experimento maculam non adparere, sed evanescere locum non visum. A tumore vasorum iridis & chorioideæ humores conprimi, densari, fortius refringere. Objecta non inversa depingi, sed in vera inter se invicem relatione, neque habere animam quod emendet, omnino ut BERKLEYUS.

J. David LAPEHN *de oscitatione in enixis* Gotting. 1758. 4.* Conjungi cum lentiori humorum motu, præcedere syncopen.

J. Frie-

J. Frieder. GRUND *de secretione* Gotting. 1758. 4.* Multum tribuit diversæ organi secretorii a corde distantiæ, quæ si major fuerit, viscidos faciat humores. Plurimum etiam valere diametros vasis secretorii diversas: humorem primigenium definitæ indolis, adtrahentem humores similes, densitates varias. Classes humorum facit diversas, aqueos humores, saponaceos, viscidos, pingues, gelatinosos, spiritus.

Petrus LUCHTMANS *de saporibus & gustu* Leid. 1758. 4.* Omittimus physica. Acria quædam in toto ore saporem suum inprimere. Linguæ descriptio. Papillas minores facit & minimas. Vasa & nervi, venæ & glandulæ salivales breviter. Globulos sanguineos putat vere in minores globulos discedere.

EJ. *Oratio de anatomicis seculi* XVIII. *incrementis* Utrecht 1760. 4.

Matthæus v. GEUNS *de eo quod vitam constituit in corpore animali disquisitio* Amsterdam 1758. 4.* Omnes partes corporis humani, etiam cellulosam telam, contractiles esse. Id non negavimus, tantum ut ex sola fibra musculari irritata contractio conspicua sequatur. Totum fere corpus ex cellulosa tela constitui. Aliquanto plus tribuit arteriarum contractioni. Etiam nervos contractiles esse. Motus vitales absque nervis non posse perfici; hoc contra experimentum. Denique motus corporis animalis non a mente oriri, plurimosque vere esse in eo corpore, ad mentem non pertinentes, contra WHYTTIUM.

In T. VII. *Verhandelingen der Holl. maatschappy* ID. fetum describit, cui ventriculus, intestina & hepar in pectus adscenderant.

In T. IX. P. III. Puellam vulva destituta, vagina in vesicam aperta. Sextus digitus suis instructus nervis.

In T. XI. de impedita deglutitione anatome gulæ. Nullam dari glandulam VESALII, pro re nova.

Aimé MATTHIEU *de nervis in genere, accedente* I. II. III. & IV. *paris nervorum descriptione* Leid. 1758. 4.* Nervum a primo pare per foramen cribrosi ossis transire, & cum quinto pare uniri. Secundum etiam a gemino centro subinde nasci, & dextri aliquas fibras cum sinistro misceri. Negat tunicas oculi a nervi involucris oriri. Quintum par aliqua sui parte ex corporibus olivaribus & pyramidalibus provenisse. Temporalem ramum non semper eodem modo provenire.

Arnold Guil. MARCUS *de fabrica & actionibus ventriculi* Leid. 1758. 4.*

Albert VERRYST *de respiratione* Leid. 1758. 4.* Cellulosam fabricam pulmonis non esse vulgarem cellulosam, & ab aspera arteria continuari. Pro nostra de spatio thoracico & musculis intercostalibus sententia. Non putat sanguinem in pulmone frigescere.

J. Petri KLEFECKER *de halitu pericardii* Leid. 1758. 4.*

Alberti GUEX *de humoribus coctis in statu sano consideratis* Leid. 1758. 4.*

Adrian HOFMANN *de ortu & incremento fœtus humani* Leid. 1758. 4.*

J. Jac.

J. Jac. v. BERLEKOM *de motu arteriarum vitali* Leid. 1758. 4.*

Georg Florent. Henrich BRUNING *Singultus morbus, symptoma, signum* Utrecht 1758. 4.* Collectitia diss. Sedes singultus in superiori ostio ventriculi. Singultus lethalis excitatus a pilo felino. Sic a filo chalybeo &c.

J. Christ. PETERSEN *de cortice Peruviano* Upsal. 1758. 4.* præside C. LINNÆO. Pulsus in febribus intermittentibus numeravit, diebus intermediis a 90 ad 98, in frigore a 98 ad 110, in æstu a 100 ad 126. reperit.

Laurens GISTREN, præside *Eberhardo* ROSEN olim auditore nostro & amico, disputavit *de vera ratione secretionum corporis humani in genere* Lundin. Scan. 1758. 4.* bono ordine scripta disp.

Petr. POLZER *de sudore* Wien 1758. 8.* practici potissimum argumenti.

Jacob Eberhard ANDREÆ *de irritabilitate animali* Tubing. 1758. 4.* Soli fibræ musculosæ irritabilem naturam tribuit, excluso tendine, exclusis etiam vasis lacteis, & glandulis. Causam tumescentis inter exspirandum cerebri nostram recipit. Intestinorum evulsorum contractionem vidit: cordis irritabilitatem constantiorem esse sensit. Vix in iride fibras recipit. Cutis irritabilitatem a simili in musculis vi separat. Sensum ab ea vi non putat separari posse.

In *epistola* adjecta *P. Frid.* GMELINUS eam opinionem refutat.

Christian Gotthilf BARTH *de pulsu venarum* Lips. 1758. 4.

Memoria J. Ern. HEBENSTREITII Lips. 1758. 4.*

J. David GRAU *de mutationibus ex aëris calore diverso in corpore humano oriundis* Jen. 1758. 4.*

EJ. *De vi vitali specimen primum* Gotting. 1758. 4.* Eam vim etiam in cellulosis telis habitare: esse ab earum tensione. Germanice Lemgo 1768. 8. Physiologia pene integra.

EJ. *Heterodoxe Sätze aus der Arzneywissenschaft* Gotting. 1758. 4.* Febrem esse naturæ conatum. Ab obstructione celeritatem non crescere.

Lud. Rudolf SEUBERT *de signis puerperii fallacibus* Tubing. 1758. 4.*

Ephraim KRUGER *de nervo phrenico* Lips. 1758. 4.*

Guil. MALLINKROTT *mirum artificium naturæ in opere generationis* Giess. 1758. 4.*

Gotthilf Aug. LECHLA *de pretio sanguinis physico & religioso* Lips. 1758.

J. Christ. Frider. STOCK *variæ de musculis meditationes* Jen. 1758. 4.*

J. B. PREU *de celeritate sanguinis in vasis minimis* Altd. 1758. 4.* Passim errores.

J. Lud. BUXTORF *de inhalatione* Basil. 1758. 4.* Renes in experimento ad sescuncem aquæ sorbsiisse.

In *Actis Helvet.* homo cui alter homo quasi in epigastrium insertus. Alius in quo lotium guttatim de poro super os pubis stillabat. Menses in infante.

Petri BOUSQUET *de fluxu menstruo* Monspel. 1758. 4.*

Petr. FAU *de putredine* Monspel. 1758. 4.* Contra PRINGELIUM ex COULASSII experimentis. Serum sanguinis putrescens ejusque vapor syrupum violarum viridem reddit.

Lamberti CHEVALIER *thesis medica de digestione* Montpel. 1758. 4.*

J. Petri JAUSSERAND *de irritabilitate & sensibilitate partium corporis humani* Monspel. 1758. 4.* Aspere in me scripta. Experimenta a chirurgo nomine TANDON, nam Monspelii anatome est penes chirurgos, in animalibus facta, quorum vitia HOUSSETUS in libello inedito aperuit. De industria facta videntur, ut contra me evenirent.

J. Claude MAUDUYT *de la* VARENNE *Ergo uteri contractio præcipua causa parturitionis* Paris. 1758. 4.* Experimenta fecit in aspera arteria, & ponderibus appensis eam distraxit, quantum pondus ferret notavit.

Stephani HUAULME & *Girard de* VILLARS *E. a nervis præcipui partium consensus* Paris. 1758. 4.*

Caroli GEILLE *de St.* LEGER & LANGLOIS *Ergo prolem lactare matribus saluberrimum* Paris. 1758. 4.*

Josephi CARRERE diss. *de vitali corporis & animæ fœdere* Perpignan 1758. 8.* etsi disputatio Monspelii est defensa. Discipulus *Francisci* BOISSIER. Distinguit motus vitales a motibus ab irritabilitate pendentibus, quo refert contractionem venæ cavæ. Hanc irritabilitatem etiam mesenterio tribuit, a nervis negat pendere. Sensum tribuit tendini & duræ matri. Mechanice actiones animæ exponit, tres fibras ait oscillare, ut judicium fiat. Esse ab anima & voluntarias actiones, & alias ab obscuris perceptionibus natas, utrasque diversas ab irritabilitate.

EJUSD. nunc Professoris & *Bernardi* SOULERC *de sanguinis motu & circulatione* Perpignan 1764. 8.* Nuperos accurate legit. Circuitum sanguinis esse HARVEJI. Cor a stimulo in motum agi. Musculos agentes non pallescere. Pulsus venarum huic generi vasorum proprius non est.

EJUSD. *De alimentorum digestionis mechanismo* Perpignan 1765. 8.* Canem crines & capillos non coquere. Neque solos chemicos audiendos esse, neque PITCARNIANOS.

EJ. *Reponse a un ouvrage qui a pour titre Recherches anatomiques de* M. COSTA Perpignan 1771. 4.* Arterias iliacas utique per inflatum intestinum rectum comprimi. In arteriis sanguinem omnino relabi.

EJ. *Traité theoretique & pratique des maladies inflammatoires* Paris 1775. 12. Errorem loci defendit, & majorem in vasis liberis sanguinis motum. Sed vide *Addenda*.

G. FORDYCE *de catarrho* Edinb. 1758. 8.* cum bonis de muco experimentis.

§. MCLXXVI.

§. MCLXXVI. *Diaria anni* 1759.

In *Philos. Trans.* T. LII. P. I. *William* HENRY de homine relatio, cui carnes sensim induratæ sunt.

De natura luminosa aquæ marinæ.

Alexander RUSSEL de Aethiopissa, cujus cutis pene integra in album colorem transiit, ut etiam erubesceret.

Ambrosii DAWSON de femina, quæ totis 15. mensibus nullam urinam emisit.

In *Hist. de l'Acad. des Scienc.* 1759. de bulla acidissimo succo plena in pelvi ovis.

Omnes membranæ connatæ.

In *allgemein. Magaz.* Lips. 1759. 8. Obstetricis CARRON de causa partus. LAGHI mortes animalium in spatio aere vacuo.

In *Journal de Medecine* 1759. T. X. Menses per mammas & cutis poros manantes.

GIGHAU de femina per septem annos neque de alvo, neque de renibus quidquam excernente.

FAGES de puero sexenni enormiter robusto & pubere.

Gemelli ex matre variolosa; infectus alter & mortuus, alter sanus & vivus.

Ipse VANDERMONDE refert de musculis suræ in adipem conversis.

De puella pagi *S. Geofine*. Nihil in viis urinariis parum naturale repertum.

T. XI. CAMPARDON de phimosi naturali.

Iterum aliquæ adnotationes anatomicæ MORELLI.

In T. XX. *Swenska Wetensk. Acad. Handlingar Johann.* FISCHERSTRÖM de animale margaritifero. Androgynum esse, ut tamen coitu cum aliis egeat. Unionem ex muco nasci.

Hans HEDERSTRÖM de anulis in vertebris piscium, ex quibus de eorum ætate judicatur.

Hoc anno *societas privata Taurinensis* edere cepit *Miscellanea philosophico-mathematica societatis privatæ* T. I. Turin 1759. 4.* *Eques de* SALUCES, princeps hujus societatis adjutor, egit de mutato situ cicatriculæ in ovo. Eam vir Cl. suo loco reperit.

IDEM a. 1762. T. II. de modo, quo ignis & respiratio aërem corrumpunt, ut porro ad respirandum inutilis sit. Non a sola tenuitate. Videri aërem vaporibus repleri, qui ramos forte asperæ arteriæ constringant.

In T. I. porro *J. Baptista* GABER de putredinis effectu. Sanguis, ejus serum & partes animales aliæ, utique in putredine alcalescunt, ut cum acido minerali ferveant; putrescere autem inter primas bilem. Neque tamen in eadem ratione putredo est, ut copia particularum alcalinarum. A febre humores nostri alcalescunt.

In T. II. pergit de seri spontaneis sedimentis agere, quorum alterum puris simile est. De crusta pleuritica: contabescit sponte in fœtidum oleosum liquamen, quod tamen ab acore & ab igne cogatur. Eadem crusta in aqua & aqua nivata vix solvitur, utique vero a spiritu volatili alcalino.

IDEM in T. III. iterum de crusta coriacea sanguinis. Et ipsa & RUYSCHII membrana ex sero sanguinis concrescunt. Sales alcalini volatiles hoc serum solvunt, non ita fixi. Per famem nullam nasci in animale putredinem.

DUCHEMIN *diss. sur la destruction des racines des dents Journal des Savans* 1759. Fevrier. Novos dentes subire subire primorum alveolos, eorum radices inflectere. Alveolos dentium secundorum majora capere incrementa, lacteos minora, ita istos elidi.

In *Hamburg. Magaz.* T. XXIII. KUNZLI fetus difformis ore angusto & rotundo. Alii nævi.

In T. 22. cadavera diu incorrupta.

MEISTERI experimenta dicta p. 529.

§. MCLXXVII. N. N. FOUGEROUX.

In *Hist. de l'Acad. des Sciences* 1759. retulit de cuniculo semiduplici adulto.

EJ. *Memoire sur les os pour servir de reponse aux objections proposées contre le sentiment de Mr.* DU HAMEL *avec les memoires de Msrs de* HALLER & BORDENAVE Paris 1760. 8.* Nostrum commentarium vehementer contraxit, & experimenta mea omnia omisit; BORDENAVII libellum recudi fecit. Noluisse se in pullorum nimis exiguis ossibus fabricam persequi (in qua tamen plurima detecta sunt, quæ neque ipse vidit, neque DU HAMEL). Ad objectiones alias utcunque respondet, ad aliquas nequaquam. Vidisse DU HAMELIUM laminam partim membranaceam, partim cartilagineam. Periosteum inter epiphysin & ossis corpus interponi. Ossa vetustæ gallinæ per usum rubiæ debiliter colorata fuisse, rubuisse vero concrementa podagrica.

In altero commentario de callo agit. In DETLEFIUM, certe non æquus. Se vidisse laminas periostei in callum extensas, eumque levi lamina tectum. Non ostendit, ex membrana potius, quam ex succo concreto, callum provenire. Nostra experimenta omnino non videtur legisse.

In *Hist. de l'Acad. des Scienc.* 1768. Ex pelle putat se adgnoscere animal ex cuniculo & lepore natum. Dentes in cuniculo & in indico porco excrescere, ut resecare necesse sit. Dactylos sub aqua duros lapides perforare, eorum testam intra rupem incrementa capere.

§. MCLXXVIII. *Varii.*

Kurzgefaßte Physiologie und Chirurgie Frankf. 1759. 8. 2. Stuck.

Physi-

Physicalisch vermischte Geschichte der Bienen durch C. C. O. v. S. Frankfurt und Leipzig 1759. 4.

Tyrocinium medicum, oder Anleitung zu den medicinischen Termen Lipsiæ 1759. 8.

Beyträge zu den Beobachtungen der Saamen-Thierchen gehörig Frankfurt und Leipzig 1759. 8.

Charles MARTIN *reflexions on the œconomy of human body* London 1759. 8.

Francisci HOME *medical facts and experiments* London 1759. 8.* Pulsum & calorem non eamdem observare rationem, minusque calorem crescere, quam pulsuum numerum: eum pulsuum numerum crescere, & tamen calorem minui, & vicissim. In universum tamen pulsus cum calore crescit. Aliqua ad copiam insensibilis transpirationis. Germanice recusum est opus vertente J. H. KOENIGSDÖRFER Altenburg 1768. 8.* Gallice Paris 1773. 12. vertit D. GOSTELIER.

A collection of the yearly bills of mortality from 1657. to 1758. incl. London 1759. 4.* Vitia horum fastorum. Exclusi baptismi sectariorum, eorumque sæpe funera, hæc ad ter mille, uno in anno. *Thomas* CROMWELL auctor est horum fastorum: publicantur ab anno 1625. Morborum potestas. Londini homines 74. quotannis nonagesimum annum superant. CORBINI MORRIS de incremento & decremento incolarum Londinensium liber. Mortes infantum numerosissimæ, ut 363. intra alterum annum ex millenis intereant. Hi calculi debentur J. P.

Zachariæ VOGEL, cel. Chirurgi, *anatomische, chirurgische und medicinische Begebenheiten und Untersuchungen* Rostock 1759. 8.* Fere practici ingenii. Tendinem volsella comprehensum non sensisse, sed adfuso calido spiritu terebinthinæ; (in vicinum nervum diffluente).

ISNARD *Memoire sur la maniere la plus simple & la plus sûre pour rappeller les noyés à la vie* Paris 1759. & in *Journal de Medecine* T. XII. Germanice recus. EJUSD. *Heilsamer Unterricht, wie man Ertrunknen auf die leichteste Weise zum Leben helfen könne* Strasburg 1760. 8.* Præmium Visuntinum hac dissertatione auctor meruit. Experimentis nititur meis & LOUISII. Venam jugularem jubet secare, corpus cineribus calentibus fovere, clysterem subdere tabacarium. Ad pulmones liberandos vomitum ciet. Arenæ calentes bonæ. Consilia subjiciuntur ILL. REAUMURII.

Le BOURSIER *de* COUDRAI *abregé de l'art d'accoucher* Paris 1759. 12.* Anatome partium genitalium facilis. Inversionem noni mensis recipit. Multum tribuit utero obliquo.

Histoire d'une fille sauvage Paris & in *allgem. Magaz.* 1759. memorabilis historia miri roboris, quod est in homine soli naturæ permisso.

Traité de la nature de l'ame & de l'origine de ses connoissances contre le sisteme de LOCKE Paris 1759. 12. 2.Vol.

Nicolas PUZOS *traité des accouchemens corrigé & publié par M.* MORISOT *des* LANDES Paris 1759. 4.* Celeberrimus vir obstetricius manu sua scriptos codices DO. GERVAISE reliquerat, qui MORISOTO edendos dedit. Libelli sunt plusculi. Partus naturalis totus est GERVASII. Ipsius PUZOS opus incipit ab anatome. Posse a nimis ampla pelvi æque gravia, ut ab arctiori, mala fieri. Hymenem adgnoscit; plexum venosum, quem prostatam vocant BARTHOLINI, in partu sanguine ait suffundi. Uterum adtenuari in gravidis. In collo, etsi minus lato, parem esse fibrarum numerum, tantum quod magis congestæ sint. Debiles feminæ facilius pariunt: pueri partes exiguæ sunt. Vidit tenerarum puellarum lac uterinum. Menses a flexilitate uteri. De tactu oris uteri fuse. Recte aquam esse ad fetum in ratione inversa temporum graviditatis, eamque utique nutrire. Uteri vasa non continuari cum placentæ vasis.

M. D. L. C. D. B. (*la* CHENAYE *des* BOIS) *Dictionnaire raisonné & universel des animaux* Paris 1759. 4. 4. Vol.* Valde vitiosum opus compilatitium. Aliqua passim anatome.

J. Frid. HARTLIEB *progr. animam humanam a materiæ contagio secretam ex medicina mentis demonstrans* Ulm 1759. 4.

§. MCLXXIX. C. F. WOLF.

Caroli Friderici WOLF, nunc in Russia Professoris Academici, *theoria generationis* Hall. 1759. 4.* Memorabilis certe libellus, & qui paucos inter specimina inauguralia pares habeat. Experimentis usus est vir Cl. suis, in pullo incubato etiam potissimum factis. Vim succos ovi & novi animalis propellentem recipit, a cordis viribus diversam (nam plantas omitto). Omnia constare globulis, qui per succum viscidum moveantur, nullis inclusi membranis. Vasa subnasci, coire, cor facere. Quando sanguis nunc rubet, irritabilitatem accedere, quæ sit animalis character, quo a planta separatur. Mechanica necessitate venas nasci ubicunque arteriæ fuerint. Cor essentia animalis. Ut renes nascantur: urinam absque ea fabrica posse generari. Cor causa motus accessoria est, non prius saliens, quam rubrum sanguinem acceperit. Ut monstra connata oriantur.

Germanice vertit vir Cl. cum titulo, *Theorie der Generation in zwey Abhandlungen erwiesen* Berlin 1764. 8.* Addit aliqua, quibus BONNETO evolutionis defensori respondet; etiam nobis, sed modeste. Contra evolutionem: nihil ejus in natura simile esse: miraculo esse proximam. Epigenesin esse opus operantis naturæ. De viis in figura venosa: vias esse non vasa, contra nos. Puncta esse, deinde insulas, tum vias, demum vasa. Novum animal vitelli esse epiphysin, & vitelli vasa a matre esse. Vasa se vidisse in figura venosa, priusquam cor adesset. Parentes non necessario ad novum animal requiri, sed mundum. Semen masculum vim habere potenter nutriendi. Pectus pulli vere apertum esse. Ante 24. horam nullum cor adesse. Aliam esse membranam vitelli in fetu, aliam vitelli in gallina.

EJ. in *Nov. Comm. Acad. Petrop.* T. XII. aliqua addit ad suum de generatione, & potissimum de pulli formatione opus. Valde mature eam formationem

nem contemplatus est. Vaginam dicit, quam ab amnio distinguit, foveam in ea cardiacam, ex qua primum patente, postea clausa, ventriculus fit: limbum ex quo pariter convoluto & conpleto intestina nasci putat: vasa figuræ venosæ, nidum s. pellucidam aream, alia, quæ accurate rimatus est.

Ej. Hunc ipsum laborem in *N. Comm. Acad. Petr.* T. XIII. absolvit. Defendit porro, utique absque velamentis cor teneri embryonis esse; utique ventriculi, & intestini, primordia planam esse membranam; utique partes post partes generari. Cæterum in corde, & canali orbiculari, & ventriculo dextro serius conspicuo, mecum sentit.

In XIV. Tomo *Nov. Comment. Petrop.* describit ovum gemello fetu prægnans. Vitelli distincti manent, albumina confluunt. Pulli duo, vesiculæ umbilicales binæ, duæ figuræ venosæ, alterius tamen ovi arteriæ superiores perparvæ.

In T. XV. musculi brachii leonis: omnia ad robur augendum præparata, in homine ad motum liberum & expeditum. Parvos musculorum nervos esse in leone: ut omnino vis motrix in ipso musculo, non in nervis, habitaretur videatur.

In T. XVI. Cor leonis exiguum, sic arteriæ.

In T. XVIII. Vituli bicipitis anatome. Ordo certus in naturalis fabricæ mutatione in monstrosam. Fetus duplices non fieri ex coalitione duorum fœtuum, qui prius distincti fuerint.

§. MCLXXX. *Disputationes.*

Tubingæ anonymi progr. *de anatome subtiliori* 1759. 4.*

Jacob SAMUEL *de raucitate* Præs. J. G. ROEDERER Gotting. 1759. 4.* Describit organa vocis.

Nicolaus SCHEELE *de hepate & secretione bilis* Gotting. 1759. 4.* Aliquam partem chyli in hepar venire. Esse glandulam conglomeratam. Injectum in venam portarum liquorem in cavam transire venam, & in vasa lymphatica, non in ductus bilarios. Bilem in hepate præparari, amarescere & spissari in vesicula.

A. v. ROYEN *de corporis animique moderamine* Leid. 1759. 4.*

Joh. EGELING *de lacte* Utrecht 1759. 4.* Per experimenta. Rubescit utique coctum cum salibus lixivis. Spiritum dat acidum fere ut Guayacum. Serum fere similia dat. De saccharo lactis, cujus acor peculiaris sit & parum notæ indolis. Et recocta & caseus acidos dant liquores.

Georg Christian REICHEL *de epiphysium ab ossium diaphysi diductione* Lipsiæ 1759. 4.* Epiphysin cum corpore conjunctam describit, & morbosam separationem, bona disputatione.

Ej. *De ossium ortu atque structura* 1760. 4.* Pro succo osseo; pro arteriarum in formandis ossibus potentia. Et serra & acidis liquoribus fabricam ossis indagavit, canales inter laminas ossium invenit, per quos gelatina nutritia meat.

Ej. *De sanguine ejusque motu experimenta* Lips. 1767. 4.* cum tabula eleganti. Microscopium adhibuit ad sanguinis motum in animalibus minoribus spe-

ſpeculandum. Globulos omnino in vaſis minimis putat reddi oblongos: ſolitarios flavos eſſe, vaſa ligata deſerere.

Ej. *De magnetiſmo corporis humani* ib. 1772. 4.*

J. Car. GEHLER *de ſanguine a partu profluente* Lipſ. 1759. 4.*

Ej. *De utero ſecundinas expellente* P. I. *theoretica* Lipſ. 1765. 4.*

P. II. *practica* ib. 1767. 4.*

Ej. *De partus naturalis adminiculis* S. I. Lipſ. 1772. 4.* Omnino reſpiratio multum ad partum facit, plus tamen uteri contractio, quæ fiat abſque dolore.

Pars altera 1772. 4.* potius chirurgici eſt argumenti.

J. Traugott ADOLPH, Prof. Helmſt. & Altdorf. *de commodis ex ſcapularum mobilitate homini oriundis* Hall. 1759. 4.

Ej. *Arteriologiæ recte concinnandæ leges, cum ſpecimine arteriæ carotidis externæ* Helmſtatt 1764. 4.*

Ej. *Obſervata in puellæ ſeptennis cadavere complectens* Francof. ad Viadrum 1765. 4.*

Ej. *De funiculo umbilicali intra ipſum uterum ſecando* Helmſtätt 1767. 4.* Varietates funiculi. Plethora requirit ſectionem arteriæ umbilici. Puer ſæpe a ſemunce ſanguinis detracta reviviſcit. Apoplexia fit a ligato funiculo, aut ante partum obſtructo. Calculos ponit ad definiendam ſanguinis copiam in toto fetu, & in quaque arteria, & in umbilicali, intra datum tempus contenti; unde conſtat, poſſe ſanguinem ad grana 2225. in uno minuto in funiculi arteriis accumulari.

Ej. *De nervorum longitudine in compenſationem multitudinis & vice verſa* Altdorf. 1769. 4.*

Ej. *De nervis cogitationes ſpontaneas recludentibus quemadmodum præludunt iidem ſenſationes* Altdorf. 1769. 4.

Balthaſar Adam STIER *de tunica quadam oculi noviſſime detecta* Hall. 1759. 4.* præſide BUCHNERO; lamina nempe exteriori chorioideæ, quam a RUYSCHIANA diſtinguit, a qua ſatis facile decedat, ſimilis villoſæ ventriculi tunicæ, & plena corpuſculis quaſi glanduloſis, cui nulla ſint vaſa ſanguifera. Ita tres forent laminæ, nova, chorioidea, RUYSCHIANA.

Petr. Anton. CODELLI de FANENFELD *de voce, vociferatione, cantu, tubarum inflatu, ſternutatione, oſcitatione, pandiculatione, riſu, fletu & ſuſpirio* Wien 1759. 4.*

J. Jac. WERNISCHEK *de homine interno* Wien 1759. 4.*

Joſ. Ant. CARL *Palingeneſia* Ingolſtatt 1759. 4.* potius phyſica.

J. Peter SPRING *de phoſphoro anglicano* Ingolſtatt 1759. 4.

David Salomon SEILER *de ſtructura & actione ventriculi* Baſil. 1759. 4.*

J. Frid.

J. Frid. TEXTOR *Sialographia novis experimentis superstructa* Tubing. 1759. 4.* Aliqua nova experimenta habet, & novas hypotheses.

Chr. Joh. BERGER, Prof. obs. *Semejotica partus legitimi, de perfectissimi enixus signis* Præs. *B. J. de* BUCHWALD Hafn. 1759.

J. Wilhelm WERNER *ubi hæreat urina fetus* Regiomont. 1759. 4.

Marinus Marcus *Clarus* ROBERT & auctor *Joseph* DUSSENS *Ergo bilis sæpe acido - alcalinus* Paris. 1759. 4.*

EJ. *An detur imaginationis maternæ in fetum actio* Paris. 1759. 4.* Eadem quæ *Petri* BERCHER a. 1741.

Nicol. Francisci ROUGNON *de humani corporis irritabilitate* Besançon 1759. 8.*

Simon Philipp. BIEYSSE *de putredine* Monspel. 1759. 4.* Habet etiam experimenta Cl. COULAS.

Gabriel Franc. VENEL *quæstiones medicæ duodecim* Monspel. 1759. 4.* Lotii analysis. De sale fusili urinæ; putredinem ejus generationem adjuvare, quod viscidum illud dissipet, quo involvitur. Nullum nitrum esse in animalium humoribus. Oleum DIPPELII. Bilis analysis.

Caspar Joh. RENE' *quæstiones medico - chymicæ duodecim* Monspel. 1759. 4.* An chemia ad physiologiam necessaria sit. Nullum præter chylum, humorem humanum acidi quidquam continere. Num digestio cibi sit chemicus processus.

EJUSDEM *quæstiones medicæ duodecim* Monspel. 1761. 4.* De viis bilis. Structuram anatomicam multum conferre ad explicandam pulmonum inflammationem. Causa mortis in aere non renovato. Quid sensibus externis commune, quid proprium.

Al. Philipp. READ *de auditu* Monspelii 1759. 8.

Henrici FOUQUET *de fibræ natura & morbis* Monspel. 1759. 4. Partem alimentariam in telam cellulosam deponi.

EJ. *De la petite Verole* 1774. 12.* Valde urget corporis humani in duas partes bipartitionem.

EJ. *Essai sur le pouls par rapport aux affections des principaux organes, avec des figures, qui représentent les caracteres du pouls* Montpel. 1767. 12.* Compendium hypotheseos Cl. BORDEU. Omnino pro evicto habet, cuique parti corporis, & cuique visceri laboranti, suum esse peculiarem pulsum: eos pulsus pingit gibbis, duris granis, de diffuso humore expressis. Addit consentientium medicorum aliquas observationes.

Francisci BROUSSONNET *Quæstiones chemico medicæ duodecim* Monsp. 1759. 4.* Quæ sint salia animalia, quænam oleorum a vegetabilibus diversitas. An materies phosphorica corpori animali infusa & circumfusa. An detur sal peculiaris microcosmicus.

Johannes LONGFIELD *de febre hectica* Edinburgh 1759. 8.* Habet experimenta ad humorem amnii. Mucosum esse. Cum acido non fervere.

§. MCLXXXI. *Diaria anni 1760.*

In *Philos. Trans.* 1760. f. Tomi LII. P. II.

Petrus COLLINSON disputat contra J. T. KLEINII hibernacula hirundinum in aquis. Negat simile quid in Anglia visum esse.

Georgius EDWARDS de hybride, ut putat, ave ex venere galli Calecutici & gallinæ phasianæ nata.

EJ. De rana pisce Surinamensi. Non valde admittit illum retrogressum in piscium genus, M. SIBYLLÆ MERIANÆ dictum.

In *Hist. de l'Acad. des Sciences* 1760. *de la* NUX de albis Aethiopibus. Morbum esse, eosque homines ex nigris Aethiopibus nasci.

De anguilla stuporifera.

De osse maximo tibiæ in pelvi reperto.

Articulatio vitio nata in fele.

In *Mem. presentés à l'Acad. R. des Sciences* T. III. Paris 1760. 4.* præter ea, multa certe, quæ alias diximus.

de la TOUR animam non videre duo objecta, quorum imagines confluant, sed in plerisque exemplis unum fortius objectum percipi, alterius nullum esse sensum.

In VANDERMONDII diario T. XII.

Cl. GAGNIER LAGREE puerum ano imperforato natum sanavit incidendo.

Com. de TRESSAN de Polono nobili 28. pollices alto, cæterum bene facto & ingenioso, cui soror sit 21. pollicum. Idem vir ILL. in juventute anatomicis laboribus delectatus est.

GUIGNEUX Ren unicus.

JUVET tendinem a testa porcellanea discissum sanavit absque symptomate. Tendinem habet pro parte corporis proxime ossi cognato.

le CLERC involucrum ovarii osseum.

In T. XIII. SONYER carnis aversatio.

AGASSE placenta in cellula inclusa.

GUIARD de homine obesissimo.

VANDERMONDE, de viro, qui 26. annis parcissimo victu & pauxillo lactis se sustentavit.

BONTE' agnus cyclops.

REGIS funiculus umbilicalis a filo quodam constrictus, ut in varicem intumescunt.

PERRIN homo altero rene destitutus, altero majori, morboso, & calculoso.

In *Mercure de France de* 1760. Cl. PERENOTTI diss. Tendines aliquoties, etiam experimentis in homine factis, insensiles fuisse vidit. Sic laceratam a dentibus trepani duram meningem; sic pleuram & peritonæum.

In *Act. Helveticorum* T. IV. 1760. 4.*

SCHMIDT de partu puellæ novennis cum mammis & lacte.

Alia suis locis diximus.

In T. V. *verhandelingen der Hollandze maatschappy der wetenskapen. J. van der* HAAR de tendine Achillis rupto aliquot observationes. Nulla unquam inde symptomata, sensus nullus.

IDEM in *verhandelingen der Hollandze maatschappy* T. XI. P. 2. de crusta coriacea sanguinis: nullam nasci, si in frigido aere sanguinem in frigidum vasa miseris.

In T. XV. egit de ossibus præter naturam natis, quæ perinde, ut ego, ex succo consistere docet.

P. SANIE de puella, cui dura membrana vaginam claudebat, ea incisa sanata.

Hoc anno cepit prodire *recueil de memoires concernant l'œconomie rurale par une societé* Berne 1760. 8.* in qua collectione subinde aliqua ad rem nostram spectant.

In *Hamburgisches Magazin* T. XXIV.

J. Matth. HUBE de generatione animalium. Novum animal per epigenesin ex cerebro oriri.

IDEM in T. XXV. de sensuum inpressionibus. Veram figuram objecti in retina delineari; ab oscillatione per hanc figuram nata, per continuas fibras medullares, in cerebro productis iis fibris, similem figuram delineari: sic sonos.

Dresdnisches Magazin Dresd. 1760. 8. T. I. p. 17. Post rapidum iter rangiferum debere occidi, alioquin periturum. Aliqua zoologica. T. II. 1765. Polypi brevibus brachiis, alii qui in duos finduntur.

Gli atti dell' Academia delle scienze di Siena, detta de fisico critici dell' a. 1760. Siena 1761. 4.* Fere practica.

§. MCLXXXII. *Petrus* LYONNET,

Diximus de notis in LESSERI insectotheologiam.

Inde Haagæ edidit 1760. 4.* *traité anatomique de la Chenille qui ronge le bois du saule.* Eximium opus, quo omnem SWAMMERDAMII industriam longe supe-

ſuperavit. Viſcera, muſculos, nervos, bronchia animalculi incredibili ſtudio perſecutus elegantiſſime delineata dedit omnia. Nihilo pauciores partes in eruca detexit, quam in homine innotuerunt. Linguam erucæ tribuit. Num reſpiret dubitat. Muſculi, tendinis, & carnis diſcrimen hæc inſecta non habent; fila muſculoſa ad microſcopium intorta adparent. Cerebrum non differt a reliquis 13. gemellis medullæ ſpinalis nodulis: ea durior eſt, quam hominis, & ſuum habet corticem. Quod cor dicitur, is tubulus eſt pulſans: vaſa omnino nulla ſunt in animale. Tubuli ſericei: tubuli ſaliva pleni. Renes, aut futuri forte teſtes atque ovaria. Via cibaria. Tubuli pneumaticis adfines, alii a ſalivalibus. Multi in ventriculo & inteſtino muſculi. Spirale eorum fibroſum ſyſtema. Papilionis anatomen promittit. Polypum triſectum convaluiſſe.

Seorſim prodiit *deſcription des inſtrumens & des outils dont l'auteur s'eſt ſervi* La Haye 1762. 4.* Microſcopium etiam potiſſimum.

In Tomo III. *verhandelingen der Hollandze maatſchappy* etiam eam menſulam microſcopicam deſcripſit. Una fere quinta parte minorem eſſe microſcopiorum vim augentem, quam putatur.

In *Hanöverſche Beyträge* T. I. 1759. 4. diſſ. os de oſcitatione.

§. MCLXXXIII. *Simon Petrus* PALLAS.

Ex præcipuis anatomes comparatæ ſtatoribus, a quo iter juſſu Imperatricis Ruſſiæ urgente multa porro ſperamus. EJ. Diſputatio inauguralis *de inſectis viventibus intra viventia* prodiit Leid. 1760. 4.* Animalcula, quæ vermes ſolemus in homine nominare, in claſſes conſtituit; paſſim etiam phyſiologica aliqua adjicit. Non credit ZAMPONIO, lumbricos viva animalia parere. In animale penem utique vidit: in duabus tæniæ ſpeciebus caput. Quarta tænia articulos dejicit, qui in proprium animal convaleſcant, & unum tamen eadem eſt animal. Tænia hydropica TYSONI verum eſt animal. Suſpicatur congenitos eſſe nobis eos hoſtes.

EJUS *Elenchus zoophytorum, generum adumbrationes, ſpecierum deſcriptiones, cum ſelectis ſynonymis* Haag. 1766. 8.* & Belgice vertente cum notis P. BODDAERT Utrecht 1768. 8. Apud IMPERATUM aliqua de animali natura lithophytorum ſe legiſſe monet. Zoophyta vegetatione ad plantas, vi contractili ad animalia accedere. Polypi vulgares, tum qui eſcharas, ſertularias, aliasque plantas marinas incolunt. Animalcula minora ſimplicia. Gorgonia polypis effloreſcit. Polypi antipathes, coralliorum, milleporæ, madreporæ, tubiporæ; alcyonia, pennæ marinæ. Spongiæ fila animali gelatina ambeuntur. Tænia unum animal, ex viventibus & propria ovaria habentibus animalibus conpoſitum. Corallinæ meræ ſunt plantæ.

EJ. *Miſcellanea zoologica* Haag. 1766. 4.* & *Naturgeſchichte merkwürdiger Thiere* vertente ILL. BALDINGER Berlin 1770. 4. Rariorum animalium ſunt deſcriptiones, ſubinde & inciſiones, ut capreoli & Saviæ Æthiopicæ. Deinde animalia aliqua marina mollia conſtituit. Eorum communem fere fabricam eſſe, ut ex inteſtino vena proveniat, quæ in arteriam continuetur, porro ramos ad muſcu-

musculos daturam. Medullam spinalem habent, absque capite & oculis. Eorum aliqua sunt androgyna, ut in eodem animale & lactes sint & ova. Nereides androgynæ. Lumbrici. Echini anatome, ovula: & seminales vesiculæ. Inter eas descriptiones marina sunt aliqua, tum tænia hydatigena TYSONI, mirum animal ex vesica & animale compositum, nulla partium distinctione, ut tamen irritabile sit, verumque adeo animal. Pennatulæ zoophytæ polypis obductæ. Polypus anomalus. Opus quantivis pretii.

EJ. *Spicilegia zoologica, quibus novæ imprimis & obscuræ animalium species illustrantur.* Primus fasciculus prodiit Berolin. 1767. 4.* decimus ib. 1774. 4.* Gazellæ genus constitutum. Cervicapra cum integra anatome: initium aortæ cartilagineum. In T. II. Savia, porcello Guineensi adfinis, cum anatome, singulari fabrica recti intestini, & duabus ut in avibus appendicibus. III. Vespertilionis anatome, enormes testes, cor magnum. IV. Gallinæ cristatæ cranium ea sede perforatum & & quasi cariosum.

In VII. Berlin 1769. 4.* rana, quæ fere ut chamæleon colores mutat.

In T. VIII. fistulariæ paradoxæ aliqua anatome.

In P. X. de vermibus & molluscis agit. Anatome & organa cibaria echini; ventriculi duo, intestinum spirale in quo mera terra. Vesiculæ seminales, unci duo venerei.

In *Nov. Comm. Acad. Petrop.* T. XIII. descripsit varia ossa, dentesque & cornua animalium in Sibiria detectorum, cornu rhinocerotis ex fibris compactum articulatis, enormia cornua bubalina: densissimum rhinocerotis cranium, hoc accurate descriptum. Tum leporem minimum cum aliqua anatome, potissimum intestini coli & cæci satis humanorum similium.

In *Nov. Comm. Acad. Petrop.* T. XIV. de mure criceto *Suslik.* In frigore sopitur, ejusque calor minuatur a gradubus 103. Fabr. ad 80: una intestinuorum tubus arctatur. Alia animalia.

In T. XVII. de ossibus & dentibus elephantum, rhinocerotum, bubalorum, passim per imperium Russicum dispersis.

In *N. E. N. C. Vol.* III. phalænam dixit, quæ absque mare concepit.

§. MCLXXXIV. *Felix* FONTANA,

Roboretanus, Professor Pisanus, egregius incisor & philosophus. EJUS epistola ad *Urbanum* TOSETTI data a. 1757. prodiit, in meæ collectionis T. III. Refutat LAGHII secundam epistolam, & perhumaniter & optimis rationibus. Ostendit LAGHIUM post maturiora cogitata priora placita fere deseruisse: pleuræ & peritonæi sensum porro non adfirmare, sæpe duram meningem insensilem vidisse, de cerebri sensu multa prius adfirmata revocare, fateri cor bene inanitum quiescere; de tendinum sensu incertum esse. Addit experimenta sua FONTANA. Tendines sibi perpetuo & in omnibus experimentis insensiles fuisse. Decies se duram matrem absque sensu ussisse & lacerasse, etiam in homine, & LAGHIO præ-

 sente,

ſente, eam ſenſu caruiſſe. Celluloſam telam fuiſſe, quod LAGHIUS habuit pro nervis, cum pellucidum fuerit. De venarum, arteriarum, membranarum inſenſili natura ſupra centum ſe experimenta habere. Differre phænomena nervorum ab electricis. Non opium eſſe, ſed ſpiritum vini, qui nervis facultatem aufert, ſua irritatione convulſiones producendi, & eum ſpiritum perinde id facere abſque opio. Nulla nervorum irritatio cordis motum auget aut mutat. Placenta & ſecundæ inſenſiles. Cor utique etiam in anguillis, dum agit, brevius reddi. Adverſus alias de natura irritabili objectiones.

EJ. *dei moti dell' iride* Lucca 1765. 8.* Iridem omnino ſenſu irritationis carere, & lucem per infundibulum in iridem determinatam nullam facere in pupilla mutationem: utique vero, quam primum lux per pupillam ad retinam venit. Ita in homine & in animale repetito vidit. Eo demum inclinat, ut iridem ſibi relictam putet clauſam eſſe & extenſam, & aperiri atque claudi arbitrario motu, ut palpebras. Nullas habere fibras anulares. Dilatari poſſe pupillam diminuto humorum adfluxu.

EJ. *Nuove oſſervazioni ſopra i globetti roſſi del ſangue* 1766. 8.* Contra TURRIUM, veros inmutabiles globulos rubros vidit, neque pallidos, neque oblongos, neque cavos, neque ſe producentes in longum. Ranarum pulmo & ejus rete vaſculoſum. In ſemine animalium vera animalcula caudata; non caudata vero in aqua cum variis quisquiliis infuſa, utraque vera animalia. Creſcere eadem, neque in minorem molem redire.

In *actorum phyſico criticorum* T. II. Senis 1767. 4.* edidit *Lettera ſulla epididime.* Maceratione, injectione, detracta albuginea, (quod difficile eſt) bis replevit teſticulum; conos noſtros omnino 37. numeravit, rete confirmavit, & epididymidem unicum eſſe vaſculum.

Ibid. *de legibus irritabilitatis*, recuſ. Luccæ 1763. 8.* Ab unica ſtimulatione unicam in muſculo contractionem ſequi. Cor perfecte inanitum, quieſcere, & ſubito: ſeque in ſiniſtro ventriculo experimentum feciſſe. Cor etiam in frigidis animalibus diu ſua in inertia manere. Ad novam contractionem novum ſtimulum requiri. Oſcillationes carnium & cordis frigidorum animalium ab aliis cauſſis continuari poſſe. Videri in relaxato muſculo aliquem ſtimulum ſupereſſe, qui ſenſim increſcat, & demum ſufficiens robur nactus in contractionem erumpat. Vim nervei liquidi in corde obſcuram eſſe, cum perpetuo adfluat, cor vero alterne laxetur.

EJUSD. *Richerche fiſiche ſopra il veneno della vipera* Lucca 1767. 8.* Eximium opuſculum. Dentes viperæ accurate deſcripti, tum eorum canalem veneniferum, foramina excretoria, ductum, veſicam, rectius quam REDUS. De eo veneno experimenta in variis animalibus capta. Non videtur acidum neque acre eſſe, ſubpingue utique. Contra MEADIUM, ut canes id avide deglutiant. Apum venenum acre eſt. Nulla in veneno viperæ animalcula. Videri idem irritabilitatem deſtruere, & ad opii naturam accedere &c.

EJ.

Ej. *Saggio sopra il falso ergot e tremella* Firenz. 1775. 4.* & fere similia in *Abb.* ROZIER diario 1776. Fevr. Multa bona. Anguillas secalis corniculati omnino ad vitam se vidisse redeuntes, aqua addita. Tremellam regnum animale cum vegetabili conjungere. Verum clavum esse strumam plantæ, spurium clavum degenerationem unici seminis. In isto anguillulæ vivunt, in illo serpentes multo majores. Motus earum anguillarum, quas in utero matris noster se agitasse vidit. Earum anguillarum vita suscitabilis est, etiam repetito.

Ej. *Richerche filosofiche sopra la fisica animale* Florent. 1775. 4.* Recudit hic primum auctum librum de legibus irritabilitatis. Deinde plurima nova addidit. Omnino nervos nihil ad cordis motum facere, multis rationibus evincit. Cor non evacuari, perpetuo adeo irritari, neque tamen perpetuo contrahi. Nempe vim irritabilem a stimulo natam suum habere tempus, & eo elapso evanescere, etsi stimulus irritare pergat. Magnum esse causæ irritantis discrimen a causa efficiente motum: illam non perinde, ut istam quidem, esse proportionalem effectui. Non esse a spiritibus residuis motum irritabilitatis, qui a morte superest, nam etiam plusculis diebus a morte irritabilitatem manere. Nervos cordis irritatos cordis motum neque restituere neque accelerare. Animal rotiferum suum cor pro arbitrio movere, tamdiu enim id cor moveri, quamdiu brachia agitantur. Utique sanguinem a venosis valvulis in aures rejici, dum cor contrahitur. Cor in rana, testudine & anguilla, dum contrahitur, tamen reddi longius, id putat se ostendere. Cor non esse ultimum mobile, neque irritabilitatem ejus diuturniorem, quam musculorum esse, neque cor ob perpetuam irritationem perpetuo moveri, sed unice, quod irritabilitas musculi & constantia per habitum agendi augeatur. Alternam contractionem cordis & auricularum, non esse a pressione alterna nervorum. Musculum a morte a pondere lacerari, quod vivus idem elevet, viventem nempe duplici vi pollere, irritabili & mortua, mortuum hac sola. Viperam, & perinde scintillam electricam, occidere delendo irritabilitatem putredine introducta.

Icones anatomicas perpulchras IDEM vir ILL. parat, inter eas oculi musculos nervosque, & pharyngem depingi curavit.

§. MCLXXXV.

Collectio Anatomica ad insensiles partes & irritabiles.

Anno 1759. quidem edidi collectionem libellorum ad litem *de partibus sentientibus & irritabilibus corporis humani* facientem: præfixus tamen est annus 1760. Primus tomus & ultimus mei sunt, reliqui aliorum. Tomus II. & III. audiunt *memoires sur les parties sensibles & irritables du corps animal* Lausanne. 12. 2.Vol.*

Pleraque diximus, Experimenta ZINNII, ZIMMERMANNI, OEDERI, CASTELLI, WALSDORFII, HEUERMANNI, hæc ex Cl. VIRI physiologia sumta, & ex operationibus chirurgicis, porro MUHLMANNI, TOSETTI, BROKLESBY, POZZII, BERDOTI, CALDANI, BORDENAVII, CIGNÆ, VERNÆ, MIEGII, TISSOTI, FONTANÆ.

Novæ sunt quinque epistolæ Cl. HOUSSETI Altisidiorensis; in quibus, 1. experimenta referuntur, per quæ ei constitit, tendines, periosteum, duram menin-

meningem, ſenſu carere. 2. Partem cerebri definivit, in qua læſa convulſiones cientur; reperit eſſe corpora ſtriata. 3. De magno momento novorum in ſenſibilitate & irritabilitate experimentorum; deque utriusque potentiæ diſcrimine. Experimenta aliqua ad irritabilitatem; ad motum cerebri a reſpiratione naſcentem. 4. Varia iterum experimenta ad convulſiones a læſo corpore ſtriato natas, ad inſenſilem naturam tendinis, duræ membranæ cerebri, & ad irritabilitatem. 5. Iterum experimenta ad ſedem cerebri definiendam, quæ læſa convulſiones ciet.

IDEM CL. HOUSSET nuper Lauſannæ 1770. 8.* edidit diſſ. *ſur les parties ſenſibles du corps animal.* Ut debeant hæc experimenta fieri: neglectas eſſe ab adverſariis (M. TANDON) neceſſarias cautelas. Ad objectiones reſponſio, ſumtas a metu, a carnibus noviter efflorescentibus & ſentientibus. Ipſe tendinem in homine vidit ſenſu carentem, teſtesque ſimilium eventuum producit D.D. LESSERE & FARION. Avum ſuum duram membranam abſque metu diſſecuiſſe. De nimia præcipitatione TANDONI.

EJ. In *Journal des Savans* 1770. exemplum abdominis utrinque perforati abſque malo.

EJ. In *Hiſt. de l'Acad.* 1771. fetus imperfectus ano ſuper ſymphyſin oſſium pubis poſito, varie difformis.

In *collectionis* T. III. *Caroli Philippi* GESNER, archiatri Saxonici, experimenta in homine facta, ad demonſtrandam naturam inſenſilem duræ membranæ cerebri.

EJUSDEM experimentum duræ membranæ in homine ſenſu carente, exſtat in *Epiſtolis* ad me datis IV. p. 193.

In *collectione* porro *J. Baptiſtæ* MORETTI experimenta. Propriam tendinum vaginam & tendines inſenſiles reperit. Nervi percurrentes tendinis Achillis ſuperficiem, tamen cutem adeunt, non tendinem. Dura mater in homine ſenſu caruit. Aliquas objectiones ſolvit.

Nihil addidi de meo, niſi quod excerptis experimentis ZINNII, WALSDORFII, CASTELLI, etiam corollaria addidi, quæ meræ ſunt ſummæ eorum, quæ communia ſunt in aliquot experimentis.

§. MCLXXXVI. *Varii.*

Richard DAVIES *Eſſay I. to promote the experimental analyſis of blood* Bath. 1760. 8.* De ſeceſſione ſpontanea ſanguinis. Pondus partis rubræ ad partem flavam eſt ut 1126. ad 1103. Gluten ſanguinis in cruſta inflammatoria diſſolutum eſſe, ut rubris globulis permittat fundum petere, & a ſanguine diſſoluto non longe diſtet. LEEUWENHOECKII diſſilitionem in minores globulos rejicit.

Joh. KÆMPF *kurze Abhandlung von den Temperamenten* Schafhauſen 1760. 8.* Cuique temperamento ſua eſſe commoda. Temperamenta mutari. Quatuor recepta temperamenta retinet.

Samuel MUSGRAVE *ſome remarks on D.* BOERHAAVE'S *theory on the attrition*

tion of the blood in the lungs London 1760. 8.* Negat eum adtritum, cum cor & arteriæ pulmonis debiliores sint, neque sanguis celerius per pulmones fluat, quam per alias corporis humani partes. Imo minus sanguinis dato tempore per pulmones fluere persuadetur, quam per reliquum corpus.

IDEM, aut certe ejusdem nominis vir, *apologiam, pro empirica medicina* Lond. 1763. 4.* adversus mechanicos & BOERHAAVIUM scripsit.

Traité d'optique par BOUGUER Paris 1760. 4.

Lettre d'un ancien Professeur en Medecine à M. VANDERMONDE *pour servir de reponse à la lettre d'un medecin de Province à un Medecin de Paris* Paris 1760. 8.* FERRENIO vasa lymphatica arteriosa tribuit. Sanguinem aqua ponderosiorem esse.

Mich. Angelo GRIMA, Chirurgi Melitensis, *Memoire sur la sensibilité des tendens* Paris 1760. 8.* Contra CÆSAREUM POZZI pauca profert experimenta tendinum sensu præditorum, nervosque, non satis firmiter iis tribuit.

DIODATUS a CUNEO, Monachus. EJ. *notizie fisiche storiche conducente alla salvezza de bambini abortivi e projetti* Venez. 1760. 4.* Scopus viri fuit excitare parochos, ne negligant uniquam nuper natuis etiam teneris abortubus, aut cæsareo partu editis, baptismum administrare. Totam hac occasione historiam fetus tradit, iconibus a BIANCHO sumtis. Tum de generatione hominis tractatum addit. Fetum a primis suis primordiis animatum esse, quod quidem in propria epistola confirmat. Semestres partus pro legitimis reenuntiat. Regis Siciliæ & Archiepiscopi Panormitani lex, ut gravidam feminam nonnisi incisam & educto fetu sepeliisse velint. De partu præternaturali & difficili. Gemellos tamen etiam duorum sexuum dari, per exempla ostendit.

du FAU *exposicion da anatomia pelo que respecta a osteologia ed a sarcologia* Lisbon. 1760. 12.

Ant. J. RODRIGUEZ *Abhandlung über die Adern, und von der Art und Weise, Arzneyen in die Adern zu bringen* Madrit 1760. 4.* Ita Germanice, titulum Hispanicum ignoro.

Lettre de M. HATTE' *de la* TOUCHE *à M.* DUBERRON *sur les dents* Paris 1760. 12. ASTR.

Theodor ARNOLD *die Fabric und Bildung des Auges &c.* Lemgow. 1760. 8. An ex HILLIO.

In *Claudii* POUTEAU *melanges de chirurgie* Lyon 1760. 8.* exemplum est fetus in sceleton reducti, vulgati fetus sceleto majus, in tuba repertum. Contra BUFFONII theoriam dolorum a partu: non esse a placenta, quæ absque dolore de utero solvatur.

Entretien sur la nature des animaux Berlin 1760. 4. Opinionem collectio-

PAUL *sur la peripneumonie* Paris 1760. 12.* BOERHAAVII laudes. Crustam sanguinis pleuriticam optime solvi a sale ammoniaco. Venæ sectionis effecta non a calculis positis, sed per experimenta demum disci.

TIPHAIGNE *essai sur l'histoire œconomique des mers occidentales de France* Paris 1760. 12.* De raia pisce, ejus ossibus, pene & coitu.

Herm. Sam. REIMARUS (Theologi) *allgemeine Betrachtungen über die Triebe der Thiere, hauptsächlich ihre Kunsttriebe* Hamb. 1760. 8.* 1773. 8.* Instinctus fines habere prævisos. Animalia cum pueris comparat, tantum quod nemine docente suæ vitæ muniis defungantur. Veram memoriam bestiis negat, tum reflexionem, ratiocinium, abstractionem. Instinctus ducit ad optimos fines; & nidos cellulasque ad archetypos construit & reparat, neque dolor insectorum operum causa est. De sensibus bene. Insecta omnino sagire. Cochleas & erucas non audire. Irritabilitas causa est motus spontanei contra WHYTTIUM. Instinctus a creatore est: eo homo non eget, cui ratio data sit. Contra renovationem corporis BERNOULLIANAM.

IDEM in *vornehmsten Wahrheiten der natürlichen Religion* Hamburg 1754. 8.* experimenta BUFFONII & NEEDHAMII rejicit, neque firma putat.

J. Heinr. KOCH's *wohlerfahrner Bienenwirth* Arnstatt 1760. 8.* Si huc facit.

J. Frid. THYM's *Practik des Seidenbaues* Berlin 1760. 8.

§. MCLXXXVII. *Disputationes.*

J. Christian BRUNS *observationes quædam anatomicæ & chirurgico-medicæ* Gotting. 1760. 4.* Anatomica varia. Varietates vasorum spermaticorum, aliorum. Mensium fontes in utero visi, non in vagina. Duæ costæ accessoriæ, ex processibus transversis vertebrarum factæ. Arteriam ex centrali retinæ per vitreum corpus ire, nullos huic ramos dare, ad processus ciliares venire.

Georg Wilhelm STEIN *de signorum graviditatis æstimatione* Gotting. 1760. 4.* Multa de causis sterilitatis. Plerosque conceptus fieri vere, aliquot a mensibus diebus.

EJ. *Theoretische Anleitung zur Geburtshülfe* Cassel 1770. 8.* LEVRETI discipulus. Partus naturalis causam statuit, quam PETITUS. Anatome & mensuræ pelvis. Ovum de sua cellula avelli, aque tuba recipi. Os uteri primis tribus mensibus continuo descendere. Signum partus ostium rotundum. De tactu. De tempore partus. Membrana HUNTERIANA. Sensim caput se præceps dare &c.

In EJ. *practischer Anleitung zur Geburtshülfe* Cassel 1772. 8.* pleraque sunt chirurgica. Situm pravum fetus esse fere a placenta alieno loco adnata. Mensuræ.

Georg Car. HILLEFELD *experimenta circa venena* Gotting. 1760. 4.* SPRÖGELII institutum imitatus est: phænomena datorum venenorum adnotavit, occisorum animalium cadavera incidit, & effecta toxicorum rimatus est.

J. Frid. ZUNKEL *de morte ex alieno situ partium thoracis* Hall. 1760. 4.

Melchior August BARCHEWITZ *spicilegia ad phosphori urinarii usum internum* Hall. 1760. 4.* & in thesauris SANDYFORTI. Præses BUCHNERUS.

J. Rudolf MULLER *de irritabilitate iridis, hincque pendente motu pupillæ* Basil. 1760. 4.* bona disp. Ne quidem a stimulo foci vitri convexi iris contracta. Elapsa parte aquei humoris pupilla arctatur. Iridem non esse irritabilem, & stimulum debere in retinam agere, ut iris moveatur. Constringi eam ab aucto humorum adfluxu, & ab aliqua inflammatione.

Thaddæi BAYER *de animi adfectibus* Wien 1760. 4.* Dari ens sensitivum spirituale, ab anima distinctum, mortale, a quo motus variis ex stimulis nati oriantur, ut sternutatio. Varia nobis imputat, quæ nunquam sensimus.

J. Georg KUGLER *de singultu* Wien 1760. 4.*

Jacobi GUMMER *de causa mortis submersorum eorumque resuscitatione experimentis & observationibus indagata* Groning. 1760. 4.* & in thesauro SANDYFORTI. Bona disputatio. In animalibus submersis aquam fere vidit in pulmonem subire, spumaque repleri asperam arteriam: etiam deglutiri aquam. Refocillari animal inflando, venæ sectione, calidis cineribus. Ventriculum etiam totum aqua repleri. Vena jugulari casu læsa animal revixisse. Aërem inflatum in cor venisse.

J. Friderici LOBSTEIN, Professoris nunc Argentinensis, egregii medici ocularii & anatomici, *de nervo spinali ad par vagum accessorio* Argentor. 1760. 4.* Inter omnia paria cervicalia is nervus oritur; cum primo absque nodulo cohæret, tum cum pharyngeo octavi. Viscera vidit vir Cl. ad alterum latus transposita. Varietas memorabilis renalis venæ sinistræ in cavam euntis.

EJ. *De valvula* EUSTACHII Argentor. 1771. 8.* egregia disputatio. Tuberculum LOWERI esse isthmi partem crassiorem. Intra valvulam EUST. fibras esse carneas. Eam avertere sanguinem a corde, ut foramen ovale subeat: quare in homine adulto, quoties valvula integra est, foramen ovale etiam apertum reperitur, & vicissim clausum, ubi reticulata.

EJ. *De hernia congenita* 1771. 4.* Ut paulatim a GALENO, HALLERO & HUNTERO via & iter testis sint detecta. In maturo fetu testes fere in scroto esse. Duæ plicæ ad testem in psoa M. decumbentem euntes, a colo altera, altera a cæco, posterior vero alia plica peritonæi ab uno teste ad alterum. HUNTERI ligamentum cellulosum. Aditus in abdomen, qui teste sublato evanescat. Is aditus ducit ad canalem, per quem testis migrat, adjuvante diaphragmate, comite peritonæo. Idem aditus cum processu connascitur ad summam partem testis, & reliquus canalis ad partem testis posteriorem.

EJ. *De nervis duræ matris* disp. Argentor. 1772. 4.* Accuratissime de his nervis quæsivit, nullos invenit, sed arteriolas nostras, quas accurate describit, posteriorem, & anteriorem. Vitia in experimentis LAGHII, AURRANI. Dura membrana utique insensilis & dura. Hernia sinus falciformis.

EJ. *De liene* Strasb. 1774. 4.* Duplex involucrum, prius ab omento. Fila cellulosa mera esse vasa. Arteriolas serpentinas esse, in penicillos terminari. Alios ramulos arcus cum minimis arcubus inosculatos facere, ex quorum convexitate recta vasa exeant, iterum in penicillos terminata: & alios ex parte concava surculos edere, rete facientes cum ramulis ex longitudine majoris arteriæ natis. Ejusmodi ramos arteria multos dat. Sic minuitur diametro, & demum in multos surculos terminatur, pariter efficientes suos penicillos. Ex uno ramo penicillos fere octo oriri, quemque in duos ramos dividi: hos porro in duos & tres. Minimi rami trunco arteriæ propiores, maximi ab eo remoti sunt. Ut venæ ex arteriis oriantur, quarum rete penicillum ambit arteriosum. Venas arteriis numerosiores esse. Alia retia venosa majora plures ambire penicillos. Nullum in cellulas sanguinem effundi. Inter duo involucra lienis lymphatica vasa esse, ex interioribus lienis nata. Sanguinem lienis nihilo esse tenuiorem, paulo tamen minus floridum, quam venæ cavæ sanguis sit. Videri tempore digestioris arteriolas lienis contrahi, & sanguinem uberius ad hepar remittere: facilem vero sanguinis ex arteriolis in multo majores venulas esse transitum.

ÉJ. *Tres tunicæ vaginales* Epist. ad me T. V. p. 233.

Vitam dedit Cl. BALDINGER in *Biograph.*

Jacob Ludwig SCHURER *num in curatione suffusionis lentis crystallinæ extractio depositioni sit præferenda* Argentor. 1760. 4.* Experimenta cum aqueo humore facta. Non coit cum acido, neque cum spiritu ardente.

Georg Albrecht FRIED *fetum intestinis plane nudis intra abdomen propendentibus natum describit* Argentor. 1760. 4.* Foramen in peritonæo rotundum. Multi musculi deerant.

EJ. *Anfangsgründe der Geburtshülfe, ein Lesebuch* Argent. 1772. 8.* Brevis anatome partium genitalium. Mensuræ: pelvis inferiores diametri æquales. Nymphas urinam non regere. Graviditas, partus.

Francisci VIGAROUS *quæstiones medicæ duodecim* Monspel. 1760. 4.* Anatomen ad theoriam quam ad praxin utiliorem esse. Cui adsentiendum de glandularum fabrica, RUYSCHIO an MALPIGHIO, dubitat.

Gabriel DANIOU *de generatione* Monspel. 1760.

Stephani Francisci CRASSOUS *quæstiones duodecim* Monspel. 1760. 4.* Mechanismus respirationis difficilior est, quam deglutitionis. Num convulsivi motus ex sympathia, num ex animato principio.

Stephan. D. HUAULME & auctoris *Cosmæ Augustini* LEZURIER *Non ergo motus vitalis a nervis cerebelli* Paris. 1760. 4.* PETITI hypothesis. Inter inspirandum, quamprimum aër aliquis in pulmonem venit, nervum phrenicum, ab ea pressione irritatum, diaphragma in motum ciere.

Augustini ROUX & MAUDUIT *de la* VARENNE *E. ex unico systemate legum deduci non possunt omnia phænomena œconomiæ animalis* Paris. 1760. 4.*

IDEM

IDEM diarium *Journal de Medecine* ab a. 1762. post excessum *Caroli* VANDERMONDE regit.

J. Alberti PALM *de resorbtione intestinali* Leid. 1760. 4.*

Blasius MORIN *de* PONS *de inflammatione* Utrecht 1760. 4.*

Michael Gregor. STEVENS *de quinque partibus medicinæ* Utrecht 1760. 4.*

J. Martin BUTT *de spontanea separatione sanguinis* Edinburg 1760. 8.* Experimenta facta cum sanguinis exhalatione. Plus exhalare sanguinem, qui per amplius orificium effluit, & plus habet seri. Phænomena ab admistis variis salibus oriunda. Filamenta & rete, quæ lympha. Lymphæ coagulabilis phænomena & albuminis ovi. Differre sanguinem arteriosum a venoso, & densiorem esse. Lymphæ coagulum firmius, quam cruoris.

§. MCLXXXVIII. *J. Aug. Phil.* GESNER,

Medicus Northusanus. EJUS *Beweis, daß unsere Seele ihrer Vorstellungen und Wirkungen sich allezeit bewußt sey* 1760.

In *Sammlungen von Beobachtungen aus der Arzneygelahrtheit* Nördlingen 1771. 8.* testatur se tendines & periosteum sensu vidisse carere. Sic in T. III. 1772. 8.*

§. MCLXXXIX. *Diaria anni* 1761.

In *Phil. Transact.* T. LII. P. I. s. anni 1761.

Joseph GÆRTNER de urtica marina & *animal flower* Anglorum, aliisque polypis marinis.

Philippi MORAND elapsus utrinque malleus, auditus amissus.

Richard PULTNEY de corde dilatato.

T. W. adversus tabulas HALLEYANAS de spe vitæ, superstructas fastis emortualibus & natalibus Vratislaviensibus. Novæ tabulæ spei vitæ & numeri morientium ad quemvis annum.

In *Hist. de l'Acad. des Sciences* 1761, cyclopis descriptio, ut tamen vere duo essent oculi.

Puella puber nata, & quarto mense menses patiens.

Virgo per quatuor annos sola aqua vivens, sanata.

J. Gottlieb SCHÆFFER relatio de homine a nimio adipe exstincto.

IDEM *Vol.* III. *Nov. Act. Nat. Cur. obs.* 1. de fetu cui in umbilicalem funiculum elapsum hepar.

In *K. Swenska Wetensk. Acad. Handlingar* T. XXII. s. anni 1761.

Car. Frid. LUND de piscium venere. Sola fieri frictione, neque semina misceri.

In *Allgemeine Magazin* T. XI. *Antonii le* CAMUS confilia, ut homines bene nati generentur. De vitæ termino probabili & longævitatis fpe.

In *Journ. æconom.* 1761. Infitio cornuum in gallis, quæ pro crifta fupponantur, & fuccrefcant atque duarum unciarum longitudinem adtingant. Artificio nata fabrica non tranfit in pullos.

Antonii MARTIN R. fil. de materie lucente pifcium marinorum: in aqua dulci nulla. Primi lucent oculi. Lucens materies digitis adhæret, cæterum volatilis.

IDEM T. XXV. f. anno 1764. de calore corporis humani. Aeftate ad 91. gradus FAHRENH. pervenit, in febre ad 98. Humores reliqui potius frigidiores funt. In Finnia calorem in hypocauftis ferunt enormem.

In T. XXVI. calorem dimenfus eft, quem in iis hypocauftis Finnicis tolerant, ficcum nempe ad 147: humidum ad 122. gr. FAHRENH. Homines calefcunt ad gr. 108; & pulfuum maximus numerus eft 150.

A. 1766. de calore per alvi evacuationem in homine diminuto.

A. 1767. venæ fectionem omnino refrigerare.

A. 1768. fomnum durabilem pulfuum copiam minuere, & corpus refrigerare. Omnium ætatum eumdem effe calorem.

In T. XXX. & anno 1769. Commentariorum Academiæ Suecicæ, experimenta habet de dilatatione & contractione alterna pectoris & epigaftrii. Dilatatio a refpiratione a vigiliis, ab via. Contractio a frigore, a purgatione, a fedibus, a fpiritu nitri dulci.

IDEM *Vol.* XXXIV. anni 1773. Caloris mutationes & pulfus in variolis perfecutus eft. Calor pectoris fummus fuit 37°, urinæ 40°, pedum 34°. Pulfus non eodem numero in carpo inque temporibus fuit, etiam ut 68 ad 98, ut 87 ad 128. Summus numerus pulfuum 132, 140. Refpirationum numerus ad pulfus iniquus eft, ut a 46 ad 22. Non in eadem ratione crefcunt calor, pulfuum numerus, & refpiratio.

In diarii VANDERMONDIANI T. XIV. a. 1761, DU MONCEAU (non DUHAMEL) de cornu ex femore puellæ nato.

LORIENT de coftarum cartilaginibus offeis.

JUVET ex relatione J. SIMON, de fetu, cui deerant tegumenta capitis, pectoris & abdominis.

DESSAIX manus pueri difformis, a chirurgo correctæ.

de la VERGNE fetus 29°. menfe incifione ex abdomine eductus.

LANDEUTTE fetus crifta Amazonica infignis.

T. XV. anni 1761, AUBER caput femiduplex, & oculus femiduplex vituli.

MAIGROT fetus galea cranii deftitutus.

MAU-

MAURAND de linguæ nimia longitudine. Officulis auditus amiffis, amiffus etiam auditus.

THIBAULT fetus galea capitis deftitutus.

le CLERC partus veficularis.

LANDEUTTE de plica.

Abhandlungen der naturforſchenden Geſellſchaft in Zürich Zürich 1761. 8.* In hac collectione *Rudolfi* BURKHART experimenta funt, quibus didicit, in homine duram meningem, tendines varios, & aponevrofes fenfu carere.

In *excerpto literario* anni 1761 *J. Elias* BERTRANDUS, *Eliæ* fil. agit de gigantibus contra TORRUBIAM. Gigantes paffim fuiffe, non vero populos gigantum. Libellus feorfum recufus eft.

§. MCXC. *Dominicus* COTUNNUS,

Profeffor Neapolitanus, vir ingenio acri, & folers in minutiffimis perfcrutationibus anatomicus. EJ. *Differtatio anatomica de aquæductibus auris humanæ internæ* Neapoli 1761. 8.* Aquæductus vocat novas vias, quæ ex caveis veftibuli & cochleæ in cranii caveam tendunt, & eo rubrum fuum humorem effundunt, quo auris internæ omnes fcrobes & caveæ replentur. Accuratiffime hæc defcribit, tum univerfam aurem internam, cochleam, ejus infundibulum, fcalarum menfuras, tenues ramos nervi mollis, & membranam in veftibulo expanfam, quam habet pro auditus organo, toties ofcillante, quot aëris undæ tympani membranam concufferunt. Ii aëris tremores humorem internæ auris evacuant & reparant. In cochleæ fepto ftrepitum percipi, tonorum diftinctionem in cochlea. Venæ cochleæ & veftibuli.

EJUSD. *De ifchiade nervofa* liber, Neapoli 1764. 8.* & in SANDYFORTIANORUM THESAURORUM T. II. Aqua circumfufa nervo ifchiadico (aliisque nervis) etiam copiofa, tum in cerebro effufa, inque medulla fpinali, volatilis avolat, & vitio in gelatinam abit. Morbos infert acris. Cum cellulofa nervorum vagina hic aquofus vapor continuatur. In nervo ifchiadico alia vagina accefforia adeft, diverfa ab ex quæ a cerebro advenit. In teftudine marina aqua inter cerebrum & duram meningem non coagulabilis, nifi vitio. Pericardii vapedem in cane totum exhalare, etiam recentem abdominis vaporem in pectore cogitur. In pericardio vitio concrefcit. Cum bile experimenta. Nocet ventriculo, non digeritur, villofam tunicam pene fecedere cogit, fanguinem diffolvit, calorem auxit.

EJUSD. *De fedibus variolarum fyntagma* Neapoli 1769. 8.* Nullas variolas intus in corpore dari. Glandulas conglobatas exiguas reperit, colo inteftino incumbentes. De incarceratione inteftini; ut fiat parte contracta, quam pars fana amplectitur: ut noceat, quando inferior pars in fuperiorem ingreditur. In puftula variolofa MALPIGHIANUM mucum turgefcere.

In *Ep.* V. n. 169. Nova aliqua de fuis aquæductibus ad nos refert. In venas non in ductum excretorium vapor refumitur.

§. MCXCI. *J. Maria de* TURRE,

Theologus Neapolitanus, microſcopicis contemplationibus delectatus. Edidit *epiſtolam* ad A. NOLLET nullo anno nec die addito, 8. forma excuſam, quam hoc ipſo anno accepi.* Lentibus uſus eſt vitreis, objecta maxime augentibus, ut diameter 1280plo increſceret, LEEUWENHOECKIANIS adeo vitris multo acutioribus. Globulos rubros inter duas talci laminas ſuſcepit, quæ mala eſt administratio. Hinc globulos ſæpe difformes reperit, cavos veros ſacculos, cuticula factos & ſero plenos. Craſſiſſimos in columbis eſſe, tenuiſſimos in lacte.

In *Phil. Tranſ.* T. LV. iterum eſſe, corpora ſphæroidea perforata, anulo circumdata articulato, cujus articuli etiam diſcedant. De ejus viri vitris convexis relatum eſt ad Regiam Societatem in *Vol.* LVI. Minutiſſimas eſſe ſphærulas, ſed nullius uſus.

EJ. *Nuove oſſervazioni intorno la ſtoria naturale* Napoli 1763. 8.* Hoc princeps viri opus eſt. 1. De ſuis microſcopiis, diametrum 2500es augentibus. 2. Chylus. In eo ſaccos eſſe membranoſos, qui in globulos ſanguineos abeunt. Anuli chyloſi etiam compoſiti dantur, & quaſi articulati. Globuli ſanguinei anuli ſunt perforati, articulati, ex pluribus particulis compoſiti, quæ a ſe invicem diſcedere poſſunt. Solitarii iidem flavi ſunt, compoſiti rubent. Nunquam ſphærici ſunt. In anguſtis canalibus compreſſi, in longitudinem majorem producuntur, flexiles iidem, neque elaſtici. In aqua minores fiunt. In aliis animalibus ſimiles adparent. Articuli & ipſi totidem ſunt membranoſi ſacculi figura mutabili. 3. Fibræ muſculares turgidæ ſunt, tendineæ planæ. Minimæ fibrillæ, quæ ſint tranſpiratio inſenſibilis coacta, quam etiam alias viderit in laminas abiiſſe. Subſtantia medullaris cerebri globulis fit; celluloſa tela tota vaſis.

§. MCXCII. *Anatomici varii.*

Hugh. SMITH *Eſſays phyſiological and practical on the nature and circulation of the blood and the effects of bloodletting* London 1761. 8.* Non certum eſſe, globulum rubrum in ſex minores diſcedere: & omnino ſerum flavum non naſci ex rubro ſanguine. Motum cordis a ſtimulo eſſe, non recte, WHYTTIO inventum tribuit. Derivationem & revulſionem rejicit. Dubitat num ab oſcillatione WHYTTIANA inflammatio naſci queat.

.... PANKOUKE, bibliopolæ, aut certe viri, qui id nomen ſibi ſumſit, *de l'homme & de la reproduction des différens individus, ouvrage qui peut ſervir d'introduction & de defenſe à l'hiſtoire naturelle des animaux de Mr. de* BUFFON Paris 1761. 12.* BUFFONIANAM hypotheſin repetit, abſque ullo experimento. Fatetur abſque ſenſu ſexto aut ſeptimo non poſſe modulum internum intelligi. Partes organicas a vi, quam noſter ſibi tamquam datam ſumit, ordinari, eamque vim ſeligere, & in ordinem diſponere. Mera undique hypotheſis.

Avis d'un ſerviteur d'Eſculape ſur les melanges de chirurgie de Mr. POUTEAU Lyon 1761. 8.* Aſperum ſcriptum. Cl. POUTEAU in canibus viderat, ſenſu tendines carere, anonymus adfirmat non carere. In venas animalis camphoræ spiritum injecit. Arteriæ contractationem, pariter ut sanguinis grumum, ad vulnus claudendum facere. Arteriam resectam se retrahere.

Cl. MONROI tractatus tres *de nervis eorumque distributione, de motu cordis & de ductu thoracico*, Latine redditi a G. COOPMAN's, qui præter commentarium perpetuum adjecit librum de cerebri & nervorum administratione anatomica. Ed. I. . . . . . . Ed. II. Haarling. 1763. 8.* Discipulus CAMPERI, potissimum etiam in nervis occupatur. Par tertium oriri a cruribus oblongatæ medullæ, non a ponte. Labii inferioris cancrum raro cum labio superiori virus suum communicare, ob nervorum diversitatem. Sextum par nihil a corporibus pyramidalibus habere. Multa passim pathologica a nervorum conjunctionibus interpretatur. Pupillam in verminosis ægris dilatari. Ad brachii & manus musculos & nervos aliqua, deque origine nervorum cruralium. Methodi etiam dissecandi descriptionem continet. Methodi, quas vocat, non sunt methodi. Qui nervos primario quærunt, possunt vasa negligere. Qui vasa delineanda sibi sumserunt, iis potissimam curam dicent. Medulla spinalis non debet malleo & cuneo nudari, sed forfice elastica, & in tenerioribus pueris.

J. STEPHEN's *practical treatise on consumtions* London 1761. 8.* Causa ignis animalis non est in motu aut in adtritu, neque in pulmone, in quo sanguis potius refrigeretur, neque per arterias advenit: in motu intestino est, & in fermentatione, quæ in ventriculo inequit, per vasa universa continuatur. Motus muscularis hanc fermentationem urget. Ita J. S.

F. J. W. S. *de splenis usu, morboque splenico ad* WERLHOFIUM l., *in quo simul virium physicarum, monadum, motus, caloris & ignis occurrit theoria metaphysica nova* Wolferbyti, ut videtur, 1761. 8.* Singularis liber. Cibum vere a calore lienis & hepatis coqui. Calorem esse a luce originali prima, quæ ipsa lux constat monadibus materiem agitantibus. Monadum aliquam abire in animam humanam. Omnes alios motus a calore oriri. Nervos igne subtili repleri. In celluloso liene sanguinem fluidiorem reddi & agiliorem. Morbum omittimus.

EJ. pleno nunc nomine *Friderici Josephi Wilhelmi* SCHROEDER, Prof. nunc Marburgensis, *von der physicalischen Theorie der Empfindungen, Schmerzen und Schmerz-stillenden Mittel* Quedlinburg 1764. 8.* Sensatio nascitur, quando tenera vita nervorum per objectum extraordinarium ad majorem resistentiam irritatur: dolor oritur, quoties ea resistentia diuturnior fit.

EJ. *De vita robore tono ac vitalitate nec non de medicamentis roborantibus præcipuis* Marburg 1771. 4.*.

EJ. *De temperamentis hominum* Marburg 1774. 4.

Jacob. Frider. WEISS *tr. de natura animi & potissimum cordis humani* Stuttgard 1761. 8. si huc facit.

Thomæ GATAKER, chirurgi, *an account of the structure of the eye* London 1761.

1761. 8.* Brevis anatome oculi: conjunctivam non vult bipartiri. Scleroticam tamen ex dura meninge nasci. Nullam vim irritabilem, neque motrices vires in iride esse. Velum pupillæ a partu rumpi & evanescere.

J. Ulrici BILGUER, Helveti, *de membrorum amputatione rarissime administranda*, Hall. 1761. 4.* Periosteum insensile reperit, tendines audacter dissecat.

EJ. *Chirurgische Wahrnehmungen, welche meistens währendem von 1756. bis 1763. gedauerten Kriege in den Preußischen Lazareten ausgezeichnet worden* Berlin 1763. 8.* Chirurgici argumenti, ut tamen passim physiologiam illustret. Varia exempla motuum in nervis contra animæ voluntatem ortorum. Arterias conservere absque grumo sanguineo. Ossicula duo libera in cerebro reperta.

EJUSD. *Anweisung zur ausübenden Wundarzneykunst in Lazareten* Glogau 1763. 8.* Perinde tendines, ut alias corporis humani partes, suppurari.

J. Franc. SIMON *collection de differentes pieces concernant la chirurgie, l'anatomie & la medecine pratique*, Tom. I. & II. Paris 1761. 12.* T. III. & IV. anno 1762. 12.* Collector chirurgus. Adnotationes collectitiæ, ex Germanicis potissimum disputationibus & diariis. Integer insertus est MONROI de vasis lymphaticis libellus, & BUTINI de non pulsantibus venis diss.

Eusebio SGUARIO, medici, *diss. epistolica intorno al ravivar i sommersi* Venet. 1761. 8.* Infantem, qui in puteum inciderat, cum vita reconciliavit. Signa mortis incerta esse, neque nos debere facile desperare, vitam enim diu sub aqua posse produci. Optimum auxilium esse in aëre inhalato. De irritabilitate, quæ sit vis nervosæ fundamentum. Minima vita, quæ requirit, ut cor irritabile sit, & ad proximum ganglion suum sanguinem mittere valeat.

Descrizzione della testudine Venez. 1761.

Hoc anno PALFINI opus a PETITO recusum Noribergæ prodiit, ex versione *Georgii Leonhardi* HUTH. 4.*

GORINI CORIO *l'anthropologie, traité metaphysique* Lausanne 1761. 12. 2.Vol. De animæ cum corpore fœdere opusculum, quod fit per animales spiritus. Corpus humanum exsistere in ovulo & evolvi.

Giuseppe CENERESI *il latte* Milano 1761. 8. Poëma, quo lactis laudes traduntur.

Nicolai Ambrosii KRAPF *Weltspiegel, oder anatomische Erklärung von der Erzeugung des menschlichen Geschlechts* Basil. 1761. fol.

EJ. *Adnotationes medico-morales quoad quæstiones ponderosiores matrimoniales & casuisticas, in reali anatomica partium dilucidatione, ac præsertim corporalis vitæ principii sensu fundatæ* Aug. Vind. 1765. 4.

EJ. *Systema recentissimum de essentia hominis, quoad animalitatem in genere & spiritualitatem in specie* Aug. Vind. 1767. 8.*

EJ. *Gespräch von dem neuerfundenen principia vito* Augspurg 1768. 8.*

Omnia

Omnia in animali mechanice geri, absque animæ imperio. Ab irritabilitate motus esse animales. Contra privilegia nervorum cerebelli.

§. MCXCIII. *Varii.*

J. H. SULZER *die Kennzeichen der Insecten nabh Anleitung des H. v.* LINNÉ Tiguri 1761. 4.* Cum pulchris animalium iconibus, passim aliquæ partes microscopio auctæ. Majus opus in *auctario* dicemus.

D. Marci (ut puto) HOUTTUYN, nomen suum reticentis, *natuurlycke historie of uytvoerige beschrywing der dieren, planten en mineralien volgens het zamenstel van* LINNÆUS prodire cepit Amsterdam 1761. 8.* & octodecim voluminibus de animalibus agit. De parte physica alias dicetur. Ad anatomica passim aliqua pertinent, aut certe ad physiologica. In T. I. hominem cum brutis animalibus, cumque plantis comparat. Nostra experimenta de irritabilitate fuse recenset, & nostra placita sequitur. Eam vim habet pro causa motuum animalium, & a sensu separat. Physiologiam inde BUFFONIANAM proponit.

T. II. 1761. 8.* de cane fuse.

T. III. 1762. 8.* Piscem narwhal bicornem esse.

T. IV. 1762. 8.* Brevis physiologia avium. Cornicem ova gallinacea incubasse & exclusisse.

T. V. 1763. 8.*

T. VI. 1764. 8.* De amphibiis, quibus unica sit cordis cavea. Pedes rajæ pinnarum partes esse.

T. VII. 1764. 8.* De piscium auditu, quem tuetur, de generatione, in qua non recedit ab ea opinione, quæ penem piscibus tribuit, verumque coitum.

T. IX. 1766. 8.* Negat papilionem in eruca jam formatum esse, & mavult intra eam formari. Cæterum hic incipit de insectis agere.

T. X. 1766. 8.* porro de scarabæis, locustis &c.

T. XI. 1767. 8.* Papiliones; Nullum in iis cor esse, etsi erucis suum est. Monstra papilionum ex pressione inæquali nasci. SCHÆFFERI papilionem androgynum feminam esse.

T. XII. 1768. 8.* Apes &c.

T. XIII. 1769. 8.* Insecta. Oculi cancellati & leves alii. Venus timida aranearum non nimis amanti fidentium. Apodum aliqui androgyni sunt, masculus unicus.

T. XIV. 1770. 8.* Mollusca. Ascaridibus suas partes genitales esse. Non omnes limaces esse androgynos.

T. XV. 1771. 8.* Testacea. Margaritæ. Mytulos venenatos non admittit.

T. XVI. 1772. 8.* Animalia testacea. Teredinis navibus infestæ venerem a VOSMAERIO visam esse.

T. XVII. 1772. 8.* Plantanimalia marina. Coralliorum historia & apologia vitæ eorum animalis. Discrimina zoophytorum & phytozoorum, quorum priora immota sunt, posteriora de loco in locum se movent.

T. XVIII. 1773. 8.* Animalcula microscopica. Polypi, chaos, pinnæ marinæ &c.

§. MCXCIV. *Adam Gottlieb* SCHIRACH.

Adam Gottl. SCHIRACH V.D.M. *Oberlausnizische Bienenvermehrung, oder Kunst junge Bienenschwärme beym Anfange des Maymonats in Stuben zu machen* 1761. 8.

EJ. *Kunst Ableger mittelst gewisser Brutkasten im May Weisel zu verfertigen* Budissin 1761. 8. annon IDEM?

Vir celebris ob inventum ex favo, ovis, & nymphis apum pleno, solo fotu & uberiori nutritione, quam ovo vulgari apes præstent, reginas obtinendi, ita ut ovum operariæ apis in reginam perficiatur.

EJ. *Abhandlungen und Erfahrungen der œconomischen Bienengesellschaft in der Ober-Lausniz* Dresden 1766. 8.* Hic Cl. SCHIRACH porro aperuit artem, valde quidem improbabilem, matres apes ex vulgaribus apibus producendi. Requirit unice favum, in quo ova, vermes & nymphæ sint. Vulgares apes esse virgines, quæ meliori cultu, alimento uberiori & magis aromatico, in reginas perficiantur.

EJ. *Sächsischer Bienenvater* Zittau 1766. 8.

EJ. *Melitto theologia* Dresd. 1767. 8.* Historia naturalis apum. Valere sonos edere, edere ad certos fines varios. Anatome aliqua apum, dentes, oculi majores, minores, testes, vesiculæ seminales, earum communis ductus, penis articulatus. Ventriculus primus, alter, intestinula minora, unum majus. Ovaria, ova ad tria fila adhærentia, uterus.

EJUSD. *Natürliche Geschichte der Feld- Erd- und Acker- Schnecken* Leipzig 1772. 8.* Coitus & historia horum animalium. De renascentibus capitibus cochlearum.

EJ. *Erläuterung der Kunst, junge Bienenschwärme oder Ableger zu erziehen* Bauzen 1770. 8.* In Lusatia inventi necessitatem fecit calamitas, quod apes vix sponte examina dent. Conditiones ad obtinendam reginam requisitæ. Requiritur, ut favi excisi portio ova, & vermes triduanos, & nymphas cellulas inclusas contineat. Hæc favi pars cum apum globo in cistam datur absque regina, apes defringent aliquas cellulas apum vulgarium, & earum loco regias cellulas ædificabunt. Alimentum his nymphis præbent aromaticum. Nullum ergo in primis staminibus discrimen reginæ est, & apis operariæ.

EJ. *Wald-Bienenzucht* Breslau 1774. 8.* a morte auctoris prodiit. Practici argumenti, de quo in physicis & chemicis. Ut in sylvis apes educentur.

IDEM *in Ober-Lausiz gemeinnütziges Arbeiten* I. sexagesies sibi successisse testatur, ftatur, ut fuæ apes fibi reginam creaverint. Reginam volantem imprægnari, alba & humecta vulva in alvear redire.

Iterum in *Abhandl. der Ober-Laufizifchen Gefellfchaft* 1772. 8.* de fuo artificio, & de ufu fucorum.

§. MCXCV. *William* HILLARY.

William HILLARY *an inquiry into the means of improving medical knowledge* London 1761. 8.* BOERHAAVIUM plurimi facit, etiam in anatomicis. Ei deberi tabulas EUSTACHIANAS. In hiftoria medicinæ, quam nofter hic breviter tradit, aliqua funt noftri fcopi.

Antonii MONTANARI *trattenimento intorno ai principali fiftemi dell' anima delle beftie, con alcune offervazioni fopra l'anima umana* Venez. 1761. 4. Contra CARTESIANOS. Nihil proprii habere lego.

Memoires fur l'ufage œconomique du digefteur de PAPIN Clermont Ferrant 1761. 8.* Auctor correxit lebetem PAPINI, ut empyreuma averteret, & jus in eo coctum edule fieret.

Almanac de vieilleffe — de ceux qui ont vecu cent ans & plus Paris 1761.

Jerome GUARINONI *art d'elever les oifeaux* Bergame 1761. 12. & alias ut puto.

§. MCXCVI. *Jofeph Thaddæus* KLINKOSCH.

EJ. *Thefes phyfiologicæ de fenfibilitate & irritabilitate ex experimentis factis deductæ* Prag. 1761. 8.

EJ. *Anatome partus capite monftrofo* Prag 1766. 4.* Magna pars fuperioris cranii amiffa, ut dura mater nuda effet. Aortæ divifio mirifica; Subclavia dextra ex ductu arteriofo nata & anulum faciens. A primævo tempore hanc difformitatem fuiffe.

EJ. *Programma, quo anatomicam monftri bicorporei monocephali hiftoriam defcribit* Prag. 1767. 4. max.* Pura anatome abfque hypothefi. Caput & cerebrum femiduplex, cerebellum duplex: corda duo per arterias conjuncta. Arteriæ pulmonales ex aorta natæ, venæ in aurem cum vena cava infertæ: hepar unicum, cum arteriis ex utroque infante accedentibus. Ventriculus fimplex, inde fiffum inteftinum.

EJ. *Quæftio academica num jam verus ufus pulmonis in machina humana notus fit* Prag. 1771. 4.*

EJ. & *Fr.* HERMANNI *de vera natura cuticulæ & ejus regeneratione juxta fenfum* Cl. KLINKOSCH Prag. 1771. 8.* Cuticulam ad cellulofam telam pertinere, hinc pariter ut aliæ cellulofæ telæ folent, evolvi & conpleri. Fila cellulofa cava effe, in iis cavis nutritionem locum habere. Initia hujus telæ femifluida effe, & gelatinæ fimilia, & a cute cellulofa fila epidermidis germinare, facere reticulum, quod macerando in mucum contabefcat, & cuticulam exteriorem & duriorem. Non habere vasa conspicua. Maceratam in laminulas, tum in pultem abire. In parte aversa fila conspici, per quæ cum cute cohæret. In areola mammæ se cuticulam nigerrimam vidisse. Aethiopibus cutem subnigram esse. Nihil in corpore regenerari præter cellulosam telam, per veram epigenesin, & evolutionem, non ex succo concreto. Cordis vi fetum evolvi; eam vim a semine masculo excitari. Novam cellulosam telam ad similitudinem muci de partibus corporis pullulasse, paulatim fila se confirmasse. Ossa ex cellulosa tela nasci, in quam particulæ osseæ deponantur. In omni inflammatione nova vasa evolvi.

Edidit vir Cl. Pragæ 1775. 4.* *collectionem disputationum Pragensium*; cum ea exemplum tendinis denudati sensilis.

§. MCXCVII. *Disputationes.*

Car. J. Sigismund THIEL *de singultu* Gotting. 1761. 4.* Causæ variæ, sedes in diaphragmate solo; singultus incidit in tempus inspirationis.

J. Hermanni VOGEL *fetum in utero non liquore amnii, sed sanguine per venam umbilicalem advecto nutriri* Gotting. 1761. 4.*

Carolus Fridericus HUNDERTMARK. EJ. diss. *de urina cretacea* Lips. 1761. 4.* potius pathologici est argumenti.

Frid. Theodor REITZ *de vomitu* Leid. 1761. 4.*

WILDRIK WILDRIK *de fabrica pulmonum* Franeker 1761. 4.* Pro cellulis clausis. Vesiculas unius lobi cum vesiculis alterius non communicare.

J. Georg LOCHER *de secretione glandularum in genere* Leid. 1761. 4.*

J. Jacob DUVAL *de inhalatione externa* Leide 1761. 4.

Christ. Andr. de MELLE *de vi vitali quoad medicinam & morbos ex illa orientes* Leid. 1761. 4.*

J. T. OFFERDINGER *de primis viis, ut fonte plurimorum morborum* Leid. 1761. 4.

J. Henr. MEINCKE *de œconomia fetus in utero* Utrecht 1761. 4.

Andreas Gottlieb TROXEL *historia partus impediti a membrana tendinosa os uteri internum arctante* Altdorf. 1761. 4.* Conceperat, cum hæc membrana semen ab utero avertisset.

Gottlob Thom. HERMANN *ad placentam expellendam remediorum commendatorum insufficientia* Hall. 1761. 4.*

Franc. Ludwig WATT *de origine hominis* Basil. 1761. 4.*

Guil. le BEGUE *de* PRELE & *Hugo* GAUTHIER *Ergo ut sanguinis, ita lymphæ alibilis datur per arterias & proprias venas circulus* Paris. 1761. 4.*

Simon VACHER, præside *A. le* CAMUS *E. a fluido electrico vita, motus & sensus* Paris. 1761. 4.*

Guilielmi

Guilielmi SHIPPEN *de placenta cum utero nexu* Edinb. 1761. 8.* Contra commercium placentæ cum matre. In utero relictam placentam, resecto funiculo, nullum sanguinem dare.

Thomas YOUNG *de lacte* Edinburg 1761. 8.* Analysis lactis vaccini: Pondera butyri & cremoris, a lacte diversarum vaccarum secedentis. Phænomena lactis cum variis liquoribus misti. Coagulum, & ejus cum variis salibus admistis phænomena. Caseus. Serum. Sacchari ex variis lactis speciebus portiones. Analysis lactis diversorum animalium, alia. Egregium opusculum.

§. MCXCVIII. *Paul. Joseph* BARTHES.

Paul Joseph BARTHES *quæstiones medicæ duodecim* Monspel. 1761. 4.* Iridem a sanguine congesto dilatari, oculum a processibus ciliaribus produci. Non benigne de BORELLO judicat. CÆSALPINUM esse inventorem circuitus sanguinis, LAMURIUM pulsus venosi, quod eum a. 1749. descripserit. Non descripsit eo anno, sed anno 1753. SCHLICHTINGII experimenta anno demum 1750. prodierunt, quæ LAMURIANA provocarunt. LACAZII systema defendit. Paucos esse in tendinibus nervos, & eos tamen acriter sentire. Confundit irritabilitatem cum facultate sentiendi.

EJ. *De principio vitali hominis* Monspel. 1773. 4.* Archæum admittit, quem vocat principium vitale, & qui sit scaturigo virium vitalium. Eum Archæum neque fines prævisos habere ut anima, neque mere mechanicis impressionibus regi ut corpus. Agere & per motum rapidum musculorum, & per lentiorem tonum. Eumdem humorum miscelam servare immutatam. Ad eum sensationem pertinere, neque ullam corporis partem absque aliquo sensu esse, neque sensum a nervis omnino pendere. Non certum esse, post quemquam sensum certum motum sequi. Sympathiæ, potissimum per nervos agunt. Cuique organo vires sunt sentientes & moventes, per quas sua actione defungatur. Corporis in duas partes divisio. Archæum etiam magnis læsionibus assuescere.

EJ. *Nova doctrina de functionibus naturæ humanæ* Monspel. 1774. 4.* Physiologiæ compendium, in quo principium vitale dominatur, quod vir Cl. ab anima separat, eique fere omnes vitæ humanæ functiones tribuit. Arcus zygomaticus maxillam superiorem ad calvariam firmat. Aliam esse vim contractilem ventriculi, alium peristalticum motum. Ante fermentationem ciborum coctricem putredinem præcedere. Cuique animali suum esse principium vitale. Characterem vitalem alimentis potissimum a bile impertiri. Oscillationes circuitui sanguinis oppositas, & retrocessiones in venam portarum frequentius locum habere. Sanguinem in lienis cellulas deponi, ibi quiescere. Pulsum esse a motu peristaltico. Non in ea ratione, qua suæ origini propius est, celeriora fetus incrementa esse. Partem pectoris inferiorem inter inspirandum non ad dorsum duci. Uterum fibris carneis non fieri. In quavis parte fetus imagines analogarum partium parentum excudi. Musculos rectos conjunctos oculum breviorem reddere. Animam non immediate motus arbitrarios producere. Vim dari in homine imitatricem.

§. MCXCIX. *Diaria anni 1762.*

In *Philosophicarum Transactionum* T. LII. P. II. sive anno 1762. & in *Mem. de l'Acad. des Sciences* 1762., pauca huc faciunt, quæ non sint alias dicta.

In *Mem. de l'Acad. de Berlin* 1762. CASTILLON de albis Aethiopibus.

In *melanges de philosophie & de mathematique de la Societé R. de Turin* T. II. a. 1762. excuso varia, suo loco dicta.

In *K. Swensk. Wetensk. Academ. Handl.* T. XXIV. J. LECHE de rore melleo. Eum aphidibus solis tribuit. In regionibus calidioribus certo succus est, qui ex arborum foliis exsudat.

Gabriel LUND exomphalos naturalis.

Torstani WASSENII fasti emortuales WASSENDÆ. Multi longævi.

In VANDERMONDII diario T. XVI. CELLIES menses vetularum.

Menses infantis præcoces.

. . . . DAVIEL, celebris medicus ocularius. Ejus *epistola ad me* de sua administratione, qua lentem crystallinam opacam extrahit. Iridem insensilem esse. Cæcos natos reddito visu corporum figuras non adgnoscere.

Vena saphena sponte rupta, eventu lethali.

Hoc anno obiit *C. Augustus* VANDERMONDE, hujus diarii editor, & in eam curam successit *Augustinus* ROUX. In T. XVII. ALLIET de abstinentia triginta & trium dierum in femina hysterica.

Calixtus GAUTIER de infante per biennium cibo & potu abstinente.

Vapor formicarum venenatus & stuporifer.

Louis le BLANC de sensu in dura matre perepto; ipse tamen fatetur, eam membranam non sentire, sed in nervulis, ut putat, arterias comitantibus dolorem percipi.

Ej. *Nouvelle methode d'operer les hernies* Paris 1768. 8. Utique tendines sentire, & incisis columnis abdominalibus ægros dolere.

Ej. *Sur les avantages de l'etude de l'anatomie* Paris 1769. 8.

Verhandelingen uytgegeeven door de hollandsche maatschappy der wetenskappen T. VI. P. II. anni 1762. Dura mater nudata insensilis.

J. F. van der LOTT, chirurgus, de phænomenis anguillæ stuporiferæ Surinamensis. Violentia ictus amat metallum sequi, tamen & aquam; demum per aërem suam efficaciam continuat.

GALANDAT, chirurgus, de inflatione cellulosæ tunicæ, in ora maritima Quaqua recepta, & ad varios morbos utili. In T. VII. de eadem curandi ratione, & in *Comment. Berolinensibus.*

Gerard ten HAAF, chirurgus, de submersis ad vitam revocandis. Venæ sectionem laudat, quæ spei respondit, cum intestinorum irritatio frustra fuisset.

In

In *bataafsch genootschap* T. I. IDEM omnino glutinosam materiem esse confirmat, ex qua ossa præter naturam consistunt.

Actorum Helveticorum physico-mathematicorum &c. T. V. Basil. 1762. 4.* Comparatio fabricæ dentium animalium & pennarum avium.

Medical observations and inquiries by a society of physicians in London. T. II. Lond. 1762. 8.* Aliqua sunt HUNTERI.

BARD fetum ventralem, cæterum perfectum, feliciter excidit.

Vertit hoc diarium Cl. BOURRU, & edidit Paris 1764. 8.*

In *Gazette salutaire*, quæ a. 1762. & seqq. Bullione prodiit, varia huc faciunt.

§. MCC. ANATOMICI.

Wenceslai J. Nepomuceni LANGSVERT *disp. de causa rubedinis in sanguine humano* Prag. 1762. 8.

EJUSD. *Theoria medica de arteriarum & venarum in corpore humano adfectionibus* S. I. Prag. 1763. 4. magn.* Jatromathematicus, minus tamen a natura recessit, quam alii ejus sectæ viri, multum nostris usus. Divisionem globuli rubri in sex minores retinet. Globulos ponderosiores majorem vim exercere. Elaterem esse in globulis. Pro derivatione. In vasis minoribus sanguinem non valde retardari. Valvularum venosarum efficaciam contra HAMBERGERUM tuetur. Pro errore loci.

EJ. *De vasorum lymphaticorum humorum secretionis, telæ cellulosæ & temperamentorum in corpore humano adfectionibus* T. II. Prag. 1764. 4.* Fere nobiscum sentit, etsi passim nos notat. Arterias lymphaticas admittit, ex rubris ortas, neque successivas vasorum minorum series. Serum coagulabile facit, non ita lympham: ad lympham salivam & cerebri humores refert. Omnia vasa lymphatica in ductum thoracicum convenire. Valvulas motum lymphæ regere.

Jean Ferapié DUFIEU *traité de physiologie* Lyon 1762. 12. 2. Vol.* Juvenis eo tempore & diligentis chirurgi opus, quod passim suis in nosocomiis adnotatis ornat. De DUHAMELII hypothesi fuse. Pro spiritibus animalibus. Pro potentia maternæ imaginationis. Se omnino semivitulos, semipueros vidisse. Circuitum sanguinis non esse ab oscillatione vasorum minorum. Menses per urinam manantes. BUFFONII totam hypothesin adoptat. Pro retina visus organo. Describit partum cyclopem, cordibus duobus.

In nonnullis exemplis ad finem operis agit de WHYTTII mecum exercita lite, ei viro faventior: In aliis hæc dissertatio omissa est, ejusque loco inserta relatio D. d'AUMONT, Professoris Valentini, de pueri lue venerea sanata lactis ope ex capra mulcti, quam hydrargyro inunxerant.

EJUSDEM *Dictionnaire raisonné d'anatomie & de physiologie* Paris 1766. 12. 2. Vol.* absque auctoris nomine. Anatomen ex WINSLOWO habet, nostra de par-

partibus ſenſibilibus & irritabilibus, de pullis, de oſſibus experimenta in compendium reduxit, phyſiologica addidit ex noſtris & ex Pariſinorum prælectionibus, chirurgica ſuis locis admiſcuit. Duram meningem ſenſu carere habet pro re demonſtrata. Glandulas coronæ glandis vidit, humoremque effluentem. Ex LEVRETO refert de fetu in ovario, de variis placentæ figuris. Chirurgus DEIDIER hominem ſubito periiſſe vidit, cui utrumque pectoris latus aperuerant. SUE de ligamentis uteri. Nigrum Aethiopum colorem utique elui poſſe. Puellam atretam per anum concepiſſe, cum ejus uterus intus in rectum inteſtinum aperiretur. Varietates corniculi ſphenoidei, arteriarum iliacarum; os ſeſamoides in muſculo glutæo minori. De placenta varia, bona.

J. GARNER, medici, *obſervations on* HUNTER'S *commentaries* Lond. 1762. 8.* Pro venis reſorbentibus rubris, & contra experimenta HUNTERI.

J. Pierre DAVID (generi *le* CATII) *recherches ſur la maniere d'agir de la ſaignée & les effets qu'elle produit relativement à la place où on la fait* Paris 1762. 12.* Sanguinem per venam inciſam minus celeriter moveri, quam per integram vult, contra omnem experimenti fidem. Nullam dari derivationem, nullam revulſionem. A vinculo ſanguinem in inferiorem venam cavam colligi, ſuperiorem vero evacuari; ſic oriri dimotionem. Hæc omnia neque experimentis factis, neque libris lectis.

EJ. *De lactis origine, augmento, decremento* in *verhandelingen der Holland. maatſchappy* T. VII. P. II. Lac augeri ſub finem graviditatis, quod compreſſum abdomen ſanguinem ſurſum repellat. Gallice prodiit Paris 1763. 12.* cum titulo, diſſ. *ſur ce qu'il convient de faire pour diminuer ou ſupprimer le lait des femmes.*

EJUSD. *Sur le mechaniſme de la reſpiration* Paris 1766. 12.* mirum opuſculum, quod in Academia ſoceri præmium meruit. Utique coſtarum intervalla reſpirando fieri longiora, & muſculos intercoſtales omnes eſſe exſpirationis organa, neque inſpirationem facere ſerratum magnum & ſupracoſtales. Alternas reſpirationis vires eſſe a preſſione & laxatione nervi phrenici. Sanguinem in pulmone refrigerari.

EJ. præſide LOUIS *de ſectione Cæſarea theſes anat. chir.* Pariſ. 1764. 4.

CHIROL *tableau de toutes les arteres du corps humain* Paris 1762. fol.* & *tableau de tous les muſcles du corps humain* ibid. eod. anno. Non icones ſunt, ſed anatome WINSLOWI in ſpeciem tabulæ diſpoſita.

EJ. *Lettre où l'on prouve la poſſibilité des naiſſances tardives, d'après la ſtructure & le mechaniſme de la matrice* Paris 1764. 8.* Cauſas ſerotini partus recenſet, inter eas uteri fibras duras, nimiſve tenſas.

§. MCCI. *Varii.*

Theophilus v. KLINGSTEDT *Memoires ſur les Samojedes & les Lapons* Königsberg (loci non expreſſi) 1762. 8.* Auctor Cl. KLINGSTEDT. Puellis Samojedis

mojedis mammæ areolam nigram esse, mammas semper molles, menses copiosos, pubertatem supra fidem præcocem.

In ARTHUR CONRADI ERNSTING *Beschreibung der Geschlechter der Pflanzen* Lemgow 1762. 4.* agitur etiam de ranarum generatione, & de generatione univoca & æquivoca, & comparatur propagatio plantarum cum animalium generatione.

Leberecht Ehregott SCHNEIDER, Chirurgi, *chirurgische Geschichte, mit theoretischen und practischen Anmerkungen* Chemniz 1762. 8.* Fusas in explicationes solet se diffundere, & partium adfectarum anatomicas descriptiones. A principio ZIMMERMANNUM & HEUERMANNUM, inventores ut putat, insensilis naturæ tendinum, cupide refutat.

P. II. a. 1763. 8.* vidit cutem in gelatinam resolvi.

T. III. a. 1765. 8.* Vix huc facit.

Juan Luis ROCHE *nuevas y raras observationes para prognosticar las crises per el pulso* . . . 1762. 4. SOLANI observationes collegit.

J. Baptistæ Ludovici CHOMEL *Essai historique sur la medecine en France* Paris 1762. 12.* magni operis prodromus. Librum cum titulo *recherches sur l'origine de la chirurgie* fuse refutat, & hactenus anatomen adtingit.

Marci v. PHELSUM *historia physica ascaridum* Leeuwaarden 1762. 8.* Caput, intestinum contractile, aliud in spiram circumductum, quod videtur esse ovi-ductus.

EJ. *Brief aan* HOUTTUYN Leeuwarden 1770. 8.* de ascaridibus.

EJ. in ORTESCHII *diario* Venetiis edito 1766. aliqua etiam de ascaridibus. Ova ex dextro latere fisso ascaridum prodiisse. Vasa mediæ cartilaginis epiphysium femoris ex superficie nata.

Antonii Cajetani PUIATI *della preservazione della salute de letterati* Venez. 1762. 8.* Fuse de perspiratione insensili, quam valde necessariam esse persuadetur. Eadem vasa ei humori patere & sudori. FONTANA & CALDANUS ei motum peristalticum intestinorum demonstrarunt. Aortam a pastu non comprimi.

BAUMÉ, chemicus & pharmacopola. Passim anatomen adtigit, aut certe physiologiam.

EJ. *Elémens de pharmacie theorique & pratique* Paris 1762. 8.* Ad animalium etiam producta. *Franciscum* ROUELLE non bonam dedisse mumiæ analysin &c. De mucilagine testæ, a qua ejus firmitas sit.

EJUSD. *Manuel de chymie* ib. 1765. 12.* Calorem putrefactionis pertinere ad fermentationem, quæ præcedat: ipsam putrefactionem calorem non facere. Putridas plantas utique dare ad ignem salem volatilem; cruciferas etiam absque putredine. Dari urinas, quæ syrupum violarum viridi colore tingant, alias quæ rubro: has qui reddunt, eos minus calculo obnoxias esse. De sacchare lactis fuse.

Ej. *Memoires sur les argilles* Paris 1770. 8.* De terra animali: vegetabilem esse terram, paulum mutatam.

Ej. WICHEDE *nieuw verhandelingen over de kramteele* Amsterd. 1762. nisi male legi.

J. C. *New theory of generation* London 1764. 8.* Post horam 48. cor vidit salire costasque pellucidas; hora 60. pulsum cordis apprime constitutum, & quæ exsistebant partes animalis perfectas, ut non egerent, nisi extensione.

§. MCCII. *Disputationes.*

J. NISSEN STORM *de rubro sanguinis colore* Hafniæ 1762. 4.* præside J. B. de BUCHWALD. Disputatio per experimenta nata. Utique, ad nostra cogitata, colorem rubrum sanguinis a ferro oriri. Nullum habitare in parte fibrosa ruborem. Analysis. Ruber color est in ratione roboris cordis. Ab aëris etiam contactu sanguinem rubere.

J. Heinrich KRONAUER, Helveti, dis. *de natura & compositione sanguinis humani* Argentor. 1762. 4.* Contra aërem elasticum. Ut serum de placenta sanguinea exsudet. Pro fibris sanguineis, eluto colore ex coagulo rubro paratis, parca copia, ad 12. grana ex 960. Crusta pleuritica in mera fila solvitur. Vera esse sanguinis elementa. Analysis. Sal ex carbone paratus, digestivo SYLVII similis.

Jos. Ludwig DORER *de saltatione* Argentor. 1762. 4.*

Georg Friederich STEINMEYER *de rubia tinctorum* Argentor. 1762. 4.* Ossa lente tingi in animale juniori, celeriter in vetulo, non vero periosteum.

Carl Warner CURTIUS scripsit Leidæ 1762. 4.* *Monstrum humanum cum infante gemellum.* Egregius libellus. Caput ad corpus adtractum, valde imperfectum, absque oculis, pene absque cerebro; intestino utrinque cæco, visceribus vix ullis: nullum cor, venæ nullæ.

Gottlob Sigmund SCHNEIDER *adversaria de pulsu* Leid. 1762. 4.*

Antonii RIDIGER *chemiæ universalis usus* Lips. 1762. 4.* Sanguinis analysis.

Joh. d'ARCET præside *Augustino* ROUX *E. omnes humores corporis, tum excrementitii, tum recrementitii, ex fermentatione producuntur* Paris 1762. 4.*

Cosma Augustin LEZURIER & MAIGRET *Ergo in triplici corporis cavitate diversus sanguinis motus* Paris. 1762. 4.* Olim anno 1732. prodierat *H. Theodori* BARON opus.

J. BAPTISTÆ CHOMEL, & non CAR. SALLIN & JOSEPH. PHILIP, opus est *Ergo præcipuum respirationis organorum diaphragma* Paris. 1762. 4.*

Spiritus Claudius Franciscus CALVET *de fluidi nervei secretione, natura & usu* Avignon 1762. 4. HE.

Joseph

Joseph GALTIER *de prognosi medica ex necrologiis eruenda* Monsp. 1762. 4.* Mortes infantum nuper natorum creberrimæ, ut plus dimidia parte intra mensem intereat.

§. MCCIII. *Diaria anni* 1763.

In *Philosophical Transactions Vol.* LIII. s. *commentariis* anni 1763. huc faciunt aliqua, ut *Andreæ Petri du* PONT insecti marini descriptio, quod ex genere est polypi, ejusque multicipitis.

In *Sw. Wet. Acad. Handlingar* T. 24. *David* SCHULZE describit fetum visceribus pectoris & abdominis nudis.

IDEM in T. 28. de fetu per novem menses in utero retento.

In diario *Journal de Medecine* 1763. T. XVIII. huc facit BRISEBARRE & DUVOLLIER de duobus fetubus duplici umbilico connatis, pedibus tantum tribus, intestinis confluentibus, unica absque ano vagina. Viscera abdominis duplicia.

CHAMBRY *la de* BOULAYE (puto *de la B.*) Ingens osseum concrementum in tuba dextra feminæ.

In T. XIX. *Philip* contra *Antonii* LOUIS diss. de suicidio. In strangulato homine pectus & venas superiores sanguine repleri. Mortis causam esse in defectu respirationis.

Respondit ib. D. LOUIS.

Du FOUR Fetus 160. dierum, sectione cæsarea detectus, sed vivus.

Memoires presentés à l'Acad. des Scienc. T. IV. Paris 1763. 4.* Ad anatomen. MARRIGUES de fetu, cui nullum cor, neque vasa majora.

WILLIAMSON de cornuum cervi delapsu, quem deficienti tribuit alimento.

MARCORELLE de hydrocephalo, in quo ossa membranacea facta.

La TOUR experimenta, ut definiret, num uno videamus oculo, num duobus. Negligenler visuras utroque nos oculo uti, unico quando accurate.

Hoc anno duo nova diaria, potissimum etiam medici argumenti, prodire ceperunt: *Medical musæum*, conpilatio, in qua & HAENII *difficultates* reperias, & nostras *responsiones*.

In T. II. anonymus ruborem sanguinis ab acore derivat.

D. Petrus ORTESCHI hoc eodem anno Venetiis diarium cepit edere, in quo libri quidem recensentur, multæ tamen etiam peculiares medicorum Italorum adnotationes reperiuntur.

Virgo 49. diebus alvo clausa vixit.

POLLAROLI, post usum internum hydrargyri hoc fluidum metallum in vena cava reperit.

Infans ante diem puber & menstruatus.

Vita J. DOMINICI SANTORINI.

Infans brachiis destitutus, ossibus cum studio descriptis.

Alius perampla in dorso macula.

Cl. WAGLER, ROEDERERI incisor, præmium Societatis nostræ R. meruit dissertatione de ossibus dealbandis, Societati oblata. Macerationis effectum juvari muria harengorum. Non novi alibi suas encheireses edidisse, nisi in *Göttingische Anzeigen* 1763. p. 1139.

In *Hanöv. Anzeigen* 1763. anatome submersæ feminæ. Spuma in pulmone. Epiglottis erecta.

In T. V. 1767. J. D. D. De coitu piscium; de hybrido pisce ex cyprino & pisce *Karausche* misto. Hirundinem aliquamdiu absque respiratione supervivere. De chamæleonte. De ciborum mutatione.

In T. VI. De refocillatione submersorum, strangulatorum. Sic in T. VII.

§. MCCIV. *Henricus Augustus* WRISBERG,

Professor & incisor Gottingensis. In conventu *R. Societatis* d. 15. Octob. hujus anni aliqua experimenta sua in animalculis ostendit, quæ vocant infusoria, præmiumque eo labore meruit.

Earum *observationum de animalculis infusoriis saturam quæ Societatis Regiæ præmium reportavit* edidit Gottingæ 1765. 8.* Animalcula dicit, caudis suis ad putrescens corpus connexa, ab eo se liberantia, & motu oscillatorio agitata, satis cæterum animalculorum seminalium similia; tum vesiculis facta, in quas putrida materies se resolvit, qualia & simplicia vidit, & composita. In summa putredine simplicia animalcula vidit motu tremulo oscillatorio agitata, numerosissima in perfecta putredine, ut ista ex moleculis sphæricis inorganicis paulatim motum concipiant. Alia illa majora, racemosa, globulis etiam 25. facta, tarde moveri visa sunt, & toto racemo moveri, & singulum seorsim, quasi rosulæ fierent ex vivis sphærulis. Vidit etiam polypos pedunculatos, pedunculum & extendentes & contrahentes, ore bifido, de corpore putrido natos, qui abscissi vermiculorum seminalium globosorum similes fierent, & celeriter in orbem agitarentur. Exstinctus animalculorum motus aqua adfusa renovatur. Suspicio de corde in animalculo microscopico conspecto. Ad crustam putrescentis liquoris animalcula cauda sua adhærescentia, ore bifido, cauda oblonga, se de crusta liberatura, natantia, novum de latere animal generatura. Vidit duo animalcula microscopica in unum coiisse. Acor animalcula occidit. Majus ovale animal in multa minora discedens; alia magno impetu in communem rempublicam nitentia. Polypi campaniformes, qui discissi in duo viventia animalia convaluerunt. Animalcula cauda bifida, puncto contractili, in unum coalescentia. Animalcula microscopica cum polypis in serie naturali continuari. Nunquam ovum se in his animalculis vidisse, neque ex ovo generari. Animalculi *trichuridis* fabrica, canalis alimentarius, circa cum convolutus, canalis spermaticus: suspicatur sexu distingui.

EJUSDEM

EJUSDEM *de respiratione prima, nervo phrenico, & calore animali* Gotting. 1763. 4.* Motum respiratorium a fetu nasci, non ab urgente aëre. Nervi phrenici tensionem nihil facere ad respirationem, neque evictam esse. Calorem animalem in cerebro oriri, cum ROEDERERO sentit.

EJUSDEM *Embryonis descriptio anatomica observationibus illustrata* Gottingæ 1764. 4.* disputatio recusa. Adnotationes sunt ex fetubus inmaturis sumtæ omnino quinque. Gelatina inter duas fetus membranas visa: icteri materni signa in fetu ipso in osse. Chorii facies villosa. ALBINI vesica & vasculum; id manifesto est arteria omphalomesenterica. Saccus gelatina plenus, inter duas fetus membranas positus, a chorio separabilis, multum adfinis allantoideæ aliorum auctorum membranæ. Alius fetus varie difformis, perbrevibus intestinis. Ter arteria umbilicalis unica visa. Pondera & mensuræ embryonum. Auricula dextra cordis in fetu 70. dierum corde major. Pulmo embryonis difficulter inflatur.

Opuscula ROEDERERI edidit, & de arte obstetricia opus, notulasque addidit suas. Lochiorum mensuræ.

Sic opuscula BRENDELII. Cum integra & clausa valvula EUSTACHII adnotat hiatum foraminis ovalis semper patulum reperiri, cum eo foramine perfecte clauso valvulam deletam conspici.

In *Nov. Comm. Vol.* II. Membrana pupillaris. Reperitur in omnibus quadrupedibus, optime conspicua versus finem mensis octavi. In animalibus etiam ante partum aboletur, vidit tamen tertio a partu die, & in puero trienni superstitem. Ejus vasa repleta.

Vol. III. de incrementis fetuum. Die 40. pondus embryoni fuit gr. 37, die 80 gr. 70, die 101 = 100, die 115 unciæ cum parte quarta, die 119 drachmarum 15, die 130 unc. sex. Die trigesimo aliquis in musculis motus apparuit. Semestres fetus respirarunt.

Vol. IV. Placenta clausa est, ut nullus hydrargyrus de injectis vasis exeat. Mensuræ funiculi a 22′ ad 18′; vidit tamen etiam 7 unc. & 48, tum crassum ad sescuncem & alium 2. unc. cum dimidia. Hæmorrhagiam fieri a vasis placentæ adnatæ ad cervicis superficiem inferiorem, ad ostium uteri. In chorion vasa placentæ subire. Placenta vesicularis.

Vol. V. Num variolæ in partibus corporis internis reperiantur. Non reperiuntur ultra fauces, neque in utero, viis urinæ, neque eo referenda sunt tubercula nonnulla passim visa.

A. 1776. prælegit de nervis duræ cerebri membranæ, quos nullos invenit, cum accuratissime inquireret.

§. MCCV. INCISORES *aliqui.*

J. MASON, chirurgi, *lectures upon the heart, the pleura, lungs, pericardium, aspera arteria, mediastinum, diaphragma.* Reading absque anno, sed anno no ut puto, 1763. 8.* Satis recte pleuram pulmonem utique contingere docet. Pleuritidem in pleura residere &c.

Carl Gottfried GELLER *manes Pinaani s. dilucidationes uberiores circa signa virginitatis atque perspicua hymenis illibati testimonia, observationibus & notis non vulgaribus adornata* Rostock 1763. 4.* Carunculas in virginibus illibatis statuit, quas putes esse fines columnarum vaginæ. Hymenem & integrum describit & semicorruptum.

Tr. de l'œconomie animale & des causes premieres des maladies, avec un recueil de diss. sur la maniere de traiter la petite verole par le D. T. Geneve 1763. 12.

§. MCCVI. *Varii.*

Caroli Abraham GERHARD M. D. *triga dissertationum physico-medicarum* Berol. 1763. 8.* Prima dissertatio est de irritabilitatis in pathologia dignitate. Diversam esse a vi sentiendi, ab elatere, ab adtractione; residere in glutine, a nervis non pendere; vitiose augeri & minui.

IDEM in *Mem. de l'Acad. de Berlin* 1772. de influxu electricitatis in corpus humanum agit. Accelerat exhalationem, pulsum elevat, replet, respirationem intendit, odorem habet phlogisti cum acore misti.

Josephi BAADER *observationes medicæ incisionibus cadaverum anatomicis illustratæ* Friburg Brisgow. 1763. 8.* Pathologicæ dissectiones. Dorsales nervos producere truncos crurales. Cerebri functiones in decussim ire. Hæmorrhoidarii veri & regulares rarissimi. Ex vena liquorem injectum in arteriam redire vidit.

Recueil de pieces de medecine & de physique traduites de COCCHI *& d'autres auteurs vivans* Paris 1763. 8. PONTONOI descriptio corporis humani. MANTELASSI pro superfetatione. D. G. J. de vi imaginationis.

AUGIER *du* FOT *de motu cordis* 1763. 12.

IDEM in l. *de morbo circa Laon epidemico*, pulsus numerat vaccæ & bovis, sani & ægroti.

D. Samuel CLOSSY *observations on some of the diseases of human body taken from the dissections of morbid bodies* London 1763. 8.* Duram meningem neque sentire, neque læsam symptomata facere. Appendix in colon illapsa.

WOUTER *van* LYS *genees en heelkondig œffeningen waar in de voornaamsten ziekten beschreeven worden* Middelburg 1763. 4.* Aliquam partium adfectarum anatomen addit.

ROBERT (num idem qui p. 521. 561.) *Recherches sur la nature & l'inoculation de la petite verole* Paris 1763. 12.* Ob theoriam *la* CAZII, quam adoptat. Motum humorum, fluxumque & refluxum, cellulosæ telæ tribuit.

EJ. *Traité des principaux objets de la medecine* Paris 1766. 12. 2.Vol.* Obscurus auctor & semi-STAHLIANUS, physiologiam ex adnotationibus indeterminatis mavult constituere, quam ex conspicuis phænomenis. Cellulosam te-

lam

lam corpus humanum bipartiri, peculiarem cuique medietati esse circuitum. Iterum ei telæ circuitum sanguinis tribuit. Confundit cum irritabilitate sentiendi facultatem. Pro parenchymate pugnat, in quod sanguis effundatur. Contra circuitum sanguinis & contra anatomen. Non distendi ramos laterales ligato arteriæ trunco.

In T. II. ventriculum animal esse, sibi vivere, suas habere cupiditates, etiam *caprices*. Duo magni districtus cellulosæ telæ, inter quos ventriculus jacet. Morbi vel cellulosam telam nimis reddunt irritabilem, vel ventriculum & diaphragma. Secando & urendo nihil de sensu partis alicujus definiri, & sensum posse inesse, ubi nihil ex punctione aciculæ sequitur. Cuique parti corporis suus sensus & sua voluptas est &c.

Christ. Wilhelm v. HEPPE *wohlbestellter Jäger* Regenspurg 1763. 8. Cervum cornutum vidit, in quo quatuor hinnuli, & mammæ lacte plenæ.

Martin Franc. BRUNNICHE, Theologi, *natürliche Historie des Eidervogels* Kopenhagen 1763. 8.* ex Danico vers.

EJ. *Ornithologia borealis* Hafniæ 1764. 8.*

EJ. *Entomologia* Hafn. 1764. 8.*

EJ. *Ichthyologia Massiliensis* Hafn. 1768. 8.* Passim aliqua physiologia.

EJ. *Fundamenta zoologica* Hafn. 1772. 8.* Organa animalium. Piscibus vesicam urinariam tribuit & diaphragma. Sensus. Physiologica varia.

FEDERIGO Com. ALTHAN *della somiglianza che passa tra il regno vegetabile ed animale* Venez. 1763. 8.* Vitam, somnum, semen, ova, in utrisque adfinitatem habere.

P. Paulus MARIA, Astensis, Capucinus, edidit *psychologiam, s. motuum animalium & reciprocorum machinæ animalis theoriam medicam, methodo inaudita* Venet. 1763. Scholasticum opus esse a gnaris viris audio.

EJ. *Arcanum impenetrabile de mutua necessitate animæ & corporis* ib. 1764. 4.

Lud. FAVRAT *aurea catena* HOMERI Francof. 1763. 8. cum suis notis.

Alberti VENTURI *de mellis origine & usu* Venez. 1763. 8.* Parvi momenti op. Germanice recusum inter commentarios Societatis Lusaticæ.

Videtur etiam scripsisse de corde humano, si idem est, quem modo diximus.

ALLEON *du* LAC *melanges d'histoire naturelle* Lyon 1763. 12. 2.Vol.* Varia fragmenta & dissertationes ad rem naturalem spectantes. Inter eas DESMARS de onisco ante mutatam cutem feminam ineunte CHARUET non esse oculos in cochleis, qui putantur. C. de TRESSAN lac coralliorum esse polypos.

EJ. T. III. IV. V. Lyon 1765. 12 2.Vol.* DUPATY de musculis, quos immobiles facit. Aethiopes albi, oculis debilibus, ex nigris nati (quorum moxmorbus videntur esse, a defectu muci nigri in oculo & in epidermide natus). Fabulosa varia. Infans hirsutus & robustus.

§. MCCVII. *Disputationes.*

Andreæ BONN *de continuationibus membranarum* Leid. 1763. 4.* bona disputatio, in thesauro SANDYFORTII recusa. De interna lamina duræ membranæ; putat eam in arachnoideam cerebri tunicam explicari, neque eum membranam perforari. Circulum WILLISII inter duas laminas piæ membranæ decurrere (sic omnia vasa). Subtilem laminam duræ meningis super glandulam pituitariam continuari, & infundibulum in vaginam suam recipere. Valvulas aliquas esse in sinu superiori, reperiri quæ sint arachnoideæ propagines, prope ingressum venarum cerebri in falcis sinum positæ.. Vasa ex dura meninge in piam excurrere, & vicissim.

EJ. *Oratio de simplicitate naturæ anatomicorum admiratione chirurgorum imitatione dignissima* Amsterdam 1772. 4.*

EJUSD. in T. IV. *verhandelingen der Zeeuwschen genootschap* T. IV. uterus retrorsum replicatus, vesica amplissima.

Jac. GASSER *de viribus naturæ humanæ actuosis* Leid. 1763. 4.*

Jacob KOELMANN *brevis conspectus virium naturæ humanæ medicatricium* Leid. 1763. 4.*

Cornelii YSERMANN *de vesica urinaria ejusque ulcere* Leid. 1763. 4.*

Joseph Liborius PUDELKO *de saliva* Wien 1763. 8. C. L.

Ger. Alb. NOORTWYCK *de organis respirationis & eorum usu* Leid. 1763. 4.*

Christian Eberhard KAPP *motum humorum in plantis cum motu humorum in animalibus comparat* Lips. 1763. 4.*

Gottlieb Sigmund SCHNEIDER *adversaria de pulsu* Lips. 1763. 4.*

J. Caspar HÖRMANN *de arteriarum flexuoso progressu* Lips. 1763. 4.*

Frid. Gebhard Theodor. GRUNER *de sanguinis mutata distributione ex ætatum vicissitudine* Hall. 1763. 4. C. L.

Adam Wilhelm FRANZEN *de auditu prolusio* Hall. 1763. 4.*

Anton. TRUHART *de organis humores præparantibus, stricte sic dictis* Jenæ 1763. 4.*

Timothei Christian Wilhelm OVERKAMP *Comm. in quæstionem an aër elasticus ope respirationis sanguini permisceatur* Greifswald. 1763. 4.*

Franc. Joseph Balthasar GOERING *de hymene* Argentor. 1763. 4.* cum historia hymenis integri, menses retinentis.

Johann KLEIN *casus rachitidis congenitæ observatæ in infante varie monstroso* Argentor. 1763. 4.* Ossa difformia, ureteres in rectum intestinum aperti, nulla vesica urinaria.

Alexii

Alexii PROTASSOW *de actione ventriculi in ingesta* Strasburg 1763. 4.*

Stephan. Petr. LELAUMIER & *la* COSTE *de fractura pollicis in manu* Paris 1763. 4.*

J. Bapt. Wilh. FERRANT *de encephalocele* Parif. 1763. 4.* præside Cl. SABATIER.

Petri SUE *de sectione Cæsarea* præside *le* VACHER Parif. 1763. 4.* Nepos videtur, de quo porro dicemus.

Petri du FOUART *de intumescentia partium* Parif. 1763. 4. præf. BORDENAVE.

Theodori BARON & *la* CASSAIGNE *Ergo quo manducantur accuratius, eo coquuntur perfectius alimenta* Parif. 1763. 4.*

Petri BERCHER & BARON *Ergo sua cuique idea in cerebro fibra* Parif. 1763. 4.

Fr. Joseph COLLET *Ergo junioribus connubium* præside *la* RIVIERE Parif. 1763. 4.*

Car. Lud. Franc. ANDRY *E. a motu & gravitate humorum secretiones diversæ.* Pr. BOYROT. Parif. 1763. 4.*

Joseph BERTHOLET *de venenatis Galliæ animalibus* Monfpel. 1763. 4.*

Antonii CAP *de* VILLA *physiologiæ, pathologiæ &c. quædam momenta* Valent. 1763 4.* Amici nostri compendium physiologiæ.

Gustavi CHRONANDRI *om lüftens förmöga at medelst blåsan utwigande lysta tynger* Abo 1763. 4.* physici argumenti, ut tamen ad hypothesin diu receptam faciat declarandam, quæ fibras musculorum vesiculares facit. Parvæ vesiculæ utique compendium virium faciunt.

Theodori BLAND *de coctione animalium in ventriculo* Edinburgh 1763. 8.* Experimenta facta tum cibis de ventriculo humano rejectis, tum de cuniculi stomacho. Nullum unquam aëris vestigium vidit. Caro cum saliva absque fermentatione computruit. Contenta ventriculi neque cæruleos liquores tinxerunt, neque cum acido efferbuerunt, neque cum sale lixivo. Sic succus ventriculi cuniculi.

§. MCCVIII. *Eduardus* SANDYFORT.

Vir Cl. disputavit Leidæ 1763. 4.* *de pelvi ejusque in partu dilatatione*, quam paulatim ab adfluente muco præparari, & demum locum habere, etiam exemplo producto confirmat.

IDEM edidit *thesaurum dissertationum, programmatum & disputationum selectissimarum*, quorum T. I. prodiit Roterdam 1768. 4.* T. II. ibid. 1769. 4.* Bonæ diff., etiam anatomicæ hic reperiuntur, tum programmata HUBERI, COTUNNI duo libelli, alia; & recensiones a Cl. Autore præmissæ.

IDEM ab anno 1766. 4. diarium edere cepit, quo libros novos recenset. Titulum fecit, *natuur en geneeskondige Bibliothek.* Adspergit suas passim adnotationes, etiam rerum visarum exempla; ut in T. II. DINKLERI de corde pueri nuper nati de pectore pendulo, absque sterno & pericardio, deque ejus cordis motu. Colorem non mutabat. Arteriarum motus nullus erat, auris sinistra minor &c.

In T. III. connatæ puellæ abdomine male clauso, hepatibus duobus, corde unico, communi utrique fetui umbilicali funiculo, ut omnino ejusmodi fabrica casu nasci non potuerit.

In *Nov. E. N. C. Vol.* IV. *obs.* 33. dixit de partu monstroso, ut in majoris puelli corpus alterius minoris anteriora intrusa viderentur.

In *Act. Helvetico* T. VII. Fetum describit abdomine aperto, corde propendente.

EJ. *De circumspecto cadaverum examine optimo practicæ medicinæ adminiculo* Leid. 1772. 4.* Nullum esse aerem pleuram inter & pulmonem. Ridicule adhæsionem duræ membranæ cerebri ad calvariam pro morborum causa haberi.

Degli atti dell' Academia delle scienze di Siena detta de fisico critichi Siena 1763. 4.*

CL. MANCINI ab irritatis in vulnerato meningibus nullum sensum cieri reperit.

§. MCCIX. *Diaria anni* 1764.

In *Philos. Trans. Vol.* LIV. anni 1764.

Johann. HADLEY de mumia Aegyptia male tractata, calida pice unice perfusa.

WOLFE de coccinella Polonica, ad radices fragariæ & potentillæ argenteæ deposita. Pergit in eo argumento in *Vol.* LVI. Ipse hæc animalcula aluerat.

Jacob JOHNSTON de utilitate gangliorum. Nervos imperio animæ per ganglia subduci.

EJUSD. De fetu, cujus cranium & cerebrum imperfectum erat.

IDEM in *Philos. Transact. Vol.* LX. per experimenta confirmat, iridis motum nihil pati a nervorum irritatione.

EJUSD. *Essay on the use of the ganglions of the nerves* Shrewsbury 1771. 8.* Ganglia interrumpere actionem voluntatis, & eos nervos de animæ satellitio excludi, qui ganglia subeunt. Iterum nervos cordis, & ipsam medullam spinalem, irritatione sua nihil in motu cordis mutare. Cor vacuatum extemplo de motu desistere. Motum ab irritatione nasci visum a DEO proficisci. Ganglia posse etiam pro inferioribus nervorum originibus, & quasi cerebris haberi, medullam enim continere & corticalem substantiam.

In *Mem. de l'Acad. des Scienc.* 1764. D. TILLET & DUHAMEL de maximo gradu caloris retulerunt, quem homo ferre potest. Furnariæ puellæ in 112. gradu

gradu REAUM, integro quadrante horæ vivunt; in calore adeo fere 20. gradibus majori, quam est aquæ serventis.

In *Journ. des Savans* 1764. Mira illa *le* ROYER *de la* SAUVAGERE historia terræ, in qua conchæ & aliæ testæ sponte nascuntur & se reparant.

In *Swensk. Wetensk. Acad. Handl.* 1764.

ARVID FAXE de vetulis lactantibus.

In diario *Journal de Medecine* T. XX. BOURGEOIS vitulus capite unico, duobus corporibus, ex pelvi fissis, partibus abdominis duplicibus, ventriculo & intestino simplici, duobus cordibus, cerebro simplici, medulla oblongata fissa.

Homo uno oculo presbyops, myops altero.

Chirurgus nomine CUCHET de fetu bicorporeo unicipite.

SAULQUIN puella absque lingua loquens & deglutiens.

T. XXI. LAUNAI HAMET infans duplex ab umbilico divisus, duabus linguis, duobus intestinis.

D. BONTE' contra *la* CAZII hypothesin de mensium origine.

In T. III. *Medici Musæi* epistola B. CONNOR, in qua spiritus facit aëreos.

De lacte dissertatio.

In *Petri* ORTESCHI diario, anno 1764.

Juvenis odore styracis.

Pro fetu legitimo quarti & decimi mensis.

Agnus ex duobus connatus.

Catellus organis deglutitionis corruptis, ut animalculum per umbilicum nutrimentum cepisse necesse sit.

Vincentius PASQUINELLI, Chirurgus Venetus, tendinem Achillis absque ægri dolore consuit.

Legitur etiam ibi de D. GREGOIRE prælectione in Academia Burdigalensi a. 1764. habita *sur l'irritabilité & la sensibilité.* Pro nostra sententia. Irritabilem naturam in musculis residere, in nervis sensum.

In *Gazette litteraire* iniqua in nostram physiologiam censura, chemici ut videtur hominis. Lectionem multiplicem carpit, quæ in ejusmodi opere primo loco requiritur.

Thom. SOUTHWELL *medical essays and observations being an abridgment of the medical papers in the R. Academy of Paris* London 1764. 4. Vol.

§. MCCX. *Johannes le* BAS,

Chirurgus, magnæ litis auctor fuit, plurimos per libellos in Gallia agitatæ. Edidit Parif. 1764. 8.* *Question importante; Peut-on determiner le tems de l'accouchement?* Occafionem dedit femina, quæ pene anno a mariti morte elapfo demum pepererat. Collectionem dat monftrorum & partuum ferotinorum, & fetuum induratorum, qui diu in materno utero retenti fuerunt. Cæterum limites temporis partus laxat, & ferotinos fetus recipit, adftipulantibus FERRENIO & TENONIO.

Cum *Antonius* LOUIS in hunc libellum fcripfiffet, refpondit nofter in *nouvelles obfervations fur les naiffances tardives* Paris 1765. 8.* Princeps teftimonium eft obftetricis REFFATIN, pro partu undecimeftri dictum, & fubjecta eft in eumdem fenfum *confultatio*, cujus princeps fubfcriptor eft *Antonius* PETIT. Seorfim etiam in *Journ. œcon.* Febr. 1765. hæc diff. prodiit. Partum effe a diminuta extenfili natura in aliqua uteri parte.

EJ. *Lettre à M.* BOUVART *au fujet de fa derniere confultation* Amfterdam (potius Paris) 1765. 8.* Afpera refponfio.

EJ. *Replique a un ouvrage de M.* BOUVART Paris 1767. 8.* Convitia.

EJ. & THEVENON funt *de fractura femoris thefes an. & chir.* Parif. 1764. 4.*

§. MCCXI. *David* MACBRIDE. *Alii.*

Chirurgi Dublinenfis, nunc medicinæ doctoris, *experimental effays on the fermentation of alimentary mixtures; on the nature and proprieties of fixed air: on the refpective power and manner of acting of the different kinds of antifeptiks: on the fcurvy, and a new method to cure the fame at fea, on the diffolvent power of quik lime* London 1764. 8.* Germanice vertente Cl. RAHNIO, Tiguri 1765. 8.* & Gallice vertente D. ABBADIE Paris 1766. 12. Salivam & fuccum etiam putridum animalium, carnium fermentationem & acefcentiam non morari. Etiam in homine contenta ventriculi fermentari. De aëre fixo: fufe, qui ex corporibus diffolutis feparetur, & idem in corpora redire poffit, quæ aëre egent. Fermentationem alimentorum bilis ciet. Aër ex fervore falium natus animalia occidit. Dari in fuccis noftris aërem elafticum. In fpatio inani corpora putrefcere; ab aëre putredinem impediri: fanguinem putridum cum acido fale fervere, non ita bilem, etiam putridam. Acor carnem a putredine fervat, tum fal alcalinus volatilis, & magis adhuc fal medius, potentiffime tamen acor vitriolicus. Putredo jam nata ab acore fuperatur. Vapor, de fermentantibus corporibus adfcendens, impedit putredinem, tum cortex Peruvianus, etiam in bile; nihil vero potentius ferventibus corporibus, aut in fermentatione conftitutis. In chylo fermentationis initium effe. Aër fixus abundat in globulis fanguineis, in lacte.

EJ. *Introduction to the theory and practice of phyfik* Lond. 1772. 4.* Brevis phyfiologia. Partes inorganicæ, confufæ, ex fucco concreto natæ: partes orga-

organicæ, cellulosæ, vasa, nervi. Partes neque nervis præditæ, neque fibris musculosis, inter illas cellulosa tela. Globulum rubrum non conponi ex sex globulis: probabile videri sanguinis ruborem a ferro esse. Lympha coagulabilis, & serum pariter coagulabile, sed a lympha diversum. Irritabilitas princeps potestas animalis, & causa circuitus sanguinis. Irritabilitas cordis major. Vis arteriarum contractilis & elastica, & musculosa. Temperamenta nata ex compositione roboris & irritabilitatis.

Fasciculus dissertationum anatomico-medicarum Amsterdam 1764. 8. MADAI ovum fecundatum. BOEHMERI urachus, & confluxus trium venarum cavarum. THEMEL de fetus nutritione.

Urban Nathanael BELZ *dissertation sur le son & sur l'ouie, qui a remporté le prix proposé par l'Acad. R. des Sciences de Prusse* Berlin 1764. 4.* Ipsa dissertatio Germanice scripta est. Ossicula auditus tympani membranam tantum suspensam tenere. Discrimen nervorum cerebelli vitalium admittit. Musculos mallei tres mechanice agere, incitatos a motu membranæ tympani impresso. Ad sonos profundos eam membranam tremere.

Christ. Ern. ENDTER *das hundertjährige Alter, welches etliche, die noch am Leben sind, glücklich zurück gelegt haben* Frankf. 1764. 8.*

Chiromantia, nebst der Geomantia und Physiognomie, nebst einem Traumbuch Koppenhagen 1764. 8. 2.Vol.

Christ. WEBER *observationum medicarum fasciculus* I. 1764. 8.* II. 1765. 8.* Pluscula huc faciunt. In suspenso homine pulmones & ventriculus cordis dexter pleni, sinister inanis. In tænia canalis totam longitudinem animalis utrinque metiens, cum transversis communicationibus. Sudor in lethargo acris & urinosus. Submersus ore perfecte clauso, pulmone & ventriculo sine aqua.

Charles COLIGNON *inquiry into the structure of human body relative to its influence on the morals of mankind* Cambridge 1764. 1765. 8.* Ita scribit.

In *Phil Transf.* LXII. de cadavere incorrupto a temporibus HENRICI IV. Ipsum diaphragma conservatum.

Lud. BARBIERI scripsit *de ratione unionis animæ cum corpore* in Tom. XXVI. *opusc.* CALOIERAE. Motus bestiarum a DEO esse, in relatione ad animas possibiles non exsistentes, quæ, si in brutis fuissent, ejusmodi motus edidissent.

IDEM contra adversarium se tuitus est in *lettera al S. Nicol.* BEREGAN *sull esame del l. sopra l'anima delle bestie* Vicenza 1764. 8. SMITH.

Discorso sopra l'irritabilita Firenz. 1764. 8.

MAUGER *de* S. MARC Diss. *sur la population & l'age des poissons* Paris 1764. 12.

Discours sur l'utilité de l'Anatomie 1764. 8.

Quid est RIOLAN *von Erzeugung des Menschen* 1764. 8. C. Lips.

§. MCCXII.

§. MCCXII. *Ferdinandus* MARTINI.

Chirurgus, vir excitati ingenii, sibique credentis, *chirurgische Streitschriften, welche unter dem Vorsitze Herrn Prof.* HENNINGS *im K. Hörsaale der Wundärzte zu Koppenhagen aufgesetzt sind* Koppenhagen 1764. 8.* De callo: ex cerebro absque ope periostei prodire. Ventriculos cerebri non communicare. In tendinibus obtusum sensum se percepisse, neque eorum vulnera periculum habere, sed acri unguento in tendine insensili sensum tamen natum esse, (divulsis fibris tendinis, & vicinis forte nervis adrosis). Symptomata tendinibus imputata, aut periosteo, esse a nervis.

EJ. *Ein Duzend Beobachtungen, welche das Gehirn betreffen* ib. 1768. 8.*

EJ. *Zweytes Duzend* ib.

EJ. *Spuhren zum Begriffe von der Erschütterung des Gehirns* ib. 1764. 8.* Ovalem capitis figuram mutari, ita cerebrum comprimi, inane spatium oriri inter cranium & cerebrum; in id spatium sanguinem ab aëris pondere compelli, vasa sanguinea repleri, etiam lacerari, &c.

EJ. *Untersuchung der Frage, ob ausgetretenes Blut wieder aufgenommen werden könne* ib. 1770. 8.* Negat, nisi sanguis prius in tenuem humorem resolutus sit, quæ equidem communis est sententia.

EJ. *Versuche und Erfahrungen über die Empfindlichkeit der Sehnen* ib. 1770. 8.* Per experimenta in homine ipsi constitit, tendines in sano homine sensu destitui, in morbis tamen acria unguenta sentire, (vicinos nervos irritantia).

§. MCCXIII. *Varii.*

Medicus veri amator ad Apollineæ artis alumnos Moscau 1764. 8.* Auctor D. *le* CLERC. Videtur opus ex majori opere decerptum. Plusculi sunt tractatus: inter eos de calore corporis humani: de perspiratione, de humoribus.

EJ. *Histoire naturelle de l'homme consideré dans l'etat de maladie, où la medecine rendue a sa premiere simplicité* Paris 1767. 8. 2. Vol.* De partibus solidis & fluidis corporis humani in universum, & de temperamentis vulgaribus. Nullam partem corporis humani pauciores, quam cor, nervos habere. De lacte vaccæ per aptum pabulum medicato. Rubor sanguinis ab acido aëreo.

Jani REGHELLINI *osservazioni sopra alcuni casi rari medici e chirurgici* Venez. 1764 4.* Huc refero mirum morbum unguium & cornuum de glande virili nascentium, quæ subinde necesse esset resecare.

J. Frid. ZÜCKERT *medicinische und moralische Abhandlung von den Leidenschaften* Berlin 1764. 8.* Adfectus animi eorumque remedia etiam a medicina sumta, utilitas ad emovendos homines, temperamenta.

In *materia alimentaria* habet aliqua ad historiam digestionis.

In *Nov. Act. Nat. Cur. Vol.* III. *obs.* 99. de insomniis ut signo.

In

In Cl. ENZ (puto ENS) *morbo boum Ostervicensi* Petropoli 1764. 4. alias etiam excuso, describuntur ventriculi pecoris.

P. ANDRE' *tr. de l'homme selon les differentes merveilles qui le composent* Iverdon 1764. 12. 2.Vol.* Physiologia vaga & præteriti seculi.

Ontleed en heelkondige verhandeling over den ontwrigten voet Utrecht 1764. 8.* auctoribus chirurgis, qui in societatem coaluerunt. Anatome pedis, fere ex WINSLOWO.

Radulph BIGLAND *observations on mariages baptisms and burials in parochial registers* London 1764. 4.* Ad vitia fastorum emortualium Anglicorum.

Dictionnaire portatif de medecine, d'anatomie, de chirurgie &c. par Jean Fr. LAVOISIEN Paris 1764. 8. 2.Vol.

TAILLIER M. D. *le grand age depend il d'un genre de vie conforme aux regles de la physique & de la morale* Pont. à Mousson 1764. 4. Disputationem inaug. esse lego.

A compleat dictionary of arts and sciences London 1764. fol.* Medicæ scriptor est *Thomas* WILLIAMS, quæ valde vitiosa est. *Botale foramen* pro *passage of botal.*

Friderici v. GLEICHEN, genannt RUSWURM, *das neueste aus dem Reiche der Pflanzen, oder microscopische Versuche und Beobachtungen* Nürnberg 1764. fol.* Passim aliqua huc spectant. BUFFONII errores natos esse ex usu microscopii compositi, ubi simplici uti oportuerat. Intercurrunt aliquæ insectorum contemplationes. Musculus spiralis in crure muscæ post mortem agitatus. Animalcula infusoria longe caudata. Pollinem staminum mobilem fieri, & in animalcula mutari microscopica. Perire animalcula infusoria, quando muria adfunditur, suscitari a spiritu vini. Perire etiam, quando animalcula ex cannabi nata cum iis miscentur, quæ ex secali gignuntur. Pro hybride eruca. Vaccæ caput cornubus cervo simile.

Præfationem addidit ILL. SCHMIEDEL, & aliqua in vermiculos spermaticos, inque meas microscopicas adnotationes dixit.

EJUSD. *Versuch der Geschichte der Blatläuse, und Blatläusefresser* Nürnberg 1770. 4.* Aphides absque alis pariunt alatas nymphas, plenas fetubus, quos etiam in vesiculis uteri absque venere pariunt: sic mater interit, aphides juniores avolant.

Antonii MICHIELI *delle febbre e tratt. anatomico teoretico pratico* Udine 1764. 4.* Multa collectanea anatomica, etiam cum iconibus decerpta. Multa ex BOERHAAVII prælectionibus, aliqua ex commentariis. Magna pars physiologiæ de corde, nervis, spiritibus, nutritione; de sex rebus non naturalibus.

J. BELGRADO *delle sensazioni del calore e del freddo* Parm. 1764. 4.* Sæpe differre sensus testimonia a thermometri indiciis. Calor humanus est 32. grad. REAUM. sed homo multo majorem gradum fert.

§. MCCXIV. *Matthias* SAXTORPH.

Celebris vir obstetricius. Scripsit a. 1764. *Erfaringar om den fuldstændige fødseln* Koppenhagen, Germanice versa cum titulo, *Erfahrungen, die vollständige Geburt betreffend* 1766. 8.*, male omissa tabula, in qua S. mutationem capitis in pelvi progredientis accurate repræsentabat. Totum suæ collectioni PLENKIUS inseruit, auctore non nominato. Cæterum describitur hic graviditas, partus. Anatome corporis gravidi, pelvis, uteri, fetus. Musculi abdominis. Phænomena partus recensentur, ut procedat in partum fetus, ut caput mutetur, & uterus a partu. Exclusio placentæ.

EJ. Disp. *de partu diverso* Pr. *Christ. Joh.* BERGER Coppenhagen 1771. (1774. B. Chir.) 8.* Parisiis & Vindobonæ optimis magistris usus est & sua manu, & maturiorem hic certe disputationem dat inauguralem, quam facile alias reperias. Partus via, quam fetus debet procurare. Mutatio capitis in angusto itinere necessaria. In superiori aditu caput debet transversum poni, ut sutura sagittalis in obliqua linea sit, quæ a conjunctione ossis sacri cum osse ilium ad conjunctionem ossium pubis ducitur; & quæ maxima est inter aditus pelvis. Pelvis nimis ampla periculo plenissima est. Ossa pubis & pelvis omnino in partu nonnunquam discedere, ut mater ne quidem gradi possit. Durus partus ex fonte pulsatili præmature clauso. Reliqua practica.

In *Collectan. med. Hafn.* describit duo septa funiculi &c.

§. MCCXV. *Disputationes.*

J. Lud. FRANK *de liquore amnii* Gotting. 1764. 4.* De hujus humoris origine; resorberi eum & per os & per cutem, & alere. Aquæ spuriæ ex hydrope uteri aut secundarum proveniunt.

Marci Christiani Caji DAME *dijudicatio placida objectionum, quæ contra theoriam originem caloris ex adtritu deducentem adferuntur* Gotting. 1764. 4.* In HAENIUM, ROEDERERUM, STEVENSONIUM. Celeritatem frictionis, in vasto per quem peragitur campo, calorem producere posse. HAENIUM varias pulsus conditiones objecisse &c.

Isaac du BOIS HOOLEWERF *corpus humanum διαπνοηκον in statu sano & morboso* Utrecht 1764. 4.* In febre acuta sal albus in facie visus: & sudor sanguineus.

Gabriel ZAGONI *de inventis hujus seculi in arte salutari novis* Leid. 1764. 4.* Inventa anatomica nupera. Nervus sympathicus magnus integre erutus, repletio villorum intestinorum LIEBERKUHNIANA; irritabilitas & insensibilitas constituta.

Michael BALOG SOOS *osteogenia humana* Leid. 1764. 4.* Pleuræ pulmo contiguus. Animalcula vidit seminalia.

J. LUCAS diss. *de nutritione* Leid. 1764. 4.*

YOUNG

YOUNG PRIME *de fluxu muliebri menstruo* Leid. 1764. 4.

J. SIMS *de temperie feminea atque morbis inde oriundis* Leid. 1764. 4. SANDYF.*

EJ *Discourse on the best method of presenting medical inquiries* Lond. 1774. 8. Asperum scriptum in dogmaticos, mechanicos, BOERHAAVIUM, experimenta in vivis animalibus capta.

P. GENEVRAI *de synchronismo cordis* Leid. 1764. 4. SANDYF.

Petri v. NOEMER *de fabrica omenti* Leid. 1764. 4.*

Alexander Bernurd KÖLPIN *de fetus & adulti differentia* Greifsw. 1764. 4.*

Et *de structura mammarum sexus sequioris* ib. 1765. 4.* Ad WALTERI injectiones canales lactiferi delineati. Papillam irritatam non erigi. Vasa lymphatica mammæ in venas subclavias inserta.

EJ. progr. *de Deo per formationem ossium cognoscendo* Greifsw. absque anno.

EJ. in *K. Swensk Wetensk. Acad.* T. XXXI. est accuratior incisio piscis gladii. Valvulæ venosæ cordis arteriosarum similes. Appendices cæcæ ad anum. Ventriculus succenturiatus f. appendicum cæcarum fasciculus.

J. Frid. ISENFLAMM *de tunica cellulosa* Erlang. 1764. 4.*

EJ. *De rotatione femoris* Erlang. 1765. 4.*

EJ. & SELIG *de odoribus* 1766. 4.

EJ. *De musculorum varietate* R. A. HAMMER. Erlang. 1765. 4.*

EJ. *De vasis nervorum* Erlang. 1768. 4.*

EJ. *Versuch einiger practischen Anmerkungen über die Nerven* Erlang. 1774. 8.* Influxus irritabilitatis in universam vitam. Anatome nervorum. Sedes animæ. Sentiendi facultatem cum irritabilitate proxime conjungi. In ultima fila nervosa vasa rubra penetrare. Medullam nerveam posse musculosis fibris irritabilitatem impertire. Duarum partium corporis humani valde vicinarum sensationes non distingui. In paralysi vagina nervi ischiadici pituita plena. Læsam medullam spinalem nihil in sensatione mutare. Nervos non tensos esse.

EJ. *De diverso pathematum animi in corpus humanum imperio* Erlang. 1774. 4.*

EJ. *Epicrises de difficili in anatomicas observationes epicrisi*, quinque omnino; prima anni 1771. Earum aliquæ anatomica continent, respondentes vero auctores inscribuntur. Ossa emollita. Opticorum nervorum alter corruptus adusque conjunctionem cum nervo sodali, alter integerrimus. Arteria brachialis in humero divisa. Nullum ganglion thyreoideum. Ossa pelvis mobilia. Recurrentes arteriæ brachii; putes esse respondentis MEYER.

J. Theoph. DIETRICH, præside SIEGWARTO, *Theses etiam physiologicas* Tubing. 1764. 4.* Arterias esse cylindricas.

J. Car. BRETSCHNEIDER *an fœtus in utero materno per os nutriatur* Pragæ 1764. 4.* Negat.

Francisci MITTERBACHER *de secretione urinæ feminarum hystericarum, & de ea ut signo adfectionum hystericarum* Prag. 1764 8. C. L.

Henrich Palmatius LEVELING, Prof. nunc Ingolstadiensis, *pylorus anatomico physiologice consideratus* Argent. 1764. 4.* Nulla vera esse ventriculi ligamenta. Fibras carneas esse, quæ congestæ valvulam pylori faciant. Eas cum fibris duodeni anularibus conjungi. Fortiter ab iis digitum in vivo animale comprimi. Irritabilitas non est a nervis. Folliculi ventriculi. Bona disputatio.

EJ. *Disquisitio crustæ inflammatoriæ ejusque mire variantium phænomenorum* Ingolstatt 1772. 4.* In sanguine utique dari fibras, ex quibus crusta coriacea suas per causas consistat.

EJ. *De carie cranii militis quondam venerei &c.* Ingolstatt 1774. 4.* Accurate ad nova ossis incrementa. De ossium formatione fuse.

J. Henr. GARMSEN *de concoctione ciborum in ventriculo.* Præside LODBERG FRIIS *Hafn.* 1764, alii 1765.

IDEM & MAYER *exploratio obstetricum* Hafn. 1764. Habet anatomica & pelvis mensuras.

Fr. Guil. le VACHER & DES NOUES *de læsione aponevrosium theses anatomico-chirurgicæ* Paris. 1764. 4.*

Edmund Claud. BOURRU & PR. *la* CASSAIGNE *E. pili plantæ* Paris 1764. 4.*

Ludov. Claud. GUILBERT & PORTIER *E. Sua est cuique ætati propria evacuatio* Paris. 1764. 4.*

Joseph. Philipp. & CEZAN *E. corporis balsamum bilis* Paris. 1764. 4.*

Andreas Blasius PELEE *de* VALONCOURT & *Pr.* QUERENET *E. nutritio est fluidorum duntaxat reparatio* Paris. 1764. 4.*

Gabriel le PREUX & Pr. *J. B. Alex.* MAIGRET *E. spiritus animalis ut & sanguis, motu gaudet circulatorio* Paris. 1764. 4.*

Ant. B. Maclov. GRENET Pr. BOULLAND, *E. vis pulmonum quoad sanguinis adtritum non major, quam cæterarum in eundem effectum corporis partium conspiratio* Paris. 1764. 4.* Pulmonum soliditas ad soliditatem corporis est ut 1. 6. Multo plures aortæ rami & plures divisiones.

Stanislas MITTIE' & D'ARCET *E. a gangliis nervi intercostalis partium omnium consensus* Paris. 1764. 4.*

J. Nicolai

J. Nicolai LAMBLOT & Pr. BORDENAVE *de vesicæ paracenthesi theses anat. chirurgicæ* Parif. 1764.

J. Baptista Montec. FRAIRIOT *de viribus vitalibus* Monfpel. 1764. 4.* Calculi ad motum cordis: ponit mire parvos, ut vires cordis contractiles ad vires in quiete exercitas tantum fint ut 2085 ad 2058. Saltum ad 7 pedes ex arteria, ex vena quinque pollicum æftimat. Vim fanguinis venofi in fano homine inque ægroto effe $= \frac{1}{12}$ vis fanguinis arteriofi.

J. B. Nicolai BOUGE *de fingultu* Monfpel. 1764. 4.*

Lucas SICHI, Chirurgus, *de irritabilitate & fenfibilitate* Pifis 1764. 4.* Cor in cane bene inanitum utique quieviffe, & ad motum rediiffe, cum ex vena fanguis in idem derivaretur. Nullum in hominis periofteo, inque ejus tendine, neque in tendine Achillis trium canum fenfum fuiffe.

In diario P. ORTESCHI officulum auditus rarius in fine manubrii mallei.

In *J. P. Mariæ* DANA & *Caroli Ludovici* BELLARDI Turin 1764. 4.* inque *univerfis thefibus inauguralibus* Taurinenfibus, aliqua funt anatomici argumenti.

J. Gottlob HAASE *de icone fœtus* Lipf. 1764. 4.* Hepar permagnum &c.

EJ. *Comparatio clavicularum animantium brutorum cum hominis* ib. 1766. 4.*

EJ. *De fabrica cartilaginum* ib. 1767. 4.* Maceratione ufus eft. Fieri aut ex cellulofa tela ftipata, aut ex ligamento, aut ex utroque. Poros cellulas unguine plenas in laryngis cartilaginibus reperiri. Fibras cartilaginum HUNTERIANAS vidit.

EJ. *De gangliis nervorum* ib. 1772. 4.* Ex compreffione cerebri convulfiones. Cellulofa tela laxa, denfa, vafa Nervi videntur laxari & a fe invicem recedere, intervallum cellulofa tela repleri, unde ganglii potior moles. Non facta effe ut nervos uniant.

EJ. *Experimenta anatomica ad nutritionem unguium declarandam capta* ibid. 1774. 4.

J. GOULD *de rheumatifmo* Edinburgh 1764. 8.* Ligamenta rotunda carpi & genu parum acute fentire.

Max. GARTSHORE *de papaveris ufu in parturientibus & puerperis* Edinburgh 1764. 8.* Opium calefecit in experimento proprio, fudorem pellit & tamen fenfum minuit. Multo ufu alvum induravit. Parturientium dolores incitat, uterum relaxat.

§. MCCXVI. *Diaria anni 1765.*

In *Mém. de l'Acad. des Sciences* 1765. d'ARCY de duratione fenfationum objectorum viforiorum.

RIGAULT de ſcolopendris marinis lucentibus.

In *K. Swenſk. Wetenſk. Handlingar* ſ. *Vol.* XXVI. n. 3. *Mich.* GRUBB & *Pet. Joh.* BERGIUS de teredine marina dentibus quaſi aureis.

N. 4. *Alexander Michael von* STRUSSENFELD de holothurii ſpecie, ore, gula, cornubus polypo ſimilibus, ſed vero prædita ventriculo, veſicula in œſophagum aperta, & adipe.

Tiburtius TIBURTIUS de oſſibus giganteis in Wreta Kloſter adſervatis, hic, & a. 1766.

Der K. u. Ch. Braunſchweig-Lüneburgiſchen Geſellſchaft Nachrichten von Verbeſſerung der Landwirthſchaft und des Gewerbes. Erſte Sammlung Zell. 1765. 8.* 1766 8.* Paſſim aliqua ad animalium hiſtoriam pertinentia. Nihil ab exoticis arietibus ſperatur, cum oves in nativam indolem redire feſtinent. Equorum cura; admiſſarii, venus, cura pulli. Vaccarum cura, partus. In mulo magnitudo eſt a matre. Equa in venerem pruriens per vulvam mucum album emittit. Pullus alterutri parenti ſimilis eſt, aut utrique. Si diverſo in climate nati fuerint, prævalet parens climatis æſtuoſioris. Dantur notæ familiæ communes.

In *verhandelingen der Holland. maatſchappy* T. VIII. P. I. II. varia Cl. van GEUNS.

Cl. HUSSEM, Chirurgus, Tripoli vidit chamæleontis phænomena. Nulla certa in his decolorationibus eſt ratio, neque colorem induit corporis, cui incumbit.

In *Journal de Medecine* T. XXII. ſ. 1765.

CAESTRYK de viro menſtruis intervallis ſanguinem per nares fundente.

Obſtetricis REFFATIN relatio de fetu undecimeſtri, ſatis probabili.

Cl. LUCANO peritonæum inſenſile reperit, ROUVEYRE duram meningem.

Pars inſignis inteſtini de ano deceſſit.

Motus in cadavere ſuperſtes eſt ab aeris in tela celluloſa expanſione.

T. XXIII. BONAMY de puella abſque lingua loquente.

RENAUD de fetu, cui deficiebant tegumenta capitis & colli, ut nulla eo loco medulla ſpinalis ſupereſſet.

THOMAS de capite & oculis tæniæ.

MARTIN de oſſium pubis diſceſſu.

IDEM exemplum adducit claviculæ nimis curtæ, neque ſternum adtingentis.

Schriften der Drontheimiſchen Geſellſchaft Koppenhagen 1765. 8. T. I. II. Hæc ſocietas, excitante animos epiſcopo J. E. GUNNERO, animalium rariorum & pene ignoratorum hic hiſtorias dedit. Canes aliqui carchariæ, quibus omnibus pulmo eſt & duo penes, tum alii piſces. In ſpongia marina ſyſtole adnotatur & diaſtole, in qua media ſedet inſectum, quod per fibras ſpongiam conſtringit

ſtringit & laxat. In cane carcharia ampliſſima gula, ut phocam bove non minorem deglutiat: hepar oleo pleniſſimum. Cerebri medulla aqua tegitur. Pori mucoſi numeroſi gelatinam fundentes *in der Seekaze.* Delphino nulla veſicula fellis, & tamen bilis viridis. Sic in T. III. SCHYTTE de ſpongiis marinis contractilibus.

In T. IV. de ſqualo maximo, in cujus faucibus homo commode ſedere poſſet & ſpirare.

In T. XXVIII. *Sw. Wetenſk. Acad. Handling.* deſcribitur animal ſeepungan ex genere polyporum.

In *Petri* ORTESCHI diario T. III. Venez. 1765. 4.* Ureteres in tumorem infantis aperti.

CESTARI de viro glande cæca urethra inferius aperta.

Epiſtola CALDANI ad me data de ranarum experimentis: & mea adverſus HAENIUM defenſio.

PEPERINO porcelli capitis parte connati.

De anatome lutræ.

Vincentinus PASQUINELLI, nulla eſſe læſorum tendinum ſymptomata.

In *Journ. des Savans* 1765. Oct. RENARD refert de puella calculos per os ſedes & uterum edente. Fraudulenta narratio.

Hoc anno cepit prodire viri ILL. OTTONIS *a* MUNCHHAUSEN *Hausvater* Hanover 1765. 8.* Oeconomici potiſſimum argumenti, ut tamen paſſim aliqua admiſceantur nobis uſui futura. In T. I. deſcribit uſtilaginis animalcula, quæ in globulos convaleſcunt ex punctis, & ſuos globulos tanquam ova relinquunt. Fungos eſſe inſectorum laborem, aque inſectis ſuis, ut corallia, ſtrui.

In T. IV. P. II. confirmat ſua animalcula ex fermentatione nata. Phyſiologica aliqua: objicit phyſiologis, quod nos non doceant, num contractio thoracis & cordis præcedat, num dilatatio. Num vere poſſit de hac quæſtione reſponderi.

In *Hanov. Magazin* 1765. Fetus gemelli pectoribus obverſis plerique connati ſunt, alias decuſſati, alias bicipites. De formatione ovorum.

§. MCCXVII. *Lazarus* SPALLANZANI,

Vir egregius, & potiſſimum etiam in minutis animalibus contemplandis, & in difficilibus experimentis iterandis ſolers, Ticinenſis Profeſſor. EJ. *Saggio di oſſervazioni microſcopiche concernenti il ſiſtemo della generazione de S.* NEEDHAM *e* BUFFON abſque loco & anno; ſed a. 1765. Mutinæ 4.* Animalcula deſcribit nata in aqua, cui varia corpora infuſa fuerunt: ea fere veſiculis conſtant, membrana variæ formæ factis. Globoſa aliqua, in ambitum radiata, motu ſuo aquam conturbantia. Vera omnia per ſua ſigna animalia, non organicæ particulæ.

ticulæ. Vermiculis ſpermaticis ſua utique cauda eſt: eorum ſimilia ſunt, quæ in aqua cum nonnullis leguminibus infuſa naſcuntur, (& quæ videntur BUFFONIANIS ſimillima, cum caudam ſuam deponant). Ad polypi claſſem pertinent. In principio putredinis hæc animalcula potiſſimum adparent, eaque perfecta intereunt. Idem calor, qui germina plantarum expellit, etiam animalculis favet. Nihil ex vegetabili regno vitam animalem induit, & quæ videntur animalcula ex vegetabili materie nata eſſe, ea non vera ſunt animalia, neque vitalis conditionis ſigna oſtendunt. In jure carnis cocto etiam animalcula naſcuntur. Fervida quidem aqua vitam animalem opprimit, & quæ in certis liquoribus naſcuntur, ea videntur ab aëre eſſe, & nulla ſunt, quando calidiſſima vitra continuo cum aqua infuſa colliqueſcente vitro obturantur. In tenuiſſimis corpuſculis ſpeculandis præſtat ſimplicibus microſcopiis uti.

EJUSD. *Dell' azione del cuore ne' vaſi ſanguigni nuove oſſervazioni* Modena 1768. 8.* Experimenta de motu ſanguinis in ſalamandra aquatica fecit vir Cl., microſcopio adjutus. Pleraque noſtrorum ſimilia. Cor contractum decurtatur. Pro aqua pericardii. Ordo in partium cordis repletione & inanitione &c. Oſcillatio, ſanguinis ſtagnatio, reſuſcitatio motus, acceleratio in anguſtatis arteriis, retardatio in dilatatis: nullus flexionum & angulorum conſpicuus effectus: nulli vortices: flavus color globulorum in rubrum convaleſcens; circuitus ab arteriis in venas per vaſa unius, vel & plurium globulorum: Cordis ſolius in ſanguinem imperium, ſanguinis quies a vinculo injecto, globuli aërei. In rana globulos rotundos eſſe, in ſalamandra etiam oblongos. Semel putat ſe vidiſſe longiores factos. Semel exiguam venam in magnam inſeri &c.

EJ. *Prodromo di un opera da imprimerſi ſopra le riproduzione animali* Modena 1768. 8.* & Gallice vertente *B. de la* SABLONNE Genev. 1768. 8.* Brevis narratio, de experimentis factis, in lumbricis primum terreſtribus. Caput novam caudam reſectam reparat. Sæpe & caput renaſcitur, dum non nimis multos anulos reſecueris. Neque vis reparatrix animalis una detruncatione exhauritur, & ad quartam uſque vicem reſectæ partes renaſcuntur. In alio verme aquatico reparatio etiam facilior eſt. Girinorum cauda reparatur, & incrementum oculis poteſt uſurpari: ad quartam uſque vicem cauda redit. In matre jam girinos vidit vir Cl. ante fecundationem, ut neceſſe ſit, novum animal matris partem eſſe. In terreſtri limace caput cum oculis, cerebro & cornubus renaſcitur: in aquatica lacerta etiam pedes, & centum omnino oſſa, & ipſæ maxillæ.

EJ. *Memorie ſopra i muli di varii autori* Modena 1768. 8.* BONNETI de Jumaris epiſtola. Cardinalis DES LANCES curavit, ut ejusmodi animalia inciderentur; meri ſunt muli, & nihil habent a bove. Papiliones mares feminas in ciſtula incluſas inire feſtinant. HEBENSTREITII de mulorum fabrica epiſtola, tum KLEINII & SPALANZANI. Omnino animalcula ſpermatica vera eſſe animalia, & creſcere neque minui. Non omnia ex hybride venere nata animalia ſterilia eſſe.

Edidit

Edidit etiam BONNETI *contemplation de la nature* Italice versam Modenæ 1769. 1770. 8. 2. Vol.* SPALANZANUS varia addidit. Gallis experimenta in limacibus capta minus recte successisse, quod ea præmature abruperint. Oculos reticulatos papilionum lucere. Sperma ranarum meros convolutos esse girinos, neque inter fecundatum sperma, atque non fecundatum, ullum discrimen adparere, fetum adeo a matre esse.

In T. II. Tæniam esse animal unicum, & animal rotiferum & gordium reconvalescere postquam exaruerunt. Hirundo a frigore subito necatur, neque ad se redit; passer utique. Vespis cellulæ non hexagonæ sunt, quia solis fetubus destinantur, non melli. Ut eruca duas cistulas fabricetur. Vim torpedinis non videri a musculis esse. ROBINETI somnia de animalibus.

Tres hi libri conjuncti prodierunt Lips. 1769. 8.* Liceat mihi hic addidisse, quæ in Jumaris, jussu *Card. des* LANCES incisis, præcipua adparuerunt, & quæ certe nihil mistæ ex diversis animalibus fabricæ simile indicant, & in mulo verum omnino equum demonstrant.

EJ. *De fenomeni della circolazione osservata nel giro universale de' vasi, de fenomeni della circolazione languente, de moti del sangue independenti dell actione del cuore o del pulsar delle arterie* Modena 1773. 8.* Nobile opus. Ranas & lacertas contemplatus est, non in mensula LIEBERKUHNII, sed in LYONNETIANA. In plerisque mecum consentit, dissentit in nonnullis. Omnino mecum cor contractum brevius reddi, plerumque integre evacuari, arterias perpetuo plenas esse. In principio embryonis sanguinem alternis quasi antliæ ictubus propelli, in adultiori animale continuo radio salire. Sanguinis motum in venis eadem in ratione accelerari, qua ipsæ grandescunt. In pulmone sanguinem nihilo celerius circumire. Utique velocitatem per axin majorem esse, neque venosum sanguinem ab arterioso differre. Nullos esse globulorum turbines aut vortices. Globulos constanter sphæricos esse. Potestatem ponderis in sanguinis motum confirmat, & torrentes oppositos, & celeritatem sanguinis auctam dum cor exscinditur, & arctationem arteriarum. Arterias utique in pulsatione dilatari, cum dilatatione longiores reddi, a vinculo pulsum intercipi. Ab HALLERO differt, quod motum perturbatum sanguinis nolit admittere, quem tamen certo ipse vidit; quod globulos neget unquam flavos esse, quod semel globulos in salamandra longiores reddi viderit.

EJ. *Opusculi de fisica animale e vegetabile* T. I. II. Modena 1776. 8.* Non possum, etsi post a. 1775. prodiit, nobile opus prætermittere. Tomus I. est de animalculis infusoriis, f. quæ microscopio conspiciuntur in aqua, in qua varia corpuscula de plantarum vel animalium genere macerata fuerunt. In Cl. TURBERVILLE NEEDHAM monet, fervidæ calorem non impedire, quin animalia nascantur vivantque, nequidem diu protractum; sed etiam tosta coffeæ semina, cum aqua macerata, similia animalcula dare, etsi aliquanto lentius, demumque in vero carbone eam vim superesse. Hæc de quibusdam fere minutioribus animalculis vere dici, nam alia 25. gradum R. non ferre; ova animalium (ranarum) non supra gradum 45. Sic ova muscæ carnivoræ. Seminum majorem esse constantiam, edurare ea ad 60. gradum, qui tamen plantas enecat, quando germinarunt. Frigus glaciale parcit aliis animalculis, alia occidit, germina & ova minus lædit. Pisces frigidi ad usque gradum 37. R. tolerant. Hirundines in gelu glaciali pereunt. Animalia calida etiam sopita sanguinem habent calentem, ut erinacei, vespertiliones: Pereunt eadem frigoris, non coactis humoribus, sed a solidis partibus utcumque corruptis, sublata, ut videri possit, irritabilitate. Minuta animalcula ab odoribus occiduntur, camphoræ, olei terebinthinæ, tum a scintilla electrica, etiam debiliori. In spatio aëre vacuo diu, ad 24. diem, eadem supervivunt, & denique pereunt. De NEEDHAMIANO transitu vegetabilium in animalia, & fungillorum ex granis frumenti maceratis nascentium in vitam animalem: Nihil habere veri, mucoris genus esse, suis cum capitulis, in quibus animalcula non raro nidulantur, caveamque subeunt. Nihilo magis MUNCHHAUSII grana fungina in animalcula confirmari. Animalcula microscopica sexu non distinguuntur, multiplicantur per divisionem transversam, perpendicularem, multiplicatam, per germen decedens, per ovum; hæc noster per varietatem animalculorum persequitur. Ab adfusa aqua vitam non perinde recuperant, ut animal rotiferum, sed utique ova. In subjunctas Epistolas C. BONNETI noster notulas adjecit, in quibus sententiam de ortu animalculorum dicit, quorum ova ex aëre adveniant. NEEDHAMO se suas adnotationes breviter indicasse, eum virum præpropere inde corollaria deduxisse.

T. II. etiam magis ad rem nostram facit. 1. De animalculis, quæ in semine hominis & quadrupedum habitant. Ea inter princeps est vermiculus, capite subrotundo, cauda longa, quale animalculum NOSTER in non alio præter semen liquore reperit. Eorum motus vitalis manifestus est, & aliquot per horas durat, postquam de corpore animalis exemta fuerunt: discrimen in diversis animalibus modicum est. In conservato semine vermiculi pereunt & exstinguuntur, quamprimum putredo accessit. Cauda pars animalculi est, & perpetua. Hos vermiculos integra etiam in epididymide, ut verum hospitem seminis masculi, denique in arteriis venisque animalium vidit. Altera species est globulorum, ejus generis, quod in aqua cum variis plantarum aut animalium partibus infusa reperitur. Id cum putredine incipit apparere, & plusculis diebus mobile & vegetum superest. 2. De vita animalium & plantarum in aëre clauso nec renovato. Semina, ova, & animalcula infusoria vivunt in ejusmodi aëre, tantum ne vas sit angustissimum. Causa, quare intereunt, non est adeo respirationis defectus, etsi ea utique laborat, & aër de elatere suo amittit, quam vapores noxii, quibus animal vivum & mortuum aërem replevit. Quare eo celerius pereunt, quo minor est aëris portio, in quo animalcula inclusa sunt, quo plura & majora animalia, in data copiæ aëris inclusa fuerunt. Quare in parte vasis superiori aër citius corrumpitur, isque aër exiguo de foramine receptus avem subito necat. Vapor noxius videtur nervis nocere. 3. Animalia revi-

reviviſcentia. Rotiferum animal, cujus particula, quæ vulgo pro corde habetur, ex analogia potius ventriculus fuerit: Tam diu id vaſculum contrahitur, & viciſſim dilatatur, quamdiu rotæ circumvolvuntur. Hoc animal videtur ovum ponere. Arena ſiccata perire putes, figuram enim mutat fitque informe; ſed adfuſa aqua idem figuram ſuam & motum recuperat, etiam undecies, tantum eo lentius, ut ſæpuis eo privilegio uſum eſt. Eodem privilegio gaudet animal tardigradum, ſatis rotiferi ſimile, ſed rotis deſtitutum; & anguilla, tum tegularis, tum alia, quæ in frumenti granis rachiticis habitat. Privilegium reviviſcendi per annos integrum ſupereſt. Polypi & alia animalia eo deſtituuntur. De mucore aliqua.

§. MCCXVIII. Varii Incisores.

Reflexions ſur les hermaphrodites, relativement à Anne Grandjean *qualifiée telle* Lyon 1765. 8.* Virili cum ſexu vixerat, duxerat uxorem, vera tamen ex tota fabrica corporis mulier. Non dari androgynos.

Recherches ſur la durée de la groſſeſſe & le terme de l'accouchement Amſterdam (Paris) 1765. 8.* Contra Bouvartum, acre ſcriptum. Puellos præcocius pari quam puellas. In coriario pulvere pullum gallinaceum jam die decimo ſeptimo excluſum fuiſſe.

Mad. Plisson *reflexions critiques ſur les ecrits qu'a produit la queſtion ſur la legitimité des naiſſances tardives* Paris 1765. 8.* De incertitudine cauſarum partum facientium. Felis peperit die 53. De tritonibus compilatio.

Denele *les prejugés des anciens & des nouveaux philoſophes ſur la nature de l'homme où examen du materialiſme* Paris 1765. 12. 2.Vol.

Phyſiological reveries London 1765. 8.* Reſpirare animalia, ut aërem adtrahant, qui vitalem ignem foveat; ſalivam ſuccum eſſe alentem & ſeminis analogum. Febrem opus & induſtriam naturæ.

H. Jackson *eſſay on Engliſh iſinglaß its nature and proprieties. The beſt methods of converting it into fining glace and ſtarch. An analyſis of iſinglaß and a rationale of its clarifying liquors* Lond. 1765. 8.

Thorley μελιττολογια, *or the female monarchy being an enquiry into the nature of bees* London 1765. 8. Editio II.

Sebaſtiani Sebenico, Forojulienſis, *diſſ. phyſiologica, qua reſpiratio fetus in matrice eventu nupero evincitur eſſe nulla* Venet. 1765. 8. C. L. Fetum abſque ore imperfectum vidit. Infantem non reſpirare. Aliqua de vermiculis ſpermaticis: vera eſſe animalia, nunquam plantas, neque magnitudinem eorum minui.

De PILES *abrégé d'anatomie accomodé à la peinture & à la sculpture* Paris 1765. fol. antiquus liber.

J. B. COVOLO *de metamorphosi duorum ossium pedis in quadrupedibus aliquot* Bonon. 1765. 4. & in *Comm. Bonon.* T. V. P. II. In ovis fetu duo ossa metacarpi & metatarsi distincta sunt, in ove adulta eadem conferbuerunt. Nullas hic periostei partes esse.

EJ. *Anatomicæ de mammis observationes* cum posthumis tabulis I. D. SANTORINI prodierunt. CUBOLUS hic de mammarum fabrica nimis magnifice dicit. Rete cellulosam glandulam obvolvens. Glebæ pinguedinis ubique nisi sub areola, ubi nullæ: & meri ductus lactiferi, aliquæ interfertæ inter lobos glandulæ mammariæ. Rete brevibus fibris factum, quo glandula mammæ ad musculos adhæreſcit. Nullos ductus a pinguedine ad mammam venire. Foveæ, cavernulæ & appendices glandulæ. Acini rubri. Lac in mammis reses flavescit. Vesiculæ (partes latiores ductuum lactiferorum). Sic sinus ad duas lineas lati, amplissimi statim ad originem ductus lactiferi. Nullæ anastomoses, neque circulus lacteus. In centro mammæ soli sunt trunci ductuum & sinus, cellulosa tela obvoluti. In papilla conici sunt, ad sua orificia angustiores. Aliquando tamen pars eorum latescit. Ductus numerat ad 24. Tubercula areolæ omnino habent ductus sibi insertos lactiferos, & in uno ad usque quatuor foramina excretoria; se omnino lactis serosi guttulas expressisse, quod a propriis racemis acinosis paretur. Depictos dat acinos, ex iis radiculas. T. II. Ductus conferti cum suis ramis & radiculis sinubusque. Ostiola in papilla. Foveolæ & appendiculæ glandulæ mammariæ.

Zacharia BETTI *bacco di seta* Veron. 1765. 4.* Potissimum huc faciunt adnotationes poemati adjectæ. Convenire ovis excludendis calorem 92°, qui fit corporis humani. Ex varietatibus bombycis copulatis novas hybrideas varietates sibi natas esse fere, imperfectas, varicolores, semiæthiopes.

In *Epistola* MARIÆ GALLI BIBIENÆ fere eadem redeunt, quæ diximus in *Comm. Acad. Bonon.*

Raimundus COCCHI in *epistola ad me* T. V. lacteos utriculos reperit in cellulosa tela sitos, clausos, plenos chylo, ut putat.

De ejus nupero opere in *Add.* dicam.

In DOMINICI MAZOTTI *litotomia delle donne perfetionata* 1765. 8.* Cellula vesicæ, in qua lapillus latebat.

S. MCCXIX.

§. MCCXIX. *Philippus* FERMIN,

Olim Comicus, inde Medicus, qui aliquamdiu in Surinamensi colonia degit, nunc vero Trajecti ad Mosam. Cum l. *des maladies les plus fréquentes à Surinam* edidit, *une diss. sur le fameux crapaud de Surinam nommé Pipa* Mastricht 1765. 8.* Anatome Pipæ. Vesicam habet urinariam atque penem. Tubercula in cute utriusque sexus, in mare sicca, in femina unguinosa, dilatabilia. In dorsalia tubercula feminæ mas inspiciente FERMINO ova deposuit: Feminam inire videtur, suoque semine ova conspergere. Femina semel omnino parit. Pulmo maximus, ut ova possit urgere.

EJ. *Histoire naturelle de la Hollande equinoctiale* Amsterdam 1765. 8.* Catalogus animalium Surinamiæ. De anguilla stuporifera: totam turbam hominum, qui manu se tenebant, ita concussam fuisse, ut nemo experimentum vellet iterare: ictum a duobus musculis infligi.

EJ. *Instruction importante au peuple sur l'œconomie animale* la Haye 1767. 8.* Pars prior est anatome & physiologia corporis humani. Ex BOERHAAVIO multa. Ortus animalis ex ovo. Gemelli, quorum alter Aethiops, alter semiæthiops, adeoque superfetatio locum habuit. Pueros Aethiopum albos nasci, deinde octavo die atrorem subrepere. Genitalia utriusque sexus continuo atra esse.

EJ. *Description générale historique, geographique & physique de la Colonie de Surinam* Amsterdam 1769. 8. 2.Vol.* Sæpe Aethiopes rubris oculis, pupillis mobilibus, cute alba, ex nigris nasci Aethiopibus. Ranam in piscis naturam relabentem MERIANÆ constanter ranam manere. Iterum de duobus musculis, a quibus sit vis stupefaciens anguillæ Surinamensis.

§. MCCXX. *Varii.*

Michaelis SARCONE, Medici Neapolitani, *istoria ragionata de' mali osservati in Napoli nell' anno* 1764. Napoli 1765. 8. 2.Vol.* & nunc Germanice Tiguri 1770. 8. Egregium opus, clinici quidem argumenti. Pleuram nudam sæpe tetigit, neque vidit doluisse, neque in ea membrana sedem putat esse pleuritidis, sed in carnosis utique partibus. In febre epidemica sanguis per initia morbi dissolutus erat, cum crusta coriacea: quæ sub morbi finem evanescebat. In sanguine vitium erat, quod faciebat, ut pars gelatinosa a rubra secederet. Experimenta ea crusta facta. Multa in nostram sententiam: mollitiem conjungi cum vi sentiendi, & vicissim. Experimenta nostra in tendinibus, periosteo & dura matre suis confirmavit.

Francisci BIUMI *observationes anatomicæ scholiis illustratæ* T. I. Mediolan. 1765. 4.* Ad anatomen fere pathologicam. Carotis sinistra communi cum subclavia trunco nata.

Antonii GERMANI *de* ALBERTIZ *prodromus recensionis criticæ historiæ medicæ* Wien 1765. 8.* Asperrime de FREINDIO & CLERICO judicat, & HIPPOCRA-

TEM anatomen exercuisse vindicat. Dederat diversam ab ista disputationem, *specimen historiæ medicæ, an gens Hebræa olim medicinam de industria coluerit* Wien 1765. 4.*

Thomas DICKSON *a treatise on blood letting* P. I. London 1765. 4. Veteres nihil firmi de venæ sectione statuisse. Vix huc facit.

J. WILLIAMS *some histories of wounds of the head* Falmouth 1765. 8.* Sæpius absque symptomate violata dura meninx.

Andreæ WILSON *thougths on the natural cause of the bile's putrescency, physiological thoughts on the spasms* London 1765. 8.* Multum hypothesium. Morbos sæpe per nervorum conjunctiones exponit. Sanguinem arteriosum minus alcalescere, venosum magis. De vermiculis seminalibus perobscure. Fibras carneas electricas esse. Calorem animalem non esse a putredine, & istam potius a calore inhiberi. Nova vasa per morbos nasci.

EJ. *Enquiry into the many powers employed in the circulation of the blood* London 1774. 8.* Paradoxus vir, refutat quæ per experimenta demonstrantur, adoptat quæ per conjecturas. In ipso sanguine scaturiginem motus esse. Cor non sufficere, cujus virium mensuram ignoremus. Resorbtionem a corde non pendere. Ad motum succorum requiri spatium vacuum, in quod effundantur. Non plus motus a corde sanguinem secum ferre, quam possidebat, cum cor subiret: imo vero momentum sanguinis venosi majus esse momento sanguinis arteriosi. Cor nihil facere ad circuitum per hepar. Cum nullus sipho sufficiat, neque cor ad circumagendum sanguinem sufficere. Sanguinem a se ipso habere quod exhalet, quod adeo versus extremos vasorum fines properet. Fervere & aërem fixum dimittere. Cor unice ad motum sanguinis conferre, quod spatium inane faciat. Præcipuam causam motus cordis esse a nervis. Et in fluidis partibus animalis vitam esse. Singulum ictum cordis partes omnes tendere, & irritare vitale principium. Cor & cerebrum esse solem & lunam microcosmi.

J. MEMYS *the midwife's pocket companion* London 1765. 8.* Pelvis mensuræ: superne diametrum majorem a dextris ad sinistra esse, inferius ab anterioribus ad posteriora. Fetus caput plerumque cernuum reperiri.

Egnazio MONTI *epistolaris epilogus quæstionis medicæ de mensium perturbatione in ætate provecta* Lugano 1765. 8.* Menses in vetula manantes.

EJ. *Aringa Medica: Epistolæ ad viros illustres missæ* Pavia 1767. 8.* Ipsa oratio (aringa) agit de signis fetus vivi & mortui. In quinta Epistola, exemplum est hominis, qui per aliquot horas se mortuum simulavit, atque ea arte inimicorum suorum crudelitatem effugit.

Joh. COLOMBIER diss. *de suffusione s. cataracta* Paris. 1765. 12.* Anatome oculi. Corneam tunicam non acute sentire. Visionis mechanismus.

EJ. *E. pro multiplici cataractæ genere multiplex εγχειρησις* Paris. 1768. 4.* Describit hic novam membranam, quam sibi Cl. DEMOURS tribuit, noster

DESCE-

DESCEMETO vindicat. Retinam obvolvere productione sua lentem crystallinam.

Ej. Disp. *E. prius lactescit chylus, quam in omnes corporis humores abeat* Pr. GUILBERT Paris. 1767. 4.*

Franc. Garcia FERNAND *de* TOLEDO *Doctrina de* SOLANO LUQUE *aclarada.* 1765. cum suis de pulsu observationibus.

ROYER, Chirurgi, *instruction pour administrer des lavemens antivénériens* Paris 1765. 8.* Clysteres hydrargyro imbuti non movent salivam, urinam tamen cient. Utique in colo intestino vasa lactea dari.

Ej. *Nouvelle methode de guérir la maladie vénérienne* Paris 1767. 8.* Iterum de clysteribus nutritiis & febrifugis; his usum esse MOLINUM, celebrem clinicum. Crocatus clyster suo colore urinam tinxit, tum mesenterii vasa & glandulas.

Ludovici Antonii Prosperi HERISSANT *Eloge historique de* J. GONTHIER *d'Andernach*, hactenus huc referas, Paris 1765. 12.* excusum. Contendit, contra VESALIUM, GUNTHERUM tamen corpora humana incidisse: venam humerariam descripsisse. Verum certum est, JOHANNEM vesiculas seminales ad VESALII administrationem exposuisse.

J. Adolph OVERBECK *glossarium melissurgicum* Brem. 1765. 8.* Vocum occasione etiam varia ad fabricam & generationem hujus animalium pertinentia colligit.

Petri DELSANCE *kurze Anweisung zur gerichtlichen Wundarzney* Frankfurt 1765. 8.* Prima pars operis est physiologica, fere ad BOERHAAVII sensum.

Abhandlung von der Schaafwolle &c. Strasburg 1765. 8.

Carl SCHERFER *von den zufälligen Farben* Wien 1765. 8.

Eloge de J. Laur. GASSER Wien 1765. fol.

E. D. KLUGE *quatenus ex animi diversa ratione diversum recte deduci ac demonstrari queat temperamentum* Zerbst 1765. 4.

J. H. LAMBERT *Beyträge zum Gebrauche der Mathematik* Berlin 1765. 8. 3. Vol. Catalogus mortuorum & natorum.

J. Henr. LANGE in *l. de remediis domesticis Brunswicensium* 1765. 8.* sanguinis globulos conjicit filis fieri, quæ se expandant, ita sanguinem resolvi. Fusius in *veritatibus*.

Bericht, wie die aus dem Wasser gezogenen zu sich selbst gebracht werden können Bern 1765. 4.* 1776. 4.* Nomine collegii sanitatis scripsi: commendo aerem inflatum, stimulos, venæ incisionem.

§. MCCXXI.

§. MCCXXI. *Disputationes.*

Christoph. Bernh. CRUSEN *de tensione nervorum* Gotting. 1765. 4.* Tamen tensos esse.

Wilh. RICKMANN *de judicio ex pulsu, quatenus est actio* Gotting. 1765. 4.*

Christian RICKMANN, præside FRIEDIO, *de causis & effectibus secretionis* Jen. 1765.

EJ. *Osteologische Abhandlungen* Jen. 1766. 4.* De fabrica & formatione ossium. Callum non esse a periosteo. Cum arteria nutritia nervum medullam adire. Periosteum noc acutissime sentire.

EJ. *De partu legitimo* Jen. 1767. 4.

EJ. *De adfectibus animæ quatenus machinam corpoream in consensum trahunt* Jen. 1768. 4.

& cum titulo *tractatus medici de adfectibus animi* ib. 1768. 4.

EJ. *Abhandlung von der Unwahrheit des Versehens in der Hervorbringung der Muttermahle durch die Einbildungskraft* Jen. 1770. 8.* Præjudicatam illam de fetus a fœdos spectaculo deformationem, posse matri & fetui nocere. JACOBI hœdos varios ex miscela diversorum in parentibus colorum natos esse. Nævos & maculas absque terrore nasci. Imaginationem neque cæruleum, neque viridem, neque flavum colorem impertire nævo, cum tamen mulier nihil videat, nisi colorem. Sanguinis in matre circuitum non communicare cum circuitu in fetu. Similitudines illas remotas esse & imaginarias.

Sila MITROPHANOW *de spontaneo aëris in pulmonem introitu* Leid. 1765. 4.*

J. Wilhelm BAUMER *de glandulis & vasis lymphaticis* Jen. 1765. 4.

IDEM & auctor *Wilhelmus* WEISS *de funiculo umbilicali* Giess. 1771. 4.*

IDEM in *Actis Hassiacis*, de pulmone fetus, qui etiam tunc demersus erat, cum putredine adficeretur; tamen ut nataret. Vesica duplex.

Valentin DALWIG & Præs. *Ger. Henr. Christ.* SCHRADER *de liquore amnii* Rinteln 1765. 4.*

Stephan. FIALKOWSKY *de actione ventriculi in ingesta* Leid. 1765. 4.*

Mathias KRUTEN *de manducatione* Leid. 1765. 4.*

Jac. a BERGEN *de natura humanæ efficacia, tam in præsenti sanitate conservanda, quam in amissa restituenda* Leid. 1765. 4.

J. Andreæ WIECKHOFF *de alimentorum in chylum mutatione* Leid. 1765. 4.*

Samuel FARR *de animo ut causa morborum* Leid. 1765. 4. SANDYF.

EJ. *Philosophical enquiry into the nature, origin and extent of animal motion* London 1771. 8.* Absque experimento metaphysicis fere ratiociniis nititur. Materiam ad motum producendum ineptam esse: ut omnino, etiam in planta, inque animale, motum a spiritu aliquo motum proficisci necesse sit: plantarum animam demon-

demonstrari per imperium quod luci in eas est. A STAHLIO dissentit, quod fines prævisos animæ non admittat. Unicam irritationem nullam cogitationem excitare, multas utique. Cuique parti corporis suis stimulum esse, cui præ aliis eadem obsequitur. Resistentiam, quam pars irritata opponit, sensum facere, & dolorem, si continuata fuerit. In irritatione non quidem conscientiam locum habere, sensum utique, neque perceptionem fieri cum conscientia. Tres tantum sapores esse, acidum, amarum, dulcem. Somnia. In somno circuitum sanguinis celeriorem esse: animam in somno potentius operari. Animi passiones.

Laurent. METZ *de auris humanæ fabrica* Leid. 1765. 4. SAND.

Henrich PELLERIN *de incremento corporis humani* Leid. 1765. 4. SAND.

Corn. Gerhard van RHYN *de motu peristaltico in genere* Leid. 1765. 4. SAND.

Maximilian Franc. OVERGOOR *de conceptu & prima fetus nutritione in utero* Utrecht 1765. 4.*

Bartholomæi PATUNA *historia fetus sine involucris extra uterum inventi, placenta intra uterum hærente* Wien 1765. 8.* Fetus ventralis utero integro, in quo placenta & funiculus per foramen tubæ exeuns.

Michael SCHORETICS *de sensibus externis, eorumque inter se commercio* Wien 1765. 4.*

Anton. Balthasar Raymund HIRSCH *paris Quinti nervorum encephali disquisitio anatomica* Wien 1765. 4.* ad Cl. GASSERI observationes. Utique receptaculum ad latus sellæ equinæ positum a via nervi quinti septo separari. In principio ramorum trium præcipuorum quinti paris esse rubellum ganglion. Arteriolas esse nostras. quæ sint pro nervis duræ meningis habitæ. Nervum VIDIANUM describit.

Herman Adolph CRUWEL *de cordis & vasorum osteogenesi in quadragenario observata* Hall. 1765. 4.* In ossibus planis vidit cellulosam naturam inflabilem, ut aër de cellula in cellulam progrederetur: ea tela est thalamus, in quem natura ossea deponitur. Situs cordis naturalis.

J. Frid. Gottl. GOLDHAGEN *dubitationes de quadam caussæ motus muscularis explicatione* Hall. 1765. 4.*

Frid. Christ. BEER Pr. BUCHNERO *de tendinis Achillis soluti sanatione* Hall. 1765. 4.* Non tendo correptus doluit, sed vagina.

A. G. FRANCE *de auditu* Hall. 1765. 4.

Salomon SCHULTHESS *de sero lactis dulci* Tubing. 1765. 4.* Ex diversis animalibus lacte in vaporem ab acto pulverem obtinuit. Muliebre lac minus solidæ materiæ dedit, tunc asininum. Ex pulvere in aqua diluto serum fit. Valde laudat vim hujus seri medicatam.

Guil. J. Frid. HEINIKE *ep. de aëre fixo in corpore humano* Lips. 1765. 4. C. Lip.

Aug. Lebrecht MULLER *de causa palloris cutis hominum sub zona torrida habitantium* Erlang. 1765. 4.* In Americæ insulas delatos Europæos expallescere.

Andr. BOEHM *de somno vigilantium* Giess. 1765. 4.

Philipp. Rudolph. VICAT *de facultate corporis locomotiva exercenda* Basileæ 1765. 4.*

Gabriel HAECHLER *de vita & sanitate* Basil. 1765. 4.*

J. Bapt. GHIGI *de corpore reticulari* Turin 1765. 4.*

Dan. Mich. a TRINITATE *de ossium differentiis* Turin 1765. 4.*

Anton. DAU *de diaphragmate* Turin 1765. 4.*

Jacob GOURLEZ *de la* MOTHE *E. condimenta sanitati noxia* Paris. 1765. 4.* R. RAYMOND.

J. Baptista LANGLOIS & C. L. ANDRY *E. urina, succus intestinalis, & insensilis perspiratio humores analogi* Paris. 1765. 4.*

Jac. Albert HAZON & DESLON *E. in fœtu renibus succenturiatis, glandulæ thymicæ, & aliis quibusdam partibus sui sunt usus, suæ sunt quoque functiones* Paris. 1765. 4.*

Henrici RAYMOND & Pr. GED. *de* RABOURS *Ergo ex avulsis ab utero materno placentæ radiculis partus naturalis necessitas* Paris. 1765. 4.*

Anton. J. B. Maclov GUENET & Pr. BOULLAND *E. vis pulmonis quoad sanguinis adtritum non major, quam cæterarum in eumdem effectum corporis partium conspiratio* Paris. 1765. 4.* Valde inutilis demonstratio, pulmonem corpore universo minorem esse, & iniquus in universum libellus.

J. Nicolai LAMBLOT & Pr. BORDENAVE *de vesicæ paracentesi* Paris. 1765. 4.*

François le MONNIER *de œdemate* Paris 1765. 4.* Pr. BORDENAVE.

J. Bapt. Guil. FERRAND & MOREAU *de variis hæmorrhagiæ sistendæ methodis theses anat. chirurgicæ* Paris. 1765. 4.

Petri LASSUS Pr. J. F. SIMON *de morbis linguæ theses anat. chirurgicæ* Paris. 1765. 4.* Solum WINSLOWUM conjunctionem nervi octavi cum quinto & nono habere, non recte.

EJ. & *de la* BUSSIERE *de naso fracto thes. anat. chir.* Paris. 1765. 4.*

Joseph Jac. GARDANE Pr. THURANT *Ergo a partu quies* Paris. 1765. 4.*

Franc. Ludov. Joseph SOLAYRE'S *de* RENHAC *elementa artis obstetriciæ* Paris. 1765. 4.* Multa peculiaria; inter ea zoogenia in catella, vesiculæ plenæ liquore furoris venerei tempore conspicuæ, quæ a venere viscidæ sunt, & tunc adparere cicatriculas. Uteri cum placenta communicationem putat se in catella vidisse: a quarta die jam initia fetus putat se observasse.

Samuel BARD *de viribus opii* Edinburg 1765. 8.* Pulsus multo rariores fiunt ab opio; calor non crescit. Alias tamen numerus pulsuum utique increvit.

Cor-

Corbin Griffin *de viribus camphoræ* Edinburg 1765. 8.* Putredini adversam esse. Magna dosi datam delirium facere, pulsumque valde incitare.

David Thomson *de menstruis* Edinburg 1765. 8.*

J. Frid. Erasmi, Anatomici Moscuensis, *de molestiis studii anatomici, a deliciis maximaque illius utilitate longe superandis* Moscuæ 1765. 4.

§. MCCXXII. J. Hunter.

J. Hunter, *Guilielmi* frater, in *Phil. Transf. Vol.* LVI. anatomen dat amphibii bipedis, quæ sirene Linnæo. Pulmones habet, & sinum venosum, ad similitudinem testudinis. Intestina absque valvulis &c.

Cum *Georgii* Arnauld *Memoires de chirurgie* London 1769. 4.*, J. Hunter de ostio in peritonæo dixit, per quod testiculus exit, inque vaginam subit, quæ inde de superna parte solvitur, atque excæcatur. De sustentaculo testis, de ejus serotina in scrotum migratione.

Idem & W. Hewson in *Phil. Transf.* T. LVIII. dixit vasa pellucida, quæ locum lacteorum tenent in avibus: de eorum rete in imo pectore, & de duobus ductubus thoracicis. In testudine similia vasa vidit, quæ ex intestinis adscendant.

Ej. *The natural history of human teeth explaining their structure, use, formation growth and diseases* London 1771. 4.* Belgice vertente *Petro* Boddaert Dordrecht 1773. Pulchræ icones. Incisores vidit absque alveolis. Utique maxilla inferior magis ad glenen ossis temporum dearticulatur, minus ad tuberculum. Contortio, in qua capitula maxillæ inferioris descendunt, reliquum retrorsum cedit: & alia, in qua caput alterum antrorsum ducitur, retrorsum alterum. Musculi. Caput in aperiendo ore non retrorsum duci. Pars vitrea dentis in igne crepitat & dissilit, a rubia non tingitur: pars ossea utique, nempe in ea parte, quæ nondum in os confirmata est. Duos dentes molares anteriores a posterioribus separat. Novi dentes suos nacti alveolos, vetustos non subeunt, neque primores expellunt, quorum radices sponte delabuntur, & qui ipsi sponte defluunt, etiam quando novi nulli succedunt. Vis a mole aucta.

Idem in *Phil. Transf. Vol.* LXII. Ventriculum animalis se ipsum subigere (coquere), ut pylorus digestus aperiatur, & cibum per foramen in abdomen dimittat.

In *Phil. Transf. Vol.* LXIII. describit musculos torpedinis, qui utique musculi sunt: tum cellulosam telam, & nervos atque arterias per eam sparsas.

In *Phil. Transf. Vol.* LXIV. ostendit, aërem ex cellulis pectoralibus & abdominalibus communicare in cava ossa animalium volantium, quibus ideo nulla in osse medulla sit, in sternum, femur, humerum, vertebrarum cavam thecam, cellulas cranii (huc ex tuba). Non autem esse factum ad volatum. In omnibus avibus videtur aëris esse receptaculum, & robur vocis augere.

In eodem volumine de ventriculo in salmonibus. Piscium nonnullorum ventriculi, quam aliis, magis carnosi sunt: esse etiam pisces ventriculo toto carneo, ut mullus.

In *Medical Comment.* Tom. XI. sanguinem vivere, & coagulatum in vasa abire docet.

In *Mém. de l'Acad. des Scienc.* de insecto lumen spargente ex insula Gayenne, D. FOUGEROUX.

In *Journal des Savans* Mens. Sept. vir inversis visceribus.

M. de la PERRIERE *de* ROYFFE' pro monstris accidentalibus. Reperitur etiam in *Extr. des Journaux* 1766. M. Janvier.

Et contra eum anonymus objecit, hypothesin non omnia monstra exponere.

Ibid. *Lettre sur la cause des mouvemens musculaires.* M. Maj. cum experimentis.

Plusculis annis, etsi, ut puto, non omnibus, societas regia Monspeliensis ediderat gesta suorum conventuum. Demum commentarii ab a. 1706. ad 1730. prælecti conjuncti prodierunt, cum titulo, *histoire de la societé royale de Montpelier avec les memoires de mathematique & de physique tirés de ses registres* Lyon 1766. 4.* Hic referas Cl. BON libellum de aranea.

Ludov. NISSOLE de kermes, editum in GARIDELLI flora.

ASTRUCII miram demonstrationem contra vim contractilem fibræ circularis.

Cl. SENEZ refutationem paralogismi ASTRUCIANI.

GAUTERON de experimento MARIOTTI. Eo refert, ut trunci nervorum majores minus acute sentiant, acrius iidem, quando expansi sunt.

FIZES de motu vasorum animalium. Esse ab eorum fibris longis.

Fr. GIGOT *de la* PEYRONIE de gallo gallinaceo, qui ova parere ferebatur.

IDEM de tendine absque ullo symptomate lacerato.

ASTRUC ligata arteria renali nullam urinam secerni.

HAGUENOT de motu antiperistaltico. Peristalticum motum negat se rejecisse.

D. POUSOL de fetu absque capite, & corde, & aorta.

EJ. Graviditatis vestigia: ossa de abdomine educta, tum dentes, capilli.

MARCOT de vasis lymphaticis cerebri, quæ se vidisse putat.

GONDANGE viscera a dextris ad sinistra translata.

RIVIERE dentium petrificatorum cum dentibus non mutatis comparatio, & aliqua analysis.

IDEM de fetubus per frontes connatis.

ICHER fetus agninus tripes, varie monstrosus.

Subjungam hoc loco eos annos, qui coram sunt, post annum 1730.

Nihil

Nihil peculiare a. 1743. 1745. 1746. 1751.

A. 1747. Cl. ARLET de cerebri diverso in diversis animalibus volumine & pondere, bonam tabulam dedit.

A. 1749. vita *Francisci* GIGOT *de la* PEYRONIE. Prodiit etiam a. 1757.

In *K. Swensk. Wet. Acad. Handl.* Lis de sceleto giganteo inter Cl. MARTIN & TIBURTIUM. Ille ex rationibus ossium conficit, corpus non majus fuisse 80. pollicibus.

In *Journ. de medecine* T. 24.

POUTEAU de caussis dolorum partus; a sanguine in utero congesto, a fibris irritatis. Pro partubus serotinis.

AUXIRON homo per umbilicum mingens.

DEPLAIGNE de somno per biennium praeter pauca intervalla perpetuo.

REYNAULT tendines denudati, absque malo.

In T. 25. Dura mater in fractura cranii lacerata, inpactae squamae osseae, absque symptomate.

Pullus undecimo die exclusus, exemplum pene incredibile.

D. MARTEAU de graviditate refert septemdecimestri.

MARRIGUES felis nata 21. diebus post fratres.

BAYLE puer absque cerebro.

YSABEAU dens 92. anno erumpens.

In diarii ORTESCHIANI Tomo IV.

Antonius TURRA de infante, cui urina per spongiosum tumorem stillabat.

Leopoldus TORRACA iridem non esse irritabilem. Sibi ipsi relictam pupillam angustam esse.

Historia & commentationes Academiae Electoralis scientt. & elegantiorum literarum Theodoro Palatinae Manheim 1766. 4.* Cl. CASSIMIRUS MEDICUS, de feminarum corporibus per mensem & ultra incorruptis.

De eo argumento in T. II. fuse egit, & collegit exempla corporum, quae putredinem non senserunt, caussasque exploravit ejus privilegii.

In T. III. *Actorum Taurinensium* Cl. DANA aliqua animalia marina & infestam hirudinem describit.

MURET in *Mém. de la Societé œcon. de Berne* 1766. T. I. Tabulas emortuales partis ditionis Bernensis in tabulas conjecit. Adparuit multo vivaciores hic, quam in Gallia infantes esse. In 43¾ civibus unum mori, & in 35. unum nasci, &c.

Abhandlungen und Erfahrungen der œconomischen Bienengesellschaft in Ober-Lausiz Dresd. 1766. 8.* Fere SCHIRACHII, aut ad ejus placita. Iterum triplex genus apum requiritur, parva ova, vermiculi, & nymphae: ex his incubantes

bantes apes operariæ, non plures trecentis, norunt, si Cl. viris credas, reginam sibi procurare. Voces apum se facile distinguere. Non ab alis esse; lætas dari & tristes.

§. MCCXXIII. *Anatomici varii.*

C. la FOSSE filius, & ipse medicus veterinarius, edidit Paris. 1766. 4.* *Guide du Marechal.* Anatomen dat animalis universam, cum iconibus, in pede accuratis: ea anatome non valde ab humana differt. Cordis etiam fibras habet, & vasa lactea. Soricis sceleton delineat. Velum palatinum sponte iter a faucibus in os claudit, ut equus facilius per nares vomat.

EJ. *Cours d'hippiatrique où traité complet de la medecine des chevaux* Paris 1772 fol. RAST. Magnificum opus cum splendidis tabulis & anatome animalis ad equum ipsum depicta: multum emendationum in BOURGELATIUM. Ossium historia. Os petrosum a squamoso constanter, etiam in adulto animale, distinctum est. Dentium fabrica & incrementa ante partum & post partum: utique etiam equo sui sunt dentes lactei decidui. Ligamenta cervicalia caput retrorsum ducentia. Utique metatarsus & digitus unicus cum duobus ossiculis accessoriis metatarsi in equo sunt. Nomina omnium gallica, nulla cum latinæ linguæ mentione, quod incommodum est. Laryngis musculi & epiglottidis; perforantes digiti ultimi & perforati, magis ut videtur, quam in homine compositi. Vasa. Cor mihi perparvum videtur. Analogia vasorum cum humanis satis manifesta. Vasa pectoris & partium genitalium: spermaticæ arteriæ valde multiplices & intortæ: aorta vere adscendens & descendens. In hepate fines arteriarum stellati. Insignis corona arteriosa, maximis ramis facta, circa oram pelvis concurrentibus, ex qua corona arteriæ penis oriuntur. Nervi hic parcius expressi. Viscera: nares ad terebrandum depictæ, contra malignum morbum *der rotz* delineatæ, quo malo membrana pituitaria corrumpitur. Ventriculi fibræ bene. Cerebrum humani satis simile. Oculus utcumque. Denique physiologia aliqua animalis.

EJUSD. *Dictionnaire raisonné d'hippiatrique* Paris 1773. Video queri aliquos, auctorem, ex suo *cours* plurima hic repetiisse.

Richard de HAUTESIERK, medici regii, *Observations de medecine des hôpitaux militaires* Paris 1766. 4.* Utili instituto obtinuit, ut medici Nosocomiorum militarium meteorologicum diarium, morbosque regnantes & adnotationes in cadaveribus incisis factas colligerent, ad se mitterent. In I. volumine vesicula fellis modice contracta. Vasa lymphatica in cavo hepate humano conspicua. In femina manantibus mensibus exstincta, sanguine plenus uterus, membrana interna plena floccis, quos etiam in puerperis videas. Utilitas perspirationis. Pauci milites mortui, cum omni fere triduo lavarent.

T. II. Paris 1772. 4.* Inter numerosas cadaverum morbosorum incisiones aliqua huc referas. Lien in hernia umbilicali.

Francesco

Francesco VACCA *della nutrizione, accrescimento, decrescimento e morte senili del corpo umano* Pisa 1766. 4. SMITH.

Lorenzo MASSIMI *esperienze anatomiche intorno alli nervi* Veron. 1766. 4. C. *Bas.*

Joh. SOGRAPHI in EJUS libello *theoria lymphæductuu* MONROI & HUNTERI *exponitur, & ad praxin chirurgicam adaptatur* Patav. 1766. 8.* Nempe argentum vivum in animalis arterias inpulsum, non prius in vasa lymphatica transire, quam vasa rupta sint, & liquidum metallum in cellulosam telam effusum fuerit. Indicum & lac, ex intestinis in venas rubras non penetrare.

Opuscoli di fisico argomento. Descrizione dell' Elefanto. Saggio di considerazioni anatomiche fatte su d'un Leone. Osservazioni sopra un fenomeno occorso nel' aprire un cinghiale Napoli 1766. 4.* Auctorem audio esse Cl. *Francisco* SERAO, neque repugno.

§. MCCXXIV. *Varii.*

Memoire sur les maladies epidemiques des bestiaux, qui a remporté le prix proposé par la societé d'Agriculture de Paris Paris 1766. 8.* Adjectæ sunt *notæ*, in quibus pulsuum numerus initur. In pullo juniori pulsus numerantur ad 55, in equo 32; in bove ut in equo, in ove 65, in cane 97. Belgice vertit *Joost* SCHEMAKER Arnheim 1769. 8.

Le parfait Bouvier Rouen 1766. 12.* parum anatomicus. Adjectus est libellus Cl. MALOUIN de morbo *morve*.

J. Christoph KELLER *histoire de la mouche commune des apartemens* Nurnberg 1766. fol.* etiam Germanice. Ab oleo non occiditur, vermis utique a terebinthinæ oleo. Puto esse ILL. *van* GLEICHEN opus.

Joseph Franc. AURRAN *table des articulations des os selon un nouveau systéme & leur rapport à celui des anciens* Strasbourg 1766. 4. C. L. V.

EJ. *Elinguis feminæ loquela* Argent. 1766. 4.* LE CATII adsecla, nervum se vidisse a quinto pare, adeuntem duram meningem, aliumque ex septimo, & quidquid sit, certe sentire eam membranam. Veram tendinis naturam utique sensu destitui.

POITEVIN *des bains domestiques* Paris 1766. 12.* Pulsus in balneo ad 100. gr. FAHRENHEITII calente augetur fere binis in minuto primo pulsibus: senis ad gr. 102¼; quindenis ad 105; 41 omnino ad 113. Diminuto calore eodem ordine pulsus ad naturalem numerum redit.

Essai pour servir à l'histoire naturelle de la putrefaction Paris 1766. 8.* Insigne opus ill. feminæ opus D. de TH . . . . . de DARCONVILLE, ut lego. In rustico otio humores humanos & carnem cum variis salibus & corporibus composuit, effectus adnotavit, accurate, cum calore aëris. Caro in universum plerumque acidum spirat, deinde putridum: ex putrido statu tu poteſt revocari per acorem mineralem, perve Peruvianum corticem. Lac diu acet, demum tamen nauſeoſe putreſcit. Adjecta ſunt experimenta cum bile facta. Ineſſe alcalini aliquid: cum ſapone & aqua bene miſceri.

MESSENCE *recherches ſur la population des généralités d'Auvergne, de Lyon, de Rouen &c.* Paris 1766. 4.* Maximus numerus infantum in Gallia perit, & vita media eſt 25. annorum. Pariſini faſti nimii.

PONCELET *la nature dans la reproduction des etres vivans* Paris 1766. 8.* Placita BUFFONII exponit. Animal ſtrui abſque modulo a viribus adtrahentibus particularum adfinium; fere ut magna bulla olei ex parvulis confluentibus guttulis oritur. De animalculis in aqua infuſa habitantibus, fere ut BUFFONIUS; ea etiam ad vitam revocari. Anguillas aceti multicipites ſe vidiſſe. Germina non lente, ſed ſubito ab adtractione naſci.

DEMACHY, pharmacopolæ, *inſtituts de chymie* Paris 1766. 12. 2.Vol.* Aliqua paſſim ad anatomen partium animalium. In ovo neque ſalem eſſe, neque ferrum. Junius animal plus dat gelatinæ. In ſalibus volatilibus terra animalis eſt & ſal volatile.

DEROME *de* L'ISLE *lettre ſur les polypes d'eau douce* Paris 1766. 12.* Granula polypi totidem eſſe peculiaria animalia, communi tegumento obvoluta. Non mirum adeo videri, ſi novum animal ex inciſione pullulet. Brachia non eſſe animalis partes, ſed involucri. Similem eſſe coralliorum fabricam.

Laur. DUTENS *recherches ſur l'origine des decouvertes attribuées aux modernes* Paris 1766. 8. 2.Vol.* Multa apud veteres phyſiologica & anatomica nuperorum inventa reperit; de errore ſenſuum; de particulis organicis BUFFONII & de earum ex univerſo corpore in ſemen confluxu: de circuitu ſanguinis, tubis FALLOPIANIS; ovis teſtarum. Probabiliter, ſed nimio cum vincendi ſtudio.

De MASSAC *Memoire ſur la qualité & ſur l'emploi des engrais* Paris 1766. 8.* Odorem fimi columbarii oculis nocere, lacrumas educere; eas fæces tegi ſale albo, odore aquæ fortis, ut ſalis volatilis cornu cervi.

Adam NIEZKY *elementa pathologiæ univerſæ* Hall. 1766. 8. Varia phyſiologica adtingit. Menſes tamen lunæ tribuit.

EJ. *De humoribus inteſtinorum tenuium phyſiologice conſideratis generatim* Hall. 1766. 4.*

EJ. Diſp. inaug. *de fluidi nervei exſiſtentia improbabili* Hall. 1771. 4. C. Lipſ.

J. Frid. CLOSS *ſpecimen obſervationum rem medicam illuſtrantium* prodiit cum *nova variolis medendi methodo* Utrecht 1766. 8.* Varia phyſiologica; dimidii corporis ſudor; fecunditas ante menſes; menſes in vetulis.

Sammlung einiger die Bienenzucht betreffenden Auffätzen, cura *A. Gotth.* KÆSTNERI edita Gotha 1766. 8.* Præter libellum J. THORLEY, aliquot diſſ. Germanicæ hic reperiuntur. Poſſe ex apibus vulgaribus operarias ſibi reginam parare. Apes non admittere reginam, niſi gravida ſit. Fucos ad concubitum ineptos eſſe, & ſpeciem propagari, commiſto trium ſpecierum ſemine.

Skrift-

Skriftwäxlingen om alla brukeliga sätt at operera starren på ögonen Stockholm 1766. 8.* Collectio scriptorum ad litem inter ACRELLIUM, WAHLBOMIUM & MARTINUM seniorem de cataractæ depositione agitatam pertinentium. Etsi agitur de encheiresium PETITI & CAROLI *de* St. YVES meritis, passim tamen anatome oculi tangitur.

Anton. Leopold HAAN l. *in quo demonstratur, vegetabilia animalia & mineralia menstruo simplici paucis horis solvi &c.* Wien 1766. 4.* Ex cranio humano salem pinguem & impurum, ex capillis salem habuit, & aquam alliatam. Nempe lebetis ope Papiniani.

Caroli Stephani SCHEFFEL *vitæ Professorum Medicinæ in Academia Gryphiswaldensi* Greifswald. 1766. 4.* Vix huc facit.

Christian Frid. Carl KLEEMANN, pictor, optimi ROESELII gener: EJ. *Beyträge zur Natur oder Insecten-Geschichte* cepit prodire Noriberg. 1766. 4.* Studium ei simile ut soceri, cura potius major est, & passim aliqua in ovis & alibi emendata. Evolutio culicis: ad araneæ anatomen aliqua. In succo ovorum culicis animalcula. Oculi erucæ 12. Phalænarum oculi noctu lucent. Maxilla dentata araneæ.

Ad soceri opus bonas adjecit notas. Se vidisse, melioribus quam LEEUWENHOECKIUS vitris, vermiculos seminales papilionum, ovales, non caudatos, pro arbitrio se moventes. In femina etiam globulos, non vero spontanee motos. Minima naturæ omnia globulis fieri.

Georg Henrich WERNER *nützliche Anweisung zur Zeichnung vierfüßiger Thiere* Erfurt 1766. 8.* Symmetria partium corporis bovis, equi, asini, aliorum animalium.

EJ. *Anweisung zur Zeichenkunst, wie die Theile des Menschen durch geometrische Regeln zu ziehen* Erfurt 1768. 8.* Faciei partes. Animi affectus.

EJ. *Unterricht, was die zur Zeichnung gehörige Anatomie, Mahler, Bildhauer, und Anfänger der Chirurgie zu erlernen haben.* Aliqua anatome musculorum, ossium; figuræ ex VESALIO sumtæ, cui pictores anatomes periti præsto fuerint.

Carl August GEUTENBRUCK *gesammelter Unterricht von Schaafen und Schäfereyen* Frankfurt 1766. 8.

Hippographia, d. i. *deutliche und vollständige Beschreibung des Pferdes* Leipzig 1766. 8. ex Anglico versa.

L. W. P. OEBSCHELWIT *der Holländische Stallmeister* Leipzig 1766. 8. cum morbis equorum.

George STUBBS *anatomy of an horse* London 1766. fol. alii 1767. Splendidum opus.

Dietrich WERNER *Anleitung zur Bienenzucht* Hanover 1766. 8.

§. MCCXXV. P. A. MARHERR.

Philippus Ambrosius MARHERR *de electricitatis aereæ in corpus humanum actione* Prag. 1766. 4.* Animalia in aere non renovato interire, quod electrica materia aeris per vapores pulmonis destruatur.

EJ. *Prælectiones in* BOERHAAVII *Institutiones medicas*, Wien 1772. 8.* posthumum opus & aspera dictione editum. Juvenis, anatomes expers fuit, in locis auctorum repetendis fusus. Ante cor venam cavam & aurem dextram moveri. Maxillam inferiorem ad glenen adaptari. Passim novorum inventorum auctores detrectat citare, ut inventæ arteriolæ, quæ a naribus ad palatum cum ductu incisivo descendit. Salivam tamen fervorem ciere. Musculum levatorem palati mollis nares claudere, hic contra ALBINUM, etsi alium nominat, quem refutet. De suctione ex PETITO. ALBINUM septem in ventriculo tunicas numerasse (nunquam numeravit). Ventriculi fibræ in alio & alio corpore aliter se habent. Ventriculum non plene evacuari. Bilem acorem non frangere, oleum non resolvere, cæterum iterum hic injustus in refutando eo, qui BOERHAAVIUM non sequitur. Adhæsionem HAMBERGERI acute carpit. Cisternam chyli frequenter reperiri, non bene. Valvulam ductus thoracici relapsum chyli non impedire. In bestiis impedit, in homine ductus in venam descendit.

T. II. Proprii nihil, sed acris in carpendo & asperis vocibus non abstinens auctor: & eumdem pariter physiologum persequatur, cujus tamen inventa non ignorat. Subtilis judex: Arterias in vivo animale majores esse, quam cera repletas, nihil ergo mensuras ab istis sumtas docere. Sanguinem tamen per pulmonem celerius circumire. Nervos tamen ad irritabilem cordis naturam conferre; & ligatis nervis motum cordis debilitari, redire solutis (falsum experimentum). Sanguinem ad cerebrum tendentem, non esse densiorem. Contra anatomicos, in minutiis cerebri diligentes. Pro arteriis flavis, pellucidis. Non bene, in arteriis serum latera tenere. Sanguinem in cellulas lienis effundi.

T. III. Membranas vitiosas utique ex succo consistere. Saporum diversitatem non esse a figuris salium. Uveam tamen oculi tunicam posse circulares fibras habere, etsi eæ demonstrari nequeant. Negat impulsu sanguinis aucta vasa iridis longiora reddi. Cum anulo mucoso coronam ciliarem confundit. Arteriolam centralem retinæ DUVERNEYI, ab ALBINO renovatam, non bene ZINNIO tribuit. Pro aquula labyrinthi. In somno sanguinem lentius fluere. Pro HALLERO in respirationis negotio, nisi quod neget a voluntate pendere. Sic de corpore luteo & generatione. Vaginam valide constringi. Fetum perire, si funiculum neglexeris ligare. Non explicari majorem diametrum arteriæ pulmonalis a majori diametro ductus arteriosi. Pro nævis, vidisse exempla SWIETENIUM.

§. MCCXXVI. *Disputationes.*

Caspar VIEUSSEUX *de erectione* Leid. 1766. 4.* Scepticus.

Sylvestris DOUGLAS diss. *de stimulis* Leid. 1766. 4.* In bronchiis suspensorum aquam spumescentem reperiri.

Alb. Henr. ENGELBERT *van* BAUCHEM *de œconomia fetus naturali* Leid. 1766. 4.* SAND.

Abr. WALKERT *de consensu* Leid. 1766. 4. SAND.

Joh. Dav. BARTHELEMY *de patellæ osse ejusque læsionibus & curatione* Leid. 1766. 4. SAND.

J. CLARKSEN *de mulierum menstrua consuetudine* Leid. 1766. 4. SAND.

Gualther VERSCHUER *de arteriarum & venarum vi irritabili ejusque in vasis excessu, & inde oriunda sanguinis directione abnormi* Groning. 1766. 4.* Plerumque ferro rasæ arteriæ ad eam irritationem surdæ fuerunt, nonnunquam tamen se contraxerunt. Vasa adeo etiam aliquid ad circuitum cordis conferre, neque eam solius cordis actionem esse.

H. a BACHIENE diss. *de secretione lactis in mammis muliebribus* Utrecht 1766. 4.

J. Henrich STOLTE *de morte suspensorum* Groning. 1766. 4.* Fere in ROEDERERUM: mortem suspensorum non esse apoplecticam, sed impedito per pulmones sanguinis circuitui imputari debere. In canibus strangulatis nullam alicujus momenti sanguinis in cerebrum congestionem se vidisse, sed in pulmones & in venas utique cruorem colligi. Perinde perire animalia, si solam asperam arteriam interceperis. Aethiopum cerebrum ejusdem cum Europæorum cerebro coloris esse. Foramen ovale apertum mortem suspensi non esse moratum.

Franc. Gabriel SCHOENMEZEL *de sectione anatomica in cadaveribus, de autocheiria suspectis* Heidelb. 1766. 4.*

EJ. progr. *de viribus vitalibus* ib. 1771. 4.*

Frider. Christoph. OETTINGER & MOSER *de ortu dentium & symptomatibus, quæ circa dentitionem infantum occurrunt* Tubing. 1770. 4.* Omnis cartilago, & omne os, ex gelatina consistit. In dentibus fetus facies interior coronæ prima durescit, dum exterior mollis, & gelatinæ similis est.

EJ. *De vi corporum organisatorum assimilatrice* Tubing. 1766. 4.*

EJ. & REUSS *de lacte caprillo medicato* Tubing. 1769. 4.*

Christoph Frider. SCHOTT *de anatomia & ejus honore oratio* Tub. 1766. 4.*

Frid. Wilh. TAFINGER *oratio de anatomico ejusque honore* Tubing. 1766. 4.

Thomas Ludov. STUVE *de usu nervorum telæque cellulosæ* præs. BUCHNER Hall. 1766. 4.*

Bened. Christian VOGEL *de regimine secretionum & excretionum* Helmstatt 1766. 4.

Car. Fridericus REHFELD *de partibus constituentibus humorum nostrorum* Greifswald. 1766. 4.*

EJ. & SCHOLZE *de situ fetus in utero materno* Greifswald. 1770. 4. *Holmiæ puerum,

puerum, qui nunc in lucem prodiit, fere novem libras pendere, etiam decem. Caput omni tempore cernuum est, & quindecim ante partum diebus se præceps dat, & in universum eo magis cernuum est, quo fetus maturior.

Ej. & *Samuel Wilh.* REHFELD *an vis irritabilis fibrarum muscularium innata ipsis inhæreat, an aliunde ad eas accedat* Greifswald. 1770. 4.* Tamen a nervis esse.

Georg EGGER *de consensu nervorum* Wien 1766. 8.* Sympathias a nervorum conjunctione nata adoptat.

S. S. BEDDEI *quæstio an pars bilis colorata in intestinis deponatur* Wien 1766. 8.*

Christoph GELBICH *de* OSTRECH *de affectibus animi* Wien 1766. 8.*

J. Baptista URBAS *de sanitatis natura* Wien 1766. 8.*

... ZAUSCHNER *de aquis Töplicensibus* Prag. 1766. Irritabilitatem cordis tamen esse a nervis. In motubus animi faciem expallescere.

J. Nepomuc. Anton. Procopius MEDICUS *de crusta sanguinis sic dicta inflammatoria* Heidelberg 1766. 4.*

J. Daniel MEZGER *nervorum primi paris historia* Argentor. 1766. 4.* Accurata hujus difficilis nervi descriptio. Radices nonnunquam tres: rami cum suis vaginis nares adeuntes. Medulla oblongata læsa demum oriuntur convulsiones. Cl. LOBSTEIN duram meningem insensilem se reperisse testatur, & nervis destitutam.

J. Martin HEMERLE *de secessione terræ a communi humorum massa* Argentor. 1766. 4.*

J. MALON *de siti* Basil. 1766. 4.*

DOMINICI J. BAPT. *de la* BICHE, Pr. Cl. C. BOURRU *Ergo in omnibus humani corporis partibus calor æquabilis* Paris. 1766. 4.*

Ludov. Henric. BOURDELIN, Pr. MITTIE *E. ab actione nervi diaphragmatici prima inspirationis causa* Paris. 1766. 4.*

J. Car. DESESSERTS Pr. GARDANE *Ergo altius recondita famis causa* Paris. 1766. 4.*

Petri Mariæ VIELLARD, Præs. *de la* POTERIE *E. corpori viventi peculiare motus principium est innata fibræ irritabilitas* Paris. 1766. 4.*

J. B. L. Petr. DUMONT, & ROBIN *de la* VOISINIERE *de tendinis bicipitis læsione theses anat. chirurgicæ* Paris. 1766. 4.*

Franc. CABANY, Pr. J. LASSUS, *de fractura maxillæ inferioris* Paris. 1766. 4.*

PIA GASPAR SECUNDUS disputavit Taurini 1766. 4.*

JOH. FYSHE PALMER *de vermibus intestinorum* Edinburg 1766. 4.* Vas longe animalis articulis commune injecto humore replevit.

Nic.

Nic. JADELOT *de fatis medicinæ* Pont-à-Mousson 1766. Contra Jatromathematicos. Pro irritabilitate.

Ej. *De legibus quibus regitur machina vivens* Nancy 1769. 4. Gallice, *Tableau de la machine animale*, ut lego.

In *Journ. de Medec.* 1770. & 1773, arteriam defendit non esse irritabilem, neque caussam aliam pulsus admittit, præter impulsum sanguinis.

IDEM *ad tabulas anatomicas vivis coloribus pictas Arnaldi* GAUTHIER *explicationes* addidit.

Ej. *Memoire sur la cause de la pulsation des arteres* Nancy 1771. 8.* Eadem experimenta, quæ Cl. ARTHAUD. Ostendit aortam pone cor longiorem fieri corde pulsante, & figuram mutare: idem negat fieri, qua arteria a corde remotior est. In equo carotis in quovis pulsu subsilit, & ad caput propius accedit, deinde ab eo iterum recedit. Plerasque arterias in pulsu situm non mutare, ut scripserat *Franciscus* LAMURE, neque ab ea mutatione pulsum esse, neque cor per suam cellulosam telam revinctas arterias de situ depellere posse. Caussam pulsus unicam esse sanguinem, quem cor in arteriam submittit, impetum vero cordis in arteria recta non valde percipi, utique vero, si per flexuram aliquam curvetur. Iterum pulsus est effectus obstaculi, quod digitus motui sanguinis opponit. Nihil ad sanguinis circuitum facere vasorum minorum oscillationem, neque a tensione arteriarum inflammationem esse.

§. MCCXXVII. *Diaria anni* 1767.

In *Philosophicarum Transactionum Vol.* LVII. f. anni 1767. *Carolus* CLARKE agit de proceris Patagonibus, quorum statura a septem ad octo pedes vulgo æstimatur. Sed ea miracula accuratior inspectio sustulit.

Thomas HARMER *de numero ovorum in piscibus*: sunt, qui 3,686,700. numerant.

P. COLLINSON *de magnis ossibus* ad fl. Ohio erutis, quorum dentes maxillares valde similes mihi videntur molaribus Elephanti.

In *Mém. de l'Acad. des Sciences* 1767. *Ludovicus Claudius* CADET analysin bilis dedit, in qua alcalescentiam per putredinem incrementa capientem reperit, & ex qua diversos sales habuit; alterum alcalinum basin marini salis referentem, alterum utcunque adfinem saccharo lactis.

In *Nov. Act. Nat. Cur.* T. V. miram historiam dedit cadaveris post 150. annos effossi, cujus capilli magna incrementa ceperant, & in quo acidissimi liquoris plurima fuerunt vestigia, quem de cadavere manasse oporteat.

D. la FOSSE, Monspeliensis Medicus, *de calamitate*. EJUSD. Cl. viri penes me codex est M.S. *de sanguinis motu retardato per anastomoses*, & *inde nato pulsu*.

In *Nov. Act. Natur. Cur. Vol.* III. ann. 1767. *obs.* 9. *J. Friderich* KRUGELSTEIN

STEIN gravidæ feminæ a sanguinis jactura mortuæ incisionem dat, situm fetus, placentam semibifidam.

Petrus de WESTEN *obs.* 78. fetum descripsit absque brachiis & ano natum.

Gottlob Car. SPRINGSFELD, Archiater Weissenfelsensis, *obs.* 90. fetum bicipitem quadrimanum & tripedem dixit.

Philip. Bernh. PETMANN *obs.* 97. de fetu vivo in utero se agitante, cranio destituto & cerebro.

Commentarii de Bononiensi artium & scientiarum instituto Tom. V. P. I. Bonon. 1767.

Francisci BIBIENA de bombycis anatome, vasculis sericiferis, duplici serici materie. Intestina nascentis papilionis internam membranam dejiciunt, quæ sit pars epidermidis. Succus alcalinus, quo animal telam suam erodit. Interior etiam membrana trachearum decedit. Medulla spinalis in chrysalide oscillat inque papilione. Capite detruncato mas feminam impraegnavit.

Cajetanus MONTI de eruca, cujus papilio femina alis destituitur.

In P. II., quæ eodem anno prodiit, *Aloysius* GALEANI de fabrica renum in avibus; quæ fere ad bubulos renes accedit. Motum in ductibus uriniferis progressivum vidit.

J. B. SCARELLA de visu directo reflexo & refracto. Conjungit ad mutatas distantias mutatam figuram oculi interni, & mutatam iridis diametrum. Satis persuasum ipsi videtur, nos unico oculo uti.

EJ. *Commentarius* XII. *de rebus ad scientiam naturalem facientibus* Brixiæ 1766. 4.* Aliqua oculi anatome. Fibras utriusque generis iridi tribuit. Num ex solo experimento docti de magnitudine &c. judicemus. Non solo in fine optici axis nos videre, & radios obliquos etiam visui sed obscurius conferre. A veloci motu oculi, ad puncta singula objecti videnda conversi, de ejus magnitudine judicamus. Oculum omnino necesse esse mutari, ad remota videnda & propiora. Ad remota oculus antrorsum fertur & se exporrigit. Videre nos in loco finis axis optici vicino. Debuissent hæc poni ad p. 443.

Atti dell' Academia delle scienze detta de fisico critichi T. III. *Joseph* BALDASSARI de mira fabrica maxillæ animalis, ut videtur, marini, in Senensi agro repertæ.

Hic P. TABARRANI, quas diximus, adnotationes.

In *K. Swenska Wetensk. Handling.* T. 28. anni 1767. varia sunt cum suis auctoribus recusa.

Iterum Cl. WARGENTIN de utilitate fastorum publicorum ad vitæ mortisque in quaque civitate vices definiendas. In Suecia M. September fecundissimus est, & menses æstivi steriles, Aprilis funestus.

Sic in *Actor. Helveticor.* T. VI.

Medical

: *Medical observations and inquiries by a society of physicians in London* London 1767. 8.* Fetus ventralis extra uterum sedens, qui videtur ex ipso ovario elapsus esse, CHRISTOPHORI KELLY.

SYMMONDS dentes tertium prodeuntes.

William HAY fetus in ventrem effusus, cujus tamen placenta in utero erat.

WADE de enormi obesitate.

In *Journal de Medecine* T. 26.

DESLANDES, Chirurgi, hydrocephalus cum capite difformi.

PICAMILH de tela cellulosa, cujus declarationem non æquus *Theophilo de* BORDEU tribuit.

LEAUTAUD de digiti pene integre soluti reconciliatione.

DAUNOU magnum fragmentum ossis per cariem amissi restitutum.

SAUCEROTTE placenta in cellula uteri.

GARDANE pro pulsibus Cl. de BORDEU.

CORDON, Medicus, tres ejusdem matris partus parte brachii cute destituta nati.

T. 27. de VILLENEUVE de infante, cui urina de spongioso tumore supra os pubis stillat. Habet pro vesicæ urinariæ hernia.

TELMONT de graviditate duodecim mensium non suspecta.

ROUGERES de renato ungue.

ROGER de pulsu dicroto aliisque criticis pulsibus: tum ROBIN de iisdem.

HERLIN, Chirurgus, excissa vesicula fellis feles vixisse.

DESBREST contra graviditatem octodecimestrem D. MARTEAU.

Stralsundischen Magazins erster Band ib. 1767. 8.* Hirudines riparias esse, quæ in arundinetis demersæ reperiantur. In canibus facta experimenta, ex quibus constitit, nuce vomica naturam irritabilem cordis & musculorum destrui, augeri in intestinis. Pro hydatico animale TYSONI; verum esse animal. Pro voce cygnorum ferorum, quæ pro cantu haberi potuit. Anates feminas mortuas & ligneas ineunt. De injectis vasis, quæ parenchymate per erodentes liquores liberantur. De insectorum alis per humorem & calorem evolutis, de papilionum sudore, de fecundatione ovarium papilionis arte facta. De conservandis corporibus naturalibus. De anseris Chinensis pancreate bilobo, & multiformi. Pullus cyclops, proboscide quasi elephanti, capite deformi, non a terrore, sed a primordiis. Ad historiam naturalem rangiferi. Porcelli deformes tribus digitis. Viæ bilariæ buteonis: ductus hepaticus in vesiculam felleam inseritur.

In T. II. porcellus cyclops proboscide elephanti. PARET de causa partus, quæ est in uteri irritatione.

Natuurkundige verhandelingen Amsterdam 1767. 8.* Aliquot libellos possideo

deo hoc titulo editos collectaneos, omnino ex variarum linguarum scriptoribus sumtos.

Petri ORTESCHI T. V. *Anton.* ALGHISI de duobus, ut videretur, connatis fetubus, cordibus duobus in unico pericardio.

PEVERINI de ossibus male formatis.

Uterus in femina gravida nihilominus crassus.

Culices ex quibus anguillæ.

Vita SANTORINI a filio scripta.

In *verhandelingen der Holland. maatschappy* T. IX. P. III. Harlem 1767. 8.*

C. C. *v.* BRAAM HOEKGEEST de chamæleonte. Naturalem colorem cinereum esse. Non induere rubrum, nec album (nec cæruleum). Vivos parere catulos.

In *N. Hamburger Magazin* hujus anni narratur de hirundine, quam post 80 minuta horæ, cum plane mortua videretur, in rostrum aër inflatus reviviscere fecit, ut cor pulsaret, sanguis in hepate circumiret, pulmone quidem immoto.

In *Abhandlungen und Erfahrungen der œconomischen Bienengesellschaft in der Oberlausiz* anni 1767. T. II. HORNBOSTEL ceram sudare ex sex annulis abdominalibus. Opercula cellularum non fieri cera. Reginam absque ullo marium commercio fecundam fuisse. Porro alii defendunt, quemlibet vermem triduanum operariæ apis, posse in reginam perfici. Vidisse se duas cellulas populares in regias, destructis vicinis cellulis, reformatas fuisse, neque in iis vermibus, qui in reginam convaluerunt, ullum ab aliis vermibus fuisse discrimen: caussam majoris incrementi unice in aromatico esse alimento.

§. MCCXXVIII. *William* HEWSON.

Will. HEWSON, Cel. incisor, in *Med. obs. by a soc. of physicians at Londres* T. I. 1767. 8.* Aëris in cavum pectus effusio, a quo pulmo comprimitur, & respiratio impeditur; manifesto argumento aërem secundum naturæ leges pulmonem inter & pleuram non contineri.

IDEM in *Phil. Transf. Vol.* LVIII. descripsit & delineavit vasa lactea, pellucida quidem, & lymphatica vasa avium, ductusque duos thoracicos in venas jugulares insertos. In testudine etiam vasa lactea detexit. Etiam in asello Kabeliau & in raja vasa lactea argento vivo se replevisse.

In *Phil. Transf. Vol.* LIX. denuo *de vasis lymphaticis, quæ eadem lacteorum locum tenent in avibus, quadrupedibus frigidis, & piscibus.* Testudo, ut aves, glandulis conglobatis destituitur, ductum vero thoracicum habet, vasaque lactea & lymphatica plena plexubus, in venas jugulares immersa. In piscibus & lymphatica & lactea vasa in cisternam communem aperiuntur, ex qua duo porro ductus thoracici adscendunt. Nullæ in his vasis valvulæ. Cuique villo intestinali, suus est lacteorum vasorum plexus.

IDEM in *Phil. Tr. Vol.* LX. tres dissertationes *de sanguinis natura* dedit. Duas hic facit lymphæ species, lympham cui hoc nomen integrum servat, & quæ continuo in aëre cogitur, & serum, quod calore demum 160° FAHR. coit. Sanguinem venosum ab aëris tactu floridiorem reddi. Sales medii sanguinis fluiditati favent. In vase bis ligato sanguis cogitur, sed tarde, & videtur aëris accessus ad coagulationem sanguinis requiri. Sanguinem ab inflammatione potius solvi quam cogi, & a solutione esse crustam, quæ dicitur inflammatoria. Eo celerius etiam cogitur, quo lentius fluit.

Hæc experimenta recusa & aucta redeunt in *experimental enquiries on the proportions of the blood, with some remarks on its and an appendix relating to the lymphatic system in birds fishes and amphibious animals* London 1771. 8.* Duæ dissertationes prioribus hic additæ sunt. Primum cogi sanguinem, qui ultimus de vena fluxit, cum ægrotus jam debilis esset: tardissime vero sanguinem cogi, de quo crusta coriacea secedit. De sero flavescente pellucido, globulis minimis rotundis. Eo refert G. HEWSON chylum, qui dictus est cum sanguine circumferri.

In *appendice* disputat de gloria inventorum vasorum lacteorum & lymphaticorum, quam junior MONROUS sibi tribuit. MONROUM anno 1761. primum hæc vidisse, se anno 1758. lymphatica vasa ostendisse, lactea a. 1763.

EJ. *Inquiries* P. II. *containing a description of the lymphatic system in human subjects and animals, with observations on the lymph* London 1774. 8.* Vasa lymphatica descripta. In artubus duos eorum ordines reperiri, subcutaneum, & alterum profundum. In crure duo ordines in glandulis inguinalibus uniuntur, in brachio in axillaribus. Inferiora porro cum venis lymphaticis abdominis, & lacteis vasis conjungi, nullam tamen cisternam esse. Vasa lymphatica pulmonis in ductum thoracicum, & in venas rubras pariter aperiuntur. Iterum vasa lymphatica avium, piscium. Testudini chylus pariter pallescit. Ut præparentur. Omni animali suum communem horum vasorum truncum esse. Vasa lymphatica sola humores tenuiores resorbere, non rubras venas. Villi intestinorum ab ano ad ventriculum: diminuntur sensim in œsophago, in ventriculo fere similes, in tenui intestino longiores & lati, in crasso perbreves. Cuique villo suam arteriam esse, suum nervum, suum, certe probabiliter, rete lacteum. Ostia eorum vasorum in villis vidit. Ampullas LIEBERKUHNII refutat, tum glandulas renum. Papillas a sanguine erigi posse.

In *Comment.* DUNCANI T. I. conjectura de liene, qui totus ad systema lymphaticum pertineat. Cellulas esse lymphatici generis. Glandulas conglobatas esse fasciculos vasorum lymphaticorum.

In *Phil. Trans. Vol.* LXIII. memorabilis diss. de moleculis sanguinis, omnino ad sensum J. M. a TURRE agit, contra ea quæ SPALLANZANUS, FONTANA & HALLERUS vidit. Globulos sanguineos planos esse, non quidem anulos. Mole in diversis animalibus differre, in aqua debere inspici (quæ tamen encheiresis Cl. viri eorum figuram mutare potest). In medio solidam partem habere pel-

 lucido

lucido ſacculo cinctam. A putredine anguloſos reddi. Figuram non mutari. Cancri globulos ſphæricos eſſe. Lactis minores globuli. Icones obſcuræ.

De his planis particulis egit in *Comm. Medic.* IX.

Repetuntur hæ obſervatioves in *Journ. des Savans* ed. Belg. 1774. Octobr.

§. MCCXXIX. *Antonius* PORTAL.

In *Hiſt. de l'Acad. des Scienc.* 1767. deſcripſit renem ex duobus coalitum.

In *Journ. des Savans* Nov. 1767. deſcribit urachum, qui ſolidus ſit. Repetit hanc deſcriptionem in *Mem. de l'Acad. des Sciences* 1769. In fetu bronchum ſiniſtrum magis ad perpendiculum, in adulto magis ad horizontem parallelum poni, eumdem bronchum magnam arteriam comprimere.

In *Précis de chirurgie pratique* Paris 1768. 8. 2.Vol.* Multa argumenti ſunt phyſiologici. A ſtimulo cordis motum eſſe & irritabilitatem. Cyſtides in celluloſam telam reſolvuntur. Nervum ſe vidiſſe, qui cum arteria in tubum medullarem oſſis ſubiret. Humorem inter cerebrum & duram membranam vivi animalis impulſum reſorbtum fuiſſe. Nullum dari internum perioſteum. Membrana tenuiſſima lentis cryſtallinæ. Ex ea fibræ in lentem ipſam penetrant. Diverſa eſt a capſula elaſtica. Humore vitreo abundante pupillam dilatari. Non putat dentes in alveolos depoſitos comprehendere. Foramen tympani clauſum circulo oſſeo, nato ex dura membrana exque perioſteo.

Ej. *Hiſtoire de l'anatomie & de la chirurgie* Paris 1770. 8. 6.Vol.* Eo cautius oportet me de hoc opere judicare, cum fere ejuſdem generis opus ſcripſerim. Ordo pariter chronologicus; ſcopus eſt indicare, ut quisque auctor de re anatomica meritus ſit; phyſiologica enim paulo minus curat, & chirurgica hoc meo opere non tango. Multum certe laboris vir Cl. poſuit in legendis præcipuis ſcriptoribus ſeculi XV. & XVI.; multi etiam auctores non aliunde mihi innotuerunt, Gallici fere & Italici, Cl. viro cogniti, qui in urbe ampliſſima, bibliothecis inſtructiſſimis divite, habitat. Ad vitas ſcriptorum, magis quam ego, reſpexit.

In *Mem. de l'Acad.* 1770. capræ caput abſque malo perforavit. De tumoribus agit, quorum membranæ fiunt ex celluloſa tela craſſeſcente. Fetus nunc in lucem editi fabricam comparat cum fabrica hominis adulti. IDEM de pulmone, cujus vaſa repleverat in meraco acore macerando deſtruxit, quod non repletum erat. Ita invenit venas pulmonales arteriis majores eſſe. Canalem in medulla ſpinali ſe detexiſſe, qui in calamum ſcriptorium continuetur. Ventriculos cerebri non continuari. Icon ductus thoracici. Nullum dari chyli receptaculum. In phoca ventriculum cordis ſiniſtrum dextro majorem eſſe.

Ej. *Letre à Mr.* PETIT Paris 1771. 8.* DU CHANOY inciſor PETITI ſcripſerat adverſus PORTALII hiſtoriam anatomes & chirurgiæ. Noſter hoc ſcriptum PETITO tribuit, & acriter reſpondet. GALENUM putat anatomen minus per-

perspexisse. Videri RIOLANUM verum ordinem & veras insertiones musculorum interosseorum invenisse, non HABICOTIUM. In WINSLOWUM aliqua.

In ejusd. *Raport sur la vapeur du Charbon* Paris 1775. 8.* de respiratione aliqua. Animalia in noxio aere perire dum inspirant. Non omnia animalia posse ad vitam revocari. Cerebrum frigus lædit. Cerebrum in suffocatis sanguine obrutum esse, sic dextras caveas cordis.

Huc omnino revoco, uti canicidia ad DRELINCOURTIUM, ita ad PORTALIUM *lettre à M.* COLOMB *sur un cours de physiologie fait en* 1771. *par M.* PORTAL Paris 1771. 8.* Auctor dicitur COLOMB, studiosus medicinæ, sed experimenta PORTALII sunt. Ea omnino nostrorum simillima sunt, ut tamen mea viginti annis antiquiora sint. Nervi involucra parum sentiunt, medulla minime. Dura membrana cerebri, tendo, arteria, nervi sensu carent. Animal mortuum inflato aëre revixit. Revincta aorta cordis motus violentior fit. HARVEJANI eventus arteriarum & venarum ligatarum. Ordo successivus, quo partes cordis saliunt. Venarum maximos truncos etiam micare. In exspirando inflari venas jugulares, inter inspirandum easdem depleri. Pulmonem nunquam a pleura discedere. Recurrentem nervum ligatum aphoniam facere. Bubulam vocem utique per laryngem bubulum inflando obtineri. Experimenta facta aëre de vesica extracto.

In *Journ. de Medec.* 1773. Jul. fetus galea cranii destitutus.

In *Hist. de l'Acad.* 1771. Columba duobus rectis intestinis, duobus anis, tertio crure. In alia duæ asperæ arteriæ confluentes. Et tamen pulmonis arterias venis angustiores esse.

§. MCCXXX. *Varii.*

MATTHYS *van der* HAAGE *ontleedkondige afbeeldingen* Amsterd. 1767. 4.* Quod accepimus, historia est artis anatomicæ, & tabulæ ossium, vivis coloribus ornatæ, mediocre opus.

Hoc anno 1767. societas benevolorum hominum *ad servandos submersos* coaluit. Scopus est præmiis eos excitare, qui miseros servarent. Neque inutilis labor fuit. Ediderunt quoque anno a 1768. libellum, quo optimi successus inflati aëris, venæ jugularis incisæ, aut fumi tabacarii in anum pulsi, aliorumque auxiliorum narrantur, ut post 15, 30, 45 horæ minuta homines de aquis extracti convaluerint. Gallice audiunt *Histoire & memoires de la societé formeé à Amsterdam pour les noyés* Amsterdam 1768. 8.* Potissimum tamen fumum Nicotianæ urgent, qui per anum subdatur. Convoluti super dolium potius pereunt.

E. P. SWAGERMAN, Chirurg., edidit Amst. 1767. 8.* (Conf. B. *Chir.* II. p. 530.) *Ontleed en heelkondige verhandeling van het waterhoofd het watergezwell en andre bekande gebreeken des rukgrades.* Fusum opus. Ut ex hydrocephalo possit species bufonis nasci, ut ossa inæqualiter crescere possint, & gigantea ossa frontis produci.

ci, quale in thesauris Academiæ Leidensis servatur. Exempla cervicis bifidæ, ossis sacri bifidi, spinis vertebrarum non conferventibus. Medullam spinalem, caudam equinam & tegumenta describit. Ut spinales processus embryonis membrana, inde cartilagine, demum osse conjungantur. Ab aqua congesta impediri membranam, ne in os abeat. Fuse de causis claudicationis. Utique ossa perfecta & dentes crescere. Contra nævos. Terroris effectus exspectati, nulli fuerunt. Contra modulos; non deesse puero præputium, neque aures ei perforari. Duram meningem cranii esse involucrum, non cerebri. Odor demonstrat exhalationem internam externæ faciei piæ meningis, internæ duræ, & ventriculorum.

Ontleed en heelkondige verhandeling van het uytzakken der scheede Utrecht 1767. 8.* Partes ipsæ obiter descriptæ.

Manier van de water gezwellen te opereeren en te behandelen Roterd. 1767. 8.* Ex Gallico versum, minuta cura conscriptum opus. Insensibiles tendines omnino gratus recipit auctor.

§. MCCXXXI. *Varii Itali.*

VALLI *trattato del parto naturale e dei parti devenuti difficili per la cattiva situazione del feto* Paris. 1767. 8.

Paolo ZAMBALDI *saggi per servir alla storia dell uomo*, si huc facit, Venet. 1767. 8. 2. Vol.

Caspari M. FORLANI *rariores observationes medico-practicæ aratomicæ Dec.* I. Venet. 1767. 8.* Uterus in duas caveas divisus, confluentes in unicum ostium.

Francisci Maria FERNANDEZ *nuevo discorso de la generacion de las plantas, insectos, hombres y animales* Madrid 1767. 4.

§. MCCXXXII. *Varii Galli.*

SIGAUD *de la* FOND *leçons sur l'œconomie animale* Paris 1767. 12. 2. Vol.* Non quidem incisor, physicus magis, & hypothesibus addictus. Cartilagines tamen ab usu rubiæ subrubescere, solus omnium vidit, qui hæc experimenta repetierunt. Pallere agentem musculum. Meninges acriter sentire. Pro retina.

Dedit etiam *Cours de physique experimentale* Paris 1769. 12. 3. Vol. Oculus ex ALBINO, & visio.

M. *le* V. M. & *de la* M. *Dictionnaire de Chirurgie contenant la description anatomique des parties du corps humain* Paris 1767. 8. 2. Vol. Non vidi.

DURADE *Diss. sur la nutrition*, *qui a remporté le prix &c.* Berlin 1767. 4.* Non quidem incisor, pharmacopola potius & *Francisci* ROUELLE discipulus. Mucosum humorem a gelatinoso non distinguit, ab eo corpus ali dicit. Salivam nerveo spiritu abundare, gratis recipit; sanguinis ruborem a ferro esse dudum post nos & STORMIUM. Secretionem per telam cellulosam fieri, non vere. Recusa est diss. Paris. 1767. 12.

Jean RIST *abregé methodique des principes d'anatomie & de chirurgie* Strasbourg 1767. fol.* Chirurgus WINSLOWUM excerpsit.

E. DEL BARE *dissertationes ad artis theoriam & praxin, quarum tertia est de venæ sectione & ejus effectibus hydraulice consideratis* 1767. 4.

DEMANET *nouvelle histoire de l'Afrique françoise* Paris 1767. 12. 2.Vol.* In T. II. agit de animalibus, de plantis, de hominibus. Atrum colorem esse unice a solis æstu, neque a reticulo: primos incolas albos fuisse, sensim atrorem subrepsisse: Lusitanos in Africa a tribus seculis degentes, nigros esse.

Catalogue systematique des curiosités de la nature . . . du Cabinet de M. DAVILA Paris 1767. 8. 3.Vol.* Rajæ dentes per totam maxillam. Serpens biceps.

THOME' *art d'elever les vers-à-soye* Paris 1767. 8.* Calor ad excludendos bombyces ne superet 20. gr. REAUMURII. Aestu vita bombycum abbreviari potest, sed cum jactura. Non timent tonitru.

§. MCCXXXIII. *Varii Germani.*

MOSES MENDELSSOHN, hebræus, vir acerrimi ingenii, circa hæc tempora edidit suum PHÆDONEM, s. SOCRATICUM *sermonem de animæ immortalitate & natura incorporea.*

Frider. Henr. Wilhelm. MARTINI vertit GEOFROI *de conchyliis* Nürnberg 1767. 12.*

Edidit *Berliner Sammlungen*, *Berlin. Magazin*, *Mannigfaltigkeiten*, *hist. conchyliorum* V. I. II.

Cum historia naturali passim anatomen conjunxit.

Philip. Gabriel HENFLER's *Beytrag zur Geschichte des Lebens und der Fortpflanzung der Menschen auf dem Lande* Altona 1767. 4.* Partus ad viventium numerum ut 1. 26. vel 27. (Segebergæ in Holsatia), mortui ad viventes ut 1. ad 36. Anno primo quarta pars natorum perit, decimo dimidia interiit. Pueri numerosiores, puellæ vivaciores.

Joseph Georg PASCH's *Abhandlung aus der Wundarzney an den Zähnen &c.* Wien 1767. 8.* Dat etiam anatomen.

Jac. Herman OBEREIDI *universalis confortativa methodus* Carlsruh 1767. 8.* Elementa corporis humani. Irritabilem naturam etiam cum inanimatis corporibus communicat. Terram globulorum sanguinis vitrescere. Tres humores viscidi, mucus, gelatina, oleum, inde temperamenta. Perfectio temperamenti est in conjuncta cum acri sensu constantia. Curationem morborum irritabilitati fere superstruit.

Paul J. Wilhelm MUNNICH *Etwas für Fremdlinge in der Kunst in medicinischen Briefen* Quedlinburg 1767. 176 . 8.* In brevi physiologia motum cordis ad irritabilitatem refert, &c.

J. Bapt. SCHLUGA *primæ lineæ cognitionis insectorum* Wien 1767. 8.* ob partium definitiones.

Maurit. Ant. CAPPELER *historia M. Pilati* Basil. 1767. 4.* De ranis agit ex piscina S. Urbani, similibus ranarum Surinamensium, pariter in pisces degenerantibus. Reperiri bipedes & quadrupedes; illis inclusum piscem spithamalem.

§. MCCXXXIV. *Varii Angli.*

A comparative vieuw of the state of the faculties of man with these of the animal world London 1767. 12.* Tribuunt *Jacobo* GREGORY. Potissimum de prima infantum modo natorum cura.

EJ. sed addito auctoris nomine, *lecture on the duties and qualities of physician* Edinburg 1772. 8.* Physiologiam non debere in cadaveribus subsistere, cum in homine principium internum sit, quod plerasque functiones dirigat.

EJ. *Elements of the practice of physik* London 1774. 8.* Hypotheses studiose vitat. Frigus ad sensum, quod ad thermometrum nullum est.

A treatise on the efficacy of a crust of bread Lond. 1767. 8.* De salivæ summa utilitate in ciborum coctione. Cum oleo facile misceri.

§. MCCXXXV. *Disputationes.*

J. Christoph. HARRER *de partu serotino valde dubio* Gotting. 1767. 4.* præf. R. A. VOGEL. Contra *le* BAS; paucos ultra nonum mensem dies matribus dat, male calculos ponentibus.

Georg. Dav. ALBRECHT *de ischuria* Gotting. 1767. 4.* Partium urinam secernentium descriptio.

Thomas HOULSTON *de inflammatione* Leid. 1767. 4.* Nihil firmi in globulis sanguineis esse; nullam noxiam humoris perspirabilis indolem. Sanguinem arteriosum utique venoso magis rubere. Inflammationem esse in natura irritabili arteriarum. Duas lymphas HEWSONIANAS habet.

Casimir DA COSTA CAETANO *de studio medico* Leid. 1767. 4.* de vi vitali.

Guil. COOPER *de abortionibus* Leid 1767. 4.* Fabricam placentæ HUNTERIANAM describit; vasa arteriosa & venosa uteri in cellulas placentæ aperiri. Decidua membrana, quæ involucrum est uteri, & per vascula minuta cum eo cohæret. Serum sanguinis cogi gradu 160. FAHRENHEITII.

Thomæ COGAN *de pathematum animi vi & modo agendi* Leid. 1767. 4.* Anima musculos animat. Opium externo usu dolorem obtundere, & tamen secretionem cutaneam augere, si cantharidibus addatur. Rubor pudoris a sanguine est, in arterias lymphaticas subeunte. Secundum HUNTERUM polypos in morte demum nasci.

DIEDERIC *van* RHYN *de dolore* Harderwic. 1767. 4. C. L.

Andr. RIEBECK *de saliva* Leid. 1767. 4.

J. Wilh. IPREN (si recte legi) *de quæstione controversa, num deligatio funiculi umbilicalis sit absoluta necessitatis* Duisburg 1767. 4. Non esse.

Jacob

Jacob Joseph WINTERL, Prof. Tirnav., *inflammationis theoria nova* Wien 1767. 8.* Minime timidus, sanguinem ex arteriis in earum contractione altius salire adfirmat. Fuse de motu sanguinis; nervis magnas in motu cordis partes tribuit; & tamen cor sentire negat. Arterias magis dilatari, quam impulsus sanguis poscat. Stimulus cor constringit, arteriam expandit. Distantes arterias per communicantes nervos sympathice moveri. Gangliis corticalem inesse naturam, & ea communicationem motus facere.

Horat. Benedict. de SAUSSURE *de generatione* Genev. 1767. 4.*

Laurent. PRASSEN *de somno naturali & pomeridiano* Wien 1767. 8.

Andreæ Bernhard KIRCHVOGEL *de natura electricitatis aëreæ* Wien 1767. 8.* Cum in pice staret, & torrente electrico perfunderetur, pulsus 14. in minuto primo ad priores accesserunt.

Simon LAURIN *de ossium genesi a morbis* Wien 1767. 8.*

Rudolph BUCHAVE *de peritonæo* Præs. E. G. KRAZENSTEIN Hafn. 1767.

Hermann BLUM *de gelatinosorum humorum corporis humani coagulis* Lipsiæ 1767. 4.*

Ernst PLATNER *de vi corporis in memoriam* Lips. 1767. 4.* Simulachra corporea defendit.

EJ. *Specimen secundum memoriæ vicissitudines sistens* Lips. 1767. 4.

EJ. *De anima, quo sensu crescere dicitur* Lips. 1768. 4.

EJ. *Briefe eines Arztes an seinen Freund über den menschlichen Körper* Lips. 1770. 8.* Physiologia, in qua non descenditur in minutias, quas noster non amat. Fibra, cor, respiratio. Cordis motus est a stimulo. Post detectam irritabilitatem miratur, STAHLIANOS aliquos superesse. Nervos tamen ad cordis motum facere. Arteriarum obscura est irritabilitas. Sanguinis elementa & analysis. Pulmonem fieri vesiculis apertis. Non bene neglectam fuisse firmitatem majorem costæ supremæ. Nullum thoracem inter & pulmonem aërem esse. Mallem non dixisset, odia inde nata HAMBERGERI, paribus odiis repensa fuisse. Constat tamen retro a 22. annis, totam controversam illam de respiratione quæstionem a me ita retractatam fuisse, ut ne remotissimus quidem offensæ locus supersit, aut vel nomen HAMBERGERI citetur. Musculos teretes subjici irritabilitati, longos voluntati. Pro tubulosa nervorum fabrica.

T. II. 1771. 8.* Recte, inflammationem quæ fit ab effuso sanguine, GALENO non fuisse ignoratam. Organa coctionis ciborum. Debilem fibram posse valde irritabilem esse, & vicissim. In ventriculo non fermentatio quidem, sed nisus eo tendens locum habet. Ventriculum sapores dignoscere. Videri tamen a vena cava ramos ad intestina ire.

EJ. *Anthropologie für Aerzte und Weltweise* ib. 1772. 8.* SWIETENIUM nihil habere proprii. Physiologiam noster pro philosophis scribit. Se diversum quid esse a corpore suo, nam id corpus per partes amittere posse, neque ideo

seipsum

ſeipſum dividi. Nervos non agere ut chordas tenſas. Animam eſſe in ratione medullæ cerebri. Non ſemper cogitare. Impreſſiones in medullam poſſe imagines eſſe. Conſcientia corpori non data eſt. Memoria non ſedet in anima. De nexu idearum. Non omnis repræſentatio in anima in prioribus repræſentationibus fundatur. Contra vim imaginationis maternæ & nævos. Vires animæ & facultates.

Chriſtoph. Alb. KLIMM *de ſecretionum in corpore humano natura & cauſis* Lipſ. 1767. 4.* Alchimiſta.

Chriſtian Frid. KADELBACH *de exhalatione* diſp. I. & II. Lipſ. 1767. 4.* De tranſpiratione animalium.

Daniel Chriſt. BURDOCH *de vi aeris in ſono* Lipſ. 1767. 4. potius phyſicus.

Adolphi Juliani BOSE *de morbis corneæ ex ejus fabrica declarandis* Lipſiæ 1767. 4.* Non poſſe a ſclerotica tunica corneam ſeparari: ſenſu eam carere. Pro vi corneæ refringente. Circulus oſſeus corneæ avium tunicæ a rubia tingitur. Laminæ corneæ ab aqua reſorbta mire craſſeſcunt.

EJ. *De differentia fibræ in corporibus trium naturæ regnorum* Lipſ. 1768. 4.*

J. Georg STOERZEL *de ſingultu* Hall. 1767. 4.* præſide BUCHNERO. Sonum eſſe ab aere inſpirato.

Chriſt. Theophilus MAYR *de vero & genuino tonſillarum uſu* Jen. 1767. 4.*

EJ. *Elementa phyſiologiæ* HAMBERGIANÆ *in uſum prælectionum Academicarum* Jen. 1769. 8.*

EJ. *De arte ſphygmica nuperis obſervationibus illuſtrata* ib. 1771. 4.*

Adolph Albert HAMBERGER *de ſecretionibus* Jen. 1767. 4.*

Chriſtian LOEBER *de cordis fabrica & functione & de ſanguinis per cor & vaſa ſanguinea circulatione* Erford. 1767. 4.*

J. Phil. NONNE *de cuticulæ totius corporis deſquammatione poſt prægreſſam inflammationem* Erford. 1767. 4. Exemplum ſecedentis a capite ad calcem cuticulæ. Fabricam videri ex muco fieri indurato.

EJ. *De meſenterio* ib. 1767. 4.*

EJ. *De ſanguinis tam fluidi, quam in ſcybalorum formam coacti, per alvum excretione* ib. 1767. 4. Exemplum, & fabrica inteſtinorum.

Georg Philip. MICHAELIS *de actione aëris in corpus humanum* Marb. 1767. 4.*

Frid. REICHENBACH *cautelæ & obſervationes circa extractionem cataractæ nec non methodum ſynizeſin curandi* Tubing. 1767. 4.* Anatome aliqua oculi.

Adolph KELZ *de temperamentis corporis humani in ſtatu hominis ſani* Gieſſen 1767. 4.

Anton. Joh. GULDENSTETT *theoria virium corporis humani primitivarum* Francof. ad Viadr. 1767. 4. Irritabilitatem vult & ſentiendi vim.

J. Gottfr.

J. Gottfr. MORGENBESSER *de fetus non vitalis partu dirigendo* Francof. ad Viadr. 1767. 4. Anatomia uteri.

Joseph DOERNER *corpus animale chemista* Argentor. 1767. 4.*

J. Michael ROEDERER *de natura bilis* Argent. 1767. 4.* Pr. & adjuvante R. J. SPIELMANN. Bilis hepatica in homine modo nato insipida, in adulto mitius amara est, quam aqua gravior; fere eodem cum cruore sanguinis pondere. Serius quam sanguis putrescit, nunquam ambræ odorem induit. Acor fætorem impedit. Bilis cum oleo vitrioli vehementer fervet. Quando aqua exhalavit, flammam conjicit. In vena portarum aliquanto plus esse acoris. Fossile alcali in bile esse. Non verum continet salem. Aliquid de saponis natura habet, & oleum aquæ miscet &c.

EJUSD. *De valvula coli* Argentor. 1768. 4.* Discipulus Cl. LOBSTENII, a quo & adjutus est. Fibræ transversæ intestini continuantur in valvulas, & in eas se dispergunt. Fibræ transversæ tenuis intestini cum coli fibris uniuntur. Fibræ ejus longæ in cæco intestino in anulares abeunt, neque valvulas adtingunt. Diversa in variis animalibus fabrica. In equo humanæ similis est. In carnivoris animalibus colon habet sphincterem. In homine & fabrica partis relapsum impedit, & vis contractilis; hæc sola in carnivoris.

J. Ernst NEUBAUER *de tunicis vaginalibus testis & funiculi spermatici* Giess. 1767. 4.* Egregia diss. Professoris nunc Jenensis. Tres vaginæ sunt: communis vasis spermaticis & testi; propria vasis: & propria testi, quæ eadem saccum cæcum inter testem & epididymidem facit, &c.

EJ. *De epiplooscheocele, cujus receptaculum peritonæi mentiebatur processum, testem & epididymidem simul continentem* Jen. 1770. 4.* Peritonæum in digitabulum productum, cum icone.

EJ. & ERDMANN *descriptio arteriæ innominatæ & thyreoideæ cum icone* Jenæ 1772. 4.* Nova & accurata descriptio. De tendine cordis, de linea callosa super valvulas arteriarum ducta: Sinus VALSALVÆ. Arcus aortæ ejusque varietates; rami tantum duo, alias quatuor, aliæ varietates. Arteria thyreoidea inferior etiam ex aortæ arcu nata, & ex mammaria. Duæ glandulæ thyreoideæ. Vasa cordis.

EJ. *Descriptio anatomica nervorum cardiacorum. Sect.* I. *de nervo intercostali cervicali dextri inprimis lateris* Francof. 1772. 4.* Egregium opus, magno labore natum & rerum difficillimarum. Excerpi vix potest. Quare pauca exempli loco decerpam. Nervus sympathicus magnus nihil habet a quinti paris ramo primo; neque rete CATIANUM in carotide adest, neque ex cellulosa tela nervi oriuntur. Ganglion cervicale primum. Raro sympathicus nervus aliquid ab octavo habet. Nervi molles. Gangliolum caroticum nostrum. Laquei, quibus nervi molles arterias amplectuntur. Plexus pharyngeus, laryngeus. Nervus cardiacus superficialis. Ganglion cervicale medium. Ganglion cervicale imum. Rami ab eo ad cordis magnum plexum. Ganglion cardiacum. Ganglion thoracicum primum, ejus cum plexu cardiaco conjunctio, &c.

Ej. *De triplici nympharum ordine observatio anatomica* Jen. 1774. 4.*

Ej. *Peritonæi conceptaculum tenuia intestina seclusa continens* Jen. 1775. 4.* I. II. Francof. 1776. 4.* Ex eo sacco per foramen proprium ilei intestinis finis exibat.

Christ. Frid. JÆGER *de antagonismo musculorum* Tubing. 1767. 4.* Præside *Ferdinando Christoph.* OETTINGER.

Ej. *Observationes de fœtibus recens natis jam in utero mortuis & putridis cum subjuncta epicrisi* R. A. STORRIO Tubing. 1767. 4.* Bona disputatio. Putridus fetus enatat, idem perfecta putredine subsidet. Pulmones fetus mortui nati aquæ per putredinem supernatant: ipse fetus etiam putridus non enatavit.

J. Jac. TSCHUDI *de singultu* Basil. 1767. 4.* Sonum fieri in summa inspiratione, aëre in glottidem irruente, diaphragmate spasmodice contracto.

Hugo CAPET & *le* MOINE *E. recens natis lac maternum* Paris 1767. 4.*

Thomas le VACHER *de la* FEUTRIE, Præs. GUENET *E. sui sunt capiti, pectori, abdomini & artubus sensus peculiares, & reliquorum corporis humani sensuum revera principes* Paris. 1767. 4.*

Ej. & GUILLOTIN *E. vesiculæ felleæ bilis per ductum cysticum mittitur* Paris. 1768. 4.*

J. Baptista Eugenius de MANGIN *E. pro varia ætate variat temperamentum* Paris. 1767. 4.*

Ambrosio Augusto BELANGER Præside A. BLASIUS PELÉE *E. sola bilis pars colorata in intestinis deponitur* Paris. 1767. 4.*

Bertrand DUPUY & *Car. Gabriel le* PREUX auctor *Ergo ex minoribus diversis & pene infinitis sanguinis circuli componitur ipsissimet circulus universalis* Paris. 1767. 4.*

BERN. *du* PUY & *de la* NOUE *E. fit decompositio bilis in intestinis* Paris. 1767. 4.*

J. DARCET & MITTIE *E. a ganglio nervi intercostalis omnium partium consensus* Paris. 1767. 4.*

Henr. RAYMOND & *Joseph. Anton.* COUTAVOZ *E. arteriæ ut sensibiles, sic irritabiles* Paris. 1767. 4.*

Osma Aug. LEZURIER & MAIGROT *E. in triplici corporis cavitate diversi sanguinis circuitus* Paris. 1767. olim BARON a. 1732.

Joh. TREMBLEY *de generatione* Genev. 1767. 4.*

CAROLI MARIÆ VICTORII ANSELMI *Meletemata physico medica* Turin. 1767. 8.* Capillos vidit ramosos, eos vidit etiam ex corpore cutis oriri, & ubi nulla est pinguedo: superficiem porosam esse. Nasci etiam ex cute, non ex adipe.

Petri

Petri Joh. VASTAPANA *Exercitatio physico medica* Turin 1767. 8.* De tunica cellulosa: de cute & ejus succis.

Thomæ SMITH *de motu musculari* Edinburg 1767. 8.* Vim insitam musculorum tamen a nervis esse; etiam ea animalia nervis pollere, quibus neque caput sit, neque oculi. Solum inter sales marinum ranarum musculos in motum ciere, paucos alios idem posse nervis irritatis. Hæc incredibilia.

J. H. SCHOENHEIDER *de impotentia motus animalis* Hafn. 1767. .*

§. MCCXXXVI. *Diaria anni* 1768.

In *Phil. Transf. Vol.* LVIII., quod hujus anni res gestas continet, aliqua pertinent ad rem nostram, *Josephus* BENVENUTUS, qui caput maximum descripsit.

In *Mem. de l'Acad. des Scienc. de Paris* 1768.

HERISSANT & CONDAMINE cochleis caput amputarunt, & viderunt renasci, & una cornua & dentes, ipsosque oculos.

DUPEIRON menses in femina 91. annorum manantes.

TILLET Equa simul & uno partu & equum peperit & mulum.

In *Mem. de mathematique & de physique présentés à l'Acad. des Scienc.* T. V. a. 1768. edito, ERNAULD de suo artificio, quo surdos loqui docet. Plerosque surdos natos ingenio pollere. Aliqua de motubus oris, quibus literas efficimus.

BETBEDER duobus *de infantibus* per solam cutem conjunctis. IDEM qui de hydrocephalo pellucido scripsit.

Cl. vir *Gerh. Wilh.* MULLER de ichthyocolla, non satis facilis intellectu. Paratam esse in vesica natatoria.

... DESCEMET de oculo. Chorioideam membranam etiam ex sclerotica oriri, producere tenuem membranam, quæ sub cornea tunica continuetur, elastica, in magnis animalibus a cornea melius separabilis.

In *Journ. de medecine* T. XV. IDEM denuo de nova membrana contra Cl. DEMOURS.

In T. XXX. IDEM porro contra *Petrum* DEMOURS jura sua defendit, descriptiones comparat, & ostendit non similes esse. Non esse corneæ laminam, & fabricam differre.

T. XXXIII. IDEM omnino suam novam membranam non esse laminam interiorem corneæ tunicæ, nasci ab orbicolo chorioideæ & a cartilaginea membrana *Petri* DEMOURS differre.

K. Swenska Wetensk. Acad. Handling. T. 29. anni 1768. *J. Adolphus* MURRAY

RAY vir egregius, arteriam subclaviam dextram ex inferiori thorace de costa prodiisse vidit, suumque brachium pone bronchum petiisse.

Ej. *Fundamenta testaceologiæ* Upsal. 1771. 4.* Fabrica & incrementum testarum. Vix putat oculos esse, qui in cancris dicuntur. Animalia rariora hujus classis.

Ej. disputatio defensa præside *Jona* SIDREN Upsal. 1772. 4.* *Obss. anatomicæ circa infundibulum cerebri, axium capitis in fetu structuram alienam, partemque nervi intercostalis cervicalem.* Infundibulum cavum esse, ejusque canalem nulla medulla, nullis membranulis impediri: glacie utique repleri. In glandula pituitaria canalem in duos ramos secedere, quorum quisque suum glandulæ lobum adit. Caput deforme, os frontis cum osse verticis lateraliter connatum, hoc verticis os magna incisura exsculptum. Centra ossea multa, etiam in sutura coronali tria. Accurata nervi sympathici magni descriptio, ut se in collo habet. Nervus cardiacus supremus, per aliquot lineas cum vago connatus, inde secessit. Plexus cardiacus primus nihil a recurrente habuit. Ganglion thyreoideum utique adest, quæ arteria hic vertebralis tunici ramus erat. Ganglion cervicale infimum, ejusque rami interni & externi. Plexus cardiacus posterior.

Porro *Sw. Acad.* T. XXIX. artificia Sinensium, quibus anatum ova in clibanis excludunt.

In *Mém. de l'Acad. R. de Chir.* T. IV. Fuse de separatione ossium pubis, quæ in partu fit. Paulatim hæc ossa discedere, etiam ad magna intervalla.

FABRE non esse novam carnem, quæ jacturam amissæ in vulneribus carnis sarcit, quem recte A. LOUIS refellit.

Morbus equorum ex tristitia & febre mistus: vasa lymphatica mole aucta, coacta lympha plena.

Non renasci veram cutem post amputationem, nec habere papillas, neque textum reticularem.

BUTTET de secessu partis osseæ costarum a cartilaginea.

Medical transactions published by the college of physicians at London T. I. London 1768. 8.* Mere practici argumenti est.

Verhandel. uytgegeeven door de Hollandz. maatschappy T. X. P. II. 1768. 8.*

Josua v. IPEREN de infante cum signis variolarum in partu edito.

In *Petri* ORTESCHI diario T. VI. Venet. 1768. 4.* J. B. ROBERTI elogium P. J. MOLINELLI.

J. B. SAURA de cicatrice vaginam insigniter arctante, quæ tamen conceptum non impediit.

Fragmentum libri anatomici Græci.

Cajetanus TORRACA de amisso cum incude malleo, absque detrimento auditus.

IDEM

IDEM in *Epistolarum ad me datarum* T. VI. incisionem vetulæ centenariæ dedit, in qua omnia mollia reperit & arterias peramplas.

Berlinische Sammlungen zur Beförderung der Arzneywissenschaft, der Naturgeschichte &c.

De vampiris vespertilionibus Surinamiæ.

De suscitatione submersorum per pressionem abdominis.

In *secundo Tomo der Chur Br. Lüneb. Landwirthschafts-Gesellschaft* Celle 1768. 8.* *C. Jeremias* ROLLIN, noster olim incisor, tres equos dissecuit. Morbum *spat* esse liquoris articularis coagulum.

F. B. PAHLEN de apum generatione. Cum reginam carceri inclusisset, tamen generavit apes. Reginam solas reginas parere.

Schwedisches Magazin vertente *J. Carolo* WEBER T. I. Hafniæ 1768. 8.* Dissertationes & orationes versæ & recusæ.

In *Gazette litteraire & universelle de l'Europe* Lausanne 1768. 1769. 8.* aliqua huc faciunt. Anas inplumis natus. Pisces certo semen emittere, idque ex utroque sexu mistum fecundum esse.

J. Andreas MURRAY, Professor botanices Gottingensis, observationes de lumbricorum setis prælegit in *conventu Societatis Reg. Scient.* a. 1768, & recudi fecit Gotting. 1769. 8.* cum sequenti libello. Eas setas accuratius descripsit ad gressionem utiles.

IDEM *de vermibus in lepra obviis*, Gotting. 1769. 8.*

EJUSD. *Til om de på diurer anställde rön och försökes politelighet och tillämpningen på människans kropp* Stokholm 1772. 8.* Fateri necesse est, pleraque experimenta physiologica primum in bestiis facta esse. Sed monet noster, animal sensum suum non posse exprimere, equo ne querelam quidem exprimi posse (audivi questus percussi). Medicamenta aliter in bestiis operari. Multa animalia absque noxa hyoscyamo uti, insecta acerrimas plantas devorare. Melius adeo experimenta in homine fieri.

Aries habitus pro androgyno, cui fissa urethra.

Julius Herman SEEDORF descripsit coram eadem societate duos fetus pectoribus connatos, duo corda connata, quatuor ventriculis & auriculis; ventriculum unicum, pyloros duos; arterias umbilici, venasque bifidas.

In *Journ. de Medec.* T. XXVIII. MARTEAU defendit partum octodecimestrem.

DU MONCEAU de fetubus per epigastria connatis. Pulmones, corda, viscera abdominis duplicata, pericardium unicum, sed auriculæ quatuor, & quatuor ventriculi.

DU PONT *du* MESNIL de dentitione. Ut prodeant novi dentes, debere alveolos rupto pariete osseo aperiri.

T. XXIX. NOLLESON fetus monſtroſus capite humero inhærente, oſſa capitis penitus deformia, & nudum cerebrum, abſque galea cranii.

LAUGIER de anaſtomoſibus vaſorum ſuperiorum brachii cum inferioribus. Radialis arteriæ cum trunco arteriæ brachialis. Duæ aliæ cum recurrente, etiam conjunctæ cum alio ramo arteriæ brachialis. Tertia per condylum internum ducta ex ramo ad tertiam partem humeri a brachiali arteria natos, quæ ego plene dixeram.

Abhandlungen und Erfahrungen der œconomiſchen Bienengeſellſchaft vom Jahre Dreſden 1768. 8., ut puto. Abſque matre poſſe apes generari, & ipſam reginam, ſi prolem apes plebejæ incubaverint.

§. MCCXXXVII. INCISORES. SABATIER.

.... SABATIER Paris 1768. 12. 2.Vol.* dedit novam editionem anatomes CÆSARIS VERDIER. Plurima pars novæ editionis pertinet ad editorem. Ductum inciſivum tamen nares cum ore conjungere. Ut poſſit unicus in maxilla dens numerari. De ſpina bifida primum a TULPIO dicta. De oſſibus pubis in violento partu diſcedentibus. In muſculis ALBINUM potius, quam WINSLOWUM ſecutus eſt. Pectoralem muſculum utique ad reſpirationem facere. Contra HAMBERGERI de muſculis intercoſtalibus internis opinionem. In dura meninge neque nervos eſſe, neque ſenſum. Pro motu cerebri a reſpiratione pendente. Infundibulum ſolidum eſſe. Membranam pupillarem primum a WACHENDORFIO, inde a me deſcriptam fuiſſe. De muſculo externo mallei, deque myloglоſſo recte dubitat. Coronarias arterias eodem tempore micare cum reliquis univerſi corporis arteriis. Pyramidales muſculos utrinque binos vidit. Prius ſe vidiſſe flatu valvulas inteſtinorum deleri poſſe, quam ALBINUM legiſſet. De rete quaſi veſicæ urinariæ. Contra hymenem. Mecum de origine lutei corporis. ALBINI arteriam centralem cryſtallinæ lentis non bene mihi tribuit, qui tantum eam arteriam in piſcibus vidi, membranam vitream rubris ramis perambulare. Nervorum involucra utique meram telam celluloſam eſſe.

EJUSD. *Traité complet d'Anatomie* Paris 1775. 8. maj. 2.Vol.* Egregium opus ſubſtituit VERDIERII operi, quod olim ediderat. Totum excerpi non poteſt, quare in altero tomo ſubſiſtam. Omnino verus adeſt muſculus inciſuræ majoris auriculæ. Nullum eſt foramen membranæ tympani, niſi per accidens natum. Duos muſculos minores mallei non admittit. Muſculi cricothyreoidei glottidem arctant. Quod cor apice ſuo pectus percutiat, deberi duabus majoribus valvulis oſtiorum venoſorum, quæ partem ſanguinis in auriculam retrorſum premunt, & eamdem ſupra modum replent, ut reſiſtentia ſua apicem cordis antrorſum pellat. Aliquid tamen deberi arteriis magnis, quæ ex curvitate ſe in rectitudinem exporrigant. Nulla admittit oſtia ſanguinea in cor ipſum aperta. Motum ſucceſſivum partium cordis eſſe a migratione ſtimuli. Nullas fibras longas a cricoidea cartilagine in bronchum ire. Objectiones contra experimenta pulmonum natantium & ſubſidentium. In ventriculo veſtigia vaſorum lacteorum ſe vidiſſe.

Capſu-

Capſulam GLISSONII a meſenterio advenire. Nullæ in veſicula fellea fibræ carneæ. Caveam renis ſuccenturiati per venam repleri. Muſculi proſtatici, ſuperiores WINSLOWI mera ſunt tela celluloſa. Urachum utique cavum eſſe. Rete fibrarum circa veſicæ oſtia. Sanguinem uteri in ſinus deponi, & a venis umbilicalibus abſorberi. Fetum negat deglutire. Arteriam meningeam per foramen ſuturæ iviſſe, quæ os temporum cum oſſe verticis conjungit. In nervis diligenter verſatus eſt. Utique perſuadetur, nervum quemque opticum ex alterna parte cerebri advenire. Nervo quinti paris inciſo dolorem tamen non ſero redire. A nervo duro ramum ire ad muſculum maſtoideum. Non audire, qui utrinque oſſicula auditus amiſerunt. Frequentius unicam eſſe radicem nervi decimi, neque ſemper cum acceſſorio conjungi. Vidiſſe ſe ramum LANCISIANUM, qui arteriam vertebralem ſequitur, & ramos duos ad muſculos capitis obliquos & rectos. Sympathicum nervum tribus ramis cum nervis cervicis communicare, prius quam ramus anterior a poſteriori diſceſſit. Symptomata a venæ ſectione nervo læſo deberi, hinc etiam in pede ſimilia ſe vidiſſe. Nullum conſtans malum ligato nervo ſequi. Corpus luteum poſt conceptionem naſci.

§. MCCXXXVIII. *Varii Galli.*

BATIGNE *eſſai ſur la digeſtion & les principales cauſes de la vigueur, de la durée, de la vie &c.* Berlin 1768. 12.* Anatomicam primarum viarum in animale & in homine deſcriptionem comparavit. Ingluviem onocrotali & avium rapacium deſcribit. Ululæ & corvo carneus eſt ventriculus, ut in granivoris. De experimentis REAUMURII ſubdubitat, cum cibi in tubulos ſtanneos farti non abſque medio ſuccorum ventriculi actionem ſint experti. De fame &c.

Traité des cauſes phyſiques & morales du rire, relativement à l'art de l'exciter Amſterdam 1768. 8.* Francof. 1769. 8. A ſuperbia riſum naſci.

Theorie du ſyſtéme animal Leid. 1768. Subtile ſcriptum. Omnia in natura vivere, novas ſpecies naſci, &c.

KERENFLECH *nouvel examen de la queſtion de l'ame des bêtes* Rennes 1768. 12.

MENURET, Medici Monſpelienſis, *nouveau traité du pouls* Paris 1768. 12.* Iniquiſſimus in BOERHAAVIUM. Tota pulſilogorum hiſtoria. *Theophilus de* BORDEU pro reſtauratore medicinæ datur.

VALENTIN, Chirurgus, *Queſtion chirurgico-legale relative à la Demoiſelle* FAMINE Paris 1768. 8.* De ſignis partus prægreſſi: ad ea lac pertinere. Innocentem feminam cum PETITO ſervavit.

EJ. *Eloge de M. le* CAT Paris 1769. 8.* De partibus ſentientibus vere docuiſſe, nimis quidem ſibi placuiſſe.

Joſeph RAULIN *conſervation des enfans* Paris 1768. 12. 2. Vol.* Agit etiam de de generatione, de conceptu, de anatome fetus. Et per os nutriri, & per umbilicum.

Etat des batêmes, des mortuaires, & des mariages de la ville & des fauxbourgs de Lyon Lyon 1768. 4.* Numerosissimæ mortes infantum. Quinquagesimus quisque civium ad nonagesimum annum pervenit.

FAISOLES & CHAMPEAUX, Chirurgi Lugdunenses. Eorum sunt *Experiences & observations sur la cause de la mort des noyés, & les phenomènes qu'elle présente* Lyon 1768. 8.* De aqua mersis; num aquam deglutiant, quæ spumescens asperam arteriam obturet. An in cerebro submersorum vasa tumida reperiantur. Experimentis in canibus captis constanter spuma in arteria aspera reperta, in ventriculo pauca aqua aut omnino nulla. Animal in violenta inspiratione perit. Signa strangulantis funis valde pertinacia sunt. Post mortem in aquam projectis, nulla in bronchiis spumescens aqua visa, quæ certum submersionis vivi hominis signum est. Strangulatis vasa in cerebro utique tumida. Puellam de qua quærebatur strangulatam, deinde in aquam projectam fuisse. Probat Cl. LOUIS.

Eadem occasione plusoula scripta prodierunt, quibus FAISOLII & CHAMPEAUX judicium refutabatur, & ostendebatur vitiosam fuisse incisionem cadaveris pro suffocato habiti. Ej. primum Lyon 1768. 12.* mere historica defensio celebris advocati L'OISEAU, & una edita defensio suspecti hospitis, in cujus ædibus violatio & strangulatio dicebantur patratæ fuisse, auctore *la* ROCHETTE. Demum judicium tribunalis, quo rea liberatur.

Inde *lettre à Ant.* LOUIS *Secretaire &c. & sa réponse* Lyon 1768. 12* illa FAISOLII & CHAMPEAUX, hæc a nobis indicata LOUISII, qui in sententiam horum amicorum it.

V. *Medecin* . . . Lyon 1768. 8.* De eadem virgine. De aëre genito post mortem in pectore & abdomine, qui idem perforata pleura bullarum specie erumpit. Cadaver utique sub liquorem coloratum demersum partem ejus deglutit. Cibi cum bile loco calido servati primum acescunt, deinde putrescunt.

Memoires & consultations pour ANTOINE & JEAN PERRA & JEANNE DALIN *à cause du crime de viol & d'assassinat avec le jugement de la Senechalerie de Lyon, qui les decharge de toute accusation* Lyon 1768. 12.

Tum *consultation de Chirurgie, ou examen du rapport juridique fait le* 10. *Juill.* 1767. *pour decouvrir les causes de la mort d'un corps humain trouvé flotant sur l'eau* Lyon 1768. 12.* auctore chirurgo DUPUY. Hic libellus propius ad rem facit, cum singulatim ostendatur, cadaveris ignoti, putridi, a vermibus erosi, incisionem nihil certi de mortis causa proxima demonstrare. In omni quidem animale submerso debere bronchia spuma viscida repleta esse, cæterum exceptiones etiam hic locum habere. Putredinem aërem generare, & bullas adscendere per aquam de sede, in qua cadaver putrescens latet, eo signo se submersa corpora detexisse. Linguam exsertam non demonstrare strangulationem. Submersos

mersos mori in statu exspirationis. Sanguinem congeri in pulmone, per quem via ei clausa sit.

V. *Medecin, dissertation sur les noyés. Tout homme mort dans l'eau doit-il toujours renfermer de l'eau dans ses poumons?* Lyon 1768. 12.* Aerem a putredine generari: in cadavere hominis submersi, quod supernataverat, perforata pleura aereas bullas erumpere, quæ per putredinem generatæ fuerint. Utique experimento facto, in cadavere aquam coloratam in pulmones subire, in quam animal submerseris. Posse ab asthmate aliisque morbis ejusmodi spumosam aquam generari, id omnino se in cadavere hominis vidisse ex morbo exstincti. Progressus putredinis: massam mistorum alimentorum acescere, deinde putredinem sequi.

Reponse de M. PRESSAVIN ib. Contra FAISOLE & CHAMPEAUX. Non necessario aquam in pulmonem in submersione receptam totis 15. diebus in pulmone retineri, & experimenta duorum amicorum non facta esse in animalibus adeo longo temporis intervallo sub aqua relictis. Vidisse se de suffocato in aquis sponte spumosam aquam abunde per os & nares erupisse. Non debuisse duos amicos referre, nisi dubios se esse de causa mortis proxima feminæ de aquis extractæ.

ID. PRESSAVIN *nouveau traité des vapeurs, ou des maladies des nerfs* Lyon 1770. 8.* Elasticitatem vivam vocat, quam alii mecum irritabilitatem. Majorem motum producit quam is motus erat, quo fibra irritata fuit. A sensu differt. Experimenta aliqua. Sed harum virium motus animalis scaturiginem cum *la* CASII viribus centralibus conjungit, & diaphragmati inter organa vitæ alterum locum adsignat. Sensus interior, qui summa est sensuum omnium partium corporis: ab eo pro ratione sensuum exteriorum motus nasci. Nervos negat a cerebro oriri. Pueros omnes strabos esse, quando in lucem prodeunt.

Eloge de Mr. BOISSIER *de* SAUVAGES Lyon 1768. 4.* Potius nimius laudator.

In Cl. RAVATON *le Chirurgien d'armées* Paris 1768. 8.* Vulnera tendinum, dissectione duræ matris absque malo factæ.

VALMONT *de* BOMARE *Dictionnaire raisonné universel d'histoire naturelle* Paris 1768. 8. & Ebroduni 1769. 8. 12. Vol.* Continet etiam animalia multaque anatomica. Opus pharmacopolæ.

IDEM in *Avantcoureur* 1769. T. I. negat reproduci limacum capita & cornua.

IDEM in *Journ. Encyclop.* 1776. II. n. 2. describit damam unicornem absque vagina, specie prædita testium, saccoque qui uteri locum teneret, absque ovariis tamen & tuba, pene nullo: non accurate incisam.

Varietés litteraires, ou recueil de pieces tant originales que traduites, concernant la philosophie, la litterature & les arts Paris 1768. 12. 4. Vol. Germani nobile opus in T. IV. est de animalium anima, sensationibus, memoria, syllogismis. Animalia carnivora discere venari, & verum astum adhibere, & feria sibi mutuo præstare auxilia in præda quærenda. Peritiam canum etiam in catulos transire.

Celebri Poetæ *Francisco* AROUET *de* VOLTAIRE hæc quæ nunc dico tribuuntur. *Les singularités de la nature* 1768. 8.* pleraque quidem per jocum scripta. Pro ovis & evolutione germinum. Contra anguillas reviviscentes farinæ.

EJ. *Les colimaçons du R. P.* ESCALOPIER 1768. 8.* & iterum 1769. 8.* Se in cochleis experimenta fecisse, regenerata esse detruncata capita, cum cornubus.

Reponse d'un campagnard de Pierrefort au physicien de St. Flour Clermont 1768. 8.* Contra libellum quem modo diximus.

Hugo MARRET, Medicus, EJ. *consultation au sujet d'un enfant que l'on prétend né au commencement du cinquieme mois* Dijon 1768. 4.* Impeditus feminæ partus 123. dierum recte refutatur. Esse sua cuique perfectionis gradui tempora. Pulli diem 10. respondere humani fetus diei 123, neque fieri posse, ut fetus humanus eo tempore perficiatur, quo pullus ne pulmonem quidem habet ad respirandum idoneum. Mireris Senatum pro partu 135. dierum respondisse.

J. Phil. MARRET, Chirurgus, *memoire sur la maniere d'agir des bains d'eau douce* Paris 1768. 8.* Spiritus nerveos fibram ad contractionem stimulare. Aquæ calidæ, frigidæ, in certos homines effectus. Pro calidæ resorbtione. Frigida minus resorbetur, & cutem breviorem reddit, calida longiorem: & fluida magis urget. Fervida breviorem reddit. Arteriæ phænomena, quæ cutis Cadavera aquam sorbere, graviora reddi.

Histoire des charançons avec les moyens de les detruire Avignon 1768. 12. Bonus libellus anonymi, qui se I. L. signat. Famem longam non ferunt, Vermiculus solus triticum exodit, qui de ovo prodiit, quod curculio in granum frumenti deposuit. In ultima proboscide duæ sunt maxillæ, quibus rostro expedito utitur. Ova una femina parit 150. Tosta hactenus grana nimis dura dentibus animalis resistunt. Pro evolutione. Hominis staturam paulatim minui.

J. B. ROBINET *considerations philosophiques de la production naturelle des germes ou les essais de la nature, qui apprend à faire l'homme* Amsterdam, vel potius Paris 1768. 8.* Naturam omnia quidem ad prævisos fines creare, cæterum olim adeo imperitam fuisse, ut tentando demum & post innumera frustranea conamina, vitatis quos didicit adgnoscere erroribus, demum animal discat perficere. Eam hypothesin ut confirmet, noster lapidibus quibusdam utrumque aliquam corporis humani partem referentibus utitur, quos habet pro tentamine indoctæ naturæ. In his adfinitatibus mire credulum se præbet; figuras humanas in fungis putat adparere, in mandragora. Sirene ei homo est imperfectus. monstris, quorum classes constituit. Sed etiam regno lapideo suam esse n.

EJ. *Parallele de la condition & des facultés de l'homme avec celles des autres* *naux* Bouillon 1769. 12. An fuerit GREGORII libellus.

§. MCCXXXIX.

§. MCCXXXIX. *Germani.*

Carl August GRÆBNER *Gedanken von hervorkommenden und wechselnden Zähn[illegible]* Langensalz 1768. 8.* Utique dentem alienum comprehendisse.

Corbinianus GARRUS *pragmatische Geschichte des Schlafes* Cölln 1768. 8.

Memorial von einem Italiänischen Arzte, über die Nothwendigkeit, die Arzneykunst von der greulichen Krankheit der Charlatanerie zu heilen Zürich 1768. 8.* Ex schola *la* CASII Gallus, ut videtur. Multa in BOERHAAVIUM declamat[illegible] mis eum virum in sanguinis circuitu fuisse occupatum. Contra [illegible] cos. Nervi descriptio. Cellulosam telam proxime ad naturam nervi [illegible]

Anweisung, wie die Menschen, welche im Wasser oder in der Kälte [illegible] oder ertrunken, oder ertränkt und erdrosselt, oder auch von schädlichen [illegible] ersticket, zu helfen sey Braunschweig 1768. 4.* Bona consilia dat.

J. Jac. Ludw. NEYDECK *Ob auf das Experiment vom [illegible] Untersinken der Lunge in Rechtlicher Folge zu beurtheilen sey* [illegible] 1768. [illegible] cte legi.

J. Christoph SOMMER, Prof. Brunswicensis, *Beobachtungen [illegible] gen über die in dor Gebährmutter zurückgebliebene und in [illegible] Nachgeburt* Braunschweig 1768. 4.* Uti ejusmodi [illegible] quando aliqua pars uteri minori vi contractili pollet. [illegible] storiæ.

J. TAUBE *Beyträge zur Naturkunde des Herzogthum [illegible]* SPALLANZANI experimenta in cochleis facta Cl. [illegible] gallo compressa anatem peperit pedibus galli, [illegible]

G. C. SILBERSCHLAG *Closterbergische [illegible] matik* Berlin 1768. 8. De sono, de tuba [illegible] de sono in spatio inani suffocato, de [illegible]

J. Daniel TIEZ (TITIUS) *gemeinnützige [illegible] Erkenntniß und des Gebrauchs natürlicher Dinge* [illegible] Germanica. De thymo: secernere [illegible] MOCCIA, qui in aqua non mergatur.

Physical. Untersuchung, ob auch [illegible] Leipzig 1768. 8.* Non posse, [illegible] tam vastam molem regendam [illegible] [illegible] expe-

J. Leonhard EYRING *[illegible]* [illegible] London *schaft* Anspach 1768. 8.* [illegible] ntra globu-[illegible] que particulis

Sic in *Entwurf der* [illegible] e ex tota longi-[illegible] onem.

Friederich [illegible] *Bienenvater* Leipzig [illegible] *disorders of teeth* [illegible] *Thomæ*

nante pluvia reginam occidunt, tum poſt ſecundum examen. Regina quaſi invita examen ſæpe ſequitur. Poſſe reginas apes arte obtineri.

Anweiſung, wie alle Arten Vögel zu fangen, Baſtarte zu ziehen, ihnen fremden Geſang zu lernen &c. Nürnberg 1768. 8. *nebſt Anmerkungen über* HERVIEUX *de ſerinis &* JOSEPH MITELLI *Jagdluſt.*

Chriſtian Polycarp ERXLEBEN *Anfungsgründe der Naturgeſchichte* Götting. 1768. 8.* Aliqua etiam anatomica continet.

EJ. *Einleitung zur Vieharzney* Götting. 1769. 8.* Brevis anatome. Venarum quæ in equo ſecantur cenſus, inter eas vena palatina. Ut ovibus vena incidatur.

EJ. *Practiſcher Unterricht in der Vieharzneykunſt* Götting. 1771. 8.* Ad equum potiſſimum.

Georg Albrecht FRIED, obſtetriciæ artis magiſtri, *Anfangsgründe der Geburtshülfe* Strasburg 1768. 8.* Brevis partium anatome. Menſuræ utriusque aditus pelvis & capitis. Graviditas, partus naturalis.

Joſ. Jac. PLENK, Chirurgus, CRANZII diſcipulus, ſcripſit a. 1768. 8.* *Anfangsgründe der Geburtshülfe.* Pelvis menſuræ, quæ SMELLIE. Partium genitalium deſcriptio: carunculæ in virginibus quatuor, membranis conjunctæ. Per exhalationem & reſorbtionem matrem cum fetu conjungi. Partus ad modum OULDII. Vagina a membrana obducta, tamen conceptus factus. Pro ſuperfetatione.

EJ. *Primæ lineæ anatomes* Wien 1775. 8.* Nullos nervos aut ſenſum duræ matris eſſe: pleuræ aut nullos nervos, aut paucos. Nulla tendinis irritabilitas aut ſenſibilitas.

§. MCCXL. *Itali.*

Joſephi CAVALLINI, Chirurgi Florentini, *de felici in quibusdam animantibus uteri extractione deque partium regeneratione & cicatricis natura* Florent. 1768. 8. C. L.

In *collezione iſtoriche*, quæ Florent. 1762 - 1763. 4.* prodierunt, aliqua huc faciunt. Nullus aër in thoracis cavo, qui pulmonem inflammet quando ſubit. Glomus capillorum ſub umbilico repertus. Tabulæ excretionum. M. Majo perſpiratio fuit ad urinam ut 45. 6. ad 162. ad fæces ut ad 26. 6. M. Junio ut 31. 8. ad urinæ 175, ad fæcum 33. 4. M. Julio ad urinam ut 6. 50. ad 115. 6, ad fæces ut ad 31. 3. M. Auguſti parte ut 8. 3. ad urinæ 31. fæcum 15. cum puris portiones eſſent unc. 26. 3: 52: & 2.

Ignatii Ludovici BIANCHI *remedia æternæ ſalutis pro puerulis in utero materno morientibus* Venet. 1768. 8. SMITH.

Diſſertacion contra las mecanicas, en la quale pretende dar por ſuſpechoſos de materialiſmo theologico Madridt 1768. 4.

§. MCCXLI. *Angli.*

Jacob FLEMING, Chirurgi, *Treatiſe upon the formation of the human ſpecies* London 1768. 8.* Ne te mecum titulus fallat, monitum te velim, lector, potius agi de concubitu.

Brief eines Arztes an verheyrathete Frauen Lemgow 1768. 8. ex Anglico verſa, contra poteſtatem imaginationis maternæ.

William SMITH *a diſſertation upon the nerves* London 1768. 8.* Fuſiſſimus auctor de anima brutorum immateriali, de vita vegetabili & animali & ſpirituali differit. Ab irritabilitate circulum ſanguinis eſſe, &c.

EJ. *Nature ſtudied with a view to preſerve and reſtore health, an explanation of animal œconomy, the inſufficiency of theory in the curing of diſeaſes: How to reſtore health by ſimple methods: an account of a powerfull and ſafe deobſtruent medecine* London 1774. 8.

EJ. *Sure guide in ſickneß and health* London 1776. 8. Phyſiologica etiam habet, circulationem ſanguinis, animæ efficaciam.

Thomas REID *recherches ſur l'entendement humain d'après les principes du ſens commun* Amſterdam 1768. 12. 2.Vol.

Thomas BEARDMORE *treatiſe of the teeth: an account of their ſtructure, the cauſe of their diſeaſes, the moſt effectual method of healing the diſorders of the teeth and the gums* London 1768. 8.* Belgice etiam verſus. Brevis anatome, plus medicamentorum. Dentes non putat inſitos comprehendere. Dentitio.

WILHELM ALEXANDER *experimental eſſays on the application of antiſeptiks in putrid diſeaſes* London 1768. 8.* Vires antiſepticas nitri, corticis Peruviani, per ipſam cutem in corpus humanum penetrare. Sudorem valde debilitare; cum aucto calore febrili minui. Pulſus ad 138. gradus caloris ad 113. adſcendere.

EJ. *Experimental enquiry concerning the cauſes which have generally been ſaid to produce putrid diſeaſes* London 1771. 8.* Valde paradoxus ſcriptor. Putredo: caloris gradus, qui ei favet, ut 100, 110 gr. FAHR. Nullus animalculorum in putredinem influxus, ſed humiditatis. Microſcopica animalcula adeo non produci a putredine, ut ab ea deſtruantur. Nulla animalcula naſci in vaſe bene clauſo. Humores animales non putreſcere, ob cibum & potum, qui putredini reſiſtunt.

Daniel MAGENISE *the doctrine of inflammation founded upon reaſon and experience and cleared from the ſyſtemes of* BOERHAAVE *v.* SWIETEN *&c.* London 1768. 8. FERREINII diſcipulus, multa admiſcet phyſiologica. Contra globulorum ſanguinis circa axin rotationem. Calorem ab elaſticis aliisque particulis eſſe, quæ ex aere per reſpirationem ſorbentur. Pro exſudatione ex tota longitudine arteriæ. Contra errorem loci. Bilem eſſe acidum ſaponem.

Barth. RUSPINI *treatiſe on the teeth, their ſtructure and diſorders of teeth and gums* London 1768. 8. *Thoma*

Thomæ PENNANT *British zoology* London 1768. 8. 2.Vol.* Compendium splendidi operis in fol. Nulla quidem anatome, aliqua tamen utcunque ad nos faciunt. Viverram *frettel* & putorium coire contra BUFFONIUM. Aviculæ congesto fimo coguntur præcocius plumas mutare, ita præcocius etiam ad canendum aptas reddi, & coloribus pingi vividioribus.

In *synopsi quadrupedum* London 1769. 8.* varia ad physiologiam pertinent. Lupum utique catellam impraegnasse.

Thomæ WILDMANN *treatise on the management of bees and the natural history of those insects* London 1768. 4.* Famam sibi adquisivit auctor, cum apes quasi cicuraret, ut faciei suæ adplicatas impune circumgereret, aut brachio, jussasque cogeret in alvear se recipere, qualia ipse vidi præstantem. Hoc libro, qui Germanice etiam prodiit, historiam naturalem apum & vesparum fere compilavit, artificia aliqua sua adjecit & adnotationes. Voces colloquentium reginarum ante examinis iter audivit. Quando favi amputantur, recte jubet cellulis parcere regiis.

§. MCCXLII. *Belgæ.*

Petr. BODDAERT *de partibus vitalibus* in *verhandeling der Harlem. maatsch.* T. XIV. De corde, pulmone, cerebro. Nullum cor in polypo. Cordis per animalia varietas: nullum forte insectis. Aviculæ quibus maxilla mobilis.

IDEM a. 1768. PALLASII *elenchum zoophytorum* vertit, & notas adjecit. Fortissime augente microscopio in animali nullam fibram muscularem se reperisse. Jumaros defendit. Polypi ex Sertularia erumpentes conspicui.

Will. te REHORST *dierlyke huyshouding der kleine waerelt* Poëma, Amsterdam 1768. 4.

§. MCCXLIII. *Disputationes.*

J. Joachim SCHOMBERG *decas observationum physico-medico chirurgicarum* Gotting 1768. 4.* Fecunda femina, quæ menses nunquam passa erat. Ante menses sanguis ex poro cutis faciei saliens.

Ludwig Albert APPUN *de non acceleranda secundinarum extractione* Gotting. 1768. 4.* De placenta, ejus situ, adhæsione, occulta in cellula uteri positione, adhæsionis nimiæ causis.

Adrian KOOY *de imaginatione gravidarum* Leid. 1768. 4.* A lapsu, fetui palatum fissum, & pars maxillæ superioris & labii deleta. Non valde tamen credulus hypothesi.

Jacob van BREDA *quid vir, quid femina, coeundo ad embryonis generationem conferat* Leid. 1768. 4.* Anatome nihil peculiare habet. Ad vires autem ignotas confugit, quæ fetum struant. Ex utroque parente vim formantem esse, & materiem fetus.

Maurit. HERNIGHUYSEN *de lacrymis* Leid. 1768. 4. nisi error in anno est.

Bernard PROOT *de viribus naturæ humanæ actuosæ consentientibus & medicatricibus* Leid. 1768. 4.*

Cornelius van DIEPEN *de senectutis morbis* Leid. 1768. 4.*

Ant. BLOM *de liquidi genitalis confectione* Utrecht 1768. 4.

J. EMANUEL *de homine automato* Utrecht 1768. 4. SANDYF.

H. *le* SUEUR *de temperamentis corporis humani* Groning. 1768. 4.

Abraham STEIL *de humore lacteo coagulato in placenta humana reperto* Groning. 1768. 4.

B. LAURENTII *de causa ordinaria & generali primam inspirationem in fetu excitante* Prag. 1768.

Aloysius Paulus TRABUCCHI, Buroniensis ex Valle Tellina, *de mechanismo & usu respirationis* Wien 1768. 8.* Incertos valde eventus sibi visos narrat: & inter inspirandum alias veram arctationem intervalli costarum, levationem costarum, pleuram pulmones tangentem vidit: in aliis experimentis horum directe contraria sibi visa narrat, intervallum inter pulmones & pleuram natum, aucta costarum inter inspirandum intervalla: adscendens septum transversum. Musculos intercostales a mediocri respirationis instrumento vult abesse. Mallem non retulisset mea experimenta ad eventus accurate nostris contrarios. Animam non vult ad respirationem facere. Fuse de vi irritabili; debilem esse absque nervis: motus a morte superstites ad nervos pertinere. Sphincteres a voluntate non arctari.

Joseph Ferdinand FRIDERICH *de purgatione menstrua* Wien 1768. 4.

Josephi Nicolai LAURENT *specimen exhibens synopsin reptilium emendatam cum experimentis circa venena & antidota reptilium Austriacorum* Wien 1768. 8.* Justus libellus & egregius. Multum de metu viperarum & bufonum demit; præter Italicam viperam utique periculose mordentem.

Jacob REINLEIN *de phosphoris* Wien 1768. 8.* Chemici potius argumenti. In capite mortuo phosphori sal communis.

J. G. H. FEDER *de sensu interno* Gotting. 1768. 4.*

J. Gottfrid LEONHARDI *de resorbtione cutanea* Lips. 1768. 4.*

Georg Christian ARNOLD *de motu fluidi nervei* Lips. 1768. 4.*

EJ. *Gedanken von der Zuläßigkeit der Meinung, die Mutter würke in die Bildung ihrer Frucht durch die Einbildung* Leipzig 1775. 8.* Opinionem, quæ maternæ imaginationi imperium in formationem fetus tribuit, pro impia habet & noxia. Nulla nisi a DEO organica structura proficisci potest, neque creaturæ sapientia sufficeret fabricæ ad prævisos fines dirigendæ. Non omnes recedentes a vulgari fabrica fetus, etiam monstra sunt. Quæ olfactu destituebatur, non ideo monstrosa facta. In monstris conspicua vestigia sunt fabricæ partium ad fetum connatum destinatæ, ut vita in ea a naturali statu aberratione, quam minime

Celebri Poetæ *Francisco* AROUET *de* VOLTAIRE hæc quæ nunc dico tribuuntur. *Les singularités de la nature* 1768. 8.* pleraque quidem per jocum scripta. Pro ovis & evolutione germinum. Contra anguillas reviviscentes farinæ.

EJ. *Les colimaçons du R. P.* ESCALOPIER 1768. 8.* & iterum 1769. 8.* Se in cochleis experimenta fecisse, regenerata esse detruncata capita, cum cornubus.

Reponse d'un campagnard de Pierrefort au physicien de St. Flour Clermont 1768. 8.* Contra libellum quem modo diximus.

Hugo MARRET, Medicus, EJ. *consultation au sujet d'un enfant que l'on prétend né au commencement du cinquieme mois* Dijon 1768. 4.* Impeditus feminæ partus 123. dierum recte refutatur. Esse sua cuique perfectionis gradui tempora. Pulli diem 10. respondere humani fetus diei 123, neque fieri posse, ut fetus humanus eo tempore perficiatur, quo pullus ne pulmonem quidem habet ad respirandum idoneum. Mireris Senatum pro partu 135. dierum respondisse.

J. Phil. MARRET, Chirurgus, *memoire sur la maniere d'agir des bains déau douce* Paris 1768. 8.* Spiritus nerveos fibram ad contractionem stimulare. Aquæ calidæ, frigidæ, in certos homines effectus. Pro calidæ resorbtione. Frigida minus resorbetur, & cutem breviorem reddit, calida longiorem: & fluida magis urget. Fervida breviorem reddit. Arteriæ phænomena, quæ cutis Cadavera aquam sorbere, graviora reddi.

Histoire des charançons avec les moyens de les detruire Avignon 1768. 12. Bonus libellus anonymi, qui se I. L. signat. Famem longam non ferunt, Vermiculus solus triticum exodit, qui de ovo prodiit, quod curculio in granum frumenti deposuit. In ultima proboscide duæ sunt maxillæ, quibus rostro expedito utitur. Ova una femina parit 150. Tosta hactenus grana nimis dura dentibus animalis resistunt. Pro evolutione. Hominis staturam paulatim minui.

J. B. ROBINET *considerations philosophiques de la production naturelle des germes ou les essais de la nature, qui apprend à faire l'homme* Amsterdam, vel potius Paris 1768. 8.* Naturam omnia quidem ad prævisos fines creare, cæterum olim adeo imperitam fuisse, ut tentando demum & post innumera frustranea conamina, vitatis quos didicit adgnoscere erroribus, demum animal discat perficere. Eam hypothesin ut confirmet, noster lapidibus quibusdam utrumque aliquam corporis humani partem referentibus utitur, quos habet pro tentamine indoctæ naturæ. In his adfinitatibus mire credulum se præbet; figuras humanas in fungis putat adparere, in mandragora. Sirene ei homo est imperfectus. De monstris, quorum classes constituit. Sed etiam regno lapideo suam esse vitam.

EJ. *Parallele de la condition & des facultés de l'homme avec celles des autres animaux* Bouillon 1769. 12. An fuerit GREGORII libellus.

§. MCCXXXIX.

§. MCCXXXIX. *Germani.*

Carl August GRÆBNER *Gedanken von hervorkommenden und wechselnden Zähne* Langensalz 1768. 8.* Utique dentem alienum comprehendisse.

Corbinianus GARRUS *pragmatische Geschichte des Schlafes* Cölln 1768. 8.

Memorial von einem Italiänischen Arzte, über die Nothwendigkeit, die Arzneykunst von der greulichen Krankheit der Charlatanerie zu heilen Zürich 1768. 8.* Ex schola *la* CASII Gallus, ut videtur. Multa in BOERHAAVIUM declamatio. Nimis eum virum in sanguinis circuitu fuisse occupatum. Contra jatromathematicos. Nervi descriptio. Cellulosam telam proxime ad naturam nervi accedere.

Anweisung, wie die Menschen, welche im Wasser oder in der Kälte erstarret oder ertrunken, oder ertränkt und erdrosselt, oder auch von schädlichen Dünsten erstickt, zu helfen sey Braunschweig 1768. 4.* Bona consilia dat.

J. Jac. Ludw. NEYDECK *Ob auf das Experiment vom Obenschwimmen und Untersinken der Lunge in Rechtlicher Folge zu beurtheilen sey* . . . 1768. si recte legi.

J. Christoph SOMMER, Prof. Brunswicensis, *Beobachtungen und Anmerkungen über die in der Gebährmutter zurückgebliebene und in einen Sack eingeschlossene Nachgeburt* Braunschweig 1768. 4.* Uti ejusmodi sacci in utero nascantur, quando aliqua pars uteri minori vi contractili pollet. Aliquot ejusmodi historiæ.

J. TAUBE *Beyträge zur Naturkunde des Herzogthums Lüneburg* Zell 1768. 8.* SPALLANZANI experimenta in cochleis facta Cl. viro non successerunt. Anas a gallo compressa anatem peperit pedibus galli, rostrique parte.

G. C. SILBERSCHLAG *Closterbergische Versuche in der Naturlehre und Mathematik* Berlin 1768. 8. De sono, de tuba stentorea, de speculis ARCHIMEDEIS; de sono in spatio inani suffocato, de musculorum mechanismo.

J. Daniel TIEZ (TITIUS) *gemeinnützige Abhandlungen zur Beförderung der Erkenntniß und des Gebrauchs natürlicher Dinge* Leipzig 1768. 8.* De coccinella Germanica. De thymo: secernere succum alentem. De levi & pingui Abbate MOCCIA, qui in aqua non mergatur.

Physical. Untersuchung, ob auch Patagonische Riesen möglich sind von J. C. E. S. Leipzig 1768. 8.* Non posse, non suffectura crura oneri, alios musculos ad tam vastam molem regendam requiri, ossa fore fragilia &c.

J. Leonhard EYRING *Plan der Fränkischen physical. œconomischen Bienengesellschaft* Anspach 1768. 8.* Et ipse vulgares apes vult in reginas emendare.

Sic in *Entwurf der vollkommensten Bienenpflege* Leipzig 1768. 8.*

Friederich Traugott SCHMIDT's *Bienenbau in Körben, oder Niedersächsischer Bienenvater* Leipzig 1768. 8.* Multa de gestis apum ad fines prævisos. Minante pluvia reginam occidunt, tum poſt ſecundum examen. Regina quaſi invita examen ſæpe ſequitur. Poſſe reginas apes arte obtineri.

Anweiſung, wie alle Arten Vögel zu fangen, Baſtarte zu zieben, ihnen fremden Geſang zu lernen &c. Nürnberg 1768. 8. *nebſt Anmerkungen über* HERVIEUX *de ſerinis &* JOSEPH MITELLI *Jagdluſt.*

Chriſtian Polycarp ERXLEBEN *Anfungsgründe der Naturgeſchichte* Götting. 1768. 8.* Aliqua etiam anatomica continet.

EJ. *Einleitung zur Vieharzney* Götting. 1769. 8.* Brevis anatome. Venarum quæ in equo ſecantur cenſus, inter eas vena palatina. Ut ovibus vena incidatur.

EJ. *Practiſcher Unterricht in der Vieharzneykunſt* Götting. 1771. 8.* Ad equum potiſſimum.

Georg Albrecht FRIED, obſtetriciæ artis magiſtri, *Anfangsgründe der Geburtshülfe* Strasburg 1768. 8.* Brevis partium anatome. Menſuræ utriusque aditus pelvis & capitis. Graviditas, partus naturalis.

Joſ. Jac. PLENK, Chirurgus, CRANZII diſcipulus, ſcripſit a. 1768. 8.* *Anfangsgründe der Geburtshülfe.* Pelvis menſuræ, quæ SMELLIE. Partium genitalium deſcriptio: carunculæ in virginibus quatuor, membranis conjunctæ. Per exhalationem & reſorbtionem matrem cum fetu conjungi. Partus ad modum OULDII. Vagina a membrana obducta, tamen conceptus factus. Pro ſuperfetatione.

EJ. *Primæ lineæ anatomes* Wien 1775. 8.* Nullos nervos aut ſenſum duræ matris eſſe: pleuræ aut nullos nervos, aut paucos. Nulla tendinis irritabilitas aut ſenſibilitas.

§. MCCXL. *Itali.*

Joſephi CAVALLINI, Chirurgi Florentini, *de felici in quibusdam animantibus uteri extractione deque partium regeneratione & cicatricis natura* Florent. 1768. 8. C. L.

In *collezione iſtoriche*, quæ Florent. 1762 - 1763. 4.* prodierunt, aliqua huc faciunt. Nullus aër in thoracis cavo, qui pulmonem inflammet quando ſubit. Glomus capillorum ſub umbilico repertus. Tabulæ excretionum. M. Majo perſpiratio fuit ad urinam ut 45. 6. ad 162. ad fæces ut ad 26. 6. M. Junio ut 31. 8. ad urinæ 175, ad fæcum 33. 4. M. Julio ad urinam ut 6. 50. ad 115. 6, ad fæces ut ad 31. 3. M. Auguſti parte ut 8. 3. ad urinæ 31. fæcum 15. cum puris portiones eſſent unc. 26. 3: 52: & 2.

Ignatii Ludovici BIANCHI *remedia æternæ ſalutis pro puerulis in utero materno morientibus* Venet. 1768. 8. SMITH.

Diſſertacion contra las mecanicas, en la quale pretende dar por ſuſpechoſos de materialiſmo theologico Madridt 1768. 4.

§. MCCXLI. *Angli.*

Jacob FLEMING, Chirurgi, *Treatise upon the formation of the human species* London 1768. 8.* Ne te mecum titulus fallat, monitum te velim, lector, potius agi de concubitu.

Brief eines Arztes an verheyrathete Frauen Lemgow 1768. 8. ex Anglico versa, contra potestatem imaginationis maternæ.

William SMITH *a dissertation upon the nerves* London 1768. 8.* Fusissimus auctor de anima brutorum immateriali, de vita vegetabili & animali & spirituali differit. Ab irritabilitate circulum sanguinis esse, &c.

EJ. *Nature studied with a view to preserve and restore health, an explanation of animal œconomy, the insufficiency of theory in the curing of diseases: How to restore health by simple methods: an account of a powerfull and safe deobstruent medecine* London 1774. 8.

EJ. *Sure guide in sickneß and health* London 1776. 8. Physiologica etiam habet, circulationem sanguinis, animæ efficaciam.

Thomas REID *recherches sur l'entendement humain d'après les principes du sens commun* Amsterdam 1768. 12. 2.Vol.

Thomas BEARDMORE *treatise of the teeth: an account of their structure, the cause of their diseases, the most effectual method of healing the disorders of the teeth and the gums* London 1768. 8.* Belgice etiam versus. Brevis anatome, plus medicamentorum. Dentes non putat insitos comprehendere. Dentitio.

WILHELM ALEXANDER *experimental essays on the application of antiseptiks in putrid diseases* London 1768. 8.* Vires antisepticas nitri, corticis Peruviani, per ipsam cutem in corpus humanum penetrare. Sudorem valde debilitare; cum aucto calore febrili minui. Pulsus ad 138. gradus caloris ad 113. adscendere.

EJ. *Experimental enquiry concerning the causes which have generally been said to produce putrid diseases* London 1771. 8.* Valde paradoxus scriptor. Putredo: caloris gradus, qui ei favet, ut 100, 110 gr. FAHR. Nullus animalculorum in putredinem influxus, sed humiditatis. Microscopica animalcula adeo non produci a putredine, ut ab ea destruantur. Nulla animalcula nasci in vase bene clauso, Humores animales non putrescere, ob cibum & potum, qui putredini resistunt.

Daniel MAGENISE *the doctrine of inflammation founded upon reason and experience and cleared from the systemes of* BOERHAAVE *v.* SWIETEN *&c.* London 1768. 8, FERREINII discipulus, multa admiscet physiologica. Contra globulorum sanguinis circa axin rotationem. Calorem ab elasticis aliisque particulis esse, quæ ex aere per respirationem sorbentur. Pro exsudatione ex tota longitudine arteriæ. Contra errorem loci. Bilem esse acidum saponem.

Barth. RUSPINI *treatise on the teeth, their structure and disorders of teeth and gums* London 1768. 8.

Thoma

Thomæ PENNANT *British zoology* London 1768. 8. 2.Vol.* Compendium splendidi operis in fol. Nulla quidem anatome, aliqua tamen utcunque ad nos faciunt. Viverram *frettel* & putorium coire contra BUFFONIUM. Aviculæ congesto fimo coguntur præcocius plumas mutare, ita præcocius etiam ad canendum aptas reddi, & coloribus pingi vividioribus.

In *synopsi quadrupedum* London 1769. 8.* varia ad physiologiam pertinent. Lupum utique catellam impraegnasse.

Thomæ WILDMANN *treatise on the management of bees and the natural history of those insects* London 1768. 4.* Famam sibi adquisivit auctor, cum apes quasi cicuraret, ut faciei suæ adplicatas impune circumgereret, aut brachio, jussasque cogeret in alvear se recipere, qualia ipse vidi præstantem. Hoc libro, qui Germanice etiam prodiit, historiam naturalem apum & vesparum fere compilavit, artificia aliqua sua adjecit & adnotationes. Voces colloquentium reginarum ante examinis iter audivit. Quando favi amputantur, recte jubet cellulis parcere regiis.

§. MCCXLII. *Belgæ.*

Petr. BODDAERT *de partibus vitalibus* in *verhandeling der Harlem. maatsch.* T. XIV. De corde, pulmone, cerebro. Nullum cor in polypo. Cordis per animalia varietas: nullum forte insectis. Aviculæ quibus maxilla mobilis.

IDEM a. 1768. PALLASII *elenchum zoophytorum* vertit, & notas adjecit. Fortissime augente microscopio in animali nullam fibram muscularem se reperisse. Jumaros defendit. Polypi ex Sertularia erumpentes conspicui.

Will. te REHORST *dierlyke huyshouding der kleine waerelt* Poema, Amsterdam 1768. 4.

§. MCCXLIII. *Disputationes.*

J. Joachim SCHOMBERG *decas observationum physico - medico chirurgicarum* Gotting 1768. 4.* Fecunda femina, quæ menses nunquam passa erat. Ante menses sanguis ex poro cutis faciei saliens.

Ludwig Albert APPUN *de non acceleranda secundinarum extractione* Gotting. 1768. 4.* De placenta, ejus situ, adhæsione, occulta in cellula uteri positione, adhæsionis nimiæ causis.

Adrian KOOY *de imaginatione gravidarum* Leid. 1768. 4.* A lapsu, fetui palatum fissum, & pars maxillæ superioris & labii deleta. Non valde tamen credulus hypothesi.

Jacob van BREDA *quid vir, quid femina, coeundo ad embryonis generationem conferat* Leid. 1768. 4.* Anatome nihil peculiare habet. Ad vires autem ignotas confugit, quæ fetum struant. Ex utroque parente vim formantem esse, & materiem fetus.

Maurit. HERNIGHUYSEN *de lacrymis* Leid. 1768. 4. nisi error in anno est.

B.rnard

Bernard PROOT *de viribus naturæ humanæ actuosa consentientibus & medicatricibus* Leid. 1768. 4.*

Cornelius van DIEPEN *de senectutis morbis* Leid. 1768. 4.*

Ant. BLOM *de liquidi genitalis confectione* Utrecht 1768. 4.

J. EMANUEL *de homine automato* Utrecht 1768. 4. SANDYF.

H. *le* SUEUR *de temperamentis corporis humani* Groning. 1768. 4.

Abraham STEIL *de humore lacteo coagulato in placenta humana reperto* Groning. 1768. 4.

B. LAURENTII *de causa ordinaria & generali primam inspirationem in fetu excitante* Prag. 1768.

Aloysius Paulus TRABUCCHI, Buronieusis ex Valle Tellina, *de mechanismo & usu respirationis* Wien 1768. 8.* Incertos valde eventus sibi visos narrat: & inter inspirandum alias veram arctationem intervalli costarum, levationem costarum, pleuram pulmones tangentem vidit: in aliis experimentis horum directe contraria sibi visa narrat, intervallum inter pulmones & pleuram natum, aucta costarum inter inspirandum intervalla: adscendens septum transversum. Musculos intercostales a mediocri respirationis instrumento vult abesse. Mallem non retulisset mea experimenta ad eventus accurate nostris contrarios. Animam non vult ad respirationem facere. Fuse de vi irritabili; debilem esse absque nervis: motus a morte superstites ad nervos pertinere. Sphincteres a voluntate non arctari.

Joseph Ferdinand FRIDERICH *de purgatione menstrua* Wien 1768. 4.

Josephi Nicolai LAURENT *specimen exhibens synopsin reptilium emendatam cum experimentis circa venena & antidota reptilium Austriacorum* Wien 1768. 8.* Justus libellus & egregius. Multum de metu viperarum & bufonum demit; præter Italicam viperam utique periculose mordentem.

Jacob REINLEIN *de phosphoris* Wien 1768. 8.* Chemici potius argumenti. In capite mortuo phosphori sal communis.

J. G. H. FEDER *de sensu interno* Gotting. 1768. 4.*

J. Gottfrid LEONHARDI *de resorbtione cutanea* Lips. 1768. 4.*

Georg Christian ARNOLD *de motu fluidi nervei* Lips. 1768. 4.*

EJ. *Gedanken von der Zuläßigkeit der Meinung, die Mutter würke in die Bildung ihrer Frucht durch die Einbildung* Leipzig 1775. 8.* Opinionem, quæ maternæ imaginationi imperium in formationem fetus tribuit, pro impia habet & noxia. Nulla nisi a DEO organica structura proficisci potest, neque creaturæ sapientia sufficeret fabricæ ad prævisos fines dirigendæ. Non omnes recedentes a vulgari fabrica fetus, etiam monstra sunt. Quæ olfactu destituebatur, non ideo monstrosa facta. In monstris conspicua vestigia sunt fabricæ partium ad fetum connatum destinatæ, ut vita in ea a naturali statu aberratione, quam minime

minime intolerabilis ſit. Fetum incidit ſimplicem capite duplici, ſic hepate, ventriculo, corde ſimplici, in quod vaſa utriusque fetus aperiebantur, ita ut quisque truncus ramos ad utrumque fetum daret. Conjunctio arteriæ aortæ alterius cum ductu anterioſo enormi fecit, ut æqua vi ad omnes partes utriusque fetus ſanguis ferretur. Aures tantum duæ. Naſus unicus. Ad objectiones reſponſio.

EJ. *Zweyter Theil* 1775. 8.* Imaginationem de poteſtate maternæ imaginationis in corrumpenda fetus fabrica poſſe in matre mœrorem & pœnitentiam excitare, ipſam demum morte acceſſere: exempla noſter producit.

EJ. *De partu ſerotino 324. dierum in ſingulari graviditate & puerperio* Lipſ. 1775. 8.* Diarium hujus diuturnæ graviditatis. Motum infantis mater perceperat 22. Jun peperit 19. Januar. fetum 25'' longitudine, fontanella arctiori. Multum & ante partum & poſt eum paſſa eſt: inde retardatus partus. Exemplum placentæ retentæ, & ſponte decedentis.

Simon Wolf. WORMS *de cauſa immunditiei ſpermatis humani apud Hebræos* Gieſſ. 1768. 4.

J. GORGOLIUS *de propoſita a* MACBRIDE *putredinis theoria examini ſubjecta* Pr. A. E. BUCHNER Hall. 1768. 4.* Non tantam eſſe aëris fixi in omnibus corporibus conſtantiam, neque putredinem animalem eſſe evacuationem fixi aëris.

Hermann David HECKER, præſ. *Friderico Chriſtiano* JUNKER, *ſalivatio ſpontanea* Hall. 1768. 4.*

J. Georg AMSTEIN & *Fr. Chr.* OETTINGER Præſ. *de uſu & actione muſculorum intercoſtalium* Tubing. 1769. 4.* Coſtarum deſcriptio, flexio cartilaginum contra HAMBERGERUM defenſa, & coſtarum rotatio. Quamlibet coſtam circa utrumque ſuum finem rotari, & alternis vicibus paulo longiorem iterumque paulo breviorem fieri. Intervalla in inſpirando minui. Obliquitatem muſculorum intercoſtalium actionem non mutare.

Gottlob Euſeb. OELTZE *comm. juridica de partu vivo, vitali, aut non vitali* Jen. 1768. 4. C. L.

Paul. BAUMER *de colore, denſitate, craſſitie pulmonum fetus* Erford. 1768. 4.

J. Laurent. NOLDE *de parentum morbis in fetum tranſeuntibus* ib. 1768. 4.*

Em. RIEDEL *de bilis qualitate laudabili & optimo præſidio ſanitatis* Erford. 1768. 4.* Aliqua analyſis.

J. Henr. RESPINGER *de præcipuis mutationibus, quæ in homine recens nato contingunt* Baſil. 1768. 4. ſi recte legi.

Franc. Henrich BUCHHOLZ *hepatomphalocele congenita* Argentor. 1768. 4.* Deſcribit anulum cutaneum circa funiculum umbilicalem pueri, & anulum tendineum a muſculis abdominis factum, cujus fibræ ſpirales ſunt. Duo exempla congenitæ herniæ umbilicalis ſanatæ.

Georg

Georg FERRAND *quæstio* Monsp. 1768. 4.* *E. mulier prolificum semen ad fetus generationem confert. E. bilis vasis contenta per se nutrire non potest.* Si recte legi.

J. Augustin COUTAVOZ *E. ossium extremitatis comminutio non fragmentorum extractio* Paris. 1768. 4.* Spina reperta in medio tendine, ubi nullum dolorem fecerat.

Benjamin Michael SOLIER *de la* ROMILLAS præs. COLOMBIERS *E. semen virile & catamenia ab eadem causa* Paris. 1768. 4.*

Claudii la FISSE & Præs. *Lud. Henr.* BOURDELIN *E. respirationis ope æquilibrium quoddam aëris inter & sanguinis calorem instituitur* Paris. 1768. 4.*

Ludov. Ant. Prosper HERISSANT Præs. *P. Maria* VIELLARD *E. a substantiæ terreæ intra poros cartilaginum appulsu ossea duritas* Paris. 1768. 4.* Analysis ossium; non nasci ex laminis periostei induratis. Filamenta radiata ossium &c.

IDEM vitam scripsit GUNTHERI *v.* ANDERNACH.

J. Carl DESSARTS & *J. Car.* NOLLAN *E. sanguis a liene spissior* Paris. 1768. 4.*

Petr. Mariæ VIELLARD *E. in pertinacibus capitis doloribus nihil prodesse, sed plurimum contra nocere posse nervi quinti paris sectionem* Paris. 1768. 4.* Describit eum nervum e MEKELIO.

Bertrand DUPUY & *B. F. la* NOUE *E. fit in intestinis bilis decompositio* Paris. 1768. 4.*

Franc. LESCURE præs. F. M. DISDIER *de vulneribus cum amissa substantia* Paris. 1768. 4.* De tunica cellulosa, ubi sua tribuit inventori.

Annibal George MAGNIER præs. SP. FR. CL. CALVET *diss. physiologica de motu musculari* Avignon 1768. 4.*

J. Bapt. LAVIALLE *de* MAIMOREL diss. medica *de aquis montis aurei* Monspel. 1768. 4.* In balneo corpus pueri etiam sudantis libra cum $\frac{1}{4}$. gravior factum est: & pondus eo magis increscit, quo homo junior est.

Benjamin RUSH *de coctione ciborum in ventriculo* Edinburgh 1768. 8.*

§. MCCXLIV. *Diaria anni 1769.*

In *Phil. Trans. Vol.* LIX. *Henricus* WATSON delineat rete lymphaticum ad veru montanum convergens ex vesica urinaria. Articulata sunt ea vasa.

Richard PRICE de spe vitæ æstimatio, & de incremento generis humani. Fastorum emortualium Londinensium vitia: Incolæ æstimantur ad 650. 400.

In *Nov. Comm. Acad. Petrop.* J. A. BRAUNS in T. XIII. de calore humano agit. Is in hominis ore est graduum 98, 97$\frac{1}{2}$, urina vero gradu vel sesqui-gradu

gradu calidior. Inter animalia vituli calor eſt 104 gr., ſic porcelli; cani & feli 101½; anſeri 107¾ tum in aliis avibus. In rubecilla 111¼. In piſcibus frigidis & ranis nullus eſt. In febribus homo calet ad 108. RICHMANNUS tolerabat calorem externum 121 gr. & balnea Ruſſorum fere 116 gradu calent. Calor tamen a motu ſanguinis progreſſivo oriri videtur.

In *Mem. de l'Acad. R. des Sc.* 1769. De homine, qui totis 46 diebus nihil edit, & demum ad cibi uſum rediit.

In S. DOMINICI inſula mula fecunda fuit, neque id rarum eſt: mulus autem conſtanter infecundus.

CADETI lib. de bile alias dictus eſt.

In *K. Swenſk. Wetenſk. Acad. Handl.* T. XXX. A. ARGILLANDER videri in ordine, quo pueri naſcuntur & puellæ, legem aliquam ſubeſſe.

J. C. WILKEN, ut capilli per frictionem electrici reddantur. Pili animalium ad vitrum adfricti adficiuntur electricitate adfirmativa vitrum imbuunt vi negativa.

In *Journal de Medecine* T. XXX. DESBREST iterum contra partus retardatos.

HOIN tendo Achillis inſenſilis.

T. XXXI. LEAUTAUD duo fetus in eodem amnio.

MARTEAU pro partubus ſerotinis.

MARTIN, Chirurgus Burdigalenſis, nullum a natura in membrana tympani oſtium factum eſſe. Poſt morbos utique a meatu auditorio viam ducere in os & pharyngem.

AUBRAI de modo, quo anus clauditur in nonnullis atretis. Perire ſi incideris.

La BORDE, de tænia vermiculi tamquam particulæ deceſſerunt.

In *verhandelingen uytgegeven door het Zeeuwſche genootſchap der wetenſkapen te Vliſſingen* Middelburg 1769. 8.* multa chirurgorum ſunt opuſcula. GISBERTUS *de* WITT de oculi anatome: admittit fibras circulares uveæ; in bove & balæna duplicem eſſe retinam, eam verſus chorioideam tunicam molliſſimam eſſe, duriorem verſus vitreum corpus.

Samuel de WIND de fetu, cui viſcera abdominis nuda cuti ſuberant. Cum puellus maturus videretur, cor tamen micabat abſque reſpiratione, & pulſus erant 30.

T. TOMLINSON *medical miſcellanies* Lond. 1769. 8.* In anatomicis WINSLOWUM, in phyſiologicis elementorum auctorem ſequitur.

In *Abhandlungen der Ober-Lauſnitziſchen Bienengeſellſchaft* pro anno 1767. Dreſden 1769. 8. excuſ.* Reginam abſque marium conſortio perinde fecundam fuiſſe. Quare, qui mares eſſe dicuntur, non ſunt. Iterum apem operariam poſſe in reginam convaleſcere.

In

In *Journ. des Sav. edition de Hollande* 1769. Febr. de limacibus contra SPALANZANUM. Forte virum caput non resecuisse. A sapone limaces lethargici fiunt &c.

In *Avantcoureur* 1769. experimenta etiam P. COTTE recensentur, quæ non æque feliciter successerunt, ac quidem solertissimi SPALLANZANI. Caput non putat renatum esse, sed de ictu ab animale retractum, post superatum periculum se dedisse conspicuum.

§. MCCXLV. *Varii Galli.*

Etat des baptêmes mariages & morts de Paris depuis 1714. *à* 1769. fol. 2. Vol.

Le medecin des bêtes à laine Paris 1769. 12. Anatome collectitia, ruminatio.

In *premier recueil physique & litteraire de la societé typographique de Bouillon* Bouillon 1769. 12. dubia contra spiritus animales.

J. Jac. GARDANE *essai sur les putrefaction des humeurs animales* Paris 1769. 12.* In præfatione vehementer in BOERHAAVIUM invehitur, & contra utilitatem anatomes; est enim de secta *la* CAZII. Collegit cæterum varios libellos, notasque suas addidit. Per putredinem salem alcalinum generari, qui continuo diffletur. Crustam coriaceam esse oleosam partem sanguinis. De saliva: eam & acidam degenerationem adjuvare, & putredinem. Negat glandulam pressam succum edere.

Jaques PÉRAS *Dictionnaire anatomique, françois-latin* Paris 1769.

FORMEY *entretiens philosophiques tirés de l'essai analytique sur les facultés de l'ame par M.* BONNET Berlin 1769. 8.

Pierre Joseph BUCHODZ *nouvelle methode facile & curieuse pour connoitre le pouls* Paris 1769. 12. Amsterdam 1769. 12. Ad MARQUETI soceri libellum varia adjecit.

In *Manuel de medecine* Paris 1769. 8.* sanatus, qui fæces revomuerat. Sanguis in febre equidem dissolutus; fetus sex hebdomadum septimo mense editus, post eum fetus maturior.

In innumeris viri diariis aliisque scriptis non dubie multa huc spectantia reperias.

SOLEILHET *Lettres à M.* ROUX *sur des remarques relatives à la nouvelle doctrine du pouls, qui viennent d'etre publiées par M. de* HAEN Bouillon 1769. 8. tum Wien 1770. 8.* Non bene HAENIUM de Chinensium medicis silere, nihil de pulsu proprium habere. Nimis asper.

GUERIN, Chirurgi, *traité sur les maladies des yeux* Lyon 1769. 12.* Utique practicus. Pro chorioidea, sede visionis. Nervum opticum post ingressum suum in oculum sensu posse carere. Utique membranaceam cataractam se forcipe comprehensam eduxisse, quæ membrana fuerit capsula crystallinæ lentis.

Dissertations sur les antiseptiques Dijon 1769. 8.* Prima est D. BOISSIEU medici

dici Lugdunensis diss., qua præmium reportavit. Putredinis progressus per experimenta. In aere aperto nullus inde generatur sal volatilis, in vasis clausis utique. Putrida alcalinæ naturæ signa dant, sed brevi duratura. Vapor detonantis nitri putredinem non confirmatam compescit &c. In sinus sinistri cordis sanguine plus esse aeris quam in sanguine dextri sinus. Spiritus animales videri aerem esse fixum.

Recherches philosophiques sur les Américains Berlin & Germanice 1769. 8. 2. Vol.* BUFFONIUM sequitur. In America omnia animalia minora esse & imperfectiora, homines minus robustos, minus hirsutos. De colore Aethiopum: atrum quid in omnibus eorum succis dominari, etiam in semine. Contra proceritatem Patagonum. De albis Aethiopibus longis palpebris, & contra homines nocturnos LINNÆI. Multos in calidis regionibus dari androgynos, magna clitoride feminas. Quatuor generationibus Aethiopem in Europæum perfici, Americanum tribus.

In *defense des recherches philosophiques sur les Américains* Berlin 1770. 8.* priora confirmat, & debilitatem Americanorum.

BREZÉ *Essai pour les haras, examen des moyens propres pour en etablir* Turin 1769. 8.* Necessario equilia requiri, cum brevis animalis vita sit, & intra decennium omnes in aliqua regione equi pereant. De coitu, imprægnatione, partu. Equas prægnantes tamen fastidiosas esse, morosasque, feliciter vero parere.

ADAM *sur la respiration* Caen 1769. 4.

EJ. *Sur les avantages qui resultent de ce que les meres nourissent leurs enfans* Caen 1769.

EJ. *Sur le pouls* ib. 1769. 4.

§. MCCXLVI. *Varii Itali.*

Marchio Mosca BARZI in *pensieri filosofichi* Pisauri a. 1769. 4. editis, si recte legi, mechanismum corporis humani & modum exposuit, quo medicamenta in nostrum corpus operantur.

G. Batista MUTINELLI *della generazione dell' uomo* Verona 1769. 4. SMITH.

Joseph ROVATTI in *epistola ad me data*, vagitum uterinum pro certa adnotatione descripsit.

Relazione di due bambini attacati insieme nella parte anteriore del petto e del basso ventre Pisa 1769. fol.* Meorum similes fetus, corde unico, auribus tantum duabus, magnis vasis simplicibus: lien unicus, arteriæ umbilicales duæ, sed quatuor renes &c.

§. MCCXLVII. *Varii Germani.*

Der kürzeste Weg zur Arzney Leipzig 1769. 8.* Antiquus liber, ut putes esse ineuntis seculi, cum BOERHAAVIANARUM *institutionum* editio 1707 laudetur. Musculorum nomina vetat discere, ut horrida.

Huc

Huc forsan retuleris, *Ob man Neigungen ausrotten könne, die von der Natur kommen. Præmium in eam quæstionem institutum retulit* L. COCHIUS Berlin 1769. 4.* Pro harmonia præstabilita.

Gotth. Ephraim LESSING *wie die Alten den Tod gebildet* Berlin 1769. 4.* Utique veteres sceletos depinxisse, per exempla ostendit, alio tamen modo mortem expressisse. Larvas esse LUCIANO teste, quæ pro morte habebantur.

A. C. PEUSCHEL *Abhandlung der Physiognomie, Metoposcopie und Chiromantie* Leipzig 1769.

J. Christoph CRICHSPRINGER *physicalische Untersuchung, ob auch Patagonische Riesen möglich, und die Erzählungen davon wahr sind* Leipzig 1769. 8.

D. Friederich August WEIZ cepit ab anno 1769. edere, *Vollständige Auszüge aus den besten chirurgischen Disputen* Bauzen 8.* Passim suas adnotationes adjecit. Saccum hernialem se absque dolore separasse. Manus pene tota resecta reconciliata, ut calor & pulsus redirent. Hernia spinalis. In gravida ossa fracta non confirmari. Sterilis femina, ob membranam ostio uteri obductam. Ab avulsis tendinibus nullus omnino dolor.

Ej. est *der Chursächsische Landphysicus* 1771. 1772. Naumburg 8. 2.Vol.* Ut semianimes recreentur. Partus; dentitio.

J. August RIDDER *observatio rarior de fetu septem annorum per intestinum rectum matre salva & superstite excluso* Annaberg absque anno.* Pro fetu habet, qui nunquam in utero fuerit conceptus, & continuo in ventrem exciderit.

J. Jacob GRIESINGER *vollständiges Bienen-Magazin* Ulm 1769. 8.* Non satis anatomicus. Non probat spem, quam SCHIRACHIUS in exciso favo ponit. Reginas parere mares & reginas, operarias ab operariis nasci. Ova 21. die excludi. Apes non dormire, etsi videntur; noctu videre. Reginæ alterius gravem vocem esse, alterius tenuem, ut sibi respondeant.

Drey Preisschriften von der besten Bienenzucht Manheim 1769. 8.* Calor apum idem qui majorum animalium, & 29 & 30 graduum R.

Carl Casp. SIEBOLD, Prof. Bambergensis, *collectio observationum medico chirurgicarum* Bamberg 1769. 4.* Cerebrum in sacco occipiti appenso contentum.

Fridrich Samuel BOCK *Versuch einer vollständigen Natur- und Handlungs-Geschichte der Heringe* Königsberg 1769. 8.* Habet etiam anatomen nervosque potissimum visorios & olfactorios.

§. MCCXLVIII. *Varii Angli.*

Edward BANCROFT *Essay on the natural history of Guiana* London 1769. 8. & Frankf. und Leipzig 1769. 8.* Germanice. Pipam ova in dorsum mariti deponente. De vi stuporifera gymnoti, qua aquam prægnat. Auctor chirurgi *von der* LOTT relationem de eodem pisce parvi æstimat. Venenum Caraibum sanguinem resolvit.

John STEDMAN *physiological essays and observations* Edinburgh 1769. 8.* 1. Pulsus hieroglyphice expressi per certas lineas. 2. De mensibus; tamen a plethora esse.

R. CURTIS *on the structure and form of the teeth* London 1769. 12.* Germanice 1770. 8.* parvi momenti l. in anatomicis.

A compendium of physik and surgery London 1769. 8.

John CAVERHILL *treatise on the cause and cure of the gout* Lond. 1769. 8.* Naturæ lege arteriæ vi musculorum paulatim compressæ arctantur. Eædem laxantur, quando humor, diminuto nunc musculorum motu, in cellulosa tela congeritur &c. Icones meæ arteriarum plantæ pedis hic redeunt.

EJ. *Experiments on the cause of heat in living animals* London 1770. 8.* Succum nerveum terreis fieri particulis, lente moveri: caloris tamen causam esse. In cuniculo perforata medulla spinali calor animalis sensim diminutus est. Pulsus numerat ad 180 & 200. Cum a læsa medulla spinali frigus animal occuparet, cor tamen celerius movebatur. Ignis vulgaris pulsum incitat. Calor animalis a vulnerata medulla spinali delapsus est a 103 ad 94 a 100 ad 84, a 96 ad 71 &c. & animal periit, musculis posterioribus emaciatis, cum frigore. Calor non est in ratione pulsus: nam cum medulla spinalis læsa esset, pulsusque 122, calor tantum fuit 78, & cum 140 pulsus essent, calor fuit $83\frac{1}{2}$. (pulsus nempe frequens & parvus).

EJ. *Treatise of ganglions* London 1772. 8.* Ganglia fere arteriæ alicui incumbunt, cujus micatio uberiorem facit influxum spirituum, qui iidem in omnes musculos urgentur, qui ab eo ganglio ramos habent. Plexuum eadem est utilitas, minor tamen. Carotis etiam pulsatione sua nervos cordis urget, cor incitat. Simili ratione motum musculorum intercostalium exponit & respirationem. In nervis sensoriis & vagis nulla ganglia esse. Recurrentibus nervis resectis vocem superfuisse.

John BRISBANE *anatomy of painting or a short and easy introduction to anatomy being 6. tables of* ALBINUS *with linear figures on a smaller scale*, ALBINUS *figure of the uterus*, *the anatomy of* CELSUS, *the physiology of* CICERO Lond. 1769. fol.

EJ. *Select cases in the practice of medicine* London 1772. 8.* Potius practici est argumenti.

Robert Wallace' JOHNSTON *new system of midwifry* London 1769. 4.* Magna pars anatomica & physiologica est. Anatome partium genitalium. Psoades musculi, quando fetus vertex eos in partu tangit, contrahuntur, verticem extrorsum pellunt, ut caput oblique in margine superiori pelvis retineatur. Mensuræ pelvis & capitis fetuum: horum pondus inter 10 & 14 libras troy continetur. Liquor in uterum injectus exiit per vasa, quæ ligamentis teretibus includuntur. Ostiа uteri, ex quibus menses manant. Tunicæ ovi humani, potissimum decidua, quæ olim chorion audiebat. Corpusculum & filum noster vidit ut ALBINUS. Liquorem amnii resorberi. Villos fetus in villos uteri inseri.

ſeri. Uteri arterias ſanguinem ſuum in cellulas placentæ deponere, ex iis venas eum reſorbere, quæ ad umbilicalem tendunt. Anthropogonia ex proprio experimento, & fetuum icones atque deſcriptio. Tenero embryoni ventres patuli ſunt artusque nulli. Fetus poſt duos menſes ape non major eſt. Ratio fetus ad aquam amnii primum eſt, ut 1 ad 168, ultimo ut 11 ad 7. Graviditas & uteri mutatio. Partus: ejus cauſa eſt vis irritationis.

§. MCCXLIX. *Diſputationes.*

Melchior REGE *de dolore colico* Gotting. 1769. 4.*

Salomon Levie ISACIDES *de ſemine, præſertim humano* Utrecht 1769. 4.* Semen delineare fetum ad archetypum, ad modum atramenti typographici: ſemen mas eſſe quaſi ſigillum convexum, femineum concavum, hæc ſibi reſpondere. Pro morbis congenitis.

Franc. RIGAIL FELIX *de inteſtinorum introſuſceptione* Leid. 1769. 4.* Inteſtina deſcribit.

Guil. SHAW *de conceptione* Leid. 1769. 4.*

Hadrian van der HAM *de nutritione* Leid. 1769. 4.*

A. BRILL *obſ. de humore lacteo coagulato cum placenta humana reperto* Groning. 1769. 8.

Franc. Ignat. BREDTSCHNEIDER *de lacte ejusque uſu* Wien 1769. 8.* De diverſa copia ſaccharinæ materiæ in lacte diverſorum animalium repertæ.

Leopold SCHARNDORFER *de purgatione menſtrua & morbis virginum* Wien 1769. 8.* Menſes eſſe a plethora particulari.

Jac. Joſeph MASTALLER *de lingua ſana & morboſa* Wien 1769. 8.*

Frid. Chriſt. SCHEIGGL *de auxiliis efficacibus ad vitam in viſo mortuo reſtaurandam* Vienn. 1769. 8.* Infanti non reſpiranti, cujus pulſus ceſſaverat, aerem noſter in os inflavit, ita rejecto multo muco demum convaluit.

Chriſt. Frid. REUSS & *Frid. Chriſtoph.* OETINGER *de lacte caprino viribus medicatis, digeſtionis animalis & artis ope imprægnato* Tubing. 1769. 4.* Experimenta facta ſunt, & capris ſatis facile herbæ medicatæ propinantur.

Eberhardi GMELIN præſ. *J. Frider.* JÆGER *experimenta de ſubmerſis, cum examine phænomenorum* Tubing. 1769. 4.* Septem experimenta fecit, animalibus ſub aquam demerſis. Pulmo fere aqua ſpumoſa plenus fuit; aliqua etiam in ventriculo aqua. Pulmo pleuram utique contingebat.

Chriſtian Frider. HELD, præſ. viro ILL. *Erneſto Godofredo* BALDINGER, *de partu laborioſo, & cauſis, quæ caput in pelvi retinent præcipuis* Jen. 1769. 4.* Puero pes absque femore, tibia. In altero pede informe femur, ejus caput pone coſtas adaptatum. Nullus funiculus umbilicalis, ſed membrana robuſta coſtis dextris adnexa. Nulli muſculi abdominis, neque veſicula fellea, neque ſcrotum.

Gottlieb Christian BUSSE *de actione cordis, quatenus a nervis pendet* Hall. 1769. 4.*

Christian Gottfried GRUNER *de caussis sterilitatis utriusque sexus ex doctrina* HIPPOCRATIS *veterumque medicorum* Hall. 1769. 4.* Docta disputatio. Novam conceptionem mederi prolapsui uteri.

EJ. *Censura librorum* HIPPOCRATICORUM Breslau 1772. 8.* De libro *de articulis* dubitat genuinum esse, qui mihi videtur manifesto pars esse libri *de fracturis*.

EJ. *Gedanken von der Arzneywissenschaft und den Aerzten* Breslau 1772. 8.* Pro systemate mechanico, quod STAHLIANO præfert. De artibus quas medicus tenere debet. Incisores, qui iidem delinearunt.

EJ. *Semejotica generalis physiologica* Hall. 1775. 8.* Signa sanitatis per singulas partes. Vires vitales. Functiones, temperamenta, natura propria cujusque partis corporis. Pulsus Galenici, Chinenses, Gallici.

Christian Ludwig SCHWEICKHART *observationes de non necessaria funiculi umbilicalis deligatione* Argentor. 1769. 4.* Duo anuli, qui funiculum amplectuntur, prior a tegumentis communibus factus, alter a tendine musculorum transversorum. Sanguinem de resecto funiculo fetus, hactenus matri suæ adhærentis, vix ullum fluxisse. Videri tendinosum anulum funiculum arctare, & hæmorrhagiæ obesse.

F. SEGER & BEHRESCH *de sectione cadaveris occisi* Lipf. 1769. 4.

J. Wilh. BERMANN *de peripneumonia* Erford. 1769. 4.* cum aliqua anatome.

J. Petr, WUESCH *de methodo explorandi morborum latentes caussas per vitalium, animalium & naturalium functionum examen* Duisburg 1769. 4.

Dominicus J. Baptista de la BICHE & auctor *Car. Jac. Lud.* COQUEREAU *de* NANCE *Ergo soliditati partium corporis humani confert aër* Paris. 1769. 4.*

EJUSD. & BUCQUET *E. oeconomiam inter animalem & vegetabilem analogia* Paris. 1770. 4.*

J. Baptista Mich. BUCQUET *Ergo digestio alimentorum vera digestio chymica* Paris. 1769. 4. recusa 1771. præside J. B. THURANT, & denuo 1772. præside VARNIER. Aliqua in bile facta experimenta. Cum acido vitriolico sal Glauberianus obtinetur, & sal fixus per calcinationem. Ope saponis cibi comminuti, in modico calore ita digeruntur, ut succum lacteum dulcem dent. Experimenta sunt CADETI.

Carl. Franc. THERON *de* VALLUN, & NOLLAN, *E. senibus lac ovillum* Paris. 1769. 4.*

Stephan. Ludov. GEOFFROI & BUCQUET *E. recens nato lac recens enixæ matris* Paris. 1769. 4.*

J. le THUILLIER nunc CHESNEAU *E. fami, potius quam temporibus in assumendo cibo parendum* Paris. 1769. 4.*

Jos.

Jos. Philip. CEZAN *Ergo corporis balsamum bilis* Paris. 1769. 4.*

Franc. BERNARD, *M. Natalis* ANDREAS, *J. Baptista* CHESNEAUX & Cl. LAFISSE *E. fami, potius quam temporibus, in adsumendo victu parendum* Pariss. 1769. 4.*

Franc. Jacob HOIN *de vitalitate infantum* Besançon 1769. 4.*

SWITHEN ADEE oratio *anniversaria* HARVEIANA London 1769. 4.

J. WALLWIN *de calore animali* Edimburg 1769. 8.* Gradus caloris quem homo generet.

Joseph CORTLEDGE *de urina cum sanitate historia* Edimburg 1769. 8.

Robert BIRDWOOD *de causis fluxus menstrui* Edimburg 1769. 8.*

§. MCCL. *Diaria anni* 1770.

In *Phil. Transf. Vol.* LX. DAVIS & T. S. KUCKHAN de avibus in thesauris physicis conservandis.

Jacob ROBERTSON *de balæna cachelot.* Omnino videtur sperma ceti oleum esse cerebro circumfusum.

J. LATHAM de viro, cui epidermis ita late decessit, ut integræ chirothecæ detrahi possint.

In *Hist. & Mem. de l'Acad. R. des Sciences de Paris.*

BIHERON virgo, anatomes perita, fetum cum utero imitata est.

Subita per insolationem calvities.

Ut oculus vitrorum convexitate sensim diminuta possit ad objecta remota distinguenda adsuefieri.

Os integrum reparatum, quod caries destruxerat.

In *Memoires de l'Academie de Dijon* hoc anno verius editis, Dijon 8.*

CHARDENON fibras tendineas musculorum obliquorum abdominis inmitti in lineas tendineas rectorum, & ab iis firmitatem habere necessariam, quoties truncum debent convertere.

In *Journal de Medecine* T. XXXII. a. 1770. AUCANTE de canicula, quæ repetito catellos labro superiori fisso & bipedes pepererit. Non ergo ab imaginatione materna monstra esse, quæ non eodem modo iterato errasset.

MARECHAL *de* ROUGERE de noxia acrimonia vaporis formicarum, a quo epidermis dejecta fuerit; etiam rationis usus infirmatus.

ROBIN *de* AYAVALLE de fetubus galea cranii destitutis, quos partus busonios vulgus vocat. Nullum cerebrum, neque ulla medulla spinalis.

VOYER femina, cujus lac saturato colore roseo tingebat.

Le MEILLEUR cor anseris totum ossefactum.

In T. XXXIII. MARCHAN de homine cæco nato, qui, cum visus ei redderetur, distantias non adgnovit, neque corporum situm, colores tamen aliquos distinxit.

Partus cum hernia spinali; & alius galea cranii destitutus.

In T. XXXIV. s. *Supplément*.

MARRIGUES caput galea cranii destitutum & difforme.

BEAUSSIER de duobus pueris per pectora connatis.

BINET de capite & fabrica tæniæ.

In *Nov. Act. Nat. Cur.* T. IV. a. 1770. 4.*

J. Friderich HARTMANN *obs.* 21. de natura electrica plumarum psittaci.

Gustav Friderich JÆGERSCHMIDT de fetu semiosseo, in ovario sinistro reperto, *obs.* 22.

EJ. *Unterricht für die Hebammen, erster Theil* Carlsruhe 1775. 8.* Aliqua anatome partium genitalium. Graviditas; ejus signa.

Iterum in *Nov. Act. Nat. Cur. J. Carl* HOFMANN deformatio capitis & faciei fetus, ex lapsu matris gravidæ *obs.* 35.

In *Actis Academiæ Theodoro Palatinæ* T. II. *Daniel Wilhelmus* NEBEL de fetu 54. integris annis in materno utero retento.

Friderich Casimir MEDICUS de corporibus humanis incorruptis, duris aut mollibus. Conf. p. 621.

EJ. *Von der Lebenskraft* Manheim 1774. 4. maj.* Motus vitales non esse ab anima, cum eorum non simus conscii; dari ergo vitale principium ab animali diversum, neque voluntati subjectum, quod vires vitæ gubernat, & in brutis pariter reperitur, quibus nulla sit sui conscientia. Habitare in cerebro, neque a gangliis impediri, quæ utique motus a voluntate imperatos frangant. Materiam ad motum producendum ineptam esse, neque organicam fabricam hic privilegium aliquod habere, neque adeo a vi musculari officia vitæ humanæ deduci posse; archæum suum non fatigari, & in animale nuper nato ea omnia doctum esse, quæ in adulto homine sit sciturus; his signis ab anima rationali diffidere. Voluntatem nihil in organa vitalia posse, quæ subito suo officio defungi sit necesse, cum tamen ganglia vim a voluntate submissam frangant.

In *conventu Societatis Regiæ Gottingensis* D. CRELL retulit de utero bicorni Argentorati viso (EISENMANNI).

In *Berlin. Sammlungen* T. II. De gymnoto stuporifero Surinamensi; vim suam amittere ad magnetis accessum.

SCHURMANNIÆ corpus incorruptum detectum fuit.

In *verhandel. der Haarlem. maatsch. der wetensk.* T. XII. B. TIEBOEL de oleo animali ejusque faciliori præparatione.

Adrian WOLF infans mancus.

Henrich

Henrich de BOSCH gemellorum alter post alterum 17 dierum partu editus intervallo.

G. BRUGMANS de fetu post longam graviditatem per alvum egesto.

Vir male natus, cui urina per duo sub umbilico ostia prodibat.

In *Nov. Comm. Acad. Petrop.* T. XIV.

A. J. GYLDENSTETT anatomen accuratam muris *Suslik* dedit. Sic gliris, quæ *Spalax*, non neglectis auditus organis, accurate enim audit, oculi vero obtuse vident.

IDEM in T. XVII. anatomen dedit cyprini Capoetæ. Intestina longissima, quæ duodecies corporis sui longitudinem superent. Inde anatome cyprini in universum. Intestina tantum duplo longiora suo corpore.

In *K. Swenska Wetenskaps Acad. Handlingar* T. XXXI.

Joseph Cælestinus MUTIS de putorio Americano. Fætoris scaturigo est in saccis ad exitum intestini recti positis. Anatome animalis. Intestina perbrevia.

In *Journal des Savans* 1770. Sept. negatur caput limacis reparari: potius ictui ab animale subtrahi, vivere id absque capite, tantum ut nullum renascatur.

Iterum mense Julio COTTIO idem experimentum non successisse, videri SPALANZANUM solam capitis cutem resecuisse.

In *Bemerkungen der physicalisch- œconomischen Bienengesellschaft zu Lautern* Manheim 1770. 8.*

Johannes RIEM de apibus, contra nuperos. Venerem apum se vidisse. Negat ex vulgari ape operaria posse reginam formari. Ut apes nutriantur, & intra 21 diem excludantur. Aliquos mares tota hieme superesse, matremque fecundare. *Christian* NIESEN de rore melleo tiliarum, quod apes prædentur. Esse omnino aphidum excrementum.

In *Mem. de l'Acad. des Sciences de Berlin* 1770., præter alia jam dicta MARCGRAFII, hic experimenta habentur a G. W. SCHILLING in gymnoto Surinamensi facta. Magnes vires ei pisci demit & reddit languidum, neque sinit vim concussionis exercere. Nigritas nosse absque metu hos pisces apprehendere. In concutiendo piscis se contrahit.

In *Ober-Lausniz. Bienengesellschaft Abhandlungen* pro annis 1768. 1769. 8. Dresdæ 1770. 8.* excusis, Cl. HATTORF experimenta. Reginam juvenem fecundam esse absque fucorum commercio. Reginas mares sibi comites datos occidisse. In favis, in quibus apis operaria in regiam dignitatem perficitur, fucum natum esse. Reginam vetulam solos fucos parere.

Abhandlung der Churpfälz. œconom. Gesellschafts- Acta anni 1770. prodierunt Manheim 1771. 8.* Eadem societas, quæ Lauteræ fuit. J. RIEM nondum admittit SCHIRACHI examina artificialia, sed potius credit, apes operarias ovum regium transportare, eas esse matres fucorum, reginam parere & reginas, & operarias. Mares a coitu cum regina interire.

IDEM in *verbesserte Bienenpflege* Manheim 1771. 8.* Examen ne prodeat, reginam in carcerem dedit. Apes operariæ ad laborem se conferunt, quum primum ova regia possident. Operarias in reginas non posse mutari. Patrem suum eodem artificio usum, quo SCHIRACH. Quatuor diversas voces quatuor reginarum distinguit.

In altero tomo historia perniciosi insecti *Rebenstiche*r, potissimum ab *Israele* WALTHER descripti. Vidit semivermem semiscarabæum.

§. MCCLI. *Itali.*

Petri MOSCATI *delle corporee differenze essenziali che passano fra la struttura de' bruti e la umana* Milan. 1770. 8.* Gottingæ Germanice versum, & Italice recusum Brixiæ 1771. 8.* auctum *appendice* satis ampla, qua auctor GALEAZZII objectionibus respondet. In ipso libro humanam fabricam a natura ita paratam fuisse docet, ut homo quadrupes incederet. Pueros, qui in deserto educati fuerunt, eosdem quadrupedes fuisse. A situ erecto fieri, ut cor diaphragmati adnascatur, ut origo magnæ arteriæ latior fiat, mutato angulo sub quo sanguinem accipit. Ob facilem refluxum sanguinis mesenterici, animalia mesenterii obstructiones ignorare. In homine, & perinde in animale, obtusum esse tendinum sensum. Humani generis prærogativam esse in cerebri fabrica. A corpore fetus convoluto fieri, ut sanguis in cerebrum uberior incumbat, & nimium fiat hominis in sentiendo acumen.

In *appendice* animal Orang-outang neque ab homine, neque a simia satis differre, neque in universum a brutis homines.

EJ. insignis labor in *Atti fisico critichi di Siena* T. IV. Tendinis fabrica per longam macerationem evoluta. Tendinis fibra cum fibra carnea continuatur. Ea mere cellulosa est, quare tendo & sensu destituitur, & natura irritabili; facile etiam ossescit. Jam viri pater insensilem naturam tendinum per experimenta confirmaverat, & cum produceretur tamquam sentientium tendinum testis, adfirmavit, sensu carere; sic in homine mediastinum. Tendines in fetu breviores esse, in adulto longiores. Nervos nunquam in cellulosam naturam ulla maceratione resolvi.

EJUS *nuove osservazione ed esperienze* in sanguine & sero industriam suam occupavit. Pars coagulabilis seri a thorace diversa. Illa in aëre solvitur, iste densatur. Serum a phlogisto cogitur, hinc a calce viva, non ab exstincta. Sanguis exhalat phlogiston, eoque aerem impraegnat. Color globulorum naturalis flavus est ex viridi, a phlogisto rubet. In aere intestinali plurimum est phlogisti. Pulmonum maxima utilitas est exhalare phlogiston, quod gravissimos morbos faceret, si retentum in sanguine congereretur.

Jacob SCOVOLO, Professor Patavinus, edidit Paduæ 1770. 4.* *Dichiarazione del Sr.* HALLER *publicata in Vienna dal Sr. de* HAEN. Voces epistolæ meæ, cum ILL. HAENIO communicatæ, aliquantum detortas eo explicat, ut meam

meam de insensili quarumdam partium corporis humani natura sententiam me dicat revocasse; quæ quidem nunquam mea mens fuit. Sed ad virum illustrem utique rescripseram, posse super tendinem nervos decurrere, qui sentiant, eumque sensum tendini tribui.

Angeli FABRONI *Virorum Italorum doctrina excellentium, qui seculo XVIII. floruerunt decas* I. ad V. VALSALVA, LANCISIUS, GUILIELMINUS, MORGAGNUS, BORELLUS, BELLINUS, REDUS, alii, Romæ 1770. & seqq. 8.*

Cajetanus RUBERTI edidit Neapoli 1770. 8.* *Lettera scritta a i novellisti di Firenza intorno alle opposizioni da lui fatte a certi capi delle sue osservazioni dal morbillo.* Mirifice volatilem naturam adipis humani describit, qui de clausis phialis per poros, ut putat, vitri avolet, per experimenta sua.

§. MCCLII. *Galli.*

J. F. DU FOUR *essais sur les opérations de l'entendement humain, & sur les maladies qui le dérangent* Paris 1770. 12. 2.Vol.

Le CLERC *de* MONMERCI advocati, *Epitre à M.* PETIT 1770. 8. poëma, in quo aliqua anatome & physiologia.

M. L. B. D. C. *memoire sur les haras* Utrecht 1770. video laudari.

RICHARD *histoire naturelle de l'air* Paris 1770. 12. Vol. 12.* Compilatitium & amplissimum opus. Aliqua huc referas. De nigro Aethiopum colore, qui tamen ab æstu solis fit. Per aerem particulas organicas BUFFONII circumvolitare, eas in plantas & in animalia convalescere: inquietas oberrare, donec sui similes nactæ, cum iis conferveant. Inter has nunc quietiores particulas alias sibi locum parare, earum ita pugnam nasci, & morbum; in mortem abiturum, si peregrinarum particularum ea fuerit felicitas, ut superent.

MALVIEU *présages de la santé, des maladies &c.* Paris 1770. 12.* physiologica etiam de pulsu habet, de animali calore, de temperamentis.

Antoine GOUAN, Professoris Monspeliensis & eximii plantarum cultoris, *historia piscium, sistens eorum anatomen internam, externam, genera* Argentorati 1770. 4.* Anatome aliqua. Cartilagines capitis in piscibus amant confervere. Pisces neque auditus officula habere, neque auditu frui. Musculos majores describit. Pinnas alterne sibi subvenire expertus est, cum earum aliquas resecaret. Vesica aërea bilobata etiam & trilobata est, & in œsophagum aperitur. Omnibus piscibus suam vesiculam felleam esse, suam urinariam vesicam. Lactes; ovaria. Penem noster non reperit. Ligatis branchiis animal ægrotat, periturum nisi vincula removeas. Confluxus duarum magnarum arteriarum.

JOHANNET *les bêtes mieux connues* Paris 1770. 12. 2.Vol.* Pro CARTESIO, animalia meras esse machinas, neque animæ incorporeæ participes. Ut œsophagus & ventriculus se necessario contrahit, quando irritatus fuit, ita alias bestiarum actiones ex necessitate fabricæ sequi. Neque animal sentire.

Philosophie de la nature Amsterdam 1770. 12. 6.Vol.* Passim aliqua physiologica, ut in T. IV. V. de generatione, contra fetus in matre perfectionem.

LOUIS FLORENT DESHAIS GENDRON *tr. des maladies des yeux* Paris 1770. 12. 2.Vol.* Anatome oculi: non bene chorioidea pro organo visus data, neque adoptatis fibris circularibus uveæ noster bene meruit, neque aliis locis, ubi in errores incidit.

Cours d'histoire naturelle, ou tableau de la nature Paris 1770. 12. 7.Vol.* De animalibus fuse, fere ex BUFFONIO. Generatio. Sensus. De PEREIRA in docendis surdis felici. Musica gustus. Piscium anatome ex PETITO. Collectanea.

DIDELOT *instruction pour les sages femmes, ou methode assurée pour aider les femmes dans les accouchemens naturels & laborieux* Nancy 1770. 8.* Yverdon 8.* Partus. Secundas potius relinquit, quam resistentes evellit. Recte progredi fetum aure altera anteriori, posteriori altera.

NICOLAI *manuel du jeune chirurgien* Paris 1770. 8.* Anatome fere ex WINSLOWO recepta, etiam quando vir magnus errat, ut in arteriæ ophthalmicæ origine: sed etiam rete linguale N. melius omisisset. Insensiles eas partes esse, quas HALLERUS sensu carere docet. Contra BUFFONI hypotheses.

DU PRE de l'ISLE *tr. des lésions de la tête par contre-coup* Paris 1770. 8.* In cranii cavea aerem esse: lymphatica vasa in cerebro. Pro decussatione fibrarum med. obl.

EJ. *Du virus cancereux* Paris 1774. 12.* Partium infectarum anatome, & mammarum potissimum, hæc valde singularis.

FABRE *essais sur différens points de physiologie de pathologie & de therapeutique* Paris 1770. 8.* Plurima physiologica, absque ullo experimento. Nam ad irritatam arteriam in cane sanguinem congeri certo falsum est. Sectam sequitur *la* CAZII. Experimenta admittit, per quæ constat, certas humani corporis partes insensiles quidem esse; verum sensiles reddi per inflammationem contendit, ipsam etiam cellulosam telam. In mutatione circuitus sanguinis, quæ a respiratione fit, mecum sentit. Irritabilitatem omnibus corporis animalis partibus tribuit. Negat a pressione glandulas evacuari. Motus animales esse a vi irritabili Globulos sanguineos ab adfuso aceto minores fieri. Utilitas retium vasculosorum.

DELEVRYE *traité des accouchemens en faveur des eléves* Paris 1770. 8.* Pelvis feminæ accurata descriptio, tum partes genitales. In utero nullum esse musculum; lymphatica vasa uteri copiosa reperiri. Crassitiem in utero gravido non mutari. Partus. De hymene, de graviditate, de circuitus sanguinis in fetu mutatione.

Hoc anno ni fallor, prodiit G. DU CHEMIN de l'ESTANG, Medici, *mémoire sur la cause de la mort des noyés, pour servir de réponse à M.* FAISOLE & CHAMPEAUX . . . . 12.* 8°. B. Chir. II. 560. In submerso nulla aqua in ventriculo, in pulmone nulla est, præter solitum in sani etiam hominis pulmone reperiendum mucum spumosum.

Pierre

Pierre Antoine MARTEAU *tr. des bains d'eau simple & d'eau douce* Amiens 1770. 8.* Præmium hæc dissertatio meruit. De absorbtione aquæ. Pro fibris longis arteriarum. Calor cutis debet esse 30 gr. balnei calor 31 si sudorem movere volueris. Oscillationes cutis, Phthisicum hominem aquam balnei 15 gradibus calefecisse. Balneum frigidum pulsuum numerum minuit, calidum auget ad 107 in gradu caloris 35, ad 115 in gradu 36.

Manuel du Naturaliste Paris 1770. 12.* Melioris notæ. De anguilla torporifera. Contra reproductionem capitis limacum.

Ludwig Michael COSTA *Disquisitionee anatomicæ* Perpignan 1770. 4.* Contra CARRERIUM de revulsione; de clysterum effectu: fæces in horizontali parte recti intestini colligi. Non posse vasa iliaca a distento quantumlibet recto intestino comprimi.

§. MCCLIII. *Angli.*

Thomæ OKES M. D. *Duæ disputationes Cantabrigiæ habitæ; 1. Praxi medicinæ non est necessaria scientia anatomica: 2. Fetuum deformationes non oriuntur ab imaginatione prægnantis* Cantabrig. 1770. 8.* Monstra connata esse de primigenia classe. Gemellorum cuique suum esse ovum peculiare.

In *Benjamin* FRANKLIN *letters and papers on philosophical subjects* aliqua sunt huc facientia. Se cum aer esset 100.° in umbra minus caluisse, quam omnia corpora circumposita.

J. ELSE *Essay on the cure of the hydrocele of the tunica vaginalis testis* London 1770. 8.* cum aliqua anatome.

William NORTHCOTE *the marine practice of physik and surgery particularly usefull to all who visite the coast of Africa* London 1770. 8. 2.Vol.* Compendium artis.

EJ. *Anatomy of human body* London 1772. 8.* Mera collectio ex WINSLOWO, MONROO & CHESELDENIO, plena obsoletis hypothesibus. Negat se potuisse musculos vaginæ DOUGLASSII invenire.

EJ. *A concise history of anatomy from the earliest ages* London 1772. 8.* Innumeri errores & inventa auctoribus adscripta, apud quos nullum eorum vestigium reperias. De utilitate & ordine anatomes.

§. MCCLIV. *Germani.*

J. C. W. MOEHSEN *Verzeichniß einer Sammlung von Bildnissen grossentheils berühmter Aerzte* Berlin 1770. 4.* De anatome & ejus cognitione pictoribus necessaria. Veteribus utique suas fuisse sceletos. *Leonhardum* DA VINCI pro TURRISANO (*M. Antonio de la* TORRE) anatomica delineasse, *Michaelem Angelum* BONAROTAM propria manu corpora dissecuisse, & RAPHAELEM demum ad summum in arte fastigium pervenisse, cum anatomen didicisset. TITIANUM pro VESALIO delineasse; id vix putem. De iconibus anatomicis Italorum, de CASSERIANIS, de tabulis *Petri* BERRETTINI, quas ad incisiones *J. Mariæ* CA-

STEL-

STELLANI delineaverat. Fraus nuperi pseudonymi PICCOLHOMINI. De tabulis ALBINI, HALLERI, LADMIRALI. Inter vitas medicorum etiam incisores, ut S. ALBERTUS.

Simon PALLAS *practische Anleitung der Knochen-Krankheiten* Berlin 1770. 8.* Fabrica & incrementum ossium; ossa sensu carere, medullam & periosteum acriter sentire. Sulcos longos esse vasorum itinera, obliquos medullæ vias. Nova ossa renasci ex succo concreto.

C. L. HOFMANN *Abhandlung von den Pocken* Münster 1770. 8.* Practici quidem argumenti, multa tamen physiologica. Secretio, diversitas secreti humoris a pondere specifico nata. Corpora, dum partes eorum conjunctæ sunt inodora, eadem odorata fieri, quando eæ partes separatæ secesserunt. Humores nostros, dum vivimus, nunquam putrescere. Dari glandulas, quæ variolarum sedes sint, in sola cute, non in partibus corporis interioribus. Particulas ad putredinem vergentes potissimum per pulmonem excerni, & eam præcipuam utilitatem hujus visceris videri. Exemplum humorum acidissimorum, neque acrimonia aquæ forti cedentium.

Fulgentii BAUER *Experimental-Abhandlung von der Theorie und dem Nutzen der Electricität, und von der Luft-Electricität in dem menschlichen Körper* Lindau und Chur 1770. 8.

EJ. *Kleines Buch für Aeltern und Lehrer* 8. puto 1771. De medica puerorum educatione: de animalium generatione.

J. Bernhard BASEDOW *Elementarbuch* Altona 1770. 8. Habet etiam anatomica varia.

August. Gottl. RICHTER, Clar. Prof. Gottingensis, *observationum chirurgicarum fasciculus* Gotting. 1770. 8.* Cornea tunica vix sentit, iris etiam sensum amittit.

IDEM *von Ausziehen des grauen Staares* Gotting. 1773. 8.* Iterum iridem insensilem esse.

EJ. *Chirurgische Bibliotheck* Gotting. 1771. 8. sqq. Passim sua cogitata subjicit. Ita in T. I. tendines insensiles certas per causas sensiles fieri putat, ut per inflammationem.

J. Jac. Petr. de TREYTORRENS *zwey medicinische Tractaten; Das Daseyn Gottes in der Zeugung des Menschen und im Umlauf des Blutes erwiesen* Lüneburg 1770. 8.* Anatomica, ad fetum, menses, graviditatem, partum.

L. BAR. *de* SIND *vollständiger Unterricht in der Wissenschaft eines Stallmeisters* Gotting. 1770. fol.* Anatome equi, generatio, equilia. Hippomanes esse partem membranarum fetus. Equos depictos non producere pullos similiter coloratos.

L. F. B. LENTIN in *obss. med. fascic.* II. Cell. 1770. 8.* puellam gravidam absque venere describit.

In versione Germanica *Encyclopædiæ œconomicæ*, cujus ab anno 1770. *J. Georgius* KRUNIZ quatuor tomos edidit, passim aliqua physiologici aut anatomici argumenti intercedunt. Ita venarum descriptio, quæ in equo secantur.

J. J. WETSCH

J. J. WETSCH *medicina ex pulsu, s. systema doctrinæ sphygmicæ* Wien 1770. 8.* Tota hypothesis *Theophili de* BORDEU & FOUQUETI hic redit, aliquantum propriis auctoris adnotationibus aucta, cui tamen passim difficile fuit, pulsus illos certis corporis partibus proprios adgnoscere.

J. Christ. BIRKHOLZ *alle Arten Fische, welche in den Gewässern der Chur-Mark gefunden werden* Berlin 1770. 8.* Anguillam viviparam esse. Certum medicamentum cyprinorum fecunditatem augere, quod in ostium inflatur, ex quo lactis & ova prodeunt. Non raro pisces mares in femellarum alterius speciei ová semen adspergunt, sic hybrides species generant.

J. G. PRIZELIUS *Beschreibung des sogenannten Senner Gestütes in der Grafschaft Lippe* Lemgow 1770. 8.* Equi per vasta deserta oberrantes. Eorum saltus & celeritas, fecundatio &c.

J. Frid. SCHÜTZE *gründliche Anweisung zur Hebammenkunst* Hildburghausen 1770. 8.* Anatome partium cum iconibus. Coccygem in partu per integrum pollicem retrorsum cedere. Vim vitalem SWIETENII laudat. Certa sub conceptione sensatio locum habet. Partus naturalis.

§. MCCLV. *Belgæ.*

H. VINK *lessen over het herkaauwen der runderes en deres woedende veesiekte* Roterdam 1770. 8.* Ventriculi animalium ruminantium. Arteriæ pulsum in bove optime tangi in linea ab anteriori angulo auriculæ ad posteriorem ducta. Oesophagus in secundum ventriculum aperitur, qui primum in vitulo volumine superat; in bove ei cessurus. Folia libri 26. Cum crassa materies secundum ventriculum subire nequeat, ruminando sursum ea repellitur. Tenuis cibus & potus ex œsophago in tertium ventriculum veniunt; quod vero ruminando subactum est pabulum, id in primum & secundum recipitur.

H. VYLHOORN *osteologia door* S. M. D. *en* W. C. Amsterdam 1770. 8.* Brevissime, ut nihil proprii habeat.

Hendrik STOLTE *beschryvinge der waanschappen teeldelen en waterwegen in in een man* Zwoll 1770. 8.* Nullus umbilicus, ureteres in vesicam imperfectam aperti, sub umbilico, & in fungo quidem cutaneo. Urina non guttatim manat, sed radiatim salit, ter quater in minuto, ad tres in 15′ drachmas post theæ potum. Penis difformis, ad venerem tamen idoneus.

Albert LENTFRINK *geneeskondige tydschrift of verzameling van ontleed wondarzeny en natuurlyke waarneemingen en ontdeckingen* Roterd. 1770. 8.* 1771. 8.* Quatuor volumina ex variis collecta.

J. Bernh. HULLESHEIM *gemellorum infantum abdominibus connatorum brevis historia cum animadversionibus theoreticis & practicis & appendice de duobus monstris necnon rarissimi morbi historia* Zwoll 1770. 12.

Egbert MUYS *nieuw en volkommene woorden boek van kunsten en wetenskapen* Amsterdam 1770. t. 2.

§. MCCLVI. *Sueci.*

Nicolai ALSTROEMER *tal om den finyllige får afwelsen* Stokholm 1770. 8.* De propagatione meliorum varietatum generis ovilli. Animal a matre esse, masculum semen externas partes perfectiores reddere.

RABBE *tal om folk mängden i äldere och nyare tiden* Stokholm 1770 8.* In Suecia posse ex viventium numero definiri numerum morientium & partu editorum, hunc ad $\frac{1}{27}$ viventium, illum ad $\frac{1}{47}$.

§. MCCLVII. *Disputationes.*

J. B. LA LANGUE *Nevrologia* Wien 1770. 8.* Ipsa anatome inanis est.

J. HAWRANECK *de vomitu* Wien 1770.

J. PURTSCHER *Idea hominis generalis* Wien 1770.

Al. Nep. KRECSOVSKY *de missione sanguinis* Wien 1770. 8.* Sanguis venosus resistit sanguini arterioso, hinc vena aperta sanguis arteriosus acceleratur.

J. Christian BRAND *de secundis ambitui ostii materni interni adfixis* Leid. 1770. 4.

Conrad van SOM *de spirituum naturalium natura & vitiis* Utrecht 1770. 4.*

J. GNEE *de respiratione* Utrecht 1770. 4.

Eduard STRAETEN *de vi cordis motrice* Utrecht 1770. 4.*

Jani Marci BUSCH *tr. de mechanismo organi vocis, hujusque functione* Groning. 1770. 4.* Ex Cl. CAMPERI potissimum experimentis nata egregia disputatio. In cartilagine thyreoidea, ad radicem processus supremi, foramen ovatum est in sinistro latere majus, alias tantum in dextro, per quod nervus advenit. Articulationem cartilaginis cricoideæ cum thyreoidea planam esse. In his cartilaginibus senilibus in corporibus medullam solidam reperiri. Larynx ursi marini: hoc solum animal habet appendices SANTORINI. CAMPERUS ab a. 1767. duas cartilagines reperit in membrana, quæ ab epiglottide ad arytænoidearum cartilaginum capitula expanditur: in animalibus quidem, cane, vulpe, talpa majores. Marsupium in concava parte ossis hyoidis simiarum: ob id vocem non possunt edere (id marsupium *abatjoue* non omnibus simiis datum est). In cuniculo Indico neque nares, neque larynx, nec pharynx ad os patent, sed velum palatinum basi ossis hyoidis adfigitur: in eo medio foramen est, quod ducit in fauces & œsophagum, margine quasi sphinctere cinctum: Hinc videtur id animal ruminare, quia cibos non potest deglutire, nisi perminute contritos. Basis ossis hyoidis sponte incumbit cartilagini thyreoideæ: quando vero vox acuta editur, tunc os hyoides antrorsum trahitur, ut tandem basis ultra cartilaginem scutiformem producatur, & simul larynx retro basin ossis hyoidis elevetur, sic larynx magis sursum eat, os hyoides magis antrorsum. Dum nunc cartilago thyreoidea adscendit, ligamenta tenduntur, siquidem thyreoidea elevatur, arytænoideæ vero inmotæ resistunt, & aspera arteria forte deorsum it, atque cricoideam secum ducit, ut sursum thyreoidea sola eat. Deinde thyreoidea

reoidea in priora trahitur, & cricoidea simul ejusdem m. cricothyreoidei posterioris actione retrorsum it. Cricothyreoideus etiam musculus scutiformem cartilaginem deprimit, anularem elevat, quæ non debet pro immota haberi, neque ab aspera arteria firmitatem habet. In voce gravi edenda cricoidea cartilago antrorsum producitur, distantia eam inter & scutiformem nulla fit. Contra in acuta voce thyreoidea in priora, cricoidea in posteriora ducitur, & ligamenta glottidis tenduntur. Cricoarytænoidei postici musculi arytænoideorum processus anteriores extrorsum ducunt, superiores diducunt, & glottis dilatatur. Contra laterales cricoarytænoidei musculi has cartilagines deorsum & ad latera trahunt, & processus anteriores ad se adducunt, sic bases diducuntur, glottis fere clauditur, rimæ pars posterior dilatatur. Thyreoarytænoidei arytænoideas cartil. in priora inclinant, ligamenta relaxant, rimam posteriorem coarctant, ventriculos comprimunt. Et in universum arytænoideæ cartilagines retrorsum tractæ tendunt ligamenta. Pro FERRENIO, ut tamen vox cujusque animalis non liquide exprimatur. Hæc fuse, nam disputatio meretur.

Sam. Frid. WAGNER, Præs. *J. Ad.* BOEHMER, *de hæmorrhoidibus externis* Hall. 1770. 4.* Anatomia; hæmorrhoides ex arteriis exque venis fluere.

C. L. LIEBERKUHN *de origine & utilitate inspectionis & sectionis cadaveris*, contra POL. LEYSER Hall. 1770. 4.

EJUSD. *De experimento vesicæ* progr. Hall. 1773. 4.

Car. Frideric. JUNCKER & *Casp. Ludw.* CURTIUS *de explicando consensu partium, qui nervis debetur* Hall. 1770. 4.

Frid. Wilh. GOLDHAGEN & JETZEL, *de tensione nervorum in genere* Hall. 1770. 4.

Traugott Wilh. GRENECK *de imperio animæ in circulationem, ex fetu illustrato* Lipsiæ 1770. 4.*

Eusebii Traugott EBERT *imago senii Salomonei* Lips. 1770. 4.* Habet etiam morbos.

Chr. G. HOMMEL & KOBITZSCH *de personarum, quæ sectioni cadaveris intersunt numero & qualitate* Lips. 1770. 4.

J. Lud. Frid. DIEZ *differentia fetus ab adulto* Giess. 1770. 4.* Vidit apud MEKELIUM, ceram, absque ullo extra vasa errore, manasse ex uteri vasis in placentam, & uteri vasa magna vidit, quæ digitum admitterent.

A. F. BOECK & R. J. S. RUDIGER *de perpetuitate primorum corporis humani staminum* Lips. 1770. 4.

Ernst Gottl. BALDINGER & A. HAERTEL *de doloribus post partum &c.* Jen. 1770. 4.*

EJ. *De sede pleuritidis* 1771. 4.* Non esse in pleura insensili.

EJ. & *J. Theophil.* SCHELER *de epilepsia & dolore capitis* Jen. 1771. 4.* Duram matrem sensu destitui fuse demonstrat.

EJ. *De vestigiis irritabilitatis* HALLERIANÆ *in veterum monumentis* Gotting. 1775. 4.*

J. Jac. KOBER *specimen osteologicum de dentibus* Basil. 1770. 4.* Ex animalibus. Dentium piscium majorum fibras ab interiori facie dentis ad exteriorem penetrare. Dentes exsertos apri, elephantis, carere parte vitrea; in molaribus vero elephantis duras laminas vitreas esse: in equi vitrea natura labyrinthi in modum cum ossea miscetur. In pisce Narwhal & in Rosmaro fibræ circulos faciunt; in ebore circulos sed oblique variegatos &c.

Georg EYTING *de consolidatione vulnerum cum deperdita substantia* Argent. 1770. 4.* Experimenta fecit in animalibus. Vulnere vivo cani inflicto tegumenta removit, sanato malo incidit: vidit puncta ex osse efflorescere, in quibus ope microscopii multa vasa rubra adparent, quæ novam in substantiam coalescunt. Deinde animale occiso adparuit cutis nova & cicatrix plena vasis. In alio exemplo nova substantia rubra, non mera tela cellulosa, non reticulata, sed fasciculata, ut fibræ in musculo. In tertio exemplo iterum rubra & vasculosa materies renata.

J. Philip. KEES *de læsionibus capitis* Argentor. 1770. 4.* Cani cranium inter & meningem liquorem impulit, is resorbtus fuit.

Jos. Ignat. GUILLOTIN quæ olim *Francisci* THIERRY thesis fuit, *E. præter genitalia sexus inter se discrepant* Paris. 1770. 4.*

Benj. Mich. SOLIER & *Lud. Car. H.* MACQUART *E. thymus in fetu nutritioni inservit, pulmonumque vices gerit* Paris. 1770. 4.*

Car. Jac. SAILLANT & LAFISSE *E. ex vario variarum arteriarum motu variæ dignosci possunt hominum diatheses* Paris. 1770. 4.*

Gajus Felix ALLAN Præs. DUMONT *de exostosi* Paris. 1770. 4.*

Lud. GOUILLARD Præs. P. LASSUS *de emphysemate* Paris. 1770. 4.*

Franc. CHOPPARD Præs. D. FERRANT *de læsionibus capitis per ictus repercussos, quos resonitus vocant* Paris. 1770. 4.* Exempla. Contra nervos obliquos, qui decussatione sua hoc symptoma explicet.

J. Franc. Barth. ANGLADE sub J. F. CARRERE *de revulsione* Perpignan 1770. 4.* Defendit derivationem & revulsionem per mea experimenta. Inflammationi curandæ revulsionem deberi, non derivationem. Revulsio in ramis ejusdem trunci.

Pet. THOUVENEL *de corpore nutritio* Montpelier 1770. 4.* Mucum animalem a gelatina distinctum pro vero alimento habet. Ex albumine mucum album parari: idem albumen a calore aquæ bullientis vim gelatinosam amittere. De coagulatione sanguinis: De rete cruoris eluti. Contra fibras sanguinis. Cruorem in fervida cogi, minus tamen firmiter quam lympham. Nullum in sanguine se ferrum reperire. Membranulam RUYSCHII ex coagulabili indole

muci

muci fieri. Albumen cogi gradu 38vo R. Alium esse in sanguine aërem ab eo, qui in aqua est. Humores animales. Nutritio fit deposita parte coagulabili in loculos cellulosæ telæ. Lac ab emulsione diversum est principio fœtido sulfureo. In carne & mucus & gelatina est. Pisces marinos plus dare gelatinæ sed tenuiorem, quam carnes. Animalia juniora plus dare gelatinæ.

Guil. BROWN *de viribus atmosphæræ sentienti oviis* Edinb. 1770.

Isaac NEE *de nutritione* Edinb. 1770. 8.* Pro nutritione per arterias. Ligato nervo crus tamen macilentum fit.

Jacobus MACLURG *de calore* Edinburgh 1770. 8. etiam animali.

EJ. *Experiments upon the human bile, and reflexions on the bilious secretion* London 1772. 8.* In ampla introductione de physiologicis agit. Nervorum functiones ab HALLERO fundatas perfectas esse a CULLENIO, cujus equidem experimenta ego nulla novi. Bilis. BOERHAAVIUS HALLERUM, GAUBIUM, CADETUM seduxit. Ipse M. L. experimenta fecit in bile humana: ea cum vitriolico acore extemplo coit: viret; sic cum nitri spiritu. Duplex in bile phlogiston esse, alterum facile separatu, difficile alterum. Acida vegetabilia bilem non cogunt. Negat adipem in bile ostendi posse. Id quod cum acore marini salis cogitur, idem esse, cujus in sanguine, lympha, lacte, natura coagulabilis est. Putredo sensim eam naturam destruit. Carnem ovillam acescere priusquam putrescat. Bilem putredinem impedire. Lacti maxime analogam esse. A globulis tingi ut sanguis. In humoribus nostris progressum esse ad acorem, non ad putredinem.

Louis ODIER *de essentialibus musicæ sensationibus* Edinb. 1770. 8.* Et absque oscillatione partium corporis sonori sonos nasci, &cum ea oscillatione nullos. Nullas partes organi auditus tantæ esse necessitatis, ut ea amissa sensus pereat. Musica: causa gratiæ in certis consonantiis.

§. MCCLVIII. *Diaria anni* 1771.

In *Hist. de l'Acad. des Scienc.* 1771. GRIGNON de fetu capite semiduplici.

GUYON fetus, qui de imis lumbis tumorem circumferebat, in quo caput, ossa pelvis, os femoris alterum, alia ossa informia.

Puella absque lingua bene loquens.

In *Phil. Transf.* T. LXI. anni 1771. *Will.* GERSUCH tabulæ emortuales. Ex natis 165, homines 136 intra annum secundum obierunt, quæ enormis est jactura.

Wilh. RICHARDSON *de aphidibus*, gente numerosa. Quæ vere de ovis suis prodeunt, eæ omnes feminæ sunt, vivosque pariunt fetus, absque venere: sic earum filiæ & nepotes. Tertia generatio M. Junio alas expedit; decima demum mares habet, quæ Octobri M. copulantur, & feminæ ejus aevi nova ova pariunt, jam fecundata.

In *Medical observations and inquiries by a society of physicians at London* London 1771. 8.* femina ad secundam & tertiam hebdomadem alvum siccam retinens, denique asita.

J. HAYGARTH analysis ceruminis. Aqua potissimum ei solvendo idonea est, & mucum dissolvit, a quo tenacitas ejus pendet.

De vitiis fastorum emortualium Londinensium.

B. WILMAR fasciam latam discidit, optimo eventu.

J. TECKEL plurima cum cura nudatum tendinem in homine vulnerato incidit, absque ullo sensu ægroti.

Eduard ALANSON de femina, cui callus mollis mansit, quamdiu utero gessit.

Essays physical and literary read before the philosophical Society at Edinburgh T. III. Edinb. 1771. 8.* In eo diario D. TURNBULL morbum saltatorium describit, quem tarantulæ tribuunt; noster febrem esse vult, ab æstu aëris natam. Etiam Melitæ eumdem morbum reperiri, ubi nullæ sunt tarantulæ.

Alexandri MONRO junioris experimenta in nervis facta diximus.

In *Actis philosophicis medicis Societatis S. Hassiacæ* Giess. 1771. 4.* aliqua huc faciunt.

In *Transactions for promoting usefull knowledge* Vol. I. Philadelphiæ 1771. 4.*

LEWIS NICHOLLS *de variorum corporum in spiritu vini adservatione.*

Novi Commentarii Acad. Imperialis Petropolitanæ (ad a. 1771.) Petropol. 1772. 4.* T. XVI.

J. LEPECHIN de viris, quibus urethra sub glande aperitur, non eo minus prolem generantibus. ID. T. XVII. anatomen Gadi *saide* dedit.

Novi Commentarii Soc. Reg. Scient. Götting. ceperunt prodire a. 1771; Quo Vol. I. acta annor. 1769. & 1770. continentur, ea jam diximus.

In *hebdomadariis chartis*, quarum princeps auctor est Cl. TITIUS, *das Wittenbergische Wochenblatt*, hoc anno & in universum, varii generis physica continetur. A. 1772. de hirundinum hibernaculis.

Verhandelingen uytgegeeven door het genootschap der wetenskapen te Vlissingen tweede deel Middelburg 1771. 8.*

Leonhard BOMME de nonnullis marinis polypis.

B. HUSSEM de vena medinensi.

J. MARQUET de vi vitali, quæ fere irritabilitas est. Cuique tamen parti corporis suam vitam tribuit, easque vitas docet, ad commune bonum consentire. Ut natura febres producat.

Abhandlungen der Leipziger œconomischen Gesellschaft 1771. Leipzig 8.* SCHULZ fuse de historia naturali cocci Germanici, qui in radice Knawel perennis, sed etiam Myosotidis habitat.

Abhand-

Abhandlungen und Erfahrungen der Fränkisch - physicalisch - œconomischen Bienengesellschaft auf das Jahr 1771. Nürnberg 1772. 8.*

J. Frid. STEINMETZ. Paucos mares cum regina coire, plerosque absque coitu semen cellulis regiis adspergere. Ovum regium in suo verme jam præsto esse, neque per aliquam degenerationem formari, neque a peculiari pulte posse partes apis operariæ in feminina organa transmutari. SCHIRACHIUM cellulas regias videri cum plebejiis una resecare. Non videri reginam totum in annum fecundatum esse. Scorsim hæc ampla diss. prodiit.

IDEM in RIEMS *Bienenbibliotheck* N. I. Regina parit reginas, quarum plurimæ degenerant in apes operarias feminas. Sic loco majorum marium gignit parvos mares operarios. Apes operarias feminas parere, & fucos, alios mares, steriles alios & minores.

Abhandlungen und Erfahrungen der physicalisch - œconomischen Bienengesellschaft in Ober - Lausiz pro annis 1770. 1771. Berlin 1772. 8.* J. G. WILHELMI defendit, fucos tamen veros esse mares, & semen in pultem alimentariam effundere. Operarias apes feminas esse.

J. Georg VOGEL apes operarias vult fucos parere. ULTYERPORTI de fucis dubia. Epistolæ BONNETI, WILHELMI, SCHIRACHI de generatione reginæ ex ovo plebejo.

In *Journal de Medecine* &c. *Augustini* ROUX t. 35., qui ad annum spectat 1771. VOYER de lacte muliebri, forti colore rubro lintea tringente.

DU CHANOY contra PORTALII diss. de arteria pulmonali. Negat arterias pulmonales venas diametro superare, neque ordinem perpetuum in iis arteriis & venis admittit.

EJ. *Lettre à M.* PORTAL *sur la critique qu'il a faite des ouvrages anatomiques de M.* PETIT Amsterd. (Paris) 1771. 8.* Librum *Précis de chirurgie*, qui sub nomine PORTALII prodierat, & partem *historiæ Anat. Chir.* esse chirurgorum NICOLETI, & VAILLANT. De articulatione maxillæ inferioris. WINSLOWUM passim defendit. RIOLANUM negat interosseos musculos recte notas hobuisse. Contra judicia PORTALII.

DE MARQUE pro PORTALIO. Pulmonem arteriam aortam urgere, dum aërem adducit: priorem bronchum dextrum aërem accipere, quam sinistrum: hunc ab aorta comprimi, in recipiendo aere impediri.

De fetu galea cranii destituto. Sic ANSELIN.

TUAL musculos femoris evanuisse, eorum locum adipem tenuisse.

T. 36. *De la* BROUSSE ex pulsu divinat, num gravida femina puerum sit paritura, num puellam. Pueros fere in dextro latere geri, eo in latere pulsum esse elatiorem. Porro de pulsibus Chinensium & Gallorum.

DES BREST in latere tamen morboso pulsum ait fortiorem esse. Sudorem a pulsu inciduo præsagiri. Pulsus fimbriatus.

AMO-

AMOREUX & ipse sexum infantis utero gestati divinat. EJ. *Letre* I. & II. *d'un medec. de Montpel.* 1771. 1773. 8.* ad bibliographiam anatomicam faciunt.

MANSY fetus biceps pede tertio difformi.

SERAIN vitulus trioculus duobus collis.

Atti dell' Academia delle scienze di Sienna, detta de' fisico-critichi T. IV. Senis 1771. 4.* & in T. IX. *Giornale d'Italia.* J. BATARRA de raja. Duos habet penes, uterum (cloacam) unicum, in quem etiam ureteres se inmittunt: ovaria duo prægnagna. In pene dura ossicula.

Berlinische Sammlungen T. III. Berlin 1771. 8.* Dentes in abscessu puellæ quindecim annorum reperti. Vetula lactans, sic catella sterilis.

In *K. Swenska Acad. Handling.* T. XXXII. *Zacharias* STRANDBERG Paroecia, in qua partus numerosissimum, mortuorum dupli.

§. MCCLIX. *Germani.*

Ernst Ludwig HAASE *Anweisung zur Bienenzucht aus dreyßigjähriger Erfahrung* T. I-IV. Berlin 1771. 8.* sqq. Practicus quidem, tamen ut passim aliqua intercedant, in physiologicis non inutilia. Reginam cum digitis teneret, totum examen ejus manui se adplicuit, circum gestari se passum est, neque ei nocuit. Vocem illam, quam reginæ tribuunt, esse lætitiæ novi examinis vocem.

T. II. 1772. 8.* Si reginæ spatium paraveris, non expellit prolem. In duplici alveari posse duas reginas vivere.

T. III. 1772. 8.* Fimetorum aquam verno tempore ab apibus quæri ad instaurandas, ut putat, vires. Apes dari imperfectas, tribus non pluribus alis instructas. In alia ape vidisse se, semen maris emissum in superficiem feminæ, non in uterum. Non probat artificium SCHIRACHI. Dari alvearia sua beata prole absque maribus.

T. IV. 1773. 8.* De sexu & generatione apum. Alias apes mel, alias ceram parare. Omnino ex operariis apibus reginas posse parari. Apes mellis egenas nymphas ejecisse de alveolis & necasse.

P. C. ABILDGAARD *Unterricht von Pferden, Kühen, Schaafen, Schweinen &c.* Coppenhagen 1771. 8.* Equini pabuli pondus. Pullorum generatio, educatio. Partem anteriorem pulli matri similiorem esse. Dentes & eorum mutatio. Plurima ab ovibus monstra pari. Solus porcus nunquam dentes mutat.

J. Ernst ZEIHER *Lehrbegriff von den Krankheiten der Pferde und der Pferdezucht* Berlin 1771. 8.* Multa ex BARTLET & BUFFONIO, WINTERO &c. De equilibus ucranicis. Utcunque huc facit. Idem puto qui p. 475.

Romani ASTHEIMER *machina corporis humani omnium admirationi proposita* Soloduri 1771. 8.* Physiologia.

Franc. Xavier v. WASSERBERG *aphorismi physiologici de principiis corporis humani in genere* Wien 1771. 8. EJ.

Ej. *Sammlungen nützlicher Gegenstände aus allen Theilen der Naturgeschichte, Arzneywissenschaft und Haushaltungskunst* Wien 1772. 8.* Locus de modo, quo surdi loqui docentur, ex physiologia mea sumtus. Nuperos fasciculos diceemus a. 1775.

J. Frid. HÆSELER *Betrachtung über das menschliche Auge* Hamb. 1771. 8. Oculi artificialis præparatio.

J. Ernesti GREDING, qui in nosodochio Waldheimensi furiosis destinato medicinam fecit, plurimæ observationes anatomicæ & anatomico physiologicæ, in LUDWIGIANIS adversariis inque T. III. P. IV. reperiuntur. Figuræ capitis corruptæ, eminentiæ alieno loco positæ. In cerebro nullos nonnunquam gyros reperit. Granula semini cannabino similia circa cerebellum in pia meninge. In tentoriis cerebelli venæ stellatæ. Cerebellum plerumque cerebello mollius: encephalon totum insanis alias mollius, alias durius est. Bullæ aëreæ in vasorum ramis & in sinubus frequentes, & in pia matre granula fungosa: De pede hippocampi & tertio ventriculo fuse. Aqua ventriculorum sedimentum ponit puris simile. Commissura cerebri anterior nulla; ventriculus tertius sæpe aqua plenus, glandula pinealis arenulis. Thalamos opticos rarissime se contingere. A colliculis minoribus pedunculi glandulæ pinealis. Infundibulum cavum est. Tubercula in cornu posteriori ventriculi superioris.

J. Christian KEMME *Einleitung in die Medicin überhaupt* Hall. 1771. 8.* Contra STAHLIANOS pariter & contra mechanicos. Contra experimenta in brutis animalibus capta.

Adam Anton. BRUNNER *Abhandl. von der Hervorbrechung der Zähne* Wien 1771. 8.* Multum theoriæ. Redit in *Fasc.* I. WASSERB. excerpta.

§. MCCLX. *Otto Friderich* MULLER.

Vir felicissimæ industriæ in animalibus minoribus aquaticis indagandis, contemplandis, inque plantis studiosissimus.

In *Phil. Transf. Vol.* LXI. agit de monoculo, cui testa pellucida & oculus in cervice est.

Ej. *Von den Würmern des süssen und salzichten Wassers* Koppenh. 1771. 4.* Genera definita. Oculos cum habeant & os, non videt vir Cl. cur capite dicantur destitui. Nereis: in ea intestinum intus arteriam comprehendens, alterne strictam & laxatam, quæ succum nutritium ab intestino paratum accipit. Ex parte posteriori animalis novi nascuntur articuli, in quos & arteria propagatur & intestinum. Sed etiam ex latere animalis colliculus eminet, in animal convaliturus, quod a matre secedit, (& alia eundem ad modum), idem fecundum futurum, etiam dum matri adhæret; & ipsum magnam arteriam habet & intestinum, non adeo matri nociturum, vulnus enim continuo clauditur. Sexus nullum vestigium. Diaria incrementi utriusque animalculi. Si matri caput resecueris, nihil inde mater mali percipit, namque caput ei reparatur, sed neque fetus læditur. Resecta pars perinde renascitur. Filia non unica est, sed multæ.

multæ. Prima inter partes novæ Nereidis perficitur arteria. Sed & aliæ species de latere germinant; & in specie *cæca* vena ab arteria distincta visa est. Nereis vasa habet ramosa. Huic series est cordium, quæ in unum vas quidem consentiunt, quod corporis sit longitudine, cæterum quodque cor seorsim salit.

EJ. *Tres observationes in Hafniensi hebdomadario* libello excusæ. Capita cochleæ acutissima forfice expedite resecat, ut una maxillam, & duo paria cornuum, amputet. Vulnus clauditur, & altero vere, nonoque a sectione mense, demum renascuntur cornua, labra, maxillæ &c. De monoculo, duobus ejus sexubus, duplici pene & utero. Insectum aquaticum, duorum sexuum: penis in canali caudæ conprehenditur, vulva sub ventre est, quam femina ipsa peni adaptat.

EJ. *Pilelarven med dobbelt hole &c.* Hafniæ 1772. 4.* Accurate a primordiis ad vitæ terminos erucam salicis persecutus est. Ova pleraque abortant, quæ animal plurima ponit. Nec oculi neque dentes cum exuviis decedunt, sed eorum velamenta. Aquam acidam expellere novit, qua inimicos repellit. Vidisse se semen in plantis ante fecundationem illam, quam pollini tribuunt stamineo. De monade, prima materia animalium. Animal putrescens resolvitur in vesiculas, & rete membranosum, ab eo mucus discedit, vitam & motum expedit, & nunc vivum est animal.

EJ. *Vermium terrestrium & fluviatilium, s. animalium infusoriorum helminthicorum & testaceorum non marinorum succincta historia* Hafniæ 1773. 4.* Mollusca a testaceis non posse separari. Genera. Animalcula infusoria, vera animalia, quæ vitant ea, quæ sibi nocitura essent. Ut se multiplicent, dum transversa dividuntur, dum secundum longitudinem. Non unice in putrido humore vivunt. Hypothesis de generatione animalium: ultimo naturam corporis animati in vesiculas resolvi, quæ paulatim vitam induant, animalcula fiant infusoria, omnia vasa majorum animalium repleant, in ea transeant. Genera seorsim. Animal globulosum: per rimam abdominis pariens. Cercaria animalculo spermatico proxima; in ea specie intestina sunt, sic in trichode. Ut vorticem hæc animalculo excitent, quo prædam ad se trahant. Animalcula composita.

EJ. *Historia vermium* Vol. I. Pars II. *Helminthica* Hafn. 1774. 4.* Insigne opus. De capite tæniæ dubitat. Gordii dissecti in experimentis Cl. viri non renascuntur. Polypus: vidit animalia devorata revomentem: eorum genera. Tubipora. Nereis, lumbricus. Vermium genera. In nonnullis magna arteria venaque magna. Hirudinis anatome. Oculi 4, 6 & 8, & aliquid linguæ simile. Cochleæ. Cupidinis sagittam noster vidit, & venerem, & intortos penes. In ovo cochleæ jam testa est. Partes resectas alias reparatas fuisse, etiam caput, alias secus. Alia animalia testacea. In nonnullis venerem mutuam ei contigit videre. A vario situ oculorum genera definit. Jaculator 2, 3 globulos expellit, in duas quasi caudas fissos.

Papilio capite erucæ in *Memoir. presentés à l'Acad.* T. VI.

In *Berliner Sammlungen anni* 1768. de zoophyto fimi equini agit, vermiculo, intra cryſtallinam ſphærulam ſe agitante.

§. MCCLXI. *Galli.*

JACQUIN *de la ſanté* Paris 1771. 12.* Simplex nec malus liber. Temperamenta: etiam atra bilis. Lac amarum reddi a foliis hippocaſtani, quibus vacca paſcitur; organa digeſtionis ex variis ſcriptoribus, etiam PITCARNIO. Lac feminis tenuius eſſe, quibus capilli pallidi ſunt.

VITTET M. D. *médecine véterinaire* Lyon 1771. 8. 3. Vol.* Egregium opus. In T. I. fabrica partium traditur in equo & bove. Oſteologia: dentes & ordo quo mutantur. Utique digitus equo unicus, cui tendo inſeritur, quem nonnulli ab ACHILLE dixerunt, præter analogiam. Muſculus cutaneus equi. Irritabilitas a ſentiendi facultate non ſatis diſtincta. Linguæ involucrum aliud ab epidermide, aliud fibroſum, papillis plenum. Nulla uvula. Oeſophagi fibræ in ove decuſſatæ. Valvula pylori in equo & bove, nulla vero valvula œſophagi. Nihil in ſucco ventriculi alcalini. Nullæ duodeni glandulæ: valvula ad oſtium ductus choledochi. Ventriculi bovis: crena ducens in tertium ventriculum, per quem aqua & tenue pabulum eo ex gula migrat. Aqua bilis bubulæ moſchum redolet. In equo duo ductus pancreatici. Nulla appendicula neque cæcum bovi. Vaſa lymphatica negat ex celluloſa tela prodire. Ad oſtium ductus chyliferi in equo duæ valvulæ. Fuſe de digeſtione. De oſſe cordis bubuli, quod poſt ſextum annum ſubnaſcitur. Contra veſiculas pulmonales. Arteriæ irritatæ non contrahuntur. Pulſus equo 40, pullo 50, 55: plures equæ & vaccæ quam maribus. Nullæ bovi glandulæ renales. Duplo plus quam eque idem mingit. Ganglia in juniori animale majora. Nervus ſympathicus magnus cum octavo per celluloſam telam conjungitur. In bove idem muſculus malleum adit & incudem. Bovis ſecunda glandula laorumalis. Partes genitales. Equi duæ veſiculæ ſeminales & tertia media. Fibræ carneæ in ſacco cavernoſo. In vaccis venerem ſequentibus ovarium diſſiluerat. Aqua amnii utique dotes habet liquoris nutritii. Hippomanes ad reſorbendum lotium factum. In utriusque animalis fetu fæces in ventriculo reperiuntur. Fetus nuper in lucem editus in utroque animalis genere lac in mammis habet. Lac & mammæ.

In T. II. Nulla magna ſymptomata a læſis tendinibus. Equus per nares reſpirat.

In T. III. bibliotheca veterinaria. Sudori critici ſapor, & odor ſæpe intolerabilis. Ovis parcius mingit.

Belgice prodiit Amſterdam 1775. 8.

EJ. *Reponſe à la lettre de M. M.* FAISOLE & CHAMPEAUX *ſur le rapport qu'ils ont fait des cauſes de la mort de la pretendue fille &c.*

Dictionnaire anatomique & chirurgique Paris 1771. 8.* Ex Gallis & ALBINO. Pro Archæo. Sæpe ex inidoneis auctoribus descripta partium fabrica, & multa dudum emendata hic repetuntur non correcta. Nova & recondita nolim quæras. Ligamentum interosseum pubis in feminis nullum est.

Observations curieuses sur toutes les parties de la physique Paris 1771. 12. 4 Vol.* Collectanea. Pars eorum a. 1718. & 1730. prodierat: anatomica etiam continet quartum volumen solum; nam priora fere ex vulgatis fontibus collecta sunt. Vetustæ sunt & obsoletæ hypotheses, de respiratione &c.

Stephan. Lud. GEOFROI *Hygieine s. ars sanitatem conservandi* Paris. 1771. 8.* Sex res non naturales, particulæ physiologiæ, de secretione &c. Minime ineptum poëma ejusdem auctoris, cujus testacea dixi p. 435.

J. Pierre DAVID *de la nutrition & de l'accroissement précédé d'une diss. sur les eaux de l'amnios* Paris 1771. 8.* Gener *le* CATI hypothesium perinde amans. Aquam amnii fetui datam esse, ut eum refrigeret, minus enim calere quam sanguinem. Fetum in principio lente, deinde celeriter increscere, contra notissimam rerum naturam. In hominibus vim esse ex basi compositam & longitudine, basin vero esse summam totius systematis vasorum.

DU CARNE *de* BLANGY *tr. de l'education œconomique des abeilles* —, *& leur histoire naturelle* Paris 1771. 8.* Potissimum œconomice apes tractat. Primum examen unicam reginam habet, posteriora plures: amissa regina examen in alveare maternum redit.

Car. le ROI *melanges de physique & de medecine* Paris 1771. 8.* De visu, nullam in oculo interno mutationem locum habere, etsi propius vel remotius corpus inspicias. Solam pupillæ arctationem vel dilatationem sufficere. Eadem in *Acad. Scienc.* tradet.

GOULIN *lettre à Mr.* FRERON Paris 1771. 8.* de nonnullis erroribus PORTALII, de HABICOTI litibus fuse. Contra nonnullorum auctorum nomina. Librorum desideratorum catalogus.

EJUSD. *Memoires bibliographiques* Paris 1775. 4.* Anatomes antiquiores historia. De Aegyptiorum HIPPOCRATIS anatome humiliter sentit, asper judex.

ARTHAUD *diss. sur la dilatation des arteres & sur la sensibilité* Paris 1771. 8.* Proprio instrumento indagavit, num arteriæ dilatentur. Nullæ arteriarum fibræ carneæ, nulla irritabilitas. Rectæ arteriæ in dilatatione locum non mutant, curvæ utique. Pulsum percipimus etiam situ non mutato. Sub pressione pulsus evanescit. Nulla rotatio arteriæ. De sensu. Has omnes partes carere sensu, quas scripsi sensu carere. PETITUM semper absque sensu ægroti periosteum lacessivisse, sic in tendinibus, etiam in dura membrana.

Jean François LAVOISIEN *dictionnaire portatif de medecine* Paris 1771. 12. 2.Vol. Breve compendium & passim erroneum. Male in tenerimis virginibus ait hymenem desiderari.

Hugues

Hugues GAUTHIER *élémens de chirurgie pratique d'après M.* FERREIN Paris 1771. 12.* De productione tonorum celebre experimentum FERRENIO debemus, non ideo praeceptori Europae dicendo. Ex vasculo minimo subcutaneo sanguinem ad tres pedes prosiluisse.

SUE nepos in *dictionnaire de chirurgie* Paris 1771. 12.* De partu naturali, de haemorrhagiis a natura excitatis.

EJ. *Élémens de chirurgie* Paris 1775. 8.* Anatomen & physiologiam continet, & multa meorum similia.

Henry HAGUENOT *melanges curieux & interessans sur divers objets relatifs à la physique, à la medecine & à l'histoire naturelle* Avignon 1771. 12.* Analyses chemicae parum nos de natura sanguinis docere. Frequenter in prima patella sanguinis floridus est, crusta coriacea in altera. Floridior fit sanguis, quando longo itinere aerem trajecit. De viribus medicatis lactis ejusque seri.

Dictionnaire de santé T. III. Paris 1771. 8.* Potissimum chirurgica habet.

Lettre de M. JANIN *à M. le Chevalier de S.* Experimenta per quae constat videre nos, quae videmus, in horoptere, & utroque videre oculo. Violaceum enim colorem nos videre, dum uno oculo per rubrum, altero per caeruleum vitrum inspicimus.

EJ. *Memoires & observations anatomiques physiologiques & physiques sur l'oeil & sur les maladies qui affligent cet organe* Lyon 1772. 8.* Multa nova. Anatome fere ex ZINNIO. Anteriorem membranam lentis crystallinae a posteriori teneriori distinguit. Visionis sedem in retina esse. De viis lacrumalibus. Poros exhalantes corneae tunicae in quibusdam morbis dilatari. Vitreum corpus per experimenta cellulis fieri. Carunculam lacrumalem vidit in solitarias cryptas resolutam. In 24 horis duas uncias lacrumarum secerni. In puncto lacrumali papillam esse, quae exeat, & iterum resorbeatur, & resorbtionem lacrumarum efficiat. Pro majori aut minori apertione palpebrarum, ductus lacrumalis directionem aliam & aliam induit. Lens neque a vitrea tunica continetur, neque a retina. Caecos natos, cataracta liberatos, nihil aut duplex vidisse, aut inversum, & colores recte distinxisse. Iridem irritabilitatem conservare, etsi retina sensum amisit.

EJ. *Reflexions sur le triste sort des personnes, qui sous une apparence de mort ont été enterrées vivantes &c.* Paris 1772. 8.* Spumam malum in submersis non reddere incurabile. Debere corpus submersi calefieri. Bonus effectus inhalationis, clysteris tabacarii.

Pierre AUZEBI *tr. d'odontalgie: nouveau systeme sur l'origine & la formation des dents* Lyon 1771. 8.* Descriptio oris, ossis palati, dentium. Hos ex succo nasci, neque fibras habere, neque laminas. Primorum radices aut nullas esse, aut per exiguas. Novos dentes primis crassiores esse.

LANSEL *de* MAGNY *tr. de la sympathie du corps humain dans l'état de maladie &c.* Paris 1771. 8.* Sympathia unice a nervis est. Ventriculi cum universo corpore consensus.

Th. GUINDANT *Expositions des variations de la nature dans l'espece humaine* Paris 1771. 8.* Fabricæ hominis & animalium aliquam varietatem esse. Multa fabulosa. Gigantes 8, 10 pedum. Cyclopes. Androgynos in Florida frequentes. Partus serotini.

§. MCCLXII. *Itali.*

. . . . BALDINI *de odoris mechanismo in corpore humano* Napoli 1771.

Andreæ BRAGHETTI S. I. *physiologiæ specimen* Milan. 1771. 8.

Rainerii Bonaventuræ MARTINI *Institutionum medicarum* T. I. *physiologiam & Hygieinen complectens* Florent. 1771. 8.* Diligenter nuperos legit, neque male iis usus est, propria etiam cogitata prodit. Mechanicas leges monet sæpe exponendæ naturæ non sufficere. Sanguinem ab aceto tenuari. Lac chylo tenuius esse. Alii humores. DAVIZARDIUM ostendisse, bilem in ventriculum redire. Spiritus nerveos non esse materiam electricam. Per respirationem acidi aliquid de chylo difflari, & aërem ad respirandum ineptum esse, quando vaporibus saturatus nihil porro absorbet. Non videri gratiam musicam a numero oscillationum pendere. Pro irritabilitate; sedem in glutine esse. Male BORDEVIUM circuitum sanguinis pro nondum demonstrato elevare. Corpus luteum post conceptionem nasci. Pro aquula COTUNNIANA. Somnus &c.

§. MCCLXIII. *Angli.*

J. AITKIN *essays on several important subjects in surgery chiefly on the nature and cure of fractures* London 1771. 8.* Auctor Chirurgus Edinensis, breviter de fabrica & nutritione ossium agit. Pro succo osseo contra periosteum.

William WHITE *Essay on the diseases of the bile, more particularly on calculous concretions* York 1771. 8.* Organa bilis. Bilem tamen intestina irritare, motum peristalticum ciere. Bilem, dum in calculos abit, ad crustarum morem & in fila cogi.

MARMADUKE BERDOE *inquiry into the influence of electric fluid on the structure and formation of animate beings* London 1771. 4. In BOERHAAVIUM asper ex schola Monspeliensi Helmontianus.

EJ. *Doubts touching the inversion of objects in the retina* London 1772. 8. Absurdum esse libellum critici ajunt.

EJ. *Essay on the nature and circulation of the blood* Lond. 1772. 8.

EJ. *Theory of human sensation* ib. 1773. 8.

§. MCCLXIV. *Belgæ.*

Jan. de REUS, Chirurgi, *naauwkeurige onderwys in de vroedkunde* Haarlingen 1771. 8.* In præfatione CAMPERUS, ligamenta ossis sacri & ischii laxata vidit.

vidit. De Reus gemellorum alterum in clauso ovo in lucem vidit prodire. Tactus ostii uteri. Placenta in collo uteri adhærens. Eadem vesicularis.

Theodor HOOGEWEEN *redenvoering over den oorsprong en algemeene nuttighet der ontleed konst* Delft 1771. 4.

§. MCCLXV. *Disputationes.*

J. Henrich RAHN *mirum inter caput & viscera commercium* Gotting. 1771. 4.* Conjungi partes corporis animalis per telam cellulosam, per vasa & nervos, per continuitatem membranarum, per similitudinem fabricæ & functionum.

Samuel Gottl. VOGEL *de homine & polyphago Islebiensi nuper mortuo & dissecto* Gott. 1771. 4.* Mira homini fames. cibus omnigenus, etiam absurdissimorum, lapidum, pilei. Omentum in cadavere crassissimum, ventriculus enormi mole. Fæces vix odoræ. Potus perinde copiosus, ut is homo 13 libras carnis bubulæ, quartas vini 13 uno prandio adsumeret.

J. Wilhelm MOLLER *criteria partus olim enixi diagnostica* Gotting. 1771. 4.* Genitalia feminæ descripta. Nunquam sibi ceram ex utero in fetum inde placentam venisse, neque vicissim. Matre sanguinem omnem amittente, fetum non reddi exsanguem. Placentam in utero relictam non dare sanguinem.

S. S. BEDDÆUS *An sola pars bilis colorata in intestinis deponatur?* Wien 1771. 8. C. L.

Thaddæus BISCHOFF *de pulsu senum* Wien 1771. 8.* Quorundam senum pulsus. In senum cadaveribus cerebri durities, & in arteriis squama cartilaginea. Pulsuum in seculari homine bonus ordo. Pulsuum in morbis varietas. Asphyxia in homine ab apoplexia convalescente.

Anthon. BARTHEL *de digestione* Prag. 1771.* Prælectio *Phil. Ambrosii* MARHERR, eo fine scripta est, ut fermentationem chylosam confirmet.

Bonaventur. Henr. KEMM *de elemento sanguinis, a quo color ejus ruber præcipue dependet* Prag. 1771. 8.

A. A. SENFT *progr. de viribus animalibus* Würzburg 1771. 4.*

Jani BANG *nervorum cervicalium anatome* Hafniæ 1771. 8.* Icones nervorum colli. Octo nervos cervicis numerat. Accurate nervus occipitalis major, nervi cervici, nervus phrenicus. Radices sympathici magni ex sexto pare duæ; in sextum per ramum a nervo palatino natum, & aliis surculis in sympathicum.

IDEM in *Soc. Med. Hafn.* I. de ductu thoracico egit, ejus insertione & ad eam valvula; & de monstro galea cranii & cerebro destituto; demum de spina bifida.

Georgii DOVE *de pleuritide* Edinburg 1771. 8.* MONROUS ter in homine pleuram insensilem esse reperit, sedemque pleuritidis in pulmone ponit.

Jac. HAMILTON *de perspiratione insensibili* Edinburg 1771. 4.*

D. HUGGAN

D. HUGGAN *de ſanguine humano ejusque miſſionis uſu & abuſu* Edinb. 1771. 8.*

P. [illegible]WEERT *de circulatione ſanguinis in corpore humano* Utrecht 1771. 4.

Chriſt. ALL[illegible] *de reſpirationis mechaniſmo* Groning. 1771. 4. C. L.

Wynold MUNNIKS *orat. de* [illegible] *quas anatome habet deliciis* Groning. 1771. 4.* Oſſicula auditus in piſcibus, cochlea cartilaginea in ſerpentibus & teſtudine: membrana tympani. Sciurus meatum auditorium ſuis muſculis claudere poteſt. Avibus canales ſemicirculares ſui ſunt, & cochleæ loco bilocularis ſacculus.

H. A. BACHIENE *de ſecretione lactis in mammis muliebribus* [illegible] 1771. 4. C. L.

Jac. DIEZ *de amore* Leid. 1711. 4. C[illegible]

Abr. WALKART *de conſen*[illegible] Leid. 1771. 4. C. L.

Sylveſt. DOUGLAS [illegible] *ſtimulis* Leid. 1771. 4. C. L.

Albert [illegible] *Engelbert van* BARCHEM *de œconomia fetus animalis* Leid. 1771. 4. C. L.

J. CLARKSEN *de mulierum menſtrua conſuetudine* Leid. 1771. 4.*

J. Dav. BARTHELEMY *de patellæ uſu ejusque læſionibus & curationibus* Leid. 1771. 4. C. L.

Dan. WEISSMANTEL alias SCHNEIDER *de refrigerio ſanguinis per reſpirationem* Erford. 1771. 4.*

Chriſt. Jac. EYRICH *de ſuperfetatione in ſimplici utero non poſſibili* Altdorf. 1771. 4.*

J. Gottf. LEONHARDI *de frigoris atmoſphærici effectibus in corpus humanum* Lipſ. 1771. 4.*

EJ. *De reſorbtionis in corpore humano præter naturam impeditæ cauſis & noxis* Lipſ. 1771. 4.*

Adam Mich. BIRCKHOLZ *quæſtiones quædam phyſicæ chemiæ generalis definitionibus explicatæ* Lipſ. 1771. 4.* De glutine animali. De ſenſibus, de humoribus, de ſtimulo cordis (ſpirituoſa parte ſanguinis). Solus mechaniſmus non ſufficit in phyſiologicis.

Chriſt. Nicol. LIPPENTIN *de irritabilitate ultimo termino motus animalis* Hall. 1771. 4.*

Daniel BERNOULLI, *Danielis* fil., *de uſu medico tabularum baptiſmalium, matrimonialium & mortualium* Baſil. 1771. 4.* In ſuæ patriæ ditione mares ad feminas ſunt ut 38 ad 37. Ruri mortui ad vivos 1. 41, in urbe ut 1. 28. Infantes vitales ſunt: ad 20 annum ⅔ natorum tamen perierunt. Qui pueri absque lacte alebantur, eorum dimidia pars intra primum annum periit.

Frid. Leopold WEYLAND *de ozæna cum fiſtula maxillari* Strasburg 1771. 4.* Deſcribit ſinus pituitarios. Sphenoideus duplex, duobus foraminibus in nares patens. Canalis per quem ſinus maxillaris in ea nares patet, factus a proceſſu oſſis cavernoſi, oſſe unguis, & turbinato ſuperiori oſſe, inter ſe connexis.

P. Joſ.

P. Jos. [illegible] & *Philip. Alex.* BACHER auctor, *E. actio vitalis a portione elast*[illegible]*tis ad flexilitatem, Ergo animalis a fibrarum natura flexili & elastica* Parisiis 1771. 4.*

Jac. GUERLEZ *de la* MOTTE & GUINDANT *E. generalibus & physicis legibus, quibus corpus humanum obstrictum est, natura quandoque discedere valet* Paris. 1771. 4.*

Franc. PARIS & SAILLANT *E. proprium homini alimentum vegetabile* Paris. 1771. 4.*

Sim. Ant. BRINGAND & *Theodor* NOSON *E. uterina placenta radix* Paris. 1771. 4.

Jacob VERDELHAN *des* MOLES diss. anni 1744. recusa a *Th.* MOREAU *Ergo temperamenti diversitas a fibris* Paris. 1771.

J. Jac. MILLAN & *Henr. J.* BAGET *E. a superflui humoris perspiratorii refluxu catamenia* Paris. 1771. 4.*

Lud. Par. Fl. REN. *le* THIEULLIER & GAPUY *E. fetus suspensio in aquis a funiculo umbilicali pendet* Paris. 1771. 4.*

SAVARY, *E. sanitati nocet frequens exspuitio* Paris. 1771. & a GUETTARDO denuo 1773.

Anselmus GALLUS *de musculis abdominis* Turin 1771. 8.*

J. Petrus Martinus MORENI *oculi humani bulbus* Turin 1771. 4.*

§. MCCLXVI. *Diaria anni 1772.*

In *Phil. Transf. Vol.* LXII. *anni* 1772. *Josephus* PRIESTLEY fuse egit de aëre fixo, de aëre varie corrupto, de aëre quem respiratio noxium reddidit, pene ejus aëris simili, qui putridis vaporibus impraegnatur. Is aër etiam plantas enecat; si tamen eae primo ejus impetui restiterint, eaedem suo incremento aërem emendant. Emendatur idem ab aere fixo. Mures noster aliquot mensibus absque potu educavit (hinc mures calculo obnoxii). Haec eadem, & ornatius, repetuntur in *historia aëris fixi*, proprio opere, etiam Gallice excuso *Experiences sur differentes sortes d'air* Paris. 1775. 12.* Animalia possident vim mutandi phlogistici in naturam electricam; potissimum vero id potest torpedo. Putredo aërem generat, sed resorbet eadem per plurimos dies. Pulmonem videri destinatum esse emittendis effluviis putridis. Aër nitrosus occidit insecta, non ita aër inflammabilis. Phlogisticon videri causam esse motus muscularis; calorem fieri ab oscillatione partium corporis animalis.

DAINES BARRINGTON in *Phil. Transf. Vol.* LXII. hirudines utique hieme ex limo extractas fuisse.

IDEM in *Vol.* LXIII. fuse de cantu avium agit. Eum pulli a patre discunt, eo absente etiam ab ave alterius generis. Mares canunt, ut alios mares superent, non ut feminam delectent. Saepe luscinias altius canere quam nostrae notae, tæ musicæ adscendant, & intervallis tonos suos distinguere nimium subtilibus. Aliquas tamen avium cantilenas notis musicis vir ILL. exprimit.

Medical transactions published by the college of physicians T. II. Lond. 1772. 8.

Guilielmus HEBERDEN de pulsuum frequentia. Infantis dormientis pulsus sunt 140. & primo anno non infra 108, in febre ad 158 & in adulto ad 150, non tamen ut funestus eventus sit. In febre maligna tamen se 180 pulsus numerasse, neque evasisse ullum ægrotum, cui 120 fuerint. Non putat pulsuum numerum infra 40 reduci posse. A doloribus calculi pulsum non augeri.

IDEM hepar sensu carere. Lac a bile retenta non tingi. In morbis bilem non putrescere.

IDEM sanguinis crustam inflammatoriam nihil nos docere. Tendinem non contrahi.

Georg BAKER de viro, qui sex mensibus potu abstinuit; ei homini 45 pulsus sunt.

J. COLLET de hydatidibus; organicæ sunt in ovario & alibi visæ, & hepaticæ aliæ, crasso involucro.

In *Hist. & Mem. de l'Acad. des Sciences* 1772.

PINSON fetus cerebro & cerebello destitutus, & galea cranii; pro cerebro cellulæ humore plenæ. Nervi exigui, & eorum pars destructa.

J. Jaq. PERRET cultorum & instrumentorum chirurgicorum artifex, de fele nuper nata, cui palpebræ non discedebant, quas ipse aperuit. Mater, quæ infelicem catulum neglexerat, sanatum aluit.

EJ. *Art du Coutelier seconde partie Sect.* 2. Paris 1772. Instrumenta anatomica, peculiares nevrotomi, rude instrumentum ad aperiendum cadaver, tubuli crassiores, neque ulli, qui hydrargyrum recipiant.

Marchio de COURTENVAUX de cornu duro sensim ex facie vetulæ subnato, feliciter resecto.

Maxima copia aquæ puræ de mamma manans, & exempla aliqua analoga.

In *Journal de Medecine* Tom. XXXVII.

PLAZANET de fetu, cujus caput humeris incumbebat, galea cranii desiderabatur. Tympanum cum ossiculis auditus paulum corruptum. Cerebri, cerebelli, medullæ oblongatæ ne vestigium quidem. Medulla spinalis nulla, columna vertebralis vitiata.

PIETSCH, funiculus umbilicalis margini placentæ insertus, ea placenta in partu ab utero facillime secessit.

GUILHELMOND, quando unica videtur gemellorum amnios esse, vere tamen duæ sunt, septo distinctæ.

T. XXXVIII. AMOREUX contra novos Gallorum pulsus. Sexum fetus in utero latentis ex pulsu non posse divinari. An IDEM p. 680.

BOU-

BOURIENNE vesica urinaria septo divisa.

CHISEAUX de nescio qua articulatione ossis temporum cum frontali.

K. Swenska Wetensk. Acad. Handlingar T. XXXIII. anni 1772.

Elias LAGUS de amplissimæ parochiæ Kusamo in Bothnia occidentali incolis. Partus mortes longe superant, & in eo ultimo septentrione adeo fecundæ sunt nuptiæ, ut tria conjugia quotannis unum dent partum.

Andreas Joh. HOGSTRÖM de adipe animalium. Solvi cum vitello ovi, & cum gummi, cum illo melius.

Petri ASCANII philina quadrupartita: ejus os, anus, & quatuor ossa interna.

In Tom. II. Volum. XIII. anno 1772. edito diarii *Verhandelingen uytgegeven door de Harlemsche maatschappy Wilhelmus de* VOSS de experimentis, potissimum etiam de Sanctorianis, quæ laudat.

Commentarii novi Academiæ Scientiarum Petropolitanæ qui ad a. 1772. pertinent, & *Commentarii novi Soc. Reg. Göttingensis* T. III. ad annum 1772. dissertationes habent, alibi jam indicatas.

In Tomo IV. *Berlinischer Sammlungen*, qui a. 1772. prodiit, de adservatione animalium rariorum, at de gigantibus patagonicis agitur, qui nuper ad staturam bene nati hominis redierunt.

§. MCCLXVII. *Galli.*

L . . . Chirurgi *tr. de l'homme & de la femme considerés physiquement dans l'etat de mariage* Paris 1772. 8. 2.Vol.* Temperamenta quatuor. Levis anatome partium generationi servientium: hymenem rejicit. Contra BUFFONIUM ex meis experimentis; nullum dari semen muliebre.

Nouveau dictionnaire universel de medecine, de chirurgie & de l'art vétérinaire Paris 1772. 12. 6.Vol.* Auctores sunt M. NICOLAS *de* MARQUE, LASERVOLE. Ad anatomen ea sola tradunt, quæ maxime necessaria videntur. Errores bene multi, ut renales arterias ex mesentericis ortæ.

T. II. Darton musculum esse.

T. III. Contra BUFFONIUM.

T. V. Servata vita feminæ sepultæ, cum latro anulum de digito violente avelleret. Bis tantum inflammatam pleuram *Josepho* LIEUTAUD contigisse videre.

T. VI. Parum plene de saccharo lactis. Fabulam tarantulæ pro vera narrant. Venenum viperæ acidum esse, sanguinem coagulare.

Memoire sur les methodes rafraichissantes & echauffantes par M. de BOISSIEU

 Dijon

Dijon 1772. 8.* *Bartholomeus Camillus de* BOISSIEU vir juvenis, præmium hac diss. reportavit. Ut perdurare possimus in aëre quam sanguis noster est calidiore. Experimenta aliqua ad indagandam crustæ inflammatoriæ indolem.

Observations sur le Cacao & le Chocolat suivies de reflexions sur le systeme de M. LAMURE *touchant le battement des arteres* Paris 1772. 8.* Ad LAMURII sententiam ita accedit auctor, ut arteriæ quidem situm mutent, ea vero mutatio non in corde causam suam habeat. Nunc lego, opus esse Cl. NAVIER.

ROZIER *observations sur la physique, sur l'histoire naturelle & sur les arts* Paris 1772. 8.* Bona collectio libellorum, quorum multi boni, & huic diario proprii sint. Ecce aliqua specimina. DANA de nonnullis animalibus marinis, inter ea de medusæ specie. Carnes in recente oleo bene conservari. Dentes primores cum iis, a quibus expelluntur: dari, cui corona profundius in os inmersa est. De nano polonico 29¾ unciarum, corpore cæterum perfecto. Ad eumdem porro nanum. Ad historiam curculionis. CHAUSSIER de parte intestini ilei & mesenterii per anum decedente, ut tamen æger diu supervixerit. SCHÆFFER de puella muta, quæ canit. Quæ manuum officia pedibus supplet, & puerum sanum peperit. T. NEEDHAM salem occidere animalcula infusoria. DICQUEMARE de anemone marina, ex polypi adfinitate, quæ abscissa membra reparat. Omnino de latere germinare, ut polypi.

IDEM in *Phil. Trans. Vol.* LXIII. tres describit species anemones marinæ. Radii renascuntur resecti. Diu impastam vivere, testasque solas devoratæ prædæ revomere. Vivos pariunt pullos.

In Diario D. ROZIER IDEM a. 1773. de magna parte femoris amissa & reparata. IDEM ib. 1776. agit de sua anemone, quæ in quatuor partes dissecta convaluit. Dum irritatur & terretur, fetus suos edit.

Iterum in diario Cl. ROZIER anni 1772. Puer pene male formato. Catellus quinquepes. Androgynus aries utroque sexu instructus. Coriacea machina, in qua necessariæ obstetricis in fetu expediendo encheireses, exprimuntur. Vetulæ lactantes. Olei animalis primum quod adscendit, solum servatum purissimum est.

EJ. Cl. ROZIER *Tableau du travail annuel de toutes les Academies de l'Europe, ou observations sur la physique, l'histoire naturelle & les arts* Paris 1773. 4. Propria sola dicemus. Animalis moschiferi dentes exserti pleni sunt. De monstris: contra vim imaginationis maternæ. Dens enormi mole. *De la* MOTTE de juvene, cui 15. quibusque diebus elapsis tota universi corporis epidermis delabitur. MANGOS hominem non posse volare. MAUDUIT fusissime de conservandis animalibus & partibus corporis anatomice præparatis: rejicit mercurii sublimati usum, & olei terebinthinæ: De testaceis etiam ornandis & servandis. Spiritus vini reliquis liquoribus præstat, tantum ut admista aqua eum debilites. IDEM eodem anno. REAUMURIUM insecta arcuisse fumo sulfuris accensi.

Anno

Anno 1774. Diarii D. Rozier. Symptomata a vespæ ictu nata, ingentia. Baion de vi electrica gymnoti Guyanensis; piscis leviter tactus parum nocet, plurimum si firmiter tenueris, & eo vehementius, quo debilior piscis est. Integram seriem hominum concutit. Repetitis ictubus vis animalis exhauritur. De anatome aliqua: duo magni musculi, qui tamen non sola ictus stupefacientis causa sint.

Idem de luminosis in aqua marina corpusculis, rotunda esse, frictione lumen augeri.

Cotte repetit, tamen caput cochleæ non reparari.

Chevalier de ichthyocolla russica: Acipenserem ad eam inutilem esse. Partus Parisiis 329. pueris mortes superare, ob enormem numerum infantum expositorum, qui a. 1772. fuit 7776.

Blondel de musca proboscide quasi ruminante. Walshii experimenta de torpedine, tum D. Seignette. In concussione motus tremulus manifestus est. Soli duo musculi stupefaciunt, piscis totus insons est.

A. 1775. ossa in lebete Papiniano abeunt in gelatinam, sed in vulgari machina non sunt edulia.

Fetus didelphidis in sacco ventris, non in utero habitat. Sanguis nigritæ crassus, parum fuscus, mistus est particulis nigris: non tamen niger est.

Electrica vis excitari potest in nonnullis partibus animalium, aliæ eam vim transferunt. Conf. 1776.

Vespertilio major, qui uterum absque cornubus habeat, muliebri similem.

Ovum humanum cum involucro, fetu ad 6. lineas longo, cujus cor aliquoties pulsavit. Umbilicus latus & brevis.

Cyprinorum varietas circa Lugdunum frequentium, quæ fit masculis lactibus destitutis, optimi saporis & maximi pretii.

A. 1776. Jan. Changeux exhalationem esse, quæ in homine caloris faciat tolerantiam, cum calorem minuat.

Gilibert *Anarchie medicinale considerée comme nuisible à la societé* Lyon 1772. 12. 3.Vol.* Quæ futurum medicum deceat addiscere. Anatomen neque ab Hippocrate spretam fuisse, neque a Sydenhamo, neque physiologiam accuratam. Ad historiam medicam aliqua. *Franciscum de* Sauvages paucos habuisse imperantes ægros. Ut plebs tumultu excitato theatrum anatomicum Lugdunense a. 1767. destruxerit. De nonnullis anatomicis judicia.

De la Chapelle *le ventriloque, ou l'engastromythe* Paris 1772. 12. 2.Vol.* Placet tamen accurate hic perspicere, quid in ventriloquorum historiolis verum sit, potissimum nuperorum & auctori notorum. Ut imponant colloquentibus, qui vocem eminus a dextris ave sinistris pro arbitrio ventriloqui advenire sibi persuadeant. Robur in musculis faucium hæc ars requirit, quo engastromythus eas claudat & vocem edat, aëre reservato in posteriori parte oris. Multa aliena admista.

SAURI *l'hydroscopie & le ventriloque, dans lequel on explique comment le jeune Provençal voit à travers la terre, & par quel artifice les ventriloques peuvent parler de maniere, que la voix paroisse venir du côte qu'ils veulent* Paris 1772. 12. Hydroscopum est impostorem fuisse nunc notum est.

La CROIX *connoissance analytique de l'homme de la nature & de Dieu* Paris 1772. Habet etiam physiologiæ partem. Animæ sedem ponit in meningibus, quarum sensus sit acutissimus.

G. de CHAUFFEPIE' *vita* SERVETI Anglice reddita prodiit Lond. 1772. 8.

§. MCCLXVIII. *Angli.*

William CULLEN, maximæ famæ primus Professor Edinburghensis, in medicis potissimum & synonymis laboravit.

EJUS *lectures on the materia medica* London 1772. 4.* Prælectiones a discipulis editæ sunt. Multa ad physiologiam faciunt. Aspera passim de Cl. viris judicia, SENACO, GAUBIO, aliis. De vi cordis irritabili insita. In membranis etiam irritabilitatem sedere. Animam non imperare certorum musculorum actionem, sed effectum; neque deltoidem musculum agere jubet, sed humerum vult elevari. Sensationem esse, quando anima exterioris corporis conscia est; irritationem quando effectus per totum corpus diditur. Temperamenta. Hominem perinde ad victum animalem factum esse, ac quidem ad vegetabilem. Hæmorrhoides non esse naturalem depurationem corporis.

N. D. FALK *treatise on venereal diseases* London 1772. 8.* Partes genitales utriusque sexus, cum iconibus collectitiis. Prostatæ succi aliquam in fecundatione necessitatem esse, cum in eunuchis hæc glandula parva sit & corrugata. Hymenem noster ignorat. Semen muliebre & feminum miscelam admittit. Ligamenta teretia veros esse musculos, & plurimum ad partum facere. De temperamentis digressio.

James MACKITTRICK *commentaries on the principles and practice of physik* Edinb. 1772. 8.* Quamque classem morborum a physiologia orditur, contemtor anatomes subtilioris. Elementa corporis; inter ea monet, non debere aerem omitti, Vis mortua; dignitas tunicæ cellulosæ; vis insita musculorum, fere ut apud HALLERUM, tantum quod noster omnibus partibus corporis humani sensum stimuli tribuat; & vim contractilem, quæ vi ejus sensus respondeat. Hic temperat noster defectum irritabilitatis & sensus, quem in sanis partibus experientia ostendit. Sympathiam nervosam solam admittit. A STAHLIO congestionem adoptat, ejusque late patentes effectus: tum constrictionem spasmodicam partium, quæ humores ab iis expellit. Globulorum sanguineorum figuram mutari. Temperamenta. Irritabilitas nimia, nimis parva. Temperamentum validum, sed parum sentiens. Robur peculiare a tela cellulosa validiori natum. Temperamentum irritabile. Vires vitales. Respiratio: aerem in statu fixo in pulmone sanguinem subire, & cum dimidiata elasticitate per vasa lactea advenire.

Ex-

Excretiones. Animæ gesta. Sensus, motus. Calor tamen potissimum a frictione est. Motum sanguinis intestinum auctor tamen admittit, tum derivationem & revulsionem, & tamen in experimenta invehitur, quæ in vivis animalibus capiuntur.

An essay on the force of imagination in prægnant woman Lond. 1772. 8.

Comparative view of the state and faculties of man with these of the animal world London 1772. 8.

Directions and observations relating to food exercice and sleep Lond. 1772. 8.

J. GREEN *oratio anniversaria* HARVEYANA Lond. 1772. 8.

J. CLARKE *the shoing of horses with an anatomical description of the foot of a horse* Lond. 1772. 8.

Guil. FALCONER *Essay on Bathwaters* Lond. 1772. 8. 2. Vol.* Bonus liber & experimentis dives. Effectus balnei: de calore, quem corpori impertit: de pondere, quod inde corpori accedit; inter 10 uncias & quaternas cum sex drachmis. Calor augetur in alia ratione quam pulsus: pulsus a 86 ad 100, a 85 ad 100 adscendit; calor a 98° ad 102°. Corpus universum in balneo amisit partem sui ponderis $\frac{1}{330}$. Alias calor balnei 110 gr. fuit, pulsus ad 120. Calor 114 gr. fecit ingentem sudorem. In thermis omnino sudor non supprimitur, etiamsi calor est 102 gr.

§. MCCLXIX. *Germani.*

J. Caspar LAVATER *von der Physiognomik* Lips. 1772. 8.* Primus libellus, quo vir Cl. contendit, animi quasi temperamentum, & ingenii modum, per externa signa detegi posse.

EJ. *Zweytes Stück* ib. 1772. 8.* Tituli capitum, in quæ auctor magnum de physiognomia opus partietur. Physiognomiæ nationales, religiosæ; significationes musculorum, glandularum, ossium. Characteres virtutis, vitii. Multa a naso sperat & a maxilla, aliqua ab auricula.

In magno opere 1775. 4.* *Physiognomische Fragmente* cujus alii tomi aliis succedunt, porro contendit, animam quasi in superficie corporis nudam adparere, esse omnibus partibus solidis, naso, auriculæ, suam significationem. Vim cogitandi residere in capite interius quam frons est, cupiditatem in corde. Vita triplex hominis, animalis, physica & moralis. Sublimitatem in fronte residere, generositatem in naso.

J. Frid. MAYER *Geburt zweyer an den Bäuchen zusammengewachsener Kinder* Frankf. 1772. 8.* Perfectæ cæterum puellæ, per epigastria connatæ; cor unicum intestina tenuia conjuncta, tamen ut secederent.

J. Phil. HERWIG M. D. *wahre Beschreibung zweyer an einander gewachsener Kinder* Frankf. 1772. 8.* Ipse eum fetum incidit. Funiculus simplex & hepar, duo ventriculi, intestina duo. Cor cum magnis vasis simplex. Non bene pro accidentali fetu habitum fuisse.

Respondit J. F. MAYER in *Antwort auf die Herwigische sogenannte wahre Beschreibung zwey an einander gewachsener Kinder* Frankf. 1772. 8.*

Erfahrungen und Untersuchungen über den Menschen Berlin 1772. 8. Pars physiologica ad sensus externos pertinens. Plerumque CONDILLACUM sequitur.

Anweisung zur Wundarzneykunst nach dem Lehrgebäude der neuern Riga 1772. 8.* Opus Cl. ALIX, ut lego. Pro partium insensilium & irritabilitate destitutarum classibus vere constitutis.

In LAMBERT's *Beyträge* T. III. Berlin 1772. 8. adnotationes sunt ad vires morientium, & superstitum.

§. MCCLXX. *Belgæ.*

J. le FRANCQ v. BERKHEY *natuurlyke historie van Holland* T. I. Amsterdam 1772. 8.* Pars aliqua physiologiæ historiæ animalium præmittitur. Irritabilitas, & motus ab ea productus, fit præter voluntatem, ut sensibilitas. Omnino omnes corporis partes sentire. Contra evolutionem: pro semine ex utroque parente deciduo. Contra pulli in matris ovario præsentiam mira objectio. Monstra: si una corporis particula deformari potest, possunt omnes. In physiologia animalium pulmoni alternam dilatationem & compressionem tribuit. Cujusque animalis aliqua, brevis, anatome.

In T. III. habet exempla hominum fecundorum, proportiones gemellorum, tergeminorum, & quadrigeminorum ad fetus solitarios.

Pieter van ESCH *eenige heelkondige waarneemingen en konstbewerkingen* Gouda 1772. 8.* Veteranus chirurgus. De insensili natura tendinum; eos cartilagineos vidit. Cerebri denudati motus. Digitus conferbuit, qui pene totus resectus de gracili filo pendebat. Anatomica descriptio venarum, quæ secari solent.

A. BALTHASAR *pathologia chirurgicalis, or heelkondige ziektkonde na de pathologia medicinalis van* GAUBIUS Leid. 1772. 8.* Multa physiologica. Vis vitalis; irritabilitas fit perceptione impressionum externarum, & eam sequente contractione. Testium situs in fetu, in homine adulto. Globulos sanguineos esse adipem. Fila sanguinis inter elementa recipit. Sanguinem non in lympham mutari, neque vicissim. Coriaceam crustam tamen esse densationem partium sanguinis solidarum.

§. MCCLXXI. *Itali.*

Anton. SCARPA *de structura fenestræ rotundæ & de tympano secundario observationes anatomicæ* Modena 1772. 8.* Magni laboris opus. Scopus est ostendere, fenestræ rotundæ magnas in auditu partes esse, quod quidem ex anatome comparata magna cura instituta ostendi sperat. Membrana hujus fenestræ oblique sursum in scalam tympani se immittit, ut & continuo arctior fiat, & versus tympanum in umbonis speciem emineat. In canale potius poni, quam in foramine. Censura eorum, quæ de hac fenestra hucusque scripta sunt. ALBINUM male circularem pinxisse. Cavum tympanum muco non repleri. In homine adulto (non quidem in fetu) fenestram rotundam membranam tympani respi-

respicere. Sulcus in fenestra, ejus figura triangularis. Duas laminas membranæ fenestræ rotundæ esse a tympani periosteo & vestibuli. Aërem per tympanum fenestræ rotundæ membranam percellere, hanc aquulam premere, quæ est in cochleæ scala: hanc iterum nervum concutere: ita potissimum sonos percipi, qui per os & per tubam EUSTACHIANAM adveniunt. Ejusmodi fenestram quadrupeda habent & aves, equus permagnam, sic felis; & in variis animalibus hanc fenestram quadruplo ovali majorem noster invenit. Canales semicirculares in cellulas cranii (avium) aperiuntur. Pro cochlea in avibus canalis est bipartitus, rectus equidem. Zonæ periosteo fiunt.

J. Alexandri BRAMBILLA, Chirurgi Cæsarei, *de phlegmone* l. Germanice Vindobonæ a. 1773. 8.* excusus est, ut putes Italice a. 1772. aut prius prodiisse. Multum physiologiæ. Sanguinem utique, etiam in aqua dilutum, flavescere. Pro errore loci, qui in tunica cornea oculi conspicuus fuerit. Chylum sanguini noster vidit innatasse. Crustam coriaceam absque inflammatione nasci. Ad anatomen arteriarum capitis ex WINSLOWO.

In ALGAROTTI, elegantis ingenii viri, operibus, dissertatio etiam est Berolini 1772. 8. excusa, *in qua quæritur cur erecta videamus, quæ inversa in oculo pinguntur, cur simplicia.*

Petr. Ignatius ZECCHINI *de* GORTERIANA *corporum vitalitate prælectio Academica* Bonon. 1772. 8.* Pro vi vitali GORTERI. Eadem sentire HALLERUM, non bene; neque recte ZECCHINUS vult, irritabilitatem a BORELLO esse.

§. MCCLXXII. *Disputationes.*

Franc. Xavier SCHWEDIAUER *diss. exhibens descriptionem præparationum anatomicarum & instrumentorum chymicorum, quæ possidet facultas medica Vindobonensis* Wien 1772. 8.* LIEBERKUHNIANA, quæ vocantur præparata, satis aliquamdiu neglecta. Injectio ex arteria in ductum paroticum penetrans. PEYERI glandulæ villis fiunt, tamen etiam vesiculis. Pulmo ranæ habet rete arteriarum cum venis inosculatarum. Nulli coli intestini villi. Nihil glandularum simile in renibus. Sanguis in humorem vitreum urgeri potuit. Sceleti, morbi, monstra.

J. de FRITSCH *de dentibus* Wien 1772. 4.* Anatome. Radices aliquæ, sed deciduæ, dentium primorum. Vasa, non bene. Dentitio.

J. Mich. STADLER *de vomitu* Wien 1772. 8.*

Franc. Xavier Caspar TRZEBISKY *de irritabilitate & sensibilitate partium corporis animalis* Prag. 1772. 4.* Irritabilitatem, etiam cordis, tamen a nervis pendere. Nervum posse irritabilem esse, etsi in experimento non adpareat.

Pet. Joseph GRUBER *de excessu vis vitalis vasorum variisque in machina animali inde pendentibus phænomenis* Prag. 1772. 4.* Non quidem experimenta habet, vim tamen contractilem vasorum minorum magni facit, etsi tantum est $\frac{1}{300000}$ pollicis.

Car. INSFELD *de lusibus naturæ* Leid. 1772. 4.* Collectitia. ALBINUS duos dentes vidit inter oculos & nasum erupisse. Cranium inæquale. Varietates suturarum, musculorum dorsi. Coracohyoideus musculus nullus. Duplex arteria mesenterica.

Gerardi ten HAAFF *bilis cystica* Leid. 1772. 4.* Egregia disputatio. Carnivororum animalium bilis acrior: dum exhalat, odorem paulum moschatum spargit. Aqua destillans aliquid habet volatile alcalinum. Extractum ex cuticulis subnascitur subdulce, flammam capiens. In cinerum lixivio crystalli aliæ marinæ, aliæ fossilis alcali similes. Cum acore chemico bilis cogitur, non fervet. Ex aqua de coagulo separata, multiplex sal, marinus, Glauberianus, seleniticus, aluminosus obtinetur; ex eadem aqua balsamum habetur in resinam abiturum. Sal seleniticus ab admisto acore vitriolico oritur, qui cum terra calcaria hunc salem, cum sale volatili alcalino Glauberianum salem ammoniacum facit. Cum acido nitroso, nitrum fit cubicum. Pars resinosa bilis facile putrescit. Cum oleo æthereo facilius miscetur, cum resina pini paulum. Non est sapo. Cum farina & aqua fervet. Acorem bilis non domat, nec oleum cum aqua miscet. Quæ lacti in animale accidant. In intestinis cremor adparet uniformis, cum in ventriculo aqua subacida a cremore distincta sit.

Samuel VERESTOI *specimen adnotationum helminthologicarum, quæ spectant historiam naturalem lumbricorum* Franeker 1772. 4.* Tæniam unicum esse animal & uniceps: cucurbitinos sua esse animalia, non partes tæniæ. Contra BUFFONIUM, qui ex particulis suis organicis superfluis vermes struit.

Dav. Eberhard GUENTHER *Signa ex lingua* Duisburg 1772. 4.

S. SZEGEDI *de* PESTH *physiologia & pathologia* Utrecht 1772. 4.*

R. SCHEERS *de dentibus* Utrecht 1772. 4.*

DIEDERICI *de* SMETH *de aëre fixo* diss. Utrecht 1772. 4.* Aërem fixum non esse vinculum elementorum corporis nostri.

Andr. MURCKE *de viribus sanguinis & solidorum motum facientibus cautius definiendis* Jen. 1772. 4.*

Christian Traugott HEFFTER *epistola de viribus vitæ* Lips. 1772. 4.*

Michael DIETELMAYER *de inflexionibus arteriarum capillaribus* Altd. 1772. 4.*

J. MELCHIOR & ALBERTI *de in & egressu bilis per ductum cysticum e vesicula fellea* Erford. 1772. 4.*

EJ. & PLANER *de evolutione atque destructione corporum* Erford. 1773. 4. si huc facit.

Bern. Mar. LUTHER & *Joach. J.* BRUHN *de ventriculo humano æque ac quorundam brutorum ejusque actione* Erford. 1772. 4. ut puto.

Christoph. Jac. HOFMANN *aliquæ musculorum differentiæ* Altdorf. 1772. 4.*

Henr. HARDEGE *de præcipuis difficultatibus in explicando secretionis animalis negotio* Jen. 1772. 4.*

D. KOENIG

D. KOENIG & resp. *Chr. Lud.* LIEBERKUHN *de experimentis pulmonum natantium* Hall. 1772. 4.*

J. GROSTLACHER *tr. medico legalis de stupro* Erlang. 1772. 4.

Franc. Ludw. Joseph. SOLAYREZ *de* RENHAC *de partu viribus maternis absoluto* Paris. 1772. 4.* Viri experti opus. Difficulter de vita fetus ex pulsatione fontis sincipitalis judicari.

Car. Andreas GUEBELY & *Antonius* CHAUMONT SABATIER *E. in vivis animalibus ventriculorum cordis eadem capacitas* Paris. 1772. 4.* Nescio quomodo proprio suo experimento resistit.

Lud. Car. Henr. MACQUART & *Felix* VICQ DAZYR *E. inter ossa capitis varii nisus absumuntur communicatione retractione oppositione* Paris. 1772. 4.* Anatome calvariæ. Resonitum locum habere, cum vis, in unum latus calvariæ urgens, effectum in latere opposito expediat.

Petri LALOUETTE anno 1742. & nunc A. L. *de* JUSSIEU diss. *E. nutrimentum tandem destinatio corporis* Paris. 1772. 4.*

L. du BOIS *de* ROCHEFORT & BOSQUILLON *E. nervus sympathiæ vinculum* Paris. 1772. 4.*

Thomas le TENNEUR & *S. Lud.* GUINDANT *E. inter præcipuos respirationis usus, chyli ex intestinis in sanguinem propulsio* Paris. 1772. 4.*

Petr. Adrian. GADD *palingenesia zoologiæ* Abo 1772. 4.*

§. MCCLXXIII. *Diaria anni* 1773.

In *Nov. Act. phys. med. Acad. Cæsar.* anno V. 1773. 4.* excuso.

C. G. S. MELLE *de novo articulo suis cum ligamentis orto.*

Cl. DELIUS & *de* GLEICHEN *de articulo a terrore materno*, ut putant, *deformato.*

In *Melanges de mathematique & de physique de la societé R. de Turin* T. IV. Turin 1773. 4.* Abbatis *Mauritii* ROFFREDI microscopica descriptio proboscidis culicis & tabani: vagina, spiculum.

IDEM in T. NEEDHAMI observationes, fere metaphysice animadvertit.

IDEM apud Abb. ROZIER 1775. fusissime agit de anguillulis reviviscentibus frumenti rachitici, de earum intestinis, ovario, ovis.

Medical and philosophical commentaries by a society at Edinburgh Edinburgh 1773. 8.* *Andreas* DUNCAN collector est; scopus fere qui LUDWIGII, censuræ librorum, tunc adnotationes aliquæ, clinicæ quidem potissimum. PURCELLI uterus duplex.

In *Comm. Petrop.* T. XVIII. anatomica LEPECHINI & KOLREUTERI suis cum auctoribus dicta sunt.

In *Verhandelingen uytgegeven door het Zeeuwsche genootschap der wetenskapen te Vlissingen derde deel* Middelburg 1773. 8.*

Leonh. BOMME animalcula rotifera. Sepiæ minoris ovarium.

Le ROI de monstro difformi unipede, absque anatome.

Verhandelingen uytgegeven door de Hollandze maatschappy der wetenskapen XIV. deel. Haarlem 1773. 8.*

BODDAERTI & BASTERI diss. jam dictæ.

PALUDANUS de fastis emortualibus Alcmaeriensibus. Partus ad viventes ut 1. $29\frac{7}{54}$; mortes enormiter numerosæ 1. $21\frac{1}{2}$.

Philosophical Transact. pro anno 1773. prodierunt a. 1774., volumen nempe LXIII.

HUMPHREY JACKSON de ichthyocolla varia, & de artificiis, per quæ eadem ex asellis paratur.

J. WALSH de suis experimentis in torpedine in oris Galliæ maritimis factis. Ictum piscis concussionem electricam æmulari. Piscem brevi in tempore fere quinquagesies concutere. Per aquam multis hominibus suum ictum impertire. Vim electricam in duobus musculis residere, animæ arbitrio subjectis.

K. Swenska wet. handl. 1773. Tom. I. *J. Car.* WILKE de Papiniano lebete: succum ex ossibus expellere vapore. Ex ossibus bubulis egregium jus parari, quod in gelatinam coit. Succum pinguem ex poris ossium sudare; valde nutrire.

In *Augustini* ROUX *Journal de medecine* T. 1773. Vol. 39.

GASTELIER fetus difformis, cui venter & pectus confusa, viscera pectoris in pelvim subsederant. Una spina aderat bifida.

GALON de fetu quadrimanu, bipede, absque anatome.

BOURIENNE vidit sternomastoideum musculum ad rectum abdominis continuari.

ROUELLE junior de seri & lactis analysi. Post saccharum lactis sal ad parietes adhæret, febrifugo SYLVII adfinis. Ejusmodi salem etiam in lacte post exhalationem adparere. Non multum alcali in lacte esse.

IDEM in T. XL. de nitro seri sanguinis & cruoris.

EJ. De urina hominis, vaccæ, equi. In humano lotio resinosum quid est, quod a spiritu vini solvitur, tum gummi sed parcius. In resinoso dimidia pars est alcali volatilis, salis ammoniaci parum. Sal marinus porro in urina est, & sal volatilis, & sal febrifugus SYLVII, & Glauberianus. Concentrata exhalando, deinde siccata, urina cum acore fervet. Aliter in equo & in vacca habere.

IDEM iterum de lacte & sero. Multum continere alcali vegetabile, parum mineralis alcali. Sal febrifugum: marinum nullum.

J. LEPPIN a recto abdominis musculo ad sternomastoideum musculosum quid adscendisse vidit.

CHARNAUX

CHARNAUX ossa fetus per anum decedentia: fetus in ovario adoleverat.

RICHARD de fetu bicipite, trimanu, quadrupede.

Du BOSQ pro novorum pulsuum veritate.

In T. XL. ODIER epidermidem balænæ diu a morte se revolvere.

In *Journaux combinés* 1773. Oct. DISDIER de germinatione dentium agit. Radices primorum certissime a subnascentibus dentibus expelli. Dens inversus, cujus corona in os demersa.

Berlinische Sammlungen V. *Band* Berlin 1773. 8. Animalia hybrida, suspecta.

Gemeinnützige Arbeiten der Bienengesellschaft in der Ober-Lausiz I. *Band* 1773. 8.* Continuatur prius diarium. BONNETI epistolæ, & ad eas adnotationes. Utique operarias apes vulgares cellulas destruxisse, & ex tribus unam ædificasse. Ovum in aliam etiam cellulam transferunt. SCHIRACHIUS sua experimenta defendit.

J. LANGE reginam virginem peperisse, etiam in secunda & tertia generatione.

Anton. HUMEL venerem volantis reginæ vidit, & *Mathias* FORLANI marem feminæ adhærentem, demum GLOVER ejus semen.

Contra hæc varia monet Cl. RIEM.

J. SCHMIDT de vespis, & earum per suam reginam propagatione.

OVERBEK apes operarias reginam aliquando lædere, sic ovarii fabricam in ea vitiari, ut sola ova marium, fortiora eadem, integra supersint, & regina solos mares pariat.

MARTINI pro SCHIRACHI artificio.

In *Journal Encyclopedique* 1773. Dec. Exemplum hominis in duas medietates divisi.

In *Journal des Savans* 1773. Nov. Observationes de natura epidermidis & cutis.

§. MCCLXXIV. *Germani.*

Epistolarum ad me datarum tomi VI. hactenus prodierunt. Primus 1773. Bern. 8.* Passim anatomica amicorum meorum intercedunt, ALBINI hic & HUBERI.

T. II. 1773. 8. HÆNELII adnotata anatomica; rami venæ cavæ ad intestina euntes. MEKEL de magnis arteriis penis, de epididymide; nulla esse vasa lymphatica urethræ. Novi rami quinti paris. Invaginatio. RAMSPEK de ARANTII raro libro *de musculis.*

T. III. 1774. 8.* LUDWIG de infundibulo cerebri aqua pleno. MEKEL de radicibus nervi sympathici magni. ID. de imæ cervicis minoribus arteriolis. EJ. aorta perangusta & cor amplissimum, rami magnæ arteriæ a solita fabrica aberrantes. ZINNII dura membrana in experimento insensilis. MEKEL pleuram

 ram

ram inter & pulmonem nullum aërem esse confirmat, neque duram meningem nervis vaginam circumjicere. ZINNII fibræ retinæ. J. STEPH. BERNARD ovum humanum abortu editum describit. ZINNIUS de corona ciliari, & anulo PETITI. ALBINI cum WACHENDORFIO, sed potissimum HALLERO, lis de membrana pupillari. HALLERUS nihil sibi sumserat, & gloria inventi WACHENDORFIO cesserat, qui præter epistolam ad TREWIUM nihil de hac membrana edidit.

T. IV. 1774. 8. LUDWIG de ossibus mollitis. RAMSPEK de musculo a recto abdominis ad sternomastoideum propagato. BASSANUS, nullos esse tendinum nervos. ALBINUM nunquam membranæ pupillaris mentionem fecisse, videri habuisse pro re vitio nata. CALDANI de sensu aliquo duræ membranæ. *Lud.* PALIANI nullum in tendinem nervum, etiam microscopio adjutus, reperit. FONTANA etiam testudinis cor brevius reddi dum contrahitur. J. GESNER de dura membrana cerebri insensibili. ZINN de vesicula embryonis ALBINIANA. FONTANA, iridem non esse irritabilem. *P. Maria de* TURRE de globulis sanguinis qui sint sacculi. BERDOT tendines insensiles. CALDANUS intestina avulsa violentissime moveri.

T. V. 1774. 8.* POLENO dura membrana præter naturam crassa fuit, nihil inde passo. *Achilles* MIEG de fibris carneis valvulæ coli. BERDOT fetus biceps. SARCONE confirmat tendines, duram membranam, alias corporis partes sensu destitui.

T. VI. 1775. 8.* *Cajetanus* TORRACA in vetula nihil invenit induratum. *Josephi* ROVATTI de vagitu uterino testimonium. *Dominici Aug.* ALBERGHETTI diss. contra aquulam COTUNNIANAM. Adnotationes anatomicæ CALDANI.

Ad *Philippi* FERMIN ex gallico versam *Unterricht von der thierischen Haushaltung* Frankf. 1773. 8. editam, interpres notas aliquas addidit.

Philip. Ludwig Statius MULLER *vollständiges Natursystem nach dem Houttuynischen Werke* Nürnberg 1773. T. I.* De physiologia diss. Non omnes animalis partes irritabiles esse. Hominis brevis anatome. Recte de Jumaris dubitat.

T. II. Anatome avium, organa vocis & respirationis, ventriculus, plumæ. Cygnus sylvestris fabrica asperæ arteriæ a domestico distat.

T. III. 1774. 8.* de piscibus. Diss. de vita. Tres causæ motrices, corporis pondus, organum irritatum, & anima. Irritabilitas a facultate sentiendi tota differt. Anima a corpore distincta est. De ichthyocolla, aliter quam nonnulli: de cute, cauda, & visceribus accipenseris eam excoqui, non adeo paratam in vesica aërea præsto esse.

T. IV. 1775. 8.* Pisces porro. Diss. de iis quæ piscibus communia sunt.

T. V. 1775 8.* de insectis, eorum vita, generatione, miro robore, de generatione aphidum.

Jodoci

Jodoci EHRHARDT *Sammlung von Beobachtungen zur Geburtshülfe* Nürnb. 1773. 8.* Situs fetus vitiosi varii. Medicus secundas avellere ne properet, quæ plerumque sponte decidant, etiam quando in cellula uteri resident.

§. MCCLXXV. *Galli.*

M. R. CONDORCET *Eloges des academiciens depuis 1666. jusques à 1669.* Paris 1773. 8.* MARIOTTI, CLAUDII PERRAULT, CHARASSII elogia.

Reflexions philosophiques sur l'homme & sur les animaux Leid. 1773. 12.* Multa physiologica. Cerebrum inter omnia animalia homini maximum esse; cerebellum cerebro firmius. Pulmonem ad refrigerium paratum esse. Seminum origo. In embryone cor & cerebrum structum adesse, reliquas corporis partes ex succo nutritio subnasci. Contra BUFFONIUM. De cornuum origine. In septentrione plures pueros nasci.

In VERDIER l.l. *de la perfectibilité* T. V. agitur de memoria post apoplexiam amissa, dum in reliquis mens sibi constaret. In T. I. summam physiologiæ in educatione utilitatem laudat.

§. MCCLXXVI. *Angli.*

Henrici PEMBERTON *course of physiology* London 1773. 8.* Posthumum opus clari viri, jatromathematici, perspicuum tamen & ab erroribus fere purum. Nervos, qui molles sint, non posse ad chordarum morem agere. In vitulo lactente primum ventriculum parvum esse, quartum fere inanem. Valvulam coli nihil retrorsum transmittere. In ciborum coctione ad putredinem accedi, eam non adtingi. Nervos oscula vasorum exhalantium legere, iterum ea vasa constringere, sic motum tenuis humoris promovere. Lienem eandem penum sanguinis recipere, quam jecur accipiat. Lentum motum sanguinis in hepate augere collectionem partium viscidarum sanguinis & bilis generationem adjuvare. Non posse musculos intercostales, quæcunque sit eorum directio, quin intervalla breviora reddant. Perire, qui respiratione carent, ob sanguinis statum putridum. Ex aëre tenue quid solum in sanguinem venire. Cerebellum cerebro firmius esse, in apoplexia minus pati. Post apoplexiam repuerascens febre levatus, iterum sensus amisit, cum febris desiisset. Cariem facillime vomere. IDEM p. 137.

John HERRIES *the elements of speech* London 1773. 8.* Mira varia de pronuntiatione & valore literarum. Laudes BRAIDWOODII Edinensis, qui surdos loqui docet, etiam cum gratia. Artificium AMMANNI. Tonorum acumen & gravitatem a tensione & latitudine glottidis conjunctis pendere.

John ARMSTRONG *medical essays* London 1773. 8.* Contra theoriam, & tamen noster febres nervosas ab acrimonia irritante sanguinis repetit.

Charles

Charles WHITE *a treatise on the management of pregnant and lying in women* London 1773. 8.* Partus. Fetum omnino obliquum in utero vidit, qualem situm FIELDING OULD describit. Secundarum exitum a natura exspectat. Ex funiculo non ligato sanguinem ad mortem usque pueri effluere.

COAKLEY LETSOM *medical memoirs of the general dispensatory* Lond. 1773. 8.* Qui per 14. continuos annos enormem opii vim sumsit. Fasti emortuales & natalitii. Sanguinem ab hydrargyro non dissolvi.

Encyclopædia of arts and sciences compiled on a new plan Lond. 1773. 4. 3.Vol. Non placuit criticis.

§. MCCLXXVII. *Itali.*

Lettere di uomini illustri Firenz. 1773. 8. REDI, BELLINI, BORELLI.

Germani AZZOGUIDI *observationes ad uteri constructionem pertinentes* Bologna 1773. 4.* Rejicit membranam internam uteri. Injectum in arterias humorem de facie uteri interna exsudare. Nullos esse floccos ejus membranæ, nullas fibras musculares. Nullum commercium per uterum inter matrem & fetum. Mater catelli exsanguis, cum catellus ipse nihil de suo sanguine amisisset. Fetus capite & corde destitutus: vasa ex sacco carnoso orta.

EJUSD. *Institutionum medicarum* Vol. I. Bonon. 1775. 8.* Physiologia meæ non dissimilis, præter spiritus animalis quos rejicit. Insensiles partes esse mecum consentit, experimento in dura membrana cerebri in homine facto, pro *Bartholomæum* RIVIERA. De ventriculo absque mora liquidiora exire. In Vol. II. pulsus, urina sex res n. n.

§. MCCLXXVIII. *Disputationes.*

Franc. Joseph. KRAUS *de natura crustæ inflammatoriæ* Prag 1773. 8.* Lympham a sero separat; a lympha crustam eam derivat. LEEUWENHOECKIANOS globulos minores rejicit. Negat crustam coriaceam esse a dissoluto sanguine. Mediam partem arteriarum lympha coagulabili plenam vidit.

Joseph de PLENCIZ *de calore animali* Wien 1773. 8.* Non esse a tritu, neque ab oscillatione, sed a processu ad putredinem tendente, licet exiguus sit. Compendium physiologiæ.

Jacob v. den HOUT *de febre petechiali s. morbo cum petechiis* Leid. 1773. 4.

Petri v. SWIETEN *Musicæ in medicina influxus atque utilitas* Leid. 1773. 4.* Alternæ vices contractionis cordis a stimulo sanguinis sunt, non a nervorum pressione. 2. Bilem in folliculum felleum deponi, in eo non secerni. 3. Contra cerebelli prærogativas. 4. Exiguam esse communicationem, & per vasa non rubra, matrem inter & fetum. Cantharides putredinem sanguinis promovent, dum modo calor accesserit.

Ladislas CHERNAK *de respiratione volucrum* Groning. 1773. 4. Aeris in ossa avium communicatio hic dicitur.

G. G. de GOUDSMIT *de vita & sanitate musculorum* Utrecht 1773. 4.

Jac. BALTZ *de theoria corporis* Heidelberg 1773. 4.

Georg. Mathias GATTENHOF *de inflammatione* Heidelberg 1773. 4.*

Philip. Jac. BEYCKERT *de hernia scrotali* Argent. 1773. 4.* Partes adfectae descriptae.

Lud. Petr. ESSERTEAU *de* HANTE *tentamen physicum de vita* Monsp. 1773. 4.*

Joseph Amand Ambrosius BOUNETIERE *Des* ROCHETTES *de lacte* ib. 1773. 4.*

M. S. JOIRE & P. A. BACHER *E. functionis cujuslibet causa multiplex* Paris. 1773. 4.*

Thibaud NOZON & olim *Ant. de* JUSSIEU *E. fetui sanguis maternus alimentum* Paris. 1773. 4.*

J. Franc. de VILLIERS & *J. M. du* FRASNE *E. ex primis viis mediante celluloso textu materies lactis ad mammas defertur* Paris. 1773. 4.*

§. MCCLXXIX. *Diaria a.* 1774.

Philosophical Transactions Vol. LXIV. ad a. 1774. 1775.

Fasti emortuales Londinenses. Pueri tamen paulo magis vitales sunt, quam Vindobonae. Cestriae vita longa, ut quintus quisque ad 70. annum vivat.

SIMON de cochleis a morte revivifcentibus, etiam extra aquam.

J. PURCELL, idem duplex uterus qui in *Medical Commentaries*.

De trocta Gillar, cui ventriculus musculosus sit.

DARWIG negat jugularem venam, aut vesiculam fellis, in spatio inani turgere, aut venam nudam sanguine plenam. Quare animalia aeris externi raritatem facile ferunt.

K. Swenska Wet. Handling. Vol. XXXV.

Andr. J. HAGSTRÖM iris ovalis.

In *Journ. de Medec.* 1774. T. XLI.

POMA pro pulsu intestinali.

de la BROUSSE porro de sexu fetus ex pulsu dignoscendo. In eo matris latere, quod fetus occupat, pulsum debiliorem esse.

LAUGIER placenta in cellula uteri latens. Fetus tubarius vivus eductus, negant alii.

T. XLII. FOURNIER de causa micationis arteriarum. Sinum venosum situm cordis non mutare. Motus cordis liber est, & in dilatatione & in contractione. Inpulsus in venam liquor pulsum facit. Pulsatio venarum cruralium, venarum brachii & colli. Quare venae saliunt, si motus iis alternus impertiatur. Nunc perpetuus est, modo a corde, modo ab arteriis.

Suffocatis sanguis in pulmones effusus est.

Der Naturforscher Hall. 1774. 8.* dirigente *J. Ern. Imanuele* WALCHIO. Pertinet potissimum ad insecta & petrificata.

GÖTZE vermiculos aceti vivos parere, pullos viventes se in utero materno vidisse.

IDEM T. III. vermiculos aquaticos dissectos vidit.

Frid. Christian GUNTHER de avibus per senium albis, & in T. II. de avibus præter naturam nigris.

EJ. GUNTHERI *Sammlung von Nestern und Eyern nach ihren Verschiedenheiten* Nürnberg 1774. fol.* laboriosa collectio.

In Tomo IV. editor Cl. WALCH contra reparationem amissarum artuum scribit, quæ fiat per germina præstructa.

Contra GUNTHERI hypothesin, album colorem non semper signum esse debilitatis.

In T. VII. C. G. v. MURR diss. de libris Sinensium, & inter eos antiquissimo libro Nuyking, in quo de anatome agitur, & de libro simili Japonensi. FRISCH contra BUFFONII genealogiam canum, pro qua alia hic substituitur, ad quatuor familias reducta.

Mem. de Chirurgie T. V. Paris 1774. 4.* SIMON pulsum in sinu falciformi nullum reperit.

Carnem non reparari. Ut ossa conservescant. Ossa capitis emollita.

BRASD'OR contra sensum tendinum.

Geschichte und Versuche einer chirurgischen Privatgesellschaft zu Koppenhagen ibid. 1774. 8.*

MUHT in adulta femina foramen ovale clausum, sed ductus arteriosus apertus.

Berliner Sammlungen T. VI. Berlin 1774. 8.* de lucentibus in ostreis vermiculis. Nævus, ut putatur, simiæ similis, ex terrore natus Cl. SCHOENWALD.

Societatis medicæ Hafniensis collectanea Vol. I. Hafn. 1774. 4.*

J. CALLISEN duplex vagina cum duplici utero & cornu simplici.

SCHOENHEIDER sanguinem crusta inflammatoria tectum sponte evanuisse.

In *Memoires presentés à l'Acad. des Scienc.* T. VI. Paris 1774. 4.* ex lapsu in puteum abstinentia 19. dierum. Duo in uno latere ureteres.

Verhandelingen der Bataafsche genootschap der proefondervindenden Roterdam 1774. 4.* Reparata a natura magna pars tibiæ.

Verhandelingen van de Hollandze maatschappy tot Haarlem T. XV. Haarlem 1774. 8.*

Ossa longa regenerata.

A. CARRARD de viſu perfecto.

Ceperat prodire a. 1772. Berolini *Journal literaire dedié au Roi* 12.* In n. XIV. anno 1774. de aëre vitioſo dicit Cl. ACHARD, qui animalia occidit. In T. XVII. de ſciuro meris nimis mollibus cibis nutrito. Ei dentes adeo increverunt, ut os diducere non poſſet, & inferiores dentes in ſuperiorem maxillam ſubirent, & viciſſim, atque animal demum per inflammationem periret.

In *medical commentaries* T. II. Exempla vaginæ clauſæ, & a chirurgo apertæ J. HILL de infante, cui fæces alvi per penem decedunt, & Cl. FOTHERGILL de flatibus per penem erumpentibus.

In *Journal Encyclopedique* homo ſemiſtultus, qui nudo pede, ſana cute, ſuper prunas ignitas incedit.

BECOEUR de conſervatione animalium, in ſpiritibus, contra D. MAUDUYT.

In *bedendangze Letter œffeningen* J. WILDRIK de femore militis ſenſim in adipem & cartilaginem degenerante, deletis muſculis.

In *Preuſſiſchen Sammlungen*, quæ Regiom. 1774. 8.* & ib. T. II. 1775. 8.* prodierunt. Ex certa vena ſcarabæi Majalis pulcher color fuſcus.

In *medical magazine*, cujus n. 29. coram eſt, mirum eſt inſtitutum compilatoris. Diarium fit variis fragmentis diverſorum auctorum non cohærentibus. Ita oſteologia ex ignoto mihi ſcriptore ſumta eſt. Ita verſio meorum elementorum per folia in eo diario recuditur, tum dictionarium medicum.

J. BLUMENBACH, qui magna cum induſtria in hiſtoria naturali laborat, polypos criſtæ caſtrenſi ſimiles deſcripſit in *Götting. gel. Anzeig.* 1774. M. Oct. Adnotavit etiam, hunc polypum indurari in ſuperficie, eam potiſſimum cum ſuccis acidis fervere.

IDEM M. Dec. de tænia. Seriem ſibi videri animalium ſe comprehendentium. Quam partem caput vocant, eam in quovis articulo reperiri. Articulos ſæpe debiliſſime cohærere.

EJ. egregia diſp. *de generis humani varietate natura* Gotting. 1775. 4. & 8.* Ab hoc Cl. viro nunc Gott. Prof. plurima utilia licet exſpectare. Hic oſtendit, varietates generis humani multas quidem eſſe, a climate, aliisve cauſis ortas, omnino vero unicam ſpeciem. Eas varietates per ſingula perſequitur. Hybrides catulos ex cane & vulpe omnino naſci, etiam fecundos. De alio ex cane & ſimia, certe probabile exemplum. De venere quadrupeda inter & aves, merito dubitat. Jumaros veros eſſe aſinos. Differentia hominem inter & animalia. His inſtinctus: homini nullus: huic ratio. Omnino homo bipes eſt, & nulla ſimia niſi quadrupes, ex fabrica. Ita in ſimia mandril vertebræ colli non ut in homine parallelæ & horizontales, ad caput ſuſtinendum factæ ſunt, ſed oblique imbricatæ. Homini nullum os intermaxillare, ſed huic ſimiæ utique. In cerebro ejuſdem (nam viro Cl. occaſio fuit incidendi) nulla pontis VAROLII a medulla ſpinali diſtinctio, nulla corpora pyramidalia & olivaria. Dentes canini ſimiæ, etiam anthropomorphæ, longiores, molares multis apicibus aſperi. Menſes & hymen homini proprii.

 Nullum

Nullum hominum ligamentum cervicale, nullus bulbofus oculi mufculus. Varietates faciei in diverfis gentibus, inque earum craniis, & in ftatura: Nigredo a climate potiffimum nata, per gradus obrepit, in frigidis ragionibus etiam in æthiope diminuitur. Facies peculiaris gentis Efkimorum, gentis Mollicolo in mari auftrali, hæc fimiis propior. Circumcifæ puellæ icon: nullæ nymphæ, neque præputium clitoridis. Americani neque imberbes funt, neque abfque pilis. De albis æthiopibus fufe, deque eorum varietatibus: non omnes nyctalopes funt, rubris pupillis: mens eorum nihil patitur.

Petrus ORTESCHI in *giornale de letter* T. XII. 1774. Analyfis comparata canis bubulæ, & pifcium. Bovem minus dediffe extracti, quam cyprinum, & lucium, & ranam. Sed olei plus effe in extracto bovis quam in animalium frigidorum extracto: plus etiam olei, excepta rana, a qua fuperatur. Ovilla caro plus dat extracti, quam pifces, ranæ & cancri; ovillæ fibræ plus quam pifces. Vitulina caro plus dedit extracti quam pifces, minus quam rana, fpiritus & falis volatilis plus iisdem, minus quam rana.

J. Maria ROSSI in membrana interna veficæ manifeftos villos vidit, cum per morbum deceffiffet.

N. B. M. F. Tarvifanus, appendices venofas, ASTRUCIANARUM non diffimiles, fe vidiffe putat. Fetus vixit 15' cum matris cadaver jam apertum effet.

§. MCCLXXX. *Galli.*

La génération, ou expofition des phénomenes relatifs à cette fonction naturelle tirée de M. de HALLER, *avec des notes* Paris 1774. 8. 2. Vol.* Traductorem audio effe Cl. *de* LEURYE: De meis nihil addo, nifi anatomen male truncatam effe. In notis fæpe a me diffentit; fæpe in verbis fagax, ut in origine vaforum epigaftricorum, quæ non ex crurali, fed ex iliaca externa nafcantur. Sed etiam SMELLIANAS menfuras pelvis improbat. In Gallia feminas gravidas fæpe menfes pati. Infantes acephalos in fua origine hydrocephalos fuiffe. Quando placenta in utero eft, ex funiculo refecto fanguinem non manare. Contra fuperfetationem: non bene ponit, placentam toti utero adhærere.

EJ. traductoris *diff. de aquis amnii.* Uterum prægnantem tenuiorem fieri, præter eam partem, cui placenta adhæret. Ex fetu in amnion vafa lymphatica ire, generare aquam amnii; in partu eadem fanguine repleri.

Felix VICQDAZYR in *folio patente* edidit *table pour fervir à l'hiftoire anatomique & naturelle des corps vivans* Paris 1774. fol.* Animalia in claffes divifa ex cordis fabrica. Mammalia difpofita fecundum cor, ventriculum, dentes, claviculas. Aves. Capita de nutritione, generatione, irritabilitate, refpiratione, fenfu, fecundum claffes.

LASSUS *diff. fur la lymphe* Paris 1774. 8.* Multa propria. Fibræ feri in fervida mucofæ. Ut cum fuccis & falibus ferum cogatur, & viciffim folvatur. Analyfis per ignem facta. Sal alcalinus volatilis, fal lixivus. Albumen. Serum fanguinis

guinis putridum alcalinum fit, amittit vim coeundi. Aqua tota abducta corneum quid relinquit. Gelatinæ phænomena. Liquor amnii viscidus, ab aëre coagulabilis, non ita quando vetustus est. Vapor aquosus pleuræ, peritonæi, ventriculi, cerebri, cogitur, etiam sponte. Synoviæ phænomena; cogitur ab acido, solvitur a sale alcali volatili. Lympha vasorum fluidior est, quam lympha sanguinis, cætera similis. Mucus gummi similis, ab aëre solvitur, cogitur a spiritu vini.

MINVILLE *tr. de medecine therapeutique & pratique extrait des ouvrages de* BORDEU Paris 1774. 12. ex ipso B. excerptus & ex adseclis. Systema epigastricum. Corporis divisio in duas partes æquales. Actionem partium corporis humani periodicam esse.

DUJARDIN *histoire de la chirurgie* T. I. Paris 1774. 4.* Aliqua occasione antiquæ chirurgiæ intercedunt, huc facientia.

AUBLET in *plantes de la Guyane* Tom. II. Paris 1774. 4.* De hominibus ex albis & Aethiopibus mistis. Tertia generatio alba est.

DU VERGER *Memoire sur les moyens de reconnoitre les contrecoups* Tours 1774. 8.* Per decussationem fibrarum, quæ fit in principio medullâ spinalis, exponit paralyses lateris alterni.

§. MCCLXXXI. *Germani.*

J. Georg SULZER *Versuch einer Naturgeschichte des Hamsters* Göttingen und Gotha 1774. 8.* Accurata anatome animalis Gothæ vulgatissimi. Pro lubitu animal testes sursum revellit. Clitoris fere peni æqualis. Cæcum intestinum duobus ventriculis æquale. Irato animali pulsus 180. Claviculas habet. Hibernaculum & somnus hibernus; eo tempore neque pulsus, neque respiratio, neque sensatio percipitur: quando vero pectus aperitur, tum cor pulsat, quindecies in minuto primo. In eo sopore intestina non sunt irritabilia.

Lebensbeschreibungen merkwürdiger Personen dieses und des vorigen Jahrhunderts Breslau 1774. 8.* Elogia B. S. ALBINI & Comitis MARSIGLI.

M. E. BLOCHS *medicinische Bemerkungen* Berlin 1774. 8.* Iris oblonga, vix mobilis. Testimonium de fetu per matris arterias MEKELII arte repleto. Pulsus intermittens. Duo ordines dentium. Dens erumpens ætatis anno 73. Bilis bubula pro medicamento pota blande alvum ducit, ciborum coctionem adjuvat.

EGGERT OLAFSEN & BIÖRNE POVELSEN *Reise durch Island* T. I. Koppenhag. 1774. 4.* T. II. 1775. 4.* Inter varia historiam naturalem spectantia etiam aliqua physiologica. Avis *seehäst* (procellaria) edulem adipem evomit. Pro monstro habita enormis sepia. In piscium specie mas ova fovet. Lupi ob severiorem hiemem famelici terram devorant. Raja clavata habet duos conspicuos penes, & testes. Ad balænæ anatomen.

J. G. Daniel SCHREBER *der Saugthiere erste Abtheilung* Erlangen 1774. 4.* Animalium pictæ icones, & passim anatomica & physiologica. Aethiops albus

 homo

homo eſt, non ſimia. Nani & gigantes. Hominis nutrimentum, tempora partus, ſenii. Hominis a ſimia diſcrimen. Veſpertiliones hieme ſopiuntur & ſuſcitati facile pereunt. In pulchro opere pergitur.

Die Kunſt, das menſchliche Geſchlecht fruchtbar zu machen Langenſalza 1774. 8.* Vana varia ex veteribus ſumta.

Anmerkungen und Zweifel über die gewöhnlichen Lehrſätze vom Weſen der menſchlichen und thieriſchen Seele Riga 1774. 8. Nullum dari ens, quod anima dici poſſit.

J. Chriſtian Anton THEDEN *Unterricht für die Unter-Wundärzte bey Armeen* Berlin 1774. 8.* Brevis anatome, & phyſiologia.

J. Michael NEIDHART *vollſtändiger Anzeig zur beſten allgemeinen Bienenzucht* Nürnberg 1774. 8.* SCHIRACHIANAM reginæ generationem ſæpe fruſtra tentari, neque ſibi feliciter eveniſſe, neque bene ſuccedere, niſi caſu una ovum regium reſecueris. Præfert quod Franci *Magazin* vocat. De generatione apum. Reginæ fabricam totam diverſam eſſe a fabrica apis operariæ. Dari ad 20 reginas.

J. STEIDELE *Unterricht für die Hebammen* Wien 1774. 8.* Anatome partium genitalium. In juniori femina poſſe oſſa pubis paulum diſcedere. Menſuræ. Palpatio oris uteri. Graviditas. Situs fetus, utique cernuus, non tamen ſemper a dato aliquo tempore. Aquæ ſpuriæ. Partus.

Sammlungen auserleſener Abhandlungen. Quartus tomus prodiit Lipſiæ 1774. 8.* Clinici fere argumenti collectio. Hic tamen anonymus putat ſe oſtendere, infantem non deglutire; lac enim ſe in aſpera arteria reperiſſe, non in ventriculo.

J. Rotiger Salomon HOLDEFREUND *merkwürdige Krankengeſchichte* Braunſchweig 1774. 8.* Menſes anno 70. redeuntes, abſque malo. Femina ſepties peperit, antequam menſes manarent. Menſes per nares, vomitum, & cicatricem a venæ ſectione ſuperſtitem manantes. Terrore excitato clyſteres expediti, poſtquam ad tredecim dies alvus nihil dimiſerat.

Frid. HEROLD *wahrſcheinliche Muthmaſſungen von der Beſtimmung und Entſtehungsart der Drachen* Nürnberg 1774. 8.

Chriſtoph Frid. WEBER *kurzer Begriff von der Knochenlehre des Pferds* Dreſd. 1774. 8.* Medicus veterinarius Dreſdenſis. Anatome perbrevis. Unicus digitus &c.

Oſteologiſcher Catechiſmus für Anfänger in der Wundarzneykunſt Augſpurg 1774. 8. inanis.

J. JANSCHA *Abhandlung vom ſchwärmen der Bienen* Wien 1774. 8.* Bonus ſenex cum apibus conſueverat. Ad earum mores, ad generationem reginarum, fucorum, & imperfectorum etiam fucorum, paſſim ſuas adnotationes addit.

§. MCCLXXXII. *Angli.*

James LIND *on fevers and infection* Lond. 1774. 8.* Serum in febre flava Americana saturate flavet. Quo plus in sanguine crustæ est coriaceæ, eo grumus est mollior. Sub eo corio placenta est sanguinea. Corium fit a lympha, qua secessit, & a sanguine. Serum abit in membranam elasticam & tenacem. Infectio percipitur ab ingrato odore, qui in ventriculum descendit. Gluten, quod in febribus frequenter cor, pericardium, pleuram & pulmonem obducit.

Thomas KIRKLAND *two diss. the one on the brain and nerves the other on the sympathy of nerves and of different kinds of irritability* London 1774. 8.* Nullas dari fibras medullæ cerebri: eam mere gelatinosam esse. Cerebrum solum in animalibus irritabile esse. Contra spiritus animales. Sympathiam in omnes partes corporis animalis per cerebrum absolvi; cæcitas a mamma inflammata. Irritabilitatis inflammata, spasmodica.

Lord KAIMES *skelet of the history of man* London 1774. 4. 2.Vol. Multa facientia ad instinctum animalium. Sed non legi.

John LEAKE *lecture introducting to the theory and practice of midwifry* Lond. puto 1774. 4.* De fetu, ejus nutritione, prima respiratione, nævis.

John PHIPPS *a voyage towards the north pole* Lond. 1774. 4.* Synoiciam describit, animal ex sex aut pluribus animalibus compositum: uno communi intestino, semimultiplex.

§. MCCLXXXIII. *Itali &c.*

Giovanni BRUGNONE *la mascallia dedutta da sui veri principii* Turin 1774. 8.* Multa anatomica habet, etiam physiologica. VEGETIUM nihil de punctis lacrumalibus reliquisse. Dentes equi per totam vitam crescunt, eorumque longitudo senium prodit. Dari equos testibus in abdomine latentibus. Etiam equa ampliorem pelvim habet quam equus. Equabus in venerem furentibus vulvam tumere, rubere, alternatim propelli & contrahi, odoris etiam peculiaris humorem effluere.

Bonaventura CORTI *osservazioni microscopiche sulla tremella, sulla chara &c.* Modena 1774. 8.* Multa & subtilia intercedunt microscopiorum ope conspicua. Anguillas infusorias & vivos fetus edere & ova. Animalcula minima varia. Quod in quatuor animalcula se dividit, unico sacculo membranaceo contenta, nunc secedentia. Aliud, cui de cute paulatim fetus erumpunt. Vermis, qui incisus aut dissectus caudam reparat & caput, sed caput facilius. Alius vermiculus microscopicus, in quo intestinum & arteria a capite ad caudam producuntur; dividitur idem ad duas tertias suæ longitudinis partes, & educit animal, quod deinde, & cum eo ramus intestini & arteriæ, secedit, inque novum fit animal. Aliud animal quasi cornutum per partem posticam fetus edens, aliaque similia. Animal rotiferum. Sed & pluscula alia animalcula reviviscunt; putat autem noster non vere mortua fuisse, etsi omni motu carere videntur. Cor animalculi

animalculi rotiferi tamdiu oſcillat, quamdiu rota agitatur, ut videatur cor ipſum arbitrario motu agitari.

Jac. PAVONI *anima delle beſtie impugnata* Udino 1774. 8.

§. MCCLXXXIV. *Belgæ. Sueci.*

Chriſtoph. Caſt. Wilberg SCHUZE *tanker om planternes dyriske lyghet* Koppenhagen 1774. 8. Luſus ingenii.

Petrus FORSKÅHL in *hiſtoria animalium Arabiæ* habet varia animalia nova, potiſſimum marina, habet etiam ſemi compoſita, parte ſui ſimplicia, parte alia coaleſcentia. Icones exſtant inter nuperas Hafn. 1775. 4.* editas.

Waarſchouwing om alle Chriſtenen tegen gevaarlyke ſtellen in de beſchouwing der natur van Bonnet 1774. 8.

Phyſiology of naturlyke ontleeding van het menſchen ligham Amſterdam 1774.

Schets der geheele verloſſing geſchikt na derſelven grondbeginzelen volkommen te leeren Haag 1775. 8.* Anatome partium genitalium. Menſuræ diverſæ pelvis & fetus. Aquæ amnii ſub finem graviditatis pintam reperiri: in principio glutinoſam magis eſſe. Graviditas, partus.

Verzamlingen van naauwkurlyke lyſten betreffende de ſterften geboorten huwelyken ouderdom en ziektens in's Gravenhage 1755 -- 1773. Haag 1774. 8.

§. MCCLXXXV. *Diſputationes.*

Georg Rudolf BENTSCHNEIDER *de ruminatione humana* Gotting. 1774. 4.* Fabrica ventriculorum animalium ruminantium & ruminatio. Ejus actionis a vomitu diſcrimen.

Georg Chriſtian UTENDÖRFER *Experimenta nonnulla & obſervationes de bile* Argent. 1774. 4.* In cineribus ſubeſt ſal marinus ,ſal lixivus foſſilis, ſal lixivus volatilis. Dum exhalat, dat ſalem alcalinum volatilem, cum vitrioli acido ſelenitem, cum nitroſo nitrum cubicum. In putrida bile alcali erodens eſt, & fervet cum acore minerali, non ita recens. Terra calcaria eſt. Ferri nihil. Nullum in bile ſaccharum lactis repent. Non eſt ſapo. Experimenta SPIELMANNI.

Joſeph Wenceslaus TICHY *de arenulis in lotio apparentibus, ut infallibili ſalutaris morborum eventus ſigno prognoſtico* Prag. 1774. 8.* In ſano homine angulosas arenulas ad matulæ latera adhærere, urinæ etiam innatare, denique ſubſidere, & ſedimento admiſceri. In febribus boni eventus apparere, in gravioribus reſtitui, quando coctio parata eſt. Nempe in ſano homine ſal volatilis urinæ cum acore in cryſtallos abit: eo acore deſtructo nullæ nunc generantur arenulæ: acido reſtituto easdem arenulas redivivas apparere.

Matth. GABLER *de tubulis capillaribus* Ingolſtad. 1774. 4.* Humores in vaſculis capillaribus non poſſe per adtractionem promoveri, ſed utique vi cordis.

... GAUM *de hermaphrodita* Tubing. 1774. 4.*

J. ABADIE *de corpore cribroſo* HIPPOCRATIS *ſ. de textu mucoſo* BORDEVII, *diſſ.*

diss. Monsp. 1774. 4.* Mireris quanto consensu Galli nuperi *Theophilo de* BORDEU detectam dignitatem telæ cellularis tribuant, quæ viginti ante ipsum annis prius quam quidquam edidisset, aut gradum doctoris meruisset, Gottingæ descripta, deque ea publice & diputatum & scriptum fuerit. Sed etiam id adfectationem voces, quod hanc totam rem nitantur HIPPOCRATI tribuere. Hic ABADIE fere hypotheses producit, sumtas a selectu certarum particularum. Ut nascatur membrana ex *duciis* repetitis humoris saccharati. Membranæ mucosæ a gelatinosa distinctio. Iterum homo bipartitus. Plura ita obscura, ut ego quidem eorum nihil intelligam. Inflatione in cellulosam telam animal perire. Nutritio ut fiat; origo ductus thoracici male pro re nova data.

Dominici VILLAVERTE *Theses de circulatione sanguinis* Monsp. 1774. *

J. Mar. PELARDY *de* MONTDOR *de temperamentis* Monspel. 1774. 4.*

J. Lud. GALATIN *de visu* Monspel. 1774. 4.*

L. J. B. LAVIENNE *de graviditate* Monspel. 1774. 4.

Deodati JEANROI & B. J. F. A. *de* LALOUETTE *E. tela cellulosa nutritionis organum* Paris. 1774. 4.

J. Henri BACHIENE *de adipe humano* Utrecht 1774. 4.*

Jos. Martin SEIDLER *de butyro medicato* Utrecht 1774. 4.* Analysis butyri: butyrum medicatum, quod ad ignem paratur, admista farina amylacea & ovis, quæ præstantior butyri species sit.

Carl Joseph WIRTENSOHN Hardervic. 1775. 4.* Peculiaris hypothesis. Opium vere vitæ vires debilitat, sed tamen eas augere videtur, quod magis resistentiam vasorum minorum debilitet, quam cordis potestatem. In viri experimentis omnino pulsuum numerum auget, etiam ad 13 in uno minuto primo.

J. E. G. REDLICH *de submersorum resuscitatione* Lipsiæ 1774. 4.*

H. NUDOW *epistola de natura embryonis humani* Lipsiæ 1774. 4.

EJ. *de somno* ib. 1775. 8.*

Sigm. de WOGAU *de somno morbo & præter naturam aucto* Jen. 1774. 4.

Nic. WEISSER *de sanguinis in pulmonibus condensatione haud defendenda* Hall. 1774. 4.

Georgii PEARSON *de putredine animalibus post mortem superveniente* Edinb. 1774. 8.* In progressu putredinis nullum acidum generari, phlogisticon avolare ante quam putrefactio plena sit. In vasis apertis non nasci alcali: juniora animalia citius putrescere.

§. MCCLXXXVI. *Diaria* ad a. 1775.

In *Journal de Medecine* T. XLIII.

HAVET pro novis pulsibus criticis.

Le Clerc graviditas 18. annorum.

Duchanoy tendo Achillis abſque dolore ruptus. Sic Montballon.

In ejusdem diarii T. XLIV. de dura mater inſenſili, cum acicula compungeretur, erat autem ſaniſſima.

Allouel oculi figuram non poſſe a preſſione aliqua mutari, ut ſe ad remotiora, aut ad propiora, objecta accommodet; minimam enim preſſionem viſionem facere duplicem.

Extrait des Journaux 1774. Febr. Lingua reſecta, ut parum de ea ſupereſſet, loquela tamen poſt 18 menſes rediit, & facultas degluciendi.

Bufo vivus intra durum lapidem incluſus. Alii bufones in gypſum incluſi duobus menſibus vixerunt.

In *Abhandlungen der naturforſchenden Geſellſchaft* Berlin 1775. 8.* Animal microſcopicum quod finditur, & ex cauda ſe multiplicat. In animalculo aquatico arteria magna duobus tribusve tubulis fit. Vaſa quæ tracheæ videntur. In equo ſæpe ſanguis piceus & niger de vena inciſa fluit.

In *Berlin. Sammlung*. T. VII. Femina prope Rothwyl & cibis abſtinens, & potu, & denique motu.

In *Med. Comm.* T. III. G. Hewson de globulis ſanguineis, fere ut in *Tranſactionibus*. Dentes qui ſexagenario eruperunt, qui nunc centenario proximus ſupereſt.

In *Journ. des Sav.* 1775. Maj. repetitur Rofredi diſſ. de anguillis microſcopicis.

In *Phil. Tranſ.* LXV. P. I. J. Haygarth de ſalubritate aeris Ceſtrienſis, in quo, in quadam parochia, non ſupra $\frac{1}{51}$ civium exſtincta ſit, & $\frac{1}{15}$ civium ad 50 annum ſuperſtes vivat.

In *Miſcell. Taurin.* T. V. Comes Mouroux in pulcherrima diſſ. de coloribus vegetabilium de ſanguine etiam agit, cujus rubor a ferro ſit, ut calx ſanguinis etiam vitrum rubro colore tingat.

Societ. Medicæ Havnienſis Collectanea Volum. II. Hafn. 1775. 8.* Ad anatomen hæc faciunt. Capſula lentis cryſtallinæ anterius pellucida, poſterius opaca & particulis oſſeis adſperſa. Tode de pupilla deformi. Animalia, quæ ictus electricus capiti inflictus proſtravit, ea alio ictu ſterno percuſſo ad ſe redeunt. Calli oſſium regeneratio ex ſucco oſſeo, & filis de ipſo oſſe efflorеſcentibus. Nimium callum noſter metuit: ejusmodi callus fit, quando fines oſſis fracti longiore hiatu ſeparantur. Sceletos capitis oſſei fetus, cuii galea calvariæ deeſt. Fons pulſatilis nullus, & nimius.

§. MCCLXXXVII. *Itali.*

J. Dominici Santorini *ſeptemdecim tabulæ, quas nunc primum edit atque explicat, iisque alias addit de ſtructura mammarum & de tunica teſtis vaginali Michael*

Michael GIRARDI, Parmensis Anatomes Professor primarius, Parmae 1775. fol.* Hoc loco recenseo, cum SANTORINI opera dudum suum ad annum recensuerim, hoc nuper prodierit. Pulcherrimum opus doctis commentariis GIRARDUS illustrat, maxima parte integrum, nam aliquae tabulae imperfectae manserunt, & etiam in istis nostris, quae sint nitidissimae, aliqua ne ipse quidem vir Cl. interpretari potuit, etsi adjutus fuit observationum SANTORINI exemplo, cui multa auctor addiderat, cum id opus ad novam editionem pararet. I. Tabula musculorum faciei est, ab ea diversa, & aliquanto simplicior, quae in SANTORINI *observationibus* exstat, omissis rarioribus aliquibus musculis. Transversus tamen menti hic valde compositus est, & duo zygomatici redeunt, bifidus uterque, & auriculae minuti musculi. II. Cerebri basis summo & novo artificio sculpta. Linea dividens nervum olfactorium finisque clavatus. Fibrae transversae in sulco pontis & medullae oblongatae. Cauda recurva corporis olivaris. GIRARDUS multa subtiliora de nervorum prima origine addit, de duplici olfactorii ortu, duplici decimi, qui adeo merito spinalibus accenseatur, alia. T. III. Aliae cerebri figurae pari artificio sculptae, doctisque perinde notis illustratae. Duae radices nervi optici. Processus transversus ante glandulam pinealem in duas caudas abeuns, per thalamos opticos decurrentes. Infundibulum negat cavum esse, qui glaciem in ejus principio defuisse vidit, quae ex ventriculo ileo usque continuabatur. T. IV. Narium dissectarum icones, os turbinatum SANTORINI, superius positum quam os supremum turbinatorum MORGAGNI. Sinus ossis turbinati vulgo superioris. T. V. Aliqua ad diffuta ossa petrosa, antrum mastoideum. T. VI. Pulchra & naturae proxima icon musculorum pharyngis. GIRARDUS styloepiglottideum musculum vidit. Hyopharyngeus & Cricopharyngeus musculus radiati. Figura uvulae veliquc palatini & glottidis. Palatostaphylini duo: duo fines palatopharyngei, & levatoris palati mollis. T. VII. pulchrae figurae veli palatini, palatostaphylini. Arcus contrarii salpingostaphylinorum & palatopharyngeorum, & parvus arcus glossostaphylinorum. T. VIII. Copiosi ductus lactiferi mammarum. Fusissima hic CUBOLI diss. quam dixi ad ejus viri tempora. T. IX. Ventriculus cordis sinister apertus. Nescio qui pili, ex quibus SANTORINUS pericardii humorem deducebat. T. X. Diaphragmatis fasciculi tendinei, & cisterna chyli tribus magnis vasis facta. T. XI. Ventriculus & hepar. T. XII. Intestina, duodeni valvulae transversae, glandulae, ostium ductus biliarii & pancreatici, ejus frenulum, & glandulae pylori. T. XIII. Pancreas, vasa lactea. Habet hic ampullas chylo plenas, quales COCCHIUS junior. T. XIV. Valvula coli. T. XV. Fibrae musculares trium stratorum vesicae urinariae valde compositae; sphincteres, alter prostatae instratus, circa ostium urethrae. Alius sphincter ipsi urethrae circumjectus. T. XVI. Musculi ani & penis iterum multiplices. Transversus in quatuor fasciculos divisus. Sphincteris ani fasciculi azygi; acceleratoris fibrae duorum ordinum. T. XVII. Virginis genitalia, hymen latus. Musculi quos non satis intelligo. Ani fasciculi anteriores decussati, posteriores coccygis proximi circumducti.

Girardi ipsius *tabulæ duæ.* In priori ductus lactiferi prægrandes, cum dilatata sede sub papilla. In posteriori fusissime de testibus in abdomine fetus residentibus, de ostio ad eorum exitum præparato; de basi f. processu celluloso, per quem testes descendunt; de vaginali tunica, quæ est peritonæum ipsum, de muco in basi, qui fiat tela cellulosa; de tunica vaginali testis propria, diversa a vaginali funiculi. Hæc de fetu quatuor mensium depicta sunt, deinde in maturioribus, similia Hunterianorum, sed amplius exposita.

Raymondi Cocchi (*Antonii* fil.) *lezione fisiche anatomiche* Livorno 1775. 4.* Scepticus fere, de partubus potissimum genitalibus agit, in utroque sexu. Ad testis anatomen aliqua. Mensium causa proxima est propria uteri fabrica. De cordis motu.

Andrea Spagirico *de anima brutorum* Rom. 1775. 8.*

Briganti *instruction pour les vers a soie* Geneve 1775. 8.*

Marsiglio Landriano *richerche fisiche intorno alla salubrità dell aria* Milano 1775. 8.* Pulmones continuo evolutum phlogiston exhalant, ita sanguinem refrigerant, sed & alcali volatile dissipant, & acorem, cum anima succum heliotropii rubro colore inficiat. Sola ambulatione in conclavi accuratius clauso, aërem contentum quarta, & demum, tertia parte phlogisti, supra solitam portionem onerari, id phlogiston ex pulmone venire.

Michaelis Troja, M. Chir. Neapolitani, *de novorum ossium in integris aut maximis ob morbos deperditionibus reparatione experimenta* Paris. 1775. 8 *. Dictione obscura deforme hactenus, cæterum eximium opus est, meris nixum, iisque difficilibus & accuratis, experimentis. Primum de novo osse, dissecti ossis vulnus in vivo animale reparante, capta experimenta. Plerumque duplex novi ossis stratum subnatum est, alterum exterius os antiquum continuit, alterum intus in medullari cavea ortum, internam ossis faciem obduxit. Lymphæ copiam de osse secedentem in gelatinam, hinc in cartilaginem, inque os consistentem, per singulorum dierum incrementa secutus est. Eadem lympha periosteum, sed etiam tendines vicinos & ligamenta imbuerat, & in tendinibus columbi in gelatinam inque os confirmata est. Incrementum novi ossis destructa medulla juvabatur. 2. Vires cohæsionis dimensus est, quæ quotidie confirmato novo osse augentur. 3. Exhalationem ossis, quam inhalatio nocturna intercedens subinde turbat: exhalat autem ad dimidias. 4. Num periosteum novi ossis aut materies sit, aut modulus. Vidit per singulos dies, gelatinam in cartilaginem, in os consistentem. Vidit de fracti ossis superficie sudantes lymphæ guttas, perinde in fila gelatinosa confirmatas, quæ fines ossis dissecti colligabant, inque novum os denique perficiebantur: hanc lympham sub periosteo etiam divulso, etiam morboso, de ossis natura sudasse vidit, tum firma, tum spongiosa. Ipsum tubum osseum novum os replebat, nam etiam de interna superficie ossis similes guttulæ scaturiebant. Nullum esse internum periosteum. 4. Vis qua natura agit ad educendum novum os in longitudinem. Unguis incrementa sex linearum sunt in tribus mensibus. Vis quæ ad ossa divellenda ab ab epiphysi requiritur in *Stephani* HALES experimento, est 450. & ultra librarum, quo tamen periosteum etiam confert. Hanc vim cohæsionis noster in dies ut augeatur persecutus est, & in tibia die 21. ad 60091. grana adscendisse vidit. Deinde ossa ponderibus fregit; reperit ulnam a 461. libris & a 485. libris frangi, periostei autem vires, qua fracturæ resistit, universæ resistentiæ ossis esse $\frac{1}{22}$.

J. Ludov. TARGIONI *raccolta d'opuscoli medico practici* Florent. T. I. 1773. T. II. & III. 1775. 8.* Scopus quidem auctori potissimum est practici argumenti, intercurrunt tamen aliqua anatomica. In T. I. icones duæ baseos cranii, & cum dura matre, & solorum ossium. Icterici rarius exemplum, qui omnia flavo colore tincta videbat: ei bilis ipsa ossicula auditus & universas corporis partes tinxerat. Hydrops lacteus, non veri tamen lactis, cum nulli in eo globuli fuerint. In T. II. vix aliqua huc referas; sed in tertio *Bartholomæi* MESNY phænomena sanguinis putredini permissi, variisve salibus aut ad tabescendum incitati, aut contra a putredine vindicati. Reperit putredinem a lapidibus cancrorum accelerari, ab acore inhiberi, etiam ab aqua calcis & a sale tartari. Vim antisepticam chamæmeli confirmavit. Sanguinis lentior est putredo quam carnis. In sero eadem fere locum habent.

§. MCCLXXXVIII. *Germani.*

Briefe über Thiere und Menschen Leipzig 1775. 8. ex gallico versæ. Ingenium animalium ex necessitate pendere, eoque doctius ea agere, quo ægrius alimenta sibi parant.

PRIZELIUS *Handbuch der Pferdewissenschaft* Lemgow 1775. 8. De educatione equorum.

Otto Benjamin LASIUS *ausführliche Nachricht von der Unterweisung der taub und stumm gebohrnen Fräulein v.* MEDING Leipzig 1775. 8. Ut surda nata loqui didicerit & religionem.

Cl. GOETZE in editione BONNETIANI *consideration sur les corps organisés* Lipf. 1775. 8.* passim aliquas notas adspergit. Cui duo ordines dentium eruperint.

Georg. Henric. WEBER cum *dissertationum selectarum excerptis*, quæ edit, adnotationes aliquas adjicit. De crusta inflammatoria; in hæmoptoicis quovis mense renascitur. Passim in HEWSONUM. Tomi sunt duo. Bremen 1775. 8.*

Ernst Christian HENNINGS *Geschichte von der Seele der Menschen und Thiere* Hall. 1775. 8.

J. Ernst SPIZNER *practische Anleitung zur Bienenzucht* Leipzig 1775. 8.* De generatione agit, dubia profert. Non videri reginam cum fucis coire. Ex ovo apis operariæ reginam nasci.

J. Henrici SULZER *Geschichte der Insecten* Winterthur 1775. 4.* Magnificum opus: quo fabrica etiam partium, & generatio, & aphidum miracula traduntur.

J. F. E. ALBRECHT *innere Einrichtung der Bienen* Gotha 1775. 8.* Apes ceram non exsudare, sed inter anulos adservare. Vetulas apes incubare ovis, ea excludere, alere. Apis non turbata aculeum extrahit, turbata abrumpit. Penem auctor describit, & seminis masculi exitum. Fucorum semen juniores apes edere. Apes operarias posse fucos producere. Non dari reginas fuciparas.

J. Christ. FABRICII *entomologia systema* Flensburg 1775. 8.* In eximio opere ad anatomen unice pertinet fabrica maxillarum, a quarum fabrica classes suas vir Cl. sumit.

Bemerkungen eines Reisenden durch Deutschland, Frankreich, Engelland und Holland Altenburg 1775. 3.Vol. 8.* Varia huc faciunt de anatome Argentoratensi, Parisina. PINSONI anatome cerea. FRACQUENARDI pulchræ injectiones.

Franciscus Xavier v. WASSERBERG Vindobonæ 1775. 8.* tres *fasciculos* edidit *operum minorum medicorum & dissertationum.* Pleraque ad disputationes pertinent, quæ in schola Vindobonensi defensæ fuerunt. Ad rem anatomicam „ Cl. WASSERBERG analysis chemica ovi, ex suis & aliorum experimentis. In testa terra calcaria paulumque ferri est. Igne subjectum albumen ea dat fere elementa alcalina, quæ partes solent animales. EJUSD. *de dentibus aphorismi*, & inserta *Adami Ant.* BRUNNER *de eruptione dentium lacteorum diss.*

In T. II. Iterum Cl. WASSERBERG de lactis analysi. Cum alcali fixo tetrum foetorem induit. Caseus continuo alcali dat indicia, butyrum solius acoris. De saccharo & extracto lactis. Salem lactis, quem pro sale febrifugo SYLVII habent, potius marinum esse persuadetur.

T. III. *Andreæ* TROGERII de vita labefactata in ultimis arteriarum angustiis, & redintegrata denuo per fabricam singularem venarum, in quibus celeritas & fluiditas sanguini redditur. *Francisci* TARTAROTTII *de* EICHENBERG de fallaci pulmonum infantum experimento, collectanea. *Antonii* STÖRK, comitis archiatrorum, diss. de conceptu, partu naturali, difficili & præternaturali. Refer ad p. 681.

§. MCCLXXXIX. *Angli.*

Joseph HARRIES *treatise of Optiks* London 1775. 4. Opus posthumum.

Anatomical lectures or the anatomy of human body nerves and lacteals Lond. 1775. 8.* Continetur in *medical magazine.* Rami a primo quinti ad sympathicum magnum euntes: nihil autem a secundo ramo accedere.

Joseph PRIESTLEY novam editionem dedit HARTLEY *theory of the human mind with essays relating to it* London 1775. 8. cum accessionibus.

An essai toward's establishing the measure of sound to be express'd by peculiar simbols London 1775. 8.

§. MCCXC. *Galli.*

J. Philippi MARAT, M. D. *de l'homme & des principes & des loix de l'influence de l'ame sur le corps & du corps sur l'ame* T. I. & II. Amsterd. 1775. 8.* Pars major potius metaphysici est argumenti, in primo vero volumine multa sunt physiologica aut anatomica. Auctor in alios, etiam *le* CATIUM, acris judex, ipse tamen sibi & parum quidem firmas hypotheses permittit, & vitiosam anatomen. Ita fibram muscularem depingit, ut ex fibris simplicibus parallelis adunatam, cavam cylindrum, quale fere erat vas primum BOERHAAVII. Corpus, & in omnibus suis partibus, sentire: sensationem tamen per nervos ad animam deferri. Animæ & sensationis sedem in meningibus esse; nervos ex meningibus oriri, non ex medulla. Meningibus ablatis cerebrum non sentire. Cellulosas telas ex nervis produci. Fluidum nerveum insensile esse, ex MARIOTTI experimento. Nervo deorsum stricto, etsi conprimitur, tamen in musculo inferius nervo subjecto motum oriri. Fluidum nervorum principium motus esse, & nutritionis nervorum: ejus spirituosam partem esse, & alteram gelatinosam. Nervorum aliqua descriptio. Quinti paris primum ramum radicem addere nervo sympathico majori. Viscera sanguinea tamen sensu carere. Fabrica fibræ muscularis, alterne bullis liquoris fieri & bullis aereis, etiam in icone. Leges motus animalis. Fibras eo magis energicas esse, quo longiores sunt & tenuiores. Eo magis energicum fluidum nervorum esse, quo tenuius: eo debiliorem fibram, quo plus inest liquidi.

In L. II. de anima agit, intercurrunt tamen aliqua physiologica. Memoriam in anima residere, non in corpore, neque catalepsin. Porro de animi adfectionibus, earum signis, effectibus, etiam corporeis, & reliquis mentis operationibus, deque corporis in eas influxu: organa enim nos facere sapientes, ingeniosos, adtentos, justos, sagaces, & contra. Se vidisse, cum trepano calvaria perforata fuisset, leviter compressum cerebrum levem facere dormituritionem, fortiter pressum soporem & somnum.

COTTE *meteorologie* Paris 1774. 4.* Animal ab electrico ictu occisum simile est animali in vacuo peremto; pulmo ei collapsus, sanguis in pectoris cavum effusus.

COSTE jun. *du genre de philosophie propre à l'etude & à la pratique de la médecine* Nancy 1775. 8.

GIRAUD in *lupiologie* Paris 1774. 12.* ad quamque partem corporis aliquam anatomen addit.

SAVERIEN *histoire des progrès de l'esprit humain dans les sciences naturelles — savoir — l'œconomie animale &c.* Paris 1775. 8.

ROUSSEL, D. M., *Systeme physique & moral de la femme ou tableau philosophique de l'etat organique du temperament des mœurs & des fonctions propres du sexe* Paris 1775. 12.* Ex schola *le* CAZII, & ex STAHLIANA, parum cæterum consentiente utraque, in mechanicos asper & incivilis, in tribuendis alienis hominibus aliorum inventis iniquus, anatomes ignarus, & erroribus fœdatus vix nostro

noſtro ſeculo exſpectatis, plenus hypotheſibus, dum in hypotheſes invehitur, ex quaque ſeminis particula polypum faciens, qui utero adhærens, & ab utero amplexus, foveatur: ut uterus, tamquam animal, fetum ſuum velamentis protegat, ejusque incrementa procuret &c.

§. MCCXCI. *Belgæ.*

Frid. Bern. ALBINI *de natura hominis* lib. Leid. 1775. 8.* Phyſiologiæ compendium, cujus eo majus pretium eſt, quod viſa & cogitata ILL. fratris contineat. Magna cum conſideratione ſcriptum eſt compendium, ne temere ſemivera pro veris doceantur: etſi non puem, ullum unquam ſcriptorem integre potuiſſe hypotheſi abſtinere. In minutam anatomen non deſcendit, neque id moles libri tuliſſet; ſed ut vera tamen & inconcuſſa diceret, & quam latiniſſime, plerumque ſtuduit. Anaſtomoſes (arteriarum cum venis) negare ratiocinium, experimentum, autopſiam. Dari videri venas minores, quæ arteriis minoribus reſpondeant. Ex veſicula fellis liquorem, parcum, amarum, flavum, latici hepatico admiſceri. In naribus aliquid eſſe papillarum ſimile & periglottidis. Villum inteſtinalem videri in oſtio ſuo perforari. Veſiculam ſeminalem inteſtinum cæcum referre. In coitu fecundo ab utroque parente humorem emitti. Ovum primis diebus excuſſum membranaceum eſſe, exterius quaſi coacto ſanguine obductum & tomentoſum.

§. MCCXCII. *Diſputationes.*

J. Dominicus SCHULZ *de bile medicina* Gotting. 1775. 4.* Lente ab igne ſpiſſatam bilem rheo & ſennæ præfert.

J. Henr. TAGE *pathologia animata & de generatione æquivoca* Gotting. 1775. 4.*

J. Gottfr. DOPPELMAYR *de difficili in obſervationibus anatomicis epicriſi* diſſ. V. Erlang. 1775.* præſide Cl. ISENFLAMM, anatomica etiam continet.

Nathanael Gottfried LESKE *phyſiologia animalium commendata* Lipſ. 1775. 4.* Quæ de phyſiologia animalium ſcripta ſint, quæ nondum dicta deſiderentur. De corde per alia & alia animalia aliter ſe habente, etiam de vermium corde. De pulmone. In animalibus quadrupedibus frigidi ſanguinis, pulmo totum pectus replet, & pleuram contingit. Animalia vocalia omnia glottidem nacta ſunt.

EJ. *de generatione vegetabilium* Lipſ. 1775. 4.* De generatione in univerſum. Contra epigeneſin.

NESTOR MAXIMOWITSCH AMBODICK *de hepate* Argent. 1775. 4.* qua diſputatione ILL. LOBSTENII experimenta continentur. Vaſa lymphatica ſuperficiei hepatis ſponte ſe oculis offerunt. Duplex involucrum hepatis. Accurate de arteriolis veniſque hepatis, de earum diviſione, acinis, retibus & anaſtomoſibus. De ramis venæ portarum, eorum communicatione cum lymphaticis, horum cum ductibus bilariis, eumque vena cava.

J. Wilh.

J. Wilh. Christ. BAUMER *de meningibus* Gieff. 1775. 4.* Officula in falciformi proceffu.

J. Ulr. Theoph. SCHÆFFER *fetus cum matre per nervos commercium* Erlang. 1775. 4.* Pro ea communicatione. Pro efficacia imaginationis maternæ in fetum. De fetu pede altero manco.

Chr. Dan. SCHREBER & Cl. MACK auctor, *de comparativa fanguinis in diverfis vafis celeritate* Erlang. 1775. 4.*

Car. H. Ant. KOESTLIN præfide J. KIES diff. *de effectibus electricitatis in quædam corpora organica* Tubing. 1775. 4.* Electrica vis numerum pulfuum frequentat, & accelerat, fanguinem fervat fluidiorem, calorem ad gr. 10 Fahr. auget, & accelerationem fluidorum, & aquæ de vafe fluxum. Scintilla poft mortem motum producit in mufculis, quando nullus alius ftimulus mortuos nunc mufculos excitat; ovi exclufionem duobus diebus accelerat, fic exclufionem papilionum. Hæc omnia & fomentatio electrica facit & fcintilla. Concuffio intercedit, ne ea ova excludantur. Negativa electricitas contraria facit.

Martin TERECHOWSKY *de chao infuforio* LINNÆI Argentor. 1775. 4.* Putredinem adeo non generare infecta infuforia, ut in putrido liquore nulla nafcantur. Vera animalia effe, motu fpontaneo frui. In fpatio inani fupereffe viva. Continuo crefcere, quoad plenam ftaturam adtigerint, figuram nunquam mutare In aqua, quæ ebullierit aut congelata fuerit, nulla animalia enafci, omnino vero in aqua fimplici cum vegetabilibus infufa. Nulla etiam oriri in tubulis capillaribus hermetice claufis.

J. Conrad PETRI *de generatione puris* Argent. 1775. 4.* Experimenta cum pure facta. Ichor venereus alcalinus eft. Sedimentum puris fimile ex fero fanguinis oriri. Non valde credit adipem in pus converti.

Le THUILLIER cum *J. C. Anton. de* BROTONNE *E. nutritio fecretionum opus* Parif. 1775. 4.*

Thomas le TENNEUR & auctor R. SIGAULD *E. a conceptu ad puerperium genus nervofum debilius* Parif. 1775. 4.*

Henr. J. BAGET & *Auguftin* THOURET *E. primarium vifionis organum retina* Parif. 1775. 4.*

Anton. CHAUMONT SABATIER & MUNIER *E. a globulofa fanguinis parte ad cutem appellente Aethiopum color* Parif. 1775. 4.*

P. SUE & *Barth.* NAURY *tr. in articulatione femoris cum tibia amputatio* Paris 1775. 4.* Anatome genuum.

J. HUNTER *quædam de hominum varietatibus & harum caufis* Edinburg. 1775. 8. BLUMENBACHII libro adfinis differtatio. Varietates hominum, colores, a nigro ad album ufque. Caufæ hujus diverfitatis in fole, in munditie, in labore, in alimentis. Varietates in rotundo capite, depreffo nafo, porro, nullam diversam speciem constituere. Posse peculiarem conditionem avi ad nepotes propagari. Hottentottarum promissæ nymphæ olim & nuper in fervidis regionibus familiares circumcisionis puellarum necessitatem fecerunt.

Patricius TUGUD *de caloris animalium causa* Edinburgh 1775. 8.

Thomas GIBBON'S *de mulierum mammis* Edinb. 1775. 8.

Guil. WOODWILLE *de causis irritabilitatem fibrarum motricium augentibus* Edinb. 1775. 8.

Petri Jacobi VOLTELEU *de lacte humano ejusque cum asinino & ovillo comparatione* Utrecht 1775. 4. Egregia disputatio. Confirmat, lac humanum a nullo vegetabili acore agi, neque nisi a spiritu vini, & a spiritu acido chemico calore adjuto. Igne subjecto magnam vim aeris edere, spiritum subacidum, oleum. In cinere signa sunt ferri, salis lixiviosi, & salis communis. Lac *asinæ* ab acore vegetabili coagulatur, & a vini spiritu. Phlegma ad ignem subacidum stillat, & salis volatilis sicci aliquantum. In cinere ferrum est, & sal marinus nimia portione salis alcalini saturatus. Lac *ovillum* ab omni acore cogitur: phlegma dat subacidum, salem volatilem alcalinum: nullo modo vero spiritum vinosum (qui ex lacte equæ paratur.)

§. MCCXCIII. *Galli.*

J. T. G. DUBOSCQ *de la* ROBARDIERE, Cadomensis, Medicus Virensis, *recherches sur le passage des alimens & des medicamens dans le torrent de la circulation* Paris 1776. 12.* Nihil subire in vasa lactea, nisi quod solutum sit: terram ipsam, si ab acido fuerit soluta. Sic oleum ab acore solutum.

Abb. l'EPEE *Institution des sourds & des muets* Paris 1776. 12.* Non satis proprie huc facit. Nam auctoris longe alia ab AMMANIANA methodus est. Certos per gestus ideas exprimit. Multis pugnat contra linguam digitalem. R. putat bene exprimi, si aquam in os receperis, quasi gargarisma moliturus.

TELINGE *cours d'acouchement en forme de catechisme* Paris 1776. 12.* Aliqua anatome & mensuræ pelvis, fetus.

VENEL, Chirurgi & Medici Helvetii, *Essai sur la santé & sur l'education medicinale des filles* Yverdon 1776. 8.* De uteri fabrica, venis cæcis ASTRUCII, de causa mensium, de fibra solida, rigida, debili.

§. MCCXCIV. *Germani.*

Christian Frid. DANIEL *Abhandlung über eine siebenmonatliche besondere Missgeburt* Leipzig 1776. 8.* Hanc fetus monstrosi descriptionem anno 1765. putem a filio viri scriptam esse. Fetus acephalos corde nullo, vena umbilicali cavam edente: arteriis ab aorta nonnullis. Hunc fetum defendit non esse primigenium, sed ab injuria utique externa natum. Cor non esse unicam causam

ſam evolutionis: cum tamen ipſe H. fetus acephalos dixerit, & ſanguinis in motum a ſangui ne materno deduxerit.

Ferdinand LEBER, Chirurgus, Profeſſor anatomes Vindobonenſis, edidit a. 1776. *Vorleſungen über die Zergliederungskunſt* 8.* Multa ex WINSLOWO, ex HALLERO.

In *Briefen über verſchiedene Gegenſtände der Arzneykunſt* Langenſalza 1776. 8.* huc facit epiſtola contra prærogativam magis vitalem, quam veteres pueris ſeptimeſtribus tribuunt. De abſtinentia diuturna a cibo & potu. De poteſtate numeri ſeptimarii in corpus humanum.

§. MCCXCV.

Varii libri aut inediti, aut incerto tempore excuſi.

Joſeph Anton. GONSALEZ *de* SALAS *tratado de las transfigurationes humanas.*

Eſperienze: — li primi elementi della ſimetria o ſia commenſuratione del diſegno degli corpi humani e naturali Padova fol.

L'anatomie neceſſaire pour l'uſage du deſſein ſur les deſſeins de BOUCHARDON fol. * Tres tabulæ ſceletorum, novem muſculorum, picturæ, & ſuperficiales, etiam magis quam VESALII. Tres ſceleti cum venis iisque etiam mirificis, ut venis radialibus brachii, tribus ramis ex coſtis ortis. Vena ex imo dorſo trans ſcapulam ad partem brachialem & radialem dividitur.

Volumina figurarum anatomicarum ævi nitidiſſime inciſarum in UFF. *Bibl.*

Lettre d'un Academicien à un Seigneur de la Cour à l'occaſion d'une momie aportée d'Egypte & expoſée à la curioſité publique TR.

In *Choix des Mercures* paſſim aliqua huc faciunt, ut in T. XXXIX. *Analyſe des vaiſſeaux prolifiques du limaçon de jardin.*

La progreſſion du limaçon aquatique, dont la coquille eſt tournée en ſpirale conique ib.

L'analyſe des cornes du limaçon, avec la raiſon mecanique de leurs mouvemens. ib.

T. VISCHER *verhandeling van de kragt der mæderlyke inbeeldinge op de Vrugt.*

Nic. ROH, vidit hominem abſque hepate, liene, meſenterio & magna parte inteſtini recti.

G. Henr. AYN *de mirabili corporis non durabilis duratione.* Lipſ. 4. ap. HEFTER.

Jacob WEITZ de *chylo* Lipſ. 4. HEFT.

Joseph Anton. HAAG *anatomicæ antiquitates, f. de anatomiæ exortu & propagatione* Oenipont.

J. BALCK *Kort bewys angaande het adembaalen van kindern voor de geboorte in's moeders licham.*

Ossa subterranea fossilia ingentia ignoti animalis, brevi commentario illustrata. 4. TR.

Jacobi REA *de fabrica oculi epistolam ad* BOERHAAVIUM Genevæ excusam fuisse lego 8.

§. MCCXCVI. CODICES M. S.

Traité sur les insectes, les coquillages, les reptiles d'après REAUMUR.

RONDE *abregé de l'histoire des guêpes* in codicibus societatis literariæ Arvernicæ.

Von einem überaus kostbaren Werke KINDERMANNI *physica sacra* T. IV. *cum figg.* 1000. *coloribus pictis.* In T. II. *von dem äusserlichen und innerlichen Bau des menschlichen Körpers.* 2. *Von seinen sechs Sinnen.* 3. *Von den Temperamenten.* 4. *Von den Mißgeburten.*

Angelo Antonio BELLAGATTA *dialoghi di fisica animastica moderna* — Idem *della generazione del corpo organico* — *forma de bruti* — *mecanismo de moti* — *sensazioni* — *sentimenti interni* M. S. fol. MAZUCHELLI.

AD-

ADDENDA

AD

BIBLIOTHECAM ANATOMICAM

Tom. I.

Pag. 5. l. 7. post k).

KRAZENSTEIN in proprio *progr.* Hafn. 1772. * docet, Taricheutas potissimum in magis sollicita conditura anatomica potuisse adnotare. Odium vulgi in Paraschistos fuisse versum.

Ibid. post q).

Ossium compagem diserte dixit PAUSANIAS.

p. 6 ad finem.

G. E. LESSING *wie die Alten den Tod gebildet*, dat utique passim sceletos in marmoribus & gemmis exprimi, sed *larvas* esse putat s. manes malorum hominum, inde nomen etiam larvæ ad omnem sceleton transiisse, & larvam fuisse eam sceleton, quam TRIMALCHIO scenæ inferri jussit.

§. VI. ad finem lineæ ultimæ.

An huc Palladium ex PELOPIS ossibus confectum ?

p. 15. §. XVII. adde ad anatomica HIPP.

Sceletos Delphis dedicata ænea, PAUSANIAS L. X.

p. 16. post d).

Pro HIPPOCRATICO habet GALENUS *comm. de Nat. hum.* Citat pro HIPPOCRATICO CELSUS *de jugulo fracto* L. VIII c. 8.

Ib. l. 10.

Vertente ANUTIO FOESIO prodiit Leid. 1628. 4.

post vocem REINESIUS l. 7 supra imam

& C. HOFMAN *Var. lect.* L. VI. c. 16.

p. 17. sub lin. 4. ad l. *de locis*

Græce Basil. 1536. 8. cura *Albani* TORINI. Est inter MACKIANOS.

l. 6. post fol. *,

Ad eum spectat *Laur.* HEISTER *de fortuna medica ad* HIPP. *de locis in homine tit.* 55. Helmstätt 1722. 4.

ib. l. 8. post LIND.

In eum sunt *commentarii* SABINI ap. A. GELL. III. c. 16.

& *scholia Stephani* GOURMELENI, qui latine vertit Paris. 1572. 8.

l. 9. ad finem.

Ex editione RABELÆSII Lyon 1543. 8.* Latine etiam cum versione GALENICI *commentarii*, H. CRUSERIO interprete Paris. 1531. 4. TR.

Latine *Andrea* BRENTIO interprete, Paris. 1524. 12. TR.

Latine versus & explicatus ab *Hieron.* MASSARIA Argent. 1564. 8. TR.

l. 10. ad fin., adde *codicem* 2142.

l. 20. post B. B. adde cura *Albani* TORINI.

l. 22. post *fol.* adde ad l. *de nat. hum.*

Græce & latine curante *Blasio* HOLLERIO Basil. 1536. 8. TR. Etiam vertente A. BRENtio Lyon 1506. 8. Parif. 1516. 4. Gunz. 1518. 4. Gunz.

l. 23. post *edidit*

Latine cum Cl. Gal. *comm.* interprete *Hermanno* Cruserio Parif. 1531. 4. Latine Venet. 1538. 16. Rast. Latine ex recensione Rabelæsii Lugd. 1543. 12. Gunz. 1545. 12.

Huc transcribendæ lineæ 12—16. paginæ 18.

l 27. ad fin.

In B. D. Marci Veneta. In *Medicea* III. p. 42.

l. 30. post *commentarius*, adde L. II.

l. 34. ad fin.

absque anno *B. Bern.*

Ad finem notæ l)

Conf. Ej. *de elementis. De natura corporis humani* cum Hippocrate sensisse Dioclem, Mnesitheum, Dieuchem, Athenæum, alios probatissimos Galen. *theor. med.* VII. 3.

p. 18. l. 2. ad fin. add. 1558. 8. Gunz.

l. 6. post 4°. adde 1616. 8.,

ad l. *de alimento* adde

Genuinum facit Costæus *miscell.* I. Græce prodiit solus Parif. 1569. 4. Askew.

Latine *Stephano* Gourmeleno interprete, Parif. 1572. 8. Askew.

p. 19 l. 4 ad fin. adde ad codices B. R. P. 2545. Med. III. 42. add. In B.D.Marci.

sub l. 8.

Galeni *comm.* IV. ad hunc librum accesserunt editioni Quintæ Juntarum, a J. B. Rasario communicati.

Antonii Fracantiani *comm.* Venet. 1566. 4.

Hier. Cardani *comm.* Rom. 1574. 8. Basil. 1582. 8. Venet. 1566. 4. Hansen.

J. B. Rasarius Galeni *in* Hipp. *de alimentis comm.* vertit Cæsar Aug. 1567. 4. Est inter Mackianos.

l. 11. post 8°. adde Falc.

l. 13. ad fin. ad Rod. *de* Castro add. Et *Sectio* IV. a filio *Francisco* edita ib. 1679. fol. Trew.

l. 18. ad fin. l. *de humor.*

In eum *comm. Alex.* Piccolhomineus Parif. 1556. 4., sed vide Galenum *p.*

p. 20. l. 12. inf. post *crystallinam*, adde nominatim in hominis oculo.

p. 21. adde ad Codices l. 2. ad fin.

In *Medicea* Bandin III. p. 44.

p. 22. l. 6. ad fin.

Fuisse verum Hipp. *de glandulis* librum, sed ab eo diversum, quem nos habemus.

adde ad l. *de genit.*

Cura Gorrhaei cum libro *de natura pueri.*

Codices M. S. lege 2140. 2141. 2142. 2143. 2144. 2146. 2254.

l. 2. ad fin. adde

In *Medicea* Bandini III. p. 42.

p. 23. ad l. *nat. puer.* add.

a J. Gorræo versus Parif. 1545. 4. Tr.

ib. l. 5. ad fin.

Gallice *Histoire de la nature de l'enfant* Reims 1554. 8. Rast.

ad Codices l. 8 supra imam adde

In *Medicea* Bandin. III. p. 42.

l. 2. supra imam add.

In *Medicea* Bandin. III. p. 45.

§. In eos l. adde

Liber περι επταμηνων prodiit 1569. 8. Tr. & επταμηνων 1562. 8. & J. Lallamantii cura uterque cum aliis nonnullis J. Lallamantii operibus 1571. 8.* Gr. lat.

p. 24

p. 24 ad l. *de ætat.* adde
ib. l. 2. ad fin., Lion 1571. 8. Gr. lat.
post l. 3 supra imam adde
In libro VI. Natura est medicatrix. Quando de matre secedunt fetus caprilli, continuo norunt suis uti organis.

p. 29. ad *Diog. Apoll.*

Diogenes Apolloniates in secundo *de natura* libro negat marem calidiorem esse, aut celerius figurari. Ita ex RUFO, nam ego librum non vidi inquit GALENUS *Epid.* VI. *Comm.* 2. Prioris est ævi, & HIPPOCRATE potius antiquior, ANAXAGORÆ coævus *Diog.* LAERT. IX. c. 9.

p. 30 ad TIMÆUM PLATONIS adde
1520 fol. ex recensione *Augustini* NEBRISSENSIS.

p. 36 ad l.l. *de hist. anim.*
Codex Hebraicus librorum XII. est in Vaticana WOLF.
l. inf. adde
post *Catal. Bal.* adde ASKEW.

p. 37 l. 5 post UFF.
L. IX. cum decimi principio 1533 fol. cum l. *de partibus* & Paris. 1524 fol. B.B.
l. 6 post B. B.
In editione Basil. 1534 fol. accedunt vocabula latina & græca ex ARISTOTELE *de animalibus.*
adde ad Codices.
Græcus codex librorum X. seculi XV. est in B. Taurin.
Codex latinus librorum XIX. in B. Taurin. T. II.
post §. In eos adde
In ARISTOTELIS *historiam animalium* L. IX. *commentaria* AVICENNÆ vertit R. MUSA ABIN TABBAL. WOLF.

p. 38 l. 8 supra imam adde post UFF.
1513. fol. B.B. Paris. 1524. fol. Basil. 1541. 8.
ad Codices adde
Codex M.S. in B. Taurin. seculi XV.

p. 39 sub l. 4.
Hi prodierunt Græce edente *Petro* VICTORIO Florent. 1548. fol. CHIV. Latine Basil. 1559. 8. TR.
sub l. 7.
Scholia in IV. Il. & LEONICENI in l. I. prodierunt Basil. 1559. 8.

p. 41 l. 7 post UFF. adde
1513. fol. B. Bern.
l. 8 post 1524. adde
Nempe *hist. anim.* L. IX. & X. principium libri *de partibus* & *generatione*, *Problemata* ALEXANDRI & ARIST. &c.
ad Codices græcos adde
In Taurinensi seculi XV. II. p. 57.
l. 10 supra finem adde B. Bern.

p. 42 ad l.l. *de sensu & sensili* adde
De sensuum instrumentis & de his, quæ sub sensum cadunt, cum aliis Genev. 1566. fol. B. BODL. cum *comm.* S. SIMONII, *commentariis Alex.* APHRODISEI. Græce ALDUS 1557. fol. B. Bern.
Hebraice cum *comm.* exstant in Vaticana WOLF.
§ Prodiit ad l. *de somno & vigilia* Græce cum *Michaelis* EPHESII *comment.* Venet. apud ALDUM 1527. fol. B. Bern.
In eum l. *comm.* est PORPHYRII Lips. 1510. fol.
l. 4 inf. post EPHESIUS
B. Bern. Græce.

p. 43 l. 2 ad fin.
Michael EPHESIUS B. B. ALD. 1527. fol.

l. 6

l. 6. ad fin.
Hebraice in Vaticana WOLF.

l. 8. adde Parif. 1524. fol.

ib. ad fin.
Græce cum *Michaelis* EPHESII *comm.* Venet. 1527. fol. B. Bunn.

l. 11. ad fin. adde
PORPHYRIUS Lipf. 1510. fol.

ad l. *de animi inceff.*
Parif. 1524. fol. B. Bun. Scholia in eum Venet. 1527. fol. B. Bun.

ad l. *De extenfione &c.* adde
cum *Michaelis* EPHESII *comm.* Græce ALD. 1527. fol. B. Bun.

p. 44 fub l. 4. ad l. *de juvent.*
Hebraice in Vaticana WOLF.

l. 8 ad fin. adde
apud ALDUM 1527. fol. B. Bun.

l. 9 poft *brevitate*, adde *vitæ.*

ad l.l. *parv. natur* adde
Omnes de fenfu & fenfili, de memoria & recordatione, de fomno & vigilia, de divinatione ex infomniis, de brevitate vitæ, de motu animantium, de refpiratione l.l. prodierunt Parif. 1559. 4°. & interprete J. PERIONIO.

Octo librorum phyficorum ARISTOTELIS M.S. *codd.* fæpius repetiti exftant in B. Taurin.

l. 8 inf. poft HEINS. add.
An huc opufcula aliquot latine verfa Venet. 1552. fol. TR.

p. 46 l. 11 poft *Londin.* adde
Hebraice in B VIND.
Comm. in *eos* eft AVERRHOIS.

p. 48 fub l. 4. adde
Gr. lat. interprete J. WALLIS B. Bun.

p. 49 l. 10 fup. imam poft 1493. fol., adde 1519. fol.

fub l. 7. fupra infimam adde
Problemata, quæ ad toum corpus pertinent, a *Georgio* VALLA verfa funt Argent. 1529. 8.

l. 3 fupra inf. poft 8°. adde *

l. 2 ad fin.
ARISTOTELIS, ÆLIANI, GALENI problemata Argentor. 1595. 4. TR.

p. 50 l. 5. adde
Vide in L. SEPTALIO.

ad l. 6 fupra inf. adde
In B. D. MARCI Hiftoria animalium, l.l. de progreffu animalium, partes animalium, de fenfu & fenfato, de memoria & reminifcentia, de fomno & vigilia, de infomniis, de motu animalium, de generatione animalium, de longitudine & brevitate vitæ, de fenectute & juventute, de vita & morte, de coloribus MONTF. I. p. 469.

l. fupra ultimam ad fin.
Ex ARISTOTELE *de animalibus* citat locum RAZEUS cont. L. V. melius cibos digeri, fi in finiftra decumbatur.

p. 54 l. 2 poft a). ad DIOCLEM.
Corpus conftare iis, quæ ferunt & feruntur GALEN. *prognoft. comm.* II.

p. 56 poft c). adde ad ERASISTRATUM
Refpirationem fieri ad generandum fpiritum animalem & vitalem GALEN. *Epid.* VI. Arteria fpiritus receptaculum eft, vena fanguinis. Ofcula fanguinem continentia naturaliter connivent, a violenta vero caufa aperiuntur, fanguis ex venis in arterias tranfit, & animal ægrotat. Tranfit etiam per fucceffionem ex metu vacui, quando fpiritus effluxit. GALENUS *de V. S. adverfus* ERASISTRATUM.

p. 59.

p. 59 l. 5 supra imam

Elementa facit arteriam, venam, nervum. GALEN. *meth. med. II.* 15.

p. 61 ante lineam Humoribus

Sensu & sanguine arterias carere apud PLINIUM *XI.* p. 633.

p. 66 l. 5 post r).

Animam esse quinque sensuum exercitationem GAL. *finit.*

eadem lin. post s).

Nervos in morbo articulari negat sentire. GALEN. *affect. II.*

l. 9 post x).

Respirationem fieri ad generandum spiritum animalem GAL. *Epid. I. comm.* IDEM nullam esse sedem animæ. Naturam nihil esse nisi corpus & motum CÆL. AUR. *I.* c. 14.

p. 68 l. 5 post HEROPHILO adde

(ita MORGAGN. *Ep. IV.*)

l. 12 ad fin., adde dicit

l. 13. post tamen, adde & colon

ib. & 14. ex homine, lege humanum

l. 14. ad fin.

Mesaræum ex cane describit MORGAGN. *Ep. IV.*

l. 16 ad fin.

Plus tribuit meningibus, quam medullæ MORGAGN. *Ep. V.*

p. 69 §. 39 l. 3 ad fin.

OBSEQUENTEM ad seculum IV. referunt in N. Gotting. 1772.

l. 4 ad fin. post *prodiit*

ap. ALDUM 1508. 8. B. Bern.

l. 6 post 1521. 8.

dele 1532. & scribe 1530. 8., tum adde, Prodiit etiam apud R. STEPH. Parisiis 1529, 1539, 1544. 8. Antwerp. 1532. 8. 1542. 8. 1547. 8.

l. 7 post Lyon adde 1539. 8.

l. 11. ad fin.

Ad editionem OUDENDORPII, Cl. RASPE excudi fecit Lips. 1772. 8.

Gallice vertit *George de la* BOUTHIERE, Lion 1558. 8.

p. 71 ad §. XLIII. l.

THESSALUS & secta methodica animæ sedem male in corde ponit GALEN. *meth. XIII.* 21.

p. 72 l. 4 post fol.

Codex est in B. Taurin. I. 415.

p. 75 lin. 8 post a)

Nervum sentire contra ASCLEPIADEM, GAL. *affect. II.*

p. 78 §. 52 sub l. 7 adde

TROPHILUS incertæ ætatis medicus. Genitale mustelæ osseum esse reliquit, STOBÆUS *serm.* 98.

l. 10 post 1537. 8. adde 1539. 8. TR.

p. 79 l. penult. ad fin.

in Taurinensi I. 415.

p. 81 ante §. IDEM

Locus quod penis orificio uteri non ἐφικνεῖται, est in B. Taurin. I. 44.

ad notam x), adde *præcognit*

p. 83 §. Sed in, ad fin.

De suis experimentis in nervo recurrente factis coram *Flavio* BOETHO viro consulari, quibus ALEXANDRUM peripateticum coegerit ad pyrrhonismum confugere, refert de *præcognit.*

p. 84 l. 9 post GUNTHER adde

Paris. 1558. 8. MAITT. Rom. 1627. 4. vertente *Calisto* PROCACINI B. BODL. Lugdun. 1552. 16.* *Georgio* VALLA interprete Venet. 1492. fol. 1498. fol. BUNAU.

l. 10 adde numeros

2156, 2160, 2169, 2171, 2271, 2246, 2158.

l. 11 ad fin.

In *Medicea* PLUT. *LXXIII.* & *LXXIV.* BANDINI *III.* p. 115.

§. Codices M.S. *Artis med.* l. 1, adde numeros,

2163, 2271, 2273, 2265, 2285.

& l. 2, ad *latinit.* 6846.

l. 5 ad fin. 954, tum

Arabice HONAINO interprete B. R. P. n. 1048.

Alii codices in Coll. omn. anim. n. 1430.

In Mertoniensi n. 689, 688.

In Bibl. Præs. de MESMES Montf. I. p. 1327. Gr.

JOHANNITII codex est in B. B. in B. *Med.* PLUT. *LXXIII.* in Merton. n. 688, 689. in B. Coll. nov. 1130. in B. *omn. anim.* a. 1430. in B. R. P. n. 7030, 7031. in Taurinensi.

l. Prodiit, post *articella* adde

Venet. 1513. fol. TR.

ib. l. 2 post LEONICEN.

Græce Paris. 1548. 4.

l. 4 post 1549. 8°. adde

Lion 1550. 16.*

sub l. 5.

Hebraice in B. R. P. n. 399, 398. alii codices in B. CAI. GONV. n. 959. Merton. n. 688. *omn. anim.* 1430. B. Vindob. I. p. 152.

In B. B. codex seculi XIV.

HALI RODOHAM *in artem parvam* Venet. 1493. 1527. 1557. 8.

ad codices l. 3 supra imam

In B. Taurin. in B. B. p. 98.

post l. ult.

Anonymus *in artem parvam* B. R. P. n. 6846. *Quæstiones* SIM. *a* GREVENER in B. C. GONV. n. 960.

Anonymi *comm.* in B. R. P. n. 6856.

Expositio in artem parvam GAL. B. R. P. n. 6537.

sub eadem,

Fragmentum in JOHANNITIUM B. R. P. n. 7306.

p. 85 l. 4 fin.

In Taurinensi p. 159.

sub eadem

Glossæ super JOHANNITIUM in B. Reg. CASLEY p. 206.

l. 6 post 1489. fol. adde

TR. Venet. 1512. fol. RICHT. 1527. fol. HAENEL. 1557. TR.

§. THADDÆI sub l. 2.

Ars parva ex vers. *Laur.* FLORENTINI prodiit Lion 1516. FALC.

ante §. Exstat, adde

Gentilis declaratio Venet. 1557. 8. TR. 1527. HAENEL.

§. *Baptista* post 1515. fol. adde B. BODL.

§. J. SERMONETÆ fin.

Script. anno 1430.

§. *Nicolai* post fol., adde 1525. 12. 1647. 12. TR. Basil. 1541. 8. TR.

suc eadem §pho,

Paradoxa in artem parvam GALENI & *additiones* HALI RODOHAM 1516. 8. RAST.

Nic.

Nic. LEONICENI & J. MANARDI editio prodiit Basil. 1541. 8. TR.

§. Comm. l. 1. ante Papiæ
super l. techni

post Papiæ adde
1491. fol. 1508. fol. TR.

l. 2 fin.
Codex est in B. R. P. 6874. In Taurin. p. 11.

post JAC. FOROL. add.
In I. partem Venet. 1491. fol. In tres libros thegni Venet. 1508. fol. TR.

sub §. *Antonii* adde
ex recensione *Franc.* RABELÆSII Lion 1545. 12. 1543. 12. TR.

§. *Johannis* MANARDI fin. adde
1541. 8. Mera generalia & multa LEONICENI refutatio.

ad §. *Martini* AKAK. post 16°. add.
1561. 16. TR.

ib. post 1587. 8., adde
FALC. Parif. 1543. fol. MAITT.

§. *Julii* DELPH. fin. adde B. BODL.

l. ult. fin. adde FALC.

sub eadem,
In eam Tabulæ T. ZWINGER Basileæ 1561. fol. *Tabulæ isagogicæ in universam medicinam ex arte* HONAINI, i. e. JOHANNITII, *auctore* FABIO PAULINO *collectæ & editæ a Fabritio* RASPANO Venet. 1595. fol. TR.

p. 86 l. 12 fin.
vertente *Victor.* TRINCAVELLIO Lion 1552. 16.* In collectione J. GUINTHERI latina, Basil. 1531. fol. TR.

§. Prodiit l. 5 post 16°., adde *

ib. post OSB.
Nullius momenti Comm. SYLVII.
Solus Gr. latine Basil. 1538. 8.* cum præfatione *Sebastiani* SINCKELER, vertente T. LINACRO.

post *Comm.* MONTANI add. ad *codices*
Græce in *Medicea* PLUT. LXXV. MONTFAUC. BANDIN. III. p. 51. 462.
In B. R. P. arabicus cod. est n. 987. cum notis ALI MID BEN MOHAMMED EBN ALASCHAAT.

p. 87 l. 3 post 685. adde
In *Medicea* BANDIN. III. p. 51.

l. 7 post fol., adde B. B.

post 1498. 8.
L. FUCHSIO interprete & commentatore Basil. 1538. 8. MEAD. Parif. 1554. fol. TR.

sub l. 14. adde
Expositio super GALENI *complexiones* in B. CAI. GONV. n. 960.

§. ad HIPP. *nat. hum.* adde
J. GUINTHERO interprete Lion 1553. 16. cum scholiis J. SYLVII *.
Codicem habet BANDINI III. p. 100.

post §. GALENUS
L. *de humoribus* potius est physiologici argumenti, quam practici. Eum Gr. lat. cum commentariis peramplis edidit *Archangelus* PICCOLHOMINEUS Parif. 1556. 8. B. B. Saragossæ vertente RASARIO prodierat 1567. 4. L. Apud GALENUM quatuor humores cum suis proprietatibus sæpe fictitiis, ut atra bilis, olivacea, acida; pituita primum qualitatis expers, deinde acida, tum dulcis, & præterea salsa. Ut humores in se invicem convertantur, aliique nascantur ab aliis. Ut ex humoribus mores & temperamenta hominum nascantur. Ut humores per ætates regnent, & certis ab aeris aliisve conditionibus augescant. Vesicula fellea bilis flavæ sedes, os sedes pituitæ, lien atræ bilis &c. Commentarius ARCHANGELI inanis est.

l. 3.

l. 3 supra fin. post Paris. adde
1529. 8. LAMBERGEN.

p. 88 l. 5 ad fin. adde
Genev. 1579. 8. GUNZ.

l. 8 fin. adde
Genev. 1579. 8. GUNZ.

l. 19 post collectione adde
Codex Hebraicus in B. Vindob. LAMBEC. I.

l. 2 post 1535. adde
Græce Paris. 1543. 4. TR.

l. 2 post *partu* adde
& de ptisana.

l. 5 post BALAMIO pone (*) post 12°. & adde
Paris. 1546. fol. TR.

l. 5 supra imam adde
Versiones BALAMII, & SYLVII CHARTERIUS adhibuit.

p. 89. §. Prodiit l. 3 post GUNZ.
Græca locupletiora reddidit, & GALENI versionem recognovit CHARTERIUS.

p. 90 l. 18 §. Prodiit l. 2, post 12°. add. cum variis aliis, Lion 1560. 12. hic V. TRINCAVELLIO interprete TR.

l. 3 fin.
Codex est in B. MED. BANDINI III. p. 79.

p. 92. post seorsim prodierunt.
Collectio qua continentur l.l. *de constitutione artis medicæ, de theriaca ad* PISONEM, *de pulsibus per* J. GUINTHER. prodiit Basil. 1531. fol. min. TR. latine.

§. *Codex* fin.
Libri VI. BANDIN. III. p. 95.
& excerpta III. p. 137.

p. 93 §. *Seorsim* l. 1 post 16.* adde
cum nonnullis aliis.

§. Exstat post 1536. fol. adde
RICCIUS versionem TRINCAVELLI emendavit, CHARTERIUS BELLISARIANAM retinuit.

l. 2 fin. adde
in *Laurentiana* BANDIN. III. p. 49

p. 96 §. Lib. XVI. l. 2 fin.
Grandes eos esse & perforatos (c. 3.)

sub §. Lib. XVII.
Maximum semper huic operi pretium statutum est, & Facultas Medicinæ Parisina versus a. 1319. legatum sibi accepit GALENI M.S. codicem *de usu partium* PATIN. *Epist.* I. n. 52.

§. *Seorsim* l. 1 post *Nicolao* adde RHEGINO

l. 2 post fol. MAITT. adde
1533. fol. TR.

l. 3 post SYLVII adde
& *Mart.* GREGORII, TR.

l. ult. fin.
Recensuit A. GADALDINUS; melius vertit HOFMANNUS. Decem libri Græce prodierunt Paris. 1543. fol. ASKEW.

p. 97 dele totam.

sub l. 3. post *medicea duo* adde
Libri XVII. in B. LAURENTIANA BANDIN. III. p. 90. 97. 120.

Excerpta ex L. XI. XIV. XVII. IDEM p. 100.

post l. 13.
Num aliud quid fuerit l. *de fabrica humana* p. 136. 137. ib.

§. Lib. *de util. resp.* lin. penult. fin. adde BANDIN. III. p 88.

§. Seorsim post 1553. fol. adde MAITT.

p. 98 l. 4 post 12°. adde 1550. 16.*

l. 9 post Lugduni, adde 1547. 16.*

l. 10 fin.
in MEDICEA BANDIN. III. p. 51.

l. 16

l. 16 post libri IX.

GALENO teste

Scripsit, cum diu Romae moraretur ob pestem (*de propr. l.*)

Primum I. CAJUS emendavit & ANDERNACUS: versionem correxit CHARTERIUS.

p. 99 §. Codex l. 15 fin.

Excerpta ex L. IX. sunt in MED. III. p. 100.

§. Vertente l.l. lege Basil. 1555. fol. *Juno* CORNARIO interprete Lion 1550. 16. *

l. 2 post fol.

Primum librum CAJUS emendavit, versionem GUINTHERI CHARTERIUS.

p. 100 §. Seorsim, l. 2 post 12°.

Cum nonnullis aliis Lond. 1523. 4. ASKEW vertente T. LINACRO: tum Paris. 1541. fol. Acc. SYLVII *scholia & epitome.* Iterum *de naturalium facultatum substantia, & an sanguis natura in arteriis contineatur* Lion 1560. 12. TR. *De facultatibus rerum naturalium epitome* I. BAJULII PACUVII Tolos. 1554. 4. RAST.

§. *in eos libros* in fin., adde Hebraice Vind.

l. antepenult. post 16°.* adde *Nic.* LEONICENO interprete.

l. ult. post 2278. adde & alius 2164.

p. 101 l. 7 post SYLVANIO,

Ex MORELLI editione & CASAUBONI codice multo plenius edidit CHARTERIUS.

l. 9 post Paris 8°. adde 1529. 4. cum aliis.

l. 12. post *vertit.*

Eam RICCIUS emendavit, & ANDERNACENSIS versionem CHARTERIUS.

sub l. 11 inf.

Codex est in B. MED. III. p. 49 BANDINI.

ante l. 9 inf.

Num animal sit quod utero continetur Codex est in B. R. P. n. 2164. In MEDICEA III. p. 49 BANDINI, MELANELLO interprete prodiit Antwerp. 1540. 4. B. B.

p. 102 §. In libro l. penult. post esse, adde

Quare in collo vesicae glandulae conspicuae sunt, quae humorem stillant — ne nempe meatus siccus sit & urina mordeat: haec se primum docere addit.

sub §. Exstat,

περι αφροδισιων fragmentum a CHARTERIO editum.

post n. 6895.

Codex est in MED. BANDINI III. p. 99 & 44.

l. 8 supra imam adde

Verterunt J. GUINTHERUS, MART. GREGORIUS, & cum codicibus contulit CHARTERIUS.

MART. GREGORIO interprete, l. ad TEUTHRAM prodiit Lion 1555. 16.*

p. 103 l. 5 post *fol.*

Nonne idem GALENUS *de pulsibus, dieb. crit.* Paris. 1528. 8.

post *Bibl.* MED. III. p. 172

l. 6. dele voces *In eum* ad 1550. 12. & scribe, Est editio *introductionis in pulsus ad* TEUTHRAM vertente M GREGORIO, & *de pulsuum usu ad* LINACRUM, quae prodiit Lion 1556. 16. Latine prodiit Paris. 1531. fol. vertente J. GUINTHERIO, adjectis aliis variis.

l. 7 fin. add. Venet. 1575. 8. 1597. 8. TR.

in §. Codex GALENI.

l. 17 ad finem

toti nempe 16. libelli BANDINI III. p. 130. 131. *L. de pulsibus ad tirones* Codex III. p. 144.

l. 18 fin. adde

difficile plerumque dictu est, quid hoc titulo intelligatur „GALENUS de pusu.

sub l. 18.

Epitome l.l. de pulsibus in B. *Scorial.* Arabice n. 797.

p. 104 l. 3 post *Bibliotheca*, adde BANDINI III. p. 120.

l. 4 post MARCI.

Excerpta in MEDICEA BANDIN. III. p. 139.

L. 15. §. Codex M. S. l. 1. post MEDICEA, adde

BANDIN. III. p. 130.

l. 4. ab infima post MEDICEA add.

BANDIN. III. p. 120.

p. 105 l. 13 post §. Prodierunt, add.

De multitudine c. 4. Sensu nullo prædita esse ossa, adipem, nonnullas glandulas, medullas, secundum nonnullos parenchyma gibbi hepatis, quod nullos habeat nervos, lienem, renes: minus tamen pulmones ac viscera.

l. 15 adde

Ibid. de glandulis agit circa pharyngem, laryngem, in mesenterio exiguis, parum notis; exiguas alias circa vasorum divisionem esse, thymum in nuper natis majorem, testes glandulas esse c. 6.

p. 106 sub l. 2.

In *Comm. II. victus in morbis acutis* describit venas, quæ in brachio secantur. Vena, quæ per externa cubiti loca fertur magis evacuat sublimiora, interna inferiora, humeraria totum corpus.

sub l. 9.

In L. *de venæsectione*, aliqua sunt de venis, quæ in cubito aut in crure secantur, deque diversitate venarum, quas incidere expediat.

In L. *de præcognitione* citat experimenta sua anatomica in nervo recurrente facta.

In *Comm. ad Epid. VI.* agit de partu octimestri, decimestri. Rumpi membranas a pedibus calcitrantis fetus, & inversionem fieri: fetum mense octavo a se ipso in motum cieri &c. In capra cæsareos fetus continuo gradiri, suo experimento.

sub l. 17. adde

GAL. adversus LYCUM, quod nihil in eo aphorismo HIPPOCRATES peccet, cujus initium est, *qui crescunt plurimum caloris habent* J. ALEXANDRINO interprete. Disputat plurimum de calore vario. HIPPOCRATEM docuisse corpora constare calido, humido, frigido, sicco. De triplici perspiratione.

l. 4 supra infimam post L. VIII.

De erroribus anatomicis & eorum causis. De administrationibus anatomicis L. X-XV. *Epitome anatomicorum* LYCI *l. duo. De Archigenis circa pulsuum negotium expositione libri novem.*

OPPIANUS ponatur LXII. ante APULEJUM.

OPPIANUS prior, ANTONINO coævus, auctor l. *de piscatione*, & OPPIANUS alter, minus probabilis auctor libri *de venatione*, qui CARACALLÆ librum dicavit, & *Dionysius* s. EUTECNIUS, qui *de Ixeuticis* egit, una recusi sunt, Argentor. 1776. 8.* cum doctis notis *J. Gottlob* SCHNEIDERI. Paucissima habent, quæ ad anatomen revoces, animalium partus, ova, venerem, cibos.

In

In capra ſylveſtri foramina inter cornua. Renaſcentia brachia polypi majoris. Ova ſubventanea. Quare brevibus putavi debere citandum eſſe: plura repetiturus in *phyſicis*.

p. 109 l. 8 ſupra imam poſt FABR. adde interprete *Theodoro* GAZA, cum *comm. Petri de* APONO & repertorio *Petri de* TUSIGNANO, & *problem.* ARISTOTELIS & PLUTARCHI Venet. 1518. fol. ENGEL. Interprete eodem GAZA cum nonnullis aliis ARISTOTELIS & THEOPHRASTI apud ALDUM 1513. fol. B. B.

p. 112 §. LXX. fin.

Ventriculus non adtrahit utilia, rejectis deterioribus, ut animal *Acut. II.* c. 9.

§. LXXI. l. 6 poſt MAITT. add.

Bonon. 1497. fol. Venet. 1500. fol.

poſt aliis, adde

1519. fol. ALD. 1528. 8. In MEAD. Baſileæ 1528. etiam 8. Pictonibus 1568. 4. Venet. 1581. 8.

l. 8 adde

Pariſ. 1583. CARRIONE curante, ASKEW. repetita Lion 1593. 8. 1603. 8. porro Roſtoch. 1571. 8.

adde ad edit. CENSORIN.

Lond. 1642. 8. Cambridge 1695.

p. 113 poſt l. 14 ſupra §. Duobus add.

Coll. L. VIII. de directione coli clyſterum occaſione, non male c. 29. IDEM c. 30. de clyſteribus nutritiis L. V. c. 15. de capitis formis, & ſic porro de ſignis temperamenti cujusque partis.

Anatomicorum ORIBASII codex eſt in B. Taurinenſi I. p. 419.

poſt l. 25 §. Solus libellus fin. add.

vertente *Junio Paulo* CRASSO 1546. fol. min. TR.

p. 114 §. *Gregorii* l. 4 poſt 1536. add. 8°.

poſt l. 5 fin. add. 1567. 8. TR.

p. 116 §. LXXVIII. l. 1.

poſt *Sophiſta* adde JUDÆUS, cilix, BANDINUS.

& poſt l. 6.

Italice cum POLEMONE & MELAMPO, Venez. 1652. 8.

Codex eſt in B. MEDIC. BANDIN. III. p. 15.

ſub §. MELAMPI,

APSINIS rhetoris *l. ſingul. de memoria* Gr. lat. per *Frid.* MORELLUM Pariſ. 1618.

p. 117 §. LXXXII. ad Paris 1540. 8.

Tit. eſt THEOPHILI *protoſpatharii in* GALENII l.l. *de uſu partium epitome*, *quam de corporis humani fabrica inſcripſit* Pariſiis 1540. 8. vel 16. interprete *Junio Paulo* CRASSO TR.

p. 118 l. 16 fin. add. *B. Bern.* p. 101.

§. Codices M.S. ad l. 16. adde *B. Bern.* p. 114.

l. 6. ſupra imam paginæ *B. Bern.* p. 102.

p. 122 l. 10 fin.

L. de adſ. anima eſt in MEDICEA BANDIN. tum l. *de nutritione ſpiritus animalis* III. p. 116. 158.

l. 12 fin.

L. *de anima* nuper recuſus eſt curante Cl. FISCHERO.

l. 17 fin.

cum J. WILLICH *de urinis* Amſterdam 1670. 8.*

p. 123 l. 4 poſt 74.

BANDIN. III. p. 111.

ſub l. 8.

Non eſt ANEPONYMI, ſed ejus eſt *dialogus de ſubſtantiis phyſicis*.

Deinde incerti auctoris l. *de calore vitali*. Edidit G. GRATAROLUS. Anonymus, cujus exemplar apud me eſt, addit,

addit, videri AVERRHOIS esse, certe ex doctrina.

l. 9 supra inf. de PARTHENIO ad fin. adde breve carmen.

l. 14 post urinis, lege B. R. P. n. 2229.

p. 124 l. 5 supra imam adde

de partu octimestri BANDINI III. p. 109.

sub l. penult.

de natura & structura hominis B. R. P. n. 2224. *Variarum partium corporis humani descriptio* ib.

sub l. ult.

de venarum corporis humani numero B. R. P. n. 2303.

p. 125 l. 6 fin. lege

Anonymi *Physiognomia hominis* BANDIN. III. p. 112.

p. 127 l. 8 post GUNZIUM adde

WOLF *Bibl. Hebraic.* p. 80.

sub l. 13

Joseph fil. ZADD *L. de microcosmo s. hominis dignitate.* Citari a M. MAIMONIDE WOLF.

p. 128. sub l. 6.

L. de partu semestri CASIRI.

De coitu ib.

L. de instrumento & nutrimento.

p. 129 post l. 10.

Leone TOSCANO *esposizione degli insomni trad. da Greco in latino, per il* TRICASSO Venet. 1525. 8.

§. XCVIII. sub l. 2.

Præter libros vulgo notos, RAZEI libri citantur apud CASIRIUM p. 300.

EJUS *l. de visione.*

De oculo & ejus descriptione.

Cur oculorum acies solo obtutu perstringatur, in tenebris vero dilatetur?

De aurium descriptione.

De auris meatu & descriptione.

De cordis figura.

De larynge.

L. quod membram a corpore semel recisum iterum copulari & restitui non possit.

p. 130 supra l. penult.

Cum philosophicis quibusdam operibus AVICENNÆ prodierunt ejus *de animalibus* libri XIX. Venet. 1508. fol. B. B. Hi magna ex parte sunt anatomici argumenti. Non solum functiones vitæ animalis, & potissimum generatio, fusissime hic traduntur, sed etiam integra anatome, secundum partes corporis, ex Græcis, tum ad ARISTOTELIS morem viscerum per varias classes animalium conditiones. Cæterum est quasi commentarius in ARISTOTELEM *de animalibus.* Vertit *Michael* SCOTUS. Physica etiam ut ARISTOTELES habet.

p. 133 ad fin. l. ult. §phi CIV.

Est apud me M. S. Prodierat cum AVERRHOIS operibus a. 1560. Nullius est momenti. Editio libri *colliget* est 1552. non 1542.

p. 138 sub l. 2.

NUYKING magnum est opus, cujus 69na pars anatomica est in B. R. P., & quod idem habetur pro opere imperatoris Hoangti. Edidit SO JESA cum interpretibus MURR *Naturforscher* n. VII.

sub l. 5.

de l. *Hantschou*, in quo dicitur circuitus sanguinis describi. v. MURR.

sub l. 10.

TAISU ME KIVE Ad id opus PESSIANG seculi XVI. medicus commentarium scripsit B. R. P. n. 31.

l. 14 supra imam

IDEM cum ME KIVE BODL.

sub l. 16.

LUYKING auctoris TSCHANG KIAI PIU impe-

imperante TYEN circa a. 1604. imitatus principia libri NUYKING, v. MURR Naturforscher T. VII.

sub l. ult. adde

In *Musæo Brit.* contineri tr. anatomicum cum iconibus partium internarum corporis & externarum: & librum anatomicum Japonensem a KÆMPFERO citari v. MURR *Naturforscher* T. VII.

p. 139 l. 7 infim. fin.

Codex l. *de natura humana* est in M.S. B. B.

sub eadem l.

Libri de coitu, de stomacho, de animi & spiritus discrimine prodierunt Basil. 1536. fol.

p. 140 §. CXII. l. ult. fin.

Vertit a. 1317.

l. 3 supra inf. post *etiam* adde

Colon. 1495. 4. MURR. 1508. 4. TR. 1515. fol. literis Gothicis RAST. Amsterdam 1765. 12.

p. 141 l. 1. fin., Amsterd. 1760.

l. 9 fin. adde

Apud me Venet. 1566. 4. M. S. ex B. THOM.

sub l. 9.

MENGOR *de natura rerum* codex seculi XIII. habet aliquam anatomen & *de monstris* agit M.S. B. B.

Th. AQUIN l. 3 pro 1499. lege 1494.

l. 14 supra fin. adde ad AEG. 8°., tum cum *G. de* FULGINEO *commentario* Lion 1526. 8. Parif. 1537. 8. FALC.

l. 11 supra inf. post DAUMIUS

In B. B. Codicem etiam possidebat REINESIUS.

ÆGIDII codicem habet Cl. v. MURR. cum titulo J. THEODOSII *versiculi de pulsibus* J. STEPHANI. Addit congruere cum editione Veneta 1494.

l. 10 supra inf. ad finem

In *colleg. Merton.* n. 687. in *Coll. Nov.* 1134.

p. 143 l. 7 supra inf. ad finem §. de secret. mul. add.

Frankf. am Mayn 1581. 4. Germanice.

Germanice etiam vertente J. H. BRAND Nürnberg 1773. *Ein neuer Albertus M. von Weibern und Geburten der Kinder durch* Q. APOLLINAREM 1549. 4.

sub l. 6 supra inf. post I. *de secret. mul.*

Est etiam *opus medicum de physionomia* &c. Gallice in B. B. seculi XIII.

p. 145 sub l. 8.

EJ. *la fisionomia de conciliator* P. de APONO Padova 1474. 8. GOULIN. Diversa ab alia *physionomia* latine anno 1548. 8. edita. GOULIN.

ib. ante VITELLIO adde *Aegidium* COLUMNAM

Aegidii COLUMNÆ *de humani corporis formatione* Venet. 1523. *recus. per Angelum* VANCIUM *Ariminensem Augustinianum* Arimini 1626. 4.* Parif. 1615. 4. Cardinalis fuit & Archiepiscopus Bituricensis. Barbarus scriptor ex AVERRHOE fere sua habet. Contra GALENUM docet, non esse in semine feminino neque materiam seminis, neque virtutem ad productionem fetus. Posse feminas imprægnari absque emissione spermatis; semen maris non dare fetui materiam, sed formam utique. Ad generationem concurrere duplicem spiritum organicum exeuntem cum semine maris, inorganicum generatum ex menstruo. Cor primum generari, inde hepar, cerebrum. Causa sexus &c.

Nunc reperio hunc episcopum discipulum fuisse D. *Thomæ* AQUINATIS, & obiisse a. 1316.

sub l. 17.

M. WITHELE *de Vienna perspectiv* L. X. B. *Bern.* M.S. p. 154. VITELLIO fuerit.

p. 146 ad n. 119 adde

Monspelii primas ostensiones anatomicas cepisse a. 1376. lego

p. 148 §. CXXIV. l. 5 in fine adde 1519. fol.

sub l. 10 adde

Hieronymi MANFREDI *il per che* Bonon. 1474. 8. OBS. Venet. 1540. 8. B.B. Omnino multa ex ARISTOTELIS *problematibus* huc faciunt, ad sex res non naturales, ad sensus, ad generationem, famem & sitim &c.

Quæstiones subtilissimæ super l. aphorismor. EJ. *super l. tegni I.* SERMONETÆ *disputationes* Bononiæ anno 1430. ed. Venet. 1498. fol.* Barbare & scholastice simplex.

Chiromantia secundum naturæ vires ad extra Paduæ 1484. 4. TR.

J. BATEMAN *upon* BARTHOLOME Lond. 1582. fol. min. TR.

Ad seculum XIV. pertinet codex anatomicus B. *Turin. II.*

Non satis novi quo debeat referri PHILOSIGAT *de hominis natura, viribus, progressu, facultate corporis animalis & officiis* B. *Taur. II.*

J. HARTLIEB *l. Kunst Cyronomie* 1448.

p. 149 l. 10 fin. „adde CLEMENS CLEMENTINUS pertinet utique ad finem seculi XV.

sub lin. 19 inf.

JACOBI *de* PARTIBUS *collecta pro anatomia* in *collectione* P. A. RUSTICI Venet. 1507. 8. SEG.

p. 151 l. 7 inf. supra imam adde vel MEGENBERG Augspurg 1482. fol. B. *Gott.*

p. 152 l. 16 supra inf. post 1500. fol. adde, teste Cl. BLUMENBACH

sub l. 4 supra infimam adde

Petrus MONTIS *de dignoscendis hominibus interprete* G. AGORA *Cordubensi* 1492. fol. TREW. si huc facit.

p. 153 §. CXXX. ad finem.

Seculi XV. est *tractatus de astrologia & chirurgia cum figuris ex latino Gallice versus.* B. *Taurin. II.*

p. 154 l. 8 ad PEILIGK adde

Ex *schola Italica*, laudatus MELANCHTONI. In viro sanissimo capitis dolore enecto calculum mori forma in cerebro reperit. M. ADAMI.

l. supra inf.

Hoc anno 1505. 4. Lugduni 8°. *collectio* prodiit, in qua continentur GALENI *Isagoge*, PHILARETUS *de pulsibus*, THEOPHILUS *de urinis*, HIPP. *aphor.* ex versione GAZÆ. EJ. libri III. *prognosticorum, quatuor regiminis acutorum. Tegni* GALENI. *Aphorismi ad quemlibet morbum, &* J. DAMASCENI *aphorismi*, & plusculi ex CELSO loci.

p. 155 l. 3 adde ad editiones Germanicas RÖSLINI

Strasb. 1522. 4. TR. 1529. 4. BLUMBACH. 1544. 4. absque loco 1572. 8. TR.

l. 6 ad editiones latinas, post Francof. adde 1532. 8. TR. 1551. 8. TR. 1554. 8. TR. 1556. PL.

l. 10 post BIENASSIS, adde TR.

l. 11 ad editiones EUCHARII, adde

Anglice vertente *Thoma* RAYNALD *the byrth of mankind otherwise the womans book* Lond. 1540.

sub

sub l. 16 ad finem numeri 134.
SCHEM TOB BEN JOSEPH *ben* PALKEIRA scripsit *epistolam de regimine corporis & animae*, qua etiam anatome continetur.

sub l. 4 supra infimam adde

Sylvester VELASCO *l. de la physiognomia* Hispali 1517. M.S. C. de V.

p. 156 l. 5 post 1526. fol. adde ad editiones J. *v.* GERSDORF 1526. 4. TR. 1530. 4. TR.

l. 6 post 1551. 4°., add. fol. min. TR.

ad BONACIOLUM adde

Germanice 1544. 8. cum RHODIONE.

p. 157 §. CXXXIX. l. 1 init.

Decanus Francofurtensis puram fidem amplexus est

l. 2 post tum adde Paris.

dein adde editiones 1546. 8. J. MAITT. Italice Mediolan. 1607. fol. L. Germanice Strasb. 1523. fol. 1540. fol. Prodiit etiam latine 1522. fol. absque loco, Lion 1582. 8. TR. Ursell. 1603. 8. Argent. 1522. fol. BLUMENBACH.

l. 3 post 1630. 8°.

cum titulo *Astrologia naturalis, wie man die Chiromantia erlernen soll* TR. & *natürliche Sternkunst* Strasb. 1664. 8. TR.

l. adde ad editiones COCLITIS

Paris. 1543. 8. B. B.

l. 13 supra inf. post fol. adde B.B. *tunc*

Editio *Anastaseos* Bonon. 1523. fol. continet *Physionomiae* libros sex. Libri tres sunt de physiognomia, reliqui tres de chiromantia. Eorum quinque perampli sunt quaesitorum & responsorum. Subjectus est ad finem parvus libellus ACHILLINI, cui titulus, *Quaestio de subjecto physionomiae & chiromantiae*, qua utramque defendit.

COCLITIS, cui titulus est *Physiognomia & chiromantia compendium* Argent. 1534. 8. B.B. longe aliud est opus, brevissimus nempe libellus, cujus prologus ex L. I. prioris operis sumitur. Deinde icunculae sunt faciei cum praesagiis absque quaesitis & responsis. Chiromantia est CORVI.

l. 6 supra imam ad A. CORV. adde

Argentorati 1534. 8. B.B.

Tum in fine paginae.

Jacobus MANTINUS, Hebraeus, *Paraphrasin* dedit AVERRHOIS *de partibus & generatione animalium* Rom. 1521. fol. quem l. latine reddidit.

p. 158 §. CXL. adde

Patr. TRICASSO *esposizione de principii chiromantici* Venet. 1524. 8. TR. Latine *Enarratio principiorum chiromantiae.* EJ. *opus chiromanticum* Norimb. 1569. 4. UFF. EJ. *la chiromance trad. de l'Italien* Paris 1560. 8. 1587. 8. BUR.

l. 16 supra inf. post Argent. adde

PARACELSUS *vom Harnpuls* 1568. 8. TR.

sub l. 11 supra infimam.

EJ. PARACELSI est *l. de Nymphis, Sylvanis, Pygmaeis, salamandris & gigantibus, & von der massa, aus welcher der Mensch geschaffen worden*, Neisse 1566. 4. TR.

EJ. *Philosophia sagax des Firmaments der grossen und kleinen Welt, vier Bücher herausgegeben durch Mich.* TOXITEM Frankf. 1571. fol. TR.

EJ. *L. de duplici anatomia per* ADAM *a* BODENSTEIN Basil. 1568. 8.

EJ. *L. de vita longa, brevi & sana, deque triplici corpore* Francof. 1583. 8.

EJ. *Archidoxa X. Bücher de mysterio microcosmi* Basil. 1550. 4.

l. 10 supra imam post GAZIUS, adde (ANTONII GAIZONI legit GUNZ.)

sub l. 6 supra infimam adde

Sebastiani ROT *conclusa* ARISTOTELIS & GALENI *de testium vi*, *solidarum partium materia*, *muliebri semine* Lipsiæ 1529. 4. TR.

p. 159 §. CXL. l. penult post 8.*, adde 1594. 8.*

p. 161 sub l. 14. adde

Anatome anonymi B. B. M.S.

sub l. 21. adde

M.S. *de physionomia*; seculi XVI. B. *Bern.* p. 11.

Ars chiromantica ib. p. 17.

p. 164 l. penult. ad nomen TURRIANI

Della TORRE MOEHSEN n. 7. Obiit a. 1512.

DAVINCII tabulæ sunt in collectione R. Angliæ HUNTER in *literis*.

Huc pertinet omnino celebris J. HOLBENII *Todtentanz*, sceletorum nempe in variis situbus icones, egregie delineatæ, & sæpius ligno insculptæ.

p. 165 sub l. 6.

Liber anatomicus cum epigraphe TITIANUS *invenit* & *delineavit*, DOMINICUS *de* BONAVERA *sculpsit* TR. f. absque anno, meræ figuræ.

sub §. Video adde

De corporis commodis & *incommodis* Argent. absque anno 4.* Compendium anatomicum, aliqua de differentiis pulsuum, de sputo, & alia pathologica.

L. de natura oculorum una prodiit, sed est fere medicus l. & chirurgicus. Accedunt *problemata* ARIST. *de oculis*, quæ ad physiologiam pertinent.

In Ej. *de quæstionibus physicis* ib. aliqua sunt physiologica.

§. ad GALEOTTUM adde Narniensis, præceptor fuit principis filii MATTHÆI R. Hungariæ.

l. 2 post 4°. ad editiones G. MARTII adde Venet. 1476.

l. 4. corrige editionem 1899 & lege 1499.

ib. post (c), ad GALEOTTI refutationem adde

Taurin. 1577. 4.

p. 168 l. 10 inf. post similes.

Variæ injectiones aquæ in ureterem, penem &c. CCLX.

p. 170 dele MANTINUS qui suo loco reperitur p. 739.

p. 171 l. 5 fin. ad edit. DURERI add. vertente J. P. GALUCCI, SMITH.

p. 172 sub l. 2.

Augustin. SCHURF, S. Gallensis, *anatomen* a. 1526. instituit M. ADAMI.

sub l. 8 ad AGRIPPAM adde

In operibus Lion 1531. 8. B.B. Liber partim ethicus, partim physiologicus, de sensibus internis, externis, visceribus, aliqua de morbis.

sub l. 3 supra infimam

In *annotationibus in* GALENI *interpretes* Lion 1553. 16.* loca etiam anatomica GALENI ad vetus exemplar Græcum comparat, & versiones emendat.

l. 4 inf. post *compendium* LACUNÆ add. (alibi titulum lego *contemplatio*)

p. 176 §. Maturi l. 2 post 1552. lege 8. TR. Basil. 1556. 16.* recognitum per *Alex.* ARNAULD.

p. 177 l. 5 post 4°., adde editionem 1586. 8. 12. TR.

p. 179 l. 7 post 12°. adde

*. Præter octo musculos abdominales non dari in abdomine panniculum carno-

nosum. Nullum naturalem ductum biliarium in ventriculum inmitti, eamque bilem potius noxiam futuram. Uvulam non facere, ne pulvisculi in asperam arteriam illabantur, sed epiglottidem. Medicamenta, ex GALENI consilio, in paralysi debere admoveri ei parti columnæ spinalis, ex qua nervi veniunt, qui partem resolutam adeunt.

p. 180 l. 13 ad FRÖLICH adde

habet editionem 1539. 4. 1570. 4. TR.

l. 9 adde

Patavii docuit anatomen ab a. 1540. ad 1544. TOMASIN.

p. 181 ad notam (t).

HARZHEIM mavult. J. de CALCAR discipulum & æmulum fuisse TITIANI.

p. 184 l. 3 post 1575. fol. *,

Quæ editiones BUWMANNI non differunt; sed reperio exempla, in quibus extus annus 1575. & intus 1551. legitur, alia ubi tantum 1575.

§. Iterum l. 2 fin. *de vivis imaginibus*

Nonne eadem est *Auslegung und Beschreibung der Anatomie mit Figuren* Nürnb. 1570. 4 TR.

l. 5 fin., adde 1566. fol. min.

l. ult. fin.

Novam editionem *iconum* VESALII ipsarum exspectamus a Cl. viro LEVELINGIO, Professore Ingolstadiensi.

p. 187 l. 2 post *, adde 1589. 8. TR.

sub l. 9 adde

Relationem de obitu *Andreæ* VESALII ex literis R. SOLENANDRI a. 1566. datis habet *Theodorus* CRUSER in *Vergnügen müßiger Stunden*. B. *Bun.*

§. CLXIV. l. 3 post 1553. 4°. adde fol. min. TR.

& l. 4 post Venet. ad edit. VASSAEI add. 1544. 8. TR.

l. 9. ad *Ant.* LODOVICI adde

Nunc coram est. Tria sunt viri opera, collectanea omnia. Ej. *problematum* libri V. Ulyssipon. 1539. fol. B.B. ad modum ARISTOTELIS, multa physiologica continent.

Ej. *de re medica opera* ib. 1540. fol. B.B. Utique inest *Erotematum de usu respirationis l. De corde l. unus absolutissimus*. GALENI *l. de eo quod sit animal quod utero continetur. De corde ex* ARISTOTELE; sic reliqua ex veteribus collecta.

Ej. *de occultis proprietatibus libri* V. Ulyssip. 1540. fol. B.B. De temperamentis, facultatibus, adtractione alimenti, de partibus animalium.

p. 188 l. 12 sup. inf. post 8°. add. GUNZ.

sub l. 7 supra imam adde

Nicolai BRONTI, Duacensis, *de utilitate & harmonia artium* Antwerpiæ 1541. 8. Habet etiam physiologiam aliquam, & tabulam, in qua duodecim signa cum corporis humani partibus exprimentia, quibus creduntur præesse.

l. 20 lege XIMENEZ

l. 32 per *portu* lege *partu*

p. 191 §. CLXVII. l. 1 post GALENI adde, *Commentarii.*

& post 4°. adde GUNZ.

l. 2 post 8°. adde GUNZ.

l. 11 fin. adde GUNZ.

sub l. 13 ad THRIVERIUM

De more veterum fusi & inutiles commentarii. Accessit EJUSD. HIEREMIÆ *Epitome in omnes* GALENI *de temperamentis*

mentis libros Lion 1544. Gallice Lovan. 1555. 12 B. Exot. & dele duas lineas. Ej. in l. *temperam. &c.*

p. 192 §. CLXVIII. l. 5 post esse add.

Nunc invenio in catalogo scriptorum GALENI editioni præfixo, jam a GESNERO CANANI opus ad a. 1543. referri. Nam CANANUM legere oportet.

p. 194 l. 5 fin. ad PEREGRINUM adde Milan. 1522. 12. TR.

p. 196 sub l. ult.

J. DONATI a MUTIIS *dialogi in GALENI interpretationem super 14 aphorismos* HIPP. 1547. 4. * aliqua vana tradit de vasis deferentibus mulierum, etsi ait se anatomen docuisse.

p. 199 §. CLXXVI. fin.

Giov. GEBER *de la geomantia P. I. con una brevissima chiromantia physionomia del* GNOSIO PICENO *tradotti* Venez. 1550. 8. TR.

p. 201 sub l. 10.

Joachimi CAMERARII, senioris, *comm. utriusque linguæ, in quibus est diligens exquisitio nominum, quibus partes corporis humani appellari solent* Basil. 1551. f. Etiam anatomica, ex veteribus.

§. CLXXVIII. l. 5 post PL. adde Lion 1551. 8. TR.

l. 10 fin., adde Venet. 1556. 8.

l. 11 post Lyon, adde 1555. 8. TR.
post Basil., adde 1572. 8. TR.
post 1594. 8°., adde TR.

l. 8 supra imam adde Francof. 1567. fol.

p. 202 §. CLXXVIII. fin.

In *comm. ad* GALENUM *de V. S.* physiologica aliqua addit, ut de venis, quæ secantur, & iconem VESALIANAM.

p. 205 §. CLXXXIII. fin.

MIRONUS *de infantibus* Turonib. 1553. fol. B.B. physiologica etiam habet, ad veterum morem, de calore naturali, humore radicali, causa necessaria senii & mortis, de utilitate respirationis, somno & somniis, sternutatione, tussi, singultu.

p. 208 §. CLXXXVIII. l. 7 fin.

Anglice *Castel of memory* Lond. 1562. 8.

p. 209 sub l. 3.

Pauli PINTII *fisionomia naturale* Rom. 1555. 4. TR.

MAYNETTI MAYNETTI, Prof. Bononiensis, *commentarius mire perspicuus in l.* ARISTOTELIS *περι αισθησιος και αισθητων* Florent. 1555. fol. B. B. Textus græcus & latinus est, & expositio latina fusissima.

p. 210 l. 5 post 1555. fol. adde *B. B.*

p. 211 l. 10 supra inf. post GALENI, adde *explanatio.*

l. 6 supra infimam adde

Wunderwerke Gottes aus C. LYCOSTHENIS *Beschreibung durch* G. HEROLD *ausgezogen* Basil. 1557. fol.

sub l. antepenult.

Emanuel MUNNOR, Olyssiponensis, *de tactus instrumento, in quo multa adversus medicos & philosophos disputantur* Lisbon. 1557. 4. C. de V.

p. 213 adde ad VALLESIUM

In *comm. de morbis popularibus* Turin. 1589. 8.* habet aliqua de diaphragmate aliisque corpore partibus.

ib. sub l. 7.

FULVIO PELLEGRINO *significato de i colori e de' mazzoli* Venez. 1558. 8. 1599. 8. BUR.

p. 215.

p. 215 §. CXCVII. l. 3 adde 1586. fol. TR.

p. 216 l. 10 pro 1586. fol. lege fol. etiam 4.

l. 20 fin. adde 1622. TR. 1623. TR.

sub l. 20.

Utraque *physiognomia dell' huomo e la celeste* cum ADAMANTIO POLEMONE & INGEGNERI prodiit Venez. 1652. 8. Multum auctam esse editionem Italicam addunt.

sub l. 24.

EJ. *de refractione optices parte* L. IX. 1. De refractione & ejus accidentibus. 2. De pilæ crystallinæ refractione. 3. De partium oculi anatome & earum muniis. 4. De visione. 5. De visionis accidentibus. 6. Cur binis oculis unam rem cernamus. 7. De his, quæ intra oculos fiunt & foris existimantur. 8. De coloribus. 9. De coloribus ex refractione, s. de iride lacteo circulo, Neapoli 1593. 4. TR.

p. 221 sub l. 12 adde

Guilielmi LEMNII *filii epistola ad patrem.*

p. 222 §. CCII. fin.

Nonne EJ. est *compendium totius physiologiæ* Paris. 1563. 4. ubi de anima & alia physiologica traduntur. An potius error subest.

p. 223 l. 6 post QUADR. adde SMITH.

sub l. 13.

In EJ. VENOSTA *Consil. med.* 1571. 4.* sunt tractt. *de lacrymis*, *de sudore*, *de ventriculo*, *de aurium natura*. Bononiæ se sæpius metitum inflata intestina, incertam longitudinem, sed constanter longiora duodecim cubitis reperisse.

§. CCIV. fin.

Claudio CORTE *il cavallerizzo nel qual si tratta della natura di cavalli* Venez. 1562. 4.

p. 227 l. 11 inf. fin.

Nova editio tabularum est Venet. 1769. fol.

p. 231 sub l. 7.

EJUSD. *tractatum de musculis* Bonon. 1579. 8. fol. habuit CASSEBOHMIUS, RAMSPEK *Epist. ad me* T. II. n. 273.

l. 15 post * ad BORGARUCCIUM add. anno 1567. Patavii anatomen docuit.

sub l. 23.

Francisco la REYNA, Veterinarii, *l. de Albeyteria* Burgos 1564. 4. 1603. 4. & alias prodiit. In eo ajunt tradi sanguinis circulationem C. de V.

sub l. 6 supra imam

Jac. HEMSTEDT *studium doctrinæ de natura animæ & corporis humani* Rostoch. 1564. 8. RICHT.

J. Paul PERNUMIA, qui a. 1564, ni fallor, obiit, *Philosophia naturalis* Patav. 1570. fol. B.B. Huc pertinent capita de anima & ejus operationibus.

p. 232 §. CCIX. fin.

J. Jac. PAVESII, Savonensis cognomine Calabri, *Peripateticæ dispp. in prima* ARISTOTELIS *philosophia* Venet. 1566. fol. B. B. Capita de generatione ex putredine.

p. 234 §. CCXII. l. ult. post 12*. adde Sylvæducis 1702. 8.

p. 235 §. CCXIII. fin.

In *Cornelii* VALERII, Ultrajectini, *physicis s. de naturali philosophia institutionibus* Antwerp. 1567. 8. physiologica etiam sunt & anatomica.

l. 3 supra inf. post figg. adde Germanice Berlin 1710. 12. TR.

p. 236 §. CCXVI. init. adde

Georg. PICTORIUS. In EJ. *Physicarum quæstionum* L. III. agitur etiam de erro-

erroribus auctorum circa fabricam corporis humani Basil. 1568. 8. RIV.

p. 237 sub l. 11 adde

Mich. BARTH. *de homine* Lipſ. 1568. 8. tum huc refer libellum BARTHII ex p. 256 l. 11 & 12 supra infimam

§. CCXVII. l. 9 lege

Brixiæ 1607. 4. recuſam GUNZ.

p. 238 §. CCXVII. fin.

David BINWALD *de videndi ratione ac modo* Lipſ. 1570. 8 TR.

p. 241 §. CCXXII. l. 2 poſt 1578. adde ad VAROLIUM

annos natus non plures 32. MANDOS. p. 61.

p. 244 l. 1 poſt 4°. adde RAST., tum

Nunc legi ROGERIUM. Ejusdem ævi & XVI. ſeculi eſt. GALENI ſententiam utique contra ARISTOTELEM defendit, ſed theoriæ meræ ſunt.

p. 245 §. CCXXV. fin.

Il vero eſtratto d'un maraviglioſo moſtro partorito nel Ghetto di Venezia 1575. *che vacua per il bonigolo, che non ha altro eſito, e latta da ambidue le teſte.* SCHEUCHZ.

l. 4 ſupra ult. lege J. LONÆI.

p. 246 l. 13 adde

1582. fol. B. B. Univerſa hac collectione anatome continetur, tum phyſiologia, humorum temperies. Inde res non naturales, ſomnus, venus.

p. 249 ſub l. 7.

Paſquale CARACCIOLI *gloria del cavallo* Venez. 1579. 4.

l. 3 ſupra infimam poſt 1607. adde 8.

E . . , tum

Madrit 1668. 4. TR. HANSEN.

p. 250 l. 1 poſt *, adde

alia HUARTE eſt ed. Pariſ. 1668. 12. HO.

l. 3 poſt ſapore adde

Anima vegetativa, ſenſitiva & rationalis doctæ ſunt abſque doctore.

l. 9 ad fin. adde

quem ad ſcopum putat noſter ſe certiſſima media indicare: ut nempe mas ad venerem quam aptiſſimus ſit, coeat ſex diebus ante menſium fluxum; & a venere femina in dextrum latus decumbat. Male, plures, & ſexies plures, puellas naſci quam pueros.

ſub l. 13 inf.

Hic recenſebo *Antonium Franciſcum* PIGAFETTA, qui membranam ventriculorum cerebri in homine & bove apud Electorem Palatinum *Thomæ* ERASTO oſtendit, (in PARACELSUM IV. p. 59) qui idem minorem circulationem vidit.

ſub l. 9 ſupra inf. adde

De animæ facultatibus Baſil. 1583. 4. B. Tig.

l. penult. fin. adde

Non idem ſed duo viri ſunt, toti diverſi.

p. 251 ſub l. 2.

Juan CALVO Valentinus, ſcripſit, *tr. de la Anatomia verdadera del cuerpo humano* Sevilla 1580. 4. Madrit 1626. fol. 1674. fol. Valencia 1690. fol. C. de V.

l. 7 inf. poſt ſunt adde

Orationes duæ. Prior de ſtudio doctrinæ phyſicæ; II. *de bile excrementitia. Acc. quæſtio an ventriculus ſuo humore vere nutriatur.*

p. 252 ſub §. EJUSD. adde

Nicol. TAURELLUS in HIPPOCRATIS *prædicendi modum.* Ibi partium corporis humani aliquam deſcriptionem dedit, Francof. 1581. 4.*

tum

tum huc refer reliqua Ej. opera ex pag. 256 l. 12—17.

Jac. Wilh. FEUERLIN eumdem atheismi & deismi accusatum in *Taurello defenso* tuitus est Nurnberg 1734. 4.

p. 252 l. ult. fin.

Licenciado G. FRAGOSO *della cirurgia* L. II. Palermo 1679. fol.* Liber I. est anatome compilatitia. In Glossis varia sunt anatomica. Feminam Madriti in virum mutatam. Canem, si venas ligaveris, evulso corde latrare.

p. 255 §. Intereas l. 2 post prodierunt, adde 1639. 12. TR.

post *, add. Francof. 1690. 12. TR.

p. 256 l. 6 post *anatomien*,

dat is manier ende onderrigtinge van perfectelyk des menschen lighaam te anatomizieren.

p. 256 sub l. ult.

In *Consil.* T. II. integer est *tr. de hymene*, quem negat dari. Cum *Realdus* COLUMBUS pro hymene sentiret, repugnasse B. EUSTACHIUM, & in duabus virginibus nullum reperisse, & CANANUM negasse & VALESIUM. COLUMBUM errorem adgnovisse. Negat etiam PAREUS. Quærit porro AUGENIUS, quæ sit in corpore humano sensus sedes. Partum 165 & 174 dierum vitalem esse adserit, & addit, in Hispania quinquemestrem admitti. Glandulas etiam dari juxta radicem linguæ, ex quibus saliva manet.

p. 257 l. 4 post *cum*, adde

l. de ingressu ad infirmos recusus est Venet. 1690. 4. BOEHM.

p. 258 l. 12 sup. inf. ante Tabulæ, adde Paris 1585. fol. TR.

l. 7 supra infimam ad finem

Huic viro CL. SABATIER ante HABICOTUM recte descriptos musculos interosseos adscribit.

l. penult. ante Rouen,

Paris 1612. fol. TR. sed vereor ne sit COURTINUS.

p. 259 sub §. VESPASIANO,

Antonii ALVAREZ in Complutensi & Pintiana Acad. Med. Prof. *epistolæ & consilia* L. I. Neapoli 1585. 4.* In epistolis aliqua huc faciunt adversus JASOLINUM de viis bilariis, pro VESALIO. Eum virum recte epiphyses habere pro ossium operculis. Facultatem naturalem ab hepate per venas, vitalem a corde per arterias, animalem a cerebro per nervos ad omnes corporis partes didi. Lienem crassiore quam hepar sanguine nutriri.

ad MONEDULATUM.

Verum nomen est TSCHOKAS, WESPREMI.

In BOKELII libris dele

tr. de generica differentia &c. & duas lineas expunge.

§. J. l. 2 ad FLACCIUM adde

1584. 4.* Magna pars est physiologica, & pertinet ad motum cordis, respirationem, vitam, calidum innatum, senectutem, longævitatem, mortem naturalem, res non naturales. Collectitia sunt.

p. 260 sub l. 4 adde

Chr. IRENÆUS *de monstris, von seltsamen Wundergeburten* Ursellis 1585. 4. BOEHMER.

p. 262 l. 5 sup. inf. post 8°. adde TR.

p. 263 l. 6 fin. adde

Ferrariæ 1591. 4. TR.

sub l. 7 adde

Joan. Hermann BEYER *de lactis ejusque partium natura & viribus* Tub. 1586. 4.

p. 264 ad BERTINUM adde.

Liber II. est physiologicus, ad veterum saporem. Temperamenta. Adversus elementa PARACELSI. L. III. humores tractat. L. IV. generationem totam, etiam monstra. L. V. anatomen C. H. L. VI. calidum innatum, spiritus, humorem primigenium. L. VII. animam ejusque facultates, quæ habitent in universo cerebro, non in solis ventriculis. Lib. VIII. temperamenta partium corporis humani, & sex res non naturales. Huc etiam revoces l. l. *de pulsibus* & *urinis*.

sub l. 7 supra infimam adde

Mich. BOIEMI *historia de somniis* Witteberg. 1587. 4. TREW.

J. CASSANIONIS *de gigantibus eorumque reliquiis, ubi* J. GOROPII *error perstringitur, qui gigantum corpora tanta fuisse affirmat, quanta dicuntur* Spir. 1587. 4. TREW.

p. 265 sub l. 10 supra infimam adde

Franciscus DIAZ in l. III. *de las enfermidades de los rinnones y vesiga, y carnosidades de la verga, y urina* Madrid 1588. 4. RAST. habet anatomen renum, vesicæ, pudendi, fere ex VESALIO.

ad OLIV. SABUGAM adde

Circuitum sanguinis ei inventum tribuit SOLANO *lap. lyd.* p. 160.

p. 267 §. CCXLIX. fin. adde

NONII *a* COSTA, Lusitani, *de quadruplici hominis ortu L. IV.* Patav. 1589. 4.* Peripatetica, ethica & metaphysica contemplatio, nullo nixa experimento. Aliqua de monstris, de feminæ in generatione partibus ex ARISTOTELE, de hominis quatuor ætatibus.

§. CCL. l. 10 fin. ad NONNIUM

Idem erit, quem MUNNOR diximus p. 742.

p. 268 l. 7 fin. ad POSTHIUM adde

Vitam viri BRUKERUS habet *Ehrentempel* Aug. Vind. 1747. 4.

sub l. 11 supra infimam adde

Felicis ACCORAMBONI filii *adnotationes in l.* GALENI *de temperamentis* Rom. 1590. 4.

huc refer ex p. 298 lineas 5 & 6.

p. 268 l. 8 supra fin. l. PAPESI.

ad BAPST. adde

In *wunderbares Leibarzneybuch &c.* Continetur analysis sanguinis & de eo judicium, & cum suillo sanguine comparatio. Tum in T. I. cor & ejus varietates, cor hirsutus, cor magnum, monstra, menses, alia viscera.

p. 269 §. CCLII. sub l. 7. adde

Jordani BRUNI *de imaginum, signorum & idearum compositione ad omnia inventionum, dispositionum & memoriæ genera* L. III. Francof. 1591. 8. B. *Bun.*

p. 270 per *Conrad* BOEKEL lege *Cornel.*

ib. post HEURNIUM adde

Fr. Filippo GESUALDO *l'arte della memoria naturale ed artificiale*, Padova 1592. 4. SMITH. Vicenz. 1600. 4. d'ETR.

p. 271.

ad LAURENTII *historiam anatom.* pro 1600. fol. lege 1598. fol. 1600. 4. maj. GUNZ. & 1636. fol. Venet. 1606. 8. TR.

sub l. 4.

EJ. *Opera anatomica* Francof. 1595. 8.

Adnot. in artem parvam GALENI.

ad EJ. *Opera.*

Gallice versa a *Francisco* SIZE Lion 1627. 8.

sub l. 14 supra infimam adde ad opera A. LAURENTII

L'anatomie universelle de toutes les parties

ties du corps humain par ANDRE' *du* LAURENS, *revue par M. H.* (HUMBLOT) Chir. Paris 1731. fol. TR. 1748. fol. HO.

p. 274 §. EJ. ad JESSENIUM *de sanguine* adde

1618. 4. GUNZ.

p. 275 dele NONIUM *a* COSTA

ib. post §. *Martini* WEINRICH adde

Fabii PAULINI *tabulæ Isagogicæ in universam medicinam ex arte* JOHANNITII. Editæ a *Fabritio* RASARIO Venet. 1535. fol. TR.

tum huc refer §. *Fabii* PAULINI a pagina 298.

post RULANDUM adde

J. ROHTMANN *chiromantiæ theorica practica concordantia genethliaca* Erford. 1595. 4. TR. Germanice *chiromantia samt ihrer Theorie und Prëtik* Erford. 1596. 4. TR.

Sebast. PETRAFICTA *de sensuum externorum usu tr.* Witteb. 1594. 4. TR.

l. penultima lege GEDUCCI.

p. 277 l. 9 sup. inf. fin. ad GOCLENII *psychologiam* adde

1599. 8. TR.

sub l. 4 supra infimam adde

EJ. *memorabilia experimenta & obss. chiromanticæ* Hamburg 1691. 8. Germanice Hamburg 1692. 8. TR.

l. penult. fin. adde

Hall. 1691. 8. TR. 1692. 8.

p. 278 post PHAYRE adde

Bartholomæi SCHULZII *de calore vitæ, quem innatum dicunt* Witteb. 1596. 4. TREW.

huc refer §. *Balthasaris* SCHULZII a p. 309.

p. 279 §. CCLXIII. l. 4 ad edit. PINAEI adde

Francof. 1690. 12. TR.

p. 280 §. CCLXIV. post ARTEMIDORUM adde

PAMFILO SENORIO *discorsi de sopra cinque sentimenti* Venez. 1597. 4. PORT.

Joach. POLLIO περι της δυναμεως θεριακης *theoremata* Lipf. 1597. 4. TR.

p. 281 ad §. CCLXVI. RIVINUS Germanice addit

Neu Roßbuch &c.

p. 283 l. 11 supra infimam adde.

Prima pars est physiologica. Multa generalia, inutilia. Sanguinem esse materiem humorum, ipsius etiam adipis.

In *philosophicis exercitationibus* Camenini 1599. 4.* aliqua de generatione argumenta; de adipis natura, qui calidus sit & humidus.

sub l. 11 ad ALDROVANDUM

EJUSD. Epistola exstat cum JORDANI *aquis Med. Morav.*, in qua ALDROVANDUS agit de conditura Aegyptiorum varia.

p. 284 §. CCLXIX. sub l. 3. adde

F. RANCHIN & *Jean* DELORT *Q. an in fetu sola anima rationalis* Monspel. 1634. FALC.

ib. dele GESUATO & adde

Fabrica universale dell uomo, edit. dec. cum figg. physiognomicis Venet. 1627. 8. TR.

p. 285 §. ad *Joh.* MAGIRI *physiol. perip.* adde

Francof. 1603. 8. TR. 1606. 8. TR. 1612. 8. GUNZ. 1620. 8.

sub eadem l.

EJ. *in physiologiam suam peripateticam commentarius* Lichæ 1602. 8. TR.

ad ROUILLARD adde 1600. 8. FALC. 1604. FALC.

p. 288 l. ult. ad TRUILII *orat.* adde recusa est in WITTEN Dec. I. Ipse FABRICIUS magnificum pro eo ævo theatrum anatomicum construxit.

Vitam etiam THOMASINUS habet.

p. 290 §. CCLXXI. fin. adde Vitam CASSERII dedit THOMASINUS.

p. 291 l. 1 pro *vivit* lege *diu*

p. 292 l. 5 sup. imam ad de MARQUE add.

Nempe prima editio fuerit 1602.

Altera *Paradoxe ou traité medullaire, auquel il est amplement prouvé que la moelle n'est par la nourriture de l'os, revu de commentaire sur chacun chapitre, pour servir de replique à la reponse de Mr.* LANAY Paris 1609. 8. RAST. Utique prior liber hic redit, deinde multo ampliores notæ, quibus fere LANÆUS refutatur. Non posse medullam ossa nutrire, cum ejus materia a materia ossium tota alia sit. Exigua tantum ossium vasa esse. Multa dari ossa absque medulla & in robustissimis animalibus nullam esse, quæ tamen nutriri manifestum sit. Ossa similia, medullam diversi generis esse. Non alere, quæ sit excrementum, sanguine ossa ali, ut alias corporis humani partes. Qui idem est matiries calli. Variæ utilitates medullæ, ut ossa reddere flexilia.

Dele *reponse au paradoxe.*

p. 293 l. ult. ad R. a CASTRO add. Intestina per terrorem restituta.

p. 294 post §. *Joh.* BRACHMANUS adde

DAVIES *microcosmus the discovery of the little world* Oxford 1603. 4.

§. *J. Hieronymi* l. 1 post *Calabri* lege *Observationes*,

& l. 2 post *positas*,

Alia editio *artis memoriæ* est Francof. 1602. 8. TR.

l. 6 supra infimam ad finem adde ad POLITIANUM

1606. 8. TR. &

Phil. GALLE *icones aliquot corporis humani & explicatio* Basil. 1603. fol. TR.

p. 295 sub l. 4.

EJ. *Examen de l'examen des esprits* Paris 1631. Video laudari.

post *Jac.* FONTANUM adde

Hier. MAGII *de gigantibus* apud COMMELYN. 1603. 4.

p. 297 §. CCLXXX. in titulo dele *Ludwig* & lege *Johann*

p. 298 l. 1 lege *Lud.* KEPLER qui *methodi* auctor est.

p. 299 §. CCLXXXI.

lege *nobilium Exercitationem* libri II.

l. 4 fin.
l. 5 fin.
l. 7, 8, 9 fin.
l. 12 post d'ETR.
} adde TR.

sub l. 9 adde

EJ. *de urinis* 1607. 4. TR.

p. 301 adde ad HORSTII opera

EJ. *institutionum medicarum compendium* Witteberg 1630. 8.

p. 302 ad RIOL. *scholam* l. ult. adde TR. & 1611. fol. cum patris operibus.

p. 303. §. Alia l. 1 post 4°. adde TR.

p. 305 l. 2 post 1672. 12°., adde TR.

p. 307 sub l. 4.

Quid est RIOLAN's *von der Erzeugung der Menschen* 1765. 8.

sub l. 7 adde

Bartholomæi VOGTER *Arzneybüchlein* Ursell. 1605. 8. Aliqua oculi anatome.

p. 310 sub l. 4 adde ad §. CCLXXXVI.

Ludovici SEPTALII, Patavini, Protomedici in Dominio Mediolanensi, *in* ARISTOTELIS *problemata commentaria ab eo latina facta* Lyon 1632. fol. 3. Vol.* liber autem editus est a. 1601. Fusissimi commentarii raro quidquam habent proprii, tamen ut versionem GAZÆ subinde castiget, textum vero det latinum & græcum. Huc vero faciunt, S. II. de sudoribus, qua multa parum firma traduntur; S. IV. de venereis, erectione a pondere, quod sit testiculus; S. V. *de laboribus*; S. VI. circa quietem & corporis configurationem; S. X. varia. Hominem solum sanguinem e naribus profundere. Non conjungi cum longa gestatione vitæ longitudinem. Cur aliqua animalia ex aliis quibusdam generent, ex aliis nunquam. Animalibus e cicatrice pilum nasci, non homini. Nunquam gemellos nasci marem & feminam, hoc male. Boves & jumenta non eructare. Animalia sylvestria raro parere, cicura frequenter. Oves in Africa bis parere. Longævos esse, quibus linea per totam manum producitur. Eunuchos non calvescere. Magna animalia raro monstra producere. Exsanguia animalia præciso capite non continuo perire. S. XI. ad vocem & sonum. S. XIII. ad odores. Nullum animal bene olere, præter Pardalin. S. XIV. de regionibus. In calidis homines vivere sapientiores, & gentes australes esse antiquiores. Ita ARISTOTELES, cujus cæterum problemata confuse edita sunt, & eorum plurima repetita redeunt.

Adde porro

Martini PANSÆ *de causis longæ brevisque vitæ* Basil. 1606. 4. RIV.

ad INGEGNERI adde

Padova 1622. 4. TR. Venez. 1651. cum aliis ejusdem argumenti l l.

p. 311 ad opera J. OELHAFEN

In *l. de seminario pestilente* Gedan. 1626. 4.* habet illam C. BAUHINI communicationem ex vena pulmonali in aortam, ductum nempe arteriosum: tum de sinu frontali aliqua.

§. *Jean* LANAY ad fin. adde

Nunc coram est. *Jacobus de* MARQUE improbabilibus argumentis usus erat. Medullam nimis frigidorum & terreorum ossium dissimilem esse. Vasa habere minima.

Noster nihil habet proprii. Arteriam in cava tibia etiam ex HIPPOCRATE repetit, cæterum theorias meras ex veteribus exponit.

Deinde, cum se vindicasset *Jacobus* d'AMBOISE, reposuit noster *le Triomphe de la mouelle pour duplique au tr. medullaire de M. J. de* MARQUE Paris 1609. 8.* Nihil fere nisi repetitiones. De sinu tamen frontali agit, qui læsus nunquam coalescat, quod medulla evacuata sit.

p. 312 ad *Tobiam* KNOBLOCH adde

Utcunque huc referas *physicas disputt. de coloribus* Witteberg 1601. 4.

De saporibus 1601. 4. ib.

De odoribus ib. 1601. 4. TR.

EJ. *Dissert. anatomicæ & psychologicæ* Onolzbach 1612. 8.

p. 313 §. RULANDI opus ita lege

l. de procreatione hominis & procreantis matris purgatione. Deinde adde ossa pelvis in partu discedere vult, teste BAUHINO, qui & Parisiis viderit & Basileæ, ob humorem mucosum eo decumbentem.

§. ad WERENBERGI editt. adde 1609. 4.

p. 314 ad §. *J. Baptistæ* fin., adde TR.

p. 318 ad edit. KORNMANNI adde

Virginopoli 1631. 12. TR. Jena 1621. 8. TR. Nurnb. 1706. 12. IDEM.

l. 2 inf. fin. adde

cum priori 1694. 8. TR.

p. 319 l. 7 ad SCHENKIUM

bene testes & seminales vesiculas descripsisse lego.

p. 321 §. *Jacques* DU VAL adde

RAST. Princeps scopus auctori fuit historiam scribere MARINI *le* MARES, qui cum virorum consuetudinem habuisset, & ipse pro femina haberetur, ad furcam ob tribadismi crimen damnatus fuerat; eum noster, cum rectius inquisivisset, fato eripuit a. 1601. Virga ei vera erat, sed latens, tamen ut subinde prodiret, & in œstro venereo etiam potissimum. Noster prodire vidit, & semen per glandem perforatam ejicere. Mystacem habebat, vulvam cum nymphis absque hymene, clitoridem parvam, imaginem urethræ, quæ tamen lotium non redderet. Penem ait in abdomine fuisse, uteri loco, & glandem, qua solet os uteri poni. Infortunium hominis statui tribuit stellarum, qui tamen plene liberatus fuit.

Initium hujus operis fit ab anatome genitalium utriusque sexus partium. Septem vasa spermatica in homine anno 1568. reperta esse. Prostatas non vult glandulas vocare. Chirurgi error, qui corpus cavernosum pro gangrænoso immerito habuit. In feminis esse *la dame du milieu*, quæ est vaginæ sub urethra prominentia, quam pro perpetua parte habet. Hymenem describit, atque signa castitatis spuria atque vera. Androgynorum quatuor classes facit, ut alter sexus prævaluerit. Exempla feminarum magna clitoride pro viris habitarum, & dissolutum ob eam causam matrimonium. Qui homines sexum mutaverint, virilem subito induerint, aut femininum. Cui penis per incerta tantum tempora conspicuum se dederit. Longa quasi cornua pro unguibus.

post CORVINUM adde

De lampade vitæ Franeker 1611. 4.* Pro curationibus sympathicis adducitur experimentum sanguinis calentis ægroti in canem traducti, veræ transfusionis.

p. 322 §. CCXCVIII. sub l. 7. adde ad LICETUM.

De ortu animæ humanæ L. III. Francof. 1606. 8. TR. si huc facit.

Tum *de animarum coextensione corpori* Patav. 1616. 4. TR.

De rationalis animæ varia ad corpus propensione L. II. Patav. 1634. 4. TR.

De anima ad corpus physice non propensa dialogus Utin. 1637. 4. TR.

De vita Genuæ 1606. 4.

l. 4 supra infimam l. *de duplici calore* ita lege

Mulctra s. de duplici calore corporum animalium TR.

p. 323 l. 11 ad edit. COURTINI adde 1597. fol.

post PISTORIUM adde

Wolfgangi FRANZII *historia animalium* primum prodiit 1612. 8.* theologi opus a J. CYPRIANO recusum, cum commentario & supplementis. 2. Vol. Francof. & Lipf. 1712. 4.

p. 324 l. 8 ad SANCTORII *statica*

In HENNINGERI *collectione* redit Argent. 1712. 8.*

p. 325 l. 6 adde 1631. RIV.

§. 300 fin.

Benedicti ROHTMANN *explicatio hominis secundum praestantiores sui partes* Coburg 1612. 4. TR.

Francois DISSAUDEAU D. fac. Par. *Commentaire sur* HIPPOCRATE *des playes de tête* Saumur 1612. 12. RAST. Habet anatomica de suturis, figuris capitis variis, membrana uterum bipertiente, Parisiis ostensa.

Physiognomia of menschenkenner. Simonidae memorie konst door H. G. FOLLINUS Haarlem 1613. 8. CARLSON.

J. TSERI a Patskay theologus. EJ. *Magyar Encyclopaedia &c.* Utrecht 1613. 12. Physiologia hungarica, qua anthropologia & universa ars medica continetur.

p. 326 sub l. 4 adde

Abraham HOFMAN *de natura & nativitate hominis* Altenburg 1613. 4.

p. 327 sub l. 7 adde

Jean TAXIL *la physiognomie dans sa splendeur* Tournon 1614. 4. RAST. Temperamenta & morbos ex facie innotescere, quo refert HUCHERI exemplum. Sed etiam multa per physiognomiam adgnosci, & per chiromantiam, nervorum sympathiam. Anonymo incredulo magnum facit convitium.

l. 5 supra fin. lege PIIART.

p. 328 l. 7 post *, adde 1682. 12. TR.

p. 331. Cum *Isagoge* prodiit

p. 334 sub l. 7 fin.

lego FUSCHII *fabrica universale dell uomo* Venet. 1627. 8. OSB. An EJUSD.

Nunc coram est FUCHSII l. Exempla facierum omnia bona promittentium. Frontis varietates. Frons magna *Christophori* COLUMBI cum icone, frons nimis magna & mala VITELLII. Frons parva mala. Frons longior bona, ut PLATONIS, sed cum naso & mento tenui crudelis, ut J. MARIAE. Frons latior stultos indicat, parva nihil boni. Rotunditas iracunda, sed cum latitudine ingeniosa est: rotunda frons *Mauricii* NASSOVICI. Quadrata A. DORIAE. Convexitas asinina. Frons nebulosa crudelis, ut Ducis Albae. Contracta severa & melancholica. In altum corrugata stulta. Rariores rugae diligentes. Lineae continuae felices, infelices quae dissectae. Rectae & simplices bonae, ut SEVERI AUG. Parvae lineae damnosae. Lineae planetariae. Oculos omitto.

sub l. 7 adde

Phil. MULLER *de similarium generatione & concretione* Lips. 1615. 4. RIV.

p. 337 sub l. 4 adde

Petri SAXONII *ad theses Jac.* MULLERI *de natura motus muscularis* Giessae 1617. M.S.* Magni errores geometrici MULLERI. Noster Professor erat Altdorfinus.

ad *Laz.* RIVIERE.

Mulieres ratione animi & corporis viris perfectiores. Cum clauda venerem esse suaviorem. Non dari pulsum amatorium. Vitiosi & monstrosi partus non esse eandem causam.

p. 338 ad *Georg.* SHARPE adde

Nempe *quaestiones medicae a T.* RANCHINO *& J.* DELORT *propositae pro regia cathedra vacante* Monspel. 1617. 4. & 8.

Mich. MOREL E. partium divisio in *arte parva* recte proponitur. Sitis & fames sedem habent in ventriculi orificio superiori. Menses & dies critici a luna sunt.

ante

ante §. ABERNETHEE fcribe ADAM.

ante §. GENESTET fcribe DAVID.

pro SAILLER, lege *Petrus* SAILLENT.

& ad ejus thefes adde

Animi mores fequuntur temperiem corporis.

p. 340 §. EJUSD. fin.

Cel. HUNTER in epiftola nunc me docet, fe poffidere has tabulas cum infcriptione, *Vente tavole anatomiche fatte da* PIETRO *da* CORTONA *nell ofpidale di S. Spirito in Roma ajutato dal celebre chirurgo Nicolas* LACHE. Ipfa effe originalia calamo *Petri* de C. delineata, fcopum primarium nervos effe. Supplementum ab alio additum fuiffe, nullius judicii homine.

& adde, fuiffe inter TREWII libros *tabulas anatomicas J. Guilielmi* RIVÆ 1616. fol. maj. Sed nunc reperio in eo catalogo nomen RIVASTENII.

p. 341 fub l. 7 adde

J. HULDRICH *de caufis fimilitudinis & diffimilitudinis in fetu* Gieff. 1618. 4°. HAENEL.

p. 342 l. 6 inf. fin. ad FERNANDEZ add.

In Cat. C. de V. titulus eft *Matheo* FERNANDEZ *difputationes medicæ & philologicæ* Granad. 1609. 4.

p. 343 §. 315 l. 2 fin. ad *F.* BARTHOLETTUM.

Lego etiam *Anatomia grande* cum figuris, Taurini 1609. 8. CARR.

p. 344 ad SENNERTI *hypomnenata.*

Semen animatum effe docet, & animam cum femine corpus animatum formare. Fufe de anima, & ejus ad corpus habitu. Animas habere vim fe multiplicandi. Semen femininum prolificum effe. Animam humanam cum femine a parentibus propagari. In FIENUM. De fpontanea viventium generatione — differunt, quod non a femine nafcantur, & tamen ab anima. Formæ fubordinatæ. Animalia fponte nafcentia: animalia viva ex vivis (ichneumones.) Anferes fcotici. Collectanea & ratiocinia; vix quidquam proprii.

p. 345 fub §. *Gabrielis* ILDEFONSI add.

Guil. ADER *de morbis evangelicis* Tolof. 1620. 8.* continet vulgarem anatomen..

p. 346 ad *Eman.* STUPANUM.

EJ. *parentatio in obitum* C. BAUHINI Bafil. 1621. 4.*

p. 347 §. 320 fin.

Multa pofthuma reliquit, etiam *de rifu & fletu* MANDOS.

p. 348 dele J. CRAFT.

p. 349 §. EJ. l. 2 poft 1661. 12.* add. 1677. fol. TREW.

p. 350 fub §. *Jacobi*,

Jacques BURY, Chirurgi, *le propagatif de l'homme* Paris 1623. 8.* Formatio fetus, monftra. Situs fetus in utero, motus & partus, breviter omnia.

p. 351 ad *quæftiones ex* PINÆO add. Argent. 1672. 4.

l. 9 inf. adde TR.

p. 352 fub l. 5 ad SEBIZII *opera* add.

EJ. *Exercitationes medicæ. Acc. difcrimina corporis virilis & muliebris & de notis virginitatis; de femina Argentoratenfi &c.* Argent. 1672. 4.

p. 354 l. 1 fin. adde 1634. 4.

l. 3 poft *, adde 1580. 8.

p. 355 fub l. 1.

EJ. *Metopofcopia naturalis* L. III. Antwerp. 1648. 8.

EJ.

Ej. *de quatuor signis, quæ apparent in unguibus manuum* Neapoli 1644. 8.

ſub l. 7.

Balthaſar MEISNER *ανθρωπολογια ſana*, ſi huc facit, Argent. 1625. 8. tres decades.

p. 356 §. 332. l. 10 poſt citat, ad J. FABRUM add.

Cortex ad vitellum in utero accedit.

l. penult. poſt * adde

1624. 12. SMITH.

§. 354. l. 5 poſt *, ad SPIGELII l. add. *von der Frucht in Mutterleib* Frankfurt 1631. 4. 1656. 4.

p. 358 l. 3 fin. adde

1656. 4. TR.

§. 335. ſub l. 2 adde

J. VELASQUEZ de AZEVEDO *fenix de Minerva y arte de memoria* Madridt 1626. 4. B. B.

La Muſchera jatropolitica Cervello e corde principi Venet. 1626. 4. ſi huc facit.

J. BURGOUWER *de ruminatione humana* Baſil. 1626. 4.

p. 360 §. 337 ſub l. 6. add.

De venis, vena medullæ ſpinalis: de unione venarum thoracicarum cum vena portarum, & hæmorrhoidalium internarum cum externis.

l. 14 fin. ad V. ALSAR adde MANDOS.

ſub l. 15. adde

DAFFINYS *art of memory* Lond. 1627. 8. SMITH.

DASSIGNES & a. 1697. 12. lego apud ROBSON.

p. 364 l. 9 poſt tum, adde ad editt. HARVEJI.

1654. 12. TR. Patav. 1663. 12. cum Walæo. 1643. 12. TR.

p. 365 l. 8 poſt audiemus.,

Erant, GAVETO teſte, medici Monspelienſes, qui a. 1690. circuitum ſanguinis rejiciebant. (*ſur la peſte* p. 325.)

p. 367 §. *Alphonſi* a CARANZA l. 4 poſt *, adde 1677. TR.

p. 369 §. 342 l. 2 poſt vocem *Sangria* adde Rom. 1611. 4. TR.

§. EJ. *de annis* ad finem adde

De longævis.

p. 371 l. 13 poſt fol. *, adde ad editt. *opthalmographiæ* 1669. fol.

p. 372 l. 12 fin. adde editionem

1629. 4. TR.

ſub l. 14 adde

EJ. *Anatome a calumniis defenſa* Jen. 1632. 4. TR.

EJ. *pr. anatomicum ſexum muliebrem & feminam commendans* 1633. 4. TR.

EJ. *pr. anatomen theologiæ principium commendans* 1634. 4. TR.

EJ. *pr. anatomen ſexus muliebris commendans* Jen. 1634. 4. TR.

EJ. *pr. anatomen piæ devotionis ſuſcitabulum commendans* Jen. 1636. 4. TR.

EJ. *pr. γνωτι σεαυτον commendans* Jen. 1637. 4. IDEM.

p. 375 ad l. 9 ſigna ultimam add.

CHR. HENRICUS *de anima ſentiente* Lipſ. 1631. 4. RIV.

p. 376 l. 11, poſt perforatum adde

Vaccæ cornua cervinorum ſimilia.

p. 377 §. 349 ſupra l. penult.

EJ. *defenſio tractatus de origine formarum* pro D. SENNERTO contra J. FREYTAGIUM Witteberg 1638. 8. TR.

p. 378 l. 3 ſupra inf. adde ad RITTERSHUS. 1638. 4. TREW.

p. 379 l. 2 fin. adde ad J. STEPHANUM & in *operibus omnibus* Venet. 1653. fol.*

In *epistola* 29. respondet ad nonnullas in hunc l. factas animadversiones.

In iisdem *epistolis* aliqua sunt argumenti anatomici aut physiologici. Ita *Ep.* 49. non posse fieri, ut femina fetum pariat felis capite. *Ep.* 60. cur fetus octimestris non vitalis sit. *Ep.* 61. facultates principes in cerebro residere, non in corde.

In *poematibus* de ossium conjunctione agit: de signis indicantibus, marem esse, qui utero geritur.

In *Comm. ad* AVIC. *de affect. cap.* anatome organorum sensuum exstat.

ib. sub l. 2 adde

Eusebe RENAUDOT *conferences publiques* Paris 1679. 8. 5. Vol. B. B. ab anno 1633. ad 1642. Agitantur varia, ratiociniis fere, rarius exemplis. Puella barbata & villosa. Insomnia. Physiognomia. Memoria artificialis ejusque laudes. An nihil nutriat, nisi quod vixit.

T. II. de quinque sensibus. De fame & siti. Chiromantia. Respiratio. Androgyni.

T. III. Modus incrementi. Animalia, ut ex putredine generentur. Zoophyta.

T. IV. Bombyx. Cur pueri aut puellæ generentur.

T. V. Tempora partus. Cur septimo potius quam octavo mense pueri nascantur. Num corpus humanum multis annis possit incorruptum servari. Num felices sint, qui galeati nascuntur.

p. 380 l. 11 fin. ad BEVERWYCK

Se anulum loco valvulæ vidisse apud VALKENBURGIUM.

l. 16 post 1652, ad editt. opp. omnium adde 1664. 4.*

p. 381 sub l. 8. sup. inf. add. ad NARDIUM

EJ. *Mulctra mulctræ s. de duplici calore* Florent. 1638. 4. Si recte legi.

p. 383 §. *Caroli* l. 1. ad edit. BUTLERI adde

Oxon. 1676.

& l. 3 post *, ad edit. *Anglicam* add. 1763. B. BUNAU.

p. 384 l. 3 fin.

Hæ epistolæ prostant cum HARVEJO Patav. 1643. 12. 1663. 12. TR.

l. ult. post Rouen, adde ad editt. GELEE 1630. 4. TR.

deinde 1645. 8. TR. 1654. 8. Ho.

p. 385 l. 5 inf. supra fin. lege *principes de la chiromance.* RAST.

l. penult. post 4°. ad *art. de connoitre* adde 1667. 12.

p. 386 §. 361. fin. adde ad *comm.* in ARIST.

excusus etiam Tolos. 1649. 12. cum *tr. quod nihil scitur.* B. BUN.

§. 362. sub l. 2.

EJ. (KOZAK) *de hæmorrhagia* Ulm. 1666. 8.* Multa exempla feminarum absque mensibus viventium. Multa alia physiologica. Ante nuperos Anglos plurimum vaporibus tribuit, sanguinis motum cientibus. Venas mesentericas factas esse ad deponenda in intestinum sanguinis excrementa, non ad sugendum chylum. Animam cuique membro suam esse, suam generationem. Penem infantibus sæpe rigescere.

p. 391 §. 366. sub l. 10 adde

MESNARDIERE *raisonnemens sur la nature*

ture des esprits, qui servent au sentiment Paris 1638. 12. RAST.

p. 392 l. 8 post *, adde ad editt. *syntagmatis* 1651. 4. TR.

l. 10 post 1728. adde alii 1718.

l. 17 post fol., adde 1677. fol. TR.

sub l. 10 supra infimam add.

EJ. *de cognato anatomici & botanici studio* Patav. 1638. 4. TR.

l. penult. post hyænæ add.

Cui olfactus, gustus, auditus amissus, sanguinis plurimum de naribus fundebatur.

p. 393 §. 368 l. ult. fin. add.

*. Nunc legi. In principio de vomitu agit, de fabrica ventriculi cum iconibus VESALII, cumque propriis iconibus quatuor ventriculorum hœdi, & duorum ventriculorum galli Indici. Deglutita ex œsophago transire in omasum. Reticulum partem esse primi ventris. Meninges constringi, interque eas & ventriculum consensum dari. Effectus vomitus, evacuatio, congestio ad caput.

p. 394 sub l. 6.

De animarum origine & natura in brutis sententiæ, quibus simul D. SENNERTUS *criminis blasphemiæ a* J. FREYTAGIO *ipsi intentati absolvitur* Francof. 1638. 4. TR. Conf. SENNERTUM.

p. 395 §. 371 l. 3 fin. adde ad l. de septo cordis

Francof. 1690. 12.

p. 397 sub l. 9 adde

Editioni VESLINGII addidit aliqua de femina gravida, de sceleto LEONCENÆ.

sub l. 14 adde

EJ. *disp. de alimentis* Helmstätt 1699. 4. PL.

sub l. 24 adde

Hieronymus AJALA, Chirurgus edidit *del parto humano* (quem librum suspicor esse *Francesci* NUNNEZ) Valencia 1639. 4. Madrid 1724. 4. C. de V.

Post l. 8 supra infimam add.

Christiani LUPI *apologia pro anima ovi sensitiva* Colon. 1679. 4. FALC.

p. 398 supra §. *Franc.* adde ad HAFENREFFER.

EJ. *de corde ejusque affectu gravissimo syncope* disp. R. J. G. SCHMIDT Tubing. 1658. 4. HE.

p. 399 §. GALENI l. 2 post LIND. adde ad l. GALENI & BOTALLI *placita.*

Titulus plenior est *De nupero Botallianorum invento, quo viam sanguinis a dextro in sinistrum cordis ventriculum adserunt*, Cl. GALENI *sententia abhinc* 1500 *annis monumentis literarum publicata* Patav. 1640. 4. TR.

supra §. 377. adde ad FOLIUM.

APOLLINIS *sententia de facili reperta via sanguinis confluentis a dextra in sinistram cordis regionem* Venet. 1640. 4. TR.

p. 400 supra l. 1 adde

Henricus WELMAN *de humoribus & spiritibus* Groning. 1640. 4.*

EJ. *de usu partium* ib. 1640. 4.*

EJ. *de cerebro* ib. 1641. 4.*

EJ. *de ossibus corporis humani* 1642. 4.*

EJ. *de ventriculo humano* 1643. 4.*

ad §. Institutiones l. 2 post HEIST. add. cum titulo adhuc CASPARI.

p. 403 ad historias BARTHOL. adde

In *Cent.* II. Cum ductus choledochus obstructus esset, alius ductus ab hepate in duodenum duxit.

p. 406 l. 16, 17, 20, 23 fin. adde 4.*

l. 22. adde 4.

sub l. 22. adde

EJ. *Disp. de vesica urinaria.* Urachum in homine patentem vidit; fetumque, qui urinam per spongiosam carnem reddebat. Fæces per os redditæ.

sub l. 9 supra infimam adde

EJ. *de communibus corporis tegumentis* disp. I. II. Hafn. 1656. 4.*

p. 408 §. 379. sub l. 8 adde ad *Sim.* PAULI.

EJ. *theatrum anatomicum* Hafn. 1644. 8. TR.

ib. l. ult. fin. ad eumdem S. PAULI add.

Bildnuß und Gestalt einer erschröcklichen unnatürlichen und ungewöhnlichen Geburt eines Kinds Rostock 1548. 8. sic TREW. sed est 1648.

p. 410 ad l. 6 adde

In editione, quam curavit, epitomes VESALIANÆ aliqua sua adspersit.

§. 383. sub l. 2 adde

FACUNDINUS ANGELINUS *de venæ sectione eligenda* Patav. 1642. 4.* Sanguinem in febre maligna totum dissolutum vidit, tum mirificam emaciationem a gonorrhœa, & a puris in femore generatione, absque phthisi.

p. 411 §. 384 l. 8 fin. adde

Cornu ex calcaneo natum.

sub l. ult. add.

Jacob GIRAUD *des* BERGERIES in *manuali Vademecum* M.S. 1642. 12. quod apud me est, medicinæ dedit compendium.

p. 414 sub l. 2 adde ad SCHOOKII opera

EJ. *de sanguine parte corporis principe* Witteb. 1679. 4.*

ad diss. *de eorum pullo* add. usus ovi medicos & œconomicos.

ad l. 4 supra infimam adde SCHOOKII *operibus*

EJ. *De anima belluarum undecim disputationibus proposit.* Groning. 1658. 4. PL.

ad L. URSINUM add.

EJ. *de rana in homine genita* R. KOCH Francof. ad Viad. 1651. 4. HE.

p. 415 sub l. 2. add.

Jac. BECKER *de respiratione* Argentor. 1643. 4. CARR.

p. 416 l. 2 adde

Non pro convivio, sed pro publica commemoratione inventi ductus pancreatici, legatum exstat M. HOFMANNI *v.* MURR.

l. 3 supra imam ad disp. HOFMANNI adde

Apotimema quod pro anatomicis exercitiis solvunt 1662. 4. TR.

p. 417 l. 4 post 8°. adde 1667. 8. TR.

l. 6 post 1660, adde 8°.

sub l. 16 adde ad HOFMANNUM.

EJ. *Theatrum anatomicum Altdorfinum.*

p. 421 ad l. 5 supra inf. adde AMMANNI disputationibus.

ID. *de aqua articulorum* Lips. 1672. 4. PL.

p. 423 sub l. 1 ad disp. G. MOEBII add.

EJ. *de mola uterina.* Post verum infantem edita mola ventriculo ovillo similis, quæ se contraheret & dilataret.

§. EJ. *fundamenta* l. 4 post * add.

Lips. 1678. 4. TR. tertia editio, cum præfatione WEDELII.

p. 424 sub l. 3 inf. add.

Zachariæ ANDRE *de dentibus* Argent. 1644. 4. CAR.

l. ult.

l. ult. post 12°. ad DURELLE adde *, tum Monachus, dat aliqua osteologiæ & reliquæ anatomes elementa.

lege nomen DURELLE & dele voces *habet etiam osteologica.*

ad imam l. adde

Christ. THOMÆ *theatrum anatomicum* Hafniæ 1644. 4. TR.

p. 425 sub l. 4 ad *Chr.* SCHELHAMM. adde

ID. *hominem animal pulcherrimum commendans* Jen. 1645. 8.

J. Jac. BRUNN & *J. J.* WEPFER *de chylificatione* Basil. 1644. *.

p. 426 l. 5 post *semine*, adde ad FRANZOSIUM

pro ARISTOTELE *adversus* GALENUM.

& ad eum l. adde

Nunc legi. Non ex semine femineo fieri fetum, sed ex menstruo sanguine solo, cum maris semine. Mera cæterum ratiocinia, nullo experimento.

§. 395 l. 2 post *., ad LEICHNER *de motu &c.* add. 1665. 16.

l. 7. lege

EJ. *de indivisibili & totali anima in toto suo corpore & singulis ejus partibus exsistentia* ibid. 1650. 12.

sub. l. 10. adde

EJ. *Quinque disputationes physiologicas de generatione*, quas habet TREW. Erford. 1645. 4.

EJ. *Disput. physicæ* TR.

p. 427 sub l. 6 supra inf. add.

Jos. SCHMIDT *Spiegel der Anatomie* Augspurg 1646. 12.

l. 3 inf. post *natura*, ad HEYSTIUM add. *num vere sint corporis partes.*

p. 428 §. 396. l. 1 post fol. adde ad editt. BROWNII 1669. 4.

p. 433 l. 4 post PL. ad edit. *prodromi* adde 1675. 12.

§. EJ. ad eum *prodromum* l. 2. post LIND. adde

Idem prodiit in collectione cum NEEDHAMIO, C. DRELINCOURTIO *de partu octimestri* TH. ALDES *de utero vaccarum* Amsterdam.

ib. post 1672. 4.*, adde editionem 1675. 12.*

p. 434 sub §. 402. ad HORNIUM add. *Orationem de ejus natalitiis, vitæ instituto & e vita excessu* DRELINCOURTIUS dixit 1670. 4. Leid. B. BUN.

p. 437 post l. 6 supra infimam adde

J. GERHARD *brevis & succincta partium corporis humani similarium recollectio ac enumeratio anatomica* Tubing. 1649. 8. TR.

p. 438 sub l. 1 adde ad ZEISOLD.

EJ. *Anthropologia physica* Jen. 1666. 4.

§. 405. ad l. primam adde

Cl. BLUMENBACH ex peculiaribus traditionibus testis est, POSNERUM publice de generatione ex ovo prælegisse, & evolutionem pulli ostendisse.

p. 439 l. 6 supra inf. fin. adde edit. CHARLETONI 1695. 12.

p. 440 ad CHARLETONI *orationem* add. 1680. 4. HANSEN.

ad l. 4 supra infimam adde

Joseph. Anton. GONZALEZ *de duplici viventium terra paradoxum, magni operis epitome* Leid. 1650. 4.*

p. 441 §. 407 sub l. ult. add.

Circa hæc tempora vixit *Josephus* GALEANUS, qui citat suás *corporum, quæ morbis exstincta sunt, incisiones.*

p. 443 l. 1 post * ad edit. PECQUETI add. Harderwic. 1651. 12. TR. Amsterdam 1661. 12. 1700. 12.

p. 406 l. 1... ...endit adde
...
... vel sanguis
F... Rouen 1652.
cl...

... ultima adde
... or the secrets of mans
... Lond. 1652. 8.

... post Patavinus, ad
... de MARCHETT. add.

... anatomen docuit TOMASIN.

... l. 11 inf. post 12.*, adde
Leid. 1691. 12.

p. 453 sub l. 6 add.

...USD. *Opera medica* Leid. 1691. 12.
... Vol. TR.

p. 456 sub l. 7. add.

Julii MILLI *naturæ motus decernentis arcanum opus* Venet. 1654. 4.* Duæ sectiones sunt physiologici argumenti. De motu musculari, cerebro, visceribus, etiam singulatim. De cordis motu in HARVEUM.

CYRI SPONTONI *la metoposcopia overo commensurazione delle linee della fronte, aggiuntavi una breve e nuova physiognomia* Venet. 1654. 12. TR.

EJ. *Harmonia macrocosmi cum microcosmo* Francof. 1654. 8. Germanice versum opusc. idem esse puto.

p. 457 sub l. 2. add.

EJ. *progr. ad anatomen invitans* 1654. 4.

p. 459 §. Inde l. 8 post GUNZ. add. Leid. 1660. 4.

p. 463 sub l. 6 inf. adde

EJ. *disp. de tussi* Helmst. 1667. 4. PL.

l. penult. ante BOSSE adde A.

post *mesures* adde „
prises sur les antiques qui sont à Rome.

In *Benedicti* SYLVATICI *consiliis* Patav. 1656. fol.* de partus legitimis ætatibus agitur, & pro quinquemestri vitali dicitur.

p. 464 sub §. *J. Christiani*,

W. COLES *perspicillum microcosmologicum, or a perspective for the discovery of the lesser world* Lond. 1656. 12.

Simon LEONARD *de naturali & preternaturali risu* Messan. 1656. 4. nisi nomen corruptum est.

p. 467. §. 436. init.

Francisci Antonii CATTI *Isagoge anatomica* Neapoli 1657. MOSCA. Liber perrarus.

§. *Hieronymi* OCCHI ad finem add. *. inane scriptum. De sanguine, bile flava & atra, pituita &c. ad saporem veterum.

p. 468 sub l. 6 supra infimam add.

De chiromantia & physiognomia par le S. de PERUCHIO Paris. 1657. 4. CARLS. 1663. 4. Videtur ADAMANTIUM esse.

§. EJ. *Casus* post 4. adde *

p. 470 l. 3 fin.

Ductus in bove hepatocystici.

p. 474 sub §. EJ. *Tractatus* add.

Chr. KORTHOLT *diss. H.* CARDANI *opinionem hominem non esse animal discutiens* Jen. 1658. 4. RIV.

p. 475 §. *Samuel* HAFENREFFER fin. add. IDEM omnino

p. 480 l. ult. fin., adde B. Tig.

p. 481 sub l. 5 inf.

EJ. *de admiranda pulmonis structura* 1662. 4.*

p. 482 §. 446. l. ult. fin. add. recus. 1773.

p. 483 l. 5 supra infimam post *plantam* adde

& facultatum membrorum, colli, brachiorum, articulorum, nervorum.

p. 484 sub §. In G. adde

J. V. G. (GRUYWAART) *de uyterlyke deelen van het menschelyck lichaem* Roterd. 1660. fol. maj. TR.

Antonii TERILLI *problema de termino magnitudinis ac virium in animalibus* Parm. 1660. 8.* Non est quod sperabam; speculationes sunt geometricæ, quæ nihil vere physiologici aut experimentalis habent, ingenii satis.

p. 485 supra §. Ej. *Monstrum*,

Aliter lego. *Causæ corporum cruentat.* 1673. 4.* De lacrumis sanguineis.

§. *Cæsonis*, post *monstris* adde præside ZWINGERO.

sub l. 3 infimam. adde

Jac. STELZLIN *theses ex universis institutionibus medicis* Ingolst. 1660. 4. TR.

p. 486 l. 4 inf. fin adde

Vitam habet FABRONI *Decad.* II. Idem denuo Messinam vocatus, Bononiæ esse maluit, & BORELLI discipulus eum æmulum expertus est.

l. 3 inf. post fol. add.

TR. prima & altera,

p. 488 sub l. 11 inf. adde

Opuscula anatomica Bonon. 1680. 12.

p. 489 ad §. Inde sequuntur add.

Causa litis cum LIPARO exstat apud FEBRONIUM II.

p. 490 §. 451. sub l. ult. add.

Vitam vid. apud NICERON IV.

§. 452. l. 6 fin. add.

Vitam viri habet FABRONIUS, sinceram & candidam.

l. 9 fin.

Posterioribus annis idem BORELLUS contra MALPIGHIUM scripsit.

p. 493 l. 3 inf. ad anat. cerebri STENONII adde, post Leid. 1671. PL. etiam Germanice 1671. 12.

p. 495 §. 453. sub l. ult. adde

Non videntur huc facere EJ. *epistolæ adversariæ & medicæ* STENONII & J. BRUNSMANNI . . 1680. 8.

p. 506 l. 9 post &c.

Historia reviviscentium. Mariti qui ex cadavere uxoris sepultæ revulso feretro eripuit infantem, qui interim natus erat, eumque conservavit.

§. 460. sub l. ult. add.

Benedicti BLOTTESANDÆI, DEUSINGIUS *heautotimorumenos, s. epistolæ selectæ eruditorum, quæ immaturis* DEUSINGII *scriptis larvam detrahunt*, & G. CHARLETON, T. BARTHOLINUM, F. J. BURRHUM, J. PECQUETUM, C. SCHOTTUM *a censura ejus luculente vindicant* Hamburg 1661. 4. Celebre scriptum SYLVIANI aut BARTHOLINIANI alicujus adseclæ, quod BORRICHIO cum tribueretur, ab eo tamen rejectum est.

p. 507 sub §. *Henrich* add.

J. BREWER *de vita hominis* Witteb. 1661. 4.

EJ. *de arthritide* ib. 1663. 4.

EJ. *de ictero flavo* ib. 1664. 4. WESZPR.

§. 462. l. 3 supra finem adde ad BELLINUM.

& sui laudator, singularis homo, qui uxorem cum duxisset, nunquam cum ea voluit mariti jure uti. Vitam dedit FABRONIUS, candide scriptam.

l. 4

l. 4 post *structura*, adde & *usu*

l. 5 post 1666. 8., adde SMITH.

sub l. 7. adde

Posthumos reliquit libros M.S. *de usu partium*, *de respiratione*, *de motu liquidi per nervos*, *de nutritione & augmento*, *de generatione &c.*

p. 514 l. 4 inf. post imbuitur add. Ovaria canina & ova.

p. 516 §. 466 l. 3 post 12., adde *

p. 518 sub l. 10. adde

C. T. RANGONIS *de capillamentis l. singularis* Magdeburg 1663. 12. si huc facit, TR.

Dele GRUYWAART & PERUCCHIO.

p. 519 l. 2 fin.

Mauritii HOFMANNI *prudentiam medicam* & viri vitam dedit.

§. 469 sub l. 10 fin. add.

Apud TREWIUM legas, *Fr.* LEPNER *compendiosa in medicinam introductio*, *continens doctrinam de partibus præcipuis C. H. regimen earum*, *morbos & curationem* Regiom. 1669. 4.

l. 19 fin., adde RIV.

sub l. 21. adde

Josephi S. GERY *de* MAGNA opus esse & agere, *de motu cordis*, *de motu cerebri*, *de finibus corporis & spiritus* Parisiis 1663. 4. HO.

p. 521 §. 470. sub l. ult. ult.

Vitam habet Cl. MOEHSEN, cum effigie in nummo expressa.

p. 522 l. ult. fin. adde

Sed legi. Mirus homo, chemicus, linguarum gnarus. Multi sunt in hac collectione libelli. Huc faciunt *oratio de generatione hominis* Ultraject. 1662. dicta. *De pneumatosi*, *s. quarta corporis coctione* Leid. 1664. 8. Magna pars physiologiæ semichemica. *Chylosis*, *hæmatosis*, *pneumatosis*, *s. quinque coctiones.* Multus est in spiritibus, qui & in vasis, & in cerebri ventriculis elaborentur. REGIUM in limace spiritus vidisse, qui a cauda ad caput perpetuo propellantur. Humor ventriculorum cerebri est ipse spiritus ad officia nervorum destinatus. De spiritibus integer L. III. *Collectanea physiologica*, ut calor animalis fermentationem faciat. Evolutio embryonis. In *pneumatosi* refert, cum fetus proditurus exspectaretur, crepitum erupisse.

p. 524 §. 472 sub l. ult. add.

EJ. *Alle de werken*, *so in de ontleedkunde als andere deelen der medicyne* Amsterd. 1686. 8. TR.

p. 525 l. 5 fin. add.

titulus est *de tempore fetus animationis & nutritionis* Lion 1664. 4.

l. 14 post BIMET, adde Chirurgus Lugdunensis.

l. 15 post 8., adde ad BIMETUM RAST. Non absurdus adeo liber, si difficultatis memineris, quæ est in ossibus versu hexametro describendis.

Franc. SIMONIS *macrocosmus didacticus* Hamb. 1664. 8. si huc facit.

p. 527 l. 4 fin. add.

ut albumen, non ita hydatidum liquorem. Glandulas s. corpora lutea a conceptu demum nasci aliquos autumare, contra quos LOSSIUS dicit. Videtur hydatides habere pro perpetuis corporis animalis partibus.

p. 530 l. 6 post 1687. 12. add. 1720. 4.

p. 531 lege Primam & secundam epistolam prodiisse non 1695. sed a. 1696. TR.

ad l. ultimam adde 1731. 4.

p. 532 l. 4 & 5 ad *Ep.* VII. & VIII. adde 1724.

l. 8 ad *Ep.* IX. adde 1718. 4.

l. 12 ad *Epist.* X. adde 1720. 4.

l. 15 ad *Epist.* XI. adde 1721. 4.

l. 18 post * ad *Ep.* XII. add. 1721. 4.

l. 26 fin. ad *Ep.* XIII. adde 1720. 4.

l. 30 post * ad *Ep.* XV. adde 1714. 1722. 4.

p. 533 l. 7 post Amsterd. lege 1702. 4. TR.; & dele 1703.

l. 24 fin.

In chorio suis placentulas vix arenulis majores.

p. 535 l. 13 inf. fin.

Hæc eadem historia feminæ gravidæ incisæ, reperitur etiam in disp. HENNINGII *de hominis generatione.* Uterus lympha plenus; in eo paucorum dierum embryo, chorio & amnio distinctis. Uterus duplo major, sic tubæ, & ostium venæ spermaticæ dilatatum; tuba intorta, in teste ostiolum, de quo ovum prodierat.

p. 537 §. *Phil.* l. 4 post *Finger* adde Haag 1667. 8. 1669. 8. TR.

ad editt. P. MAI adde post LEHMANN 1669. 8. 1712. 8. 1736. 8. 1739. 8. TR.

p. 543 l. 7 supra infim. adde Vascula glutinifera apum, & gluten, quo sua ova adglutinant.

p. 544 l. 9 ad BARRA HIPP. pro 1662. lege 1666. RAST.

sub l. 15. adde

Sebastianus BARTOLUS Ej. est *artis medicæ dogmatum communiter receptorum examen in* X. *exercitationes paradoxicas distinctum* Venet. 1666. 4.* Major pars operis physiologica est, reliqua paradoxa, noster enim Helmontianus est, & archæum statuit. Vita est lumen simplex seminum fomite propagatum, se movens secundum ideales objectorum complacentias vel displicentias. Vitales functiones calore non indigent, quas vita propria vi peragat. Respirationis usus; præstare vacuum ad motum viscerum & sanguinis necessarium. Vitæ sensitivæ domicilium, in corporis centro, & in albis membranis. Vita non regeneratur potu, cibo, vel aëre. Partes necessariæ omnes ex seminali materia efformantur, semperque eædem sunt, a principio animalis ad dissolutionem: neque animal vere nutritur. Sanguis spermaticus est, & ante viscera exsistit, primus in generatione constitutus, neque ab ullius visceris actione producitur. Nullus lacteus cremor a cibis generatur, neque chylus est, quod ASELLIUS & BARTHOLINUS vidit.

l. 5 supra infimam * post 4., adde 1672. 12.

p. 545 sub l. 6 inf.

Mich. SIRICII *de lachrymis Jesu Christi* Giess. 1666. 4. si huc facit.

p. 547 sub §. Porro, adde

Description anatomique de divers animaux dissequés dans l'Acad. R. des Sciences Paris 1682. 4. *avec une decouverte touchant la vue.*

p. 549 §. 490. l. ult. fin.

Nunc coram est, In titulo utique dicitur *Obss. collegii privati Amstelodamensis* T. II. in quibus præcipue de piscium pancreate ejusque succo agitur. Amici nunc sunt paulum mutati, SLADUS, QUINA, FRIESEM, SWAMMERDAM, GODTKE & ABR. a STAMHORST. Pulmonis fabrica, arteria quam vena major, anulorum

lorum in divisione & in pulmone figura. Arteria bronchialis, aliter quam apud RUYSCHIUM. Tunc utique pisces cum suis appendicibus, & viscere quod pancreas vocant, ejusque succo amaro, non acido. Acipenseris innumeri cæci ductus. Valvula spiralis intestini. Pisces, in quibus ventriculus ab intestino vere differt.

§. 491. l. 4. post *, 1668. 12. cum aliis.

p. 551 l. 4 fin. adde

Sectio pectoris in struthio-camelo. Vesicæ pectoris laterales. Vesicæ abdominales.

p. 552 sub §. *Ejusd. de renibus* add.

EJ. *Compendiosa naturalis hominis historia* Basil. 1692. 4.* certe ejusdem nominis viri.

§. *J. Henrici* fin., adde *

sub l. 8 supra inf. adde

Alfons. de DONNOLIS *de iis, qui semel cibum capiunt* Florent. 1674. 12.* integram describit ciborum digestionem cum organis.

p. 553 §. *Abrahami* MYLII fin. adde Germanice Salzburg 1670. 12.

p. 554 l. 7 inf. fin.

IDEM ut puto *Ludovicus* GAIANT, cujus diss. *E. spiritus animalis in cerebri substantia procreatur* Paris. 1671. a BÖHMERO dicta.

p. 555 sub §. Aliud

Alius titulus, *Lettre à M. de* MONTMOR *touchant une nouvelle maniere de guérir plusieurs maladies par la transfusion du sang* Paris 1667. 4. RICHT.

p. 556 §. EJUSD. l. 2 ante 1679, adde ad LAMY

1681. 12. BUR.

p. 562 §. *Andr.* OTTONIS fin., add. TR.

p. 566 §. DXIII. l. 1 post (*f*) ad MOLINETTUM adde

ab a. 1649. anatomen docuit.

Sedem cataractæ non ignoravit esse in lente crystallina.

p. 567 sub l. 4. adde

Inter libros TREWII est A. MOLINETTI *diss. corporis humani* Patav. 1653. 4.

p. 568 sub l. 4.

Catalogus van de rariteyten op de Academie Kammer tot Leyden Leid. 1664. 4. 1685. 8. TR.

sub §. *Theodor.* KIRCHMAYER add.

EJ. *de hominibus apparenter mortuis* Witteberg. 167 . 4.

p. 570 l. 4 fin. adde

Edinburg 1711. fol. Anglice Venetiis 1758. 8. 2. Vol.

p. 571 ad finem notæ (*u*) *polyhist.* add. & *in opere de metallorum transmutatione* Hamb. 1653. 8.

p. 573 sub §. Prima, adde

Experimenta anatomica de chylo & lacte Tigur. 1671. 4. *subjecta anatome viperæ.*

EJ. *disp. anatomica de lympha & saliva* ib. 1672. 4. *cum anatome secundinarum.*

EJ. *ep. anat. de bile* ib. 1673. 4. *acc. de glandula pineali & nervorum ortu.*

p. 575 post *Adrian* GOLES l. 1. add.

BOURDELOT *obss. sur les vipéres* Paris 1670. 12.

sub §. EJ. *Physiologia*

Aug. Quir. RIVINI *diss. de nutritione* Lips. 1670. 4.* huc totus RIVINUS a p. 649. & 650.

p. 579 ad tabulas RIVÆ.

Conf. p. 340.

p. 584 l. 2 post Bur.
lego etiam 1670. fol. Tr.

sub §. *Novæ* adde

J. Guil. Parent in *dialoge de peste* p. 55. arteriarum duos fines esse vidit, quorum alter sit in vas lymphaticum.

§. 531. l. 2 post Schneider, lege *Trichologia* s. de pilis.

sub. l. 5 adde

Frid. Ferd. Ilmer *adenographia de essentia & natura glandularum in genere & in specie* Wien 1671. 4.* Huc refer ex pag. 754 lineas 2 ultimas, & l. primam pag. 755. quæ sint ejusdem Auctoris.

p. 600 sub l. 7 adde ad Diemerbroeckium.

In eum *oratio funebris J. G.* Grævii Utrecht 1685. 4. B.B.

§. *Ignatii* l. 1 post 12., adde edit. 1678. 12. Bur.

p. 602 §. 545 sub l. 6 adde

Dan. Stepner *de capillis Romanorum veterum* Witteberg 1672. 4. si huc facit.

ad l. 4 supra infimam adde

Martin Hurte *de secundinarum post partum excernendarum retentione* Altdorf. 1672. 4. Pl.

p. 611 l. 6 fin. ad *ondervindingen* add.

& cum eodem titulo atque iconibus *waarin gehandelt word van de eyerstok* Leid. 1684. 4.

Ontleeding en ontdeking van de onsigtbare verborgenheden Leid. 1685. 4. Tr. 1691. 4.

Ontleedingen & ontdekkingen van levenden dierkens in de teel deelen van verscheyden dieren, vogels en vischen: van het hout met desselven menigvaldigen natuur Leiden 1686. 4. Tr.

p. 612 l. 5 ante 1715. adde editt. *Continuationis* 1708. 4. Tr.

l. 9 ante Leid. adde editionem arcanorum detectorum Leid. 1696. 4. Tr.

p. 615 ad Gervasium adde conjunctæ nempe cum quaque parte descriptiones, etiam musculorum & ligamentorum, sed fere ex Laurentio & Bartholino sumtæ.

§. ad edit. Wirdigii adde 1688. 8. Uff.

sub eadem §. adde

J. A. J. H. (*J. Abrah. Jac.* Hoeping) *institutiones chiromanticæ*, *oder Unterweisung, wie man ein gründlich Judicium aus den Linien der Hände ersehen kann* Jen. 1674. 8.

& Ej. *Chiromantia harmonica, die Uebereinstimmung der Chiromantie mit der Physiognomie* Jen. 167 . 8. Tr.

ad §. 552. adde

Claudii Martelli *epistola ad Janum* Leonicenum *de nupera metamorphosi* Leid. 1673. 8. Tr. Satyra.

p. 618 §. 557. l. 2 post *, adde ad Munniks *de urinis* 1688. 8. Tr.

l. 5 supra finem adde

Cepaeam in M. Muydenberg cepisse copiose provenire, quod equi Gallorum ibi fuissent sepulti.

l. 10 post *, ad l. *de ea anatomica* add. Lion 1699. 8. Tr.

p. 621 supra §. *Andreæ* adde

J. Henric. Koefferlin *de spiritibus* Bad. 1674. 12. Tr.

p. 624 ad §. Barnes corrige & scribe.

Joshua Barnes *Gerania or a new discovery of a little sort of people called pygmies* Lond. 1675. 8.

p. 445 §. 412 l. 1 post edidit adde ad GUIFFARTUM

& *diss. medica utrum chylus vel sanguis sit proxima lactis materies* Rouen 1652. 4. TR.

sub linea ultima adde

Arcana microcosini or the secrets of mans body discovered Lond. 1652. 8.

p. 446. l. 1. post Patavinus, ad DOMIN. *de* MARCHETT. add.

qui a. 1640. anatomen docuit TOMASIN.

p. 452 l. 11 inf. post 12.*, adde Leid. 1691. 12.

p. 453 sub l. 6 add.

EJUSD. *Opera medica* Leid. 1691. 12. 3. Vol. TR.

p. 456 sub l. 7. add.

Julii MILLI *naturæ motus decernentis arcanum opus* Venet. 1654. 4.* Duæ sectiones sunt physiologici argumenti. De motu musculari, cerebro, visceribus, etiam singulatim. De cordis motu in HARVEUM.

CYRI SPONTONI *la metoposcopia overo commensurazione delle linee della fronte, aggiuntavi una breve e nuova physiognomia* Venet. 1654. 12. TR.

EJ. *Harmonia macrocosmi cum microcosmo* Francof. 1654. 8. Germanice versum opusc. idem esse puto.

p. 457 sub l. 2. add.

EJ. *progr. ad anatomen invitans* 1654. 4.

p. 459 §. Inde l. 8 post GUNZ. add. Leid. 1660. 4.

p. 463 sub l. 6. inf. adde

EJ. *disp. de tussi* Helmst. 1667. 4. PL.

l. penult. ante BOSSE adde A.

post *mesures* adde

prises sur les antiques qui sont à Rome.

In *Benedicti* SYLVATICI *consiliis* Patav. 1656. fol.* de partus legitimis ætatibus agitur, & pro quinquemestri vitali dicitur.

p. 464 sub §. *J. Christiani*,

W. COLES *perspicillum microcosmologicum, or a perspective for the discovery of the lesser world* Lond. 1656. 12.

Simon LEONARD *de naturali & præternaturali risu* Messan. 1656. 4. nisi nomen corruptum est.

p. 467. §. 436. init.

Francisci Antonii CATTI *Isagoge anatomica* Neapoli 1657. MOSCA. Liber perrarus.

§. *Hieronymi* OCCHI ad finem add. *. inane scriptum. De sanguine, bile flava & atra, pituita &c. ad saporem veterum.

p. 468 sub l. 6 supra infimam add.

De chiromantia & physiognomia par le S. de PERUCHIO Paris. 1657. 4. CARLS. 1663. 4. Videtur ADAMANTIUM esse.

§. EJ. *Casus* post 4. adde *

p. 470 l. 3 fin.

Ductus in bove hepatocystici.

p. 474 sub §. EJ. *Tractatus* add.

Chr. KORTHOLT *diss. H.* CARDANI *opinionem hominem non esse animal discutiens* Jen. 1658. 4. RIV.

p. 475 §. *Samuel* HAFENREFFER fin. add. IDEM omnino

p. 480 l. ult. fin., adde B. Tig.

p. 481 sub l. 5 inf.

EJ. *de admiranda pulmonis structura* 1662. 4.*

p. 482 §. 446. l. ult. fin. add. recus. 1773.

p. 483 l. 5 supra infimam post *plantam* adde

& facultatum membrorum, colli, brachiorum, articulorum, nervorum.

p. 484 sub §. In G. adde

J. V. G. (GRUYWAART) *de uyterlyke deelen van het menschelyck lichaem* Roterd. 1660. fol. maj. TR.

Antonii TERILLI *problema de termino magnitudinis ac virium in animalibus* Parm. 1660. 8.* Non est quod sperabam; speculationes sunt geometricæ, quæ nihil vere physiologici aut experimentalis habent, ingenii satis.

p. 485 supra §. EJ. *Monstrum*,

Aliter lego. *Causæ corporum cruentat.* 1673. 4.* De lacrumis sanguineis.

§. *Cæsonis*, post *monstris* adde præside ZWINGERO.

sub l. 3 infimam. adde

Jac. STELZLIN *theses ex universis institutionibus medicis* Ingolst. 1660. 4. TR.

p. 486 l. 4 inf. fin. adde

Vitam habet FABRONI *Decad.* II. Idem denuo Messinam vocatus, Bononiæ esse maluit, & BORELLI discipulus eum æmulum expertus est.

l. 3 inf. post fol. add.

TR. prima & altera,

p. 488 sub l. 11 inf. adde

Opuscula anatomica Bonon. 1680. 12.

p. 489 ad §. Inde sequuntur add.

Causa litis cum LIPARO exstat apud FEBRONIUM II.

p. 490 §. 451. sub l. ult. add.

Vitam vid. apud NICERON IV.

§. 452. l. 6 fin. add.

Vitam viri habet FABRONIUS, sinceram & candidam.

l. 9 fin.

Posterioribus annis idem BORELLUS contra MALPIGHIUM scripsit.

p. 493 l. 3 inf. ad anat. cerebri STENONII adde, post Leid. 1671. PL. etiam Germanice 1671. 12.

p. 495 §. 453. sub l. ult. adde

Non videntur huc facere EJ. *epistolæ adversariæ & medicæ* STENONII & J. BRUNSMANNI . . 1680. 8.

p. 506 l. 9 post &c.

Historia reviviscentium. Mariti qui ex cadavere uxoris sepultæ revulso feretro eripuit infantem, qui interim natus erat, eumque conservavit.

§. 460. sub l. ult. add.

Benedicti BLOTTESANDÆI, DEUSINGIUS *heautotimorumenos, s. epistola selectæ eruditorum, quæ immaturis* DEUSINGII *scriptis larvam detrahunt*, & G. CHARLETON, T. BARTHOLINUM, F. J. BURRHUM, J. PECQUETUM, C. SCHOTTUM *a censura ejus luculente vindicant* Hamburg 1661. 4. Celebre scriptum SYLVIANI aut BARTHOLINIANI alicujus adseclæ, quod BORRICHIO cum tribueretur, ab eo tamen rejectum est.

p. 507 sub §. *Henrich* add.

J. BREWER *de vita hominis* Witteb. 1661. 4.

EJ. *de arthritide* ib. 1663. 4.

EJ. *de ictero flavo* ib. 1664. 4. WESZPR.

§. 462. l. 3 supra finem adde ad BELLINUM.

& sui laudator, singularis homo, qui uxorem cum duxisset, nunquam cum ea voluit mariti jure uti. Vitam dedit FABRONIUS, candide scriptam.

l. 4 post *structura*, adde & *usu*

l. 5 post 1666. 8., adde SMITH.

sub l. 7. adde

Posthumos reliquit libros M.S. *de usu partium*, *de respiratione*, *de motu liquidi per nervos*, *de nutritione & augmento*, *de generatione &c.*

p. 514 l. 4 inf. post imbuitur add. Ovaria canina & ova.

p. 516 §. 466 l. 3 post 12., adde *

p. 518 sub l. 10. adde

C. T. RANGONIS *de capillamentis l. singularis* Magdeburg 1663. 12. si huc facit, TR.

Dele GRUYWAART & PERUCCHIO.

p. 519 l. 2 fin.

Mauritii HOFMANNI *prudentiam medicam* & viri vitam dedit.

§. 469 sub l. 10 fin. add.

Apud TREWIUM legas, *Fr.* LEPNER *compendiosa in medicinam introductio*, *continens doctrinam de partibus praecipuis C. H. regimen earum*, *morbos & curationem* Regiom. 1669. 4.

l. 19 fin., adde RIV.

sub l. 21. adde

Josephi S. GERY *de* MAGNA opus esse & agere, *de motu cordis*, *de motu cerebri*, *de finibus corporis & spiritus* Parisiis 1663. 4. HO.

p. 521 §. 470. sub l. ult. ult.

Vitam habet Cl. MOEHSEN, cum effigie in nummo expressa.

p. 522 l. ult. fin. adde

Sed legi. Mirus homo, chemicus, linguarum gnarus. Multi sunt in hac collectione libelli. Huc faciunt *oratio de generatione hominis* Ultraject. 1662. dicta. *De pneumatosi*, *s. quarta corporis coctione* Leid, 1664. 8. Magna pars physiologiae semichemica. *Chylosis, haematosis*, *pneumatosis*, *s. quinque coctiones.* Multus est in spiritibus, qui & in vasis, & in cerebri ventriculis elaborentur. REGIUM in limace spiritus vidisse, qui a cauda ad caput perpetuo propellantur. Humor ventriculorum cerebri est ipse spiritus ad officia nervorum destinatus. De spiritibus integer L. III. *Collectanea physiologica*, ut calor animalis fermentationem faciat. Evolutio embryonis. In *pneumatosi* refert, cum fetus prodituros exspectaretur, crepitum erupisse.

p. 524 §. 472 sub l. ult. add.

EJ. *Alle de werken*, *so in de ontleedkunde als andere deelen der medicyne* Amsterd. 1686. 8. TR.

p. 525 l. 5 fin. add.

titulus est *de tempore fetus animationis & nutritionis* Lion 1664. 4.

l. 14 post BIMET, adde Chirurgus Lugdunensis.

l. 15 post 8., adde ad BIMETUM RAST. Non absurdus adeo liber, si difficultatis memineris, quae est in ossibus versu hexametro describendis.

Franc. SIMONIS *macrocosmus didacticus* Hamb. 1664. 8. si huc facit.

p. 527 l. 4 fin. add.

ut albumen, non ita hydatidum liquorem. Glandulas s. corpora lutea a conceptu demum nasci aliquos autumare, contra quos LOSSIUS dicit. Videtur hydatides habere pro perpetuis corporis animalis partibus.

p. 530 l. 6 post 1687. 12. add. 1720. 4.

p. 531 lege Primam & secundam epistolam prodiisse non 1695. sed a. 1696. TR.

ad l. ultimam adde 1731. 4.

p. 532 l. 4 & 5 ad *Ep.* VII. & VIII. adde 1724.

l. 8 ad *Ep.* IX. adde 1718. 4.

l. 12 ad *Epist.* X. adde 1720. 4.

l. 15 ad *Epist.* XI. adde 1721. 4.

l. 18 post * ad *Ep.* XII. add. 1721. 4.

l. 26 fin. ad *Ep.* XIII. adde 1720. 4.

l. 30 post * ad *Ep.* XV. adde 1714. 1722. 4.

p. 533 l. 7 post Amsterd. lege 1702. 4. Tr.; & dele 1703.

l. 24 fin.

In chorio suis placentulas vix arenulis majores.

p. 535 l. 13 inf. fin.

Hæc eadem historia feminæ gravidæ incisæ, reperitur etiam in disp. Henningii *de hominis generatione.* Uterus lympha plenus; in eo paucorum dierum embryo, chorio & amnio distinctis. Uterus duplo major, sic tubæ, & ostium venæ spermaticæ dilatatum; tuba intorta, in teste ostiolum, de quo ovum prodierat.

p. 537 §. *Phil.* l. 4 post *Finger* adde Haag 1667. 8. 1669. 8. Tr.

ad editt. P. Mai adde post Lehmann 1669. 8. 1712. 8. 1736. 8. 1739. 8. Tr.

p. 543 l. 7 supra infim. adde Vascula glutinifera apum, & gluten, quo sua ova adglutinant.

p. 544 l. 9 ad Barra Hipp. pro 1662. lege 1666. Rast.

sub l. 15. adde

Sebastianus Bartolus Ej. est *artis medicæ dogmatum communiter receptorum examen in X. exercitationes paradoxicas distinctum* Venet. 1666. 4.* Major pars operis physiologica est, reliqua paradoxa, noster enim Helmontianus est, & archæum statuit. Vita est lumen simplex seminum fomite propagatum, se movens secundum ideales objectorum complacentias vel displicentias. Vitales functiones calore non indigent, quas vita propria vi peragat. Respirationis usus; præstare vacuum ad motum viscerum & sanguinis necessarium. Vitæ sensitivæ domicilium, in corporis centro, & in albis membranis. Vita non regeneratur potu, cibo, vel aëre. Partes necessariæ omnes ex seminali materia efformantur, semperque eædem sunt, a principio animalis ad dissolutionem: neque animal vere nutritur. Sanguis spermaticus est, & ante viscera exsistit, primus in generatione constitutus, neque ab ullius visceris actione producitur. Nullus lacteus cremor a cibis generatur, neque chylus est, quod Asellius & Bartholinus vidit.

l. 5 supra infimam * post 4., adde 1672. 12.

p. 545 sub l. 6 inf.

Mich. Siricii *de lachrymis Jesu Christi* Giess. 1666. 4. si huc facit.

p. 547 sub §. Porro, adde

Description anatomique de divers animaux dissequés dans l'Acad. R. des Sciences Paris 1682. 4. *avec une decouverte touchant la vue.*

p. 549 §. 490. l. ult. fin.

Nunc coram est, In titulo utique dicitur *Obss. collegii privati Amstelodamensis* T. II. in quibus præcipue de piscium pancreate ejusque succo agitur. Amici nunc sunt paulum mutati, Sladus, Quina, Friesem, Swammerdam, Godtke & Abr. a Stamhorst. Pulmonis fabrica, arteria quam vena major, anulorum

lorum in divisione & in pulmone figura. Arteria bronchialis, aliter quam apud RUYSCHIUM. Tunc utique pisces cum suis appendicibus, & viscere quod pancreas vocant, ejusque succo amaro, non acido. Acipenseris innumeri cæci ductus. Valvula spiralis intestini. Pisces, in quibus ventriculus ab intestino vere differt.

§. 491. l. 4. post *, 1668. 12. cum aliis.

p. 551 l. 4 fin. adde

Sectio pectoris in struthio-camelo. Vesicæ pectoris laterales. Vesicæ abdominales.

p. 552 sub §. *Ejusd. de renibus* add.

EJ. *Compendiosa naturalis hominis historia* Basil. 1692. 4.* certe ejusdem nominis viri.

§. *J. Henrici* fin., adde *

sub l. 8 supra inf. adde

Alfons. de DONNOLIS *de iis, qui semel cibum capiunt* Florent. 1674. 12.* integram describit ciborum digestionem cum organis.

p. 553 §. *Abrahami* MYLII fin. adde Germanice Salzburg 1670. 12.

p. 554 l. 7 inf. fin.

IDEM ut puto *Ludovicus* GAIANT, cujus diss. *E. spiritus animalis in cerebri substantia procreatur* Paris. 1671. a BOHMERO dicta.

p. 555 sub §. Aliud

Alius titulus, *Lettre à M. de* MONTMOR *touchant une nouvelle maniere de guérir plusieurs maladies par la transfusion du sang* Paris 1667. 4. RICHT.

p. 556 §. EJUSD. l. 2 ante 1679, adde ad LAMY

1681. 12. BUR.

p. 563 §. *Andr.* OTTONIS fin., add. TR.

p. 566 §. DXIII. l. 1 post (f) ad MOLINETTUM adde

ab a. 1649. anatomen docuit.

Sedem cataractæ non ignoravit esse in lente crystallina.

p. 567 sub l. 4. adde

Inter libros TREWII est A. MOLINETTI *diss. corporis humani* Patav. 1653. 4.

p. 568 sub l. 4.

Catalogus van de rariteyten op de Academie Kammer tot Leyden Leid. 1664. 4. 1685. 8. TR.

sub §. *Theodor.* KIRCHMAYER add.

EJ. *de hominibus apparenter mortuis* Witteberg. 167 . 4.

p. 570 l. 4 fin. adde

Edinburg 1711. fol. Anglice Venetiis 1758. 8. 2. Vol.

p. 571 ad finem notæ (u) *polyhist.* add. *& in opere de metallorum transmutatione* Hamb. 1653. 8.

p. 573 sub §. Prima, adde

Experimenta anatomica de chylo & lacte Tigur. 1671. 4. *subjecta anatome viperæ.*

EJ. *disp. anatomica de lympha & saliva* ib. 1672. 4. *cum anatome secundinarum.*

EJ. *ep. anat. de bile* ib. 1673. 4. *acc. de glandula pineali & nervorum ortu.*

p. 575 post *Adrian* GOLES l. 1. add.

BOURDELOT *obss. sur les vipéres* Paris 1670. 12.

sub §. EJ. *Physiologia*

Aug. Quir. RIVINI *diss. de nutritione* Lips. 1670. 4.* huc totus RIVINUS a p. 649. & 650.

p. 579 ad tabulas RIVINI.

Conf. p. 340.

p. 584

p. 584 l. 2 post Bur.
lego etiam 1670. fol. Tr.

sub §. *Novæ* adde

J. Guil. Parent in *dialoge de peste* p. 55. arteriarum duos fines esse vidit, quorum alter sit in vas lymphaticum.

§. 531. l. 2 post Schneider, lege *Trichologia* s. de pilis.

sub. l. 5 adde

Frid. Ferd. Ilmer *adenographia de essentia & natura glandularum in genere & in specie* Wien 1671. 4.* Huc refer ex pag. 754 lineas 2 ultimas, & l. primam pag. 755. quæ sint ejusdem Auctoris.

p. 600 sub l. 7 adde ad Diemerbroeckium.

In eum *oratio funebris J. G.* Grævii Utrecht 1685. 4. B.B.

§. *Ignatii* l. 1 post 12., adde edit. 1678. 12. Bur.

p. 602 §. 545 sub l. 6 adde

Dan. Stepner *de capillis Romanorum veterum* Witteberg 1672. 4. si huc facit.

ad l. 4 supra infimam adde

Martin Hurte *de secundinarum post partum excernendarum retentione* Altdorf. 1672. 4. Pl.

p. 611 l. 6 fin. ad *ondervindingen* add.

& cum eodem titulo atque iconibus *waarin gebundelt word van de eyerstok* Leid. 1684. 4.

Ontleeding en ontdeking van de onsigtbare verborgenheden Leid. 1685. 4. Tr. 1691. 4.

Ontleedingen & ontdekkingen van levenden dierkens in de teel deelen van verscheyden dieren, vogels en visschen: van het hout met desselven menigvaldigen natur Leiden 1686. 4. Tr.

p. 612 l. 5 ante 1715. adde editt. *Continuationis* 1708. 4. Tr.

l. 9 ante Leid. adde editionem arcanorum detectorum Leid. 1696. 4. Tr.

p. 615 ad Gervasium adde conjunctæ nempe cum quaque parte descriptiones, etiam musculorum & ligamentorum, sed fere ex Laurentio & Bartholino sumtæ.

§. ad edit. Wirdigii adde 1688. 8. Uff.

sub eadem §. adde

J. A. J. H. (*J. Abrah. Jac.* Hoeping) *institutiones chiromanticæ, oder Unterweisung, wie man ein gründlich Judicium aus den Linien der Hände ersehen kann* Jen. 1674. 8.

& Ej. *Chiromantia harmonica, die Uebereinstimmung der Chiromantie mit der Physiognomie* Jen. 167 . 8. Tr.

ad §. 552. adde

Claudii Martelli *epistola ad Janum* Leonicenum *de nupera metamorphosi* Leid. 1673. 8. Tr. Satyra.

p. 618 §. 557. l. 2 post *, adde ad Munniks *de urinis* 1688. 8. Tr.

l. 5 supra finem adde

Cepaeam in M. Muydenberg cepisse copiose provenire, quod equi Gallorum ibi fuissent sepulti.

l. 10 post *, ad l. *de en anatomica* add. Lion 1699. 8. Tr.

p. 621 supra §. *Andreæ* adde

J. Henric. Koefferlin *de spiritibus* Bad. 1674. 12. Tr.

p. 624 ad §. Barnes corrige & scribe.

Joshua Barnes *Gerania or a new discovery of a little sort of people called pygmies* Lond. 1675. 8.

l. 7 inf. fin. adde ad CHAILLOV post voces *chylum* esse

nec ex sanguine parari, anastomoses non esse perpetuas.

EJ. *tr. du mouvement des humeurs dans les plus ordinaires emotions des hommes* Paris 1680. 8. TR.

p. 625 §. 566. adde

Joh. Wilh. ANDREÆ *de generatione* Erford. 1675. 4. CARR.

p. 632 sub l. penult. adde ad STURMII *opuscula*.

EJ. *de brutorum actionibus* Altdorf. 1700. 4.

p. 634 sub l. 9 adde

Chr. Gottfr. SCHULZ *Einleitung in die speculativische Philosophie oder Metaphysik* Hall. 1676. 8. Anatome, psychologia, corporis origo.

§. adde ad titulum DILLY libelli I. post *bêtes*,

où l'on explique la spiritualité de l'ame de l'homme.

ib. post Lyon 1676. 8., dele 8. & scribe 12. TR.

Post §. DILLY adde ed. 1680. 12. &

Exercitationes philosophicæ misc. de natura hominis, & speciatim de connexione mentis cum corpore Amst. 1676. 12. TR.

p. 635 MERBIZ lege

J. Valentini MERBIZ *de varietate faciei humanæ discursus* Witteb. 1676. 4.* Brevis discursus cum amplioribus notis. Tres partes æquales faciei earumque ab æqualitate recessiones. Facies procurva, recurva, pomans, declinans &c. Calculi combinationum.

p. 635 sub l. 8 supra infimam adde ad DOEBEL.

EJ. *de fame naturali R. Kiliano* STOBÆO Lund. 1710. 4. Si idem est Lundensis Professor & medicus Rostochiensis.

p. 637 §. 575. l. 8 post EJ., ad J. M. HOFMAN. add.

progr. ad demonstrandum structuram &c.

sub l. 14 ad eund. add.

EJ. *progr. ad anatomen corporis feminini* 1685. 8.

sub l. 16 ad eund. adde

EJ. *progr. ad anatomen corporis masculini* 1685. 4.

sub l. 20 adde

EJ. *progr. ad anatomen corporis feminini* Altdorf. 1688. 4. TR.

p. 638 l. 3 fin., adde 4.

sub l. 11. adde

Progr. ad anatomen corporis feminini 1700. fol.

sub l. 12 adde

Progr. ad anatomén corporis feminini 1706. fol.

sub l. 13 adde

ad dem. cadaveris masculi progr. 1709.

p. 647 sub l. 2 ad SCHELHAMMERUM.

EJ. *progr. ad anatomen duorum cadaverum* Jen. 1692. 4. aliud 1693. fol. aliud 1695. 4.

p. 651 adde ante *du* TERTRE.

Nic. MALEBRANCHE *de la recherche de la verité, où l'on traité de la nature de l'esprit de l'homme & de l'usage qu'on en doit faire pour eviter l'erreur dans les sciences* Strasbourg 1677. 12. 2. Vol. troif. edit. Paris 1678. 4. 12. 1712. 8. Latine Genev. 1691. 4. &c.

p. 652. §. 585. l. 3. fin. add.

cum historia feminæ gravidæ a RUYSCHIO *incisæ.*

p. 655 sub §. add. ad LEIBNIZIUM.

T. II. continet diss. de naturis plasticis,

cis, de harmonia præstabilita, de vi activa corporum, de anima, de anima brutorum. Epistolam ad BOURGUETUM — pro evolutione scriptam & pro præexistentia corporum organicorum, proque vermiculis LEEUWENHOECKIANIS. De secretione animali ad MICHELOTTUM, quam explicat per poros minores, qui majores particulas excludant. Deinde fluidum elasticum inter fluida non elastica compressum, exitum inveniens & erumpens proponit, cum fluidum validius exeat per tangentem, debilius maneat in parte concava. Glutinosum parietibus vasorum adhæret, medium tenet, quod retardationi minus obnoxium est. Demum huc facere putat adtractionem particularum similium. Capreolus prolixis capillis. Canis loquens.

p. 656 §. 591 l. 6 fin. de LORENZINI libello adde

Non esse REDI, cui ob elegantiam aliqui tribuerint. FABRONI III. 251.

p. 660 l. 2 fin., adde 8. BUR.

sub §. post SPONIUM adde

Francesco MORILLO, Barcinonensis, *medicinale patrocinium in sanguinis circulationem* Neapoli 1678. C. d. V.

sub §. *Gazophylacium* dele MALEBRANCHE & adde

J. HENNING *trichologia s. de capillis veterum collectanea historico-philologica* Lipf. 1678. 12. TR.

p. 661 l. penult. fin. adde

Calculorum exempla.

p. 666 sub l. 8 supra infimam adde.

J. GUILLEMINOT *dissertationes de principis intrinsecis rerum corporearum & de cognitione brutorum* Paris. 1679. 12. BUR.

p. 667 l. 4 inf. fin. add. ad SCHMUCKEN

Continuatio III. TR. 1682. 4.

sub l. 10 adde

Sim. DOURY *pro laurea Apollinis E. antiquis sanguinis circulatio cognita* Monspel. 1679. 4.*

l. 7 sup. infimam ad KLEINIUM add. 12. Leid. TR.

sub l. 5 supra infimam adde

Guilielmi NUSSLER *de anima brutorum* Witteberg 1680. 4.

p. 672 l. 1 fin. ad JENS.

Pro poris vesicæ resorbentibus. In officina lapicidæ vesicam bene clausam tamen sabulo repleri.

EJ. *tyrocinium medicum ad physiologiam & pathologiam* Haag. 1697. 12.* Systema SYLVII.

p. 673 adde

Oeconomia animalis BONTEKOI Germanice versa prodiit, Brem. 1692. 8. HANSEN.

p. 677 sub l. ult. Sphi 616. ad opera L. TOZZII adde

Prima physiologica est. Brevis historia evolutionis primarum horarum fetus.

In *commentariis ad aphorismos* aliqua & de iis, qui potu abstinent. Marem, & feminam promiscue in dextro & in sinistro latere gestari.

In GALENI *artem parvam* adnotat, materiam morbificam sæpe per ductum pancreaticum & bilarium deponi. Adde ea opera excusa esse etiam Venetiis 1728. 4.*

p. 678 sub l. 8 inf. adde

In Ejus *mortem programma Petri* HOLMII in B. Bern.

p. 679 l. 4 sup. infimam lege ad J. S. bondige &c. 1711. 8. Tr.

p. 680 dele Belliere totum.

ib. Art. Ortlob add. post *de gustu & olfactu.*

Ej. *de motubus automaticis & commercio mentis in corpore* 1695. 4.

ib. §. 620 sub l. 9 ad disp. Ortlob add.

De brutorum præsagiis naturalibus 1702. 4. Riv.

J. David Rein περι της γυναικογονιας Argent. 1681. 4.

p. 685 l. 1 post (*p*) add. ad Nuckium

adipe aliquo argentum vivum coegisse Vieussens *malad. int.* p. 399.

p. 688 §. 632. sub l. ult. adde ad Novarinum.

Ej. *de secretione animali* Wien 1702. 8. Tr.

Deinde *La chiromantie universelle* Paris 1682. 4. Tr.

p. 689 l. 12 inf. post *bills of mortality* lege Lond. 1686. 8. 1687. 8.

& adde

Ej. *Obss. on the multiplication of markets* 1686. 8.

l. 10 infimam post London adde 1686. 8.

l. 7 inf. post *arithmetiks* ib. adde

Lond. 1678. 8. Glasgow 1751. 8.

adde ad scripta *Guilielmi* Petty.

Ej. *Discourse concerning the value of lands people buildings husbandry manufactures commerce* London 1699.

p. 690 ad *tr. de la circulation.*

Nomen est Noel Philibert Jamet.

p. 691 sub §. *J. Andreas* Schmidt add.

Ej. *Anaxagoras ejusque philosophia* Jen. 1688. 4.*

Ej. *Chrysippea brutorum logica* Jenæ 1689. 4. Riv.

p. 692 §. 637 l. 4 post *illustratam*, add.

Belgice 1690. fol. B. *de Boissy.*

p. 694 l. 6 ante Mullero, adde nomen est *Wilh. Henr.*

p. 696 sub l. 9. infimam adde ad M. B. Valent.

Vindiciæ adversus diss. de partus naturali & vero termino Giess. 1708. 4.

p. 698 §. Ej. ad *Epistolam de motu tonico* adde editionem

Jen. 1692. 4. Hall. 1722. 4.

p. 699 l. 4 ad editt. diss. de V. Port. adde 1752. 4.

p. 705 add. ad Zypæum

edit. Bruxellensem 1731. 8.

p. 705 §. adde *observationes* in fine

Harum obss. tredecim a. 1682. 8.* prodierunt cum l. *nieuw ligt der apotekers.*

p. 706 post *chirurgiam* Purmanni add.

J. Francisci Loew *anatomia protomedici ab anatomico medico exantlata* Parif. 1684. 4. Tr. & huc refer *J. Franc.* Loeuw a pag. 722.

post *Phalænologiam* Sibbaldi adde

J. Lange *exercitium anatomicum, oder gründliche Anweisung, welchergestalt der menschliche Körper zierlich zu zerlegen* Hamburg 1684. 8. Tr.

p. 707 §. pro J. Buking lege Buring, & adde ad titulum *Disputationes* post *animæ, de causis & curatione methodica stuporis ac paralyseos.*

p. 708 dele Ej. totum §. *de motu*, & ejus loco lege hanc recensionem libelli Chiraci.

Ej. Prof. Reg. *de motu cordis adversaria analytica* Monspel. 1698. 16.* Rast. Mirificus libellus. Quærit de causa motus cordis. Primum removet de causarum numero, quas nunquam putaveris inter causas ejus motus numeratas fuisse. Contractionem qualis sit funium, omnino debere etiam in fibris cordis locum habere. Sed eam contractionem non posse ortum habere a membrana externa cordis, neque a pericardio, neque omnino causam ullam dari, quæ forinsecus cor compresserit: nec vaporem adluentem, nec fluidorum intestinum motum per poros & interstitia fibrarum cordis advenientium. Neque a nervis motum cordis esse, etsi sit in aliis corporis humani partibus; nervis enim omnibus resectis, intercostalibus octavisque & recurrentibus, motum cordis in cane multis horis superesse. Neque eum motum reliquiis spirituum posse tribui, qui in truncis resectorum nervorum cordis hæreant, cum fluidi nervei influentis massa perexigua sit, si comparaveris cum sanguinis de corde expulsi modo. Neque rarefactionem fluidi nervosi posse admitti. Canes ab incisis nervis mori, peripneumonia exstinctos. Deinde negat, inanitis ventriculis cordis per vinculum venis injectum, motum cordis intercipi (neque enim ideo inanes erunt). Quare motus cordis non erit a sanguine in ventriculos effuso. Neque ab influxu sanguinis in arterias coronarias, neque enim iis ligatis motum cordis desinere, per experimentum, cor enim evulsum porro micare, & præterea eum arteriarum coronariarum sanguinem fere totum in cordis auriculam per venas reddi. Ut possit aqua funes in contractionem urgere. Quiescentia corpora a quam minima potentia posse emoveri. Denique redeundum esse ad rarefactionem ipsius sanguinis. Inesse utique sanguini particulas ad rarefactionem aptas. De aere sanguinis aliqua, de quo jam a. 1687. cogitaverit, & de suis Vieussenio oppositis objectionibus. Comparari posse rarefactionem sanguinis detonationi nitri cum sulfure. Fluidum motorium hærere in loculis fibrarum, & alternas vices motus ejus musculi facere, dum alternis vicibus & ipsum effluit & retinetur; ut id fiat hypothesin offert. Dilatationem cordis tribuendam esse vinculis tendinosis elastico nisu se retrahentibus; & spiritus has fibras in contractionem agere. Anatome fibrarum cordis non accurata. Fibras rectas transversarum antagonistas esse, una cum transversis ligamentis: præpollerent enim solæ majori suo robore spirales fibræ. Antagonismus ergo est inter has causas relaxantes, & fermentationem nitroso sulfuream in loculis fibrarum se expandentem. Fluidum motorium non posse subire loculos fibrarum musculosarum, nisi absoluta contractione, & toto corde relaxato & dilatato; sic alternas fieri contractiones & relaxationes. Cur auriculæ alterne cum corde contrahantur. Duæ auriculæ simul agunt, & simul duo ventriculi quia connexi. Alterne vero fluidum motorium in fibras auricularum influere cordisque. Hypothesis, ut auriculæ dum contrahuntur, ventriculus relaxetur. In contractione ventriculi aliquid tamen sanguinis per intervalla cuspidum effluere, quibus val-

valvulæ ad parietes cordis adhærescunt. Ventriculum non posse contractæ auriculæ resistere, atque adeo dilatari. Aliqua de cordis & auricularum motu in pullo incubato. Non moveri cor, nisi sanguis ruber sit. Primæ contrahuntur in pullo auriculæ, dilatant ventriculum: ille, vi auricularum exhausta, vicissim se contrahit, sic alterna fit cordis & aurium contractio & dilatatio.

Locum bene grandem VIEUSSENII *de remotis & proximis principiis* hic recusum dat, ut adpareat, nihil se a VIEUSSENIO habere.

§. EJUSD. *An passioni* fin. adde Pro motu antiperistaltico.

sub §pho adversarium adde

EJ. *Vitiosæ humani corporis mechanicæ specimen* M.S. a *J. Gabriele de la* VILLE a. 1697. scriptum, est apud Cl. RASTIUM. Pulsuum cohærentes satis hypotheses.

p. 715 sub l. 2 adde ad opera VIEUSSENII.

In *tr. des maladies internes* Toulouze 1774. 4.* multa redeunt experimenta anatomica, injectiones, macerationes, analyses chemicæ, quæ in prioribus, per vitam viri editis, perinde occurrunt.

p. 716 sub §. *Isaac*

LAMY *discours anatomiques* Bruxelles 1685 12. HO.

p. 720 §. *Ejusd. Essays* l. 3 post 1690. 12., add. TREW.

p. 721 l. 12 infimam post SAVIOLI, adde Patavinus,

p. 724 l. penult. post 12., ad edit. *allem. de l'am.* add. 1685. 12. TR.

p. 726 post §. ID. *Eph. Nat. Cur.* add.

Eman. ZÆSLIN *de olfactu & ejus læsione* Basil. 1687. 4.*

J. Georg BARTHEL *debile sana & ægra* Basil. 1687. 4.*

p. 727 ad l. *de balsamatione* adde Neapoli 176 . 12.

p. 729 §. 678. ante DU RONDEL.

J. Paul STABE *de* CASSINO, *diss. qua ratio investigatur, ob quam gallinæ incubent* Mutin. 1688. 8.

sub l. 8 supra infimam ad *dissertationes* SCHAPERI adde

EJ. *de glandulis liquidum secernentibus* Rostock 1698. 4.

p. 730 l. 11 supra infimam ad fin. adde *

tum ad l. 8 supra infimam.

p. 731 l. penult. ad edit. institt. VESTI adde 1731. 8.

p. 732 l. 7. diss. *de pulli natura* est 1695. 4. RIV.

p. 733 ad edit. HOFM. add. 1695. 8. 1703. 8.

ad edit. *medicinæ rationalis* adde 1729. 4. Venet. 1730. 4. TR.

l. 11 infimam finem.

Redit in *operibus omnibus* Genev. 1749. fol. excusis, cum supplemento a. 1749., & altero a. 1755. fol.

p. 741 ad TAUVRY anat. 1690. 12. add.

* Hæc editio eadem est, quæ 1698., paginis fere 5. brevior, quæ vero differentia mihi a discrimine typi oriri videtur.

p. 744 l. 3 fin. add. ad MARTINEZ. Pertinebant.

Ad proportionem C. H. & anatomiam. Recuderunt Francof. & Lips. 1692. 8. TREW.

ad disp. M. E. ETTMULLERI adde

EJ. *de ventriculo* Lips. 1725. 4.

p. 748

p. 748 §. 703 sub l. 5.

Jos. ANTONIUS *de duplici viventium terra diss. paradoxa* Francof. 1691. 12. TREW.

sub l. ult. adde

Eliæ CAMERARII P. E. *diss. tres*; 1. *exhibens spirituum animalium statum naturalem & p. n. occasione experimenti Bellino Bohniani &c.* Tubing. 1694. 8.* In præfat. aliqua de mercurio ope vacui spatii in vasa impellendo. Tum experimentum BELLINI, ab ORTLOBIO in præfat. ad TAUVRYUM descriptum. Nervus phrenicus comprimitur, quoad diaphragmatis motus supprimatur: tunc digitis aliquoties deorsum versus diaphragma idem nervus stringitur, sic motus diaphragmati redit. Sed compressione continuata idem motus denuo evanescit, & perinde remota pressione diaphragma iterum contrahitur. Ex eo experimento sequi putant, fluidum aliquod palpabile in nervo esse, quod digito deorsum stricto in diaphragma determinetur. Spiritus esse elasticos, aëreos, circulum obire, & per vasa lymphatica ad cor redire. Muscularem motum facere expansos, ut vesiculas musculosas distendant, breviores reddant.

p. 752 §. 707 l. 4 post *, add.

Surdus loquens prodiit Amst. 1692. 8. & Gallice versus est.

Recus. in C. THOMASII *hist. sapientiæ & stultitiæ* P. III. Hall. 1693. 8.

p. 754 dele numerum C. MARTINEZ & ILMERI diss. refer ad 584.

p. 756 ad editt. anatomes VERHEYENII add. Germ. Lips. 1704. 8. 1705. 8. 1714. 8.

§. 712 sub l. ult. post ejus *responsionem* ad W. H. MULLER adde L. B. *Anatomia defensionis quam pro suo experimento de thymo contra responsionem Philippi* VERHEYEN BIDLOUS edidit Lovan. 1707. 4. TR. adversus eamdem MULLERI disputationem. Adde J. G. KERKHERDERE *qua puerilitas & barbaries libelli* BIDLOIANI PHILIPPO VERHEYEN *suam in literis ruditatem demonstrare laborantis demonstratur* . . . . 4. TREW.

p. 757 l. 7 inf. post 8., ad edit. institt. BOERHAAVII adde Edinburg 1752. 8.

p. 762 §. 714. ad editt. *elementorum* PITCARNII add. Haag 1718. 4.

l. penult. ad opera omnia add. Anglice 1727. 8.

p. 763 sub l. 8 infimam adde

J. GRUWEL *Brandenburgische bewährte Bienenkunst aus langer Erfahrung* Berlin 1748. sed scriptum est opus a. 1693. Ut desiderata regina apibus reddatur, excidere jubet favum, & bene successurum promittit experimentum, si cellula regia in favo fuerit, secus si nulla: hic ni fallor, SCHIRACHIO prudentior. Esse qui voluit, apes operarias posse reginam sibi curare. Nullam esse generationem æquivocam. Reginam feminam esse; fuisse qui ova parientem viderit.

p. 768 l. ult. fin. ad ed. WILDVOGELII adde Helmstatt 1747. 4.

deinde

Samuel REYHER *de natura auditus & soni* Kiel. 1693. 4.*

p. 772 sub l. 7. adde

ALEMAND *Science de la transpiration* Lion 1694. 12. CARR.

p. 774 sub §. *Nic. de* BLAKENDAAL add.

Henr. SPOOR *de homine* Utrecht 1694. 4°. *

p. 778 supra §. 730. adde
Saggi d'anatomia Napoli 1695. 12. an BEDDEVOLI?

p. 784 §. 735. l. 10 post VAUGUYON *Chirurgie* adde
Anglice 1736.

p. 786 sub §. EJ. *de impraegnatione* add.
EJ. *Consideratio animae medica* & BEHRENS *contra sensum vitalem partium: de erroribus animae &c.*

p. 789 sub l. ult. add.
Pancrat. WOLF *cogitationes medico legales de cogitatione* Cizae 1697. HAENEL.
Erhard NORRE *chirurgischer Wegweiser, sechs Theile* Schneeberg 1697. 12. Nürnberg 1697. 12. 1710. 8. 1714. 8. 1746. 8.* 1750. 8 cum anatome.

p. 790 sub l. 6 ad disp. SLEGELII add.
EJ. *de tussi* Wittcb. 1708. 8. PL.

p. 796 ad editt. l. *anatomy* KEILII add. 1708. 8. TR.

p. 799 lege
emendatum titulum M. A. MADERI *apologia pro sanguinis circulatione noviter sufflaminata ab* HOMOBONO PISONE *.

& adde lectam inanem esse
Tum ad finem §. add. *Carl* DAVENANT *essay upon the probable methods of making a people gainers in the balance of trade* Lond. 1699. 4.
EJ. *a discourse on the trade of England* ib. 1698. 2. Vol.

p. 807 sub l. 10 ad *Mauritium* TRILLER adde
Disputaverat *de consensu partium* Jen. 1680. praeside WEDELIO.

p. 808 dele *Quaest. de temperamentis* & supple
EJ. *E. non dantur spiritus animales* Monspel. 1718. 4.*
EJ. & VENEL *E. motus musculorum sine spiritibus animalibus* ib. 1718. 4.*
EJ. *Temperamenta integrantibus corporis humani partibus unice debentur* Monspel. 1726. 4.*

p. 809 §. 756. l. 2 fin. adde
FABRONI I. p. 60. monet LANCISIUM revocasse errorem suum, in l. *de noxiis palud. effluviis* commissum, & adgnovisse, busones in aquam, non in terram, ova ponere.

l. 8 editam, *lege* habitam,

l. 8 supra finem adde
hanc prolusionem prodiisse Genevae 1718. 4.

sub l. 8.
Cum *Metallotheca* MERCATI *epistola ad* VIEUSSENIUM Rom. 1717. fol.*

& ad fin. pag. adde
De molis & de seminis vermiculis apud VALISNERIUM.

p. 811 l. 1 post Leidae, add. ib. 1740. 4.

sub §. In *append.* ad opera LANCISI add.
Optima editio est 1745. Rom. 4. 4. Vol.
Inedita sunt *miscellanea anatomica.*
Praefationes ad ostensiones anatomicas.
Apologia MALPIGHII.
Prolusio de laudibus anatomes.
Ad praelectiones anatomicas.
De universalibus tegumentis.

§. Vitam l. 3 fin. adde
dedit FABRONI *Dec.* I.

p. 812 sub l. 3 add. ad PASCOLUM.
EJ. *Opere filosofiche mediche ed anatomiche* Venez. 1741. 4. SMITH.

adde ad ANDRY *orthopedie.*
Et manum & pedem dextri lateris robore excellere.

p. 813 sub l. 9 adde
In GAVETI *tr. de la peste* Lyon 1722. 12.* aliqua huc faciunt, ut experimentum cum capillis factum, quorum infuso,

infuſo, grate aromatico, noſter ſibi vomitum movit.

l. 24 poſt RATTA, adde *breve*

poſt l. 7 ſupra infimam

Bernard de BOUT, Chirurgi Delphenſis, *Nieuw examen der Chirurgie* Amſterdam 1700. 8* Primus liber eſt compendium anatomicum ſatis plenum; alter habet partem phyſiologiæ, & theoriam fermentorum.

Idem fuerit ejus chirurgi *anatomiſche Fragen über die Theile des menſchlichen Korpers* Nürnberg 1701. 8. TR.

Hic adde: Non novi annum primæ editionis PURCELLI *of the colik*, qui l. ſæpe recuſus eſt, & nuper tum Gallice, tum Germanice. Continet anatomen & phyſiologiam. Canibus lienem excidit, ſed ex eo experimento nihil didicit. Homini humores erant acerrimi, cum nulla eſſet veſicula fellea.

Ad Tomum II.

p. 6 ſub l. 4. add. ad J. W. PAULI.

EJ. *progr. de natura mechanica & de iis, quæ ſiphonis & antliæ uſu illuſtrantur* Lipſ. 1703. 4. TR.

ad BESSE *letre a l'auteur &c.* adde

CARRERE habet *letre ſur le* l. *de l'œconomie animale* Paris 1725. 8. CARR.

p. 7 ad BRENDELII *obſ. anat.* adde

Prima 1716. ſecunda & tertia prodiit a. 1718. TR.

ad MEADII l. *de venenis* add. editionem Neapolit. 1739. 8.

p. 12 ſupra l. 1. adde

EJ. *Introductio de motu muſculorum* ad COWPERI opus.

ib. l. 3 fin.

Gallice *Recueil des œuvres phyſiques & medicinales publiées en Anglois & en latin par M. Rich.* MEAD; *traduction ... enrichie des decouvertes poſterieures à celles de l'Auteur, augmentée de pluſieurs Diſcours préliminaires & de notes intereſſantes ſur la phyſique, l'hiſt. naturelle, la théorie & la pratique de la médecine &c. &c. avec 8. planches en taille-douce: par M.* COSTE *medecin de l'hôpital royal & milit. de Nancy* Bouillon 1774. 8°. maj. 2. Vol.*

p. 19 ſub l. 3 infimam.

Jacobi SALA, Prof. Barcinonenſis, *medica & legalis contentio in nobiles corporis partes* Barcinon. 1702. SEG.

p. 14 l. 5 init., lege F. A. GARSAULT.

l. 7 poſt Paris edit. priorem adde 1732. 4.

§. 774. ſub l. 2 ad WOLFG. CHRISTIAN adde

Lego etiam *de natura humorum, inclinationibus & diſpoſitionibus hereditariis* Baſil. 1701. vel 1705. 4.

p. 16 FREINDII *Emmenologiam* non Lond. 1720. 8. ſed Leidæ prodiiſſe.

p. 18 ſub l. 9 infimam.

Mart. HERR *Introductio in Archæum Archæi vitale & fermentale* J. B. v. HELMONT Lauben 1703. 4. TR. ſed pertinere ad 1680.

p. 19 ſub l. 1 ad diſp. GAKENHOLZII adde

EJUSD. *phyſiologia revelationi ancillans* 1705. 4. TR.

EJ. *de inmunditie ex contrectatione cadaverum per legem Moſaicam* 1708. 4.

EJ. *homo omnium menſura* 1710. 4.

EJ. *de non imitanda per artem humana machina* 1710. 4.

ſub l. 2 infimam.

Geo Conr. FROMMANN *de ideis brutorum inſitis* Lipſ. 1703. 4. RIV.

p. 20 ſupra l. 1.

PAZZII *de voce humana* Baſil. 1703. 4.

§. 781 l. 1 poſt inciſor, adde ad VALSALVAM.

MALPIGHII diſcipulus (FABRONI *Dec.* I.)

p. 21 §. 782. referatur ad a. 1676. quo *obſs.* prius prodierunt.

p. 22 ſub §. *J. Gottlob* DIETERICH add.

J. Gerh. MEUSCHEN *diſſ. philoſophica de ritu ſalutandi ſternutantes* Kiel 1704. 4. B. BUN.

p. 23 §. 785. l. 1 poſt 1704. nomen SARAZINO eſt MICHAEL.

p. 25 ſub l. 6.

Poſthumas tabulas 17. ſpatio excluſus & tempore, recenſeo ad annum 1775.

§. 788 l. 4 poſt aliqua ad *ſuccum articulorum* adde

a lue corruptum in aquam abiiſſe.

p. 27 poſt PERPESSAC adde

Chriſt. Frid. RICHTER *kurzer Unterricht von dem Leibe und natürlichen Leben des Menſchen* Hall. 1705. 8.

& dele GERARDI l. ult.

p. 31 §. EJUSD. l. 2 fin. ad editt. *myographiæ* DOUGL. adde

& nuper Edinburg 1775. 8.* adjectis alienis, tum ſynonymis muſculorum.

p. 33 ſub l. EJ. *Utrum* ad GOELICKIUM adde

Epiſtolam ad RUYSCHIUM diximus, recuſam Amſt. 1744. 4.

p. 34 ad §. 797. init. edit. ad MORGAGNUM adde

Vitam habet FABRONI II. Profeſſor Patavinus fuit ab anno 1711.

Omnia ſtudia adtigit, etiam botanica, literas elegantiores; poeſin.

p. 35 §. *Adverſ. anat. ſexta* l. add. MANGETUS ei ſatisfecit FABRONI II.

& MORGAGNIUS multa aſperiora delevit.

ad l. 7 ſup. ultim. add. *Adverſaria* conjuncta recuſa eſſe Venet. 1762. fol.

ſub l. 6. adde

EJ. *de lacrymalibus ductibus epiſtola cum* DOM. ANELII *ſuite de la nouv. methode* Turin 1714. 4.

EJ. *de glandulis epiſtola ad P. A.* MICHELOTTUM 1721.

p. 36 ad *Epiſtolas* VALSALVÆ additas, add. recuſas eſſe Venet. 1762. fol.

p. 37 l. 9 fin. ad l. *de cauſ. ſignis morbor.*

Cor ruptum in exſtincto in venere, arteriæ oſſeæ &c.

p. 38 l. 2 inf. fin. ad KIRCHHEIM. Polonice Warſav. 1722. 8.

p. 40 poſt HECQUET adde

VAUBAN *projet d'une dixme royale* 1707. ob numeros viventium, morientium, conſumtionem panis &c.

p. 48 ad *Philoſophiſche Gedanken* fin. adde 4. TR.

& ad

& ad §. EJ. *Medicinis. Gedanken* fin. adde 4. TR.

p. 56 l. 4 inf. post EJ., ad FIZES & SABOURIN disp. *de hominis liene* adde & forma 12. prodiisse.

p. 57 l. 4 fin. adde ad duodecim quæstiones

*. In passione iliacâ intestinum sursum & deorsum intussuscipi, inde oriri inversum motum antiperistalticum.

p. 58 §. 811. titulo GOHLII *de motu tonico* add. *diss. Epistolica.*

p. 59 §. 812. post disp. HAY add.

Alb. CINQ *de causis & effectibus aucti motus in arteriis* Utrecht 1708. 4.*

p. 63 §. 816. dele TERRANEUS.

p. 66 ad §. *Henr.* fin. add. 1747. 8. TR.

sub l. 6 supra infimam adde ad FURSTENAU.

EJ. *de initiis typographiæ physiologicis* Rinteln 1716. 4.

p. 67 sub §. *J. Gerard* adde ad dispp.

HANHART *de nutritione fetus in utero* Basil. 1709.

p. 68 §. 821. adde ad de BON.

IDEM in *Recueil des mem. de Montpel.* de miro æstu solis Monspeliensis, qui fuerit idem, qui aquæ ebullientis. Lego quidem id fieri non posse. Caloris enim gradus eodem tempore Parisiis non superasse 28. Th. R. Verum hi 28°. in umbra numerati fuerint, & nuper in sole gradus 140. CHALMERUS numeravit, & ego.

p. 71 supra l. 1 ad ASTRUCII opera add.

EJ. *reponse &c. ad animadversiones Franc.* VIEUSSENS *de motus fermentatorii causa* Montp. 1702. 4.

EJ. *tr. de motus fermentatorii causa* ib. 1702. 12. forte huc non revocaveris.

a §. EJUSD. *Epistolæ &c.* fin.

Arteria renali ligata nullam urinam secerni.

p. 73 sub §. 824. adde

J. B. VULPINI, Astensis, *spasmologia s. clinica contracta* Astæ 1710. 4.* Multa physiologica admista sunt. Arteriis, pariter ut venis, valvulas tribuit. Contra revulsiones & derivationes. De conceptu, catameniis &c.

p. 74 sub §. WILDVOGEL adde Ejus disp.

De jure embryonis.

p. 80. ad J. B. BIANCHI *opera* ad finem adde

Legere me, Cl. VIRUM jam anno 1757. tabulas 54. cum 270. figuris anatomicis edidisse.

p. 83 pro *Jacob* BATTIER lege *Samuel.*

p. 86 dele §. *Chr. Frid.* RICHTER.

p. 89 adde ad disp.

EGLINGER *de sensuum externorum infallibilitate* Basil. 1712.

p. 94 §. *Pauli* DONS referatur ad p. 82. cum a. 1711. disputationem ediderat.

p. 98 l. 15 pro EJ. lege IDEM DUPUY.

p. 100 §. 845. l. ult. fin.

& *Programma in Viri Ill. obitum* prodiit Erlang. 1769.

p. 105 lege *de* GOUEY.

p. 106 §. 852. sub l. ult. ad MARCOT add.

IDEM in *Mem. de Montpel.* 1716. lymphatica uteri vasa dixit.

pag. 108 §. 856. l. 5 lege MOREL *discours anatomiques prononcés dans l'amphitheatre de chirurgie.* Dum chirurgus demonstrabat, partesque incisas ostendebat, noster ad quamque lectionem præfabatur, sermone aliquando rei compendium, sæpe varia collectanea contitinente. Nulla uſquam adnotatio, neque peregrina, neque nupera in Gallia facta. Panniculum carnoſum inter involucra corporis humani retinet. Duas laminas duræ membranæ cerebri facile ſeparari.

p. 109 l. 8 infra fin. adde ad ARLEBOUT

& RUYSCHII *opera* Belgice reddidit.

p. 110 ſub l. 15 ſupra infimam

Lego de eo Chirurgo S. ANDRE', hominem, quem ſepelire properabant, ab eo pro vivo adgnitum fuiſſe, cum neque pulſus ſupereſſet, neque reſpiratio.

p. 117 ſub l. 15 ad *Salv. Fr.* MORAND adde

A morte viri prodierunt duo tomi *opuſcules de chirurgie* T. I. Paris 1768. 4.* Vitas ibi habet inciſorum VERDIER & GARENGEOT, diſſertationem de vita, ſcriptis & inventis HABICOTI. In T. II. Paris 1772. 4.* Feminam dicit, cui nulla vagina, & alia circa partes genitales male formata.

p. 123 poſt OLDFIELD adde

J. CAMPBELL *ſpecimen expoſitionis mechanicæ actionum corporis humani* Utrecht 1718. 4.

p. 131 titulum §. 876. lege H. F. TEICHMEYER.

p. 132 ſupra *Ant.* MAGNOL add.

Henrici BAGET *anatomie complete* Paris 1719. 12.

EJ. *defenſe des parties naturelles* Paris 1750. 12. *Etat de Medic.* Si error in nomine eſt, pertinebit ad 1731. adque J. BAGET, cujus eſt oſteologia.

p. 133 ſupra §. 878. adde

Hans Friedr. v. FLEMMING *vollkommner deutſcher Jäger* Leipzig 1719. fol. Anatome aliqua animalium partim collecta, partim & propria. Inciſio cervæ gravidæ, apri junioris, vulpis, melis. Aves; anatome gallinæ. Ut falco cicuretur. Somno ablato deleri memoriam & imaginationem.

Theoph. Frider. SCHACHT *Philoſophia corporis humani* Herborn 1719. 12. Theſes.

p. 136 ſub l. ult. adde

Laurentius BLUMENTROST *de ſecretione animali* Leid. 1719. 4.*

Cornel. v. BLEISWYK *medicina automatica* Leid. 1719. 4.* Phyſiologia & pathologia.

p. 137 l. 18 adde

Hujus poſthuma phyſiologia dicetur ad 1774.

p. 139 l. 14 adde

IDEM SCHULZIUS in diſputatione R. SCHAFNER in panno libera vaſcula vidit, & nuſquam albugineæ innata.

p. 146 ſub l. antepenult. adde

Gerard Anton. v. SONSBEK *de reſpiratione* Leid. 1721. 4.*

p. 147 l. 14 ſupra imam ad diſp. CHATELAIN *de reſpir.* adde

Non ob muſculorum actionem, ſed potiſſimum ob aëris pondus & elaterem hunc ſubire in pectus, & id dilatare. Expelli vero ob vim contractilem pulmonis. Aëris partes ſubtiliores ſanguinem ſubire.

ſub l. 15 ſupra imam adde

Andr. MILLOT *de reſpiratione, pro baccalaureatu* Monſpel. 1721. HOUSS.

p. 150 ſub l. 11 adde ad PAITONUM.

IDEM ſex exempla ſola diſſ. CÆCILII FÓLII *de aure interna* recudi fecit Venet. 1745. GIRARD ad SANTORIN.

Mich.

Mich. Angeli TILLII experimenta huc refero, quæ *posthuma* apud FABRONIUM prodierunt *Dec.* V. De ovorum exhalatione, de humoribus animalibus in spatio inani bullientibus. Lactis aliqua phænomena, & diversitas per animalium discrimen.

Friderici NUZZI *discorso intorno alla populazione della campagna di Roma* Rom. 1723.

p. 156 l. 3 post Jen., adde 1705.

§. 897. l. 13 lege *J. Christ.* HAENEL.

p. 159 l. 3 supra infimam adde

SENACI opus *du cœur* video apud Gallos vulgo nunc BERTINO tribu, SENACI amico. IDEM lego a PORTALIO recusum fuisse: *Etat de la medecine en france.*

p. 169 l. *de* GORTER *de secret. hum.* recusus est Leid. 1761. 4.

p. 170 l. 15 ad chir. GORTERI adde

Totum corpus constare stamine firmo, etiam nervos & vasa eo formari. Ex eo stamine excrescit epidermis, epithelium, ungues, pili.

p. 174. adde ad PLAZII dispp.

EJ. *de brutorum imaginatione* Lipsiæ 1749. 4.

EJ. *de sensibus morborum causis* Lipsiæ 1771. 4.

EJ. *de ureteribus obss. anatomicæ* ibid. 1772. 4.*

EJ. *de sensibus internis morborum causis* ibid. 1772. 4.*

p. 182 VOLPINUM refer ad a. 1710. & ad S. I. BIANCHI.

Primum opus J. BIANCHI nuper mortui esse *lettera intorno alla catarratta* Rimini 1720. 4. cum titulo *P. Pauli* LAPI.

p. 183 l. 7 supra imam post 1726, adde 8.*

l. 5 supra imam ad fin.

Utique absurdus homo. Chylum evaporare per SANCTORII perspirationem, in sanguinem ejus nihil abire (ut tamen alibi fateatur ex nonnullis chyli particulis, aut succi nutritii, sanguinem nutriri, & ejus copiam augeri). Unicam guttam sanguinis primigenii omnium partium corporis compendium continere, eas ab intelligentia sanguinis evolvi & formari. Chylum sanguinem diluere & temperare. Eamdem sanguinis guttam vim a natura habere, ut se ad 16 libras multiplicet. Præcipuus scopus fuit adeo demonstrare, sanguinem ægre reparabilem non debere emitti, nunquam adeo venam secari, cum unica venæ sectio vehementer nocere possit. Nunquam sanguinis nimiam esse copiam, nunquam eum corrumpi, non ab eo febres esse, sed a vitio partium organicarum. Esse intra nos & principium conservativum, & destructivum.

p. 187. l. ult. ad fin. add.

Parum sanus ejusmodi puer, parentibus natus Æthiopibus — qualia etiam alibi in Senegallia, & Asia australi, quotidie vitia nascuntur, vera morbi species.

p. 192 sub l. 8 supra infimam adde ad SYLVAM.

Successit Paris. 1730. 4.* diss. *E. semper in inflammatione revulsio*, in qua vir Cl. priora sua placita repetit, & confirmat. Describit primum symptomata inflammationis, per singulas corporis humani partes. Deinde effectus venæ sectionis expendit. Non dubitat adsumere, sanguinem ejus partis per arterias celerius fluere, cujus vena aperta fuerit; hæc est

est derivatio. Et una revulsio fit, cum tanto minus sanguis in reliquas arterias subire possit. Jugularis venæ sectionem derivare in carotidem externam, ab interna revellere. Egestio pericula derivationis aufert. Venæ sectio pedis derivat in uterum, & menses expedit. Deinde discrimen expendit effectus incisæ venæ, ut pars quæque inflammata a superiori vel ab inferiori aorta suas arterias habuerit.

p. 194 sub l. 12 adde

Mich. Gottl. HANSCH *medicina animi & corporis* Amsterd. 1727. 8.

p. 220 supra l. 1 ad ROSENIUM add.

EJ. & J. G. WALLERII *exsistentia vasorum sanguineorum in intestinis* Ups. 1731. 4.

l. 3 post EJ., adde & GRUNDEL

l. 15 post EJ., adde & RUDBERG

sub l. 22.

IDEM ILL. nunc *v.* SCHULZENHEIM in T. XXIV. *K. Sw. Acad. Handl.* describit fetum pectoris & abdominis visceribus nudis.

T. XXVIII. fetum diu in utero retentum.

p. 221.

I . . . dubii d' Ignazo CARLETTI *in quali se discorro dei commentari di* CHERMESIO *de* FULCET (COCCHI) *sopra le tavole de' Eustachio* Leid. 1728. ad tabulam IX. EUSTACHII. Auctorem lego esse *Franciscum Maria* LORENZANO.

p. 222 l. 14 supra infimam ad MASSUET adde

Animal describit, duo tentacula quibus se firmat, duas testas, quibus ligna effodit. Generatio. Omnia insecta ex ovo nasci.

p. 228 post lineam infimam adde

Hugonis GOURAIGNE *diss. physiologica de respiratione* Monspel. 1729. 4.* meretur fusius dici, vel ob paradoxas opiniones. Costas facilius deorsum moveri, quam sursum. Utique in inspirando intervalla costarum augeri, geometrice putat se demonstrare. Intercostales musculos omnes costas deorsum trahere, exspirationi inservire, sic diaphragma. Pectus ab aere subeunte dilatari, qui sursum costas pellat, & omnia phænomena inspirationis producat, ut ipse auctor in vivo animale viderit. Aerem eo descendere, quoad calefactus in thorace aer rarior sit, & minus resistat: & dilatari pectus, quia aer subit, non subire quia pectus dilatatur.

Reponse aux objections qu'on trouve dans le Journal des Savans de Nov. 1729. Montp. 1730. 4.* Non tamen absurde respondet. Vesicam adducit, cujus aer calefactus est, & in quam externus aer irruit.

p. 235 §. 944 adde ad opera ILL. PRINGLE.

EJ. *Discourse on the torpedo* London 1775. 4.* Historia scriptorum, qui de hoc animale retulerunt. Tunc gymnoti Surinamensis, cujus, aut congeneris sua efficacia piscis, aliqua memoria apud NIEUHOFIUM reperitur. Gymnoto aqua, metalla, humores animales sunt pro conductoribus. Electrica videtur vis esse. In torpedine instrumentum est, quod hinc adfirmative, inde negative electricum est.

EJ. *Experimenta* de septicis corporibus *Esperienze sulle sostanze septiche ed antisepticbe* prodierunt Neapoli.

p. 237

p. 237 l. 13 add. ad BOESSEL *Grundlegung*
1775. 8.* Flensburg 1756. 8. De menſuris pelvis. Vidit fundum uteri dextrorſum inclinatum, cum eo in latere placenta adhæreret. Funiculum umbilicalem ſub primordia fetus ad fili modum gracilem eſſe. Oſſa pubis in partu diſcedere.

p. 246 §. *Gottlieb* BUDÆI l. 5 ad fin. Num mammæ flaccidæ ſignum partus ſint.

p. 248 poſt l. 13 ſupra imam adde ad diſpp. CARTHEUSERI.

EJ. *De reſpiratione* ib. 1772. 4.* recuſ. in *diſp. medico phyſicis* 1775. 8.*

p. 250 ſub l. 7 ad CONDAMINE.

In *Mem. de Montpelier* 1732. proportiones viſcerum & ſanguinis viperæ.

p. 251 l. 11 ſupra imam poſt in calore plus adde

ad B. ROBINSON *food and diſcharges*. Cibos, hinc excretiones eſſe in ratione ſimplici, & in ſubquadruplicata longitudinum corporis, & in puero 69 & 54 pollicum eſſe 109 & 85⅓. Summam omnium excretionum eſſe proportionalem copiæ ſanguinis in arteriam aortam fluentis ductæ in numerum pulſuum ejusdem temporis. Alvi fæces negligi poſſe.

p. 253 l. 12 ad FERREIN adde & de tenſione glottidis, quæ ſit cauſa vocis acutæ.

p. 254 §. 961. ſub l. 9 ad ILL. WERLHOF

In l. *de variolis & anthracibus* adnotat, ſæpe in febribus pulſum lentum eſſe.

p. 255 adde J. B. BERTRAND *letres a M.* DEIDIER *ſur le mouvement des muſcles* 1732. 12. CARR.

p. 257 §. 964. ſub l. 2 ad KNIPHOF

EJ. *de phyſiognomia parte ſemejotices* 1737. 4.

p. 258 ſub l. 11 ad diſpp. POHLII add.

EJ. *de partus naturalis adminiculis* Lipſ. 1772. 4.*

EJ. *obſervationes anatomicæ de ureteribus* ib. 1772. 4.*

EJ. *obſervationes anatomicæ de arteriis* ib. 1773. 4.* Renalis altera & capſularis arteria ex meſenterica natæ, ſpermatica ex renali, arteriæ intercoſtales ex tribus truncis aortæ, arteria recurrens cubiti.

EJUSDEM *obſs. angiologicæ de venis*. Eſſe, ut venæ pulmonales duabus non plures ſint. Venæ cavæ duæ, quarum ſiniſtra ex renali ſui lateris nata, in duas iliacas dividebatur.

p. 260 ſub l. 4 adde ad LAMORIER.

In *Mem. de l'Acad. de Montp.* Lyon 1766. 4.* cetum cachelot nullos muſculos habere. Aquæ marinæ liberum in cavum abdomen aditum eſſe. Ut patella ſuctoria vi norit ad quævis corpora adhæreſcere.

ſub l. ult. huc refer l. 19. & 20. p. 324.

p. 364 l. 9 adde

Pro experimenti pulmonum natantium & ſubſidentium fide, quam in forenſibus meretur.

p. 265 l. 10 ſupra imam adde ad HARENBERGIUM.

Act. Erud. Nov. ſuppl. n. 7 de lunæ influxu. In quadrantibus creſcente luna venerem puellas producere, in lunæ gibboſæ medio tempore pueros.

p. 274 ad finem §. 976. adde

J. HOLLINGS *ſtatus naturæ humanæ expo-*

expositus in oratione coram medicis Londinensibus habita Lond. 1734. 4.

p. 275 l. 6 adde ad SAUNIER

ut ea, quæ intercostales arterias refert.

l. 7 adde ad *Gouvernement*

1758. 12.*

ad l. 9 supra imam adde

Peter QUARIN *de temperamentis* Wien 1734.

ad l. 6 loco an idem lege Non idem.

Fuerunt *Balthasar de* BUCHWALD. *Joh. de* BUCHWALD, & *Frid. de* BUCHWALD.

p. 277 MAITLAND *history of the city of London* London 1725. fol. ob fastus emortuales &c.

p. 278 ad LIEUTAUD *elementa physiologica* adde

Amsterdam 1749. 8. Venet. 1766. 8.

p. 279 sub l. 6 adde

In *Précis de la matiere medicale* Paris 1770. 4. agit de ciborum coctione. In saliva utique spiritum esse.

p. 280 l. 8 lege 1772. 4.* & adde

Homo internus ex nervis fit: in iis spiritus ex aëre adtractus manat.

p. 284 ad finem art. DU HAMEL add.

In *exploitation des bois* legas, lignum aqua gravius esse, fibras ligneas sua in origine gummeas esse aut resinosas. Motus musculares plantarum dicit, per quas fructus maturi se explicant &c.

p. 287 ad *Ant.* COCCHI adde

reliquisse codices M.S. posthumos *Institutiones anatomicas; discorsi d'anatomia.*

dele KNORRE totum.

p. 292 sub l. 20 ad WALLERIUM adde

An ejus, an ROSENII est *diss. de existentia vasorum absorbentium in intestinis* Upsal. 1731. 4.

p. 293 ad *Frid. Michael* DISDIER add.

Nunc video ejus *histoire exacte des os, & sarcologie* non ipsi, sed alteri chirurgo *Henrico* DIDIER tribui *etat de la medec. en france.* Hoc omissorum nominum est incommodum.

p. 294 sub l. 15 supra

ID. aut certe scriptor cui nomen DISDIER, de germinibus dentium agit in *Extr. des Journ.* 1773. Omnino radices dentium primorum a succedentibus dentibus deleri.

p. 295 l. 17 supra infimam ad dispp. *de plexibus &c.* adde

* cum multis ad hunc nervum propriis observationibus.

p. 297 sub l. 7 infra infimam adde ad OVERKAMP.

EJ. *idea generalis nutritionis partium solidarum & fluidarum corporis* ibid. 1749. 4.*

p. 303 l. 18 supra infimam adde ad *pathol. method.*

Motus in bombycum certo morbo dudum ante mortem deficit. Omnino in sinu frontali hemicrania residet.

p. 305 §. 1001. sub l. 4 ad SMITH. add.

EJ. *harmonics or the philosophy of musical sounds* Cambridge 1749. 8.

ib. l. 17 ad BURTON *midwifry* add.

Nuper Gallice Parisiis prodiit *Systeme nouveau & complet des acouchemens* Paris 1713. 8. Dicitur anatomen suppletam esse in partibus genitalibus externis.

p. 306 l. 3 ad fin. *tr. de la communication*

Italice vertente BIANCHINI 1751.

ad p. 308 adde ad KERSEBOOM

EJ. *aanmerkingen op de gissingen over den staat vant menschelyk geslegt* Haag..

p. 309

p. 309 ad finem diff. *qui a remporté le prix*

Opium cordi circumfusum nihil ejus motui demsisse.

p. 314 ad disp. LANGGUTHII adde

EJ. *de hæmorrhoidum fonte nondum satis limpido* 1768. 4.

ib. ad disp. *de modo regenerationis* add.

Omnino Respondens MADAI, ab utero in placentam injectum humorem transiisse vidit, & vicissim.

p. 315 ad J. F. HENKEL adde

IDEM in *Hist. de l'Acad. des Scienc.* 1772. de fetu acephalo, ossibus mollibus, manubus & pedibus passim imperfectis in peculiari involucro reperto.

In *Nov. Act. Nat. Cur.* de eodem fetu refert.

§. 1007. adde ad CANTWELL.

IDEM in *Quæst.* XII. Monspel. 1732. 4.* Biceps fetus cum unico pectore, cætera duplex.

p. 316 add. ad *J. Nathanael* LIEBERKUHN

Acerrimo visu gavisum, Saturni satellites inermi oculo distinxisse lego.

p. 320 §. 1011. l. ult. fin.

Nonne idem qui p. 289?

p. 321 l. 10 ad WINKLER *de soni celeritate* adde

Minima distantia ad producendam echo necessaria est $47\frac{1}{3}$ pedum. In *Untersuchung* &c. eadem redeunt.

l. 12 ad disp. *ignis & materia elect.* add.

Incertum esse num idem sint, materies vero diversa.

l. 14 ad *tentamina* adde

Lux ex oculis noctu prodeuns.

l. 10 supra infimam adde

J. Michael SCHWARZ *de membranarum & tunicarum c. h. numero* Argentorat. 1739. 4.

l. 5 supra imam adde

Memoire a consulter sur les naissances tardives Paris 1761. 8. 1764. 4. 1765. 8. diversum l. a sequente.

p. 329 dele LUCHTMAN's.

p. 334 l. 5 adde

Arteria ligata non dolet.

p. 337 Cl. CARRERE habet *Laurent.* BERAUD *physique des corps animés* Paris 1755. 12.

p. 340 adde ad P. BARRERE

EJ. *diss. phys. medic. cur tanta humani ingenii diversitas* Paris. 1742. 4.

p. 326 & 341 A. COCCHIUS est, qui titulo CHERMESII FULCET contra PETRIOLUM scripsit de tabulis EUSTACHII.

p. 342 sub l. 2.

G. O. RAUVERTZ præside J. GORTER *de urinæ in renibus præparatione* Hardervic. 1741. 4.*

IDEM præside GORTERO *de mutatione pinguedinis* ib. 1742. 4.*

p. 347 sub l. 17 ad BORDEU adde

In III. tomo 1774. 8.* edito sunt *J. de* MARQUE pulsus critici varii, nephriticus, spermaticus. Consentientia experimenta AUBERTI & PICAMILH. Pulsum in sinistro latere debilem fuisse, cum femina puellam utero gereret. HIPPOCRATEM sudorem non neglexisse, neque fere ex HIPPOCRATICIS ægrotis alios servatos fuisse, præter eos, qui sudassent.

In EJ. *recherches sur les maladies chroniques* Paris 1775. 8.* Mista sua placita proposuit & physiologica. Pathologia tota fere vi contractili cellulosæ telæ nititur: duas etiam medietates hominis & vires epigastricas repetit, & acerbas in mechanicos voces ubique spargit. Meconii analysis aliqua. Contra anatomen; contra experimenta in vivis animalibus facta; se nervos absque sensus signis pepugisse. Vesicam utique vapores resorbere. Menstrui sanguinis pertinacem esse odorem. Viros in venerem acres fuisse dum faetebant, segnes cum faetorem deposuissent. Puris pars adeps est, pars mucus.

p. 352 sub l. 13 adde ad SCHMIEDEL.

EJ. disp. *de præcordiis* 1753. 4.* fere clinica.

l. ult. post Luccæ, adde 1742. 8.*, deinde

p. 354 l. 14 dele *de vi irritabili* WESTPHAL. & lege

EJ. *de vi vitali* ib. 1772. 4.* Non esse a nervis: in gelatina residere, non a voluntate pendere.

l. 9 supra imam totam dele

p. 358 sub l. 6 ad MARGGRAF add.

De nitro aereo ib. 1752.

In *Mem.* 1770. testudinem aluit. Hieme eadem cibis vix utitur, parum movetur, lente crescit.

p. 360 ad BONNETI *de la contemplation* adde

Germanice vertit Cl. GOETZE Lipsiæ 1775. 8.*, notulasque addidit. Belgice G. COOPMAN's Franeker 1775. 2.vol. 8.

p. 361 sub l. ult. add. ad BONNET.

In Diario Abb. ROZIER 1774. Mart. De evolutione, succum nerveum alere, tenuissimum partes tenuissimas, crassum vero crassissimas.

Ib. April. REAUMURIUM ad animalia conservanda usum esse spiritu tertia aquæ parte diluto, cum addito saccharo. Demum nuper cum SPALANZANI opere *de animalculis microscopicis* prodierunt epistolæ BONNETI, in quibus multa subtiliter aut monet, aut ex conjectura proponit.

p. 364. *Guil.* HUNTER, M. D. vidit etiam conceptum in tuba FALLOPIANA, quæ dissiluerat cum funesta hæmorrhagia. In utero membrana decidua utero continua *Comm. Med.* I. 4.

p. 367 §. T. XII. ad Rhenonem, ossa incedenti bestiæ crepitare.

§. T. XIII. l. ult. ad fin. adde grande etiam cerebrum, sanguis plurimus. Simiæ *vari* validam esse vocem, ob asperæ arteriæ duos ramos ampliter dilatatos.

p. 368 l. 6 supra ad fin. Otidem & struthiocamelum, etiam feminas, testes habere. Dari gallinas absque vesicula fellis. Phasianos ex vulgaribus gallinis generare & vicissim.

p. 381 adde ad disp. NICOLAI.

EJ. *De cordis & arteriarum actione in sanguinis motum.*

EJ. & WOGAU *de fame naturali & præternaturam aucta* Jen. 1773. 4.*

p. 382 ad J. THORLEY l. 2 post *bees*, adde London.

p. 384 l. 12 supra infimam ad fin. ad Jo. *v.* ALPHEN.

Papillæ a RUYSCHIO dictæ nascuntur in adservatis visceribus sebo repletis, & demum delabuntur.

p. 386 adde ad P. F. GMELIN

Progr. ad demonstrationes anatomes publicæ Tubing. 1752.

p. 387 sub l. 18 supra infimam ad DAGOTI opera.

EJ. *Anatomie des parties de la génération de l'homme & de la femme, jointe à l'angiologie de tout le corps humain, & ce qui concerne la grossesse & les accouchemens &c.* Paris 1773. fol. 2. Vol.

EJ. *exposition des maux vénériens* Paris 1773. fol. cum tabulis partium genitalium utriusque sexus.

EJ. *prospectus d'un cours entier d'anatomie gravé en couleurs naturelles, expliqué par* JADELOT Nancy 1773. fol.

EJ. *exposition des organes des sens* Paris 1775. fol.

p. 392 dele WILDVOGEL.

p. 395 Ill. feminam DARCONVILLE suo sumtu & 22000 l. expensis, tabulas sculpi curasse, quæ MONROI operi additæ sunt *Etat de la Medec. en france.*

p. 398 sub l. 6 adde ad CAMPERUM.

Invenit duas cartilagines in ligamentis, quæ ab epiglottide in capitula cartilaginum arytænoidearum eunt, certe in animalibus, ap. BUSCH. 1770. 4. quem dicemus.

sub l. antepenult. ad disp. ESCHENBACH.

EJ. *de dignitate hominis* 1769. 4.

EJ. *progr. gemellarum partus* Rostoch. 1769. 4.

EJ. *de communicatione idearum* ibid. 1769. 4.*

p. 400 sub l. 6 supra.

Vita ROESELII est in *Nützlichen Versuchen und Anmerkungen* Nürnb. 1765. 8.*

p. 401 ad finem §. 1167. adde

EJUS *J. Josephi* SUE est *discours prononcé a l'ecole de Chirurgie.* Si anatomici est argumenti.

ib. §. 1071. l. ult. ad fin.

Ganglia cum cerebro convenire.

p. 408 l. 13. 14. 15. dele totum RIECKE.

p. 409 sub l. 5 supra

Petr. van HAMEL *de abortu* Utrecht 1746. 4.* Canem peperisse catulos cruribus anterioribus fractis.

p. 411 T. II. P. I. lin. 8. post chrysalide adde

Branchiæ ephemerorum filorum similes. Vasa ramosa in insecto.

ad in P. II. sub finem adde

In T. IV. & V. Holmiæ 1774. & 1775. excusis 4.*, etsi hic non est præcipuus ILL. viri scopus, tamen passim aliqua occurrunt ad physiologiam facientia. Dentes animalium in telesphoro cavi & perforati, cum regente musculo. Unci & machinæ suctoriæ, quibus feminas mas continet. Fætidus multorum insectorum odor, nonnullorum gratus.

p. 414 post BENEVOLUM adde

Abb. CHIARI Pisanum edidisse *medicinam* SANCTORII *staticam Italice versam* Venez. 1747. 12.

p. 416 §. 1086. sub l. 9 post MATY

James HOGDSON *evalvation of annuities upon lives deduced from the London bills of mortality* Lond. 1747. . Compendium.

p. 418 supra l. 1 adde ad *opera R. Aug.* VOGEL.

EJ. *de cognoscendis & curandis morbis* Götting. 1772. 8.* In ruminantis hominis ventriculo nihil mutatum.

§. 1088. adde

M. MAFFE *de oculi humani partibus & usu* Leid. 1747. 4.*

p. 421 l. 14 supra imam ad BERRYAT collectionem adde

Tota nempe collectio posthuma est. Titulus

tulum est *recueil de memoires, ou collection de pieces academiques* T. I. Dijon 1754. 4.* Excerpta sunt ex *Hist. Acad. Reg. Sc. Par.* ad a. 1712.

T. II. ex iisdem comm. ad a. 1719.

Tum alio cum titulo, *Collection academique de memoires traduits en françois* T. I. 1755. 4.* Ex ejusd. Academiæ *commentariis*, & ex *Journal des Savans* 1661. ad 1686.

T. II. s. totius collectionis IV. Dijon 1755. 4.* Ex *philosophicis transactionibus* ab a. 1665. ad 1678.

T. III. s. V. Ex *E. N. C.* a. 1670. ad 1686. Dijon 1755. 4. Anno 1775. tomi prodierant 17.

p. 422 l. 1 post *
Auctius 1775. 8.*

l. 3 ad *Chir. händelska.*

In novæ editionis multis locis confirmat sensus a tendinibus absentiam. Saccus & cæca appendix vesicæ. Uteri duo in femina, quæ peperit, cum vagina unica.

p. 424 sub §. 1090.
Elogium edidit ILL. BALDINGER.

p. 429 l. 14 adde ad fin.
Inhalationis a SANCTORIO prætermissæ summum in perspirationem effectum esse.

p. 430 sub l. 9 infra.
IDEM *de fastis emortualibus Parisinorum* ab a. 1670. refert in *Mem. de l'Acad.* 1771.

p. 431 sub l. 9 adde
Aug. CIGALINI *nova de odoribus theoria trutina* Senis 1749. 4.*

l. 14 ad VERATTUM adde
conjunge hæc cum p. 386.

p. 432. l. 11. 12. dele G. H. MYL

p. 433 l. 8 supra add. ad E. G. BOSE diss. *de respirat. fetus.*

Experimentum pulmonis natantis & subsidentis fallere; cum in mediocri putredine pulmo tamen fundum petat, & summa natatilem reddat.

EJ. *de structura corporis humani sanitatis diversa causa* Lips. 1773. 4.*

EJ. *de unguibus humanis varioque modo quo possunt corrumpi* Lips. 1773. 4.* Unguis fabrica ex LUDWIGIO. Lamina superior fibris rectis fit ex tegumentis natis; inferior ex periosteo & tendine extensoris s. fibris pariter rectis. Fabricæ corruptæ exempla. Auctor videtur P. C. F. WERNER.

EJ. *visus quædam phænomena* Lipsiæ 1774. 4.*

sub l. 6 supra imam adde
Aug. D. BALTHASAR *tr. de libris s. matriculis* Greifswald. 1748. 4.

p. 438 §. 1109. l. antepenult. ad fin.
Hydatides non nascuntur ex glandulis. In longo languore sanguis parcissimus.

p. 444 sub l. 8 supra imam ad DANIEL

Cum *collectione relationum medico legalium* Lips. 1755. 8.* prodiit anatome fetus, cui non aliud præter ventriculum & alterum renem viscus erat. Aorta tamen aderat & vena cava, hæc in umbilicalem continuata. Hoc suo fetu putat vir Cl. evolutionem everti, quæ cor unicam machinam faciat, a qua evolutio cieatur.

p. 445 Reliqua SCARELLÆ repete a p. 630
ad SULZERUM adde

In *Mem. de l'Acad. de Berlin* 1771. ejus est eximia diss. de animæ a corpore discrimine. Corpus recipere sensuum impressiones, neque ideo ut adoptaret aliquas, aut rejiceret. Sensatio num-

numquam resistentiam excitaret, nisi quod perceptionem limitet, non ut perceptionem mutet.

p. 446 §. 1107. sub l. 7 adde

HUTTON *de sanguine & circulatione* Leid. 1749. 4.*

p. 447 l. 4 supra imam adde ad MENNANDRUM.

Habet etiam computum natorum & mortuorum. Magna incrementa gentis: Nati 14118, mortui tantum 9441, quæ ratio est 1614 : 1000.

p. 456 sub l. 4 add. ad BOURGELAT.

In *supplemento* multa bona. Vena azyga in bove duplex, sinistra in coronariam aperta. Ductus hepatico-cystici boum. Vasa lymphatica in sulcis inter ventriculos conspicua.

EJ. *Essai sur la ferrure* Paris 1771. 8.* habet anatomen soleæ corneæ equi, & ligamentorum. Ut ex fibris cutaneis sentientibus sensim semi-insensiles, demum insensiles & corneæ continuentur.

EJ. *de ventriculis animalium ruminantium & præsertim ovium. Giorn. de letter.* T. X. Anatome & physiologia. Ex œsophago fluidissima pars pabuli transit in ventriculum tertium, quod crassius est in primum, ex quo, ut quidquid mediocriter mollius factum est, migrat in reticulum, quod autem durius & asperitate sua molestum est, in œsophagum redit, ruminationem experturum.

p. 458 post linem 9.

Diarium cujus XI. Tomi coram sunt, *Giorn. de letterati* suis annis recensebimus, ut accepimus.

p. 460 sub l. 13 supra.

EJUSD. *opuscula physiologico pathologica* diss. III. ultima est de sensu visionis, Veron. 1763. 8.* Pro chorioidea tunica pugnat. Negat iridem absque vi musculari produci posse. Retinam nimis mollem esse, chorioideam elasticam &c.

p. 461 sub l. 11 ad dissertationes LEIDENFROSTII.

EJ. *de naturæ lusibus* Duisb. 1750. 4.*

EJ. *vindiciæ pro officio controverso musculi digastrici* Duisburg 1771. 4.

EJ. *quatenus corpus humanum sit machina* ib. 1771. 4.

EJ. *de sensu qui in faucibus est, ab eo qui in lingua exercetur plane diverso* ib. 1771. 4.

p. 468 ad imam adde

CORBYN MORRIS auctor est *of a letter to a bystander* London 1751, qua continentur observationes de incremento & præsenti statu numeri incolarum Londinensium.

p. 469 l. 9 ad fin.

Imo vero ipse auctor est *Lucas* MARTINI.

p. 471 *Aedologie* video tribui D. ARNAULD de *Nobleville*.

p. 481 sub l. 13.

Wilh. CLARK *diss. on the effects of the passions in human body* Lond. 1752. 8.

p. 483 l. 8 supra imam dele MERRYMAN.

p. 488 l. 4 supra imam ad *Laurent. Cajetan.* FABRI add.

* Nunc legi. Latine pariter & Italice edidit. Somnum esse spiritus animalis in se ipsum & in suum principium contractionem. Opium agere potissimum parte sulfurea, verum somnum non facere, sed pressionem. Motum cordis evulsi esse a spiritu primigenio cordi insito. Spiritum prolificum in sanguine nidulari, fabricari cor, deinde partes reliquas.

p. 489

p. 489 l. 3 ad STRUYK adde

EJ. *Vervolg van de beschryvinge der staarsterren en andere ontdekkingen vantrend de staat van't menschelyk geschlacht* Amsterd. 1753. 4.

p. 492 sub l. 6.

Ad *Gerard ten* HAAF conjunge quæ dicta sunt p. 584.

p. 497 l. 5 supra imam ad ILL. WARGENTIN add.

Similia habet volum. XVII, XXVIII, XXXI.

p. 508 sub §. 1146.

H. Frid. REISCHAUER *Gedanken über die jährlichen Listen der Gebohrnen, Getrauten und Verstorbenen in H* 1755.

p. 509 adde ad GODART.

EJ. *de visu negativo* ap. ROZIER *journ.* 1776. Jun. Experimentum habet peculiare objecti evanescentis, non denigrati, visus adeo negativi.

p. 510 ad VERMALE add.

EJ. *Observations & remarques de chirurgie pratique* Londres (in Germania) 4°. absque anno. * Menstruus sanguis per aures manans.

p. 513 l. 1 supra post *Hermann*, adde *Henr.*

sub l. 12.

Nonne idem *H. H. Christ.* SCHRADER, cujus est *de liquore amnii disp.* Rinteln 1761. 4.*

p. 514 sub l. 7 ad *J. Henr.* LANGE refer alia ex p. 615.

l. 8 loco STURM lege STRUVE.

p. 517 CL. ARNAULD *tribuunt Aedologie.*

p. 522 sub l. ult. ad PLACENTINUM adde

EJ. *Institutiones medicæ opus posthumum* Patav. 1766. 8.* Pauca intercedunt physiologica, & mera quidem ratiocinia. Substantia & tonus partium solidarum & eutonia. Vis musculorum alia est ab elatere vulgari. Motus solidorum regularis. Secretiones.

p. 523 l. 2 post BLONDELLUM add. cujus historias negat veras esse.

ib. sub l. 2.

In appendice refutat explicationem pecoris varii JACOBI &c.

p. 531 §. 1161. l. 6 ad fin. ad CRANZII *diss. de infra utilitate* add.

In WASSERBERGII *fasc.* III. recusa est.

p. 534 l. 4 infra initio, lege

Michaelis ADANSON Aquis sextiis nati,

p. 537 adde ad WALTERUM

EJ. *Betrachtungen über die Geburtstheile des weiblichen Geschlechts* Berlin 1776. 4.* & in *commentariis Academiæ scientiarum.* 1. Exemplum ubi duplex hymen fuit; furcula, ut certe mihi videtur, & verus anularis hymen. 2. Posse absque venere ex aura seminali, concitatis humoribus, tubam ovario admoveri, ovulum exsugere. Ejusmodi ova se vidisse, villosa, plena aqua coagulabili, sed fetu destituta. Exemplum conceptus, cum vagina per membranam clausa esset. 3. Uterus bifidus. 4. Nullas esse fibras musculares uteri, & constrictinnem uteri in pariente esse ab arteriis, quarum vis constringens maxima sit.

p. 538 dele POTTIUM alibi laudatum.

p. 539 l. 6 adde

in *Vol.* V. *miscell. societ. privatæ* Taurinensis.

p. 546 *Eduardum* WRIGHT refer ad p. 515.

p. 549 l. 21 ad CANGIAMILA adde

* Nunc legi plenius opus. Hæc visa sunt præcipua. Fetum 20 diei vixisse. Neglectum fetum trimestrem altero die vivere visum. Feminam, quæ ante partum obit, omnino incidendam: sæpissime enim & pene semper, ejusmodi fetum vivere, quod noster multa per exempla demonstrat, etiam in femina fulgurata, etiam pluribus a morte matris horis, ut ad cadaveris etiam pedes infans sit inventus, qui post matris mortem partu editus fuerat. Multa de fetu, etiam tabula BIANCHIANA, quam ad definienda incrementa adoptat. Fetum tamen respirare. Parochum debere incisionem matris imperare, contra chirurgorum sæpe hic errantium mentem, etiam frigidi cadaveris. De cæsareo partu in viva matre, & de casibus in quibus convenit. Contra BIANCHUM, hunc partum improbantem. Exempla felicis eventus. Fetum modo natum frequenter absque pulsu esse, & respiratione, & tamen convaluisse, cum exemplis, etiam cum totus frigeret. Vitam minimam absque vitæ signis conspicuis superesse. Signa mortis in fetu valde fallacia esse, etiam putredinis indicia. Submersorum cura habenda. CAROLI (III.) lex, sectionem cæsaream imperantis, anno lata 1749. tum proregum, episcoporum, protomedici. Memorabilia exempla puerorum, qui vivebant, cum pro mortuis haberentur.

Italice prodierat Palermo 1745. fol.

p. 554 l. penult. ad *Franc. Joseph* CARRERE l. *des malad. inflammat.*

Nunc legi. Inflammationem etiam locum habere in partibus sensu carentibus. Ejusmodi se reperisse peritonæum, epiploon, mediastinum, membranam exteriorem intestinorum & ventriculi, tum renum, hepatis, ureterum, lienis, vesiculæ fellis, pulmonum, pericardii.

EJ. est *diss. de retrogrado sanguinis motu* Perpignan 1773. 8.

p. 558 ad finem n. 1178. adde

EUTROPII PHILADELPHI (ERICI PONTOPPIDANI) *œconomische Balance der Krone Dänemark* Koppenhag. 1760.

p. 560 sub l. 9 ad A. GEHLER add.

EJ. *prima fetus respiratio* Lips. 1773. 4.* Non facile prima vice fetum respirare, nequidem, quando diaphragma & costæ videntur aërem captare.

p. 565 post l. 19 adde

EJ. in *spicilegio* XI. Berlin 1776. 4.* fuse de musimone Sibirico Argali: de Ibice Sibirico: de ovium quatuor varietatibus, longa cauda, adiposa cauda, brevi cauda, & mista. Passim anatome. Mira longitudo intestinorum in Argali, quæ 18es corporis proprii longitudinem superent, & ad 96. pedes extendantur. Non veram esse legem, idem esse animal & eamdem speciem, quando alterius cum altero coeuntis venus fecunda est. Ibex cum capris generat, & fetus matrum similiores sunt: phasiani cum gallina generant.. Pila ovis Kalmuccicæ pilis fit camelinis, quod ovis salsuginosos cameli pilos lingat.

p. 570 supra imam adde

EJ. *Beschreibung eines Baromacrometers und Cephalometers &c.* Lips. 1775. 4.* Fetus grandes pendere 12. libras, & ejusmodi fetum difficulter partu edi. Septimo mense pendere libras $3\frac{1}{4}$, $3\frac{1}{2}$. Circa medium graviditatis tempus aquæ pondus fetui ponderi æquale esse.

p. 575 l. 8 supra imam ad COTUNNUM add.

Anglice prodiit London 1776. 8.

p. 584 *Ludovici le* BLANC est *discours sur l'utilité de l'Anatomie* Paris 1764. 8. *Etat de medec.*

p. 587 Nomen Cl. BAUME' est ANTOINE.

p. 588 l. 4 supra imam lege

J. Baptistæ Ludovici CHOMEL, non *Caroli* &c.

p. 594 ad orationem *Andreæ* BONN. Pulchritudo & aptitudo fabricæ corporis humani.

p. 598 ad *J. le* BAS adde

EJ. & DESORMEAUX *de partu naturali theses* Paris 1775. 4.

p. 599 l. 7 ad MACBRIDE adde

Latine vertente *J. Frid.* CLOSS Utrecht 8°. 2. Vol. Belgice Utrecht 1776. 8°.

p. 601 adde post GLEICHEN *Versuch*

J. Daniel MITTELHÆUSER *von der grassirenden Viehseuche* Leipz. 1763. 8.* habet etiam ventriculi boum anatomen & physiologiam.

p. 614 sub l. 5 supra imam ad MONTIUM adde

EJ. *Apologia de' medici Pavesi* Pavia 1776. 4.* De pulsuum numero, de cordis contractione, num naturalis sit, num coacta.

p. 615 *J. Henr.* LANGE pertinet ad p. 514.

p. 621 *Casim.* MEDICUM dele hoc loco.

p. 623 l. 3. 4. dele & lege

Lorenzo MASSIMI *esperienze anatomiche intorno i nervi* Rom. 1766. 4.* Nunc legi, minime dissimulanda experimenta, etsi eo animo scripta sunt, ut mea refutent. Primum nervos facit meram cellulosam telam: resolvi in eam telam divisos, quod in plenisque nervos medulla in minimis fasciculis, ne microscopio quidem conspicuis, inconspicua sit. Verum in nervo optico retinam producente eadem manifesto fibrosa adest. Polypum cordis perinde in cellulosam telam resolvit. Nervos vidit ad pleuram, ad membranam extimam diaphragmatis dispersos, ut intelligo; sed etiam cartilaginem fieri cellulosa tela, & ranæ linguam, & musculos, & cor, ut fibra musculosa nihil sit, nisi compacta tela cellulosa. Cum tendinem achillis conpungeret, animal alias planxisse, alias minime, quod acus in fibrarum intervalla penetrasset, non in fibras. Verum nos non acu, sed lato scalpello usi sumus, fibris non parcituro. Periosteum cum tendinibus continuari. Totum corpus humanum ex nervis consistere & oriri, & duram matrem musculos oculi producere.

In P. II. totus in eo est, ut adserat, nervis cordis irritatis cor in motum ex quiete revocari, tum medulla spinali lacessita: hæc aliter vidit, quam SENACUS, PETITUS, FONTANA, CALDANUS, & ego. Sanguinem a morte animalis in motu pergere, absque cordis auxilio. Laudanum liquidum circumfusum motum cordis supprimere. Videtur vir Cl. illas spontaneas cordis ex quiete ad motum suscitationes vidisse, quas FONTANA, & lacessitis nervis tribuisse, quæ repletioni cordis interim conpletæ tribui debent.

p. 625 adde ad KLEEMANN

In *œconom. physic. Churpfälz. Gesellsch.* P. II. agit de scarabæis, de eorumque ovis, & vitæ duratione.

p. 627 l. 1 lege BANCHEM

l. 3 supra imam adde

J. M. WINTER *an sectio anatomica in cadaveribus de autochiria suspectis* Heidelberg 1766. 4. WEBER.

p. 628 l. 6 adde

Flor. Gottl. FEIT *de natura somni* præside BUCHNERO Hall. 1766.

sub l. 12.

Ant. MESMER *de planetarum influxu* Wien 1766. 4. Luna omnino in animalia agit, ut menses urgeat, nisi varia impedimenta ejus efficaciam turbaverint.

p. 639 l. 16 adde

SAUBERT *de reditu annuo præsertim vitali ac fisco viduarum* Lipf. 1767. 4.

p. 642 l. 13 supra imam pro BERN. l. IDEM

p. 646 l. 8 ante *vem*, adde *in der Oberlausiz* 1766.

ib. §. 1237. l. 1. lege *Raphael Bonaventura* SABATIER

p. 648 V. *Medecin* &c. dele tot. Ib. lege *Jean* FAISSOLE & *Claude* CHAMPEAUX.

p. 650 ad *J. Phil.* MARRET adde

In T. II. *des memoires de l'Acad. de Dijon* dedit anatomen hominis, omnino ut videtur androgyni, cui testis fuerit, & vesicula seminalis, & vagina, & uterus, & tuba, & ovarium.

p. 652 sub §. 1239.

KRITTER *œconomisch-politische Auflösung verschiedener die Witwecassen betreffende Fragen* 1768. De vitalitate hominum pro quaque ætate.

l. penult. lege *los mecanicos*

p. 660 l. 7 post *Americains* add. *par Mr. de* PAUW.

p. 679. *Lettre de M. du* CHANOI *à* ... *M.* PORTALIO 1776. tribuunt *Etat de medec.*

adde ibid. *Paul Gabriel* PREUX *deux lettres à M.* BOUVART *sur les naissances tardives en faveur de M.* PETIT Paris 1770. 8.

p. 691 add. ad §. 1266. In diario ORTESCHIANO.

Michael Angelus GIANNETTI experimenta sua narrat. Cochleis capita resecuit: renata sunt altero vere, etiam cum oculis, nonnunquam tamen difformia.

p. 706 Nomen Cl. BRASDOR est PETRO

p. 708 versio capitum meorum de generatione est *Guilielmi Ludovici* PIET. *Etat de medec.*

p. 708 ad diaria adde ad finem §. 1280.

Tomus II. *des Memoires de l'Acad. de Dijon* Dijon 1774. 8.* continet diss. primum Cl. HOIN *de* DROUARTO, in quo, vel potius in qua, accuratius scrutinium vaginam detexit, fluentesque menses. Tum MARRETI Chirurgi accuratam anatomen hominis, cui alterum latus maris est, feminæ alterum. p. 650

p. 718 ad §. 1288. in libro *Schauplaz der Natur* ab erudita societate scripto & edito Leipz. 1775. 1776. 8.* voces etiam anatomicæ & physiologicæ, cum earum interpretatione ad nuperiorum sensum, reperiuntur.

p. 719 a principio add.

ROUX *observations sur les pertes de sang des femmes en couche* Dijon 1776. 8.* tradit etiam uteri & placentæ historiam, deque utraque vi contractili uteri sua cogitata profert.

INDEX.

Blasius

C.

Caestryk

Chicot,

D.

van Diepen

E.

F.

Fleisser,

Garden

Gondan-

H.

van

Hart-

Henri

Hoffain

I.

L.

Man-

N.

P.

Rea,

le Riche

Spring

T.

Teiſſier

le Va-

Voyer

de Zen-

ANONYMI.

Ad Anatomen in genere, Hiftoriam artis, Sectiones, Injectiones. Anatomen brutorum; Mifcellanea, & alia dubii ordinis.

Refor-

Entre-

Cutis, Cellulosa tela, Pili, Cornua, Ungues, Ossa &c.

Vasa, Arteriæ & venæ, Cor, Circulatio sanguinis. Pulsus.

Humo-

Humores, Sanguis, Bilis &c. eorumque secretio.

Pulmones, respiratio, vox, loquela. Submersi &c.

Cerebrum, Nervi.

Musculi, Tendines.

Sensus externi.

Sensus interni, Psychologica.

Dentes, Manducatio, Saliva, Deglutitio.

Omentum, Lien, Pancreas, Hepar, Veſicula, Bilis.

Inteſtina. Chylus.

Renes, Veſica. Urina.

Genitalia, Semen, Hermaphroditi.

Generatio. Partus, Monſtra, Educatio pueri.

Astrologia, Physiognomia, Chiromantia Temperamenta.

Tr. de

De vita & morte.

De sex rebus non naturalibus Diætetici, Inedia &c.

* * *

ERRATA Tom. I.

pag.
6 §. VI. linea 5 *lege* HOLMANNO.
22 §. J. WILLICHIO l. 2, *lege* cum notis
23 l. 6 supra ultimam ad editionem LALLAMANTII *adde* * Gr. lat.
42 §. In istum l. 3 & 4 *lege* Genevæ.
44 sub §. Toti libri, *adde Libri parvorum naturalium cum scholiis C. Gesneri* Tiguri 1586. fol.*
48 l. 12 supra ultimam, *lege* χρημάτων.
49 l. 3 — — — — — post 8. adde *
68 l. 21 pro *stercore* lege *struma.*
69 §. Fragmentum l. 3 post 8. *lege* 1530. 8.
79 — Editiones pro 1554. lege 1555.
81 — IDEM, *lege* MARTIANUM
85 — NICOLAI pro 12. *lege* 16.*
86 l. 5 pro LIND. *lege* FALC.
§. Prodiit l. 5 *dele* OSB.
87 l. ultima pro ALCACANI *lege* CALANII

pag.
89 §. Prodiit l. 1 pro 1526. 4. GUNZ, *lege* 1546. f. min. TR.
94 l. 9. lege *Calorem*
96 l. 4 supra ultimam pro 8. *lege* 16.
97 l. 3 pro 1009. *lege* 1319.
§. Seorsim l. 2 pro GUNZ *lege* B.B.
99 — Vertente l. 1 dele quæ sequuntur post vocem Basileæ, & scribe 1535. fol.
102 l. 14 supra imam, pro 1593. lege 1539
103 l. 6 dele totam lineam post n. 707., & *scribe In eum est comm.*
113 §. Solus l. 1. musculorum
117 ad ISIDORUM, Mea nunc est editio *Bonaventuræ* VULCANII Basil. 1577. fol.* cum qua prodierunt *Martiani* CAPELLÆ, qui JUSTINO juniori coævus fuit, aliqua ad formationem organicam literarum in loquelæ organis.

pag. 121

pag.

121 §. LXXXIX. l. 2. pro *Augustana* lege *Augusta*.
122 l. 12 *dele* Lyon.
139 l. 1 pro *decimo* lege *undecimo*.
140 l. 8 *lege* barbaræ
141 l. - *Thomæ de* AQUINO, codex M.S. est apud me
— l. 13 *lege* 1497. 4.
— l. 11 supra ultimam, *lege Anglicus*
143 Alius codex est ejusd. Nob. viri MURRII, J. HARTLIB Medicus, ait se vertisse ALBERTUM M., MACROBIUM *de somniis*, MUSTIONEM & TROTULAM. Meus, ex MURRII dono ALBERTUS diversus est a vulgari, ut ægre concilies: non habet textum, inque eum commenta, sed videtur esse ALBERTUS per HARTLIBIUM auctus & elaboratus: dicatus est SIGISMUNDO Comiti Palatino ad Rhenum.
145 l. 11 pro PETRI *lege* GUILIELMI
151 l. 5 & 6 *deleantur*.
152 l. 4 pro Vicentiæ *lege* Viennæ; & post B. Bern. *lege* Vicentiæ.
154 l. 5 supra imam *lege* SIBUTI.
l. 2 ad POMPONIUM GAURICUM *adde*, Minime absurdum ejus opusculum esse: dimensiones & symmetrias partium corporis humani eo contineri, tum indicia morum & animi ex oculis, lateribus aliisque signis sumta: tum quam physiognomiam vocant. Ursell. 1603. 8.*
156 §. CXXXVII. l. 9 dele nomen PERANZONI
157 l. 13 supra imam lege *anastasis*,
165 §. GALEOTTUS l. 4 pro 1399. *lege* 1599.
170 l. 8 *leg.* MANTINUS
176 §. Maturi l. 2, post 1572. *adde* 8.
179 *dele* l. 1 & 2.
180 l. 3 pro Johannem *leg.* JOBST
187 l. 16 supra ultimam pro EJUSDEM *lege* JOHANNIS
l. 11 sup. ult. *leg.* LODOVICI.
188 l. 7 — — *leg. partu.*
189 ad opera C. GESNERI adde Ej. *physicarum adnotationum & scholiorum* l. V. Tiguri 1586. fol.* edente C. WOLFIO. Ad physiologiam propriam pluscula faciunt CONRADI adnotata, ut de puero ante ætatem pubere & robusto.

pag.

Inde *commentarius in* ARISTOTELEM *de anima* ubi *de sensibus* agitur, denique *parva naturalia* cum notulis.
191 §. CLXVII. l. 12 pro Francofurt. *lege* Lyon
192 §. CLXVIII. in titulo & l. 1 pro CANNANUS *lege* CANANUS.
200 l. 5 *dele* 1550 fol.
203 dele *Menelai Winshemii* nomen, qui vir fit seculi XVII.
208 *adde* G. GRATAROLI *de prædictione morum* Ursell. 1603. 8.* cum *J. de* INDAGINE. Ex partium corporis humani habitu externo docet divinare mores, ingenia & temperamenta.
211 ad *Julium* DELPHINUM l. 1 adde *exploratio*
216 l. 11 post Hanov. *lege* 1593. 8. Ursell. 1603. 8.
217 l. 13—15 referantur ad paginam 158 & dele RAYNALDE's *byrthe of mankind*.
221 l. 11 supra infimam *lege* GUILIELMI LEVINI fil. *epistola ad patrem de termino vitæ* Leid. 1639 12. in *collectione*.
231 ad *Alfonso de* TORRES l. 2 dele *an* & lege *dein*
235 l. 7 supra ultimam pro 1569. *leg.* 1567.
245 l. 4 — — — *lege* LONÆI
247 ad J. RIOLANUM patrem *adde* Ej. *œuvres anatomiques traduites par* P. CONSTANT. Paris 1629. 4. RAST.
251 l. 3 & 4 *dele* HIERONYMI F. &c. discipulus.
257 l. 5 *dele* Turin 1583.
ad DOMIN. BERTACCHIUM Camporeginensem *adde*, Nunc legi inane opus. De spiritu agit insito, de spiritu influo. Spiritum non esse animam solam, sed quasi ætherem, facultatem animæ potius quam instrumentum, præcipue spiritum, ut demonstrat, innatum. Inde de causa pulsus. De cordis fabrica & motu scholarum placita.
259 linea 5 & 6 supra infimam deleantur.
266 l. 3 *lege* MOEGLINO.
268 *adde*, ZARABELLÆ aliquot libri ad rem physiologicam spectant, tantum ut potius metaphysici sint ingenii, & ex Peripato sumti. Agitur de mente, de ejus facultatibus, de sensibus, potissimum etiam de visu, & ARISTOTELES adversus

pag.

ſus GALENUM defenditur. Porro ad incrementa, ad generationem.
268 l. 8 ſupra ult., *lege* PAPEN
270 *dele* de §. *Conrad* BOCKEL lineas 5, 6, 7.
271 §. EJUSDEM l. 2 pro 1600. 4, maj. *lege* 1600. fol.
275 ad MERCATUM l. 6 *adde Inſtitucion que ſu majeſtad mando baxer al D.* MERCADO *ſu medico para el provechiamente de los algebriſtas --- trattado de la conſtruttion de los bueſſos, de la luxation. de conſcieſto de las ligaturas* Madrit. 1598
— dele *Nonium a* COSTA.
276 l. penult. *lege* GEDUCCI.
277 l. 4 ſupra ultimam *pro* ibid. *ſcribe* Lichæ 1603. 8. Francof.
278 ad *Th.* PHAYRE, Multo antiquior eſt l., prodiit a. 1543. & etiam tunc forte non primum.
281 l. 3 *lege* 1593
283 l 11. ſupra ult. *dele* LIND.
284 *dele* l. 5 & 6 ſupra ultimam.
l. ult. Exſtat etiam GIUSEPPE ROSACCIO *il medico* L. II. Venet. 1621. 4. TR.
285 §. SEBASTIEN l. 3 pro PORTAL *lege* FALC. & adde 160 . 8. FALC.
291 l. 1 pro *qua vixit*, lege *qua diu*
292 l. 3 & 4 ſupra ultimam deleantur.
297 pro *Lud.* KEPLER lege *Johannes*
298 *Lud.* KEPLERUS, *Johannis* fil. debet rejici ad a. 1628.
l. 5 & 6 F. ACORAMBONI deleatur.
& *Fabius* PAULINUS referatur ad annum 1595. p. 276
299 §. CCLXXXI. l. 3 *pro* lib. prodiit, *lege* libri II. *prodierunt*
307 §. JACQUES l. 2 *dele* lego citari, & *pone* *.
309 *Balth.* SCHULZ removeatur ad p. 278
323 ad editiones COURTINI *adde* Pariſ. 1597. fol.
324 l. 11 pro 1743. lege 1747.
326 adde poſt NUNNEZ & *Abr.* HOFMANN, *Tabula chiromantica lineis montibus & tuberculis manus conſtitutionem hominis & fortunæ vices oſtendentes* 1613. 4. * Non ſola temperamenta & ingenia ex manus lineis divinat, ſed etiam complicatos fortunæque permiſſos eventus ex lineis & montibus præſagit.

pag.

327 l. 11 *lege* SECHTLENI
l. 5 ſupra infimam lege PIJART.
333 l. ultima pro LIND. *lege* TR. & pro IDEM lege LIND.
338 lege *Ad.* ABERNETHEE
David GENESTET
Petr. SAILLENS
addatur ubique *
& l. ultima §phi CCCIX. dele Hæc PORTAL.
344 l. 10 ſupra infimam, pro 1635. 8. LIND. *lege* 1636. 8. TR.
348 §. *Juſtus* CRAFT deleatur.
354 poſt J. GERMAIN *adde*
Jean BELOT *Curé de Melmont Maitre ès ſciences ſainctes & divines.* EJ. eſt *Familiere inſtruction pour aprendre les ſciences de chiromantie & phiſionomie ... le parfait de la memoire ſelon la doctrine de R.* LULLI *tr. des divinations augures & ſonges* Paris 1614. 8.* Rouen 1640. 8. 1669. 8. 1672. 8. Liege 1694. 12. Inſana ſcripta, plena ſpirituum & angelorum, quorum nomina accurate tenet. Themata genethliaca. Chiromantia fuſiſſima adplicata ad eventus fortunæ. Unguium præſagia. Ars memoriæ, & literarum alphabeti ad certas quaſdam manus humanæ partes adplicatio breviſſima.
364 l. 17 pro *clareret lege* claret
365 §. Mihi l. ultima *pro* venarumque *lege venoſarum*
§. Continuo l. ult. *leg.* dedicatum
385 l. 5 ſupra infimam pro *ſur* lege *principes du*
& l. penult. adde 1667. 12.
390 l. 7 ſupra infimam pro 1637. *lege* 1736.
393 l. 6 *lege* viſi
399 dele J. BELOT
401 l 7 pro 1651. 4. *lege* 1649. 4. HOUSS.
410 §. 383 l. 1 pro EZECHIELE leg. PETR.
424 l. penult. pro DARABLE *lege* DURELLE
433 l. 5 ſup imam pro 1676. *lege* 1674.
434 l. 9 pro 1651. *lege* 1650
444 adde ad *Cl.* TARDY
EJ. *Cours de medecine contenant toutes les choſes qui compoſent l'homme & qui perfectionnent ſa nature ... les experiences du mouvement circulaire* Paris 1677. 4.

pag. 456

pag.

456 l. 6 sup. imam pro *suo* lege *seri*
458 *Michael* HEYLAND l. 2 dele 4.*
464 l. 4 pro LIND. pone *
— In BENEDICTI SYLVATICI consiliis Patav. 1656. fol.* excusis agitur etiam de partus legitimi tempore, & pro fetu dicitur quinquemestri.
473 l. penult. *lege* FOQUAUD
475 §. 443 in titulo *lege* *Thomas* WILLIS
484 ad GOEDAARTIUM adde *
[illegible] Passim adnotata aliqua phœnomena. Feminas papilionum 24 horis fere post venerem perire.
Adjecta est *ephemeri historia auctore J. de* MAEY. Venerem exercent dum volant, & quæ matutinis horis de ovo excluduntur, ea sub noctem pereunt.
507 ad BELLINUM, titulus melior est *de structura & usu renum.*
510 §. 463 l. 12 post Leid. 1668. 12. *lege* Leid. 1670. 4.*
& l 15 pro 1670. *lege* Leid. 1670. 4.*
518 dele l. 11—14.
539 l. 16 pro HOAKE *lege* HOOKE
557 §. Porro ad transfusionem l. 1. pro *Montpellier* lege *Montpolly*
563 l 9 supra infimam *lege* SENGUERD
570 ad editiones Anglicæ LOCKII *on human understanding*, adde London 1775. 8. 2. Vol.
573 MURALTI *Vademecum* in editione Amstel. 1688. 12.* titulum habet *Exercitationes medicæ observationibus & experimentis anatomicis mixtæ.* Cætera non differt Dele 1685. 12.
582 l. 5 supra ultimam pro 1695. *lege* 1698.
614 l. 5 — — — adde BARLET *discours sur les organes des femmes* Lion 1674. 12. RAST.
618 §. 557. l. 8 lege *vasa chylifera*
621 l. 2 lege *physiologice*
660 §. MALEBRANCHE *totus deleatur.*
661 l. antepenultima *lege* Ren, & ad cellularum in vesica exempla
662 in nota (x) *lege* 1699.
679 l 4 supra ultimam, pro J. J. *lege* S. J.
680 *dele* l. 10. & 11.
690 post DANIELIS adde
Bernh. HERLIN *Consilium sanitatis. acc. Anhang vom Mißbrauch der wahren Physiognomie* Coburg 1682. 8. TR.,

pag.

715 *Raymundus* VIEUSSENS in *tr. des maladies internes* repetit, bilem hepaticam minime esse lympham. De suis iconibus; eas a D. BOURDUS delineatas esse. Experimenta ad analysin sanguinis. Lympha cerebralis ab acore cogitur, lympha pericardii etiam sponte.
718 §. 663. l. 1. pro GOCEL lege GOCKEL
719 ad §. 664. finem adde
Giornale de letterati di Parma prodiit primum Parmæ ab a. 1686. ad 1690. 4. quinque partibus. Deinde auctore *J. Benedicto* BACCHINI pars 6. & 7. Mutinæ a. 1692. 1693; annus vero 8. & 9. annis 1696, 1697. ib.
IDEM BACCHINI vertit *Saggi d'anatomia* Parmæ 1688. 12. 1713. 12.
Auctor libri *Saggi di cerusia* est GIOV. PEREGRINO NUVOLETTI.
722 post *Petr.* STALPAART *v. der* WIEL add. *Christ.* DONATI *demonstratio Dei ex manu humana* Witteb. 1686. 4.
724 §. J. ZELLER EJ. *Pulmonum* &c. l. 3 ante *uterino* dele e
730 in linea EJ. *Partus naturalis* &c. *dele* BOEHM & lege 4.* TR.
& lin. EJ. *de incerta placenta* &c. pro HE. pone *
732 l. 7 *lege* Erford' 1695. 4. RIV.
749 dele §. EJ. *Dissertationes* &c.
752 l. 5 supra ultimam pro Monsp. *leg.* Mons.
754 *dele* §. C. MARTINEZ
756 §. Uterque l. 2 pro Neapoli *leg.* Venetiis.
757 ad BOERHAAVE *Institutiones med.* add. Wien 1775. 8.
763 l. 4 supra ultimam *lege* GALIEN.
764 l. ult. adde Helmstätt 1747 4.*
768 l. 4 supra ultimam pro 1737. *lege* 1739.
773 *dele* BELOT
785 l. 4 supra ultim. pro (WOLFG. ERN. fil.) *lege* (GEORG. WOLFG.)
787 l. 2 *lege* GLOSEMEYER
788 *dele* §. *Petri* JENS.
790 l. 2 *dele J. Henr.* BURCHARD.
798 §. *Histoire* l. 2 *lege* GOURY
808 *dele* §. EJ. *Quæstio de temperamentis.*
813 lineæ 19, 20, 21. pertinent ad annum 1681. p. 679 ad lineam 4 supra infimam.
816 l. 9 supra ultimam *lege* MENEDEMUS

pag.

5 §. *In Opusc.* l. 2 post vocem *Angelus* pro FALCONER *lege* FABBRONI
l. 8 supra ultimam putem legi debere *Andream Martinum* LIZAZARI

14 l. 5 *lege* F. A. GARSAUT
& l. 7. post Paris adde 1732. 4.

16 §. 777. l. 3 Lond. *lege* Leid.

21 PUGET debet referri ad a. 1676. 12.* quæ prior est editio.

27 §. 789. linea ultima *deleatur*.

31 l. 2 supra infimam *lege* fasciculum

39 l. 10, 11 dele *Mart.* HERR.

48 ad *Philosophische Gedanken*
& ad *Medicinische Betrachtungen* add. 4.

59 §. 812 l. 6 lege MOLLER

63 l. 4 supra imam *dele* L. TERRANEUS.

81 l. 6 supra imam *leg.* MOLINETTI.

82 l. 4 supra imam *dele* &

9 l. 12 idem videntur opusculum, cujus verum titulum non possum emendare.

83 l. 9 pro *Jacob* lege *Samuel*
ib. post 4. adde *

86 dele l. 4—6 supra ultimam. RICHTER pertinet ad a. 1708.

98 §. 844. l. 5 supra ultimam, *pro* EJ. *lege* IDEM

105 §. 851. in titulo *leg.* GOUEY.

130 §. 874. l. ult. pro *labores* lege *libros* & adde EJ. *supellectilem anatomicam* Leid. 1775. 8.* Catalogus est thesaurorum, quos Academia a morte viri redemit suosque fecit.

131 §. 876 in titulo dele *Varii* & lege H. F. TEICHMEYER.

135 adde *Theophili* ALETHEI *Epistola, qua ostenditur* SBARALEAM *fuisse provocantem* 1719. 4. Tribuunt GUILIELMINO.

137 Huc ad H. PEMBERTON revocetur viri *physiologia* a p. 703

140 l. 10 supra ultimam *dele* 1736

156 l. 3 lege G. PESCATORIS & præfige Jenæ 1705. 4.
§. 897. pro J. HAENEL lege *J. Christoph.* HAENEL.

212 adde *Elementa* majora *Physiologiæ corporis humani* Germanice 8. tomis Berolini 1776. esse absoluta, tum Venetiis 5 vol.
Deinde idem opus noviter elaboratum ab a. 1777 initio sub prelo esse, cum titulo *De partium corporis humani præcipuarum fabrica & functionibus* L. XXX. Bern. 8.

233 ad CASSEBOHM *method. secandi* adde Berlin 1769. 8.

256 F. A. *de* GARSAULT totus pertinet ad p. 14, qui totus numerus omitti potest, cum idem liber sit, quem p. 14 & 256 diximus.

258 ad J. F. HERELIUS adde l. 3
EJ. *Disputatio in Emmenologiam* FREINDII &c.

275 l. 6 *adde* ut ea quæ arterias intercostales exprimit.
ad l. 7 *adde* Paris 1758. 12.*
l. 6 supra ultimam *pro* An *lege* Non idem.

277 Disputationis *Hieronymi* QUEYE verum auctorem lego esse D. FOURNIER.

280 l. 8 *lege* 1772. 4.

281 *dele* lineas 5, 6.

286 §. 988. l. 6 *leg.* REYNELL

288 l. ult. *deleatur* KNORRE.

297 l. 7 *dele* BOUILLIER

305 §. 1001. l. 5 dele *Wilb.*

315 l. 9 supra ultimam *lege* BOBERRIE

324 H. D. SPÖRING pertinet ad p. 260

329 l. 10 pro 1740. 8.* *lege* 1750. 8.*
P. LUCHTMAN's *deleatur*

342 l. 14 pro J. lege OTTO
l. 13 supra ultimam pro *J. Georg.* lege *Georg. Henr.*

350 pro *J. Augustus* lege *Augustus*

354 l. 14 pro *de irritabili* lege *de vi vitali* 1772. 4.*
linea 9 supra ultimam *deleatur*.

360 ad BONNET *contemplation* &c. *add.* Yverdon 1767. 12. 2. vol.

pag. 370

pag.

370 Verum auctorem *de l'homme machine* nominat S. BERNARD *Epist. ad me* III. 271.

381 HERVIEUX conjungatur cum eodem. I. p. 66

l. 14 pro *de disp.* lege *progr. ad disp.*

392 deleatur WILDVOGEL

393 PERNETTUS *Physiognomiam* nuper recusam dedit, certe P. I. Berlin 776. 8. *L'homme physique eclairé par l'homme moral.* Verum spatiis exclusus iniquis novam editionem recensere nequeo.

419 l. 4 supra ultimam pro A. WILLICH *lege* Cl. WILCICH

431 l. 13 lege *Joseph*

432 *dele* lineas 11 & 12

462 lege *psychologischen*

480 l. 4 supra imam pro *Thenia* leg. *Theoria*

483 dele *Sam.* MERRIMAN

510 l. 1 *lege* BLANCHET

ad REMOND *de* VERMALE adde *Observations & remarques de chirurgie pratique* Londres, sed in Germania 4. absque anno prodiisse. Menstruus sanguis per aures manans.

514 adde *Joach. Gotth.* STRUVE *de eo quod justum est circa anatomen* Rostoch. 1755. 4

523 MAUCLERC exempla a BLONDELLO citata, negat vera esse.

In *appendice* refutatur expositio pecoris varii JACOBI.

526 §. 1158. l. 4 supra imam *lege* repetita

529 l. 12 supra imam *leg.* SONYER

531 ad CRANZII primum libellum *adde* redire in primo fasciculo WASSERBERGI.

538 §. 1166. l. 4 supra ultimam *pro* Chirurgus *lege* Chemicus,

539 l. 6 *lege* 1774.

540 ad BORDENAVE *adde*, in *memoires presentés par des savans etrangers* T. VII. dedisse *diss. de bile*, in qua confirmat, tamen saponem esse.

546 WRIGTH referatur ad p. 515

549 l. 16 pro 1769. *lege* 1763.

pag.

569 S. MUSGRAVE *of the diseases of the nerves* Lond. . . . . Germanice Lips. 1776. 8.* Nervorum insignem esse in humores influxum, posse quemque nervum sui organi humores corrumpere. Posse eamdem venas revehentes adstringere, sic inflammationem facere.

584 *Gerard ten* HAAFF conjungatur cum eodem viro p. 492

588 l. 4 supra imam *lege J. Bapt. Ludovic.* CHOMEL, repetente *Car.* SALLIN

598 ad *le* BAS adde diss. *de partu naturali* Paris. 1775. 4.*

611 *John* THORLEY referatur ad p. 382

637 l. ult. adde *J. Frid.* GMELIN *Warum schöpfet der Mensch Athem?*

640 l. 20 supra ultimam pro MAYR lege MAYER

647 adde ad *Raphael Bonaventuram* SABATIER In *Memoires des savans etrangers* T. VII. ejus viri esse accuratas adnotationes de cerebro, de septo lucido, de nervo decimi paris, cujus ramum Lancisianum hactenus vidit.

648 *dele* l. 13—17 supra imam V. . . . *Medecin* &c.

& nunc porro p. 656 l. 7 supra imam *adde Ambrosii* EGEL *de motu animalium* Mogunt. 1768. 8.

696 l. 8 pro *vires* lege *vices.*

698 l. 3 supra imam l. *J. Nic.* WEISSER *de sanguinis in pulmonibus condensatione non defendenda* Hall. 1772. 4.

700 l. 4 supra imam *adde*

EJUSDEM est a. 1776. Juill. analysis ossium sanguinis ex homine & aliis animalibus.

707 l. 15 lege *Preußische Sammler.*

708 l 3 supra imam *adde* ad VICQ d'AZYR, In *Memoires des savans etrangers* T. VII. de musculis in adipem dissolutis.

Ibid. de anatomie piscium.

713 adde *Jodoci Casp.* ALBRECHT *dissert. de causis rapidæ celeritatis spirituum animalium in musculos* Utrecht 1774. 4.

pag.

Nic. WEISSER cum *J. Nic.* WEISSER confer ad p. 698. Lego nempe etiam annum 1774.

717 LASIUS, Non adeo literarum formationem docet, quam signa sermonis imitatoria.

718 In *Schauplatz der Natur* Lipſ. 1775. 8. T. II. 1776. 8. Habet etiam deſcriptiones anatomicas partium animalium.

719 MARAT in T. III. physiologica habet & hypotheſes. Viſionis ſedem eſſe in uvea tunica, quæ pia ſit, cum ſenſus in pia reſideat. Multa in BUFFONIUM & *le* CAT.

pag.

In *Journal de medecin* 1776. Sept. MONTFILS paradoxam opinionem tradit de motu ventriculorum & auricularum cordis aſynchrono.

Die Empfindungs - und Erkenntniß - Kunſt der menſchlichen Seele Leipz. 1776. 8

Dizionario iſtruttivo per la vita civile Veron. 1776. Etiam anatomica tradit. Auctor eſt *Carolus* MATANI.

854 in indice lege *J. Gerard* WINTER p. 729. 800. T. II. p. 67. ib.

& dele *Gerard* WINTER 800

Printed in the USA
CPSIA information can be obtained
at www.ICGtesting.com
LVHW051507091023
760586LV00048B/999